经典教科书系列

中国通史（上）

ZhongGuo TongShi

周谷城／著

北京师范大学出版集团
BEIJING NORMAL UNIVERSITY PUBLISHING GROUP
北京师范大学出版社

图书在版编目(CIP)数据

中国通史/周谷城著．—北京 ：北京师范大学出版社，2016.5
(经典教科书系列)
ISBN 978-7-303-14766-3

Ⅰ.①中… Ⅱ.①周… Ⅲ.①中国历史－高等学校－教材
Ⅳ.①K20

中国版本图书馆 CIP 数据核字(2012)第 125312 号

营销中心电话 010-58802181 58802123
北师大出版社高等教育分社网 http://gaojiao.bnup.com
电子信箱 gaojiao@bnupg.com

出版发行：北京师范大学出版社 www.bnupg.com
北京市海淀区新街口外大街 19 号
邮政编码：100875
印　　刷：北京京师印务有限公司
开　　本：730 mm×980 mm 1/16
印　　张：66.75
字　　数：1130 千字
版　　次：2016 年 5 月第 1 版
印　　次：2016 年 5 月第 1 次印刷
定　　价：128.00 元

策划编辑：刘东明 刘松弢　　责任编辑：冯 欣
美术编辑：焦 丽　　装帧设计：焦 丽
责任校对：陈 民　　责任印制：陈 涛

序

周谷城近百万字的《中国通史》1939年由上海开明书店出版，至1949年共印行12次。1955年至1956年，修订至80万字后改由上海新知识出版社出版。1957年再次修订至70万字由上海人民出版社出版。“文化大革命”后又一次修订，仍由上海人民出版社出版。至2004年，上海人民出版社共印行《中国通史》25次。近70万字的《世界通史》则于1949年由商务印书馆出版，其后亦多次印行。本次两部通史由北京师范大学出版社再版。在独自撰写了一部产生重大影响的《中国通史》之后，又独自撰写了一部很有特色的《世界通史》，在现代中国，除了周谷城之外，没有第二位历史学家做到过；在现代世界，也不见其他人这么做过。

两部通史的撰著，是周谷城积极投身中国社会变革，深切了解中国社会的产物，也是他在学术上锲而不舍长期发奋努力的结果。

1898年9月13日，正是戊戌变法开始最后搏击的日子，周谷城出生于湖南益阳长乐乡一个农民家庭。八天后，慈禧太后发动政变，幽囚了光绪皇帝，戊戌变法以失败而告终。幼年在族立小学就读时，周谷城经历了废科举、预备立宪和辛亥革命，受到了皇冠落地和共和制度建立的洗礼。1913年至1917年，他在长沙省立一中就读，1917年毕业后考入北京高等师范学校英语部。这正是新文化运动蓬勃展开的岁月，他广泛接触到各种新知识、新思潮，并积极参加五四爱国运动，在运动中摇旗呐喊。1921年春，他提前半年离开高师，返回长沙，在省立第一师范任教，与毛泽东相识。也正是凭借这一机缘，大革命期间，他应毛泽东之邀，任湖南省农民协会顾问、农民运动讲习所教员，发表专论农村阶级剥削问题的长篇论文《论租谷》。1927年春，他又到武汉在邓演达所领导的国民党中央军事委员会总政治部工作，在毛泽东所主持的全国农民协会任宣传干事，发表《中国农村社会之新观察》，亲历了正如火如荼发展的中国农村社会的大变动。这番经历，使他对中国社会特别是中国农村有了比较真切的了解。

大革命失败后，周谷城离开武汉来到上海，先后在中国公学、劳动大学等校任教，以译书及为报刊撰稿的收入为主要生活来源。他和陈翰笙、许德珩等人联合成立了社会科学研究会，团结社会科学家们继续奋斗。同时，他还秘密参与邓演达所领导的筹组新党、反对蒋介石独裁统治的活动。面对中国革命和中国社会的急剧转变，周谷城继续认真思考中国农村问题，1929 年出版《农村社会新论》。同年出版《中国教育小史》，对中国教育的发展作了梳理。1930 年秋，他来到广州中山大学，任教授，社会学系主任，讲授中国社会发展史、英文社会科学名著选读。结合讲授中国社会发展史，他撰成并出版《中国社会之结构》、《中国社会之变化》、《中国社会之现状》三书，对现实的中国社会与历史的中国社会作了全面的考察，反映了在经历了从五四到大革命失败这段社会实践后，他对于中国历史与现状重新思考的成果。

返回上海后，1932 年秋，周谷城被聘为暨南大学教授，担任史地系主任，主要讲授中国通史。在这里，在对中国历史和中国现状研究的基础上，结合教学的需要，他撰写了两卷本《中国通史》，更为系统地阐述了他对于中国历史的认识，作为大学通用教材于 1939 年由上海开明书店出版。不久，他又撰成《中国政治史》，1940 年由中华书局出版，阐述了他对中国政治历史的见解。

在努力重新认识中国历史和中国现状的同时，周谷城又努力重新认识世界的历史和世界的现状。早在湖南长沙省立第一师范任教期间，他就从日本函购了英文版和德文版两部马克思的《资本论》，阅读后，不仅对马克思的思想学说有了较深的了解，而且对世界历史尤其是欧洲历史产生了浓厚兴趣。大革命失败后，他在上海翻译出版了美国学者尼林的《文化之出路》、美国学者亚诺得的《战后世界政治之关键》及有关苏联外交和教育的一批论著。在广州中山大学，他在所开设的英文名著选读中，指定学生必读的著作有恩格斯的《家庭、私有制和国家的起源》、摩尔根的《古代社会》、黑格尔《历史哲学》等著作，都和世界历史相关。

在上海暨南大学后期，周谷城已开始开设世界史课程。太平洋战争爆发后，他无法继续在上海存身，辗转向西南大后方转移。途经杭州时一度被日伪逮捕。脱身后，经陈望道等介绍，到迁移至重庆的复旦大学新闻系、史地系等院系任教，同其他进步教授一起积极参与抗日民主运动。1946 年春，复旦大学迁回上海，他出任历史系系主任。在重庆期间，他在文学院开设西洋通史课，在史地系开始西洋近古史课，翻译出版了《美国与战后新世界之关系》、《新英国与新世界之计划》等著作。回到上海后，他继续积极参加民主运动，参与发起成立大学教授联谊会，反对国民党当局发动全面内战，支持学生爱国运动，保护进步学生。在这期间，他发表许多政论文章，如《论中国之现代化》(1943 年)、《论民主趋势之不可抗拒》(1944 年)、《论民主政治之建立与官僚主义之肃清》(1945 年)、《人民时代之中国农民》(1946 年)、《近五十年来中国之政治》(1947 年)、《中国之独立地位》(1947 年)、《彻底肃清封建势力》(1949 年)等，都有相当影响。结合教学需要，他购置了一批有关世界历史的英文名著。在此基础上，他集中全力编撰《世界通史》，至 1949 年完成前三卷，正式出版。

周谷城编撰两部通史，不仅是他进行两门通史课程教学和对中外历史进行研究的需要，更因为他在积极参与社会变革的实践中，在阅读已经出版的中外相关著作中，特别强烈地认识到，中国极为迫切地需要正确认识本国的和世界的现状，而现有的绝大多数著作都难以满足这一要求。西方各国的世界史著作大多持有非常强烈的欧洲中心主义，对中国历史和现状缺乏真切的了解，他们的概括带有许多偏见。中国不少历史学家继续热衷于对某一历史事件或某一历史人物详尽的考证，漠视对历史整体性的研究；也有一些学者常常简单地重复别国政治家与学者基于对中国历史与现状的一知半解而作出的若干武断性结论。周谷城希望通过自己的实践，努力改变这一状况。

究竟怎样做才能够比较正确地认识中国的历史与现状，以及世界的历史与现状？周谷城认为，首先要善于作长时段的整体性的全面考察。他编著的两部通史具有一个共同的鲜明特点，这就是他力求能清楚说明，所有历史事件如何互相有机联系而构成无法分割的统一整体。他在《我是怎样研究世界史的》中曾坦言："我著《中国通史》时曾力求得到通史的统一整体，其初版导言曰《历史完形论》，意在指出历史事情的有机组织和必然规律。"同时，他强调："编纂世界通史在认真审核史料的同时，务必力求有统一整体和有机组织，以便得出历史的规律性。"《历史完形论》对他所坚持的这一方法，作了详细说明。

周谷城指出，史料只是历史的记录或历史留下的痕迹，史观则是人们对历史的看法，二者都不是历史自身。

以史料而论，他指出，史料是历史之片段。从片段的史料中可以发现完整的历史；但完整历史之自身，决非即等于片段的史料。新近发现的北京人头骨，河南、甘肃、辽宁、山西各地先后发现的石器与陶片、殷墟甲骨、新郑铜器、寿县铜器、汉晋简牍、敦煌写经、西夏文字、大库档案、太平天国史料等等，都是很重要的新史料。史学家从史料中去寻找历史，从而编著史学书籍，但只能把史料当寻找历史的指路碑及历史的代表。若研究只止于史料的本身，考究其来源，分解其成分，加以分类，加以排比，这是将史学等同于史料学。他批评蔡元培“史学本是史料学”(《明清史料序言》)一说，认为“这话于史学界有益，但不正确”。于史学界有益，因为它有利于让治史的人克服轻视史料的倾向，纠正治史中空疏之弊的作用。但有益的话并不一定是正确的话。谓“史学本是史料学”，便是承认史料就等于历史，而其实史料只可视为寻找历史之指路碑，只可视为历史之代表或片段的痕迹，却并不是历史之自身。

以史观而论，周谷城指出，史观云云，只可视为对历史的看法。像黑格尔那样将历史视为理性发展史，或像马克思与恩格斯那样将历史视为阶级斗争史，都只是对历史的看法。本着这等看法从史料当中去寻找历史是可以的，若谓这等看法就是历史之自身却大不可。

周谷城强调：“独立存在，不因吾人之知识而始存在之客观的历史”，乃是“人类过去之活动”。历史研究者的使命，就是“研究人类过去之活动，分解此活动之诸种因素，寻出诸种因素间不可移易之关系，从而明白此活动之自身”。这里所说的“诸种因素间不可移易之关系”，就是历史活动的有机联系和发展规律。周谷城认为，人类过去之活动或历史既有其自身，既为客观的独立存在，并不是因我们对它加以认识而始存在的，那么我们研究此活动之时，即研究历史之时，“便始终应当追随着维护着它那客观的独立存在，不应当将此客观的独立存在化为主观的”。正如矿物学者之研究矿物，不能将矿物化为主观的一样，“所谓历史学，也不过是研究人类过去之活动，分解此活动之诸种因素，寻出诸种因素间必然不可移易之关系，从而明白此活动之自身而已”。

为确保历史研究的客观性，周谷城要求克服中国以史为资鉴的固有传统。他说，编著史书而以资鉴为目的，或供后来人之取法为目的，至迟当从孔子作《春秋》始。汉荀悦立五志：一曰达道义，二曰彰法式，三曰通古今，四曰著功勋，五曰表贤能。刘知几更广以三科：一曰叙沿革，二曰明罪恶，三曰旌怪异。五志三科合共八项，除通古今、叙沿革、旌怪异三项为著重历史自身之存在以外，其余达道义、彰法式、著功勋、表贤能、明罪恶五项，大抵著重资鉴一边。宋司马光的《资治通鉴》，顾名思义，更是偏重资鉴，如他自己所说："鉴前世之兴衰，考当今之得失，嘉善矜恶，取是舍非，足以懋稽古之盛德，跻无前之至治。"（司马光：《进资治通鉴表》）这里嘉善矜恶、取是舍非云云，完全是为着资鉴而破坏历史之客观的独立存在。直到梁启超，仍坚持着资鉴说，说："史者何？记述人类社会赓续活动之体相，校其总成绩，求得其因果关系，以为现代一般人活动之资鉴者也。"（《中国历史研究法》第一章《史之意义及范围》）周谷城指出，历史完形论并不说治史可以不要目的，也不说治史可以不重功利。反之，其所悬之目的也许比资鉴说所悬者为大，其功利观念也许比资鉴说之功利观念为深。"简单说来，资鉴说不惜破坏历史之客观的独立存在，摘取个别的先例，以作今人的训条；完形论则务须维护历史之客观的独立存在，明了历史之自身，以增今人的知识。"二者在方法论上的区别，就在于对"历史自身之部分与历史自身之全体"相互关系的认知和取舍很不相同："目的在摘取先例以资鉴，则任取今人所需要之部分便可以；若目的在阐明历史之自身，则非著重此自身之全体不可。"

周谷城认为，历史之全体与部分之关系，亦如世间其他事物一样：部分与全体同在，为不可分；部分之所以为部分，只因其构成全体；全体之所以为全体，只因其成于部分。绝对的真理，见于相对的诸现象之中。完全的存在，实由不完全的诸部分而成立。历史自身之部分离却历史自身之全体，亦往往不得其解。但历史完形论虽强调历史自身之完整，却并不认为用直觉的方法就可以加以了解。反之，认为历史自身之完整的了解，只能使用分析工作于耐烦的分析过程中求得。分析史事不厌精详。他赞成罗素《逻辑原子论》"部分依因果关系而存于全体之内，唯分析为能得其真"的观点，认为"治历史而亦著重分析工夫，却并不是为分析而分析；目的只在将人类过去活动之全体或历史自身之全体分析为许多因素，寻出这许多因素间必然不可移易之关系，从而了解此全体"。

在这里，周谷城所反复说明和特别坚持的，其实就是马克思主义历史学的一个基本观点：历史是一个极其复杂、充满矛盾而又是有规律的统一过程，它是不以历史学家个人意志为转移的客观存在。仅仅满足于收集一大批未加分析的零星史料，或只关注历史过程的个别方面，是不可能深入而全面地了解历史的真实状况的。

周谷城的《中国通史》和《世界通史》的重心，正是将中国及世界“过去活动之全体或历史自身之全体分析为许多因素”，进而“寻出这许多因素间必然不可移易之关系，从而了解此全体”。

以《中国通史》而论，周谷城将整个中国历史分作五篇：一、游徙部族定居时代——中国民族初步形成（周平王东迁洛邑以前）；二、私有田制生成时代——社会关系发生剧变（自周平王元年至新莽元年）；三、封建势力结晶时代——由内乱到种族战争（自新莽元年至北宋元年）；四、封建势力持续时代——种族战争愈演愈烈（自北宋初至鸦片战争）；五、资本主义萌芽时代——工国农国相摩相荡（自鸦片战争至现在）。很明显，周谷城是在借鉴马克思的历史发展阶段理论来把握中国历史发展全局，但是，他又努力依据中国历史实际，在重视社会经济发展的同时，特别关注中国民族的形成和其后长时间存在的种族冲突。在社会性质问题上，他认为，中国古代没有一个奴隶制社会阶段，上古时代的部族战争，结果是导致封建制兴起，而不是奴隶制兴起，因为当时主要产业是农业，从事农业生产的劳动者是农奴，而不是奴隶。当时的奴隶，大多数是从事家务劳动的家内奴隶，家奴不可能构成一个时代。关于中国封建势力的形成、结晶、持续，关于中国资本主义萌芽，《中国通史》都有自己的独立见解。

《中国通史》还有三个关注点在当时史著非常突出。其一，关注广大下层民众的生活状况和他们的反抗运动，对历代农民暴动、农民战争的起因、过程、正面的与负面的实际后果，作了较为客观的叙述和评价；其二，关注各不同阶级、不同阶层、不同集团如何互相对立、互相冲突的同时，还注意到他们如何在一定环境、一定条件下互相依存、互相转化，而使社会成为一个相对稳定的共同体；其三，关注历史上分分合合、十分曲折、十分复杂的民族关系，力图说明各民族在中国历史上的贡献，客观地反映他们相互交流、相互冲突、相互融合的过程。

在20世纪30年代的中国，周谷城《中国通史》的这些见解，可谓惊世骇俗。而究其学术价值而言，原版应当更值得人们珍视和重视。江泽民和李岚清在见到周谷城时，都说过，大学时读到周先生的《中国通史》，印象极深，很受教益。他们所读的，便是原版的《中国通史》。

以《世界通史》而论，它完全不是各个国家国别史的叠加，它考察的重点，就是整个世界如何通过不同地域复杂而曲折的联系互相影响、互相制约，一步步形成密切而不可分割的有机整体。全书分成三篇。第一篇“远古文化之发展”，研究人类起源，研究尼罗河、西亚、爱琴海、中国、印度河、中美六大远古文化区的形成与演变，讨论文化传播与文化创造的不同功能，强调“没有创造，文化的发展便无法开始，没有传播，创造出来的东西便无法展开”，并说明，文化传播确实不能简单化地归结为一者放射，一者模仿，更应重视的是传播者的挑战，如何刺激应战者自创一种崭新的文化。第二篇“亚欧势力之往还”，叙述波斯势力之兴起，由亚历山大东征、大夏与安息的独立和波斯中兴、阿拉伯势力西进、十字军东侵、蒙古的兴起和西征这五大事件造成的亚欧政治社会版图的巨大变化及不同文化的广泛交流，研究欧洲文化和亚洲文化如何各自演进，以及东西方之间如何通过商业贸易活动、交通道路开辟、科学技术与艺术宗教交流而逐步联系在一起。第三篇“世界范围之扩大”，依次论述欧洲社会政治的演变、欧洲由大陆活动向海外开拓、西方重商主义的成功、东方重商主义的失败、重商主义下世界的变化、东西方思想的发展。这部世界通史，将世界视为一个整体，重视欧洲以外各大文明区域、各大民族在世界发展中的功能与贡献，将中国历史融入世界历史之中。周谷城原计划还要撰写第四篇“平等世界之创造”，叙述产业革命以来世界历史的新格局，并已列出各章题目，依次为：产业革命之展开、民主政治之发达、帝国主义之演进、社会主义国之成功、资本主义国之挣扎、平等世界之创造。由于中国革命的胜利，亚非拉民族民主运动蓬勃发展，世界格局开始全面重组，许多重大变化需要继续观察，这一卷迟迟未能动笔。“文化大革命”结束后，他仍想找几个助手协助写出第四篇，他们已写出大部分初稿，但他觉得和其初衷距离较远，搁下未去统稿和修改。这是他的终生憾事。尽管《世界通史》仅完成三册，仍不失为中外史坛一朵奇葩，因为它打破了在世界史研究中一直占据支配地位的欧洲中心论，以真正的世界，对于世界联系形成的历史作了提纲挈领的整体考察。

综观两部通史，不可能不强烈地感受到，书中思路特别清晰，内容取舍和纵横结构独具匠心，谋篇布局很有讲究，逻辑性非常强。这显然是以坚实的史学素养为基础，同时，也反映了周谷城深厚的哲学、社会学、美学、逻辑学修养。他晚年曾回顾说：“五四时代我博览群书，社会学、心理学我读得最多，各派哲学家，罗素的，柏格森的，詹姆士的，杜威的，英国席勒的，都涉猎过不少。”“我很喜欢读社会学，各种各样的社会学都读。”

(《教学科研与反帝爱国》)至于逻辑学，他熟悉黑格尔的《逻辑学》与《小逻辑》，曾翻译《黑格尔逻辑学大纲》，熟悉事物肯定—否定—否定之否定发展的辩证法。形式逻辑，则更是他的擅长。

从出版的《生活系统》一书，可以大致了解作者后来编撰两部通史及他整个学术思想最初的哲学基础。这部著作提出，在讨论人生观之前，必须"先把生活本身弄个明白"。书中讨论了生物与环境的关系问题，批评温德心理学将知、情、意看成并立的三种精神活动，而认为情、智、意是人脑活动三个连续的过程，这就是人类的科学生活、艺术生活、信仰生活，它们分别与智、情、意相对应。周谷城提出："科学的生活，是以我御物的生活，我与物相竞争的生活。"而艺术的生活即自然的生活，是"物我浑融的生活，不知其然而然的生活，无所为而为的生活"。所谓"信仰的生活"即在福、祸多变的社会，必须立住一种信仰，"依着信仰，向前走去"。这三种生活前后相续，并构成前后连贯的循环："由我们研究的结果看起来，生活之全体，是变动不息的。其状态是时时变换的。物我浑然一体之境，有时不能不折入痛苦难堪之境。痛苦难堪之境，绝对不能不折入纯粹思想之境。纯粹思想之境，绝对不能不折入信仰之境。信仰之境，绝对不能不复入物我浑然一体之境。生活是这样轮转一次，便是进化一周。轮转不已，便是进化无穷。"知是"物我分显之境"(科学)，意是"心理行动均有定向"之境(信仰)，情是"物我浑融一体之境"(艺术)。这正好是一个肯定—否定—否定之否定的过程。周谷城要求历史研究必须"寻出诸种因素间不可移易之关系，从而明白此活动之自身"，实际上，就是努力揭示客观历史自身辩证的发展过程。

正因为一贯如此重视生活本身，一贯如此重视生活从肯定到否定再到否定之否定的发展过程，周谷城的两部通史便很自然地能够高屋建瓴，统揽全局，以此为主干，条分缕析，清楚展现历史发展的基本进程和人们生活的各个主要方面。这也正是这两部著作至今仍不失其价值而继续为许多人所爱读的原因之所在。

我于1957年9月做了复旦大学历史系学生，第一学期周谷城就为我们开设世界上古史。复旦大学1946年迁回上海，他和其他师生一道返沪，并担任了历史系主任。1949年上海解放后，他被任命为华东军政委员会教育委员会委员，并应邀出席中国人民政治协商会议第一届全体会议，参与中华人民共和国的创建。他担任复旦大学教务长期间，正逢院系调整，为吸引许多著名教授来复旦，他做了大量工作。但我们进校时，他只担任世界古代中世纪教研室主任。印象特别深的，是在第一节课上，他开宗明义就说，进行历史研究，必须做到博大精深。对于博大精深四个字的内涵，他逐一作了讲解。每次一进教室，他就拿着纸质已经发黄的旧讲稿，照着在黑板上写上整整一版，然后，逐字逐句作一些解释，接着，就开始开“无轨电车”，介绍各种学术掌故、名人轶事。这常常是同学们最感兴趣的内容。而下课铃一响，他一秒钟也不耽搁，就宣布下课。1958 年“教育革命”中，人们批评他讲稿陈旧。他理直气壮地回答说：世界古代历史本来就是那样，没有重大的新的发现、新的突破，我的讲稿自然不需要改动。

我第一次到茂名公寓周府去拜访，是学期中拿了我讨论亚细亚生产方式的一篇习作向他请教，因为我认为苏联学者以家内奴隶为特征的所谓东方奴隶制说难以成立，中国古代社会性质只能从中国实际出发，作出符合中国实际的概括。周先生竟不以为忤，亲切接待，不久，还亲笔写了一封长信，给予鼓励。

其后，周先生再没有给我们开过课，但以他为中心而展开的形式逻辑与辩证法、史学与美学、时代精神汇合论、无差别境界论等等争论，我们却都熟知；他的那些逻辑性极强的雄辩文章，读了也令人们精神为之一振。新编历史剧《海瑞罢官》批判开始不久，他就成了上海集中火力批判的第一号“资产阶级学术权威”；“文化大革命”大幕一拉开，他又升级为“资产阶级反动学术权威”。

和周先生较为密切的接触，是“文化大革命”期间，曾同住 一间“牛棚”，一道接受每日训话，一道接受各种批斗，一道在学校中进行“劳动改造”。所谓“牛棚”，是历史系一间最大的办公室，撤除全部办公桌椅，全系“牛鬼蛇神”集中起来一个个紧挨着打地铺住在里面。当时，周谷城、周予同、陈守实、谭其骧等历史系最有名的教授和我们这些年轻的“牛鬼蛇神”天天生活在一起。我印象最为深刻的，就是在批斗中，周先生对于他所提出和坚持的重要学术观点，一如既往，照样坚持。面对那些批判者气势汹汹的詈骂，他或轻蔑地不予置理，或奋力据理抗辩，经常令对方理屈词穷，难以招架，以致在后来的批斗会上，批判者知趣地不去触动这些问题。

我那时正年轻力壮，在劳动中总尽可能地自己多做一些，设法照顾一下这几位老师，不让他们过分劳累。几位老师中，周谷城先生最为豁达，在没有集中居住时，他每天早晨六点钟就已从市区淮海路家中赶到系里，坐在系门口台阶上安安静静地等候开门。相比之下，周予同、谭其骧先生精神负担最重。所以，只要有机会，我总要劝劝他们两位。我给周予同先生说过：当年，您和匡互生领头翻过围墙，火烧赵家楼，将五四爱国运动推到高潮，历史是不会忘记你们，会给你们以公正评价的。给谭其骧先生，我则和他一起分析：既然一再说要团结干部与群众两个百分之九十五，而现在批判打倒的人数至少已超过百分之十五，这些人中的大部分必定要"解放"出来。毛主席交办的重新绘制中国历史地图集，除去您谭先生，谁能主持？所以，您的"解放"，是迟早的事。心一定要放宽。周谷城先生面对巨大的压力，一直比较镇定，几次涉及他和毛主席交往的情况时，我总说：我相信，毛主席是不会忘记您这位老朋友的，总有一天，会想到您的。

正因为如此，几位老先生对我特别亲切友好。陈守实先生于1974年去世；周予同先生身体不好，"文化大革命"结束后不久就离我们而去。周谷城和谭其骧先生，晚年都在学术上作出了卓越的建树。两位老师，一直继续关心着我辈的成长。尤其是周谷城先生，包括他做了全国人民代表大会常务委员会副委员长以后，对我辈依然爱护有加。凡是我们出面有求于他，无论是主持编撰大型《中国文化史丛书》、《世界文化丛书》、《民国丛书》，还是请他出席或主持各种国内、国际学术研讨会，他无不一口答应。

周谷城先生先后四次题字相赠。1984年题师母李冰伯亲绘山水画相赠，所题为周先生旧作两句："横扫千里无斧钺，俯冲万壑有波澜。"1985年题词："居处恭，执事敬，与人忠。"20世纪90年代一题："汝惟不矜，天下莫与汝争能；汝惟不伐，天下莫与汝争功。"又一题："不矜不伐，有猷有为。"四帧题词，是对后辈的勉励和告诫，同时，也是周谷城先生自己立身行事、治学立言的生动写照。这四段题词，可以帮助我们在更深的层次上理解周谷城先生的两部通史。

姜义华

弁　言

一，本书为作者史学五书之第一种。史学五书包括：一，中国通史；二，中国经济史；三，中国政治史；四，中国思想史；五，中国文化史。今日中国所亟须完成者，果为何种经济制度？何种政治制度？何种思想？何种文化？倘明白历史发展之必然趋势，当能略有所见。作者为此，近数年来，颇留心历史，总想把历史发展之必然趋势稍予阐明。兹先出版《中国通史》，其余各种，当陆续刊行。

二，本书取材，除摘录正史外，尽量利用中外学者专家所整理所发见之各种新史料。所有史料均摘录原文，注明出处，以存真相。唯摘录原文，始终只作证明之用。至于史事之连贯，编者仍有说明；与寻常仅录史料而无说明者不同。

三，书中引用的史料，有的是白话文，有的是接近文言文，有的是古文。读者对于所引古文如感到困难之处，无妨暂时略去。不过引用之古文，均加了标点符号，且原文前后都有说明，亦颇容易了解。有功夫阅读，自以不略去为是。

四，本书原系一种讲义：计第一第二篇会在国立中山大学文学院社会学系讲授一遍；第二第三第四第五各篇会在国立暨南大学文学院史地学系讲授三遍。讲授之时，每章末了均附有习题。兹为节省篇幅计，一律删去。

目　录
CONTENTS

上

导论 历史完形论

一 历史完形之基本理论

史料史观非历史 史料是历史之片段。从片段的史料中可以发见完整的历史；但完整的历史之自身，决非即等于片段的史料。举例来说，如新近发见的北京人头骨，如河南甘肃辽宁山西各地先后发见的石器与陶片，如殷墟甲骨，如新郑铜器，如寿县铜器，如汉晋简牍，如敦煌写经，如西夏文字，如大库档案，如太平天国史料，等等，都是史料。史学家从史料中去寻找历史，从而编著史学书籍；但并不把史料当历史，而只把史料当寻找历史的指路碑及历史的代表。若研究只止于史料的本身，考究其来源，分解其成分，加以分类，加以排比；这属于史料学或史学概论的范围。不过史料学亦当被认为就是史学。蔡元培先生云："史学本是史料学。"[①]这话于史学界有益，但不正确。治史的人往往轻视史料；其实离开史料，历史简直无从研究起。历史自身虽不是史料，但只能从史料中寻找而发见出来。谓"史学本是史料学"，至少有纠正空疏之弊的作用，故曰于史学界有益。但有益的话往往也有不正确的。谓"史学本是史料学"，同时自不能不承认史料就等于历史。其实史料只可视为寻找历史之指路碑，只可视为历史之代表或片段的痕迹，却并不是历史之自身。

其次，史观也不是历史之自身。史观云云，只可视为对历史的看法。或谓历史即理性发展史，如黑格尔之所云；或谓历史即阶级斗争史，如马克思与恩格斯等之所云。但这都只是对历史的看法。本着这等看法从史料当中去寻找历史是可以的；若谓这等看法就是历史之自身却大不可。

---

① 蔡元培：《明清史料序言》。

历史之自身乃客观的独立存在；并非因吾人有了看法，加了研究，有了著作，而始存在的。讨论至此，最宜把历史一名词所代表的两个意义加以分辨。历史一名词，常代表着历史之客观的存在与历史之文字的表现。但客观的存在与文字的表现一向是未加分别的。其实客观的存在与文字的表现倘不分别清楚，则历史之自身云云，终将被人忽视。这分别在西文近来常有人提及。巴恩斯(H. E. Barnes)即有其分别之言曰："史之一辞显具二义：一指过去种种事业及造诣之总相而言；一指此种种活动之笔之于书或傅之于口之纪录而言。"[①]中国学者近亦有留意到这等分别的。冯友兰先生云：

> 历史有二义：一是指事情之自身；如说中国有四千年之历史，说者此时心中，非指任何史书，如《通鉴》等。不过谓中国在过去时代，已经有四千年之事情而已；此所谓历史，当然是指事情之自身。历史之又有一义乃是指事情之纪述；如说《通鉴史记》是历史，即依此义。总之，所谓历史者，或即是其主人翁之活动之全体；或即是历史家对于此活动之纪述。若欲以二名表此二义，则事情之自身可名为历史，或客观的历史；事情之记述可名为"写的历史"，或主观的历史。……"历史"与"写的历史"乃系截然两事。于写的历史之外，超乎写的历史之上，另有历史之自身，巍然永久存在，丝毫无待于吾人之知识。写的历史随乎历史之后而纪述之，其好坏全在于其纪述之是否真实，是否与所纪之实际相合。[②]

这区别再清楚没有了。不过我不想用"客观的历史"与"主观的历史"等名词。事情之自身或历史之自身，当然称为历史；事情之记述或写的历史可直称为史书；如依科学方法写的史书，可称之为史学。虽然"主观的"与"客观的"意义并不含混；但为从俗起见，仍以不立"主观的历史"之名为是。且"主观的"云云，亦只是指事情的"记载"(Records of events)而言，非谓记载的"事情"(events recorded)亦为主观的。这正如动物学虽以动物为对象，但我们却不必称动物学书本中所描写的动物为主观的动物。

过去活动为历史 史料史观都非历史，然则独立存在，不因吾人之知

① 汉译：《史学史》第一节。

② 冯友兰：《中国哲学史》第一章，第16～17页。

识而始存在之客观的历史，究竟是什么呢？这很易回答，即人类过去之活动是也。虽然，历史固为人类过去之活动，且人类过去之活动云云，治史的人，也没有不知道的。但截至今日，所有历史书籍，都不着重这一点，甚至完全遗漏这一点。于是历史书籍中所见的只是记事文字之摘录，或典章制度之说明，或个别史料之排比，而不是过去活动之显现。换言之，史书中所见只是静止而不是活动。其所以不着重活动，或遗漏活动，其原因或出于无意的忽略，或出于有意的主张。无意的忽略，可随举几端以为例。(一)因忽略了活动之自身与活动之记述的分别，以致只重活动之记述，不重活动之自身。伟大的史家梁任公亦不免有这个忽略。彼尝云："史也者人类全体或其大多数之共业所构成。"又云："史也者则所以叙累代人相续作业之情状者也。"①这里前一史字显然是指人类过去活动之自身而言，后一史字显然是指关于过去活动之记述而言。两个意义混而不分；则编著史书之时，自不免视活动之记述为活动之自身，自不免化活动为静止。(二)因忽略了活动之自身与活动之成果的分别，以致只重活动之成果，不重活动之自身。这里所谓活动之自身与成果，颇与梁任公所谓活动之情态与产品相似。梁之言曰："活动之相，……复可细分为二：一曰活动之产品，二曰活动之情态。产品者，活动之过去相，因活动而得此结果者也。情态者，活动之现在相，即结果之所从出也。"②也与马端临所谓"不相因"与"相因"一样。马之言曰："理乱兴衰，不相因者也。……典章经制，实相因者也。"③情态为活动之自身，产品为活动之成果；理乱兴衰为活动之自身，典章经制为活动之成果。活动之自身与活动之成果既混而不分，则编著史书之时，自不免视活动之成果为活动之自身，自不免化活动为静止。(三)因忽略了活动之自身与个别的史料之分别，以致只重史料，不重活动。蔡元培先生云："史学本是史料学。"④准此而言，则非承认历史之自身等于片段的史料不可。这种的认取，在过去是很普遍的；所以编著历史书籍之时，只重史料而不重历史；只重活动之片段的痕迹，而不重活动之全体的自身。以上所述，还只是因忽略而生的结果。最关重要的，厥为(四)有意的主张，要把活动化

---

① 梁启超：《中国历史研究法》第一章《史之意义及其范围》。

② 梁启超：《中国历史研究法》第一章《史之意义及其范围》。

③ 马端临：《文献通考・自序》

④ 马端临：《文献通考・自序》

为静止。盖过去最重要或最激烈之活动常在朝代与朝代之交。其时旧朝将瓦解，新朝未建立；统治权力，一时动摇；被压迫阶级乘机起而活跃；于是构成剧变，构成最激烈的活动。但这种活动是后来的统治者所厌闻的。于是编著史书的人常把这种活动故意挤到极不重要的地位，或以一二篇逆臣列传或流贼列传了事。这种办法用得最早，成了风气；所以过去的史书大抵只详述已经成立了的朝代，而略述朝与朝之交的剧烈变乱情形；换言之，惯以静止为叙述的对象，不以活动为叙述的对象。

过去史书之只以静止为对象，而不以活动为对象，可举最显著之两事以为证：一分类叙述，二分朝叙述是也。(一)分类叙述的办法是极普遍的。编著史书的人大抵只注意到文字的记录，个别的史料，与夫典章制度，等等；不以为凡此等等之里面，尚有历史之自身或活动之自身；于是编著史书之时，尽量把这等等分成若干子目，如世系，如疆域，如内政，如外交，如文治，如武功，如外戚，如宦官，如实业，如民生，如学术，如思想等；按照此等子目，将材料编入。编得愈有条理系统，而历史自身或活动自身之完整性愈被支离；于是历史书变成了史料书或历史辞典。每一子目均有独立的意义；而从诸种子目的连缀上看去，始终看不出历史之自身或人类过去活动之自身。(二)分朝叙述的办法，近来似有若干更改，如所谓上古，中古，近世，现代等名目之采用是也。其实这也只是形式上的更改，真正着重之点仍在朝代。如上古则以秦朝始皇以前为段落，中古则以清朝顺治以前为段落，近世则以辛亥革命以前为段落。上古中古等名称虽不是表朝代的，而其包括的单位，仍只是若干朝代，不是特殊活动。朝代既成了叙述的对象，于是将一朝的大事按上面所指出的等等子目，编插进去。前一朝与后一朝所历时期虽有长短之不同；所经变故虽有性质之不同；而子目的分法大体相差不远。至于朝与朝之间的剧烈活动，虽是应该从正面叙述的单位，且是内容最丰富的单位；然为防止读史者的注意起见，则不惜分割为二：一半划入前朝之末，作为该朝灭亡的原因；一半划入后朝之端，作为该朝开创的工作。过去的史书完全以朝代为叙述的对象，固不惜分割朝与朝间之完整的活动。现在治史的人，虽认朝代为不甚重要了；然为旧习所拘，叙述的对象仍限于朝代之内，仍未由朝代之内移到朝与朝之间。换言之，着重之点仍是静止而不是活动。

历史自身之存在　人类过去之活动或历史既有其自身，既为客观的独立存在；初不是因我们加以认识而始存在的；那么我们研究此活动之时，换言之，即研究历史之时，便始终应当追随着维护着它那客观的独立存在；不应当将此客观的独立存在化为主观的。正如矿物学者之研究矿物，不能将矿物化为主观的一样。所谓历史学，也不过是研究人类过去之活动，分解此活动之诸种因素，寻出诸种因素间必然不可移易之关系，从而明白此活动之自身而已。这道理是很显明的，梁任公即有言曰：

> 吾侪今日所渴求者在得一近于客观性质的历史。我国人无论治何种学问，皆含有主观的作用。……唯史亦然：从不肯为历史而历史；而必侈悬一更高更美之目的——如“明道”“经世”等；一切史迹，则以供吾目的之刍狗而已。其结果必至强史就我，而史家之信用乃坠地。[①]

这明明白白是维护历史或人类过去活动之客观的独立存在之言。但在另一方面，却又毅然决然欲把客观的独立存在完全化为主观的。其热烈之言曰：

> 无论研究何种学问，都要有目的。甚么是历史的目的？简单一句话，历史的目的在将过去的真事实予以新意义或新价值，以供现代人活动之资鉴。……吾人做新历史而无新目的，大可以不作。历史所以要常常去研究，历史所以值得研究，就是因为不断的予以新意义及新价值，以供吾人活动的资鉴。……研究历史也同做电影一样：吾人将许多死的事实组织好了，予以意义及价值，使之活动；活动的结果，就是供给现代人应用。[②]

一方面承认历史之客观的独立存在，另一方面却要把它化为主观的，重行制造，如同做电影一样！一方面反对强史就我，另一方面却只想强史就我！这种矛盾，在过去是很普遍的，史学界几乎都陷入这矛盾中。其起因大抵由于源远流长的资鉴说。编著史书而以资鉴为目的，或供后来人之取法为目的，至迟当从孔子作《春秋》始。《春秋》是否为孔子所作，兹姑不论，但《春秋》之本身，确有人认为是资鉴之书。孟子曰：“世衰道微，邪说暴行又作：臣弑其君者有之，子弑其父者有之。孔子惧，作《春秋》。”[③]又

---

① 梁启超：《中国历史研究法》第三章《史之改造》

② 梁启超：《中国历史研究法补编》第一章《史的目的》。

③ 《孟子·滕文公下》。

云："孔子成《春秋》，而乱臣贼子惧。"①司马迁云："《春秋》之义行，则天下乱臣贼子惧焉。孔子在位，听讼文辞有可与人共者，弗独有也。至于为《春秋》，笔则笔，削则削，子夏之徒不能赞一辞。"②果如所云，《春秋》当然是很好的资鉴之书。汉荀悦立五志，唐刘知几立三科，其中亦多半着重资鉴。

> 昔荀悦有云：立典有"五志"焉：一曰达道义，二曰彰法式，三曰通古今，四曰著功勋，五曰表贤能。……今更广以三科，用增前目。一曰叙沿革，二曰明罪恶，三曰旌怪异。③

这里五志三科合共八项。除通古今、叙沿革、旌怪异三项为着重历史自身之存在以外；其余达道义、彰法式、著功勋、表贤能、明罪恶五项，大抵着重资鉴一边。宋司马光之《资治通鉴》，我们顾名思义，当知更是偏重资鉴之书。光之《通鉴》既成，"神宗皇帝以鉴于往事有资于治道；赐名曰《资治通鉴》。"④其实司马光自己之用意，亦着重在资鉴；故曰："鉴前世之兴衰，考当今之得失；嘉善矜恶，取是舍非；足以懋稽古之盛德，跻无前之至治。"⑤这里嘉善矜恶，取是舍非云云，完全是为着资鉴而破坏历史之客观的独立存在之办法。直到梁任公，仍坚持着资鉴说不肯放弃。其言曰："史者何？记述人类社会广续活动之体相，校其总成绩，求得其因果关系，以为现代一般人活动之资鉴者也。"⑥

资鉴的观念不打消，历史之客观的独立存在终维持不住。梁任公一面要求客观的历史，同时又不惜将客观的化为主观的，正因未能打消资鉴的旧观念。虽然，历史完形论并不说治史可以不要目的，也不说治史可以不重功利；反之，其所悬之目的也许比资鉴说所悬者为大；其功利观念也许比资鉴说之功利观念为深。不过达到的目的两样。讨论至此，我们最宜把资鉴说与完形论在这一方面之不同点略为指出。简单说来，资鉴说不惜破坏历史之客观的独立存在，摘取个别的先例，以作今人的训条；完形论则务须维护历史之客观的独立存在，明了历史之自身，以增今人的知识。一

① 《孟子·滕文公下》。

② 《史记·孔子世家》。

③ 刘知幾：《史通·书事》。

④ 胡三省：《音注资治通鉴序》。

⑤ 司马光：《进资治通鉴表》。

⑥ 梁启超：《中国历史研究法》第一章《史之意义及范围》。

则治史以受训，一则治史以求真；一则把历史当作一种供我们摘取先例的宝库，一则把历史当作客观的独立存在，应该从正面研究的东西。

历史自身之完整 资鉴说之摘取个别的先例，以作今人的训条，亦必确有先例可摘取，然后乃能完成资鉴之目的。果如是者，则资鉴说也是尊重历史之客观的独立存在的，似不应谓资鉴说为破坏历史之客观的独立存在。不过我们于此有一个分别应当认取，即历史自身之部分与历史自身之全体是也。目的在摘取先例以资鉴，则任取今人所需要之部分便可以；若目的在阐明历史之自身，则非着重此自身之全体不可。历史之全体与部分之关系，亦如世间其他事物一样。

> 现象世界中诸现象之彼此独立，实即构成一个全体，且完全存在于诸现象自己相关的关系中。[①]
>
> 无间的关系即全体与部分之关系：存在之内容为全体，且系由部分构成的；部分即形式，即全体之对反。诸部分是彼此不同的，且各有其存在。但是诸部分之所以为部分，只在其彼此相关的同一关系之内；换言之，只在其彼此一块儿构成全体。然此"一块儿"(Zusammen)却正是部分之对反和否定。[②]

这所论全体与部分之关系，是很确当的：认部分与全体同在，为不可分；部分之所以为部分，只因其构成全体；全体之所以为全体，只因其成于部分。此种理论，实极确当而不可否认。物观论者狄兹根(J. Dietzgen)，更有具体之言曰：

> 真理的自身就是全体，就是无限，就是不灭。真理的任何部分就是无限的一有限部分；所以同时也就是有限和无限，可灭和不灭。任何部分都是与全体不可分的联系着的一部分。……个别的存在倘未参与全体存在之一般性，直是不可思议。[③]
>
> 绝对的真理，见于相对的诸现象之中。完全的存在，实由不完全的诸部分而成立。Gotham 村的智人也许认此为无意识的矛盾。但我们

---

① G. W. E. Hegel, *Encyclopädie der philosophischen Wissenschaften* p133.

② G. W. E. Hegel, *Encyclopädie der philosophischen Wissenschaften* p135.

③ J. Dietzgen, *The Positive Outcome of Philosophy*，论逻辑的第五函。

可拿支解人体为例，而证实之。一个人的四肢，头颅，躯干，若被支解了，当然只是一个死尸之诸部分；然当其未支解时，却的的确确具有生命。所以生的常是由死的而构成；最完全的存在，常是不完全的诸部分之全体。……世间一切部分或事物，除却其不完全的部分性以外，实在都含有绝对存在的全体性。[①]

所以概括的说起来，哲学之积极的成果有如下之原则：即全体必须从其特殊诸相上了解之；且同时特殊诸相亦只能从其彼此相关中，被认为全体之诸部分时，始得了解。[②]

凡上所述之理，实自然界，社会界，精神界所共有。历史自身之部分离却历史自身之全体，亦往往不得其解。此疑古辨伪者或考古求真者之所以不能离开历史自身之全体而单独的疑古或考古也。虽然历史完形论明白认取了历史自身之完整，但并不希望以直觉的方法了解之。反之且认为历史自身之完整的了解，只能使用分析工作于耐烦的分析过程中求得。分析史事不厌精详，正如《逻辑原子论》(*Logical Atomism*)者之分析一切含糊佬侗之概念一样。罗素尝以分析工作为认识事物之手段。只以人寿有限，不能不缩短其工作，彼之言曰：

“人”与“物”一类的概念也并不是最后可靠而不必加以分析的。例如我说“我坐在桌子旁边”一语，即应当改变其方式曰：某一群依某种方法而必然联系着的事情之一，构成一个全系，被称为“人”者；与另一群依另一种方法彼此必然联系着的，且具有一种空间容积，用“桌子”一词表示的事情之一；有着某一种空间的关系。至若我之不如此说，只因我的寿命太短；不过我若是一位道地的哲学家，我却应该这样说才行。[③]

罗素认定自己寿命太短，不能不缩短其分析工夫；治史的人为着时间精力的经济起见，亦不能以分析为游戏；反之，为功利观念所迫，亦只好择取不能不分析之重要史事而分析之，以图窥见历史自身之全体。然这却

① J. Dietzgen，*The Positive Outcome of Philosophy*，论逻辑的第十二函。

② J. Dietzgen，*The faculty of Knowledge and Soul*.

③ B. Russell：*Philosophy*，pp. 243－244.

不是放弃分析；同时且以历史自身之全体的认识，唯分析为有效的工夫。这亦正如《逻辑原子论》者之着重分析工夫一样。罗素氏谓部分依因果关系而存于全体之内，唯分析为能得其真。彼之言曰：

> 一个全体倘分裂成许多因素之时，也许丧失其因果性；不过它所含之诸因素原来却是依某种方法而联系着的；只要我们不以全体之因果效用为由个别的诸原子之个别的诸结果所强合而成，则分析工夫是完全可靠的。我称我所主张之哲学为《逻辑原子论》(*Logical Atomism*)，乃因为我持这个见解。[①]

治历史而亦着重分析工夫，却并不是为分析而分析；目的只在将人类过去活动之全体或历史自身之全体分析为许多因素，寻出这许多因素间必然不可移易之关系，从而了解此全体。活动的诸因素间有必然不可移易之关系，正与自然科学所指示者相同。狄慈根云：

> 自然科学之寻找原因，不以为原因在诸现象之外边，或后面；而以为即在其内部或本身。近代研究之寻找原因，不以原因为外在的创造者，而以原因为诸种现象在时间相续的次序上出现的一般方式，或方法，或内在的系统。……寻找原因云云，意即将研究的诸现象概括之，将经验的诸事实整理之，使归于一个科学的条理。[②]

自然科学固然要寻出事物之诸现象间不可移易的关系，始得谓之认识了该事物；历史科学亦必分析人类过去活动之全体的诸因素，寻出诸因素间不可移易的关系，始得谓之认识了历史。

二　破坏完形之各体史书

历史纪录之发展　人类既有历史，终于发明历史的纪录。我国纪录历史事迹之文字，最早出世而留存至今的当推殷商时代的甲骨文字。这等文字，虽大多数系古人举行贞卜之后，得到吉凶的征兆，而刻在龟甲或兽骨

---

① B. Russell：*Philosophy*，pp. 247—248.

② J. Dietzgen，*The Positive Outcome of Philosophy* 中 The Nature of Human Brain Work 里的 Cause and Effect 项下．

上的；却可视为历史事迹的纪录。因古人行事，不能自主，常迷信鬼神，故贞卜以求吉凶之兆的办法几乎适用于一切行为；因之甲骨文字所涉的范围，几乎达到了古人日常活动的任何方面。而且甲骨文字亦有不著贞卜二字而纯为记事用的；如帚矛刻辞即是其例。① 唐兰不信甲骨文字中有纯记事文，否认董氏骨臼刻辞为纯记事文之说。② 我们凭常识判断，古人于贞卜之后，既能用文字把吉凶记下来；则不贞卜时，如有要事而须记录者，当亦能用文字记下。甲骨文之纯记事的实例，似可承认。

殷商时代不仅有了记事之文，似乎尚有将文字编纂成册之事。董作宾于某两片龟尾甲之尖端发见有“编六”及“册六”之文，且离字不远之处有孔；认为这是编联龟版使成册之证，谓“册字最初所象之形，非简非札，实为龟版。”③果如所云，殷商时代已有书籍了。不过这到底只能作为一种参考；是否如此，尚待新证。至于用竹板作书的事情，在殷商时代及其前后大概是很通行的。不过竹板易于消灭，故很少留存至今者；唯剩下甲骨独出风头。甲骨文字已很精美；料中国文字开始发展之时代必远在殷商甲骨文字之前；只惜记载的实物久已毁灭不见了。古时记载的实物，除甲骨外，竹简大概是最重要的。

> 古书止有竹简，曰汗简，曰杀青。汗者去其竹汁；杀青者去其青皮。……新竹有汁，善朽蠹。凡作简者皆于火上炙干之，陈楚间谓之汗；汗者去其汁也。而其用有二：一为刀刻；《说文解字》云，八体之“刻符”是也。一为漆书；《后汉书·杜林传》，“于西州得漆书古文《尚书》一卷”；《晋书·束晳传》，“太康二年，汲郡人发塚，得竹书数十车，皆简编，科斗文字，杂写经史。”又云：“时人于嵩山下得竹简一枚，上两行科斗书是也。……”因此推见周秦以前竹书之用甚广。《说文解字》篆籀等字即其明证。如篆曰引书，籀曰读书，籍曰簿书，笺曰识书，皆从竹，而各谐声。《汉志》称书曰多少篇，篇亦从竹；《说文》：“篇书也。”④

---

① 董作宾：《帚矛说》，见《安阳发掘报告》第一期。

② 唐兰：《卜辞时代的文学和卜辞文学》，见《清华学报》第十一卷第三期。

③ 董作宾：《商代龟卜之推测》，见《安阳发掘报告》第一期。

④ 叶德辉：《书林清话·书之称册》。

既有文字，复有记载的实物，于是专门藏书读书作书的人也出现，是曰"史"。史这个字，《说文解字》谓从又持中；中，正也。然中正为无形的，不能用手持。吴大澂谓史为手执简形。然中与简形亦殊不类。江永以中为簿书，义更近真。但簿书何以要叫作中，仍不能得其解。直到王国维，则认中为盛筭之器。筭为射时所用，然与简策相同，故盛筭之器即是盛简策之器；以手持此器，无异于以手持简书。王云：

> 中者盛筭之器也。……其初当如图形，而于图之上横凿空以立筭，达于下横；其中央一直，乃所以持之，且可建之于他器者也。考古者简与筭为一物：古之简策最长者二尺四寸，其次二分取一为一尺二寸，其次三分取一为八寸，其次四分取一为六寸。筭之制有一尺二寸与六寸二种，射时所释之筭，长尺二寸，投壶筭长尺有二寸。……射时舍筭，既为史事；而他事用筭者亦史之所掌。筭与简策本是一物，又皆为史之所执，则盛筭之中，盖亦用以盛简。简之多者自当编之为篇；若在数十简左右者盛之于中，其用较便。……史字从又持中，义为持书之人，与尹之从又持丿者同意矣。然则谓中为盛筴之器，史之义不取诸持筭，而取诸持筴，亦有说乎？曰有。持筭为史事者，正由持筴为史事故也。古者书筴皆史掌之。……又周六官之属掌文书者亦皆谓之史。则史之职专以藏书读书作书为事；其字所从之中，自当为盛筴之器，此得由其职掌证之者也。史为掌书之民，自古为要职。殷商以前，其官之尊卑虽不可知，然大小官名及职事之名多由史出，则史之位尊地要可知矣。……史之本义为持书之人，引申而为大官及庶官之称，又引申而为职事之称。其后三者各需专字，于是史，吏，事三字于小篆中截然有别：持书者谓之史，治人者谓之吏，职事谓之事。此盖出于秦汉之际，而《诗》《书》之文尚不甚区别。①

记载所用的文字，用作记载的实物，以及专司记载的人员，大抵是同时出现的。有了这三者，自然有书籍的出现。春秋战国时代，著书的人大概很多了。除却作者姓氏可考的诸子以外，姓氏不可考的作家，为适应时代之需要，假托旧说，敷陈己见，以成书的人，在当时大概是很多的。于

---

① 王国维：《观堂集林·释史》。

今所谓《诗》《书》《礼》(《乐》)《易》《春秋》等经典，大概都成于此时。书中所讲的事情多是很古的；而书之成就，当在春秋战国时代。说到这里，颇令人想起一件非常巧合之事。即犹太经典，也成于这个时代是也。现在所见《旧约》(*Old Testament*)中之《摩西五经》(*Pentateuch* 有时将《约书亚记》*the book of Joshua* 附入，称为《六经》*Hexateuch*)《先知书》(*Books of Prophecies*)以及《笔录》(*Writings or Hegiographa*)等，据最近的学者考订，大体都是公元前九世纪至四世纪之间陆续成立的，恰当我国春秋战国时代。这等经典之纂成，原不知出于何人之手。大概是因社会进化，团体生活渐渐复杂，常有作者出来，一面假托旧说，或国王或民族首长，或神的代言人等之说，以取信于当时；一面发挥自己的意见，如民族之生存，秩序之安定，善恶之分辨等见解，以应当时的需要；两者交织在一块，俨然句句话都是前人所说；其实多出自作者自己。中国经典之成立，也是在很长的时间内陆续成立的；其内容也好像出自前人；其实多出自作者自己。

中国经典之中有《尚书》与《春秋》，被认为中国最早的两种史书：《尚书》被认为是纪事本末体史书之祖，《春秋》是编年体史书之祖(其实只《春秋》能算历史的著作)。到司马迁的《史记》出，又被认为是纪传体史书之祖。纪传体以人物为对象，着重在个别的人物之描写；编年体以时间为对象，着重在将大事按年代之先后而排比之。本末体则以事情为对象，着重在将某一事情的原委完全述出。

纪传体自汉司马迁的《史记》以下至于唐代，是很当令的一种史书体裁；然自唐以后，用这个体裁编著史书的人，大抵依样画葫芦，没有什么特色了。编年体自后汉荀悦的《汉纪》出世，颇能与纪传体相抗；用此体著书的人亦很多：如张璠之《后汉纪》、孙盛之《魏氏春秋》、干宝之《晋纪》、裴子野之《宋略》、吴均之《齐春秋》、何之元之《梁典》、王劭之《齐志》皆其代表作。到宋神宗时，司马光的《资治通鉴》出，为此体发展到最高度之表现。宋代史书有两大名著：司马光的《资治通鉴》而外，有南宋孝宗时袁枢的《通鉴纪事本末》。《资治通鉴》为编年体之最大史书，《通鉴纪事本末》为本末体之最大史书。

综括说来，《史记》以前，为本末编年纪传三体创兴之时代；《通鉴纪事本末》以前，为此三体向上发展之时代。在前一时代，各体史书创兴的趋势，由本末到编年，由编年到纪传，似亦有若干改良进步的意味。章实斋云：

> 宪法久则必差，推步后而愈密，前人所以论司天也；而史学亦复类此。《尚书》变而为《春秋》，则因事命篇不为常例者，得从比事属辞，为稍密矣。《左国》变而为纪传，则年经事纬，不能旁通者，得从类别区分，为益密矣。①

这“稍密”“益密的”分别，站在章氏的立场，当然是可以成立的。专从史书体裁的演变上立论，《史记》以前之变化，大抵如此。至于《通鉴纪事本末》以前的变化，也似乎有一种改良进步的意味；其趋势却是由纪传而编年，由编年而本末。“司马《通鉴》病纪传之分，而合之以编年。袁枢《纪事本末》又病《通鉴》之合，而分之以事类。”②自袁枢《通鉴纪事本末》以后，中国旧式史书体裁，似已发展到了尽头。直到夏曾佑仿日人之法编教科书，方有所谓新体。章嵚所编《中华通史》也都是这个体；且目前关于通史的编著，几乎只用这一体。这的确可称为新体，与以前任何体裁都不同。事情纵剖，依门类而分，如理乱兴衰，社会生活，学术思想等；时间横断，依朝代而分，如汉、唐、宋、明等。纵横两种界线交织于同一书本之中，俨然坐标；我常称之为坐标体。就史料，或个别的史事，或典章经制之分类排比而言，此体为最进步；若就历史自身而言，则最能破坏历史自身之完整者厥为此体。此体通行，只见动的历史化成静的史料；只见历史之完形化为史料之分类排比。致读者只看见条理系统井然的史料，看不见活跃而完整的人类活动。

两种体裁之批评　(a)纪传体之批评。过去批评纪传体的有大史学家刘知幾，郑樵，章实斋诸氏。章之批评着重在史书的内容，着重在作者的学问识见等。至于纪传体裁之不适于编著通史，虽亦提及，却未严厉地批评。如司马迁的《史记》，往往文不对题；但内容彼认为还好，则谓其体圆用神，犹有《尚书》之遗意。后来纪传体史书很少有可观的了，则谓其无别识心裁，冗复疏舛，芜滥浩瀚。其言有曰：

> 迁书纪表书传，本左氏而略示区分，不甚拘拘于题目也。《伯夷列传》，乃七十篇之序例，非专为伯夷传也。《屈贾列传》，所以恶绛灌之

① 章实斋：《文史通义·书教下》。

② 章实斋：《文史通义·书教下》。

谗，其叙屈之文，非为屈氏表忠，乃吊贾之赋也。《仓公》录其医案，《货殖》兼书物产，《龟策》但言卜筮，亦有因事命篇之意，初不沾沾为一人具始末也。张耳陈馀，因此可以见彼耳；孟子荀卿，总括游士著书耳。名姓标题，往往不拘义例，仅取名篇。譬如《关雎》《鹿鸣》，所指乃在嘉宾淑女。而或且讥其位置不伦，或又摘其重复失检。不知古人著书之旨，而转以后世拘守之成法反訾古人之变通！亦知迁书体圆用神，犹有《尚书》之遗者乎？①

著书而文不对题，作纪传而因事命篇，不为一人具始末；这已见纪传体之不宜于编著通史了。不过章只批评内容，故其言如是。纪传体之内容不好的，章亦批评曰：

纪传行之千有余年，学者相承，殆如夏葛冬裘，渴饮饥食，无更易矣。然无别识心裁可以传世行远之具；而斤斤如守科举之程式，不敢稍变；如治胥吏之簿书，繁不可删。以云方智，则冗复疏舛，虽为典据；以云圆神，则芜滥浩瀚，不可诵识。②

这种批评，十分得当；但偏重内容，只能算为"书"评，而不是评书之"体"。郑樵对于纪传体史书亦有批评。纪传体史书有包括许多朝代的，如《史记》即其一例，往日称此为通史。有只包括一个朝代的，如《汉书》，即其一例，往日称此为断代史。其实纪传体如果是好的体裁，朝代之通与断的分别不独无妨，且有必要。朝代多了，用一书总括之，固很经济；新朝继起，断代为书以续之，又有何妨？而郑樵则只恭维《史记》，认为能会通古今；痛骂《汉书》，说抛弃了前后(前代后代)相因之义。③ 而于纪传体本身之是否宜于编著通史，则未有说。总括郑章两氏对纪传体史书之批评看来，郑偏重朝代之断与通，章偏重内容之优与劣；都不十分着重体裁之本身。独较早的刘知幾对《史记》及其以下诸纪传体史书之体裁有正面之批评曰：

凡此诸作，皆《史记》之流也。寻《史记》疆宇辽阔，年月遐长；而分以纪传，散以书表。每论家国一政，而胡越相悬；叙君臣一时，而

① 章实斋：《文史通义·书教下》。

② 章实斋：《文史通义·书教下》。

③ 郑樵：《通志总序》。

参商是隔：此其为体之失者也。[①]

我们着重在纪传体是否宜于编著通史一问题，故认此种批评为得当。总括言之，纪传体之不适宜于编著通史，厥在破坏历史自身之完整一点。通史所求者为历史自身之完整；纪传体则恰恰破坏之。分别说来：(1)纪传体常将完整之事分散，述于不同的《纪》或《传》之中。例如楚汉之"争"，本是一事，参加此事的主要动力为楚汉。《史记》不以此整个的"争"为叙述之对象，而将其分述于《高帝本纪》及《项羽本纪》之内。(2)纪传体常将同一时期同作一事之人不予合并叙述。例如，汉代统治本不是高祖一人所创成，实成于高祖与其许多功臣之共同努力。然为体例所限，只好分述。于是同时的人变成不同的了。这真是刘知幾所谓"叙君臣一时，而参商是隔"者。(3)纪传体分类以叙事，根本不能不将历史自身之完整加以分裂，加以捣碎。虽然，人类要将自己过去活动中所有重要事情保存无遗，则分类以叙事之书绝不可少；且分类不嫌精细。但这么一来，历史自身之完整便全然破坏。所分之类中，本纪一类，通史意味似乎较多。然本纪所述又只整个社会中极少数得了优势之人，只可视为帝皇家谱。所以纪传体史书到底只合保存史料，不能作为通史。

(b)编年体之批评。《春秋》向来被认为编年体史书之祖，刘知幾对于《春秋》及《春秋》以下若干种编年体史书有一种概括的批评。其言有曰：

> 丘明传《春秋》，子长著《史记》，载笔之体，于斯备矣。后来继作，相与因循；假有改张，变其名目；区域有限，孰能逾此？盖荀悦，张璠，丘明之党也；班固，华峤，子长之流也。惟此二家，各相矜尚。必辨其利害，可得而言之。夫《春秋》者，系日月而为次，列时岁以相续；中国外夷，同年共世，莫不备载其事，形于目前；理尽一言，语无重出：此其所以为长也。至于贤士，贞女，高才，俊德，事当冲要者，必盱衡而备言；迹在沉冥者，不枉道而详说。如绛县之老，杞梁之妻，或以酬晋卿而获记，或以对齐君而见录，其有贤于柳惠，仁若颜回，终不得彰其名氏，显其言行！故论其细也，则纤芥无遗；语其

① 刘知幾：《史通·六家》。

粗也，则丘山是弃：此其所以为短也。[①]

在我们看来，这里所谓短，还不能算为《春秋》或编年这种体裁之短。盖“纤芥无遗，则丘山是弃”的选材失当，属于作者的识见问题；评史家的见解，固无妨及此；若评史书的体裁，则此等失当并无关重要。其次所谓长处，初看似是长处。《春秋》体或编年体于纵的方面着重日月时岁之相续；于横的方面，着重同时事情之并书。“系日月而为次，列时岁以相续；中国外夷，同年共世，莫不备载其事，形于目前”云云，与通史较为接近。不过通史最重历史自身之完整；“完整”云云，与“侊侗”不同。把同时间而彼此无关系的许多事情并列起来，只是含糊的侊侗，而不是辨证的完整。历史自身之完整，有如复杂的机器一样。由诸部分所构成之全体，固是完整的，而构成全体的诸部分，自身复各有其完整性(参阅第一节《历史自身之完整》)。要得全体之完整，须遵两个条件：一，消极的不破坏诸部分自身的完整性；二，积极的须阐明诸部分彼此间不可移易的关系，或因果关系。编年体以按年月之前后排比事情为特征；然同一年或同一月所发生的许多事情，彼此间未必定有不可移易的因果关系。无关系而并列之，只是杂录。其次每一事情之产生，发展，完成，未必定在同一时限之内：其所历时间往往有数年乃至数十年的。编著史书之时，将整个的一事分散，按年排比其零碎的部分，而与其他许多不相干的事情混合，于是这一事情的完整性不能保。杨万里谓：“予每读《通鉴》之书，见事之肇于斯，则惜其事之不竟于斯。盖事以年隔，年以事析；遭其初，莫绎其终；揽其终，莫志其初。……盖编年系日，其体然也。”[②]这正是编年体破坏历史自身之完整的明证。

纪事本末之优劣　在编年体史书之中，每一件完整之事，零碎的分书于数年乃至数十年之中，以致完整性全被破坏。然治史的人如欲了解每一事件之真相，非恢复其完整性不可。于是当流览史书之时，只好将自己所欲知之事件之被分割出来的诸部分，或分书于历年中之各零件，一一摘录出来；另立一个题目以概括之。这办法虽然未必立即能恢复所欲知之事情的完整性，但于“遭其初莫绎其终，揽其终莫志其初”的散漫情形却纠正多多了。依此办法读史书，实即等于编史书。袁枢之《通鉴纪事本末》即是将

---

① 刘知幾：《史通·二体》。

② 袁枢：《通鉴纪事本末·旧序》。

《资治通鉴》依此法翻造而成。书既成，居然较纪传编年各体史书为优。章实斋极力恭维之，谓其恢复了《尚书》之遗意。其言曰：

> 司马《通鉴》病纪传之分，而合之以编年；袁枢纪事本末又病《通鉴》之合，而分之以事类。按本末之为体也，因事命篇，不为常格；非深知古今大体，天下经纶；不能网罗隐括，无遗无滥。文省于纪传。事豁于编年；决断去取，体圆用神，斯真《尚书》之遗也。在袁氏初无其意，且其学亦未足与此，书亦不尽合于所称。故历代著录诸家，次其书于杂史，自属纂录之家，便观览耳。但即其成法沉思冥索，加以神明变化，则古史之原隐然可见。书有作者甚浅，而观者甚深，此类是也。故曰神奇化臭腐，而臭腐复化为神奇，本一理耳。夫史为记事之书，事万变而不齐，史文屈曲，而适如其事；则必因事命篇，不为常例所拘，而后能起讫自如，无一言之或遗而或溢也。[①]

章氏认《通鉴纪事本末》较纪传编年各体史书为优，这是不错的。但赞美之语如“不为常格”，如“体圆用神”等，颇显神秘。读者不察，或竟疑通史之编著，完全要靠天才，绝无常格或标准之可言。其实不然。新哲学上所谓存在之法则即思维之法则云云，在这里正用得着。所谓“因事命篇，不为常格”云云，应改为“因事命篇一依历史事情发展之次序为常格。”侊侗地说来，凡科学都可以说无常格，因无一种完全之常格可通用于一切科学也。然都实有常格；常格即在各科之自身，即各科对象发展之次序是也。矿物学之对象有其发展之次序，矿物学即用之以为常格；心理学之对象有其发展之次序，心理学即用之以为常格。历史学之对象或人类过去活动有其发展之次序，历史学即用之以为常格。袁枢之因事命篇，是有常格的，不过他尚未能完全依循常格耳。其次所谓“决断去取，体圆用神”云云，亦应改为“决断去取，一依历史事情自身之完整为标准。”侊侗地说来，凡科学之取材，都可以说无标准；因无一种标准可通用于一切科学也。然都实有标准；各科各自的对象，即是绝对不可移易之标准。各科的学者欲阐明其所研究之对象，欲维护其对象之完整，则于材料之决断去取，早有一定不可移易之标准在。历史学者之取材，如欲“无一言之或遗而或溢”，则历史自身之

---

① 章实斋：《文史通义・书教下》。

完整，或人类过去活动自身之完整，即是一绝好标准。只惜袁枢尚未能完全识得这个标准耳。

《通鉴纪事本末》之长处，约有两端。一则比较地接近了人类过去之活动。历史不是虚空的时间，不是独立的人物；而是人物在时间上的“活动”。《通鉴纪事本末》不为人物所拘，不为时间所拘；而以个别的事情为叙述之对象，较为接近人类过去活动之义。二则破坏历史自身之完整处较少。章氏谓《通鉴纪事本末》“因事命篇，不为常格”；不为常格，而能因事命篇；则其所因之事，自然是整个历史发展次序中之事情之未经十分移易原来地位者。如此的事情，破坏历史自身之完整处当然较少。

《通鉴纪事本末》之长处固不容抹杀，但其缺点，却亦不可秘而不宣。总括言之，其缺点约有三端。(一)事情与事情间或篇与篇间之没有联系。每一篇所述之一事与前后各篇所述之各事必然的关系如何，全未指出。每一篇都是孤立无援的。这缺点完全由于未能明白认识历史自身之完整性。历史之全体成于个别的诸部分；诸部分固各有其独立性，但其能构成全体，则只因彼此间有不可移易的必然关系或因果关系。《通鉴纪事本末》未能注意及此，故不能充分显示历史之完形。(二)每一事情之内，或每一篇之内没有分析。我们现在任取一篇读之，看不见其中较大的事情如何依赖较小的事情，只看见一条一条尚保留着从《通鉴》中抄下的原形并列在一篇之内而已。如此所成之篇，不是辩证的完整，而是含糊的侊侗。此两缺点合起来更显示着《通鉴纪事本末》之基本缺点，即(三)此书未能充分表现人类过去之活动是也。历史之为物，只有从人类过去活动之自身着眼，才能看出全体如何成于诸部分；才能看出诸部分又如何相互依靠着。《通鉴纪事本末》篇与篇间之无联系，每一篇内之无分析，只因没有把人类过去活动当作历史之对象，终于未能成为科学的史书。批评至此，纪传编年本末三体已经概括地评了一遍。尚有新体没有批评。但这与下一节有连带关系，可于下节中连带评之。

三　维护完形之通史释义

专史之和非通史　中国过去所谓通史的“通”之一字，至少有四个不同的意义。(一)历代事情前后相续，著于一书，叫做通史。这个意义与断代为书的断代史刚刚相反。刘知幾云：“书事之法，其理宜明；使读者求一家之废兴，则前后相会。”[①]郑樵云：“孔子曰：殷因于夏礼，所损益可知也；周因于殷礼，所损益可知也。此言相因也。自班固以断代为史，无复相因之义。”[②]马端临云：“至司马温公作《通鉴》，取千三百余年之事迹，十七史之纪述，萃为一书。然后学者开卷之余，古今咸在。”[③]这几种讲法，都是指历代史事之前后、相续而言。(二)历代各种专科史料，如关于典章经制的等，分类并列于一书，亦得名通；其实这只是若干专史之和；或专科史料之总集。杜佑的《通典》，马端临的《通考》都属这一类。马端临的《通考》包括田赋，钱币，户口，职役，征榷，市籴，士贡，国用，选举，学校，职官，郊社，宗庙，王礼，乐，兵，刑，舆地，四裔，经籍，帝系，封建，象纬，物异等二十四门，实即萃于一书的二十四种专科史料。马分历史为“不相因”的与“相因”的；不相因的相当于通史，相因的相当于专史。他那《文献通考》中之二十四门，几乎完全侧重相因的一边。其言曰：

> 窃尝以为理乱兴衰不相因者也：晋之得国异乎汉，隋之丧邦殊乎唐；代各有史，自足以该一代之始终，无以参稽互察为也。典章经制实相因者也：殷因夏，周因殷；继周之损益，百世可知，圣人盖已预言之矣。爰自秦汉以至唐宋，礼乐兵刑之制，赋敛选举之规，以至官名之更张，地理之沿革；虽其终不能以尽同，而其初亦不能以遽异。如汉之朝仪官制，本秦规也；唐之府卫租庸，本周制也。其变通张弛之故，非融会错综，原始要终而推寻之，固未易言也。其不相因者，犹有温公之成书；而其本相因者顾无其书，独非后学之所究心乎？[④]

(三)通史与专史之总汇亦得名通。郑樵云：“自书契以来，立言者虽多，惟仲尼以天纵之圣，故总诗书礼乐，而会于一手，然后能同天下之文；贯二帝三王，而通为一家，然后能极古今之变。……自《春秋》之后，惟《史记》擅制作之规模。不幸班固非其人，遂失会通之旨；司马氏之门户自此衰矣。”[⑤]这里所谓“古今之变”相当于马端临所谓不相因的理乱兴衰，与通史同；所谓“天下之交”相当于马端临所谓相因的典章经制，与专史同。郑樵

---

① 刘知幾：《史通·惑经》。

② 郑樵：《通志总序》。

③ 马端临：《文献通考·总序》。

④ 马端临：《文献通考·总序》。

⑤ 郑樵：《通志总序》。

自己所作之《通志》，实即通史与专史之总汇。其中《帝纪》《皇后列传》《年谱》《列传》等文，属于通史一边的；《天文》《地理》《礼》《乐》《职官》《食货》等略，属于专史一边的。更详析之，专史中的《校雠》等略已进入纯史学的范围了；兹为省事起见，只分为通史与专史两门。再其次(四)中国往日所谓通史，还有一极玄之义，与上述三者完全不同，所谓“网纪天人”是也。章实斋云：

> 史之大原，本乎《春秋》；《春秋》之义，昭乎笔削；笔削之义，不仅事具始末，文成规矩已也。以夫子义则窃取之旨观之，固将网纪天人，推明大道。所以通古今之变，成一家之言者；必有详人之所略，异人之所同；重人之所轻，而忽人之所谨；绳墨之所不可得而拘，类例之所不可得而泥。而后微茫杪忽之际，有以独断于一心。及其书之成也，自然可以参天地而质鬼神；契前修而俟后圣；此家学之所以可贵也。①

这种“通”义，完全是指作者之学说主张而言；与通史所讲的通义关系极少。总上所述四义之中，第一义代表着《史记》与《通鉴》一类之史书。这等史书其体裁或为纪传，或为编年，都不适于编著通史；这在上一节里已经批评过。第二第三两义，或指专科史料之和，或指通史与专史之总汇。顾名思义，要不能算为通史。第四义则玄之又玄，几与通史无关。虽然如此，但此四义对后来编著史书的人都有影响，尤以郑樵之《通志》影响为最大。自夏曾佑以下之所谓新体，多是郑樵《通志》之变形，不过愈变愈坏而已。《通志》为总汇通史与专史之书；属于通史的诸部分编在前面，以后则依次编排属于专史的诸部分。今之新体史书也是这样；把历代创业的情形，或内政外交等，或文治武功等，作为理乱兴衰之表象，或竟作为通史，编在前面；以后则依次编排经济情形，民生状况，学术思想，乃至文艺美术等，而成为专史之诸部分。然而新体不如《通志》。《通志》虽把历史事情纵剖，但不横断。如编到通史部分中之《帝纪》，则将历代帝皇连续地编下去；如编到专史部分中之《食货略》则将历代食货联续地编下去。纵剖出来的诸部门，彼此之间的必然关系，固全不分明；但每一部门，历代演变的情形，

① 章实斋：《文史通义·答客问上》。

却可任人一气看下，较易看明其趋势，于破坏历史之完形，尚未至于极度，这可以说是诸缺点中之一优点；这个优点，《通典》《通考》也都具有。今之新体史书，连这一个优点也抛弃了。盖今之新体史书，除将历史事情纵剖之外，还按朝代横断之。于叙述某一朝代创业的种种情形之后，不接着叙述继起的朝代，使人容易明白其前后相续之状；而立刻将典章制度等插入。于叙述某一朝代的典章制度之后，又不接着叙述继起的朝代，使人容易明白其前后演变之状；而立刻将经济民生等插入。于是纵剖出来的诸部门间彼此必然的关系固不明白；即每一部门前后相续之状或演变之状，亦令人茫然无知。至是所谓新体或坐标体乃将完整的历史破坏无余；将人类过去活动之完整性捣得粉碎。今之新体史书，全然不能发挥教育的效用；令人循诵数遍，尚不能得一明确之印象，其原因就在抛弃了历史自身之完整性。所有史料之排比，乃至典章制度之说明，虽井井有条，然都离开了完整的历史，或离开了完整的人类活动，成了无联系的零碎东西。狄慈根谓“个别的存在倘未参与全体存在之一般性，直是不可思议。”（参看第一节《历史自身之完整》）新体或坐标体史书上所编排的，却都是没有参与全体存在之一般性的不可思议之物。

通史对象为活动　专史之和既不是通史；然则通史究竟是什么？曰：以人类过去活动之自身为对象的即是通史。如果忽略了这个意义，终不免要把专史之和当作通史。伟大的史学家梁任公为欲指出中国通史之对象，曾列举了二十二项目，共包括四十三问题；复将此二十二项目，四十三问题概括为四要件如下：

> 第一，说明中国民族成立发展之迹，而推求其所以能保存盛大之故，且察其有无衰败之征。
>
> 第二，说明历史上曾活动于中国者几何族，我族与他族调和冲突之迹何如？其所产结果何如？
>
> 第三，说明中国民族所产文化以何为基本，其与世界他部分文化相互之影响如何？
>
> 第四，说明中国民族在人类全体上之位置及其特性，与其将来对于全人类所应负之责任。[①]

① 梁启超：《中国历史研究法》，第一章《史之意义及范围》。

这四要件中，第一与第二两要件，完全属于民族史；第三要件属于文化史，第四要件则空洞无所指。若细察那包括四十三问题之二十二项目，也都属专史范围。自第一项到第五项，属于民族史的范围；自第六项到第十一项，属于政治史的范围；自第十二项到第十六项，属于经济史的范围；自第十七项到第二十二项，属于文化史的范围。且这样列举，实在不得要领。二十二项目，四十三问题，乃至四个要件，都只是任意列举的，并没有根据一个不可移易之标准。无标准之列举，多可以至于无限，少可以至于一项。不先确定通史之对象，而作如是之列举；则多举仍不免遗漏，少举仍不免重复；故曰不得要领。

不过完形论虽坚持着人类过去活动之自身为通史之对象，却并不是说专史所叙之事情完全不能入通史；反之，通史之美备，也许完全要靠专史之精进。讨论至此，最宜把(一)通史与专史之分界先为区别清楚。已在前面，我们曾引郑樵之言曰："总诗书礼乐，而会于一手，然后能同天下之文；贯二帝三王，而通为一家，然后能极古今之变。"古今之变，似近于活动之自身，相当于通史之对象；天下之文(即诗书礼乐等)似近于活动之成果，相当于专史之对象。也曾引马端临之言曰："理乱兴衰，不相因者也；……典章经制，实相因者也。"理乱兴衰，似近于活动之自身，相当于通史之对象；典章经制，似近于活动之成果，相当于专史之对象。凡此皆为陈说。我们则直以为拿活动之自身作叙述之对象的为通史；拿活动之成果作叙述之对象的为专史。今之新体史书对于通与专，似也有一种分别曰：叙述人类社会活动之各方面者为通史，叙述人类社会活动之某一方面者为专史。其实叙述某一方面者固为专史；叙述各方面者也只是专史之和。除此而外，应补一句曰：叙述人类社会活动之自身者为通史。

虽然通史与专史固可区别(can be distinguished)，但却不可分离(Can not be seperated)。换言之，(二)通史与专史彼此实相互为用者。要说明活动之自身，可用活动之成果以为手段。如理学，活动之成果也；若进一步曰：理学可以巩固统治；那便成了活动之自身的一种很好的说明。反之，要说明活动之成果，也可用活动之自身以为手段。如阶级斗争，活动之自身也；若进一步曰：阶级斗争之激烈，尝产生烦琐严峻之刑法；那便是以活动之自身作了活动之成果的解释。因通史与专史是相互为用的；故治专史的人倘时时留意通史者，将见他那所治的专史意义愈明朗；反之治通史的人倘时时留意各科专史者，将见他那所治的通史内容愈丰富。综括说来，通史与专史有绝对不可混同的“区别”，各有各的一定之对象；但彼此却是互相为用，而不可“分离”的。只有忽略了过去活动之自身与过去活动之成果的分辨，才不免把通史与专史混同起来，或分离起来。

维护完形之通史 历史完形之基本理论约略说明了，破坏历史完形之各体史书略加批评了，历史完形论之所谓通史的意义也略加解释了。兹且将编著通史，而欲维护历史完形，所不可忽略的几个要件，略为一述，以作结束。(一)选材以历史自身为标准。任何史学家要编著通史，其取材自然要有一个标准。在资鉴说盛行的时代，则取材以资鉴为标准：凡过去的史事，著者认为可供今人取法的，则一一选出。不过这样的选材，非破坏历史自身之完整不可；正如梁任公所云：“一切史迹，则以供吾目的之刍狗而已；其结果必至强史就我。”(参看第一节《历史自身之存在》)今之新体，未必仍持资鉴之说；然其取材，却仍以“强史就我”者为多。编一通史，唯恐读者是政法家，要明白典章制度，于是取典章制度而详说之；因此通史之一部门，成了典章制度的专史。又恐读者是学术家，要明白学术思想；于是取学术思想而详说之，因此通史之一部门又成了学术思想的专史。更恐学者是民族主义者，要培养民族意识；于是取民族英雄之行事而详说之，因此通史之一部门，又成了民族英雄的专史。民族意识，绝对应当培养；学术思想或典章制度，读者也应当晓得。但编著通史，而以满足读者此等要求为选材之标准，结果非化通史为专史不可，也非化历史书为史料书不可。关于历史的专科知识，固为读者所需；然关于历史自身的完整知识，尤为读者所需。故编著通史之时，始终应以历史自身为选材之标准，或以人类过去活动之自身为选材之标准；不能专着眼于读者的特别要求，于无形中化通史为专史之和。

(二)行文以说明史事为标准。选择材料，在乎表明历史之自身；发为文章，则在说明所选之材料。然后者又复依靠前者：文章之有效与否，要看材料之适当与否以为断。倘所选之材料不是构成历史自身之一环；或是一环，而移易了地位，以致与前后各环间的必然不可移易之关系或因果关系，被打断了；则文字无论如何优美，终亦不能显示其所应有之效用。今之新体史书，尤其是中学历史教科书等，每干燥无味至极；令人循诵数遍，也不能得到深刻印象。其唯一原因，即在所选之材料不是构成历史自身之必要的诸环；或是必要的诸环，而因移易了地位，彼此间必然不可移易的关系打断了；以致显不出历史自身之完整性。每一段，每一节，每一章都是孤立无援的；而与前后的章节全无联系。于是读起来有如读历史辞典，历史之完形终不可得；深刻的印象当然更没有了。

欲救此弊，法亦简单：莫毁坏历史之完形即得。分解历史自身之诸因素时，只图寻出诸因素间之因果关系，目的仍在求得历史自身之完整性；那末便可以了。只惜读史书的人未能明见及此，而归咎于史书之文字的干枯，甚至有希望史学家以轻快有趣或带文学意味之文字写历史者。其实文字的趣味，不在其自身，而在其所描写之事实。一本史书之中，每一段事实，倘为读完了其前一段之后所不可不知的，则文字虽拙劣，读来仍有“先得我心”之感，而发生趣味。倘后事不关于前事，突然而起；则文字虽美仍将是干燥无味的。

凡上所云，系就行文与选材之联系而言。倘材料选对了，是表示历史之完形的一环，且其地位又与前后各环密切联系着；那么当以何种文字表现出来呢？曰：某一事情所在之地位，即是行文所当取之标准。它的地位在前后各事情中倘成了必然不可移易的；那末用文字将此必然不可移易之关系指出即得。或曰：这还是指事情与事情之关系而言，不是指某一事情自身的描写。其实某一事情既在史家的脑中成了一件事情，且被认为构成历史自身之一环了；则其轮廓早已形成，不当另寻描写的标准。

(三)标题以符合内容为标准。历史书之文，每一段，每一节，每一章，每一篇，皆必有其适当之标题；既能表示着内容，又能与内容符合。这在古人著书，也许为不必要。章实斋云：

> 古人著书命篇，取辨甲乙，非有深意也。六艺之文，今具可识矣。盖有一定之名，与无定之名，要皆取辨甲乙，非有深意也。一定之名，《典》《谟》《贡》《范》之属是也(《帝典》《皋陶谟》《禹贡》《洪范》皆古经定名。他如《多方》《多士》《梓材》之类，皆非定名)。无定之名，《风》诗《雅》《颂》是也(皆以章首二字为名)。诸子传记之书，亦有一定之名，与无定之名。随文起例，不可胜举；其取辨甲乙，而无深意，则大略相同也(象数之书，不在其例)。夫子没而微言绝，《论语》二十篇固六艺之奥区矣。然《学而》《为政》诸篇目，皆取章首字句标名，无他意也。《孟子》七篇，或云万章之徒所记，或云孟子自著，要亦诵法《论语》之书也。《梁惠王》《公孙丑》之篇名，则亦章首字句，取以标名；岂有他

哉？说者不求篇内之义理，而过求篇外之标题，则于义为凿也。[1]

在今日编著史书，则篇内之义理固应当研求；而篇外之题目也须有意义，而与文章之内容相符合。这是应当变通古人之陈法的地方。今之新体史书，于标题一端，往往全无意义。如“周初几十年大事”“秦楚之际”或“唐之初政”等类之标题，逐目皆是。“大事”为何事？“之际”为何际？“初政”为何政？谓作者自己不知，而任意编在书内，则断无此理。谓作者已知，而不明示于所标之题，则转令读者疑其真不知，或知得不透。或曰，文章内容复杂，往往非三数字之题目所能标明。然文章内容无论如何复杂，其所叙述之事情如果为构成历史自身所不可少者，则其中零零碎碎的诸因素间，必有不可移易之关系，而能构成一单位，可用一有意义之题目以表出。倘因这等关系不明，径以为内容复杂，而以无意义之标题表示之；那到底要算作者的不负责任，或不明白标题之重要作用。

篇章节目，标以有意义之题，凡有两个重要作用。一则明责任，二则明价值。如有史书，就其标题看，若干有意义之题目，前后编排得有条有理；彼此之间，俨然有因果关系。然细按其内容，则往往文不对题。这显然为作者对于编著工夫不负责任。认真编著史书的人，应该以有意义之题目，表明确之内容。题目有意义，足征作者对于自己所叙史事之内容了解得透澈。内容又明确，且恰如其题目，则足征作者对于编著工作之负责认真。其次一书之价值，亦当由其标题表明之。文章内容虽与题目符合，然若干题目彼此之间全然看不出必然的联系；那便是有内容之文章彼此全无联系，也便是文章所叙之诸事情彼此全无联系。袁枢《通鉴纪事本末》一书，就其前数篇篇目看，彼此似有关联，内容亦果然相互联系着；入后则所有篇目各自独立，果然内容亦彼此全不相关。我们于批评《通鉴纪事本末》时，谓其篇与篇之间，或事情与事情之间没有联系，正是为此。维护完形之通史，其文章之内容应该与其有意义之题目相符合；诸有意义之题目所代表的诸事情，应该彼此相关联。事情与事情之联系，反映为文章与文章之联系；文章与文章之联系，反映为题目与题目之联系。倘标题全无意义，那便不能表明文章内容之彼此相关，而显示着历史自身之完整性了。

---

① 章实斋：《文史通义·匡谬》。

第一篇　游徙部族定居时代

（周平王东迁洛邑以前即公元前七七〇年以前）

中国民族初步形成

第一章 中国历史的序幕

一 未经记载的历史

自有人类到有文字的一段历史，通常被称为史前的历史(prehistoric history)或未经纪载的历史(unrecorded history)。我们这里所谓《中国通史》，系指有文字纪载的历史而言；不过拿直接有文字记载之前的一段作为序幕。要讲到这个序幕，最宜顺便把名震世界的北京人(Pekinensis)略为一述。

从北京人到仰韶 (a)发见北京人的故事。民国七年(公元一九一八年)二月，北京政府矿政顾问瑞典人安徒生氏(J. Gunnar Andersson)在北京遇到燕京大学化学教授吉卜氏(J. Me Gregor Gibb)，为说北京城西南五十公里处的周口店颇值得考察。安为所动，即于三月二十二与二十三两日亲往调查。这一次的调查是北京人被发见的先声。民十(公元一九二一年)夏季，次丹士基博士(Dr. Zdansky)来到中国帮同安氏担任发掘工作；安云：周口店亟宜发掘；于是次氏遂首先赴周口店之鸡骨山开始其工作。次氏在该处所得甚多。其结果发表在“Über ein Säugerknochenlager in Chou K′ou Tien”一文中。[①] 民十二(公元一九二三年)，次氏从安氏之讲，再往发掘，所获更多。并发见牙骨一片，颇与人类的牙骨相像，次氏当时以“Homo sp?”表示之。但这却是安氏的一个好线索了。民十五(公元一九二六年)瑞典皇子周游世界，来到远东；中国科学界举行欢迎会，安氏复乘机提议大规模的发掘，以求明证。提议颇被各方欢迎，于是决定继续发掘。当时葛利普博士(Dr. Giabou)径称新的发见为北京人(The Peking man)。后以所得证据多了，关于北京人的发现，不能质疑了；于是由步达生博士(Dr. Davidson

① 次丹士基博士：《中国地质调查所专刊》第五号，1923年第五号，第83—89页。

Black)定一新的类名曰Sinanthropus，而其种名则曰北京人(Pekinensis)。计自民十五到十八(公元一九二六——一九二九年)陆续所获北京人之证据有：许多牙齿，几个牙骨，两片完全的与若干破碎的头盖骨，和许多石器，乃至使用火的遗迹等。步氏曾拿这等旧冰期的人牙骨，及近代中国小孩与夫一个未成年的黑猩猩等，和一个成年的中国北方人，与一完全长大了的猩猩等比较，确认北京人为介于近代人与“类人猿”间之人类。论其存在之时代，系在旧冰期(Old Pleistoncene)，且值旧石器时代最早的一阶段。在北京人未被发见之时，世界最早的人类遗迹之被发见者凡有三种。一八九一到九二年爪哇(Java)之 Trinil 地方所发见的直立猿人(Pithecanthropus erectus)，一九〇八年德国海德堡(Heidelberg)地方所发见的海德堡人(Palaèanthropus heidelbergensis)及一九一一到一九一二年道生爵士(Sir Charles Dawson)在英国南部 Sussex 的 Piltdown 地方所发见的道生人(Eoanthropus dawsoni)。这三种人其遗迹于今在别的地方再也寻不着了。北京人则不然；照安先生的推断，北京人似比这些人出世更早；且其遗迹藏在周口店的还很多；乃至山西的东部某处，亦有寻着的可能。这种人的文化程度较其他动物高多了；他们知道用石器；据法国研究旧石器时代的专家布鲁尔(Abbé Breui)的观察，北京人似还知道用骨、角等物作器具。①

(b)从北京人到仰韶期。在中国史前的历史上，或未经纪录的历史上，凡三次遇到人类；他们出现的时期极不一致。且每次人类出现之后，复接着一个无人类之时期；无人类之时期情状如何，至今全无所知。第一次出现的为上面所述之北京人，其时代在旧冰期，正值旧石器时代之最早的一段。此后经过很久，中国地势气候忽起变化。这时人类在中国境内所演的是怎样的一幕，全不得知。经过这一段长期的黑暗时代以后，有旧石器时代的人类出现。这种人的遗迹，一九二三年德日进教授(Professor Terlhard de Chardin)在蒙古边境沙漠中，即在鄂尔多斯沙漠(Ordos desert)中发见不少。这种人较北京人当然进步多了，且与今之蒙古人有相仿佛之处，大抵是一种很强的游猎人，其生活来源，即以附近草原中的动物充之。经过若干时期，这种人又不见了，又来一个长期的黑暗。经过这一次长期的黑暗，又有人类出现，这正在仰韶文化时期(以河南渑池县的仰韶村得名)中。仰韶期是石器时代的最后一段，且已进入金属器时代了。按时代之先后讲起

① (J. G. Andersson，*The Children of Yellow Earth*，pp. 94—126.

来，仰韶以前，应该有一个正式的新石器时代；然而这个新石器时代的一切，至今毫无踪迹可寻。不知道鄂尔多斯沙漠区的旧石器时代的人与仰韶村的石器时代最后一段的人之中间，何以竟寻不出一个过渡的正式新石器时代的人类。这个缺陷，安徒生认为是河流的破坏作用所致。河流的大力把正式新石器时代曾经存在过的人类栖息之所，给毁灭了，至今人无从发见。然而正式新石器时代的石器，在华北方面也偶有发见的。大概新石器时代的人类从事渔猎，常成小群沿河流生活，致其栖息之所，被河流所毁，今人不易发见。这解释当然是很近人情的。但自仰韶以后到殷商，其间又有一千年乃至一千五百年的一个长时期。这个长时期，安徒生认为至今还是全无所知的一段。

(c)仰韶时期的文化。仰韶时期的遗物，以河南与甘肃为最多。这些遗物之中，有些完全是中国文化的代表，如“鬲”类的东西，完全是中国式的，后来且有继续的发展。有些则具有外来的色彩，且在后来周朝乃至汉朝的遗物中全然寻不出其继续发展的痕迹，如彩色陶器即是显例。河南仰韶村的彩色陶器，甘肃马厂沿的彩色陶器，都与俄属土耳其斯坦(Russian Turkestan)的安诺(Anau)地方的彩陶极相似，尤其像南俄基尔夫(Kiev)城区的彩陶。这情形自然有些解释。许多专家都认中国的彩陶系自近东(Near East)和东欧经由中央亚细亚(Central Asia)传入的。安徒生于一九二五年也曾认中国仰韶时期开始之时，有一种较高的，以麦子为主要收获的农业文化，自西方传入，随着把彩陶带进来了。但后来发见仰韶村出土的碎瓶片上的植物花纹中有谷壳的形状；这不仅把谷物出世的时期推早了，而且教安氏不信彩陶来自干燥的中亚转而相信彩陶或者来自南亚(Southern Asia)多两产谷之区。①

仰韶时期之推断 仰韶期之年代，安徒生于一九二三年发表《中华远古之文化》(*An Early Chinese Culture*)时，曾根据一些不十分确当的比较，即与近东(Near East)的比较，认为在公元前三千年左右。但孟兴(O. Menghin)则于其《石期世界史》(*Weltgeschichte der Steinzeit*)一书中把这年代拉近了些，认为在公元前二千年左右。果如所云，则仰韶期恰当今日正争辩着的夏朝或夏民族的时代，而直接着殷商。关于这一点，徐中舒先生有些极饶兴趣的推断。徐氏举出许多证据，证明仰韶为夏民族曾经住

① J. G. Andersson, *The Children of Yellow Earth*, pp. 330—337.

居之地。这等论证都极平常；而最令人感兴趣的是：他认仰韶村出土之鬲，与夏代有鬲氏有联带关系。其推断之方式可概括如下：一，夏人有作陶的，而仰韶出土之物富有陶器；二，夏之地名有鬲、戈、过等(戈与鬲同声，过与鬲除声同外且内部之咼即是鬲之变形)，而仰韶的陶器中亦有鬲；三，鬲之地名见于关中，而仰韶之鬲据安徒生云亦有向西移的倾向；四，地名常为使用某种器物之民族名，鬲之地名或即使用鬲器的夏人。先说夏人作陶一事，徐氏于此有言曰：

> 传说方面夏代已有陶业，昆吾与夏古多并称，《商颂》“韦顾既伐，昆吾夏桀”；《淮南》《俶真训》，“棲迟至于昆吾夏后之世”；《郑语》“昆吾为夏伯矣”；《左传》哀十八年杜《注》“昆吾……以乙卯日与桀同诛”。从这些记载上看，昆吾与夏关系既如此密切，其文化当无大殊。又《郑语》“己姓昆吾”，《左传》哀十七年，昆吾之虚有戎州己氏，己与夏后之杞亦似同出一源。《吕氏春秋·君守篇》说：“昆吾作陶”；《世本》及《史记·龟策传》都说夏桀作瓦屋；这也可证昆吾与夏并有陶业。《说文》“壶，昆吾，圆器也”；壶即昆吾二字合音。今仰韶遗器中陶器极为丰富，而圆器之壶在这些陶器中亦属不少；这也足以与仰韶遗物相印证。①

这还只说到夏有陶业，还没有说到鬲。关于鬲，夏时之有鬲氏和过，戈，或即是代表鬲的。这些名称，《左传》里有两处提到：

> 昔有夏之方衰也，后羿自鉏迁于穷石，因夏民以代夏政。恃其射也，不修民事，而淫于原兽，弃武罗伯因熊髡龙圉而用寒浞；……浞行媚于内，而施赂于外，愚弄其民而虞羿于田，树之诈慝，以取其国家，外内咸服。羿犹不悛，将归自田；家众杀而亨之，以食其子；其子不忍食诸，死于穷门。靡奔有鬲氏。浞因羿室，生浇及豷；恃其谗慝诈伪，而不德于民，使浇用师灭斟灌及斟寻氏。处浇于过，处豷于戈。靡自有鬲氏收二国之烬以灭浞而立少康。少康灭浇于过，后杼灭豷于戈，有穷由是遂亡。②

---

① 徐中舒：《再论小屯与仰韶见安阳发掘报告》第三期。

② 左丘明：《左传》襄公四年。

昔有过浇杀斟灌以伐斟寻，灭夏后相。后缗方娠，逃出自窦，归于有仍，生少康焉，为仍牧正；惎浇，能戒之。浇使椒求之，逃奔有虞，为之庖正，以除其害。虞思于是妻以二姚，而邑诸纶；有田一成，有众一旅，能布其德，而兆其谋，以收夏众，抚其官职。使女艾谍浇，使季杼诱豷，遂灭过戈，复禹之绩，祀夏配天，不失旧物。[1]

这等地名与仰韶出土之鬲的联系，以及关中地名䣂的来源等，徐氏作如下之说明曰：

传说中夏代的地名過，戈，鬲，也可以从仰韶遗物中寻出一点根据来。仰韶所出三足鬲形土器，安先生定名为鬲，其实这仰韶的鬲，与常见的殷周以来的铜鬲土鬲也有不同的地方。仰韶的鬲形土器，口边都带有一耳，（间有两耳的，出甘肃狄道县寺洼山）应名为䣂，即今锅字。[2] 䣂鬲均象形字，口边有耳的为䣂，无耳的为鬲，铜器中有䣂攸从鼎，䣂从簋；䣂字右旁均有耳形；散盘䣂上有两耳，并是䣂字。

（鬲从鼎）　（鬲从簋）　（散盘）

王静安先生《散盘释文》说："许君谓秦名土鬴曰䣂，而䣂从簋䣂从鼎散氏盘皆关中器。（其字又见于麦盉铭，中有井侯字，亦当出关中）是秦语亦本其地古器，盖惟关中有是语，有是字矣。"关中所用土鬴称䣂，当是沿用仰韶旧称。《甘肃考古记》载甘肃鬲器（即䣂）的发见说："于齐家仰韶马厂三早期中，鬲之踪迹实无所见。同时鼎器亦极稀少，或竟不遇。盖著者查甘肃旅行之手簿中，仅载仰韶遗址之陶鬲残足一件耳。惟至甘肃远古文化之第四期，鬲之发见，则渐丰富，而第五第六二期，则特式之鬲极为寻常矣。"安先生因此断定鬲器有从山西河南交界处向西北传播的趋势。他说："是则鬲器从山西河南交界处之发源地，向西北缓缓传播，而流入甘肃之中部，盖实可信之事也。"安先生认为可信的事，因此当这传播必经的途上的关中，具有仰韶式的鬲器也自然是可信的。

据此事实，我们可以推定关中地名䣂的来源（铜器中的䣂都是地名），

---

① 左丘明：《左传》哀公元年。

② 王念孙：《广雅疏证》。

> 必与使用鬲的民族有不能分离的事实存在。此例我们也可试用以说明古代民族的名称。如“胡”必为使用壶的民族的名称，“曾”必为使用甑的民族的名称；这如同支那(China)为使用磁器民族的名称一样。……依此说，夏代有鬲氏的所在，我们且不必论；有鬲氏的得名，必与仰韶式鬲器有关，则可由推想而知。没有“過、戈”的得名，仍可用上面的理由解释。“鬲、過、戈”古同是见母字，故得相通。且“過”所从偏旁咼又是鬲字形体的伪变。《说文》“騧”、“媧”等字籀文仍从鬲作“⿰马鬲”、“⿰女鬲”，可证咼鬲原是一字。……夏代传说中的有“鬲、戈、過”三国的名称，就字原讲，当是一名的分化。如果前述仰韶为夏民族遗址的推断不错，则这鬲的地名的西迁，由河南到关中与鬲器的传播，正向着同一方向进行。①

徐氏关于鬲与夏之联系的推断，迂回曲折，寻证甚苦；然又十分富有意义(significant)。今且摘录在此，以供参考。

二　中国历史的序幕

夏为中国史序幕　我们现在就假定仰韶文化为夏人文化。关于仰韶的年代，暂依孟兴(O. Menghin)所推定，而不依安徒生(J. G. Andersson)之推定。按孟氏谓仰韶期约在公元前二千年左右；安氏则谓仰韶期约在公元前三千年左右。今依孟氏之推定，则此代表夏人文化的仰韶期，实有直接着殷人的时代之可能。虽然安徒生谓由仰韶到殷人的时代，其间有一千年乃至一千五百年的距离；这距离中的文化情形如何，至今全无所知②；然若把仰韶的年代移到公元前二千年左右，这距离当然短了，乃至等于零了。孟氏把仰韶的年代移进一点，当然亦有其理由；且安氏自云对此亦颇感兴趣。③ 果如是，则已有历史记载的殷，实直接继承着夏，换言之，即直接继承着仰韶。仰韶文化的丰富，安先生是颇为惊叹的。近来唐兰先生根据殷商文化程度之高，亦略推论到夏之文化情形。其言有曰：

---

① 徐中舒：《再论小屯与仰韶》，《安阳发掘报告》第三期。

② J. G. Andersson, *The Children of Yellow Earth*, p337.

③ J. G. Andersson, *The Children of Yellow Earth*, p336.

> 一，商代已是青铜器时代。氏族组织是父亲家长制度。在那时已有很高的文化，这种文化是从夏时开始的；而一直到周时，还继续着，商民族适当着极盛的时期。二，在文学方面，也是一样。夏是文学刚萌芽的时代，有许多史诗或短文遗留下来。商代到周初的文学，则非常灿烂。这种古代文体，一直到春秋时才衰歇。……许多流行的说法，总是把中国古代文化抑得太低。他们要把一切文化移后几百年，所以周人汉人的功绩特别加大了。但是文化能突如地产生而成长吗？在进化史的立场上总说不通。这种弊病是由于对周以前的历史文化认识不明而起的。因为不明，而去怀疑，本是应当。但只去怀疑是不能有收获的。古代的记载，固然是不可尽信，大部分却不能不信。我们一定得先有标准才能去判别记载的真伪。所以研究古史，一定得由考古学和文字学入手。怀疑以后，一定要有所确信。我们不能尽说周以前没有什么，我们应当去研究周以前有什么。怀疑是破坏的工作，有确信才能有建议。①

唐氏论证的方法，稍嫌不甚严密；但上录这结论中，却有两个重要意思，值得注意：一，殷商文化，程度既已很高，则其前必有一个来源，断不是突然而起；二，怀疑虽是应当的，但怀疑以后一定要有确信，才能有所建设。这见解是可以接受的。我们在这里还可以补充一点说明曰：治古史当怀疑，但当为着明白完整的历史之自身而怀疑，不当以怀疑为终极目的。虽然史家固不至认怀疑为终极目的；但若不是先具着要明白完整的历史自身之企图，而只具着指明三几种书本的错误之企图；则怀疑没有不落空，而于古史无所得的。其次所谓“建设”，也只是指关于古代历史或古代人类活动之科学的编著而言。若古代历史之自身或人类活动之自身，是只能“发见”而不能建设的。

由序幕转入正幕 把夏为序幕，则殷商便是正幕了。序幕中固然有文化，而正幕中自殷时起文化却已很高了。这可以近来安阳发掘的许多实物为证。安徒生云：

> 安阳的许多发见中，有短简的文书，刻在骨片及铜质用具和武器

① 唐兰：《卜辞时代的文学和卜辞文化》，《清华学报》第十一卷第三期。

上；也有很关重要的精美的雕刻，刻在骨板，石头及象牙上面。这里我们发见了有记载的历史时代的中国文化，完完全全表现在下之几种特征里：这里有政治，有宗教，有文字，有历法，有包括一切所谓古代中国的图案的美术。①

由序幕转到正幕了；而正幕中周初以前的这一段历史，现有的史料比后来各代的史料少多了，究竟怎样讲法呢？这里且附带提出几个应该注意之点于次。(a)利用考证的成绩。古代历史，尝被摄在传说之中。传说的本身自然不可全信；例如"禹平水土"这个传说，当然是不能完全置信的。不过传说的里面，尝有实际的意义；"禹平水土"的这个故事之流行，转足以证明古代水土之需要治理。大抵传说都是因实际需要而展开的。例如耶和华神(Jehovah)之存在，当然不能置信；然希伯来人(Hebrews)把耶和华的地位提得那样高，转足以表示希伯来人内部之需要领导与团结。再者传说尝被后人追记成书；中国古代的经典，也许都是这样成立的。那末其中虽有多少实事作引子，然过于荒谬的地方自不能免。这就需要考证了。例如崔述的诸种《考信录》中，如《补上古考信录》二卷，《唐虞考信录》四卷，《夏考信录》二卷，《商考信录》二卷，《丰镐考信录》八卷，《丰镐考信别录》三卷，《考信续说》二卷，《王政三大典考》三卷；都是很好的成绩。

(b)利用全局的推断。上述考证，其自身便已含有推断。做考证工夫的人，大抵依据记载中的若干事情，先立一个假设(Hypothesis)，然后从所有的记载中去搜求证据，以图把假设证实，这便是推断。迨每一部书中的所有记载都成了直接或间接的证据，都是证明某些假设的；而许多假设彼此之间又不矛盾，那便算是得到了考证的成功。

另一种推断，则是利用有正确记载的长期历史以推论古代一个段落的历史或订正其记录。有正确记载的历史过得愈长，则其全体演变的大势被人认识得愈透。一个段落的历史情形如何，往往可由全部历史的演变大势推论明白；一个段落记载的错误或失真，往往可凭全部历史演变的大势订正之。这种依全体推论部分，或以全体订正部分的办法，本是黑格尔哲学中的老方法；在治史时，颇用得着。虽然，被推论或被订正的部分倘是全然无所知的；则推论或订正的工夫，当然亦不容易进行。但中国古史现在

---

① J. G. Andersson, *The Children of Yellow Earth*, p337.

已不是全无所知的了；只是知得不透而已。故依全体推论部分，或以全体订正部分的办法，正用得着。

(c)利用类比的方法。安先生拿仰韶比近东，拿仰韶的彩陶比南俄的彩陶，都属类比。类比之法，即形式逻辑中之类比(Analogy)。这个方法，现在大家都已采用了。或拿中国史与欧洲史比较，依据若干类似之点，推究两者如何相同。或拿中国社会发展的诸阶段与一般社会进化史上所确定的诸阶段比较，依据若干类似之点，推究两者如何相同。或拿中国某一制度，如封建制等与欧洲史上的Feudalism比较，依据若干类似之点，推究两者如何相同。这样的比较，本有好处。不过比较的目的，并不是为着“比较”的自身，而是为着明了各自的历史。须知诸事物之可以比较，正因各有各的“自性”(Individuality)。我们利用比较，即是为着要明了所研究之对象的本身，并不是为着要造一个完全同一的比较表。并且被比较的东西，倘完全相同，则比较云云，也就全无意义了。这层道理，我们要首先明白，才不至被类比之法所拘束。

其次，类比之法的运用，更有必须留意的重要条件，即类似的程度之大小是也。关于这点，集形式逻辑之大成的密尔(J. S. Mill)曾有言曰：

> 类比的推断，全系乎已知的类似的程度之大小。所以凡类似的程度如果很大，差异的程度如果很小，且我们于研究的东西有相当丰富的知识之时，类比的推断，很可以逼近正确的归纳法。……凡类比的证据有很高价值的场合，据我们的经验看，只是那些类似点很相似，很充分的场合。①

(d)利用考古的成绩。上述三种利用都是依据记载的：考证不能离记载，推断不能离记载，类比不能离记载。只有考古学者的发掘报告，于记载之外，另供给了新材料。将记载翻来翻去，穷源竟委，然终是在记载之内打圈子；史料的价值总不能超出记载之外。一旦有人发掘了实物，那才真是开了一个研究的新天地。从发掘的实物上去寻找古代史的风气，近来似已开通了。尤其是研究龟甲兽骨文字的，有很好的成绩。自罗振玉、王国维以后直到今日，研究的精神突飞猛进，出版的专书及论文，不下二百

---

① J. S. Mill：*System of Logic*. pp. 367－368.

余种。虽大体着重在文字的本身；然现在已有利用之以解释古史的了。

不过发掘的实物，究竟是发掘的；并不是古人的复活。发掘的实物，经过专家考察之后，可作好的史料，但并不是历史的自身。这是我们应注意的一点。其次考察发掘的实物，为的是要寻找正确可信的史料。然史料之正确可信，并不是对其自身而言，乃对向来不正确不可信的记载而言。故实物须纠正向来的记载，或解决向来记载上的疑案。反之，向来的记载，亦大可以暗示我们对实物的看法。似此，则发掘的实物与向来的记载，便须相对互证，不可分道扬镳，这是我们应注意的第二点。再次，中国目前的发掘报告，有限得很，供给我们的正确可信的史料并不多。这一点，董作宾先生在其《甲骨文研究的扩大》一文中曾说：

> 甲骨文的研究，现在不过是初步，可识的文字，犹不及一半；而读不通，讲不通的语句，又是触目而有；就是那号称“契学”先进的罗老先生，他也曾把麒麟牵入马群，籍田当作扫地，把肩胛骨的边缘误认为胫骨。……即如考释文字一事，好比猜谜，尽管你猜个东，他猜个西，到最后揭晓的时候，猜中的固然不少，猜不中，也是难免的事。[1]

发掘的报告既是这样，我们于继续等候专家的发掘报告之外，应致力于其他工作，这是当注意的第三点。

先民努力的三端　由历史的序幕转入历史的正幕，乃至深入正幕的时代，中国民族远祖的努力可概括为对付天然，对付异族，树立社会秩序的三大端。依此叙述，便须把向来所重视的一系相承的帝统抛却。这有许多理由：一则我们治史，是研究整个的社会活动，并不是研究某一姓的家谱。既是如此，为什么定要把一家一姓的私事，弄得明明白白呢？二则，把一家一姓的私事弄明白了，固然可以帮助我们了解整个的社会活动；但了解整个社会活动，却不一定要从明白一系相承的帝统始。三则，此帝统并不是容易明白的。即如夏朝第一个皇帝禹王，便是来历不清的，且几乎绝对不得清白。我们又何苦要把精力用在帝统的配合上呢？

放弃一系相承的帝统，我们在导言中讨论分期的问题时，便已讲过。

---

① 董作宾：《安阳发掘报告》，第二期，411—412页。

不过彼处注重的是分期不当依朝代，此处所注重是如何研究古代史。中国民族远祖所遇之问题，实可概括为下之三大问题：一，怎样对付天然；二，诸种部族怎样相处；三，怎样树立一般的社会次序。对这三大问题之解决的种种努力，种种作为，实足以代表当时整个社会活动的全部。对这三大问题之解决，助力最大的有一事，曰宗教。古人对这三大问题逐步解决，生活乃逐渐安定，生产乃逐渐发达。现在且把凡可以得到，而又较为可信的许多零碎史料连贯起来，系在这三大问题上，依下之次序表出；作为处置古史的一种较为经济的办法。

一，先民怎样对付天然？

二，古代诸部族怎样相处？

三，先民怎样树立一般的社会次序？

四，宗教在上列三问题中之地位如何？

五，新次序之新经济状态如何？

第二章　先民怎样对付天然

一　空间的占领

水患的浩大　人类的活动，是在空间和时间上表演的。对自然界的奋斗，起码就得占领一个空间。中国历史上占领空间的这一幕，可拿夏代(约在纪元前二二〇〇年左右)治水的事当之。治水一事，近十余年来，因疑古辨伪的努力，得有下之三种结论：一则传说上所谓治水的禹王被否定了，据说禹王只是南方传说出来的神；二则治水的事情被否定了，而导江导河的“导”，却还没有被否定；三则水患之大，反而于无意之中一致地承认了或肯定了。

原来中国境内的水患；并不自夏代始，夏代以前，老早就有水患；安先生谓中国寻不出新石器时代的遗迹，就是由于水的破坏作用。(见本篇第一章第一节)也不是随夏代而终。夏代以后，直至今日，历史上又有几多时候不受水患呢？古代水患的浩大，《孟子》上有两段话说：

> 当尧之时，天下犹未平，洪水横流，泛滥于天下。草木畅茂，禽兽繁殖；五谷不登，禽兽逼人；兽蹄鸟迹之道，交于中国。[①]
>
> 当尧之时，水逆行，汜滥于中国，蛇龙居之，民无所定；下者为巢，上者为营窟。[②]

顾颉刚先生最不信“禹治水”的话，然为着要证明禹为出自南方传说的神，却于无意之中把水患确确实实地肯定了。其言曰：

---

① 《孟子·滕文公》上。

② 《孟子·滕文公》下。

> 楚之古文为𣡽，可见他们是在林中建国的。楚亦名荆，当以荆棘繁多之故。看荆楚一名，草木畅茂的样子，已是活现。《楚辞·天问》云："东南何亏?"又云："康回凭怒，地何故以东南倾?"盖当时的东南，为水潦所归，故有"地不满东南"之说。积水泛滥，自是那时实事。《汉书·地理志》于楚地曰："江南卑泾"；于粤(即越)地曰："其君禹后，……对于会稽，文身断发，以避蛟龙之害。"可见楚越一带，因林木的繁茂，土地的卑泾，人类与龙蛇同居，饱受了损害。又可知当时吴越人之所以断发文身，乃是起于保卫生命的要求，其效用与动物的保护色相等。那时那地的人生，是何等的可怖！平水土的事，是何等的需要！……楚越间因地土的卑泾，有积水的泛滥，故有宣泄积水的需要；因草木的畅茂，有蛟龙的害人，故有焚山泽，驱蛇龙的需要。①

驱蛇龙的需要，大概也就是夏代的豢龙氏或御龙氏之所以得名。《国语·郑语》述祝融八姓之后的董姓曰："董姓鬷夷豢龙，则夏灭之矣。"又同书《晋语》八曰："昔匄之祖，自虞以上为陶唐氏，在夏为御龙氏，在商为豕韦氏，在周为唐杜氏。"此处诸氏之特称，大概系从生产工作而得名，故其名都含有与生产工作相关之意味：陶唐，大概与治土器有关；御龙，大概与驱蛇龙有关；豕韦(韦豕?)大概与畜牧有关；唐杜，大概与耕种有关。周为农业时代，商为畜牧兼农业时代，夏大概为渔猎时代的末期，驱蛇龙料系当时实事；豢龙御龙，是一是二，姑且不管；但其得名，当是由于渔猎生活的末期及畜牧生活的初期，事实上有驱蛇龙的需要。

上所云云，尚只证明南方楚越间水患之大。然则北方的情形又怎样呢?这里丁文江为着要反驳顾颉刚，于无意之中，也把水患肯定了。其言曰："扬子江的水患，绝对不能如黄河下流的利害，所以你的南方洪水的假设，是不能成立的。"②据这话，北方的水患，较南方还要大哩。则水患的事实，任凭如何"疑"法，亦有不容否认者在。

山居的推断 南北水患，既然这样大，那么当时原住在长江中下游，或黄河中下游，或江河之间的民族，乃至从西北部来到这个境地的民族，除一面与水积极奋斗外，一面或依山而居。关于山居的事，《孟子》上曾说：

① 顾颉刚：《古史辨》第一册，第122—123页。

② 顾颉刚：《古史辨》第一册，第208页。

> 舜之居深山之中，与木石居，与鹿豕游，其所以异于深山之野人者几希。①

《书益稷》有“随山刊木”的话崔述亦解作古代人为欲与水奋斗，先在山上寻找住居的意思。其言曰：

> 洪水之患，山居者多，故先随山而导之，使高田之害先除。然后循水而导之，使平地之害尽去。而不先导山，亦无以察地势之高卑，而蓄泄之。②

最近柳诒徵先生为欲证明其“吾国文明，实先发生于山岳”的新说，也举了许多关于古人山居的实证。其所举虽或出自传说，要皆可供参考。不过古人山居，正是与水奋斗的反映，正是“文明”发生于河流的证据。虽古代民族部落有来自西北较高之地者，然“文明”的发展，却有赖于河流。故我们在这里，不能同意于其主张。柳举例证如下：

> 一，君主相传号为林蒸。《尔雅》：“林，蒸，君也。”盖古之部落，其酋长多深居山林，故后世译古代林蒸之名，即君主之义。
>
> 一，唐虞时，诸侯之长，尚号为岳。《尚书》四岳之名，说者不一。或谓为一人，或谓四方各一人，要皆可证古者诸侯之长多居山岳。故以岳为朝臣首领也。
>
> 一，巡狩之朝诸侯，必于山岳。舜巡四岳，禹会诸侯于涂山，即其证。
>
> 一，人民相传，号为丘民。《孟子》：“得乎丘民为天子。”丘民盖古者相传之称。《禹贡》有“降丘宅土”之文，是洪水以前及洪水时，民多居丘也。
>
> 一，为帝王者，必登山封禅。《管子》：“古者封泰山禅梁父者七十二家，而夷吾所记者十有二焉。”③

凡此例证，纵令完全出自传说，然传说亦有其发生之中心。且为避水

---

① 《孟子·尽心》上。

② 崔述：《崔东壁遗书·夏考信录》。

③ 柳诒徵：《中国文化史》上册绪论。

患而山居，亦并不是什么神秘之事。不过山居正是与水奋斗的反映。盖有水患之处，或水患较大之处，多为接近河流之平原，其土地较肥沃，易于生产。古代人为欲占得较肥沃之土地，便只有向黄河长江间之平原移入。然平原又易蒙水患，不得不避居于山。欲得生活之安全，当营山居；欲得生产之便易，当与水斗。故古人之山居，仍只是与水患奋斗之反映也。

治水的意义　所谓山居，并不是说永离水患，抛弃平原的优良土地。其义不过说于大平原中，择稍稍可以避水患之丘陵，为住居之所而已。住居在丘陵，则有烈山泽驱猛兽之必要；注意在平原之优良土地，则有平水土驱蛇龙之必要。烈山泽驱猛兽，与平水土驱蛇龙，当是渔猎生活末期的现象，而为进入畜牧生活的先声。其次"治水"云云，实包含两事，所谓"导山""导水"是也。不过事虽可以分而为二，然都是与自然界奋斗之表征。"随山刊木"，"治平水土"，都是与自然奋斗的工作，其目的都只在谋得安全的栖息之所。又其次所谓"治水，"并不是说用大规模的方法，疏浚河道。疏浚河道，如黄河、长江之类，不独在新石器时代的最末期为不可能；即在今日，又何尝是轻而易举的事？不过疏浚的工作虽不可能，而以泥土筑堤防水，则是可能的事。"治水"云云，不过如是而已。古人治水，费尽气力，到今日并无成绩可观，其原因也在此。盖泥土所筑之堤，随时可以被水洗平，实无法可以留成绩也。

又其次"导江"或"导河"云云，并不单只为的"溯源"，而是为的筑堤防水。盖古人并不要书地图以教学生，毫无积极意味之"溯源"工作，古人当无暇去干。丁文江否认夏代人能疏濬河道，是不错的；然谓"导江""导河"只限于"溯源"则不甚当。丁之言曰：

> 所以治水的话，我向来不信，不过"导江""导河"的导应该如何讲，本来是疑问。禹不能治水，不一定是不能导河导江的凭据。因为导字若作"溯源"讲，也未始不可通。[①]

这里我们得问，古人生存竞争之不暇，何以尚有闲工夫去溯水之源？溯源倘不是为的要治水，或积极地筑堤防水，便无意义了。所以一面否认"治水"，一面又承认"溯源"，是讲不通的。又其次治水并非是一人的事，

---

① 丁文江：《古史辨》第一册，第208页。

而是某种族或某部落，在其首长领导之下的共同工作。我们今日否认“禹王治水”(疏浚河道)是对的。若一面承认水患很大，同时又不相信整个的种族或部落有治水的努力(筑堤防水)则不对。又其次治水的努力，并非限于几十年短短的期间。在黄河长江两流域间的人民，实长期的在与水奋斗。不过从奋斗之中，逐渐改善了生活，逐渐丰富了生活的内容。

治水的记载　把治水的意义，暂且作为上面这样的解释。现在且进而举出关于治水的若干记载，以供参考。(1)导山导水虽都缘于水患，然是可分别的两事。关于导山的事，有下之诸记载：

舜使益掌火，益烈山泽而楚之。禽兽逃匿。[①]

禹敷土，随山刊木，奠高山大川。[②]

禹乃遂与益后稷奉帝命，命诸侯百姓，兴人徒以传土，行山表木，定高山大川。[③]

关于导水的事，《孟子》上说：

禹掘地，而注之海；驱蛇龙而放之菹。水由地中行，江淮河汉是也。险阻既远，鸟兽之害人者消；然后人得平土而居之。[④]

关于导山与导水合述的记载，则有：

禹曰：“洪水滔天，浩浩怀山襄陵，下居昏垫。予乘四载，随山刊木；暨益奏庶鲜食。予决九川，距四海；浚畎浍，距川；既稷播，奏庶艰食鲜食。懋迁有无，化居，蒸民乃粒，万邦作乂。”[⑤]

崔述谓：

随山刊木，即《禹贡》之导山事也；决川距海，即《禹贡》之导水事也。而随山暨益同功，决川暨稷同功；则是导山既毕，然后导水，显

---

① 《孟子·滕文公》上。

② 《尚书·禹贡》。

③ 《史记·夏本纪》。

④ 《孟子·滕文公》下。

⑤ 《尚书·益稷》。

然两事无疑也。[①]

(2)导山导水，亦有先后次序可寻。崔述谓禹之导山，曾把山分四重，由近而远；其言曰：

山分四重，由近而远，由北而南。河渭以北为第一重，岍岐至太岳为西干，底柱至碣石为东干。……河渭以南为第二重，西倾以下为西干，熊耳以下为东干。淮汉以南为第三重，嶓冢为西干，内方为东干。江南为第四重，惟岷山一干耳。[②]

又述禹导水之次第曰：

弱水黑水在九州之上，游故先之。中原之水患河为大，故次河。自河以南，水莫大于江汉，故次江汉。河以南，江汉以北，惟济淮皆独入于海，故次济淮。雍水多归于渭，豫水半归于洛，然皆附河以入于海，故以渭洛终之。先汉于江，先济于淮，先弱水于黑水，先北而后南也。先渭于洛，先上而后下也。[③]

二　时间的记取

传说的历法　时间的记取，与空间的占领，几乎是一样重要的。其方法之发明，据说是很早的。《汉书·律历志》云：

历数之起上矣：《传》述颛顼命南正重司天，火正黎司地。甚后三苗乱德，二官咸废，而闰余乖次，孟陬殄灭，摄提失方。尧复育重黎之后，使纂其业。故《书》曰："乃命羲和，钦若昊天，历象日月星辰，敬授人时。"

崔述则亟言尧以前未有定法，历法实至尧而后定。其言曰：

① 崔述：《崔东壁遗书·夏考信录》。

② 崔述：《崔东壁遗书·夏考信录》卷一。

③ 崔述：《崔东壁遗书·夏考信录》卷一。

四时之纪，闰之疏密，期之日数多寡，皆至尧而后定。非旧已有成法而中废，至尧又修复之也。重黎之司天地，本于《楚语》。然《楚语》云："重司天以属神，黎司地以属民。"所司者乃天神之祭祀，非天象之羸缩也。故曰："九黎乱德，民神杂糅"；曰："夫人作享，家为巫史"；皆谓宗祝祭祀事耳，与羲和之司历法者无涉也。历象之官，自在帝畿；三苗之乱，自在蛮夷；相距数千余里，三苗安能废帝廷之二官，而乖其闰余乎？①

其实一定说历法至尧而后定，又何尝妥帖？真正可据的材料，只有殷代才有。不过殷代已有历法，则此法之发明和发展，当远在殷代之先。恰巧《尚书·尧典》有关于历法的记载，世人遂多以为历法成于尧的时代。

所谓朞与闰 《尧典》的记载曰：

乃命羲和，钦若昊天，历象日月星辰，敬授人时。

又曰：

帝曰："咨，汝羲暨和！期，三百有六旬有六日，以闰月定四时，成岁，允厘百工，庶绩咸熙。"

期三百有六旬有六日云云，伪孔安国《传》的解释如下：

匝四时曰期。一岁十二月，月三十日，正三百六十日。除小月六，为六日，是为一岁有余十二日；未盈三岁，是得一月，则置闰焉。以定四时之气节，成一岁之历象。

孔颖达的《正义》则曰：

周天三百六十五度四分度之一，而日日行一度，则一期三百六十五日四分日之一。此言三百六十日者，王肃云："四分日之一，又入六日之内，"举全数以言之，故云三百六十六日也。《传》又解所以须置闰之意，皆据大率以言之。云一岁十二月，月三十日，正三百六十日也；除小月六，又为六日。今《经》云三百六十六日，故云余十二日，不成

① 崔述：《崔东壁遗书·唐虞参信录》卷一。

期；以一月不整三十日，今一年余十二日；故未至盈满三岁，足得一月，则置闰也。

就《经》文，伪孔《传》及《正义》看，中国似乎早已明白太阳年与太阴月的道理。几千年以来，所谓一年，虽成乎太阴月；然播植百谷所依凭的二十四节气，却是以太阳年为准的。按地球绕日一周，须三六五又四分之一日；此日数即为一年(期)。阳历以年为准，分此日数为十二月：七个大月，每月三十一日；四个小月，每月三十日；平年二月二十八日；每年合计得三百六十五日。至所余的四分之一日，积到四年，恰恰得一日；以这一日加于二月，二月得二十九日，称闰月。故阳历每四年置一闰，而闰年仅于二月加一日即得。中国之二十四节气，系就三六五又四分之一日而分；故农人播植百谷，依凭二十四节气，并不误事。

若阴历之成，则与此不同。按月绕地球一周，须 $29\frac{499}{940}$日。为要接近此数，故每月日数只宜有二九日(小月)或三〇日(大月)。假定举成数言，将每年所多余的四分之一日化成一日，则每年有三六六日。若将此数分成六个大月(每月三〇日)及六个小月(每月二九日)，则每年将多余十二日(其实只多余十一又四分之一日)。积到三年，将多三十六日(其实只多余三十三又四分之三日)。故阴历常于三年中置一闰月，或于五年中置两闰月。且大月究系何月，小月系何月，闰月置于何月之后，全无一定。一年三六五又四分之一日的实在日数，亦从不易分配尽净。

记时的方法　一年三六五又四分之一日的分配既如上述，现且进而研究记载时间的方法。相传黄帝之时，就有大挠其人，作甲子以纪日。《后汉书·律历志》引《月令章句》曰：

> 大挠探五行之情，占斗网所建，于是始作甲乙以名日，谓之干；作子丑以名日，谓之枝；干枝相配，以成六旬。

黄帝时大挠作甲子之事，虽系传说；然用干枝相配，成六十名，以记取时间，则在商代便已盛行。干枝相配的办法大约如下。

> 干有十：甲，乙，丙，丁，戊，己，庚，辛，壬，癸。
> 枝有十二：子，丑，寅，卯，辰，巳，午，未，申，酉，戌，亥。
> 十干之中，甲，丙，戊，庚，壬，五干，各可与十二枝中子，寅，

辰，午，申，戌六枝相配；配合的结果，可得三十名：

甲子　甲寅　甲辰　甲午　甲申　甲戌

丙子　丙寅　丙辰　丙午　丙申　丙戌

戊子　戊寅　戊辰　戊午　戊申　戊戌

庚子　庚寅　庚辰　庚午　庚申　庚戌

壬子　壬寅　壬辰　壬午　壬申　壬戌

又十干之中，乙，丁，己，辛，癸五干，各可与十二枝中丑，卯，巳，未，酉，亥六枝相配；配合的结果，也得三十名：

乙丑　乙卯　乙巳　乙未　乙酉　乙亥

丁丑　丁卯　丁巳　丁未　丁酉　丁亥

己丑　己卯　己巳　己未　己酉　己亥

辛丑　辛卯　辛巳　辛未　辛酉　辛亥

癸丑　癸卯　癸巳　癸未　癸酉　癸亥

两两合计，正得六十名。且此六十名的排法，正与罗振玉《殷虚书契前编》中所示无异。《前编》中的排列法如下：

1. 由右而左，每十个干支为一行。①

2. 由左而右，每十个干支为一行。②

3. 由右而左，每一干支为一行；以次向左横排之。第二行，三行，皆是由右而左。③

这样排成的甲子表，可称之为“旬历”。董作宾谓：

甲子表的用途，几同于现世的“日历”和“月份牌”，尤其类于“星期表。”我们可以叫它作“旬历”。民国十八年秋季，吾友容庚先生曾为燕京大学购得一枚，列六十甲子甚全，骨板刮治甚平滑，背面又未经钻凿。此板既非卜用，又非习契，可决为专作“旬历”用的。④

依旬而分一月之日数，一月恰有三旬。此外四分法在周时大概也颇流

---

① 罗振玉：《殷虚书契前编》卷三，第3页。

② 罗振玉：《殷虚书契前编》卷三，第6页。

③ 罗振玉：《殷虚书契前编》卷三，第3页之二。

④ 董作宾：《安阳发掘报告》第三期，第489页。

行。王国维云："古者盖分一月之日为四分：一日初吉，谓自一日至七八日也。二曰既生霸，谓自八九日以降至十四五日也。三曰既望，谓十五六日以后至二十二三日。四曰既死霸，谓自二十三日以后至于晦也。"[①]

商代的历法　董氏《卜辞中所见之殷历》一文，繁征博引，内容极为丰富。其结论述商代历法之要点曰：

> 第一，纪日法：
>
> 以干支纪日。
>
> 以当日为"今日"，当夜为"今夕"。
>
> 以一旬内之未来日为"昱"，以一旬外之未来日为"来"。
>
> 以过去之日为昔。
>
> 第二，纪旬法：
>
> 以自甲至癸之十日为一旬。
>
> 以日数系于旬，始于卜旬之癸日。或以日数系于本旬以内之某日。
>
> 第三，纪月法：
>
> 以小月为二十九日。
>
> 以大月为三十日。
>
> 以十二月为一祀。遇闰年，则添置十三月。
>
> 第四，纪时法：
>
> 以春，夏，秋，冬为四时。
>
> 以一，二，三月为春；四，五，六月为夏；七，八，九月为秋；十，十一，十二月为冬。
>
> 第五，纪祀法：
>
> 以一岁为一祀。
>
> 以祀居纪时之末。首列日的干支，次列在某月，末列王之几祀。[②]

凡此皆是殷商时代的历法。至于周代，当更详密了。日人新城新藏根

① 王国维：《观堂集林・生霸死霸考》。

② 董作宾：《安阳发掘报告》第三期，第521－522页。

据周代金文的研究，有较详之叙述，可供参考。[①]

三 器具的发明

夏之石器 人类与其他动物比较起来，最重要之异点，厥为人能发明器具。中国之器具，早在夏代，便已发明了很多。《吕氏春秋·君守篇》有“昆吾作陶”之说；昆吾与夏同时，本章第一节内曾说过。又《史记·龟策传》有夏桀作瓦屋之说。陶瓦之器，当是夏代常用的东西。民国十年(一九二一年)，安徒生(J. G. Andersson)先后在辽宁锦西县沙锅屯与河南渑池县仰韶村采掘，得石器，骨器，单色陶器，及彩色陶器等甚多。照第一章第一节里的推断讲；这些器具我们可以说是夏代发明的器具。依社会进化史上器具进化之时代言，在中国可约略列举为：

(一)新石器时代末期……夏代，约在公元前二千二百年左右。

(二)铜器及青铜器时代……商代，约在公元前一千七百年左右至一千一百年左右之间。

(三)青铜器及铁器时代……周代以后，公元前一千一百年左右及以后。

夏、商、周并不是三个相续的朝代，而是三个不同的民族。不过此三民族，并不是同时都占中国史上之主要地位的。商曾与夏并立，也曾隶属于夏，更征服了夏。周曾与商并立，也曾隶属于商，更征服了商。所以相续的时代，却是有的。我们为明了器具进化的主要阶段起见，特勉强列举上之三时代。目的在使读者略得要领，并非谓历史上器具进化的阶段，完全可以这样机械似地配合而丝毫不爽。这是读者所宜留意的。

我们认仰韶期的文化属于夏代，则夏代的器具，可择要列举如下：(仰韶出土之物)

带耳的陶鬲，
变棱石簇，
对称的石斧，

---

① 沈璿译：《东洋天文学史研究》第三篇《中国上古金文中之历日》。

不对称的石锛，

石栗鑿，

陶弹及纺轮等。①

商之铜器　至于商代，便是铜器盛行的时候了。殷墟出土的铜器，主要的有：

礼器……觚与爵，

兵器……戈，矛和簇，

用具……针，锥，锛及小刀；

装饰……具纹装饰及饕餮纹装饰。

商代的铜器，多成于范铸，而非成于锤击。何以知其然呢？一则殷墟出土之件中，铜器较少，而铜范却最多。二则英国皇家矿务大学（Royal School of Mines）教授卡盆特氏（H. C. H. Carpenter）根据殷墟出土的铜器在显微镜下所呈的现象，断定它们是由于范铸（Casting）而成。

商代不仅用铜器，而且已进步到用青铜的程度了。近来中央研究院化学研究所王琎用化学分析殷墟出土的铜镞，发现所含的成分中有10.71%的锡。其他器具，也都含有锡。兹特列举几件如次：

镞的化学分析的结果：

纯铜　　59.21%

锡　　10.71%

铁　　1.14%

矽酸　　7.37%

其余为水、泥质及二氧化碳。

刀的显微镜下估计的结果：

纯铜　　85.00%

锡　　15.00%

戈头的显微镜下估计的结果：

---

① 李济：《小屯与仰韶》，见《安阳发掘报告》第二期。

纯铜　80.00%

锡　20.00%[①]

综括说来，商代的器具，有石制的，有铜制的，有青铜制的。

周之铁器　自周以后，铁器便盛行起来。铁器之被使用，郭沫若先生认为有三个段落可分：第一次用作耕器，第二次用作手工业器具，第三次用作武器。[②] 这分法未必妥当，且未必一定要这样分。至谓耕作用的铁器，始于周初，证据更非常薄弱。不过因春秋战国时代，大量地使用铁器，从而推断铁器发生于周初，却是很近情理的。盖铁器已达了通行之时，则其通行之前，必有一个发生和发展的时代；断不是一发生就通行。所以我们认周初发生铁器的这一推断很近情理。

手工业用的铁制器具，春秋战国间，大概是有了的。《管子·海王篇》上的话，多少可以帮助我们成立这个信念。《海王篇》曰：

> 一女必有一针一刀，若其事立；耕者必有一耒一耜一铫，若其事立；行服连辇者必有一斤一锯一锥一凿，若其事立；不尔而成事者，天下无有。

又《轻重篇》上亦有类此之言曰：

> 一农之事，必有一耜一铫一镰一鎒一锥一铚，然后成为农；一车必有一斤一锯一釭一钻一凿一球一轲，然后成为车；一女必有一刀一锥一箴一𬬻，然后成为女。

这种记载，当可视为春秋战国间已有手工铁器的反映。若铁制的兵器，也在春秋战国之交盛行了。江淹《铜剑赞序》曰：

> 古者以铜为兵。春秋迄于战国，战国迄于秦时，攻争纷乱，兵革互兴；铜既不克给，故以铁足之。铸铜既难，求铁甚易；故铜兵转少，铁兵转多。

这一段话，似可作春秋战国时代用铁制兵器之证。由上所述看来，战

① 刘屿霞：《殷代冶铜术之研究》，见《安阳发掘报告》第四期。

② 郭沫若：《中国古社会研究》，第13页。

国之时盛行铁制兵器了；春秋战国间，已有铁制手工器了。只有周初用铁制耕器的证据，寻不出来。郭沫若先生认定铁器的使用，为周初农业发达之唯一无二的原因，一定要在周初寻出铁制耕器来。但寻求的结果并不甚好，只有一些隐隐约约的推断。不过铁制耕器的实证，固不易寻，然周初或春秋之前不远，一定有铁器被人使用。关于这点，朱希祖先生有一段话，可以供我们的参考。彼云：（摘录大意，非直抄原文）

> 《诗经·秦风》中有“驷铁孔阜，六辔在手”之句。驷铁的铁字，后世从马作驖，古代从金。《疏》说：“驖者言其色黑如铁。”当时既以铁形容马色，则铁当是世人所熟知的东西了。又这时，据说是“美襄公也”，则襄公时代（即纪元前八世纪，）铁已为中国人普遍的知道了。[①]

不过纪元前八世纪，仍不是周初，而是西周到春秋之交的时代。史家都以周平王东迁为春秋时代之开始；而平王东迁洛邑，已是纪元前770年了。似此则周初的铁器且不易寻出；铁制耕器，当然更不易寻。我们于此只好暂时搁下不论。大概周初仍是以青铜器为主；铁器云云，到底只是推断上的事。

四　生活的演进

商代以前的生活　器具是改善生活的。无论是生产器具，或战斗器具，都能改善生活。生产器具之改善生活，固不待言。而战斗器具，用以征服敌人，夺其所有之食料，占其易于生活之优越地方，便是改善生活。或用以捕杀禽兽，以充食用，更是直接改善生活。直接着商以前的夏代，便已有了石簇石斧等犀利器具，则夏代人的生活，当已由渔猎而接近畜牧了。《吕氏春秋·行论》谓：

> 尧以天下让舜，鲧为诸侯，怒于尧曰：“得天之道者为帝，得地之道者为三公，今我得地之道，而不以我为三公”；以尧为失论，欲得三公，怒甚（应是其字）猛兽，欲以为乱；比兽之角，能以为城；举其尾能以为旌。

① 国立中山大学史学研究会所出《现代史学》三四期合刊，第334页。

王充《论衡·率性篇》转述这段说：

> 尧以天下让舜，鲧为诸侯。欲得三公，而尧不听；怒其猛兽，欲以为乱；以兽之角，可以为城；举尾以为旌。

兽可以受人的指挥，比兽之角，可以为城，举兽之尾，可以为旌，这似乎是生活由渔猎进到畜牧时之状态。又从出土的器物上，亦可得相当之证据。徐中舒先生欲证明小屯与仰韶（商与夏）两文化之异点，无意之中，给了我们一点关于夏代生活之证。其言曰：

> 现在我们且取与仰韶文化最近的甘肃辛店四时定及镇番县出土陶绘的鸟兽纹以为比较。
>
> a. 辛店甲址葬地之陶瓮，有犬羊的兽纹各二，见《甘肃考古记》第三版第二图。
>
> b. 辛店期彩色陶瓮上的花纹，见同书论文中第五图。兽纹出辛店，鸟纹出四时定。
>
> c. 镇番县沙井南葬地出土鸟纹无足，见同书第三版第二图。
>
> 这些遗物上的纹饰，鸟作两足（或将足省去，）兽作四足，与小屯的作风有很显明的界限。①

徐的目的，是要证明商代以前的仰韶文化，不同于小屯。但所举遗物上的鸟兽之纹，很可以帮助我们相信：夏代或夏代末期的人，曾开始脱去渔猎生活而接近畜牧生活。虽然畜牧是商代的主要生活，但在夏代或亦有了一个发端。若照其他的记载看，则不独夏代末期有畜牧生活之发端；即在夏初，便已有了耕种的生活。孟子之言曰：

> 禹恶旨酒，而好善言。②

酒当然是耕作已开始才能有的。若《论语》，则直谓：

> 禹稷躬稼，而有天下。③

---

① 徐中舒：《安阳发掘报告》第三期，第531—532页。

② 《孟子·离娄》下。

③ 《论语·宪问篇》。

不过这些记载，我们到底只能用备参考，不能凭此即谓夏代已是农业生活的时代。

商之畜牧兼农业 商代的畜牧生活大概是众人所承认，而不成问题者。若举实证，则卜辞中很有些关于畜牧的记载。例如：

> 庚子卜贞牧□羊。征于丁□用雨。①
>
> □亥卜宾牧称册（下缺）。②
>
> 辛巳王贞牧□燕□□。③
>
> 卜贞从牧，六月。④
>
> 辛酉告，其豢。⑤
>
> 贞于章。大刍。⑥
>
> 卯卜王牧。⑦
>
> 来刍陟于西示。⑧

这只是关于畜牧的记载。至于家畜，则马，牛，羊，鸡，犬，豕，差不多都已有了。尤以充主要食料的牛羊为多。每次祭祀，可用牛羊至数百。例如：

> 贞卺御牛三百。⑨
>
> 丁亥卡□贞，昔日乙酉箙武御〔于〕大丁，大甲，祖乙，百卺，百羊，卯三百□。⑩

牛羊可以这样使用，当是畜牧生活的好证据。不过商代生活，并非限于畜牧，实已进入农业生活了。这从卜辞中的“求年”“受年”等可以看出。例如：

---

① 罗振玉：《殷虚书契后编》下，一二，一三。
② 罗振玉：《殷虚书契后编》下，一二，一四。
③ 罗振玉：《殷虚书契后编》下，一二，一五。
④ 林泰辅：《龟甲兽骨文字》，壹，二六，一。
⑤ 罗振玉：《铁云藏龟之余》，六，一。
⑥ 罗振玉：《殷虚书契前编》肆，三五，一。
⑦ 罗振玉：《殷虚书契前编》陆，二三，五。
⑧ 罗振玉：《殷虚书契前编》柒，三二，四。
⑨ 罗振玉：《殷虚书契前编》肆，八，四。
⑩ 罗振玉：《殷虚书契后编》上，二八，三。

贞：于王亥求年。

贞：求年于羔。

癸丑卜，宾贞：求年于太甲十牢，祖乙十牢。

辛酉卜，宾贞：求年于妣乙。(以上求年)

庚申卜贞：我受黍年。三月。

甲辰卜，商受年。

贞，不其受黍年。

乙巳卜，以贞：雪，不其受年。(以上受年)①

照董作宾的讲法，

求年，就是后世“祈谷”之祭。受年，受黍年，就是年谷丰登之意。在商代还没有把年作纪岁之用的。(《尔雅》称：“夏曰岁，商曰祀，周曰年，唐虞曰载。”商曰祀，可参看本章时间之记取一节)到了周代，才把禾谷成熟一次称为一年，而年字始含有岁祀之意。②

年，《说文》：“谷熟也。从禾千声。”卜辞中从人作[illegible](《书契前编》卷一，页十五)也有省作禾的，意义确为“谷熟”。似此则上面八辞最足以证明商代之农业生活。

周代农业之盛况　关于周代农业生活的记载，那是非常容易寻找的。如《诗经·豳风·七月篇》之：

九月筑场圃，十月纳禾稼；黍稷重穋，禾麻菽麦。嗟我农夫，我稼既同，上入执宫功。昼尔于茅，宵尔索陶；亟其乘屋，其始播百谷。

《小雅·楚茨篇》之：

楚楚者茨，言抽其棘；自昔何为，我艺黍稷。我黍与与，我稷翼翼。我食既盈，我庾维亿。以为酒食，以飨以祀；以妥以侑，以介景福。

① 罗振玉：《殷虚书契考释》增订本下，第45—46页。

② 董作宾：《安阳发掘报告》第三期，第520页。

《南山篇》之：

> 信彼南山，维禹甸之；畇畇原隰，曾孙田之。我疆我理，南东其亩。上天同云，雨雪雰雰，益之以霢霂；既优既渥，既霑既足，生我百谷。疆场翼翼，黍稷彧彧。曾孙之穑，以为酒食。畀我尸宾，寿考万年。中田有庐，疆场有瓜。是剥是菹，献之皇祖。会孙寿考，受天之祜。

《甫田篇》之：

> 倬彼甫田，岁取十千。我取其陈，食我农人。自古有年。今适南亩，或耘或耔，黍稷薿薿；攸介攸止，烝我髦士。……曾孙之稼，如茨如梁；曾孙之庾，如坻如京。乃求千斯仓，乃求万斯箱。黍稷稻粱，农夫之庆；报以介福，万寿无疆。

《大田篇》之：

> 大田多稼，既种既戒；既备乃事；以我覃耜，俶载南亩，播厥百谷。既庭且硕，曾孙是若。

《诗经》上面，描写农事的诗篇太多了，现在只节录这些作证。至于《尚书·周书》中讲农事的地方，便更多了。

> 《洪范》：土爰稼穑，……岁月日时无易，百谷用成。
>
> 《金縢》：秋大熟，……岁则大熟。
>
> 《大诰》：厥父菑，厥子乃弗肯播，矧肯获。……若穑夫，予曷敢不终朕亩？
>
> 《酒诰》：纯其艺黍稷。
>
> 《梓材》：若稽田，既勤敷菑，为其陈修，为厥疆亩。

由上所述看来，周代之农业生活，实已到了极发达之地步。至其所以如是之发达，则诸部落逐渐统一，战争逐渐减少，应是一大原因。总括说来，夏代的末期，大概是渐由渔猎转入畜牧的时候；商代确是畜牧而兼农业的时代。周代则是农业盛行之时了。

第三章 诸种部族怎样相处

一 诸种部族之所从出

亚洲的黄种 与征服天然一样重要的问题，为诸部族怎样相处之问题。古代的部族，是很多的。史称黄帝置左右大监，监于万国；[①] 夏禹会诸侯于涂山，执玉帛者万国；商汤受命，号称三千；[②] 周武王观兵孟津，还余八百国。[③] 这里所谓八百，三千，万国云云，当然不是实在数目。但可暗示古代部族之多并可暗示诸部族之因征战而统一，其数目之逐渐减少。

不过古代的部族虽多，而其所从出之大源，为数却不甚多。兹为明白诸部族所从出之大源起见，先述一述亚洲的黄种。亚洲民族，自始即有黄种与白种两者互相斗争。这两种人滋生之地，大约可用葱岭为分界。葱岭以西，为白种人滋生之地；葱岭以东，为黄种人滋生之地。葱岭以东的黄种人，在南方的，约有下之诸种族：一，汉族，滋生于中国本部，蔓延于满洲、朝鲜及安南等地。二，交趾支那族，旧居中国本部；自汉族由西方逐渐侵入中国内部之时起，乃被迫而退居西南深山中；并蔓延于今之湖南、广西、云南、贵州及安南、暹罗、马来半岛等地。三，西藏族(即唐时之吐蕃族，西人译其音曰图伯特族〔Tibet〕)，蔓延于青海、西藏、克什米尔、尼伯尔、不丹及缅甸等地。上之三族，其语言都是单音的，文字都是衍形的。这可以说是最大的特征。

北方的黄种人，重要者约有：一，通古斯族，滋生于乌苏里江、松花

---

① 《史记·五帝本纪》。

② 《尚书·大传》。

③ 《史记·周本纪》。

江流域。蔓延于满洲全境，朝鲜北部，及黑龙江滨。二，蒙古族，滋生于贝加尔湖东偏，其后南下，蔓延于内外蒙古、黄河套及天山北路等地。三，突厥族，滋生于阿尔泰山系，蔓延于西伯利亚以南，天山南北路及中亚一带。这三族的语言都是复音的，文字都是衍声的；与南方三族的语言文字恰相反。

此外有大和民族，蕃殖于日本；三韩民族，蕃殖于朝鲜。就其语言文字看，似不能归入南方系。

中国的民族 亚洲的黄种，固有最大多数是构成中国民族的；但中国民族究竟不能包括亚洲黄种的全部。因此之故，对于中国民族一名词，我们尚须予以特别注意，并指出其特有的内容。中国民族，夏曾佑主张称华族。其言曰：

> 种必有名；而吾族之名，则至难定，今人相率称曰支那。案支那之称，出于印度，其义犹边地也；此与欧人之以蒙古概吾种无异，均不得为定名。至称曰汉族，则以始通匈奴得名；称曰唐族，则以始通海道得名。其实皆朝名，非国名也。诸夏之称差为近古；然亦朝名，非国名也。惟《左传》襄公十四年引戎子支驹之言曰："我诸戎饮食衣服，不与华同。"华非朝名，或者吾族之真名欤。[①]

其实中国民族一名词，亦殊可用。"华"字虽系中华一名词中的一个字，固可取出来称整个的中国民族；但中国民族一名词既不是"长"得不顺口，又不是"短"得不明白，刚好供我们使用。

中国民族，大体是下之七族所构成：一，汉族；二，满族；三，蒙族；四，回族；五，藏族；六，苗族；七，韩族。汉族是亚洲黄种中汉族(Chinese)的全部；这是中国历史上最重要的民族，在诸民族中，常占第一个地位。其次为满与蒙。满族是亚洲黄种中通古斯族(Tunguse)之最大部分；蒙族是亚洲黄种中蒙古族(Mongol)之最大部分。这两族都有一个时期统治全中国。又其次为回与藏。回族是亚洲黄种中突厥族(Turk)之最大部分。藏族是亚洲黄种中图伯特族(Tibet)之最大部分。这两族未曾统治过全中国，但常为统治了全中国的民族之劲敌。苗族是亚洲黄种中交趾支那族(Indo-

① 夏曾佑：《中国古代史》第一篇第一章第三节。

Chinese)之最大部分，自始即受汉族之最大压迫；虽其数量很多，然地位终很微弱。韩族是亚洲黄种中三韩民族(即高丽民族〔Korian〕)之全部。这族于中国历史虽有关系，但不及其他各族之密切。

民族的问题 一讲到中国民族，很自然的有中国民族起源之问题随着发生。总括说吧，上述七族，是否同出一源？分开说吧，占中国历史上最重要之地位的汉族，究来自巴比伦(Babylonia)，抑是中国原有的土著？这等问题，我们不能解决。但不解决这等问题，未必就不能研究中国历史。不过我们在研究中国历史之时，应设法使中国民族起源之问题的范围趋于明白。关于这点，我们可作如下之申述。一，中国民族起源之问题，因时间过去的远近而异其重要性。若把它看作有记载的历史时期开始以后之问题，则其重要性远不如在这个时期开始以前。二，在这个时期开始以前之民族起源问题，又未必是中国所独有；且其解决，应责诸考古学者与人类学者。三，中国民族起源之问题，考古学者纵能予以解决之提示，人类学者又将不予同意。考古学者纵能完全证明中国的汉族为由巴比伦移来，人类学者又将拿他那人类起源于热带之说以难之。四，若就有记载的历史时期而说，则中国历史上之民族，大抵当是前面所述之七族，原不必追到西来与否之问题。我们在前面首先把亚洲的黄种及中国的七族加以正面的叙述，用意也就在此。五，中国有记载的历史时期诸部族之分合移转，虽甚复杂，大抵在上述七族范围之内。其移转所历之地域，至广亦不得大过今日中国的境界。

二　诸种部族互相战争

战争的原因 由七大族中所发生的诸部族，为生活的欲求所驱使，分布于各地；因各地生活的条件之不一致，便不免常相战争。例如满族所处的满洲，地在北纬四十五度的南北，气候较黄河、长江间冷多了，天然生产亦不及江河之间。又如蒙族所处的蒙古，地在北纬四十五度到五十度之间，因多沙漠，气候寒暑都极酷烈，天然的生产更远不如江河之间。再如回族所处之新疆及藏族所处之西藏，地质，气候，地势以及天然物产等也与黄河长江间大异。这种天然条件，几千年来，并没有什么大的变动。由今日以推往古，可知古代生息在这些条件之下的人，必然相互竞争，以图占领黄河中下游及长江中下游的天然优良地方。

严格说来，中国的天然环境，自古至今，以黄河中下游及长江中下游这一带大平原为最优良，所以古时诸部族之战争，常以这一带地方为对象。蒙文通先生著《古史甄微》，标举三个民族：曰河洛民族或黄族，曰江汉民族或炎族，曰海岱民族或泰族。谓泰族文化最早，炎黄二族多承袭之；炎族文化又较黄族为早，黄族又多承袭之。所谓河洛民族，即我们所谓汉族；江汉民族，即我们所谓苗族；海岱民族，或属韩族，或属汉族，或另有所属，而为东方沿海的一种所谓东夷。倘如所云，则黄河中下游及长江中下游间这块天然优良的大平原，邃古即为诸部族所争夺之对象。蒙谓：

> 中国古代之文化，创始于泰族，导源于东方。炎黄二族后起，自应多承袭之。然二族固各有其独擅之文化。黄族固完美也；惟炎族较朴陋，而亦有其特殊之点可寻。惟炎族建国又先于黄族，其创制作物，黄族多承袭之，而或尸其功耳。[①]

文化云云，且不具论。但黄河中下游及长江中下游间所演的争斗，则可想见。这块天然优良之地原被东方民族占据了；南方民族北上，便把东方民族挤开，或消灭或降服；西方民族东来，又把南方民族挤开，或消灭，或降服。许多战争，都是为的此地较好。此地较好，实古代中国史上诸部族战争的一个主要原因。

战争的频繁　古代诸部族间相互的战争之多，可拿《易经》中关于战争的文句作证。《易经》中关于战争的文字最多，例如：

> 《蒙》上九……不利为寇，利御寇。
>
> 《需》九三……需于泥，致寇至。
>
> 《师》初六……师出以律，否臧凶。
>
> 《师》九二……师在中，……王三锡命。
>
> 《师》六三……师或舆尸。
>
> 《师》六四……师左次。
>
> 《师》六五……长子帅师，弟子舆尸。
>
> 《小畜》九五……有孚挛如，富以其邻。
>
> 《泰》六四……不富以其邻，不戒以孚。

① 蒙文通：《古史甄微》，第62页。

《泰》上六……城复于隍，勿用师。

《同人》九三……伏戎于莽，升其高陵，三岁不兴。

《同人》九四……乘其墉，弗克攻。

《同人》九五……同人先号咷而后笑，大师克相遇。

《谦》六五……不富以其邻，利用侵伐，无不利。

《谦》上六……利用行师，征邑国。

《豫》彖辞……豫，利建侯行师。

《复》上六……迷复凶，有灾眚，用行师，终有大败，以其国君凶，至于十年。不克征。

《离》上九……王用出征，有嘉折首，获匪其丑。

《晋》上九……晋其角。维用寇邑。

《解》六三……负且乘，致寇至。

《夬彖辞》……扬于王庭，孚号，有厉告自邑，不利即戎。

《夬》初九……壮于前趾，往不胜。

《夬》九二……惕号，莫夜有戎。

《中孚》六三……得敌，或鼓或罢，或泣或歌。

《既济》九三……高宗伐鬼方，三年克之。

《未济》九四……震用伐鬼方，三年有赏于大国。

上面所举，只是泛泛地证明古代战争之多。至于较大之战争，有具体之记载的，这里也可以举一段文字作证。如《国策》所载：

昔者，神农伐补遂；黄帝伐涿鹿，而禽蚩尤；尧伐驩兜，舜伐三苗，禹伐共工，汤伐有夏，文王伐崇，武王伐纣。①

又如《左传》所载：

帝鸿氏有不才子，掩义隐贼，好行凶德，丑类恶物。顽嚚不友，是与比周。天下之民，谓之浑敦。少皞氏有不才子，毁信废忠，崇饰恶言，靖谮庸回，服谗搜慝，以诬盛德。天下之民，谓之穷奇。颛顼氏有不才子，不可教训，不知话言，告之则顽，舍之则嚚，傲狠明德，

① 《国策》秦一。

以乱天常。天下之民，谓之梼杌。此三族也，世济其凶，增其恶名，以至于尧。尧不能去。缙云氏有不才子，贪于饮食，冒于货贿，侵欲崇侈，不可盈厌；聚敛积实，不知纪极；不分孤寡，不恤穷匮。天下之民，以此三凶，谓之饕餮。舜臣尧，宾于四门，流四凶族浑敦穷奇梼杌饕餮；投诸四裔以御螭魅。[①]

四凶族之名，有一种解释。杜预《左传集解》谓浑敦即驩兜，穷奇即共工，梼杌即鲧。张守节《史记正义》谓饕餮即三苗。浑与驩同声，敦与兜同声，谓浑敦即以驩兜，殆很可信。又穷奇与共工亦同声字，不过一系细读，一系洪读而已。谓穷奇即共工，大概不错。只有梼杌与饕餮，前者两字都从木，后者两字都从食；从木与从食的两名词，都带有描画某种属性之意。《孟子》上有"晋之乘，楚之梼杌"的话，梼杌大概与楚地有多少关系。

再者从上举两段文字看来，古代的战争，除一部分系汉族内部诸部落互相争斗，如汤伐有夏，文王伐崇，武王伐纣等之所为以外，大抵为汉族诸部落与苗族诸部落间的战争。如黄帝伐涿鹿而禽蚩尤，舜流凶族梼杌饕餮等，可为例证。至若汉族与其他各族之战争，其时期都较与苗族战争之时期为稍后。夏曾佑谓：

中国之于四邻，大约自夏以前，则注意在南；自夏以后，则注意在北。注意于南，而江南遂永为中国殖民之地。注意于北，已国或将为他人殖民地焉。其我之有盛衰耶？其敌之有强弱耶？不可知矣。[②]

其实这是可知的。盖时代愈古，黄河中下游与长江中下游间这块优良土地，被土著的苗族占据的愈多。迨历史稍往后延，人口稍稍繁殖，西北角上的汉族，为生活所迫，当然向这天然优良之地挤进来。苗族既经退败了，历史再往后延，人口更加繁殖，北方的土著及西北角上占有汉族旧地之新族，为生活所迫，当然也只有向这天然优良之地挤进来。至是汉族乃不能不回头注意北方或西北了。不过这还只说到汉族先注意南方，后注意北方的理由，尚未说到汉族为什么竟然能征服南方民族，而又最能抵抗北方及西北民族，以独占胜利。

---

① 《左传》文公八年。

② 夏曾佑：《中国古代史》第一篇第一章十二节。

关于汉族之所以比较地能独占胜利，我们暂且勉强解释如下：(一)汉族初为西北瘠土之民，为天然环境所锻炼战争的能力较大。苗族以生活环境较优之故，战争能力，远不如西北瘠土之民。这层理由，可拿西洋史上北方民族战胜南方民族，游牧民族战胜农业民族之例来互相发明。[①] (二)汉族既有较优的战争能力；而征服苗族之后，又得较优的生活环境。以如是之能力与如是之环境互相融合，生活上起一突变，产出一种特别优良的生存能力，而为其他各族所不及。因此遂能傲视南北。(三)虽然汉族在中国历史上比较地能独占胜利，但亦并不是绝对地不为他族所屈。在五胡十六国时代，宋元时代，满清时代，汉族的优胜地位，也曾动摇过。

三　几种较大的战争举例

汉族与苗族的战争　汉族与苗族的战争，当以(1)黄帝与蚩尤之战为最早，而最关重要。这一战争，我们在前面已经提及了。前面所引《国策》之文，其中有一句曰：

> 黄帝伐涿鹿而禽蚩尤。

《史记》述这一战争的原委曰：

> 轩辕之时，神农氏世衰，诸侯相侵伐，暴虐百姓，而神农氏弗能征。于是轩辕乃习用干戈，以征不享；诸侯咸来宾从。而蚩尤最为暴，莫能伐。轩辕乃修德振兵。……蚩尤作乱，不用帝命，于是黄帝乃征师诸侯，与蚩尤战于涿鹿之野，遂禽杀蚩尤。而诸侯咸尊轩辕为天子，代神农氏，是为黄帝。天下有不顺者，黄帝从而征之。[②]

我们纵不相信当时的实事，一如《史记》所描画；但上古汉苗之冲突，这记载总可暗示出若干。其次为(2)尧舜禹之处置三苗。关于这层，我们可借崔述一段话表出之。崔谓：

> 三苗之见于虞夏书者凡四。其一窜三苗于三危，乃尧时事；此在

① Franz Oppenheimer，*The State*.

② 《史记·五帝本纪》。

最前，不待言矣。其二，分北三苗，乃舜命官考绩时事。其三，苗顽，弗即工，皋陶方施象刑。乃舜禹问答语。考其时势，当即分北之事。盖苗顽者，原分北之由；分北者记象刑之实。所谓五流三居者也。然则《典》正如《春秋》直书其事，《谟》正如《左氏传》详志其本末耳。其四，三危既宅，三苗丕叙。惟此当在最后，盖因顽而分北，因分北而后丕叙也。[①]

这里汉族处置苗族的办法，似已不少：有"窜"，有"施象刑"，有"宅"或安插，有"丕叙"，或使就范。大概苗族之中，部落很不少，与汉族相处之时也很长。汉族与之相处的关系，似有两面：有友好而利用之的一面，有战争而征服之的一面。《国语·郑语》有一段曰：

且重黎之后也。夫黎为高辛氏火正，以淳燿敦大，天明地德。光昭四海，故命之曰祝融，其功大矣。夫成天地之大功者。其子孙未尝不章，虞夏商周是也。虞幕能听协风，以成乐物生者也；夏禹能单平水土，以品处庶类者也；商契能和合五教，以保于百姓者也；周弃能播殖百谷蔬，以衣食民人者也。其后皆为王公侯伯。祝融亦能昭显天地之光明，以生柔嘉材者也。其后八姓于周未有侯伯。佐制物于前代者：昆吾为夏伯矣；大彭豕韦为商伯矣；当周未有。己姓：昆吾，苏，顾，温，董，董姓：鬷夷，豢龙，则夏灭之矣。彭姓：彭祖，豕韦，诸稽，则商灭之矣。秃姓：舟人，则周灭之矣，妘姓：邬，郐，路，偪阳；曹姓：邹，莒；皆为采卫，或在王室，或在夷翟，莫之数也。而又姓无令闻，必不兴矣。斟姓无后。融之兴者，其在芈姓乎！芈姓夔越，不足命也。蛮芈，蛮矣。唯荆实有昭德。若周衰，其必兴矣。

祝融，为重黎之后，实是苗族，其八大姓之下，又有若干小姓，可视为许多并立的部落。这些部落与汉族相处，或被利用，或被消灭，原无一定。

汉族内部的战争　汉族诸部落相互的战争，(1)首先可举夏后帝启伐有扈氏一事为例。《史记·夏本纪》称：

① 崔述：《崔东壁遗书·唐虞考信录》卷三。

有扈氏不服，启伐之，大战于甘；将战，作《甘誓》……遂灭有扈氏，天下咸朝。

《甘誓》的誓词曰：

大战于甘，乃召六卿。王曰："嗟，六事之人，予誓告汝。有扈氏威侮五行，怠弃三正，天用剿绝其命。今予惟恭行天之罚。左不攻于左，汝不恭命；右不攻于右，汝不恭命；御非其马之正，汝不恭命。用命赏于祖，不用命戮于社。予则孥戮汝。"①

(2)其次可举商汤伐夏桀的一事为例。这是一次较大的战争，可稍稍详言之。商与夏原为并立的两个部落，常为夺取生活的条件而生冲突，而互相战争，到最后胜负完全决定，便构成商汤伐夏桀的一件大事。《史记》称：

帝桀之时，自孔甲以来，而诸侯多畔；夏桀不务德，而武伤百姓，百姓不堪。……汤修德，诸侯皆归汤；汤遂率兵以伐夏桀，桀走鸣条，遂放而死。②

《孟子》谓夏桀之失败，由于失了民心，其言曰：

桀纣之失天下也，失其民也。失其民者，失其心也。③

这里拿桀与纣并举，以他两人都只是因失民心而失去天下的。其所以失去民心，究竟是由于什么，这里姑不具论。兹且回转头来看一看，商汤在伐夏桀之前的情形如何。据孟子说，商汤在伐夏桀之前，曾征服过许多诸侯。(即部落)谓彼：

十一征而无敌于天下。东面而征西夷怨，南面而征北狄怨；曰：奚为后我？民之望之，若大旱之望雨也。归市者弗止，芸者不变。诛其君，吊其民，如时雨降，民大悦。④

---

① 《尚书·甘誓》。

② 《史记·夏本纪》。

③ 《孟子·离娄》上。

④ 《孟子·滕文公》下。

大概当时的商汤，的确是有蒸蒸日上之势的；在伐夏桀之先，的确克服过其他的部落。《史记·殷本纪》称：

夏桀为虐政，淫荒；而诸侯昆吾氏为乱。汤乃兴师，率诸侯；伊尹从汤，汤自把钺以伐昆吾，遂伐桀。

商汤伐夏桀之时，其部下大概也有责难的，汤曾作誓词曰：

王曰："格尔众庶，悉听朕言。非台小子，敢行称乱；有夏多罪，天命殛之。今尔有众，汝曰，我后不恤我众，舍我穑事。而割正夏。予惟闻汝众言。夏氏有罪，予畏上帝，不敢不正。今汝其曰，夏罪其如台。夏王率遏众力，率割夏邑，有众率怠弗协，曰，时日曷丧，予及汝偕亡。夏德若兹，今朕必往。尔尚辅予一人，致天之罚，予其大赉汝。尔无不信，朕不食言。尔不从誓言，予则孥戮汝，罔有攸赦。"①

商这个部族，在其首领盘庚之时代，据说会改称为殷，且世人以为是盘庚自已改的。在本书中，概称商为商，或殷商或殷，并未以盘庚之前为商，盘庚之后为殷。理由大抵同于崔述所说。崔谓：

世儒多谓盘庚改商为殷。《纲目前编》因之。于阳甲以前，皆书曰商王；于盘庚以后，皆书曰殷王；于盘庚之元祀，书曰迁都于殷，改国号曰殷。余按，《商书·盘庚篇》云："殷降大虐，先王不怀，厥攸作"；是盘庚未迁以前，已称殷也。《商颂·殷武篇》云："商邑翼翼，四方之极"；是盘庚既迁以后，犹称商也。《诗》云："殷商之旅"；又云："咨汝殷商"；而《书微子》一篇或称殷，或称商，参差不一；是殷与商可以连称，亦可以互称也。安在其为改号也哉？盖商者，汤之国号；而殷者则汤之邑名。后世所谓建都之地是也。其称为殷商，犹其称为京周也，商邑于殷，而遂号为殷；犹韩邑于郑而遂号为郑，魏邑于梁而遂号为梁也。②

(3)汉族诸部落相互战争中之另一较大之实例为周武王伐商纣。周与商也是两个并立的大部落。也常为夺取生活的条件而战争。到最后胜负完全

① 《尚书·汤誓》。

② 崔述：《崔东壁遗书·商考信录》卷二。

决定，乃构成历史上周武王伐商纣王的一件大事。商所以招致周兵来攻击的原因，据说是由于商代末年，君上臣下，都已罪大恶极。王国维归纳《书·牧誓》《多士》《多方》《酒诰》《西伯戡黎》《微子》诸篇之言作一结语曰：

> 夫商之季世，纪纲之废，道德之隳极矣。……卿士浊乱于上，而法令隳废于下。举国上下，惟奸宄敌雠之是务；固不待孟津之会，牧野之誓，而其亡已决矣。①

周民族崛起西北，势力一天天扩大；看见商族内部的萎靡之势，当然认为有隙可乘。周武王之时，乃东观兵于盟津，预备伐纣。《史记》称：

> 武王即位，……修文王绪业。九年(公元前一一二六年?)武王上祭于毕，东观兵于盟津。……时诸侯不期而会盟津者，八百诸侯。诸侯皆曰："纣可伐矣。"武王曰："女未知天命，未可也。"乃还师归。居二年，纣昏乱，暴虐滋甚。②

在这时候，据说商族的太师少师，有抱乐器等投奔于周的；这当然是周武王向商纣王进攻的时期成熟了。

> 于是武王遍告诸侯曰："殷有重罪，不可以不毕伐。……"遂率戎车三百乘，虎贲三千人，甲士四万五千人，以东伐纣。十一年(公元前一一二八年)十二月戊午，师毕度盟津；诸侯咸会曰："孳孳无怠。"武王乃作太誓，告于众庶："今殷王纣乃用其妇人之言，自绝于天，毁坏其三正，离逖其王父母弟，乃断弃其先祖之乐；乃为淫声，用变乱正声，怡悦妇人。故今予发维共行天罚。勉哉夫子！不可再，不可三。"二月甲子昧爽，武王朝至于商郊牧野，乃誓。武王左杖黄钺，右秉白旄以麾曰："远矣，西土之人。"武王曰："嗟，我有国冢君，司徒，司马，司空，亚旅，师氏，千夫长，百夫长，及庸，蜀，羌，髳，微，泸，彭，濮人！称尔戈，比尔干，立尔矛。予其誓。"王曰："古人有言，牝鸡无晨。牝鸡司晨，惟家之索。今殷王纣维妇人言是用，自弃其先祖肆祀不答，昏弃其家国，遗其王父母弟不用。乃维四方之多罪逋逃是崇，是长，是信，是使；俾暴戾于百姓，以奸宄于商国。今予

① 王国维：《观堂集林》卷十。

② 《史记·周本纪》。

发维共行天之伐。今日之事，不过五步，六步，七步，乃止齐焉。夫子勉哉！不过于四伐，五伐，六伐，七伐，乃止齐焉。勉哉夫子！尚桓桓，如虎如罴，如豺如离。于商郊，不御克犇以役西土。勉哉夫子！尔所不勉，其于尔身有戮。”誓已，诸侯兵会者车四千乘，陈师牧野。帝纣闻武王来，亦发兵七十万人距武王；武王使师尚父与百夫致师。以大卒驰帝纣师。纣师虽众，皆无战之心；心欲武王亟入，纣师皆倒兵以战，以开武王。武王驰之，纣兵皆崩，畔纣；纣走反入登于鹿台之上，蒙衣其珠玉，自燔于火而死。[①]

汉族与藏族的战争 周穆王之时，藏族中有犬戎者，势渐强大。穆王将以犬戎不享(即不奉行五服之中的宾服之礼)的罪名征伐之；有卿士祭公谋父反对此举，但无效果。《国语》述此事曰：

穆王将征犬戎，祭公谋父谏曰：“不可，先王耀德不观兵。夫兵戢而时动，动则威。观则玩，玩则无震。……犬戎氏以其职来王，天子曰：予必以不享征之，且观之兵，其无乃发先王之训，而王几顿乎。吾闻夫犬戎树惇，帅旧德而守终纯固，其有以御我矣。”王不听，遂征之，得四白狼，四白鹿以归。自是荒服者不至。[②]

四 长期战争所生结果

在长期的战争中，酝酿着好些大事。商周交替之际，下列诸件，乃一一实现，而为战争的结果。

(1)封国的出现，由此乃有所谓封建制度。

(2)土地的划分，由此乃有所谓井田制度。

(3)权力的传授，由此乃有所谓宗法制度。

(4)贵族的树立，由此乃有所谓等级制度。

长期的部族战争，所得结果，并不止此。不过这几件，较为重要，且为人们所最喜讨论的，特先揭出。在下章内，对这几件事，要作一次较详

---

① 《史记·周本纪》。

② 《国语·周语》上。

的检讨，看它们的真相究竟如何。这几件事情，向来研究历史的，都视为孤立的，只从其本身直接去研究。好像中国民族在商周之际，天才忽然涌现出来，短时间内，把这些东西，创造得非常完整。有疑古者出，觉得如此完整的东西，成于一旦，未免奇怪；于是又倡新说，以图全部否认之。这样由一极端走到另一极端的办法，完全出于机械之见。治历史而执机械之见，不能握住历史之完整性，或完整的统一体，则部分的史事之真相，最不易明白。若我们能注意于中心史事(争)之把握，从“人与天争”及“人与人争”的过程中去追求部分的史事之意义，则上列诸事的真相，未始不可以逐渐明白。某一部分应当否认，某一部分应当置信，未始不可以决定。今日认真治史的人渐渐增多了，这是好现象。然而支离破碎的倾向，亦恰于此时渐渐毕露。这都因固执部分的自身以为终极，而不能于诸部分之上一窥全体。换言之，太过于坚持机械之见，而不能以全体订正部分。

第四章　社会次序怎样树立

一　封国之出现

封之意义与必然性　封字，本作封，篆文之形为封。《说文》解封字谓“爵诸侯之土也，从之从土从寸”，于封字之含义可以说一点也不错。之，古文为㞢，《说文》云：“出也，象艸过屮，枝茎益大，有所之，一者地也。”简括的说，便是有植物一株，从地上长出之义。土，这是大家所熟识的，且不另求解释。寸，《汉书·律历志》：“寸者忖也，有法度可忖也，凡法度字皆从寸。”合起来说，封，便是起土为界，于其上树木以为固之意。这个意思，正与《周礼》上所说相符。《周礼》大司徒之职：“凡造都鄙，制其地域，而沟封之。”《注》云：“封，起土界也；土在沟上谓之封；封上树木，以为固也。”起土为界，树木其上以为固，正是我们所要检讨的封国及封建制的封字之意义。

封字之意义既明，我们且进而研究“封国”。封国云云，即是战胜的部族对战败的部族划给一定的土地之谓。这样的封法，是历史的演进上所必有的现象。古代的诸部族，既然为着生存条件，而时常互相战争；战到末了，定有一个胜败的决定。胜败决定了，胜者对于败者乃有种种的处置之法：或则全部处死；或则掳去为奴。这是部族之数极多，部族之体极小的时候最简捷的办法。但历史愈往后延，诸部族逐渐合并，部族之数一定逐渐减少，部族之体一定逐渐扩大。这只要看黄帝及夏禹时之万国，商汤时之三千国，周武时之八百国云云，便可断定古代部族之数目的减少，与体积的扩大。

较大之诸部族互相战争，则胜败决定之后，战胜者对于战败者的处置法，便没有从前那样简单了。全部处死，既有所不能；全部掳去为奴，亦有所不能。于是除处死及为奴的两部分外，其余仍生存着的一部分，只要自承战败，表示服从，并尽一定之义务；战胜者也可容忍，任其生存着。这样生存着的人，怎样去统治呢？最简捷之法，莫如为他们设一首长。此首长可由战胜者自己派去。但为熟悉情形，及减少抵抗起见，也可以从战败的部族中挑选。大抵不是派去的，便是挑选的。史称黄帝“置左右大监，监于万国”；[①] 禹“即天子位，……封皋陶之后于英六”；[②] 其文虽出于后来追记，其义未始不可视为古代部族战争的结果之反映。

由此看来，所谓封建，自有部族战争以来，便已有了雏形。但亦只有雏形而已，真正支配一个时代的封建，却在西周。西周以前的封建，到底只在酝酿之中。不过“酝酿”云云，也不可轻视，更不容否认。历史上的事迹或制度，都是发展出来的，并不是成于一旦。不过发展到了某种程度，突然显现为占了主要的或支配的地位而已。近来用新方法治史的人，也有完全承认西周为封建时代的。但绝不承认封建在西周以前，经过相当的发展及成长时期；一若历史事实之出现，有如木匠之制器，可用螺丝钉上；或如裁缝之作衣，可用针线缝上。这未免太机械了。

所谓封国及其种类 设立封国之事，在武王克商以前，固已有些引子；但大规模的封，却在武王克商以后。《左传》称：

> 武王克商，光有天下，其兄弟之国者十有五人；姬姓之国者四十人。[③]

又云：

> 武王克商，成王定之，选建明德，以蕃屏周。[④]

又云：

> 武王克殷，成王靖四方，康王息民，并建母弟，以蕃屏周。亦曰：吾无专享文武之功，且为后人之迷败倾覆，而溺于难，则振救之。[⑤]

---

① 《史记·五帝本纪》。

② 《史记·夏本纪》

③ 《左传》昭公二十八年。

④ 《左传》定公四年。

⑤ 《左传》昭公二十六年。

周之封国，以武王之时为多，但后来陆续封的也不少，并非个个都是武王封的；这层崔述有一段辨证曰：

古人之文，多举其大略。以克商自武王，故多推本武王言之。富辰以与召公对举，则称周公焉。其实乃陆续所封，不可概谓之武王，尤不得专属之周公也。①

周民族所封的国家，可以分为若干类。若以封建系统中的等级为标准，则可分为公，侯，伯，子，男五类。（近人以为金文中公侯伯种种称呼并无等级意味。）不过普通都以国君之所从出为分类的标准。依这标准，可得三类：一，先代的后裔；二，同姓；三，功臣之后。关于先代之后裔的封国，《左传》称：

甘虞阏父为周陶正，以服事我先王；我先王赖其利器用也，与其神明之后也，庸以元女大姬配胡公，而封诸陈，以备三恪。②

陈为侯国，今河南淮阳县。三恪即三监。武王克商以后，对纣子武庚于殷，使管理殷之余民。殷为侯国，今河南淇县。但同时又恐武庚靠不住，乃设三监以监之。三监即管蔡霍三国。又《史记》称：

武王追思先圣王，乃褒封神农之后于焦，黄帝之后于祝，帝尧之后于蓟，帝舜之后于陈，大禹之后于杞。③

焦，今安徽亳县；祝，今山东长清县；蓟，今河北大兴县；陈，已于上述；杞，今河南杞县。杞为公国。其次关于同姓的封国，《左传》称：

周公吊二叔之不咸，故封建亲戚，以蕃屏周。管，蔡，郕，霍，鲁，卫，毛，聃，郜，雍，曹，滕，毕，原，酆，郇；文之昭也。邘，晋，应，韩，武之穆也。凡蒋，邢，茅，胙，祭；周公之胤也。④

管，今河南郑县，封文王子叔鲜，为上述三监之一。蔡，侯国，今河南上蔡县，封文王子叔度，亦为三监之一。霍，侯国，今山西霍县；封文

① 崔述：《崔东壁遗书·丰镐考信录》卷二。
② 《左传》襄公二十五年。
③ 《史记·周本纪》。
④ 《左传》僖公二十四年。

王子叔处，亦为三监之一。这三国在周民族镇压殷民族之策略上极为重要，故特指出。不过三监之重要，远不及周公，周公在开创周之大业上，是一个极重要的人物。成王幼冲的时候，他且摄行过政事。照理，他的儿子伯禽当有一个大国。果然《诗经》上有如下之记载：

> 王曰："叔父，建尔元子，俾侯于鲁；大启尔宇，为周室辅。"乃命鲁公，俾侯于东，锡之山川，土田附庸。[①]

鲁，侯国，今山东曲阜县，成王封周公子伯禽于此，以报周公之功。又召公奭之子被封于燕。燕，亦侯国，在今河北蓟县。以上乃同姓的诸国。再其次，当述功臣的封国。功臣的封国，以吕尚的齐为最大。《史记》称：

> 武王已平商，而王天下，封师尚父于齐营邱。[②]

齐，亦侯国，今山东昌乐县。据《史记》说，齐在诸封国中为首封国，与同姓的鲁，燕，都为大国。《史记·周本纪》称周"封功臣谋士，而师尚父为首封"，这可见齐国地位之大。

封国与中央的关系　封国与中央的关系，在最初大概是很密切的。维持这关系的方法，最重要者为巡狩与朝觐。《孟子》称：

> 天子适诸侯，曰巡狩；巡狩者，巡所守也。诸侯朝于天子，曰述职；述职者，述所职也。无非事者。[③]

天子如发现各封国内部有好处，或加以奖；如发现有坏处，或加以罚。《孟子》称：

> 入其疆，土地辟，田野治，养老尊贤，俊杰在位，则有度庆；庆以地。入其疆，土地荒芜，遗老失贤。掊克在位，则有让；一不朝则贬其爵，再不朝则削其地，三不朝则六师移之。[④]

照这样看，天子是很有权力支配封国的。此外于命官上，中央亦可以表现些权力。如大国三卿，皆命于天子；次国三卿，二卿命于天子，一卿

① 《诗经·鲁颂》。
② 《史记·齐太公世家》。
③ 《孟子·告子》下。
④ 《孟子·告子》下。

命于其君。不过历时稍久，中央的权力，未必能完全达于封国。迨中央权力完全不能达于封国时，封建制便在其形式方面瓦解了。取而代之的厥为地主的封建势力；一直延到最近才始动摇。

关于封建制的讨论　近人有以封建制为始于五胡十六国之时代的。这说我们尚不敢苟同。一则古之部族战争，到了殷周之际，有产生封建制的必然趋势。今人论封建，于其条件，说得很详；于其发展过程，都略而不讲，是一缺点。二则记载封建制的书籍，如《孟子》，如《诗经》，如《左传》，我们现在尚不能说是五胡十六国以后追述五胡十六国时之封建制的著作。三则承认西周为封建时代，未必就完全否认后此陆续出现的，范围极小的，性质不同于周代的，变相封建，及地主阶级的封建势力。

封建制中，最当否认的一事，厥为各国土地面积的里数。《孟子》谓：

> 天子之制，地方千里；公侯皆方百里；伯七十里；子男五十里；凡四等。不能五十里，不达于天子；附于诸侯，曰附庸。[①]

这里数如此整齐，定系出于理想。当时公侯之国，未必恰好皆方百里，不大不小。这种近于理想的里数之不足凭信，正如井田制中"八家皆私百亩"之不足冯信一样。"八家皆私百亩"的理想办法，在下一节内就要加以检讨了。

二　土地之划分

关于井田的记载　井田制是不能贸然承认的。但与封国同时出现的，毕竟有一种划分土地之制。此制虽不同于井田制，然可从井田制的研究中寻出其大概。关于井田制的记载，以《孟子》上的话为最古。"周金中无井田制的痕迹。"[②]我们于今要研究此制，仍当以《孟子》上的话为出发点。《孟子》以后的许多讲法，都是从《孟子》的话直接或间接演化出来的。胡适之先生会把井田制的许多传说，依出现的先后，排成一表，颇可以供参考。胡谓：

> 1.《孟子》的井田论很不清楚，又不完全。
>
> 2. 汉初写定的《公羊传》只有"什一而藉"一句。
>
> 3. 汉初写定的《穀梁传》说的详细一点，但只是一些"望文生义"的

① 《孟子·万章》下。

② 郭沫若检查周金的报告，见《中国古代社会研究》，第299页。

注语。

4. 汉文帝时的《王制》是依据《孟子》而稍加详的。但也没有分明的井田制。

5. 文景之间的《韩诗外传》演述《穀梁传》的话，做出一种清楚分明的井田论。

6.《周礼》更晚出，里面的井田制就很详细，很整齐，又很烦密了。

7. 班固的《食货志》参酌《周礼》与《韩诗》的井田制，并成一种调和的制度。

8. 何休的《公羊解诂》更晚出，于是参考《孟子》，《王制》，《周礼》，《韩诗》的各种制度，另做成一种井田制。①

《孟子》的不清楚之论，究竟怎样？其说曰：

夏后氏五十而贡，殷人七十而助，周人百亩而彻，其实皆什一也。彻者彻也，助者藉也。龙子曰：治地莫善于助力，莫不善于贡。贡者较数岁之中以为常：乐岁粒米狼戾，多取之而不为虐，则寡取之凶年粪其田而不足，则必取盈焉。为民父母，使民盻盻然，将终岁勤动，不得以养其父母；又称贷而盖之，使老稚转乎沟壑。恶在其为民父母也？夫世禄，滕固行之矣。《诗》云："雨我公田，遂及我私。"惟助为有公田。由此观之，虽周亦助也。②

孟子在这段话中，首揭历史上三种制度，以为对滕国建议的张本。然后借龙子的话，比较"贡"与"助"的优劣。以为贡是最坏的办法。坏在何处？曰，太机械。折中数年的收入，得一常数；以此常数为标准，向人民征取生产品；乐岁收获好，可以多取，又不多取；凶岁收获坏，应该少取，又不少取：是诚机械之极。且十分病民。助与贡恰相反，当然无此流弊。孟子这样看重助法，然则周到底行过助法没有呢？就《诗经》看，周是行过助法的。孟子继续说：

夫仁政必自经界始。经界不正，井地不均，谷禄不平。是故暴君污吏，必慢其经界。经界既正，分田制禄，可坐而定也。③

---

① 胡适：《胡适文存二集》，第264—281页。

② 《孟子·滕文公》上。

③ 《孟子·滕文公》上。

这是孟子对滕国说话的根本理由。盖经界不正，有两大流弊必然发生。一则贵族分得之田，有或多或少之差，这叫井地不均。随这流弊，又生第二流弊：贵族所取于民者，亦有或多或少之不等。这叫做谷禄不平。倘经界正了，分田，不至有或多或少之差；取于民的，也不至有或多或少之不等。故曰"分田制禄，可坐而定"。"分田"与"制禄"两者，在孟子眼中，实为最重要之事。因为重要，他乃进一步向滕国贡献具体意见曰：

> 请野，九一而助；国中，什一使自赋。卿以下，必有圭田；圭田五十亩，余夫二十五亩。死徒无出乡，乡田同井，出入相友，守望相助，疾病相扶持，则百姓亲睦。方里而井，井九百亩，其中为公田。八家皆私百亩，同养公田。公事毕，然后敢治私事，所以别野人也。[①]

助法是他所称赞的周制，故直接提出。但恐不能普遍实行，故又以"什一使自赋"的方法救之。什一使自赋的方法，决不是贡法，因贡法最不好，前面已说过。但详情究竟如何，我们也很难推知。至于九一而助，那便是"八家皆私百亩，同养公田"之制。孟子的话，胡极言其含糊不清。其实并不见怎样含糊不清。他的意思，不过曰：经界倘，不能正，于"分田""制禄"两有流弊，为图"分田制禄"之"可坐而定"，极力要滕国采行周之助法，以实现"八家皆私百亩，同养公田"之制。

周代田制的推断　孟子的话虽很清楚，但"八家皆私百亩，同养公田"的这个机械方法，是否与助法绝对不能分开，这是要加以检讨的问题。《诗经》上有"雨我公田，遂及我私"的两句，可视为最可靠的史料。周或者行过助法，有公田与私田(私经营，所有权仍是贵族的)之分。贵族于农民耕种私田之外，或曾借其力，以耕一定之公田。但这办法，未必定要八家同一井。"助法"与"八家同井"未必是二而一，一而二的。在我们看来，周尽管行助法，尽管借民力以耕公田，却不一定要拿八家的人嵌在同一个井字型内。关于周之田制，大概有下列各项，可得而言：

(1)一切土地，皆为天子所有，所谓"普天之下，莫非王土"是也。天子将他的土地，分一部分于诸侯，留一部分直接授于农民耕种。诸侯将其分得之土地，再分一部分于大夫，留一部分直接授于农民耕种。大夫将分得

---

① 《孟子·滕文公》上。

之土地又分一部分于士，留一部分直接授于农民耕种。士为贵族之最下一级，不再将土地往下分了，只直接授于农人耕种而已。这可图表如下：

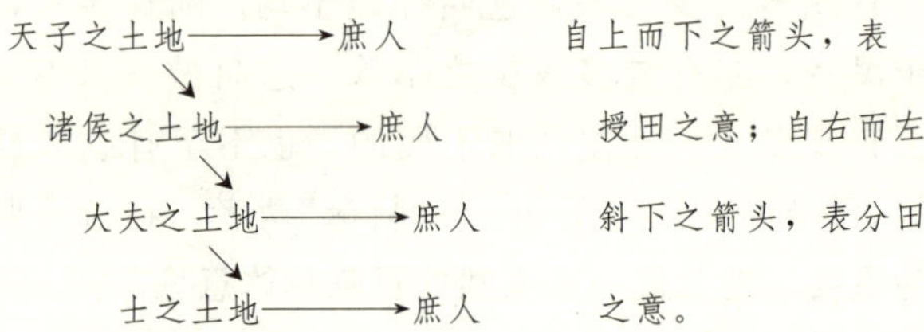

天子，诸侯，大夫，士为贵族，为土地之所有者，为授土地于庶人者，庶人为农民或佃民或农奴，为土地之耕种者，为受土地于贵族者。如上云云，是为“分田”范围内之事。

(2)庶人耕种贵族之田，则每年的收获，必提供一部分于贵族。提供之方式，大概有二种或二种以上。便于借力以耕公田的地方，则除为自己耕种外，复借其力为贵族耕公田一块。这块公田的面积，大概等于若干农人各自所耕之田的总和的十分之一。如五农人各耕私田百亩，则此五人为贵族所耕之公田亦不得超过五十亩。另一法，即各人于其收获总量中取十分之一供给贵族，这或者就叫做“什一使自赋。”农人取其收入的什一以供贵族，下一级的贵族复须供给若干于较上一级之贵族。这亦可图表如下：

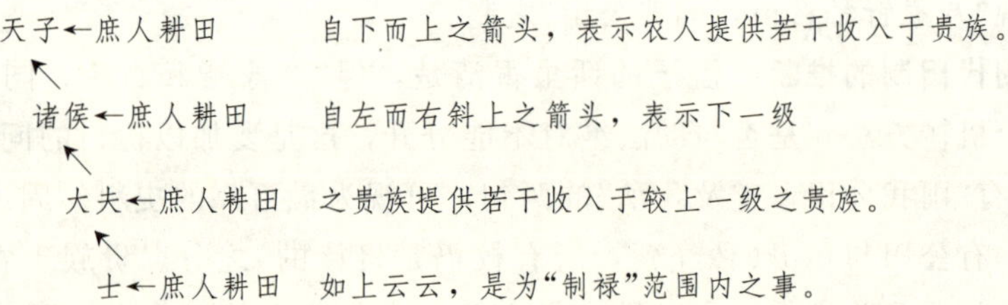

论所谓井田制度　由上看来，“分田”与“制禄”实为封建制中最重要之事。孟子为滕国所主张的，亦不外是要滕国实行周制，或借农人之力，以耕什一之公田；或教农人依什一之标准以自赋。这样，“分田制禄，可坐而定。”果如是者，则“井田制”这名词究从何来？这里须有一种解释。原来井与田两个字，并不是连用的；这两字只是表“豆腐干块”的土地之经界的，都只有区划及方块之义。两字的根本义并没有区别：井就是田，田就是井；二而一，一而二，原不是代表什么“井田制”的。田，《说文》云：“陈也，树谷曰田，象四□。十，阡陌之制也。”这里有两个意义：在田上耕作或树谷曰田，凭阡陌划成的四□，也曰田。这两个意义，最足以代表田字之真相。盖耕作开始之日，就是“豆腐干块”出现之时；天下决没有不将土地划成豆腐干块，而可以从事耕作的。所以土地之画成方块，实始于农业萌芽之时；特在周时，又大加整理一番。

井，篆文作丼。依《说文》，丼像井上之木架；丼像井中之汲瓶，后来小学家多依许说。清于鬯撰《说文职墨》，谓：“井丼盖本两字。井者井田之井也；丼者丼灶之井也。纵横为井，像界画之分明也，犹之田字……从十之比，皆取界画之分明。”[①]于今我们亦只认井田有界划之义。《广韵》云：“田九百亩曰井，象九区之形。”这也明明把井字当九区田看。但这还是后起之义，所以有“九区”的讲法。其实井字原只是“豆腐干块”之田中，纵横界线的四个交叉。与田字异形而同义。举例言之，例如“耕”字，从耒从井。耒是耕田之器，井是所耕之田；以此器在此田中使用便曰耕。这也可见井就是田，田就是井，原无二义。然则此两字既都是代表豆腐干块之土地的义既同了，何以仍要使此两字并存呢？这也有其一定之理由。盖将土地画成豆腐干块之后，其显现出来的形象，有两种，曰井曰田。如图：

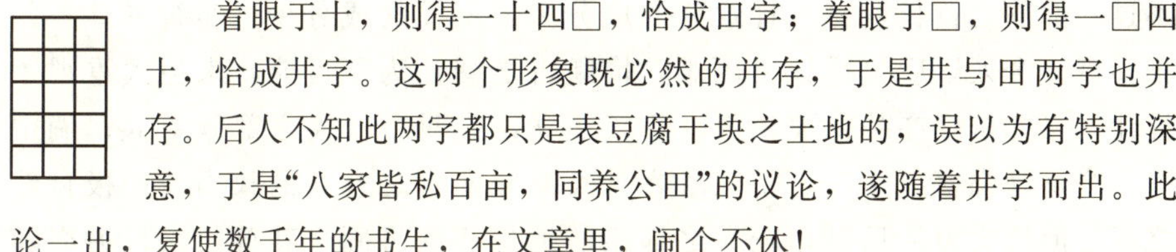

着眼于十，则得一十四□，恰成田字；着眼于□，则得一□四十，恰成井字。这两个形象既必然的并存，于是井与田两字也并存。后人不知此两字都只是表豆腐干块之土地的，误以为有特别深意，于是“八家皆私百亩，同养公田”的议论，遂随着井字而出。此论一出，复使数千年的书生，在文章里，闹个不休！

我们于今讲周之田制，只能承认土地之“豆腐干块”的划分，却不能承认“八家皆私百亩”的井田制。胡适之先生反对井田制是对的；但并土地之“豆腐干块”的划分，亦不承认，这我们却不敢同意。盖土地之豆腐干块的划分，有其历史的必然性。一则农业萌芽之时，就必须把土地画成一块一块，才可从事耕作。二则划分土地，以豆腐干块的划法为最经济。三则周初统一了如是之多的部落，设置了如是之多的封国；要在封国之内，实现“分田制禄”的办法，则土地之豆腐干块的划分，更为重要。原来封建制之行，必须佃耕制与之相伴随。封建制是从天子以次递降，分土颁爵的办法。佃耕制则是各级贵族齐向农民规定征取生产品的办法。前者包括“分田”，后者可以“制禄”。

---

① 《说文诂林》，第2157页。

三　权力之传授

权力传授亦有问题　封国之君，既有了爵，复有了土。（土地之百里，七十里，五十里云云，我们不能置信。天子以下的各级贵族，直接间接，或多或少分得“普天之下”的“王土”各若干是事实。但谓公侯皆方百里，伯七十里，子男五十里，则于事于理，都不可通。）则他自己死了，爵与土所结合而成的特别权力，究归何人承袭？此一问题，逼着周人创出“父死子继”的继统法；更从此展开而为“宗法制度”。

周以前之传授问题　周以前，这问题是没有什么解决之方法的。殷商虽有所谓“兄终弟及”的办法，但济此办法之穷的，却没有什么好法子。综括周以前的各种传授之法，可得三个形式：（一）曰禅让，如尧授舜是；（二）曰攘夺，如汤伐夏是；（三）曰继承，如启承禹是。在诸部族并立混战的时代，权力的内容，根本就极空虚；明白的继统法，决产生不出。任历史的发展，只能有上之形式。如禅让，便是很合理的。盖当时权力云云，不过一部族之首长资格；且效劳的成分多，享福的成分少：实行禅让，并不稀奇。今人以后世禅让之困难，推断古之禅让为不可能，未免太重视了禅让。又如攘夺亦甚合理。盖诸部族并立，或两个较大之部族对立；倘中有一个逐渐强盛起来了，则强者之首长攘夺弱者之首长的权力，亦极自然之事。但历史愈往后延，较大之部族的地位逐渐巩固，其首长之权力亦随着有传授于其亲属之可能。商之“兄终弟及”之法，大抵由此而生。商代用兄终弟及之法，是很明显的。《史记》称：

> 汤崩，太子太丁，未立而卒；于是迺立太丁之弟外丙，是为帝外丙。帝外丙即位二年崩，立外丙之弟中壬，是为帝中壬。[①]

这是兄终弟及的明证。不过兄弟一辈，都传尽了又如何呢？商于此亦采“父死子继”的办法以济其穷。不过父死子继之法虽是济兄终弟及之穷的；然实行时，所传之子，仍非兄之子，而为弟之子。所谓嫡庶之分，更完全没有。王国维云：

> 自成汤至于于帝辛，三十帝中，以弟继兄者凡十四帝。其以子继

---

① 《史记·殷本纪》。

父者，亦多非兄之子，而为弟之子。……故商人祀其先王，兄弟同礼。即先王兄弟之未立者，其礼亦同。是未当有嫡庶之别也。[①]

周代所行之继统法 周以最强大之部族，克服殷人，统一其他许多小部落，建立天子与诸侯间的从属关系；社会次序，逐渐进于安定；这时候权力之传授，既有可能；而传授之方法，亦复有制定的必要。于是有确定的继统法产生。周之继统法有三要点：(1)采父死子继之制。周以前是兄终弟及的。周自武王克商以后，首先弃此，而行父死子继之制。王国维云：

> 舍弟传子之法，实自周始。当武王之崩，天下未定，国赖长君。周公既相武王克殷胜纣，勋劳最高。以德以长，以历代之制，则继武王而自立，固其所矣。而周公乃立成王，而已摄之。后又返政焉。摄政者，所以济变也；立成王者，所以居正也。自是以后，子继之法，遂为百王不易之制矣。[②]

(2)严嫡庶之分。父死子继，固然比兄终弟及好些。但子有出自嫡妻的，也有出自庶妻的。嫡子与庶子并存，权力究将传授给谁呢？欲决此题，于是不得严嫡庶之分。王云：

> 由传子之制，而嫡庶之制生焉。夫舍弟而传子者，所以息争也。兄弟之亲，本不如父子。而兄之尊又不如父。故兄弟间常不免有争位之事。特如传弟既尽之后，则嗣位者，当为兄之子欤？弟之子欤？以理论言之，自当立兄之子；以事实言之，则所立者，往往为弟之子。此商人所以有中丁以后九世之乱。而周人传子之制，正为救此弊而设也。然使于诸子之中，可以任择一人而立之；而此子又可任立其欲立者；则其争益甚，反不如商之兄弟以长幼相及者犹有次第矣。故有传子之法，而嫡庶之法亦与之俱生。[③]

(3)定立嫡立庶之两原则。嫡庶之分既严，固比漫无限制的父死子继制好些。但嫡子倘不止一人时，则权力究将传授给谁呢？这是一个疑问。再者无嫡子或嫡子不存，而只有庶子时，庶子倘也不止一人，权力亦将传授给谁

---

① 王雕：《观堂集林》卷十《殷周制度论》。

② 王雕：《观堂集林》卷十《殷周制度论》。

③ 王雕：《观堂集林》卷十《殷周制度论》。

呢？这又是一问题。周人对这两问题，有两个不成文的原则以解决之曰：

> 立子以贵不以长，立适以长不以贤者，此传子法之精髓。当时虽未必有此语，固已用此意矣。盖天下之利莫如定，其大害莫如争。任天者定，任人者争。定之以天争乃不生。故天子诸侯之传世也。继统法之立子与立嫡也，后世用人之以资格也皆任天而不参以人，所以求定而息争也。古人非不知官司天下之名美于家天下，立贤之利过于立嫡，人材之用优于资格。而终不以此易彼者，盖惧夫名之可藉，而争之易生，其弊将不可胜穷，而民将无时或息也。故衡利而取重，絜害而取轻；而定为立子立嫡之法，以利天下后世。而此制实自周公定之。是周人改制之最大者，可由殷制比较得之。有周一代礼制，大抵由是出也。①

由继统法到宗法制　上面所述，为权力传授之法，即继统法。这法之实行，于社会次序之稳定，有极大之帮助。盖含有爵与土之权力，如欲其有很大的统治效力，最不宜于分散。如何而后可以不分散？曰：靠立嫡立长之制的确定。立嫡立长之制一定，此权力是不至于分散的。再者如欲维持此权力之神圣尊严，则传授之时，最忌争持攘夺。如何而后可以避免争攘？亦曰：靠立嫡立长之制的确定。立嫡立长之制一定，争攘是可以避免的。

不过上面所述，仅就权力在时间上之传授而言，只是从统治的效用上，论权力之维持与巩固。下面要就权力在空间上之扩张立论，从统治的效用上，论权力之扩大与张开。权力之纵的传授，属于继统法；权力之横的扩张，属于宗法制。宗法制于天然的血统关系中，利用"尊祖"的情绪培植"敬宗"的习惯。倘继祖之宗，被诸支庶所敬，则是无形之中，收了统治的效用；这于建立社会次序，何等重要！这样重要的制度，周于实行继统法之后便很自然地随着实行了。王国维云：

> 商人无嫡庶之制，故不能有宗法。藉曰有之，不过合一族之人，奉其族之贵且贤者而宗之。其所宗之人，固非一定而不可易，如周之大宗小宗也。周人嫡庶之制，本为天子诸侯继统法而设。复以此制通于大夫以下，则不为君统，而为宗统，于是宗法生焉。②

① 王雕：《观堂集林》卷十《殷周制度论》。

② 王雕：《观堂集林》卷十《殷周制度论》。

把“君统”变为“宗统”，正是把政治组织套在家族组织之上。这种办法，在周初的经济情境之中，是很自然的。因其是自然的，故能实行；因得一度实行，故社会次序亦得一度安定，从而社会生产，得一时的发达。生产的发达，复又破坏这种办法的本身。不过这是后话，且留在以后说。现在且回转头来研究“宗法制度”。要把这制度说清楚，最宜分成几个项目：

(1)政治组织与家族组织合一。即政治的封建关系与家族的血统关系合而为一。例如父与子的关系，兄与弟的关系，都是血统关系；而自天子以次的分封，便建于这关系之上。天子死，其嫡长子即继承其权力，而为次代的天子。次代的天子死，其自己的嫡长子复继承其权力，而为再次代的天子。如次一代两代三代……永远传下去。这是一事。天子之嫡次子若被封而为诸侯，则此诸侯死了的时候，其嫡长子亦复继承其权力而为次代的诸侯。自此以下，也是一代两代三代……永远传下去。这是又一事。诸侯的嫡次子若被封为大夫，则另戴一称呼，曰“别子”，大概是取义于“分别而出。”别子死了，变成了祖(这叫“别子为祖”)，其嫡长子继承其权力，而为次代的大夫，称曰“大宗”。大宗死了，其自己的嫡长子又继承其权力，而为再次代的大夫，仍称大宗。自此以下，据说“百世不迁”。意即百世以后，大宗所尊的始祖，仍是原来那一个，而没有迁移。这是第三事。别子的嫡次子若被封为士，死了的时候，被其嫡长子称为“祢”。嫡长子自己，则继承其权力而为次代的士，称曰“小宗”。所谓“继祢者为小宗”是也。小宗死了，其自己的嫡长子继承其权力而为再次代的小宗。自此以下，据说“五世则迁”。意即小宗传到了五代的时候，其所尊之祖(即高祖上一代之祖)，必迁至远祖所在之祧庙里面去。这一着，是很有深意的。盖不如此迁去，则小宗所尊之祖，久而又久，将与大宗所尊之始祖独立平行，因而小宗之地位亦将与大宗的地位独立平行。这样一来，宗法内部的从属关系，便有瓦解的危险。所以小宗一到五代时，其所尊之祖，必迁到祧庙去。这叫做“祖迁于上，宗易于下”。这是第四事。士之嫡次子，有再分别出去为士的，也有降而为庶人的；兹不赘述。由上所述看来，天子，诸侯，大夫，士的封建关系，完全建在父子兄弟的血统关系上。这可列成之一表：

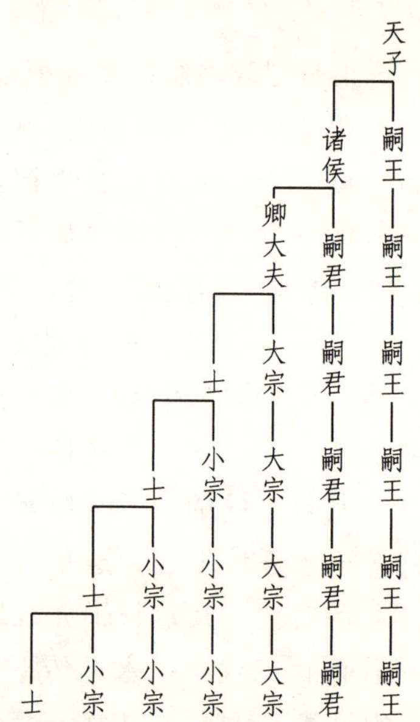

(2)宗教与政治合一。宗法里面最重要的东西，为“宗子”的地位(宗子分为“大宗”与“小宗”两者)。这个地位要巩固，才能发挥宗法的政治作用，才可以成为“宗统”。如何能巩固宗子的地位呢？最好便是从宗教式的祭祀上想法子。这有两个法子好想：一则规定宗子有主祭的特权，不许支子主祭。《礼记王制》称“支子不祭”，便是这样的规定。支子虽不主祭，但不能不尊祖；为着要尊祖，只好敬宗子。故曰“尊祖，故敬宗；敬宗，尊祖之义也”。这样宗子的地位便因主祭的缘故而重要起来。另一则限定小宗传至五代，必将其所继之祖，即高祖上一代之祖迁到远祖所在之祧庙去。这样可以使小宗之地位不至长远独立，与大宗平行；大宗之地位亦因此乃得特别巩固。盖大宗可祭百世不迁之祖，小宗只可祭五世则迁之祖，则两者地位上重要性之不同，自然随着决定了。使宗子之地位增加重要性的，当然不止这两个方法。但这两个方法却不可缺。兹为表如下：

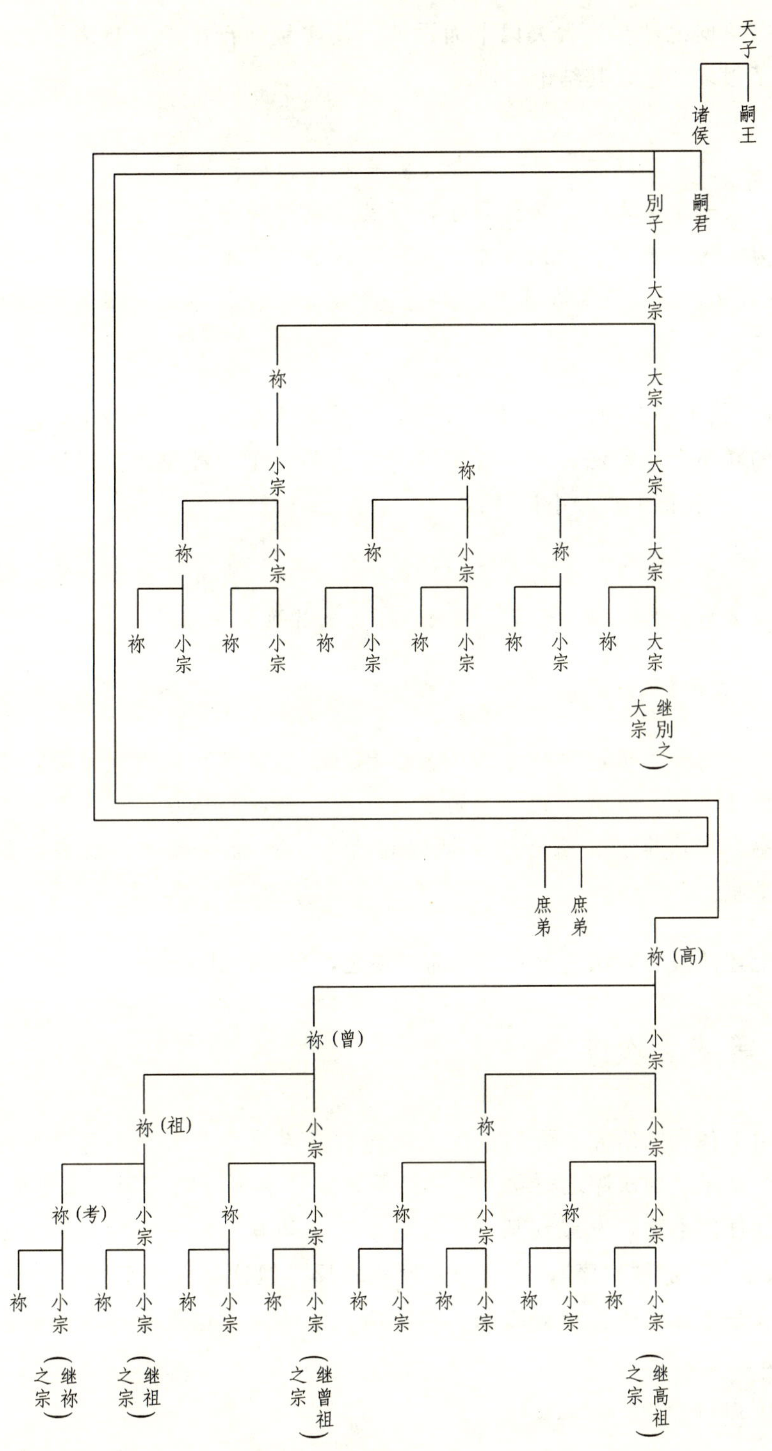
天子
诸侯
嗣王
别子
嗣君
大宗
祢
大宗
小宗
祢
大宗
祢
小宗
祢
小宗
祢
大宗
祢
小宗
祢
小宗
祢
小宗
祢
小宗
祢
小宗
祢
大宗
（继别之大宗）
庶弟
庶弟
祢（高）
祢（曾）
小宗
祢（祖）
小宗
祢
小宗
祢（考）
小宗
祢
小宗
祢
小宗
祢
小宗
祢
小宗
祢
小宗
祢
小宗
祢
小宗
祢
小宗
祢
小宗
祢
小宗
（继祢之宗）
（继祖之宗）
（继曾祖之宗）
（继高祖之宗）

宗法据说是专为大夫以下而设的。其实是通行于天子与诸侯的，王国维举了很多证据。其结论曰：

> 由尊之统言，则天子诸侯绝宗，王子公子无宗可也。由亲之统言，则天子诸侯之子，身为别子，而其后世为大宗者，无不奉天子诸侯以为最大之大宗。特以尊卑既殊，不敢加以宗名。而其实则仍在也。故《大传》曰："君有合族之道。"……是故天子诸侯虽无大宗之名，而有大宗之实。[①]

(3)关于宗法的记载。上面所述，乃从政治与家族的联系上，及宗教与政治的联系上论宗法。现在且把关于宗法的若干记载举出，以证所述，并作结论。《礼记·丧服小记》曰：

> 别子为祖，继别为宗，继祢者为小宗。有五世而迁之宗，其继高祖者也。是故祖迁于上，宗易于下。敬宗所以尊祖祢也。

又《大传》曰：

> 别子为祖，继别为宗，继祢者为小宗。有百世而迁之宗，有五世则迁之宗。百世不迁者，别子之后也。宗，其继别子者，百世不迁者也。宗，其继高祖者，五世则迁者也。尊祖故敬宗；敬宗，尊祖之义也。

上述两段为宗法之要义。合前表观之，当可得其大意。

四　等级之次序

由上各章的研究，可知古代人类与自然界战争及人类各部族彼此相互战争的结果，为次序之树立。这一结果，实依宇宙万物发展之法则而产生。宇宙间任何事物，发展到某一程度，必变成与其原状完全相反的东西。于今"战争"变成了"次序"，恰恰与其原状相反。但这与战争正相反对的次序，内容又是怎样的呢？曰等级的。本章前三节所述，也就是等级的次序之实

① 王国维：《殷周制度论》。

质。现在且特别总括一述。

君臣之分的确定　君臣之分，为时并不甚早。直到武王克商以后，部族战争告了一大段落时，才完全显现。这一点最好用王国维的话作说明。王云：

> 自殷以前，天子诸侯君臣之分未定也。故当夏后之世，而殷之王亥王恒累叶称王。汤未放桀之时，亦已称王。当商之末，而周之文武亦称王。盖诸侯之于天子，犹后世诸侯之于盟主；未有君臣之分也。周初亦然：于《牧誓》《大诰》，皆称诸侯曰友邦君；是君臣之分亦未全定也。逮克殷践奄，灭国数十，而新建之国，皆其功臣昆弟甥舅；本周之臣子。而鲁卫晋齐四国，又以王室至亲，为东方大藩。夏殷以来古国，方之蔑矣，由是天子之尊，非复诸侯之长，而为诸侯之君。其在丧服，则诸侯为天子斩衰三年；与子为父，臣为君同。盖天子诸侯君臣之分始定于此。此周初大一统之规模，实与其大居正之制度，相待而成者也。①

天子诸侯君臣之分既经定了，随之出来的等级，也非常之多。《左传》昭公十年："天有十日，人有十等"云云，正足以表示等级之多。

自天子至于庶人　天子把所谓普天之下的"王土"分封诸侯之后，依次而生的等级便有五级。《孟子》称：

> 公一位，侯一位，伯一位，子男同一位。②

这里所谓等级，系指爵而言，但爵位是要人去承受的；故由爵位可以知人的等级。又《左传》里有师复之说曰：

> 吾闻国家之立也，本大而末小，是以能固。故天子建国，诸侯立家，卿置侧室，大夫有贰宗，士有隶子弟，庶人工商各有分亲，皆有等衰，是以民服事其上而下无觊觎。③

这还只讲到等级之别，没有讲到各等级之任务。关于各级之任务的话，

---

① 王国维：《观堂集林》卷十《殷周制度论》。

② 《孟子·万章》下。

③ 《左传》桓公二年。

《左传》中也有：

> 其卿让于善，其大夫不失守，其士竞于教，其庶人力于农穑，商工皂隶不知迁业。[①]

这是讲等级之任务的。《国语》里面也有与此相发明的话曰：

> 古者先王既有天下，又崇上帝明神而敬事之；于是乎有朝日夕月，以教民事君。诸侯春秋受职于王，以临其民；大夫日恪位箸，以儆其官；庶人工商，各守其业，以共其上。[②]

又《荀子》里面也有与此相发明的话，其立言系从下而上推，曰：

> 农分田而耕，贾分货而贩，百工分事而劝，士大夫分职而听，建国诸侯之君分土而守，三公总方而议；则天子共己而已矣。出若入若，天下莫不平均，莫不辨治。是百王之所同，而礼法之大分也。[③]

总上所述看来，各等级，可以数指的，即天子，诸侯，大夫，士，庶人，工，商，皂隶等是也。不过把等级是这样侊侗的举出，只足以略示社会次序之大概。若从经济利益之生产与消受而言这些等级，尽可概括为两级。这两级可称曰"生之者"与"食之者"。

生之者与食之者　天子，诸侯，大夫，士可列为一级，统称曰贵族，就其与经济利益的关系看，为食之者。庶人，工，商，皂隶可列为另一级，统称曰庶人，就其与经济利益的关系看，为生之者。这里所谓食之者与生之者的对立，正如《孟子》里所谓劳心者与劳力者的对立一样。《孟子》之言曰：

> 或劳心，或劳力。劳心者治人，劳力者治于人。治于人者食人，治人者食于人。[④]

又食之者与生之者的对立，亦可以与君子小人的对立互相发明。贵族中的任何一"级"，似乎都可用君子代表；庶人中的任何"种"，似乎都可用

---

① 《左传》襄公九年。

② 《国语·周语》

③ 《荀子·王霸篇》。

④ 《孟子·滕文公》上。

小人代表。君子小人的对立情形，大抵为：

> 君子务治，而小人务力。①
> 君子勤礼，小人尽力。②
> 君子劳心，小人劳力。③
> 君子尚能以让其下，小人力农以事其上。④

又食之者与生之者的两级，既只是两个统称，则其内部当然很复杂。于食之者，且不具论，而于生之者，则有当特别注意之处。就前所列举的看，生之者的一级，至少有庶人，工，商，皂隶四种。庶人是从事于耕种的农奴，工是从事于制作的工人，商是从事于交换的商人，皂隶就是私家所蓄的奴隶。近人有欲树立奴隶社会一时代者，以为封建社会之前；一定有一奴隶社会时代。在部族战争之中，人民“被掳”为奴的，当然不少。在社会次序之下，因犯罪“被处”为奴的，当然也有；在经济发达之时，因负债“被逼”为奴的；我们也不能否认。但谓这些奴隶，在私家生产，可以形成一奴隶社会或时代，或亦言过其实。这里我们可举出一些理由。(一)则古之部族战争，到殷周之际，告一段落；随着建立的，便是新的封建次序。在新次序之下最发达的是农业。然从事于农作的，却是农奴，而不是私家的奴隶。(二)则私家奴隶，据后来的记载看，以富商大贾之家，蓄的最多，始“不韦家僮万人，嫪毐家僮数千人。”⑤然周初或周以前，尚无富商大贾。纵令有，也很少；其私家之奴隶，决不能形成一个时代。(三)则在部族战争中被掳为奴者，其数目绝不至超过农奴之数。当时部族如此之多，诸部族分布之地面如此之广，有大部族出，把他们尽行征服，掳去其人之一部以为奴，是可能的。若谓凡人皆被掳去为奴，则不能置信。倘若皆被掳去为奴，则当时工商业尚只有一个引子，大批奴隶究安插在何处？若安插在田里，那便是农奴，而不是私家奴隶。(四)则关系奴隶的记载，尚不甚多，不能明示周初为一奴隶社会之时代(把周初看作奴隶社会之时代者，将封建制移到周室东迁以后。如郭沫若先生在其《中国古代社会研究》十九页里说：

---

① 《国语·周语》。

② 《左传》成公十三年。

③ 《左传》襄公九年

④ 《左传》襄公九年

⑤ 《史记·吕不韦传》。

“周室东迁以后，中国社会才由奴隶制度转入真正的封建制度。”便是其例）。(五)则希腊之奴隶社会，或出于天然的特别原因，中国历史，不能完全与它一致。盖地中海的天然环境最适于工商业之发达。自腓尼基(Phænicians)执商业霸权以来，希腊半岛上的工商业，或已相当的发达，可容大批的私家奴隶。中国则与此稍异。

第五章　宗教在上述诸问题中之地位

一　以卜决疑的方法

决疑用卜　人类是与自然界战争，与自己的同类战争，以谋生活的。这样的生活，自然免不了疑难之事。疑难发生了如何解决呢？今人全凭自己的判断，古代的人则取决于卜。例如甲民族要与乙民族开战，事先自然要问：战争有利否？可获胜利否？今人只需自己估量一下，知战胜之后，可得若干土地与财富，便认定是有利的；也只须自己估量一下，知自己的力量大过敌人，便认定是可以获胜的。古代的人却没有这大的自信力。他们看不出事物发展之必然趋势，寻不出事物内部之因果关系；于是任作何事，无论大小，除问了自己以外，还须问卜筮；有时竟完全不问自己，而只问卜筮，这样一来，迷妄的信仰，几乎支配了古人的全部生活。《尚书》于"决疑用卜"的这一点，有如下之言曰：

> 立时人作卜筮：三人占，则从二人之言。汝则有大疑，谋及乃心，谋及卿士，谋及庶人，谋及卜筮。汝则从，龟从，筮从，卿士从，庶民从，是之谓大同；身其康强，子孙其逢吉。汝则从，龟从，筮从，卿士逆，庶民逆，吉；卿士从，龟从，筮从，汝则逆，庶民逆，吉；庶民从，龟从，筮从，汝则逆，卿士逆，吉；汝则从，龟从，筮从，卿士逆，庶民逆，作内吉，作外凶；龟筮共违于人，用静吉，用作凶。[①]

① 《尚书·洪范》。

只要龟从了，筮从了，几乎无有不吉的。龟从了，筮从了，虽卿士逆，庶民逆“作内”仍吉。直到龟筮共违于人，才有“用作凶”的话。龟筮的决断，胜过国王自己，及其卿士与庶人之一切决断！《史记》里面论龟筮之言亦曰：

> 自古圣王，将建国受命，兴动事业，何尝不宝卜筮以助善？唐虞以上，不可记已。自三代之兴，各据祯祥：涂山之兆从，而夏启世；飞燕之卜顺，故殷兴；百谷之筮吉，故周王。王者决定诸疑，参以卜筮，断以蓍龟，不易之道也。蛮夷氐羌，虽无君臣之序，亦有决疑之卜：或以金石，或以草木。国不同俗，然皆可以战伐攻击，推兵求胜；各信其神，以知来事。略闻夏殷欲卜者，乃取蓍龟，已则弃去之；以为龟藏则不灵，蓍久不则神。至周室之卜官，常宝藏蓍龟；又其大小先后，各有所尚，要其归等耳。……夫摓策定数(《索隐》：摓，谓两手执蓍，分而扐之，故云摓策)，灼龟观兆，变化无穷；是以择贤而用占焉；谓圣人重事者乎！①

这段文中，有三点可注意：(一)所欲决定之事，如“兴动事业”云云是。(二)，卜，及其所用之具，如草，木，金，石，龟，蓍等。(三)所信之神，如“各信其神，以知来事”云云是。这三点可分别述之如次。

所卜之事 所卜之事，大概说来，总不外对付天然，及对付同类的事件。商周二代，都有具体事类可分。只有夏代，无从查考。太史公谓“略闻夏殷欲卜者乃取蓍龟”，只曰略闻，则夏代所卜，究竟是些什么，当然不晓得。商人贞卜之事项，罗振玉《殷虚书契考释》分为九类，王襄《殷契征文》分为十二类。董作宾参考罗王之说，立十二类如左：

> 第一，卜祭之类。
> 第二，卜告之类。
> 第三，卜?辜之类。
> 第四，卜行止之类。
> 第五，卜田渔之类。
> 第六，卜征伐之类。
> 第七，卜年之类。

---

① 《史记·龟策列传》。

第八，卜雨之类。风，雪，霁(雾)附焉。

第九，卜霁之类。

第十，卜瘳之类。

第十一，卜旬之类。

第十二，杂卜之类，凡不属于上列之十一类，及不易误识别之辞，皆入此类。①

周人所卜之事，约有十一类。《周礼·春官》云：

以邦事作龟之八命：一曰征，二曰象，三曰与，四曰谋，五曰果，六曰至，七曰雨，八曰瘳。

除这八类之外，龟人下又称：

若有祭事，则奉龟以征，旅亦如之，丧亦如之。

祭，旅，丧，与上面八类合计，为十一类。这十一类之中，象，与，谋，果四类的意义，不甚明白，不知究指什么事。总计商人所卜之十二类事件，与周人所卜之十一类事件，无不与征服天然与对付同类的各部族及维持一般的次序有直接或间接之关系。

卜之方法　卜之方法，在古代的时候，大概也很无一定。凡草，木，金，石，龟甲，兽骨等东西，设法使之发生变化，其结果有正反两面可寻者，都可利用以作决疑的方法。于今小孩们决定游戏之先后，亦有类似占卜之法。如一根草，于两端用力扯之，自然会断。如已在有节处断定为正面，则在无节处断便可视为反面。倘得正面者即得游戏之优先权，则不决之事便决定了。又如铜元一枚，任意向桌上一掷，自然会有一面朝天。如以有文字之面朝天为正面，则有花纹之面朝天便可视为反面。正反既定，则欲决之事，亦可藉以此决定。又如乡下巫术家治病，常用削成牛角式之木片两块向地面上抛去。倘以两片之正面全朝天为吉，则两片之背面全朝天者当为不吉；而一以正面朝天，一以背面朝天者，自然可视为平平。这样一来，病之结果如何便可先定。古代的人，因无知识，不能判断事物发展之必然趋势。然为生活的要求所迫，又非判断不可。这种无知而有欲的情境，遂逼出一种占卜之法，为他们决疑；与今日小孩们或无知之人的抽

① 董作宾：《安阳发掘报告》第一期，第 87 页。

签或拈阄以决疑，殆有同样意味。如出猎，有所得抑无所得？又如出征，能得胜抑不能得胜？再如耕种，年收丰抑不丰？凡此等等不决之事，古人当然用占卜来解决。关于卜法，罗振玉有一段话说：

> 卜以龟，亦以兽骨。龟用腹甲而夺其背甲(背甲厚，不易作兆，且甲面不平，故用腹甲)。兽骨用肩胛及胫骨。(胫骨皆剖而用之)凡卜祀者用龟，卜它事皆以骨。田猎则用胫骨；其用胛骨者则疆理征伐之事为多。故殷墟所出，兽骨什九，龟甲什一而已。其卜法，则削治甲骨甚平滑，于此或凿焉，或钻焉，或既钻更凿焉，龟皆凿，骨则钻者什一二，凿者什八九，既钻而又凿者二十之一耳。此即《诗》与《礼》所谓契也。(凿迹皆椭圆，如◎；钻则正圆，如○；既钻更凿者则外圆而内椭，如◎。大抵甲骨薄者或凿或钻；其钻而复凿者，皆厚骨不易致坼者也。)既契，乃灼于契处以致坼。灼于里则坼见于表。先为直坼而后出歧坼，此即所谓兆矣。[①]

占卜之时，如用龟甲，大概于腹甲之里面施行钻凿，然后以火灼于钻凿之处。灼至相当之久，其表面即有依钻凿之中心点而出现之横直两坼(在汉朝的时候，横坼之靠近直坼的一端称首，远离直坼的一端称足，其中称身)。凭横坼之形状即可决所疑之事。《史记·龟策列传》里所述汉时之卜辞，大概尚保存了若干古代的遗意。如“卜天雨不雨。雨：首仰有外，外高内下；不雨：首仰足开，若横吉安”。又如“卜岁中民疫不疫。疫：首仰足肣，身节有疆外；不疫；身正，首仰，足开”。[②] 这虽未必就是上古传下的老法子，然上古殷周之时的卜法，多少总有些与这相似之处。以火灼于钻凿之处，叫做“灼龟”，凭模坼之形状以决事，叫做“观兆”。兆已观得，即刻其事于横直两坼之附近曰“书契”[③]这种“灼龟观兆”的卜法，全凭龟甲上一条横坼之形状以为准。在我们今日看来，其迷妄之处，比中医按脉搏以断病理还要加甚。然无知而有欲的古人，却凭此为向导，以征服天然，以应付本族以外之部族，以维持日常生活的次序。

---

① 罗振玉：《殷虚书契考释》页，第107—108页。

② 《史记·龟策列传》。

③ 罗振玉以为契即钻凿，钻凿即契，见上面所引之文。董作宾则以钻凿为未灼以前之事，契为灼后得兆，刻辞于龟版之事，见《安阳发掘报告》第一期页，第110页。

所信之神 占卜原来只用以决疑，但既能决疑，则必有神灵以为主宰，这当是古人所必有的一个推断。神灵在何处呢？最便当莫如把它置于占卜之具上。如龟甲所从出之龟，古人便认为是有灵的。《庄子·外物篇》有一述灵龟之故事曰：

> 宋元君夜半而梦人被发窥阿门，曰："予自宰路之渊，予为清江使河伯之所，渔者余且得予。"元君觉，使人占之，曰："此神龟也。"君曰："渔者有余且乎？"左右曰："有。"君曰："今余且会朝。"明日，余且朝，君曰："渔何得？"曰："且之纲得白龟焉，其圆五尺。"……

又司马迁也以龟为有灵，其言曰：

> 余至江南，观其行事，问其长老，云：龟千岁乃游莲叶之上。著百茎共一根；又其所生，兽无虎狼，草无毒螫。江傍家人，常畜龟饮食之，以为能导引致气，有益于助衰养老。岂不信哉。[①]

这是从人民的风俗习惯上以证龟之有灵。《集解》则径引徐广述刘向之言曰："龟千岁而灵，蓍百年而一本生百茎。"凡占卜所用之具，古人似乎都假定其有神。不过这到底不甚近情。近来郭沫若以为决定卜之吉凶的，不是龟甲兽骨，而是"天"。其言曰："殷人之所以要卜，是嫌自己的力量微薄，不能判定一件行事的吉凶，要仰求比自己更伟大的一种力量来做顾问。……这顾问是谁呢？据《周书》的《大诰》上看来，我们知道是天。"[②]这讲法就极近情理了。

卜时决定疑惑之主动力固是神灵，而行事所得的结果之或凶或吉，亦多凭触犯神意或顺受神意以为断。古代的人因"无知识"不知自然界的内容；然"有欲望"，非与自然界奋斗不可。于是对于自然界任何事物，都以自己的欲望去推度，以为任何事物都有与自己相若之欲望，这欲望便是神灵。人类与自然界相周旋，几乎就是与神灵办交涉。所以古代人类与自然界的战争，及人类各部族间彼此的战争之迫切，常逼使古代的人于自然之上，造出"超自然"来。关于"超自然"之起源，新实在论者 Walter T. Marvin 有一段可供参考之言曰：

---

① 《史记·龟策列传》。

② 郭鼎堂：《先秦天道观念之进展》，第 4 页。

> 初民及古代的文化民族之解释自然界，常以人类自己的行为作比似……他们一个时候遇着暴风雨，另一时候又遇着烈日；一个时候被天旱及灾荒所威胁，另一时候又可丰收而足衣足食；一个时候有疾痛野兽或战争等的危险，另一时候却又完全遇不到这些危险。于是乃发问曰：这些东西是谁弄出来的？其用意何在？我们如何而后可以与之维持友义，取得其善意，而免去其仇视？天然界中任何事物，在古代的人看来，似乎都是有神的。神所构成的那一个世界，实在高出自然界之上远甚。①

这样看来“超自然”虽是超乎自然之上的，实际上却是人类与自然界奋斗的一种反映，而是人类自己制造出来的。Paul Lafargu说得好：

> 神的观念，也如其他观念一样，不是与生俱生的，也不是先天具备的，而是后天获得的。盖人类尚未与其所能解释之实际世界的诸现象相接触时，实不能有所思考哩。②

近人论迷信宗教等，常以神之观念，归本于人类之无知。其实应补充一句曰：归本于“要生活”，这即我所谓“有欲”。既有欲，既要生活，便须与环境抗争。然抗争的本领尚小得很，于是以自己的行动作标准，而制造出神来。这制造神的本领，也可以说是一种知识。不过这种知识，只限于造神而已，只限于自己骗自己而已。古代的人富有这种知识，所以只配称为古代的人。

二　崇拜祖先与自然

崇拜祖先　自然界的任何事物都可以有神灵；则人死之后亦有神灵，在古代的人看来，当是毫无疑问之事。于是乃有对祖先的崇拜。崇拜祖先最初大概在乎减少生活上的痛苦。后来渐渐演化，遂成报功的手段。祖先生前有功劳于其同族，死后遂被其族人所崇拜。《国语·鲁语》有一段话曰：

---

① Walter T. Manin, *A First Book in Metaphysics*, pp. 152—153.

② Paul Lafargu: *Social and Philosophical Studies*, p. 14.

夫圣王之制祀也，法施于民则祀之，以死勤事则祀之，以劳定国则祀之，能御大灾则祀之，能捍大患则祀之。非是族也，不在祀典。

这段所说，完全是报功的意思。一族之内，有出类拔萃之人，一旦死了，当然是这一族的损失：于征服天然，于对付异族，于维持本族内部之次序，都有很大的影响。影响既大，生活上感着不安；为救济这不安，遂对祖先发生崇拜。崇拜之初，自己未必知道在报祖先之功。特所崇拜者，总是于其本族有大功劳之人，故后人看来，似有很厚的报功之意。其次对祖先的灵魂之畏惧或防止其作恶，也是崇拜的一个理由。Herbert Spencer有一段话，其大意曰：

凡超乎寻常的东西，初民都认为是“超自然的”或神圣的；都认为是其本族中的一个非常人物。这非常的人物，也许只是一个被认为该族之创业的远祖；也许只是一个有力气有勇敢的头目；也许只是一个有名的医病的人；也许只是一个发明了某件新事物的人；甚至不是同族的，而只是外来的一个技术知识超出寻常的人物；也许只是战争得胜的外来民族中之一员。这样的人，当其生时，大家以为是有威可畏的。但在死后，便以为他的威望当更大。于是使这人的灵魂愉快，较使其他人的灵魂愉快，重要得多。这个使死人的灵魂愉快之法，久而又久便成一定的崇拜仪式。……凡对死人的崇拜，不论死者为同族或异族，都可视为广义的“祖先崇拜”(Ancestor-worship)祖先崇拜，可以说是一切宗教的根源。①

人死了被崇拜，只以其生前于某群体有功或其他特殊之点。祖先崇拜，大抵即源于这一点。至若是否为同族，本不成问题。有功于其群体者，虽非同族，亦可崇拜。无功于其群体者，虽是同族，亦不崇拜。中国古代的祖先崇拜，也完全在崇拜有功劳的，并不一定崇拜同族之始祖。《国语·鲁语》曰：

黄帝能成命百物，以明民共财；颛顼能修之；帝喾能序三辰以固民；尧能单均刑法以仪民；舜勤民事而野死；鲧障洪水而殊死；禹能

① Herbert Spencer, *Principles of Socialogy*, p422.

以德修鲧之功；契为司徒而民辑；冥勤其官而水死；汤以宽治民而除其邪；稷勤百谷而山死；文王以文昭；武王去民之秽。故有虞氏禘黄帝而祖颛顼，郊尧而宗舜；夏后氏禘黄帝而祖颛顼，郊鲧而宗禹；商人禘舜而祖契，郊冥而宗汤；周人禘喾而郊稷，祖文王而宗武王。

这里前半段述有功之人。自有虞氏以下，则述有虞氏夏后氏商人周人所禘所祖所郊所宗为何等人物；换言之，述虞夏商周所崇拜的为何等人物。要点只在有功之人被人崇拜。所崇拜的是否为同族祖先，倒无关重要。崔述说得好：

喾之禘，非以为始祖所自出之帝而禘之也。且虞郊尧而商禘舜，皆非其祖所自出也。若必其祖所自出之帝而后禘之，则不幸而所自出之帝无功而反有过；若宋之祖帝乙，郑之祖厉王者，则将禘之乎？将不禘之乎？[①]

崇拜祖先，只重有功之人，不问是否为同族之祖；愈见"祖先崇拜"为实际生活的反映，为对天然对异族之种种奋斗的反映。而以敬祖为中国民族之一特性者，其说实有所偏。

崇拜自然 祖先是为着有功劳而被崇拜的。自然界是为着什么而被崇拜的呢？第一个理由当然是自然界于人类有益。《国语·鲁语》曰：

天之三辰，民所瞻仰也；……地之五行，所以生殖也；……九州名山川泽，所以出财用也。非是不在祀典。

这里所说，完全是一种功利观。崇拜自然，完全因为自然于人类有益。自然界于人类有益，重视之可也；为何要加以崇拜和祭祀呢？加以崇拜，加以祭祀，必定是其中有神秘之处。古代的人，的确把自然界看得很神秘。国家寿命之存亡，几乎都系于自然界的变化。《国语》里有一段话最足以表示古代的人对自然界的态度。其言曰：

幽王二年，西周三川皆震。伯阳父曰："周将亡矣。夫天地之气，不失其序。若过其序，民乱之也。"（韦解：言民者，不敢斥王也。）阳伏

① 崔述：《崔东壁遗书·王政三大典考禘祀》。

> 而不能出，阴迫而不能烝，于是有地震。今三川实震，是阳失其所而阴镇也。阳失而在阴，川源必塞；源塞国必亡。夫水土演而民用也。水土无所演，民乏财用，不亡何待？昔伊洛竭而夏亡；河竭而商亡。今周德若二代之季矣，其川源又塞，塞必竭。夫国必依山川。山崩川竭，亡之征也。①

自然界的变化足以影响国家之存亡，并不稀奇。如天旱，水患，地震等，都有断绝国家寿命之可能。若谓山崩川绝，是亡国之“征”，是由于人类乱了天地之“气”，那就不免神秘。然而古代的人对于自然界，却正是这样看待的。古代的人以为自然界有一种神秘势力，或天地之“气”。这气一被治国者所扰乱，便有山崩川竭之“征”，以示国家将亡。综括说来，自然界之被崇拜，完全由于“有用”。但古代的人不知自然界之“用处”就在自然事物之本身；而必于其本身以外寻出(实则制出)神秘势力来，以为崇拜的对象。这个道理，正如祖先被崇拜的道理相同。祖先之被崇拜，完全由于“有功”。但古代的人，不知祖先之“功劳”，止于其生前之努力，而必于其死后寻出(实亦制出)其灵魂来，以为崇拜之对象。

崇拜自然界之理由，约如上述。关于崇拜自然的事实，如祭祀的方式，祭祀的种类，祭祀的对象等等，复杂非常。兹略举若干记载以见一般。《尚书·尧典》云：

> 肆类于上帝，禋于六宗，望于山川，徧于群神。……岁二月，东巡守，至于岱宗。柴望，秩于山川。……五月，南巡守，至于南岳，如岱礼。八月西巡守，至于西岳，如初。十有一月朔巡守，至于北岳，如西礼。

类、禋、望等皆是祭名，南岳北岳，是否为衡山恒山，姑不具论。(崔述以为四岳惟岱宗见于经，无可疑者；华山山高大，道里亦近，或当不诬。只有南岳是否为衡山，北岳是否为恒山，皆因年远不可考。至若后人增嵩山以配成五岳，更为无据。)②但祭祀山川的这件事是不可否认的。山川之外，天地四时寒暑以及其他等等都有祭祀。《礼记·祭法》曰：

---

① 《国语·周语》上。

② 崔述：《崔东壁遗书·唐虞考信录》卷二。

> 燔柴于泰坛，祭天也；瘗埋于泰折，祭地也；用骍犊。埋少牢于泰昭，祭时也；相近于坎坛，祭寒暑也；王宫，祭日也；夜明，祭月也；幽宗，祭星也；雩宗，祭水旱也；四坎坛，祭四方也；山林川谷丘陵，能出云为风雨，见怪物，皆曰神。有天下者祭百神；诸侯在其地则祭之，亡其地则不祭。

就上所举的看，被祭的自然物，有天，地，日，月，星，水，旱，四方，山林，川谷，丘陵，等等，也算不少了。至于详举，当然是宗教发达史的任务。

三　宗教的社会作用

上面泛论古人的宗教或迷信生活，确认祖先与自然界为古人崇拜的两大对象。现在且进而研究古代宗教与古代生活，看宗教对于生活之助益如何。

宗教统一团体劳动　古代的人征服自然，几等于与自然界的神办交涉或议和(Propitiation)对付得好，可以有福；对付不好，难免召祸。例如春，夏，秋，冬不过是一年的四个季候；古人必以为有神主宰，而按时迎接之。

《礼记·月令》云：

> 孟春之月，日在营室，昏参中，旦尾中。其日甲乙，其帝大皞，其神句芒。……是月也，以立春。先立春三日，太史谒之天子曰：某日立春，盛德在木。天子乃齐。立春之日，天子亲帅三公九卿诸侯大夫，以迎春于东郊。
>
> 孟夏之月，日在毕，昏翼中，旦婺女中。其日丙丁，其帝炎帝，其神祝融。……是月也，以立夏。先立夏三日，太史谒之天子曰：某日立夏，盛德在火。天子乃齐。立夏之日，大子亲帅三公九卿大夫，以迎夏于南郊。
>
> 孟秋之月，日在翼，昏建星中，旦毕中。其日庚辛，其帝少皞，其神蓐收。……是月也，以立秋。先立秋三日，太史谒之天子曰：某日立秋，盛德在金。天子乃齐。立秋之日，天子亲帅三公九卿诸侯大夫，以迎秋于西郊。

孟冬之月，日在尾，昏危中，旦七星中。其日壬癸，其帝颛顼，其神玄冥。……是月也，以立冬。先立冬三日，太史谒之天子曰：某日立冬，盛德在水。天子乃齐。立冬之日，天子亲帅三公九卿大夫，以迎冬于北郊。

把民族的祖先，当作主持季候的神灵，未免不伦不类。但这在古人一点也不稀奇。原来一切的神都是古人制造出来的，都是与自然界抗争的一种反映。古人征服天然的能力薄弱，造出神来，以为助手。而最易神化的莫如有大功劳的祖先。祖先既已神化了，故亦认为有主持季候之力。凡顺其意旨或对之祈祷者可达到自己的欲求。于是有祈谷祈雨祈年一类的举动。如《月令》所云：

是月也，天子乃以元日祈谷于上帝。乃择元辰，天子亲载耒耜，措之于参保介之御闲，帅三公九卿诸侯大夫，躬耕帝藉。天子三推，三公五推，诸侯九推。（孟春之月）

命有司为民祈祀山川百源，大雩帝，用盛乐。乃命百县雩祀百辟卿士有益于民者，以祈谷实。（仲夏之月）

天子乃祈来年于天宗，大割祠于公社，及门闾，腊先祖五祀，劳农以休息之。（孟冬之月）

人类对于自然界加以祈祷，顺其意旨，则得正面的结果。若反其道而行，则得反面的结果。如：

孟春行夏令，则雨水不时，草木蚤落，国时有恐。行秋令，则其民大疫，猋风暴雨总至，藜莠蓬蒿并兴。行冬令，则水潦为败，雪霜大挚，首种不入。

孟夏行秋令，则苦雨数来，五谷不滋，四鄙入保。行冬令，则草木蚤枯，后乃大水，败其城郭。行春令，则蝗虫为灾，暴风来格，秀草不实。

孟秋行冬令，则阴气大胜，介虫败谷，戎兵乃来。行春令，则其国乃旱，阳气复还，五谷无实。行夏令，则国多火灾，寒热不节，民多疟疾。

孟冬行春令，则冻闭不密，地气上泄，民多流亡。行夏令，则国多暴风，方冬不寒，蛰虫复出。行秋令，则雪霜不时，小兵时起，土地侵削。[①]

这是关于违反时令的。违反时令，可有两个意义：一，人类行事违反时令；二，主持自然界的神灵，把时令颠倒。人类违反时令，而得坏结果，正是受神的处罚；神灵自己颠倒时令，也正所以处罚人类。总而言之，人类与自然界相接触，必须取得神灵的善意。前面所举《月令》之文，或许是汉儒的制作。但人类的迷信或宗教的信念，是愈古而愈浓厚的。虽是汉儒的话，至少当亦可以暗示周初人类对于自然界的态度。再者自然次序之不可违反，自然界的神力之不可触犯，《国语》上还有一段文，很可以与上引《月令》之文参证。文云：

夫天地成而聚于高，归物于下，疏为川谷以导其气。陂塘汙庳以钟其美，是故聚不阤崩，而物有所归；气不沈滞，而亦不散越。是以民生有财用，而死有所葬。然则无夭昏札瘥之忧，而无饥寒乏匮之患。故上下能相固以待不虞。古之圣王，唯此之慎。昔共工弃此道也，……欲壅防百川，堕高堙庳，以害天下。皇天弗福，庶民弗助，祸乱并兴，共工用灭。其在有虞，有崇伯鲧，播其淫心，称遂共工之过。尧用殛之于羽山，其后伯禹念前之非度：厘改制量，象物天地，比类百则，仪之于民，而度之于群生。共之从孙四岳佐之：高高下下，疏川导滞，钟水丰物；封崇九山，决汨九川，陂鄣九泽，丰殖九薮，汨越九原，宅居九隩，合通四海。故天无伏阴，地无散阳，水无沈气，火无灾燀，神无间行，民无淫心，时无逆数，物无害生。帅象禹之功，度之于轨仪。莫非嘉绩，克厌帝心。皇天嘉之，祚以天下，赐姓曰姒，氏曰有夏。谓其能以嘉祉，殷富生物也。祚四岳国，命以侯伯，赐姓曰姜，氏曰有吕。谓其能为禹股肱心膂，以养物丰民人也。此一王四伯，岂緊多宠？皆亡王之后也。唯能厘举嘉义，以有胤在下，守祀不替其典：有夏虽衰，杞鄫犹在；申吕虽衰，齐许犹在。唯有嘉功，以命姓受祀，迄于天下。及其失之也，必有慆淫之心闲之。故亡其氏姓，踣毙不振，绝后无主，湮替隶圉。夫亡者岂緊无宠？皆黄炎之后也。唯不帅天地

① 《礼记·月令》。

之度，不顺四时之序，不度民神之义，不仪生物之则，以殄灭无胤，至于今不祀。及其得之也，必有忠信之心闲之。度于天地，而顺于时动；和于民神，而仪于物则。故高朗令终，显融昭明；命姓受氏，而附之以令名。①

人于自然界，只要顺其意旨，“克厌帝心”，自然界之总神，便予以助力；“皇天嘉之，祚以天下”，即是明证。

宗教统一作战行动 宗教既帮助古代的人征服自然界，同时也帮助古代的人解决诸部族间的战争问题。宗教帮助战争问题之解决，凡可分为三项。(1)兴师动众，必取决于卜。这在《易经》中便有不少的例子。如：

《蒙》上九，击蒙，不利为寇，利御寇，《象》曰：利用御寇，上下顺也。

《师》初六，师出以律；否臧凶。《象》曰：师出以律；失律，凶也。

六三，师，或舆尸，凶。《象》曰：帅或舆尸，大无功也。

六四，师左次，无咎。《象》曰：左次无咎，未失常也。

《泰》上六，城复于隍，勿用师。……《象》曰：城复于隍，其命乱也。

《同人》九五，同人先号咷而后笑，大师克相遇。《象》曰：同人之先，以中直也；大师相遇，言相克也。

《谦》六五，不富以其邻，利用侵伐，无不利。《象》曰：利用侵伐，征不服也。

上六，鸣谦，利用行师，征邑国。《象》曰：鸣谦，志未得也。可用行师，征邑国也。

《复》上六，迷复，凶有灾眚；用行师，终有大败；以其国君凶；至于十年，不克征。《象》曰：迷复之凶，反君道也。

《离》上九，王用出征，有嘉折首，获匪其丑，无咎《象》曰：王用出征，以正邦也。

兴师动众之或吉或凶，权操在己。为夺取食料而战争，为占领地盘而战争，都是彰彰明显之事。古代的人却要取决于占卜。(2)敌人之被攻击，

① 《国语·周语》下。

由于违反了神意。(3)自己攻击敌人，谓之顺承神意。例如夏启伐有扈氏，便曰：

有扈氏威侮五行，怠弃三正，天用剿绝其命。今予惟恭行天之罚。[①]

又如商汤伐夏桀，也曰：

有夏多罪，天命殛之。……夏氏有罪，予畏上帝，不敢不正。……尔尚辅予一人，致天之罚。[②]

再如周武王发伐商王纣也曰：

今殷王纣乃用其妇人之言，自绝于天，毁坏其三正，离逖其王父母弟；乃断弃其先祖之乐，乃为淫声，用变乱正声，怡悦妇人。故今予发维共行天罚。[③]

以上不过任举例证。其实一切战争，都无不假神意以行。被攻击者，总是逆天的；攻击之者，总是顺天的。

宗教稳定社会次序 征服天然，要顺从神意；是无形之中，神在帮助人类征服天然界。攻击敌人，也要顺从神意；是无形之中，神在帮助一个部族攻击另一个部族。但这两者，又恰恰是帮助古之统治者建立一般社会次序的。征服天然而借助于神；则劳动之编配，便容易多了。从事于征服天然的劳动者，以为服从首长的命令，即是服从神意。于是一个团体内之首长的命令或权威，无形之中，因此增加了很多的效力。攻击敌人也借助于神，则群众之指挥，也容易多了。从事于作战的士兵群众，以为服从首长的指挥，真的就是在执行天罚。这样一来，首长的命令或权威，也于无形之中，增加了很多效力。所以凭神意以征服天然，同时即是凭神意以编配劳动群众。凭神意以攻击敌人，同时也就是凭神意以指挥士兵群众。

由此看来，一个首长之权威或命令，于征服天然上，于攻击敌人上，都因借神力而提高之。除此之外，再加以主祭的特权，使常承受祖先的意

① 《尚书·甘誓》。

② 《尚书·汤誓》。

③ 《史记·周本纪》。

旨，更可以提高其命令或权威之效力(参看上章第三节周之宗法制度里的宗教与政治合一的一段)。此外平时统治人民，亦以神意为主。神于统治者，实居于监察之地位。一个首长，统治其人民，得其道与否，均有神灵监察之。《国语》周内史过答惠王之问，有一段话，可为写照。其言曰：

> 十五年，有神降于莘。王问于内史过曰："是何故？固有之乎?"对曰："有之。国之将兴，其君齐明衷正，精洁惠和；其德足以昭其馨香，其惠足以同其民人；神飨而民听，民神无怨；故明神降之，观其德政，而均布福焉。国之将亡，其君贪冒辟邪，淫佚荒怠，粗秽暴虐；其政腥臊，馨香不登；其刑矫诬，百姓携贰；明神不蠲，而民有远志；民神怨痛，无所依怀；故神亦往焉，观其苛慝，而降之祸。是以或见神以兴，亦或以亡。昔夏之兴也，融降于崇山；其亡也，回禄信于聆隧。商之兴也，梼杌次于丕山；其亡也，夷羊在牧。周之兴也，鸑鷟鸣于岐山；其衰也，杜伯射王于鄗。是皆明神之志者也。"王曰："今是何神也?"对曰"昔昭王娶于房，曰房后；实有爽德，协于丹朱；丹朱凭身以仪之，生穆王焉。是实临照周之子孙，而祸福之。"①

首长好，明神降临，观德政而布福；首长坏，明神亦降临，观苛政而降祸。这简直可以说是"神统"政治。

四　主持宗教之人物

周以前之儒者　在神统之下，无所谓学述思想。与后来所谓学术思想相当的东西，只有宗教迷信鬼神等事。如祀天地，敬祖先，理鬼神等，都是古人生活上的重要工作。专司这等工作的，有一部分人，据说即是儒者。后来学术上的儒家，也有人以为是从这等儒者演化而来的。学术上的儒家，以孔孟为重要代表，他们有他们自己的学说。周以前的儒者，却是主持宗教鬼神等事的(鄙意以为主持此等事的实为史叛逆而非儒者)。他们略知天文气候，他们常代人断事，代人祈祷；他们的服装，有特别的样式。他们实在就是一种术士。章炳麟云：

① 《国语·周语》上。

> 儒有三科，关达，类，私之名。达名为儒，儒者术士也。(《说文》)太史公《儒林列传》曰："秦之季世阬术士"，而世谓之阬儒。司马相如言："列仟之儒，居山泽间，形容甚臞。"(《汉书·司马相如传》语)……王充儒增，道虚谈天，说日，是应，举儒书所称者，有鲁般刻鸢，由基中杨，李广射寝石，矢没羽；……黄帝骑龙；淮南王犬吠天上，鸡鸣云中，日中有三足乌，月中有兔蟾蜍。是诸名籍道墨刑法阴阳神仙之伦，旁有杂家所记，列传所录，一谓之儒；明其皆公族。儒之名盖出于"需"。需者云上于天，而儒亦知天文，识旱潦。何以明之？鸟知天将雨者曰鷸，(《说文》)舞旱暵者，以为衣冠。鷸冠者，亦曰术士冠。又曰圜冠，庄周言："儒者冠圜冠者知天时，履句履者知地形，缓佩玦者事至而断。"(《田子方篇》文)明灵星舞子吁嗟以求雨者，谓之儒，……古之儒，知天文占候，谓其多技。故号遍施于九能，诸有术者，悉晐之矣。①

这等儒者，在社会上的地位，当然属于统治者的一边。他们的职务，在主持宗教鬼神等事。实现宗教在生活上之作用。古代若也有学问一类的东西，一定是由他们保存着。直到历史发展到了另一阶段，他们这般人乃被扬弃；随之兴起的，乃有各派学者。这在第二篇第六章里要另行研究的。现在且来略为研究周初新次序下之新经济状态，看民族生活初步形成的结果，到底怎样。

① 章炳麟：《国故论衡·原儒》。

第六章 新次序下之经济盛况

自人类与天然战争，及人类彼此相互战争开始，到次序之建立及生产之发达告终，恰好成一单元；中国民族生活之初步形成，恰在这单元之内。向来讲上古史的，都以秦始皇帝元年(公元前二四六年)天下统于一尊为一大段落。这是把政治史代替通史之必然结果。我们不愿单就政治的本身，而叙述政治的历史，结果自然稍异。照我们的看法，就政治方面看，西周之时，部族战争方告终；就经济方面看，西周之时，农业生产极发达；而两者又复相因。今且分述于次。

一 由政治到经济

等级次序与生产 诸部族的相互战争，原因在于谋取食料，或占领便于生存之优良地方。总而言之，战争系以经济为原因以生存为目的。但无限的战争，不独不能消去经济的原因，且亦不能达到生存的目的。于是战争至于极度，常有安定之次序发生。这与旧话所谓“物极必反”颇相符合。Hegel 氏善解物极必反之道理，其言有曰：

> 有限事物之诸制限，非仅来自外方；其自身之本质，即是取消其自身的原因；凭它自身的活动，它常转化为与其自身恰相反对之物。[①]

上古的部族战争达到了极端，便得一时安定的次序其转化的情形，恰与此相似。其次由战争里面酝酿出来的次序，究竟是什么样子呢？这在第四章里已讲过，是等级的次序。战胜的部族中，其人多半成贵族，而为“食

① Wallace：*The Logic of Hegel*，p148.

之者”；战败的部族中，其人多半成农奴，而为“生之者”。贵族以其特殊权力，编配农奴，使从事于生产。《左传》里面有一段话曰：

> 周公相王室以尹天下，于周为睦，分鲁公以……殷民六族：条氏，徐氏，萧氏，索氏，长勺氏，尾勺氏。……分康叔以……殷民七族：陶氏，施氏，繁氏，锜氏，樊氏，饥氏，终葵氏……分唐叔以……怀姓九宗。①

把战败了的部族交战胜的部族掌管；战胜的部族乃指挥这些战败了的部族使从事于生产。生产的为农奴，指挥的为贵族。《诗经》里写农奴在贵族指挥之下生产的情形曰：

> 七月流火，九月授衣。一之日觱发，二之日栗烈。无衣无褐，何以卒岁。三之日于耜，四之日举趾。同我妇子，馌彼南亩，田畯至喜。……
>
> 七月流火，八月萑苇，蚕月条桑。取彼斧斨，以伐远扬，猗彼女桑。七月鸣鵙，八月载绩。载玄载黄，我朱孔阳，为公子裳。
>
> 四月秀葽，五月鸣蜩。八月其获，十月陨箨。一之日于貉，取彼狐狸，为公子裘。二之日其同，载缵武功；言私其豵，献豜于公。
>
> 五月斯螽动股，六月莎鸡振羽。七月在野，八月在宇，九月在户；十月蟋蟀入我床下。穹窒熏鼠，塞向墐户。嗟我妇子，曰为改岁，入此室处。……
>
> 九月筑场圃，十月纳禾稼；黍稷重穋，禾麻菽麦。嗟我农夫，我稼既同，上入执宫功。昼尔于茅，宵尔索绹。亟其乘屋，其始播百谷。②

诗中“为公子裳”，“为公子裘”，“献豵于公”，“上入执宫功”云云，皆明指农奴为贵族服役而言。至若所描写之生活状况，则是农奴在贵族支配下的工作之状。

周人努力与生产　次序混乱，足以障碍生产；次序安定，足以促进生产。周民族克服殷民族及其他民族以后，次序大定，于生产上发生了极好的影响。同时周民族因习见了殷民族之努力于农业，故自社会次序稍稍安

① 《左传》定公四年。

② 《诗经·豳风》。

定以后，即以殷人为鉴，而向农业方向，努力迈进。《尚书》述周公之言曰：

> 周公曰："呜呼！君子所其无逸。先知稼穑之艰难，乃逸；则知小人之依。相小人：厥父母勤劳稼穑，厥子乃不知稼穑之艰难，乃逸；乃谚，既诞。否，则侮厥父母曰：昔之人无闻知。"周公曰："呜呼！我闻曰：昔在殷王中宗，严恭寅畏，天命自度，治民祇惧，不敢荒宁；肆中宗之享国，七十有五年。其在高宗时，旧劳于外；爰暨小人；作其即位，乃或亮阴，三年不言，其惟不言，言乃雍；不敢荒宁，嘉靖殷邦；至于小大，无时或怨。肆高宗之享国，五十有九年。其在祖甲，不义惟王，旧为小人；作其即位，爰知小人之依，能保惠于庶民，不敢侮鳏寡。肆祖甲之享国三十有三年。自时厥后立王，生则逸；生则逸，不知稼穑之艰难，不闻小人之劳，惟耽乐之从。自时厥后，亦罔或克寿，或十年，或七八年，或五六年，或四三年。"周公曰："呜呼！厥亦惟我周大王王季，克自抑畏。文王卑服，即康功田功。徽柔懿恭，怀保小民，惠鲜鳏寡；自朝至于日中昃，不遑暇食；用咸和万民。文王不敢盘于游田，以庶邦惟正之供；文王受命惟中身；厥享国五十年。"周公曰："呜呼！继自今嗣王，则其无淫于观，于逸，于游，于田；以万民惟正之供。"①

这篇文章的笔调，并不像出自后人之手。纵令不是周公所作，亦离周公之时不远。可以看作周民族开国的一篇家训。文中历数殷周两民族之首长；指出某也在位长久，由于知小人（即农民）之依，知稼穑之艰难。某也在位不长久，由于"不知稼穑之艰难，不闻小人之劳"。力言"继自今嗣王"，应知稼穑之艰难，不可淫于观，于逸，于游，于田。周民族站在战胜者的地位，以其特殊权力鼓吹农事；果然有极好的结果。我们在第二章第四节里讲生活之演进时，便已录了很多记载，以证周初农业之发达。兹且再录《甫田》之诗于次以为证。诗曰：

> 倬彼甫田，岁取十千；我取其陈，食我农人。自古有年，今适南亩；或耘或耔，黍稷薿薿；攸介攸止，烝我髦士。
>
> 以我齐明，与我牺羊；以社以方。我田既臧，农夫之庆；琴瑟击

① 《周书·无逸》。

鼓，以御田祖，以祈甘雨，以介稷黍，以谷我士女。

曾孙来止，以其妇子，馌彼南亩；田畯至喜；攘其左右，尝其旨否；禾易长亩，终善且有；曾孙不怒，农夫克敏。

曾孙之稼，如茨如梁；曾孙之庾，如坻如京；乃求千斯仓，乃求万斯箱，黍稷稻粱；农夫之庆，报以介福，万寿无疆。①

这是描写农业发达的极好的文字。类此的描写，尚不知有多少。周初农业之盛，毫无可疑之处。

二 生产发达概观

上面所述，系由政治到经济，指出等级制度帮助生产者何在，周人努力影响于生产者又何在。现在再进一步分述农，工，商业，以证当时一般经济状况之盛。

农业之盛 农业发达，培植了许多自然界的植物，以作生活资料。计当时的生活资料，已有下列各种。

一、黍稷：这是很主要的食料。《诗经》里提到黍稷的地方很多，可随举几处于此：

丰年多黍多稌。②
彼黍离离，彼稷之苗。③
硕鼠硕鼠，无食我黍。④
王事靡盬，不能蓺稷黍。⑤
我黍与与，我稷翼翼。⑥
疆场翼翼，黍稷彧彧。⑦

二、稻粱：这在《诗经》中，也随处可见，如：

① 《诗经·甫田》。
② 《臣工之什·丰年》。
③ 《王风·黍离》。
④ 《魏风·硕鼠》。
⑤ 《唐风·鸨羽》。
⑥ 《谷风之什·楚茨》。
⑦ 《谷风之什·信南山》。

王事靡盬，不能蓺稻粱。①
黍稷稻粱，农夫之庆。②
滮池北流，浸彼稻田。③

三、豆麦：在《诗经》中也随处可见，如：

蓺之荏菽，荏菽旆旆。④
采菽采菽，筐之筥之。⑤
硕鼠硕鼠，无食我麦。⑥

四、桑麻：这在《诗经》中也随处可见，如：

女执懿筐，遵彼微行，爰求柔桑。⑦
丘中有麻，彼留子嗟。⑧
蓺麻如之何，衡从其亩。⑨

上面只是列举重要的几种，实际上可以资生的东西是很多的，并非就只这些。其次当时的收获，除维持贵族及庶民的生活以外，每年大概已有若干剩余。王制云：

丰年不奢，凶年不俭。国无九年之蓄曰不足，无六年之蓄曰急，无三年之蓄曰国非其国也。三年耕，必有一年之食；九年耕，必有三年之食。以三十年之通，虽有凶旱水溢，民无菜色。⑩

谓"三年耕，必有一年之食；九年耕，必有三年之食"；当然是理想之谈。不过为豫防"凶旱水溢"起见，而稍事储蓄，又是事理之常。由此推之，

① 《唐风・鸨羽》。
② 《甫田之什・甫田》。
③ 《鱼藻之什・白华》。
④ 《生民之什・生民》。
⑤ 《鱼藻之什・采菽》。
⑥ 《魏风・硕鼠》。
⑦ 《豳风・七月》。
⑧ 《郑风・丘中有麻》。
⑨ 《齐风・南山》。
⑩ 《礼记・王制》。

则当时农业收获的剩余，绝不是一件稀奇事。而且社会既已分为“食之者”与“生之者”的两大等级，则农作的收获非有剩余不可。倘无剩余，则“食之者”的这一级决不能存在；此其一。再就“生之者”这一级分看，其中尚有执工商各业的。工人与商人的存在，也须农民的收获有剩余；此其二。在当时“食之者”的贵族，“生之者”的工商（最初的商人，懋迁有无的职责多，凭资本以牟利的机会少，可视为生产方面的人），事实上确已存在着，故知当时农作的收获，定有剩余。

工商之兴 农作的收获既有剩余，以这点剩余为基础，工商各业乃得同时兴起。周初已有工商各业，是不容否认的。就工人商人的地位看，也可得一些证据。在许多记载中，工人商人，常与农民及贵族列在一块。如：

天子建国，诸侯立家，卿置侧室，大夫有贰宗，士有隶子弟，庶人工商，各有分亲。[①]

士之子恒为士，工之子恒为工，商之子恒为商，农之子恒为农。[②]

其卿让于善，其大夫不失守，其士竞于教，其庶人力于农穑，商工皂隶不知迁业。[③]

古者先王既有天下……诸侯春秋受职于王以临其民，大夫日恪位箸以儆其官，庶人工商各守其业以共其上。[④]

公食贡，大夫食邑，士食田，庶人食力，工商食官，皂隶食职。[⑤]

《左传》或《国语》中，凡提到等级的时候，总是把庶人工商与天子诸侯大夫士各级贵族连称。而贵族等级之严格的区分，实始于周初的时候；由此可知与贵族连称的庶人工商之分，也必始于周初。所谓庶人，就是农奴；工，就是从事于制作的工人；商，就是从事于贸易的商人。当时以农作为主要的生产事业；故庶人的地位，在贵族眼中，似较工商为高。但工商并不是没有地位的，这由上面的记载可以置信。

关于工商的地位，约如上述，现在且进而看看他们所从事的职业。工人是从事于制作的，其制作物品，单就《尚书·禹贡》上所列举的看，也颇

① 《左传》桓公二年。

② 《国语·齐语》。

③ 《左传》襄公九年。

④ 《国语·周语》。

⑤ 《国语·晋语》。

可供参考。如：

> 兖州……厥贡漆丝，厥篚织文。
>
> 青州……厥贡盐絺，……厥篚檿丝。
>
> 徐州……厥贡惟土五色，……厥篚玄纤缟。
>
> 扬州……厥贡惟金三品，……厥篚织贝。
>
> 荆州……厥贡羽毛齿革，……厥篚玄纁玑组。
>
> 豫州……厥贡漆枲絺纻，厥篚纤纩。
>
> 梁州……厥贡璆铁银镂砮磬熊罴狐狸织皮。
>
> 雍州……厥贡惟球琳琅玕。（九州中惟冀州未列贡，据说因冀为畿内之故。）

《禹贡》之文，我们当然不会信为实录。但其中所列的制作物品，其出现之时代一定很早；即算晚出，亦不得晚于西周时代（周武王十三年到周平王元年，即公元前一一二二年到七七〇年）。盖西周之时，农作已很发达，食料已有相当剩余；贵族的生活，决非单只食料所能满足的；除了食料之外，一定已有若干制作物品。由此推之，当时的手工业，料亦有相当的发展。从事于制作的工人之生活，即建在剩余的农产品上。又关于工作的分类，《周礼》里面有一段曰：

> 国有六职，百工与居一焉。……审曲面执，以饬五材，以辨民器，谓之百工。……知者创物，巧者述之，守之世，谓之工……凡攻木之工七，攻金之工六，攻皮之工五，设色之工五，刮摩之工五，抟埴之工二。①

从事于这些工作的人，大概是专为贵族而特设的。他们的生活源泉，就是贵族从农民方面征去的剩余农品。《国语·晋语》有“工商食官”之文，亦可视作工人为贵族而特设之一证。贵族征得大量的农品，不能就其原形消耗尽净；为欲使生活更舒适，一定要以此为养工之资，而促进器物的制作。不过除贵族特有的工业以外，民间未必绝对没有工业。贵族要图舒适，须有特殊而珍贵的制作品；庶民要图生存，须有寻常而必要的制作品。民

---

① 《周礼·冬官》。

间的制作品，大概是生活的要求所逼出的；制作之人，当是民间的一种手艺工人，与为贵族而特设之工不同。《周礼》谓：

粤无镈，燕无函，秦无庐，胡无弓车。粤之无镈也，非无镈也，夫人而能为镈也。燕之无函也，非无函也，夫人而能为函也。秦之无庐也，非无庐也，夫人而能为庐也。胡之无弓车也，非无弓车也，夫人而能为弓车也。①

大概当时的制作物品，因贵族与庶民之分，也裂成了两系：供贵族奢侈之用的为一系，供庶民必需之用的为又一系。

工业之兴起，就上述工人之地位，物品之名称，工作之种类，略可窥见大概。至于商之兴起，也是必然的。时至西周之世，农业收获，已有剩余；工业制作，已有珍品；则各封国之间及某一封国之内，定有交换行为发生。再者因天然产品之地理的差异，也非有交换不可。一方面有可供交换之物品，另一方面有进行交换的要求；两者结合，遂使商业渐渐兴起。司马迁曰：

夫神农以前，吾不知已。至若《诗》《书》所述虞夏以来，耳目欲极声色之好，口欲穷刍豢之味，身安逸乐而心夸矜势能之荣：使俗之渐民久矣。虽户说以眇论，终不能化。故善者因之，其次利道之，其次教诲之，其次整齐之，最下者与之争。夫山西饶材，竹，谷，纑，旄，玉石；山东多鱼，盐，漆，丝，声色；江南出楠，梓，姜，桂，金，锡，连，丹沙，犀，玳瑁，珠玑，齿，革；龙门、碣石北多马，牛，羊，旃裘，筋，角；铜铁则千里往往山出棋置。此其大较也。皆中国人民所喜好，谣俗被服饮食奉生送死之具也。故待农而食之，虞而出之，工而成之，商而通之。此宁有政教发征期会哉？人各任其能，竭其力，以得所欲。故物贱之征贵，贵之征贱；各劝其业，乐其事，若水之趋下，日夜无休时，不召而自来，不求而民出之。岂非道之所符，而自然之验邪？②

这一段所述，为人类欲望之自然的发展，及天然物产之地理的差异两

① 《周礼·冬官》。

② 《史记·货殖列传》。

事。这两者都足以促进商业。“至若《诗》《书》所述虞夏以来……使俗之渐民”云云，虽仍指欲望的发达而言，然既标出经典与时代，当然有实事可指。若着重商业一面，《诗》《书》中颇可以寻出一些记载。如：

奏庶艰食鲜食，懋迁有无化居。①

肇牵车牛远服贾，用孝养厥父母。②

氓之蚩蚩，抱布贸丝；匪来贸丝，来即我谋。③

既阻我德，贾用不售。④

握粟出卜，自何能谷。⑤

如贾三倍，君子是视。⑥

凡此等等，可证周初的商业，已发展到了相当的程度。

三　经济酝酿新变

西周经济的发达，恰恰成了春秋战国时代政治社会各方面之变动的原因。周民族自武王发克商之年（公元前一一二二年）至昭王南巡溺死于汉水之年（公元前一〇〇二年，）可以说经过了一百二十年的黄金时代。自昭王南巡溺死于汉水之年至平王东迁于洛邑之年（公元前七七〇年，）周民族之统治地位便渐渐动摇起来；周天子所享有的天下共主之资格也渐渐有不保之势。例如昭王之南巡，便是为着南方民族之不服。至若溺死于汉水，更是一大疑案，死因殊不明白。一般的说话，以为昭王欲渡汉水之时，船夫恶之，以胶船进。渡至中流，胶液船解，昭王遂被溺死。这一个死，决不是偶然的；于周人的统治，似带有若干袭击的意味。又如平王之东迁洛邑，据说是因为抵不住西方犬戎的压迫，果如是者，那更是周人统治地位发生动摇之明征。

平王东迁以后，社会政治各方面发生了剧烈的变动。这些变动，无不

---

① 《尚书·益稷》。

② 《尚书·酒诰》。

③ 《诗经·卫风·氓》。

④ 《诗经·邶风·谷风》。

⑤ 《诗经·节南山之什·小宛》。

⑥ 《诗经·荡之什·瞻卬》。

直接间接以西周以来经济之发达为原因。概括地说来，新经济之酝酿新变化，以下列诸端为最显著。(1)经济发达，使上级贵族的生活腐化，终至完全丧失统治能力。盖经济发达，生活资料丰富，贵族有享受奢侈生活之可能。生活一奢侈，统治能力全被侵蚀，而不自觉。结果以下犯上之事乃层出不穷。(2)经济发达，使各封国之间的交换关系密切，遂致各国彼此征战不已。盖经济发达，出品有剩余，可供交换；又因出品之地理的差异，非交换不可。各国之间的交换关系既已密切，则统一诸国使成一大团体以便于交换，乃必然之趋势。循着这个趋势，争城掠地之事乃层出不穷。同时各国之丰富的天然物产，以及驯服的劳动群众，更诱致各国，使彼此同趋于争城掠地。(3)经济发达，地主商人之地位逐渐抬高，终至压倒贵族而占社会之上主要地位。周初土地为贵族所有，由农奴耕种。自上级贵族日渐腐化，最下一级以土地直接分给农奴的贵族，如士之类，乃努力振奋，以图挽救。迨上级贵族完全腐化之时，士之一级，乃多数变成纯粹地主，而与往日之贵族地主异其性质。这是一事。同时因生产的发达；交换的频繁，往日以通有无为职责的商人，逐渐变为凭资本以谋利的商人。这是又一事。再者贵族因腐化而瓦解之后，土地日渐成为可以侵占或买卖的对象。商人以其余资，买得土地，复可以收地租；收得地租，更可以助长其原有之商业资本。这是又一事。后来拥有土地之纯粹地主，亦复常以其地租化为商业资本而经营商业。这样一来，地主可变为商人，商人可变为地主。两者各以其地租与资本支配社会的生产。秦始皇统一各国之时(公元前二四六年)地主与商人都占了社会上之主要地位。

经济酝酿出来的新变，是下一篇所要研究的事实。这里只开一个端，以当第一篇的结束。

第二篇　私有田制生成时代

（自周平王元年至新莽元年即自公元前七七〇年至公元九年）

社会关系发生剧变

第一章　新经济腐蚀贵族

在上篇之末，讲经济酝酿新变之时，我们曾列举了三个显著的事端。这三个事端，简括地说，即(1)新经济之腐蚀贵族；(2)新经济之促成霸政；(3)新经济之造成新阶级。现在且分章详述，从被新经济腐蚀之贵族说起。这又可分成三节。

一　周天子之逐渐腐化

穆王满之远游远征　周自昭王瑕南巡溺死于汉水以后，统治的势力便已入了盛极转衰之时。昭王瑕死后，穆王满继承父业，在位凡五十五年(公元前一〇〇一年到九四七年)。这时因经济的发达，生产品已有剩余。贵族凭其政治势力，从农民方面，把剩余生产品，尽量地集中起来。集中之后，断不能依其原来的形式直接消受。一定要改变原形，才可以使生活更圆满。如维持劳动力以制作贵重之工艺品，或维持劳动力以帮助自己从事于远游，都是改变农产品之形式以图生活更圆满之法。穆王满占有大量的剩余农品，便能首先从事于远游。据说穆王满之远游，所御的是千里马，执御的是造父，帅师同行的是祭公谋父。就《穆天子传》一书看来，其所游的地方，至少达到了今之葱岭以西。这种远游未必完全可信。但当时未有海上交通，中国民族若向外发展，便只有西北一道。再者亚洲的极西如 Mesopotamia 等地，老早就有文化程度很高的民族。因此种种，周天子之西游，又未必绝对不可能。这种大规模的远游，倘经济的力量未发展到相当的程度，是不可能的。同时这远游的自身，耗费既大，又足以损害经济的实力，而伤统治的元气。穆王满之此举，恰恰在周室黄金时代之终期，是当时伟大的统治范围与富厚的经济势力之一种反映。同时也是周民族向殊方表示自己的权威，表示自己的富有之一种方法。但是这样的表示，也是贵族腐化之开端。

穆王满时之大事，除远游外，厥为西征犬戎。犬戎在周之西部，向来为周先世之患。满乃出兵征之。征犬戎一事，就《国语》上的记载看，似乎是不必要的；而满毕竟征了。这也可见周天子之好大喜功。这与远游一事可以互相为证。盖既可以远游国外，自然可以行莫须有之征讨；既可以行莫须有之征讨，自然可以远游国外。两者都不外周人向殊方表示自己政治与经济各方面之优越势力。关于征犬戎的记载，《国语》里说：

> 穆王将征犬戎，祭公谋父谏曰："不可，先王耀德不观兵。夫兵戢而时动，动则威；观则玩，玩则无震。……今自大毕伯士之终也(大毕伯士，犬戎氏之二君)，犬戎氏以其职来王(王谓嗣子来朝王，系戎狄之职)。天子曰：予必以不享(享谓按时献祭物，系侯卫之职)征之。且观之兵，其无乃废先王之训，而王几顿乎？吾闻夫犬戎树惇，帅旧德而守终纯固，其有以御我矣。"王不听，遂征之。得四白狼四白鹿以归。自是荒服者不至。①

惊人的远游，无益的征讨，都基于经济的发展，又都足以毁损贵族的权威。上举两事，不过是显著之例而已。

厉王胡之贪得嗜利　厉王胡是穆王满之玄孙，或第四代孙。在位凡三十七年(公元前八七八年到八四二年)。厉王之时，周的统治势力，固已弱极；然各诸侯之国的势力，却已渐渐强大起来了。如西方之秦，南方之楚，皆其显者。厉王处在这个时代，不独不能振奋，反自掘坟墓，以自毁灭其统治之力。彼因承袭祖宗之业已久，不知艰难；同时又因生活的奢侈，贪得嗜利。当时有荣夷公者好专利而不知大难。厉王悦之，用为卿士，专从事于剥削人民。关于这件事的记载，《国语》里有一段曰：

> 厉王说荣夷公。芮良夫曰："王室其将卑乎！夫荣夷公好专利而不知大难。夫利百物之所生也，天地之所载也；而或专之，其害多矣。天地百物，皆将取焉，胡可专也？所怒甚多，而不备大难。以是教王，王能久乎？夫王人者，将导利而布之上下者也。使神人百物，无不得其极；犹日怵惕，惧怨之来也。……今王学专利，其可乎？匹夫专利，

① 《国语·周语》上。

犹谓之盗；王而行之，其归鲜矣。荣夷公若用，周必败。”既，荣夷公为卿士。①

厉王胡完全被优越的经济情境所腐化了，不能不用荣夷公以专利。但专利的结果，使国人仇恨，卒致被流放于彘。这事的原委，如下：

厉王虐，国人谤王。邵公告曰：“民不堪命矣。”王怒。得卫巫使监谤者；以告，则杀之。国人莫敢言，道路以目。王喜，告邵公曰：“吾能弭谤矣，乃不敢言。”邵公曰：“是障之也。防民之口，甚于防川。川壅而溃，伤人必多，民亦如之。是故为川者决之使导，为民者宣之使言，……民之有口，犹土之有山川也，财用于是乎出。犹原隰之有衍沃也，衣食于是乎生。口之宣言也，善败于是乎兴。行善而备败，其所以阜财用衣食者也。夫民虑之于心，而宣之于口，成而行之，胡可壅也？若壅其口，其与能几何？”王不听。于是国人莫敢出言。三年，乃流王于彘。②

国人可以流王于彘，这种变故，不能不算很大了。周的贵族，至此可算腐化到了极点。

宣王靖之最后挣扎　厉王胡被流于彘以后，太子靖（《史记》作静）尚幼，匿于邵公之家（邵《史记》作召），得免于难。但此时国中无主，周公召公二相，共理国事，号曰“共和”，凡支持十四年之久（公元前八四一年到八二八年）。直到厉王胡死于彘，太子靖也恰好在邵公家长大了。于是国人立靖，称为宣王。这段事情，《国语》的记载有下列几句：

彘之乱，宣王在邵公之宫；国人围之。邵公曰：“昔吾骤谏王，王不从，是以及此难。今杀王子，王其以我为怼而怒乎？……”乃以其子代宣王，宣王长而立之。③

《韦注》云：

彘之乱，公卿相与和而修政事，号曰“共和”，凡十四年，而宣

---

① 《国语·周语》上。

② 《国语·周语》上。

③ 《国语·周语》上。

王立。

这里所谓“公卿相与和而修政事”，大概就是指周公、召公相与共理国事而言。《史记》称：

厉王出奔于彘，厉王太子静匿召公之家，……得脱召公周公二相行政，号曰“共和”。共和十四年，厉王死于彘，太子静长于召公家，二相乃共立之为王，是为宣王。①

宣王靖是这样勉强立起来了，然则其所作所为，又是怎样呢？《诗·小雅·车攻》章《序》云：

宣王能内修政事，外攘夷狄，复文武之境土，修车马，备器械，复会诸侯于东都。

这虽不可全信，但大概也有多少是真的。原来周代至宣王之时，贵族的生活，已被优越的新经济条件，腐化到不成样子了。居于统治地位的贵族，既已腐化，内忧外患，乃相逼而至。就内忧说吧，有“国人流王于彘”的空前大变；就外患说吧，南方之荆蛮，北方之猃狁，西方之西戎，东方之徐夷，都对周之所谓“天下”，采取攻势。宣王靖在这样一个情境之下，居然被立为王，这可见周贵族之努力挣扎。在内忧外患，相逼而至之时，尚能作最后之挣扎，那么一定也有多少效果。“共和”能支持十四年，便是周贵族挣扎的效果之最著者。宣王在位的四十六年中(公元前八二七年到七八二年)，对内对外，当然有多少建树。例如命尹吉甫北伐猃狁，命方叔南征蛮荆当是对外的大事；安集离散之民，抚恤鳏寡，当是对内的大事。关于北伐猃狁的事，《诗·小雅·六月》章云：

六月棲棲，戎车既饬；四牡骙骙，载是常服；猃狁孔炽，我是用急；王于出征，以匡王国。……

四牡修广，其大有颙；薄伐猃狁，以奏肤公；有严有翼，共武之服；共武之服，以定王国。……

戎车既安，如轾如轩；四牡既佶，既佶且闲；薄伐猃狁，至于太

---

① 《史记·周本纪》。

原；文武吉甫，万邦为宪。

关于南征蛮荆的事，《诗·小雅·采芑》章云：

> 鴥彼飞隼，其飞戾天，亦集爰止；方叔涖止，其车三千，师干之试；方叔率止，钲人伐鼓，陈师鞠旅；显允方叔，伐鼓渊渊，振旅阗阗。
>
> 蠢尔蛮荆，大邦为雠；方叔元老，克壮其犹；方叔率止，执讯获丑；戎车啴啴，啴啴焞焞，如霆如雷；显允方叔，征伐玁狁，蛮荆来威。

以上所引之诗，或者描写北伐玁狁，或者描写南征蛮荆；都是属于对外之事。至于对内安集离散，抚恤鳏寡之事，《诗·小雅·鸿雁》章亦可供参考。

> 鸿雁于飞，肃肃其羽；之子于征，劬劳于野；爰及矜人，哀此鳏寡。
>
> 鸿雁于飞，集于中泽；之子于垣，百堵皆作；虽则劬劳，其究安宅。
>
> 鸿雁于飞，哀鸣嗷嗷；维此哲人，谓我劬劳；维彼愚人，谓我宣骄。

这诗《毛序》谓是美宣王的，其言曰：

> 鸿雁，美宣王也：万民离散，不安其居，而能劳来，还定，安集之；至于矜寡，无不得其所焉。

这大概是真的，因把这诗当作美宣王的诗看，最为妥帖。总上所述看来，宣王靖得诸贵族之扶持辅助，对内对外，大概的确挣扎出多少成绩来了。这可以说是周贵族被新经济腐化之时的一次回光返照。

回光返照，毕竟只有一次。就一般的情形看，当时的周贵族，似乎仍在向腐化之路上迈进。宣王即位之初，努力挣扎了几年；但自十二年(公元前八一六年)鲁武公来朝以后，情势就不同了：一则不修籍于千亩，放弃“天子耕籍田以为天下先”之旧法；再则厌恶实践之政事(如治农于籍，搜于农隙等)。以料民于太原敷衍之。这两者，《史记》的概括叙述如下：

宣王即位，二相辅之，修政，法文武成康之遗风，诸侯复宗周。十二年(公元前八一六年)，鲁武公来朝。宣王不修籍于千亩，虢文公谏曰：“不可”；王弗听。三十九年(公元前七八九年)，战于千亩，王师败绩于姜氏之戎。宣王既亡南国之师(《集解》：“韦昭曰：败于姜戎时所亡也)，乃料民于太原；仲山甫谏曰：“民不可料也。”宣王不听，卒料民。四十六年(公元前七八二年)，宣王崩。①

无故料民，(即查人数)即不籍于千亩一类之事的反映。盖修籍于千亩一类之事，即可顺便知民数也。而不修籍于千亩之事，又是败绩于姜氏之戎的原因。这些关系，从《国语》中可以看出。关于“不籍千亩”，《国语》之文曰：

宣王即位，不籍千亩。虢文公谏曰“不可，夫民之大事在农；上帝之粢盛于是乎出，民之蕃庶于是乎生，事之供给于是乎在，和协辑睦于是乎兴，财用蕃殖于是乎始，敦庬纯固于是乎成。……古者……王事唯农是务，无有求利于其官以干农功。三时务农，而一时讲武，故征则有威，守则有财。若是乃能媚于神，而和于民矣；则享祀时至而布施优裕也。今天子欲修先王之绪，而弃其大功；匮神乏祀，而困民之财；将何以求福用民?”王不听。三十九年(公元前七八九年)，战于千亩，王师败绩于姜氏之戎。②

从这段文章看，“不籍千亩”，对于国家之经济财政各方面的影响都极大；谓为败绩于姜氏之戎的原因，不算过当。至若“料民”，又恰恰是“不籍千亩”的一反证。《国语》曰：

宣王既丧南国之师(《韦注》：败于姜戎氏时所亡也)，乃料民于太原。仲山父谏曰：“民不可料也。夫古者不料民而知其少多。……王治农于籍，搜于农隙，耨获亦于籍，狝于既烝，狩于毕时；是皆习民数者也。又何料焉？不谓其少，而大料之，是示少而恶事也。临政示少，诸侯避之；治民恶事，无以赋令。且无故而料民，天之所恶也，害于

① 《史记·周本纪》。

② 《国语·周语》上。

政而妨于后嗣。”王卒料之。及幽王，乃废灭。[①]

贵族既为新经济条件所腐化，不从事于耨获狝狩等实政了，自然不能习知民数。不能从实政中习知民数，而出于临时之“料”的一途，那么除启诸侯的轻视之心以外，自然没有其他意义了。再加上幽王的淫乱，周贵族的好运，乃不能不告终。

二 共主资格逐渐没落

自幽王至春秋之世 宣王靖死后，其子幽王宫涅立。宫涅在位凡十一年(公元前七八一年到前七七一年)。这时周室贵族被新经济腐蚀到了最后一阶段。其中显著之事实，据《史记》所载，凡有四大端：(1)水利不修，民乏财用；(2)嬖爱褒姒，纵欲败度；(3)用虢石父搜刮民财；(4)申侯犬戎并起攻周。这四件大事，是周贵族被新经济腐蚀之结果，同时也是周室丧失天下共主资格的开端。兹录《史记》之文于此：

> 宣王崩，子幽王宫涅立。幽王二年(公元前七八〇年)，西州(《国语》作西周)三川皆震。伯阳甫曰：“周将亡矣。……夫水土演而民用也。土无所演，民乏财用，不亡何待？……”三年(公元前七八一年)，幽王嬖爱褒姒。褒姒生子伯服。幽王欲废太子，太子母申侯女，而为后。后幽王得褒姒，爱之，欲废申后，并去太子宜臼，以褒姒为后，以伯服为太子。……太史伯阳曰：“祸成矣，无可奈何。”褒姒不好笑；幽王欲其笑，万方，故不笑。幽王为举熢燧，大鼓。有寇至，则举熢火，诸侯悉至。至而无寇。褒姒乃大笑；幽王说之，为数举熢火。其后不信，诸侯益亦不至。幽王以虢石父为卿，用事；国人皆怨。石父为人，佞巧，善谀，好利。王用之。又废申后，去太子也。申侯怒，与缯西夷犬戎攻幽王。幽王举熢火征兵，兵莫至，遂杀幽王骊山下，虏褒姒，尽取周赂而去。于是诸侯乃即申侯而共立故幽王太子宜臼，是为平王，以奉周祀。平王立，东迁于雒邑。[②]

---

① 《国语·周语》上。

② 《史记·周本纪》。

平王自己，且是诸侯所立，则周天子所享有的天下共主之资格，已不完全了。平王即位于公元前七七〇年。至公元前七二二年(即平王在位之第四九年)，孔子依据鲁国之史而作《春秋》。《春秋》中所包括的事迹，都是各国的大事。所包括的年代，凡二百四十二年：即自周平王四十九年(鲁隐公元年，公元前七二二年)到周敬王三十九年(鲁哀公十四年，公元前四八一年)。这二百四十二年，叫作“春秋时代”。在春秋时代，周贵族所享有的天下共主之资格，乃完全没落下去。这有下述诸端可证。

诸侯压倒天子 从一方面看，是周室共主资格的没落；从另一方面看，便是诸侯势力逐渐强大压倒天子。倘诸侯的势力不大，周天子永久驾驭着诸侯，那么其所享有之天下共主资格当不至动摇。所以要知周室共主资格的没落，须先明白诸侯势力之逐渐强大。诸侯势力之逐渐强大，《史记》上的记载曰：

> 平王之时，周室衰微，诸侯强并弱，齐楚秦晋始大，政由方伯。①

又述共和行政以后的情形曰：

> 是后或力政，强乘弱，兴师不请天子。然挟王室之义，以讨伐为会盟主，政由五伯。(《索隐》称，五伯者：齐桓公，晋文公，秦穆公，宋襄公，楚庄王也)诸侯恣行，侈不轨，贼臣篡子滋起矣。齐，晋，秦，楚，其在成周微甚：封或百里，或五十里。晋阻三河，齐负东海，楚介江淮，秦因雍州之固，四国迭兴，更为伯主。文武所褒大封，皆威服焉。②

这里述齐晋秦楚之迭兴为霸，完全以地理的情境为原因。其实地理的情境，也是决定经济发展之条件。此四大国，因所处地理的情境不同，在当时大概已形成了四个具有特殊经济势力的集团。这四大集团，因内部的生产发达，有下之诸要求：(1)劳动力的增加；(2)土地面积的扩大；(3)市场的推广。要实现这几个要求，只有凭着自己的优越势力，向附近的弱小之国进攻。当时的齐晋秦楚，都统一了许多弱小之国。这叫做“强乘弱”或“强并弱”。某一强国虽然并吞了许多弱国，但同时却不能并吞势均力敌的

---

① 《史记·周本纪》。

② 《史记·十二诸侯年表》。

其他强国。于是事实上不能不有若干较强之国同时并存。

诸强并存，最不利于经济的发展。倘诸强互相征战，则更足以破坏经济的发展。为维持事实上的次序起见，于是有某一强国出而挟天子以令诸侯的办法。这叫做“挟王室之义以讨伐为会盟主”。齐桓公，晋文公都是“挟王室之义以讨伐为会盟主”的好手。但王室而可以挟，周天子所享有的共主资格便只有一个名了。就当时的事实看，周天子直等于寄生虫，常寄生于诸侯的势力之下。如襄王之被郑保护及被晋召去，即是实例。《史记·周本纪》述此两事曰：

初，惠后欲立王子带（襄王之弟），故以党开翟人；翟人遂入周。襄王出犇郑，郑居王于汜。子带立为王，取襄王所绌翟后与居温。十七年（公元前六三五年），襄王告急于晋，晋文公纳王，而诛叔带。襄王乃赐晋文公珪鬯弓矢为伯。以河内地与晋。二十年（公元前六三八年），晋文公召襄王，襄王会之河阳践土，诸侯毕朝。书讳曰：“天王狩于河阳。”（《集解》称：骃案《左传》曰，仲尼曰：“以臣召君，不可以训”，故书曰狩。）

堂堂的周天子，名为天下之共主，竟可以被一个强大的诸侯召去，与其他弱小的诸侯一同参与会盟，这不能不算共主资格的没落了。

天子败于诸侯 诸侯压倒天子，尚只是以潜势力压倒的。且称霸的诸侯如齐桓晋文，为欲维持事实上的次序起见，或巩固自己的势力起见，还常以“尊王”为号召。只有周天子与郑伯在繻葛的一战，为郑所败，那便是天子之尊，公开地被诸侯打倒了。繻葛一战，大概有很多经济的原因。原来春秋时代，诸侯与诸侯间的许多战争，固是经济原因造成的；同时天子与诸侯间许多纠纷，亦复是经济的原因造成的。例如《史记》所称：

惠王即位，夺其大臣园以为囿（《集解》称骃案《左传》曰：大臣苏国也），故大夫边伯等五人作乱（《集解》称骃案《左传》曰，五人者：苏国，边伯，詹父，子禽，祝跪也）；谋召燕卫师伐惠王，惠王犇温；已，居郑之栎。[①]

① 《史记·周本纪》。

以夺园为因，竟至要兴燕卫之师以伐天子！而天子卒因此出奔。这便是天子与诸侯间因经济问题而生纠纷之一证。至于周天子与郑伯间的经济纠纷，更是不少。如(1)桓王林夺郑之田。这事就是绝对不谈经济史观的人，也以为是启郑人之怨的。章嵚即云：

> 桓王林之处郑，亦非无失也。林之失，一在易田：取邬刘(河南偃师县有邬聚刘聚)，蒍(河南偃师孟县之间)、邘(河南沁阳县西北)之田于郑，而与郑人以温(河南温县西南)、原(河南济源县西北)、絺(河南沁阳县西南)、樊陟(均在河南武陟县西南)、郕(山东汶上县北)、攒(河南修武县西北)、茅(河南获嘉县东北)、向(河南济源县南)、盟(河南孟县南)、州(河南沁阳县东南)、泾(河南沁阳县西北)、隤(河南嘉获县西北)、怀(河南武陟县西)之田，此启郑人之怨者一也。[①]

(2)惠王阆(桓王之曾孙)不与郑厉公爵。这事《史记正义》称：

> 《左传》云："庄公二十一年，王巡虢，狩；虢公为王宫于玤，王与之酒泉。郑伯之享王，王以后之鞶鉴与之。虢公请器，王与之爵。郑伯由是怨王也。"杜预云："……酒泉，周邑。"[②]

诸侯因分受利益不均，而怨恨天子，这大概是常事。(3)襄王郑(惠王之子)把滑交给卫而不交给郑。这事《史记集解》称：

> 服虔曰："滑小国，近郑，世世服从；而更违叛，郑师伐之，听命。后自怼于王，王以与卫。"[③]

周天子与郑伯之间，因种种经济的利益而生怨恨，因怨恨而起纠纷。繻葛一战，只是诸种纠纷中之一种。在这一战中，周天子败了，其所享共主资格，至是几乎等于零了。这一战，作于桓王林之十三年(公元前七〇七年)，《左传》述其事曰：

> 秋，王以诸侯伐郑，郑伯御之。王为中军；虢公林父将右军，蔡

① 章嵚：《中华通史》上卷，第295页。

② 《史记·周本纪》。

③ 《史记·周本纪》。

> 人卫人属焉；周公黑肩将左军，陈人属焉。郑子元请为左拒以当蔡人卫人，为右拒以当陈人，曰："陈乱，民莫有斗心，若先犯之，必奔；王卒顾之，必乱；蔡卫不枝，固将先奔；既而萃于王卒，可以集事。"从之。曼伯为右拒，祭仲足为左拒。原繁高渠弥以中军奉公，为鱼丽之陈，先偏后伍，伍承弥缝。战于繻葛(郑地名，在今河南长葛县)，命二拒曰："旝动而鼓。"蔡、卫、陈皆奔，王卒乱；郑师合以攻之，王卒大败。祝聃射王中肩，王亦能军。祝聃请从之，公曰："君子不欲多上人，况敢凌天子乎！苟自救也，社稷无陨多矣。"夜，郑伯使祭足劳王，且问左右。[①]

天子而与诸侯作战，战而且败；共主资格，可谓扫地以尽。然自此以后，周天子这个空名，仍有人维持；如齐桓公，便是以"尊王"为名的。其所以要维持的理由，不外想借这个空名，以施行各自的霸政。盖最高一级的贵族或天子，既已渐渐没落下去，则次级贵族或诸侯，当有一番挣扎。春秋时代，齐晋秦楚等国的实行霸政，便是最高级贵族没落后，次级贵族努力挣扎之表现。其中详情，当留到第二章去研究。在下面一节里，我们要看看次级贵族逐渐腐化之时，再次一级的贵族又如何对付其上一级的贵族。其以下犯上的办法，是否一如诸侯之对付天子。关于这层，我们要拿鲁之三桓，齐之田氏，晋之六卿作例。

三　各国贵族以下犯上

诸侯腐化　周天子之逐渐腐化，由于新经济之侵蚀。各国诸侯之逐渐腐化，亦复是以新经济之侵蚀为原因的。现在且拿当时的几个大国作例。如齐、晋、秦、楚，都是大国。各国的贵族，其生活都极奢侈。奢侈的生活，是经济发达的结果；但奢侈的生活，同时也就是贵族自身所以腐化的原因。《左传》里面，齐晏子称齐之季世，贵族生活奢侈，滥取于民，其言曰：

> 山木如市，弗加于山；鱼盐蜃蛤，弗加于海；民参其力，二入于公，而衣食其一；公聚朽蠹，而三老冻馁；国之诸市，屦贱踊贵，民

① 《左传》桓公五年。

人痛疾。[1]

又晏子对齐景公之语曰：

县鄙之人，入从其政；逼介之关，暴征其私；承嗣大夫，强易其贿。布常无艺，征敛无度，宫室日更，淫乐不违。内宠之妾，肆夺于市；外宠之臣，僭令于鄙。私欲养求，不给则应。民人疾苦，夫妇皆诅。[2]

齐之情形如此，晋又如何？《左传》里晋叔向述晋之季世的情形曰：

吾公室今亦季世也。戎马不驾卿无军行，公乘无人，卒列无长；庶民罢敝，而宫室滋侈；道殣相望，而女富溢尤；民闻公命，如逃寇雠。栾郤胥原狐续庆伯降在皂隶；政在家门，民无所依；君日不悛，以乐慆忧。公室之卑，其何日之有？[3]

晋之情形如此，秦又如何呢？《左传》里述秦伯之弟针适晋时车乘之多，可为经济发达，生活奢侈之一证。不过当时的秦，尚未至于季世罢了。其言曰：

针适晋，其车千乘。……享晋侯，造舟于河，十里，舍车。自雍及绛。归取酬币，终事八反！司马侯问焉，曰："子之车尽于此而已乎？"对曰："此之谓多矣。若能少此，吾何以得见女？"[4]

造舟于河，且每隔十里造一顿车之所；归取酬币，往返至于八次；这都需极大的耗费。倘经济不发达，是不可能的；倘秦已入了季世，是经不起的。现在我们且来看一看楚之贵族，看他们又奢侈到什么样。关于这一点，《国语》里有一段曰：

灵王为章华之台，与伍举升焉；曰："台美夫？"对曰："……先君

① 《左传》昭公三年。
② 《左传》昭公二十年。
③ 《左传》昭公三年。
④ 《左传》昭公元年。

> 庄王为匏居之台，高不过望国氛，大不过容宴豆，木不妨守备，用不烦官府，民不废时务，官不易朝常。……今君为此台也，国民罢焉，财用尽焉，年谷败焉，百官烦焉。举国留之，数年乃成。……是聚民利以自封而瘠民也。胡美之焉？①

这也可见楚贵族之如何被新经济侵蚀而至于腐化。由上面这几个大国的贵族生活看来各国的诸侯，似乎都有走周天子同一命运之趋势。果然，各国常有以下犯上之事；而且齐晋等国竟完全灭于“下犯上”之过程中。

鲁之三桓 各国贵族中下犯上之事，在春秋时代，寻常极了。例如周桓王林之世，便有卫州吁弑其君完（即桓公），鲁公子翚弑其君息姑（即隐公），宋督弑其君与夷（即殇公）及其大夫孔交等惨事。鲁三桓之犯上，不过是春秋时代各国贵族中下犯上之普通例证而已。这事可分下列数项述之。(1)三桓之名。鲁庄公有弟三人，长曰庆父，次曰叔牙，次曰季友。因为都是桓公之子，故其后代称为三桓。三桓者，孟孙氏、叔孙氏、季孙氏之三家是也。(2)何时始大？三桓强大之时，大概在文公的末年。据《史记》所载，文公死后，宣公之立，且是出自襄仲与齐惠公之力；果如是者，则公室卑微已极；公室卑，三桓便强。《史记》之言曰：

> 文公有二妃：长妃齐女哀姜，生子恶及视；次妃敬嬴嬖爱，生子俀。俀私事襄仲，襄仲欲立之；叔仲曰，“不可”。襄仲请齐惠公，惠公新立，欲亲鲁，许之。冬十月，襄仲杀子恶及视，而立俀，是为宣公。哀姜归齐，哭而过市，曰，“天乎！襄仲为不道，杀适立庶。”市人皆哭，鲁人谓之哀姜。鲁由此公室卑，三桓强。②

(3)三桓之乱。三桓既强，其为乱之时便多了。最大的一次叛乱，在昭公之时。据《史记》称，当时季孙氏因与郈氏斗鸡生隙，而起冲突。昭公大概有一点恨季孙氏之跋扈，故站在郈氏一边，助之攻季孙氏。这时叔孙氏孟、孙氏恐季氏败后自己的势力随着发生动摇，乃相与救季孙氏，结果把昭公之军打败，并杀郈昭伯，逼昭公奔齐。三桓之势力，至此已登峰造极。(4)抑制之无效。宣公之时，就想设法对付三桓，宣公曾与晋谋伐三桓。可

---

① 《国语·楚语》上。

② 《史记·鲁周公世家》。

惜事未成而宣公卒。定公之时，孔子摄行相事。定公十二年(周敬王二十二年，公元前四九八年)，孔子命仲由毁三桓城，收其甲兵；孟氏不肯毁，伐之，不克而止。哀公之时，又想借越之助，以去三桓；不独没有成功，哀公且被逼奔越。直到最后，三桓之家臣，相继叛乱，(如季孙氏之家臣阳虎、公山弗扰相继作乱，叛季氏，即其实例)。三桓才渐渐衰弱下去。

齐之田氏　这也可分为下之诸项述之。(1)田氏之先。田氏之先，本出于陈，为舜之后。自胡公满有国，传至宣公杵臼，国内发生变故。原来宣公杵臼有太子曰御寇，有庶子曰款。公爱庶子款，杀太子御寇。这时有陈完者(为厉公之子，宣公之侄)与御寇善，恐祸及己，乃奔齐，为齐工正之宫，别以田为氏，死后谥为敬仲，历史上所谓田敬仲是也。(2)田氏之得民心。由敬仲五传至田乞，事齐景公为大夫。颇行阴德，甚得齐之民心。《史记》称：

齐景公使晏婴之晋，与叔向私语曰："齐政卒归田氏！田氏虽无大德，以公权私，有德于民，民爱之。"①

这话的意思，可与《左传》所说的对看。《左传》里述叔向与晏婴之问答如下：

叔向曰："齐其何如?"晏子曰："此季世也，吾弗知。齐其为陈氏矣！公弃其民，而归于陈氏。齐旧四量：豆，区，釜，钟。四升为豆；各自其四，以登于釜；釜十则钟。陈氏三量，皆登一焉，钟乃大矣。以家量贷，而以公量收之。……民人痛疾，而或燠休之。其爱之如父母，而归之如流水。欲无获民，将焉辟之?"②

果然，田氏自齐景公死后，便乘隙操齐国内政之大权。(3)田氏对内对外之准备。田氏在齐，既得民心矣，复结交公族之失职者；如子城子公公孙捷等，都厚益之以禄。这样一来，齐之世家大族，也都心悦诚服了。对外更树立外援，如输粟于晋，即是一例。《史记》述齐景公五十五年(周敬王二十七年公元前四九三年)，田乞救晋之事如下：

---

① 《史记·齐太公世家》。

② 《左传》昭公三年。

> 五十五年，范中行反其君于晋，晋攻之急，来请粟。田乞欲为乱，树党于逆臣；说景公曰："范中行数有德于齐，不可不救。"乃使乞救，而输之粟。①

田氏于对内对外，既都有了相当的准备，乃开始亡齐。(4)田氏之亡齐。景公病危之时，属大臣国惠子、高昭子立其爱妾之子荼为太子。公死，荼即位为晏孺子。这时田乞与诸大夫密谋，举兵逐惠子、昭子，废晏孺子，立公子阳生为悼公。国君之或废或立，且出于田氏之手，则此时田氏专权揽政，可想见矣。悼公卒，子壬立为简公。这时田乞之子田常辅政，势力极大，杀简公，立简公之弟骜为平公。此后的情形，《史记》所述如下：

> 平公即位，田常相之，专齐之政，割齐安平以东为田氏封邑。平公……卒，子宣公积立；宣公……卒，子康公贷立，田会反廪丘。康公……十九年，田常曾孙田和始为诸侯，迁康公海滨。二十六年(周安王二十三年，公元前三七九年)，康公卒，吕氏遂绝其祀，田氏卒有齐国，为齐威王，强于天下。②

齐之田氏，大体已如上述，现在且来看看晋之六卿。

晋之六卿 晋为春秋时之大国。国中世卿之族，凡十有一：一赵氏，二魏氏，三韩氏，四狐氏，五胥氏，六先氏，七郤氏，八栾氏，九范氏，十知氏，十一中行氏。其中知氏与中行氏同属荀氏，故实际上只有十族。此十族或兴或衰，至昭公夷之时，韩氏、赵氏、魏氏、范氏、知氏、中行氏共为六卿，把持国政，势渐强大。《史记》称：

> 齐使晏婴如晋，与叔向语。叔向曰："晋季世也，公厚赋为台池，而不恤政。政在私门，其可久乎?"晏子然之。……平公卒，子昭公夷立。昭公六年(周景王贵十九年，公元前五二六年)卒，六卿强，公室卑。③

六卿既强，地大人众，不免互相争竞；其争竞之原因，不外经济的利

---

① 《史记·齐太公世家》。
② 《史记·齐太公世家》。
③ 《史记·晋世家》。

益。后来争竞得一结果：即知伯瑶、赵襄子、韩康子、魏桓子共分范氏、中行氏之地以为己邑，六卿成了四卿。其势力较前更大，几乎完全不知有公室了。这情形正在晋出公凿之世。《史记》云：

出公十七年(周贞定王十年，公元前四五九年)，知伯与赵韩魏共分范中行地以为己邑。出公怒，告齐鲁，欲以伐四卿。四卿恐，遂反攻出公。出公奔齐，道死；故知伯乃立昭公曾孙骄为晋君，是为哀公。……当是时晋国政皆决知伯，哀公不得有所制。知伯遂有范中行地，最强。①

但后来韩赵魏三家以知伯太强之故，合力图之。哀公四年(周贞定王十六年，公元前四五三年)，赵襄子、韩康子、魏桓子共杀知伯，尽并其地。于是四卿又成了三卿。这时，据说公室已削弱不堪。《史记》称：

哀公卒，子幽公柳立。幽公之时，晋畏，反朝韩赵魏之君；独有绛曲沃。余皆入三晋(韩赵魏为三卿，而分晋政，故曰三晋)。②

直到周威烈王二十三年(公元前四〇三年)，韩赵魏才被有名无实的周天子赐命为诸侯。此后经过二十六年，当周安王之二十六年(晋静公二年，公元前三七六年)，魏武侯韩哀侯赵敬侯才完全灭了晋侯，而三分其地。

① 《史记·晋世家》。
② 《史记·晋世家》。

第二章　新经济促成霸政

一　概说

泛论霸政　在叙述齐晋秦楚吴越诸霸者之先，最宜对“霸政”作一概说。这概说可分下之诸项：(1)霸政之历史地位。当封建制度已经动摇(地主的封建势力在汉及以后却在膨胀)，集权帝国尚未出现之际，霸政实成了一种因应时代之要求的必然产物。它在一方面逐渐收束了贵族分封制，在另一方面却开始预备着皇帝集权制。这只要看几个强国之并吞诸弱小，便可明白。春秋时代，齐晋秦楚最强，他们所并吞之国家也最多。山东诸国都给齐并吞了。河北诸国都给晋并吞了。汉阳诸国都给楚并吞了。秦也并吞了许多小国。这些国家，原各有其地位；于今都被并吞了，则是分封的贵族制度在政治方面正在逐渐收束之一证。同时却又是预备集权帝国之一证。盖春秋时代几个大国之并吞诸弱小，逐渐构成战国时代之七雄；七雄之中，齐楚燕赵韩魏被秦统一，恰合成一集权帝国。综合观之，春秋时代之大吞小，只是造成集权帝国之一预备步骤。

(2)霸政之经济的意义。这可从好几方面说：一则最高级之贵族，因集中了当时所谓天下之财富，生活最优，最先腐化而瓦解；次一级之贵族为周天子丢下的残局所迫，自有一度之挣扎。二则相继称霸之各国，当各有其特殊的经济情境，以为称霸之条件；这些情境，当是各自所处的天然环境决定的。如晋居北，楚居南，齐居东，秦居西，吴越居东南，各据地势之一偏，进则可以为中原之共主；退则，除秦当顾忌西戎诸国外，都少后顾之忧。从特殊的天然环境中发展出来的经济形势，遂决定了各国的霸政之式样。三则霸政自身复帮助经济之继续发展。盖在霸者所勉强维持的社会次序之下，农工商各业得继续其旧有之成绩而向前发展。因这种发展，乃有地主与商人之出现。地主与商人，在集权帝国之促进上，都表现了很大的作用与力量。

(3)称霸之方式。这也可分几项：一，假尊王攘夷之名以行天下共主之实。当时的齐与晋，都是封建制下出来的重要分子，与周天子之关系较密，故常保留周天子之名义，而倡尊王。秦以接近中原之故亦未抛弃尊王的名义。攘夷是当时的事实。二，为会盟之主。如齐桓公曾九合诸侯，便是作了九次会盟之主。三则国与国之间的许多大事，都在霸者所主持的会盟中决定，无须听取周天子之命令了。凡此等等，可于下面见之。

二　典型的齐霸

齐先称霸的原因　春秋时代首先称霸的是齐国。齐之首先称霸，我们可举下列诸项为原因。第一，齐之先世，对于周之建国有特殊的功劳，因这功劳，遂被周天子特别看重。直到周室瓦解，天下共主之资格没落，齐便凭这点因缘，首先出来，假尊王攘夷之名，以行霸政。兹举《史记》的话作证。《史记》述周西伯之得太公，及武王之封师尚父(即太公，因被周人师事，而有此名)曰：

西伯将出猎，卜之；曰："所获非龙非彨，非虎非罴；所获霸王之辅。"于是周西伯猎，果遇太公于渭之阳。与语，大说，曰："自吾先君太公曰：'当有圣人适周，周以兴'，子真是邪？吾太公望子久矣。"故号之曰太公望，载与俱归，立为师。……诗人称西伯受命曰："文王伐崇，密须犬夷，大作丰邑"，天下三分，其二归周者；太公之谋计居多。文王崩，武王即位，……十一年(公元前一一二四年)正月，甲子，誓于牧野，伐商纣，纣师败绩。……武王……修周政，与天下更始，师尚父谋居多。于是武王已平商，而王天下，封师尚父于齐营邱。①

由这看来，周文王武王之创业，都得力于太公。太公既因有功劳而被封于齐，后来周室与齐之关系，遂特别亲密。因亲密之故，周室给与齐国之权力，亦非常之大，仅比鲁国次一位。《史记》关于齐国之特权有曰：

① 《史记·齐太公世家》。

> 周成王少时，管蔡作乱，淮夷畔周，乃使召康公命太公曰："东至海，西至河，南至穆陵，北至无棣；五侯九伯，实得征之。"齐由此得征伐，为大国，都营邱。[①]

这里所说，当是实情。后来齐桓公三十年(周惠王二十一年，公元前六五六年)伐楚的时候，管仲对楚成王的诘难，便以周室所给的特权为理由。《史记》曰：

> 三十年(公元前六五六年)春，齐桓公率诸侯伐蔡；蔡溃，遂伐楚。楚成王兴师问曰："何故涉吾地?"管仲对曰："昔召康公命我先君太公曰：'五侯九伯，若实征之，以夹辅周室。'赐我先君履：东至海，西至河，南至穆陵，北至无棣。楚贡包茅不入，王祭不共，是以来责；昭王南征不复，是以来问。"[②]

再其次，齐依山东半岛为根据地，该处因地位之优越，经济发达，较别处为早；经济状况，较别处为优；据有此土的，事实上宜乎最先称霸。我们直可以说：物质环境之优，实齐国首先称霸之基本理由。太史公对齐之物质环境的论断曰：

> 吾适齐，自泰山属之琅邪，北被于海，膏壤二千里，其民阔达多匿知，其天性也。以太公之圣，建国本；桓公之盛，修善政，以为诸侯会盟，称伯；不亦宜乎！洋洋哉，固大国之风也！[③]

齐之首先称霸，其原因略具如上。现在要进而研究其称霸的事实。

齐国称霸的事实　齐之称霸，在桓公七年(周厘王三年，公元前六七九年)，桓公在位的数十年，正是霸业最盛的时代。《史记》述当时之大势曰：

> 是时，周室微，唯齐楚秦晋为强。晋初与会，献公死，国内乱；秦穆公辟远，不与中国会盟；楚成王初收荆蛮有之，夷狄自置。唯独齐为中国会盟，而桓公能宣其德，故诸侯宾会。于是桓公称曰："寡人南伐至召陵，望熊山；北伐山戎离支孤竹；西伐大夏，涉流沙；束马

① 《史记·齐太公世家》。
② 《史记·齐太公世家》。
③ 《史记·齐太公世家》。

悬车，登太行，至卑耳山而还；诸侯莫敢违寡人。寡人兵车之会三，乘车之会六，九合诸侯，一匡天下。昔三代受命，有何以异于此乎?”①

所谓“兵车之会三”，究竟何所指呢?《正义》称：

《左传》云：鲁庄十三年会北杏，以平宋乱；僖四年，侵蔡，遂伐楚；六年，伐郑，围新城也。

所谓“乘车之会六”又何所指呢?《正义》称：

《左传》云：鲁庄十四年会于鄄，十五年又会鄄，十六年同盟于幽，僖五年会首止，八年盟于洮，九年会葵邱是也。

这些会盟之用意，可归纳为(1)平他国之内乱，如北杏之会，就是平宋之内乱的。当时宋万弑其君捷(即闵公)，齐会诸侯平之。(2)攘他国之外患。如幽之会即其实例。当时郑侵宋，齐会诸侯为宋伐郑。(3)谋周室之安定。如首止之会，就在谋安周室，定太子郑之位。(4)修诸国间之友好。如葵邱之会，就是修诸国间之友好的。

齐霸中之一要人 这个要人就是管仲，他字夷吾，为颍上人。小时有一最相知的朋友，曰鲍叔牙，待他最好。后来两人都从政：鲍叔事齐公子小白，管仲事齐公子纠。小白与纠本为兄弟。及齐人立小白为桓公，公子纠被逼杀于鲁境，管仲以连带关系被囚。幸喜鲍叔知他最深，竭力荐他给齐桓公，据说桓公之称霸，几乎完全得力于管仲。管仲与鲍叔牙的友义，《史记》有一段曰：

管仲曰：“吾始困时，尝与鲍叔贾，分财利，多自与，鲍叔不以我为贪，知我贫也。吾尝为鲍叔谋事，而更穷困，鲍叔不以我为愚，知时有利不利也。吾尝三仕，三见逐于君，鲍叔不以我为无耻，知我不羞小节，而耻功名不显于天下也。生我者父母，知我者鲍子也。”②

管仲这样见知于鲍叔，卒被鲍叔荐给齐桓公了。管仲既相桓公，果然能发展他的长材，佐齐称霸。其所作为，有如下述：

---

① 《史记·齐太公世家》。

② 《史记·管晏列传》。

管仲既任政相齐，以区区之齐在海滨，通货积财，富国强兵，与俗同好恶。故其称曰："仓廪实而知礼节，衣食足而知荣辱，上服度则六亲固；四维不张，国乃灭亡。"下令如流水之原：令顺民心，故论卑而易行。俗之所欲，因而予之；俗之所否，因而去之。其为政也，善因祸而为福，转败而为功；贵轻重，慎权衡。桓公实怒少姬，南袭蔡；管仲因而伐楚，责包茅不入贡于周室。桓公实北征山戎，而管仲因而令燕修召公之政。于柯之会，桓公欲背曹沫之约，管仲因而信之。诸侯由是归齐。①

照这样看，管仲于佐齐称霸，实具有极大的功劳。这大概不错，所以孔子也说：

管仲相桓公，霸诸侯，一匡天下，民到于今受其赐。微管仲，吾其披发左衽矣。②

他相齐的所作所为，很含有法治精神。如"上服度"，"贵轻重"，"慎权衡"云云，都是侧重法治的表示。我们于此，可进一步地研究。

管仲之法治主义　在当时的齐国施行法治，是最近情理的。齐国因天然环境不同，经济情形，较其他各国为进步；都市生活亦颇发达。齐国贵族，已极腐化。事实上已有法治的要求了。管仲相齐，主行法治，正合时代需要。原来次级贵族之被新经济腐蚀，也如最高级之贵族一样。周天子因腐化而没落下去了，齐桓公起而称霸，并不能挽救贵族没落之必然趋势。所以他尽管称霸，同时却凭新经济所造成之奢淫生活正在腐化其自身。腐化其自身，即是动摇霸者之统治。管仲之法治主义，即是这种趋势的一个反映。现在我们且看齐桓公腐化到什么样子。《左传》有一段曰：

齐侯盟诸侯于葵丘，曰："凡我同盟之人，既盟之后，言归于好。"宰孔先归，过晋侯，曰："可无会也！齐侯不务德，而勤远略，故北伐山戎，南伐楚，西为此会也。东略之不知，西则否矣。其在乱乎！君务靖乱，无勤于行。"晋侯乃还。③

① 《史记·管晏列传》。

② 《论语·宪问》。

③ 《左传》僖公九年。

桓公会诸侯于葵邱，自以为是了不得的事。然别人却看出了他的腐化，看出了他的“不务德”。不务德，究竟务些什么？且再看《左传》的记载。

齐侯之夫人三：王姬、徐嬴、蔡姬，皆无子。齐侯好内，多内宠，内嬖如夫人者六人：长卫姬生武孟，少卫姬生惠公，郑姬生孝公，葛嬴生昭公，密姬生懿公，宋华子生公子雍。公与管仲属孝公于宋襄公，以为太子。……管仲卒，五公子皆求立。冬十月乙亥，齐桓公卒，易牙入与寺人貂因内宠以杀群吏，而立公子无亏。[①]

夫人已有三个了，如夫人者还有六个，合成九个！单只这一点，便足证桓公被新经济腐化至何等程度。管仲相了一个这样的桓公，欲挽颓风，以树模范，只有向齐侯主张采用法治。《管子》里面有几段，虽非出自管仲，却可借以说明管仲的主张。

明主在上，有必治之势，则群臣不敢为非。[②]

明主者，一度量，立仪表，而坚守之。故令下而民从。法者天下之程式也，万事之仪表也。……明主者有法度之制，故群臣皆出于方正之治而不敢为奸。百姓知主之从事于法也，故吏所使者有法，则民从之；无法则止。民以法与吏相距，下以法与上从事。故诈伪之人不得欺其主，嫉妒之人不得用其贼心，谗谀之人不得施其巧，千里之外不敢擅为非。故明法曰：有法度者，不可巧以诈伪。[③]

法者天下之至道也，圣君之实用也。……有生法，有守法，有法于法，夫生法者君也，守法者臣也，法于法者民也。君臣上下贵贱皆从法，此谓为大治。[④]

“生法者君也”云云，是最便于专制君主的说话。大抵一般的经济情形发展到相当程度，社会渐趋腐化之时，定有人倡言严格的法制。不过法制而由君主一人产生，恰成了君主专权。君主专权的需要，起于封建制之逐渐瓦解；君主专权的制度，秦汉帝国时曾一度实现。

---

① 《左传》僖公十八年。

② 《管子·明法解》。

③ 《管子·明法解》。

④ 《管子·任法篇》。

三　其他的霸者

自宋襄至晋文　齐自桓公死后，霸业骤衰。这时代表扬子江流域的荆蛮民族之楚国，势渐强大，竟举兵北上，侵入中原，压迫黄河流域的汉民族。一时起来相抗的，有殷人之后宋襄公。襄公想承袭齐桓之霸业，以现今河南开封东部一带为根据地，号召河北山东诸国，图击退楚师。于周襄王十四年(公元前六三八年)与楚人战于泓。结果大败，襄公负伤而逃。所谓宋霸，终无成功。

恰在此时，有晋文公兴于今之山西，率晋齐秦之联军，于周襄王二十年(公元前六三二年)大破楚人于城濮(今山东濮县)。于是黄河流域之霸权，一时落于晋人之手。晋文之称霸，始于战胜楚人。其称霸的一番努力，《左传》记得颇详。其言曰：

> 冬，楚子及诸侯围宋，宋公孙固如晋告急。先轸曰："报施救患，取威定霸，于是乎在矣。"狐偃曰："楚始得曹，而新昏于卫；若伐曹卫，楚必救之，则齐宋免矣。"于是乎搜于被庐，作三军，谋元帅。赵衰曰："郤縠可。臣亟闻其言矣，说礼乐而敦《诗》《书》。《诗》《书》，义之府也，礼乐，德之则也，德义，利之本也。《夏书》曰：'赋纳以言，明试以功，车服以庸。'君其试之！"乃使郤縠将中军，郤溱佐之。使狐偃将上军，让于狐毛而佐之。命赵衰为卿，让于栾枝先轸；使栾枝将下军，先轸佐之。荀林父御戎，魏犫为右。晋侯始入，而教其民，二年，欲用之。子犯曰："民未知义，未安其居。"于是乎出定襄王，入务利民；民怀生矣，将用之。子犯曰："民未知信，未宣其用。"于是乎伐原以示之信。民易资者，不求丰焉，明征其辞。公曰："可矣乎?"子犯曰："民未知礼，未知其共。"于是乎大搜以示之礼，作执秩以正其官。民听不惑，而后用之。出穀戍，释宋围，一战而霸，文之教也。①

晋既称霸了，因其地位在秦楚包围之中，南方有楚，西方有秦，于是征战未有已时。兹先述秦晋间的关系，然后再述晋楚间的关系。

---

①《左传》僖公二十七年。

秦与晋的关系 晋之西方的劲敌既是秦，我们于此最宜说一说秦之来历。秦在周孝王时，就与周有很重要的经济关系和政治关系。所谓经济关系，乃指为周室养马而言；所谓政治关系，乃指为周室缓和西戎而言。据《史记》所述，周穆王时为穆王御马远游的造父之远孙非子，即是秦之所自出。其言曰：

> 大骆生非子，以造父之宠，皆蒙赵城，姓赵氏。非子居犬丘(《正义》称《括地志》云：犬丘故城，一名槐里，亦曰废丘，在雍州始平县东南十里。《地理志》云：扶风槐里县，周曰犬丘，懿王都之。秦更名废丘，高祖三年，更名槐里也)。好马及畜，善养息之。犬丘人言之周孝王。孝王召使主马于汧渭之间，马大蕃息。孝王欲以为大骆之适嗣。申侯之女为大骆妻，生子成为适。申侯乃言孝王曰："昔我先郦山之女，为戎胥轩妻，生中潏，以亲故归周，保西垂；西垂以其故和睦。今我复与大骆妻，生适子成；申骆重婚，西戎皆服，所以为王。王其图之。"于是孝王曰："昔柏翳为舜主畜，畜多息，故有土，赐姓嬴。今其后世亦为朕息马，朕其分土为附庸，邑之秦(《正义》称《括地志》云：秦州清水县本名秦，嬴姓邑)。使复续嬴氏祀，号曰秦嬴，亦不废申侯之女子为骆适者，以和西戎。①

由这一段，可以看出两事。一则最初的秦人，完全是一种过畜牧生活的人，二则周之分土使为附庸，完全是为着和缓西戎诸部落。大概当时之秦也只是在西戎诸部落中的一个强有力之部落；故周可利用它，以缓和诸西戎。这看周幽王以后的情形更明白。

> 周幽王用褒姒，废太子，立褒姒子为适；数欺诸侯，诸侯叛之。西戎犬戎申侯伐周，杀幽王郦山下。而秦襄公将兵救周，战甚力，有功。周避犬戎难，东徙洛邑，襄公以兵送周平王，平王封襄公为诸侯，赐之岐以西之地，曰："戎无道，侵夺我岐丰之地，秦能攻逐戎，即有其地"，与誓封爵之。襄公于是始国，与诸侯通使聘享之礼。乃用骝驹黄牛羝羊各三祠上帝西畤。十二年，伐戎而至岐，卒，生文公。文公元年，居西垂宫。三年，文公以兵七百人东猎。四年至汧渭之会，曰：

① 《史记·秦本纪》。

"昔周邑我先秦嬴于此，后卒获为诸侯。"乃卜居之，占曰吉，即营邑之。十年，初为鄜畤，用三牢；十三年，初有史以纪事，民多化者；十六年，文公以兵伐戎，戎败走。于是文公逐收周余民有之，地至岐；岐以东献之周。……德公(襄公之四传孙)元年，初居雍城，大郑宫，以牺三百牢祠鄜畤，卜居雍后；子孙饮马于河。①

由这段，秦原来无一定之地盘。它之地盘，大概只是从西戎手中夺得所占周民所有之地。其生活直到周平王以后，乃至齐桓称霸的时代，还有很丰厚的畜牧意味。如文公以兵七百人东猎，固在周平王之二十年(公元前七五一年)，而德公之以牺三百牢祠鄜畤，及此后子孙饮马于河，则正是春秋时代，且是齐桓称霸之时。所以比较齐秦两霸之经济情形，可知两者在春秋时，完全相反。齐似已由农业而入了工商时代，贵族生活且已为新经济的奢淫生活所腐化了。秦则好似才由畜牧，进入农业之时，举国上下都在努力迈进。秦的处境僻在西北，经济情形发达较迟，实为后来能够统一诸国之主要原因，兹且先为提示于此。以后叙"新阶级之创造集权帝国"时当再叙及。

秦既僻在西偏，经济状况，远不如关东诸国；则其东侵，乃其物质环境之必然的要求。有一次秦师侵到了郑国之滑境，郑商人弦高赶快把将出卖于周的物品转犒秦师，且曰：

寡君闻吾子将步师出于敝邑，敢犒从者，不腆。敝邑为从者之淹，居则具一日之积，行则备一夕之卫。②

又郑臣皇武子曰：

吾子淹久于敝邑，唯是脯资饩牵竭矣，为吾子之将行也，郑之有原圃，犹秦之有具囿也。吾子取其麋鹿，以闲敝邑，若何？③

观郑人对秦人的这种语气，便可见秦师的东侵，在于物资上要有所获得。而秦与晋之大冲突，便是以物资的或经济的利益为原因。如殽之役，

---

① 《史记·秦本纪》。

② 《左传》僖公三十三年。

③ 《左传》僖公三十三年。

便是一例。当晋文公死了，襄公即位的时候，秦穆公乘晋国之丧，出兵击郑。原来郑是晋之与国，晋是不能坐视的。所以晋襄公连丧事都办不及，便以兵迎击秦兵于殽。结果，秦败了，百里孟明视、西乞术、白乙丙等三大夫亦被晋人捉去。秦人于这一战的动机怎样？晋原轸曰："秦违蹇叔，而以贪勤民，天奉我也；奉不可失，敌不可纵；纵敌患生，违天不祥，必伐秦师。"[①]这是以"贪"为秦人出兵东侵的动机。我们或以为这话出自晋人之口，不足凭信。但秦穆公自己对于这次战争的失败亦曰："是孤之罪也，……是贪故也。"[②]由上种种看来，可知秦之东侵，与晋郑为难，无非出于物质的要求。但秦人这种要求，终不能大逞。于是改变方针，专从事于征服西戎，而为西戎中之一霸主。《左传》述其努力于称霸西戎的事实曰：

> 秦伯伐晋，济河焚舟，取王官及郊。晋人不出。遂自茅津济，封殽尸而还(埋葬殽役阵亡将士而封其墓)。遂霸西戎，用孟明也(即被晋捉去而又释放回秦之孟明)。君子是以知秦穆公之为君也，举人之周也，与人之壹也，孟明之臣也，其不解(同懈)也，能惧思也；子桑之忠也，其知人也，能举善也。《诗》曰："于以采蘩，于沼于沚；于以用之，公侯之事"，秦穆有焉。"夙夜匪解，以事一人"，孟明有焉。"诒厥孙谋，以燕翼子"，子桑有焉。[③]

有这许多努力，当然可以称霸西戎。这里我们可以附一句曰：秦之经济，较各国为落后，实具备了东侵的要求。秦已克服西戎，而为霸主，实具备了东侵的能力。所以后来毕竟能与关东诸国相周旋，而独得最后之胜利。

晋楚争霸与弭兵　秦既不得逞于关东，则北方的霸权，便完全操在晋人手里。但晋虽握有北方的霸权，却并不能安享太平；时时与它相抗争的，有南方的楚霸。楚之立国，原来很早。据《史记》称，"当周成王之时，举文武勤劳之后嗣，而封熊绎于楚蛮，封以子男之爵，姓芈氏，居丹阳。"[④]照这样看，楚之立国很早，且受了周天子之封号。但楚人一定要以蛮夷自居。由熊绎五传至熊渠，便曰："我蛮夷也，不与中国之号谥。"[⑤]这当然是因为

① 《左传》僖公三十三年。

② 《左传》文公元年。

③ 《左传》文公三年。

④ 《史记·楚世家》。

⑤ 《史记·楚世家》。

事实上楚所统治的本为蛮族或苗族之故。直到周桓王十七年(公元前七〇四年)楚熊通乃自尊为王。《史记》述此事曰：

> 三十五年(即楚武王三十五年)，楚伐随。随曰："我无罪。"楚曰："我蛮夷也。今诸侯皆为叛，相侵或相杀；我有敝甲，欲以观中国之政，请王室尊吾号。"随人为之周，请尊楚，王室不听；还报。三十七年，楚熊通怒曰："吾先鬻熊，文王之师也。早终。成王举我先公，乃以子男田令居楚。蛮夷皆率服，而王不加位，我自尊耳。"乃自立为武王，与随人盟而去。[①]

楚自武王自尊以后，逐渐统一江汉间的许多小国。成王之时，国势很强，乃北上攻宋，欲图称霸。至庄王时，"伐陆浑之戎，遂至于雒，观兵于周疆，……问鼎之大小轻重焉"。[②] 事实上已经成了霸主。在邲地一战胜晋，河南山东诸国皆为所服。至康王时，恰当晋平公时，乃由宋国拉拢，晋楚两国，集合各国在宋开弭兵会。

当时的宋国，处在晋楚两大国之间，最有提倡弭兵之资格。同时各国因苦于征战，也都有弭兵之意思，这只要看赵文子的话便可知道。《左传》云：

> 赵文子(即赵武，晋平公时，代范匄执晋政)为政，令薄诸侯之币，而重其礼。穆叔见之。谓穆叔曰："自今以往，兵其少弭矣。齐崔庆新得政，将求善于诸侯。武也知楚令尹，若敬行其礼，道之以文辞，以靖诸侯，兵可以弭。"[③]

宋国处于晋楚之间，固最宜提倡弭兵。恰巧宋之向戌，又北与晋之赵文子相友善，南与楚之令尹子木相友善。由向戌出而拉拢，弭兵之会乃成。《左传》云：

> 宋向戌善于赵文子，又善于令尹子木，欲弭诸侯之兵以为名。如晋，告赵孟，赵孟谋于诸大夫；韩宣子曰："兵，民之残也，财用之

---

① 《史记·楚世家》。
② 《左传》宣公三年。
③ 《左传》襄公二十五年。

蠹，小国之大菑也，将或弭之；虽曰不可，必将许之。弗许，楚将许之以召诸侯，则我失为盟主矣。”晋人许之。如楚，楚亦许之。如齐，齐人难之。陈文子曰：“晋楚许之。我焉得已？且人曰弭兵，而我弗许，则固携吾民矣，将焉用之!”齐人许之。告于秦，秦亦许之。皆告于小国，为会于宋。①

这次与会的大小之国，为数很是不少。会时，经过两个小小的波折：一则楚人不肯解去武装而与会，二则晋楚争先歃血，以取得盟主资格。但会是毕竟开成了的。时在鲁襄公之二十七年(周灵王二十六年，公元前五四六年)。盟主资格毕竟让给楚了。不过会虽开成，兵却未必完全可弭。自此以后，晋渐就弱，楚传至昭王时，亦为吴王阖庐所破。

吴与越迭称霸 楚昭王时，吴王阖庐率师西向，把楚打败，占领楚之都城郢(今湖北江陵县)，把楚昭王赶跑到随国。幸有大夫申包胥，乞师于秦，哭于秦庭凡七日，得秦哀公之助，昭王乃勉强复国。吴王阖庐给楚昭王的这个打击，真是不小。这事在周敬王十四年(公元前五〇六年)。十年之后，正当周敬王之二十四年(公元前四九六年)，阖庐又率师南伐越，虽不得逞，自己亦被战死。然两年之后，其子夫差，再伐越，竟大获胜利，把越王勾践打到只剩甲楯五千，仅保会稽。逼得勾践向吴请和；勾践自己，及其臣范蠡，为臣妾于吴者，凡三年之久。夫差给越勾践的这个打击，亦复不小。父子二人，一个西向打败楚国；一则南下，打败越国。两战之后，吴竟成了长江下游一新兴霸主。

这事如何解释？据我看，大体是这样的：(一)则楚因地位在湖北，与黄河流域诸国接触较早。这一个接触较早，有两个影响，在经济方面使楚与北方各国的交换关系更密切，因之楚贵族亦习于奢侈而就腐化；这只要看当时楚灵王筑章华之台的奢侈，便可推想一些(参看本篇第一章第二节)。在政治方面，因与北方各国接触较早之故，不得不被拖入互相征战之旋涡。尤其与晋争霸之时，征战最多，最足以耗损国力。(二)吴为野蛮的后起之国，其势力最厚，若刃之新发于硎。出而与文化较早，势力已受损坏的楚国战，本应得胜。吴之为国，在当时的确是野蛮的。这，《史记》中也有些暗示。原来吴之远祖有太伯仲雍都是周太王之子，王季历之兄。以让弟之

① 《左传》襄公二十七年。

故，都逃奔荆蛮，在荆蛮都文身断发。《史记》曰：

> 太伯仲雍，皆周太王之子，而王季历之兄也。季历贤而有圣子昌。太王欲立季历以及昌。于是太伯仲雍二人，乃犇荆蛮，文身断发，示不可用。[①]

文身断发的办法，与其说是“示不可用”，毋宁说是迁就野蛮之俗。《集解》引应劭的话曰：“常在水中，故断其发，文其身，以象龙子，故不见伤害。”这解释最足以暗示东南濒海的野蛮生活。吴兴于江苏之南，当时的国情，定很野蛮。《史记》述寿梦（自太伯至寿梦，凡十九传）时之情形曰：

> 寿梦立，而吴始益大，称王。自太伯作吴，五世，而武王克殷；封其后为二：其一虞，在中国；其一吴，在夷蛮。十二世，而晋灭中国之虞。中国之虞灭二世，而夷蛮之吴兴。

这里把吴，明明看作夷蛮。以夷蛮的初兴之国，攻已经为争霸而疲惫之楚昭王，自然获胜。吴既得胜，亦复北上，攻齐鲁，并会晋于黄池（今河南封邱县），俨然一霸者。但吴向中原称霸去了，越勾践乃得一极好的报复之机会。

当吴与晋会之时，越勾践乃乘虚向吴进逼。战死吴太子友累夫差赶快引归，卑礼厚币，向越请和。至是越盛吴衰，周元王三年（公元前四六六年），越毕竟把吴灭了，起而握长江下游的霸权。越既称霸，亦复北上，与齐晋等国会于徐州，并号令齐晋秦楚，共辅王室。秦不如命，且以兵强迫，使其服从，东南与西北两个后起之国竟两相对峙起来。

结语　在本章第一节泛论霸政时，我们曾列举了三要项：（一）曰霸政之历史的地位；（二）曰霸政之经济的意义；（三）曰各国称霸之方式。我们在这里，可以加上一项，曰霸政之地理的特征。总观称霸的各国，其称霸的先后，似与地理有极密切的关系。黄河流域的霸政，自东至西，陆续兴起。长江流域的霸政，自西至东，陆续兴起。黄河长江两流域的霸政，则自北至南陆续兴起。黄河流域的霸者，自齐而晋，自晋而秦。后则留晋霸与楚相持，结果毕竟把霸权让给南方之楚。长江流域的霸者，则自楚而吴，

---

① 《史记·吴太伯世家》。

自吴而越，让越作最后之霸者，反转来号令齐、晋、秦、楚。这种事实，或可用经济发达之先后说明。凡经济先发达的地方，文化一定早开通。文化早开通的地方，历史上某些制度如果是必须经过的，一定先经过。黄河流域，经济先发达的地方，为山东之齐；文化落后的地方，为秦所在之西戎诸境。长江流域，经济先发达的地方，为湖北之楚；文化落后的地方，为吴越所在之沿海诸地。经济发达的先后，大概决定了诸国称霸的先后。

第三章　新经济产生新阶级

一　地主之出现

地主之来历　在封建制度之下，土地在贵族手中。《诗经·小雅·北山篇》称“溥天之下，莫非王土”；这话对于西戎中之秦及江汉间之楚，虽然不甚适用；但对于黄河中下游大部分的土地，是适用的。土地在贵族手中，由最高级之贵族分授于其下之各级贵族，由天子分授于卿大夫，卿大夫分授于士。士是贵族之最低的一级，他们把分得之土地，直接交给农奴耕种，有时自己或者也耕种一些。其他各级贵族，也都把土地交给农奴耕种，但自己耕种的恐怕极少。所以当时耕种土地的，大半为农奴。领有土地，收农产之剩余的，几乎完全为贵族。《诗经·豳风·七月》篇中所谓“为公子裳”“为公子裘”“献豜于公”“上入执宫功”，便是农奴为贵族而劳作之意；公子便是贵族。

到春秋时代，这样的次序完全动摇，土地完全成了争夺的对象。土地之成为争夺的对象，当是由于下列诸原因：一则贵族生活奢靡，想无限地增加农产收入，用以换取珍贵的奢华的工艺制作品。二则耕作方法进步，土地生产力(productivity)加大，土地成了极令人注意的值得争夺的对象。三则人口增加，土地在整个社会中，为一般生活之主要资源，事实上必然成为争夺的对象。争夺土地之事，在春秋时代，实在多极了。随举数例如次：

公傅夺卜齮田，公不禁。①

① 《左传》闵公二年。

齐懿公之为公子也，与邴歜之父争田，弗胜。[①]

郑公孙申帅师疆许田。[②]

莒人伐我东鄙，以疆鄫田。[③]

周甘人与晋阎嘉争阎田。[④]

晋邢侯与雍子争鄐田，久而无成。[⑤]

季孙斯叔孙州仇仲孙何忌帅师伐邾，取漷东田，及沂西田。[⑥]

争夺的结果，便是土地集中于少数人之手。盖每一度争夺之后，胜利者，必于原有土地之外，再加上一些；失败者便须丧失原有土地。所以争夺战争，实为当时土地集中之一手段。此外买卖也为土地集中之一手段。关于买卖土地之事，《韩非子》中有"中牟之人弃其田耘，卖宅圃，而随文学者半"的话。[⑦] 土地因买卖而集中，因争夺而集中；然则究竟集中在哪些人手里呢？简括地说，(1)集中在商人手里。因当时生产已发达，工艺制作品也多了，交换很重要。商人在交换过程之中，凭贱买贵卖，培植出了商业资本。这种资本，因当时商业被一般生产情形所限，不能无限发展，其自身无处投放，乃转入土地，而为土地资本。这样一来，商人乃成了地主。(2)集中在"士"手里。春秋之世，贵族为新经济的优越生活所侵蚀，逐渐在腐化。头一级的贵族如天子，腐化完了之时，第二级的贵族如诸侯，便起来努力挣扎一阵；第二级的贵族自身腐化完了之时，第三级的贵族如卿大夫又起来挣扎一阵。循此腐化下去，直到"士"的这一级，局面有些转变了，士的努力挣扎，多数成了大功；多数把自己变成了地主。盖各级贵族陆续腐化之时，士这一级最有变为地主之可能性。一则士与土地之关系较密，除将土地直接交农奴耕种外，自己亦有耕种土地者。他们眼看着他们自身以上的各级贵族陆续腐化没落；于是各具戒心，为自身之存在而努力挣扎，而把土地紧握在自己手里。二则他们上面的各级贵族正当腐化之时，最要借重他们。因为他们能直接取得农产的剩余，上贡于各级贵族。这情形与

① 《左传》文公十八年。

② 《左传》成公四年。

③ 《左传》襄公五年。

④ 《左传》昭公九年。

⑤ 《左传》昭公十四年。

⑥ 《国语·晋语》。

⑦ 《韩非子·外储说》。

商人一样。商人能以货币供给贵族，“士”则能以农品供给贵族。士以上的各级贵族，有了农品，可以换取货币；有了货币，可以换取奢侈物品。但奢侈物品足以腐化他们自身。士与商人乃乘着他们腐化之时，取得了经济势力，提高了社会地位，甚至能把住政治权力。这种情势，正与旧话所谓“物极必反”的道理相合。也与黑格尔所谓“有限事物，凭其自身的活动，常转化为与自身相反对之物”的道理相合(参看第一篇第六章头一节)。

士变为地主　于今我们对士的认识，极无一定。但有两个显明的意义，似为大家所公认的。一则认士为优秀的读书的人；二则认士为能干的做官的人。这两个意义，也的确自古以来，就平行着。《礼·王制》曰：

> 命乡论秀士，升之司徒，曰选士；司徒论选士之秀者，而升之学，曰俊士。升于司徒者，不征于乡(没有人在乡下向他征取徭役了)；升于学者，不征于司徒(其给于司徒之徭役也免了)；曰造士。大乐正论造士之秀者以告于王，而升诸司马曰进士。

这所谓进士，乃指优秀的读书的人而言。若曰：

> 天子三公，九卿，二十七大夫，八十一元士。大国三卿，皆命于天子；下大夫五人，上士二十七人。次国三卿，二卿命于天子，一卿命于其君；下大夫五人，上士二十七人。小国二卿，皆命于其君，下大夫五人，上士二十七人。①

这所谓士，乃指能干的做官的人而言。《王制》所说，是否可靠，固成问题；但读书的士与服官的士之分别，大体似能成立。《论语》云：“学而优则仕”，也是把读书与做官看作相衔接的两段。依此看来，士之读书与做官，乃两条最大之出路。大概春秋时代，地主阶级的势力，尚未完全显现。战国时代，情形不同了，由地方阶级出身的士之从事于政治活动者特别的多。

士之分别，固如上述。然士何以是地主呢？这有几种理由：(一)则士原为贵族之最低一级，最有资格研究学问，保存智识。但士以上的各级贵族都崩溃下去之时，士的这一级乃乘机起而作了地主；其原来的研究学问，

---

① 《礼·王制》。

保存智识的习惯，也就跟着遗传下来，成了地主阶级的新习惯。向来治史的人，大都以为春秋时代，学问渐渐由贵族移于民间。章太炎曰：

> 自老聃写书征藏，以诒孔氏，然后竹帛下庶人。六籍既定，诸书复稍出金匮石室间；民以昭苏，不为徒役。九流自此作，世卿自此堕；朝命不擅威于肉食，国史不聚歼于故府。①

章氏所说，只是学问下移的事实，却未道出下移的理由。其实与其曰下移，曰"竹帛下庶人"，不如说移转，不如说贵族之最低一级成了地主，把学问由贵族阶级移到地主阶级来了。因此这时候的士，多是地主。

(二)则只有地主才可以为士。士是以研究学问，保存智识为其最大之特征的。倘不是地主，不凭土地所有权，以吸取他人之剩余农品，试问有什么闲工夫来研究学问，保存智识？再者就事实看，春秋时代的士，根本就不是从事于体力劳动的。《论语》述孔子之不知农圃有曰：

> 樊迟请学稼；子曰："吾不如老农"；请学为圃，子曰："吾不如老圃。"②

又有荷蓧丈人者，亦讥评孔子一辈的人曰："四体不勤，五谷不分，孰为夫子？"③以不知农圃，不分五谷的人，而欲研究学问，保存智识，事实上只有地主阶级能办得到。春秋之时，孔子讲学授徒于民间；其弟子之总数达三千人，"受业身通者，七十有七人，皆异能之士也。"④这等人都是地主；纵有几个不是地主，也必是寄生于地主阶级，而代地主阶级说话的。且其数目，一定很多；孔子所领导的三千人，不过是一例证而已。士之寄生于地主阶级的事，《韩非子》里有一故事可为写照。其言曰：

> 王登为中牟令，上言于襄王曰："中牟有士，曰中章胥己者，其身甚修，其学甚博，君何不举之？"王登一日而见二中大夫。予之田宅。中牟之人，弃其田耘，卖宅圃，而随文学者半。⑤

---

① 《国故论衡·订孔》上。

② 《论语·子路》。

③ 《论语·微子》。

④ 《史记·仲尼弟子列传》。

⑤ 《韩非子·外储说》。

就这故事看，王登能以田宅收买有学问的人，当是一“学而优则仕”之大地主。“卖宅圃而随文学”的人，当是寄生于地主阶级之士。贵族的士，变成地主阶级中之人了；在战国时代便大活跃起来。这当于下一章详述。

二　商人之抬头

商业之发达　我们在第一篇第六章里就讲到了“工商之兴”的一段。不过彼处着重在周初经济之发达一点。此处则着重春秋战国时代，因商业发达而产生之新阶级一点。社会上如有商人阶级抬头，定是商业已很发达。商业之发达，基于两事：一则有剩余之物品，可供交换；二则物品之地理的差异需要交换。前者在春秋战国时代，已为极寻常之事了。原来在周初，就已有很多的剩余农品。这等剩余农品，因贵族生活的要求，已开始转化为工艺制作品，流通于各国之间。在春秋时代霸政的卵翼之下，剩余的农产品及工艺品当较前次更多，更需专门人物来负交换流通之责。同时剩余物品之地理的差异(geographical difference)很大，非有人专负交换流通之责不可。《史记》上说：

> 山西饶材，竹，谷，纑，旄，玉石；山东多鱼，盐，漆，丝，声色；江南出楠梓；龙门碣石北，多马，牛，羊，旃裘，筋角；铜铁，则往往山出棋置；此其大较也。①

剩余物品之地理上的分布，既有很大的差异，商人阶级必然会产生。有了商人阶级，商业亦随着发达。其次商业之发达，需要两种方便：一者交换的手段之方便，二者各处交通之方便。前者有赖于金属货币的使用。春秋时代，货币似已盛行。《国语》称：

> 景王二十一年(公元前四九六)将铸大钱。单穆公曰：“不可。古者，天灾降戾，于是乎量资币，权轻重，以振救民。民患轻，则为作重币以行之，于是乎有母权子而行，民皆得焉。若不堪重，则多作轻而行之，亦不废重。于是乎有子权母而行，小大利之。今王废轻而作

---

①《史记·货殖列传》。

重，民失其资，能无匮乎？……”王弗听，卒铸大钱。[1]

依这记载看，似乎老早就有金属货币行使。但“古者”云云，只是泛指，当然不能置信。不过周景王时代，已是春秋末年了；当然一般的生产，已很发达，且铁已被人大量的使用(参看第一篇第一章第三节)用金属货币，当是常事。

至若交通的情形，据《史记》所载，也很方便了。且举西方之长安，东方之临菑，北方之邯郸，南方之楚的几个大地方看罢。《史记》称：

长安诸陵，四方辐凑，并至而会；地小人众，故其民益玩巧而事末也。

临菑亦海岱之间一都会也。……其中具五民(《集解》称服虔曰：士农商工贾也)。……地小人众，俭啬，畏罪远邪。及其衰，好贾趋利，甚于周人。

邯郸亦漳河之间一都会也。北通燕涿，南有郑卫。

楚有三俗：夫自淮北沛陈汝南南郡，此西楚也。……江陵故郢都，西通巫巴，东有云梦之饶。陈在楚夏之交，通鱼盐之货，其民多贾。徐僮取虑则清刻，矜已诺。彭城以东，东海吴广陵，此东楚也。其俗类徐僮。朐缯以北俗则齐；浙江南则越。夫吴自阖庐春申王濞三人招致天下之喜游子弟，东有海盐之饶，章山之铜，三江五湖之利，亦江东一都会也。衡山九江江南豫章长沙，此南楚也，其俗大类西楚。[2]

单就东南西北各方面几个大地方的交通及风俗看，便可推知当时一般的交通情形，已很便于商业了。总括言之：(1)农产品及制作品之剩余，可供交换；(2)各种物品之生产，有地理上分布的差异，也非有人专负交换转移之责不可；(3)基于上之两项，商业必然发展；商业发展，便利交换之货币以兴；金属货币之广大的使用，又复使商业更形发展；(4)商业既发展，交通工具如道路之类，也随着方便起来。这亦复是使商业更形发展的。

商人之抬头　商业发达，商人有利可图，其生活较其他各界为优，尤其胜过农人万万。《国策》有一段比较曰：

---

① 《国语·周语》下。

② 《史记·货殖列传》。

> 有其实而无其名者，商人是也。无把铫推耨之势，而有积粟之实，此有其实而无其名者也。无其实而有其名者，农夫是也。解冻而耕，暴背而耨，无积粟之实；此无其实而有其名者也。[①]

商人何以能不劳而获呢？一言蔽之曰：由于以贱买贵卖的手段，从交换过程之中，直接或间接吸取生产者之剩余。这样的“吸取”，可拿白圭氏的方法为证。《史记》曰：

> 白圭，周人也；……乐观时变；故人弃我取，人取我与。夫岁孰，取谷，予之丝漆蚕；凶，取帛絮，予之食。[②]

这样以贱买贵卖而致富的商人，在春秋战国时代，不知有多少，正如司马迁所谓：“工虞商贾，为权利以成富，大者倾郡，中者倾县，下者倾乡里者，不可胜数。”[③]现在且略举几人，以见一般。(一)例，范蠡。范蠡之致富，由于师法计然[④]。计然帮助越王勾践十年，国乃富强。其法大抵“以物相贸易，腐败而食之；货勿留，无敢居贵；论其有余不足，则知贵贱；贵上极，则反贱。贱下极，则反贵；贵出如粪土，贱取如珠玉，财币欲其行如流水。”[⑤]这种方法，既可以富国，当然可以治家。于是范蠡师之。司马迁述范蠡师法计然而致富的一段情形曰：

> 范蠡既雪会稽之耻，乃喟然而叹曰：“计然之策七，越用其五而得意。既已施于国，吾欲用之家。”乃乘扁舟，浮于江湖，变名易姓：适齐，为鸱夷子皮；之陶，为朱公。朱公以为陶天下之中，诸侯四通货物所交易也。乃治产积居，与时逐；而不责于人。……十九年之中，三致千金；再分散与贫交疏昆弟；此所谓富好行其德者也。后年衰老，而听子孙；子孙修业而息之，遂至巨万；故言富者，皆称陶朱公。[⑥]

(二)例，子贡(《史记·货殖列传》作子赣)。《史记》称：

---

① 《国策·秦四》。

② 《史记·货殖列传》。

③ 《史记·货殖列传》。

④ 钱穆谓计然为范蠡所著书名，非人名。说见《先秦·诸子系年考辨》三四。

⑤ 《史记·货殖列传》。

⑥ 《史记·货殖列传》。

> 子赣既学于仲尼，退而仕于卫，废著鬻财于曹鲁之间(《仲尼弟子列传》作子贡好废举，与时转货赀。《集解》骃案：废举，谓停贮也；与时，谓逐时也。夫物贱，则买而停贮；值贵，即逐时转易货卖，取赀利也)。七十子之徒，赐最为饶益。原宪不厌糟糠，匿于穷巷；子贡结驷连骑，束帛之币，以聘享诸侯；所至，国君无不分庭与之抗礼。夫使孔子名扬于天下者，子贡先后之也。此所谓得势而益彰者乎！[①]

当时的富商大贾，在社会上已很有势力了。倘再加以学问，像子贡这样，那当然是“得势而益彰”的。故“子贡一出，存鲁，乱齐，破吴，强晋，而霸越。子贡一使，使势相破。十年之中，五国各有变”。[②] 这也可见商人势力之大，不得不抬头了。

(三)例，猗顿与郭纵。《史记·货殖列传》谓：“猗顿用监盐起；而邯郸郭纵以铁冶成业，与王者埒富。”以盐铁业起家，可与王者埒富，这可见当时社会上的重要分子之所在了。猗顿原是一穷人，《集解》称：

> 孔丛曰：“猗顿，鲁之穷士也；耕则常饥，桑则常寒。闻朱公富，往而问术焉。朱公告之曰‘子欲速富，当畜五特。’于是乃适西河，大畜牛羊于猗氏之南。十年之间，其息不可计，赀拟王公，驰名天下，以兴富于猗氏，故曰猗顿。”

上举诸商人，其势力都足以倾王公，或拟王公。当时的商人，直可以说是抬起头来了。此外较有名的，还不知有若干：如吕不韦，寡妇清，蜀卓氏等，都是很显赫的；且留到下一章述“新阶级之创造集权帝国”时再讲。

三　高利贷者出

高利贷之由来　既有地主，复有商人；于是整个社会的生产剩余，直接或间接，被地主之土地所有权，及商人的商业资本所吸取去了。这样一来，社会分子，渐渐分为贫与富的两级。富者为地主，为商人，其资财常有余。贫者为佃农，为小自耕农，为手艺工人，其生活常不易。且以一五

① 《史记·货殖列传》。

② 《史记·仲尼弟子列传》。

口之家的农人为例。魏李悝为着要尽地力之教，估计一五口之家的农人生活曰：

> 一夫挟五口，治田百亩；岁收亩一石半，为粟百五十石。除什一之税十五石，余百三十五石。食，人月一石半；五人，终岁为粟九十石，余有四十五石。石，三十；为钱千三百五十。除社闾尝新春秋之祠，用钱三百，余千五十。衣，人率用钱三百，五人终岁用千五百，不足四百五十。不幸疾病死伤之费，及上赋敛犹未与此。此农夫所以常困，有不劝耕之心，而令籴至于甚贵者也。①

这种例子，在春秋末年及战国时代，一定不少，又齐晋的情形亦可供参考。《左传》昭公三年，晏子述齐之情形曰："民参其力，二入于公，而衣食其一。公聚朽蠹，而三老冻馁。"叔向述晋之情形曰："庶民罢敝，而宫室滋侈。道殣相望，而女富溢尤；民闻公命，如逃寇雠。"所谓"农夫……常困"，所谓"三老冻馁"，所谓"庶民罢敝"，都足以使社会上必然的发生借贷关系。盖贫者为着要图存，在万不得已时，当然向富者称货。这时富者如地主如商人，以其余资贷与贫者，于是构成借贷关系。出贷的东西，或为实物，或为货币，大概没有一定。不过有东西出贷的人，定是地主与商人，或退休的官吏。他们凭借贷关系所构成的债权，向贫者索取利息，于是贫者愈贫，富者愈富。

高利贷者之例　最令人注意之高利贷者，当推齐之孟尝君。孟尝君名文，姓田氏。《史记》称他"相齐，封万户于薛，其食客三千人，邑入不足以奉客。使人出钱于薛，岁余不入；贷钱者多不能与其息；客奉将不给，孟尝君忧之，问左右何人可使收债于薛者。"②关于收债的这段事，《国策》云：

> 孟尝君出记(簿据之类)，问："门下诸客，谁习计会(计算利息之类)，能为文收责于薛者乎?"冯谖署曰："能。"孟尝君怪之曰："此谁也?"左右曰："乃歌夫长铗归来者也。"孟尝君笑曰："客果有能也，吾负之，未尝见也。"请而见之，谢曰："文倦于事，愦于忧，而性懧愚：沈于国家之事，开罪于先生。先生不羞，乃有意欲为收责于薛乎?"冯

① 《汉书·食货志》。

② 《史记·孟尝君列传》。

谖曰："愿之。"于是约车治装，载券契而行。辞曰："责毕收，以何市而反?"孟尝君曰："视吾家所寡有者。"驱而之薛，使吏召诸民当偿者悉来合券。券遍合，起矫命以责赐诸民；因烧其券，民称万岁。长驱到齐，晨而求见。孟尝君怪其疾也，衣冠而见之，曰："责毕收乎？来何疾也?"曰："收毕矣。""以何市而反?"冯谖曰："君云视吾家所寡有者；臣窃计君宫中积珍宝，狗马实外厩，美人充下陈。君家所寡有者以义耳，窃以为君市义。"孟尝君曰："市义奈何?"曰："今君有区区之薛，不拊爱子其民，因而贾利之。臣窃矫君命，以责赐诸民，因烧其券，民称万岁，乃臣所以为君市义也。"孟尝君不说曰："诺，先生休矣。"后期年，齐王谓孟尝君曰："寡人不敢以先王之臣为臣。"孟尝君就国于薛，未至百里，民扶老携幼，迎君道中。孟尝君顾谓冯谖曰："先生所为文市义者，乃今日见之。"①

这段文章之要点，在说明冯谖为孟尝君市义。但孟尝君为一高利贷者，却亦被描写得十分清楚。孟尝君在当时，颇似今之政党领袖。"食客三千"，自己又称"沈于国家之事"，这正是政党领袖之所为。但他活动的费用，及网罗人才，招致群众的费用，大概出自地租及利息。这样的高利贷者，在当时一定很多。

四 奴隶之使用

周初原有农奴，其主要来源，为被周所征服之民族；其主要工作，亦偏在农事方面。春秋以后，富贾乃大量地使用家奴，以治生产事业。家奴与农奴两样。其主要来源，当是贫富悬殊以后，被挤出于生产关系之外的剩余人口。其主要工作，亦不偏于农事一面；凡冶铁治盐畜牧等都是他们的工作。再者农奴当有离贵族地主而独立之家。家奴恐没有这种独立。

奴之大量使用 被使用之奴隶，数目很大。记载上常以千数万数称。《史记》称：

蜀卓氏之先，赵人也，用铁冶富。……即铁山鼓铸，运筹策，倾

① 《国策·齐四》。

滇蜀之民；富至僮千人，田池射猎之乐，拟于人主。

齐俗贱奴，而刁间独爱贵之。桀黠奴，人之所患也；唯刁间收取，使之逐渔盐商贾之利。……言其能使豪奴自饶，而尽其力。[①]

吕不韦为丞相，封为文言侯，食河南洛阳十万户，……家僮万人。

毐嫪(吕不韦所进献于秦始皇之母的一个拔去须眉的假宦者)家僮数千人。[②]

上所举只是最显之例。此外大量使用奴隶以生产的不知有多少。

① 《史记·货殖列传》。

② 《史记·吕不韦传》。

第四章　新阶级之创造集权帝国

一　战国时代之七雄

战国的时代　春秋时代过去，继着就是战国时代。春秋时代，始于周平王四九年，即公元前七二二年；终于周敬王三九年，即公元前四八一年；为时共二百四十二年。战国时代，始于周敬王四〇年，即公元前四八〇年；终于秦始皇二五年，即公元前二二二年；为时共二百五十八年。若以时代的系统而论，春秋战国两时代，还算周朝。周天子那个共主资格，无论怎样卑不足道，但历史书上记载年代，仍用周天子的名义。不过实际上，春秋时代，在政治一方面相继起而称霸，支配时代的，为齐、晋、秦、楚、吴、越。战国时代，在合纵连横的局面之下，支配时代的，为齐、楚、燕、赵、韩、魏、秦。

称雄的七国　齐楚燕赵韩魏秦，号为战国时代的七雄。其来历，除燕以外，大体都在前面已经讲过。兹为眉目清醒计，且再略述一次。齐，即是田齐。在春秋时代称霸的齐为姜齐，因其立国之祖为太公姜氏也。姜齐传至康公，被田敬仲之后田常所篡，其时正在周安王二三年，即公元前三七九年。是后的齐，便是田齐。楚，即是春秋时候称霸的那个楚国。楚之霸权，自昭王轸为吴所败以后，便渐渐动摇了。但后来乘吴与越在东方滨海之地互争雄长，楚反而转衰为盛；在战国时代之七雄中，为唯一的大国。

燕为周召公奭之后。自召公奭十七传至庄公，正当春秋初年，有山戎来侵，燕乃求救于齐。齐桓公灭山戎，并以山戎之地与燕。因此燕竟成了大国。后十六传至闵公，正当战国时代。燕在战国七雄中，亦占极重要之地位。韩赵魏原是晋之世卿韩氏、赵氏、魏氏。当晋幽公柳之世，几乎把晋地完全分割了。周威烈王二三年(公元前四〇三年)，韩赵魏被有名无实的周天子赐命为诸侯。此后到周安王之二六年(公元前三七六年)，韩哀侯赵敬侯魏武侯便完全灭了晋国而三分其地。在战国七雄中，韩为最小。秦即僻处西戎之中，收周之余民而有其国的。在春秋时代，曾与晋争霸。战国时代，灭齐楚燕赵韩魏而统一天下的，就是这个从西戎中出来的秦国。

七国之中，秦在最西，颇有进可以战，退可以守之势。秦东的六国，其地理的形势，大体如下：楚为最大，其地跨有现在湖北、湖南、江西、安徽、江苏、浙江六省的全部，及河南四川云南贵州四省的各一部分。其都城在郢，即今湖北江陵县。齐次之，据有现在山东一大部分地方及河北一小部分地方。都城在临淄，即今山东临淄县。又次为赵，据有现今河北、山西、察哈尔、绥远四省之地。都于邯郸，即今河北邯郸县。又次为魏，据有现在陕西、山西、河南等省之地，都于安邑，即今山西夏县。又次为燕，据有现在河北、辽宁、热河等省之地，都于蓟，即今河北大兴县。最小者为韩，据有现在山西河南等省之地，都于阳翟，即今河南禹县。

春秋时代的许多国家，都直接间接被上述之七雄所吞灭。例如郑被韩灭了，宋被齐灭了，陈蔡鲁越皆被楚灭了。此七雄因各自所处的天然环境之不同，各自所有的经济情形之差异，以及各自向外发展的要求之不同，常立于敌对地位，常处于互相征战之状态中。当时的大势，可分两方面看：(1)秦僻处在西方，有进可以战，退可以守之势。(2)齐楚燕赵韩魏，在秦的东边，当时号为山东诸国。他们因利害的冲突，对于强秦，永不能结成一条联合战线。当时除燕僻处东北，与各国关系稍疏；及韩为国太小，不能与各国互竞以外，其他齐楚赵魏四国，常在战争状态之中。所以，比较看来，秦之势力，是统一的；六国因自己互相征战，势力分散。两两相撞，六国卒被秦以各个击破之策所消灭。洪迈说：

> 秦以关中之地，日夜东猎六国，百有余年，悉禽灭之；虽云得地利，善为兵，故百战百胜。以予攷之，六国自有以致之也。韩燕弱小，置不足论。彼四国者，魏以惠王而衰，齐以闵王而衰，楚以怀王而衰，赵以孝成王而衰，皆本于好兵贪地之故。魏承文侯武侯之后，表里山河，大于三晋，诸侯莫能与之争。而惠王数伐韩赵，志吞邯郸；挫败于齐，军覆子死；卒之为秦所困，国日以蹙，失河西七百里，去安邑而都大梁；数世不振，讫于殄国。闵王承威宣之后，山东之建国莫强焉。而狃于伐宋之利，南侵楚，西侵三晋，欲并二周为天子；遂为燕

所屠。虽赖田单之力，得复亡城；子孙沮气，孑孑自保；终堕秦计，束手为虏。怀王贪商于六百里，受诈张仪；失其名都，丧其甲士；不能取偿，身遭囚辱以死。赵以上党之地，代韩受兵，利令智昏，轻用民死，同日坑于长平者过四十万；几于社稷为墟。幸不即亡，终以不免。此四国之君，苟为保境睦邻，畏天自守；秦虽强大，岂能加我哉？①

六国的情形，大体如此。秦就不是这样的了。它之所以能吞灭六国，有下之诸理由：一则它是一个经济落后的新兴之国。当山东诸国的贵族，已经被新经济的优越生活所腐蚀，而丧失统治能力之时，它还是方兴未艾的新国(参看第二章第三节)。二则它是崛起于西戎中之健者，其人皆是从游牧生活中锻炼出来的，有征服东方肥沃之地的可能。就往事看，西北瘠土之民，总是能征服东南沃土之民的；殷之于夏，周之于殷，皆其显例。三则它因习见各国之腐化，首先起而改革内部，如废井田，开阡陌即是一例。四则它有几件别国所无的东西：第一北方之马，第二巴蜀之铁，第三形便的地势。关于这几件东西的记载，我们可用苏秦说秦惠王的话充之。其言曰：

大王之国，西有巴蜀汉中之利，北有胡貉代马之用，南有巫山黔中之限，东有肴函之固。田肥美，民殷富，战车万乘，奋击百万，沃野千里，蓄积饶多，地势形便；此所谓天府，天下之雄国也。②

这是改革以后的情形，至若秦之改革，更值得注意。

二　卫鞅之改革秦政

秦人之振奋　秦在穆公时代，国势已很强了。西戎诸部落，都在它的支配之下；东方的强晋，且曾被其打败，让它取去王官及鄗等地方，这是穆公三十六年(公元前六二四年)的事实。不过为历史发展的时间所限，当时虽能称霸西戎，却不能东出为诸侯会盟之主。“君子曰：‘秦缪公广地益

① 洪迈：《容斋随笔》卷十。

② 《国策·秦一》。

国，东服强晋，西霸戎夷，然不为诸侯盟主。’”[①]正是当时的实情。

由穆公十七传至献公，情形就不同了。献公二年（公元前三八四年），移国都于栎阳。十一年（公元前三七五年），“周太史儋见献公曰：‘周故与秦合而别，别五百岁复合，合七十七岁而霸王出。’”[②]这话很像周人眼见秦国强大起来了，进而“趋炎附势”的表示。二十一年（公元前三六五年），秦与晋战于石门，斩首六万，周天子且以黼黻为贺。二十三年（公元前三六三年），与魏晋战于少梁。虏其将公孙痤。像这样向外发展，其势已不可当。献公死后，其子孝公继立，对内对外较前更为努力。孝公元年（公元前三六二年）的时候，秦以东各国的大势，《史记》所述如下：

> 河山以东，强国六；与齐威楚宣魏惠燕悼韩哀赵成侯并淮泗之间小国十余。楚魏与秦接界。魏筑长城，自郑滨洛以北，有上郡。楚自汉中南，有巴黔中。周室微，诸侯力政，争相并。秦僻在雍州，不与中国诸侯之会盟，夷翟遇之。[③]

在这形势之下，孝公力图振奋，振孤寡，招战士，明功令。并对国中下一征求贤才，力图振奋之明令，其令文曰：

> 昔我穆公自岐雍之间，修德行武，东平晋乱，以河为界；西霸戎翟，广地千里。天子致伯，诸侯毕贺，为后世开业，甚光美。会往者厉躁简公出子之不宁，国家内忧，未遑外事；三晋攻夺我先君河西地，诸侯卑秦，丑莫大焉。献公即位，镇抚边境，徙治栎阳，且欲东伐，复穆公之故地，修穆公之政令。寡人思念先君之意，常痛于心。宾客群臣，有能出奇计强秦者，吾且尊官与之分土。[④]

这令一下，卫鞅闻之，乃西入秦，以图大展。

卫鞅之入秦 卫鞅姓公孙氏，少好刑名之学，常事魏相公叔痤，为中庶子。公叔痤病危，魏惠王亲往慰问，并谓万一公叔不起，有何人可以维持社稷。公叔痤于此时乘机介绍卫鞅，说他年虽少，有奇才，可以全国的

① 《史记·秦本纪》。
② 《史记·秦本纪》。
③ 《史记·秦本纪》。
④ 《史记·秦本纪》。

大事托他。但魏惠王不听。恰在这时，秦孝公有征求贤才之令，于是卫鞅西入秦，请孝公的宠臣景监为介，求见孝公。一次见了，陈说帝道，未能中听；再次见了，陈说王道，仍未能中听。三次见了，陈说霸道，中了孝公之听。这时“孝公与语，不自知膝之前于席也。语数日不厌。景监曰：‘子何以中吾君，吾君之驩甚也。’鞅曰：‘吾说君以帝王之道比三代；而君曰：久远，吾不能待，且贤君者，各及其身，显名天下。安能邑邑待数十百年，以成帝王乎？故吾以强国之术说君，君大说之耳’”。[①] 卫鞅从此便在秦国尊显起来；历事孝公及孝公子惠王，其地位之重要，几乎令人骇怕。《国策》曰：

> 卫鞅亡魏入秦，孝公以为相，封之于商，号曰商君。……孝公已死，惠王代后，莅政有顷，商君告归。人说惠王曰：“大臣太重者国危，左右太亲者身危。今秦妇人婴儿皆言商君之法，莫言大王之法；是商君反为主，大王更为臣也。”[②]

这可见卫鞅在秦之重要了。秦在当时，正是迫于环境，要力图振奋，以与山东诸国决最后之胜负的时候。卫鞅便乘机实行他的新政策。

卫鞅的新政 卫鞅在秦，竭力反对法古，而主张因时制宜，这可以从《商君书》中寻出若干暗示。该书虽非出自商鞅，要可视为叙述商鞅的主张之著作，其言有曰：

> 前世不同教，何古之法？帝王不相复，何礼之循？伏羲神农，教而不诛。黄帝尧舜，诛而不怒。及至文武，各当时而立法，因事而制礼。礼法以时而定，制令各顺其宜。兵甲器备，各便其用。臣故曰：治世不一道，便国不必法古。汤武之王也，不循古而兴。商夏之灭也，不易礼而亡。然则反古者未必可非；循礼者未足多是也。[③]

又《史记》亦述其力主改革之言曰：

> 疑行无名，疑事无功。且夫有高人之行者，固见非于世；有独知

---

① 《史记·商君列传》。

② 《国策·秦一》。

③ 《商君书·更法篇》。

之虑者，必见敖于民。愚者暗于成事，知者见于未萌。民不可与虑始，而可与乐成。论至德者，不和于俗；成大功者，不谋于众。是以圣人苟可以强国，不法其故。苟可以利民，不循其礼。[①]

这两段议论，一从时间上着眼，谓不可为历史上的成法所拘；二从空间着眼，谓不可为世俗的习惯所拘。能打破历史的及世俗的种种拘束。“当时而立法，因事而制礼”，便是强国之道。他改革的具体办法，《史记》所述如下：

令民为什伍(五家为保，十家相连)，而相收司连坐(收司谓相纠发也)。不告奸者腰斩；告奸者与斩敌首同赏；匿奸者与降敌同罚。民有二男以上不分异者倍其赋。有军功者，各以率受上爵；为私斗者，各以轻重被刑。大小僇力本业，耕织，致粟帛多者复其身；事末利及怠而贫者，举以为收孥。宗室非有军功论，不得为属籍。明尊卑爵秩等级，各以差次；名田宅臣妾衣服以家次。有功者显荣，无功者虽富无所芬华。……行之十年，秦民大说，道不拾遗，山无盗贼；家给人足；民勇于公战，怯于私斗；乡邑大治。[②]

这里所述的新政，可分为三项：(1)关于政治的，如“令民为什伍，而相收司连坐”云云是；(2)关于经济的，如“致粟帛多者复其身”云云是；(3)关于军事的，如“有军功者，各以率受上爵”云云是。这三项大概是很重要的，后来贾谊《过秦论上》亦曰“当是时也，商君佐之；内立法度，务耕织，修战守之具”。所谓“立法度，务耕织，修战守之具”，恰恰是政治经济军事三方面的事情。在这三大项新政之中，尤以关于经济的一项，为特别值得注意。卫鞅于经济的改革，以“废井田开阡陌”为其大事。杜佑《通典》述此事曰：

秦孝公用商鞅，鞅以三晋地狭人贫；秦地广人寡，故草不尽垦，地利不尽出；于是诱三晋之人，利其田宅，复三代无知兵事，而务本于内；而使秦人应敌于外。故废井田，制阡陌；任其所耕，不限多少。

① 《史记·商君列传》。

② 《史记·商君列传》。

数年之间，国富兵强，天下无敌。[①]

关于井田之制，我们在第一篇第四章里曾讨论过，认为并没有什么神秘，只是一种疆理土地的办法；是贵族为着自己分田制禄而特定的。不过在这制度之下，每一农人所耕的面积是有一定的，不能任意加多或减少。这样的制度，在经济很发达，人口很众多的山东诸国已经成了一种障碍。但秦之经济，发达较晚，当时并没有受此制的拘束。卫鞅为着要增加秦国的生产，故先时改革。且先时改革，既可以免去其必有的流弊，复可以招致三晋的贫人，是一举而数得的。朱子《开阡陌辨》亦以为卫鞅这种改革，意在增加生产及免除流弊。其言曰：

商君以其急刻之心，行苟且之政：但见田为阡陌所束，而耕者限于百亩，则病其人力之不尽；但见阡陌之占田太广，而不得为田者多，则病其地利之有遗。又当世衰法坏之时，则归授之际，不免烦扰欺隐之奸。而阡陌之地，切近民田，又必有阴据以自私，而税不入于公上者，是以一旦奋然不顾，尽开阡陌，悉除禁限，而听民兼并买卖，以尽人力。开垦弃地，悉为田畴，而不使有尺寸之遗，以尽地利。使民有田，即为永业，而不复归授，以绝烦扰欺隐之奸。使地皆为田，而田皆出税，以覆阴据自私之侥。[②]

尽人力，尽地利，即是增加生产。绝烦扰欺隐之奸，即是防止流弊。秦的经济发达，较各国为晚；而经济改革，却较各国为先。这并不是一件不自然的事。凡落后的国家与先进的国家接触；倘不为先进国所消灭，则必受其外铄的影响而提前改革其不得不改革之事。中国于资本主义尚未畅发之先，即提倡节制资本，便是一例。所以落后的秦国，首先改革田制，并不稀奇。

三　所谓合纵与连横

六国被迫自振　秦得卫鞅，改革内政，已有头绪了，于是转而向外发

① 《通典田制》。

② 《文献通考》卷一《朱子·开阡陌辨》。

展。这时首当其冲的，便是卫鞅当初所寄居的魏国。魏与秦两国毗连。倘秦强了不侵魏，则魏强了便会侵秦。恰好这时魏惠王不自戒备，不知西邻之可畏；反而专力攻击兄弟之国赵与韩。赵与韩先后求救于齐，结果魏为齐所败，太子被虏，国力转衰，只有静待秦人来宰割。果然秦孝公听了卫鞅的话，大举攻魏；魏败了，割河西之地与秦请和，舍去安邑，徙都大梁（今河南开封县），其势穷蹙，使其他各国见了，都生戒心，不得不力图自振，以期结成联合战线，与西方的强秦相抗。这种因受威协而图自振的情形，正如贾谊所说；贾之言曰：

> 秦孝公据殽函之固，拥雍州之地，君臣固守，以窥周室。有席卷天下，包举宇内，囊括四海之意，并吞八荒之心。当是时也，商君佐之，内立法度，务耕织，修战守之具；外连横而斗诸侯。于是秦人拱手而取西河之外。孝公既没，惠文武昭蒙故业，因遗策，南取汉中，西举巴蜀，东割膏腴之地，收要害之郡。
>
> 诸侯恐惧，会盟而谋弱秦。不爱珍器重宝肥饶之地，以致天下之士；合从缔交，相与为一。当此之时，齐有孟尝，赵有平原，楚有春申，魏有信陵。此四君者，皆明智而忠信，宽厚而爱人，尊贤而重士。约从离横，兼韩魏燕赵宋卫中山之众。于是六国之士，有宁越、徐尚、苏秦、杜赫之属为之谋。齐明、周最、陈轸、召滑、楼缓、翟景、苏厉、乐毅之徒通其意。吴起、孙膑、带佗、儿良、王廖、田忌、廉颇、赵奢之伦制其兵。[①]

士之政治活动　就上面这段文章看，六国为要对付强秦，不惜用“珍器重宝肥饶之地，以致天下之士”；同时天下之士，为谋自身的出路；也便在政治上大活跃起来。“为之谋”或定计划的是士，“通其意”或传消息的是士，“放其兵”或主军事的是士。当时之士，除农工等生产事业以外，几乎无所不知，无所不能。原来他们是贵族中最低的一级；当其他各级贵族陆续被新经济的奢淫生活所腐化时，他们最后挣扎，把土地紧握在自己手里，成了新时代的地主；同时也就把贵族时代所有的研究学问，保存经验，练习武术等的习惯，一一转移到地主阶级。地主阶级，一方面承受了贵族时代

① 《过秦论》上。

的这份精神遗产，另一方面，乘着士以上的各级贵族没落之时，把土地紧握在自己手里，历时稍久，势力雄厚，成了社会上重要分子，自然会要为自身的利益而活动起来。不过他们的活动，是要受时代限制的。在春秋时代，他们的社会地位，尚在成长发育，他们还没有发现自己的重要性；故其努力，偏于学术一面，且多为封建制度的旧时代立言。孔子的讲学，即是实例。在战国时代，他们的地位重要起来了，有支配时代的作用了；故其努力，转入实际政治一途，而于旧权帝国之造成，加一助力。合纵运动与连横运动都是新兴地主阶级所发起的。

战国时代，养士之风，最为发达。齐之孟尝君，赵之平原君，楚之春申君，魏之信陵君，各养士数千人。所谓士，都是新兴地主阶级中之分子。此四君各养士数千人，自己俨然为政党领袖。各拿着数千之士，做自己的基本群众；入则可以威胁所在国的国君，使迁就自己的意思；出则可以威胁邻国的国君，使迁就自己的意思。现在且先介绍各养士数千人之四君，然后举一二实例，以证士的势力之伟大。关于此四君养士的事情，《史记》所述如下：

> 孟尝君名文，姓田氏。……在薛招致诸侯宾客及亡人有罪者，皆归孟尝君；孟尝君舍业厚遇之，以故倾天下之士，食客数千人，无贵贱一与文等。孟尝君待客坐语，而屏风后常有侍史主记君所与客语问亲戚居处。客去，孟尝君已使使存问，献遗其亲戚。……孟尝君时相齐，封万户于薛，其食客三千人。①
>
> 平原君赵胜……最喜宾客，宾客盖至者数千人。平原君相赵惠文王及孝成王，三去相，三复位，封于东武城。平原君家楼临民家，民家有躄者槃散行汲；平原君美人居楼上临见，大笑之。明日，躄者至平原君门，请曰："臣闻君之喜士，士不远千里而至者，以君能贵士而贱妾也。臣不幸有罢癃之病，而君之后宫临而笑臣，臣愿得笑臣者头。"平原君笑应曰："诺"。躄者去，平原君笑曰："观此竖子，乃欲以一笑之故，杀吾美人，不亦甚乎!"终不杀。居岁余，宾客门下舍人稍稍引去者过半。平原君怪之，曰："胜所以待诸君者，未尝敢失礼。而去者何多也?"门下一人前对曰："以君之不杀笑躄者，以君为爱色而贱

---

① 《史记·孟尝君传》。

士，士即去耳。”于是平原君乃斩笑躄者美人头，自造门进躄者，因谢焉。其后门下乃复稍稍来。[①]

春申君者，楚人也，名歇，姓黄氏；游学博闻，事楚顷襄王。……楚顷襄王卒，太子完立，是为考烈王。考烈王元年，以黄歇为相，封为春申君，赐淮北地十二县。……春申君既相楚，是时齐有孟尝君，赵有平原君，魏有信陵君，方争下士，招致宾客，以相倾夺，辅国持权。……春申君客三千余人，其上客皆蹑珠履。[②]

魏公子无忌者，魏昭王少子，而魏安厘王异母弟也。昭王薨。安厘王即位，封公子为信陵君。……公子为人仁而下士；士无贤不肖，皆谦而礼交之，不敢以富贵骄士；士以此方数千里急往归之，致食客三千人。当是时，诸侯以公子贤多客，不敢加兵谋魏十余年。公子与魏王博，而北境传举烽，言赵寇至，且入界；魏王释博，欲召大臣谋。公子止王曰：“赵王田猎耳，非为寇也。”复博如故，王恐，心不在博。居顷，复从北方来传言曰：“赵王猎耳，非为寇也。”魏王大惊曰：“公子何以知之？”公子曰：“臣之客有能探得赵王阴事者。赵王所为，客辄以报臣，臣以此知之。”是后，魏王畏公子之贤能，不敢任公子以国政。[③]

大家都想“辅国持权”，于是大家凭自己的财力，以招食客，以养贤士。士一团结起来，力量很大，内则可以威胁自己所在国之国君，使不得不尊重自己的主张；外则可以威胁邻国之国君，使不得不尊重自己之主张。例如孟尝君在齐，齐王惑于秦楚之毁，以为孟尝君之地位势力太大了，“名高其主，而擅齐国之权”；想废孟尝君不用。这时孟尝君之门下客冯驩，游说秦齐两国之君，把两国之君说得昏头昏脑，使他们都要借重孟尝君。《史记》述此事最有趣，且足以表明战国时代游士之政治活动的方式，兹录于次：

冯驩乃西说秦王曰：“天下之游士凭轼结靷西入秦者，无不欲强秦而弱齐。凭轼结靷东入齐者，无不欲强齐而弱秦。此雄雌之国也，势不两立为雄，雄者得天下矣。”秦王跽而问之曰：“何以使秦无为雌而

---

① 《史记·平原君虞卿列传》。

② 《史记·春申君传》。

③ 《史记·信陵君传》。

> 可?”冯驩曰：“王亦知齐之废孟尝君乎?”秦王曰：“闻之。”冯驩曰：“使齐重于天下者，孟尝君也。今齐王以毁废之，其心怨，必背齐。背齐入秦，则齐国之情，人事之诚，尽委之秦，齐地可得也。岂直为雄也。君急使使载币阴迎孟尝君，不可失时也。如有齐觉悟。复用孟尝君，则雌雄之所在，未可知也。”秦王大悦，乃遣车十乘，黄金百镒，以迎孟尝君。冯驩辞以先行，至齐，说齐王曰：“天下之游士，凭轼结靷东入齐者，无不欲强齐而弱秦者；凭轼结靷西入秦者，无不欲强秦而弱齐者。夫秦齐雄雌之国；秦强则齐弱矣。此势不两雄。今臣窃闻秦遣使车十乘，载黄金百镒，以迎孟尝君。孟尝君不西则已，西入相秦，则天下归之，秦为雄而齐为雌；雌则临淄即墨危矣。王何不先秦使之未到，复孟尝君，而益与之邑以谢之？孟尝君必喜而受之。秦虽强国，岂可以请人相而迎之哉？折秦之谋，而绝其霸强之略。”齐王曰：“善”。乃使人至境候秦使。秦使适入齐境，使还驰告之。王召孟尝君而复其相位，而与其故邑之地，又益以千户。[①]

这样游说两方，播弄两方，使两方都尊重自己的领袖，从而维持自己的政治活动，正是战国时代的士之所为。上述一例，只表示士为自身的利益而活动。兹再举一例，看他们如何使别国之君服从自己所在国之主张。《史记》述平原君为赵到楚国去约从，毛遂同往，为决大计，造成从约，颇可以供参考，其言曰：

> 赵使平原君求救，合从于楚，约与食客门下有勇力文武备具者二十人偕。平原君曰：“使文能取胜，则善矣。文不能取胜，则歃血于华屋之下，必得定从而远。士不外索，取于食客门下足矣。”得十九人，余无可取者，无以满二十人。门下有毛遂者，前自赞于平原君曰：“遂闻君将合从于楚，约与食客门下二十人偕，不外索。今少一人，愿君即以遂备员而行矣。”……毛遂比至楚，与十九人论议，十九人皆服。平原君与楚合从，言其利害，日出言之，日中不决。十九人谓毛遂曰：“先生上。”……毛遂按剑而前曰：“……今十步之内，王不得恃楚国之众也。……且遂闻汤以七十里之地王天下，文王以百里之壤而臣诸侯。

① 《史记·孟尝君传》。

> 岂其士卒众多哉？诚能据其势而奋其威。今楚地方五千里，持戟百万，此霸王之资也。以楚之强，天下弗能当。白起小竖子耳，率数万之众，兴师以与楚战，一战而举鄢郢，再战而烧夷陵，三战而辱王之先人。此百世之怨，而赵之所羞，而王弗知恶焉。合从者为楚，非为赵也……"楚王曰："唯唯，诚若先生之言，谨奉社稷而以从。"毛遂曰："从定乎？"楚王曰："定矣。"①

以士的一篇议论，居然把国君之态度改变，而定下两国间之从约，这可见当时士之政治活动，是有很大的力量的。上所举乃极寻常之例。若苏秦之合从运动与张仪之连横运动那才是最伟大的运动。②

合纵运动举例　苏秦是东周洛阳人。据《史记》说，他曾"东事师于齐，而习之于鬼谷先生。出游数岁，大困而归。兄弟嫂妹妻妾窃皆笑之曰：'周人之俗，治产业，力工商，逐什二以为务。今子释本而事口舌，困，不亦宜乎?'苏秦闻之而惭，自伤，乃闭室不出，出其书遍观之，曰：'夫士业已屈首受书，而不能以取尊荣，虽多，亦奚以为?'于是得《周书・阴符》，伏而读之，期年，以出，揣摩曰：'此可以说当世之君矣。'"③于是首先说周显王，显王左右仍然都看他不起；继说秦惠王，书十上，还不投机；再转回说赵肃侯，以阻于奉阳君(肃侯之弟，时为赵相)之故，亦不得要领。不过经过这几次难关之后，他的游说是成了功的。

他第一次成功，在说燕文侯；燕文侯赞成从约，乃转而说赵；这时奉阳君死了，赵肃侯亦赞成从约。再说韩宣王魏襄王，然后说齐宣王楚威王，无不赞成从约者。其游说之辞，花样百出，真能动人之听。其中有几点特别值得注意。(1)恐吓，谓不成从约，而西事秦，有不可幸免的危险。例如说魏襄王的话，便有很浓的恐吓意味，今且摘出于次：

> 夫事秦，必割地效质；故兵未用，而国已亏矣。凡群臣之言事秦者，皆奸臣，非忠臣也。夫为人臣，割其主之地以求外交；偷取一旦之功，而不顾其后，破公家，而成私门；外挟强秦之势，以内劫其主，

---

① 《史记・平原君虞卿列传》。

② 钱穆谓合纵与连横非苏张所首倡。说见《先秦・诸子系年考辨》九五。

③ 《史记・苏秦传》。

以求割地愿大王之熟察之也。[①]

这一段话，除恐吓魏襄王外，还含有破坏连横派之妙用。战国时代的士之政治活动，大抵是这样的。其次值得注意之点为(2)利诱。谓从约一成，甚至不待从约成，只要听取说者之高见，凡所欲求的东西，均可使别人送来。恐吓之说，在乎利用听者之无常识；利诱之说，在乎利用听者之有大欲。现且摘取苏秦以利诱赵肃侯的一段话于次：

大王诚能听臣，燕必致毡裘狗马之地，齐必致海隅鱼盐之地，楚必致橘柚云梦之地，韩魏皆可使致封地汤沐之邑，贵戚父兄皆可以受封侯。夫割地效质，五伯之所以覆军禽将而求也；封侯贵戚，汤武之所以放杀而争也。今大王垂拱而两有之，是臣之所以为大王愿也。[②]

再其次为(3)夸大。每到一国，必夸大其辞，说得天花乱坠，使听者心悦诚服。其夸大之点，不外：地势之优越，武力之雄厚，蓄积之饶多，当局之贤明等。听者无知，这等夸大之言一进，自然心悦诚服。原来战国时代，若就社会阶级之变动而论，本是贵族没落，地主代兴之时；贵族为新经济的奢淫生活所侵蚀，已毫无能力了；支配社会的主力，是地主与商人。所以当时多数出自地主阶级的游谈之士，竟能以空言动各国之主。此外值得注意的为(4)熟计。说者要促成从约，从约的内容当然计划得很清楚，早有成竹在胸。这一点乃关于合纵的实际办法，且录苏秦说赵肃侯时所进之计于次：

为大王计，莫如一韩魏齐楚燕赵六国从亲，以傧畔秦；令天下之将相，相与会于洹水之上，通质，刑白马以盟之，约曰：秦攻楚，齐魏各出锐师以佐之；韩绝食道，赵涉河漳，燕守常山之北。秦攻韩魏，则楚绝其后，齐出锐师以佐之，赵涉河漳，燕守云中。秦攻齐，则楚绝其后，韩守成皋，魏塞午道，赵涉河漳博关，燕出锐师以佐之。秦攻燕，则赵守常山，楚军武关，齐涉渤海，韩魏出锐师以佐之。秦攻赵，则韩军宜阳，楚军武关，魏军河外，齐涉渤海，燕出锐师以佐之。诸侯有先背约者，五国共伐之。六国从亲以摈秦，秦必不敢出兵于函

① 《国策・魏一》。

② 《国策・赵二》。

谷关以害山东矣。[①]

苏秦以这许多方式，游说燕、赵、韩、魏、齐、楚，大得成功，六国皆赞成纵约。当其说服楚威王，回报赵肃侯之时，其得意之状，真不可以言语形容。《史记》之言曰：

> 六国从合，而并力焉；苏秦为从约长，并相六国，北报赵王。乃行过雒阳，车骑辎重，诸侯各发使送之，甚众，疑（同儗）于王者。周显王闻之，恐惧；除道，使人郊劳。苏秦之昆弟妻嫂，侧目不敢仰视，俯伏侍，取食。苏秦笑谓其嫂曰："何前倨而后恭也？"嫂委蛇蒲服，以面掩地而谢曰："见季子位高金多也。"苏秦喟然叹曰："此一人之身，富贵，则亲戚畏惧之；贫贱，则轻易之；况众人乎？且使我有雒阳负郭田二顷，吾岂能佩六国相印乎？"于是散千金以赐宗族朋友。……苏秦既约六国从亲归赵，赵肃侯封为武安君，乃投从约书于秦；秦兵不敢窥函谷关。[②]

苏秦把从约造成，秦与六国之关系为之一转；六国内部，大概也真得到一时的团结。《国策》云：

> 苏秦……为武安君，受相印，革车百乘，绵绣千纯，白璧百双，黄金万镒，以随其后，约从散横，以抑强秦。故苏秦相于赵，而关不通。当此之时天下之大，万民之众，王侯之威，谋臣之权，皆欲决苏秦之策。不费斗粮，未烦一兵，未战一士，未绝一弦，未折一矢，诸侯相亲，贤于兄弟。[③]

凡上所述苏秦合纵运动，未必完全可靠；但当时士人的政治活动，却可于此略窥一斑。

连横运动举例　合纵的目的，在联合齐、楚、燕、赵、韩、魏六国，造成统一的阵线，西抗强秦。连横的目的，则恰与此相反，在使六国分别向秦妥协，而服事之。这里且来研究张仪的连横运动。

---

① 《国策·赵二》。

② 《史记·苏秦传》。

③ 《国策·秦一》。

张仪是魏国的人，其初曾与苏秦同学于鬼谷先生。当时苏秦自以为不及张仪。张仪既学之后，便开始游说诸侯。因苏秦已造成了从约，为六国所信任，身居赵国，地位很高；张仪便仗其往日同学之谊，入赵求见苏秦。这次求见，受了一大挫折。《史记》称：

> 张仪于是之赵，上谒，求见苏秦。苏秦乃诫门下人不为通。又使不得去者数日。已而见之，坐之堂下，赐仆妾之食，因而数让之，曰："以子之材能，乃自令困辱至此！吾宁不能言而富贵子？子不足收也。"谢去之。[①]

受了这次挫折之后，乃西入秦，为秦相，所决大事甚多，其最著者，为助秦伐蜀成功，增加了秦之国土，使秦更见富强。秦既已更加富强起来了，于山东诸国，颇露轻视之意。这时张仪乃乘机游说六国，劝其西事强秦：首先说魏，次说楚，次说韩，次说齐，次说赵，次说燕，末了回秦。所游说之国，其国君无不乐从，可见其魄力之大。其游说之技巧及方式，大体与苏秦的相同；唯其主张及用意，则恰与苏秦的相反。(1)苏秦游说六国，有时用恐吓手段，张仪也有时用恐吓手段。不过苏秦之恐吓，乃谓不合纵而与秦抗，定有很大的危险。张仪之恐吓，则谓不连横而事秦，定有很大的危险。这可引张仪说魏哀王的一段话为证。其言曰：

> 大王不事秦，秦下兵攻河外，拔卷衍燕酸枣，劫卫，取晋阳，则赵不南；赵不南则梁不北；梁不北，则从道绝；从道绝，则大王之国欲求无危，不可得也。秦挟韩而攻魏，韩劫于秦，不敢不听。秦韩为一国，魏之亡可立而须也。此臣之所以为大王患也。[②]

(2)苏秦有时用利诱，张仪也有时用利诱。不过前者谓抗秦如何有利，后者则谓事秦如何有利。下面说楚怀王的一段，便是例证：

> 大王诚能听臣，闭关绝约于齐，臣请献商于之地六百里，使秦女得为大王箕箒之妾。秦楚娶妇嫁女，长为兄弟之国，此北弱齐而西益

① 《史记·张仪传》。
② 《国策·魏一》。

秦也，计无便此者。[①]

(3)苏秦游说，惯喜夸大，每到一国，必夸该国之地势如何优越，武力如何雄厚，蓄积如何饶多，当局如何贤明。尤其地势优越一项，被夸大的时候最多。张仪也夸大，但只夸大强秦，如“秦地半天下，兵敌四国；被险带河，四塞以为固。虎贲之士百余年，车千乘，骑万匹，积粟如丘山。法令既明，士卒安难乐死。主明以严，将智以武。虽无出甲席卷常山之险，必折天下之脊。天下有后服者，先亡。”云云。[②] 皆是为秦夸大的话。于各国之情势，则故意贬损，使当局胆怯气馁。例如说魏哀王，便曰：

> 魏，地方不至千里，卒不过三十万人，地四平，诸侯四通，条逵辐凑，无有名山大川之阻。从郑至梁，不过百里；从陈至梁，二百余里。马驰人趋，不待倦而至。梁，南与楚境，西与韩境，北与赵境，东与齐境。卒戍四方，守亭障者参列。粟粮漕庾，不下十万。魏之地势，故战场也。魏南与楚而不与齐，则齐攻其东。东与齐而不与赵，则赵攻其北。不合于韩，则韩攻其西；不亲于楚，则楚攻其南。此所谓四分五裂之道也。[③]

(4)苏秦要造成六国的从约，故处处为六国熟计。张仪要为强秦造成连横之局，故竭全力破坏从约。其为说也，一则曰：

> 夫诸侯之为从者，将以安社稷尊主强兵显名也。今从者一天下，约为昆弟，刑白马以盟洹水之上，以相坚也。而亲昆弟同父母，尚有争钱财，而欲恃诈伪反覆苏秦之余谋，其不可成亦明矣。[④]

再则曰：

> 夫从人多奋辞而少可信。说一诸侯，而成，封侯。是故天下之游谈士，莫不日夜搤腕瞋目切齿。以言从之便，以说人主。人主贤其辩，而牵其说，岂得无眩哉？臣闻之，积羽沈舟，群轻折轴，众口铄金，

---

① 《史记·张仪传》。

② 《史记·张仪传》。

③ 《国策·魏一》。

④ 《史记·张仪传》。

积毁销骨；故愿大王审定计议。①

三则曰：

夫为从者，无以异于驱群羊而攻猛虎。虎之与羊，不格明矣。今王不与虎，而兴群羊，臣窃以为大王之计过也。②

张仪游说各国，无往不利，连横之局，本可大告成功。可惜游说六国之后，归报于秦时，局势大变。彼时秦惠王卒，武王立。武王自为太子时，便与张仪不睦。即位之后，群臣便乘机多进谗言。六国诸侯听了这个消息，于是相率背弃连横，复与秦抗。以上所述张仪连横运动也未必完全可靠；然我们于此却可略窥当时士人的一般政治活动。

四 商人之助长帝国

秦始皇统一六国 合纵与连横，都推进了统一运动；但真正的统一，却到秦始皇时，才完全成功。统一的要求，是社会进化到某阶段时的必然结果。社会的生产力进步了，工商各业随着发达。工商业发达了的时候，凡强大之国，都有增加劳动，扩大市场之要求。这个要求逐渐加强，统一运动亦渐见重要。春秋时代，封建制动摇了，已有统一的要求；但时机未成熟，只得以霸政作过渡。在霸政之下，分立的诸国，多少可以有些合作；各国的生产，多少可以得些便利。到战国时代，统一的要求就更强了，但时机仍未成熟，只得以合纵与连横等形式作过渡。合纵与连横，都是推进统一的。合纵，则首先要谋齐、楚、燕、赵、韩、魏等六国的团结。连横，则要此六国共同事秦；离真正的统一，便只差一步了。

秦之统一六国，曾经过不少的残酷之战争。计自惠文王七年(公元前三三一年)公子卬与魏战的那年起，历武王，至昭襄王五十二年(公元前二五五年)西周君来归，从而被秦灭亡的那年；止为时七十六年。其中大小战争，不知经过多少。我们这里不能细述。至于战斗之烈，可于杀人之多寡看出。在这七十六年中，秦人所屠杀的六国之民众，倘《史记》的记载不全

① 《史记·张仪传》。

② 《史记·张仪传》。

出自夸大，其数目真令人惊骇。兹录这一短时期内《史记》所载之数目于次。

惠文君……七年(公元前三三一年)，公子卬与魏战，虏其将龙贾，斩首八万。

七年(公元前三一八年。惠文王十四年，复改为元年，故此处的七年，与上面的七年不是同年)，韩、赵、魏、燕、齐帅匈奴共攻秦，秦使庶长疾与战修鱼，虏其将申差(韩将)，败赵公子渴，韩太子奂；斩首八万二千。

十一年(公元前三一四年)，樗里疾攻魏焦，降之，败韩岸门，斩首万。

十三年(公元前三一二年)，庶长章击楚于丹阳，虏其将屈匄。斩首八万。

武王……三年(公元前三〇八年)，使甘茂庶长封伐宜阳。四年(公元前三〇七年)拔宜阳，斩首六万。

昭襄王……六年(公元前三〇一年)，庶长奂伐楚，斩首二万。

十四年(公元前二九三年)，左更白起攻韩魏于伊阙，斩首二十四万。

三十二年(公元前二七五年)，相穰侯攻魏，至大梁，破暴鸢，斩首四万。

三十三年(公元前二七四年)，客卿胡伤攻魏卷蔡阳长社，取之。击芒卯华阳，破之。斩首十五万。

四十三年(公元前二六四年)，武安君白起攻韩，拔九城，斩首五万。

四十七年(公元前二六〇年)，秦攻韩上党，上党降赵；秦因攻赵，赵发兵击秦相距；秦使武安君白起击，大破赵于长平，四十万尽杀之。

五十年(公元前二五七年)，……攻晋军，斩首六千，晋楚(《集解》称徐广曰：楚一作走。《正义》按，此时无楚军，走字是也)，流死河二万人。

五十一年(公元前二五六年)，将军摎攻韩。取阳城负黍，斩首四万。攻赵，取二十余县，首虏九万。西周君背秦，与诸侯约从，将天下锐兵出伊阙攻秦，令秦毋得通阳城。于是秦使将军摎攻西周；西周君走来自归，顿首受罪，尽献其邑三十六城，口三万。秦王受献，归其君于周。

五十二年(公元前二五五年),周民东亡,其器九鼎入秦。周初亡。[1]

自公子卬与魏战,到周之初亡,秦所屠杀或掳去的六国之民众,竟达一百三十九万八千人!这可见秦与六国的战争之剧烈。经过许多残酷的剧烈战争之后,六国便一一被秦灭了。六国之灭亡,都在秦始皇时代。计首先被灭的为韩国,次为赵,次为魏,次为楚,次为燕,次为齐。兹将各国被秦灭亡之年代列举如次。

公元前二三〇年(秦始皇十七年)……韩被灭。
公元前二二八年(秦始皇十九年)……赵被灭。
公元前二二五年(秦始皇廿二年)……魏被灭。
公元前二二三年(秦始皇廿四年)……楚被灭。
公元前二二二年(秦始皇廿五年)……燕被灭。
公元前二二一年(秦始皇廿六年)……齐被灭。

自秦始皇十七年(公元前二三〇年)到秦始皇廿六年(公元前二二一年),为时不过九年;所谓六国,完全为秦所灭。统一的集权帝国,遂完成于秦始皇。统一的集权帝国既已成立,秦始皇为"称成功,传后世"起见,乃议帝号;所议的结果:天子的命曰制,令曰诏,自称曰朕,号曰皇帝。《史记》云:

秦初并天下,令丞相御史曰:"异日,韩王纳地效玺,请为藩臣;已而倍约,与赵魏合从畔秦;故与兵诛之,虏其王;寡人以为善,庶几息兵革。赵王使其相李牧来约盟,故归其质子;已而倍盟,反我太原,故兴兵诛之,得其王;赵公子嘉乃自立为代王,故举兵击灭之。魏王始约服入秦,已而与韩赵谋袭秦;秦兵吏诛。遂破之。荆王献青阳以西,已而畔约,击我南郡,故发兵诛,得其王,遂定其荆地。燕王昏乱,其太子丹乃阴令荆轲为贼;兵吏诛灭其国。齐王用后胜计绝秦使,欲为乱,兵吏诛虏其王,平齐地。寡人以眇眇之身,兴兵诛暴

① 以上均录《史记·秦本纪》。

乱，赖宗庙之灵，六王咸伏其辜，天下大定。今名号不更，无以称成功，传后世。其议帝号。"丞相绾，御史大夫劫，廷尉斯等皆曰："昔者五帝地方千里，其外侯服夷服，诸侯或朝或否，天子不能制。今陛下兴义兵，诛残贼，平定天下，海内为郡县，法令由一统；自上古以来未尝有，五帝所不及。臣等谨与博士议曰：古有天皇，有地皇，有泰皇；泰皇最贵。臣等昧死上尊号：王为泰皇，命为制，令为诏，天子自称曰朕。"王曰："去泰，著皇，采上古帝位号，号曰皇帝，他如议。"制曰："可。"①

当秦统一六国之时，地主与商人，都已有很大的社会势力了。地主阶级的社会地位，自春秋以来，逐渐抬高。战国时代的士，成群结党，其数目动辄以千计，都是出自地主阶级或依地主阶级以为生的。至于商人，在秦统一六国之时代，其势力已发展到了最高度。秦之统一，纵不能说完全得力于商人；但商人在此统一过程中，实表现了惊人的势力。且述于下。

商人的势力大张　(1)吕不韦之群众。大家都知道：吕不韦是大商人。《史记》称："吕不韦者，翟阳大贾人也，往来贩贱卖贵，家累千金。"②在战国末年，商人之势方张，很想取得政治势力。吕不韦便是成了大功的一人。不过商人而欲取得政治势力，自不能不拿住同阶级的群众结成党羽，以为后援。吕不韦于此，很有成就，拿住的群众，着实不少。看他已得势之后的情形，便可推知。《史记》称："不韦……亦招致士，厚遇之，食客三千人。"③(2)吕不韦之政治动机。招致群众，结成党羽，是取得政治势力的第一步。继着便须有实际的政治活动。吕不韦在实际方面最成功的，便是使秦庄襄王得继承王位。庄襄王小时，其母夏姬，不得他父亲之爱，因此他自己亦随着倒霉，出而为质于赵。④ 这时吕不韦在邯郸市上见了这穷小子，便动了从事于实际政治活动的念头。《国策》云：

吕不韦贾于邯郸，见秦质子异人，归而谓父曰："耕田之利几倍?"曰："十倍。""珠玉之赢几倍?"曰："百倍。""立国家之主赢几倍?"曰：

① 《史记·秦始皇本纪》。

② 《史记·吕不韦传》。

③ 《史记·吕不韦传》。

④ 《史记·秦始皇本纪·正义》称：质音致；国强，欲待弱之来相事，故遣子及贵臣为质，如上音。国弱，惧其侵伐，令子及贵臣往为质，音置实反。

"无数"。曰："今力田疾作，不得煖衣余食。今建国立君，泽可以遗世。愿往事之。"秦子异人，质于赵，处于扇城，故往说之。[①]

"立国家之主"，或"建国立君"，是何等的大事！商人吕不韦居然有魄力办到，秦庄襄王确实是凭他的势力立起来的。(3)吕不韦儿子楚。庄襄王为质于赵的时候，名叫子楚，有兄弟二十余人，自己居中，没有做太子的希望。吕不韦居然以游说的方式，使他做了太子，终至立为庄襄王。《史记》述他初见子楚的情形曰：

> 子楚为秦质子于赵，……居处困，不得意。吕不韦贾邯郸，见而怜之，曰："此奇货可居。"乃往见子楚，说曰："吾能大子之门"。子楚笑曰："且自大君之门！而乃大吾门?"吕不韦曰："子不知也，吾门待子门而大。"子楚心知所谓，乃引与坐，深语。吕不韦曰："秦王(昭王，子楚之祖父)老矣，安国君(子楚之父)得为太子……今子兄弟二十余人，子又居中，不甚见幸，久质诸侯。即大王薨，安国君立为王，则子无几(无希望)得与长子……争为太子矣。"[②]

这所说本是实情，子楚听了，当然要想办法，以图争取太子地位。吕不韦乃为之划策，并亲自游说安国君及其正夫人华阳夫人，立子楚为太子。游说的结果，大告成功。(4)吕不韦使子楚得为太子。《史记》述其替子楚划策，及游说安国君夫妇之成功如下：

> 吕不韦曰："子(子楚)贫，客于此(赵国)，非有以奉献于亲，及结宾客也。不韦虽贫，请以千金为子西游，事安国君及华阳夫人，立子为適嗣。"子楚乃顿首曰："必如君策，请得分秦国与君共之。"吕不韦乃以五百金与子楚，为进用结宾客。而复以五百金买奇物玩好。自奉而西，游秦，求见华阳夫人姊，而皆以其物献华阳夫人，因言子楚贤智，结诸侯，宾客遍天下，……曰："吾闻之，以色事人者，色衰而爱弛。今夫人事太子(安国君)，甚爱，而无子；不如此时蚤自结于诸子中贤孝者，举立以为适，而子之(养之的意思)；夫在则尊重；夫百岁之后，所子者为王，终不失势，此所谓一言而万世之利也。"……华阳夫人以

① 《国策·秦五》。

② 《史记·吕不韦传》。

为然，承太子间(即乘安国君有暇之时)，从容言子楚质于赵者绝贤，来往者皆称誉之。乃因涕泣曰："妾幸得充后宫，不幸无子；愿得子楚立以为適嗣，以托妾身。"安国君许之；乃与夫人刻玉符，约以为適嗣。安国君及夫人因厚馈遗子楚，而请吕不韦传之。子楚以此名誉益盛于诸侯。①

(5)秦始皇之血统的来历。由上所述看来，子楚之得为太子，完全出于吕不韦的包办。这还不算数。最值得注意，且甚有趣的，是：子楚的夫人，亦为吕不韦所献；子楚的儿子政，中国历史上盛称的第一个有名的皇帝秦始皇，竟不是子楚的亲血。盖吕不韦为子楚之传时，曾以一个已经怀了孕的美妇引诱子楚。子楚后来毕竟立这美妇为夫人，生下秦始皇。秦始皇这人恐怕是吕不韦的亲血；因始皇已即帝位，其母为太后时，吕不韦还常与她私通，可作证据。《史记》述吕不韦以美妇献子楚的故事曰：

吕不韦取邯郸诸姬绝好善舞者与居，知有身。(知已怀孕)子楚从不韦饮，见而说之，因起为寿，请之。吕不韦怒，念业已破家为子楚，欲以钓奇，乃遂献其姬。姬自匿有身，至大期时，生子政；子楚遂立姬为夫人。②

商人既凭其势力为国家立太子，复能运用美人计，以为亲政的手段；则其支配社会的势力之大，可想而知了。子楚既有做太子之希望了，后来便一帆风顺，即位为庄襄王；在位三年死了，其子政，乃继位，为秦始皇帝。

吕不韦与嫪毐　吕不韦以商人资格，凭他的财富，为他人游说，为他人结宾客；居然能帮助子楚，使得为太子；帮助子楚的儿子，使得为皇帝，在历史上，是很值得注意的事。他既有如此大的魄力，如此大的功劳，则在政治上的地位，自是很高。所以在庄襄王(即子楚)时代，他曾为丞相；在始皇帝(即子楚的儿子)时代，他曾为相国。各地趋炎附势之徒，所谓士者，群集于他的左右，达数千人，其势力真足以倾朝野。《史记》纪其事曰：

---

① 《史记·吕不韦传》。

② 《史记·吕不韦传》。

> 庄襄王元年(公元前二五〇年)，以吕不韦为丞相，封为文信侯(丞相及下文之相国，《索隐》案《百官表》云：“皆秦官，金印紫绶，掌承天子助理万机)。食河南洛阳十万户。庄襄王即位三年薨，太子政立为王，尊吕不韦为相国，号称仲父。秦王年少，太后(即当日邯郸市上之美妇)时时私通吕不韦。不韦家僮万人。当是时，魏有信陵君，楚有春申君，赵有平原君，齐有孟尝君，皆下士，喜宾客以相倾。吕不韦以秦之强，羞不如；亦招致士，厚遇之，至食客三千人。是时诸侯多辩士，如荀卿之徒，著书布天下。吕不韦乃使其客人人著所闻，集论以为《八览》《六论》十二纪》，二十余万言；以为备天地万物古今之事，号曰《吕氏春秋》，布咸阳市门，悬千金其上，延诸侯游士宾客有能增损一字者予千金。①

这种办法，有似于现代政党领袖，令党员办杂志，悬赏征求批评。商人吕不韦既雄于资财，复取得了政治地位；当然以其余资结集各地游士，以为自己的后援。这些游士，大抵出自地主阶级或商人阶级；眼看秦国的势力日益雄厚，便都乐得跑来秦国，投于吕不韦的团体中。这样一来，便形成一种偏重商人之利益的集团势力，足以支配政府。

当始皇帝渐渐长大了的时候，太后还淫乱不止，还常常与吕不韦私通。这时吕不韦有些恐惧了，恐因此惹祸及身。乃求得一大阴之人，名曰嫪毐者，以为舍人，进献给太后，以代替自己。其进献之方法颇巧妙：先与太后设法作种种宣传，谓此人已受腐刑；然后拔去其须眉，使为宦者。这样乃可侍候太后了。其实际嫪毐依然是一未受腐刑的健男儿；太后与他爱情甚深，后来且怀了孕；为避免他人耳目计，徙宫居雍。这时嫪毐真是一个红极了的要人，且彼也是一富商，因性的关系，得了一个这样的地位；一时趋炎附势之徒，多打算牺牲一切廉耻，以图与他接近。《史记》述太后与嫪毐私通后之情形曰：

> 太后私与通，绝爱之，有身；太后恐人知之，诈卜当避时，徙宫居雍。嫪毐常从，赏赐甚厚，事皆决于嫪毐。嫪毐家僮数千人；诸客求宦，为嫪毐舍人千余人。(同上)

---

① 《史记·吕不韦传》。

不韦与嫪毐都是富商大贾；其家僮一则万人，一则数千人。都有群众：不韦的食客多至三千人，嫪毐之客求为舍人的，且达千余人。都占了极高的政治地位：不韦曾为丞相，为相国；嫪毐曾受封为长信侯。《史记》述嫪毐之封号及所受优待情形曰：

> 嫪毐封为长信侯，予之山阳地，令毐居之。宫室，车马，衣服，苑囿，驰猎，恣毐。事无大小，皆决于毐。又以河西太原郡更为毐国。①

商人势力被打击 商人势力，大到这样，当时定有人妒忌。果然，始皇九年(公元前二三八年)，便有人拿嫪毐与太后的丑事为题，造成打击商人势力之绝大风潮。《史记》述其事曰：

> 始皇九年，有告："嫪毐实非宦者，常与太后私乱，生子二人，皆匿之，与太后谋曰：王即薨，以子为后。"于是秦王下吏治，具得情实。事连相国吕不韦。九月，夷嫪毐三族，杀太后所生两子，而遂迁太后于雍。诸嫪毐舍人，皆没其家，而迁之蜀。②

当这件事未发生之先，嫪毐大概已得了些消息。所以他图先发制人，于四月造反。嫪毐的造反，秦王的平乱，以及平乱后的处置，《史记》所述如次：

> 长信侯作乱，而觉，矫王御玺及太后玺，以发县卒，及卫卒，官骑，戎翟，君公，舍人，将欲攻蕲年宫为乱。王知之，令相国昌平君昌文君发卒攻毐，战咸阳，斩首数百，皆拜爵及宦者。……毐败走，即令国中，有生得毐，赐钱百万。杀之，五十万。尽得毐等卫尉竭，内史肆，佐弋竭，中大夫令齐等二十人皆枭首，车裂以徇，灭其宗；及其舍人轻者为鬼薪(《集解》称应劭曰：取薪给宗庙，为鬼薪也)；及夺爵迁蜀四千余家，家房陵。③

这于嫪毐，不可谓不严厉。但嫪毐是吕不韦的同党；不韦当难免牵连。

① 《史记·秦始皇本纪》。
② 《史记·吕不韦传》。
③ 《史记·秦始皇本纪》。

果然，始皇十年(公元前二三七年)，相国吕不韦因与嫪毐的关系被免职。原来本是要处他以死刑的，但因为他“奉先王功大，及宾客辩士为游说者众，王不忍致法”[①]。就饶了他。直到十二年(公元前二三五年)，他自己饮鸩而死。不韦死后，凡与他有关系的人，前来吊唁的，都分别国籍，或被逐或被迁。《史记》云：

> 十二年，文信侯不韦死，窃葬。(《索隐》按：不韦饮鸩死，其宾客数千人窃共葬于洛阳北芒山)其舍人临者(前来吊唁之意)，晋人也，逐出之。秦人，六百石以上，夺爵，迁；五百石以下，不临，迁，勿夺爵。自今以来，操国事不道，如嫪毐不韦者，籍其门视此。[②]

自庄襄以来，气焰万丈的商人势力，至此乃受一极大之打击。不过打击虽大，商人首领虽死去不少，其潜势力却依然是不可侮的；这可以下之诸事为证：(1)秦之建国，原得力于富商大贾，不能不重视商人势力。所以凭畜牧致富的乌氏倮，及凭矿务致富的寡妇清，都被始皇优待。“倮比封君，以时与列臣朝请；而巴蜀寡妇清，其先得丹穴，而擅其利数世，家亦不訾。清，寡妇也，能守其业，用财自卫，不见侵犯，秦皇帝以为贞妇而客之，为筑女怀清台。”[③]且始皇二十六年(公元前二二一年)，曾“徙天下豪富于咸阳十二万户”。[④] (2)逐客之令，未能实行。始皇平嫪毐之后，随即大索，逐客；想把各地跑来投到不韦与嫪毐团体中的游谈之士，一律驱逐，如近世驱逐党人一样。不过商人阶级的势力，到底有些可怕，所以不便实行。要处死一个吕不韦，且因游说者众，未能办到；大规模的逐客令，当然更不能执行了。此事，大家都以为是客卿李斯谏阻的；李斯当时也在被逐之列，上书于始皇曰：

> 臣闻吏议逐客，窃以为过矣。昔缪公求士，西取由余于秦，东得百里奚于宛，迎蹇叔于宋，求丕豹公孙支于晋；此五子者，不产于秦，而缪公用之，并国二十，遂霸西戎。孝文用商鞅之法，移风易俗，民以殷盛，国以富强，百姓乐用，诸侯亲服，获楚魏之师，举地千里，

① 《史记·吕不韦传》。

② 《史记·秦始皇本纪》。

③ 《史记·货殖列传》。

④ 《史记·秦始皇本纪》。

> 至今治强。惠王用张仪之计，拔三川之地，西并巴蜀，北收上郡，南取汉中，包九夷，制鄢郢，东据成皋之险，割膏腴之壤，散六国之从，使之西面事秦，功施到今。昭王得范雎，废穰侯，逐华阳，强公室，杜私门，蚕食诸侯，使秦成帝业。此四君者，皆以客之功。由此观之，客何负于秦哉？向使四君却客而不内，疏士而不用，是使国无富利之实，秦无强大之名也。……今……不问可否，不论曲直，非秦者去，为客者逐；……弃黔首以资敌国，却宾客以业诸侯，使天下之士，退而不敢西向；裹足不入秦，此所谓借寇兵而赍盗粮者也。夫物不产于秦，可宝者多；士不产于秦，而愿忠者众。今逐客以资敌国，损民以益雠，内自虚而外树怨于诸侯；求国无危，不可得也。[①]

此书一上，“秦王乃除逐客之令，复李斯官”。(同上)一纸谏书竟有如此之大的效力；定系当时客的实力，不可轻侮；逐客之令，碍莫能行。此事更可于下面一项证实。(3)迎太后于咸阳，并召妇嫪毐的诸舍人。当嫪毐作乱之时，太后曾被迁于雍，嫪毐的诸舍人，皆被迁于蜀。但自嫪毐伏法，不韦饮鸩，商人领袖相继云亡以后，迁于雍的太后也归来了，迁于蜀的舍人也归来了。[②] 就上述种种事实看来，商人势力，并未全消。不过去了两个最嚣张的领袖而已。再者秦之抵制商人的这一幕，大概是商人势力发展到极端的一个反动。秦当缪公至始皇之时，国势蒸蒸日上。山东诸国的游谈之士，无论出自地主阶级的或出自商人阶级的，或更间接依此两阶级以为生的，都羡慕秦之向上发展，都往秦国跑，以图政治上的活动。商人吕不韦与嫪毐辈为图培植自己势力起见，一律收纳，于是造成空前的商人势力，而引出此一幕反动。

五　地主之树立政权

秦帝国之瓦解　秦自始皇二十六年(公元前二二一年)完全统一齐、楚、燕、赵、韩、魏等六国，建立空前未有之统一帝国。但帝国建立之日，就是始皇开始自掘坟墓之时。自二十六年以后到三十七年(公元前二一〇年)，

---

① 《史记·李斯传》。

② 《史记·吕不韦传》。

即陈胜等举兵造反的那年，为时刚刚十年。在这十年之中，始皇帝凭借其空前未有之盛业(即空前未有之集权帝国)，内则大兴土木，外则大举征伐。因此开支浩大，不得不尽量剥削人民。人民被剥削太甚，不能聊生，乃群起为盗。这时不满意于秦人之专制的地主阶级，以及不甘屈服于秦的六国之残余贵族，乃乘机起来，利用饥民的势力，把秦的统治完全推翻。始皇三十七年卒，子二世立，才过三年，空前未有之集权帝国便完全瓦解。秦帝国之瓦解，其大势固如此；现在且摘出几件比较重要的事分述于次：(1)秦帝国所以招乱或引起革命的原因是什么？(2)叛乱或革命集团中所含的分子是什么？(3)大乱之暴发。(4)秦帝国之瓦解。

(1)致乱的原因。秦帝国所以招致革命的原因，几乎全在剥削人民太甚这一点。这从二世时右丞相去疾，左丞相斯，将军冯劫这几个人的谏辞中可以窥见。二世二年(公元前二〇八年)，这三个人因盗起，无法制止，进谏曰：

> 关东群盗并起，秦发兵诛击，所杀亡甚众，然犹不止；盗多，皆以戍漕转，作事苦，赋税大也。请且止阿房宫作者，减省四边戍转。[①]

这里面提议的有两件大事：一停止阿房宫的建造；二减省四边戍转。这两事一为内部的大兴土木，一为对外的军事活动，其耗费之大，真骇人听闻。关于后者，且以蒙恬北逐戎狄为例。《史记》述此事曰：

> 秦已并天下，乃使蒙恬将三十万众北逐戎狄(在始皇二十六年，即公元前二二一年)，收河南。筑长城，因地形，用险制塞；起临洮至辽东，延袤万余里；于是渡河，据阳山，逶蛇而北。暴师于外十余年。[②]

用人三十万，筑城万余里，暴师于外十余年；其开支之大，当可想知。太史公于此，有的当之批评曰：

> 吾适北边，目直道归，行观蒙恬所为秦筑长城亭障，堑山湮谷，通直道，固轻百姓力矣。夫秦之初灭诸侯，天下之心未定，痍伤者未瘳。而恬为名将，不以此时强谏，振百姓之急；养老存孤，务修众庶

① 《史记·秦始皇本纪》。

② 《史记·蒙恬传》。

之和，而阿意兴功。此其兄弟遇诛，不亦宜乎。[①]

对外的用兵，还只是耗费民财民力的一面。若内部的兴作，其耗费之大，比对外用兵的耗费，实有过之而无不及。就以建阿房宫一事为例，便可推想一般。在距今两千多年的时代，建筑术之幼稚，自不待说。秦始皇竟能用七十余万人之力，建阿房宫，“上可以坐万人，下可以建五丈旗”。此外关中建宫三百，关外建宫四百余；劳民伤财，达于极度。《史记》述其事曰：

始皇以为咸阳人多(始皇二十六年，即公元前二二一年，且徙天下豪富于咸阳十二万户)，先王之宫廷小……乃营作朝宫渭南上林苑中；先作前殿阿房，东西五百步，南北五十丈，上可以坐万人，下可以建五丈旗，周驰为阁道。自殿下直抵南山；表南山之颠以为阙，为复道；自阿房渡渭属之咸阳，以象天极；阁道绝汉，抵营室也。阿房宫未成；成，欲更择令名名之。作阿房宫，故天下谓之阿房宫。隐宫徒刑者七十余万人(《正义》称：余刑见于市朝；宫刑，一百日隐于荫室，养之乃可，故曰隐宫，下蚕室是)。乃分作阿房宫，或作丽山，发北山石椁，乃写蜀荆地材，皆至；关中，计宫三百；关外，四百余。[②]

建筑如此之大，用人如此之多，自然劳民伤财。洪迈录贾山借秦为喻之言曰：

为宫室之丽，使其后世曾不得聚庐而托处；为驰道之丽，后世不得邪径而托足；为葬薶之丽，后世不得蓬颗而托葬。以千八百国之民自养，力罢不能胜其役，财尽不能胜其求；人与之为怨，家与之为雠；天下已坏，而弗自知；身死才数月耳，而宗庙绝灭。[③]

这种形容，未免过当，但也可见秦帝耗费之大。内部兴作的耗费，对外用兵的耗费，两相结合，在一短时期内，把人民剥削到精光；于是稍稍杰出的，便起而聚集众人称乱，实行反抗。

---

① 《史记·蒙恬传》。

② 《史记·秦始皇本纪》。

③ 洪迈：《容斋续笔》卷第五《秦隋之恶》条。

(2)反抗的分子。最主要的，当是贫农雇农奴隶及一切失业之人。这些人可大别之为两部分：一部分在社会上游离，全无职业，完全为社会上的剩余人口(因财富集中于少数人之手，故此辈成了多余的)。其生活全无正当途径。当时的所谓“盗”就是这一部分人。他们眼见秦的统治者穷奢极欲，而自己却生活无门；为生活所迫，常向统治者采取直接行动。如始皇二十九年(公元前二一八年)，“东游至阳武博狼沙中，为盗所惊，求弗得，乃令天下大索十日”。[①] 又如三十一年(公元前二一六年)，“始皇为微行咸阳，与武士四人俱，夜出，逢盗兰池，见窘；武士击杀盗，关中大索二十日。米石千六百”。[②] 博狼沙事件，或系张良暗杀计划。但“米石千六百”云云，显见得盗皆是因不能生存，才开始直接行动的。延至二世时代，“关东群盗并起，秦发兵诛击，所杀亡甚众，然犹不止”。[③] 这便是革命或叛乱之时机已完全成熟了。

其另一部分，便是被统治者吸收过去，加以编配，成了队伍的。这中间又有些小的区别。即，有的专为统治者作工，其生活纯为奴隶性质的，如建阿房宫之七十余万人，便是明显的代表。有的作工兼打仗，如蒙恬所率的三十万人，既要逐戎狄，又要筑长城，便是作工兼打仗的。有的是纯粹御外侮或预备打仗的“戍卒”。戍卒之数，似为最多。即如首先发难的陈胜，便是戍卒中的头目，且彼少时曾为人佣耕。这又可证戍卒原是庶民。

此外便是六国的贵族之后裔。秦统一六国时，对于贵族，并没有什么特别的安置之法。这在统治势力巩固之时，不甚要紧。但到了统治势力动摇，乱者四起的时候，六国的贵族之后裔，定乘机起来报复的。果然陈胜等率戍卒造反之时，附和的多至不可胜数。《史记》称：

> 二世元年(公元前二〇九年)七月，戍卒陈胜等反故荆地，为张楚(《集解》称：李奇曰，张，大；楚国也)，胜自立为楚王，居陈。……山东郡县少年，苦秦吏，皆杀其守尉令丞反，以应陈涉，相立为侯王，合从西乡，名为伐秦，不可胜数也。[④]

---

① 《史记·秦始皇本纪》。

② 《史记·秦始皇本纪》。

③ 《史记·秦始皇本纪》。

④ 《史记·秦始皇本纪》。

二世三年(公元前二〇七年)，“燕赵齐楚韩魏皆立为王，自关以东，大氐尽畔秦吏，应诸侯；诸侯咸率其众西乡”。(同上)综合看来，对秦称乱或革命的主要成分，大体为：第一，贫农，雇农，奴隶及其他一切失业人等。这等人在社会上游离，生活完全无着的，便成了群盗。其已被统治者吸收过去，编成了队伍的，或则为戍卒，或则为劳动，或则兼为此二者。第二，即乘着上述这些人已在作乱之时，起来对秦图报复的六国贵族之后裔。第三，即下面当述及的地主。

(3)大乱之作。对秦叛乱，首先发难的，为陈胜吴广。这两人的略历，《史记》所述，有如次的一段：

> 陈胜者，阳城人也；字涉。吴广者，阳夏人也，字叔。陈涉少时，尝与人佣耕。辍耕之垄上，怅恨久之，曰：“苟富贵，无相忘。”佣者笑而应曰：“若为佣耕，何富贵也?”陈涉太息曰：“嗟乎！燕雀安知鸿鹄之志哉!”二世元年(公元前二〇九年)七月，发闾左适戍渔阳，九百人屯大泽乡(《索隐》称：闾左，谓居闾里之左也。秦时复除者居闾左，今力役)。陈胜吴广皆次，当行，为屯长。会天大雨，道不通，度已失期。失期法皆斩。陈胜吴广乃谋曰：“今亡，亦死；举大计，亦死。等死，死国可乎?”①

这时他俩发难的计划已决定了，乃相与对群众作激烈之言曰：

> 公等遇雨，皆已失期；失期当斩。借第令毋斩，而戍死者固十六七。且壮士不死，即已；死，即举大名耳。王侯将相，宁有种乎？徒属皆曰：“敬受命。”②

反计既已决定，陈涉乃暂时自立为将军，吴广为都尉。随即攻下大泽乡，从此出发，每到一处，就攻克一处。陆续夺得敌人的“车”六七百乘，“骑”千余，“卒”数万人。以此攻陈，陈守皆不在，乃入据陈数日，召当地三老、豪杰会商大事。三老、豪杰皆主张陈涉为王。于是陈涉乃立为王，号为张楚(张大楚国之意)，并以吴叔为假王，监诸将以西击荥阳；且令陈人武臣、张耳、陈余等北略赵地。这些人每到一地，便大作讨秦的宣传。

① 《史记·陈涉世家》。

② 《史记·陈涉世家》。

宣传之言曰：

> 秦为乱政，虐刑，以残贼天下，数十年矣。北有长城之役，南有五岭之戍。外内骚动，百姓罢敝。头会箕敛，以供军费；财匮力尽，民不聊生。重之以苛法峻刑，使天下父子不相安。陈王奋臂，为天下倡；始王，楚之地方二千里，莫不响应。家自为怒，人自为斗；各报其怨，而攻其雠；县杀其令丞，郡杀其守尉。今已张大楚，王陈，使吴广、周文将卒百万，西击秦。于此时而不成封侯之业者，非人豪也。诸君试相与计之。夫天下同心而苦秦久矣。因天下之力，而攻无道之君；报父兄之怨，而成割地有土之业；此士之一时也。①

此种宣传，颇能动人；所以豪杰闻之，并起响应。秦之帝国，毕竟经不起袭击，二世皇帝于三年（公元前二〇七年）八月被丞相赵高命其婿咸阳令阎乐所逼杀。二世被逼杀的情形如次：

> 阎乐前即二世，数曰："足下骄恣，诛杀，无道；天下共畔足下，足下其自为计。"二世曰："丞相可得见否？"乐曰："不可。"二世曰："吾愿得一郡为王。"弗许。又曰："愿为万户侯。"弗许。曰："愿与妻子为黔首，比诸公子。"乐曰："臣受命于丞相，为天下诛足下；足下虽多言，臣不敢报。"麾其兵进，二世自杀。②

(4)秦帝国之瓦解。二世死后，其兄子公子婴立为秦王（不称皇帝了。据赵高之意，以为秦原是王国，到始皇才君临天下称帝。此时六国既已复立，秦地益小，乃以空名为帝，不可，宜为王如故）。秦王立才四十六日，楚将沛公破秦军，入武关，并进至离长安三十里之霸上，使人约子婴出降。这时子婴以大势既去，乃系颈以组，表示欲自杀之状，乘白马素车，奉天子玺符，降于轵道之旁。于是沛公入咸阳。此后革命群众对秦之措置，《史记》所述如下：

> 沛公遂入咸阳，封宫室府库，还军霸上。居月余，诸侯兵至，项籍为从长；杀子婴，及秦诸公子宗族，遂屠咸阳，烧其宫室，虏其子

---

① 《史记·张耳陈余列传》。

② 《史记·秦始皇本纪》。

> 女；收其珍宝货财，诸侯共分之。灭秦之后，各分其地为三，名曰雍王，塞王，翟王，号曰三秦。项羽为西楚霸王，主命分天下，王诸侯；秦竟灭矣，后五年，天下定于汉。[①]

汉帝国之确立　自春秋战国以来，经过数百年酝酿创造之集权帝国，至此完全瓦解。这种瓦解，乃集权帝国在其成长途上所必经的一度反动。经此一度反动之后，乃完全确立。这确立起来的集权帝国，自汉高祖五年（公元前二〇二年）即皇帝位，至孺子婴居摄元年（公元六年）王莽称假皇帝，为时二百零七年，共历惠文、景武、昭宣、元成、哀平诸帝；未曾动摇过。现在且述这集权帝国在最初四五年内如何确立起来的。这可分为下之三项述之。

（1）刘项并起，共事怀王。当陈胜吴广发难之时，凡被剥削的平民之领袖，以及被压迫的六国之后裔，一时起来作倒秦运动的，不知有多少。在这倒秦运动中，有两个特出的人物：一为项羽，一为刘邦。刘邦似为一自耕农。树立统治之后，却代表着地主阶级。他家里是有田的，他曾舍田不耕，出为泗上亭长（秦法十里一亭，十亭一乡；亭长即主亭之吏）。做亭长之时，也常告假回到田间。《史记》述其身世有曰：

> 高祖沛，（今江苏沛县）丰邑中阳里人。姓刘氏，字季，父曰太公，母曰刘媪。……高祖为人，仁而爱人，喜施，意豁如也。常有大度，不事家人生产作业。及壮，试为吏，为泗水亭长。……高祖为亭长时，常告归之田；吕后与两子居田中耨。[②]

就他父母的称谓之低，他自己职务之小，以及他家中生产作业之状各方面看，只能算是一优越之自耕农。他造反之时，虽代表着农民，但后来的统治却代表着地主。他当各方并起倒秦之时，也便乘机而起。他起而称乱的情形如下。当他做亭长时，他曾替县里送徒众往郦山。但在路上，徒众多逃跑了。他自料送到之时，一个个都会逃光，自己定不免要召大罪。于是决计造反。恰好这时，他本地方的长官沛令也正在准备响应陈胜、吴广等，但尚未完全决定。刘季乃乘机迫杀沛令，自为沛公，开始其倒秦兴

---

① 《史记·秦始皇本纪》。

② 《史记·高祖本纪》。

汉之大业。《史记》述其迫沛令之情形曰：

> 秦二世元年（公元前二〇九年）秋，陈胜等起蕲（今安徽宿州南），至陈而王，号为张楚。诸郡县皆多杀其长吏，以应陈涉。沛令恐，欲以沛应涉。掾主吏萧何、曹参乃曰："君为秦吏，今欲背之，率沛子弟，恐不听。愿君召诸亡在外者（系被秦所压迫而逃亡的），可得数百人，因劫众，众不敢不听。"乃令樊哙召刘季，季之众已数十百人矣。于是樊哙从刘季来。沛令后悔，恐其有变，乃闭城。城守欲诛萧、曹，萧、曹恐，逾城保刘季。刘季乃书帛，射城上，谓沛父老曰："天下苦秦久矣，今父老虽为沛令守，诸侯并起，今屠沛。沛今共诛令，择子弟可立者立之，以应诸侯，则家室完。不然，父子俱屠，无为也。"父老乃率子弟共杀沛令，开城门迎刘季，欲以为沛令。……于是刘季数让，众莫敢为，乃立季为沛公。……少年豪吏，如萧、曹、樊哙等皆为收沛子弟二三千人，攻胡陵方与，还守丰。[①]

刘邦之起，略如上述。现在且看项羽是怎样起的。项羽为残余的贵族之后，与从自耕农或地主阶级出身的刘邦截然两样。他的生平，以及他和他的叔父项梁起而倒秦的大略情形如下：

> 项籍者，下相人也，字羽；初起时，年二十四，其季父项梁。……项氏世世为楚将，封于项，故姓项氏。项籍少时，学书不成，去学剑；又不成，项梁怒之。籍曰："书足以记姓名而已；剑一人敌，不足学；学万人敌。"于是项梁乃教籍兵法，籍大喜，略知其意。……项梁杀人，与籍避仇于吴中。……秦二世元年（公元前二〇九年）七月，陈涉等起大泽中；其九月，会稽守通谓梁曰："江西皆反，此亦天亡秦之时也。吾闻先即制人，后则为人所制。……"梁乃召故所知豪吏，谕以所为，起大事；举吴中兵，使人收下县，得精兵八千人。……梁为会稽守（在令项籍斩会稽守通之后），籍为裨将，徇下县。[②]

这所说乃项氏叔侄最初起事之情形。此后为时不久，首先发难倒秦，自称楚王的陈胜，不甚得利，并且后来也就死了。于是项梁乃立往日楚怀

---

① 《史记·高祖本纪》。

② 《史记·项羽本纪》。

王之孙；仍为楚怀王，以资号召。此事据说出于范增的计划。范所持的理由曰：

> 夫秦灭六国，楚最无罪。自怀王入秦不反，楚人怜之至今。……今陈胜首事，不立楚后而自立，其势不长。今君起江东。楚蜂起之将皆争附君者，以君世世楚将，为能复立楚之后也。[①]

项梁以为这话很对，乃于民间求得一楚怀王之孙，其名为心，当时正为人牧羊；急忙之中，立为楚怀王，都盱眙(今安徽盱眙县)，以副民望。自己与刘邦共同服从此新立之王。

(2)争先入关，分地而守。二世三年(公元前二〇七年)，怀王见项梁军败，迁都彭城(今江苏徐州)。并徇赵人之请，以宋义为上将军，项羽为次将，范增为末将，北救赵，此外令沛公西略地入关。项羽北救赵。沛公西略地，目的都在入关，直捣秦之窠穴。于是在怀王前相与约定；谁先入关，谁便为王。结果沛公先入关，项羽以救赵稽时，入关较后。两人虽都入了关，而处置秦人之法，却截然两样。代表地主阶级之刘邦，似乎重在收拾人心。所以他到了咸阳，并无骚扰；除封存秦之宝物以外，随即还军霸上，并召诸县父老豪杰曰：

> 父老苦秦苛法久矣，诽谤者族，偶语者弃市。吾与诸侯约，先入关者王之。吾当王关中，与父老约法三章耳：杀人者死，伤人及盗抵罪。余悉除去秦法，吏人皆案堵如故。凡吾所以来，为父老除害，非有所侵暴无恐。吾所以还军霸上，待诸侯至而定约束耳。[②]

这办法是何等的客气。代表残余贵族的项羽，就不是这样了。其处置秦人的方法，似乎专重在报复。当其初抵函谷关之时，曾遭沛公拒绝入关，但因使黥布等努力攻击，毕竟破了函谷关进至咸阳。这时一切施措，与沛公绝异。《史记》曰：

> 项羽引兵西屠咸阳，杀秦降王子婴，烧秦宫室；火三月不灭，收其货宝妇女而东。人或说项王曰："关中阻山河，四塞；地肥饶，可都

① 《史记·项羽本纪》。
② 《史记·高祖本纪》。

以霸。”项王见秦宫室皆以烧残破，又心怀思欲东归，曰：“富贵不归故乡，如衣绣夜行，谁知之者。”①

这种处置，当然不是收拾残局的办法。不独不能收拾残局，且使秦人大失所望。这时项羽与沛公的实力，大约如下：项羽有兵四十万，号称百万；沛公有兵十万，号称二十万。沛公的兵，驻在霸上；项羽的兵，驻在新丰鸿门。项羽以入关较迟，照约不能王关中；又因咸阳宫室已被烧毁，自已复有荣归故乡之意；于是乘其优越的军事势力，东下支配一切。表面上尊怀王为义帝，实际上自己为所欲为，自立为西楚霸王，王梁楚等地，都于彭城(楚地原分三部，郢为南楚，吴为东楚，彭城为西楚)。更违约立沛公为汉王，王巴蜀汉中，都南郑。并分关中为三，使秦之三降将章邯司马欣董翳分别主持：邯为雍王，欣为塞王，翳为翟王。以牵制沛公。自已在彭城遥制。同时并把义帝迁到长沙之郴县。此外还有不少的侯王，是由他立的。灭秦之后，事情是这样处置下来了。一时政治重心，似乎集在项羽一身。

(3)地主阶级终得胜利。就上面这样处置，似乎毫无问题了。沛公既被项羽违约立为汉王，要迁至南郑，也便表示心悦诚服的样子，往南郑就国。在路上处处表示，无与项王争雄之意。每过一栈道(即阁道，险绝之处，傍凿山岩，而施版梁为阁)。就把它烧掉，以表示不再东下了。谁知这时项王之所作所为，诸多不符人望。最使人不能心服的，便是击杀义帝。于是原来由他立的许多侯王，也多预备要反叛他了。这样一来，便暗示汉王以东下活动的好机会了。这时韩信对汉王曰：

项羽王诸将之有功者，而王独居南郑，是迁也。军吏士卒，皆山东之人也，日夜跂而望归。及其锋而用之，可以有大功。天下已定，人皆自宁，不可复用。不如决策东乡，争权天下。②

这是最合时宜的话，汉王听了，自然高兴，于是决计东下。高祖二年(公元前二〇五年)初两月的时候，便已有如下之成绩。降服的侯王：塞王欣、翟王翳、河南王申阳都已降服了，韩王昌也被韩信所击破了，雍王章

① 《史记·项羽本纪》。

② 《史记·高祖本纪》。

邯之弟章平也被虏了。设置的郡治：陇西北地上郡渭南河上中地等都设置为郡，关外置河南郡。此外更悬赏招徕：凡带领万人或一郡来降者，封万户。广开禁地：故秦苑囿园池，都开放于大众。大赦罪人：凡有罪者赦之，以收人心。表示维新：于二年(公元前二〇五年)二月，除秦社稷，更立汉社稷。优礼来者：张耳来见，汉王厚遇之；汉王出关至陕，并曾亲自安慰关外父老。三月，南渡平阴津，至雒阳、新城，有三老董公[①]。把项王杀义帝的事情告诉于汉王；汉王闻之，袒而大哭，遂为义帝发丧，并派人告诸侯曰：

> 天下共立义帝，北面事之。今项羽放杀义帝于江南，大逆无道；寡人亲为发丧，诸侯皆缟素。悉发关内兵，收三河地(河南河东河内)，南浮江汉以下，愿从诸侯王击楚之杀义帝者。[②]

刘邦找到了这样一个好题目，自然更好活动了。此后汉王与项羽经过若干大战，互有胜负。最后把项羽逼至垓下(今安徽灵壁县南山下)，并结束了他的政治生命。计汉王大会兵于垓下之时，在四年(公元前二〇三年)七月。到十二月，项羽自刎于乌江(今安徽和州东北)。五年(公元前二〇二年)正月，汉王与群臣商量即皇帝之位的事。《史记》述之如次：

> 正月，诸侯及将相相与共请尊汉王为皇帝。汉王曰："吾闻，帝贤者有也；空言虚语，非所守也。吾不敢当帝位。"群臣皆曰："大王起微细，诛暴逆，平定四海，有功者辄裂地而封为侯王。大王不尊号，皆疑，不信，臣等以死守之。"汉王三让，不得已，曰："诸君必以为便便国家。"甲午，乃即皇帝位氾水之阳(氾水在今山东定陶县)。[③]

轰轰烈烈的倒秦运动，自二世元年(公元前二〇九年)始，至高祖五年(公元前二〇二年)终，足足地持续了七年之久。这一运动，为被剥削的贫苦农民所发端，为被屈服的残余贵族所继承，为支配社会的地主阶级所利用。农民倡始之，以作生存竞争；贵族继承之，以作报复手段；地主利用

---

① 《史记·正义》称，《百官表》云：十里一亭，亭有长；十亭一乡，乡有三老，掌教化，皆秦制也。

② 《史记·高祖本纪》。

③ 《史记·高祖本纪》。

之，以收最后成果，确立集权帝国。集权帝国之要求，始于春秋时代；到战国时，机会渐渐成熟；到秦始皇时，乃得一度实现；到汉初乃完全确立。秦汉帝国与罗马帝国相当，同是统一并立之诸部族的结果。

布衣将相之局　自春秋战国以来，地主与商人，都已渐渐抬头，渐渐展示政治力量。但秦的集权帝国中，商人势力特别大。汉时情形便不同了。在汉的集权帝国中，地主是有很大力量的。史家所谓布衣卿相之局，实际上就是地主阶级树立政权之局。赵翼论汉初布衣将相之局曰：

> 汉初诸臣，惟张良出身最贵，韩相之子也。其次，则张苍，秦御史；叔孙通，秦待诏博士；次则萧何，沛主吏掾；曹参，狱掾；任敖，狱吏；周苛，泗水卒；史传宽，魏骑将；申屠嘉，材官。其余陈平、王陵、陆贾、郦商、郦食其、夏侯婴等皆白徒。樊哙，则屠狗者；周勃，则织薄曲吹箫给丧事者；灌婴，则贩缯者；娄敬，则挽车者。一时人才皆出其中，致身将相，前此所未有也。盖秦汉间为天地一大变局。自古皆封建诸侯，各君其国；卿大夫亦世其官；成例相沿，视为固然。其后积弊日甚，暴君荒主，既虐用其民，无有底止；强臣大族，又篡拭弑相仍，祸乱不已。再并为七雄，益务战争，肝脑涂地，其势不得不变。而数千年世侯世卿之局，一时亦难遽变；于是先从在下者起。游说，则范睢、蔡泽、苏秦、张仪等徒步而为相；征战，是孙膑、白起、乐毅、廉颇、王翦等白身而为将；此已开后世布衣将相之例。而兼并之力尚在，有国者天方假其力以成混一，固不能一旦扫除之，使匹夫而有天下也。于是从秦皇尽灭六国，以开一统之局。使秦皇当日发政施仁，兴民休息，则祸乱不兴；下虽无世禄之臣，而上犹是继体之主也。惟其威虐毒痡，人人思乱；四海鼎沸，草泽竞奋。于是汉祖以匹夫起事，角群雄而定一尊；其君既起自布衣，其臣亦自多亡命无赖之徒，立功以取将相，此气为之也。天之变局，至是始定。然楚汉之际，六国各立后，尚有楚怀王心、赵王歇、魏王咎、魏王豹、韩王成、韩王信、齐王田儋、田荣、田广、田安、田市等。即汉所封功臣，亦先裂地以王彭、韩等，继分国以侯绛灌等盖人情习见前世封建之故事，不得而遽易之也。乃不数年，而六国诸王皆败灭；汉所封异姓王八人，其七人亦皆败灭。则知人情犹狃于故见，而天意已另换新局，故除之易易耳。而是时尚有分封子弟诸国；迨至七国反后，又严

> 诸侯王禁制；除吏皆自天朝，诸侯王惟得食租衣税，又多以事失侯。于是三代世侯世卿之遗法，始荡然净尽，而成后世选举科目杂流之天下矣，岂非天哉。[①]

这一大段所说的，只一个事实：即封建时代的贵族统治，被集权时代的地主统治所替代是也。这种事实，无论新史家或旧史家，都不能否认。历史的演变，如何演变到能发生这样的替代情形的呢？一言蔽之曰：由于长时期的经济的发展，新阶级的得势与旧阶级的没落。汉祖一辈人初虽以农民为号召，推倒秦制；但其统治却是便利新兴之地主的。这于下章可见。

① 《二十二史劄记》卷二。

第五章 集权帝国之制度

集权帝国既经成立了，巩固这帝国的诸制度也随着兴起来。兹举下之四例，也就可以看出：凡制度之成立，都是与整个历史之发展相依的，并不是离开历史之完整统一体而独立发展。所谓四例，即：郡县制，刑法制，诠选制，土地制是也。

一 郡县制之确立

由封建到郡县 周初设置许多封国，封国之君的来历，或为功臣，或为先圣之后，或为同姓的亲属。封国之君的等级，或为公，或为侯，或为伯，或为子与男。封国之君所领的土地，就是周人所继续征服之地。封国之君对于周天子的关系，在政治方面，有所谓"朝"，即封君朝见天子之意。在经济方面，有所谓"贡"，即封君进贡于天子之意。这两种关系，是很疏淡的。实际上封君之所作所为完全独立，与周天子几乎毫不相干。这种办法，人多以为是出于周天子"公天下"之心，同时且可以夹辅周室。其实这只是天下尚未完全统一之证，只是统治权未能完全树立之证。后来经济发达，借封国之收入为生的贵族，逐渐被新经济的奢侈生活所腐蚀，主持封国的能力，也渐渐丧失了。而新经济所产生之新阶级，如地主，如工商业者，则在贵族没落之过程中，逐渐抬起头来。经过新阶级之长期的创造，乃造成一完整的集权帝国。新阶级既已代替了贵族的地位，统一的集权帝国也就代替了并立的许多封国。这种替代作用告终，向来并立的许多封国乃不得不化成郡县，直隶于皇帝管辖之下。这趋势是自然的，不能违反。秦始皇二十六年(公元前二二一年)，初统一六国；当时仍有不识时务的人，主张在六国之旧土地内，设置王侯，分封诸子。这真是开倒车。只有李斯看清了历史的趋势，毅然主张郡县之制，《史记》曰：

> 始皇二十六年(公元前二二一年)，丞相绾等言："诸侯初破，燕齐荆地还，不为置王，毋以填之。请立诸子，唯上幸许。"始皇下其议于群臣，群臣皆以为便。廷尉李斯议曰："周文武所封子弟同姓甚众。然后属疏还，相攻击如仇雠；诸侯更相诛伐，周天子弗能禁止。今海内赖陛下神灵，一统，皆为郡县；诸子功臣，以公赋税重赏赐之，甚足，易制；天下无异意，则安宁之术也。置诸侯不便。"始皇曰："天下共苦战斗不休，以有侯王。赖宗庙，天下初定，又复立国，是树兵也。而求其宁息，岂不难哉？廷尉议是。"分天下以为三十六郡。[①]

秦郡凡四十八　自从《史记·秦始皇本纪》称始皇二十六年从廷尉李斯之议，分天下为三十六郡以来，凡研究秦郡的，有两种说法。一说以为三十六郡，就是有秦一代之郡数，不过由史家加以追记而已。另一说以为秦代的郡数，并不止始皇二十六年所分之数，后来实在还有不少的增加。据王国维的考订，秦郡实有四十八。王之结论曰：

> 秦郡当得四十有八。秦以水德王，故数以六为纪。二十六年，始分天下为三十六郡；三十六者，六之自乘数也。次当增置燕、齐六郡，为四十二郡；四十二者，六之七倍也。至三十三年，南置南海、桂林、象郡，北置九原；其于六数不足者二，则又于内地分置陈、东海二郡，共为四十八郡；四十八者，六之八倍也。秦制然也。[②]

秦人置郡，未必定要配成六之七倍，或六之八倍。所谓四十二，四十八云云，只可视为巧合。秦的四十八郡，可分成三大组。秦之故地为一组，这组共有六郡，即汉中、蜀郡、巴郡、陇西、北地、上郡是也。取之胡越的为一组，这组也有六郡，即会稽、闽中、南海、桂林、象郡、九原(九原在北，实取之于胡)是也。六国之旧地为一组，这一组中，楚之旧地置有八郡，即南郡、九江、泗水、东海、长沙、薛郡、黔中、陈郡是也。赵地八郡，即太原、上党、钜鹿、云中、雁门、代郡、邯郸、河间是也。燕地六郡，即上谷、渔阳、右北平、辽东、辽西、广阳是也。广阳是增置的。齐地七郡，即齐郡、琅玡、胶东、胶西、济北、博阳、城阳是也。胶东以次

---

① 《史记·秦始皇本纪》。

② 王国维：《观堂集林·秦郡考》。

五郡是增置的。韩魏两地共七郡，河东、三川、东郡、颍川、南阳、定陶、砀郡是也。

郡县制之确立 支配社会的主要阶级，既被经济的大力所推动，由贵族或世卿转移到了地主或“布衣”，政治的形式，也被经济的大力所推动，由封建制度转移到了集权制度。同时行政的区域，更被经济的大力所推动，由独立的许多封国转移到了直辖于中央的郡县。郡县制之成立，乃历史之完整统一体内不得不然的事情。不过事情虽出于不得不然，其发展却是波动的，经过了许多曲折。细数其发展的经过，可得五阶段：(1)郡县制之酝酿。春秋战国两个时代，正是各国贵族逐渐没落的时代。贵族的没落，本是由于新经济的侵蚀。但在形式上，其没落之顷，或由于别国较强的贵族之征服，或由于本国较高的贵族之处分。某一贵族没落了，即于其地设县，是最自然的事。《通典》之言曰：

> 春秋时，列国相灭，多以其地为县；则县大而郡小。故《传》云：“上大夫受县，下大夫受郡。”……至于战国，则郡大而县小矣。[①]

这可见郡县制在秦前早已酝酿着。(2)郡县制之初度完成。在秦以前，各国因事实上的需要，一定设置了很多郡县。这些郡县，可称之为事实上的(de facto)郡县。秦始皇统一六国，设置郡县，不过完成历史之发展而已。秦的四十八郡，是历史发展的成果，可称为法理上的(de jure)郡县。(3)封建制之一度复活。秦帝国于二世三年(公元前二〇七年)瓦解之后，六国残余贵族之唯一代表楚项羽曾一度得势。当其定都彭城，称西楚霸王之时，竟设置了十八个王国。其国与王之名如下：汉刘邦，雍章邯，塞司马欣，翟董翳，常山张耳，代赵王歇，齐田都，济北田安，胶东田市，燕臧荼，辽东燕王韩广，魏魏王豹，殷司马卬，韩韩王成，河南申阳，九江黥布，衡山吴芮，临江共敖。又雍、塞、翟合称三秦，齐、济北、胶东合称三齐。当楚汉相争之初，项羽代表残余贵族，刘邦代表新兴地主。地主阶级之政策似乎偏重在创新制以适应事实上的需要。贵族阶级之政策，似乎偏重在复旧仇，故赶快恢复封建。(4)封建与郡县的折衷办法。刘邦代表的是地主阶级。地主阶级在当时已发展到能支配社会的地位了，适合贵族的封建制，

① 杜佑：《通典》职官一五。

于他们已不中用，他们应该完全行郡县制。但他们以误谬的历史见解一时未能肃清之故，总以为秦之灭亡，是由于孤立无援，由于未能封建亲戚以为辅佐。于是一面行郡县制，一面又行封建制。封建的国家有燕、代、齐、赵、梁、楚、荆、吴、淮南、长沙等，这是天子直辖的畿辅之外的地方。至若天子直辖的所谓畿辅，汉初的时候有陇西、北地、上郡、云中、河东、河南、河内、东郡、颍川、南阳、南郡、汉中、巴郡、蜀郡、内史等十五郡。《汉书》称：

> 汉兴之初，海内新定，同姓寡少；惩戒亡秦孤立之败，于是剖裂疆土，立二等之爵(一曰王，二曰侯。天子之子受封者称诸侯王，即是王爵之例。诸侯王之子受封者称诸侯，群臣异姓因功受封者称彻侯，都是侯爵之例)。功臣侯者百有余邑。尊王子弟，大启九国。自雁门以东，尽辽阳，为燕代。常山以南，太行左转，度河济，渐于海，为齐赵。穀泗以往，奄有龟、蒙，为梁、楚。东带江、湖，薄会稽，为荆、吴。北界淮濒，略庐衡，为淮南。波汉之阳，亘九嶷，为长沙(此属异姓的吴芮，非九国之列)。诸侯比境，周帀三垂，外接胡越。天子自有三河、东郡、颍川、南阳，自江陵以西，至巴、蜀，北自云中至陇西，与京师内史，凡十五郡。公主列侯，颇邑其中。而藩国大者，夸州兼郡，连城数十。①

(5)由封建制之铲除，到郡县制之确立。汉之被封者有同姓，也有异姓。但异姓拥地自雄，有不利于刘氏之举。于是高祖末年，乃立下“非刘氏而王者……天下共诛之”②的限制。但后为吕后临朝，极图削除刘家势力，培植吕家势力，乃“杀高祖子赵幽王友，共王恢，及燕灵王建。遂立周吕侯子台为吕王，台弟产为梁王，建城侯释之子禄为赵王，台子通为燕王。”③吕台、吕产、吕禄、吕通都封了王，吕家势力坐大，“非刘不王”的限制打破，这算是刘家的大不幸。直到吕后八年(公元前一八〇年)病殁之时，朱虚侯刘章，大尉降侯勃等才起来削除吕家势力，“悉捕诸吕男女，无少长，皆斩之”。

---

① 《汉书·诸侯王表序》。

② 《史记·汉兴以来诸侯年表序》。

③ 《汉书·外戚传》。

吕家势力，虽经削除；然封建割据之局的本身，并未打破。当时诸侯，"小者淫荒越法，大者睽孤横逆"。[①] 文景的时候，"流民既归，户口亦息；列侯大者至三四万户；小国自倍，富厚如之。子孙骄逸，忘其先祖之艰难，多陷法禁"。[②] 这样的情形，直到汉武帝元封五年(公元前一〇六年)才完全肃清。其肃清的经过：始则有文帝时贾谊的削地分封之议。其主张之大略曰：

> 欲天下之治安，莫若众建诸侯而少其力。力少则易使以义；国小则无邪心。令海内之势如身之使臂，臂之使指，莫不制从。诸侯之君，不敢有异心。……割地定制，令齐、赵、楚各为若干国。使悼惠王、幽王、元王之子孙，毕以次各受祖宗之分地，地尽而止；及燕梁他国皆然。[③]

王国最大，不易驾驭。倘能将每一王国分成若干侯国，那自然好支配些。但贾谊的办法，文帝未能实行。其次景帝用晁错削藩之议，平定吴、楚等七国。其平定的情形如下：

> 三年(公元前一五四年)春，正月，吴王濞，胶西王卬，楚王戊，赵王遂，济南王辟光，菑川王贤，胶东王雄渠皆举兵反。……遣遂，济南王辟光，菑川王贤，胶东王雄渠皆自杀。[④]

末了武帝用主父偃推恩之议，毕竟能削弱宗室，使封建成为有名无实的东西。贾谊的主张，重在分王国为侯国；晁错的主张，在用武力削平割据之局；主父偃的主张，则在把由王国分出的侯国，再加分裂，同时且以推恩为名。其言曰：

> 古者诸侯地不过百里，强弱之形易制。今诸侯或连城数十，地方千里；缓则骄奢，易为淫乱；急则阻其强，而合从以逆京师。今以法削除，则逆节萌起。前日晁错是也。今诸侯子弟或十数，而适嗣代立。余虽骨肉，无尺地之封，则仁孝之道不宣。愿陛下令诸侯得推恩分子

---

① 《汉书·诸侯王表序》。

② 《汉书·高后高惠孝文功臣表序》。

③ 《汉书·贾谊传》。

④ 《汉书·景帝纪》。

弟以地侯之。彼人人喜得所愿，上以德施，实分其国，必稍自削弱矣。[1]

这样一来，封建便成为有名无实的东西了。但当时国与郡仍相间并立，统称郡国。其上有部（当时有十三部，即畿辅的司隶校尉部，与豫、冀、兖、徐、青、荆、扬、益、凉、并、幽、交等十二州的州刺史部），其下有县。后来国数渐少，郡数渐增，同时刺史的实权也更扩大了。于是以州统郡，以郡统县，成后来地方制度三级制之雏形（唐之三级：道，府州，县；宋之三级：路，府州，县；元、明、清之三级：省，府州，县；民国之三级：省，道，县；近则将道废去成二级制）。州有刺史，郡有郡守，县有县令。郡县之制，经过如此之多的波折，乃完全确立。

二　刑法制之严明

集权帝国既已成立了，于是过去各自为政的许多封国，亦随着变而为受制于中央的州，郡，县。关于州郡县，在上面郡县制之确立节中讲过了。现在且来讲刑法制。郡县是集权帝国所统治的区域，刑法乃是用来发挥统治作用的手段。这手段是与集权帝国之发展相应的。秦汉时代，集权帝国渐见确立，这手段也渐见完备。

秦之刑法制　这可分为下之三项来说明。(1)法治的需要。这里所谓刑法制，界限并未严定；不过是为行文方便及说明集中而用的名词，其意义有时为刑罚，有时为法治。法治的要求，首由于经济的发展。因社会一般的经济发展了，社会关系随着复杂起来。社会关系复杂了，次序的维持，便没有往日那末容易：往日的“德”与“礼”等，渐渐失去作用，而发生“法”的要求，这是一事。其次由于社会关系的变动。在一般的经济发展过程之中，贵族被奢淫生活所侵蚀，而逐渐腐化，逐渐没落；工商地主等阶级便随着各自的业务之兴起而兴起了。社会关系既然这样变了，则旧有的维持社会次序的方法，自不得不变。旧阶级所用之方法，自不能合新阶级之用。这是又一事。管仲治齐，倡行法治，完全由于齐国工商业发达较早，事实上有了法治的要求。卫鞅治秦，倡行法治，也因习见山东诸国都有法治的

① 《汉书·主父偃传》。

要求了，乃先事而为之备。到秦汉之时，法的要求更迫切了。不过秦人用法，因正值集权帝国初度成立之时，未免过于残酷。汉人用法，似乎稍稍纠正了这个倾向。

(2)秦帝之重法。法之要求，既已十分迫切，那么注重法治，正是事理之必然。所以秦始皇假口于所谓五德终始的神秘之说，而行法治。《史记》曰：

> 始皇推终始五德之传，以为周得火德，秦代周德，从所不胜。方今水德之始……则毅戾深，事皆伏于法。深刻，毋仁恩和义，然后合五德之数。于是急法，久而不赦。①

用法治的目的，在乎使社会有次序，并使次序能稳定。始皇时代，社会次序，大概也勉强维持了一时。二十八年(公元前二一九年)琅邪台石刻有曰：

> 皇帝之明，临察四方。尊卑贵贱，不逾次行。奸邪不容，皆务贞良。细大尽力，莫敢怠荒。……节事以时，诸产繁殖。黔首安宁，不用兵革。六亲相保，终无寇贼。②

这是歌功颂德之文，不足凭信。不过秦之集权帝国，的确树立起来了一度。其用严格的刑与法，代替贵族时代的德与礼，以收拾战国以来混沌之局，使社会稍上轨道，自是可能的事。三十七年(公元前二一〇年)会稽石刻有曰：

> 运理群物，考验事实；各载其名。贵贱并通，善否陈前，靡有隐情。饰省宣义，有子而嫁，倍死不贞。防隔内外，禁止淫佚，男女絜诚。夫为寄豭，杀之无罪，男秉义程。妻为逃嫁，子不得母，咸化廉清。大治濯俗，天下承风，蒙被休经。皆遵度轨，和安敦勉，莫不顺令。③

以上两段，都是讲的次序。社会一般的次序，倘真能如上面所说，那

---

① 《史记·秦始皇本纪》。

② 《史记·秦始皇本纪》。

③ 《史记·秦始皇本纪》。

与战国时代的混乱之局，当然不同。秦帝纵未能完全造成如上所说的优良之次序，但既能统一六国，则封六国时之腐败情形，一定纠正了不少。

(3)严刑主义。就办法之有一定而言，曰法治(自然不是现代所称的法治)，而实现其一定之办法的手段，便在刑罚。秦时法令出一。而使法令有效的，便有各种刑罚。其名称亦极多：有榜掠，鬼薪[①]，黥为城旦，[②]，谪，籍没，连坐，弃市，戮，腰斩，车裂，阬，磔，凿颠，抽胁，镬烹，戮尸，枭首，具五刑[③]，族，夷三族(父族，母族，妻族也)，等等。

汉之刑法制　(1)汉之刑法，较秦稍宽。秦帝国是从极端腐化的贵族混战之局中创造出来的，其性质与封建制完全相反。贵族时代用以维持社会次序的有名无实之礼治，完全用严格的刑法制代替，结果流于“刻削毋仁恩和义。”[④]论者且以秦法太严为其亡国之一原因。贾谊谓秦“置天下于法令刑法，德泽亡一有，而怨毒盈于世，下憎恶之如仇雠”。[⑤] 汉高祖以得地主阶级之拥护而完成统治，便首先纠正了秦的这个错误。其入关告谕曰：

> 父老苦秦苛法久矣，诽谤者族，偶语者弃市。吾与诸侯约，先入关者王之；吾当王关中，与父老约法三章耳：杀人者死，伤人及盗抵罪；余悉除去秦法，诸吏人皆案堵如故。[⑥]

又《汉书·叔孙通传》亦称“高帝悉去秦仪法，为简易。”秦时遗下的残酷之刑，汉亦废去不少。如族诛，肉刑，宫刑，磔刑等曾废除。《汉书·高后纪》称：“诏曰：前日孝惠皇帝言欲除三族辠妖言令，议未决而崩，今除之。”又《汉书·刑法志》述文帝之言曰：“盖闻有虞氏之时，画衣冠，异章服以为戮，而民弗犯，何治之至也！今法有肉刑三(孟康曰：黥劓二，刖左右趾一，凡三也)。而奸不止，其咎安在？……《诗》曰：‘恺弟君子，民之父母。’今人有过，教未施，而刑已加焉！或欲改行为善，而道无繇至，朕甚

---

① 《史记·秦始皇本纪》称：“轻者为鬼薪。”《集解》引应劭之语曰：取薪给宗庙，为鬼薪也。

② 《史记·秦始皇本纪》称：“轻者为鬼薪。”《集解》引应劭之语曰：取薪给宗庙，为鬼薪也。“三十四年，令下三十日不烧，黥为城旦。”《集解》引如淳之语曰：律说论决为髡钳输边筑长城。昼日伺寇虏，夜暮筑长城。

③ 《汉书·刑法志》云：当三族者，皆先黥，劓，斩左右趾。笞杀之，枭其首，菹其骨肉于市。其诽谤詈诅者又先断舌。故谓之具五刑。

④ 《史记·秦始皇本纪》。

⑤ 《容斋续笔》卷五《秦隋之恶》。

⑥ 《史记·秦始皇本纪》。

怜之。夫刑至断体，刻肌肤，终身不息，何其刑之痛而不德也！岂为民父母之意哉？其除肉刑。"又《通考·刑考二》称"景帝元年，诏言孝文帝除宫刑。"又《汉书·景帝纪》称："中元二年，改磔曰弃市。"[①]凡此都足以证汉之刑法，较秦稍宽。不过宽虽宽矣，却不是不完备，这可于下文中见之。

(2)汉律之完备。汉之刑法，较秦稍宽，这原是地主阶级得势时必要的政策。但巩固统治，依然要有很完备的工具才行，因此便有很详密的汉律出现。

> 汉兴，高祖初入关，约法三章曰："杀人者死，伤人及盗抵罪"，蠲削繁苛。……其后……三章之法不足以御奸，于是相国萧何捃摭秦法，取其宜于时者，作律九章。[②]
>
> 律……起自魏文侯师李悝，撰次诸国法，著《法经》……六篇而已。……商君传习以为秦相。汉承其制，萧何定律，降参夷连坐之罪，增部主见知之条。益《事律》《擅兴》《厩户》三篇，合为九篇。叔孙通益律所不及《傍章》十八篇；张汤《越宫律》二十七篇；赵禹《朝律》六篇；合六十篇。又汉时决事，集为令甲以下三百余篇(《汉书·宣帝纪》地节四年。令甲注，文颖曰：萧何承秦法，所作为律令，《律经》是也。天子诏所增损，不在律上者为令。如淳曰：令有先后，故有令甲，令乙，令丙。师古曰：若今之第一第二篇耳)。[③]

由《汉书·刑法志》及《通典》之文看求，可知汉律颇详密。这是集权帝国巩固统治的必要手段，同时也是集权帝国之一大成功。

三 诠选制之复杂

支配帝国之主要势力，既是地主；地主既有如此大之支配力量，则如何聚集地主中之精华，造成强有力之统治，便是一重要问题。汉时解决这问题，有几种制度，值得注意。一曰学校制，二曰博士弟子制，三曰选举制。

汉之学校制 地主中不少俊秀的人物，倘选拔出来，加以训练，便可

---

① 《注》云，应劭曰：先此诸死刑皆磔于市。改曰弃市，自非妖逆，不复磔也。

② 《汉书·刑法志》。

③ 《通典·刑一》。

成为专材，分担政治任务。汉时训练人材的学校，有地方与中央之分。(1)中央有太学。这在汉武帝时才兴建，且倡始于董仲舒。仲舒之言曰：

> 养士……莫大乎太学。太学者，贤士之所关也，教化之本原也。今以一郡一国之众，封，亡应书者，是王道往往而绝也。臣愿陛下兴太学，置明师，以养天下之士；数考问，以尽其材；则英俊宜可得矣。[①]

这说的影响真不小。所以“孝武初立，遂畴咨海内，举其俊茂，与之立功，兴太学”。[②]

(2)至于地方，则有郡国学等。“平帝元始三年(公元三年)，立学官，郡国曰学，邑侯国曰校……乡曰庠，聚曰序。”[③]这可见汉时地方学校有普遍设立之倾向。汉时首创地方教育的人物，当推文翁。

> 文翁为蜀郡守，仁爱好教化；见蜀地辟陋，有蛮夷风；文翁欲诱进之。乃选郡县小吏，开敏有材者张叔等十余人；亲自饬属，遣诣京师，受业博士。或学律令。……数岁，蜀生皆成就还归。文翁以为右职，用次察举官，有至郡守刺史者。又修起学官于成都市中，招下县子弟，以为学官弟子；为除更繇。高者以补郡县吏，次为孝弟力田。常选学官僮子，使在便坐受事。每出行县，益从学官诸生明经饬行者与俱，使传教令，出入阁闺。县邑吏民，见而荣之。数年，争欲为学官弟子。富人至出钱以求之。由是大化。蜀地学于京师者，比齐鲁。至武帝时，乃令天下郡国皆立学校官，自文翁为之始。[④]

蜀地是落后的地方，可以大化，使之比得上齐鲁，自是进步；其他更进步的地方，学校教育之盛，可想而知。

博士与弟子　(1)博士。在学校未兴以前，早就有了博士。博士之职，据说在六国末年就有了，秦依成例设置。汉兴，又因秦制，员数多至数十人。《汉书·百官公卿表序》云：“博士秦官，掌通古今，员多至数十人。”又

---

① 《汉书·董仲舒传》。

② 《汉书·武帝纪赞》。

③ 《汉书·平帝纪》。

④ 《汉书·文翁传》。

《大唐六典》卷二十二国子博士《注》引《汉官仪》云："文帝博士七十余人。"这些博士，原来不过保存过去的经验之人，与所谓"经学"，并无必然关系。王国维云：

> 此汉初之制；未置《五经》博士前事也。员数与秦略同，亦不尽用通经之士，如高帝二年(公元前二〇五年)，即以叔孙通为博士；通非专经之士也。又文帝时，齐人公孙臣上书陈《终始五德传》；文帝召以为博士，臣亦非专经之士也。①

后来就不同了，博士之立，以《经》为准。武帝"建元五年春，置《五经》博士。"②以《经》为准，则博士之数，当不能很多，以天下通《经》之人，到底有限也。宣帝末年，算是增到了最多数，同时也只有十二人。《百官公卿表序》云："宣帝黄龙元年(公元四九年)，增员至十二人。"直到后汉初年，再行增加，也还只十四人。《续汉书·百官志》云："博士十四人。"《注》曰："《易》四：施、孟、梁邱、京氏；《尚书》三：欧阳大小夏侯氏；《诗》三：鲁、齐、韩氏；《礼》二：大小戴氏；《春秋》二：公羊严颜氏。"

(2)博士弟子。博士在六国及秦时，就已经有弟子了；汉兴仍之，武帝特为博士置弟子五十人。其置弟子之理由，只有一个，即从地主中选拔俊秀，使地主阶级与政府联成一气是也。武帝元朔四年(公元前一二五年)夏六月诏曰：

> 盖闻导民以礼，风之以乐。今礼坏乐崩，朕甚闵焉。故详延天下方闻之士，咸荐诸朝。其令礼官劝学，讲议洽闻，举遗兴礼，以为天下先。太常其议予博士弟子，崇乡党之化，以厉贤材焉。③

这是站在政府的立场，讲设置博士弟子之用意及必要的话，至关于博士弟子之资格，《儒林传》曰：

> 丞相御史言，请为博士官置弟子五十人，复其身。太常择民，年十八以上，仪状端正者，补博士弟子。郡国县官有好文学，敬长上，

---

① 《观堂集林·汉博士考》。

② 《汉书·武帝纪》。

③ 《汉书·武帝纪》。

肃政教，顺乡里，出入不悖；所闻，令相长丞上所属二千石。二千石谨察可者常与计偕诣太常，得受业如弟子。[①]

置博士弟子之用意及博士弟子之资格，略如上述。至若弟子之人数，则是随时陆续增加的。

昭帝时增弟子员满百人，宣弟时增倍之；元帝好儒，能通一经者皆复；数年，以用度不足，更为设员千人。成帝末，或言孔子布衣，养徒三千人；今天子太学弟子少；于是增弟子员三千人。[②]

三千人，还不算多。后汉时且有三万余人。《后汉书·党锢传》称："太学诸生三万余人。"这可以说是地主阶级的黄金时代了。

(3)博士的职责。博士的主要职责，当然在教授弟子。但此外有时也奉使。随便举几个实例如下：

元狩六年(公元前一一七年)夏，遣博士大等六人分循行天下。[③]

建昭四年(公元前三五年)，临遣谏大夫博士赏等二十一人循行天下。[④]

河平四年(公元前二五年)，遣光禄大夫博士嘉等行举濒河之郡，水所伤，贫乏不能自存者。[⑤]

阳朔二年(公元前二三年)秋，关东大水，流民欲入函谷、天井、壶口、五阮关者勿苛留，遣谏大夫博士分行视。[⑥]

有时也议政，随便举几个实例如下：

文帝召贾谊为博士，每诏令议下，诸老先生未能言，谊尽为之对。[⑦]

后元年(公元前一六三年)诏曰："间者数年，岁比不登，又有水旱

---

① 《汉书·儒林传》。

② 《汉书·儒林传》。

③ 《汉书·武帝纪》。

④ 《汉书·元帝纪》。

⑤ 《汉书·成帝纪》。

⑥ 《汉书·成帝纪》。

⑦ 《汉书·贾谊传》。

疾疫之灾，朕甚忧之。其与丞相列侯吏二千石博士议之。有可以佐百姓者，率意远思，无有所隐。"①

元朔元年(公元前一二八年)冬十一月，诏曰："朕深诏执事兴廉举孝；今阖郡而不举一人；其与中二千石礼官博士议不举者罪。"②

以上两类之例，王国维《观堂集林·汉博士考》一篇举得极多。这里为节省篇幅，只转录上面这几个；但也可以概见一般了。博士之职责，综括说来，其最要者为(1)教授弟子，(2)奉使循行，(3)奉命议政，(4)专议典礼。专议典礼，是光武中兴以后的情形。

选举之制度 学校是培植地主阶级中之优秀分子的；博士与博士弟子，都出自地主阶级，不过一则教授弟子，兼出使议政等职，似有官员意味；另一则尚只是预备的人材。汉之统治既由地主撑支，选拔地主中之优秀分子，尚有更详细的办法。依选拔的标准而言，可得三类。(1)以有学问而被选的为一类。高祖十一年(公元前一九六年)下诏选拔人才，即系以明白律法为标准。其诏曰：

贤士大夫，既与我定有天下，而不与我共安利之可乎？有肯从我游者，吾能尊荣之。以布告天下。其有称明法者，御史中执法下郡守，必身劝勉，遣诣丞相府，署其行义及年。有其人而不言者免官。③

以明白一种专门学问而被选的，当不在少数。上述的系以明法为标准；此外有以明经为标准的。如《汉书·龚遂传》称："龚遂以明经为官。"《袁安传》称："袁安举明经为太子舍人。"《召信臣传》称："召信臣以明经甲科为郎。"《通考》更云：

孝平五年(公元五年)，召天下通知逸经，古记，天文，历算，钟律，小学，史篇，方术，本草，及以五经，《论语》《孝经》《尔雅》教授者，在所为驾一封轺，传遣诣京师。至者数千人。④

其次(2)以有道德而被选的为一类。孝文十二年(公元前一六八年)诏曰：

---

① 《汉书·文帝纪》。
② 《汉书·武帝纪》。
③ 《通典·选举一》。
④ 《通考·选举考一》。

孝，悌，天下之大顺也；力田，为生之本也；……廉吏，民之表也。朕甚嘉此二三大夫之行。今万家之县，云无应令，岂实人情？是吏举贤之道未备也。其遣谒者劳赐……孝者，……悌者，……力田，……廉吏。[①]

促成这样的选举，董仲舒大概出了不少的力。《汉书·董仲舒传》称：

董仲舒曰："臣愚，以为使诸列侯郡守二千石各择其吏民之贤者岁贡各二人。"故州郡举茂材孝廉，皆自仲舒发之。

又其次(3)以有非常之材干而被选的为一类。元封五年(公元前一〇六年)诏曰：

盖有非常之功，必待非常之人。故马或奔踶而致千里，士或有负俗之累而立功名。夫泛驾之马，跅弛之士，亦在御之而已。其令州郡察吏民有茂材异等，可为将相及使绝国者。[②]

上述三类的选拔，都是凭地方官的推荐。推荐之外，尚有"对策"与"射策"的两种方法。对策之法，即选拔者方面发策问，被选拔者作答案；凭其答案之优劣，以定中选与否。

元光元年(公元前一三四年)五月诏贤良曰："……贤者明于古今王事之体；受策察问，咸以书封。……朕亲览焉。"于是董仲舒、公孙弘等出焉。[③]

武帝即位，举贤良文学之士，前后百数。而董仲舒以贤良对策，天子览其对而异焉，乃复策之。对毕，复策之；遂以为江都相。[④]

射策之法，就颜师古的解释看，似与对策差不许多，大概是与对策大同小异的方法。《汉书·儒林传》称："武帝立《五经》博士，开弟子员，设科射策，劝以官禄。"注文引颜师古之言曰：

---

① 《汉书·文帝纪》。
② 《汉书·武帝纪》。
③ 《汉书·武帝纪》。
④ 《通考·选举考六》。

射策者，谓为问难疑义，书之于策。量其大小，置为甲乙之科；列而置之，不使彰显。有欲射者，随其所取而释之，以知优劣。射之言，投射也。

四　土地制之畸形

土地之私有　集权帝国所统治的行政区域为郡县，用以统治的手段有刑法；统治所需的人才，可从地方阶级中选拔；至于统治的作用，则维持畸形的土地私有制，乃最重要之一端。土地私有制发达到极端，地主阶级之势力较其他任何阶级为大。下一篇里所谓封建势力，实以地主阶级支配政治，社会，学术，思想等的支配作用，为其核心。周末以贵族为中心的封建间架废了；秦汉后以地主为中心的封建势力乃逐渐抬头。

土地私有之制，大概在春秋时代，就在开始酝酿。鲁宣公十五年初税亩，恐怕就是在那年，向来所谓借民之力而耕公田的“借法”，不中用了；于是另采按亩征税的新办法。税既按亩征收，则出税之土地，恐怕已归私人所有了。战国时代，料是私有制发展最快的时代。当时贵族逐渐没落，其土地逐渐转入私人手里，形成固定的财产；于是有新兴地主，逐渐代替贵族之地位，以支配社会。举实证说，类似户籍与田册之类的东西，战国时代，似已有了。《管子》(战国时代之书)《禁藏篇》曰：“夫叙钧者，所以量多寡也。权衡者，所以视重轻也。户籍田结者，所以知贫富之不赀也。”户籍田结……贫富”云云，定系土地私有制下之事物及现象。又《史记·苏秦列传》述苏秦之言曰：“使我有负郭二顷田，吾岂能佩六国相印乎?”从这句话的反面看去，可知当时土地私有制很发达，私有的思想很流行。至若卫鞅相秦，实行“废井田，开阡陌”，那正是适应时代之需要的简捷办法。朱子说这是“除禁限，而听民兼并买卖，以尽人力”(参看前面第四章第二节)。这话可以表出当时实情。盖贵族已经没落完了，地主与工商阶级正在活跃，把土地来“兼并买卖”，是很寻常的事了。历秦至汉，兼并买卖的结果，竟把整个社会造成了贫富悬殊的两极端。

贫富之悬殊　秦汉时代，兼并土地之风已极盛。《通考》卷一引吴氏之言曰：

井田受之于公，毋得粥卖。故《王制》曰：“田里不粥。”秦开阡陌，遂得买卖；……兼并之患自此起。民因多以千亩为畔，无复限制矣。

兼并土地之人，以宗室，大臣，外戚，宦者，官僚等为最多；现在且随便举几个例于次：

始皇……欲攻取荆；……王翦将兵六十万人；始皇自送至灞上。王翦行，请美田宅园池甚众。始皇曰："将军行矣，何尤贫乎?"王翦曰："为大王将，有功终不得封侯。故及大王之向臣，臣亦及时以请园池，为子孙业耳。"始皇大笑。王翦既至关，使使还请善田者五辈。[①]

萧何……为相国，……强买民田宅数千万。[②]

卜式，河南人也，以田畜为事。有少弟。弟壮，式脱身出；独取畜羊百余。田宅财物尽与弟。式入山牧十余年，羊致千余头，买田宅。而弟尽破其产，式辄复分与弟者数矣。[③]

禹为人谨厚，内殖货财，家以田为业。及富贵，多买田，至四百顷；皆泾渭溉灌，极膏腴上贾。[④]

其元成迄王莽……郡国富民，兼业专利，以货贿自行，取重于乡里者，不可胜数。故秦扬以田农而甲一州。[⑤]

王翦、萧何一类人，都是大臣，都凭政治势力以兼并土地；若张禹、秦扬一类人，则是普通的地主。秦汉之时，兼并之风特甚；举这几例，可概见一般。不过一方面既有兼并土地的大地主，他一方面便有丧失土地的贫农。贫农之丧失土地，或由于"被水旱之灾，急政暴虐，赋敛不时"，至负债而将土地出卖。或由于被商人剥削，至生业破产，而将土地卖出。晁错有言曰：

今农夫五口之家，其服役者不下二人，其能耕者不过百亩。百亩之收，不过百石。春耕，夏耘，秋获，冬藏，伐薪樵，治官府，给繇役。春不得避风尘，夏不得避暑热，秋不得避阴雨，冬不得避寒冻。

---

① 《史记·白起王翦列传》。

② 《史记·萧相国世家》。

③ 《汉书·卜式传》。

④ 《汉书·张禹传》。

⑤ 《汉书·食货志》。

四时之间，亡日休息。又私自送往迎来，吊死问疾；养孤长幼在其中。勤苦如此，尚复被水旱之灾。急政暴虐，赋敛不时，朝令而暮改。当具有者，半价而卖；无者取倍称之息。于是有卖田宅，鬻子孙以偿债者矣。……而商贾大者，积贮倍息；小者坐列贩贾。操其奇赢，日游都市；乘上之急，所卖必倍。故其男不耕耘，女不蚕织；衣必文采，食必粱肉；无农夫之苦，有阡陌之得。因其富厚，交通王侯；力过吏势。以利相倾。千里游遨，冠盖相望；乘坚策肥，履丝曳缟。此商人所以兼并农人，农人所以流亡者也。①

自耕农不能抵抗大地主的兼并，不能抵抗商人的兼并；经不起水旱之灾，经不起政府的剥削，而破产了。为图生存计，乃不得不投奔于大地主势力下而为佃农或雇农。地主的封建势力即依此而构成。至所谓贫富的悬殊，其里面实含有佃农或雇农与大地主之对立的关系。董仲舒谓：

古者税民，不过什一；……至秦则不然。用商鞅之法，改帝王之制，除井田，民得买卖。富者田连阡陌，贫者无立锥之地。……邑有人君之尊，里有公侯之富。……力役三十倍于古；田租口赋盐铁之利，二十倍于古。或耕豪民之田，见税什五(颜师古注云：下户贫人，自无田，而耕垦富豪家田。十分之中，以五输本田主也)。故贫民常衣牛马之衣，而食犬彘之食。重以贪暴之吏，刑戮妄加；民愁亡聊亡逃山林，转为盗贼，赭衣半道。②

贫富既已悬殊，佃农既已与地主对立。于是政府里所施行的减税政策，也只便利了地主，而与贫民无利。故荀悦之言曰：

古者什一而税，以为天下之中正也。今汉民或百一而税，可谓鲜矣。然豪强占田逾限，侈输其赋大半。官家之惠，优于三代；豪强之暴，酷于亡秦。是上惠不通，威福分于豪强也。文帝不正其本，而勉除租税，适足以资豪强也。③

---

① 《汉书·食货志》上。

② 《汉书·食货志》。

③ 荀悦：《汉纪论》。

除租税以资豪强，正是地主把持政府之应有的结果。

限民以名田　不过贫富悬殊之极，一定有变乱发生。贫者为生活所迫，铤而走险，正是常事。迨人民都铤而走险，统治且不易维持。为防患于未然起见，只有把土地制之畸形的发展，稍稍加以限制。使富者不至于太富，或无限的扩大土地所有权。贫者亦不至太贫，或无立锥之地。这种办法，正相当于现代资本主义社会里的改良政策。改良政策，不在推翻财产私有制；反之，乃正是使私有制得以维持长久的。限制土地制之畸形的发展，并不是取消土地私有制；反之，也只是使土地私有制得维持长久的一种办法。这办法倡议于董仲舒，即所谓"限民名田"是也。仲舒对武帝之言曰：

> 古井田法，虽难卒行，宜少近古；限民名田，以赡不足，塞兼并之路(颜师古注曰：名田，占田也。各为立限，不使富者过制，则贫弱之家可足也)。……薄赋敛，省徭役，以宽民力，然后可善治也。[①]

董氏这种办法，直到哀帝之时，因师丹之建议，曾预备实行。师丹之言曰：

> 古之帝王，莫不设井田，然后治乃可平。孝文皇帝承亡周乱秦之后，天下空虚；故务劝农桑，帅以节俭，民始充实，未有兼并之害；故不以奴隶及民田为限。今累世承平，豪富吏民赀数钜万，而贫弱愈困。盖君子为政，贵因循而重改革。然所以有为者，将以救急也；亦未可详，宜略为限。[②]

这一建议，哀帝采纳了。故下诏曰：

> 制节谨度，以防奢淫，为政所先，百王不易之道也。诸侯王，列侯，公主，吏二千石，及豪富民，多畜奴婢，田宅亡限，与民争利；百姓失职，重困不足。其议限制。[③]

其实行的具体办法约略如下：

---

① 《汉书·食货志》上。

② 《汉书·食货志》上。

③ 《汉书·哀帝纪》。

诸侯王，列侯皆名田国中；列侯在长安，公主名田县道，及关内侯，吏，民名田，皆毋过三十顷。诸侯王奴婢二百人，列侯公主百人，关内侯，吏，民三十人。期尽三年。犯者没入官。时田宅奴婢，贾为减贱。丁傅用事，董贤隆贵，皆不便也。诏书且须后，遂寝不行。[①]

已加限制之后，占田者尚可有三十顷。则未加限制之时，有田逾三十顷的人，不知有多少。不过立限只准占三十顷，总比漫无限制好多了。可惜的是“限民名田”之法，并未真正实行。“丁、傅用事，董贤隆贵，皆不便也”云云，乃不能实行之一反证。“诏书且须后，遂寝不行”云云，真是明说未曾实行。所谓“限民名田”，虽是一种极寻常的改革，亦复只是有名无实。直到新莽时代，政府方面曾一度有热烈的改革欲，但没有成功。于是这畸形的土地制与汉武帝时代前后之对外用兵，两者相结，遂造成新莽末年的大民乱。这事将于第三篇开篇时详述。现在且来看看社会关系剧变之时，学术思想的变化怎样。

① 《汉书·食货志》。

第六章　随社会而演变的学术思想

一　学术思想由官府入民间

学在官府　贵族制度尚未变动之时，学问原在官府。当时，学问与政事，实分不开。管政事的，就兼管学问；有学问的，一定管政事。这也并不是什么值得夸张的美事；只因贵族与农奴对立之时，保存学问，保存过去的经验过低级的观念生活，仅在官府为可能。农奴没有闲暇过观念生活，因之不能保存过去的经验，不能有学问。贵族制下，学问在官府方面，被保存的方法，大概不外由私人自己传授。章炳麟云：

> 古者世禄，子就父学为畴官(守一业而世世相传的，叫做畴官；分别说，又可叫做畴人世官)。后世虽已变更，九流犹称家。孟轲言法家拂士。荀卿称家：言邪学百家无所窜，小家珍说之所愿皆衰；其遗迹也。宦于大夫，谓之宦御事师(《曲礼》宦学事师，学亦作御)。言仕者又与学同(《说文》：仕，学也)。明不仕，则无所受书。《周官》宾兴万民以礼乐射御书数，六籍不与焉(礼乐亦士庶常行者耳，必无《周官》之典)。尚犹局于乡遂。王畿方百万里，被教者六分一耳！及管子制五官，技能为《诗》《易》《春秋》者，予之一马之田，一金之衣。甿庶之识故事者，若此其寡也。[①]

“甿庶之识故事者”，在今日文明时代，依然不多。那么在贵族农奴对立之时，当然更少。那时农业生产的剩余，只够维持贵族的虚闲生活；所

① 章炳麟：《检论·订孔》上。

以那时的学问，也只能在官府里保存着；因为只有官府里的人有闲暇过观念生活，保存学问也。在官府里，把学问一代一代传下去的人，叫做“畴人”，或叫做“世官”，或叫做“畴官”。大概畴与世这两个字的意义，只是延续而已。所以守一业而世世相传的，都可以称为畴人。所以保存“礼”或法度以传世的为畴人；保存卜筮之方法以传世的为畴人；保存音乐的奏法以传世的为畴人。章炳麟云：“礼者，法度之通名。大别则官制，刑法，仪式是也。周官三百七十有余品，约其文辞，其凡且在畴人世官。”[①]这里指明了保管“礼”的叫畴人。原注中更引古代学者之说，证明保管“卜筮”的叫畴人，保管“音乐”的叫畴人。其言曰：

> 畴人，谓世世相传者也。《史记·历书》：“畴人子弟分散。”《汉书·历律志》亦用其语。《集解》引如淳曰：“家业世世相传为畴。律年二十三，传之畴官，各从其父学。”义训甚明。《龟策列传》云：“虽父子畴官，世世相传，其精微深妙，多所遗失。”是卜筮之官，世居其职者，亦称畴官。余弟子朱希祖复举《文选》注引《补亡诗序》曰：“皙与司业畴人，肄修乡歓之礼。然所咏之诗，或有义无辞；音乐取节，阙而不备。”《艺文类聚》引王粲《七释》曰：“邯郸才女，三齐巧士，名唱秘舞，承闲并理。七盘陈于广廷，畴人俨其齐俟。揄皓袖以振策，竦并足而轩跱，”此二所说畴人，皆谓乐师。是乐师世居其职者，亦称畴人也。余案《汉书·宣帝纪》云：“博陆侯功德茂盛，复其后世，畴其爵邑，世世毋有所与。”《张敞传》云：“季友、赵衰、田完有功，皆畴其庸，延及子孙。”浙本作“畴其军邑，”邵本作“畴其官爵。”是爵邑世世相传，亦称畴也。[②]

此由看来，在贵族农奴对立之时代，学问大抵在官府的范围之内，保存着，传授着。直到贵族逐渐没落，贵族制逐渐瓦解，地主工商阶级起而代兴之时；官府以外过虚闲生活的人多起来了，学问乃由官府下移到民间。

学到民间 周末，贵族逐渐没落，地主工商阶级逐渐兴起。战国时代，新兴阶级中过虚闲生活或过观念生活的人，特别加多。当时养士之风，特别发达。例如齐之孟尝君，楚之春申君，赵之平原君，魏之信陵君，养士

---

① 章炳麟：《检论·礼隆杀论》。

② 《检论·礼隆杀论》原注。

动辄以数千计。这些士已不是前此公卿大夫士之士了；他们大概多是新兴地主工商阶级的代表，多有工夫过观念生活。不必从事体力劳动，而可以求知，可以作政治活动。早在孔子之时，其周游列国，所率领的三千弟子，便已是这等新兴阶级的代表。他们“四体不动，五谷不分”，然皆可以生活，可以求知，可以周游列国。显然成了有闲阶级。这时贵族正往下没落，他们最合从贵族手里，把学问文化，全盘接收过来。事实上他们执行了这个任务。于是向来藏在官府的学问，便转移到民间了。孔子老子，便都是做这转移工作的代表。章炳麟云：

> 追惟仲尼，闻望之隆，则在六籍。六籍者，道墨所周闻。故墨子称《诗》《书》《春秋》，多大史中秘书。而老聃为守藏史，得其本株。异时倚相、苌叔诸公，不降志于删定六艺。墨翟虽博闻，务在神道珍秘，而弗盲宣。继志述事，缵老之绩，而布彰六籍，令人人知前世废兴，中夏所以垂统者，孔子也。……自老聃写书征藏，以诒孔氏，然后竹帛下庶人。六籍既定，诸书复稍出金匮石室间。民以昭苏，不为徒役；九流自此作，世卿自此堕。朝命不擅威于肉食，国史不聚歼于故府。[①]

学问既由官府转到民间了，于是随着新兴地主工商阶级之发展，而突飞猛进地发展起来。其思想之深邃，派别之复杂，非详细的学术史，不能讲清。兹录《汉书·艺文志》中所述大要于次：

> 儒家者流，盖出于司徒之官。助人君顺阴阳，明教化者也。游文于六经之中，留意于仁义之际；祖述尧舜，宪章文武；宗师仲尼，以重其言。
>
> 道家者流，盖出于史官，历记成败，存亡，祸福。古今之道。然后知秉要执本，清虚以自守，卑弱以自持。此君人南面之术也。
>
> 阴阳家者流，盖出于义和之官。敬顺昊天，历象日月星辰，敬授民时。此其所长也。
>
> 法家者流，盖出于理官。信赏必罚，以辅礼制。《易》曰：“先王以明罚饬法。”此其所长也。
>
> 名家者流，盖出于礼官。古者名位不同，礼亦异数。孔子曰：“必

① 章炳麟：《检论·订孔》上。

也正名乎！名不正，则言不顺；言不顺，则事不成。”此其所长也。

墨家者流，盖出于清庙之守。茅屋采椽，是以贵俭。养三老五更，是以兼爱。选士大射，是以上贤。宗祀严父，是以右鬼。顺是时而行，是以非命。以孝视天下，是以上同。此其所长也。

纵横家者流，盖出于行人之官。孔子曰：“诵诗三百，使于四方，不能颛对；虽多，亦奚以为。”又曰：“使乎使乎！”言其当权事制宜，受命而不受辞。此其所长也。

杂家者流，盖出于议官。兼儒墨，合名法，知国体之有此，见王治之无不贯。此其所长也。

农家者流，盖出于农稷之官。播百谷，劝耕桑，以足衣食。故八政一曰食，二曰货。孔子曰：“所重民食。”此其所长也。

小说家者流，盖出于稗官。街谈巷语，道听途说者之所造也。孔子曰：“虽小道，必有可观者焉。致远恐泥。是以君子弗为也。”然亦弗灭也。闾里小知者之所及，亦使缀而不忘。如或一言可采。此亦刍荛狂夫之议也。

这，未必就把当时学术思想的派别概括尽了。所说各家之大意，又未必正确无误。[1] 但有一事，我们可以深信。即学问由官府转入民间以后，便很畅快地发达起来了。其思想之精深，其派别之复杂，足以令人望而兴叹。我们在下面择要加以叙述，并分之为左右两翼。

二　社会变迁中之诸种学说

右翼的孔子　孔子可以说是极端的右派之代表。他自身已属于新兴的地主工商阶级了，已经依新兴的地主工商阶级为生了；而他的思想，却赶不上物质方面变化的速度；仍是一味拥护那传统的而又垂于死亡的典章制度；并造出他所以拥护的种种理由来，成为一种学说。[2] 兹分数项述之。(a)孔子之一生。孔子生于鲁国昌平乡陬邑。其先为宋人。他是鲁襄公二十二年(即周灵王二十一年，公元前五五一年)生的。一生以教学为事，其弟

① 梁任公对《汉志》即不满，说见《中国学术思想变迁之大势》一文。

② 胡适之从宗教的信仰上着眼，定孔子为中派。说见胡适《论学近著》第一集，第129～130页。

子达三千人，身通六艺的，有七十二。直到鲁哀公十六年(周敬王四十一年，公元前四七九年)他才故去。

(b)孔子最熟悉旧籍。后世所谓《六经》，几乎都经过他的整理或补充。例如《春秋》，是他因鲁史而作的；如《易》，他加了《彖辞》《象辞系辞》《文言》等；如《诗》，曾经过他的删订；《书》是他编次的，《礼》《乐》是他修正的。《史记》里有一段述孔子整理《六经》颇详，其言曰：

> 孔子之时，周室微而礼乐废，《诗》《书》缺。追述三代之礼，序《书传》：上纪唐虞之际，下至秦缪，编次其事。曰："夏礼，吾能言之，杞不足征也。殷礼，吾能言之，宋不足征也。足，则吾能征之矣。"观夏殷所损益，曰："后虽百世可知也。"以一文一质，周监二代，郁郁乎文哉，吾从周。故《书传》《礼记》自孔氏。孔子语鲁太师："乐其可知也。始作，翕如；纵之，纯如，皦如，绎如也，以成。吾自卫反鲁，然后乐正，《雅》《颂》各得其所。"古者《诗》三千余篇，及至孔子，去其重，取可施于礼义。上采契、后稷，中述殷周之盛。至幽厉之缺，始于衽席。故曰："《关雎》之乱，以为《风》始：《鹿鸣》为《小雅》始；《文王》为《大雅》始；《清庙》为《颂》始。"三百五篇，孔子皆弦歌之，以求合韶武雅颂之音。礼乐自此可得而述，以备王道，成六艺。孔子晚而喜《易》，序《彖》《系》《象》《说卦》《文言》。读《易》，韦编三绝，曰："假我数年；若是，我于《易》则彬彬矣。"孔子以《诗》《书》《礼》《乐》教弟子，盖三千焉。……子曰："弗乎！弗乎！君子疾殁世而名不称焉。吾道不行矣，吾何以自见于后世哉?"乃因史记作《春秋》：上至隐公，下讫哀公十四年，十二公。据鲁，亲周，故殷，运之三代。约其文辞而指博。故吴楚之君自称王，而《春秋》贬之曰"子"。践土之会，实召周天子，而《春秋》讳之曰"天王狩于河阳。"推此类以绳当世贬损之义，后有王者举而开之。《春秋》之行，则天下之乱臣贼子惧焉。孔子在位，听讼文辞，有可与人共者，弗独有也。至于为《春秋》，笔则笔，削则削。子夏之徒，不能赞一辞。弟子受《春秋》，孔子曰："后世知丘者以《春秋》，而罪丘者，亦以《春秋》。"[①]

---

① 《史记·孔子世家》。

孔子之熟悉旧籍，及对旧籍之整理补充，大约如此。钱玄同先生根本否认孔子与这些旧籍的关系。谓《乐经》本无书，《诗》《书》《易》《礼》《春秋》等，又彼此各不相涉。《六经》云云，实是战国末年所配成的。据我看，“六经”这个总称，或不出于孔子。但《六经》一名词所代表的许多旧籍，与孔子的关系，是很密切的。《论语》中明说“子所雅言，《诗》《书》执礼”。《孟子》中亦说“孔子作《春秋》。”且孔子一生，常过教学生活，《论语》中明说“学而不厌，诲人不倦”。他既要教人，则除以自己的言行教人外，拿这些旧籍来整理补充，编次，以作教材，乃极自然之事。

(c)孔子极力拥护传统的制度。周代的典章制度，因鲁为周后之故，在鲁国保存着的极多。故祝佗云：“周公相王室以尹天下，于周为睦；分鲁公以大路大旗……以昭周公之明德。分之土田陪敦，祝宗卜史，备物典策，官司彝器。”①孔子生于鲁，特别熟悉这些。因熟悉之故，乃特别拥护。于是评论当时的政治，一以能否遵守传统的典章制度为准。故曰：

> 周监于二代，郁郁乎文哉，吾从周。②
>
> 天下有道，则礼乐征伐，自天子出。天下无道，则礼乐征伐，自诸侯出。自诸侯出，盖十世希不失矣；自大夫出，五世希不失矣；陪臣执国命，三世希不失矣。天下有道，则政不在大夫。天下有道，则庶人不议。③
>
> 禄之去公室，五世矣；政逮于大夫，四世矣。故夫三桓之子孙微矣。④

在孔子看来，只要传统的制度，能遵行不乱，能执行无碍，便是天下有道，便可以维持长久的统治。孔子熟悉旧典籍，懂得旧制度，维持现状的心理，无形之中养成了；自然守旧，自然要拥护传统的制度。

(d)传统制度之所以值得拥护及正名主义。孔子极力拥护传统的制度，究竟持着什么理由？曰，有一个根本理由，即传统的制度之自身，值得拥护是也。他以为一切制度，其自身各具有一种特殊意义(颇相当于黑格尔之

---

① 《左传》定公四年。

② 《论语·八佾》。

③ 《论语·季氏》。

④ 《论语·季氏》。

所谓理念〔Begriff〕。如一根竹子，必定要与“竹子”这个理念相符合的，才是一根真正的竹子。一个人，必定要与“人”这个理念相符合的，才是一个真正的人)。并不是可以任意滥用的。例如君，臣，父，子，就必定要与各自的理论相符合，才算是真正的君臣父子。礼乐器具以及其他一切，都是如此，礼乐就必定要像礼乐自身所具的理念才要得。器具，如觚之类，就必定要像觚之自身所具的理念才要得。只惜当时一切制度自身所具的特殊意义或理念淹没了，故是非毫无标准，社会混乱。他想一一给恢复原义，故主张正名。

> 子路曰：“卫君待子而为政，子将奚先?”子曰：“必也，正名乎!”①
>
> 齐景公问政于孔子，孔子对曰：“君，君；臣，臣；父，父；子，子。”公曰：“善哉！信如君不君，臣不臣，父不父，子不子；虽有粟，吾得而食诸?”②
>
> 礼云，礼云，玉帛云乎哉！乐云，乐云，钟鼓云乎哉!③
>
> 觚不觚，觚哉！觚哉!④

孔子因熟悉旧籍之故，维持现状及拥护传统制度的心理，牢不可破了。为要说出一个理由起见，乃认定传统制度自身各有其特殊意义，或理念，根本值得拥护。

(e)仁为万物之衡。制度自身有意义，值得拥护，固然不错。但谁个能认取其意义呢？退一步言，纵有能够认取制度自身之特殊意义或理念的人；但谁能担保他不因自己的利益，而加以曲解，而加以阉割呢？这一问题，逼着孔子要解答。但孔子是决意在维持现状的，人不能像法家那样，干干脆脆，提出崭新而具体的“法”作标准，以强人必行。孔子又是熟悉旧籍，重视现状的人，不能能像墨子那样，空空洞洞，提出尊天明鬼等办法，希望人们奉行。无已，只有向人类本性上去寻找。结果发现人皆有“仁”，仁可以为万物之衡。然则仁是什么呢？一言蔽之曰：仁是衡量万物，而得其当的可能性。人类若没有这衡量万物的仁，则万物或制度各自的意义一定

---

① 《论语·子路》。

② 《论语·颜渊》。

③ 《论语·阳货》。

④ 《论语·雍也》。

淹没。所以说“人而不仁，如礼何！人而不仁，如乐何！”[①]衡量之义，孔子讲得极多。如：

> 仲弓问仁，子曰：“出门如见大宾，使民如承大祭。己所不欲，勿施于人。在邦无怨，在家无怨。”仲弓曰：“雍虽不敏，请事斯语矣。”[②]
>
> 子曰：“……夫仁者，己欲立而立人；己欲达而达人。能近取譬，可谓仁之方也已。”[③]

“己所不欲，勿施于人”，“己欲立而立人，己欲达而达人”以及“能近取譬，可谓仁之方也已”等说话，无非拿自己作个标准，去衡量别人，从而知道别人之所欲，也和自己的一样。这个衡量的道理，《大学》里更代为发挥尽致。其言曰：

> 所恶于上，毋以使下；所恶于下，毋以事上；所恶于前，毋以先后；所恶于后，毋以从前；所恶于右，毋以加于左；所恶于左，毋以加于右。此之谓絜矩之道。

絜矩之道，就是衡量之道。不外拿自己作个标准，去衡量别人，从而知道别人之所恶，也和自己的一样。不过这里有一问题。倘人而不仁，所谓“自己”，根本坏了；然则还可以拿来作个标准，衡量一切吗？关于这层，孔子从来没有作过负责的保证，也决不作负责的保证。因此之故，他的教育学说里，道德学说里，便特别有话可讲了。这是大家所熟悉的，我且略而不述。但专就上面所述各项看，也就很容易看出：孔子，在社会关系剧变之时，完全是站在垂死的旧统制势力一方面说话的健者。所以他应算作极端的右派，不能算作中派。

左翼的法家 孔子学说如为极右翼的，则法家学说便是极左翼的；孔子如果是拥护传统制度的健者，则法家便是欢迎集权制度的健者；孔子如果是垂死的贵族的代言人，则法家便是方兴的工商地主的代言人；孔子如果是旧社会关系的维持者，则法家便是新社会关系之创造者。兹将法家学说，分数项述之。

---

① 《论语·八佾》。

② 《论语·颜渊》。

③ 《论语·雍也》。

(a)法家与腐败社会奋斗。当贵族制正在崩溃之时，各国君主，多已昏聩糊涂；于社会次序，已无力维持；于人民福利，已无力顾到。法家于此，乃奋起努力，主张“立法术，设度数”“利民萌，便众庶”。这于堂谿公与韩子之对话可知。

堂谿公谓韩子曰：“臣闻服礼辞让，全之术也；修行退智，遂之道也。今先生立法术，设度数，臣窃以为危于身而殆于躯。……夫舍乎全遂之道，而肆乎危殆之行，窃为先生无取焉。”韩子曰：“臣明先生之言矣。夫治天下之柄，齐民萌之度，甚未易处出。然所以废先生之教，而行贱臣之所取者；以为立法术，设度数，所以利民萌，便众庶之道也。故不惮乱主暗上之患祸，而必思以齐民萌之资利者，仁智之行也。惮乱主暗上之患祸，而避乎死亡之害，知明夫身，而不见民萌之资利者，贪鄙之为也。臣不忍响贪鄙之为，不敢伤仁智之行。先生有幸臣之意，然有大伤臣之实。”[①]

法家这等议论，好像革命党人之言。革命党人，善言牺牲自己的利益，而为群众造福。上面所说，颇有些相像。实在说来，拥护垂死的贵族制，与创造必然到来的集权制，行径本来全然相反。法家的主张，必然与旧派的要人冲突。故曰：“智术能法之士用，则贵重之臣，必在绳之外矣。是智法之士，与当涂之人，不可两存之仇也。”[②]不可两存，而仍欲努力，便是奋斗。

(b)法家畅谈历史进化。拥护贵族制的旧派，既与他们为难，然则他们为什么还要奋斗，还要主张立法术设度数呢？这有原因。盖他们深信历史的进化：以为“前世不同教”“帝王不相复”，大可以不法往古，不循旧礼。旧的没落，新的代兴，乃必然之趋势。若不明这个道理，一味守旧；那简直是守株而冀得兔的蠢笨办法。故曰：

前世不同教，何古之法？帝王不相复，何礼之循？伏羲神农，教而不诛。黄帝尧舜，诛而不怒。及至文武，各当时而立法，因事而制礼。礼法以时而定，制令各顺其宜。兵甲器备，各便其用。臣故曰：

---

① 《韩非子·问田篇》。

② 《韩非子·孤愤篇》。

治世不一道，便国不必法古。汤武之王也，不循古而兴。夏商之灭也，不易礼而亡。然则反古者，未必可非；循礼者，未足多是也。①

今有构木钻燧于夏后氏之世者，必为鲧禹笑矣。有决渎于殷周之世者，必为汤武笑矣。然则今有美尧舜禹汤武之道于当今之世者，必为新圣笑矣。是以圣人不期修古，不法常可。论世之事，因为之备。宋人有耕者，田中有株，兔走触株，折颈而死。因释其耒而守株，冀复得兔。兔不可复得，而身为宋国笑。今欲以先王之政，治当世之民，皆守株之类也。②

(c)法家的法治主义。法家既看重历史的进化，知道维持旧社会的“礼”已不中用了。要应付新社会的要求，非讲“法”治不可。法治的每一要义，在乎任法不任人。故曰：“释法术而任心治，尧舜不能正一国。去规矩而妄意度，奚仲不能成一轮。废尺寸而差短长，王尔不能半中。使中主守法术，拙匠守规矩尺寸，则万不失矣。君人者能去贤巧之所不能，守中拙之所万不失，则人力尽而功名立。”③这是法治的最重要之义。法治的好处，就在乎有法可循。法治的第二要义，在乎上下皆遵守。故曰：

明主者一度量，立仪表，而坚守之。故令下而民从。法者，天下之程式也，万事之仪表也。吏者，民之所悬命也。故明主之治也，当于法者诛之。故以法诛罪，则民就死而不怨。以法量功则民受赏而无德也。此以法举错之功也。故《明法》曰：“以法治国，则举错而已。”明主者，有法度之制，故群臣皆出于方正之治，而不敢为奸。百姓知主之从事于法也，故吏所使者有法，则民从之；无法则止。民以法与吏相距，下以法与上从事。故诈伪之人不得欺其主；嫉妒之人，不得用其贼心；谗谀之人，不得施其巧；千里之外，不敢擅为非。故《明法》曰：“有法度之制者，不可巧以诈伪。”④

人民应该守法，官吏也应该守法。官吏作事，违反了法，人民可以不服从。“吏所使者有法，则民从之；无法则止。”这的确可称为法治主义。不

---

① 《商君书·更法篇》。

② 《韩非子·五蠹篇》。

③ 《韩非子·用人篇》。

④ 《管子·明法解》。

过我们当注意一点：这法治主义与现代的法治主义不同。现代法治主义中之法，系出于多数人民代表的创立；这法治主义中之法，仅由君主一人所造成。“明主者，一度量，立表仪，而坚守之”云云，只是把立法的责任，完全放在君主一人身上。又《管子·任法篇》云：“有生法，有守法，有法于法。夫生法者君也，守法者臣也；法于法者民也。”这也明明指出君主为立法者。

(d)法家最重赏罚。法家既主张法术，设度数；然则用什么方法可以使大家遵守法术度数呢？倘无法使人一定遵守，则所设立者，便等于不设立。这样一来，法治主义不又成了空想吗？关于这点，他们主张严赏罚。主张用赏罚来促成法治。故曰：

> 夫严家无悍虏，而慈母有败子。吾以此知威势之可以禁暴，而德厚之不足以止乱也。夫圣人之治国，不恃人之为吾善也，而用其不得为非也。恃人之为吾善也。境内不什数。用人不得为非，一国可使齐。为治国者用众而舍寡，故不务德而务法。夫必恃自直之箭，百世无矢。恃自圜之木，千世无轮矣，自直之箭，自圜之木，百世无有一。然而世皆乘车射禽者，何也？隐括之道用也。虽有不恃隐括，而有自直之箭，自圜之木，良工弗贵也。何也？乘者非一人，射者非一发也。不恃赏罚，而恃自善之民，明主弗贵也。何则？国法不可失，而所治非一人也。故有术之君，不随适然之善，而行必然之道。①

不恃赏罚，而恃自善之民，那是儒家的迂腐办法。不随适然之善，而行必然之道，才是法家的积极作为。

(e)所谓法家者流。上面把法家的主张述了一个大概，现在且列举几个代表人物，以见一般。法治思想，本是春秋战国时代，政治经济社会各方面的趋势所造成的。所以具此等思想的人，实不在少数。其有名的几位，为管仲、商鞅、韩非、慎到、申不害等。管仲的法治主义，我们在本篇第二章讲霸政时，已经讲过。商鞅的法治主义，我们在本篇第四章讲新阶级之创造集权帝国时，也已经讲过。读者参看，并可看出法治主义与经济情形之必然的关系。慎到、申不害之说，且略而不述。只有韩非，是法治主

---

① 《韩非子·显学篇》。

义的理论之集大成者，我们应略知其履历。《史记》云：

> 韩非者，韩之诸公子也。喜刑名法术之学，而其归本于黄老。非为人口吃，不能道说，而善著书。与李斯俱事荀卿。斯自以为不如非。非见韩之削弱，数以书谏韩王。韩王不能用。于是韩王疾治国不务修明其法制，执势以御其臣下，富国强兵；而以求人任贤，反举浮淫之蠹，而加之于功实之士。……观往者得失之变，故作《孤愤》《五蠹》《内外储说》《说林》《说难》十余万言。①

这里说及“归本于黄老”。原来黄老是主张无为的。韩非以为人主立法度，严刑赏也可以达到无为而治的目的。又说及师“事荀卿”。原来荀卿是儒家的左派，其主张性恶说，其注重君主的权威，正与法家同，正是法家学说的前驱。又说及了韩国的削弱，这更可见韩非学说之时代背景。

积极的墨子　儒法两家之学说，虽有极右与极左之分；然就另一方面着眼，则又有一共通之点，即两家立言之旨，比较的都注重治者方面：儒家为旧治者阶级说话，法家为新治者阶级说话；所谓左右之分，不过如是而已。与此两家可以对比的，又有另外的两家：即墨与道是也。这两家也有一重要的共通点：即两家立言之旨，比较的都注重被治者方面。不过旨虽重民，其手段仍在于“治”。特治的方法有积极与消极之分而已。墨子要人民上同于天子，天子上同于天；如是则民可治。老子要人法地，地法天，天法道，道法自然；如是则民可治。然结果都只是空想。上同于天，是积极的空想：要天子上同于天，望治之心虽切；但天子也是自私自利的人类，何能上同于天？法自然，是消极的空想：要人法自然，一切无为，方法固甚简捷；但纷纭复杂之问题迫人解决，何能一切无为？墨道两家的思想，都从人民的福利出发，都从统治的方术收场。一则要人君如何如何；一则要人君不如何，不如何。恰恰构成一种积极的空想与一种消极的空想。兹先述墨子之积极的空想。

(a)墨子是一工学主义的宗教信徒。他的生卒年代，至今尚不能确定。大约是周敬王四十一年(公元前四七九年)到周安王二十一年(公元前三八一年)间的人。他的国度，或云是鲁，或云是宋。更或先在鲁，后来宋，如冯

---

① 《史记·老庄申韩列传》。

友兰先生所云[1]亦未可知。他的主义，俨然是一种工学主义。就学问说吧，他可以讲出一贯的学理来；就工作说吧，他可以率领徒众数百人，自造战争器械，为人守城。《墨子·公输篇》有一段述他制械守城的工作曰：

> 公输般为楚造云梯之械；成，将以攻宋。子墨子闻之，……解带为城，以牒为械。公输般九设攻城之机变，子墨子九距之。公输般之攻械尽，子墨子之守圉有余。……子墨子曰："……臣之弟子禽滑厘等三百人，已持臣守圉之器，在宋城上，而待楚寇矣。虽杀臣，不能绝也。"

这种工学并重，而具牺牲精神的人，正如汪中所云："墨子者，盖学焉而自为其道者也。"[2]凡工学并重而具牺牲精神的，最易有信仰心。西洋科学家，仍多有信上帝者。你说这没有道理，他一定说这有道理，甚至以为科学的真理及功用，都只在神的势力之下才存在着。墨子也便是这样的人。一面工，一面学，一面为人牺牲，同时却又独信天志，以为天欲爱人，天欲利人，天不欲大国攻小国。

(b)墨子要为平民谋福利。当时人民在社会变革之波涛中，遭受蹂躏，这是任何一派都知道的事实，也是任何一派所欲解决之难题。墨子眼见当时孔子所主张的周道，不仅不足以解此难题，并且行起来尚有很大的流弊。"以为其礼烦扰而不悦，厚葬靡财而贫民，久服伤生而害事；故背周道，而用夏政。"[3]所谓夏政，大概是很实际的。传说中的夏禹王之所为，便可以为一个代表。"子曰：禹，吾无间然矣。菲饮食，而致孝乎鬼神；恶衣服，而致美乎黻冕；卑宫室，而尽力乎沟洫。禹，吾无间然矣。"[4]墨子大概曾本此精神，为平民努力，为贱人之所为。这有一个故事可证。《墨子·贵义篇》谓楚献惠王"使穆贺见子墨子。子墨子说穆贺。穆贺大说，谓子墨子曰：'子之言则诚善矣。而君王，天下之大王也。毋乃曰：贱人之所为也，而不用乎？'"其实墨子就是要主张"贱人之所为"，而为平民谋福利的。

(c)墨子主张兼爱，反对战争。本着上述精神，要为人民谋福利，于是

---

① 冯友兰：《中国哲学史》，第 106 页。

② 汪中：《述学墨子后序》。

③ 《淮南子·要略》。

④ 《论语·泰伯》。

乃毅然主张兼爱，反对战争。兼爱之言曰：

吾闻为高士于天下者，必为其友之身，若为其身，为其友之亲若为其亲；然后可以为高士于天下。是故退睹其友，饥则食之，寒则衣之，疾病侍养之，死伤葬埋之。兼士之言若此，行若此。……吾闻为明君于天下者，必先万民之身，后为其身，然后可以为明君于天下。是故退睹其万民，饥即食之，寒即衣之，疾病侍养之，死丧葬埋之。兼君之言若此，行若此。①

非攻之言曰：

今师徒唯毋兴起：冬行恐寒，夏行恐暑，此不可以冬夏为者也。春则废民耕稼树艺，秋则废民获敛。今唯毋废一时，则百姓饥寒冻馁而死者，不可胜数。今尝计军出竹箭，羽旄，幄幕，甲盾，拨劫，往而靡弊，腑冷不反者，不可胜数。又与矛戟，戈剑，乘车，其往而碎折靡弊而不反者，不可胜数。与其牛马肥而往，瘠而反，往死亡而不反者，不可胜数。与其涂道之修远，粮食辍绝而不继，百姓死者，不可胜数也。与其居处之不安，食饭之不时，饥饱之不节，百姓之道疾病而死者，不可胜数。丧师多不可胜数，丧师尽不可胜计。则是鬼神之丧其主后，亦不可胜数。国家发政夺民之用，废民之利，若此甚众，然而何为为之？曰：我贪伐胜之名，及得之利，故为之。子墨子言曰：计其所自胜，无所可用也；计其所得，反不如所丧者之多。……饰攻战者言曰：南则荆吴之王，北则齐晋之君，始于封天下之时，其土地之方，未至有数百里也；人徒之众，未至有数十万人也。以攻战之故，土地之博，至有数千里也；人徒之众，至有数百万人。故当攻战而不可非也。子墨子言曰：虽四五国则得利焉，犹谓之非行道也。譬若医之药人之有病者然。今有医于此，和合其祝药之于天下之有病者而药之，万人食此；若医四五人得利焉，犹谓之非行药也。故孝子不以养其亲，忠臣不以食其君。古者封国于天下，尚者以耳之所闻，近者以目之所见，以攻战亡者，不可胜数。②

---

① 《墨子·兼爱》下。

② 《墨子·非攻》中。

墨子本工学主义的宗教信徒之精神，为平民谋福利；其方法很多，如节葬，如短丧，如非乐，如节用，都着眼在平民的福利。不过兼爱与非攻两者，尤其重要，已述于上，其他从略。

(d)墨子借天意以限制君主，以实现理想。墨子的思想路线，系从极左的立场出发，到极右的办法收场。他一心要为平民谋福利，我们应称他为极左派。然而他以为要实现这种主张，非有一个政长或君主不可；要政长或君主能爱人利人，只有借助于天意。这办法便是极右的了。他述政长之重要曰：

> 古者民始生未有刑政之时，盖其语人异义。是以一人则一义，二人则二义，十人则十义。其人兹众，其所谓义者亦兹众。是以人是其义，以非人之义，故交相非也。是以内者父子兄弟作怨恶，离散不能相和合。天下之百姓，皆以水火毒乐相亏害，至有余力，不能以相劳；腐歹余财，不以相分；隐匿良道，不以相教。天下之乱，若禽兽然。夫明乎天不之所以乱者，生于无政长，是故选天下之贤可者，立以为天子。……正长既已具，天子发政于天下之百姓，言曰：闻善而不善，皆以告其上；上之所是，必皆是之；上之所非，必皆非之。[①]

既曰上之所是，必皆是之；上之所非，必皆非之；然则君上为何而可以作这种标准的呢？曰，由于君上自己以天志为标准。墨子述此理曰：

> 故天子者，天下之穷贵也，天下之穷富也。故欲富且贵者，当天意而不可不顺。顺天意者，兼相爱，交相利，必得赏，反天意者，别相恶，交相贼，必得罚。然则是谁顺天意而得赏者？谁反天意而得罚者？子墨子言曰：昔三代圣王，禹汤文武，此顺天意而得赏者；昔三代之暴王，桀纣幽厉，此反天意而得罚者也。然则禹汤文武，其得赏何以也？子墨子言曰：其事上尊天，中事鬼神，下爱人。故天意曰：此之我所爱，兼而爱之；我所利，兼而利之；爱人者，此为博焉；利人者，此为厚焉。故使贵为天子，富有天下，业万世，子孙传称其善，方施天下，至今称之，谓之圣王。然则桀纣幽厉其得罚何以也？子墨子言曰：其事上诟天，中诟鬼，下贼人。故天意曰：此之我所爱，别而

① 《墨子·尚同》上。

恶之；我所利，交而贼之；恶人者，此为博也；贼人者，此为厚也。故使不得终其寿，不得殁其世，至今毁之，谓之暴王。①

要人民上同于天子，要天子上同于天，果用何法可以办到？墨子于此，毫无办法。所以他的学说，似甚具体，其实完全是空想。不过以谋平民福利为目的，以设政长为手段，究竟是积极的作为。所以墨子的学说，虽是空想，然而是积极的空想。

消极的道家　墨子的学说，如可称之为积极的空想，则道家的学说，便可称之为消极的空想。道家立言，也从人民的立场出发。但主张无为，则非事实所能许可；结果成为一种消极的空想。兹述其大要于次。

(a)隐士的不合作主义。当孔子主张拥护旧制度，周游列国，想为各国挽救危难之时；有一班人，其行径恰恰与孔子相反。他们也熟识时局，他们也知变乱之时，人多受苦。但他们对当局持不合作主义，更不赞成孔子那种急急求售的办法。因此他们成了隐者。这种人在当时为数一定不少，只是姓名未给人知道罢了。兹录《论语》所记若干人于次：

楚狂接舆歌而过孔子曰："凤兮凤兮，何德之衰！往者不可谏，来者犹可追。已而已而，今之从政者殆而!"孔子下，欲与之言。趋而辟之，不得与之言。

长沮、桀溺耦而耕，孔子过之，使子路问津焉。长沮曰："夫执与者为谁?"子路曰："为孔丘。"曰："是鲁孔丘与?"曰："是也。"曰："是知津矣!"问于桀溺，桀溺曰："子为谁?"曰："为仲由。"曰："是鲁孔丘之徒与?"对曰："然。"曰："滔滔者，天下皆是也，而谁以易之。且而与其从辟人之士也，岂若从辟世之士哉?"夏而不辍。子路行以告，夫子怃然曰："鸟兽不可与同群，吾非斯人之徒与，而谁与？天下有道，丘不与易也。"

子路从而后，遇丈人以杖荷叶蓧。子路问曰："子见夫子乎?"丈人曰："四体不勤，五谷不分，孰为夫子?"植其杖而芸。子路拱而立。止子路宿，杀鸡为黍而食之，见其二子焉。明日，子路行，以告。子曰："隐者也。"使子路反见之。至，则行矣。子路曰："不仕无义，长幼之

① 《墨子·天志》上。

节。不可废也。君臣之义，如之何其废之？欲絜其身，而乱大伦。君子之仕也，行其义也。道之不行，已知之矣。”①

不合作，甚至反对统治，同时且具有一种社会理想的人，在当时也有。如陈仲子、许行、陈相其最著者。陈仲子为齐之世家，孟子描写其行径曰："于齐国之士，吾必以仲子为巨擘焉。……仲子，齐之世家也。兄戴盖禄万钟。以兄之禄为不义之禄，而不食也。以兄之室为不义之室，而弗居也。避兄离母，处于於陵。”②这人便是一个反政府的。赵威后问齐使云："於陵仲子尚存乎？是其为人也，上不臣于王，下不治于家，中不索交诸侯。此率民而出于无用者，何为至今不杀乎？”③至若许行陈相，则更是有社会理想者。他们主张君主与民并耕而食。孟子述他们的言行曰：

有为神农之言者许行，自楚之滕，踵门而告文公曰："远方之人，闻君行仁政，愿受一廛而为氓。”文公与之处，其徒数十人，皆衣褐捆屦织席以为食。陈良之徒陈相，与其弟辛，负耒耜而自宋之滕曰："闻君行圣人之政，是一圣人也。愿为圣人氓。”陈相见许行而大悦，尽弃其学而学焉。陈相见孟子，道许行之言曰："滕君则诚贤君也。虽然，未闻道也。贤者与民并耕而食，饔飧而治。今也滕有仓廪府库，则是厉民而以自养也。恶得贤。”……"从许子之道，则市价不贰，国中无伪。虽使五尺之童适，莫之或欺。布帛长短同，则价相若；麻缕丝絮轻重同，则价相若；五谷多寡同，则价相若；履大小同，则价相若。”④

(b)老子论人类社会之恶化。隐士之不与当局合作，隐士之欲建立理想社会，正因为他们看透了这人类社会之逐渐恶化，正因为他们不愿与这恶化了的社会鬼混。老子至于社会之恶化，更看得清楚。照他看，社会的恶化，大抵由于物欲的竞争。故曰："五色令人目盲，五音令人耳聋，五味令人口爽，驰骋田猎，令人心发狂；难得之货，令人行妨。”⑤对于社会恶化之象征，就在世人所讲之仁义道德。故曰："失道而后德，失德而后仁，失仁

① 《论语·微子》。
② 《孟子·滕文公》下。
③ 《国策·齐四》。
④ 《孟子·滕文公》上。
⑤ 《老子》。

而后义，失义而后礼；礼者忠信之薄，而乱之始。”[1]又曰：“大道废有仁义，智惠出有大伪，六亲不和有孝慈，国家昏乱有忠臣。”[2]世人或以为一切美德，足以表示人类的向上进步。在老子看来，美德云云，只是社会恶化的象征而已，只是人类远离“大道”的象征而已。

(c)老子所期望的理想社会。春秋战国时代的社会，既已因工商的发达，物欲的竞争，而恶化了，那末人类为着生活的改善，又将怎样办呢？照老子的办法，厥为建立理想社会。他对理想社会，有一段描写曰：

> 小国寡民，使有什伯之器而不用，使民老死而不远徙。虽有舟舆，无所乘之；虽有甲兵，无所陈之；使人复结绳而用之。甘其食，美其服，安其居，乐其俗。邻国相望，鸡犬之声相闻，民至老死不相往来。[3]

这样的理想社会，在老子的学说系统中，是很合逻辑的。盖社会既因物欲的竞争而恶化，则消去物欲竞争，使大家老死不相往来，当然是对症之药。不过就进化的道理讲起来，却是开倒车的。盖物欲竞争，乃起于事理之必然。非达到极端，不能有较高级的社会组织出现。老子不懂得这个道理，硬要于物欲竞争激烈之时，作小国寡民之想，终是背道而驰。所以他的学说，毕竟是空想。其“无为”的手段，终不能实现他的目的。充其量，只能被世人利用为处世接物的阴谋而已。现在我们且来看一看他那“无为”的手段究竟如何。

(d)老子以“无为”作实现理想社会的手段。他认定一切作为，都只足以使社会更见纷乱。他说：

> 民之难治，以其上之有为，是以难治。
>
> 天下神器，不可为也。为者败之，执者失之。
>
> 天下多忌讳，而民弥贫；民多利器，国家滋昏；人多伎巧，奇物滋起；法令滋彰，盗贼多有。[4]

---

① 《老子》。

② 《老子》。

③ 《老子》。

④ 以上均《老子》语。

他的见解如此，所以他毅然决然，提出一个积极而干脆的手段曰："无为。"下面所引，都是无为的道理。

不尚贤，使民不争；不贵难得之货，使民不为盗；不见可欲，使民心不乱。是以圣人之治，虚其心，实其腹，弱其志，强其骨，常使民无知无欲。

绝圣弃智，民利百倍；绝仁弃义，民复孝慈；绝巧弃利，盗贼无有。此三者以为文不足，故令有所属。见素抱朴，少思寡欲。

我无为而民自化，我好静而民自正，我无事而民自富，我无欲而民自朴。

民之难治，以其智多；故以智治国，国之贼；不以智治国，国之福。[①]

为着要把无为的道理说得十分透彻，复从宇宙万物中寻出无为的哲理基础来，曰：

夫物之一存一亡，乍死乍生，初盛而后衰者，不可谓常。唯夫与天地之剖判也俱生，至天地之消散也不死不衰者，谓常。

道可道，非常道。

常德不忒，复归于无极。……常德乃足，复归于朴。

道常：无名。

道常：无为而无不为。[②]

人类社会里的无为而无不为，原来基于宇宙万物的道理之"常"。这关系被发现了，无为主义，便算有了哲理的基础。

三　统制学术思想之诸策略

春秋战国以来的社会变革，到秦汉时代，差不多完成了。秦汉之时，贵族政权，完全没落；工商地主的政权，起而代兴。社会关系的剧变，差不多快要结束了。所有自春秋战国以来的各种学术思想，随着社会变革的

① 以上均《老子》语。

② 《老子》。

告终，也有不得不统于一尊之势。

秦之统制学术 秦始皇削平六国，统一天下，政治上得到了一度的统一，为欲使政治的统一，得维持长久，自然要统制学术思想。所以始皇三十四年(公元前二一三年)便有统制学术思想的创举。这事建议于李斯，而由始皇制可的。

李斯曰："五帝不相复，三代不相袭，各以治；非其相反，时变异也。……异时诸侯并争，厚招游学。今天下已定，法令出一。百姓当家，则力农工；士，则学习法令辟禁。今诸生不师今而学古，以非当世，惑乱黔首。丞相臣斯昧死言：古者天下散乱，莫之能一。是以诸侯并作，语皆道古以害今，饰虚言以乱实。人善其所私学，以非上之所建立。今皇帝并有天下，别黑白而定一尊。私学而相与非法教人；闻令下则各以其学议之；入则心非，出则巷议。夸主以为名，异取以为高；率群下以造谤。如此弗禁，则主势降乎上，党与成乎下。禁之便。臣请史官非秦纪皆烧之。非博士官所职，天下敢有藏诗书百家语者，悉诣守尉：杂烧之；有敢偶语诗书，弃市；以古非今者，族；吏见知不举者，与同罪。令下三十日不烧，黥为城旦。所不去者，医药卜筮种树之书。若欲有学法令(徐广曰：一无法令二字)，以吏为师。"制曰："可。"①

就这一段看，统制政策之所以必行，无非因言论思想的自由，与统于一尊的政治不相符合。不过这里有一事须注意。这功令之效力，只在统制言论思想，并非根本要消灭学术。关于这事，康有为辨之甚详。其言曰：

按：焚书之令，但烧民间之书；若博士所职，则诗书百家自存。夫政斯焚书之意，但欲愚民而自智，非欲自愚。若并秘府所藏，博士所职，而尽焚之，而仅存医药卜筮种树之书，是秦并自愚也。何以为国?《史记》别白而言之曰："非博士所职藏者悉烧"；则博士所职，保守珍重，未尝焚烧，文至明也。又云："若有欲学，以吏为师"；吏即博士也。然则欲学诗书六艺者，诣博士受业则可矣。实欲重京师而抑

① 《史记·秦始皇本纪》。

郡国，强干弱枝之计耳。[①]

强干弱枝之计，正是统制之计。所以秦始皇焚烧诗书之举，于六艺或无所损，而于学术言论思想之自由，则结结实实的统制了。

汉之表彰经典　不过秦的政权，到二世三年(公元前二〇七年)，便完全瓦解了。那么学术思想之统制政策，当然随着失效。汉兴，集权帝国完全确立；学术思想之统制政策，因着时代之需要，又在酝酿。直到汉武帝时，酝酿成熟，遂因董仲舒一道对策，而明令罢黜百家，表章经典。董之对策云：

《春秋》大一统者，天地之常经，古今之通谊也。今师异道，人异论，百家殊方，指意不同。是以上无以持一统治制数变；下不知所守。臣愚，以为不在六艺之科，孔子之术者，皆绝其道，勿使并进。邪辟之说灭息，然后统纪可一，而法度可明，民知所从矣。[②]

自汉武帝罢黜百家以后，支配学人们之观念生活者，便只有所谓“五经”了。西汉时代，《诗》《书》《礼》《易》《春秋》等五经，大抵由政府设博士讲授。而最著名的所谓今文(用当时通行的隶书写的经本，叫做今文经。西汉末，民间渐渐发现古书，系用汉以前的古籀文字所写的经本，叫做古文经)。十四博士，多数起源于武帝时代，兹特列表于下。

《诗经》共三家，鲁(申公)齐(辕固)韩(韩婴)是也。鲁诗韩诗，文帝时立博士，齐诗，景帝时立博士。共三博士。

《书经》共三家，欧阳(生)大夏侯(胜)小夏侯(建)是也。三家同出伏胜。武帝时立欧阳氏博士，宣帝时，添立大夏侯、小夏侯。共三博士。

《礼经》也有三家，大戴(德)小戴(圣)庆(普)是也。三家同出于高堂生。武帝时立《礼经》博士。宣帝时分立为二家。但据《后汉书·儒林传》，庆氏未立于学官，不在十四博士之列。所以《礼经》只有大戴、小戴二博士。

① 康有为：《新学伪经考》卷一。

② 《汉书·董仲舒传》。

《易经》共四家，施(雠)孟(喜)梁丘(贺)京(房)是也。四家同出于田何。武帝时立《易经》博士，宣帝时分立为施、孟、梁丘三家，元帝时又立京氏，共四博士。

《春秋经》《公羊传》有严(彭祖)颜(安乐)二家。同出于胡母生。武帝时立《春秋》《公羊》博士，宣帝时分立为严颜二家。《穀梁传》于宣帝时始立博士，但不在十四博士之内；所以《春秋经》共二博士。

讲经的，是官府所设的博士，习经的，是官府所招的博士弟子员。这样一来，所谓学术，又回到官府里去了。周末，贵族制动摇，学术便逐渐由官府跑到民间。汉兴，集权制确立，学术又逐渐回到官府。表面看来，虽像周而复始，但实际上因经过民间的一度发展，已是较高级的东西了。

划时的董仲舒 (a)董氏的地位。董仲舒建议罢黜百家，表彰六艺，已可算是划时代的壮举了。更就他自己在学术上的造诣看，尤其要算为划时代的人物。因此之故，史书上对他的地位都抬得很高。这，就下面几段，便可看出。

董仲舒，广川人也。少治《春秋》，孝景时为博士。下帷讲诵，弟子传以久次相授业。或莫见其面。盖三年不窥园，其精如此。进退容止，非礼不行，学士皆师尊之。……仲舒所著，皆明经术之意。及上疏教条，凡百二十三篇。而说《春秋》事得失，《闻举》《玉杯》《蕃露》《清明》《竹林》之属，复数十篇，十余万言，皆传于世。①

刘向称董仲舒有王佐之材，虽伊吕亡以加。……至向子歆，以为……仲舒遭汉承秦灭学之后，《六经》离析，下帷发愤，潜心大业；令后学者有所统一，为群儒首。②

昔殷道弛，文王演《周易》；周道敝，孔子作《春秋》；则乾坤之阴阳，效《洪范》之咎征，天人之道，桀然著矣。汉兴，承秦灭学之后，景武之世，董仲舒治《公羊春秋》，始推阴阳，为儒者宗。③

把董仲舒同文王孔子并列，可谓推尊备至。

---

① 《汉书·董仲舒传》。

② 《汉书·董仲舒传》。

③ 《汉书·五行志》。

(b)董仲舒的天人合一之学说。董仲舒的学说，系上承殷商时代的术数迷信，中采春秋战国时代的诸子学说，近察秦汉时代政治社会的需要，而融会贯通的一种学说。其以天的次序为人类社会次序的张本之论，正合专制一尊的集权帝国之需要。在他的常说系统中，“天人合一”是一个中心，许多道理，都从这个中心推演而出。其言曰：

> 莫精于气，莫富于地，莫神于天。天地之精所以生物者，莫贵于人。……物疢疾莫能为仁义，唯人独能为仁义。物疢疾莫能偶天地，唯人独能偶天地。人有三百六十节，偶天之数也。形体骨肉，偶地之厚也。上有耳目聪明，日月之象也。体有空窍理脉，川谷之象也。心有衰乐喜怒，神气之类也。观人之体，亦何高物之甚，而类于天也。

人既与天相类，则天道变化可以有次序，人类群居当亦有次序。由是又推演出两个道理：一则天道变化有次序，恰为王者所取法以治人的张本；二则人类群居之有次序，恰为王者施治之可能。天道变化倘无次序，则王者无所取法以施治。人类群居倘无次序，则王者之治为不可施。

(c)人类能经营有次序的社会生活。这完全由于人可与天合，人超异群生，自然能经营有次序的社会生活。故曰：

> 人受命于天，固超然异于群生。入有父子兄弟之亲，出有君臣上下之谊。会聚相遇，则有耆老长幼之施。粲然有文以相接，粲然有恩以相爱，此人之所以贵也。生五谷以食之，桑麻以衣之，六畜以养之；服牛乘马，圈豹栏虎，是其天之灵，贵于物也。故孔子曰：“天地之性人为贵。”明于天性，知自贵于物；知自贵于物，然后知仁义；知仁义，然后重礼节；重礼节，然后安处善；安处善，然后乐循礼；乐循礼，然后谓之君子。故孔子曰：“不知命，亡以为君子。”此之谓也。[①]

人类自知贵于万物，自己愿意循礼，这便是天然能够群居的动物，天然可以有政治生活。但遇例外，或不自知贵于万物，或不愿意循礼，又将如何？曰：以教育救济之。董仲舒也从不担保人类个个是圣人。但相信人之性可以为善。于是有所谓王教。王教者，以人类天性为基础，而使日进

---

① 《汉书·董仲舒传》。

于善之教育作用也。故曰：

善如米，性如禾。禾虽出米，而禾未可谓米也。性虽出善，而性未可谓善也。米与善，人之继天而成于外也，非在天所为之内也。天所为有所至而止。止之内谓之天，止之外谓之王教。王教在性外，而性不得不遂。故曰："性有善质，而未能为善也。"岂敢美辞，其实然也。天之所为，止于茧麻与禾。以麻为布，以茧为丝，以米为饭，以性为善，此皆圣人所继天而进也，非情性质朴之能至也。①

人有向善之可能，加之以王教，便可完全进于善。这是依据天人合一之旨而推出来的一个道理。与这道理正相对的，便是：

(d)圣人法天以施政教。这可分两方面讲：一则王者施政之方法的变化，完全与天道变化相适应；二则王者设官分职，概以天道变化之数为准。请先言后者。董氏于《官制象天篇》曰：

王者制官，……三人而为一选，仪于三月而为一时也。四选而止，仪于四时而终也。三公者，王之所以自持也。天以三成之，王以三自持。立成数以为植，而四重之，其可以无失矣。备天数以参事，治谨于道之意也。……天有四时，时三月。王有四选，选三臣。是故有孟，有仲，有季，一时之情也。有上，有下，有中，一选之情也。三臣而为一选，四选而止，人情尽矣。人之材固有四选，如天之时固有四变也。圣人为一选，君子为一选，善人为一选，正人为一选。由此而下者，不足选也。……故一岁之中有四时，一时之中有三长，天之节也。人生于天，而体天之节，故亦有大小厚薄之变，人之气也。先天因人之气，而分其变，以为四选。是故三公之位圣人之选也；三卿之位，君子之选也；三大夫之位，善人之选也；三士之位，正直之选也。分人之变，以为四选；选立三臣。如天之分岁之变以为四时，时有三节也。天以四时之选，与十二节相和而成岁。王以四位之选，与十二臣相砥砺而致极。道必极于其所至，然后能得天地之美也。②

把设官分职之数与天道变化之数这样配合起来，无异于替王者找出一

① 《春秋繁露·实性》。

② 《春秋繁露·官制象天》。

施政之天然根据，其作用等于宪法。大抵集权帝国成，这种天然根据，终有一次要找出来；董氏之学说，恰好完成了这个任务。王者施政之方法，随四时而变；这与设官分职之依于天数，同一理由。董氏之言曰：

> 天之道，春暖以生，夏暑以养，秋清以杀，冬寒以藏。暖暑清寒，异气而同功，皆天之所以成岁也。圣人副天之所行以为政，故以庆副暖而当春，以赏副暑而当夏，以罚副清而当秋，以刑副寒而当冬。庆赏罚刑，异事而同功。皆王者之所以成德也。庆赏罚刑，与春夏秋冬，以类相应也。如合符。故曰，王者配天。谓其道，天有四时，王有四政，若四时通类也，天人所同有也。[①]

董氏执着天人合一之旨，推演出来的道理，并不止这些。这里只举这些，以见其与时代需要之相应。其余且让诸哲学史。

① 《春秋繁露·四时之副》。

第三篇　封建势力结晶时代

（自新莽元年至北宋元年即自公元九年至九六〇年）

由内乱到种族战争

第一章　社会的剧烈冲突

一　内张外扩造成社会问题

内部之阶级对立　上篇所述为社会关系的剧变。社会关系的剧变告终，贵族与农奴对立之局完全为地主与农民对立之局所代替。这代替的时候，正是社会问题开始发展的时候。盖地主与农民或佃农的对立，实以土地制的畸形发展为原因。土地为地主所占领，多数农民无地可耕；于是有地不耕之地主与无地可耕之农民乃对立起来。这对立关系，最初或者不见得是什么特别严重的问题。但积时稍久，就成为严重的问题了。原来农民无地可耕之时，为着生计所迫，不能不耕地主之田。地主恃着集权帝国的保护，乃向农民征取高额之地租。这样一来，农民愈贫，地主愈富。所谓地主与农民的对立。实际上就是富人与贫人的对立。贫富太过悬殊，自然成为严重的社会问题。这一层，我们在第二篇第六章里讲土地制之畸形时，便已讲过。因为土地被地主占领，贫富太过悬殊，成了严重的社会问题；于是有“限民名田”的运动。这运动的大意不外由政府立下一个限制，严禁豪强，使占田不得超过此限制。这运动发端于董仲舒，但丝毫的成效也没有。“仲舒死后，功费愈甚。天下虚耗，人复相食。”[①]直到哀帝之时，离王莽建国之时已经不远了，限田之议，仍只是一句空话。《食货志》云：

> 哀帝即位，师丹辅政。建言：“古之圣王，莫不设井田，然后治乃可平。孝文皇帝承亡周乱秦兵革之后，天下空虚，故务勤农桑，帅以节俭，民始充实，未有并兼之害，故不为民田及奴婢为限(这是贫富对

① 《汉书·食货志》。

> 立的正常时候)。今累世承平,豪富吏民赀数钜万,而贫弱愈困(这是贫富对立的非常时候)。盖君子为政,贵因循而重改作。然所以有改作者,将以救急也;亦未可详,宜略为限。"①

土地兼并之极,贫富悬殊,此发生社会问题之内在的原因。同时对外的开疆拓土,又足以使这内在的原因加强其作用,致社会问题更形严重。兹且述西汉时开疆拓土之大势于次。

对外之疆土开拓 集权帝国成立之日,也正是它向外开拓疆土之时。原来亚洲东南部,有许多民族,并立地生存着。他们为着巩固自己的生存条件,或增进自己的生存条件,不免常相竞争。倘有一族,内部的组织较为坚固;势力较为雄厚;文化较为优越;则为巩固并增进其生存条件计,自然要向外扩大其势力;自然要把邻近的部族,纳入自己的统治之下。当西汉集权帝国完全确立之时,汉族在亚洲东南部的诸部族中,恰恰是一个强有力者;于是为着巩固并增进其自己的生存条件计,乃向邻近的异族展开其自己之势力。至于本属同族,因着自然环境隔开了,未转入这个集权帝国的统治下的,当然更要设法使之内属。这样一来,便有连年不断的开拓疆土之举了。兹分别依地理的次序,由东北而西北,由西北而西南,由西南而东南,略略述一个大概。

(a)定朝鲜,置四郡。朝鲜为周武王封殷太师箕子之地。其地居民,属三韩族,所谓辰韩、弁韩、马韩是也。自周武王封箕子以后,至于汉初,朝鲜之地,大概有一部分或大部分,常归箕子的后裔所统治。汉时,这个系统断了,主要的统治者,易了卫满氏之后裔。卫满为燕人。汉初,燕王卢绾造反,走入匈奴。"卫满亡命,聚党千余人,椎结蛮夷服,东走出塞,度浿水(朝鲜大同江,为朝鲜与燕的分界),击破朝鲜王准,居秦故空地上下障。"②"孝惠高后,天下初定,辽东太守,即约满为外臣,保塞外蛮夷(汉兴,曾在辽东设塞,以为屏障)。……传子至孙右渠,所诱汉亡人滋多。"③这时汉与朝鲜在两国边境上的冲突,大概很多。卒因汉使者何谯击杀朝鲜禆王长之故,引出大冲突,遂有元封二年(公元前一〇九年)以大军进攻朝鲜之举。

① 《汉书·食货志》。

② 《通考·四裔考》一。

③ 《汉书·朝鲜传》。

秋，遣楼船将军杨仆从济浮勃海，兵五万。左将军荀彘出辽东。……两将不相得，……天子曰："两将围城又乖异，以故久不决。"使故济南太守公孙遂往正之。遂……并两军，即急击朝鲜。朝鲜相路人，相韩陶，尼谿相参，将军王唊，相与谋曰："……战益急，恐不能与。王又不肯降。"陶唊、路人皆亡降汉。……元封三年(公元前一〇八年)夏，尼谿相参乃使人杀朝鲜王右渠来降。……遂定朝鲜为真番(辽宁东南境)临屯(朝鲜江源道地)、乐浪(平安南道及黄海道地)、玄菟(咸境道及平安道北境)四郡。[①]

(b)逐匈奴，固北边。匈奴当楚汉相争之际，已乘机坐大；东破东胡(非通古斯族，乃胡之位于东部者。《史记·匈奴传》东胡山戎条注云："东胡乌丸之先。后为鲜卑，在匈奴东，故曰东胡。"其详见白鸟库吉《东胡民族考》)，西逐月氏[②]，南并楼烦白羊河南王，进侵燕代。《史记》有云：

始皇帝使蒙恬将十万之众，北击胡；悉收河南地(今绥远南部之地)，因河为塞，筑四十四县，城临河。徙适戍以充之。……当是之时，……匈奴单于曰头曼。头曼不胜秦，北徙。十余年而蒙恬死。诸侯畔秦，中国扰乱。诸秦所徙适戍边者皆复去。于是匈奴得宽，复稍渡河南，与中国界于故塞。单于有太子名冒顿。……射杀单于头曼，……自立为单于。……遂东袭击东胡，……大破灭东胡王。……既归，西击走月氏。南并、楼烦、白羊、河南王，侵燕代。……是时，汉兵与项羽相距，中国罢于兵革，以故冒顿得自强。控弦之士，三十余万。[③]

匈奴即是蒙古族。其人民生活，因受天然环境之决定，完全为游牧式的。《汉书》里有一段曰：

随畜牧而转移，其畜之所多，则马牛羊。其奇畜则駞橐，驴骡，駃騠，騊駼，驒騱。逐水草迁徙。毋城郭常处耕田之业，然亦各有分

① 《汉书·朝鲜传》。

② 《逸周书·王会篇》中有禺氏騊駼之句，清何秋涛《王会篇笺释》中云：禺月一声之转，禺氏盖月氏也。地在今甘肃敦煌附近。

③ 《史记·匈奴传》。

地。……儿能骑羊，引弓射鸟鼠。少长，则射狐兔，用为食。士力能弯弓，尽为甲骑。其俗宽，则随畜因射猎禽兽为生业。急，则人皆战攻以侵伐。其天性也。……自君王以下，咸食畜肉。衣其皮革，被旃裘。壮者食肥美，老者食其余。贵壮健，贱老弱。[①]

匈奴生活，既是游牧的，自不如内地农业生活之优越。那么当楚汉相争时，他们既已乘机强大起来了，则此后自当进逼，以图向内地发展。但这时汉之集权帝国已完全确立了，成了一个强有力的国家，决不能让异族侵入，于是双方发生长期的冲突。自高帝七年(公元前二〇〇年)匈奴以精兵四十万骑围困高帝于白登(山名，在今山西大同县东)，至武帝元光六年(公元前一二九年)匈奴入寇，被卫青等击却；中间经过，足足七十年。在此七十年中，时战时和，纠纷不已。举其要者，计(一)高帝七年(公元前二〇〇年)，匈奴引兵南踰句注(山名，在山西代县西北二十五里，即雁门山)，进功太原，以巧计诱帝于平城，纵精兵四十万骑围帝于白登。帝被围七日，虽以使人厚遗阏氏(单于，适妻之意)得脱，然受挫已不小了。(二)高帝九年(公元前一九八年)，使刘敬与匈奴结和亲之约。“奉宗室女公文为单于阏氏。灭奉匈奴絮缯酒米食物，各有数。约为昆弟以和亲。”[②](三)文帝三年(公元前一七七年)，“匈奴右贤王入居河南地为寇，于是文帝遣灌婴……击右贤王。”[③]结果右贤王失利，出走塞外。其次年遗书于汉求和，汉许可了。(四)文帝十四年(公元前一六六年)，“匈奴单于十四万骑入朝那萧关，……至彭阳，……于是文帝以中尉周舍，郎中令张武为将军，发车千乘，骑十万，军长安旁，以备胡寇”。[④] 虽然如此，景帝时，仍有内犯盗边之事。直到武帝元朔二年(公元前一二七年)，乃开始大举北伐。

武帝元朔二年……卫青复出云中以西，至陇西，击胡之楼烦白羊王于河南(今绥远南部之地)，得胡首虏数千，牛羊百余万。于是汉遂取河南地，筑朔方，复缮故秦时蒙恬所为塞。因河为固，汉亦弃上谷之什辟县造阳地以予胡。[⑤]

① 《汉书·匈奴传》。
② 《汉书·匈奴传》。
③ 《汉书·匈奴传》。
④ 《汉书·匈奴传》。
⑤ 《汉书·匈奴传》。

这样一来，匈奴仇恨，乃大举反攻。“匈奴右贤王怨汉之夺河南地，而筑朔方，数寇盗边，及入河南，侵扰朔方，杀掠吏民甚众。……入右北平定襄各数万骑。”①这时汉乃遣大将军卫青，骠骑将军霍去病迎击。他们乘胜追过定襄(今绥远和林格尔县)数百里；西出陇西，过焉支山千余里。因此西北边境得安。其战争情形及结果，大略如次：

> 汉复遣大将军卫青，将六将军，十余万骑，乃再出定襄数百里，击匈奴。……汉使骠骑将军霍去病将万骑，出陇西，过焉支山千余里。……得休屠王祭天金人。……单于怒浑邪王休屠王居西方，为汉所杀虏数万人，欲如诛之。浑邪王与休屠王恐，谋降汉。……浑邪王杀休屠王，并将其众降汉。……汉已得浑邪，则陇西北地河西，益少胡寇。从关东贫民处所夺匈奴河南新秦中以实之。而减北地以西戍卒半。……匈奴入右北平定襄，各数万骑。……汉令大将军青，骠骑将军去病，中分军，大将军出定襄，骠骑将军出代，咸约绝幕击匈奴。单于闻之，远其辎重。以精兵待于幕北，与汉大将军接战。汉兵……围单于。单于……遂独与壮骑数百溃汉围西北遁走。……骠骑封于狼居胥山，禅姑衍，临瀚海而还。是后匈奴远遁，而幕南无王庭。②

自浑邪王降汉以后，汉乃将所得匈奴右地(河西之地，即今甘肃之地)分为四郡，曰酒泉(今甘肃酒泉县，旧称肃州)，曰武威(今甘肃武威县，旧称凉州)，曰张掖(今日甘肃张掖县，旧称甘州)，曰敦煌(今甘肃敦煌县)。《汉书·西域传序》云：“骠骑将军击破匈奴右地，降浑邪休屠王，遂空其地；始筑今居以西，初置酒泉郡；分置武威张掖敦煌，列四郡。”但汉之武功，并不止此。

(c)通西域，逾葱岭。汉之遣使到西域，其目的大概有二：一则想从西方找一个帮手，夹击匈奴，以除近患，这是一个消极的目的。二则想打通汉与西域诸国间的道路，招徕诸国，以图通商往来，这是一个积极的目的。但消极的目的未实现之先，积极的目的不能实现。于是联络帮手，共击匈奴，成了要务。首先以大月氏为联络之对象，盖闻匈奴降者言，大月氏为

① 《汉书·匈奴传》。

② 《汉书·匈奴传》。

匈奴之仇人，最宜利用其仇恨之心而加联络也。这次出使的是张骞。但结果不好：一则骞自己被匈奴捕获，留居匈奴十余年，始得继续西进延误了自己的使命。二则大月氏被匈奴驱逐到大夏国居其地[①]而安之，已无复仇之心了，联络亦不得要领。不过骞回来时，把西域的情形作一详报，带回若干文明种子，倒是一宗极大的收获，这于本篇最后一章还要细说，现在且录《汉书》一段，以见张骞第一次出国联络大月氏的经过。《汉书》云：

> 张骞，汉中人也，建元中为郎。时匈奴降者言："匈奴破月氏王，以其头为饮器。月氏遁而怨匈奴，无与共击之。"汉方欲灭胡(匈奴)，闻此言，欲通使，道必更匈奴中，乃募能使者。骞以郎应募，使月氏……俱出陇西。径匈奴，匈奴得之，传诣单于……留骞十余岁。……骞因与其属亡乡月氏，西走数十日至大宛，大宛闻汉之饶财，欲通不得；见骞喜，问欲何之？骞曰："为汉使月氏。……"大宛遣骞为发译道，抵康居，康居传致大月氏。大月氏王已为胡所杀，立其夫人为王。既臣大夏而君之，地肥饶，少寇，志安乐。又自以远汉，殊无报胡之心。……骞不能得月氏要领……留岁余，还。初，骞行时百余人，去十三岁，唯二人得还，骞身所至者大宛、大月氏、大夏、康居，而传闻其旁大国五六。具为天子言其地形所有。[②]

张骞第一次出使回国以后(《资治通鉴》以元朔三年，公元前一二六年为骞归之年)，元狩二年(公元前一二一年)之时，汉骠骑将军霍去病击破匈奴右地，汉把匈奴在今甘肃一带之地，通通占领，并置四郡。这时张骞乃建议联络乌孙以夹击匈奴。于是有第二次之出使。原来在今甘肃这地方的祁连与敦煌之间，有两个小国：曰乌孙，曰大月氏。乌孙在东，大月氏在西[③]。大概都受匈奴支配。这两小国，彼此冲突，互相战争。有一次乌孙战败，几乎灭国，人民逃入匈奴，大月氏之势力复然大起来了。大月氏势力坐大，于匈奴当然不利；同时乌孙因失败之故，正要复仇。于是乌孙得匈奴之助，反攻大月氏，驱使西奔，尽占其地，转败为胜，势力亦复坐大；

① 今俄属中央亚细亚东南部乌兹伯克西南散姆尔干(Samarkand)一带地方。详见桑原骘藏《张骞西征考》。

② 《汉书·张骞传》。

③ 依桑原骘藏在《张骞西征考》中之见解。

且对匈奴骄傲起来。这样一来，大月氏与匈奴之冲突，遂一变而为乌孙与匈奴之冲突。在前一冲突中，汉欲与大月氏联，在后一冲突中，汉便欲与乌孙联。恰好元狩二年以后，汉击破了匈奴右地，张骞乃乘机建议，联络乌孙，一以制匈奴，一以招徕西域诸国，其建议曰：

> 臣居匈奴中，闻乌孙王号昆莫(《匈奴传》中作昆弥)。昆莫父难兜靡，本与大月氏俱在祁连敦煌间，小国也。大月氏攻杀难兜靡，夺其地，人民亡走匈奴。子昆莫新生……单于爱养之；及壮，以其父民众与昆莫，使将兵，数有功。时月氏已为匈奴所破，西击塞王；塞王南走远徙，月氏居其地。昆莫既健，自请单于报父怨。遂西破大月氏；大月氏复西走大夏地，昆莫略其众，因留居，兵稍强。会单于死，不肯复朝事匈奴；匈奴遣兵击之，不胜。……今单于新困于汉，而昆莫地空；蛮夷恋故地，又贪汉物；诚以此时厚赂乌孙，招以东居故地，汉遣公主为夫人，结昆弟。其势宜听；则是断匈奴右臂也。既连乌孙，其在西大夏之属，皆可招来而为外臣。[①]

这一建议有效了，武帝乃遣张骞再使西域。结果良好，西域诸国，多与汉通。

> 天子以为然，拜骞为中郎将，将三百人……牛羊以万数；齐金帛，直数千巨万，多持节副使。道可，便遣之旁国。骞既至乌孙(在今伊犁河流域中央亚细亚可萨克地方。原在甘肃，因一面追逐大月氏，另一面又被匈奴追逐，逐展转西行到了此地)。致赐谕指，未能得其决。……骞即分遣副使使大宛(今中央亚细亚南部乌兹伯克之东北部。其都城贵山城，大概就是今之霍占〔Khojen〕)康居(在大宛之北，今中央亚细亚锡尔河东北与西南两岸之地，大概为其所属)，月氏大夏(大月氏原在今之甘肃，后西行到大夏，遂君临大夏。其地在今中央亚细亚东南部，阿姆河以东，葱领以西，及阿富汗北境。北与大宛康居接壤)。乌孙发译道送骞，与乌孙使数十人……报谢。因令窥汗，知其广大。……其所遣副使通大夏之属者，皆颇与其人俱来。于是西北国，

① 《汉书·张骞传》。

始通于汉矣。[①]

就这段看，张骞第二次出使，其联乌孙夹击匈奴之目的，似仍未达到。所得结果，仍只是附带的，即西北诸国通汉而已。不过后来汉与乌孙到底联合了，终收了夹击匈奴之效。这只要看宣帝时乌孙昆弥上书请击匈奴，及汉遣五将军出塞夹击之事，就明白了。

宣帝即位，乌孙昆弥复上书言："连为匈奴所侵削；昆弥愿发国中精兵，人马五万匹，尽力击匈奴。……"本始二年(公元前七十二年)，汉大发关东轻锐士，选郡国吏三百石，伉健习骑射者皆从军。遣御史大夫田广明为祁连将军，四万余骑出西河。度辽将军范明友，三万余骑出张掖。前将军韩增，三万余骑出云中。后将军赵充国，……将军三万余骑出酒泉。云中太守田顺为虎牙将军，三万余骑出五原。凡五将军，兵十余万，出塞。……及校尉常惠，使让发兵。乌孙、西域、昆弥，自将翕侯以下，五万余骑，从西方入。……匈奴闻汉兵大出，老弱奔走，驱畜产远遁逃。是以五将少所得。……校尉常惠与乌孙兵，至右谷蠡庭，获单于父行，及嫂居次。名王犁污，都尉千长将以下，三万九千余级；虏马，牛，羊，驴，骡，橐驼，七十余万。……然匈奴民众死伤而去者，及产畜远移，死亡，不可胜数。于是匈奴遂衰耗。[②]

汉与乌孙夹击匈奴之目的，终于达到；同时，汉与西域诸国的贸易往来，亦因此大通。不过这还只是为着夹击匈奴而获得的结果。此外，武帝时，尚有发兵十余万，西逾葱领，进攻大宛的壮举。大宛在今中央亚细亚的乌兹伯克之东北，国者贵山城，即今之霍占(Khodjend)。汉之进攻，完全为着一种贸易关系。武帝却以重金赎买大宛之良马，宛人吝而不与，于是遣李广领将兵十余万出征。《汉书》云：

大宛国……多善马，马汗血，言其先天马子也(孟康曰："大宛国有高山，其上有马，不可得，因取五色母马置其下，与集，生驹，皆

① 《汉书·张骞传》。

② 《汉书·匈奴传》。

汗血，因号曰天马子云。”）。张骞始为武帝言之。上遣使者持千金及金马，以请宛善马。宛王以汉绝远，大兵不能至；爱其宝马，不肯与，汉使妄言，宛遂攻杀汉使，取其财物。于是天子遣贰师（贰师，大宛城名，期至贰师取善马，故以为号）将军李广利将兵前后十余万人伐宛。连四年，宛人斩其王毋寡首，献马三千匹，汉军乃还。①

(d)平西羌，隔羌胡。胡属蒙[古]族，其根据地在今甘肃东北及内外蒙古。羌属藏族，其根据地在今甘肃西南青海之东，四川之北，甘肃之西南，都为他们的生息之所。这种族的起源，尚是一个待研究之问题。其发展壮大，早在秦有事于六国之时，就乘机开始了。

诸羌……以射猎为事，爰剑（据说是羌族的一个开山祖，曾被秦厉公捉了，后又逃归。被诸羌推为首领）教之田畜。……子孙分别各自为种，任随所之。或为牦牛种，越巂羌是也（四川宁远县）。或为白马种，广汉羌是也（甘肃文县至四川北境）。或为参狼种，武都羌是也（甘肃陇西系是也）。忍及弟舞独留湟中（青海东南湟源县一带），忍生九子为九种，舞生十七子为十七种。羌人兴盛，从此起矣。秦始皇时，务并六国。……故种人得以繁息。②

羌与胡的边境，都在甘肃，倘两相结合，便恰恰塞断了汉与西域诸国往来的要道。汉为巩固自己的生存条件，及保护往来西域的要道，对胡对羌，都须驱逐。前面所述武帝时置酒泉、武威、张掖、敦煌四郡，便是隔绝羌胡，沟通西域的好办法。武帝时诸羌曾团结一致，联匈奴以侵汉，汉遣将军李息讨平之。“始置护羌校尉统领焉。……至宣帝时，诸羌又相与解仇，寇攻金城（甘肃皋兰县以西至青海）。帝遣后将军赵充国将兵讨之，充国欲以屯田于临羌（青海西宁县）……初置金城属国，以处降羌。……自元帝以后，数十年，四夷宾服，边塞无事。”③

(e)西南夷皆屈服。所谓西南夷，乃指四川南部，及贵州、云南各处之本地居民而言。在四川、贵州间，平服了夜郎，置有犍为郡（今四川宜宾县

---

① 《汉书·西域传·大宛国》。

② 《后汉书·西羌传》。

③ 《通考·四裔考》十。

西南)。原来于今贵州境内定番县西北三十里乱山中发出一条水，曰濛潭，就是汉时之牂牁江。此江经定番县南至罗斛县东来，与今之北盘江合流，再经今广西入广东为西江。汉时牂牁江上，有一个部族曰夜郎，大概散布在今之川南黔北。汉为着要进攻南粤，感觉由长沙豫章等处进兵，极为不便。一旦发见了这牂牁江及江上居民夜郎，乃想利用夜郎兵力，顺江而下，以攻南粤。这样一来，有拉拢夜郎之必要了。于是派唐蒙主持此事，并拜他为中郎将。

原来唐蒙是番阳令，有一次受中央令，到南粤宣扬中央意旨。在南粤吃过一种所谓蜀枸酱。觉得有味，问这酱是从何处来的。结果得知此酱乃南粤商人以财物从牂牁江上夜郎那里交换来的；夜郎所有，大概又是从四川直接交换来的。从这一线索，唐蒙得知西南夷与南粤的交通关系，乃建议联夜郎击南粤。中央

> 乃拜蒙以中郎将，将千人，食重万余人，从巴莋关(四川汉源县)入，遂见夜郎侯多同。厚赐，谕以威德，为置吏，使其子为令。夜郎旁小邑，皆贪汉绘帛，以为汉道险，终莫能有也。乃且听蒙约。还报，乃以为犍为郡。发巴蜀卒，治道。自僰道指牂牁江。[1]

至于云南贵州方面，则因张骞于元狩元年(公元前一二二年)留西域大夏国时，看见有蜀布邛杖，问所从来；据云是从身毒(印度)来的，身毒所有者，又是从蜀商手里来的。骞得了这个暗示，以为通大夏国，不必定要走北方那条困难之路。归国时力言：倘“通蜀，身毒国道便近，又亡害。于是天子乃令王然于柏始昌吕越人等十余辈，间出西南夷，指求身毒国。至滇，滇王当羌，乃留为求道。四岁余皆闭昆明，莫能通。……使者还，因盛言滇大国，足事亲附。天子注意焉”。[2] 身毒并未得通，而天子之注意倒因此移到了滇国。

后来南粤反时，天子乃令以犍为作根据地，后西南夷之兵，进攻南粤。这时有且兰(贵州平越县)之君，不肯远行，出而作梗，联络许多小国，共同谋反。于是中郎将郭昌、卫广等乃先诛隔滇道者。迨南粤平定之后，又回头征服西南夷许多部族，置许多新郡。直到元封二年(公元前一〇九年)

---

① 《汉书·西南夷传》。

② 《汉书·西南夷传》。

以后，在今云贵川间的所谓西南夷大体平服了。《汉书》云：

及至南粤反，上使驰义侯因犍为发南夷兵。且兰君恐远行，旁国虏其老弱，乃与其众反。……中郎将郭昌、卫广引兵还，行诛隔滇道者且兰，斩首数万。遂平南夷为牂牁郡(今贵州平越县)。……南粤已灭，还诛反者，夜郎遂入朝，上以为夜郎王。南粤破后，及汉诛且兰邛君，并杀莋侯，冉駹皆震恐，请臣置吏；以邛都为越嶲郡，莋都为沈黎郡，冉駹为文山郡，广汉西白马为武都郡。……元封二年(公元前一〇九年)，天子发巴蜀兵，击灭劳深靡莫，以兵临滇，滇王始首善，以故弗诛。滇王离西南夷，滇举国降，请置吏入朝。于是以为益州郡。①

(f)平南粤，置九郡。秦二世时，南海尉任嚣病将死，乃召龙川令赵佗代行南海尉事。赵为真定人，因击并桂林、象郡，自立为南粤武王。汉高帝十一年(公元前一九五年)，乃正式立佗为南粤王。高后时，因有司请禁粤关卖铁器给南粤，引起纠纷；佗自称帝，发兵进攻，中央不能平服，佗势坐大。《汉书》云：

高后时，有司请禁粤关市铁器。佗曰："……此必长沙王计，……"乃自尊号为南武帝，发兵攻长沙边，败数县焉。高后遣将军隆虑侯击之，会暑湿，士卒大疫，兵不能逾岭。岁余，高后崩，即罢兵。佗因此以兵威财物，赂遗闽粤、西瓯、骆役属焉。东西万余里，乃乘黄屋，左纛，称制，与中国侔。②

文景之时，因受优遇，去帝号，称藩臣。武帝之时，佗孙赵胡为南粤王。再传至赵兴，当武帝元鼎四年(公元前一一三年)，汉使安国少季，劝王入朝。当时王太后以自己是中国人之故，亦极愿内附。其条件亦殊简单：只要汉肯视南粤王等于内诸侯，准其三岁一朝，并除去边关的限制，即得。谁知协议既定，南粤之相吕嘉等大不谓然，举兵称乱。这样一来，中央就不能容忍了，乃发大军十万击之，平其地，置九郡，《汉书》云：

相吕嘉……有畔心……攻杀太后，王，尽杀汉使者；……立明王

① 《汉书·西南夷传》。

② 《汉书·南粤王传》。

长男粤妻子术阳侯建德为王。……于是天子……令粤人及江淮以南楼船十万师，往讨之。元鼎五年(公元前一一二年)秋，卫尉路博德为伏波将军，出桂阳，下湟水。主爵都尉杨仆为楼船将军，出豫章，下横浦。故归义粤侯二人为戈船下濑将军，出零陵，或下离水，或抵苍梧。使驰义侯因巴蜀罪人发夜郎兵，下牂牁江，咸会番禺。……楼船居前，至番禺，……纵火烧城。粤素闻伏波，莫，不知其兵多少。伏波乃为营，遣使招降者。……楼船力攻烧敌，反驱而入伏波营中。迟旦，城中皆降伏波。吕嘉建德以夜与其属数百人亡入海。伏波又问降者，知嘉所之。遣人追，……得建德，……嘉。南粤已平，遂以其地为儋耳(琼州岛南部)、珠崖(琼州岛北部)、南海、苍梧、郁林、合浦(广东徐闻县)、交趾(安南北宁)、九真(安南清华)、日南(安南河清)九郡。①

(g)平闽粤，定东南。闽粤包括今福建、浙江两省而言。汉时有无诸为闽粤王，都于冶(今福建闽侯县)。有摇为东海王，都于东瓯(今浙江永嘉县)。《汉书》云：

闽粤王无诸，及粤东海王摇，其先皆粤王勾践之后也。姓驺氏。秦并天下，废为君长，以其地为闽中郡。及诸侯畔秦，无诸摇率粤归番阳令吴芮，所谓番君者也。从诸侯灭秦。……汉击项籍，无诸摇帅粤人佐汉。汉五年(公元前二〇二年)复立无诸为闽粤王，王闽中故地，都冶。孝惠三年(公元前一九二年)，举高帝时粤功，曰："闽君摇多功，其民便附。"乃立摇为东海王，都东瓯。②

闽浙两方的统治者，最初大概就是这个样子。当南粤反叛之时，闽以接近之故，起而附和。迨汉把南粤平下，乃转而击东粤。于是闽浙两地，或以反复无常，或以地多险阻；中央为一劳永逸计，乃予以移民之处置。

元鼎五年(公元前一一二年)，南粤反。……及汉破番禺楼船将军仆(杨仆)上书请引兵击东粤，……上遣横海将军韩说出句章，浮海从东方往。楼船将军仆出武林；中尉王温舒出梅岭；粤侯为戈船下濑将

① 《汉书·南粤王传》。

② 《汉书·闽粤王传》。

> 军，出如邪白沙。元封元年（公元前一一〇年）冬，咸入东粤。……天子曰：“东粤陿多阻，闽粤悍，俱数反复。”诏军吏皆将其民徙处江淮之间。东粤地遂虚。[①]

社会问题之造成　一个国家，无论其内部之组织如何坚固；倘这样连年不断地对外用兵，国家开支太大，国用自然会感着入不敷出。《汉书·西域传》称：“自武帝初通西域，置校尉，屯田渠犁；师行三十二年，海内虚耗。”《史记·平淮书》称：“严助、朱贾臣等招来东瓯，事两越，江淮之间，萧然烦费矣。唐蒙、司马相如开路西南夷，凿山通道千余里，以广巴、蜀，巴、蜀之民罢焉。彭吴贾灭朝鲜……则燕齐之间，靡然发动。及王恢设谋为邑，匈奴绝和亲，侵扰北边，兵连而不解。……行者斋，居者送，中外骚扰而相奉，……财赂衰耗而不赡。……赋税既竭，犹不足以奉战士!”赋税既竭，犹不足以奉战士云云，这是对外连年用兵之必然结果。然则救济之道如何？曰，惟有增加赋税之一法。汉武帝时，一切正赋税捐，都有增加或新设。如田赋，几乎什而取五。《汉书·食货志》述王莽之令曰：“汉氏减轻田租，三十而税一。常有‘更赋’，疲癃咸出。……厥名三十，实什税五。”如口赋，本身就很苛刻，武帝时乃更增加!《汉书·昭帝纪》注引如淳之言曰：“民年七岁至十四，出口赋钱，人二十三。二十钱以奉天子；其三钱者，武帝加口钱，以补车骑马。”如更赋，真所谓“疲癃咸出”。但因太苛之故，人民常有逃赋的。元凤四年（公元前七七年），诏：“三年以前逋更赋未入者，皆勿收。”[②]便是明证。这种赋大抵是人民缴给官府，以代兵役的，其种类及繁重之状，如淳解曰：“更有三品，有卒更，有践更，有过更。古者正卒无常人，皆当迭为之，一月一更，是为卒更也。贫者欲得顾更钱者，次直者出钱顾之，月二千，是为践更也。天下人，皆直戍边三日。……不可人人自行三日戍。……诸不行者，出钱三百入官，以给戍者，是为过更也。”[③]这里所谓三品，实即指一件事的过程，即兵役转移的过程，是也。富者出钱，以供政府雇买兵役之用；贫者被雇，可得报酬。宋王安石所设“免役钱”之法与此极相似。

至于税捐，因对外用兵而增设的可随举几种以为例。例如盐铁之税，

---

① 《汉书·闽粤王传》。

② 《汉书·昭帝纪》。

③ 《汉书·昭帝纪》。

《汉书·食货志》云："元狩中，兵连不解，……县官大空。富商大贾，冶铸粥盐，或累万金。……于是以东郭咸阳、孔仅为大农丞，领盐铁事。"至是"凡郡县出盐多者，置盐官，主盐税；出铁多者，置铁官，主鼓铸。"[①]盐铁之税，都是起于对外用兵的。和帝有诏曰："昔孝武皇帝致诛胡越，故权收盐铁之利，以奉师旅之费。"[②]又如酒税，也是因对外用兵而开征的。"武帝天汉三年(公元前九十八年)……初榷酒酤。"[③]最新奇的税，有所谓算缗钱者。大概凡家里藏钱的，须计其缗贯之数而出税；每一贯钱或一千钱，须税钱二十。"武帝元狩四年(公元前一一九年)，……初算缗钱。"《汉书·武帝纪》注云："李斐曰：'……一贯千钱，出算二十也。……'师古曰：'谓有储积钱者，计其缗贯而税之。'"就有钱的人征税，似很公道。但家藏几缗之钱的人，未必就是富人。这样一来，缗钱令就成为极苛的了。《汉书·食货志》述其恶劣之影响曰：

> 天子既下缗钱令，而尊卜式，百姓终莫分财佐县官，于是告缗纵矣。……杨可告缗偏天下，中家以上，大氐皆遇告。杜周治之，狱少反者。乃分遣御史，廷尉，正监，分曹，往往即治郡国缗钱，得民财物以亿计！奴婢以千数！田，大县数百顷！小县百余顷！它亦如之。于是商贾中家以上，大氐破。民媮，甘食好衣，不事畜藏之业。

中产之家，因国家对外用兵的影响，成了这个样子！而下属的农民，在土地私有制下，早已没有立锥之地。中下层社会，都陷入极端困难之境，于是社会问题已成。社会问题严重的时候，政府不起而解决，贫民便起而暴动。新莽时代，正是社会问题极严重之时；王莽执政，力谋解决；绿林赤眉，直接暴动；都无结果。经过大动乱之后，光武代表地主，起而收拾残局，又开始制造下一期的动乱。兹先看新莽时代之动乱情形如何。

二　新莽时代之大动乱

王莽的出身　王莽是汉的贵戚，孝元皇后是他的姑母，元帝就是他的

① 《汉书·百官志》盐铁官条注。

② 《后汉书·和帝纪》。

③ 《汉书·武帝纪》。

姑父；他在汉之统治者中，有这么一个地位。当元帝成帝之时，王家的势力，特别的大。《汉书·王莽传》云："元后父及兄弟皆以元成世封侯，居位辅政，家凡九侯五大司马。"元帝死后，再传至于哀帝。这时王莽以外戚资格，逐渐取得元后信任，乘哀帝年少，便想开始把统治权由刘家(汉姓)转移到王家去。这现象殆是中国史上的公例。凡一代的统治者，到了末期，统治能力，因养尊处优之故而被丧失；其统治权不是被外戚抢去，便是被宦官抢去。汉哀帝时，整个统治阶级渐弱起来了，所以王氏乘时而生异想。哀帝死后，没有儿子，元后与莽共立哀帝之弟中山王欣为平帝。平帝年只九岁，王莽执着政权，要怎样办，便可以怎样办了。《汉书》云：

> 哀帝崩，无子，太皇太后(即元后)以莽为大司马，与共征立中山王，奉哀帝后，是为平帝。帝九岁，常年被疾。太后临朝，委政于莽。莽颛威福，……元始四年(公元四年)，莽讽群臣奏立莽女为皇后，又奏尊莽为宰衡。……莽既外壹群臣，令称己功德；又内媚事旁侧长御以下，赂遗以千万数。[①]

皇帝为自己所立，自己的姑母临朝听政，自己的女儿又做了皇后，自己本人更做了宰衡。刘家的统治虚有其名，事实上已是王家的统治了。直到平帝崩，无子，莽遂征宣帝之玄孙刘婴，立为孺子，年才二岁。莽"践阼居摄，如周公传成王故事，……为摄皇帝，改元称制焉。……其后莽遂以符命，自立为真皇帝"。[②] 国号新，历时凡十五年(公元九年到二三年)。

王莽的新政　自西汉以来，内部的阶级对立，与向外的扩充疆土，这两件大事，造成了一绝大之社会问题，即人民之生计日益穷困是也。王莽既代汉自立，便想设法解决当时极严重之社会问题。莽以贵族的外戚，而能顾到贫民的生计，其人之阅历经验，殆有非常之处；《汉书》里有记载曰：

> 莽父曼蚤死，不侯。莽群兄弟将军五侯子，乘时侈靡，以与马声色佚游相高。莽独孤贫，因折节为恭俭，受《礼经》，师事沛郡陈参，勤身，博学，被服如儒生。事母及寡嫂，养孤兄子，行甚敕备(师古曰：敕，整也)。又外交英俊，内事诸父，曲有礼意。……爵位益尊，

① 《汉书·元后传》。

② 《汉书·元后传》。

节操愈谦；散舆马衣裘，振施宾客。家无所余，收赡名士，交结将相卿大夫甚众。[①]

因为他是贵族的外戚，故能结交权贵；因为他处境特贫，故亦知民间疾苦。他凭着这等阅历经验，要求解决社会问题；故其所施行，在当时实是崭新的而有革命意味的政策。兹述于次：(a)均田限奴。当时田归地主所占，因兼并买卖之故，贫富日益不均，奴婢亦得自由买卖。莽乃下令，更名天下之田曰王田，奴婢曰私属，皆不准买卖。每家男子不满八人，而田超过一井者，须分其余与九族或邻里乡党。《汉书》述其均田限奴之历史背景及其政策曰：

古者设庐井，八家，一夫一妇，田百亩，什一而税；则国给民富，而颂声作。此唐虞之道，三代所遵行也。秦为无道，厚赋税以自供奉；罢民力以极欲。坏圣制，废井田。是以兼并起，贪鄙生，强者规田以千数，弱者曾无立锥之居。又置奴婢之市，与牛马同阑。制于民臣，颛断其命，奸虐之人，因缘为利，至略卖人妻子。逆天心，诗人伦，缪于天地之性人为贵之义。《书》曰："予则奴戮女"，惟不用命者，然后被此罪矣。汉氏减轻田租，三十而税一。常有更赋，罢癃咸出。而豪民侵陵，分田劫假。厥名三十税一，实什税五也。父母夫妇，终年耕耘，所得不足以自存。故富者犬马余菽粟，骄而为邪；贫者不厌糟糠，穷而为奸。俱陷于辜，刑用不错。予前在大麓，始令天下公田口井(师古曰：计口而为井田)。时则有嘉禾之祥，遭反虏逆贼且止。今更命天下田曰王田，奴婢曰私属，皆不得卖买。其男口不盈八，而田过一井者，分余田予九族邻里乡党。故无田今当受田者，如制度。敢有非井田圣制，无法惑众者，投诸四裔，以御魑魅。[②]

(b)自由生产。土地集中，贫富悬绝。救济之法，在消极方面，只有均田，使大家有田可耕。在积极方面，仍须有力之人，努力生产。莽于是：

以周官税民：凡田不耕为不殖，出三夫之税。城郭中宅不树艺者为不毛，出三夫之布。民浮游无事，出夫布一匹。其不能出布者，冗

① 《汉书·王莽传》上。

② 《汉书·王莽传》上。

作，县官衣食之。[①]

(c)平均物价。均田限奴，强迫生产，系就农民方面着眼，而改善农民生计。此外平均物价，征收商税，则是以防止商人之兼并为手段，而救济农民。这又是当时工商业十分发达的一种反动。前两种新政，系以历史上土地制之畸形为背景。后两种新政，则是以当时工商业之发达为背景。王莽平均物价之法，系于重要市场，设置"五均"之官，专司平定物价之责。物价一经决定之后，商人出卖货物其取价如果超过官定之价，则政府可调查真相，依实价强迫收来，再依平定之价卖出。商人取价，如未达到官定之价，则任自由买卖。《汉书》述"五均"之官的设立及物价之平定有曰：

> 长安及五都，立"五均"官。更名长安东西市令，及洛阳、邯郸、临菑、宛、城都市长，皆为"五均"司。市称师。东市称京，西市称几，洛阳称中。余四都各用东西南北为称，皆置交易丞五人。……诸司市常以四时中月，实定所掌，为物上中下之贾，各自用为其市平，毋拘它所。众民买卖五谷布帛丝绵之物，周于民用而不雠(读如售)者，均官有以考验厥实，用其本买取之，毋令折钱。万物昂贵，过平一钱，则以平贾卖与民。其贾低贱减平者，听民自相与市；以防贵庾(庾，积也)者。[②]

(d)征收商税。商税之名，实在不妥，不过一时没有恰当的名词可用，且以此两字来表示当时之各种新税。王莽所设新税，包括极广。凡矿产，水产，畜产，丝制物品，乃至一切如现在所见之营业牌照，一律征税。凡操各种业务之人，无论是开设商店，或以物送到人家零售，皆当到官府登记。官府于营业者之纯利中，取十分之一，名之曰贡。《汉书》云：

> 工商能采金银铜连锡登龟取贝者，皆自占司市钱府，顺时气而取之。……取诸众物鸟兽鱼鳖百虫于山林水泽及畜牧者，嫔妇桑蚕织纴纺绩补缝，工匠医巫卜祝及它方技，商贩贾人坐市列里区谒舍，皆各自占所为于其所在之县。官除其本，计其利十一分之，而以其一为贡。

---

① 《汉书·食货志》。

② 《汉书·食货志》。

敢不自占，自占不以实者，尽没入所采取。[1]

(e)贷款于民。凡人民有急事，或欲治产业而无钱者，政府可以贷款。此种贷款的来源，即是以工商所贡的一分纯利聚积而成者，并非另筹款贷给人民。

民欲祭祀丧纪而无用者，钱府以所入工商之贡但赊之。祭祀毋过旬日，丧纪毋过三月。民或乏绝，欲贷以治产业者，均受之。除其费，计所得受息，毋过岁什一。[2]

此外政府所办而有利可图的事情，尚有好些。如卖酒，卖盐，卖铁器，铸钱等是也。当时有所谓“五均”“六筦”者。五均即指平均物价的“五均”之宫而言。六筦即指政府管理卖酒，卖盐，卖铁器，铸钱，向工商征新税，及贷款于贫民等六事而言。五均六筦及均田限奴等，便是王莽用以解决社会问题的新政。

新政的失败　新政的种种，固都切中时弊。但实行能否生效，却是另一问题。莽之新政，大抵完全失败了。其所以失败之理由，非常简单，即豪民富贾，勾结县令；对于新政，阳奉阴违。其甚者且乘机获利，假新政之名，行自肥之实。这事很寻常。凡欲解决社会问题，而政权不在贫民之手，其结果必然是这样的。《汉书·食货志》述莽政之失败云：“羲和置命士，督五均六斡(同筦)，郡有数人，皆用富贾！洛阳薛子、仲张长叔；临菑姓纬等，乘传求利，交错天下；因与郡县通奸，多张空簿；府藏不实，百姓愈病。……奸吏猾民，并侵众庶，各不安生。”这可见新政之完全惨败了。而政府铸钱一项，所生恶果，也非常大。

是时百姓安汉五铢钱，以莽钱大小两行难知，又数改变不信。皆私以五铢钱市买，讹言大钱当罢，莫肯挟。莽患之，复下书：“诸挟五铢钱言大钱当罢者，比非井田制，投四裔。”于是农商失业，食货俱废。民人至涕泣于市道，及坐买卖田宅奴婢铸钱，自诸侯卿大夫至于庶民

① 《汉书·食货志》。

② 《汉书·食货志》。

抵罪者，不可胜数！[①]

大抵新政之行，除徒引起社会之极度的不安以外，毫无效果。原来社会的问题，在乎贫民生计困难。为欲解除贫民的困难，复引出中产阶级之不安！这事，在莽看来，真不合算。挽救之法，只有罢新政。均田令之自动撤消，便是一例。均田“后三岁，莽知民愁，下诏：‘诸食王田及私属，皆得买卖。’”[②]其他新政，都无形地停止了。于是严重的社会问题，只有待农民起来，自动地解决。

南部民乱起　新莽末年之民乱，可分两部分述之：发端于现在湖北当阳县绿林山中的为一部。这部捣乱的地方为今之湖北、河南、陕西等省。发端于现在山东莒县的为另一部。这部捣乱的地方，为今之山东全省，江苏北部，安徽北部及河南、陕西、宁夏甘肃等省之地。兹先述前者。(a)绿林发难。新莽末年，南方大饥。这正是社会问题不得解决，农民要起而暴动之一大导火线。当时许多贫民，为生活所迫，出外谋食，离开自己的家乡甚远；于是常聚于今湖北当阳县之绿林山中。人称之为绿林贼。自地皇二年(公元二一年)以后，其众愈多，其势愈大；各地陆续起来加入的几达五万余人。其领袖人物最初有王匡、王凤、马武、王常成丹等。后加入者有朱鲔、张卬、陈牧、廖湛等。地皇三年(公元二二年)，已由湖北扰入今河南腹地了。《后汉书》有一段曰：

王莽末，南方饥馑，人庶群入野泽，掘凫茈而食之，更相侵夺。新市人王匡王凤为平理争讼，遂推为渠帅，众数百人。于是诸亡命马武、王常、成丹等往从之。共攻离乡聚，藏于绿林中，数月间至七八千人。地皇二年(公元二一年)，荆州牧某发奔命二万人攻之，匡等相率迎击于云杜(今沔阳县西北)，大破牧军，杀数千人！尽获辎重。遂攻拔竟陵，转击云杜、安陆；多略妇女，还入绿林中，至有五万余口！州郡不能制。三年(公元二二年)，大疾疫，死者且半。乃各分散引去。王常、成丹西入南郡，号下江兵。王匡、王凤、马武及其支党朱鲔、张卬等北入南阳，号新市兵。皆自称将军。七月，匡等进攻随

① 《汉书·王莽传》中。

② 《汉书·食货志》。

(今河南随县)，未能下。平林人陈牧、廖湛复聚众千余人，号平林兵以应之。①

(b)与刘玄合。这时刘家的子孙，恨王莽夺去了刘家的统治，也都纷纷起来，想利用农民暴动的势力，向王莽施行报复，并树立起自己的统治力。计这时候刘家乘机起来的有后来称光武帝的刘秀，及其兄伯升，族兄刘玄等。他们的发难之地，在今湖北枣阳县一带。他们都乘着农民的势力向王莽统治进击。这时暴动的农民，以无所统属之故，共立刘玄为更始将军，都于宛城(今湖北荆门县南六十里)。并且多数领袖，都受更始所赐的官衔。如"王匡为定国上公，王凤成国上公，朱鲔大司马，伯升(光武之兄)大司徒，陈牧大司空。余皆九卿将军。"②

(c)北掠长安。农民势力，在刘玄支配之下，于地皇三年(公元二二年)以后，由今之湖北而河南，由河南而陕西。浩浩荡荡，进逼长安。攻克长安以后，恣意劫掠。当刘玄等未到长安之时，长安城中原已起兵，响应农民暴动及刘玄等之北进。并于公元二三年(更始元年)九月，斩王莽。但未肆行劫掠，宫中所有，一切无恙。及刘玄到来，乃大肆劫掠。

初，王莽败，唯未央宫被焚而已。其余宫馆，一无所毁。宫女数千，备列后庭。自钟鼓帷帐，舆辇器服，太仓武库，官府市里，不改于旧。更始(刘玄)既至，居长乐宫，升前殿，郎吏以次列庭中。更始羞怍，俯首刮席不敢视。诸将后至者，更始问虏掠得几何。左右侍官，皆宫省久吏，各惊相视。③

(d)掠后内哄。大掠长安，正在更始二年(公元二四年)之初。到这年年底的时候，自山东发难的农民，所谓赤眉贼者，也由今之山东而河南，由河南而陕西。更始三年(公元二五年)三月，两大部分的农民势力即自山东来的赤眉贼众与自湖北来的绿林贼众，快要在陕西相遇了。倘一相遇，难免不发生冲突。于是绿林部的诸领袖中有主张南下以避的。

时王匡、张卬守河东，为邓禹所破(邓禹系站在光武一边，为代表

① 《后汉书·刘玄传》。

② 《后汉书·刘玄传》。

③ 《后汉书·刘玄传》。

地主阶级之光武培植统治势力的)。还奔长安。卬与诸将议曰："赤眉近在郑(故城在今陕西华县北)华阴间旦暮且至。今独有长安，见灭不久；不如勒兵掠城中以自富，转攻所在，东归南阳(河南南阳县)，收宛王等兵。事若不集，复入湖池中为盗耳。申屠建、廖湛等皆以为然。①

但这与更始的意见不合。更始主张与赤眉部众对抗。这样一来，内部的裂缝发生了，刘玄与绿林部诸领袖终于内哄，结果两败俱伤，给赤眉部一个大好机会。及赤眉攻到高陵(今陕西高陵县西一里)时，绿林部乃降至赤眉部，而与赤眉部结合，共攻更始。兹录一段记载于次，以见他们内哄的导火线，及内哄的实情与结果。当张卬等主张南下以避赤眉时，更始大不以为然。

及赤眉立刘盆子，更始使王匡、陈牧、成丹、赵萌(赵始终拥护更始)屯新丰。李松(李亦始终拥护更始)军掫以拒之。张卬、廖湛、胡殷申、屠建等与御史隗嚣合谋，欲以立秋日貙膢时，共劫更始(仝上音义曰：貙兽，以立秋日祭兽；王者亦此日出猎，用祭宗庙。冀州北郡以八月朝作饮食为膢，其俗语曰膢腊社伏)，俱成前计(即南下之谋)。侍中刘能卿知其谋，以告之。更始托病不出，召张卬等。卬等皆入，将悉诛之，唯隗嚣不至。更始狐疑，使卬等四人且待于外庐。卬与湛殷疑有变，遂突出。独申屠建在，更始斩之。卬与湛殷遂勒兵掠东西市。昏时烧门入，战于宫中，更始大败，明旦，将妻子车骑百余，东奔赵萌于新丰。更始复疑王匡、陈牧、成丹与张卬等同谋，乃并召入。牧、丹先至，即斩之。王匡惧，将兵入长安，与张卬等合。李松还从更始，与赵萌共攻匡、卬于城内，连战月余。匡等败走，更始徙居长信宫。赤眉至高陵，匡等迎降之，遂共连兵而进。更始城守，使李松出战，败，死者二千余人。②

这一场内哄，计绿林方面，有张卬、廖湛、胡殷、申屠建、王匡、陈牧、成丹、隗嚣等(被更始斩者，申屠建、陈牧、成丹等)。更始方面有李

① 《后汉书·刘玄传》。

② 《后汉书·刘玄传》。

松、赵萌及更始自己。内哄方酣之时，赤眉已到。绿林既降了赤眉，更始所剩有的，只一条死路。后为赤眉所迫，遂缢死。于是长安完全入于赤眉之手。现在且来研究赤眉之暴动情形。

东部民乱起 这方面的民乱，(a)初为二股。一为反对县宰的吕母。吕有子，为县吏，犯小罪，被县宰所杀，激成众怒；遂造成民乱。

> 天凤元年(公元一四年)，琅邪海曲有吕母者(海曲在今山东莒县东)，子为县吏，犯小罪，宰论杀之，吕母怨宰，密聚客，规以报仇。母家数丰，资产数百万。乃益酿醇酒，买刀剑衣服。少年来者，皆赊与之。视其乏者，辄假衣裳，不问多少。数年，财用稍尽。少年欲相与偿之。吕母垂泣曰："所以厚诸君者，非欲求利；徒以县宰不道，枉杀吾子，欲为报怨耳。诸君宁肯哀之乎?"少年壮其意，又素受恩，皆许诺。其中勇士，自号猛虎；遂相聚，得数十百人。因与吕母入海中，招合亡命，众至数千。吕母自称将军。引兵还，攻破海曲，执县宰。诸吏叩头为宰请。母曰："吾子犯小罪，不当死；而为宰所杀。杀人当死，又可请乎?"遂斩之。以其首祭子冢，复还海中。①

吕母这一股，是因反抗县宰而起的。另一股，则为饥馑所逼而起的；其领袖为莒县(今山东莒县)樊崇，及崇之同郡人逄安，东海人谢禄、杨音等。群众初只数万；后来扰到长安时，号称百万。其发难时之情形如下。

> 琅邪人樊崇，起兵于莒，聚百余人；转入太山，自号三老。时青徐大饥，寇贼蜂起。群盗以崇勇猛，皆附之。一岁间至万余人。崇同郡人逄安，东海人徐宣、谢禄、杨音，各起兵合数万人，复引从崇，共还攻莒，不能下。转掠至姑幕，因击王莽探汤侯田况，大破之，杀万余人。遂北入青州，所过虏掠。还至太山，留屯南城。初，崇等以困穷为寇，无攻城徇地之计。众既浸盛，乃相与为约：杀人者死，伤人者偿创，以言辞为约束，无文书旌旗部曲号令。……恐其众与莽兵乱，乃皆朱其眉以相识别，由是号曰赤眉。②

(b)联合暴乱。这两部分，一以反抗县宰而暴乱，一以迫于饥馑而暴

① 《后汉书·刘盆子传》。

② 《后汉书·刘盆子传》。

乱。后以吕母病死，其部下遂加入樊崇部中，于是两部联合，势力坐大。他们初期扰乱之地方为今之山东及江苏北部，安徽北部，河南中部。山东为他们发难之地，自然受影响较大。江苏、安徽、河南以接近山东之故，都成了他们活动的区域。

> 王莽遣平均公廉丹，太师王匡击之，……赤眉大破丹、匡军，杀万余人，追至无盐(今山东东平县)。廉丹战死，王匡走。崇又引兵十余万复还围莒(山东莒县)，数月。或说崇曰："莒，父母之国。奈何攻之?"乃解去。时吕母病死，其众分入赤眉、青犊、铜马中。赤眉遂寇东海(山东旧兖州府东南至江苏邳县以东至海)，……引去，掠楚沛(楚，今江苏铜山县；沛，今江苏沛县)、汝南、颍川(颍川，今河南禹县；汝南，河南旧汝宁陈州二府，及安徽旧颍川府皆是，治平舆，在今河南汝南县东南六十里)，还入陈留(今河南陈州县)，攻拔鲁城，转至濮阳(今河南滑县)。会更始都洛阳，遣使降崇。[①]

(c)西入长安，立帝建元。更始派人招降樊崇，这自然是一种分化政策。樊崇不为所动，且整顿部属，分二部西向，进逼长安。

> 崇与逄安为一部，徐宣、谢禄、杨音为一部。崇、安攻拔长社，南击宛，斩县令。而宣、禄等亦拔阳翟，引之梁，击杀河南太守。赤眉众虽数战胜，而疲敝厌兵，皆日夜愁泣，思欲东归。崇等计议，虑众东向，必散，不如西攻长安，更始二年(公元二四年)冬，崇、安自武关，宣等从陆浑关，两道俱入。三年(公元二五年)正月，俱至弘农，与更始诸将，连战克胜。众遂大集。乃分万人为一营，凡三十营。营置三老从事各一人。[②]

他们迫近长安之时，因狃于旧习，以为没有一个皇帝，决不能成大事。于是找出一个十五岁的姓刘的小孩，立以为帝，以资号召。

> 时方望弟阳怨更始杀其兄，乃逆说崇等曰："更始荒乱，政令不行，故使将军得至于此。今将军拥百万之众，西向帝城，而无称号，

① 《后汉书·刘盆子传》。

② 《后汉书·刘盆子传》。

名为群贼，不可以久。不如立宗室，挟义诛伐。以此号令，谁敢不服？崇等以为然。……"乃相与议曰："今迫近长安……当求刘氏共尊立之。"六月，遂立盆子（汉景王近属）为帝，自号建世元年。……共推宣为丞相；崇，御史大夫；逄安，左大司马；谢禄，右大司马；自杨音以下，皆为列卿。①

皇帝也立起了，官吏也设置了，俨然组成了政府，只预备进长安城了。行至高陵（今陕西高陵县西一里），绿林部众诸领袖张卬等恰好与更始决裂了，来降赤眉。于是两相结合，攻入长安。在长安城内，诸领袖对内常相互争功，不能相一；对外仍行剽劫，一如往时。始终建立不起安全的次序。小皇帝盆子之兄刘恭乃设巧计，要盆子于大家会议之时，以不做皇帝相要挟；于是勉强得维持安全二十余日。

建武二年（公元二六年）正月，朔，崇等大会。刘恭先曰："诸君共立恭弟为帝，德诚深厚。立且一年，肴乱日甚，诚不足以相成；恐死而无所益。愿得退为庶人。更求贤知，唯君等省察。"崇等谢曰："此皆崇等罪也。"恭复固请。或曰："此宁式侯事邪？"（刘恭为式侯。言众立天子，非恭所预）恭惶恐，起去。盆子乃下牀，解玺绶，叩头曰："今设置县官，而为贼如故；吏人贡献，辄见剽劫；流闻四方，莫不怨恨，不复信向。此皆立非其人所致。愿乞骸骨，避贤圣。必欲杀盆子以塞责者，无所离死。诚冀诸君肯哀怜之耳。"因涕泣嘘唏。崇等及会者数百人，莫不哀怜之。乃皆避席顿首曰："臣无状，负陛下。请自今已后，不敢复放纵。"因共抱持盆子，带以玺绶。盆子号呼，不得已。既罢出，各闭营自守，三辅翕然（汉以京兆、左冯翊、右扶风为三辅），称天子聪明。百姓争还长安，市里且满，得二十余日。②

(d)后又大掠，更向西进。这次会议之后，勉强维持次序二十余日。避难的人民，且都相率回家。气象很是不错。但过了二十余日之后，因缺乏粮食之故，又复大掠。且因长安城内，搜索已尽，乃更向西进掠，竟达到了今宁夏、甘肃一带。

① 《后汉书·刘盆子传》。
② 《后汉书·刘盆子传》。

> 赤眉贪财物，复出大掠。城中粮食尽，遂收载珍宝，因大纵火烧宫室，引兵而西，过祠南郊；车甲兵马，最为猛盛，众号百万。盆子乘王车，驾三马，从数百骑。乃自南山转掠城邑；与更始将军严春战于郿，破春，杀之。遂入安定北地（安定郡，今甘肃旧平凉府及固原州、泾州之地。治高平，即今甘肃固原县。北地郡，统甘肃旧宁夏庆阳平凉、固原、泾州诸府州之地。治义渠，在今甘肃宁县西北）。至阳城、番须，中逢大雪，坑谷皆满，士多冻死。乃复还。发掘诸陵，取其宝货，遂污辱吕后尸。凡贼所发有玉匣殓者，率皆如生。（《汉仪注》曰：自腰以下，以玉为札，长尺，广二寸半，为匣。下至足，缀以黄金缕，谓之为玉匣也）。故赤眉得多行淫秽。……九月，赤眉复入长安，止桂宫。①

(e)回头东向，破于光武。原来由长安向西进掠，为的是长安城里缺少粮食。西掠之后，又复回到长安；长安城依然空无所有。然则怎样生活呢？这成了大问题。这问题，逼他们离开长安，回头向东部进掠。原来他们是从今之山东经河南而入陕西的。陕西无所得食，更西向掠今之宁夏、甘肃等地，亦无所得。那自然只有由长安东发，再向河南等地，另找生计。他们的活动趋势，确是如此。且看下之记载。

> 时三辅大饥，人相食，城郭皆空，白骨蔽野；遗人往往聚为营保，各坚守不下。赤眉虏掠无所得，十二月乃引而东归，众尚二十余万，随道复散。②

正在东归的道上，忽遇光武的部下，以大军截断他们的归路，屡与作战，逼使俯首帖耳，肉袒亲降！原来赤眉发难之时，姓刘的因是亡国之后，大都乘机起来，希图报复。他们以贵胄的资格，领导地主阶级，想从农民与新莽直接冲突之中，建树起自己的势力。更始帝刘玄，即是一个代表。而成功的，却为光武帝刘秀。当农民起来，把新莽的统治推倒以后，正是地主阶级组织自身，造成新统治之时。所以这回赤眉部在长安不能生存，回头东向之时，光武部下的侯进、耿弇、邓禹、冯异等便在今河南方面大

① 《后汉书·刘盆子传》。

② 《后汉书·刘盆子传》。

施截击，逼至无路可走。其截击的情形如下。

> 光武乃遣破奸将军侯进等屯新安(今河南渑池县东)；建威大将军耿弇屯宜阳(今河南宜阳县西)；分为二道，以要其远路。敕诸将曰："贼若东走，可引宜阳兵会新安；贼若南走，可引新安兵会宜阳。"明年正月，邓禹自河北度，击赤眉于湖(今河南阌乡县东)，禹复败走。赤眉遂出关南向。征西大将军冯异破之于崤底(即崤山底，在今河南洛宁县西北六十里，西接陕县界，东接渑池县界)。帝闻，乃自将幸宜阳，盛兵以要其走路。①

赤眉处在这个境遇，只有投降的一条路可走。于是遣刘恭去向光武讨论投降的条件。计条件为：一，传国玺绶交出；二，所掠宝物交出；三，兵甲武备解除；降者生命保障安全。刘盆子等，以系宗族之故，颇受优遇。只有樊崇，以阶级不同之故，且是民乱的创始者，降后不久，又乘机造反，结果被杀。《后汉书》写这一段乞降及受降的情形颇详。其言曰：

> 赤眉忽遇大军，惊震不知所为。乃遣刘恭乞降曰："盆子将百万众降，陛下将何以待之?"帝(光武)曰："待汝以不死耳。"樊崇乃将盆子及徐宣以下三十余人肉袒降。上所得传国玺绶，更始七尺宝剑，及玉璧各一。积兵甲宜阳城西，与熊耳山齐。帝令县厨赐食；众积困馁，十余万人皆得饱饫。明旦，大陈兵马临洛水，令盆子君臣列而观之。谓盆子曰："自知当死不?"对曰："罪应当死。犹幸上怜赦之耳。"帝笑曰："儿大黠，宗室无蚩者。"又谓崇等曰："得无悔降乎？朕今遣卿归营，勒兵鸣鼓相攻，决其胜负；不欲强相服也。"徐宣等叩头曰："臣等出长安东门，君臣计议归命圣德。百姓可与乐成，难与图始，故不告众耳。今日得降，犹去虎口，归慈母。诚欢诚喜，无所恨也。"帝曰："卿所谓铁中铮铮，庸中佼佼者也。"又曰："诸卿大为无道，所过皆夷：灭老弱，溺社稷，污井灶。然犹有三善：攻破城邑，周遍天下，本故妻妇，无所改易，是一善也。立君能用宗室，是二善也。余贼立君，迫急，皆持其首降，自以为功；诸卿独完全以付朕，是三善也。"乃令各与妻子居洛阳。赐宅，人一区，田二顷，其夏，樊崇、逄安谋反。诛死。……

① 《后汉书·刘盆子传》。

帝怜盆子，赏赐甚厚。[①]

上述两大部分所谓贼众之外，尚有"别号诸贼：铜马、大彤、高湖、重连、铁胫、大抢、尤来、上江、青犊、五校、檀乡、五幡、五楼、富平、获索等(注，诸贼或以山川土地为名，或以军容强盛为号)。各领部曲，众合数百万人，所在寇掠"。[②] 兹为节省篇幅，且不详述。

官僚地主乘机活跃　当农民纷起暴乱之时，官僚地主，多乘机起而独立，各霸一方，希图建设自己的势力。故当新莽与东汉交接之际，社会次序，殆已混乱不堪。兹举若干据有地盘，出身不凡，妄自尊大者如次，以见官僚地主之态度。

刘永，梁孝王八世孙。及更始败，自称天子，都睢阳；曾攻下淮、楚、汝南等二十八城。

公孙述，扶风茂林人，补清水长。建武元年(公元二五年)四月，自立为天子，完全据有益州之地。

李宪，王莽时为庐江属令；建武三年(公元二七年)，自立为天子，拥庐江九城。

秦丰，南郡人，更始元年(公元二三年)，称楚黎王，拥有宜城、襄阳、新野等处之地。

隗嚣，天水成纪人，少仕州郡；更始二年(公元二四年)，自称西州上将军。据有陇西、天水、安定、北地等处。

彭宠，南阳宛人。哀帝时为渔阳太守。据有渔阳、涿、广阳、上谷、右北平、蓟城等地。

窦融，扶风平陵人。更始时，为张掖属国都尉。及更始败，称河西大将军。据有河西、金城、武威、酒泉、张掖、敦煌等处之地。

此外自立称号者尚多。兹只举其出身明明白白为地主或官僚阶级的几个人以为例。

① 《后汉书·刘盆子传》。

② 《后汉书·光武纪》。

三　地主阶级收拾残局

刘家起者最多　当民乱爆发之时，官僚地主固多乘机而起；然地主阶级中之姓刘的，掮着前汉统治者之后裔的招牌，起而号召，最易招人信任。盖混乱之时，大家以为前代统治者之后裔，出而收拾残局，其势较顺也。因此之故，刘家的人，无论贤否，都乘机而起；如刘玄(光武之族兄)、刘秀(光武帝)、刘伯升(光武之兄)，其最著名之代表也。此三人中，刘伯升以遭刘玄之忌被杀，刘玄曾一度建元更始称帝，刘秀则成了后来正式的天子。其他许多姓刘的人物，大都随刘秀之成功，而做了新兴的贵族。即更始的短时期内，刘家的显贵，也便不少。“更始元年，悉拜置诸将，以族父良为国三老。……六月，更始入都宛城，尽封宗室及诸将为列侯者，百余人。”①这些一时显贵起来的人，除姓刘而外，大抵毫无他长。因着时会，出为要人，未免有些不像样子。《后汉书》称：“其所授官爵者，此群小贾竖；或有膳夫庖人，多着绣面衣，锦裤，襜褕，诸于(诸于，大掖衣也)，骂詈道中。长安为之语曰：‘灶下养，中郎将；烂羊胃，骑都尉；烂羊头，关内侯。’”②这样子哪里是成就大事的气象？所以当时便有军师将军豫章、李淑向更始进言曰：

> 方今贼寇始诛，王化未行。百官有司，宜慎其任。夫三公上应台宿，九卿下括河海。故天工，人其代之。陛下定业，虽因下江平林之势，斯盖临时济用；不可施之既安。宜厘改制度，更延英俊，因才授爵，以匡王国。今公卿大位，莫非戎陈；尚书显官，皆出庸伍。资亭长贼捕之用，而当辅佐纲维之任。唯名与器，圣人所重。今以所重加非其人，望其毗益万分，兴化致理，譬犹缘木求鱼，升山采珠。海内望此，有以窥度汉祚。臣非有憎疾以求进也。但为陛下惜此举厝，败材伤锦，所宜至虑。惟割既往谬妄之失，思隆周文济济之美。③

姓刘的地主阶级，最初乘着民乱，起来活动的，大概都不是上流。直

---

① 《后汉书·刘玄传》。

② 《后汉书·刘玄传》。

③ 《后汉书·刘玄传》。

到光武得势之时，情形才稍稍不同。所以当时诸家子弟乃惊慌曰："谨厚者亦复为之！"①

光武成功为帝 下流无知识的地主，虽姓刘，也不能成大事。直到谨厚有识者出，才稍稍有个样子。兹述光武之出身与成功于次。(a)光武为谨厚有识之地主。他勤于稼穑，他知书识字，他略通大义。饥荒年岁，他知道卖出谷子以赈饥。民乱起时，他知道招兵买马以称乱。《后汉书》述其行事曰：

> 世祖光武皇帝，讳秀，字文叔，南阳蔡阳人。高祖九世之孙也。……光武年九岁而孤，养于叔父良。身长七尺三寸，大口，隆准，日角(中庭骨起状如日)。而兄伯升好侠养士，常非笑光武事田业，比之高祖兄仲(仲，郧阳侯喜也，能为产业)。王莽天凤中，乃之长安，受尚书，略通大义。莽末，天下连岁灾蝗，寇盗蜂起。地皇三年(公元二二年)，南阳荒饥。……光武避吏新野，因卖谷于宛(《东观记》曰：时南阳旱饥，上田独收)。宛人李通等以图谶说光武云："刘氏复起，李氏为辅。"光武初不敢当。然独念兄伯升，素结客心，必举大事。且王莽败亡已兆，天下方乱，遂与定谋。于是乃市兵弩。十月，与李通从弟轶等起于宛，时年二十八。……光武遂将宾客还舂陵。时伯升已会众起兵。诸家子弟恐惧，皆亡逃，自匿，曰："伯升杀我。"及见光武绛衣大冠，皆惊曰："谨厚者亦复为之！"乃稍自安。②

(b)光武削平群雄，戡定民乱。当光武帝起兵之时，社会次序，混乱已极。上则统治者的能力，几乎完全没有了；下则民乱四起，遍地都感不安了；中则官僚地主，各自称雄，社会次序，更给弄坏了。光武崛起，削平群雄，戡定民乱，建立统治势力其成功之速，令人惊叹。彼对民乱，大抵是一面进击，一面招降。对官僚地主之各霸一方者，也以同样的方法，一个个给统一起来。《后汉书》云：

> 是时长安政乱，四方背叛：梁王刘永，擅命睢阳，公孙述称王巴蜀，李宪自立为淮南王，秦丰自号楚黎王，张步起琅邪，董宪起东海，

① 《后汉书·光武帝纪》上。

② 《后汉书·光武帝纪》上。

延岑起汉中，田戎起夷陵。并置将帅，侵略郡县。又别号诸贼铜马、大彤、高湖、重连、铁胫、大抢、尤来、上江、青犊、五校、檀乡、五幡、五楼、富平、获索等（诸贼或以山川土地为名，或以军容强盛为号。铜马贼帅，东山、荒秃、上淮况等，大彤渠帅樊重，尤来渠帅樊崇，五校贼帅高扈，檀乡贼帅董次仲，五楼贼帅张文，富平贼帅徐少，获索贼帅古师郎等；并见《东观记》）。各领部曲，众合数百万人。所在寇掠。光武将击之。①

上面这两种乱源：一为官僚地主的称雄，一为各地贼众的兴起。这我们在前一节里已经详细叙述过。光武对此，或进击，或招降。光武大概是一个度量较大的地主，其投降之贼众常“相语曰：‘萧王推赤心置人腹中，安得不投死乎?’”②以如此的地主资格，宜乎能戡定民乱，战胜群雄。

(c)部下劝进，光武为帝。当光武把民乱渐次勘定之时，部下就有请上尊号的。光武以为时机尚未成熟，不允所请。及到中山，部下又请，其所述理由，不外：一，王莽已倒，汉统宜乘机复兴；二，民乱渐平，天下已得三分之二；三，人心所向，集中光武一身。其详如次：

汉遭王莽，宗庙废绝；豪杰愤怒，兆人涂炭。王与伯升，首举义兵。更始因其资，以据帝位，而不能奉承大统，败乱纲纪。盗贼日多，群生危蹙。大王初征昆阳，王莽自溃；后拔邯郸，北州弭定。三分天下，而有其二；跨州据土，带甲百万。言武力，则莫之敢抗；论文德，则无所与辞。臣闻帝王不可以久旷，天命不可以谦拒。惟大王以社稷为计，万姓为心。③

这时候，光武仍在谦让。最后耿纯以亲信者的资格进言曰：

天下士大夫，捐亲戚，弃土壤，从大王于矢石之间者；其计固望其攀龙鳞，附凤翼，以成其所志耳。今功业既定，天人亦应。而大王留时逆众，不正号位，纯恐士大夫望绝计穷，则有去归之思，无为久

① 《后汉书·光武帝纪》上。
② 《后汉书·光武帝纪》上。
③ 《后汉书·光武帝纪》上。

> 自苦也。大众一散，难可复合时不可留，众不可逆。[1]

别人所说，都是空话。只有耿纯的几句，才扯到题目上来了。只有他这几句话，才把许多地主阶级出身的士大夫心理，干干脆脆讲出来。光武于此，不能不成全他们攀龙附凤的大志了。于是命有司设坛场于鄗南千秋亭五成陌。六月己未的那天，正式即皇帝位(这正是公元二五年)。并燔燎告天，(天高不可达，故燔柴以祭之，庶高烟上通也)，禋于六宗(精意以享谓之禋；六宗，天地四方之宗)，望于群神(山林川谷能兴致云雨者皆曰神。不可遍至，故望而祭之)。其祝文曰：

> 皇天上帝，后土神祇，眷顾降命，属秀黎元，为人父母，秀不敢当。群下百辟，不谋同辞，咸曰："王莽篡位，秀发愤兴兵，破王寻、王邑于昆阳，诛王郎、铜马于河北，平定天下，海内蒙恩。上当天地之心，下为元元所归。谶记曰：'刘秀发兵捕不道；卯金修德为天子。'"(卯金，刘字也。《春秋演孔图》曰：卯金刀，名为刘；赤帝后，次代周)秀犹固辞。至于再，至于三。群下佥曰："皇天大命，不可稽留。"敢不敬承？[2]

于是建元为建武，天下大赦，改鄗为高邑。并于是年十月癸丑之日，驾入洛阳，幸南宫却非殿，遂定都焉。历史上所谓东汉的统治，从这时开始，直到献帝建安二四年(公元二一九年)为止，共一百九十四年。

光武有统治之策　地主阶级，把政权树立起来了；要巩固统治，还须有临时必不可少的几个策略。光武于此，乃施行两大策略：一强化统治集团的本身，这可拿大封功臣为例。光武帝即位的二年春正月，即大封功臣为列侯；大国得封地四县，以下渐次减少。凡有功之人，或被遗漏，未蒙封赐的，由大鸿胪查明奏上补封。一班攀龙附凤之徒，就是这样的团结起来了。凡受封的，都有印绶。其策封之文，且极冠冕堂皇。文曰：

> 在上不骄，高而不危；制节谨度，满而不溢。敬之戒之，传尔子

---

① 《后汉书·光武帝纪》上。

② 《后汉书·光武帝纪》上。

孙，长为汉藩。[①]

统治集团强化了，这还只是一方面的事情。对于被治者，又怎样使之贴服呢？光武乃用他巩固统治的另一大策略。这策略包括数项：一曰减省刑罚；二曰安集流亡；三曰抚慰先灵。

> 二年(公元二六年)三月乙未，大赦天下，诏曰："顷获多冤人，用刑深刻，朕甚愍之。孔子云：'刑罚不中则，民无所措手足'，其与中二千石诸大夫博士议郎议省刑罚。"
>
> 五月……癸未，诏曰："民有嫁妻卖子，欲归父母者恣听之。敢拘执，论如律。"
>
> 十二月戊午诏曰："惟宗室列侯，为王莽所废，先灵无所依归，朕甚愍之。其并复故国。若侯身已殁属所，上其子孙见名尚书，封拜。"(属所，谓诸侯子孙所属之郡县也。录其见名，上于尚书封拜之)[②]

以上均见《后汉书·光武帝纪》上。"朕甚愍之"的事，此外还多得很。只举这几项，以见一斑。

志士有卓特之行　光武领导地主阶级，建立政权；凡从地主阶级出身的攀龙附凤之辈，为着社会的安宁，为着本阶级的利益，遂努力于此政权之维持与巩固。因此之故，知识分子之中，养成一种卓越独特之行为，直接间接，利于政府。或以服官尽忠，表现其卓特；或以清高自居，表现其卓特；或以轻生报仇，维持社会公道，表现其卓特。其行径或系模仿战国时代的游侠。赵翼曰：

> 自战国豫让、聂政、荆轲、侯嬴之徒，以意气相尚，一意孤行，能为人所不敢为，世竞慕之。其后贯高、田叔、朱家、郭解辈徇人刻己，然诺不欺，以立名节。驯至东汉，其风益盛。盖当时荐举征辟，必采誉；故凡可以得名者，必全力赴之。好为苟难，遂成风俗。[③]

风俗一成，上有巩固政府统治之效，下有维持社会次序之功。赵翼分

---

① 《后汉书·光武帝纪》上。

② 《后汉书·光武帝纪》上。

③ 赵翼：《廿二史劄记·东汉尚名节》。

其行事为下之各类；一，尽力于所事，以著其忠义的；二，感知遇之恩，而制服从厚的；三，以让爵为高的，此中又分让而得请与让而不得请的两小类；四，轻生报雠的；五，代人报雠的。其言曰：

大概有数端。是时郡吏之于太守，本有君臣名分。为掾吏者，往往周旋于死生患难之间。如李固被戮，弟子郭亮，负斧锧请收固尸；杜乔被戮，故掾杨匡守护其尸不去；由是皆显名(乔固二传)。第五种为卫相，善门下掾孙斌。种以劾宦官单超子匡，坐徙朔方。朔方太守董援，乃超外孙也。斌知种往必被害，乃追及种于途，格杀送吏，与种俱逃，以脱其祸(《种传》)。太原守刘瓆以考杀小黄门赵津，下狱死；王允为郡吏，送瓆丧，还平原，三年乃归(《允传》)。公孙瓒为郡吏，太守刘君坐事徙日南，瓒身送之。自祭父墓曰："昔为人子，今为人臣；送守日南，恐不得归。便当长辞。"乃再拜而去(《瓒传》)。此尽力于所事，以著其忠义者也。

李恂为太守李鸿功曹，而州辟恂为从事。会鸿卒，恂不应州命，而送鸿丧归葬，持丧三年(《恂传》)。乐恢为郡吏，太守坐法诛，恢独行丧服(《恢传》)。桓典以国相王吉诛，独弃官收葬，服丧三年，负土成坟(《典传》)。袁逢与荀爽有道，爽不应。及逢卒，爽制服三年。(《爽传》)。此感知遇之恩，而制服从厚者也。

又有以让爵为高者。西汉时，韦贤卒，子元成应袭爵，让于庶兄宏。宣帝高其节，许之(《元成传》)。至东汉，邓彪亦让封爵于异母弟，明帝亦许之。(《彪传》)刘恺让封于弟宪，逃去十余年，有司请绝其封，帝不许。贾逵奏当成其让国之美，乃诏宪嗣(《恺传》)。此以让而得请者也。桓荣卒，子郁请让爵于兄子汎。明帝不许，乃受封(《郁传》)。丁綝卒，子鸿请让爵于弟盛，不报，鸿乃逃去，以采药为名。后友人鲍骏遇之于东海，责以兄弟私恩，绝其父不灭之基。鸿感悟，乃归受爵(《鸿传》)。郭躬子贺，当袭，让与小弟而逃去，诏下州郡追之。不得已，乃出就封(《躬传》)。徐防卒，子贺当袭，让与弟崇，数岁不归。不得已，乃就封，此让而不得请者也，

又有轻生报雠者。崔瑗兄为人所害，手刃报雠亡去。魏朗兄亦为人所害，朗白日操刀，杀其人于县中。苏谦为司隶校尉，李暠案罪死狱中，谦子不韦，与宾客掘地道，至暠寝室；值暠如厕，乃杀其妾与

其子，又疾驰至嵩父墓，掘得其父头以祭父(见各本传)。

又有代人报雠者。何容有友虞绍高，父雠未报，而病将死，泣诉于容。容即为复雠，以头祭其父墓。郅恽有友董子张，父为人所杀。子张病且死，对恽欷歔，不能言。恽曰："子以父雠未报也?"乃将宾客杀其人，以头示子张。子张见而气绝。(亦见各本传)盖其时轻生尚气，已成习俗。故志节之士，好为苟难，务欲绝出流辈，以成卓特之行。……举世以此相尚，故国家缓急之际，尚有可恃以据持倾危。[1]

凡此等等卓特之行，居然见于正史的列传中，可知其重要性了。后之史家，评论社会道德，常以东汉列于第一位。顾炎武谓："新莽居摄，颂德献符者，遍于天下。光武有鉴于此，故尊崇节义，敦厉名实。……而风俗为之一变。至其末造，朝政昏浊，国是日非；而党锢之流，独行之辈，依仁蹈义，舍命不渝。"[2]这也可见志士的卓特行为，在巩固统治上，有何等效用了。

① 赵翼：《廿二史劄记·东汉尚名节》。

② 顾炎武：《日知录·两汉风俗》。

第二章　由社会冲突到军事割据

一　东汉统治发生动摇

光武领导地主阶级建立起东汉的统治；但社会的矛盾仍未消除，地主与农民仍对立着。直到东汉末叶，统治势力开始动摇之时，失业农民又乘机暴动起来。统治势力是怎样动摇的呢？首则有宦官与外戚的冲突；继则有名士与宦官的冲突，终则武人大杀宦官。一架统治的机器，在这样长期震荡波动之中，便弄到全无效用。贫富悬殊，是民乱爆发的原因；统治失效，是民乱爆发的机会。兹且述统治失效的经过于次。

外戚执政之必然性　外戚执政，常出于事理之必然。中国自周初以来，关于统治权之继承，有一个法则：曰父死子继。这法则据说是周公创的，我们在第一篇第四章讲权力之传授时，便已述及。这法则，自周以后，历代都大体遵守。原来父死子继之法，本是补偏救弊，免除纠纷的。有此法则，则一个统治头脑如天子或皇帝死了之时，便可免去许多纷扰；关于继承问题，不至争闹不休。但一法立，一弊生。父死子继之法既必须遵守，则凡为儿子的，无论是贤者或是糊涂虫；无论是小孩子或成年人；只要他父亲死了，他便必然要做皇帝。

这等事实，遂酿成外戚执政之必然性。一个小孩子或一个糊涂虫，在法理上应做皇帝，而事实上没有能力。为顾到法理与事实起见，只好把法理上的(de jure)皇帝先抬出来；再由事实上的(de facto)皇帝，负实际责任。这事实上的皇帝，最好莫如母亲；因母亲在血统上为最亲近也。因此之故，母后临朝听政，也几乎成了一个公例。只要法理上的皇帝是幼弱无能之时，这公例就必须应用。不过母后到底是女流，未必晓得大体，未必真能执行皇帝的任务。但她常有兄弟伯叔，可代为谋。这样一来，外戚执政，便成了不能避免的事实。

中国历史上母后摄政，委权于外戚的第一个先例，据说是秦昭王母宣太后。这个恶例，汉朝采用了。自孝章皇帝以后，母后临朝，外戚执政，成了极寻常的事。皇帝之尊，被母后串同外戚而拥立者有四个！母后依仗外戚势力，临朝听政者有六人！《后汉书》曰：

> 自古虽主幼时艰，王家多衅；必委成冢宰，简求忠贤。未有专任妇人，断割重器。唯秦芈太后（芈音亡尔反）始摄政事。故穰侯权重于昭王，家富于嬴国（太后，昭王母也，号宣太后。《史记》曰："昭王立，年少，宣太后自知事，以同母弟魏冉为将军，任政，封为穰侯。"太后摄政，始于此也）。汉乃其旧，知患莫改。东京皇统屡绝，权归女主。外立者四帝（谓安、质、桓、灵）。临朝者六后（章帝窦太后、和熹邓太后、安思阎太后、顺烈梁太后、桓思窦太后、灵思何太后也）。莫不定策帷帟，委事父兄。贪孩童以久其政，抑明贤以专其威。（《周礼》幕人掌帏帟幄幕之事。郑玄注曰：帟幄中坐，上承尘也。殇帝崩，邓太后与兄骘迎立安帝，年十三。冲帝崩，梁太后与兄冀迎立质帝，年八岁。质帝崩，梁太后又与兄冀迎立桓帝，年十五。桓帝崩，窦太后与兄武迎立灵帝，年十三）。任重道悠，利深祸速。……终于陵夷大运，沦亡神宝。①

宦官打击外戚　外戚执政，果能畅畅快快地行使政权，统治天下；在被治的人民看来，并没有什么不可。不过在集权帝国时，政权必须操在皇帝手里，才算名实相符。若外戚执政，便算大权旁落。大权既已旁落了，于是寄生在宫庭里，熟悉政情的宦官，便也常常乘机起来窃取之。因此乃构成宦官与外戚之大冲突，加速统治势力之动摇。兹先把宦官的性质稍加说明，然后举出宦官与外戚之冲突的事实若干以为例。

(a)何谓宦者。宦官就是宦者，又称宦人，又称阉人。实际上是服务于宫庭里的一种佣人。因为在最高统治者的宫庭里服务，于是无论其职掌如何卑下，也都各有一个官衔。其来历很长远，其名称也很无一定。《周礼》中有所谓"阉人"，据说是掌守王宫中门之禁的。又有所谓"寺人"，据说是

① 《后汉书·后纪》上。

掌王宫之内人及女宫之戒命的。《礼·月令》称仲冬命“阉尹”审门闾，谨房室。据说阉尹就是主领奄竖之官。《诗·小雅》亦有“巷伯”刺谗之篇，据说巷伯就是内之小臣。汉兴置“中常侍”，据说是因袭秦制。高后以张卿为“大谒者”，出入卧内。中常侍，大谒者，也无非是宫庭中的佣人。元帝时史游为“黄门令”；黄门即宫内禁门，称黄闼；黄门令掌此，亦是宦者。黄门令之外，又能所谓“小黄门”，仍是宦者。

宦者既是宫庭中之佣人，则为保持宫庭生活的清闲自在计，最好以不男不女之人充之。于是用残酷的方法所谓“腐刑”者，使男子在生理上发生变化，成为一种无性欲之人。这种人可称为刑余之人。腐刑的方法，大概在秦以前就晓得运用。吕不韦推荐一男子名嫪毐者于秦始皇的母亲，为避免人们的指责起见，曾假称是受过腐刑的。这事在第二篇第四章讲商人助长帝国时便已述及。我国生理解剖的经验，不知为何在这样早的时代，就获得了。获得了这种经验，便可以改变人之生理，于是宦者或阉人，随着宫庭生活之需要而特别发达。彼辈在宫庭中做佣人，竟以熟悉政情之故，可以左右天下大事。关于宦者参政的史实，和汉朝任用宦者之制度的蜕变，《后汉书·宦者列传序》里都有叙述。

> 宦人之在王朝者，其来旧矣。将以其体非全气，情志专良，通关中人，易以役养乎(关，涉也。中人，内人也)！然而后世因之，才任稍广。其能者则勃貂、管苏，有功于楚晋；景监、缪贤，著庸于秦赵。及其敝也，则竖刁乱齐；伊戾祸宋。汉兴，仍袭秦制，置中常侍官；然亦引用士人，以参其选；皆银铛左貂，给事殿省。及高后称制，乃以张卿为大谒者，出入卧内，受宣诏命。文帝时有赵谈、北宫伯子，颇见亲幸。至于孝武，亦爱李延年；帝数宴后庭，潜游离馆；故请奏机事，多以宦人主之。至元帝之世，史游为黄门令；勤心纳忠，有所补益。其后弘恭、石显，以佞险自进，卒有萧、周之祸。中兴之初，内官悉用阉人，不复离调它士。至永平中，始置员数，中常侍四人，小黄门十人。和帝即阼幼弱，而窦宪兄弟专总权威。内外臣僚，莫由亲接。所与居者，唯阉宦而已。故郑众得专谋禁中；……遂享分土之封，超登宫卿之位(宫卿，谓为大长秋也)。于是中官始盛焉。自明帝以后，迄乎延平，委用渐大，而其员稍增：中常侍至有十八人，小黄门二十人。改以金铛右貂，兼领卿署之职。

(b)宦者对外戚之打击。宦者有了地位，自然乘着皇室无能之时，有所作为。他们眼看着外戚专权，便起而打击。计东汉宦官打击外戚，有好几个最显之例。(1)宦者郑众之打击外戚窦宪等。当和帝在位之时，窦太后临朝听政。其兄窦宪，弟窦笃、窦景、窦环等均甚显贵，宪以侍中的资格，主持机密，出宣诏命，曾擅杀汉宗室都乡侯畅。后以破匈奴有功，益显贵，党羽遍布国中：刺史守令，多出其门。宪有女婿，为射声校尉，名叫郭举；其父为长乐少府，名叫郭璜。举得太后之幸，预备暗害和帝。这事和帝知道了，但以在窦宪重重挟制之下，无法与内外臣僚接近，自己的性命行将不保。宦者郑众，是和帝素所亲信的人，独有心机，不事豪党。眼看着和帝在这危急之境，心有不忍。乃与帝议，消除宪等之势力。乘宪由凉州军次归到京师的时候，以兵力解决之。结果得胜，郭璜、郭举均被捕，死于狱中；窦宪缴出将军印绶。宪以贵戚之故，虽未处死，但毕竟自杀了。弟窦笃、窦景、窦环也都自杀了。宦者郑众，以大功告成，被迁为大长秋，且受封为能乡侯。

(2)宦者江京、李闰之打击外戚邓骘等。当安帝在位之时，邓太后临朝听政，其兄邓骘及弟邓悝、邓弘、邓阊皆为列侯。直到安帝长大了的时候，多行不德，常与太后发生意见。这时帝之乳母王圣与宦者李闰，眼看着邓家兄弟势力甚大，帝与太后，又常冲突，深恐太后及邓家兄弟有不利于安帝的行为。想要有所表示。直到邓太后死了，邓骘以有功汉室，受封为上蔡侯之时，王圣与李闰，乃诬邓氏兄弟原有废立安帝之意。这事使安帝大怒，于是大加压迫。邓悝、邓弘、邓阊虽早已死，其子之继为侯者皆斥为庶人。邓骘及其儿子邓凤也都被迫死了，邓氏自杀的很多。宦者李闰却显贵起来了。至于宦者江京，则以当初迎立安帝有功，与李闰一并封侯，且均迁为中常侍，京则兼大长秋；与其党樊丰、刘安、陈达及乳母王圣，圣女伯荣一班人打成一片，且曾诈作诏书，调发司农钱谷，为自己起园池庐观。其肆行无忌，可想见矣。

(3)宦者孙程等之打击外戚阎显等。安帝当国之时，内宠最盛。阎后得权，其兄弟阎显等，也均显贵。彼辈为欲造成一个局面，以便安帝死了，阎后可以临朝德政。于是对于太子之或废或立，大有主张。他们以为章帝之孙北乡侯懿年最幼，倘立为太子，将来安帝死了，阎氏就有听政的机会。这事宦者孙程等十九人大不谓然，他们力谋立废太子保；结果得胜。保后来即位为顺帝，他们乃随着显贵起来。他们帮助顺帝捕杀阎显、阎耀、阎晏。阎太后亦被迁于离宫。孙程等十九人，则以有功之故，皆封为列侯。

(4)宦者单超之打击外戚梁冀等。顺帝之后梁氏，其兄梁冀，初为河南尹，后拜大将军，辅政。顺帝崩，后与冀立质帝；质帝为冀所鸩杀(因质帝年少聪敏，知冀之跋扈，为所恨也)，后与冀又立桓帝。这时梁家的势力，可凶起来了。后仍以太后资格临朝听政，冀以迎立有功封侯；其另一妹，立为桓帝之后(顺帝与桓帝，同为章帝之曾孙。故顺帝之后与桓帝之后，在梁家固为姊妹，在刘家亦为同辈)。其妻孙寿封为襄城君，领有今河南襄城县。桓帝在梁家的夹制之下，毫无自主之余地，一任梁冀辈为所欲为，把持朝政，肆无忌惮。直到梁后死了，宦者单超、具瑗、唐衡、左悺、徐璜等乃拟与帝合力谋诛梁冀。幸所谋不差，竟能一举围梁冀第，收缴其大将军印绶，徙其封侯；诸梁及孙氏(冀之妻族)所有的宗亲，皆收下狱，无少长皆弃市；其他公卿列校刺史二千石等被牵连而死者数十人；故吏宾客被免黜者三百余人；收冀财产交县官斥卖，得三十余万，充王府用，减国内租税之半；散其园囿，供穷民使用，百姓称庆。梁氏是这样被解决了，宦者单超、徐璜、具瑗、左悺、唐衡等五人以功绩伟大，皆为县侯，世谓之五侯。其骄横奢侈，令人兴叹。

(c)宦官之骄横奢侈。由上述事实，已可窥见一斑。范晔更总括论之曰：

> 邓众得专谋禁中，终除大憝(指诛窦宪言)，遂享分土之封，超登公卿之位。于是中官始盛焉。自明帝以后，迄乎延平，委用渐大，而其员稍增：中常侍至有十人，小黄门二十人；改以金珰右貂，兼领卿署之职。邓后以女主临政，而万机殷远；朝臣国议，无由参断；帷幄称制，下令不出房闱之间。不得不委用刑人，寄之国命。手握王爵，口含天宪。非复掖廷永巷之职，闺牖房闼之任也。其后孙程定立顺之功，曹腾参建桓之策；续以五侯合谋，梁冀受钺，迹因公正，恩固主心。故中外服从，上下屏气。或称伊、霍之勋，无谢于往载；或谓良、平之画，复兴于当今。虽时有忠公，而竟见排斥。举动回山海，呼吸变霜露。阿旨曲求，则光宠三族；直情忤意，则参夷五宗！汉之纲纪大乱矣。若夫高冠长剑，纡朱怀金者，布满宫闱；苴茅分虎，南面臣人者，盖以十数。府署第馆，棋列于都鄙；子弟支附，过半于州国。南金和宝，水纨雾縠之积，盈仞珍藏；嫱媛侍儿，歌童舞女之玩，充

备绮室。狗马饰雕文，土木被缇绣。皆剥割萌黎，竞恣奢欲！[①]

名士制裁宦官　宦官因打击外戚有功，其骄横奢侈，竟到了这步。这断非有智识的地主阶级所能容忍。再者，当宦官得势之时，其党羽遍天下。凡想爬上政治舞台的人，都得结交他们。当时地主阶级中这样结交他们以图上进的人，很是不少。一经结交了他们，便也气焰万丈。赵翼云：

有倚宦官之势而鱼肉小民者。盖其时入仕之途，惟征辟察举二事。宦官既据权要，则征辟察举者，无不望风迎附：非其子弟，即其亲知。并有赂宦官以展转于请者。审志疏言："宦官势盛，州郡牧守，承顺风旨；辟召选举，释贤取愚！"(《曹节传》)李固疏言："中常侍在日月之旁形势振天下；子弟禄位，曾无限极；虽外托谦默，不干州郡；而谄谀之徒，望风进举。"(《固传》)朱穆疏言："宦官子弟亲戚，并荷荣任；凶校无行之徒，循以求官；恃势怙宠之辈，渔食百姓，穷破天下，空竭小人！"(《穆传》)河南尹田歆谓王谌曰："今当举六孝廉，多贵戚书命，不得违；欲自用一名士，以报国家。乃以种暠应诏。"(《暠传》)六孝廉只用一真才，已为美谈。则入仕者，皆奄党可知也。灵帝诏公卿刺举二千石为民害者。太尉许馘司空张济，凡内官子弟宾客，虽依法秽浊，不敢闻。……则奄党入仕者，莫敢黜革可知也。[②]

地主阶级中之恶浊者流，既欲结交奄党以图上进；则清白的一流所谓名士者，为澄清政治起见，无论自己在野或在朝，均应起而纠正；于是对宦官大施制裁。计东汉末年，裁制宦官的人，可分三类：一廷臣，这是在中央的；二外僚，这是在地方的；三小臣，这是地方官以下的。赵翼搜集了许多实例，其言曰：

东汉末，宦官之恶遍天下；然臣僚中尚有能秉正嫉邪，力与之为难者。杨秉为太尉时，宦官任人及子弟为官，布满天下，竞为贪淫，朝野嗟怨。秉与司空周景劾奏，牧守以下匈奴中郎将燕瑗，青州刺史羊亮，辽东太守孙諠等五十余人，或死或免；遂连及中常侍侯览、具

① 《后汉书·宦者列传序》。

② 赵翼：《廿二史劄记·东汉宦官》。

瑗等，皆坐黜，天下肃然。秉又奏侯览弟参为益州刺史，暴虐一州，乃槛车征参诣廷尉，参惧，自杀。秉并劾奏览。桓帝诏问："公府外职，而奏劾近官，有何典故?"秉以申屠嘉召诘邓通事为对。帝不得已，乃免览官(《秉传》)。李膺为司隶校尉，中常侍张让弟朔为野王令，贪残无道，惧膺按问，逃还京师，匿让家，藏于合柱中。膺知状，率将士破柱，取朔付洛阳狱；受辞毕，即杀之(《膺传》)。韩演为司隶校尉，奏中常侍左悺罪，并及其兄太仆称，请托州郡，宾客放纵，侵犯吏民，悺、称皆自杀(《演传》)。阳球为司隶校尉，奏中常侍王甫、淳于登及子弟为守令者，奸滑纵恣，罪合灭族；太尉段颎阿附佞幸，宜并诛。乃悉收甫、颎等，及甫子永荣，少府萌，沛相吉。球自临考，五毒备至。萌曰："父子既当并诛，乞少宽楚毒，假借老父。"球曰："死不塞责，乃欲求假借耶?"萌乃大骂。球使窒萌口，捶扑交下，父子悉死杖下。颎亦自杀。球乃磔甫尸于城门，尽没入其财产，妻子皆徙比景(《球传》)。此廷臣之劾治宦官者也。

杜密为太山太守，北海相；凡宦官子弟为令长而有奸恶者，辄按捕之(《密传》)。刘佑为河东太守；属县令长，率多中官子弟。祐黜其权强，平理冤结。中常侍管霸用事于内，占天下良田美宅，祐悉没入之(《佑传》)。蔡衍为冀州刺史，中常侍具瑗托其弟恭举茂才，衍收其赍书人按之。又劾奏河间曹鼎赃罪，鼎乃中常侍曹腾之弟也(《衍传》)。朱穆为冀州刺史，宦官赵忠葬父，乃僭用璠玙玉匣。穆闻之，下郡案验；吏畏穆，乃发墓剖棺，陈尸出之，而收其家属(《穆传》)。山阳太守翟超，没入中常侍侯觉财产。小黄门赵津及南阳大猾张氾，恃中官势，犯法二郡；刘瓆、成瑨，考案其罪，虽经赦令，竟考杀之。王宏为弘农太守，郡中有事宦官，买爵位者，虽二千石，亦考杀之，凡数十人(《陈蕃传》)。陈翔为扬州刺史，劾奏豫章太守王永，吴郡太守徐参，在职贪秽，皆中官亲党也(《翔传》)。范康为太山太守时，张俭杀侯览母，案其宗党宾客；或有逃入太山界者，康皆收捕无遗脱(《康传》)。黄浮为东海相，有中常侍徐璜兄子宣，为下邳令，肆贪暴；浮乃收宣及家属，无少长皆考之。吏固争，浮曰："宣国贼，今日杀之，明日坐死，不恨!"即杀宣，暴其尸于市(《浮传》)。荀昱为沛相，荀墨为广陵太守，志除宦官；其支党有在二郡者，纤细必诛(《昱传》)。史弼为平原相，当举孝廉；侯览遣诸生赍书诣之，弼即箠杀赍书者(《弼传》)。此外僚之劾治宦官者也。

甚至朱震为州从事，奏济阴太守单匡赃罪，并连匡兄中常侍单超，遂收匡下廷尉(《震传》)。张俭为东部督邮，奏侯览及其母罪恶；览遮截其章，不得上；俭遂破览家，籍没资财，具奏其罪状(《俭》及《览传》)。此又小臣之劾治宦官者也。盖其时宦官之为民害最烈，天下无不欲食其肉。而东汉士夫，以气节相尚，故各奋死与之搘拄；虽湛宗灭族，有不顾焉!①

宦官名士之大冲突 地主阶级中之清白的一流，对宦官这样严厉的裁制；宦官依附着昏庸的统治者，断不能甘休。于是在桓灵时代大举反攻。计桓帝延熹八年(公元一五六年)，兴过一次党狱，诬司隶校尉李膺等二百余人为党人，并坐下狱，书其名于王府。其罪状大抵为结合党徒，指责朝政，破坏风俗等。这事之发动，由于河内人张成。成乃一以方技惑人，交通宦官的方士。常教子杀人。李膺为河南人，捕而杀之。其弟子牢修，遂诬告膺等，因兴大狱。《后汉书》云：

时河内张成，善说风角，推占当赦，遂教其子杀人。李膺为河南尹，督促收捕。既而逢宥获免，膺愈怀愤疾，竟案杀之。初，成以方技交通宦官，帝亦颇谇其占。成弟子牢修因上书诬告李膺等：养太学游士，交结诸郡生徒，更相驰驱，共为党部；诽讪朝政，疑乱风俗。于是天子震怒，班下郡国，逮捕党人；布告天下，使同忿疾，遂收执膺等。其辞所连及陈寔之徒二百余人。或有逃不获，皆悬金购募；使者四出，相望于道。②

不过这回所捕的党人，次年即因窦武等之请求，被赦归乡里了。灵帝建宁二年(公元一六九年)，又兴过一次大狱。这次为宦者侯览所发动。览当时被张俭所劾；“俭乡人朱并，承览意旨，上书告俭与同乡二十四人，别相署号，共为部党，图危社稷。……刻石立埠共为部党，而俭为之魁。”③这样一来大狱乃兴。

① 赵翼：《廿二史劄记·东汉诸臣劾治宦官》。

② 《后汉书·党锢传序》。

③ 《后汉书·党锢传序》。

> 建宁二年(公元一六九年)十月，中常侍侯览讽有司奏前司空虞放，太仆杜密，长乐少府李膺，司隶校尉朱㝢，颍川太守巴肃，沛相荀昱，河内太守魏朗，山阳太守翟超，皆为拘党，下狱死者百余人。妻子徙边，诸附从者，锢及五属。诏制州郡，大举拘党。①

灵帝熹平二年(公元一七三年)，又兴过一次大狱。《灵帝纪》称："熹平元年七月，宦官讽司隶校尉段颎，捕系太学诸生千余人。"五年，又兴过一次。是年"闰五月，永昌太守曹鸾坐讼党人，弃市。诏党人门生故吏，父兄子弟在位者，皆免官禁锢"。② 宦官对名士的压迫，其详情，很不易知。单就这些，也足证两方冲突之烈了。

宦官正在压迫名士的时候，名士又怎样办呢？简单言之，不外团结其自身，与之对抗。汉代士人之党同伐异，自宣帝时，已开了一个端。至于团结清白的书生，与恶浊势力对抗，则在桓灵时代。宣帝时之党同伐异，源于对六艺之见解的不同。桓灵时代之结党直言，则为清白的地主阶级，对恶浊政界的一种澄清作用。所谓"激扬名声，互相题拂；品核公卿，裁量执政"是也。范晔云：

> 自武帝以后，崇尚儒学；怀经协术，所在雾会。至有石渠分争之论，党同伐异之说。守文之徒，盛于斯矣。(武帝诏求贤良，于是公孙弘董仲舒等出焉。宣帝时集诸儒于石渠阁，讲论六艺；召《五经》名儒太子太傅萧望之大议殿中；平《公羊谷梁》同异。同已者朋党之，异已者攻伐之。刘歆书曰：党同门，炉道真。)至王莽专伪，终于篡国。忠义之流，耻见缨绋；遂乃荣华丘壑，甘足枯槁(谓龚胜、薛方、郭钦、蒋翊之类，并隐居不应莽召)。虽中兴在运，汉德重开；而保身怀方，弭相慕袭；去就之节，重于时矣(谓逢萌严光周党尚长之属)。逮桓灵之间，主荒政谬；国命委于阉寺，士子羞与为伍。故匹夫抗愤，处士横议。遂乃激扬名声，互相题拂；品核公卿，裁量执政。婞直之风，于斯行矣。③

这次团结的首脑人物为郭林宗、贾伟节、李膺、陈蕃、王畅、公族进

① 《后汉书·灵帝纪》。

② 《后汉书·党锢传序》。

③ 《后汉书·党锢传序》。

楷、魏齐卿等；其主要的群众为太学生。

> 太学诸生三万余人，郭林宗贾伟节为其冠。并与李膺陈蕃王畅更相褒重。学中语曰：“天下楷模李元礼，不畏强御陈仲举，天下俊秀王叔茂。”又渤海公族进楷，扶风魏齐卿并危言深论，不隐豪强。自公卿以下，莫不畏其贬议。①

就这所说的看来，团结对抗的意思，乃谓主张相同的书生名士，互相结合，对宦官及依附宦官的腐败官僚地主等，施一种言论的制裁而已。大抵宦官等的压迫愈严重，名士等的团结愈坚固，所以自从延熹八年(公元一六五年)第一次党狱以后，宦官等的压迫加紧之时；天下名士书生，为着对抗起见，乃进而大团结。当时有所谓“三君”“八俊”“八顾”“八及”“八厨”等名称。范晔云：

> 自是正是废放，邪枉炽结。海内希风之流，遂共相标榜，指天下名士，为之称号。上曰三君，次曰八俊，次曰八顾，次曰八及，次曰八厨；犹占古之八元八恺也。窦武、刘淑、陈蕃为三君；君者言一世之所宗也。李膺、荀翌、杜密、王畅、刘祐、魏朗、赵典、朱㝢为八俊；俊者言人之英也。郭林宗、宗慈、巴肃、夏馥、范滂、尹勋、蔡衍、羊陟为八顾；顾者言能以德行引人者也。张俭、岑晊、刘表、陈翔、孔昱、范康、檀敷、翟超为八及；及者，言其能导人追宗者也。度尚、张邈、王考、刘儒、胡母班、秦周、蕃向、王章为八厨；厨者，言能以财救人者也。②

名士书生之对抗宦官，不过自身团结，施人以言论的制裁而已。至于宦官，则因统治首脑之昏庸腐败，幼弱无能；乃潜窃大权，擅作威福。在中央有党羽，在地方有爪牙。且党羽爪牙，多为达官显吏，握有实权。对名士书生辈之言论制裁，不费气力就压下去了。结果，“小人道长，君子道消”；真正拥护统治，希望政治修明的人，消除尽净；而自掘坟墓，使政治日趋腐化的恶势力反得抬头。这样一来，东汉的统治力便日渐削弱下去。到最后便只好坐待民乱蔓延，群雄割据，以结束其一代的运命。

---

① 《后汉书·党锢传序》。

② 《后汉书·党锢传序》。

二　民乱蔓延群雄割据

正值宦者得势，统治力削弱之时，而社会上贫富两极，因自新莽以来所欲解决之土地问题，未得解决，依然对立。贫者无以为生，正欲寻找机会，起而暴动。于是乘着统治力的削弱，政治的腐败，乃四处纷扰。就当时的情形看，南至今之广东，北至今之辽宁、河北、山西、陕西，东达沿海，西尽两湖，几乎都陷入所谓贼众的纷扰之中。兹分述于次：

黄巾贼之乱　当黄巾贼作乱之先，交阯方面，已有大乱。交阯部辖七郡，有今之广东、广西及安南一部分之地。当灵帝熹平光和年间，群盗并起，其著名首领有梁龙等。地方官吏，为势所迫，往往与贼连成一气；如南海太守孔芝，就是一个这样的代表。大乱既起，攻破郡县。光和元年(公元一七八年)，政府派朱儁募家兵并发七郡兵平定之。《后汉书》云：

> 交阯部群贼并起，牧守輭弱，不能禁。又交阯贼梁龙等万余人，与南海太守孔芝反叛，攻破郡县。光和元年，即拜儁交阯刺史。令过本郡简募家兵及所调合五千人，分从两道而入。既到州界，按甲不前，先遣使诣诸郡观贼虚实，宣扬威德，以震动其心。既而与七郡兵俱进，逼之(七郡为南海郡郁林郡苍梧郡交阯郡合浦郡九真郡日南郡)，遂斩梁龙，降者数万人。旬月尽定。①

当时中国南部的民乱，可以此为例。至于中部及北部的民乱，可拿黄巾贼为例。黄巾贼之乱，发端于钜鹿(今河北平乡县)人张角之符咒惑人，波及于青、徐、幽、冀、荆、扬、兖、豫八州。今之辽宁、河北、山西、山东、河南、江苏、安徽、湖北、湖南、江西、浙江各省之地，都在所谓贼众的势力威胁之中。发难时在灵帝中平元年(公元一八四年)。

> 初，钜鹿人(钜鹿今河北平乡县)张角，自称大贤良师，(良或作郎)奉事黄老道，畜养弟子，跪拜首过，符水咒说以疗病；病者颇愈，百姓信向之。角因遣弟子八人，使于四方，以善道教化天下，转相诳惑。十余年间，众徒数十万，连结郡国；自青、徐、幽、冀、荆、扬、

① 《后汉书·朱儁传》。

> 兖、豫八州之人，莫不毕应。遂置三十六方。方犹将军号也。大方万余人，小方六七千，各立渠帅。讹言："苍天已死，黄天当立；岁在甲子，天下大吉。"以白土书京城寺门，及州郡官府，皆作甲子字。中平元年(公元一八四年)，大方马元义等先收荆扬数万人(荆州，今湖南、湖北及四川旧遵义、重庆二府，贵州旧思南、铜仁、思州、石阡等府，及广西之全县，广东之连县皆其地。扬州，今江苏、安徽、江西、浙江、福建之地)。期会发于邺。元义数往来京师，以中常侍封婿徐应等为内应。约以三月五日，内外俱起。未及作乱，而张角弟子济南唐周上书告之。于是车裂元义于洛阳。灵帝以周章下三公司隶，使钩盾令周斌将三府掾属，案验宫省直卫，及百姓有事角道者，诛杀千余人。推考冀州(今河北山西二省，及河南黄河以北，辽宁辽河以西之地)。逐捕角等。角知事已露，晨夜驰勅诸方，一时俱起；皆著黄巾为标识。时人谓之黄巾，亦名为蛾贼。(蛾即蚁字，喻贼众多，故以为名)。杀人以祠天。角称天公将军，角弟宝称地公将军，宝弟良称人公将军。所在燔烧官府，劫略聚邑。州郡失据，长吏多逃亡。旬日之间，天下响应，京师震动。①

这种民乱，似乎是以迷信造成的。其实迷信或妖言邪说之能够深入人心，使人信仰，则又完全由于人民生计无着。人民生计无着，而图生存之心终不能抛弃。于是凡可以使他们得到多少安慰的妖言邪说，一传即入。"苍天已死，黄天当立；岁在甲子，天下大吉"的这等邪说，便很容易被他们接受。民乱，本是以土地问题不得解决为其基因的，但邪说有促其爆发之作用。再加以政治腐败，于是此等妖言邪说，都能发生煽动的效力。遂致天下大乱，不可收拾。

黑山诸贼众　自黄巾贼后，复有黑山诸贼之乱。其全盛时，众号百万。其扰乱的地方偏重在北部。《后汉书》云：

> 自黄巾贼后，复有黄龙、白波、左校、郭大贤、于氐根、青牛角、张白骑、刘石左髭丈八、平汉、大计、司隶、掾哉、雷公、浮云、飞燕、白雀、杨凤、于毒、五鹿、李大目、白绕、眭固、苦哂之徒，并

① 《后汉书·皇甫嵩传》。

起山谷间，不可胜数。其大声者称雷公，骑白马者为张白骑，轻便者言飞燕，多髭者号于氐根，大眼者为大目。如此称号，各有所因。大者二三万，小者六七千。贼帅常山人张燕，轻勇矫捷，故军中号曰飞燕，善得士卒心。乃与中山常山赵郡上党河内诸山谷寇贼，更相交通，众至百万，号曰黑山贼。河北诸郡县并被其害。朝廷不能讨，……燕后渐寇河内，逼近京师。①

综上所述观之，当时中国全境，都在民乱威胁之下。岭南方面，有称乱于交阯部的群贼；长江流域及长江、黄河间，有蔓延八州的黄巾贼；在黄河以北称乱的，有黑山诸贼。诸贼既起，政府自当谋对付之策。当时政府的实权，虽仍操在阉宦之手，但名义上仍是刘家的天下。刘家存在之日，自当努力派人平乱。计当时被派出平民乱，而出力最多的，当推皇甫嵩与朱儁。岭南方面的民乱，是朱儁领七郡兵所平定的。黄巾贼之平定，皇甫嵩与朱儁两人，都出有大力。当乱起之时，政府即诏各地方官预备攻守，同时并召群臣会议平乱之方略。这时皇甫嵩见识宏远，竟主张"解党禁，益出中茂钱，西园厩马，以班军士"这种主张，切中时弊，因此他便受命为左中郎将，而与右中郎将朱儁共起讨贼。转战经年，卒著成功。

当贼起之时，政府即诏敕州郡，修理攻守，简练器械。自涵谷、大谷、广成、伊阙、轘辕、旋门、孟津、小平津诸关，并置都尉。召群臣会议。嵩以为宜解党禁，益出中藏钱，西园厩马，以班军士，帝从之。于是发天下精兵，博选将帅，以嵩为左中郎将，持节与右中郎将朱儁共发五校三河骑士，及募精勇，合四万余人；嵩儁各统一军。②

此外曹操卢植董卓等都是讨贼的要人。至于黑山诸贼之讨平，则袁绍之功为最多。

董卓的计划　民乱爆发于下，宦官僭窃于上。人民的势力与宦官的势力，一左一右，相逼而至。清白一流的地主阶级所谓名士与书生者，夹在两极之间，正苦无路可走。恰在这时，武人之中，有一董卓，出来代表他们的要求；一面镇压民乱，一面削除宦官，很有建立地主阶级新政权之趋

① 《后汉书·朱儁传》。

② 《后汉书·皇甫嵩传》。

势。兹述其活动于次。

(a)董卓之出身。卓原是一个大地主，以家资富厚之故，喜招纳豪杰，因此博得健侠之名。少时曾游羌中，桓帝时以击叛羌有功，拜为郎中。直到他拥兵至中央之时，官职已很大了。事先则驻在河东，观察时变。《后汉书》云：

董卓字仲颖，陇西临洮人也。性勇猛有谋。少尝游羌中，尽与豪帅相结。后归耕于野，诸豪帅有来从之者，卓为杀耕牛，与共宴乐。豪帅感其意，归相敛，得难畜千余头以遗之。由是以健侠知名。为州兵马掾，常徼守塞下。卓膂力过人：双带两鞬，左右驰射，为羌胡所畏。桓帝末，以六郡良家子为羽林郎，从中郎将张奂为军司马，共击汉阳叛羌，破之，拜郎中，赐缣九千匹。卓曰："为者则己，有者则士。"乃悉分与吏兵，无所留。稍迁西域戊己校尉。坐事免，后为并州刺史，河东太守。中平元年(公元一八四年)，拜东中郎将，持节代卢植击张角于下曲阳。①

(b)董卓之计划。卓以边疆重臣，对中央渐骄傲起来。当他进京之前，其地位，其势力，都很重要了。他拿着羌胡叛变做口实，威胁中央，对中央尽量要挟。中央要召他为少府，他借口羌胡需人抚慰，辞不肯就。中央要他为并州牧，以兵属皇甫嵩部下，他托辞自己无老谋，无壮士，又不肯就。他一心一意，以防边之大军，驻在河东观察时变。灵帝中平六年(公元一八九年)，

征卓为少府，不肯就。上书言："所将湟中义从及秦胡兵皆诣臣曰：牢直不毕，廪赐断绝(牢，廪食也)，妻子饥冻；牵挽臣车，使不得行。羌胡敝肠狗态，臣不能禁止，辄将顺安慰；增异复上。"(如其更增异志，当复上闻。)朝廷不能制，颇以为虑。及灵帝寝疾，玺书拜卓为并州牧，令以兵属皇甫嵩。卓复上书曰："臣既无老谋，又无壮士。天恩误加，掌戎十年；士卒大小，相狎弥久。恋臣畜养之恩，为臣奋一旦之命；乞将之北州，效力边垂。"于是驻兵河东，以观时变。②

① 《后汉书·董卓传》。

② 《后汉书·董卓传》。

他的地位势力，都大起来了，可以左右中央的政局了；于是率兵进京，进行三事：一，削除宦官势力；二，改组中央政府；三，拉拢地主阶级。兹分别述之。(1)削除宦官势力。当宦官与名士冲突之时，名士失败，宦官得势。直到董卓进京之时，宦官张让等，仍居要津，左右朝政。当时大将军何进，司隶校尉袁绍等都忍不住了，都要进击宦官了；只以碍于何太后的面子，未及动手。及召董卓进京，乃一举成功。这事正在灵帝死的那一年，即中平六年(公元一八九年)。

帝崩，大将军何进，司隶校尉袁绍，谋诛阉宦，而太后不许。乃私呼卓将兵入朝，以胁太后。卓得召，即时就道；并上书曰："中常侍张让等窃倖承宠，浊乱海内。臣闻扬汤止沸，莫若去薪；溃痈虽痛，甚于内食。昔赵鞅举晋阳之甲，以逐君侧之恶人；今臣辄鸣钟鼓如洛阳，请收让等，以清奸秽。"卓未至，而何进败。虎贲中郎将袁术乃烧南宫欲讨宦官。而中常侍段珪等劫少帝及陈留王夜走小平津。卓远见火起，引兵急进；未明，到城西。闻少帝在北芒，因往奉迎。帝见卓将兵卒至，恐怖涕泣。卓与言，不能辞对；与陈留王语，遂及祸乱之事。①

这次的用兵，算是把宦官的势力肃清了。赵翼《二十二史劄记》云："灵帝崩，何后临朝，立子辩为帝。后兄何进，以大将军辅政，已奏诛宦官蹇硕，收其所领八校尉兵；是朝权兵权，俱在进手。以此诛宦官，亦复何难？乃又为宦官张让、段珪等所杀。是时军士大变，袁绍、袁术、闵贡等因乘乱诛宦官二千余人，无少长皆杀之。于是宦官之局始结。"②

(2)改造中央政府。宦官势力，虽已消除，但少帝无能，不足以撑持大局。卓于此乃进一步，谋废少帝，而立陈留王以为献帝。这事经过两度会议，毕竟成功。《后汉书》云：

卓兵士大盛，乃讽朝廷策免司空刘弘，而自代之。因集议废立。百僚大会，卓乃奋首而言曰："大者天地，其次君臣，所以为政。皇帝暗弱，不可以奉宗庙，为天下主。今欲依伊尹、霍光故事，更立陈留

① 《后汉书·董卓传》。

② 赵翼：《二十二史劄记·东汉宦官》。

王。如何?”公卿以下莫敢对。卓又抗言曰:“昔霍光定策,延年案剑;有敢阻大议,皆以军法从之。”坐者震动。尚书卢植独曰:“昔太甲既立不明,昌邑罪过千余,故有废立之事,今上富于春秋,行无失德,非前事之比也。”卓大怒,罢坐。明日复集僚于崇德前殿,遂胁太后策废少帝曰:“皇帝在丧,无人子之心;威仪不类人君。今废为弘农王。”乃立陈留王,是为献帝。[①]

(3)拉拢地主阶级。这里所谓地主阶级,乃指当初与宦官冲突的名士与书生等。卓既削除宦官势力,清白一流的地主阶级,于心已得大平。今复更进一步,与他们团结,希图在新政府里,从事建设工作。一时大官,多为名士。

卓素闻天下同疾阉宦诛杀忠良。及其在事,……擢用群士。乃任吏部尚书汉阳周珌,侍中汝南伍琼,尚书郑公业,长史何颙等。以处士荀爽为司空。其梁党锢者陈纪、韩融之徒,皆为列卿。幽滞之士,多所显拔。以尚书韩馥为冀州刺史,侍中刘岱为衮州刺史,陈留孔伷为豫州刺史,颍川张咨为南阳太守。卓所亲爱,并不处显职,但将校而已。[②]

董卓的失败 卓以手握军权之人,对左翼的民乱,加以镇压;对右翼的宦官,加以削除。同时又拉拢名士书生,与地主阶级切实合作。这等政策,在当时,应该万无一失;应该可以使政权巩固,得收太平之效。然而他完全失败了,其原因究在何处?简单言之,有两原因:一则废少帝,立陈留王一事,其行为太过操切;为地主阶级自身所不能容。二则经济困难,新政府无法支持,加以反对者之打击,遂致完全失败。兹先从后者说起。

经济的困难,自始就是董卓所极难应付之问题。中平六年(公元一八九年),政府召他为少府之时,他便上书言:“湟中义从及秦胡兵皆诣臣曰:牢直不毕,廪赐断绝;妻子饥冻;牵挽臣车,使不得行。”[③]这时尚未入京,便已感到经济问题的压迫。既诛宦官之后,因并合各部之故,(如何进及其

① 《后汉书·董卓传》。

② 《后汉书·董卓传》。

③ 《后汉书·董卓传》。

弟何苗先所领之兵，乃至执金吾丁原所领之兵，都并入到董卓部下了。）士兵人数大增，给养不易。所以他于废少帝立献帝以后，组织新政府之时，竟让士兵劫掠洛中贵戚财物，如今日之处置逆产一样。“是时洛中贵戚，室第相望，金帛财产，家家殷积。卓纵放兵士，突其庐舍，淫略妇女，剽虏资物，谓之搜牢。”[①]最后没有办法，乃贬低货币之价，多铸小钱，遂致物价胜负，民不聊生。这方法竟如现代之膨胀通货一样。凡膨胀通货，使币值低落；没有不致物价高涨，为害小民的。董卓当时以财政困难，乃

> 坏五铢钱，更铸小钱。悉取洛阳及长安铜人，钟虡，飞廉，铜马之属，以充铸焉。故货（货币）贱物贵，谷石数万！又钱无轮廓文章，不便人用。时人以为秦始皇见长人于临洮，乃铸铜人。卓临洮人也，而今毁之。虽成毁不同，凶暴相类焉。[②]

财政的困难，当是董卓失败的一个主因。此外加以废立一事，惹起了地主阶级本身的大怒。于是反对者四起，卒于献帝初平三年（公元一九二年）被吕布所杀。

群雄的割据　董卓所包办所把持的新政府既不能持久，于是各地的大吏，尤其握有军权的武人，乃纷纷而起，各据一方，以图树立自己的势力。一时割据之局，竟由官僚地主武人所造成。兹为节省篇幅起见，只列一群雄割据之表。但每人名下，附带说明其出身，藉以表明他们的阶级地位。

曹操据兖州。操于兴平二年（公元一九五年）为兖州牧。建安元年（公元一九六年）领司隶校尉。

刘备据豫州。备初领徐州，后受曹操之命为豫州牧。

吕布据徐州。吕布原在钜野。兴平二年（公元一九五年）为曹操所迫，东走依刘备。刘备东击袁术，布遂袭取下邳，自称徐州刺史。

袁绍据冀州。绍初受董卓之命为渤海太守。后来冀州牧韩馥见人情归绍，遂让绍为冀州牧。建安七年（公元二〇二年）绍死了，其子袁尚继其职。

公孙瓒据幽州。初平二年（公元一九一年），青徐等州的黄巾贼扰及渤海，瓒破之，名大振。四年（公元一九三年），尽有幽州之地，后为袁熙所破。

---

① 《后汉书·董卓传》。

② 《后汉书·董卓传》。

袁熙继据幽州。熙为袁绍之中子。建安四年(公元一九九年)，袁绍破公孙瓒。是后不久，熙遂以父亲之力，得为幽州刺史。

公孙度据幽州之远东郡。度于董卓时为辽东太守。初平元年(公元一九〇年)，自立为辽东侯平州牧。

袁谭据青州。谭为袁绍长子；绍破公孙瓒后，谭以父亲之力，得为青州牧。

高干据并州。干为袁绍之外甥，以其舅父之力，得为并州刺史。

综括言之，今之辽宁、河北、山西、山东、河南等省，及江苏与安徽北部，尽归上列诸人割据了。他们是当时中国东北部的临时统治者。现在且看西北部。

韩遂、马腾据凉州。马腾为马超之父，于灵帝末年，与韩遂起事于凉州。

朱建亦据凉州一部分之地。当韩马起事于凉州之时，朱建亦乘机而起，自号河首平汉王。

刘焉据益州。焉于灵帝末年，领益州牧。兴平元年(公元一九四年)卒，其子璋继为益州刺史，诏书仍称益州牧。

张鲁据益州之汉中郡。益州牧刘焉以鲁为督义司马，击汉中太守，夺其众。焉死，子璋代立，以鲁不顺，杀鲁母家室。这样一来，张鲁遂据汉中。以鬼道教民，自号师君。

综上言之，今日陕西甘肃四川等省，尽归上列诸人割据了。他们在当时，是中国西北部之临时统治者。

刘表据荆州。表于初平元年(公元一九〇年)为荆州刺史。后为荆州牧。

张绣据荆州之南阳郡。建安元年(公元一九六年)张济自关中走南阳。济死，其从子绣，遂领其众据南阳郡。

袁术据扬州。术于董卓将废少帝之时，曾一度据荆州之南阳郡。后为曹操袁绍等所破，遂以其余众奔九江，并进杀扬州刺史，占领其州。建安二年(公元一九七年)，自称天子。

孙策据扬州之江东。策原为袁术之部将。于兴平元年(公元一九四年)占江东。建安五年(公元二〇〇年)策死，弟权袭其余业。

综上言之，今日湖北、湖南、江西、浙江等省之地，及江苏、安徽南部之地，尽归上列诸人割据了。他们是当时中国长江流域及长江以南之临时统治者。

三 由魏蜀吴到司马氏

所谓三国的鼎立 群雄并立，各据地盘，各拥大军。然为着要巩固自己的存在，取得优越的地位起见，均须向外扩充其势力。这样一来，并立的群雄，乃相互混乱。在长期混乱之中，大的吞并小的，强的吞并弱的；结果形成三国较大之集团，曰魏蜀吴三国。凡弱小不能独树一帜者，都依着地位之所在，陆续分别隶属于此三大集团之下。兹略述三国鼎立之过程于次。

(a)魏国。魏国之创始人，即当初任兖州牧兼司隶校尉之曹操。操于建安元年(公元一九六年)，奉献帝于许昌，自为司空，实行挟天子以令诸侯的办法。初"为大将军，封武平侯。十五年为丞相。十八年为魏公。二十一年为魏王。二十五年(公元二二〇年)正月卒"。[①] 他在这二十五年之中，吞并大小英雄真不少。随举几例而言，建安三年(公元一九八等年)，他击吕布于徐州，把布斩了。建安九年(公元二〇四年)，大破袁尚，平冀州，自领冀州牧。建安十年(公元二〇五年)，破袁谭于青州，并把谭斩了。建安十一年(公元二〇六年)，又破高干(袁绍的将)于并州。建安十六年(公元二一一年)，与韩遂马超战于渭南，大破之，平关西。建安十九年(公元二一四年)，遣夏侯渊讨朱建于枹罕，获之。建安二十一年(公元二一六年)，破汉中，降张鲁。这样一来，徐州、兖州、青州、冀州、并州、豫州、凉州、益州等处，或全部或部分到了他的统治之下。就今地言之，于今江苏、安徽的北部，山东、河北、山西、河南、陕西、甘肃等省，几乎全入了他的势力范围。至于长江一带；他于建安十三年(公元二〇八年)八月，招降荆州之刘琮(刘表之少子)。此外据有南阳之张绣，据有寿春之袁术，也都为他所败。所谓中原，全在曹操的掌握之中。建安二十五年(公元二二〇年)正月，操死了，他的儿子曹丕继承其业。同年十月，乃受汉帝之禅而为正式的统治者。

汉帝以众望在魏，乃召群公卿士告祠高庙。使兼御史大夫张音，持节奉玺绶，禅位，册曰："咨尔魏王。昔者帝尧禅位于虞舜，舜亦以

① 《三国志·魏志武帝》。

命禹。天命不于常，惟归有德。汉道陵迟，世失其序。降及朕躬，大乱兹昏。群凶肆逆，宇内颠覆。赖武王神武拯兹难于四方；惟清区夏，以保绥我宗庙。岂予一人获乂，俾九服实受其赐。今王钦承前绪，于光乃德。恢文武之大业，昭尔考之弘烈。皇灵降瑞，人神告征。诞惟亮采，师锡朕命，佥曰：尔度克协于虞舜，用率我唐典，敬逊尔位。于戏！天之历数在尔躬，允执其中，天禄永终。君其祗顺大礼，飨兹万国，以肃承天命。"乃为坛于繁阳。庚午，王升坛即阼，百官陪位。事讫降坛，视燎成礼而反。改延康为黄初，(黄初元年，为公元二二〇年)大赦。①

魏国是这么成立了。其都在洛阳。其所辖之地，有司隶荆、豫、青、兖、扬、徐、凉、秦、冀、幽、并、雍等十三州，共九十三郡。于今辽宁、河北、山西、陕西、甘肃、山东、河南等省，以及江苏、安徽、湖北之大部分，皆在其统治范围之内。这个国家，传至元帝，禅位于晋司马炎；凡历五主，共四十六年。

(b)蜀国。蜀国是当初为豫州牧的刘备所创始的。刘备之建立蜀国，凡经过三次较大的努力。(一)迫降益州牧刘璋。当建安十六年(公元二一一年)的时候，刘璋以曹操势力坐大，恐其收复汉中张鲁之后，进逼蜀中。乃屡次派人联络刘备，希图取得援助。备最初尚忠实地援助刘璋，以此两方都受益不少。但后来他自己的部下，乃至刘璋的部下多怂恿他乘机解决刘璋，占据蜀中之地。这事于建安十九年(公元二一四年)完全实现了。

十九年夏……进围成都，数十日，璋出降。蜀中殷盛丰乐，先主(即刘备)大飨士卒。取蜀城中金银，分赐将士，还其谷帛。先主复领益州牧。诸葛亮为股肱，法正为谋主，关羽、张飞、马超为爪牙，许靖、麋竺、简雍为宾友，及董和、黄权、李严等，本璋之所授用也；吴壹、费观等，又璋之婚亲也；彭羕，又璋之所排摈也；刘巴者，宿昔之所忌恨也；皆处之显任，尽其器能。有志之士，无不竞劝。②

(二)与孙权分荆州之地。建安二十年(公元二一五年)，孙权闻刘备得

① 《三国志·魏书文帝》。

② 《三国志·蜀书先主》。

了益州，亦遣使向刘备要求荆州之地(当刘备入蜀之时，曾留部下诸葛亮关羽等据守荆州)。刘备初尚不许，竟与孙战。后以北部汉中受曹操压迫，乃与孙联合，平分荆州。大抵以江夏、长沙、桂阳等地东属吴；以南郡、零陵、武陵等地西属蜀。

(三)占领汉中。当刘备、孙权分割地盘之时，汉中的张鲁已被曹操击败，且降了曹操。曹操且使夏侯渊、张郃等屯汉中，数犯巴界(即进击蜀地)。这自然是一个大威胁；与吴的国界纠纷方平，与魏的国界纠纷又起，如何是好呢？唯一方法，只有抵抗。结果良好，二十三年(公元二一八年)，毕竟占领了汉中。这时蜀国的领土，算是完全确定了。所辖之地，有益梁两州，共二十一郡。今四川全省及陕西南部，湖北、湖南西部，贵州、云南北部，都在其势力范围之内。领土问题确定了，只剩一个政治问题尚待解决。恰好建安二十五年(公元二二〇年)，曹丕称帝的消息，传到了蜀中；据说汉帝之死，还是曹家给害死的。于是刘备为汉帝发丧制服，并追谥为孝愍皇帝。刘家的统治，到此算是完全终结了。刘备因姓刘之故，受部下拥戴，于建安二十六年(公元二二一年)即皇帝位于成都武担之南(武担，山名，在成都西北)。并为文曰：

> 惟建安二十六年四月丙午，皇帝备敢用玄牡，昭告皇天上帝后土神祇。汉有天下，历数无疆。曩者王莽篡盗，光武皇帝，震怒致诛，社稷复存。今曹操阻兵安忍，戮杀主后；滔天泯夏，罔顾天显，操子丕，载其凶逆，窃居神器。群臣将士，以为社稷隳废，备宜修之；嗣武二祖，龚行天罚。备虽否德，惧忝帝位。询于庶民，外及蛮夷君长，佥曰：天命不可以不答，祖业不可以久替，四海不可以无主。率土式望，在备一人。备畏天明命，又惧汉阼将湮于地，谨择元日，与百寮登坛，受皇帝玺绶；修燔瘗，告类于天神；惟神飨祚于汉家，永绥四海。①

刘备既皇帝位，乃于章武元年(公元二二一年)夏四月大赦改年，以诸葛亮为丞相，许靖为司徒，置百官，立宗庙，祭高皇帝以下诸帝。

(c)吴国。为当初占领江东的孙策所创始。建安五年(公元二〇〇年)策

① 《三国志·蜀书先主》。

死，其弟权继承其业。直到魏文帝黄初三年(公元二二二年)受魏命为吴王，都于今日湖北之武昌。这时吴王自己的年号叫作黄武二年。直到魏文帝太和三年(公元二二九年)，吴王正式称帝，都于建业。命陆逊辅太子登留居武昌。这时吴自己的年号叫作黄龙元年。计吴孙权自为王至称帝，中间七年，其最大之努力为：(一)受曹魏之牢笼，以畜自己之势力。公元二二〇年，曹丕称帝，占有中原。公元二二一年，刘备称帝于蜀，与之对抗。曹魏欲巩固自己的存在，自以拉拢孙吴为第一要着。所以公元二二三年，即策孙权为吴王。其优礼厚施，无微不至。其策命之文曰：

盖圣王之法，以德设爵，以功制禄。劳大者禄厚，德盛者礼丰。故叔旦有夹辅之勋，太公有鹰扬之功。并启土宇，并受备物。所以表章元功，殊异贤哲也。近汉高祖受命之初，分裂膏腴，以王八姓：斯则前世之懿事，后王之元龟也。朕以不德，承运革命；君临万国，秉统天机。思齐先代，坐而待旦。惟君天资忠亮，命世作佐；深睹历数，达见废兴；远遣行人，浮于潜汉；望风影附，抗疏称藩；兼纳纖絺南方之贡，普遣诸将来还本朝；忠肃内发，款诚外昭；信著金石，义盖山河：朕甚嘉焉。

今封君为吴王，使使持节太常高平侯贞授君玺绶，策书，金虎符第一至第五；左竹使符第一至第十。以大将军使持节督交州，领荆州牧事，锡君青土，苴以白茅；对扬朕命，以尹东夏。其上故骠骑将军南昌侯印绶符策。今又加君九锡，其敬听后命。以君绥安东南，纲纪江外；民夷安业，无或携贰：是用锡君大辂戎辂各一，玄牡二驷。君务财劝农，仓库盈积：是用锡君衮冕之服，赤舄副焉。君化民以德，礼教兴行：是用锡君轩县之乐。君宣导休风，怀柔百越：是用锡君朱户以居。君运其才谋，官方任贤：是用锡君纳陛以登。君忠勇并奋，清除奸慝：是用锡君虎贲之士百人。君振威陵迈，宣力荆南；枭灭凶丑，罪人斯得：是用锡君斧钺各一。君文和于内，武信于外：是用锡君彤弓一，彤矢百，玈弓十，玈矢千。君以忠肃为基，恭勤为德：是用锡君秬鬯一卣，圭瓒副焉。钦哉，敬敷训典，以服朕命，以勖相我国家，永终尔显烈。①

① 《三国志·吴书孙权》。

(二)与蜀作战，取得长江中游之地盘。孙吴甘受曹魏的这种牢笼，为的是，要准备自己的势力。迨自己势力既厚，自当与西蜀决个胜负，以确定长江中游的地盘。然后进而抗魏。现既受封为吴王了，乃于同年(公元二二二年)使陆逊等于今日湖北、四川之交拒刘备的进击，后更转守为攻，大败刘备之兵。

> 黄武元年(公元二二二年)春正月，陆逊部将军宋谦等攻蜀五屯，皆破之，斩其将。三月……蜀军分据险地，前后五十余营；逊随轻重以兵应拒。自正月至闰月，大破之。临阵所斩及投兵降首数万人。刘备奔走，仅以身免。[①]

(三)与魏对峙，即位称帝。孙吴与蜀作战之时，极力与曹魏和好，迨战而获胜，长江中游的地盘，大体确定了，乃又与蜀联合，预备图魏。攻蜀则和魏，图魏则连蜀，这本是极自然的外交策与军事策。但也要孙吴自己有相当的识见，才肯是这么进行。孙吴自击败刘备之后，便开始图魏。屡经战争，终于造成相持对峙之局。曹魏之兵，对于孙吴，终属无可如何。直到黄初五年(公元二二四年)，即吴国的黄武三年，魏文帝乃自己承认对吴国无力进击。“三年……九月，魏文帝出广陵，望大江曰：‘彼有人焉，未可图也。’乃还。”[②]自是以后，直到曹魏太和三年(公元二二九年)，即吴国黄龙元年，孙权乃受部下的推戴，作正式的皇帝。

> 黄龙元年春，公卿百司，皆劝权正尊号。夏四月，夏口武昌，并有黄龙凤凰见。丙申，南郊，即皇帝位。(《吴录》载权告天文曰：“皇帝臣权，敢用玄牡，昭告于皇皇后帝。汉享国二十有四世历年四百三十有四；行气数终，禄祚运尽；普天弛绝，率土分崩。孽臣曹丕，遂夺神器。丕子睿，继世作慝，淫名乱制。权生于东南，遭值期运。承乾秉戎，志在平世；奉辞行罚，举足为民。群臣将相，州郡百城执事之人，咸以为天意已去于汉，汉氏已绝祀于天。帝位尚虚，郊祀无主。休征嘉瑞，前后杂沓，历数在躬，不得不受。权畏天命，不敢不从。谨择元日，登坛燎祭，即皇帝位。惟尔有神飨之，左右有吴，永终天

---

① 《三国志·吴书孙权》。

② 《三国志·吴书孙权》。

禄。")是日大赦改年，追尊父破虏将军坚为武烈皇帝，母吴氏为武烈皇后，兄讨逆将军策为长沙桓王，吴王太子登为皇太子，将吏皆进爵加赏。……秋九月，权迁都建业。因故府不改馆，征上大将军陆逊辅太子登掌武昌留事。①

吴蜀联盟以击魏 魏蜀吴三国，相继于公元二二〇(曹丕称帝)、二二一(刘备称帝)、二二九(孙权称帝)完全确立，鼎足之势，于以告成。三国之中，唯曹魏的统治权，是直接从汉献帝手里移来的。但刘备、孙权，都不承认，都认曹魏为篡窃政权。刘、孙前后即位为帝之时，都有一篇宣布曹魏的罪状之文。曹魏的政权，既被认为来得不合理，那么蜀、吴联合解决曹魏，乃成了必然的工作。孙权即位为帝之年的六月，蜀乃派遣卫尉陈震赴吴，一面贺孙权即位为帝之典礼，一面与吴订立联盟之约，以图共击曹魏。订约之时，根本不承认曹魏的存在；把曹魏之辖地，先在盟约中瓜分之。豫、青、徐、幽属吴；兖、冀、并、凉属蜀。其司州之土，以函谷关为界。盟约曰：

天降丧乱，皇纲失叙；逆臣乘衅，劫夺国柄。始于董卓，终于曹操。穷凶极恶，以覆四海。至令九州幅裂，普天无统。民神痛怨，靡所戾止。及操子丕，桀逆遗丑，荐作奸回，偷取天位。而睿么麽，寻丕凶迹；阻兵盗土，未伏厥诛。昔共工乱象，而高辛行师；三苗干度，而虞舜征焉。今日灭睿，禽其徒党；非汉与吴，将复谁任？夫讨恶剪暴，必声其罪；宜先分裂，夺其土地。使士民之心，各知所归。是以《春秋》晋侯伐卫，先分其田，以畀宋人，斯其义也。且古建大事，必先盟誓。故《周礼》有司盟之官，《尚书》有告誓之文。汉之与吴，虽信由中；然分土裂境，宜有盟约。诸葛丞相，德威远著；翼戴本国，典戎在外；信感阴阳，诚动天地。重复结盟，广诚约誓；使东西士民，咸共闻知，故立坛杀牲，昭告神明；再歃加书，副之天府。天高听下，灵威棐谌；司慎司盟，群神群祀，莫不临之。自今日汉吴既盟之后，戮力一心，共讨魏贼。救危恤患，分灾共庆；好恶齐之，无或携贰。若有害汉，则吴伐之；若有害吴，则汉伐之。各守分土，无相侵犯。

① 《三国志·吴书孙权》。

传之后叶，克终若始。凡百之约，皆如载书。信言不艳，实居于好。有渝此盟，创祸先乱；违贰不协，慆慢天命；明神上帝，是讨是督。山川百神，是纠是殛。俾墮其师，无克祚国。于尔大神，其明鉴之。[①]

此回盟约之后，共击曹魏的结果，并不甚好。例如公元二三四年(即魏青龙二年，蜀建兴十二年，吴嘉禾三年)的进击，蜀、吴两方，都告退败；让魏明帝及其部下司马懿从容获胜。

嘉禾三年(公元二三四年)五月，权遣陆逊诸葛瑾等屯江夏沔口。孙诏张承等向广陵淮阳。权自率大众围合肥新城。是时蜀相诸葛亮出武功。权谓魏明帝不能远出，而帝遣兵助司马宣王(懿)拒亮，自率水军东征。未至寿春，权退还，孙韶亦罢。[②]

此后蜀、魏相持，凡二十八九年(自蜀建兴十二年以后，到炎兴元年，即公元二三四年到二六三年)；直到蜀之炎兴元年(公元二六三年)，蜀竟以抵不住魏之压迫而亡于魏。是年，“魏大兴徒众，命征西将军邓艾，镇西将军钟会，雍州刺史诸葛绪，数道并攻。……冬，邓艾破卫将军诸葛瞻于绵竹(四川绵县南)。”[③]情形到了这样紧迫，后主乃用光禄大夫谯周策，降于邓艾。并致书悔过，自承不应与魏对抗。亡国惨状，溢于言表。书曰：

限分江汉，遇值深远；偕缘蜀土，斗绝一隅。干运犯冒，渐苒历载。遂与京畿，攸隔万里。每惟黄初中文皇帝命虎牙将军鲜于辅宣温密之诏，申三好之恩；开示门户，大义炳然。而否德暗弱，窃贪遣绪；俛仰累纪，未率大教。天威既震，人鬼归能之数，怖骇王师；神武所次，敢不革面，顺以从命？辄敕群帅，投戈释甲。官府帑藏，一无所毁。百姓布野，余粮栖亩；以俟后来之惠，全元元之命。伏惟大魏布德旋化；宰辅伊周含覆藏疾。谨遣私署侍中张绍，光禄大夫谯周，驸马都尉邓良，奉赍印绶，请命告诚，敬输忠款。存亡敕赐，惟所裁之，与亲在近，不复缕陈。[④]

---

① 《三国志・吴书孙权》。
② 《三国志・吴书孙权》。
③ 《三国志・蜀书后主》。
④ 《三国志・蜀书后主》。

这消息一出，有不忍亡国之惨的北地王谌，先杀妻子，次以自杀。后主则被解至洛阳，于明年(公元二六四年)受魏封为安乐县公。

司马氏之统一国 蜀、吴共击曹魏的结果既不利，蜀魏相持到最后，终于蜀被魏灭。是后吴、魏两国并立，而其灭亡之情形，却与前者相反。吴于蜀亡(炎兴元年，公元二六三年)之后，尚支持一十六年之久，至晋太康元年(公元二八〇年)，方始灭亡。而雄据中原的曹魏，竟于蜀亡之后一年，即被其部下司马氏所灭。

司马氏是河内温县孝敬里人，其先世很长远，历代做大官的很不少。司马懿当魏文帝建国之时，出力颇大。魏文帝死后，明帝继立，懿仍是一位要人。明帝死时，且受遗诏，与曹爽共同辅政。后竟谋害曹爽，独揽政权。司马懿死后，其子司马师，继揽大权，势力益大，对于皇帝之废立，亦毅然行之(魏明帝死，其养子齐王嗣立，在位一十四年，被司马师所废)。司马师死后，其弟司马昭继掌大政，专横更甚。这时魏帝髦不胜忿怒，起加讨伐。结果失败，竟为昭所杀。这事在景元元年(公元二六〇年)。

> 帝见威权日去，不胜其忿。五月，召侍中王沈，尚书王经，散骑常侍王业，谓曰："司马昭之心，路人所知也。吾不能坐受废辱。今当与卿，自出讨之。……"帝遂拔剑升辇，率殿中宿卫苍头官僮，鼓噪而出。昭弟屯骑校尉伷遇帝于东门，止车；左右呵之，伷众奔走。中护军贾充自外入，逆与帝战于南阙下。……济(太子舍人成济)即抽戈前刺帝，殒于车下。[①]

此后昭又迎立元帝。皇帝之被废，被弑，被立，完全由司马氏包办。元帝之时，昭且受封为晋王。昭死以后，其子司马炎又继起，专揽大政。这时竟逼着曹魏，把统治的名义都完全让给司马氏。

> 咸熙二年(公元二六五年)秋八月相国晋王(司马昭)薨，太子炎绍封，袭爵位。总摄百揆。十二月，天禄永终，历数在晋。诏群公卿士具议，设坛于南郊，使使者奉皇帝玺绶册，禅位于晋王。[②]

炎既受魏禅，是为晋武帝，改元泰始元年(公元二六五年)。到太康元

---

① 《资治通鉴·魏纪》。

② 《三国志·魏书·陈留王》。

年(公元二八〇年)三月，又把吴灭了。

> 太康元年……三月壬申，王濬以舟师至于建邺之石头。孙晧大惧，(晧即大帝权之孙。吴自景帝崩，吴人即迎立晧。)面缚舆榇，降于军门。濬杖节解缚，焚榇，送于京都，收其图籍：得州四，郡四十三，县三百一十三，户五十二万三千，吏三万三千，兵二十三万，男女口二百三十万。其牧守已下皆因吴所置。除其苛政，示之简易，吴人大悦。[①]

自此以后，东汉末年以来的纷乱之局，又复成了一个完全的统一帝国。晋自司马炎代魏(公元二六五年)至恭帝禅位于刘裕(公元四二〇年)，凡十五传，共一百五十六年。此百余年中，北部、西部诸民族，因发达到了相当程度，乘着晋之内乱，努力向中国进逼。

① 《晋书·武帝纪》。

第三章　西北诸民族之乘机进逼

汉族当内部组织坚强之时，为着巩固并扩大其自身存在之条件计，一定向周围的异族发展其势力；于是有所谓开边拓土之大举。西汉时代，集权帝国完全成立，内部组织，已甚坚强，对外大举开拓，即是例证。反之，当内部统治动摇之时，周围的异族，亦必乘机进逼，以图巩固并扩大其各自的生存条件。于是有所谓异族的内犯。东汉末年的民乱，三国时代的纷争，已表示汉族内部组织之不坚强了。到西晋统一，复有八王之乱；把统治力全给动摇。于是五胡乘机乱华。这便是异族乘机内犯的例证。这一个例，是本章的主题。下面分别详述。

一　西北诸民族进逼之因缘

为生存条件而内移　西北部诸民族之进逼，有因有缘。各族生存所系的天然条件，不及汉族，此进逼的原因也。晋室八王之乱，予以可乘之隙，此进逼之机缘也。兹先述前者。这里所述的西部民族，系指氐羌而言。这些民族，即今之藏族；其生活区域，大抵在今之青海、西康、西藏等地。这等地方，天然的生活条件，不及汉族所栖息之地方远甚。氐羌在此等地方，常利用机会向东部较优之地(例如今之四川)进逼，实为事理之必然。

至于这里所谓北部民族，乃指匈奴、鲜卑、羯而言。这些民族，即今之蒙古族。[①] 其处境大抵为今之内外蒙诸地。天然环境，远不及汉族处境之优。其利用机会向南部较优之地(例如山西、陕西等地)进逼，也为事理之

① 东胡民族之中，有乌丸、鲜卑、慕容、宇文、吐谷浑、拓跋、室韦、羯胡等类。日本白鸟库吉著《东胡民族考》，证明东胡非通古斯族，乃匈奴族之一支。匈奴即今之蒙古族。果如是者，鲜卑羯等当同属匈奴，而为今之蒙古族。白鸟氏之说，系依言语学的考证以立论，颇有参考价值。

必然。西北诸族，或向东进，或向南进。于是当时中国的西部、北部，不断地有所谓异族者，进而与汉人杂居。这样与汉人杂居的异族，北部的显例，当为匈奴。匈奴在汉魏之时，已与汉族杂居；在晋时，乃与汉族杂居。且愈来愈多，势亦愈大。在汉族内部无事之时，自易处置他们。但汉族统治之力薄弱时，他们与汉人杂居，就成问题了。兹先录晋书所述匈奴与汉人杂居的情形于次。

> 前汉末，匈奴大乱，五单于争立；而呼韩邪单于失其国，携率部落，人臣于汉。汉嘉其意，割并州北界以安之(并州，今山西、陕西等省之地)。于是匈奴五千余落，人居朔方诸郡，与汉人杂处。……多历年所，户口渐滋；弥漫北朔，转难禁制。后汉末，天下骚动，群臣竞言胡人猥多，惧必为寇，宜先为其防。建安中，魏武帝始分其众为五部；部立其中贵者为帅，选汉人为司马以监督之。魏末，复改帅为都尉。其左部都尉所统，可万余落，居于太原故兹氏县。右部都尉可六千余落，居祈县。南部都尉可三千余落，居蒲子县。北部都尉可四千余落，居新兴县。中部都尉可五千余落，居太陵县。武帝践阼后，塞外匈奴大水、塞泥、墨难等二万余落归化；帝复纳之，使居河西故宜阳城下。后复与晋人杂居。由是平阳、西河、太原、新兴、上党、乐平诸郡，靡不有焉。……太康五年(公元二八四年)，复有匈奴胡太阿厚率其部落二万九千三百人归化。七年(公元二八六年)，又有匈奴胡都大博及萎莎胡等，各率种类大小凡十万余口，诣雍州刺史扶风王骏降附。明年(公元二八七年)，匈奴都督大豆得一育鞠等，复率种落大小万一千五百口……来降。并贡其方物。帝并抚纳之。北狄以部落为类。其人居塞者，有屠各种、鲜支种、寇头种、为谭种、赤勤种、捍蛭种、黑狼种、赤沙种、郁鞞种、萎莎种、秃童种、勃蔑种、羌渠种、贺赖种、锺跂种、大楼种、雍屈种、真树种、力羯种，凡十九种。皆有部落，不相杂居。[1]

与汉人杂居的异族，在西部的显例，当为氐族。其与汉族杂居之经过，《三国志》引《魏略》中《西戎传》语曰：

---

[1] 《晋书·匈奴传》。

氐人有王，所从来久矣。自汉开益州置武都郡，排其种人，分窜山谷间：或在福禄，或在汧陇左右。其种非一。称槃瓠之后，或号青氐，或号白氐，或号蚺氐。此盖虫之类，而处中国，人即其服色而名之也。其自相号曰盍稚。各有王侯，多受中国封拜。近去建安中，兴国氐王阿贵，自项氐王千万，各有部落万余。至十六年(公元二一一年)，从马超为乱。超破之后，阿贵为夏侯渊所攻灭，千万西南入蜀，其部落不能去，皆降。国家分徙其前后两端者置扶风、美阳，今之安夷、抚夷二部护军所典是也。其太守善分，留天水、南安界。今之广平魏郡所守是也。其俗语不与中国同，及羌杂胡同，各自有姓，姓如中国之姓矣。其衣服尚青绛，俗能织布，善田种；畜养豕牛马驴骡。其妇人嫁时著衽露。其缘饰之制有似羌，衽露有似中国袍。皆编发。多知中国语，由与中国错居故也。其自还种落间，则自氐语。其嫁娶有似于羌。此盖乃昔所谓西戎，在于街冀原道者也。今虽都统于郡国，然故自有王侯在其虚落间。又故武都地阴平街左右，亦有万余落。①

从戎论之未见采纳 异族与汉族杂居，因语言习惯之不同，及民族观念之不能消灭，自然难免冲突。往往因着忿恨，发生杀害长史之事。有识之士，主张徙戎，将杂居汉人中之异族，全给移徙出去。侍御史郭钦主张乘晋室平定孙吴之威，把平阳、弘农、魏郡、京兆、上党杂居之匈奴赶出去，不让在今之山西、陕西一带与汉人杂居。江统则主张徙冯翊、北地、新平、安定界内杂居之羌，令居先零罕开析支之地；徙扶风始平京兆界内之氐，令居陇右阴平武都之地。至于并州(今山西陕西一带地)之匈奴，他也主张徙出去，并痛论其与汉族杂居之危险。兹录记载两段于次。

泰始七年(公元二七一年)，单于猛叛，屯孔邪城。武帝遣娄侯何桢持节讨之。桢……乃潜诱猛左部督李恪杀猛。于是匈奴震服，积年不敢复反。其后稍因忿恨，杀害长史，渐为边患。侍御史西河郭钦上疏曰："戎狄强犷历古为患。魏初人寡，西北诸郡，皆为戎居。今虽服从，若百年之后，有风尘之警，胡骑自平阳上党，不三日而至孟津；北地、西河、太原、冯翊、安定、上郡尽为狄庭矣。宜及平吴之威，

① 《三国志·魏书》卷三〇注引。

谋臣猛将之略，出北地、西河、安定，复上郡，实冯翊。于平阳已北诸县募取死罪，徙三河、三魏见士四万家以充之，裔不乱华。渐徙平阳、弘农、魏郡、京兆、上党杂胡。峻四夷出入之防，明先王荒服之制。万世之长策也。”帝不纳。[①]

时关陇屡为氐羌所扰，孟观西讨，自擒氐帅齐万年。统深惟四夷乱华，宜杜其萌。乃作《徙戎论》。其辞曰：“……雍州(今陕西甘肃二省及青海额济衲之地)之戎，常为国患。中世之寇，惟此为大。汉末之乱，关中残灭。魏兴之初，与蜀分隔。疆场之戎，一彼一此。魏武皇帝令将军夏侯妙才渊)讨叛氐阿贵、千万等。后因拔弃汉中，遂徙武都之种于秦川。欲以弱寇强国，扞御蜀虏。……因其衰弊，迁之畿服。士庶玩习，侮其轻弱。使其怨恨之气，毒于骨髓。至于蕃育众盛，则坐生其心。……当今之宜，宜及兵威方盛，众事未罢，徙冯翊、北地、新安、平定界内诸羌，着先零罕并析支之地。徙扶风、始平、京兆之氐，出还陇右，着阴平武都之地。……各附本种，反其旧土。使属国抚夷就安集之。……并州之胡，本实匈奴桀恶之寇也。汉宣之世，冻馁残破，国内五裂；后合为二，呼韩邪遂衰弱，孤危不能自存。依阻塞下，委质柔服。建武中，南单于复来降附，遂令入塞，居于漠南。……中平中，以黄巾贼起，……乘衅而作。卤掠赵魏，冠至河南。……户至数万。人口之盛，过于西戎。然其天性骁勇，弓马便利，倍于氐羌。若有不虞风尘之虑，则并州之域，可为寒心。荥阳句骊，本居辽东塞外。正始中，幽州刺史毌丘俭伐其叛者，徙其余种。始徙之时，户落百数，子孙孳息，今以千计。数世之后，必至殷炽。……”帝不能用。未及十年，而夷狄乱华。[②]

乘八王之乱而大举　徙戎之论，既未能见诸实行；同时晋室的统治力量，正给八王之乱所摇动；这是异族内犯的一个大好机会。应在这里特别叙述。晋自武帝受曹魏之禅以后，于“泰始元年(公元二六五年)封建子弟为王二十余人，以郡为国，邑二万户为大国；置上中下三军，兵五千人。邑万户为次国，置上军下军，兵三千人。邑五千户为小国，置一军，兵千五

① 《晋书·匈奴传》。

② 《晋书·江统传》。

百人。王不之国，宫于京师。……公侯，邑万户以上为大国，五千以上为次国，不满五千户为小国。初虽有封国，而王公皆在京都。咸宁三年(公元二七七年)诏徙诸王公皆归国。”[①]不过“宫于京师”，未归国的，依然不少。所谓八王之乱，就是以下列诸王为主角，而演成的。

汝南王亮，宣帝第四子。

楚王玮，武帝第五子。

赵王伦，宣帝第九子。

齐王冏，文帝子齐王攸之子。

长少王乂，武帝第六子。

成都王颖，武帝第十六子。

河间王颙，宣帝弟安平王孚之孙。

东海王越，宣帝弟东武城侯馗之孙。

这八王所演之惨变，究竟怎样。其经过情形，极为复杂。此等复杂之家族中的惨变，仅限于统治者的范围之内，本可以置而不论。但当时的统治，因此动摇，当时的异族，因此大举；则此等家族间变乱，便有叙述的必要了。兹为眉目清醒计，分为下之各项述之。

(a)贾后擅权，杀汝南王亮及楚王玮。当武帝临终之时，曾有遗诏，以汝南王亮及皇后父杨骏共同辅政。骏以欲专擅之故，矫诏令亮出镇许昌，造成独当一面之局。迨惠帝继立，惠帝之后贾氏，颇想擅权，杀杨骏，废杨太后(即杨骏之女，武帝之后)，征亮入京，与卫瓘共同辅政。但亮与楚王玮不协，竟被其诬为有废立的阴谋；卫瓘也一同被诬。这里家族间的惨变开始了。贾后听了玮言，乃杀了汝南王亮及卫瓘。旋又把杀人之罪转嫁到玮的身上，说是出于他的主张，即日又把楚王玮杀了。八王之中，亮与玮竟都是这样地被杀了。是后的贾后，乃更肆行无忌：废太子遹(是惠帝的长子，却不是贾后所生)，弑杨太后，后又更把太子遹杀了。总计贾后一人，杀杨骏，杀杨太后，杀汝南王亮，杀卫瓘，杀楚王玮，杀太子遹。史称贾后之乱。

(b)赵王伦(惠帝的叔祖)弑贾后而僭帝位。当贾后这样肆行无忌之时，赵王伦正在京师。其嬖人孙秀，谓外间误传太子遹之被废，为伦所策动。欲正此误，只有把贾后废了。盖伦素来谄媚贾后，引起误会，是意中事。

① 《通考·封建考》一二。

把贾后废了，便是一种事实的剖白。但这一举，终恐聪敏的太子遹所发觉；不如先怂恿贾后进一步，把已经废了的太子索性杀了，然后假借替太子遹复雠之名，引兵讨贾，较为有理，且可立功。这个巧计实现了，贾后果杀太子遹。于是伦乃联合齐王冏(惠帝的从弟)，率兵入宫，废贾后，幽之于金墉城，随后又置之于死地。伦自己则为相国侍中，都督中外诸军事。至于一同起事之冏，则令出镇许昌。永宁元年(公元三〇一年)，伦且僭位称帝，以惠帝为太上皇，迁之于金墉城。至是，赵王伦之计划完全成功。贾后给弄死了，齐王冏给遣出去了，自己且做了皇帝。

(c)齐王冏结河间王与成都王讨伦，迎帝复位，自己专政。赵王伦的成功，本得力于齐王冏的帮助。但成功之后，就把冏遣出去镇许昌。冏于此，当然怀恨。于是联合河间王颙(惠帝之从叔，时镇长安)成都王颖(武帝第十六子，惠帝之弟，时镇邺中)共同起兵讨伦。伦兵失败，其将王舆，废伦，斩嬖人孙秀，迎惠帝复位。不久，伦也伏诛。成都王颖还邺。冏之大计，算成功了。惠帝拜冏为大司马。冏以大权在握，肆行非法。

(d)河间王颙结成都王长沙王讨冏；长沙王大功告成，河间王夙愿未遂。河间王颙本与赵王伦通。伦既被冏等所消灭，颙乃大感不安。灭冏自专，又成了他的要务。永宁二年(公元二七六年)，上表言冏罪状，与成都王颖同伐雒阳，并使长沙王乂(武帝第六子，惠帝之弟)为内应。十二月丁卯，乂驰入宫中，奉天子攻冏。连战三日，冏败，被斩。事态至此，本已告了一个段落。但河间王颙于灭冏之外，原来尚有一个另外的计划。他想利用长沙王乂的势力之薄弱去与冏战，希望冏把乂杀了，自己再兴问罪之师讨冏，并废帝立颖，自己专政。谁知事出意外，乂竟成功，冏反被杀，自己废帝立颖以专政的梦想，竟成了泡影。

(e)颙与颖及东海王越共同讨乂，颖得专政。颙的夙愿既未得偿，对成功的长沙王乂，只好动武。于是遣其党冯荪李含卞粹攻乂。但不幸都被乂杀了。又遣刺客图乂，刺客亦被乂杀了。这时颙不得已，乃与颖同伐京师。颙令张方率兵七万，颖令陆机率兵二十余万，共向京师进逼。这时东海王越正在京师，恐二王之力不够，起为内应。于太安二年(公元三〇三年)正月，潜入殿中，收乂置金墉城。密告张方。方又把乂拖到军营中炙杀之。这时颖入京师，为皇太弟，都督中外诸军事。后来还镇邺中，中央有事，无论大小，都要到邺中请示。其专横比齐王冏执政时还利害。

(f)南北诸军共起讨颖，颙又逼帝西走长安。颖既得势，恣意妄为，自然引起各方的反感。永兴元年(公元三〇四年)秋七月，右将军陈眕，长沙故将上官已等奉帝讨颖。但不幸被颖之党羽石超所败，帝且被挟至邺中。这时有平北将军王浚，并州刺史东嬴公腾(东海王越之弟)，因向来与颖不睦之故，乃联合北方异族鲜卑为桓等大举向邺中讨颖。邺中大震，颖乃奉帝奔到洛阳。国内的武人，国外的异族，前后攻颖，都未曾把颖克服。这时，河间王颙为图最后胜利，遣张方领二万骑兵救颖于洛阳，方在洛阳，大肆搜掠。搜掠之后，挟帝拥颖，一同跑入长安。颙至此时，知颖成了众矢之的，乃废颖归藩，另立豫章王炽为皇太弟。

(g)东海王越讨颙弑帝，外患乘时爆发。河间王颙既逼帝西走长安，洛阳方面自魏晋以来的宝藏，扫地以尽。这自然又要引起他人的大反感。于是东海王越傅檄山东讨颙，并迎惠帝还归洛阳，其势颇盛。初，越颇想于迎帝归洛阳之后，与颙分主东西。但这一著被颙将张方所阻，未得成功；后虽把张方杀了，仍未实现。越于是乘其方盛之势，西向逼颙。颙不得已，逃入太白山中。迨帝还归洛阳，颙奔新野。越于是遣南阳王模扼杀之。光熙元年(公元三〇六年)十一月，越又杀惠帝，立皇太弟炽即帝位，是曰怀帝，改元永嘉。是后外患益急，越以忧惧而死。迨永嘉五年(公元三一一年)，怀帝且被异族石勒所虏去。这些大事，下面两节，当陆续述之。所谓八王之乱，大略如此。自惠帝元康元年(公元二九一年)起，至光熙元年(公元三〇六年)止。至十六年之久，把统治势力，全给动摇；成了外族内犯的绝好机会。

二　西北诸民族之大举进逼

五胡十六国之兴起　这个标题之下，有三事都成问题。所谓五胡，究何所指？所谓十六国，究何所指？所谓兴起，究指何时？兹一一说明之，作为一个小小的导论。(1)所谓五胡，系指匈奴、鲜卑、羯及氐、羌而言。氐与羌，属今之西藏族，其栖息之地，大抵在今之青海、西康、西藏。向东部南部发展，则常入今之甘肃、陕西、四川、云南等省之境。西部诸族云云，即指氐羌两者而言。至于匈奴、鲜卑、羯，属今之蒙古族(暂依白鸟库吉《东胡民族考》之意见)，其栖息之地，大抵在今之宁夏、绥远、察哈尔、热河、辽宁。向南部发展，则常入今之甘肃、陕西、山西、河北诸省之境。北部诸民族云云，即指此三者而言。不过当时威胁中国之统治的，并不限于五胡。例如前凉、西凉、北燕等国，也都称尊自立，然都属于汉族。

(2)所谓十六国，也不是固定的成数。不列在十六国之内的，也还有好些。如鲜卑族中之西燕辽西代宇文诸国；氐族中之仇池国；汉族中之魏蜀诸国，也都有不列在十六国之内的。《晋书・载记》里的十六国，为五凉，四燕，三秦，二赵，及夏与蜀等十六国，这十六国，若分配于不同的种族内，则得下表：

一、匈奴族，共三国：前赵、北凉、夏是也。

二、羯族一国：后赵是也。

三、鲜卑族共五国：前燕、后燕、南燕、西秦、南凉是也。

四、氐族共三国：前秦、后凉、蜀是也。

五、羌族一国：后秦是也。

六、汉族共三国：前凉、西凉、北燕是也。

(3)诸国之兴起，并不在同一时间之内。虽然，同一时间之内，常有两国以上并立着；但到底没有十六国的并立。所谓十六国(本不止十六国，兹从习惯，仍以十六国为言)。乃在两晋时代陆续出现的。其兴起之年代，约略如下：

刘元海(即刘渊)以惠帝永兴元年(公元三〇四年)据离石，称汉。后九年(《晋书载记序》云后九年。然《载记》本文记石勒称赵，在元帝大兴二年，即公元三一九年；则已是十五年后，而非九年后矣)。石勒据襄国称赵。张氏先据河西。是岁，自石勒后三十六年也，重华自称凉王。后一年，冉闵据邺称魏；后一年，苻健据长安称秦。慕容氏先据辽东称燕。是岁，自苻健后一年也，携始僭号。后三十一年，后燕慕容垂据邺；后二年，西燕慕容冲据阿房。是岁也，乞伏国仁据枹罕称秦；后一年，慕容永据上党。是岁也，吕光据姑臧称凉。后十二年，慕容德据滑台称南燕。是岁也，秃发乌孤据廉川称南凉；段业据张掖称北凉。后三年，李玄盛据敦煌称西凉。后一年，沮渠逊蒙杀段业自称凉。后四年，谯纵据蜀称成都王。后二年，赫连勃勃据朔方，称大夏。后二年，冯跋杀离班，据和龙，称北燕。提封天下，十丧其八。莫不龙旌帝服，建社开枋。华夷咸暨，人物斯在。或篡通都之乡，或拥数州之地。雄图内卷，师旅外并。穷兵凶于胜负，尽人命于锋镝。

其为战国者，一百三十六载。抑元海(刘渊)为之祸首云。[1]

此所谓一百三十六载，系自惠帝永兴元年(公元三〇四年)刘渊建号称王开始；到南朝宋文帝元嘉十六年(公元四三九年)北凉降魏截止。此一百三十六年，史称五胡乱华时代。兹为节省篇幅计，只摘述若干重要之事，以明该时代之大势。

前赵刘氏逼晋最甚 五胡十六国中，称尊自立的，以刘氏为最早。刘为匈奴族，以其先曾降汉，且曾与汉约为兄弟，遂冒姓刘。曹魏之时，尝受命为匈奴部帅，居于汾晋之间。刘渊于晋武帝时，为左部帅。晋惠帝时，为左贤王，监五部军事(匈怒之众，在曹魏之时，即已被分为五部)。将兵在鄴(今河南临漳县西南四十里)。初乘晋室内部八王之乱，于惠帝永兴元年(公元三〇四年)自称汉王。到怀帝永嘉二年(公元三〇八年)，乃即皇帝之位，都于平阳，后又徙都长安，国号曰汉。渊死，四传至其族子曜，改国号为赵(与石勒之后赵对称为前赵)。赵之版图，以在晋帝国领土之内陆续扩充之故，至有雍、幽、冀、青、司、豫、荆、殷、卫、东梁、西河、阳北、兖并、秦凉、朔、益等州全部或一部分之地。其实际大概东不过太行，南不过嵩洛，西不过陇坻，北不出汾晋。于今河北、山西、河南、陕西等省，大部都在其版图之内。

刘氏立国固早，对晋室之压迫亦最凶。这完全由于晋惠帝时，八王称乱，有隙可乘之故。《晋书》云：

> 惠帝失驭，寇盗蜂起；元海(即刘渊)从祖故北部都尉左贤王刘宣等窃议曰："昔我先人，与汉约为兄弟；忧泰同之。自汉亡以来，魏晋代兴。我单于虽有虚号，无复尺土之业。自诸王侯，降同编户。今司马氏，骨肉相残；……父子兄弟，自相鱼肉。此天厌晋德，授之于我。单于积德在躬，为晋人所服；方当兴我邦族，复呼韩邪之业。……今天假手于我，不可违也。违天不祥，逆众不济。天与不取，反受其咎。愿单于勿疑。"元海曰："善。……夫帝王岂有常哉？大禹出于西戎，文王生于东夷，顾惟德所授耳。今见众十余万，皆一当晋十。鼓行而摧

① 《晋书·载记序》。

乱晋，犹拉枯耳。”[①]

刘氏乘着晋室之乱，大举压迫。初陷太原诸郡，继陷平阳，终陷洛阳。陷太原诸郡，乃永兴元年（公元三〇四年）之事。是年，渊遣其建武将军刘曜冠太原诸郡，陷之。陷平阳等地，乃永兴二年（公元三〇五年）之事。是年，渊以“离石（最初据此称汉王）大饥，迁于黎亭，以就邸阁穀。留其太尉刘宏，护军马景守离石；使大司农卜豫连粮以给之。以其前将军刘景为使持节征讨大都督大将军，要击并州刺史刘琨于板桥，为琨所败。……其侍中刘殷王育进谏元海（渊）曰：‘殿下自起兵以来，渐已一周。而颛守偏方，王威未震。诚能命将四出，决机一掷，枭刘琨，定河东，建帝号，鼓行而南，剋长安而都之；以关中之众席卷洛阳，如指掌耳。此高皇帝之所以创树鸿基，剋殄强楚者也。’元海悦曰：‘此孤心也。’遂进据河东，攻寇蒲坂平阳，皆陷之”。[②] 此后渊于晋永嘉二年（公元三〇八年）即皇帝位，迁都平阳。至于攻陷洛阳，乃永嘉五年（公元三一一年）之事。当永嘉四年，渊死，其子聪杀太子和而自立，僭称皇帝。五年，大举向晋室压迫。终以王弥、刘曜、呼延晏等之力，攻克洛阳，大掠而去。《晋书》称：

> 署其卫尉呼延晏为使持节前锋大都督前军大将军。配禁兵二万七千，自宜阳入洛川。命王弥刘曜及镇军石勒进师会之。晏比及河南，王师（指晋兵）前后十二败，死者三万余人。弥等未至，晏留辎重于张方故垒，遂寇洛阳，攻陷平昌门，焚东阳宣阳诸门，及诸府寺。怀帝遣河南尹刘默距之，王师败于社门。晏以外继不至，出自东阳门；掠王公已下子女二百余人而去。时帝将济河东遁，具船于洛水，晏尽焚之，还于张方故垒。王弥刘曜至，复与晏会，围洛阳。时城内饥甚，人皆相食；百官分散，莫有固志。宜阳门陷，弥晏入于南宫，升太极前殿，纵兵大掠，悉收宫人珍宝。曜于是害诸王公及百官已下三万余人；于洛水北筑为京观。迁帝及惠帝羊后传国六玺于平阳。[③]

以上为刘聪时代之事。聪死，传位于太子粲。粲在位不久，为靳准所

---

① 《晋书·载记·刘元海》。

② 《晋书·载记·刘元海》。

③ 《晋书·载记·刘聪》。

杀。刘曜为刘渊族子，闻靳准之变，起为救援，削平靳准及其部下，自己即位为帝，改国号为赵。曜后又为石勒所灭。石勒灭赵之后，几乎统一了北方。兹述于次。

后赵石勒统一北部 石勒初名訇，本为羯人。年十四时，常随人行贩于洛阳。晋大安中，并州饥馑，州刺史司马腾执诸胡人于山东，卖充军实。两胡人共戴一枷，其受晋人虐待，自很利害。当时石勒年二十余，亦在其中，被卖与在平师懽为奴。懽奇而免之。自是以后，石勒得与马牧帅汲桑互相往来。他们乘着当时饥荒，遂相率为盗。及刘渊僭位，赵魏大乱，桑与勒皆起事。这时石勒才正式以石为姓，勒为名，投奔刘渊为将领。由此看来，石勒之出身，系由小贩而奴隶，由奴隶而盗贼，由盗贼而将领。其在刘氏部下所建武功，非常之大。直到刘氏逼晋，攻陷洛阳之时，石勒才开始自谋另创局面。

按石勒之成功，凡经过几方面的奋斗。(1)联络胡族取得信仰。当勒投归刘渊之先，有几部分胡族，势颇强大，刘渊不能收拾。勒居然能收拾之，与訇督伏利度等，结为兄弟，同归刘氏。《晋书》云：

> 时胡部大张，訇督冯莫突等拥众数千，壁于上党。勒往从之，深为所昵，因说訇督曰："刘单于(渊)举兵诛晋，部大距而不从，岂能独立乎?"曰："不能。"勒曰："如其不能者，兵马当有所属。今部落皆已被单于赏募；往往聚议，欲叛部大，而归单于矣。宜早为之计。"訇督等素无智略，惧部众之贰已也，乃潜随勒单骑归元海。元海署訇督为亲汉王，莫突为都督部大；以勒为辅汉将军平晋王以统之。勒于是命訇督为兄，赐姓石氏，名之曰会，言其遇己也。乌丸张伏利度亦有众二千，壁于乐平。元海屡招而不能致。勒伪获罪于元海，因奔伏利度，伏利度大悦，结为兄弟。使勒率诸胡寇掠，所向无前，诸胡畏服。勒知众心之附己也，乃因会执伏利度告诸胡曰："今起大事，我与伏利度孰堪为主?"诸胡咸以推勒。勒于是释伏利度，率其部众归元海。元海加勒督山东征讨诸军事。以伏利度众配之。①

(2)大举攻晋，拓土杀人。愍帝建兴二年(公元三一四年)，勒取幽州；

① 《晋书·载记·石勒》上。

四年(公元三一六年)，又取并州。于东则陷山东诸郡，于南则及江汉之间。今日河北、山东、河南、安徽、湖北等省，大部分都到了石勒之手。勒临江汉，颇有久驻之志。后因张宾(赵郡中丘人)之劝，北上陷许昌，害平东将军王康。并与王衍一战，大肆杀戮。《晋书》云：

> 先是东海王越率洛阳之众二十余万讨勒。越薨于军，众推太尉王衍为主，率众东下。勒轻骑追及之。衍遣将军钱端与勒战，为勒所败，端死之，衍军大溃。勒分骑围而射之，相登如山，无一免者。于是执衍及襄阳王范、任城王跻、西河王喜、梁王禧、齐王韶、吏部尚书刘望、豫州刺史刘乔、太傅长史庾敳等，坐之于幕下，问以晋故。衍跻等惧死，多自陈说。惟范神色俨然，意气自若；顾呵之曰："今日之事，何复纷纭?"勒甚奇之。勒于是引诸王公卿士于外害之。死者甚众。勒重衍清辨，奇范神气，不能加之兵刃。夜使人排墙填杀之。左卫何伦，右卫李恽，闻越薨，奉越妃裴氏及越世子毗出自洛阳。勒逆毗于洧仓，军复大溃；执毗及诸王公卿士皆害之。死者甚众。因率精骑三万，入自成皋关。[①]

(3)击败刘氏，削平前赵。石勒自己势力尚未至十分雄厚之时，自以依附刘氏，从事"辅汉平晋"为得计。但自己势力既已雄厚之日，"灭汉平晋"，又成了事理之必然。当刘聪的末年，石勒就要想独立了。及刘曜为帝，拜勒为太宰，后又反悔，吝而不予。勒大怒曰："赵王赵帝，孤自为之，何假于人?"咸和三年(公元三二八年)，石勒进攻刘曜。曜因饮酒昏醉，为石堪所执，送到襄国杀之。至是匈奴族之前赵乃亡。前赵既亡，所有土地，在今山西、陕西一带者尽归石勒。这时前凉张骏，亦复来降；其所有凉河定商秦等州之地(即今甘肃西北部，新疆南部及宁夏一带之地)亦间接受制于石勒。于是石勒所创之后赵国，事实上几乎完全统一了中国之北部。其辖境南过淮汉，东滨于海，西至于河，北尽燕代。今日河北、山西、河南、山东、陕西等省全部，及江苏、安徽、甘肃、湖北、辽宁各省之一部，大抵都属后赵。其国都初在襄国，后徙于邺。这时中国境内，西有李蜀(今四川全省及云南贵州等省之一部)，北有后赵，南为东晋，恰成一三分鼎立之

---

① 《晋书·载记·石勒》上。

局。按石勒之奋斗成功，得汉人张宾之力不少。《晋书》云：

> 张宾，字孟孙，赵郡中丘人也。父瑶，中山太守。宾少好学，博涉经史，不为章句。阔达有大节。常谓昆弟曰："吾自言智算鉴识，不后子房，但不遇高祖耳。"为中丘王帐下都督，非其好也。……及永嘉大乱，石勒为刘元海辅汉将军，与诸将下山东。宾谓所亲曰："吾历观诸将多矣，独胡将军可与共成大事。"乃提刘军门，大呼请见。勒亦未之奇也。后渐进规模，乃异之，引为谋主；机不虚发，算无遗策。成勒之基业，皆宾之勋也。及为右长史大执法，封濮阳侯，任遇优显，宠冠当时。而谦虚敬慎，开襟下士；士无贤愚，造之者莫不得尽其情焉。肃清百寮，屏绝私昵。入则格言，出则归美。勒甚重之，每朝为之正容貌，简辞令，呼曰右侯，而不名之。勒朝莫与为比也。及卒，勒亲临哭之，哀恸左右；赠散骑常侍，右光禄大夫，仪同三司，谥曰景。将葬，送于正阳门，望之流涕，顾左右曰："天欲不成吾事邪？何夺吾右侯之早也！"程遐代为右长史，勒每与遐议，有所不合，辄欢曰："右侯舍我去，令我与此辈共事，岂非酷乎！"因流涕弥日。[①]

由后赵到前燕 后赵的统治由石勒传石弘，由石弘传石虎。石虎残暴不仁，大露游牧贵族之本性，且以入居内地，生活条件较优之故，乃开始穷奢极欲。《晋书》述其穷奢极欲及残暴之状曰：

> 季龙(即石虎)性既好猎，其后体重，不能跨鞍，乃造猎车千乘，辕长三丈，高一丈八尺，置高一丈七尺。格兽车四十乘，立三级行楼二层于其上。剋期将校猎，自灵昌津南至荥阳，东极阳都，使御史监察其中禽兽有犯者罪至大辟。御史因之擅作威福。百姓有美女好牛马者，求之不得，便诬以犯兽，论死者百余家。海岱河济间，人无宁志矣。又发诸州二十六万人，修洛阳宫；发百姓牛二万余头，配朔州牧官。增置女官二十四等，东宫十有二等。诸公侯七十余国，皆为置女官九等。先是大发百姓女二十已下，十三已上，三万余人；为三等之第以分配之。郡县要媚其旨，务于美淑，夺人妇者九千余人。百姓妻有美色，豪势因而胁之，率多自杀。石宣及诸公及私令采发者，亦垂

① 《晋书·载记·张宾》。

一万。总会邺宫。季龙临轩简第诸女。大悦，封使者十二人皆为列侯。自初发至邺，诸杀其夫及夺而遣之，缢死者三千余人。荆楚扬徐间，流叛略尽。宰守坐不能绥怀、下狱诛者五十余人。①

在这种暴虐政治之下，人民的流叛，出于必然；徒责长官不能绥怀，加他们以杀戮，有何用处？在这人民流叛之时，有定阳(今陕西宜川县西北)梁犊起兵，自称晋征东大将军，众数十万。自潼关以至洛阳，名城重镇，都不足以抵当梁犊之势力。这便是后赵走上没落之途的时候了。

梁犊之难既发，石虎大惧，乃遣冉闵、姚弋仲、苻洪等讨之。闵与梁战，大奏奇功，把梁犊杀了，于是自己功名大显。这时闵之历史的机会到来了。冉闵本为魏郡内黄人，其先累世为汉将。闵年十二时，被石勒所获，并命石虎养以为子。这次平梁乱有功，势力大了，在石家擅作威福。石虎既死，幼子世立，闵则帮助其三子遵杀世。石遵既立，以酧功未能如闵之愿，闵又将遵杀了。遵死，石鉴(仍是石虎之子)立，眼看着闵之跋扈，思有以制裁之。但势力不及，乃令人结羯士三千以攻之。这样一来，触动了冉闵杀戮胡人之心。胡人于此，竟遭一大劫。闵乃

宣令内外六夷(匈奴羯氐羌鲜卑賨)敢称兵杖者斩之。胡人或斩关，或逾城而出者，不可胜数。……令城内曰："与官同心者住，不同心者，各任所之。"敕城门不复相禁。于是赵人百里内悉入城。胡羯去者填门。闵知胡之不为己用也，班令内外，赵人斩一胡首送凤阳门者，文官进位三等，武职悉拜牙门。一日之中，斩首数万。闵躬率赵人诛诸胡羯，无贵贱男女少长，皆斩之。死者二十余万。……屯据四方者，所在承闵书诛之。于时高鼻多须，至有滥死者半。②

这样的大杀戮，石家岂能逃脱？于是石鉴(在位仅一百零三日)及石虎之孙三十八人皆被杀，石氏之族全亡。所谓羯者，几乎于此终了。这样杀戮之后，冉闵乃于永和六年(公元三五〇年)，据邺(今河南临漳县西)称帝，国号曰魏。石氏所建之后赵，至此全被魏代替了。

不过冉闵的魏国，到底只是一个过渡：一方面代替后赵，另一方面，

① 《晋书·载记·石季龙》上。

② 《晋书·载记·冉闵》。

却又被前燕所灭亡。它介在后赵石氏与前燕慕容氏之间，有如一座桥梁。它有历史地位：一方面结束羯胡(后赵石氏)在中国东北部之一时的鸿运，另一方面为鲜卑胡(前燕慕容氏)制造一统治中国东北部之新机会。当冉闵称帝之时(永和六年，公元三五〇年)，鲜卑胡慕容俊亦正据辽东称帝(永和八年，公元三五二年)。此回乘着闵与石氏残余势力战争之时，大举进击。其大将慕容恪毕竟于魏昌地方(今河北无极县东北)擒着冉闵，送于俊处斩之。至是中国东北部之地，全入慕容氏之手。鲜卑胡一时大兴。

鲜卑即所谓东胡中之一种(东胡实即东方之胡，乃匈奴中的一部。果如是者，则鲜卑也只是匈奴中之一种)。秦汉之际，为匈奴所败，分保鲜卑山，因号鲜卑。汉光武时，南匈奴与北匈奴互相攻伐，势力渐衰。而鲜卑则乘机振作起来了。其族有慕容氏、段氏、拓跋氏、宇文氏。前燕出自慕容氏。慕容氏邑于辽东之北，常一面仕晋，一面又为鲜卑的单于。永和八年(公元三五二年)，慕容俊即位称帝。升平三年(公元三五九年)，迁都于邺。这时慕容氏的势力最强，其辖境有平、幽、中、洛、豫、兖、青、冀、荆、徐等州；恰为今之河北、山东、山西、河南等省全境，及辽宁省之一部。在秦王苻坚统一之业尚未成功时，前燕实为北方的大国，与前秦对峙，凡若干时。

前秦苻坚拓地最广　当前燕慕容俊称帝之前一年(永和七年，公元三五一年)，中国西北部之氐族，有苻洪者，已据长安称秦王。五胡时代，以苻氏势力最大；所创之国，境亦最广。兹分数项述之。(a)苻氏与各国之历史关系。氐族苻氏，来历颇长。与各国之关系，从未间断。当前赵刘氏于永嘉时逼迫晋室之时，苻氏即乘机起而称雄西北。后赵石氏代前赵而兴起之时，苻氏屡任要职，被视为西北重镇。后因冉闵之离间，曾一度降晋。后赵末叶，石氏骨肉相残之时，苻氏又乘机大举。一面依晋室以为助，一面自拓疆土。其所以用“苻”字为姓，据说亦决于此时。《晋书》云：

> 苻洪，字广世。略阳临渭氐人也。其先盖有扈之苗裔，世为西戎酋长。始其家池中蒲生长五丈，五节，如竹形。时咸谓之蒲家，因以为氏焉。父怀归、部落小帅。先是陇右大雨，百姓苦之，谣曰：“雨若不止，洪水必起。”故因名曰洪。好施，多权略；骁武，善骑射。……永嘉之乱，乃散千金，召英杰之士，访安危变通之术。宗人蒲光、蒲突遂推洪为盟主。刘曜僭号长安，光等逼洪归曜，拜率义侯。曜败，

洪西保陇山。石季龙将攻上邽，洪又请降。季龙大悦，拜冠军将军，委以西方之事。季龙灭石生，洪说季龙宜徙关中豪杰及羌戎内实京师。季龙从之，以洪为龙骧将军，流人都督，处于枋头。累有战功，封西平郡公。其部下赐爵关内侯者二千余人。以洪为关内领侯将。冉闵言于季龙曰："苻洪雄果，其诸子并非常才，宜密除之。"季龙待之愈厚。及石遵即位，闵又以为言，遵乃去洪都督，余如前。洪怨之，乃遣使降晋。后石鉴杀遵，所在兵起，洪有众十余万。永和六年(公元三五〇年)，帝以洪为征北大将军，都督河北诸军事，冀州刺史广川郡公。时有说洪称尊号者，洪亦以谶文有"草付应王"，又其孙坚背有"草付"字，遂改姓苻氏；自称大将军大单于三秦王。①

(b)苻坚消灭前燕。苻氏假降晋之名，借晋的援助，向其东北之主要敌人前燕进逼。苻洪称三秦王之时，就已有吞灭前燕之气概了。洪常谓博士胡文曰："孤率众十万，居形胜之地，冉闵慕容俊(当时冉闵之魏国，慕容俊之前燕正在相持中)可指辰而殄；姚襄父子，克之在吾数中。孤取天下，有易于汉祖。"②由苻洪三传至苻坚，前秦势力，日以张大。而前燕慕容暐则以东北游牧之身入居内地，生活优裕；为时不久，即呈腐化之状。"后宫四千有余，僮侍厮养，通兼十倍。日费之重，价盈万金；绮縠罗纨，岁增常调。戎器弗营，奢玩是务。令帑藏虚竭，军士无襜褕之赉；宰相侯王，迭以侈丽相尚。风靡之化，积习成俗。"③西北瘠土所出的苻氏，乃乘着前燕的这个弱点，于太和五年(公元三七〇年)大举进击。苻坚命王猛、杨安逼至邺中，慕容暐使慕容评抵抗，卒无结果；暐被执，最后为坚所诛。《晋书》述其事曰：

坚……使王猛、杨安率众伐暐。猛攻壶关，安攻晋阳。暐使慕容评等率中外精卒四十余万距之。猛、安进师潞川，州郡盗贼大起，邺中多怪异；暐忧惧，不知所为。乃召其使而问曰："秦众何如？大师既出，猛等能战否?"或对曰："秦国小兵弱，岂王师之敌？景略常才，又非太傅之匹，不足忧也。……"评惧而与猛战于潞川；评师大败，死者五万

① 《晋书·载记·苻洪》。
② 《晋书·载记·苻洪》。
③ 《晋书·载记·慕容暐》。

> 余人。评等单骑遁还，猛遂长驱至邺。坚复率众十万会猛攻暐。……暐与评等数十骑奔于昌黎。坚遣郭庆追及暐于高阳。坚将巨武执暐，将缚之。暐曰："汝何小人？而缚天子？"武曰："我梁山巨武，受诏缚贼，何谓天子邪？"遂送暐于坚。坚诘其奔状。暐曰："狐死首丘，欲归死于先人填墓耳。"坚哀而释之。令还宫率文武出降。……坚徙暐及其王公已下并鲜卑四万余户于长安，封暐新兴侯，署为尚书。坚征寿春，以暐为平南将军别部都督。淮南之败，随坚还长安。①

秦王苻坚对慕容氏，颇算忠厚。但后来慕容冲起兵关中，希图反攻；慕容暐竟拟为内应。这事被苻坚知道了。坚乃置暐于死地。这时暐年才三十五岁。至是，所谓前燕，完全亡了。其土地概并入前秦之版图中。

(c)苻坚消灭前凉。苻坚消灭前燕之后，不到七年，又消灭前凉。前凉立国，自晋惠帝永宁元年(公元三〇一年)张轨作凉州刺史时开其端。张轨字士彦，安定乌氏人，汉常山景王耳十七代孙。永宁初，出为护羌校尉，凉州刺史。时鲜卑反叛，盗贼横行。张轨首先平定之，遂著声威于其地。三传至张骏，境内次序，非常平靖。乃遣其将杨宣率众越流沙伐龟兹鄯善。西域诸国，大都降附。此后又四传至天锡，恰当秦王苻坚势力最盛之时。苻坚遣其将苟苌、毛当、梁熙、姚苌等伐之。天锡战败，降于苌等。所有土地如凉、河、沙、定、秦、商等州(即今甘肃西北部，新疆南部及宁夏辖地)皆并入前秦的版图之内。这事在晋太元元年(公元三七六年)。

(d)苻坚统一诸部，威震四方。苻坚自即位以来，于晋太和五年(公元三七〇年)伐燕克邺，擒慕容暐；于宁康元年(公元三七三年)攻克晋之汉中，取成都(原为李蜀辖境。但李蜀已于永和三年，即公元三四七年，被桓温所克，地转属晋)。西南诸夷，大都降附。于太元元年(公元三七六年)灭拓跋氏之代，灭张氏之凉；又平定西域诸国。版图之大，为五胡中所仅有。其国境南至邛僰，东抵淮泗，西极西域，北尽大漠。领有司、隶、雍、秦、南秦、洛、豫、东豫、并、冀、幽、平、梁、河、益、宁、兖、南兖、青、荆、徐、扬诸州。今之河北、山西、山东、陕西、甘肃、新疆、河南、四川等省全境，及辽宁、江苏、安徽、湖北等省之一部，都在前秦统治之下。当其盛时，

① 《晋书·载记·慕容暐》。

鄯善王、车师前部王，来朝；大宛献汗血马；肃慎贡楛矢；天竺献火浣布；康居、于寘及海东诸国。凡六十有二王，皆遣使贡其方物。①

肥水战后诸国并起 此时的前秦，成了当时中国长江以北的唯一大国。剩下待征服的，只有一个东晋了。苻坚为欲征服东晋，乃于太元八年(公元三八三年)大举进击。发动凉州、蜀、汉、幽、冀各地之兵，约百余万，向长江中下游包围。晋室为势所迫，命谢石等以大军迎战。最后，双方主力，在肥水接触，苻坚之军，竟为谢玄、谢石等所击败(肥水亦作淝水，源出安徽合肥县紫蓬山。北流二十里分为二：一东流入巢湖，一北流至寿县潴为瓦埠湖。至县北入淮。今发源处中断，遂为二水。其西北流者名南肥河，亦称东肥河。谢玄、谢石击败苻军即在此)。《晋书》述其事如下：

慕容垂言于坚曰："陛下德侔轩唐，功高汤武。威泽被于八表，远夷重译而归。司马昌明因余烬之资，敢距王命。是而不诛，法将安措？孙氏跨僭江东，终并于晋，其势然也。臣闻小不敌大，弱不御强。况大秦之应符，陛下之圣武；强兵百万，韩白盈朝；而令其偷魂假号，以贼虏遗子孙哉？《诗》云："筑室于道谋，是用不溃于成。"陛下内断神谋足矣。不烦广访朝臣，以乱圣虑。昔晋武之平吴也，言可者，张、杜数贤而已。若采群臣之言，岂能建不世之功？谚云：'凭天俟时。'时已至矣，其可已乎？"坚大悦曰："与吾定天下者，其唯卿耳。"

坚下书，悉发诸州公私马；人十丁，遣一兵；门在灼然者，为崇文义从；良家子年二十已下，武艺骁勇，富室材雄者，皆拜羽林郎。……良家子至者三万余骑，其秦州主簿，金城赵盛之为建威将军、少年都统。遣征南苻融，骠骑张蚝，抚军苻方，卫军梁成，平南慕容暐(灭前燕时，未置暐于死地，此回用以攻晋)。冠军慕容垂，率步骑二十五万为前锋。坚发长安戎卒六十余万，骑二十七万。前后千里，旗鼓相望。坚至项城，凉州之兵始达咸阳；蜀汉之军，顺流而下；幽冀之众，至于彭城。东西万里，水陆齐进。漕运万艘。

晋遣都督谢石，徐州刺史谢玄，豫州刺史桓伊，辅国谢琰等，水陆

① 《晋书·载记·苻坚》上。

七万相继距融。……龙骧将军刘牢之率劲卒五千夜袭梁成垒，克之。……谢石等以既败梁成，水陆继进。坚与苻融，登城而望王师，见部阵齐整，将士精锐。又北望八公山上草木，皆类人形，顾谓融曰："此亦劲敌也。何谓少乎?"怃然有惧色。……时张蚝败谢石于肥南。谢玄、谢琰勒卒数万，阵以待之。蚝乃退，列阵逼肥水。王师不得渡，遣使谓融曰："君悬军深入，置阵逼水，此持久之计，岂欲战者乎？若小退师，令将士周旋，仆与君公缓辔而观之，不亦美乎?"融于是麾军却阵，欲因其济水，覆而取之。军遂奔退，制之不可止；融驰骑略阵，马倒被杀，军遂大败。王师乘胜追击，至于青冈，死者相枕。坚为流失所中，单骑遁还于淮北。……闻风声鹤唳，皆谓晋师之至。①

坚经这次惨败，回到长安东之行宫。自此以后，北方许多其他的异族，眼看着前秦终不能降服晋室，乃纷纷起而自立称尊。把整个前秦，完全分割，各据一方。计当时新兴者凡六国。

鲜卑族之慕容垂据中山(今河北定县)称后燕。

鲜卑族之慕容永据长子(今山西长子县)称西燕。

羌族之姚苌据长安(今陕西长安)称后秦。

氐族之吕光据姑臧(今甘肃武威县)称后凉。

鲜卑族之乞伏国仁据陇右(以今甘肃乐都县为中心)称西秦。

鲜卑族之拓跋珪据盛乐(今绥远和林格尔县)称后魏。

当时中国北部，自东至西，是这样被各族分裂而割据。后来凉州内乱，又分出三国。

鲜卑族之秃发乌孤据廉川(今甘肃乐都县)称南凉。

匈奴族之沮渠蒙逊据张掖(今甘肃张掖县)称北凉。

汉族之李暠据敦煌(今甘肃敦煌县)称西凉。

上述诸国之中，以后燕与后秦为最大。后燕攻灭西燕之后，辖有今河北、山东、山西等省，及河南、辽宁之一部。后秦姚兴，(姚苌之子)攻破洛阳，占有淮汉以北诸地，取得西秦、后凉。辖有今陕西、甘肃等省及河南之一部。后燕后秦，并立于当时中国的北部：一在东北，一在西北，相互对峙。此两国后又为后魏所威胁。后魏在后燕之西北，后秦之东北，以

① 《晋书·载记·苻坚》下。

今绥远为中心，向此两国压迫。结果此两国日益衰微，乘机起者，又有

汉族之冯跋据和龙(今热河朝阳县)称北燕。

鲜卑族之慕容德据广固(今山东益都县西北)称南燕。

匈奴族之赫连勃勃据统万(今陕西横山县西)称夏国。

三　晋室被迫相率南迁

异族在晋之国境内，这样活跃；晋之统治者及豪富之家，迫不得已，当然只有南迁，以图避免蹂躏。兹述四事为例：一，怀愍蒙尘；二，偏安江左；三，版图日蹙，四，人民南迁。

怀愍之蒙尘　怀愍蒙尘，是晋室被迫最利害的实例。在上节内，我们尝说：前赵刘氏逼晋最甚。永嘉五年(公元三一一年)刘聪命呼延晏王弥刘曜南寇，攻陷洛阳。这时便是晋室遭受空前未有之压迫的时候了。洛阳被掠，怀帝被虏，太子及百官已下三万余人被杀。此后的惨劫，述不胜述，且摘出三事，以见一斑。

(a)怀帝之末路。怀帝被虏至平阳时，备受侮辱，一日，刘聪引帝入讌，尽量揶揄，终至逼之于死。《晋书》云：

> 聪引帝入宴，谓帝曰："卿为豫章王时，朕尝与王武子相造。武子示朕于卿，卿言闻其名久矣，以卿所制乐府歌示朕，谓朕曰：'闻君善为辞赋，试为看之。'朕时与武子俱为《盛德颂》；卿称善者久之。又引朕射于皇堂，朕得十二筹，卿与武子俱得九筹。卿赠朕柘弓、银研。卿颇忆否?"帝曰："臣安敢忘之。但恨尔日不早识龙颜。"聪曰："卿家骨肉相残，何其甚也?"帝曰："此殆非人意，皇天之意也。大汉将应乾受历，故为陛下自相驱除。且臣家若能奉武皇之业，九族敦睦，陛下何由得之?"至日夕乃出。……
>
> 正旦，聪宴于光极前殿，逼帝行酒。光禄大夫庾珉、王俊等起而大哭。聪恶之。会有告珉等谋以平阳应刘琨者，聪遂鸩帝，而诛珉、俊。[①]

---

① 《晋书·载记·刘聪》。

(b)愍帝之末路。怀帝既已被杀，愍帝乃即位于长安。刘聪复命刘曜等攻长安，帝以城中粮尽，不能支持，遂肉袒以降。《晋书》云：

> 刘曜逼京师，内外断绝。镇西将军焦嵩，平东将军宋哲，始平太守竺恢等同赴国难。麹允与公卿守长安小城以自固。散骑常侍华辑监京兆、冯翊、弘农、上洛四郡兵，东屯霸上。镇军将军胡崧，帅城西诸郡兵屯遮马桥，并不敢进。
>
> 冬十月，京师饥甚，米斗金二两，人相食，死者太半。太仓有麹数十饼，麹允屑为粥以供帝；至是复尽。帝泣谓允曰："今窘厄如此，外无救援；死于社稷，是朕事也。朕念将士，暴离斯酷。今欲因城未陷，为羞死之事，庶令黎元免屠烂之苦。行矣！遣书。朕意决矣！"十一月乙未，使侍中宋敞送笺于曜，帝乘羊车，肉袒衔璧，舆榇出降。群臣号泣，攀车，执帝之手，帝亦悲不自胜，御史中丞吉郎自杀。曜焚榇受璧；使宋敞奉帝还宫。……壬寅，聪临殿，帝稽首于前。麹允伏地恸哭，因自杀。尚书辛宾梁允，侍中梁濬，散骑常侍严敦，左丞相臧振，黄门侍郎任播、张伟、杜曼及诸郡守并为曜所害。华辑奔南山。①

上所云云，乃建兴四年(公元三一六年)之事。至建兴五年(公元三一七年)刘聪杀愍帝。《晋书》云：

> 冬十月，景子，日有食之。刘聪出猎，令帝行车骑将军，戎服执戟为导。百姓聚而观之，故老或欷歔流涕。聪闻而恶之。聪后因大会，使帝行酒，洗爵。反而更衣，又使帝执盖。晋臣在坐者，多失声而泣。尚书郎辛宾抱帝恸哭，为聪所害。十二月戊戌，帝遇弑，崩于平阳。时年十八。②

(c)惠帝羊皇后之末路。怀帝愍帝之末路，略如上述。至于与怀帝一同被虏到平阳的惠帝之羊皇后，则做了刘曜的皇后。刘曜于太兴元年(公元三一八年)即帝位，以晋惠帝之羊皇后为后。《晋书》述刘曜攻克洛阳，侮辱羊皇后之情形曰：

---

① 《晋书·帝纪·孝愍帝》。

② 《晋书·帝纪·孝愍帝》。

洛阳败，没于刘曜，曜僭位，以为皇后。因问曰："吾何如司马家儿?"后曰："胡可并言？陛下开基之圣主，彼亡国之暗夫：有一妇一子及身三耳，不能庇之。贵为帝王，而妻子辱于凡庶之手。遣妾尔时实不思生，何图复有今日。妾生于高门，尝谓世间男子皆然。自奉巾栉以来，始知天下有丈夫耳。"曜甚爱宠之。[①]

东晋之立国　东晋之立国，就是晋室南迁之开端。怀帝、愍帝，都死在异族之手，晋之土地，在淮河以北的，几乎全在异族蹂躏之下。晋室为图生存起见，只好南迁。南迁的主脑，即是元帝。元帝是琅琊恭王观之子。初为辅国将军，及平东将军，监徐州诸军事，镇下邳(今江苏邳县之下邳故城)后又迁安东将军，都督扬州诸军事。永嘉初，用王导计，移镇建邺(故城在今江苏江宁县南)。东晋立国于江南，元帝起为中兴之主，地理上的方便，要为一大原因。当时的江南，已成了富庶之区。北方的大家世族，不堪异族压迫之苦，也多移到了江南。元帝此时又恰恰手握大军，镇守江南之地。这种种事实，自然使群臣不得不拥元帝为最高的统治者。所以愍帝的凶耗一到，元帝即登皇帝之位。"太兴元年(公元三一八年)……三月，愍帝崩问至，帝斩缞居庐。景辰，百寮上尊号。令曰：'孤以不德，当厄运之极。臣节未立，匡救未举，夙夜所以忘寝食也。今宗朝废绝，亿兆无系；群官庶尹，咸勉之以大政，亦何必辞？辄敬从所执，是日即皇帝位。'"[②]元帝之成功，以王导出力为最多。导见天下已乱；知帝有为，倾心推奉，为之谋书，一也。帝镇建邺，江南富室，尚不信任；导与其从兄王敦极力拉拢之，以建立信仰，二也。帝既即位，王导主政，以清静为主，颇著成效，三也。《晋书》述其事曰：

元帝为琅邪王，与导素相亲善。导知天下已乱，遂倾心推奉，潜有兴复之志。帝亦雅相器重，契同友执。帝之在洛阳也，导每劝今之国。会帝出镇下邳，请导为安东司马。军谋密策，知无不为。及徙镇建康(即建邺)，吴人不附。居月余，士庶莫有至者；导患之。会敦来朝，导谓之曰："琅邪王仁德虽厚，而名论犹轻；兄威风已振，宜有以匡济者。"会三月上巳，帝亲观禊；乘肩舆，具威仪。敦导及诸名胜皆

① 《晋书·列传·后妃》上《惠羊皇后》。

② 《晋书·帝纪元帝》。

骑从。吴人纪瞻、顾荣，皆江南之望，窃觇之，见其如此，咸惊惧；乃相率拜于道左。导因进计曰："古之王者，莫不宾礼故老，存问风俗，虚己倾心，以招俊义。况天下丧乱，九州分裂，大业草创，急于得人者乎？顾荣、贺循，此土之望；未若引之，以结人心。二子既至，则无不来矣。"帝乃使导躬造循、荣，二人皆应命而至。由是吴会风靡，百姓归心焉。自此之后，渐相崇奉，君臣之礼始定。俄而洛京倾覆，中州士女，避乱江左者十六七。导劝帝收其贤人君子，与之图事。时荆扬晏安，户口殷实。导为政务在清静，每劝帝克己励节，匡主宁邦，于是尤见委杖，情好日隆；朝野倾心，号为仲父。帝常从容谓导曰："卿吾之萧何也。"①

自元帝即位，十传至于恭帝，整整一百年(公元三一八年到公元四一九年)，叫作东晋。东晋之立，完全以江南大地主为基础，完全建基于纪瞻顾荣贺循一班大地主的封建势力上面。

东晋版图之狭小 东晋立国，既在江南；北方土地，常为异族所占领；则其版图之狭小，自不待言。东晋一代，与北方异族交接之地，大抵在今之江苏、安徽、湖北等省境内。这几省之地，北部常属于异族，南部常属于晋室。例如湖北常以夏口一带为界，安徽常以合肥一带为界，江苏常以淮阴一带为界。每当北方民族衰乱之时，晋亦乘机恢复若干土地。例如穆帝时平蜀汉，曾乘胜恢复梁益之地，并得到今河南之大部分。苻坚肥水战败，晋又乘机恢复青、徐、兖等州，已得到今山东之大部分。不过旋得旋失，晋与北方民族交接之地，终不出江苏、安徽、湖北等省之境。《通典》云：

初，元帝命祖逖镇雍邱。逖死，北境渐蹙。于是荆、司、青、兖四州，及徐州之半，陷刘曜、石勒。以合肥、淮阴、寿阳、泗口、角城为重镇。成帝时，鄿守将退屯襄阳(咸和初魏该屯鄿，为刘曜将黄秀所逼，而退守襄阳)。穆帝时，平蜀汉，复梁、益之地；又遣军西入关，至灞上，再北伐，一至洛阳，一至枋头。所得郡县，军旋又失。洎苻坚东平慕容時，西南陷蜀汉，西北克姑臧，则汉水、长淮以北，悉

① 《晋书·王导传》。

为坚有。及坚败，再复梁、青、徐、兖、荆、豫、司之地。其后青、兖陷于慕容德，荆、豫、司陷于姚兴，以彭城为北境藩捍。后益、梁又陷于谯纵。每因刘、石、苻、姚衰乱之际，则进兵屯戍，在于汉中襄阳彭城。然大抵上明、江陵、夏口、武昌、合肥、寿阳、淮阴，常为晋氏镇守。义熙以后，又复青、兖、司、荆、豫、梁、益之地而政移于宋矣。[①]

北方人民之南迁　当时中国北部之地，既为异族所蹂躏；凡大家世族，乃至一切有产之家已不堪异族的压迫，大都随晋室之南迁而向中国之南部移转。《晋书》云："洛京倾覆，中州仕女避乱江左者十六七。"[②]这样移转的人民，有的移向寻阳芜湖京邑；即今安徽南部，江苏南部及江西一带。朝这一带移转的人民，政府为设淮南、松滋、魏郡、广川、曹阳、堂邑、上党诸郡以处之。《晋书》云：

> 自中原乱离，遗黎南渡，并侨置牧司在广陵丹徒南城，非旧土也。及胡寇南侵，淮南百姓皆渡江。成帝初，苏峻、祖约为乱于江淮，胡寇又大至，百姓南渡者特多。乃于江南侨立淮南郡及诸县。又于寻阳侨置松滋郡遥隶扬州。咸康四年（公元三三八年），侨置魏郡广川曹阳堂邑等诸郡，并所统县；并寄居京邑。改陵阳为广陵。孝武宁康二年（公元三七四年），又分永嘉郡之永宁县，置乐成县。是时上党百姓南渡，侨立上党郡，为四县，寄居芜湖。[③]

有的移向吴郡毗陵郡，即今江苏、浙江一带之地。朝这一带移转的，大抵为北徐州、兖州、幽州、青州、冀州、并州等地之人《晋书》云：

> 永嘉之乱，临淮淮陵，并沦没石氏。元帝渡江之后，徐州所得惟半。乃侨置淮阳、阳平、济阴、北济阴四郡。又琅琊国人随帝过江者，遂置怀德县及琅琊郡以统之。是时幽、冀、青、并、兖五州及徐州之淮北流人相率过江淮，帝并侨立郡县以司牧之。……苏峻平后，自广陵还镇京口，又于汉故九江郡界置钟离郡，属南徐州。江北又侨立幽、冀、

---

① 《通典・州郡》一。
② 《晋书・王导传》。
③ 《晋书・地理志》。

青、并四州。[①]

有的移向闽中，即今福建、广东一带。唐林谞《闽中记》云：“永嘉之乱，中原仕族，林、黄、陈、郭四姓先入闽。”明何乔远《闽书》云：“晋永嘉二年(公元三〇八年)，中州板荡，衣冠始入闽者八族：所谓林、黄、陈、郑、詹、丘、何、胡是也。”就上所述种种观之，怀愍被难，晋室偏安，版图狭小，人民南迁，皆为异族压迫的结果。

---

① 《晋书·地理志》。

第四章　南朝北朝之对立

就上章看，晋室被北方民族压迫，致帝王被虏，政府南迁，土地日蹙，人民流徙。凡此等等，固是令人伤心惨目之结果。但更有甚于此者，则南朝、北朝之长期的对立是也。

一　汉族北伐之无成

祖逖功败垂成　自中原被沦陷以后，汉族屈处南方，原系出于一时不得已之事势。倘有机会，可以图恢复者，自然乘机起图恢复。祖逖就是为汉族力图恢复之第一人。(a)逖之家世。就正史上看，逖原是中原大家出身纯为一封建地主。其先人曾累世为二千石之吏。逖自己则有大志，尝与刘琨夜卧，闻鸡声而起舞。又能以谷帛济人，甚得乡党宗族欢心。这两者就成了他后来从事于恢复运动的基础。《晋书》述逖之家世云：

> 祖逖，字士稚，范阳遒人也。世吏二千石，为北州旧姓。父武，晋王掾，上谷太守。逖少孤，兄弟六人。兄该、纳等，并开爽有才干。逖性豁荡，不修仪检。年十四五，犹未知书，诸兄每忧之。然轻财好侠，慷慨有节尚。每至田舍，辄称兄意，散谷帛以周贫乏。乡党宗族，以是重之。后乃博览书记，该涉古今。往来京师，见者谓逖有赞世才具。……与司空刘琨俱为司州主簿，情好绸缪，共被同寝。中夜闻荒鸡鸣，蹴琨觉曰："此非恶声也。"因起舞。逖、琨并有英气，每语世事，或中宵起坐，相谓曰："若四海鼎沸，豪杰并起，吾与足下当相避于中原耳。"①

① 《晋书·祖逖传》。

(b)逖之南逃。永嘉三年(公元三〇九年),前赵刘氏,大举进犯。晋之京师洛阳被陷。这时逖以迫于大势,率亲族数百家向南方淮泗之间逃避。在逃难的族人之中,大施恩惠,结其欢心。后来北伐,族人就成了他的基本队伍。《晋书》云:

京师大乱,逖率亲党数百家,避地淮泗;以所乘车马,载同行老疾,躬自徒步,药物衣粮,与众共之,又多权略,是以少长咸宗之,推逖为行主。达泗口,元帝逆用为徐州刺史。寻征军谘祭酒,居丹徒之京口。逖以社稷倾覆,常怀振复之志。宾客义徒,皆暴杰勇士,逖遇之如子弟。时扬土大饥,此辈多为盗窃,攻剽富室。……或为吏所绳,辄拥护救解之。谈者以此少逖,然自若也。①

(c)逖之北伐。晋室刚才南渡,元帝正谋整理内部,无暇顾及北方的失地。这时逖乃建议,力言非北伐不可。于是元帝许之,给他千余士兵的粮食;他以逃难的百余家亲党族人,再加外招勇士若干,草草成军。所有武器,还须自备。逖以有志恢复,即以此北伐。当其建言北伐,及其成军之大略情形,《晋书》有云:

时,帝方拓定江南,未遑北伐。逖进说曰:"晋室之乱,非上无道而下怨叛也。由藩王争权,自相诛灭;遂使戎狄乘隙,流毒中原。今遗黎既被残酷,人有奋击之志。大王诚能发威命将,使若逖等为之统主,则郡国豪杰,必因风向赴;沈毅之士,欣于来苏;庶几国耻可雪。愿大王图之。"帝乃以逖为奋威将军、豫州刺史,给千余人禀,布三千匹;不给铠仗,使自招募。仍将本流徙部曲百余家渡江;中流,击楫而誓曰:"祖逖不能清中原,而复济者,有如大江。"辞色壮烈,众皆慨叹。屯于江阴,起冶铸兵器;得二千余人而后进。②

(d)北伐所得。以这不像样的武力北伐,谁能说大有成功?可是在当时,北方敌人的内部,刘曜与石勒,正在相互冲突。同时留在北方未南迁的人民,抗敌心切,随时可以变成士兵,与异族周旋。这样一来,祖逖之北伐,居然大有成功:一,使黄河以南,变为晋土;二,使北方父老得到

① 《晋书·祖逖传》。

② 《晋书·祖逖传》。

安慰；三，使石勒骇怕，求与通好。《晋书》云：

> 逖镇雍丘，数遣军要截石勒。勒屯戍渐蹙。候骑尝获濮阳人，逖厚待，遣归，咸感逖恩德，率乡里五百家降逖。勒又遣精骑万人距逖，复为逖所破。……逖爱人下士，虽疏交贱隶，皆恩礼遇之。由是黄河以南，尽为晋土。……百姓感悦，尝置酒大会；耆老中坐流涕曰："吾等老矣，更得父母，死将何恨。"乃歌曰："幸哉遗黎免俘虏，三辰既朗遇慈父；玄酒忘劳甘瓠脯，何以咏恩歌且舞。"其得人心如此。故刘琨与亲故书，盛赞逖威德。诏进逖为镇西将军。石勒不敢窥兵河南；使成皋县修逖母墓，因与逖书，求通使交市。逖不报书，而听互市，收利十倍。于是公私丰赡，士马日滋。①

(e)最后失败。北伐成功如此之大，这在种族战争中，是何等可喜之事。但最后毕竟失败。其失败的主因，可以说是土著与侨民的冲突。祖逖从北方大乱之下，避到南方，算是侨民。此次在东晋政府统治之下，率兵北伐，居然成功，成了政府的一员要将；这却是南方土著所不喜欢的。恰好这时，土著吴人戴若思有被派为都督统制祖逖的消息。逖闻之，甚不得意。后因忧愤，病死雍丘。《晋书》云：

> 逖……方当推锋越河，扫清冀朔。会朝廷将遣戴若思为都督。逖以若思是吴人；虽有才望，无弘致远识。且已翦荆棘，收河南地，而若思雍容一旦来统之，意甚怏怏。且闻王敦与刘隗等构隙，虑有内难，大功不遂，感激发病……卒于雍丘，时年五十六。豫州士女，若丧考妣。谯梁百姓，为之立祠，册赠车骑将军。王敦久怀逆乱，畏逖不敢发；至是始得肆意焉。②

逖以由北方逃难南迁的侨民资格，率部曲北伐，在政府方面，可以防土著豪族的专横；在河南方面，可以阻北方胡人的南进。但他死了，其弟约代领其众。这时内忧外患乃相继而作。现在且看另一从事于恢复事业的人之功绩如何。

庾亮出兵受挫 祖逖北伐之时，北方的敌人刘曜与石勒正在相互对抗。

---

① 《晋书·祖逖传》。

② 《晋书·祖逖传》。

这给了他一个很好的机会，使得他有相当成功，能恢复河南诸郡。但庾亮出兵之时，情形就不同了：北方正当石季龙强盛之时，祖逖所恢复之地，亦多相继失陷了。所以亮之北伐，大遭挫败。计当时晋之大敌：在西部的为李蜀，在北部的为石赵。庾亮出兵，有两大目标：西进，入今之四川，以击蜀；北上，入今之河南，以击赵。目标如此，则出发的根据地，当然为今之湖北。所以当时各种势力的配备，大都在今之湖北境内。《晋书》述各种势力配备之大势云：

> 时石勒新死，亮有开复中原之谋。乃解豫州，授辅国将军毛宝；使与西阳太守樊峻精兵一万，俱戍邾城。又以陶称为南中郎将、江夏相，率部曲五千人入沔中。亮弟翼为南蛮校尉、南郡太守，镇江陵。以武昌太守陈嚣为辅国将军、梁州刺史，趣子午。又遣偏军伐蜀，至江阳，执伪荆州刺史李闳，巴郡太守黄植，送于京都。亮当率大众十万，据石头城，为诸军声援。①

亮之意想在今湖北一带，为长久抗战之计；令各将领的部曲于所在之处从事耕种，练习作战。打算数年之后，一举进击，以竟全功。成帝咸康五年(公元三三九年)他上疏曰：

> 蜀胡二寇，凶虐滋甚，内相诛锄，众叛亲离。蜀甚弱而胡尚强。并佃并守，修进取之备。襄阳北接宛许，南阻汉水，其险足固，其土足食；臣宜移镇襄阳之石城下，并遣诸军，罗布江沔。比及数年，戎士习练，乘衅齐进，以临河洛。大势一举，众知存亡。开反善之路，宥逼胁之罪。因天时，顺人情；诛逋逆，雪大耻。实圣朝之所先务也。愿陛下许其所陈。②

成帝把这一疏交群臣讨论。王导对此，表示赞成；郄鉴对此，表示反对。反对之理由，则以为资用未备，不可大举。亮于此时，坚持移镇襄阳的意见。不料恰巧这时，毛宝与樊峻所屯守之邾城(今湖北黄冈县西北)忽被敌人陷落，死万余人。其他地方，如沔阳，被石闵所陷；白石，被朱保所陷；胡亭，被夔安所陷，安由该处掠七万户而还。此次邾城之陷落，系

① 《晋书·庾亮传》。

② 《晋书·庾亮传》。

出石季龙之将张贺度。《晋书》述其事云：

> 季龙……以其太子宣为大单于，建天子旌旗。以夔安为征讨大都督，统五将，步骑七万，寇荆扬北鄙。石闵败王师于沔阴，将军蔡怀死之。宣将朱保，又败王师于白石，将军郑豹、谈玄、郝庄、随相、蔡熊皆遇害。季龙将张贺度攻陷邾城，败晋将毛宝于邾西，死者万余人。夔安进据胡亭，晋将军黄冲，历阳太守郑进皆降之。安于是掠七万户而还。①

邾城既陷，庾亮忧愤疾发，于咸康六年（公元三四〇年）死了。时年五十二岁，追赠太尉，谥曰文康。至是封建地主庾亮所领导的恢复事业，又完全失败。

殷浩北伐无成　庾亮北伐之后，又有殷浩之北伐。殷浩北伐之时，南方正值晋穆帝永和时代；北方正值由石赵过渡到慕容燕的过渡时代。这时异族中，东北部鲜卑族之慕容氏正方兴未艾；西北部羌族之姚氏亦方兴未艾。殷浩所进击的主要目标，即是羌帅姚襄。姚襄势力，由西北向东南发展，到了今之河南。殷浩北伐，由东南向西北进展，欲达到许洛，直捣姚襄阵地。在未到目的地之先，系以寿阳为根据地。《晋书》云：

> 石季龙死，胡中大乱，朝廷遂欲荡平关河。于是以浩为中军将军、假节、都督扬、豫、徐、兖、青五州军事。浩既受命，以中原为己任，上疏北征许洛。将发坠马，时咸恶之。既而以淮南太守陈达、兖州刺史蔡裔为前锋。安西将军谢尚、北中郎将荀羡为督统。开江西疁田千余顷，以为军储。师次寿阳（今安徽寿县），潜诱苻健（属前秦为氐族；姚襄属后秦，为羌族）大臣梁安雷弱儿等使杀健，许以关右之任。②

诱杀苻健，乃对付前秦之事。何以后来后秦姚襄竟成被击之主要目标？这转变如下。当殷浩对西北施潜诱政策之时，降人魏脱领有部曲很多。脱死之后，其弟憬代，被姚襄所杀，众亦被并。这事恼了殷浩，于是战事爆发。浩于姚襄，原甚畏惧。但初尚只遣刺客谋杀。自此以后，乃派大军进击，结果失败。竟让姚襄鼓行济淮，进至盱眙（今安徽盱眙县），招掠流人，

① 《晋书·载记·石季龙》上。

② 《晋书·殷浩传》。

众至七万。后虽以部下为北人，想北上，然终亦占据着许昌。《晋书》云：

襄字景国，弋仲之第五子也。……善抚纳士，众爱敬之。……襄少有高名，雄武冠世；好学博通，雅善谈论。英济之称，著于南夏。中军将军、扬州刺史殷浩惮其威名，乃因襄诸弟频遣刺客杀襄。刺客皆推诚告实，襄待之若旧。浩潜遣将军魏憬率五千余人袭襄，襄乃斩憬，而并其众，浩愈恶之。……会闻关中有变，浩率众北伐。襄乃要击浩于山桑，大败之，斩获万计，收其资仗。使兄益守山桑垒，复如淮南。……鼓行济淮，屯于盱眙。招掠流人，众至七万。分置守宰，劝课农桑。遣使建邺，罪状殷浩，并自陈谢。流人郭斁等千余人执晋堂邑内史刘仕降于襄，朝廷大震。……襄将佐部众皆北人，咸劝襄北还。襄方轨北引，自称大将军、大单于。进攻外黄，为晋边将所败。襄收散卒而勤抚恤之，于是复振，乃据许昌。①

浩浩荡荡的北伐运动，至是又完全失败。这消息传到了桓温，温乃大肆攻击。这等攻击，完全出于私人的意气；与国家大事，并不相干。但也可从中看出当时各封建地主互相倾轧的情形。当时朝廷的要员，无论文武，多是大族出身。庾翼对殷浩之言曰："当今江东社稷安危，内委何、褚诸君，外托庾、桓数族。"②可见御外侮的，常以族为单位。一族的领袖，率着族众，作为基本队伍；再招纳些所谓流人，便算大军。他们虽是御外侮的军队，然每到一处，常想在该处作长久之居，俨然殖民一样。如祖逖在沔中令部众且佃且守，殷浩令部众耕江西畴田，以备军储，便是实例。这次殷浩久居寿阳，北伐无成，桓温大肆攻击，说他坐自封殖，无雪耻之志。其实只是封建地主互相攻击之一例证而已。温之言曰：

中军将军浩，过蒙朝恩，叨窃非据。……自羯胡夭亡，群雄殄灭；而百姓涂炭，企迟拯接。浩受专征之重，无雪耻之志。坐自封殖，妄生风尘。遂使寇雠稽诛，奸逆并起。华夏鼎沸，黎元殄悴。浩惧罪将及，不容于朝。外声进讨，内求苟免。出次寿阳，顿甲弥年。倾天府之资，竭五州之力。收合无赖，以自强卫。爵命无章，猜害罔顾。故

---

① 《晋书·载记·姚襄》。

② 《晋书·殷浩传》。

范丰之属，反叛于芍陂；奇德、龙会，作变于肘腋。羌帅姚襄，率众归化；遣其母弟，入质京邑。浩不能抚而用之，阴图杀害。再遣刺客，为襄所觉。襄遂惶惧，用致逆命；生长乱阶，自浩始也。……伏愿陛下上追唐尧放命之刑，下鉴《春秋》无君之典。若圣上含弘，未忍诛殛；且宜遐弃，摈之荒裔。虽未足以塞山海之责，粗可以宣诫于将来矣。[①]

这种倾轧，果很有效：殷浩毕竟因此废为庶人，徙居于东阳之信安县。

桓温始胜终败 殷浩既败，桓温肆力攻击；迨浩被废为遮人之时，晋室大权，到了桓温一人之手。《晋书》云："时殷浩至洛阳，修复园陵。经涉数年，屡战屡败，器械都尽。温复进督司州，因朝野之怨，乃奏废浩。自此，内外大权，一归温矣。"[②]温既总揽内外大权，乃进行北伐。计他所进击之目标，主要有三：(一)前秦苻氏；(二)后秦姚氏；(三)前燕慕容氏。进击前秦苻健之事，发动于永和十年(公元三五四年)二月。是月"温遂统步骑四万发江陵，水军自襄阳入均口，至南乡。步自淅川，以征关中。……温进至霸上，健以五千人深沟自固。居人皆安堵复业，持牛酒迎温于路者十八九。耆老感泣曰：'不图今日复见官军!'初，温恃麦熟，取以为军资。而健芟苗清野，军粮不属。收三千余口而还"。[③]

进击后秦姚襄之事，发动于永和十二年(公元三五六年)。是年姚襄入于许昌，政府以"桓温为征讨大都督，讨之。八月，桓温及姚襄战于伊水，大败之，襄走平阳，徙其余众三千余家于江汉之间。"[④]进击前燕慕容氏之事，发动于太和四年(公元三六九年)。是年，温上疏悉众北伐。初甚得势，后以粮竭，终遭惨败，死三万余人。《晋书》述其事云：

温领平北将军、徐兖二州刺史；率弟南中郎冲，西中郎袁真，步骑五万北伐。百官皆于南州祖道，都邑尽倾。军次湖陆，攻慕容暐将慕容忠，获之。进次金乡。时亢旱，水道不通。乃凿巨野三百余里，以通舟运，自清水入河。暐将慕容垂传、傅波等率众八万距温，战于林渚，温击破之。遂至枋头。先使袁真伐谯梁，开石门以通运。真讨谯

① 《晋书·殷浩传》。

② 《晋书·桓温传》。

③ 《晋书·桓温传》。

④ 《晋书·桓温传》。

> 梁皆平之，而不能开石门，军粮竭尽，温焚舟步退：自东燕，出仓垣，经陈留，凿井而饮，行七百余里。垂以八千骑追之，战于襄邑(今河南睢县西一里许)，温军败绩，死者三万余人！①

在历次的北伐中，桓温的成功似已不小了，然亦终于失败。大抵北方异族深入中原，其重心已不能摇动了。唯一的希望，只有待后来与汉族完全同化。

刘裕最后努力 上述诸人的北伐运动，既无完全的成功，也无完全的失败。在历史的演进中，仅表示着汉族与异族之相抗争，相对峙，终不能收束种族战争，实现统一。不过倘无此诸人的努力，即相持之局，恐亦不能维持。由此看来，北伐运动，在种族战争中，固有其不朽的影响。努力于此种北伐运动之人，除上述诸人外，尚有刘裕。刘裕是晋宋之交的一个重要人物。在东晋义熙时代，为晋室作最后之挣扎，以期收复北方。连战征服南燕，兵临广固(今山东益都县西北八里尧山之阳)；破后秦姚氏，占有长安。北伐运动，似颇顺利。不幸败于夏主赫连勃勃，长安亦得而复失。兹分述之。(a)刘裕执慕容超于广固，灭南燕。

> 初，伪燕主鲜卑慕容德，僭号于青州。德死，兄子超袭位，前后屡为边患。五年(公元四〇九年)二月，大掠淮北，执阳平太守刘千载，济南大守赵元，驱略千余家。②

这时刘裕乃上表请求北伐，安帝许之。裕于四月，自京都发舟师，从淮入泗，五月至下邳。此后便步行，进至琅邪。所过之处，皆筑城留守。六月，更向临朐进发。未达临朐数里，与敌大战，幸得胜利。追至广固(南燕之都城所在)，执南燕主慕容超。在临朐及广固之战，最为剧烈。《宋书》云：

> 未及临朐数里，贼铁骑万余，前后交至。公命兖州刺史刘藩，弟并州刺史道怜，谘议参军刘敬宣、陶延寿，参军刘怀玉、慎仲道、索邈等齐力击之。日向昃，公遣谘议参军檀韶直趋临朐。韶率建威将国向弥，参军胡藩驰往，即日陷城，斩其牙旗。超遁还广固，获超马、

① 《晋书·桓温传》。

② 《宋书·本纪·武帝》上。

伪辇、玉玺、豹尾等送于京师。斩其大将段晖等十余人，其余斩获千计。明日，大军进广固，即屠大城。超退保小城，于是设长围守之。围高三丈，外穿三重堑，停江、淮转输，馆谷于齐土，抚纳降附，华戎欢悦。援才授爵，因而任之。①

(b)刘裕执姚泓于长安，灭后秦。当后秦主姚兴之死，子姚泓新立。兄弟相杀，关中混乱。义熙十二年(公元四一六年)四月，刘裕上表请乘机进攻关洛。八月，即从京师出发。先遣冠军将军檀道济，龙骧将军王镇恶等率众步行，向许洛前进。结果围金墉，降姚洸，得初步胜利。到十三年(公元四一七年)，更努力迈进。自正月至九月，裕自己由彭城进到长安，大获胜利而归。《宋书》纪十三年进兵及获胜之情形云：

十二年(公元四一六年)……八月丁巳，率大众发京师。以世子为中军将军，监太尉留府事。尚书右仆射刘穆之为左仆射，领监军、中军二府军司，入居东府，总摄内外。九月，公次于彭城，加领徐州刺史。先是遣冠军将军檀道济，龙骧将军王镇恶步向许、洛。羌缘道屯守，皆望风降附。伪兖州刺史韦华先据仓垣，亦率众归顺。公又遣北兖州刺史王仲德先以水军入河。仲德破索虏于东郡凉城。进平滑台。十月，众军至洛阳，围金墉。泓弟伪平南将军洸请降，送于京师。修复晋五陵，置守卫……

十三年(公元四一七年)正月，公以舟师进讨。留彭城公义隆镇彭城军次。……二月，冠军将军檀道济等次潼关。三月庚辰，大军入河，索虏步骑十万，营据河津。公命诸军济河击破之，公至洛阳。七月，至陕城。龙骧将军王镇恶伐木为舟，自河浮渭。八月，扶风太守沈田子，大破姚泓于蓝田。王镇恶克长安，生擒泓。九月，公至长安。长安丰稔，帑藏盈积。公先收其彝器、浑仪、土圭之属，献于京师。其余珍宝珠玉，以班赐将帅。执送姚泓，斩于建康市。②

后秦自姚泓被杀以后，便已亡了。其国都长安，入了刘裕之手。裕之恢复事业，至是，不能不算有很大的成功。但刘裕东还以后，其部下在长

① 《宋书·本纪·武帝》上。

② 《宋书·本纪·武帝》上。

安内哄起来，予夏主赫连勃勃以大好机会。

(c)恢复运动的成功，终为赫连勃勃所毁。刘裕于十三年(公元四一七年)十二月东还。十四年(公元四一八年)春间，留镇长安的诸将，便起内哄。安西中兵参军沈田子杀安西司马王镇恶，沈田子又被义真所杀。关中情形，为之大乱。赫连勃勃乘之，以其子璝率骑二万南伐长安，勃勃率大军继发。

> 璝至渭阳，降者属路。义真(刘裕之子，裕东还，留义真镇长安)遣龙骧将军沈田子率众逆战，不利而退，屯刘回堡。田子与义真司马王镇恶不平，因镇恶出城，遂杀之。义真又杀田子。于是悉召外军入于城中，闭门距守。关中郡县悉降。璝夜袭长安，不克。勃勃进据咸阳，长安樵采路绝，刘裕闻之，大惧。乃召义真东镇洛阳，以朱龄石为雍州刺史，守长安。义真大掠而东，至于灞上；百姓遂逐龄石而迎勃勃入于长安。璝率众三万追击义真，王师败绩。义真单马而遁。①

西北达长安，东北达广固之北伐运动，至是仍不免失败！刘裕自从攻克长安，东还以后，亦只努力于政权的夺取，对于中原，竟不措意。南北对峙之局，已为事实所促成。《晋书》云：

> 刘裕灭泓，入于长安，遣使遗勃勃书，请通和好，约为兄弟。……既而勃勃还统万(夏之国都，在今陕西横山县西，即夏州故城)。裕留子义真镇长安而还。勃勃闻之，大悦。谓王买德曰："朕将进图长安，卿试言取之方略。"王买德曰："刘裕灭秦，所谓以乱平乱，未有德政以济苍生。关中形胜之地，而以弱才小儿守之，非经远之规也。狼狈而返者，欲速成篡事耳，无暇有意于中原。"②

刘裕之东还，用意如此，即使部下之留镇长安者不生内哄，亦是枉然；况加以内哄，则其不能不抛弃中原，任胡人统治，殆已成了必然之势。

---

① 《晋书·载记·赫连勃勃》。

② 《晋书·载记·赫连勃勃》。

二　南朝北朝之对立

所谓南朝　刘裕攻灭后秦，于义熙十三年(公元四一七年)由长安东还以后，仅过两年，便受晋禅(公元四二〇年)而为皇帝，国号曰宋。由宋而齐而梁而陈，共四代，曰南朝。宋、齐、梁、陈统治之年代如下。

宋：自公元四二〇年，刘裕代晋，为高祖武皇帝始，至公元四七九年顺帝禅于齐止，凡八传。统治时期，共五十九年。

齐：自公元四七九年，萧道成代宋，为太祖高皇帝始，至公元五〇二年，和帝禅于梁止，凡七传。统治时期，共二十三年。

梁：自公元五〇二年，萧衍代齐为高祖武皇帝始，至公元五五七年敬帝禅于陈止，凡四传。统治时期，共五十五年。

陈：自公元五五七年陈霸先代梁为高祖武皇帝始，至公元五八九年后主灭于隋止，凡五传。统治时期，共三十二年。

南朝总计，自宋刘裕代晋之年(公元四二〇年)至陈后主灭于隋之年(公元五八九年)，共约一百七十年。

南朝之疆土　南朝的疆土，因汉族与异族在长期的对峙之中，很不易确定。倘南朝势力稍盛之时，略向北部发展，则疆土便随之扩大。势力稍衰之时，北朝略略进逼，疆土又随之缩小。整个疆土，时大时小，此不易确定者一。又自西北部诸民族进逼中原以来，中原人民常向南方移徙。政府为安插他们起见，常于南方侨置郡县。土地的面积不加大，而郡县的名目却加多。此不易确定者二。《宋书》论南朝疆土不易确定的情形云：

自夷狄乱华，司、冀、雍、凉、青、并、兖、豫、幽、平诸州一时沦没。遗民南渡，并侨置牧司；非旧土地也。江左又分荆为湘，或离或合。凡有扬、荆、湘、江、梁、益、交、广。其徐州则有过半。豫州唯得谯城而已。及至宋世，分扬州为南徐，徐州为南兖。扬州之江西，悉属豫州。分荆为雍，分荆、湘为郢，分荆为司，分广为越，分青为冀，分梁为南北秦。太宗初，索虏南侵，青、冀、徐、兖及豫州淮西，并皆不守。自淮以北，化成虏庭。于是于钟离置徐州，淮阴为北兖，而青、冀二州治赣榆之县。……地理参差，其详难举。实由名号骤易，境土属分。或一郡一县，割成四五；四五之中，亟有离合。千回百改，巧历不算；寻校推求，未易精悉。[①]

魏晋以来，迁徙百计：一郡分为四五，一县割成两三。或昨属荆豫，今隶司兖。朝为零桂之士；夕为庐九之民。去来纷扰，无暂止息。版籍为之浑淆，职方所以不能记。[②]

虽然如此，我们仔细研究之后，仍可以得到几个大略的概念：(1)南朝宋、齐、梁、陈各代的国都，均在建业(现在的南京)。梁元帝虽曾因侯景之乱，都于江陵，然到敬帝，仍复都于建业。(2)宋、齐、梁、陈各代与北朝交接之地，虽因势力之伸缩，常有移动；然大抵不出于今江苏、安徽、湖北数省，且大都占有此数省大部分地方。《通典》述宋之北方重镇云："初强盛也，南郑、襄阳、悬瓠(今河南汝南县)、彭城、历城、东阳，皆为宋氏藩捍。"[③]不过这只是初时强盛的情形而已。又述齐之北方重镇云："始全盛也，南郑、樊城、襄阳、义阳、寿春、淮阳、角城、涟口、朐山(今江苏东海县)为重镇。"[④]又述梁之北方重镇云："大抵雍州、下溠戍、夏口、白苟堆、硖石城、合州、钟离(今安徽凤阳县)淮阴、朐山为重镇。"[⑤]只有陈之版图最小。与北朝交接，仅能以长江为界。(3)宋、齐、梁、陈之地，大抵宋最大，齐次之，梁又次之，陈最小。宋初灭南燕，于东北复清齐；灭后秦，于西北复关中。直到魏太武进逼，才失去河南之地；魏孝文进逼，才失去淮北淮南之地。赵翼云：

晋南渡后，南北分裂，南朝之地，惟晋末宋初最大。至陈则极小矣。刘裕相晋，灭慕容超而复青齐；降姚洸而复洛阳；灭姚泓而复关中。……直至魏太武帝遣安颉攻拔洛阳，克虎牢，克滑台，帝临江起行宫于瓜步，宋馈百牢，乃班师。于是河南之地多入魏。魏孝文帝时，宋薛安都以彭城，毕众敬以兖州，常珍奇以悬瓠，俱属于魏；张永、沈攸之与魏战，又大败。于是宋遂失淮北四州及豫州淮南地。[⑥]

---

① 《宋书·州郡序》。

② 《宋书·律志序》。

③ 《通典·州郡》。

④ 《通典·州郡》。

⑤ 《通典·州郡》。

⑥ 《二十二史劄记·南朝陈地最小》。

陈地最小，比三国时孙吴之地还不如。

三国时，系吴之地，初只江东六郡，渐及闽粤。后取荆州，始有江陵、长沙、武陵、桂阳等地。而夔府以西，尚属蜀也。其江北之地，亦只有濡须坞(在今安徽巢县南)。其余则皆属魏(曹魏)。陈地略与之相似，而荆州旧统内江陵，又为后梁所占，是其地又小于孙吴时。[①]

(4)至于今之湘、赣、闽、浙、粤、桂、黔、川等省之地，在当时，都在南朝统治之下(至陈，虽川黔亦不保)。

所谓北朝 自公元四二〇年刘裕代晋为高祖武皇帝以后，经过了一十八年的光阴，到宋文帝元嘉十六年(公元四三九年)，魏即统一北方，为历史上正式的北朝。魏于统一北方之先，尚有一段传说的历史。谓他们之祖先为黄帝之后，其所以称为鲜卑族者，因其国内有鲜卑山，故以为名。至于以托跋为氏，据说是象征黄帝之土德。“托跋”云云，意即土后。这等传说，当然不能令人置信。但我们若说魏为出自中国北部之北的一种游牧民族，则似为可通。兹录《魏书》一段，以见传说之大概。

昔黄帝有子二十五人，或内列诸华，或外分荒服。昌意少子受封北土，国有大鲜卑山，因以为号。其后世为君长，统幽都之北，广漠之野。畜牧迁徙，射猎为业，淳朴为俗，简易为化。不为文字，刻木纪契而已。世事远近，人相传授，如史官之纪录焉。黄帝以土德王，北俗谓土为托，谓后为跋，故以为氏。……积六十七世，至成皇帝讳毛立。聪明武略，远近所推。统国三十六，大姓九十九，威振北方，莫不率服[②]

自此以下，凡十余传，至昭皇帝，国分三部。《魏书》云：

昭皇帝讳禄官立，始祖之子也。分国为三部。帝自以一部居东，在上谷北，濡源(今滦河源，在热河境内)之西，东接宇文部。以文帝之长子桓皇帝讳猗㐌统领一部，居代郡之参合陂(今山西阳高县)北。以桓帝之弟穆皇帝讳猗卢统领一部，居定襄之盛乐(今绥远归绥县)故

① 《二十二史劄记·南朝陈地最小》。

② 《魏书·帝纪第一·序纪》。

城。自始祖以来，与晋和好，百姓乂安，财畜富实。控弦骑士，四十余万。①

上引两段，系传说的魏之种族起源，及国境所在。至于魏之正确的历史，系从太祖道武皇帝始。道武皇帝姓托跋，名珪。其先世为代北鲜卑君长，自秦王苻坚由淮南败归以后，国中大乱；托跋珪乘机称代王。后改称魏王，取燕称帝，国号曰魏。由道武帝再传至世祖太武皇帝，击破夏国，灭北燕、北凉。毕竟于宋文帝元嘉十六年(公元四三九年)统一北方。所谓北朝，即从此开始。兹为醒目起见，举北朝之统治于次：

魏：自公元三八六年(晋孝武太元十一年。北朝之完全树立，尚在此后五十余年，世祖太武皇帝统一北方之时)。托跋珪改称魏王，至公元五五六年，恭帝禅于周，凡十七传，共一百七十一年。魏在南朝宋时，最为强盛。至南朝齐时，稍见衰微。至南朝梁时，分为东魏西魏。东魏禅于北齐，西魏禅于北周。

齐：自公元五五〇年(南朝梁简文帝大宝元年)高洋代东魏，至公元五七七年(南朝陈宣帝太建九年)幼主灭于周，凡六传，共二十八年。

周：自公元五五六年(南朝梁敬帝太平元年)宇文觉代西魏，至公元五八一年(南朝陈宣帝太建十三年)静帝禅于隋，凡五传，共二十六年。

北朝总计，自魏世祖太武皇帝统一北方之年(公元四三九年)至周静帝禅于隋之年(公元五八一年)，共约一百四十年。

北朝之疆土　上面从时间上述北朝统治之年代，以下则从空间上述北朝统治之地域。分三项述之：(a)后魏统一中国北部。魏自太武统一中国北部以后，其版图很大。东北灭后燕，有今河北、山东一带之地；灭北燕，有今河北、辽宁一带之地。西北灭夏，有今陕西及河套一带之地；灭北凉，有今甘肃、河西一带之地。南与南朝相接。自孝文迁都洛阳以后，境地日广，于今江苏、安徽、湖北、四川各省，都有一部分在魏的统治之下。北方则与新兴的柔然相接。原来魏之活动地，本在今之内蒙热察绥一带。迨进据中原，统一中国之北部，其原有之地，遂让柔然占据；且因此酿成北方

① 《魏书·帝纪第一·序纪》。

的边患，与魏的统治期间，同其悠久。至于国都，道武时迁都平城，至孝文时，又迁都洛阳。这样大的一个国家，直到东西魏分立时，才裂而为二。《通典》云：

> 后魏起自北方，至道武率兵下山东，攻拔慕容宝（后燕）中山，遂有河北之地，于是迁都平城。慕容氏丧败，遣将南略地，至于滑台、许昌、彭城。明元帝泰常中，始于滑台、许昌，置兵镇守。太武帝又得蒲阪、长安、统万（今陕西横山县西，即夏之国都）。神䴥中，宋师来伐，碻磝、滑台、虎牢戍将皆不守；寻并复之。太延以后，东平辽东（灭北燕），西平姑臧（灭北凉。姑臧，为北凉之国都，即今甘肃武威县）。于是西至流沙，东接高丽。所未得者，汉中及南阳悬瓠、彭城、青州之南而已。其后帝自南征，遂临瓜步。宋淮北城镇守将，多有败没。献文天安初，自河之南，长淮之北，皆为魏有。孝文迁都洛阳，频岁亲征，皆渡淮沔。宣武初，又得寿春，续收汉川，至于剑南，兼得淮西之地。庄帝时，梁军洛阳，数旬败走。尔后内难相继，不暇外略。三四年后，分为东西魏矣。[①]

(b)梁陈时代，天下三分。南朝梁时，后魏内部即起分裂。初有渤海蓨人高欢名贺六浑者，于普泰元年（公元五三一年），利用河北大使高乾起兵称乱的机会，受魏命为渤海王。后以讨尔朱氏，及拥立废帝朗于信都，有功得志，遂肆行无忌。害废帝朗，立孝武帝修。皇帝的废立，且决于他一人，可见其势力之大。永熙三年（公元五三四年）六月，孝武帝修被逼奔长安。高欢遂入洛阳，迎立孝静帝善见。至是高欢势力支配下之魏，成了东魏。十一月迁都于邺。此后十六年（公元五五〇年），其次子高洋毕竟把东魏的统治权，完全抢过去，自称皇帝，国号曰齐，所谓北齐是也。

当魏孝武帝修被迫奔长安时，曾依鲜卑人宇文泰为重镇，以泰为大将军。但是泰为着要预备建立自己的统治，于永熙三年（公元五三四年）闰十二月，又把孝武帝修杀了。次年（公元五三五年）拥立文皇帝宝炬。自为都督中外诸军事安定公。其包办皇帝之废立，与高欢如出一辙。至是宇文泰势力支配下之魏，成了西魏。其国都即在长安，与东魏之邺，遥遥相对。

---

① 《通典·州郡一》。

此后二十年(公元五五七年)，泰之三子宇文觉毕竟把西魏的统治权完全抢过去，自称皇帝，国号曰周，所谓北周是也。

北方的东部有北齐，都于邺；北方的西部有北周，都于长安，两相对峙，互争雄长。同时北齐北周又与南方之梁陈相对峙，成为一种三分鼎立之局。《通典》云："自东西魏之后，天下三分：梁陈有江东，宇文有关西，高氏据河北。"①

(c)北朝之北，柔然突厥。后魏自进入中原，统一中国北部以后，南与南朝之宋齐相接，北则与鲜卑族之柔然相接。拓跋魏未入中原之时，其主要的活动区域，约在今内蒙热察绥一带。自入中原以后，其地即为柔然所占有。柔然占领此等地方，常为魏之大敌。直到魏治瓦解，北齐北周并立之时，北朝之北的柔然又为新兴的突厥所灭。突厥为匈奴之别种，自今外蒙唐努乌梁海一带进入内蒙，统治柔然所在之地，为齐周之劲敌。北齐北周分争之时，常结好突厥，以为外援。《北史》云：

> 俟斤死，复舍其子大逻便而立其弟，是为他钵可汗。……自俟斤以来，其国富强，有凌轹中夏之志。朝廷既与之和亲，岁给缯絮锦彩十万段。突厥在京师者，又待以优礼。衣锦食肉，常以千数。齐人惧其寇掠，亦倾府藏以给之。②

南朝北朝之对抗　南朝宋齐时代，正是北朝后魏强盛之时。后魏后分东西，北齐北周并起对峙；是时南朝正进到了梁陈时代。在当时整个的中国之内，南朝北朝相与对峙，延至一百四五十年之久。在这长时间内，两方以兵戎相见之事，未有已时；南朝向北方进击，北朝向南方进击。争城略地，连年不断。兹举大要，以见一般。

> 明元帝泰常七年(南朝宋永初三年，即公元四二二年)，魏攻滑台，宋将王景度弃城走。
>
> 八年(南朝宋景平元年，即公元四二三年)，克虎牢，获宋将毛德祖等。
>
> 太武帝神䴥元年(南朝宋元嘉五年，即公元四二八年)，宋将王仲德

① 《通典·州郡一》。

② 《北史·突厥传》。

寇济阳，王元谟、竺灵秀寇荥阳；魏兵击破之。

四年(南朝宋元嘉八年，即公元四三一年)，安颉平滑台，擒宋将朱修之、李元德等，追檀道济至历城而还。

太平真君四年(南朝宋元嘉二十年，即公元四四三年)，皮豹子等破宋兵于浊水。

七年(南朝宋元嘉二十三年，即公元四四六年)，永昌王仁擒宋将王章于高平。

十一年(南朝宋元嘉二十七年，即公元四五〇年)，又斩宋将刘坦之于汝东。宋将萧斌之寇济州，王买德弃城走。斌之入城，遣王元谟寇滑台。帝南伐，遣长孙真率骑五千赴之，元谟斌之皆遁。乃命诸将并进。宋将臧盾拒守。燕王谭破其援兵，胡崇之永昌王又攻拔悬瓠。车驾至淮，斩宋将唐德祖；遂至瓜步。宋人大惧，献百牢，请进女皇孙以求和。帝以师婚非礼，许和而不许婚。

孝文帝太和四年(南朝齐建元二年，即公元四八〇年)，齐将崔文仲陷寿春，崔慧景寇武兴；魏诏元嘉等南讨，破齐将卢绍之于狗山。又诏冯熙等出正阳，贺罗出钟离。诸将击破齐将桓康于淮阳，俘三万余人。

十三年(南朝齐永明七年，即公元四八九年)，齐将陈显达陷醴阳，左仆射穆亮讨之。

十五年(南朝齐永明九年，即公元四九一年)，齐兵寇淮阳，太守王僧俊击走之。

二十一年(南朝齐建武四年，即公元四九七年)，帝留诸将攻赭阳，自至宛城，克其郛；至新野，筑长围，困之；大破齐军于沔北。

二十二年(南朝齐永泰元年，即公元四九八年)，齐将蔡道福、成公期、胡松等，各弃地遁走。又攻宛城，拔之；齐将房伯玉出降。齐将裴叔业寇涡阳，诏郑思明讨之。

二十三年(南朝齐永元元年，即公元四九九年)，齐将陈显达寇颖州，诏元英讨之。显达陷马圈，车驾南伐，显达遁走。

宣武帝正始元年(南朝梁天监三年，即公元五〇四年)，梁将姜庆真陷寿春外郭，州兵击走。统军刘思祖大破梁兵于邵阳，擒其将赵景悦等。元英又破梁将王僧炳于樊城；又破梁将马仙琕于义阳，拔之。

二年(南朝梁天监四年，即公元五〇五年)，邢峦擒梁将范始男等；

王足斩梁将王朝达等；薛真度又破梁将王超宗等。

是年，又诏中山王英南讨襄沔。

三年(南朝梁天监五年，即公元五〇六年)，梁将王茂先寇荆州，诏杨大眼讨之，斩其将王花等。茂先遁，追至汉水，拔其三城。梁将张惠绍陷宿豫，韦叡陷合肥；诏尚书元遥南讨，破张惠绍，斩其将宋黑。中山王英破其将王伯敖；邢峦破其将桓和于孤山。诸将别克固城、蒙山，兖州平。刑峦取梁兵于宿豫。张惠绍弃宿豫，萧纳弃淮阳南走。徐州平。中山王大破梁军于淮南，梁临川王宏等弃淮东走，遂破钟离。

四年(南朝梁天监六年，即公元五〇七年)，钟离大水，英败绩而回。①

由上举诸事实，可知南朝北朝之对峙，并不是和平的。反之，实是一种武装的对峙，且武装的冲突，常常发生。不过冲突虽常有，北朝并不能完全克服南朝，南朝亦并不能完全克服北朝，终让南北对峙着。在这南北对峙的时代，我们且来看看北朝统治之下，异族与汉族，怎样逐渐和同起来；南朝统治之下，侨民与土著怎样格格不相融洽。

三　北方异族与汉族之和同

由相残到相容　异族侵入中原，与汉族相遇，争城略地，常起战争。战胜者对于战败者之残杀压迫，乃必然之事。五胡乱华时代(普通系指晋惠帝永兴元年，即公元三〇四年，刘渊建号称王，到南朝宋文帝元嘉十六年，即公元四三九年，北凉降于后魏的一百三十六年而言)。异族残杀汉族最显之例，莫如石勒、刘曜等，于永嘉五年(公元三一一年)在洛阳等地之屠杀。

永嘉五年，夏四月，石勒率轻骑追太傅越之丧，及于苦县宁平城(苦县故城在今河南鹿邑县东十里)，大败晋兵，纵轻骑围而射之。将士十余万人相践如山，无一人得免者。……汉主聪使前军大将军呼延晏将兵二万七千寇洛阳。比及河南，晋兵前后十二败，死者三万余人。始安王曜、王弥、石勒等引兵会之。六月丁酉，王弥、呼延晏克宣阳

① 赵翼：《二十二史劄记南北史两国交兵》不详载。

门入南宫，升太极前殿，纵兵大掠，士民死者三万余人。遂发掘诸陵，焚宫庙官府皆尽。曜纳惠帝羊皇后，迁帝及六玺于平阳。[①]

这是攻陷洛阳时屠杀的情形。可参看第三章第一节前赵刘氏逼晋最甚一段。至于后赵石氏之残杀汉族，当以石季龙(石虎)时为最。有沙门吴进者，常言于季龙曰：

胡运将衰，晋当复兴，宜若役晋人，以厌其气。季龙于是使尚书张群发近郡男女十六万人，车十万乘，运土建华林苑及长墙于邺北。[②]

季龙性既好猎，……自灵昌津南至荥阳，东极阳都，使御史监察其中禽兽有犯者罪至大辟。御史因之，擅作威福。百姓有美女，好牛马者，求之不得，便诬以犯兽论，死者百余家。海岱河济间，人无宁志矣。又发诸州二十六万人，修洛阳宫；发百姓牛二万头，配朔州牧官。[③]

大发百姓女二十已下，十三已上，三万余人，为三等之第以分配之。郡县要媚其旨，务求美淑，夺人妇者，九千余人。百姓妻有美色，豪势因而胁之，率多自杀。石宣及诸公及私令采发者，亦垂一万。总会邺宫。季龙临轩简第诸女。……自初发至邺，诸杀其夫及夺而遣之，缢死者三千余人。荆楚扬徐间，流叛略尽。宰守坐不能绥怀，下狱诛者五十余人。[④]

以上两例，足证异族对汉族，无论在战时抑平时，都极尽了摧残杀戮之能事。不过汉族对异族之屠杀，也未常绝无机会。例如冉闵，本是魏郡内黄人，其先人曾为汉黎阳骑都督，累世牙门。彼于小时，被石季龙看上了，养以为孙。直至长大，与石季龙之子石鉴冲突。鉴以力量不及，乃结羯士三千，与他相抗。这样一来，触动了冉闵杀戮胡人之心。于是：

宣令内外六夷(匈奴、羯、氐、羌、鲜卑、賨)敢称兵杖者斩之。胡人或斩关或逾城而出者不可胜数。……闵知胡之不为己用也，班令

① 《资治通鉴》卷八十七。

② 《晋书·载记·石季龙》上。

③ 《晋书·载记·石季龙》上。

④ 《晋书·载记·石季龙》上。

> 内外：赵人斩一胡首送凤阳门者，文官进位三等，武职悉拜牙门。一日之中，斩首数万。闵躬率赵人诛诸胡羯，无贵贱男女少长，皆斩之。死者二十余万。……屯据四方者，所在承闵书诛之。于时高鼻多须，至有滥死者半。[①]

这样大规模地杀来杀去，究竟不是办法，所以到后魏统一北方之时，情形就大不同了。后魏的政权既立，便开始安集工作，以图造成种族间的容忍。

后魏之安集策　安集工作，有积极消极之分。消极方面，首在禁止官吏扰民；积极方面，则在奖励耕作。异族初入汉族之中，位置地方官吏。此等官吏，挟其主人之势力，向当地居民任意搜刮，自是常事。但这只足以增加种族间的仇恨。后魏诸帝，看清了这点，便厉行安集之策。世祖太平真君四年(公元四四三年)六月庚寅，诏曰：

> 朕承天子民，忧理万国。欲令百姓家给人足，兴于礼义。而牧守令宰，不能助朕宣扬恩德，勤恤民隐。至乃侵夺其产，加以残虐。非所以为治也。今复民赀赋三年，其田租岁输如常。牧守之徒，各厉精为治，劝课农桑，不得妄有征发。有司弹纠，勿有所纵。[②]
>
> 世祖即位，开拓四海，以五方之民各有其性，故修其教不改其俗，齐其政，不易其宜；纳其方贡，以充仓廪；收其货物，以实库藏。又于岁时，取鸟兽之登于俎用者以韧膳府。……高宗时，牧守之官，颇为货利。太安初，遣使者二十余辈，循行天下，观风俗，视民所疾苦。诏使者察诸州郡垦殖田亩、饮食衣服、闾里虚实、盗贼劫掠、贫富强劣而罚之。自此牧守颇改前弊，民以安业。[③]

由此看来，因人民之旧习，禁官吏之扰民，正是世祖以来之安集工作。不过这还只是消极的办法。至于积极的办法，则在劝课农桑，增加生产。早在太宗永兴二年(公元四一〇年)尚未统一北方之时，便敕有司劝课农桑。其敕曰：

---

① 《晋书·载记·冉闵》。

② 《魏书·帝纪·世祖纪》下。

③ 《魏书·食货志》。

前志有之，“人生在勤；勤则不匮。”凡庶民之不畜者，祭无牲；不耕者，祭无盛；不树者，死无郭；不蚕者，衣无帛；不绩者，丧无衰。教行三农，生殖九谷；教行园囿，毓长草木；教行虞衡，山泽作材；教行薮牧，养蕃鸟兽；教行百工，饬成器用；教行商贾，阜通货贿；教行嫔妇，化治丝枲；教行臣妾，事勤力役。自是民皆力勤，故岁丰穰，畜牧滋息。①

消极方面，因民之旧，官不扰民；积极方面，奖励耕作，增加生产。这正是种族大冲突之后，异族安集汉族之好办法。但这还只是一个初步。其最具体而有效之办法，则为均田与定户。

均分田亩　均分田亩，这是长期的种族战争之后，异族安集汉族之最彻底的办法；在历史上亦最令人注意。兹分数项述之。(a)均田之可能。自秦汉以来，土地私有制盛行。因兼并的结果，富者田连阡陌，贫者无地立锥，早已成了一个严重的社会问题，无法解决。但向来很不易解决之土地问题，后魏以异族入主中原，居然能够解决，未免奇怪。因此之故，有人以为后魏所均之田，乃荒闲无主之田。并非从富人手里夺来，授诸贫民者。马端临云：

或谓井田之废已久；骤行均田，夺有余以予不足，必致烦扰以兴怨怼。不知后魏何以能行。然观其立法，所授者露田，诸桑田不在还授之限。意桑田必是人户世业，是以栽桑榆其上；而露田不栽树，则似所种者皆荒闲无主之田，必诸还流配谪无子孙及户绝者，墟宅桑榆，尽为公田，以供授受。则固非尽夺富者之田，以予贫人也。又令有盈者无受不还，不足者受种如法；盈者得卖其盈，不足者得买所不足。不得卖其分，亦不得买过所足。是令其从便买卖，以合均给之数。则又非强夺之以为公田，而授无田之人。与王莽所行异矣，此所以稍久而无弊欤！②

此等推测，亦有相当理由。后魏所均之田，诚然不是自富者手里直接夺来的。不过就事实上看，所均之田，定是富者往时所有。当异族侵入中

① 《魏书·食货志》。

② 马端临：《通考·田赋考》。

原之时，土著富人，随政府势力避居南方，或依别种方式，在外流蹿；所有土田，一时成了无主之业。直到异族政权既已树立，社会次序稍稍安定，往日出亡之地主，亦渐渐回到原地。这时原有土地，大概多已被当地居民正在耕种。于是争持已生，聚讼不决。情形如此，政府乃乘机主张均田。这么一来，向来不能实行的办法，竟有实行的可能了。这看李安世之言可知。

时，民困饥流散，豪右多有占夺。安世乃上疏曰："……窃见州郡之民，或因年俭流移，弃卖田宅，漂居异乡，事涉数世。三长既立，始返旧墟。庐井荒毁，桑榆改植；事已历远，易生假冒。强宗豪族，肆其侵凌，远认魏晋之家，近引亲旧之验。又年载稍久，乡老所惑；群证虽多，莫可取据。各附亲知，互有长短；两证徒具，听者犹疑；争讼迁延，连纪不判。良畴委而不开，柔桑枯而不采；侥幸之徒兴，繁多之狱作。欲令家丰岁储，人给资用，其可得乎？愚谓今虽桑井难复，宜更均量，审其径术。令分艺有准，力业相称；细民获资生之利，豪右靡余地之盈。则无私之泽乃播均于兆庶，如阜如山，可有积于比户矣。又所争之田，宜限年断。事久难明，悉属今主。然后虚妄之民，绝望于觊觎；守分之士，永免于凌夺矣。"高祖深纳之，后均田之制，起于此矣。①

(b)均田之内容。这中间包括三事：一，田地之种类；二，受田者之资格；三，所受之田额。此三事，在讲经济史或社会史时，当然以分开详述为是。不过这里为篇幅所限，只能概括地略说。分授给人民之田地，就《魏书》的记载看，似有六种：一，露田，这是最重要的；大概一个普通人民，年纪上了十五岁，可分露田四十亩。并且以四十亩为标准，实际上所分的，常有四十亩之一倍至两倍。二，桑田，这是种桑树及其他果树的；一经分受了，即为自己的永业，不必还给政府。三，非桑之土，只种果树，而不种桑树的。四，麻布之土，大概是种麻的。五，居宅之地。六，官受公田。文帝太和九年(公元四八五年)均田诏云：

诸男夫十五以上，受露田四十亩，妇人二十亩。奴婢依良；丁牛，

① 《魏书·李安世传》。

一头，受田三十亩；限四牛。所授之田，率倍之；三易之田，再倍之；以供耕作及还受之盈缩。诸民年及课，则受田；老免，及身没，则还田。奴婢、牛，随有无以还受。

诸桑田不在还受之限。……男夫一人，给田二十亩，课莳余种：桑五十树，枣五株，榆三根。

非桑之土，夫给一亩，依法课莳榆、枣。奴各依良，限三年种毕。不毕，夺其不毕之地。于桑榆地分杂莳余果，及多种桑榆者不禁。诸应还之田，不得种桑榆枣果；种者以违令论，地入还分。诸桑田皆为世业，身终不还。恒从现口：有盈者无受无还，不足者受种如法。盈者得卖其盈，不足者得买所不足。不得卖其分，亦不得买过所足。

诸麻布之土，男夫及课，别给麻田十亩，妇人五亩。奴婢依良，皆从还受之法。……

诸民有新居者，三口给地一亩，以为居室；奴婢五口给一亩。男女十五以上，因其地分口，课种菜五分亩之一。……

诸远流配谪无子孙及户绝者，墟宅桑榆，尽为公田，以供授受。……诸宰民之官，各随地给公田：刺史十五顷，太守十顷，治中别驾各八顷，县令郡丞六顷。更代相付，卖者坐如律。①

(c)几个例外。上面所述，系受田之人及所受之田的种类，与所受之田的数额。普通人民，一人受露田园十亩，桑田二十亩，非桑之土一亩，麻布之土十亩，居室三口给一亩；官吏则受公田，自十五顷到六顷不等。但普通健全人民之外，尚有几个例外，亦得受田。如年十一已上的小孩，和七十已上的老人，以及寡妇残废等是也。故曰："诸有举户老小癃残无授田者，年十一已上及癃者，各授以半夫田。年逾七十者，不还所受。寡妇守志者，虽免课，亦授妇田。"②

(d)人田多寡之调剂。地广人稀之处，大概以人力为标准。力能耕多少，便授多少。人多地狭之处，人口继续增加，而又不愿他徙时，那就只有减少应得之田。始则以桑田作正田计算；又不足，则不给倍田；又不足，则减正田应得之数。此外去狭就宽亦是一法。故曰：

① 《魏书·食货志》。

② 《魏书·食货志》。

> 诸土广民稀之处，随力所及，官借民种莳役。有土居者，依法封授。诸地狭之处，有进丁受田，而不乐迁者，则以其家桑田为正田分；又不足，不给倍田；又不足，家内人别减分。无桑之乡，准此为法。乐迁者听逐空荒，不限异州他郡。唯不听避劳就逸。其地足之处，不得无故而移。[①]

(e)授田之时间方法等。“诸还受民田，恒以正月。若始受田而身亡，及卖买奴婢牛者，皆至明年正月，乃得还受。……进丁受田者恒从所近。若同时俱受，先贫后富。再倍之田，放此为法。”[②]

以上种种，是后魏均田法之大要。不过《魏书食货志》上的记载非常简略，且文义亦多不明之处。实际上的均田，未必完全如上所云。但均田这回事，就当时的情形考察，深信曾实行过。后来北齐、北周、隋、唐，也都仿而行之，不过有多少损益罢了。照章炳麟的讲法，均田实有大效。章云：

> 北齐之授露田，夫妇丁牛，皆倍魏制；亦每丁给永业二十亩，以为桑田。周制：“有室者田百四十亩，丁者田百亩。口十以上，宅五亩；口七以上，宅四亩；口五以下，宅三亩。”隋居宅从魏；永业、露田从齐。而狭乡，每丁财二十亩。唐：男子丁、中者，给永业田二十亩，口分田八十亩。老男、疾废，口分半之；寡妻妾，口分三十亩。先永业者，通充口分之数。黄、小、中、丁男子及老男、疾废、寡妻妾当户者，各给永业田二十亩，口分田二十亩。狭乡所授口分，视宽乡而半，易田倍给。大抵先后所制，丁男受田，最多百亩；少不损六十亩。亩以二百四十步为剌，视古百步则羸；民无偏幸。故魏齐兵而不殣，隋世暴而不贫。讫于贞观开元，治比文景。识均田之为效，而新室其权首也。[③]

确定户籍　确定户籍，与均分田亩，是相连的事情。不确定户籍，均田之事，必无从做起。就反面看，不均分田亩，定户亦终不可能。盖均田

① 《魏书·食货志》。
② 《魏书·食货志》。
③ 章太炎：《检论法通篇》。

所以解决生计；定户所以固定居处。倘生计无着居处断不能有定。所以均田定户，实为相连而不可分之事。两者之关系既明，且进而述其他种种。(a)确定户籍之必要。户籍不定，户口的数目不明，政府要征税，派役，都无从着手。此就政府自身的利益讲，定户实为必要。再者人民长期流徙，居住无定，致人口分布不均；有些地方，人稠地密；有些地方，土地荒芜；坐令社会一般的生产减少，一般的生计迫蹙。此就人民的利益讲，定户实为必要。

自五胡乱华以来，兵我不断，赋役等等，随事实之需要而增加。人民因担不起繁重的赋役，常常逃避。或则做豪强保护下之荫户，如《魏书·食货志》云："魏初不立三长，民多荫附。荫附者，皆无官役。"或则寄托于寺院门下，以图避免输课，如《魏书·释老志》所云："愚民侥幸，假称入道，以避输课。"或则大家不分，隐瞒户籍，如《通鉴》一一三云："民缘此迭相荫冒，或百室合户，或千丁共籍，以避课役。"人民托荫于豪强，正是这时代地主的封建势力结晶的状态。但这于政府是不利的。因此之故，魏孝文太和十年(公元四八六年)便依李冲之言，置三长，定民户。

(b)确定户籍之两种意义。一则为政府实行管理人民的住居，使毋逃散。其法即于民间选出较为谨厚之人，分三级，曰邻长，里长，党长，分别管理民户。任此职的，可免戍役。二则为政府确定每年的收入，使毋短少。规定民调，一夫一妇，每年须出帛一匹，粟二石。未娶的青年，四人出一夫一妇之调；奴婢之数八人，出一夫一妇之调；耕牛之数二十，出一夫一妇之调。人民对政府的负担，系依生产力之单位(如民一夫，奴一口，牛一头等)而计算。政府所得之物，如帛之类，大概以十五分之十，为政府纯收入，以十五分之二，为征收时的开支，以十五分之三为官俸。当时工商各业，不像现代这样进步；国家的收入，几乎全靠农民供给。以上两义，《魏书》叙述如下：

> 魏初，不立三长，故民多荫附。荫附者，皆无官役。豪强征敛，倍于公赋(本应纳于政府的，竟为豪族收去了)。十年，给事中李冲上言："宜准古，五家立一邻长，五邻立一里长，五里立一党长。长取乡人强谨者。邻长复一夫(即免一夫之调)，里长二，党长三。所复：复征戍，余若民。三载亡愆，则陟，用陟之一等。"
>
> "其民调：一夫一妇，帛一匹，粟二石。民年十五以上未娶者，四

> 人出一夫一妇之调。奴任耕，婢任绩者，八口当未娶者四。耕牛二十头，当奴婢八。其麻布之乡，一夫一妇，布一匹。下至牛以此为降。大率十匹为公调，二匹为调外费，三匹为百官俸。此外杂调。”①

就上所述看来，定户的目的，似乎只在整理政府的收入。但同时(c)于人民究竟有些好处。一，八十岁以上的人，可以有一个儿子不必从役；二，孤独疾病贫穷等人，由三长负责设法维持其生计。故曰：“民年八十以上，听一子不从役。孤独癃老笃疾贫穷不能自存者，三长内迭养食之。”②三，人民的负担，大概较前此为平均。这可于李冲之言见之。冲云：“民者冥也，可使由之，不可使知之。若不因调时(当时有人主张于秋冬间月实行)，百姓徒知立长校户之勤，未见均徭省赋之益，必生怨心。宜及课调之月，令知赋税之均，既识其事，又得其利。因民之欲，为之易行。”③

(d)定户法之实行。此法，当李冲提出之时，曾经过详细的审议。最后折衷众议，才付诸实行。《魏书》云：

> 旧无三长，惟立宗主督护。所以民多隐冒，五十、三十家，方为一户。冲以三正治民，所由来远；于是创三长之制而上之。文明太后览而称善，引见公卿议之。中书令郑义，秘书令高祐等曰：“冲求立三长者，乃欲混天下一法，言似可用，事实难行。”义又曰：“不信臣者，但试行之；事败之后，当知愚言不可谬。”太尉元丕曰：“臣谓此法若行，于公私有益。咸称方今有事之月，校比民户，新旧未分，民必劳怨。请过今秋，至冬间月；徐乃遣使，于事为宜。”冲曰：“……宜及课调之月，今知赋税之均……。”著作郎傅思益进曰：“民俗既异，险易不同；九品差调，为日已久；一旦改法，恐成扰乱。”太后曰：“立三长，则课有常准，赋有恒分；苞荫之户可出，侥幸之人可止。何为而不可?”群议虽有乖异，然惟以变法为难，更无异义。遂立三长，公私便之。④

公私固便，尤以政府省费为多。《魏书·食货志》云：“初，百姓咸以为

① 《魏书·食货志》。
② 《魏书·食货志》。
③ 《魏书·李冲传》。
④ 《魏书·李冲传》。

不若循常；豪富并兼者，尤弗愿也。事施行后，计省费十有余倍。于是海内安之。”这大概可信。至是封建“宗主”或地主的“督护”之责，暂时移到邻里党三长手中去了。

由安集到和同　均田定户，是当时异族政府安集人民最有效的方法。但异族与汉族相处日久，敌视的态度，渐渐改变了；彼此生活习惯逐渐接近起来。于是种族间的差异，也随着和同起来。固不仅安集已也。这可以举下列数事为例：

(a)易异族之复姓为单姓。这于种族之和同，有大关系。(1)后魏起于朔漠，其赐姓命氏之事，不易明白。大概每一酋长所统之部落，即为一姓。安帝之时，有九十九姓。献帝之时，分国人为七部，以兄弟七人统之，得七姓。献帝自己为一姓，又加上其叔父之后裔为一姓，疏属为一姓；合成十姓。非至百世，不通婚姻。太和以前国之丧葬祠礼，非属此十姓的，不得参与。至是部落之号，似已成了贵族之尊称。否则又何必看重此十姓或十族呢？《魏书》云：

> 魏氏本居朔壤，地远俗殊。赐姓命氏，其事不一。亦如长勺、尾氏、终葵之属也。初，安帝统国诸部，有九十九姓。至献帝时，七分国人，使诸兄弟各摄领之，乃分其氏。自后兼并他国，各有本部；部中别族，为内姓焉。年世稍久，互以改易。兴衰存灭，间有之矣。今举其可知者：
>
> 献帝以兄为纥骨氏，后改为胡氏；
>
> 次兄为普氏，后改为周氏；
>
> 次兄为拓拔氏，后改为长孙氏；
>
> 弟为达奚氏，后改为奚氏；
>
> 次弟为伊娄氏，后改为伊氏；
>
> 次弟为丘敦氏，后改为丘氏；
>
> 次弟为侯氏，后改为亥氏；
>
> 七族之兴，自此始也。
>
> 又命叔父之胤曰乙旃氏，后改为叔孙氏；
>
> 又命疏属曰车焜氏，后改曰车氏。
>
> 凡与帝室为十姓，百世不通婚。太和以前，国之丧葬祠礼，非十族不得与也(既曰十姓，又曰十族。大概当时姓与族尚无分别。这在太

和十九年，即公元四九五年，却有分别了。是年制定姓与族，大抵姓较族为高一等。凡入某一姓之人，与凡入某一族之人相较，其先人所作之官，一律较大）。高祖革之，各以职司从事。[①]

赐姓命氏之无定，在汉族中也是一样。汉族中，大抵春秋以前，便有所谓姓。战国时代，姓又变成了氏。顾炎武云："言姓者本于五帝，见于春秋，得二十有二。……自战国以下之人，以氏为姓，而五帝以来之姓亡矣。"[②]，到汉朝，氏又变成了姓。顾云："战国时人，大抵犹称氏族 。汉人则通谓之姓。"[③]由此比较看来，后魏出自鲜卑族 ，其赐姓命氏之无定，自不足奇。其最值得我们注意的一点，则在"改姓"。

(2)鲜卑的语言构造，与汉语不同。某一个姓，以汉语译出來，常包括几个字。但所有的姓，后来几乎一律改成了一字一音的单姓。这种改变，《魏书》上只说"后来"，没有确指为何时。但我们可以断言：总在与汉族杂处以后。倘不与汉族杂处，则决不知道复姓有改成单姓之必要。一与汉人杂处，便知道：自己的姓，以汉语译出来，竟有好几个字。鲜卑人以为这在汉人中是很奇特的。为欲与汉人相和同，或不分畛域，只有把这冗长而奇特的姓，改成一个字的单姓，使与汉人的姓相仿佛(现在西洋人在中国作事的，也常常把自己那个冗长而奇特的名姓，翻译成中国人的名姓一样。如贾德干，即是一例)。兹且不惜浪费纸墨，把所改之姓，抄列出来，以供参考。"大和二十年(公元四九六年)正月，诏改姓为元氏。"[④]"魏主下诏，以为北人谓土为拓，后为跋。魏之先出于黄帝，以土德王，故为拓跋氏。夫土者黄中之色，万物之元也，宜改姓元氏。诸功臣旧族，自代来者，姓或重复，皆改之。"[⑤]皇室的姓，便这么由"拓跋"改成了"元"。至于皇室以外的人，在太和二十年以前，陆续改易的姓，尚多得很。《魏书》云：

神元皇帝时，余诸部姓内入者：
丘穆陵氏后改为穆氏，步六孤氏后改为陆氏，
贺赖氏后改为贺氏，独孤氏后改为刘氏，

① 《魏书·官氏志》。
② 顾炎武：《日知录·杂论姓氏族》。
③ 顾炎武：《日知录·杂论姓氏族》。
④ 《魏书·帝纪·高祖纪》下。
⑤ 《资治通鉴》一四〇《齐纪六》。

贺楼氏后改为楼氏，勿忸于氏后改为于氏，
是连氏后改为连氏，仆阑氏后改为仆氏，
若干氏后改为苟氏，拔列氏后改为梁氏，
拨略氏后改为略氏，若口引氏后改为寇氏，
叱罗氏后改为罗氏，普陋如氏后改为茹氏，
贺葛氏后改为葛氏，是贲氏后改为封氏，
阿伏于氏后改为阿氏，可地延氏后改为延氏，
阿鹿桓氏后改为鹿氏，他骆拔氏后改为骆氏，
薄奚氏后改为薄氏，乌丸氏后改为桓氏，
素和氏后改为和氏，吐谷浑氏依旧吐谷浑氏，
胡古口引氏后改为侯氏，贺若氏依旧贺若氏，
谷浑氏后改为浑氏，匹娄氏后改为娄氏，
俟力伐氏后改为鲍氏，吐伏卢氏后改为卢氏，
牒云氏后改为云氏，是云氏后改为是氏，
叱利氏后改为利氏，副吕氏后改为副氏，
那氏依旧那氏，如罗氏后改为如氏，
乞扶氏后改为扶氏，阿单氏后改为单氏，
俟几氏后改为几氏，贺儿氏后改为儿氏，
吐奚氏后改为古氏，出连氏后改为毕氏，
庾氏依旧庾氏，贺拔氏后改为何氏，
叱吕氏后改为吕氏，莫那娄氏后改为莫氏
奚斗卢氏后改为索卢氏，莫卢氏后改为卢氏，
出大汗氏后改为韩氏，没路真氏后改为路氏，
扈地于氏后改为扈氏，莫舆氏后改为舆氏，
纥干氏后改为干氏，俟伏斤氏后改为伏氏，
是楼氏后改为高氏，尸突氏后改为屈氏，
沓卢氏后改为沓氏，嗢石兰氏后改为石氏，
解枇氏后改为解氏，奇斤氏后改为奇氏，
须卜氏后改为卜氏，丘林氏后改为林氏，
大莫干氏后改为郃氏，尒绵氏后改为绵氏，
盖楼氏后改为盖氏，素黎氏后改为黎氏，
渴单氏后改为单氏，壹斗眷氏后改为明氏，

> 叱门氏后改为门氏，宿六斤氏后改为宿氏，
>
> 馝邗氏后改为邗氏，土难氏后改为山氏，
>
> 屋引氏后改为房氏，树洛于氏后改为树氏，
>
> 乙弗氏后改为乙氏，
>
> 东方宇文慕容氏即宣帝时东部，此二部最为强盛，别自有传。
>
> 南方有茂眷氏，后改为茂氏，宥连氏后改为云氏，
>
> 次南有纥豆陵氏后改为窦氏，侯莫陈氏后改为陈氏，库狄氏后改为狄氏，
>
> 太洛稽氏后改为稽氏，柯拔氏后改为柯氏。
>
> 西方尉迟氏后改为尉氏，步鹿根氏后改为步氏，破多罗氏后改为潘氏，叱干氏后改为薛氏，俟奴氏后改为俟氏，辗迟氏后改为展氏，
>
> 费连氏后改为费氏，其连氏后改为綦氏，去斤氏后改为艾氏，
>
> 渴侯氏后改为缑氏，叱卢氏后改为祝氏，和稽氏后改为缓氏，
>
> 冤赖氏后改为就氏，温盆氏后改为温氏，达勃氏后改为褒氏，
>
> 独孤浑氏后改为杜氏。
>
> 凡此诸部，其渠长皆自统众，而尉迟已下，不及贺兰诸部氏。
>
> 北方贺兰后改为贺氏，郁都甄氏后改为甄氏，纥奚氏后改为嵇氏，
>
> 越勒氏后改为越氏，叱奴氏后改为狼氏，汤烛浑氏后改为味氏，
>
> 库褥官氏后改为库氏，乌洛兰氏后改为兰氏，一那蒌氏后改为蒌氏，羽弗氏后改为羽氏。
>
> 凡此四方诸部，岁时朝贡。登国初，太祖散诸部落，始同为编民。①

由上看来，自丘穆陵氏至乙弗氏共七十六姓，明明是神元皇帝时移入内地的诸部。只有所谓东方，南方，次南方，西方，北方诸部，共三十三姓(东部未计入)大概仍留在原来的老地方。但部落也散了，都改为编户之民了。

(3)异族的“姓”这么一改，大体都像汉族的“姓”。此后因“姓”的相同，互相攀附，于是相异的种族，便完全混同起来了。当时攀附之风，大概很盛。顾炎武云：

---

① 《魏书·官氏志》。

同姓通族，见于史者，自晋以前，未有。《晋书·石苞传》："曾孙朴没于寇；石勒以与朴同姓，俱出河北，引朴为宗室，特加优宠，位至司徒。"(《原注》杨氏曰：勒以石为姓，本无所授。以朴为宗室，盖以其旧族而附之)。《南史·侯瑱传》："侯景以瑱与己同姓，托为宗室，待之甚厚。"此以殊族而附中国也。……

北人重同姓，多通谱系。《宋书王仲德传》："北土重同姓，谓之骨肉。有远来相投者，莫不竭力营赡。仲德闻王愉在江南，是太原人，乃往依之，愉礼之甚薄。"《魏书崔元伯传》："崔宽自陇右通款，见司徒浩；浩与相齿次，厚抚之。及浩诛，以远来疏族，独得不坐，遂家于武城；以一子继浩弟览，妻封氏，相奉如亲。"《北史·杜铨传》："初，密太后杜氏父豹丧在濮阳，太武欲令迎葬于邺。谓司徒崔浩曰：'天下诸杜，何处望高？朕意欲取杜中长老一人，以为宗正，令营护凶事。'浩曰'京兆为美，中书博士杜铨，其家今在赵郡，是杜预后，于今为诸杜最。'召见铨，以为宗正，令与杜超子道生送豹丧葬邺南。铨遂与超如亲。超谓铨曰：'既是宗正，何缘侨居赵郡？乃延引同属魏郡。"[①]

这可见当时同姓相攀附的风气之盛行。尤以异族攀附汉族的大姓为可注意。下述通婚一段，更可为这一点的证明。

(b)异族与汉族相互通婚。这种事是和同的手段，同时又很可以表示种族间和同的程度。北方流牧贵族，入居中原，大概都自承文化程度不如汉族。于是常想与汉族中之优秀分子通婚，以期改进种族。前述石季龙之挑选汉民的美女，一方面固可视为石氏之奢淫，同时又未尝不可视为石氏之选择人种。与汉人中的优秀分子结婚，固可改进种族；与汉人中的大家世族结婚，复可提高自己的门阀。后者之例，以后魏诸贵族之与汉人大姓结婚为最显著。高祖太和七年(公元四八三年，)有诏命诸弟与汉人之名族通婚。诏曰：

诸王娉合之仪，宗室婚姻之戒；……人乏窈窕，族非百两；拟匹卑滥，舅氏轻微；违典滞俗，深用为欢。以皇太子茂年，宜简令正。前者所纳，可为妾媵。将以此年，为六弟娉室，长弟咸阳王禧可娉故

① 顾炎武：《日知录·杂论通语》。

> 颍川太守李辅女；次弟河南王干可娉故中散代郡穆明乐女；次弟广陵王羽可娉骠骑谘议参军荥阳郑平城女；次弟颍川王雍可娉故中书博士范阳卢神宝女；次弟始平王勰可娉廷尉卿陇西李冲女；季弟北海王详可娉史部郎中荥阳郑懿女。①

此外游牧贵族与汉族平民通婚者亦有可注意之显例。后魏共二十五皇后，汉人居十一，而无一士族焉。其人

> 曰平文王皇后，广方人；曰明元杜皇后，魏群邺人；曰文成李皇后，梁国蒙县人；曰献文李皇后，中山闻喜人；曰孝文林皇后，平原人；曰孝文两冯皇后，长乐信都人；曰孝文高皇后，渤海蓨人；曰宣武胡皇后，安定临泾人；曰孝明胡皇后，前胡后兄女；曰孝静高皇后，渤海蓨人。②

(c)异族与汉族语言混合。这情形在当时大约如下：一，汉族人有学异族语言的。这大概因为异族人入主中原，在政治上占有绝对的胜利；汉族中趋炎附势之辈，欲图上达，不得不先学一点鲜卑语，以便与外来的贵族官员相接近。颜之推《颜氏家训》有云："齐朝有一士大夫，尝谓吾曰：我有一儿，年已十七，颇晓书疏。教其鲜卑语及弹琵琶，稍欲通解；以此伏事公卿，无不宠爱。亦要事也。"二，鲜卑人与汉族中一般平民相处日久，受其薰习，于不知不觉之中，学会了汉语，忘却了从北方带来的所谓本国语言。《隋书·经籍志》云："后魏初定中原，军容号令，皆以夷语。后染华俗，多不能通。故录其本言，相传教习，谓之国语。"这也可见异族之汉化，及汉语势力之伟大。

虽然汉人习鲜卑语，鲜卑人亦习汉语，俨然汉语与鲜卑语同时并行。但事实上有两个原因，竟使汉语占了绝对的胜利。一则汉人的数量占绝对多数，汉语的势力，必然大过鲜卑语。二则游牧贵族的文化，远不如汉族文化之高，一切典章制度，都有从汉族中抄袭的必要；事实上以采用汉语为便利。所以孝文时代，便毅然决然，禁绝所谓北俗之语。

---

① 《魏书·咸阳王禧传》。

② 夏曾佑：《中国古代史》，第520页。

太和十有九年(公元四九五年)六月，诏："不得以北俗之语，言于朝廷。若有违者，免所居官。"①

高祖曰："……今欲断诸北语，一从正音。年三十以上，习性已久，容或不可卒革。三十以下，见在朝廷之人，语音不听仍旧。若有故为，当降爵黜官。各宜深戒。如此渐习，风化可新。"②

(d)异族之采汉官制，禁止胡服。游牧民族，进入中原，改易自己的姓氏，与汉人通婚，用汉人文字，都只是表示汉化而已。除了这几端以外，凡官制服装，也一律汉化。(1)先述官制。后魏当未统一中国北部之先，原有它自己的一套官制。其官号大抵出于一种象征主义，以自然界之事物为名。

初，帝(道武)欲法古纯质，每于制定官号，多不依周汉旧名。或取诸身，或取诸物，或以民事。皆拟远古云鸟之义。诸曹走使，谓之凫鸭，取飞之迅疾。以伺察者为候官，谓之白鹭，取其延颈远望。自余之官，义皆类比，咸有比况。③

及交好南夏，颇亦改刱，昭成之即王位，已命燕凤为右长史，许谦为郎中令矣。余官杂号，多同于晋朝。④

不过这还只是模仿汉人官制之开端。到后来太祖道武帝至高祖孝文帝之初，便大肆模仿。但当时内外百官，仍屡有减置。直到高祖孝文帝之太和时代，才一准南朝，确定百官位号。

自太祖至高祖初，其内外百官，屡有减置。或事出当时，不为常目。……旧令亡失。无所依据，太和中，高祖诏群寮议定百官，著于令。⑤

所有官号，都是南朝旧称，详载《魏书·官氏志》，兹为节省篇幅，不能列举。至于(2)服装，则与官制颇有连带关系，且附此叙述。后魏原是中

① 《魏书·高祖孝文帝纪下》。

② 《魏书·咸阳王禧传》。

③ 《魏书·官氏志》。

④ 《魏书·官氏志》。

⑤ 《魏书·官氏志》。

国北部之北的游牧民族。其风俗礼仪等等发展的程度，都不甚高。至高祖孝文帝时代，大肆模仿南朝，一切都呈突飞猛进之状。《魏书·总序》云：

> 拓跋氏乘后燕之衰，蚕食并冀；暴师喋血，三十余年，而中国略定。其始也，公卿方镇，皆故部落酋大；虽参用赵魏旧族，往往以猜忌夷灭。爵而无禄，故吏多贪墨；刑法峻急，故人相残杀；不贵礼义，故士无风节；货赂大行，故俗尚倾夺。迁洛之后，稍用夏礼。

既用夏礼了，于是服装一端，也和官制一样，于太和时代，重新改定；把旧有胡服式样，弃而不用。从此以后，百官有司，各有官服；皇帝自己，则有衮冕。《魏书》云：

> 太祖天兴六年（公元四〇二年），诏有司制冠服，随品秩各有差。时事未暇，多失古礼。世祖经营四方，未能留意，仍世以武力为事，取于便习而已。至高祖太和中，始考旧典，以制冠服。百寮六官，各有差次。[①])
>
> 太和十年春（公元四八六年）正月癸亥，帝始服衮冕，朝飨万国。……夏四月辛酉朔，始制五等公服。甲子，帝初以法服御辇，祀于西郊。[②]

四　南方土著与侨民之冲突

上节叙述北朝的时候，我们只讲到异族与汉族之和同；似乎把异族与汉族之冲突忽略了。其实不然。后魏统一北方之先，所谓五胡乱华时代，便是异族与汉族冲突最烈的时代。这我们在本篇第三章第二节里有详细的叙述。直到后魏统一北方，历史的演进，遂把种族间的冲突，推入于和同的阶段了。所以我们就偏重和同的一面。由冲突而达到和同，正见得历史效用的伟大；它能把相异者使之相同，能把整个中国民族的内容变成丰富。

现在我们叙述南朝，又只讲侨民与土著的冲突，似乎把中原南下的人民与江南本土的人民，看成永远对立，忽略了他们的和同。其实不然。下

---

① 《魏书·礼志四》。

② 《魏书·高祖孝文帝祀》下。

一章讲《六朝时代江南的文化》时，便要讲到他们的和同。且江南文化云云，正是中原南下的大家世族与江南本土的大家世族合伙造成的伟业。正是侨民与土著之和同的表现。不过首先叙述其和同，而不谈及其冲突，便是忽略了历史的事实，便是把历史之发展看成了机械的。我们不采机械的历史观，故先述侨民与土著的冲突，然后于下一章叙述其和同。

侨民土著冲突之始 侨民与土著之冲突，最好从晋室平吴之时说起。吴在江南，当三国之时，就已造成了一个很好的地位。彼时大家世族，各领部曲，或则作战，或则做官，共同拥护着所谓东吴的政权，与中原的魏国，四川的蜀国，成鼎足之势。这从下面的记载可知。

> 吴名宗大族，皆有部曲；阻兵仗势，足以建命。①
>
> 公族子弟，及吴四姓，多出仕郡，郡吏常以千数。②
>
> 昔吴之武烈，称美一代。……赖先王承运，雄谋天挺；尚内依慈母仁明之教，外仗子弟廷争之忠；又有诸葛、步、顾、张、朱、陆、金之族；故能鞭笞百越，称制南州。③

在这三分鼎立的时代，东吴方面的大家世族充分表现其封建势力；一般人民的地方观念亦已渐渐加强。后来晋室把东吴平下，这地方观念，就成了亡国之恨。这亡国之恨，可于周处的言论及陆机的文章中看出。

> 吴平，王浑登建邺宫，釃酒既酣，谓吴人曰："诸君亡国之余，得无戚乎?"处对曰："汉末分崩，三国鼎立。魏灭于前，吴亡于后。亡国之戚，岂惟一人?"④
>
> 陆机字士衡，吴郡人也。祖逊，吴丞相；父抗，吴大司马。机身长七尺，其声如雷。少有异才，文章冠世，伏膺儒术，非礼不动。抗卒，领父兵，为牙门将。年二十而吴灭。退居旧里，闭门勤学。积有十年，以孙氏在吴，而祖父世为将相，有大勋于江表；深慨孙晧举而弃之。乃论权所以得，晧所以亡。又欲述其祖父功业，遂作辩亡论二篇。……其下篇曰："……夫吴桓王基之以武，太祖成之以德。聪明叡

① 《三国志·邓艾传》。

② 《三国志·朱治传》。

③ 《晋书·陈敏传》。

④ 《晋书·周处传》。

达，懿度弘远矣。……夫太康之役(晋太康年，即公元二八〇年，王濬以舟师入石头，吴主晧出降，吴亡)。众未盛乎曩日之师；广州之乱，祸有愈夫向时之难。而邦家颠覆，宗庙为墟！呜呼！人之云亡，邦国殄瘁，不其然乎！《易》曰：'汤武革命顺乎天。'或曰：'乱不极则治不形。'言帝王之因天时也。古人有言曰：'天时不如地利。'《易》曰：'王侯设险，以守其国。'言为国之恃险也。又曰：'地利不如人和'，'在德不在险。'言守险之在人也。吴之兴也，参而由焉，孙卿所谓合其参者也。及其亡也，恃险而已，又孙卿所谓舍其参者也。夫四州之萌，非无众也；大江以南，非乏俊也；山川之险易守也；劲利之器易用也；先政之策易修也。功不兴而祸遘，何哉？所以用之者失也？"①

因东吴立国，而地方观念加强；因晋室平吴，此种地方观念遂成亡国之恨。亡国之恨，对战胜者言，即是仇恨。即是战败者与战胜者间的潜在冲突。这种冲突，因后来晋室的不平等待遇，不许江南人在京中作较大之官，乃更加显著。后来陆机转变态度，作了晋室之官，晓得江南人的隐痛，乃曰：

臣等伏思台郎所以使州，州有人，非徒以均分显路，惠及外州而已。诚以庶士殊风，四方异俗；壅隔之害，远州益甚。至于荆扬二州，户各数十万。今扬州无郎，而荆州江南乃无一人为京城职者！诚非圣朝待四方之本心。②

晋室渡江土著拒绝　东吴为晋室所平，江南的人对于中原的人，已怀仇恨。迨晋室在中原方面被游牧民族压迫，南来避难之时，这仇恨乃得了一个发泄的机会。当元帝渡江，要在江南立国之时，江南土著，大有拒而不纳之势。幸赖王导、王敦等竭力联络吴中大族纪瞻、顾荣、贺循辈，东晋元帝，才勉强在江南立脚。关于这事，《晋书》有一段曰：

元帝……徒镇建康，吴人不附！居月余，士庶莫有至者；导患之。会敦来朝，导谓之曰："琅邪王(即元帝)仁德虽厚，而名论犹轻；兄威风已振，宜有以匡济者。"会三月上巳，帝亲观禊；乘肩舆，具威仪。

① 《晋书·陆机传》。
② 《晋书·贺循传》引。

> 敦、导及诸名胜皆骑从。吴人纪瞻、顾荣，皆江南之望，窃觇之，见其如此，咸惊惧乃相率拜于道左。导因进计曰：“古之王者，莫不宾礼故老，存问风俗；虚己倾心，以招俊义。况天下丧乱，九州分裂，大业草创，急于得人者乎？顾荣、贺循，此土之望；未若引之，以结人心。二子既至，则无不来矣。”帝乃使导躬造循、荣，二人皆应命而至。由是吴会风靡，百姓归心焉。自此之后，渐相崇奉，君臣之礼始定！[①]

王导、王敦是首先过江的大族；他们挺身出来，联络拉拢，把纪瞻、顾荣、贺循辈一律引到政府方面。土著的世家大族，对于中原移来的政治势力，一时算是勉强容忍了。但此后发生的问题还很多。大族周玘父子及戴若思辈，常起而称乱，以讨王导刁协为名，对政府中要人，持不合作态度。一时土著大姓对于侨民，乃至对于与侨民合作的土著，大肆攻击。堂堂政府，竟也无可如何！《晋书》叙此有云：

> 玘，宗族强盛，人情所归；帝疑惮之。于时，中州人士佐佑王业，而玘自以为不得调，内怀怨望。复为刁协轻之，耻恚愈甚。时镇东将军祭酒东莱王恢亦为周顗所侮，乃与玘阴谋诛诸执政；推玘及戴若思与诸南士共奉帝以经纬世事。谋泄，玘忧愤发背而卒。将卒，谓子勰曰：“杀我者诸伧，子能复之，乃吾子也。”
>
> 勰字彦和，常缄父言。时中国亡官失守之士，避乱来者，多居显位，驾御吴人，吴人颇怨。勰因之，欲起兵；潜结吴兴郡功曹徐馥。馥家有部曲，勰使馥矫称叔父札命以合众豪侠。乐乱者翕然附之，以讨王导刁协为名，有众数千。旋灭。但朝廷亦不之罪！[②]

南朝既立土著屈从　东晋初年，因土著与侨民冲突之故，一个行将长期侨居南方的政府，几乎弄得树立不起来。但为时稍久，政府力量渐固，毕竟把江南土著的反抗，镇压住了。单就官员的分配而论，统宋、齐、梁、陈四代计之，侨民算是占了绝对的胜利。此四代的重要官员，见于《南史列传》中的人物，凡七百二十八人；其中北来的侨民，占五百零六人；南方的

① 《晋书·王导传》。
② 《晋书·周玘传》。

土著，却只有二百二十人，[1] 这种分配，当然绝不平等。其所以如此者：一方面由于政府的排斥，不用南人。例如仆射一职，南士几乎从没有做过。《南史》有云：

> 时帝（齐高祖）欲用绪（张绪）为右仆射，以问王俭。俭云："绪少有清望，诚美选也；南士由来少居此职。"褚彦回曰："俭年少，或未忆耳，江左用陆玩、顾和，皆南人也。"俭曰："晋世衰政，不可为则！"[2]
>
> 文季虽不学，发言必有辞采，武帝（齐武帝）谓文季曰："南士无仆射，多历年所。"文季对曰："南风不竞，非复一日"[3]

另一方面，由于土著的不合作。当时江南土著大姓，以侨民挟有政府的势力，为不可侮，于是变其反抗的态度，为屈从的态度。但对于实际的政府工作，仍少参加。大抵只要侨居南方的政府，不为过甚的压迫；只要他们自己的财产身家安然无恙；一言以蔽之，只要他们仍能保存大家世族的风度，便也乐得不管事。赵翼《二十二史劄记》中有两段曰：

> 宋齐梁陈诸君，则无论贤否，皆威福自己，不肯假权于大臣。而其时高门大族，门户已成；令仆三司，可安流平进；不屑竭智尽心，以邀恩宠。且风流相尚，罕以物务关怀，人主遂不能藉以集事。于是不得不用寒人。人寒则希荣切而宣力勤，便于驱策；不觉倚之为心腹。[4]
>
> 所谓高门大族者，不过雍容令仆，裙屐相高。求如王导、谢安柱石国家者，不一二数也。次则如王宏、王昙首、王俭等与时推迁，为兴朝佐命，以自保其家世；虽朝市革易，而我之家第如故；以是为世家大族，迥异于庶姓而已。此江左风会习尚之所蔽也。[5]

政府大体排斥南士，南士亦复不肯合作，于是土著与侨民之间，有很深的隔阂。梁武帝时王僧孺撰《氏族谱》，江南大族且不能入百家之列。《南

---

① 《燕京学报》十五期《晋永嘉乱后之民族迁徙》。

② 《南史·张绪传》。

③ 《南史·沈文季传》。

④ 《南朝多以寒人掌机要》。

⑤ 《江左世族无功臣》。

史·王僧孺传》云："僧孺之撰，通范阳张等九族，以代雁门解等九姓。其东南诸族，别为一部，不在百家之数焉。"虽然，南士为势所迫，不能不俯首屈从。但仇恨之心，终不能免。这于骁骑将军丘灵鞠之言可知。

> 永明二年(公元四八四年，)领骁骑将军，灵鞠不乐武位，谓人曰："我应还东掘顾荣冢。江南地方数千里，士子风流，皆出此中。顾荣忽引诸伧辈度，妨我辈涂辙，死有余罪。"①

顾荣辈原是拒绝东晋元帝的大族，经王导王敦辈的拉拢，始勉强容忍元帝在江南树立政府。然毕竟以此招南士的深根。这也可见土著与侨民间冲突之甚。

侯景乱起土著抬头 当梁简文帝时，侯景称乱；南朝政府，于公元五五一年，曾一度完全瓦解。土著大姓，乘侯景之乱，会纷纷起而活动，对侨姓大族的统治，作一种反攻。兹先述侯景之乱。侯景乃北朝后魏怀朔镇人。小时与魏相高欢友好。后来高欢得势，景向他请得十万大军，专制河南，成了后来扰乱江南的基础。《南史》云：

> 侯景字万景，魏之怀朔镇人也。少而不羁，为镇功曹史；……后以军功为定州刺史。始魏相高欢微时，与景甚相友好。及欢诛尔朱氏，景以众降，仍为欢用，稍至史部尚书，非其好也。……后为河南道大行台，位司徒。又言于欢曰："恨不得泰(宇文泰，时与高欢对抗)！请兵三万，横行天下！要须济江，缚取萧衍老公，以作太平寺主。"欢壮其言，使拥兵十万，专制河南，杖任若己之半体。②

侯景以一个这样的资格，驻在河南。南朝北朝都借重他，于是他成了时代的英雄。北朝高欢死后，其子高澄，忌他势力太大，想要收拾他，于是他于太清二年(公元五四八年)向南朝梁武帝请降。武帝纳之，封为河南王大将军，使持节都督河南北诸军事。这事高澄恼了，派人进击。结果侯景损失甲士四万人，马四千匹，辎重万余辆。最后走寿春，想设法立功，以为切实依附萧梁的张本。恰巧这时，萧梁与魏(东魏)开始言和，景乃处于进退两难之境：若仍回北朝，则已开罪了高澄；若真站在南朝，又没有

① 《南史·文学列传》。

② 《南史·贼臣列传侯景》。

树功，恐不能立足。进退失据之时，乃以北朝人的口气伪造一封信，向萧梁要求交出侯景，以为言和条件。这信本只是测验梁武帝之心的，武帝居然信以为真，向北朝答覆，愿将侯景交出。景以此知南朝对他无诚意；且尝请娶于王谢，被帝拒绝，更不高兴。于是依王伟之计，决意造反。《南史》云：

魏人入悬瓠，更求和亲，帝召公卿谋之：张绾、朱异咸请许之。景闻，未之信，乃伪作邺人书，求以贞阳侯换景（贞阳侯萧明前与魏战失败被俘）。帝将许之。舍人傅岐曰："侯景以穷归义，弃之不祥，且是战之余，宁肯束手受擒?"谢举、朱异曰："景奔败之将，一使之力耳。"帝从之，复书曰："贞阳旦至，侯景夕反（同返）。"景谓左右曰："我知吴儿老公薄心肠!"又请娶于王、谢，帝曰："王、谢门高，非偶；可于朱、张以下访之。"景恚曰："会将吴儿女以配奴。"王伟曰："今坐听亦死，举大事亦死，王其图之。"于是遂怀反计：属城居人悉占募为军士，辄停责市估及田租，百姓子女悉以配将士。①

景之反计既定，太清二年（公元五四八年）八月，从寿春出发东下，由采石渡江；于三年（公无五四九年）三月，就攻陷台城！② 初则派人向武帝陈谢犯上之罪，继则亲到帝前夸大自己的势力，终乃逼帝至饿死于文德殿！《南史》云：

景乃先使王伟，仪同陈庆入殿陈谢曰："臣既与高氏有隙，所以归投；每启，不蒙为奏，所以入朝；而奸佞惧诛，深见推拒；连兵多日，罪合万诛。"武帝曰："景今何在？可召来。"景入朝，以甲士五百人自卫，带剑升殿。拜讫，帝神色不变，使引向三公榻坐，谓曰："卿在戎日久，无乃为劳?"景默然。又问："卿何州人，而来至此?"又不对。其从者任约代对。又问："初度江有几人?"景曰："千人""围台城有几人?"曰："十万。""今有几人?"曰："率土之内，莫非己有。"帝俛首不言！景……矫诏大赦；自为大都督，都督中外诸军，录尚书事。……

① 《南史·贼臣列传侯景》。

② 六朝时，建业有三城，中为台城，则帝居也，宫殿台省皆在焉。其西则石头城，尝宿兵以卫京师。……东则有东府，凡宰相录尚书事，兼扬州刺史者居之。详见赵翼《二十二史劄记·建业有三城》。

帝虽外迹不屈，而意忿愤。景欲以宋子仙为司空，帝曰："调和阴阳，岂在此物?"景又请以文德主帅邓仲为城门校尉，帝曰："不置此官!"简文重入奏，帝怒曰："谁令汝来?"景闻，亦不敢逼。后每征求，多不称旨。至于御膳，亦被裁抑！遂怀忧愤。五月，感疾馁，崩于文德殿。景秘不发丧，权殡于昭阳殿。自外文武，咸莫之知。二十余日，然后升梓宫于太极前殿，迎简文(武帝第三子)即位。①

简文大宝二年(公元五五一年)八月，景又把简文废了，立豫章王栋为帝。十一月，复把栋废了。自称汉帝。为时一百二十日(梁简文帝大宝二年，即公元五五一年十一月十九日篡位，次年三月十九日败)，被湘东王绎遣王僧辩、陈霸先等所破，单骑自沧渎入海，至胡豆州被前太子舍人羊鲲所杀。

(a)侨寄大族，遭受打击。侯景之乱，对当时得势的侨民大族，予以极大的打击。这可分积极与消极两方面说：就积极方面说，景于发难之初，即已蓄意打击得势的大族。例如初向梁武帝请娶于王谢之时，"帝曰：'王谢门高，非偶；可于朱张以下访之。'景恚曰：'会将吴儿女以配奴!'"②这可见他对于得势的大族，早就立意要加以打击。直到围攻建邺尚未攻下之时，对得势的大族，复尽量蹂躏。

初，景至，便望剋定建邺，号令甚明，不犯百姓。既攻不下，人心离沮；又恐援军总集，众必溃散；乃纵兵杀掠，交尸塞路。富室豪家，恣意裒剥；子女妻妾，悉入军营。③

这是围攻建邺时对大姓的残酷行为。最后攻开建邺，景乃"使伪仪同陈庆以甲防太极殿；悉卤掠乘舆服玩，后宫嫔妾；收王侯朝士，送永福省。"④凡上所述，乃积极打击大姓之事。至于消极方面对大姓的打击，则为解放奴隶。景围邺之时，

募北人先为奴者并令自拔，赏以不次。朱异家黔奴乃与其侪踰城

① 《南史·贼臣列传侯景》。

② 《南史·贼臣列传侯景》。

③ 《南史·贼臣列传侯景》。

④ 《南史·贼臣列传侯景》。

投贼；景以为仪同，使至阙下，以诱城内。乘马披锦袍，诟曰："朱异五十年仕宦，方得中领军；我始事侯王，已为仪同。"于是奴童竟出，尽皆得志。①

(b)土著大族，乘机而起。侨寄大族或土著大族之得势者，因侯景之乱而大遭挫折；他们所托命的政府，也全给动摇。同时江南大饥，民生困窘。富有的既因人患而不能安生；贫穷的复因天灾而不能得食。于是江南陷入极端恐慌之状。

时江南大饥，江扬弥甚；旱蝗相系，年谷不登；百姓流亡；死者涂地；父子携手共入江湖，或兄弟相要俱缘山岳。芰实荇花，所在皆罄；草根木叶，亦皆凋残。虽假命须臾，亦终死山泽。其绝粒久者，鸟面鹄形，俯伏床帷，不出户牖者，莫不衣罗绮，怀金玉，交相枕藉，待命听终！于是千里绝烟，人迹罕见；白骨成聚，如丘陇焉。②

贫富都已陷入了极端的恐慌之状，这是侨寄大姓之末日到了。于是土著大姓，乃乘机而起。李延寿论当时土著大姓乘侯景乱而起之情形曰：

侯景起于边服，备尝艰险。自北而南，多行狡算。于时江表之地，不见干戈；梁武以耄期之年，溺情释教；外弛藩篱之固，内绝防闲之心。……遂使乘柎直济，长江丧其天险；扬旌指阙，金墉亡其地利。生灵涂炭，宗社丘墟。于是村屯坞壁之豪，郡邑严穴之长，恣陵侮而为暴；资剽掠以为雄。……熊昙朗、周迪、留异、陈宝应等虽逢兴运，……志在乱常。③

"逢运"是真的。"志在乱常"云云，则只是土著大族乘机对侨寄大族的报复而已。就《南史·贼臣列传》看，熊、周、留等，实在都是江南的土著大姓。

熊昙朗，豫章南昌人也，世为郡著姓。昙朗跅弛不羁，有膂力，容貌甚伟。侯景之乱，稍聚少年，据丰城县为栅。桀黠劫盗多附之。

① 《南史·贼臣列传侯景》。

② 《南史·贼臣列传侯景》。

③ 《南史·贼臣列传论》。

梁元帝以为巴山太守，魏克荆州，昙朗兵力稍强，劫掠邻县，缚卖居人。山谷之中，最为巨患。……

周迪，临川南城人也。少居山谷，有膂力；能挽强弩，以弋猎为事。侯景之乱，迪宗人周续起兵于临川。梁始兴王萧毅以郡让续，迪占募乡人从之。每战勇冠诸军。续所部渠帅，皆郡中豪族，稍骄横，续颇禁之。渠帅等乃杀续，推迪为主。……陈武帝受禅，王琳东下，迪欲自据南川，乃总召所部八郡守宰结盟；声言入赴朝廷。……

留异，东阳长山人也，世为郡著姓。异善自居处，言语酝藉，为乡里雄豪。多聚恶少，陵侮贫贱，守宰皆患之。仕梁晋安、安固二县令。侯景之乱，还乡里，占募士卒。……侯景署异为东阳太守。……景平后，王僧辩使异慰劳东阳；仍保据严阻，州郡惮焉。①

① 《南史·贼臣列传论》。

第五章 六朝时代江南的文化

一 江南文化之物质基础

长江下游民康物阜 当中原被汉族以外诸民族扰乱之时，长江下游尚安然无恙。所谓长江下游，系指当时的扬州而言。当时的扬州，包括如今江苏、安徽、江西、浙江、福建等省之地。这等地方，自秦汉以来，屡经开拓。秦时置鄣、会稽、九江三郡；汉初，析为四郡，为淮南王及吴王所领。是后代有分划，至后汉顺帝之时，扬州所统，有会稽、丹阳、吴豫、章、九江、庐江六郡。三国之时，吴领东南，屡经分划，凡分为十四郡。《晋书》有云：

> 扬州，按禹贡淮海之地。……于古则荒服之国。战国时，其地为楚分。秦始皇并天下，以置鄣、会稽、九江三郡。项羽封英布为九江王，尽有其地。汉改九江曰淮南，即封布为淮南王。六年，分淮南置豫章郡。十一年，布诛，立皇子长为淮南王，封刘濞为吴王，二国尽得扬州之地。……后汉顺帝分会稽立吴郡；扬州统会稽、丹阳、吴豫、章、九江、庐江六郡。……献帝兴平中，孙策分豫章立庐陵郡，孙权又分豫章立鄱阳郡，分丹阳立新都郡；孙亮又分豫章立临川郡，分会稽立临海郡；孙休又分会稽立建安郡，孙皓分会稽立东阳郡，分吴立吴兴郡，分豫章、庐陵、长沙立安成郡，分庐陵立庐陵南部都尉。扬州统丹阳、吴、会稽、吴兴、新都、东阳、临海、建安、豫章、鄱阳、临川、安成、庐陵、南部十四郡。①

① 《晋书·地理志》下。

因气候温和，土地肥沃，地势优良，为整个中国之冠，所以在发展过程之中，人口愈集愈多。人口多了，事务繁了，行政区域乃愈分愈细。行政区域之细分，乃长江下游发展进化之一证。外来的优秀分子，尝在土著人民之上，加一种政治的文化的作为；土著人民，初则反抗，继则服从，终乃一同向化。三国时吴国之开辟山越，即是这样的一个表征。《三国志·吴志·诸葛恪传》云：

恪以丹阳山险，民多果劲；出之，可得甲士四万。众议以丹阳与吴郡、会稽、新都、鄱阳四郡邻接，周旋数千里，山谷万重。其幽邃人民，未尝入城邑；皆仗兵野逸，征伐为难。权拜恪抚越将军，领丹阳太守。恪移书属城长吏，令各保界；分内诸将，罗兵幽阻不与交锋。候其谷熟，纵兵芟刈；山民饥穷，渐出降首，人数皆如本规。

自秦汉以来，至于三国之末，长江下游之地，大抵陆续在发展进化。东晋元帝渡江之时，这方面已经是民康物阜了。左太冲《三都赋》云：

朱阙双立，驰道如砥；树以青槐，亘以绿水；玄荫眈眈，清流亹亹。水浮陆行，方舟结驷，混品物而同尘，并都鄙而为一。吴中之氓，财富巨万，士有陷坚之锐，俗有节慨之风。

《隋书·地理志》下云：

丹阳，旧京所在，人物本盛。小人率多商贩，君子资于官禄。市廛列肆，埒于二京；人杂五方，故俗颇相类。

京口东通吴会，南接江湖，四连都邑，亦一都会也。……

宣城毗陵吴郡、会稽、余杭、东阳，其俗亦同。然数郡川泽沃衍，有海陆之饶。珍异所聚，故商贾并凑。其人君子尚礼，庸庶敦庞。故风俗澄清，而道教隆洽，亦其风气所尚也。

豫章之俗，颇同吴中；其君子善居室，小人勤耕稼。衣冠之人，多有数妇；暴面市廛，竞分铢以给其夫。及举孝廉，更要富者；前妻虽有积年之勤，子女盈室，犹见放逐，以避后人。俗少争讼，而尚歌舞。一年蚕四五熟，勤于纺绩。亦有夜浣纱而旦成布者，俗呼为鸡鸣布。

新安、永嘉、建安、遂安、鄱阳、九江、临川、庐陵、南康、宜春，其俗又颇同豫章。而庐陵人庞淳，率得寿考。

南来民众助其富庶 如此安全富足之区，在平时便已有人向往，何况战时？所以当北方民族扰乱中原之时，中原人民，为避难计，便相率向江南迁徙。这事我们已经讲过。不过彼处讲民众南移，着重点在汉族之被迫。此处讲民众南移，着重点却在移民之助长江南文化。

自中原乱离，遗黎南渡，并侨置牧司在广陵、丹阳、南城，非旧土也。及胡寇南侵，淮南百姓皆渡江。成帝初，苏峻、祖约为乱于江淮，胡寇又大至，百姓南渡者转多。乃于江南侨立淮南郡及诸县。又于寻阳侨置松滋郡，遥隶扬州。咸康四年，侨置魏郡、广川、高阳、堂邑等诸郡并所统县，并寄居京邑；改陵阳为广陵。孝武宁康二年，又分永嘉郡之永宁县置乐成县。是时上党百姓南渡，侨立上党郡为四县，寄居芜湖。寻又省上党郡为县，又罢襄城郡为繁昌县，并以属淮南。①

自戎狄内侮，有晋东迁；中土遗氓，播徙江外。幽、并、冀、雍、兖、豫、青、徐之境，幽沦寇逆；自扶莫而裹足奉首免身于荆越者，百郡千城，流寓比室。人伫鸿雁之歌，士蓄怀本之念；莫不各树邦邑，思复旧井。②

这样因避难而移到江南的人，其初本没有打算久居；他们都怀有一个觅取机会，回到北方老家去的观念。不过后来事与愿违，回家不得，竟成了江南的土著。这样一来，(1)他们所有的财富，(2)所有的学问经验，(3)乃至所有的劳动技能等，都成了帮助江南文化发展之材料。江南本土，原已物阜民康；再加上自中原移来的这些新要素；于是文化上突放异彩。

建业一地六代国都 中原人民之南来，乃随政府势力而来的。当北方民族压迫之时，汉族政府抵抗不住，不得已而南迁，于是人民随着政府而南移。人民移到南方，政府为设侨寄的郡县以安置之。至于政府自身，则在建业立起国都，以与侵入中原的异族对抗。计自东晋元帝起，历宋、齐、

① 《晋书·地理志》下。

② 《宋书·律志序》。

梁、陈，连续五朝，皆以建业为国都。所历时间，有如下表：

东晋都建业，自元帝建武元年(公元三一七年)至恭帝元熙二年(公元四二〇年)，凡一百〇三年。

宋都建业，自武帝永初元年(公元四二〇年)至顺帝昇明三年(公元四七九年)，凡五十九年。

齐都建业，自高帝建元元年(公元四七九年)至和帝中兴二年(公元五〇二年)，凡二十三年。

梁都建业，自武帝天监元年(公元五〇二年)至敬帝太平二年(公元五五七年)，凡五十五年。

陈都建业，自武帝永定元年(公元五五七年)至后主祯明三年(公元五八九年)，凡三十二年

以上所列东晋、宋、齐、梁、陈王朝，立都建业，共二百七十一年之久。若再加上三国时孙吴建都于此之年代，则建业一地，足足做了三百二十二年的国都。吴主孙权黄龙元年(公元二二九年)迁都建业，至孙晧天纪四年(公元二八〇年)，足足五十一年。以此五十一年加到东晋、宋、齐、梁、陈五朝之上，朝代固已由五朝而配成了俗所尝称的六朝，时间则由二百七十一年配成了三百二十二年。吴到东晋，中间尚隔了一个西晋，为何尝被牵连制到五朝之上而配成六朝呢？这有原因，盖均以建业为国都也。

南方财富集中江左 六代的政府，设在建业；其所统治的地方，则是今之长江流域及长江以南各省，尽是财富之区。例如扬州，其地为今之江苏、安徽、江西、浙江、福建等省；就今日之情形看，固是财富之区。就当时的情形看，亦复是很富足的。这在上面“长江下游，民康物阜”一段内，已经讲过。又如荆州，其地为今之湖北、湖南等省的全境，及四川、贵州、广西、广东等省之各一部分。这些地方，在当时也都是富足之区，沿江一带，尤其富足。《隋书·地理志》下云：“《尚书》荆及衡阳惟荆州。……其风俗物产，颇同扬州；其人率多劲悍决烈盖亦天性然也。……自晋氏南迁之后，南郡襄阳，皆为重镇；四方凑会。故益多衣冠之绪，稍尚礼义经籍焉。”再如广州交州，其地为今之广东、广西及安南之一部；在当时更是富足。即以南海、交趾两地为例，可知大概。“南海、交趾，各一都会也。并所处近海，多犀象，瑇瑁珠玑，奇异珍玮。故商贾至者，多取富焉。”[1]

① 《隋书·地理志》。

整个中国的南部，比较来说，实当时最富足的地方。建业的政府，既然统治了这富足的地方；于是用种种方法，把这等地方的财富，集中到江左。换言之，集中到建业政府手里。(1)这被集中到江左的财富，若从其负担的主人而言，可分为两类；一类是土著人民所负担的。《通考》云：

> 自东晋寓居江左……诸蛮陬俚洞，沾沐王化者，各随轻重收财物，以裨国用。又岭外酋帅，因生翡翠明珠犀象之饶，雄于乡曲者，朝廷多因而署之，收其利。历宋、齐、梁、陈，皆因而不改。其军国所需杂物，随土所出，临时折课市取，乃无恒法定令。州郡县制其任土所出，以为征赋。其无贯之人，不乐州县编者，为浮浪人；乐输亦无定数。……唯所输终优于正课焉。[①]

另一类是侨民人民所负担的。侨居人民，原是暂至寄居南方之人。一遇机会，仍愿回中原的老家去。所以最初，都是任意散居，未入南方籍贯。但侨民居久，北返无期，事实上自然要在侨民的地方，经营生产事业。政府看见他们有生产，于是立所谓"土断"之制，向他们征收赋税。"土断"云云，几乎即是认侨民为土著，以法令确定其所在地，责令他们担负赋税之意。因兴宁二年(公元三六三年)三月庚戌朔，政府曾大阅户人，严施法禁。故土断之制又称为"庚戌制"。这个制度，是向侨民征赋，"明考课之科"的。《晋书》载范宁陈时政之言曰：

> 昔中原丧乱，流寓江左；庶有旋反之期，故许其挟注本郡。自尔渐久，人安其业；邱垄坟柏，皆已成行。虽无本邦之名，而有安土之实。今宜正其封疆，以土断人户，明考课之科，修闾伍之法。[②]

(2)若就负担之性质而言，则有正课、杂税及商税等。这还只是大略的分类，细分之，并不止此。关于正课，上面所述，即其大略。关于杂税，《通考》里有一段曰："晋自过江，至于梁陈，凡货卖奴婢马牛田宅，有文券：率钱一万，输估四百入官；卖者三百，买者一百。无文券者：随物所堪，亦百分收四，名为散估。历宋、齐、梁、陈，如此以为常。"[③]关于商

---

① 《通考·田赋考》。

② 《晋书·范宁传》。

③ 《通考·征榷考》一。

税，当时于各要津设有津主，从事税收。各大小市场，亦设官主持税收之事。《通考》里也有一段曰：

宋孝武大明八年（公元四六四年）诏："东境去岁不稔，宜广商贾。远近贩鬻米粟者，可停道中杂税。"自东晋至陈，西有石头津，东有方山津，各置津主一人，……直水五人，以检察禁物及亡叛者。荻炭鱼薪之类过津，并十分税一以入官。淮水北有大市百余，小市十余所；备置官司，税敛既重，时甚苦之。①

综括看来，当时江南文化特别发展之物质基础，约略如下：南方各地，尤其是长江下游，本较中原为富足。中原丧乱，侨民又以其劳力与财富加入江南，助长江南之富庶；为文化树下一个良基。东晋及宋、齐、梁、陈五朝政府设在建康，汉族精华，会萃于此，于是文化大为发展。虽然当时文化的发展，未必只限于江南；中原方面，未必没有文化。不过当时的江南，以富庶之区，未遭战乱；经济已发达到了相当的程度，人才多数聚于建康，故一时文化特盛。章炳麟论五朝学，力言东晋宋齐梁陈文化之优美，② 并非过甚之辞。向来的史家，喜把孙吴加到五朝之上，配成六朝，畅谈六朝思想，及六朝人的风度，均甚得体。盖六朝人因各种物质条件的具备，本有其特别思想与特别风度也。

二　社会构造与江南文化

私有田制继续发展　自两汉以来，私有土地制之畸形发展，直到东晋时代，以至宋、齐、梁、陈，从未间断过。北朝后魏，虽因汉族地主之逃避；中原方面，地广人稀，一时得行均田之制；但其影响，仅及北朝。南朝方面，豪强兼并之风，仍继续发展。凡可耕之田，及山泽之利，多被豪强占去，地主的封建势力，凶不可当；贫民几乎无以为生。《宋书》有云：

晋自中兴以来，治纲大弛；权门并兼，强弱相凌；百姓流离，不

① 《通考·征榷考》。

② 章太炎：《太炎文录·五朝学》。

得保其产业。①

大明初，……扬州刺史西阳王子尚上言："山湖之禁，虽有旧科；民欲相因，替而不奉熂山封水，保为家利。自顷以来，颓弛日甚；富强者兼岭而占，贫弱者薪苏无托。至渔采之地，亦又如兹。斯实害治之深弊，为政所宜去绝。"②

就上两段看，已可推知当时豪强兼并的情形之一般。再举孔灵符为实例，情形当更为明白。《宋书》述孔之豪富云：

家本丰，产业素广，又于永兴立墅，周围三十三里，水陆地二百六十五顷，含带二山！又有果园九处。为有司所纠，诏原之。而灵符答对不实，坐是免官。③

豪强兼并的情形，如此其甚。一直发展下去，自然会引起人们的注意。所以梁武帝便有意纠正之。大同七年(公元五四一年)曾有诏禁止豪强占取公田。其诏有云：

用天之道，分地之利，盖先圣之格训也。凡是田桑废宅，公创之外，悉以赋给贫民，皆使量其所能以受田分。……往者豪强富室，多占取公田；贵价僦税，以与贫民；伤时害人，为弊已甚。自今公田，悉不能假与豪强。已假者，特听不追；若富室给贫民种粮，共营作者，不在禁例。④

地主佃客相反相成 自土地私有之制成立以后，贫富便开始分化起来。私有制之畸形的发展，自两汉三国至于南北朝既未间断过，贫富分化的情形，也随着没有间断。结果贫富对立，成为社会的两层。此两层的利益，本是相反的；但在阶级意识不甚明显，统治者又能勉强维持其统治之时，利益相反的两层，竟合作而相互依靠。富者尝招纳贫者，为之生产；贫者尝投奔富者，以图托命。贫者借富者之保护，富者借贫者的劳力；相反的两层，竟是相成的两层；封建次序维系得十分稳妥。

---

① 《宋书·武帝本纪》。
② 《宋书·羊玄保传》。
③ 《宋书·孔季恭传》。
④ 《梁书·武帝本纪》。

三国、两晋南北朝时代，贫者投奔富者的风气，特别盛行。因这时贫富分化已到了极端，贫者的生存方法，以此为最便捷也。凡投到富人怀抱的贫人，若任意列举，可以举出许多种类，有门人或门徒或门生，这是以习业为名而投靠富人的。有义附或勇士或部曲，这是因富人召募，而投靠富人为之作战的。有家奴或僮客或家僮，这是因富人收留，而投靠富人为之执劳役的。凡此等等，举不胜举。正史上也有很多的记载。

> 家累千金，僮客百数。①
>
> 议者以烈家产畜殖，僮客众多；虑其怨望，不宜出为本州。②
>
> 诸旧部曲，布在宫省：宋越谭金之徒，出公宇下，并受生成。攸之、恩仁公家口子弟耳，谁敢不从？且公门徒义附，并三吴勇士，宅内奴僮，人有数百。③
>
> 侯景之乱，众表于梁武帝称："家代隶故义部曲(家中累代所隶故吏义附部曲)并在吴兴，求还召募以讨贼。"梁武许之。及景围台城，众率宗族义附五千余人入援京邑。④

这种贫富的结合，或由于富人的任意召纳，或由于贫人之任意投奔；官府并无任何规定。只有佃客与地主的结合，自晋以后，历宋、齐、梁、陈，大概都有一种规定。较大之地主，可以多招纳一些佃客；较小之地主，必须少招纳一些佃客。每一地主，究竟招纳佃客多少，须以其自身的地位为断。

> 晋自中原丧乱，元帝寓居江左……都下人多为诸王公贵人左右佃客典计衣食客之类，皆无课役。官品第一第二，佃客无过四十户；第三品三十五户；第四品三十户；第五品二十五户；第六品二十户；第七品十五户；第八品十户；第九品五户。其佃谷皆与大家量分，其典计，官品第一第二置三人；第三第四置二人；第五第六及公府参军，殿中监军，长史，司马，部曲督，关外侯材官，议郎已上，一人；皆通在佃客数中。官品第六已上，并得衣食客三人；第七第八，二人；

① 《晋书·陶淡传》。
② 《魏书·张烈传》。
③ 《宋书·蔡兴宗传》。
④ 《梁书·沈众传》。

第九品……一人。客皆注家籍。[①]

王公贵人，都是地主。他们在统治者中，占最高的地位。其招纳佃客，若漫无限制；彼此竞争起来，足以动摇他们自身的团结。所以他们招纳佃客，尝以官品之高下，而定多寡。至若王公贵人以外的普通地主，其所招纳的佃客之数，大抵漫无限制。

士族庶姓相互对峙 贫富两极，经济地位，虽不相同；然在资本主义社会尚未出现之时，阶级意识，不甚明显；贫富两极，竟能结合，构成经济单位。贫者在这种单位里面，与富者合作，而得生存。上面所谓"相反相成"，意即如此。但同时与此种相反相成的现象截然两样的，又有一种现象，可称之曰"相同相反"的现象；此即士族与庶姓之对峙是也。三国六朝时代的士庶之分，非常显明，直到中唐才始变革。士族几乎就是地主官僚，因得着九品中正制之方便，在社会上的潜势力特别大。庶姓最初大概是农民或小地主；就经济地位看，不能算与士族完全对立。但因当初经济地位到底要比士族为劣，以致在官僚界未能得势，依此差别，更加以九品中正制之便于士族，于是士庶乃愈离愈远，终至完全对立，其界限且绝对不能逾越。这对立情形，大概系依下述演化过程而成。

其一，家族之团结。在资本主义社会未出现之前，同族之人，相聚而处。因交通未发达之故，其自身的团结，不容易分散。也因交通未发达之故，族与族之间的隔阂，不易消除。于是族体凝结，牢不可破。例如，祖逖，当中原丧乱之时向南方逃奔，便是全族同走。这在第四章第一节里，便已讲过；读者可以参看。

其二，士庶之分歧。族之凝结，固如上云。但同是有家族之人，何以有的成了士族，有的成了庶姓？这问题可作如下解答。在资本主义社会尚未出现之前，因土地私有制之畸形发展，社会上已有贫富之别。富者资力充足，所受教育，较为完全，尝成为当时有用的人才；而贫者反此。政府为欲选用人才，或拉拢民众，这班所谓人才，必然首先当选。一经选出，全族尊荣。没有这样人才的家族，除羡慕之外，只有自叹不如，退居人后，前者因与政府发生了关系之故，所有人材，较易出头，于是愈演愈尊荣。后者因与政府关系较疏之故，人材不易出头，于是愈演愈落后。久而又久，

① 《隋书·食货志》。

尊荣之族与落后之族，截然两样。政府选人，也不免歧视，专向已经尊荣了的族中去打听。这么一来，士族与庶姓，乃不期然而然地愈分愈远了。

其三，士庶之相对。士与庶之经济地位尽管不是绝对相反，然而两者的身分既已分成两极，则其相对之态度，自然不能一样。士族之自视甚高，同时又很卑视庶姓。庶姓之自视甚卑，同时又很推尊士族。积时既久，这些不同的态度，几乎成了第二天性。于是身分之别，愈演愈严。驯至士与庶不能通婚：如东海王源女儿嫁给富阳满氏，沈约便上章弹劾。侯景想通婚王谢，梁武帝答称王谢高门，非偶。士与庶不能同坐：如王宏欲作士人，想与王球同坐；就坐之时，宏斥不可。僧真欲作士大夫，访江敩，登榻就坐，敩命移床远客！这等身分之别，虽帝王之尊，也不能任意打破。现在且录若干记载以实证之。

> 六朝最重世族。……其时有所谓旧门，次门，后门，勋门，役门之类。以士庶之别，为贵贱之分。积习相沿，遂成定制。陶侃微时，郎中令杨晫与之同乘，温雅谓晫曰："奈何与小人同载！"郄鉴陷陈午贼中，有同邑人张宝，先附贼，来见竟卿鉴；鉴曰："相与邦壤，义不及通，何可怙乱至此！"宝惭而退。杨方在都，缙绅咸厚之；方自以地寒，不愿留京，求补远郡；乃出为高梁太守！王僧虔为吴兴郡守，听民何系先等一百十家为旧门，遂为阮佃夫所劾！张敬儿斩桂杨王休范，以功高当乞镇襄阳，齐高辅政，以敬儿人位本轻，不欲便处以襄阳重镇。侯景请婚王谢，梁武曰："王谢门高，可于朱张以下求之。"一时风尚如此；即有出自寒微，奋立功业，官高位重；而其自视，犹不敢与世族较！陈显达既贵，自以人微位重，每迁官常有愧惧之色；诫诸子曰："我本志不及此，汝等勿以富贵骄人。"又谓诸子曰："尘尾本王谢家物，汝不须捉此。"王敬则与王俭同拜开府，褚渊戏俭，以为连璧，俭曰："老子遂与韩非同传。"或以告敬则，敬则欣然曰："我本南沙小吏，今得与王卫军同拜三公，复何恨。"王琳为梁元帝所忌，出为广州刺史；琳私谓李膺曰："官正疑琳耳。琳分望有限，岂与官争为帝乎？何不使琳镇雍州？琳自放兵作田，为国捍御外侮也！"且不特此也。齐高在宋，以平桂阳之功，加中领军，犹固让。与袁粲、褚渊书，犹自称"下官常人，志不及远。"及即位后，临崩遗诏亦曰："吾本布衣素族，念不到

此。"可见当时门第之见，习为固然，虽帝王不能改易也。①

晋宋以来，尤重流品。……《宋书·蔡兴宗传》："兴宗为征西将军，开府仪同三司，荆州刺史，常侍如故；被征还都。时，右军将军王道隆，任参国政，权重一时；蹑履到兴宗前，不敢就席，良久方去；竟不呼坐。元嘉初，中书舍人狄当诣太子詹事王昙首，不敢坐。其后中书舍人王弘为太祖所爱遇，上谓曰：'卿欲作士人，得就王球坐，乃当判耳；殷刘(原注：殷景仁刘湛)并杂，无所益也；若往诣球，可稍行就席。'及至，球举扇曰：'若不得尔！'弘还，依事启闻，帝曰：'我便无如此何！'五十年中，有此三事！"《张敷传》："迁江夏王义恭抚军记室参军；时义恭就文帝求一学义沙门，会敷赴假还江陵，入辞；文帝令以后骑载沙门。敷不奉诏曰：'臣性不耐杂！'迁正员郎，中书舍人狄当、周赳并管要务，以敷同省名家，欲诣之。赳曰：'彼恐不相容接，不如不往。'当曰：'吾等并已员外郎矣，何尤不得共坐?'敷先设二床去壁三四尺；二客就席谦接甚欢。既而呼左右曰：'移吾床远客。'赳等失色而去。"《世说》："纪僧真得幸于齐世祖，尝请曰：'臣出自本县武吏，遭逢圣时，阶荣至此，无所须；惟就陛下乞作士大夫。'上曰：'此由江斆谢瀹，我不得措意，可自诣之。'僧真承旨诣斆，登榻坐定，斆顾命左右曰：'移吾床远客。'僧真丧气而退，以告世祖，世祖曰：'士大夫固非天子所命。'"②

九品中正助长士族　(a)何谓九品中正？这是曹魏时的一种创作之制。"九品"：谓政府所欲选用之人才，先由各地德充才盛之人为之品评，分为九等，供政府选用。"中正"：即各地代政府负责品评人物之人，所谓德充才盛者是也。

魏文帝……延康元年(公元二二〇年)，吏部尚书陈群，以天朝选用，不尽人材，乃立九品官人之法，州郡皆置中正，以定其选。择州郡之贤有识鉴者为之区别人物，第其高下。又制：郡口十万以上，岁察一人；其有秀异，不拘户口。③

---

① 赵翼：《二十二史劄记·江南世族无功臣》。

② 顾炎武：《日知录》卷十三《流品》。

③ 《通典·选举二》。

> 按九品之制，初因后汉建安中，天下兴兵，衣冠士族，多离本土；欲征源流，遽难委悉。魏氏革命，州郡县俱置大小中正；各以本处人任诸府公卿及台省郎吏。有德充才盛者，为之区别所管人物，定为九等。其言行修者则升进之：或以五升四，以六升五。倘或道义亏缺，则下降之：或自五退六，自六退七矣。以吏部不能审定核天下人才士庶，故委中正铨第等级，凭之授受，谓免乘戾。①

九品中正之制，自曹魏创始，历两晋南北朝，大都采用。(b)但为时既久，弊端渐生。更严格地说，这种制度开始实行之时，恐怕就不免发生流弊。人才分为九等，标准就十分难定；担任中正之职者，未必个个是德充才盛之人。果如是者，品评的等级，怎能得当？倘社会上士族与庶姓既已对立；则被品评的人才，必然属于士族一边；担任品评的中正，也必属于士族一边。这么一来，九品中正之制，成了士族拥护自身利益的良好工具。有势力的士族，可以要挟中正；趋炎附势的中正，自然结交世家士族。品评都与被品评者结为一团，人才等级之高下，任意决定。至于庶姓几乎完全被挤到品评的范围之外。纵令偶尔被认为人才，也一定列在最低之级。较高之级，概为士族所独占。赵翼云：

> 魏文帝初定九品中正之法，郡邑设小中正，州设大中正。由小中正品第人材，以上大中正；大中正核实，以上司徒；司徒再核，然后付尚书选用。此陈群所建白也。……然进退人材之权，寄之于下，岂能日久无弊？晋武为公子时，以相国子当品，乡里莫敢与为辈。十二郡中正，共举郑默以辈之。刘卞初入太学，试经，当为四品；台吏访问(助中正采访之人)欲令写黄纸一鹿车，卞不肯；访问怒言于中正，乃退为尚书令史。孙秀初为郡吏，求品于乡议，王衍将不许；衍从兄戎劝品之。及秀得志，朝士有宿怨者皆诛而戎衍获济。何劭初亡，袁粲(晋臣，非宋袁粲)来吊，其子岐辞以疾；粲独哭而出，曰："今年决下婢子品。"王诠曰："岐前多罪时；尔何不下？其父新亡，便下岐品，人谓畏强易弱也。"可见是时中正所品高下，全以意为轻重。故段灼疏言："九品访人，惟问中正；据上品者，非公侯之子孙，即当途之昆

① 《通典·选举二》。

弟。"刘毅亦疏言："高下任意，荣辱在手；用心百态，求者万端。"此九品之流弊，见于章疏者。真所谓上品无寒门，下品无世族！高门华阀，有世及之荣；庶姓寒人，无寸进之路。选举之弊，至此而极。然魏晋及南北朝三四百年，莫有能改之者。盖当时执权者，即中正高品之人，各自顾其门户，不肯变法且习俗已久，自帝王以及士庶，皆视为固然，而无可如何也。[①]

九品中正的流弊，至于上品无寒门，下品无世族了。循此发展，又产生两种恶风气：(一)政府用人，只问家世；官位高下，须以家谱为凭。查家谱后，如果确系世家士族，定作大官！因此之故，政府又派人撰姓氏谱或百家谱，以为用人的凭据。(二)谱既成了选人的凭据，那末任何人家，为子孙出身计，当然把家谱弄得很光荣。于是小姓冒大姓，庶姓入士族，作伪状，造巧籍，转成了风气。

魏九品中正法行，于是权归右姓。有司选举，必稽谱牒。故官有世胄，谱有世官。于是贾氏王氏谱学兴焉。晋太元中，贾弼撰《姓氏簿状》，宋何承天亦有《姓苑》二篇，刘湛又撰《百家谱》。而弼所撰，传子匪之，匪之传子希镜，撰《姓氏要状》十五篇。希镜传子执，执传其孙冠，故贾氏谱学最擅名。沈约谓"晋咸和以后，所书谱牒，并皆详实。"梁武因约言，诏王僧孺改定《百家谱集抄》十五卷，《南北谱集》十卷，故又有王氏谱学。此南朝谱学之源流也。[②]

尚书令沈约，以为晋咸和初，苏峻作乱，文籍无遗。后起咸和二年(公元三二七年)以至于宋，所书并皆详实。在下省左户曹前厢，谓之《晋籍》，有东西二库。此籍既并精详，实可宝惜。位宦高卑，皆可依案。宋元嘉二十七年(公元四五〇年)始以七条征发；既立此科人奸互起。伪状巧籍，岁月滋广。以至于齐，患其不实；于是东堂校籍，置郎令史以掌之。竞行奸货，以新换故；昨日卑细，今日便成士流。宋齐二代，士庶不分，杂役减阙，职由于此。窃以《晋籍》所余，宜加宝爱。武帝以是留意谱籍，因诏僧孺，改订《百家谱》。[③]

---

① 赵翼：《二十二史劄记·九品中正》。

② 顾炎武：《日知录·杂论姓氏书注》。

③ 《南史·五僧孺传》。

三　六朝时代之学术思想

上流社会生活丰裕　从上面第一节看，可以知道当时江南的物质环境非常优美；从第二节看，可以知道当时江南社会构造是阶级的。优美的环境与阶级的社会，正是六朝时代学术思想之所由兴。六朝时代，社会上层分子或士大夫，因经济地位优越之故，生活非常丰裕。干宝《晋纪·总论》有云：

> 朝寡纯德之人，乡乏不贰之老。……其妇女庄栉织纴，皆取成于婢仆；未尝知女工丝枲之业，中馈酒食之事也。先时而婚，任情而动；故皆不耻淫佚之过，不拘妬忌之恶。

这段所涉，颇为广泛：凡无节，奢靡淫荡，无耻等等恶德，都谈到了。若专讲奢靡，可引《颜氏家训》一段以为证。其言曰：

> 晋朝南渡，优借士族；故江南冠带有才干者，擢为令仆以下，尚书郎中书舍人已上，典掌机要。其余文义之士，多迂诞浮华，不涉世务。……
>
> 梁世士大夫，皆尚褒衣博带，大冠高履；出则车舆，入则扶侍；郊郭之内，无乘马者。……及侯景之乱，肤脆骨柔，不堪行步；体羸气弱，不耐寒暑；坐死仓卒者，往往而然。……江南朝士，因晋中兴而渡江，本为羁旅。至今八九世，未有力田；悉资奉禄而食耳。假令有者，皆信僮仆为之，未尝目观起一拨土，耘一株苗。不知几月当下，几月当收。安识世间余务乎？故治官则不了，营家则不办；皆优闲之过也。①

"治官则不了，营家则不办"，正是六朝时代江南的上层社会优闲奢靡生活之特征。物质的生活既是如此；精神生活只要遇到某种特殊刺激，亦随着而有其特征。凡清谈，玄想，以及放任，快乐，自然，无为的人生观，

---

① 颜之推：《颜氏家训·涉务篇》。

皆是这种优闲奢靡生活遇到激烈的种族战争而反映出来的。凡生活丰裕及生活奢靡的人多反对种族战争及社会战争。纵不反对，也决不参加。不参加这种战争，然后生活又很丰裕，只好退而为清谈玄想。再者魏晋及魏晋以降的君主篡窃，亦够令生活丰裕的地主阶级生厌，而引诱他们退而为清谈玄想。

能作有内容之清谈　清谈云云，向来被人误解为空谈。甚至有人以为国家之弱，原因都在于此。其实清谈并不是空谈。反之，他是有内容的，且其内容非常丰富，大别之可分为三种：(1)哲理，以《老》《庄》《易》为主；(2)经义，以五经为主；(3)佛典，以《大品经》等为主。善谈哲理的，以何晏、王弼辈为最著名。至于经义，自梁武帝以后，帝王亲自提倡，讲者更多。佛典亦然。关于此三者，赵翼汇集了许多史事。不过赵是鄙视清谈的，不免有诋讲之处，至于所汇史实，很可以供参考。赵云：

> 清谈起于魏正始中；何晏、王弼祖述老庄，谓天地万物，皆以“无”为本。“无”也者，开物成务，无往而不存者也。……今散见于各传者，裴遐善言玄理，音词清畅，泠然若琴瑟。尝与郭象谈论，一座尽服。卫玠善玄言，每出一语，闻者无不咨叹，以为入微。王澄有高名，每闻玠言辄叹息绝倒。后过江与谢鲲相见，欣然言论终日，王敦谓鲲曰：“昔王辅嗣吐金声于中朝，此子复玉振于江表。不意永嘉之末，复闻正始之音。”王衍为当时谈宗，自以论《易》略尽，然亦有未了每曰：“不知此生当见有能通之者否?”及遇阮修谈《易》，乃叹服焉。王戎问阮瞻曰：“圣人贵名教，老庄明自然其旨同异?”瞻曰：“将毋同。”戎即辟之。时人谓之三语掾。郭象善《老》《庄》，时人以为王弼之亚。桓温尝问刘惔：“会稽王更进耶?”惔曰：“极进，然是第三流耳。”温曰：“第一流是谁?”惔曰：“固是我辈。”张凭初诣刘惔，处之下座。适王濛来，清言有所不通，凭即判之，惔惊服。此可见当时风尚大概也。……
>
> 至梁武帝始崇尚经学，儒术由之稍振。然谈议之习已成，所谓经学者，亦皆以为谈辨之资。武帝召岑之敬升讲座，敕朱异执《孝经》唱士孝章，帝亲与论难。之敬剖释纵横，应对如响。简文为太子时，出士林馆，发《孝经》题，张讥议论往复，甚见嗟赏。后周宏正在国子监，发《周易》题，讥与之论辨，宏正谓人曰：“吾每登座，见张讥在席，使人凛然。”简文使戚衮说《朝聘仪》徐摛与往复；衮精采自若。简文尝目

升座说经，张正见预讲筵，请决疑义。伏曼容宅在瓦官寺东，每升座讲经，生徒常数十百人。袁宪与岑文豪同候周宏正，宏正将登讲座适宪至即令宪树义。时谢岐、何妥并在座，递起义端，宪辨论有余。刘溉曰："袁君正有后矣。"严植之通经学，馆在潮沟，讲说分区段次第，每登讲五馆生毕至，听者千余。鲍曒在太学，有疾，请纪少瑜代讲；少瑜善谈吐，辨捷如流。崔宪恩自魏归梁，为博士，性拙朴，无文采。及解析经义，甚有精致，旧儒咸重之。沈峻精《周官》，开讲时，群儒刘嵒沈熊之徒，并执经下座，北面受业。是当时虽从事于经义，亦皆口耳之学；开堂升座，以才辨相争胜，与晋人清谈无异；特所谈者不同耳。……

梁时所谈，亦不专讲《五经》。武帝尝于重云殿自讲《老子》，徐勉举顾越论义，越音响若钟，咸叹美之。简文在东宫，置宴玄儒之士，邵陵王纶讲《大品经》篇，使马枢讲《维摩》《老子》，同日发题，道俗听者二千人。王谓众曰："马学士论义，必使屈伏，不得空其主客。"于是各起辨端。枢转变为无穷，论者咸服。则梁时《五经》之外，仍不废《老庄》，且又增佛义。晋人虚伪之习，依然未改，且又甚焉。风气所趋，积重难返。直至隋平陈之后，始扫除之。盖关陕朴厚，本无此风；魏周以来，初未渐染；陈人之迁于长安者，久已衰薾不振，故不禁而已消灭也。①

勤研易老庄之哲理　就上所述看来，可知清谈决非空谈可比。哲理，经义(把经义亦列入清谈之诸对象中，是赵翼个人的主张)，佛学，实为其主要之内容。这几种内容之中，尤以哲理一项，为最有名。这项创始于魏正始中，彼时何晏王弼，立说皆祖述《老》《庄》。发展于晋宋之际，彼时政府为此，且特别设置玄学。极盛于梁世，彼时《庄》《老》《周易》，名曰："三玄"，帝皇对此，且尝讲论不倦。兹举若干记录证之。

魏正始中，何晏王弼，祖述《老》《庄》，立论以为：天地万物，皆以"无为"为本。②

尚之为丹阳尹，立宅南郭外，置玄学，聚生徒。东海徐秀，庐江

---

① 赵翼：《二十二史劄记·六朝清谈之习》。

② 《晋书·王衍传》。

何昙、黄回，颍川荀子华，太原孙宗昌、王延秀，鲁郡孔惠宣，并慕道来游，谓之南学。①

夫老庄之书，本全真养性，不肯以物累己也。故藏名柱史，终蹈流沙。匿迹漆园，卒辞楚相。此任纵之徒耳。何晏王弼，祖述玄宗，递相夸尚，景附草靡。皆以农黄之化，在乎己身；周孔之业，弃之度外。……洎乎梁世，兹风复阐：《庄》《老》《周易》，总谓三玄。武皇简文，躬自讲论。周宏正奉赞大猷；化行都邑；学徒千余，实为美盛。元帝在荆江间，复所爱习；召置学生，亲为教授；废寝忘食，以夜继朝。至乃倦剧愁愤，辄以讲自释。②

三玄之理，讲论者多，研习者多，则注解的人，断不可少。所以自魏正始以后，对此作注解的，便陆续有人。王弼注《易》及《老子》，向秀、郭象注《庄子》，张讥所注尤多，也都是关于三玄的。

弼好论儒道，辞才逸辩，注《易》及《老子》，为尚书郎，年二十余卒。③

先是注《庄子》者数十家，莫能究其旨统，向秀于旧注外而为解义；妙演奇致，大畅玄风。惟《秋水》《至乐》二篇未竟，而秀卒。秀子幼。其义零落，然颇有别本迁流。象为人行薄，以秀义不传于世，遂窃以为己注，乃自注《秋水》《至乐》二篇，又易《马蹄》一篇。其余众篇，或点定文句而已。其后秀义别本出。故今有向郭二《庄》，其义一也。④

义笃好玄言，讲《周易》《老庄》而教授焉。吴郡陆元朗朱孟博，一乘寺沙门法才，法云寺沙门慧拔，至真观道士姚绥皆传其业。讥所选《周易义》三十卷，《老子义》十一卷，《庄子》《内篇义》十二卷，《外篇义》二十卷，《杂篇义》十卷，《玄部通义》十二卷，《玄游桂林》二十四卷。⑤

三玄所发挥的要义，非常之多。而“无为”“齐物”，尤为说得透澈。无

① 《宋书·何尚之传》。

② 颜之推：《颜氏家训·勉学篇》。

③ 《三国志·魏书·钟会传》。

④ 《晋书·郭象传》。

⑤ 《南史·张讥传》。

为之义，早在何晏、王弼之时，便已讲得很明白了。

何晏、王弼，祖述《老庄》，立论以为："天地万物，皆以'无为'为本。无也者开物成务，无往而不存者也。阴阳恃以化生，万物恃以成形，贤者恃以成德，不肖恃以免身；故无之为用，无爵而贵矣。"①

郭象注《庄子》，说得更透。其言有曰：

夫"无为"之体大矣；天下何所不无为哉？故主上不为冢宰之任，则伊吕静而司尹矣。冢宰不为百官之所执，则百官静而御事矣。百官不为万民之所务，则万民静而安其业矣。万民不易彼我之所能，则天下之彼我静而自得矣。故自天子以下，至于庶人，下及昆虫，孰能有为而成哉？是故弥无为而弥尊也。②

关于"齐物"之义，亦有如下的说法：

夫自是而非彼，彼我之常情也。……将明无是无非，莫若反覆相喻。反覆相喻，则彼之与我，既同于自是，又均于相非。均于相非，则天下无是；同于自是，则天下无非。何以明其然耶？是若果是，则天下不得复有非之者也。非若果非，亦不得复有是之者也。今是非无主，纷然淆乱。明此区区者，各信其偏见，而同于一致耳。仰观俯察，莫不皆然。是以至人知天地一指也，万物一马也；故浩然大宁，而天地万物各当其分；同于自得，而无是无非也。③

这种"无为""齐物"的思想，在六朝时代，可以算做最中和的。与此较左的，有《抱朴子》中《诘鲍篇》的思想可为代表；与此较右的，伪《列子》中的《杨朱篇》的思想可为代表。《诘鲍篇》里面的思想，是极端反干涉的，简直可以说是一种无政府主义的思想。但其着重之点，似在非战。认不设君主，不分尊卑，可以无兼并，可以无攻伐；一言蔽之，可以避去残酷的战争。其言曰：

① 《晋书·王衍传》。
② 《庄子·天道篇注》。
③ 《庄子·齐物论篇注》。

鲍生敬言好老庄之书，治剧辩之言，以为古之无君胜于今世。故其著论云："儒者曰，天生蒸民，而树之君；岂其皇天谆谆言，亦将欲之者为辞哉？夫强者凌弱，则弱者服矣；智者诈愚，则愚者事之矣。服之，故君臣之道起焉；事之，故力寡之民制焉。然而隶属役御，由乎争强弱而校愚智。……夫役彼黎蒸，养此在官；贵者禄厚，而民亦困矣。夫死而得生，欣喜无量，则不如向无死也。让爵辞禄以钓虚名，则不如本无让也。天下逆乱焉，而忠义显矣。六亲不和焉，而孝慈彰矣。曩古之世，无君无臣。穿井而饮，耕田而食；日出而作，日入而息；泛然不系；恢然自得；不竞不营，无荣无辱。山无蹊径，泽无舟梁。川谷不通，则不相并兼；士众不聚，则不相攻伐。势利不萌，乱祸不作；干戈不用，城池不设。万物玄同，相忘于道；疫疠不流，民获考终。纯白在胸，机心不生；含餔而熙，鼓腹而游。其言不华，其行不饰。安得聚敛以夺民财？安得严刑以为坑穽？降及杪季，智用巧生；道德既衰，尊卑有序。繁升降损益之礼，饰绂冕玄黄之服。……去宗日远，背朴弥增。造剡利之器，長侵割之患。弩恐不劲，甲恐不坚；矛恐不利，盾恐不厚。若无凌暴，此皆可弃也。故曰，白玉不毁，孰为珪璋？道德不废，安取仁义？使夫桀纣之徒，得燔人，辜谏者，脯诸侯，葅方伯，剖人心，破人胫；穷骄淫之恶，用炮烙之虐。若令斯人并为匹夫，性虽凶奢，安得施之？使彼肆酷恣欲，屠割天下；由于为君，故得纵意也。君臣既立，众慝日滋；而欲攘臂乎桎梏之间，愁劳于涂炭之中；人主忧栗于庙堂之上，百姓煎扰乎困苦之中；闲之以礼度，整之以刑罚；是犹辟滔天之源，激不测之流，塞之以撮壤，障之以指掌也。①

生活丰裕的地主阶级，当社会战争及种族战争都很激剧之时，除消极地不参加战争外，也尝发积极的非战主张。鲍敬言之反君主，其旨仍在非战。盖以有了君主，兼并攻伐便不能免也(魏晋以降的篡窃便是例证)。与此相反的则为伪《列子》中《杨朱篇》里的享乐思想。非战似在为人，享乐则直是为己。《杨朱篇》之言曰：

① 《抱朴子·外篇》第四十八《诘鲍篇》。

人生之生也，奚为哉？奚乐哉？为美厚尔，为声色尔。而美厚复不可常厌足，声色不可常玩闻；乃复为刑赏之所禁劝，名法之所进退：遑遑尔竞一时之虚誉，规死后之余荣；偊偊尔慎耳目之观听，惜身意之是非。徒失当年之至乐，不能自肆于一时。重囚累梏，何以异哉？太古之人知生之暂来，知死之暂往；故从心而动，不违自然所好。当身之娱，非所去也，故不为名所劝。从性而游，不逆万物所好；死后之名，非所取也，故不为刑所及。名誉先后，年命多少，非所量也。①

晏平仲问养生于管夷吾，管夷吾曰："肆之而已，勿壅勿阏。"晏平仲曰"其目奈何？"夷吾曰："恣耳之所欲听，恣目之所欲视，恣鼻之所欲向，恣口之所欲言，恣体之所欲安，恣意之所欲行。夫耳之所欲闻者音声，而不得听，谓之阏聪。目之所欲见者美色，而不得视，谓之阏明。鼻之所欲向者椒兰，而不得嗅，谓之阏颤。口之所欲道者是非，而不得言，谓之阏智。体之所欲安者美厚，而不得从，谓之阏适。意之所欲为者放逸，而不得行，谓之阏性。凡此诸阏，废虐之主。去此废虐之主，熙熙然以俟死；一日，一月，一年，十年，吾所谓养拘此废虐之主，录而不舍，戚戚然以至久生；百年，千年，万年，非吾所谓养。"②

这种极端的享乐思想，是种族战争及社会战争激烈时代最易发生的思想。凡种族战争及社会战争激烈的时代，思想界中，固亦有积极前进，参与实际斗争的人；但生活丰裕的一级，尝退到斗争之外，齐物达观，或自私享乐。总括言之，六朝时代思想界中的达观，无为，非君，非战，为我，享乐等等倾向，彼此虽有若干不同；其实只是生活丰裕的江南士族逃避种族战争或厌恶君主篡窃的一种反映而已。

深究各专门之学问　清谈玄想，说者多以为是完全空疏浮诞的东西，与专门学问不相干涉。于是认当时的学人为没有专门学问。其实清谈玄想与专门学问，不唯不相冲突，且互相扶翼。章炳麟在《五朝学》中，力言(1)东晋、宋、齐、梁、陈五朝之风气，较汉季为纯美。(2)五朝专门之学，因得玄想之助，非常精深。关于第一点，章或者有多少偏见。若第二点，我

① 《列子·杨朱篇》。

② 《列子·杨朱篇》。

们似可予以承认。至于把南朝削弱的原因，完全推到清谈与玄想上去，则更为不必。兹录章氏之言于次：

粤晋之东下讫陈，尽五朝三百年，往恶日湔，而纯美不忒；此为江左有愈于汉。徒以江左劣弱，言治者必暴摧折之；不得其征，即以清言为状。……驰说者不务综终始，苟以玄学为诟。其惟大雅，推见至隐，知风之自玄学者，固不与艺术文行牾，且翼扶之。昔者阮咸任达不拘，荀勖与论音律，自以弗逮。宗少文达死生分，然能为金石弄。戴颙述庄周大旨，而制新弄；合何尝白鹤二声，以为一调。殷仲堪能清言，善属文，医术亦究眇微。雷次宗、周续之皆事沙门慧远，尤明《三礼》。关康之散发被黄巾，申王弼《易》，而就沙门支僧纳学算，眇尽其能。又造《礼论》十卷。下逮文儒祖冲之始定圆率，至今为绳墨。其缀术文最深，而史在《文学传》。谢庄善辞赋，顾尝制木方丈，图山川土地，各有分理。离之则州郡殊，合之则宇内一。徐陵虽华，犹能草《陈律》，非专为美言也。夫经莫穹乎礼乐，政莫要乎律令，技莫微乎算术，形莫急乎药石。五朝诸名士皆综之；其言循虚，其势控实，故可贵也。凡为玄学，必要之以名，格之以分，而六艺方技者，亦要之以名，格之以分；治算，审形，度声，则然矣。

五朝有玄学，知与恬交相养，而和理出其性。故骄淫息乎上，躁竞弭乎下。……世人见五朝在帝位日浅，国削弱；因遗其学术行义弗道。五朝所以不竞，由任世贵，又以言貌举人；不在玄学。①

章氏之说，似已过时，然有两点可取。一则所举专科学问如医，律，算等，颇可以供参考；叫我们知道玄想发达之时，尚有专科学问。二则氏以五朝之不竞非由于玄学，与一般认清谈为误国之原因者不同，亦值得考虑之见解也。

四　六朝时代之文艺美术

雕琢文学之完成　六朝时代之学术思想，完全为当时江南物质环境及

① 章太炎：《太炎文录·五朝学篇》。

社会构造的一种反映。至于文艺美术等，也是一样。其反映当时的实际生活，更为著明。齐梁时代雕琢文学之极度发达，正是魏晋以来，士大夫优闲生活的结晶。兹约略述之。(1)六朝以前之文学。六朝的文学，原是承袭以前的遗产，在当时的环境之下，演化出来的。此地最宜把这遗产略为一述。早在秦前，有屈平、宋玉为文学的前驱。汉代有贾谊、司马相如，上与屈宋比美。此外王褒、刘向、扬雄，都有文名。至于东汉，班固、崔骃、蔡邕、张衡(平子)并长文学。曹魏时代，曹丕、曹植、陈琳、王粲，文名亦盛；建安时代之七子，尤为著名。《宋书》有云：

> 歌咏之兴，自生民始。周室既衰，风流弥著。屈平宋玉，道清源于前；贾谊相如，振芳尘于后。英辞润金石，高义薄云天。自兹以降，情志愈广。王褒、刘向、扬、班、崔、蔡之徒，异轨同奔，迭相师祖。虽清辞丽曲，时发乎篇；而芜音累气，固亦多矣。若夫平子艳发，文以情变；绝唱高踪，久无嗣响。至于建安，曹氏基命；二祖陈王，咸蓄盛藻；甫乃以情纬文，以文被质。自汉至魏，四百余年；辞人才子，文体三变。相如巧为形似之言，班固长于情理之说，子建、仲宣以气质风体，并标能擅美，独映当时。是以一世之士，各相慕习。原其飙流所始，莫不同祖《风骚》。[①]

魏建安时，文学独盛，上为两汉作一总结，下为六朝开一先河。当时曹操以一世之雄，奖励文学，召天下俊才，集于邺下。著名文人，如鲁国孔融(文学)，广陵陈琳(孔璋)，山阳王粲(仲宣)，北海徐干(伟长)，陈留阮瑀(元瑜)，汝南应玚(德琏)，东平刘桢(公干)，都出现于建安前后，号建安七子；其诗亦号建安体。

(2)魏晋之际，哲学与文学几乎合流。首先研究哲理的，为魏正始时的王弼、何晏。这在第三节里已经讲过。继王何之后，研究哲理，以《老》《庄》思想为中心，而用文学表示出来的，有所谓竹林七贤。七贤者，山涛、阮籍、嵇康、向秀、刘伶、阮咸、王戎七人也。这七个人都可以说是哲人，他们拿着《老子》里的“自然无为”主义，又拿着《庄子》里的“齐物达观”主义，作进一步的发展，造成一种任性浪漫的人生观。这可举刘伶的《酒德颂》作

① 《宋书·谢灵运传》。

代表。颂曰：

有大人先生，以天地为一朝，万几为须臾，日月为扃牖，八荒为庭衢。行无辙迹，居无室庐；幙天席地，纵意所如。止则操卮执觚，动则挈榼提壶。惟酒是务，焉知其余？有贵介公子，搢绅处士；闻吾风声，议其所以。乃奋袂攘襟，怒目切齿；陈说礼法，是非蜂起。先生于是方捧罂承槽，含杯漱醪；奋髯箕踞，枕曲借糟。无思无虑，其乐陶陶。兀然而醉，恍尔而醒。静听不闻雷霆之声，熟视不见太山之形。不觉寒暑之切肌，利欲之感情。俯观万物，扰扰焉若江海之载浮萍；二豪侍侧焉，如蜾蠃之与螟蛉。①

这完全是一篇讲人生观的哲理的文字，竟以文学体裁表达之。当时文学与哲学的关系大概是很密切的。自七贤以后，仿效之者有王衍、乐广辈，相继而起。王衍、乐广辈也都是哲学家；但于当时文人的态度，文学作品的内容，是很有影响的。

(3)晋太康时，有三张(张载、张协、张亢)二陆(陆机、陆云)两潘(潘岳、潘尼)一左(左思)勃尔兴起，谓之文章中兴。直到南朝之宋，文风大变；其时的代表作家有颜延年、谢灵运、鲍照，谓之颜谢鲍三大家。其作品大体形式整齐，诗则重格律，文则重排偶。一言蔽之，偏重外形的雕琢，可称之为雕琢文学。雕琢文学，自晋太康以后，经过宋元嘉时代，达到齐永明间，便完全成立。太康时之文体曰太康体；元嘉时的曰元嘉体；永明时的曰永明体。此三时期之文体，当然有进步。进步之方向则一，曰：向雕琢的路上迈进是也。永明体之特色，在乎声调格律。兹举纪录于次。

时盛为文章，吴兴沈约，陈郡谢朓，琊瑘王融，以气类相推毂。汝南周颙善识声韵。约等文皆用宫商，将平上去入为四声，以此制韵：有平头，上尾，蜂腰，鹤膝。五字之中，音韵悉异；两句之内，角征不同。不可增减，世呼为永明体。②

四声起于江左。李登有《声类》；周颙有《四声切韵谱》；沈约有《四声》。皆今韵书之权舆。以诗韵读之，实有其声。此后人补前人未修之

① 《晋书·刘伶传》。

② 《南史·陆厥传》。

一端。前人以宫，商，角，征，羽五字状五音之大小高下；后人以平，上，去，入四字状四声之阴阳流转。皆随类偶举一字。知其意者，易以他字，各依四声之次，未尝不可。梁武帝问周捨曰："何为平上去入?"对曰："'天子圣哲'是也。"可谓敏捷而切当矣。①

江左之文，自梁天监以前，多以去入二声同用。以后则若有界限，绝不相通。是知四声之论，起于永明，而定于梁陈之间也。②

永明体之盛极一时，竟陵王提奖之力最大。竟陵王是齐武帝的第二子，礼贤好士；因之天下文人，皆集其门下。而以谢朓、任昉、沈约、陆倕、范云、萧琛、王融、萧衍等八人为最著名，谓竟陵八友。

(4)雕琢文学，发达到了齐梁时代，算是登峰造极了。于是关于文学研究的著作，也应运而生。评论文学作品的，有梁钟嵘的《诗品》；讲求文章作法的，有梁刘勰的《文心雕龙》；选录文学作品的有梁太子昭明《文选》。《文选》所录，尽是雕琢之文。分类选集，为后世选集之始。《诗品》约当今之文学批评；《文心雕龙》约当今之文学概论。

书法绘画之发达　社会上层的分子，因生活虚闲之故，除雕琢诗文以外，复讲求(1)书法。因中国字是象形字，作书等于画图。除应用外，士大夫竟以此为一种艺术。晋宋以后，能书者特多，且盛行晋王羲之体。但草书盛行，不免破坏字的完整。颜之推云：

真草书迹微须留意。江南谚云：尺牍书疏，千里面目也。承晋宋余俗，相与事之，故无顿狼狈者。吾幼承门业，加性爱重；所见法书亦多，而玩习功夫颇至。遂不能佳者，良由无分故也。……梁武秘阁散逸以来，吾见二王真草多矣。家中尝得十卷。方知陶隐居阮交州萧祭酒诸书，莫不得羲之之逸体。故是书之渊源。萧晚节所变，乃是右军年少时法也。……

晋宋以来，多能书者。故其时俗，递相染尚；所有部帙，楷正可观，不无俗字，非为大损。至梁天监之间，斯风未变。大同之末，讹替滋生。萧子云改易字体，邵陵王颇行伪字(原注云：前上为草，能傍作长之类是也)。朝野翕然，以为楷式；画虎不成，多所伤败。至为一

① 江永：《音学辨微》。

② 顾炎武：《音谈》中。

> 字唯见数点；或妄斟酌，逐便转移；尔后坟籍，略不可看。北朝丧乱之余，书迹鄙陋。加以专辄造字，猥拙甚于江南；乃以百念为忧，言反为变，不用为罢，追来为归，更生为苏，先人为老：如此非一，徧满经传。唯姚元标工于草隶，留心小学；后生师之者众。洎于齐末，秘书缮写，贤于往日多矣。①

书法在当时上层社会中，除必需的用途以外，大概还可作交际应酬之用，可作献媚官府之用，可作装饰身份之用。唯相习成风，不免任意改变其体。就文字的进化而论，改变字体，倘以便于应用为主，并不要紧。不过当时之改变字体，大概出于好奇者为多。这从“追来”“百念”等等可以看出。

(2)绘画。书法以外，当时上层社会所玩好的，厥为绘画。凡帝王子孙，文人学士，达官要人，都以此装饰身份。如梁元帝武烈太子萧贲、刘孝先、刘灵皆精书法。不过这种装饰身份之具，也须先有了身份，然后才可以发生装饰之效用；并不是先会了这个，身分就可以抬高。这个物观的道理，古今是一样的。颜之推云：

> 画绘之工，亦为妙矣。自古名士，多或能之。吾家常有梁元帝手画蝉雀白团扇及马图，亦难及也。武烈太子偏能写真；坐上宾客，随宜点染，即成数人；以问童孺，皆知其名矣。萧贲、刘孝、先刘灵，并文学以外，复佳此法。玩阅古今，特可宝爱。
>
> 若官未通显，每被公私使令，亦为猥役。吴郡顾士端，出身湘东王国侍郎，后为镇南府刑狱参军，有子曰庭，西朝中书舍人；父子并有琴书之艺，尤妙丹青。常被元帝所使，每怀羞恨。彭城刘岳，橐之子也，仕为骠骑府管记，平氏县令。才学快士，而画绝伦。后随武陵王入蜀，下牢之败，遂为陆护军画支江寺壁，与诸工巧杂处。向使三贤都不晓画，直运素业，岂见此耻乎。②

音乐杂艺之盛行　(1)音乐亦为当时上层社会玩好之一。六朝时代的虚闲阶级，大抵都会这个。颜之推云：“《礼》曰，君子无故不彻琴瑟。古来名士，多所爱好。洎于梁初，衣冠子孙，不知琴者，号有所阙！大同以末，

---

① 颜之推：《颜氏家训·杂艺篇》。

② 颜之推：《颜氏家训·杂艺篇》。

斯风顿尽；然而此乐愔愔雅致，有深味哉！今世曲解，虽变于古，犹足以畅神情也。”[①]“曲解虽变于古，猶足以畅神情，”可见当时还是很流行的。

(2)博弈或棋戏，也是六朝时代士大夫玩好之一。流风所极，许多人都把光阴消磨到这种游戏上。于是不免有人出来倡反对之论。如吴太子，便以此为无益，王肃、葛洪、陶侃之徒，都能自戒，不玩这个。不过一种游戏，竟有人出而反对，正是已经盛行之证。且六朝时，博弈、围棋等游戏，始终盛行，被人目为雅戏，不过内容稍不同于古罢了。颜之推云：

> 《家语》曰：“君子不博，为其兼行恶道故也。”《论语》云：“不有博弈者乎！为之，犹贤乎已。”然则圣人不用博弈为教，但以学者不可常精；有时疲倦，则偿为之，犹胜饱食昏睡，兀然端坐尔。至如吴太子以为无益，命韦昭论之；王肃、葛洪、陶侃之徒，不许目观手执；此并勤笃之志也。能尔为佳。古为大博则六箸；小博则二甇；今无晓者。比世所行，一甇十二棋，数术浅短，不足可玩。围棋有手谈坐隐之目，颇为雅戏。但令人耽愦，废丧实多，不可常也。[②]

(3)投壶，更是当时盛行的玩好。种类之多，玩好者的技术之精，都到了极点。不过游戏的方法，以及所用的工具，也和博弈一样，是我们现在所没有常见的。兹仅录颜之推的话，以证当时此种游戏之盛行。颜云：

> 投壶之礼，近世愈精。古者实以小豆，为其矢之跃也。今则唯欲其骁，益多益喜，乃有倚竿，带剑，狼壶，豹尾，龙首之名。其尤妙者，有莲花骁。汝南周璝，弘正之子，会稽贺徽，贺革之子，并能一箭四十余骁。贺又尝为小障，置壶其外，隔障投之，无所失也。至邺以来，亦见广宁兰陵诸王有此校具，举国遂无投得一骁者。弹棋亦近世雅戏；消愁释愦，时可为之。[③]

附论六朝奢侈生活 时至六朝，上层社会的生活，已到了空前的奢侈之境。这大概南北都是一样，不过江南更甚罢了。当时的南方，物质环境，本很优良；再加上中原移来的许多现成财富，及许多劳动技能；于是物质

---

① 颜之推：《颜氏家训·杂艺篇》。

② 颜之推：《颜氏家训·杂艺篇》。

③ 颜之推：《颜氏家训·杂艺篇》。

文明，突飞猛进。凡帝王卿相，乃至一切豪富之家，都有享受奢侈生活之可能。中原方面，因豪富南迁，一时得行均田制度。同时西部北部许多游牧或半游牧性质的民族，挟其伟大之劳动力，到中原生产；于是中原的物质文明，一时也呈突飞猛进之状。因之北朝的统治者，以及其他上层社会分子，也有享受奢侈生活之可能。

生活奢侈到极点，便是生活腐化之开端。南北朝的末年，江南的统治者与中原的统治者，都因生活奢侈而腐化，而丧失统治力。结果，新兴的势力，乃起而建立新统治权，造成新集权帝国。这且留到下章去讲，现在只把当时奢侈的生活，从几个重要方面，泛泛述之，以见一个大概。(a)婚丧的奢侈。先述婚嫁。

> 晚俗浮靡，历兹永久。每思惩革，而民未知禁。乃闻同牢之费，华泰尤甚。膳羞方丈，有过王侯，富者扇其骄风，贫者耻躬不逮。或以供帐未具，动致推迁；年不再来，盛时忽往。[①]
>
> 政在节财，礼唯宁俭。而顷者婚嫁，竞为奢靡；牢羞之费，罄竭资财，甚乖典训之理。[②]
>
> 夫妇之始，王化所先；共食合瓢，足以成礼。而今之富者弥奢，同牢之设，甚于祭槃。累鱼成山，山有林木；林木之上，鸾凤斯存。徒有烦劳，终成委窠。[③]

次述丧祭。

> 三季浇浮，旧章陵替；吉凶奢靡，动违矩则。或裂锦绣，以竞车服之饰；涂金镂石，以穷茔域之丽，至班白不婚，露棺累业；苟相姱炫，罔顾大典。[④]
>
> 今丧葬……大礼未备。贵势豪富，越度奢靡。非所谓式昭典宪者也。[⑤]

---

① 《南齐书·武帝纪》。

② 《周书·武帝纪》上。

③ 《北史·临淮王谭》附《孝友传》。

④ 《南齐书·武帝纪》。

⑤ 《魏书·高宗文成帝纪》。

婚嫁丧祭之奢侈，于此可见一般。至于(b)饮食的奢侈。也可以录些记载以为证。

胡人奢侈，厚于养生。家有“蒲桃酒”，或至千斛，经十年不败。士卒沦没，酒藏者相继矣。[①]

(石崇)财产丰积，室宇宏丽。……庖膳穷水陆之珍。与贵戚、王恺羊琇之徒，以奢靡相尚。[②]

曾(何曾)……性奢豪，务在华侈。帷帐车服，穷极绮丽，厨膳滋味，过于王者，每燕见，不食太官所设。[③]

(c)服饰的奢侈。这在当时，男女都是一样，南北都是一样。所谓上流社会，无不争奇斗艳。

太元中，公主妇人，必缓鬓倾髻，以为盛饰。用发既多，不可恒戴。乃先于木及笼上装之，名曰假髻。或名假头。至于贫家，不能自办，自号无头。[④]

妇人皆剪剔，以着假髻。而危邪之状如飞鸟。至于南面，则髻心正西。始自宫内为之，被于四远。[⑤]

梁朝全盛之时，贵游子弟……无不熏衣剃面，传粉施朱。驾长檐车，跟高齿屐。坐棋子方褥，凭斑丝隐囊，列器玩于左右。从容出入，望若神仙。[⑥]

梁世士大夫，皆尚褒衣博带，大冠高履；出则车舆，入则扶侍；郊郭之内，无乘马者。[⑦]

以上所述，尚只限于婚丧，饮食，服饰三例；也未完全叙述宫庭。然而当时奢侈之状，已可概见。专就南北两方的统治者言，则其奢侈，当更甚于此。

---

① 《晋书·载记·吕光》。
② 《晋书·石苞》附《石崇传》。
③ 《晋书·何曾传》。
④ 《晋书·五行志》上。
⑤ 《北齐书·幼主纪》。
⑥ 颜之推：《颜氏家训·勉学篇》。
⑦ 颜之推：《颜氏家训·涉务篇》。

第六章　隋唐统一帝国之发展

一　由南北对立到南北一统

六朝时代，统治者的生活，无论南北，都因经济进步，而很奢靡。统治者生活的奢靡，正是其自身崩溃的一个主因。旧统治崩溃，新统治继起，历二百余年。到最后隋室树立空前大帝国，始结束南北对立之局。兹且将由对立到统一的经过，分述于次。

北齐统治者的腐化　在第四章第二节里，我们叙述到北朝的疆土时，知道梁陈交接的时代，天下已经三分，以江东，关西，河北为中心之三集团是也。《通典》云："自东西魏之后，天下三分：梁陈有江东，宇文有关西，高氏据河北。"[①]这三集团里统治者的腐化，都直接或间接成了隋室统一的原因。现在先从高氏的北齐说起。

北齐的统治，到后主时代，差不多已经腐化完了。齐后主武平七年十二月，北周之兵进逼，后主不知所措，"谓朝臣曰：'周师甚盛，若何?'群臣咸曰：'天命未改，一得一失，自古皆然；宜停百赋，安慰朝野；收拾遗兵，背城死战，以存社稷。'"[②]敌兵深入，才知"停百赋以安慰朝野"，可见当时统治者的腐化。迨晋阳(北齐以邺为上都，以晋阳为下都)被周师攻陷，士兵已完全没有斗志了，此时广宁王孝珩请出宫中宝物以赐将士，后主居然不悦。斛律孝卿请亲劳军，并为拟就劳军之辞。后主连背诵都不行！物欲如彼其大，能力如此其小，那里还谈得到统治?《北齐书》云：

---

① 《通典·州郡》一。

② 《北齐书·后主本纪》。

> 帝遣募人，重加官赏。虽有此言，而竟不出物！广宁王孝珩奏请出宫人及珍宝班赐将士，帝不悦！斛律孝卿居中受委，带甲以处分，请帝亲劳，为帝拟辞，且曰："宜慷慨流涕，感激人心。"帝既出临众，将令之，不复记所受言！遂大笑！左右亦群咍！将士莫不解体。[①]

处在这样穷蹙的时代，大家以为如果仍要抵抗周师，维持统治，最宜换一个皇帝。于是高元海、宋士素、卢思道、李德林等大臣假借瞻望气数者之言，谓统治当有革易，迫后主依天统故事，授位于幼主。时幼主年仅八龄，自然不能有所作为，更谈不到挽救危局了。至于后主的腐化，具体言之，可任举数端以为证。一，没有志向，不似人主。二，官以财进，乱政害人。三，宫庭生活，穷极奢侈。四，重税苛敛，耗竭人力。类此的情形，举不胜举；且录记载一段以概括之。《北齐书》云：

> 帝……言语涩呐，无志度。不喜见朝士。自非宠私昵狎，未尝交语。性懦不堪，人视者即有忿责。其奏事者，虽三公令录，莫得仰视；皆略陈大旨，惊走而出。每灾异寇盗水旱，亦不贬损。唯诸处设斋，以此为修德。雅信巫觋，解祷无方。……目以策无遗算，乃益骄纵。盛为无愁之曲，帝自弹胡琵琶而唱之。侍和之者以百数，人间谓之无愁天子。……
>
> 任陆令萱、和士开、高阿那肱、穆提婆、韩长鸾等宰制天下；陈德信、邓长颙、何洪珍参预机权。各用亲党，超居非次；官由财进，狱以贿成；其所以乱政害人，难以备载。
>
> 诸宫奴婢，阉人，商人，胡户，杂户，歌舞人，见鬼人滥得富贵者将万数；庶姓封王者百数，不可复纪。……诸贵宠祖祢，追赠官，岁一进位，极乃止。宫掖婢皆封郡君；宫女宝衣玉食者五百余人。一裙直万疋，镜台直千金。竞为变巧，朝衣夕弊。承武成之奢丽，以为帝王当然。乃更增益宫苑，造偃武脩文台。其嫔嫱诸宫中起镜殿，宝殿，瑇瑁殿。丹青雕刻，妙极当时。又于晋阳起十二院，壮丽逾于邺下。所爱不恒，数毁而又复。夜则以火照作，寒则以汤为泥。百工困穷，无时休息。凿晋阳西山为大佛像，一夜然油万盆，光照宫内。又

① 《北齐书·后主本纪》。

为胡昭仪起大慈寺，未成，改为穆皇后大宝林寺。穷极工巧，运石填泉，劳费亿计。人牛死者，不可胜纪。御马则籍以毡罽；食物有十余种。将合牝牡，则设青庐，具牢馔，而亲观之。狗则饲以粱肉；马及鹰犬，乃有仪同郡君之号。故有赤彪仪同，逍遥郡君，凌霄郡君；高思好书所谓驳龙逍遥者也。犬于马上设褥以抱之。斗鸡亦号开府。犬马鸡鹰，多食县干。鹰之入养者，稍割犬肉以饲之，至数日乃死。……又好不急之务，曾一夜索蝎，及旦，得三升。特爱非时之物，取求火急，皆须朝征夕办。当势者因之，贷一而责十焉。赋敛日重，徭役日繁；人力即殚，帑藏空竭。乃赐诸佞幸卖官，或得郡两三，或得县六七，各分州郡。下逮乡官，亦多降中者。故有敕用州主簿，敕用郡功曹。于是州县职司，多出富商大贾；竞为贪纵，人不聊生。爰自邺都及诸州郡，所在征税，百端俱起。凡此诸役，皆渐于武成，至帝而增广焉。[①]

北周统治者的腐化　北齐的统治者腐化至此，统治势力，自然不能久存。幼主承光元年(公元五七七年)，北齐毕竟为周师所破。是年周主入邺，北齐云亡。但周之统治者，其腐化程度，亦不减于齐主。例如消灭北齐以后承位的周宣帝，便是腐败不堪的人。其腐化的表现为(1)毫无孝心，父亲(高祖)才死，便逼其宫人为淫。(2)奢侈无度，宫殿帷帐，皆饰金玉；洛阳宫殿规模之壮丽，远逾汉魏。(3)穷极淫欲，尝淫及从祖兄子之妻，并令少年男子，饰为妇人，入宫歌舞。(4)虐待忠直，凡直言忠谏的人，无不遭其笞杖。凡此，只是大端而已，其详不可胜述。《周书》曰：

帝……嗣位之初，方逞其欲。大行在殡，曾无戚容。即阅视先帝宫人，逼为淫乱。纔及踰年，便恣声乐。采择天下子女，以充后宫。好自矜夸，饰非拒谏。禅位之后，弥复骄奢。耽酗于后宫，或旬日不出。公卿近臣请事者，皆附奄官奏之。

所居宫殿帷帐，皆饰以金玉珠宝。光华炫耀，极丽穷奢。及营洛阳宫，虽未成毕；其规模壮丽，逾于汉魏远矣。唯自尊崇，无所顾惮。国典朝仪，率情变改。后宫立号，莫能详录。……

西阳公温，杞国公亮之子。即帝之从祖兄子也。其妻尉迟氏有容

① 《北齐书·后主本纪》。

色。因入朝，帝遂饮之以酒，逼而淫之。亮闻之，惧诛，乃反。纔诛温，即追尉迟氏入宫；初为妃，寻立为皇后。每召侍臣论议，唯欲兴造变革。未尝言及治政。其后游戏无恒，出入不饰羽仪仗卫。晨出夜还，或幸天兴宫，或游道会苑。陪侍之官，皆不堪命。散乐杂戏，鱼龙烂漫之伎，常在目前。好令京城少年，为妇人服饰，入殿歌舞；与后宫观之，以为喜乐。

摈斥近臣，多所猜忌。又吝于财，略无赐与。恐群臣规谏，不得行己之志，尝遣左右密伺察之。动止所为，莫不钞录。小有乖违，辄加其罪。自公卿以下，皆被楚挞。其闻诛戮黜免者不可胜言。每笞捶人，皆以百二十为度。名曰天杖。宫人内职亦如之。后妃嫔御，虽被宠嬖，亦多被杖背。于是内外恐惧，人不自安；皆求苟免，莫有固志。[①]

中枢腐败叛者四起 如此腐败的宣帝，于宣政二年(公元五七九年)二月，将帝位传于其子阐(自称天元皇帝)，是为静帝，改元大象。这时的静帝，年纪还不满六岁！实际政权，操在杨坚之手。坚为宣帝后父，实静帝的外祖，其乘机把持朝政，乃极自然之事。总观当时的统治力量，正在大起动摇。宣帝腐化如彼，静帝幼弱如此；外戚又想乘机窃取政权。中央的情形如此，各地方有势力者乃乘时称兵。计当时称兵的，为数不在少数，兹可指出较重要的五大部分。(1)豫州、襄州、荆州一带的蛮族。(2)沙州(今四川昭化县西北)一带的氐族。这两部分或者是因种族的仇恨，乘中枢动摇而起兵的。(3)相州(今河南安阳县)总管尉迟迥。(4)益州总管王谦。(5)郧州总管司马消难。这三部分，都属封疆大吏；眼看着中枢腐化完了，会被姓杨的抢去，乃都假借勤王室，清君侧为名，起而称兵。综括看来，今之湖北、四川、河南等地，几乎凡是北周的西南部，当时都在动乱。《周书》叙述静帝大象二年(公元五八〇年)之乱事曰：

七月……己酉，陨州总管司马消难举兵。……

是月，豫州、荆州、襄州三总管内诸蛮各率种落反。焚烧村驿，攻乱郡县。

八月，庚申，益州总管王谦举兵。……

① 《周书·宣帝纪》。

己卯诏曰："朕只承洪业，二战于兹，借祖考之休，凭宰辅之力；经天纬地，四海晏如。逆贼尉迟迥才质凡庸，志怀奸慝；因缘戚属，位冠朝伦。……独幸天灾，欣然放命；称兵拥众，便怀问鼎。……"沙州氐帅开府杨永安聚众应王谦。①

这其中氐族的称兵，蛮族的称兵，大抵为种族意识的反映，姑不具论。至于尉迟迥、王谦、司马消难等之称兵，都直接或间接反对杨坚，俨然为勤王之师。兹分别述之。先述(一)尉迟氏。尉迟迥原为代人。其先属魏之别种，号尉迟部，因以为姓。南朝梁元帝时，武陵王纪称帝蜀中。北朝后魏很想乘机取蜀制梁，毕竟于魏废帝二年(公元五五三年)使尉迟迥攻蜀，大获全胜。迥在蜀中，势力既大，又得人心。蜀人颇有思念他的。北朝周宣帝即位，曾以迥为相州总管。其个人的历史，颇为光荣。《周书》云：

尉迟迥字薄居罗，代人也。其先魏之别种，号尉迟部，因而姓焉。……迥督……六军甲士一万二千，骑万疋伐蜀。以魏废帝二年(公元五五三年)春，自散关，由固道，出白马，趣晋寿。开平林旧道。前军临剑阁，纪安州刺史乐广以州先降。纪梁州刺史杨乾运，时镇潼州，又降。六月，迥至潼州，大飨将士，引之而西。纪益州刺史萧㧑不敢战，遂婴城自守，进军围之。初，纪至巴郡，闻迥来侵，遣谯淹回师，为㧑外援。迥分遣元珍、乙弗亚等以轻骑破之，遂降。㧑前后战数十合，皆为迥所破，㧑与纪子宜都王肃，及其文武官属诣军门请见，迥以礼接之，其吏人等各令复业，唯收僮隶及储积，以赏将士。号令严肃，军无私焉。……孝闵践阼，进位柱国大将军。又以迥有平蜀之功，同霍去病冠军之义，封宁蜀公，进蜀公爵，邑万户。宣帝即位，以迥为大前疑，出为相州总管。②

从此看来，尉迟迥这个人，从西魏到北周，历仕两朝，很有军功。当周孝闵帝及周宣帝之时，他的官职很大。直到宣帝死了，静帝幼弱。杨坚辅政，有篡位之意，尉迟迥才开始反叛。

① 《周书·静帝纪》。

② 《周书·尉迟迥传》。

宣帝崩，隋文帝(杨坚)辅政，以迥位望夙重，惧为异图；乃令迥子魏安公惇齐诏书以会葬征迥；寻以郧公韦孝宽代迥为总管。迥以隋文帝当权，将图篡夺，遂谋举兵，留惇而不受代。……乃集文武士庶登城北楼而令之曰："杨坚以凡庸之才，借后父之势，挟幼主而令天下；威礼自己，赏罚无章；不臣之迹，暴于行路。吾居将相，与国舅甥，同休共戚，义由一体。先帝处吾于此。本欲寄以安危。今欲与卿等纠合义勇，匡国庇人；进可以享荣名退可以终臣节。卿等以为何如?"于是众咸从命，莫不感激。乃自称大总管；承制署置官司。……迥所管相、卫、黎、毛、洺、贝、赵、冀、瀛、沧、勤(勤为迥之姪子)所统青、膠、光、莒诸州，皆从之，众数十万。荥州刺史邵公宇文宙，申州刺史李惠，东楚州刺史费也利进，东潼州刺史曹孝达，各据州以应迥。迥又北结高宝宁，以通突厥；南连陈人，许割江淮之地。①

讨杨的阵容，如此浩大。但结果反为杨坚所击破，尉迟迥终于被迫自杀。轰轰烈烈的讨杨运动，无疾而终。现在且再看(二)王谦的讨杨运动如何。王谦字勑万；其父名雄，颇有军功；为周讨齐，死于军中，谦以父功，为柱国大将军。后闻杨坚把持朝政，宇文氏之政权，将为杨家夺去，乃合益潼等十八州之师，进讨杨氏。《周书》云：

王谦字勑万，太保雄之子也。性恭谨，无他才能；以父功，累迁骠骑大将军开府。孝闵践祚，……雄从晋公护东讨，为齐人所毙。朝议以谦父殒身行阵，特加殊宠，乃授谦柱国大将军；以情礼未终，固辞不拜。高祖手诏夺情，袭爵庸公，邑万户。后皇太子讨吐谷浑，力战有功。是时高祖东征，谦又力战，进上柱国益州总管。时谦令司录贺若昂奉表诣阙，昂还，具陈京师事势。谦以世受国恩，将图匡复，遂举兵，署官司。所管益、潼、新、始、龙、邛、青、泸、戎、宁、汶、陵、遂、合、楚、资、眉、普十八州；及嘉、渝、临、渠、蓬、隆、通、兴、武、庸十州之人多从之。总管长史乙弗虔，益州刺史达奚惎，劝谦据险观变。隆州刺史阿史那环为谦书三策曰："公亲率精锐，直指散关；蜀人知公有勤王之节，必当各思效命，此上策也。出兵梁汉，以顾天下，此中策

① 《周书·尉迟迥传》。

也。坐守剑南，发兵自卫，此下策也。”谦参用其中下之策，……遣兵镇始州，……达奚惎、乙弗虔等众十万，攻利州。[1]

但结果不幸，王谦的讨杨运动，也和尉迟迥的讨杨运动一样，没有成功；反而被杨坚的兵击败。谦最后逃奔新都，新都县令王宝把他斩了，并把他的头传到京师。达奚惎、乙弗虔也都屈服了。至于为他划策的阿史那环也被杀了。现在再看响应尉迟迥与杨坚为难的，即(三)司马消难。消难的出身，也并不坏，父名子如，齐神武(北齐)时，曾为尚书令。消难官亦至光禄卿，出为北豫州刺史。后附北周，入朝，授大将军荥阳公，迁大后丞，纳女为周静帝后。寻出为交州总管。当时中央的政权，快要被杨坚夺去了，尉迟迥正因此发难讨杨。消难闻之，也举兵发难，与迥一致行动。其势力遍布于今之河南、湖北等地。《周书》云：

司马消难字道融，河内温人。父子如，为齐神武佐命，位至尚书令。消难幼聪惠，微涉经史；好自矫饰，以求名誉，起家著作郎。子如既当朝贵，消难亦爱宾客。邢子才、王元景、魏收、陆卬、崔瞻等皆游其门；寻拜驸马都尉光禄卿，出为北豫州刺史。齐文宣末年，昏虐滋甚，消难既惧祸及；常有自全之谋；曲意抚纳，颇为百姓所附属。……文宣颇疑之，消难惧，密令所亲裴藻间行入关，请举州来附。晋公护遣达奚武、杨忠迎之，消难遂与武俱入朝，授大将军荥阳公，从高祖东伐，迁大后丞，纳女为静帝后。寻出为交州总管。

隋文帝辅政，消难既闻蜀公迥不受代，遂欲与迥合势，亦举兵应之。以开府田广等为腹心。杀总管长史侯莫陈杲，郧州刺史蔡泽等四十余人。所管郧、随、温、应、士、顺、沔、环、岳九州；鲁山、甑山、沌阳、应城、平靖、武阳、上明、须水八镇并从之。使其子泳质于陈以求援。[2]

司马消难的举兵，亦复没有成功。结果为杨坚的兵击败，投奔于陈。及陈平以后，仅免死而已。

大难迫来隋室代周　由上所述看来，北周末年，其所统治的西南各地，几乎无处不在动乱。氐族乱于沙州，即今四川一带；蛮族乱于豫、荆、襄

① 《周书·王谦传》。

② 《周书·司马消难传》。

州，即今河南、湖北一带。这两部分的动乱，大概是氐蛮各族，为着自身的抬头，乘中央力弱，而发动的。此外尉迟迥以相州总管的资格，发难于相州，即今河南之地；王谦以益州总管的资格，发难于益州，即今四川之地；司马消难以交州总管的资格，发难于郧州，即今湖北之地。这三部分的动乱，都是州总管等眼看着中央政权，将被杨坚夺去，以勤王为名，起而发动的。

中央力弱，遂致地方称乱，地方称乱的愈多，遂给杨坚以坐大的机会。当时的静帝，不过是六七岁的小孩而已，不知什么叫国家大事。杨坚以外祖的资格，躲在皇帝的空名之下，拿镇压叛乱做口实，把整个的统治权移到自己手里。结果，北周各地方的叛乱，固然给杨坚平定下来了；但同时北周的整个统治权，也被杨坚拿去了。于是静帝禅位，隋室代周；所谓北朝，至是完全结束。计杨坚自入朝辅政，至受禅代周，中间经过，可括为三大项：(1)取得入朝辅政的机会。杨坚，据说是弘农郡华阴人。为汉太尉杨震的八代孙。他的父亲，从周太祖起义于关西，因有功之故，位至柱国大司空隋国公。周武帝之时，坚以左小宫伯之资格，出为隋州刺史。周宣帝之时，他以后父的资格，拜上柱国大司马，位望颇隆。宣帝崩，静帝幼弱；他以结交郑译、刘昉等，遂得入朝辅政。《隋书》云：

> 大象二年(公元五八〇年)五月……乙未，帝崩。(宣帝)时静帝幼冲，未能亲理政事。内史上大夫郑译，御正大夫刘昉，以高祖(杨坚)皇后之父，众望所归，遂矫诏引高祖入总朝政，都督内外诸军事。……庚戌，周帝拜高祖假黄钺左大丞相，百官总己而听焉。以正阳宫为丞相府。郑译为长史，刘昉为司马，具置寮佐。宣帝时，刑政苛酷，群心崩骇，莫有固志。至是高祖大崇惠政，法令清简；躬履节俭，天下悦之。①

(2)平定氐蛮各族。相州总管等以及宗室诸王之叛乱，这在前面已大略说过。兹再举《隋书》的一段，以见一般。

> 大象二年(公元五八〇年)……六月，赵王招、陈王纯、越王盛、代王达、滕王逌并至于长安；相州总管尉迟迥自以重臣宿将，志不能平，遂举兵东夏。赵魏之士，从者若流。旬日之间，众至十余万。又

① 《隋书·高祖本纪》上。

宇文胄以荥州，石愻以建州，席毗以沛郡，毗弟叉罗以兖州，皆应于迥。迥遣子质于陈请援。高祖命上柱国郧国公韦孝宽讨之。

雍州牧毕王贤及赵、陈等五王，以天下之望归于高祖，因谋作乱。高祖执贤斩之，寝赵王等之罪，因诏五王剑履上殿，入朝不趋，用安其心。

七月，陈将陈纪、萧摩诃等寇广陵，吴州总管于颤转击破之。广陵人杜乔生聚众反，刺史元义讨平之。韦孝宽破尉迟迥于相州，传首阙下，余党悉平。

初，迥之乱也，郧州总管司马消难据州响应。淮南州县多同之。命襄州总管王谊讨之。消难奔陈。荆郢群蛮乘衅作乱，命亳州总管贺若谊讨平之。

先是上柱国王谦为益州总管；既见幼主在位，政由高祖，遂起巴蜀之众，以匡复为辞。高祖方以东夏山南为事，未遑致讨。谦进兵屯剑阁，陷始州。至是乃命行军元帅上柱国梁睿讨平之，传首阙下。巴蜀阻险，人好为乱；于是更开平道，毁剑阁之路，立铭垂诫焉。

五王阴谋滋甚，高祖斋酒肴以造赵王第，欲观所为，赵王伏甲以宴高祖，高祖几危，赖元胄以济，语在《胄传》。于是诛赵王招越王盛。①

由此看来，平定称兵的异族，如荆郢之蛮；平定称兵的州总管，如相州之尉迟迥，益州之王谦，郧州之司马消难；平定称兵的宗室王，如赵王招、陈王纯、越王盛、代王达、滕王逌、毕王贤等，概是杨坚在中央主持，命令部下所作的。其中平定宗室诸王一项，尤为惨酷。赵翼研究诸宗室列传，发现宇文周氏的亲属，几乎给杨坚杀光了。这也可见转移一代的统治权，并不是一件容易事。赵翼云：

古来得天下之易，未有如隋文帝者。以妇翁之亲，值周宣帝早殂，结郑译等，矫诏入辅政，遂安坐而攘帝位。其时虽有尉迟迥、宇文胄、石愻席毗、王谦、司马消难等起兵匡复；隋文犹假周之国力，不半载殄灭之。于是大权在手，宇文氏子孙，以次诛杀，殆无遗种。今以《周

① 《隋书·高祖本纪》上。

书》考之，周文帝子，除宋公震、谯王俭、冀公通先卒，卫王直先以罪诛外；赵王招、陈王纯、越王盛、代王达、滕王逌皆被杀。而并杀招子员、贯、乾铣、乾铃、乾鉴等，纯子谦、让、议等，盛子忱、悰、恢、愤、忻等，达子执、转等，逌子祐、裕、礼、禧等。而震之子实，俭之子恽，通之子绚，亦皆被杀。于是周文帝子孙尽矣。节闵帝一子康先死，其子湜亦被杀。于是节闵子孙又尽矣。明帝子毕王贤、酆王贞等皆被杀，并杀贤子弘义、恭道、树孃等，贞子德文等，于是明帝子孙亦尽矣。武帝子汉王赞、秦王贽、曹王允、道王充、察王兑、荆王元皆被杀，并杀赞子道德、道智、道义等，贽子忠诚、靖智、靖仁等，余本无子；于是武帝子孙尽矣。宣帝子静帝既为隋文帝所害，余子郢王衎、郢王术皆幼而被杀；于是宣帝子孙又尽矣。其宗室内，宇文胄以起兵应尉迟迥被杀；又宇文洽、宇文椿及子道宗、本仁、邻武、子礼献等；宇文众，及子仲和、孰伦等皆被杀。惟宇文洛以疏属幼年得封介国公，以为隋宾。未几，又毙之。于是宇文之宗族无一存者。窥人之国，而戕其子孙，至无遗类；此其残忍惨毒，岂复稍有人心？[①]

(3)迫周禅位。杨坚乘着周静帝之幼弱，把持周室之统治权；对匡复运动，一一给平下了；对周宗室子孙，杀戮殆尽了；迫周禅位，只是形式上的一幕。周静帝尚未遇害之前，毕竟被迫演了这一幕。大象三年(公元五八一年)二月，静帝乃下诏曰：

元气肇辟，树之以君；有命不恒。所辅惟德。天心人事，选贤与能。尽四海而乐推，非一人而独有。周德将尽，妖孽递生。骨肉多虞，藩维构寡。影响同恶，过半区宇；或小或大，图帝图王。则我祖宗之业，不绝如线。相国隋王，睿圣自天，英华独秀。刑法与礼仪同运，文德与武功共远。爱万物其如己，任兆庶以为忧。手运玑衡，躬命将士；芟夷奸宄，刷荡氛祲。化通冠带，威震幽遐。虞舜之大功二十，未足相比。姬发之合位三五，岂可足论？况木行已谢，火运既兴。河洛出革命之符，星辰表代终之象。烟云改色，笙簧变音；狱证咸归，讴歌尽至。且天地合德，日月贞明。故以称大为王，照临下土。朕虽

① 《二十二史劄记·隋文帝杀宇文氏子孙》。

寡昧，未达变通；幽显之情，皎然易识。今便祗顺天命，出逊别宫；禅位于隋，一依唐虞汉魏故事。[①]

隋平陈后南北一统 隋自大象三年(公元五八一年)代周以后，至开皇九年(公元五八九年)，便把南朝之陈平下来了。至是，东晋以来，南北对立之局，完全结束；统一的集权帝国，又复重现。这中间的经过，分述于次。(a)陈室统治者之腐化。当南北朝时代的末年，北齐与北周的统治者，因中原方面经济的发展，生活都已趋于腐化，以致完全丧失统治能力。这在本节的开始，便已讲过了。至于南朝之陈，则因江左方面，生产的丰裕，远胜中原；帝王的生活，较之北朝，奢靡更甚。其腐化，其丧失统治力，乃极自然之事。例如陈后主本人，便是一个代表。后主为人，一则不懂民间疾苦；二则不知创业之艰难；三则大扇奢风；四则寄情文酒。《陈书》云：

后主生深宫之中，长妇人之手。既属邦国殄瘁，不知稼穑艰难。初惧阽危，屡有哀矜之诏；后稍安集，复扇淫侈之风。宾礼诸公，唯寄情于文酒。昵近群小，皆委之以衡轴。谋谟所及，遂无骨鲠之臣。权要所在，莫匪侵渔之吏。政刑日紊，尸素盈朝。耽荒为长夜之饮，嬖宠同艳妻之孽。危亡弗恤，上下相蒙。众叛亲离，临机不悟。自投于井，冀以苟生。视其以此求生，抑亦民斯下矣。[②]

(b)隋文帝灭梁平陈。后主腐化如此，而隋文帝却正代北周统治着中原，朝气甚盛。灭陈而统一南北，早在他的计划之中。开皇七年(公元五八七年)把后梁平下；开皇八年(公元五八八年)乃开始讨陈。是年十月，

命晋王广、秦王俊、清河公杨素并为行军元帅以伐陈。于是晋王广出六合，秦王俊出襄阳，清河公杨素出信州，荆州刺史刘仁恩出江陵，宜阳公王世积出蕲春，新义公韩擒虎出庐江，襄邑公贺若弼出吴州，落业公燕荣出东海。合总管九十，兵五十一万八千，皆受晋王节度。东接沧海，西拒巴蜀；旌旗舟揖，横亘数千里。[③]

---

① 《隋书·高祖纪》上。

② 《陈书·后主本纪》。

③ 《隋书·高祖纪》下。

到开皇九年(公元五八九年)正月，便把陈平下来了。“九年春正月，……贺若弼拔京口，韩擒虎拔陈南豫州。……景子，贺若弼败陈师于蒋山，获其将萧摩诃。韩擒虎入建邺，获其将任蛮奴，获陈主叔宝；陈国平。合州三十，郡一百，县四百。”①

(c)隋帝国之版图。隋既平陈，统一南北，树立帝国，都于长安，其版图之大，颇为可观。兹以四界而言，北至五原(今绥远五原县)，西至且末(今新疆且末县)，东南皆至于海。以所统之行政区域而言，则有郡一百九十，县一千二百五十五。东西九千三百里，南北万四千八百一十五里。《隋书》云：

> 高祖受终，维新朝政。开皇三年(公元八五三年)，遂废诸郡。洎于九载(公元五八九年)，廓定江表。寻以户口滋多，析置州县。炀帝嗣位，又平林邑，更置三州。既而并省诸州，寻即改州为郡。乃置司隶刺史，分部巡察。五年(公元六〇九年)，平定吐谷浑，更置四郡。大凡郡一百九十，县一千二百五十五，户八百九十万七千五百四十六，口四千六百一万九千九百五十六。垦田五千五百八十五万四千四十一顷。其邑居，道路，山河，沟洫，砂碛，盐卤，丘陵，阡陌皆不预焉。东西九千三百里，南北万四千八百一十五里。东南皆至于海，西至且末，北至五原。隋氏之盛，极于此也。②

二　隋帝国对内对外的活动

伟大的集权帝国，从南北腐化的势力中创造出来以后，便有两大问题随着发生。一则如何巩固其自身，二则如何防止其外患是也。要巩固其自身，则足民之食，发展交通等等工作为不可少；于是乎有内部的建设。要防止外患，则巩固边防，威胁四邻等等活动亦为不可少；于是乎有对外的用兵。兹分别述之。

内部之建设　这可分为数项。(a)广设仓库。足食之法，不外发展生产，注重储积，并以有余补救不足。隋初，农业的生产，颇为丰裕。至于储积，

---

① 《隋书·高祖纪》下。

② 《隋书·地理志序》。

则京师有仓廪，州有州仓，社有义仓。大事储积，以备不虞。

> 开皇三年(公元五八三年)，朝廷以京师仓廪尚虚，议为水旱之备。于是诏于蒲、陕、虢、熊、伊、洛、郑、怀、邵、卫、汴、许、汝等水次十三州置募运米丁；又于卫州置黎阳仓，洛州置河阳仓，陕州置常平仓，华州置广通仓，转相灌注。漕关东及汾、晋之粟，以给京师。又遣仓部侍郎韦瓒向蒲陕以东募人能于洛阳运米四十石经砥柱之险达于常平者，免其征戍。……五年(公元五八五年)五月，工部尚书襄阳县公长孙平奏曰："古者三年耕而余一年之积，九年作而有三年之储。虽水旱为灾，而人无菜色。皆由劝导有方，蓄积先备故也。去年亢阳，关内不熟；陛下哀愍黎元，甚于赤子；运山东之粟，置常平之官；开发仓廪，普加赈赐；少食之人，莫不丰足。鸿恩大德，前古未比。其强宗富室，家道有余者，皆竞出私财，递相赒赡。此乃风行草偃，从化而然。但经国之理，须存定式。"于是奏令诸州百姓及军人，劝课当社，共立义仓。收获之日，随其所得，劝课出粟及麦，于当社造仓窖贮之。即委社司执帐检校。每年收积，勿使损败。若时或不熟，当社有饥馑者，即以此谷赈给。自是诸州储峙委积。①

(b)发展交通。广设仓库，储积粮食，是建设的一大端。但一提到粮食之储积，则粮食之运输，便成了问题。当时交通工具，非常简陋，远道运输，极为不易。于是以人力开凿运河，成了必要的急务。隋代以人力开凿之河，最主要的有(1)广通渠，自大兴城(隋之都城，即今之长安)至潼关，东西三百余里，全是为着运输粮食而开凿的。《隋书》云：

> 渭水多沙，流有深浅，漕者苦之。四年(公元五八四年)诏曰："京邑所居，五方辐凑。重关四塞，水陆艰难。大河之流，波澜东注；百川海渎，万里交通。虽三门之下，或有危虑。若发自小平，陆运至陕，还从河水，入于渭川；兼及上流，控引汾晋；舟车来去，为益殊广。而渭川水力，大小无常；流浅沙深，即成阻阂。计其途路，数百而已；动移气序，不能往复；泛舟之役，人亦劳止。朕君临区宇，兴利除害；公私之弊，情甚愍之。故东发潼关，西引渭水；因借人力，开通漕渠。

① 《隋书·食货志》。

量事程功。易可成就。已令工匠，巡历渠道；观地理之宜，审终久之义。一得开凿，万代无毁；可使官及私家，方舟巨舫，晨昏漕运，沿泝不停。旬日之功，堪省亿万。诚知时当炎暑，动致殷勤。然不有暂劳，安能永逸？宣告人庶，知朕意焉。”

于是命宇文恺率水工凿渠，引渭水自大兴城东至潼关，三百余里，名曰广通渠。转运通利，关内赖之。①

其次有(2)永济渠。即今日黄河以北之一段运河，纵贯于今的河北与山东西北境，为黄河与白河(今河北省之白河，流入沽河，由大沽口入海者)间水路交通之要道。在当时实为控制中国东北部之重要工具。政府借此，可以运士兵，可以运军粮，可以递文书。军事与政治的意义，都极重大。这永济渠开于大业四年(公元六〇八年)，是年正月，“诏发河北诸郡男女百余万，开永济渠，引沁水，南达于河，北通涿郡。”②再其次有(3)通济渠与(4)江南河。通济渠即纵贯今之江苏，联络当时黄河与长江间之交通的一段运河。“炀帝大业元年(公元六〇五年)三月，……发河南淮北诸郡民，前后百余万，开通济渠。自西苑引谷洛水达于河；复自板渚引河历、荥泽入汴；又自大梁之东引汴水入泗，达于淮。又发淮南民十余万开邗沟，自山阳至扬子入江。渠广四十步，渠旁皆筑御道，树以柳。”③江南河即今长江与浙江间的一段运河。“大业六年(公元六一〇年)十二月，……敕穿江南河。自京口(今镇江)至余杭(今浙江杭县)八百余里，广十余丈。”④在交通上，直接通济渠。

综括言之，永济渠如为当时控制中国东北部之交通工具要道，则通济渠与江南河接连起来，实为当时控制中国东南部之交通要道。就经济言，可以运民食；就军事言，可以运士兵；就政治言，可以通文书。自南北统一以后，南北的交通，突见重要。人工开凿之通济渠与江南河，恰好应了事实上之必需。中国之河流，概是由西而东的横行。欲通南北，只有以人工开河为最有效之方法。隋时以人工开河，联络南北。于今河北、山东、江苏、浙江沿海四省的交通，都给联合起来；很足以表示当时建设能力之

① 《隋书·食货志》。

② 《隋书·炀帝纪》上。

③ 《资治通鉴·隋纪四》。

④ 《资治通鉴·隋纪五》。

伟大。

(c)营建宫殿。隋代诸种建设之中，凡广设仓库，发展交通等，都为必须的国策。只有营建宫殿，修造龙舟，盛饰车舆等乃专为皇室享乐的。修造龙舟一项，虽有重大的交通意义，然毕竟享乐之意义为多。因其意在享乐，而耗费人力与财力又极大，于是成了暴政。但这暴政完全出自炀帝。《隋书》云：

> 始建东都(隋之国都为大兴城，即今长安。此处所谓东都，乃今之洛阳)，以尚书令杨素为营作大监。每月役丁二百万人。徙洛州郭内人及天下诸州富商大贾数万家以实之。新置兴洛及回洛仓。又于皂涧营显仁宫。苑囿连接，北至新安，南及飞山，西至渑池，周围数百里。课天下诸州各贡草木花果奇禽异兽于其中。开渠引谷洛水自苑西入，而东注于洛。又自板渚引河，达于淮海，谓之御河。河畔筑御道，树以柳。又命黄门侍郎王弘，上仪同于士澄往江南诸州采大木，引至东都。所经州县，递送往返，首尾相属，不绝者千里。而东都役使促迫，僵仆而毙者，十四五焉。每月载死丁东至城皋，北至河阳，车相望于道。……
>
> 又造龙舟，凤艒，黄龙，赤舰，楼船，篾舫；募诸水工，谓之殿脚，衣锦行縢，执青丝缆，挽船以幸江都。帝御龙舟；文武官五品已上给楼船；九品已上给黄篾舫；舳舻相接，二百余里。所经州县，并令供顿献食。丰办者，加官爵；阙乏者，谴至死。
>
> 又盛修车舆辇辂旌旗羽仪之饰，课天下州县，凡骨角齿牙，皮革毛羽可饰器用，堪为氅毦者，皆责焉。征发仓卒，朝命夕办。百姓求捕，网罟遍野；水陆禽兽殆尽，犹不能给，而买于富豪蓄积之家，其价腾踊。是岁翟雉尾一直十缣，白鹭鲜半之。乃使屯田主事常骏使赤土国致罗刹；……又以西域多诸宝物，令裴矩往张掖监诸商胡互市；啖之以利，劝令入朝。自是西域诸蕃往来相继。所经州郡，疲于送迎，糜费以万计。[①]

对外的用兵 当时与隋相处最近，足以扰乱隋帝国之边境的，在西部

① 《隋书·食货志》。

有吐谷浑，北部有突厥，东北部有高丽。隋室对此，皆曾用兵。兹分别述之。(a)西击吐谷浑。吐谷浑本人名，属辽西之鲜卑族。与其庶弟慕容廆不睦，率众西徙。西晋末度陇，据枹罕暨甘松南界；从洮水西南极于白兰，地凡数千里。传至其孙，始号其国曰吐谷浑。自是以后，当魏周之际，首长称可汗，居伏俟城，在今青海西；其地东西三千里，南北千余里，成一很大之部族。隋初，侵弘州，高祖发兵数万击破之。后仍叛服无常。炀帝即位，恶其常来探访国家消息，乃与铁勒合力击破之，其首长伏允远遁，其部众来降者十万余。其土地东西四千里，南北二千里，亦皆为隋有。《隋书》云：其国

> 朝贡岁至，而常访国家消息，上甚恶之。炀帝即位，伏允遣其子顺来朝。时铁勒犯塞，帝遣将军冯孝慈出敦煌以御之。孝慈战不利，铁勒遣使谢罪请降，帝遣黄门侍郎裴矩抚慰之，讽令击吐谷浑以自效。铁勒许诺，即勒兵袭吐谷浑，大败之；伏允东走，保西平境。帝复令观王雄出浇河，许公宇文述出西平以掩之。大破其众。伏允遁逃，部落来降者十万余口。……自西平临羌城以西，且末以东，祈连以南，雪山以北，东西四千里，南北二千里，皆为隋有。置郡县镇戍，发天下轻罪徙居之。[①]

(b)西北击突厥。突厥本为平凉杂胡，初隶茹茹，世居金山。或曰：其先国于西海之上。迨茹茹式微，乃取而代之，国势骤增；西破挹怛，东逐契丹，北服戎狄，南扰中夏。当北周北齐并立之时，常作左右袒，以伸其势力于内地。《隋书》云："魏道衰敝，祸难相寻；周齐抗衡，分割诸夏。突厥之虏，俱通二国。周人东虑，恐齐好之深；齐氏西虞，惧周交之厚。……华夏之地，实为劳扰。犹复劫剥烽戍，杀害吏民；无岁月而不有也。"[②]隋初，犹复进犯；常寇武威、天水、安定、金城、上郡、弘化、延安等地，劫掠六畜殆尽。文帝震怒，乃乘其三大弱点，举兵进击。三大弱点者：一则突厥内部渠帅，互争雄长，常相残杀；二则其四邻对之，怀恨亦深，常想报复；三则其地贫苦，偶遇天灾，即无以为生。《隋书》云：突厥

① 《隋书·吐谷浑传》。

② 《隋书·突厥传》。

> 渠帅，其数凡五；昆季争长，父叔相猜；外示弥缝，内乖心腹；世行暴虐，家法残忍。
>
> 东夷诸国，尽挟私雠；西戎群长，皆有宿怨。突厥之北，契丹之徒，切齿磨牙，常伺其便。达头（西面的可汗）前攻酒泉。其后于阗、波斯、挹怛三国，一时即叛。沙钵略近趣周槃，其部内薄孤束、纥罗寻亦翻动。往年利稽察大为高丽、靺鞨所破。沙毗设又为纥支可汗所杀。与其为邻，皆愿诛剿；部落之下，尽异纯民；千种万类，仇敌怨偶；泣血拊心，衔悲积恨。……
>
> 其国……每冬雷震，触地火生。种类资给，惟借水草。去岁四时，竟无雨雪。川枯蝗暴，卉木烧尽。饥疫死亡，人畜相半。旧居之所，赤地无依。迁徙漠南，偷存晷刻。斯盖上天所忿，驱就齐斧；幽明合契，今也其时。①

于是以河间王弘，上柱国豆卢勣、窦荣定，左仆射高颎，右仆射虞庆则，并为元帅，出塞击突厥。这时，突厥首长沙钵略率部下阿波贪汗二可汗迎战，结果失败，逃跑。自此以后，沙钵略以阿波势力雄厚，人又骁悍，颇有忌妒之心。于是阿波投奔西部首长达头可汗。这么一来，突厥乃分成东西二部。东突厥与西突厥互争雄长，互相征战。彼此都常向隋帝国要好，以作外援。隋帝国乘之，操纵于其间，居然不费气力，就把他们制服了。

但后来隋室内乱迭作，突厥又盛。炀帝大业十一年（公元六一五年）且被围于雁门。结果虽得解脱，然突厥的朝贡，却从此绝了。并且隋室内乱的诸首领，如薛举、窦建德、王世充、刘武周、梁师都、李轨、高开道辈，都结交突厥，以为声援。这也可见得一个帝国之巩固，对其邻近民族，非有相当之处置不可。对外用兵，固不必一例以好大喜功视之。突厥之于隋唐亦正如匈奴之于秦汉然。我们这里述隋之对外用兵，只略提及突厥。下面述隋唐帝国在亚洲诸民族中之地位时，于军事的优越一点，还要提及突厥。

(c)东北攻高丽。高丽本夫余族，“其国东西二千里，南北千余里。都于平壤城，亦曰长安城，东西六里，随山屈曲，南临浿水（今鸭绿江）。复有国

---

① 《隋书·突厥传》。

内城汉城，并其都会之所，其国中呼为三京。与新罗每相侵夺，战争不息。”[①]隋文帝开皇初年，常遣使入朝。及隋平陈以后，高丽首长汤，大为不安；于是治兵积谷，为守拒之策。开皇十七年(公元五九七年)文帝致书于汤，数以下列各种过失：一，凡臣属隋室之部族，如靺鞨、契丹等，高丽曾加以攻击。二，隋帝国边境之人，有善射者，常被高丽以私利诱去。三，隋室派往高丽探问政情之人，常予拒绝，或不予以探问之方便。四，高丽常杀害隋帝国边境的人民。五，高丽常派人到隋帝国暗探消息。六，隋既平陈，高丽不应独致不满。其书云：

> 朕受天命，爱育率土。委王海隅，宣扬朝化，欲使圆首方足，各遂其心。王每遣使人岁常朝贡；虽称藩附，诚节未尽。王既入臣，须同朕德；而乃驱逼靺鞨，固禁契丹。……昔年潜行财货，利动小人；私将弩手逃窜下国。岂非修理兵器，意欲不臧，恐有外闻，故为盗窃？时命使者，抚慰王藩，本欲问彼人情，教彼政术。王乃坐之空馆，严加防守；使其闭目塞耳，永无闻见。有何阴恶，弗欲人知，禁制官司，畏其访察？又数遣马骑，杀害边人。屡骋奸谋，动作邪说。……王专怀不信，恒自猜疑。常遣使人，密觇消息。纯臣之义，岂若是也？……往者，陈叔宝代在江阴，残害人庶。惊动我烽候，抄掠我边境。朕前后诫敕，经历十年。彼则恃长江之外，聚一隅之众。惛狂骄傲，不从朕言。故命将出师，除彼凶逆。往来不盈旬月，兵骑不过数千。历代逋寇，一朝清荡。遐迩乂安，人神胥悦。闻王叹恨，独致悲伤。黜陟幽明，有司是职。罪王不为陈灭，赏王不为陈存。乐祸好乱，何为尔也？王谓辽水之广，何如长江？高丽之人，多少陈国？朕若不存含育，责王前愆，命一将军，何待多力。殷勤晓示，许王自新耳。宜得朕怀，自求多福。[②]

这一书去后，高丽首长汤颇为惶惧，预备奉表陈谢。会汤死，子元嗣立，态度变了。虽经隋文帝册封为辽东郡公，然次年即反。自此以后，隋与高丽，大开战端，但结果不好。前后四次较大的攻战，隋帝国竟没有一次能把高丽攻克下来。计开皇十八年(公元五九八年)，文帝命汉王谅攻高

---

① 《隋书·高丽传》。

② 《隋书·高丽传》。

丽，结果以军粮运输不易，师败而还。大业七年(公元六一一年)，炀帝亲自攻元，亦以食尽师老，转输不继，师败而还。大业九年(公元六一三年)，炀帝再度亲征，会国内杨玄感作乱，师败而还。大业十年(公元六一四年)，隋又倾全国之兵进攻高丽。但这时正值盗贼四起，人多流亡，当然更无结果可言。凡此四次的用兵，《隋书》记之如次：

> 高祖使使拜元为上开府，仪同三司，袭爵辽东郡公，赐衣一袭。元奉表谢恩，并贺祥瑞，因请封王。高祖优册元为王。明年(开皇十八年，公元五九八年)，元率靺鞨之众万余骑寇辽西，营州总管韦冲击走之，高祖闻而大怒，命汉王谅为元帅，总水陆讨之，下诏黜其爵位。时馈运不继，六军乏食；师出临渝关，复遇疾疫，王师不振。……
>
> 炀帝嗣位，天下全盛；高昌王，突厥启人可汗，并亲诣阙贡献。于是征元入朝。元惧，藩礼颇阙。大业七年(公元六一一年)，帝将讨元之罪，车驾渡辽水。上营于辽东城，分道出师，各顿兵于其城下。高丽率兵出拒，战多不利，于是皆婴城固守。帝令诸军攻之。又敕诸将：高丽若降者，即宜抚纳，不得纵兵。城将陷，贼辄言请降。诸将奉旨，不敢赴机，先令驰奏。比报至，贼守御亦备，随出拒战；如此者再三。帝不悟，由是食尽师老，转输不继；诸军多败绩，于是班师。……
>
> 九年(公元六一三年)帝复亲征之。乃敕诸军以便宜从事。诸将分道攻城，贼势日蹙。会杨玄感作乱，反书至，帝大惧，即日六军并还。兵部侍郎斛斯政亡入高丽，高丽具知事实，悉锐来追，殿军多败。
>
> 十年(公元六一四年)，又发天下兵。会盗贼蜂起，人多流亡；所在阻绝，军多失期，至辽水。高丽亦因困弊，遣使乞降，囚送斛斯政以赎罪。帝许之，顿于怀远镇，受其降款；仍以俘囚军实归至京师；以高丽使者亲告于太庙，因拘留之；仍征元入朝。元竟不至。帝勅诸军严装，更图后举。会天下大乱，遂不克复行。①

① 《隋书·高丽列传》。

三　由隋之瓦解到唐之建业

隋唐时代，建立集权帝国之趋势已成；隋之瓦解，似为这大趋势中之一个波折；所以为时不久，即有唐之统一。这情形与秦汉时代，颇相仿佛。彼时建立集权帝国之趋势，亦已成熟；秦之瓦解似亦为大趋势中之一个波折；为时不久，仍为汉所统一。不过到底只是相仿佛而已，并非全然相同。隋唐时代，民族的成分，文化的内容，甚至帝国的地位，实较秦汉时代为复杂，为丰富，为伟大。兹先述隋唐接续之交的大势如次。

大乱之造成　隋末的大乱之原因，可以具体指出的，至少有下列各项。(1)专制过于黑暗。专制时代，朕即国家；皇帝施政，既无宪法以为限制，未有不黑暗的。不过黑暗也有程度的不同。倘有一个皇帝，以爱民为手段，希图达到长保统治的目的；对于用人，无偏无颇；谁为忠良，谁为宵小，一目了然。这种办法，至少可以使统治集团的内部，少生纷扰。不过专制皇帝，欲图施政灵敏，常希望其臣下可以颐指气使。于是阿谀奉承之辈日见亲近，而忠良刚直之辈，遂受排挤。结果，皇帝被宵小所包围，最易造成极端的黑暗专制。隋炀帝之诛戮开国功臣如高颎，如贺若弼，如宇文弢；亲信阿谀奉承之辈，如虞世基，如裴蕴，如裴矩，即是例证。极端的黑暗专制，虽不是帝国瓦解之基本原因，然可以帮助基本原因发生更大之作用，或使其作用之速度加大。然则隋帝国瓦解之基本原因何在呢？曰：

(2)扰民过于烦苛是也。这又可分为下之数端。第一，建设之扰民。建设本是发展帝国的，但行来急迫，便成了扰民的暴政。何况筑宫殿，造龙舟，纵物欲等，已没有建设意味了。故

> 秦王(李世民，即唐太宗)平洛阳，观隋宫室，叹曰：“炀帝无道，殚人力以事夸侈。……”张元素曰：“自古未有如隋乱者。得非君自专，法日乱乎？造乾阳殿，伐木于豫章，一材之费，已数十万工！乾阳毕功，隋人解体。”魏征曰：“……隋唯责不献食，或供奉不精。为此无限，而至于亡。方其未乱，自谓必无乱；未亡，自谓必不亡。……恃其富强，不虞后患。役万物以自奉养：子女玉帛是求，宫室台榭是饰。……”陈子昂曰：“炀帝恃四海之富，凿渠决河，疲生人之力。中国之难起，

身死人手，宗庙为墟。"①

第二，搜括之扰民。建设必须费用。于是向人民搜括成了必要之策。大业初年，裴蕴大肆搜括，把往日不必纳税的人，一律找出来，迫他们纳税。

炀帝……时，犹承高祖和平之后，禁网疏阔，户口多漏：或年及成丁，犹诈为小；未至于老，已免租赋。蕴历为刺史，素知其情。因是条奏，皆令貌阅。若一人不实，则官司解职；乡正里长，皆远流配。又许民相告。若纠得一丁者，令被纠之家，代输赋役！是岁大业五年也(公元六〇九年)。诸郡计帐进丁，二十四万三千。新附口，六十四万一千三百。帝临朝览状，谓百官曰："前代无好人，致此罔冒。今进民户口，皆从实者，全由裴蕴一人用心。古语云：得贤而治，验之信矣。"②

第三，用兵的扰民。隋之对外用兵，以攻辽东征高丽为最扰民。山东、河北，距辽东较近；人民的被扰，亦以这方面为最厉害。第四，天灾的流行。这与专制皇帝不相干。但在其他扰民政策迈进之时；天灾的作用，显得更大。"大业七年，(公元六一一年)秋，大水，山东河南，漂没三十余郡！民相卖为奴婢"③隋末民乱，首先发动于山东，天灾算是一个直接的导火线。

帝国之瓦解 (a)山东、河北，民乱先作。这方面的人民，或以天灾，无所得食；或以兵役，不堪其苦；或以官吏，贪残太甚；于是群起为盗。作了扰乱隋帝国之先驱。

大业七年(公元六一一年)十二月，……时辽东战士，及馈运者填咽于道，昼夜不绝。苦役者始为群盗。④

帝自去岁谋讨高丽，诏山东置府，令养马以供军役。又发民夫运米，积于泸河、怀远二镇，车牛往者皆不返，士卒死亡过半，耕稼失

① 洪迈：《容斋续笔·秦隋之恶》。

② 《隋书·裴蕴传》。

③ 《隋书·炀帝纪》上。

④ 《隋书·炀帝纪》上。

时，田畴多荒。加之饥馑，谷价踊贵；东北边尤甚，斗米值数百钱；所运米或粗恶，令民籴而偿之。又发鹿车夫六十余万，二人共推米三石，道途险远，不足充糇粮；至镇无可输，皆惧罪亡命。重以官吏贪残，因缘侵渔；百姓困穷，财力俱竭。安居则不胜冻馁，死期交急，剽掠则犹得延生。于是始相聚为群盗。[①]

这还只是泛言民乱。至于据地称雄的领袖，单指大业七年(公元六一一年)秋，在山东、河北一带肆行扰乱的就有：王薄，剽掠齐济之郊，称知世郎；刘霸道，据平原之豆子䴚，有众十余万，称阿舅贼；窦建德，初据高鸡泊，后有河北、山东诸地，称夏王；张金称聚众河曲，掠河北；高士达聚众于清河境内，掠河北，称东海公。

民既起而为乱，人数众多；且发动的地方，并不限于山东、河北；如关内河南以及其他各处，自大业七年(公元六一一年)以后，几乎无一片干净土。于是有人主张赦贼，并编成部队，以充正规军的；这真是一举两得之策。苏威即作如是主张。但被近臣裴蕴所阻，主张不行，且苏氏父子，几乎处死。《隋书》云：

帝问苏威以讨辽之策，威不愿帝复行，且欲令帝知天下多贼；乃诡答："今者之役，不愿发兵。但诏赦群盗，自可得数十万。遣关内奴贼及山东历山飞张金称等头别为一军，出辽西道；诸河南贼王薄、孟让(让原为齐郡主簿，大业九年，即公元六一三年，起而称乱，有众十万)等十余头，并给舟楫，浮沧海道。必喜于免罪，竞务立功；一岁之间，可灭高丽矣。"帝不怿曰："我去尚犹未克，鼠窃安能济乎?"威出后，蕴奏曰："此大不逊；天下何处有许多贼。"帝悟曰："老革多奸，将贼胁我；欲搭其口，但隐忍之，诚极难耐。"蕴知上意，遣张行本奏威罪恶。帝付蕴推鞫之，乃处其死！帝曰："未忍便杀。"遂父子及孙三世并除名！[②]

赦贼以充士兵的办法既不行；那末平贼之法只有杀戮。裴蕴便是主严杀的一人。"杨玄感之反也，帝遣蕴推其党与，谓蕴曰：'玄感一呼，而从

① 《资治通鉴·隋纪五》。

② 《隋书·裴蕴传》。

者十万，益知天下人不欲多。多即相聚为盗耳。不尽加诛，则后无以劝。'蕴由是乃峻法治之。所戮者数万人，皆籍没其家，帝大称善。"[①]又"大业七年十二月，……敕都尉鹰扬与郡县相知追捕，随获斩决之。"[②]但"天下承平日久，人不习战；郡县吏每与贼战，望风沮败。"[③]

(b)杨玄感欲改造中枢，起兵黎阳(今河南濬县北)。杨玄感为司徒杨素之子，在隋朝地位很高。他以父亲有军功之故，初为柱国，继拜郢州刺史，后转宋州刺史，最后拜鸿胪卿，袭爵楚国公，迁礼部尚书。大业九年(公元六一三年)，炀帝征辽东，派他在黎阳督运军粮。恰在这时，他便发难。发难的原因为：一则炀帝性多猜忌，如屠戮高颎、贺若弼等，即是实例。玄感以此不自安。二则炀帝骄奢，政治日趋腐败，有改革之必要。三则天灾人事(如内部建设，及对外用兵)，致民不聊生，相率为盗；须改造政府，以图救济。因此种种，当炀帝征吐谷浑回来之时，他便想乘其狼狈情形而击之，但以时机未成熟而止。直到炀帝东征，乃乘机发动。以讨来护儿为名，有众十余万。《隋书》云：

> 杨玄感……性虽骄倨，而爱重文学；四海知名之士，多趋其门。自以累世尊显，有盛名于天下；在朝文武，多是父之将吏。复见朝纲渐紊，帝又猜忌日甚，内不自安。遂与诸弟潜谋废帝，立秦王浩(炀帝侄)。及从征吐谷浑还，至大斗拔谷时，从官狼狈；玄感欲袭击行宫。其叔慎谓玄感曰："士心尚一，国未有衅，不可图也。"玄感乃止。……帝征辽东，命玄感于黎阳督运。于时百姓苦役，天下思乱。玄感遂与武贲郎将王仲伯汲郡赞治赵怀义等谋议。……其弟武贲郎将玄纵，鹰扬郎将万硕并从幸辽东，玄感潜遣人召之。时将军来护儿以舟师自东莱将入海趣平壤城，军未发。玄感无以劝众，乃遣家奴伪为使者从东方来，谬称护儿失军期而反。玄感遂入黎阳县，开城大索男夫，于是取飘布为牟甲，署官属，皆准开皇之旧。移书旁郡，以讨护儿为名，令各发兵，会于仓所。(时黎阳设有仓库)……有众且一万。将袭洛阳，……从汲郡南渡河，从乱者如市，数日，屯兵上春门，众至十余万。[④]

---

① 《隋书·裴蕴传》。

② 《隋书·炀帝纪》上。

③ 《资治通鉴·隋纪六》。

④ 《隋书·杨玄感传》。

玄感这次的发动，并不能以寻常的叛乱视之。他自己曾宣誓谓："我身为上柱国，家累巨万金。至于富贵，无所求也。今者不顾破家灭族者，但为天下解倒悬之急，救黎元之命耳。"[①]他的态度如此，所以人皆悦服。亲来投效的，日有数千。他既已动了兵，于是提出改造政府的计划；主要目的，在废炀帝，立秦王浩。同时致书于民部尚书樊子盖，数炀帝之罪，并要求合作，共策进行。书曰：

> 夫建忠立义，事有多途；见机而作，盖非一揆。昔伊尹放太甲于桐宫，霍光废刘贺于昌邑。此并公度内，不能一二披陈，高祖文皇帝诞膺天命，造兹区宇。在璇玑以齐七政，握金镜以驭六龙。无为而治化流，垂拱而天下治。今上纂承宝历，宜固洪基。乃自绝于天，殄民败德。频年肆眚，盗贼于是滋多。所在脩治，民力为之凋尽。荒淫酒色，子女必被其侵；耽玩鹰犬，禽兽皆离其毒。朋党相扇，货贿公行。纳邪佞之言，杜正直之口。加以转输不息，徭役无期；士卒填沟壑，骸骨蔽原野。黄河之北，则千里无烟；江淮之间，则鞠为茂草。玄感世荷国恩，位居上将。先公奉遗诏曰："好子孙为我辅弼之；恶子孙为我屏黜之。"所以上禀先旨，下顺民心；废此淫昏，更立明哲。四海同心，九州响应。士卒用命，如赴私仇；民庶相趋，义形公道。天意人事，较然可知；公独守孤城，势何支久。愿以黔黎在念，社稷为心；勿拘小礼，自贻伊戚。谁谓国家一旦至此，执笔潸泫，言无所具。[②]

玄感此回的用兵，其势虽顺。但炀帝当时的实力，尚未至于完全崩溃之境；闻到消息，自东征归来，派人进击，毕竟把玄感击败。玄感想占关中，徐图发展。但追击者进攻不已，玄感逃至董杜原，大败特败。乃独与十余骑窜林木间，将奔上洛。谁知此后又被追至葭芦戍。计穷势促，自知不免于死，乃谓弟积善曰："事败矣，我不能受人戮辱，汝可杀我。"[③]积善抽刀杀玄感，然后自刺，但未刺死。这时追兵到了，捉着积善并拿着玄感的头颅，一同送到炀帝所在的地方。改造政府的变乱，算是平下来了。但这并不足以挽回炀帝自己的厄运。

---

① 《隋书·杨玄感传》。

② 《隋书·杨玄感传》。

③ 《隋书·杨玄感传》。

(c)大业十二年到十四年(公元六一六年到六一八年)，隋帝国瓦解之状。杨玄感之起兵，在大业九年(公元六一三年)六月；到是年八月，即被平服。不过此后据地自雄，自称尊号的，正接连而起。隋帝国的统治，自此以后，便没有完整之日了。其崩溃的情形，则日益加甚。大业十二年(公元六一六年)秋七月，炀帝行幸江都(今江苏江都县)，到大业十四年春三月，被宇文化及弑于江都；这两年之内，隋帝国之统治，事实上几乎崩溃完了。计当时据地自雄，自称尊号，而势力较大的有：

高开道据渔阳，国号燕，

窦建德据乐寿，国号夏，

刘黑闼据洺州，国号汉东，

宇文化及据魏，国号许(此乃弑炀帝以后，拥众北归时之所为)，

徐圆朗据任城，国号鲁。

以上在隋帝国之东北部，约今山东、河北一带之地。

刘武周据马邑，国号定扬，

郭子和据榆林，国号永乐，

梁师都据朔方，国号梁。

以上在隋帝国之北部，约今山西、绥远、陕西一带之地。

李轨据武威，国号凉，

薛举据金城，国号秦。

以上在隋帝国之西北部，约今甘肃、宁夏、青海一带之地。

李子通据江都，国号吴，

杜伏威据历阳，国号吴，

辅公祏据丹阳，国号宋，

沈法兴据毗陵，国号梁。

以上在隋帝国之东南部，约今长江下游江浙一带之地。

林士宏据豫章，国号楚，

萧铣据巴陵，国号梁。

以上在隋帝国之南部，约今长江中游之南，江西、湖南一带之地。

李密据洛口，国号魏，

王世充据洛阳，国号郑，

李渊据长安，国号唐，

朱粲据冠军，国号楚。

以上在隋帝国之中部，约今河南、陕西、湖北一带之地。

这还只是几个著名的；此外自称尊号的，不知有多少。整个帝国之内，而有这许多独立称尊的，这帝国的统治，实际上已崩溃完了。

(d)宇文化及弑炀帝于江都。隋的统治，当大业十三年(公元六一七年)的时候，实际上固已崩溃完了；自宇文化及于次年三月弑炀帝于江都之时，名义上亦复完了。宇文化及弑炀帝之后，虽曾立秦王浩为帝；但为时不到两月，李渊已称皇帝，开始唐代的统治。兹且把炀帝被弑之经过述出，以为隋帝国之结束。

炀帝于大业十二年(公元六一六年)秋七月幸江都。其动机大概不外：一通济渠(即长江黄河间的运河)等，均已开凿完好，南北交通已经联络，故亲自作试探的游行。二，江南向为富庶之区，故借交通之便，亲自南下，作实际的考察。三，大乱之时，实际江南有无较北方更为安全之地。不料炀帝达到江都以后，北方乱象，较前更甚。而以李密称兵洛口，迫近东都(洛阳)，更为可怕。炀帝因此，不敢北归，且有久驻江都之意。而弑逆的大变，就从此开始。原来同炀帝南下的士兵，有所谓骁果者，都是关中人，都以离家太久，想要回去而炀帝忽欲久驻江都，他们颇怀怨恨，且有叛变逃归之意。这时管领骁果的武贲郎将司马德戡恐驾驭不易，乃率性乘机煽动，造成谋杀炀帝的惨变。首先与另一武贲郎将元礼及直阁裴虔通密谋。迨密谋既定，乃迎右屯卫将军宇文化及为主脑，号曰丞相；并以令狐行达为刽子手，实行杀害。《隋书》云：

> 时李密据洛口，炀帝惧，留淮左不敢还都。从驾骁果，多关中人，久客羁旅，见帝无西意，谋欲叛归。时，武贲郎将司马德戡总领骁果，屯于东城，风闻兵士欲叛，未之审。遣校尉元武达阴问骁果，知其情；因谋构逆。共所善武贲郎将元礼，直阁裴虔通互相扇惑曰："今闻陛下欲筑宫丹阳，势不还矣。所部骁果，莫不思归；人人耦语，并谋逃去。我欲言之，陛下性忌，恶闻兵走，即恐先事见诛。今知而不言，其后事发，又当族灭我矣。进退为戮，将如之何?"虔通曰："上实尔，诚为公忧之。"……德戡曰："同相忧，当共为计取骁果；若走，可与俱去。"虔通等曰："诚如公言。求生之计，无以易此。"因递相招诱。……期以二月十五日举兵同叛，劫十二卫武马，虏掠居人财物，结党西归。
>
> 智及(宇文化及之弟，时为将作少监)曰："不然。当今天实丧隋，

英雄并起；同心叛者，已数万人。因行大事，此帝王业也。”德戡然之，行枢薛良请以化及为主。相约既定，方告化及。化及性本驽怯；初闻大惧，色动，流汗；久之乃定。义宁二年（即炀帝大业十四年，公元六一八年。当大业十三年十月的时候，李渊攻入长安，奉代王侑为帝，改元义宁，仍遥尊留在江都之炀帝为太上皇。所以义宁二年，仍是大业十四年）。三月，……以甲迎化及。……化及至城门，德戡迎谒，引入朝堂，号为丞相；令将帝出江都门，以示群贼。因复将入，遣令狐行达弑帝于宫中。又执朝臣不同己者数十人，及诸外戚无少长，害之。唯留秦孝王子浩，立以为帝。十余日，夺江都人舟楫，从水路西归。[①]

正在归途，被李密所阻，乃据魏（今河北大名县），弑浩自立，国号曰许。直到唐武德二年（公元六一九年）被窦建德所擒。

李唐之统一 炀帝在江都被弑，系义宁二年（公元六一八年）三月的事。到五月的时候，李渊便在长安受恭帝（即代王侑）之禅，树立了唐代的统治。兹述李唐势力发展之过程于次。(1)由太原到长安。李渊字淑德，为陇西成纪人。其先人以佐周代魏有功，曾受封为唐国公。渊在隋朝，很是一位重要人物；据说隋文帝之独孤后，就是他的从母，因之他与文帝很相亲爱。至于官职，他做过谯陇二州的刺史，也做过岐州的刺史，也做过荥阳楼烦二郡的太守。隋炀帝东征，他在怀远镇督运军粮，此外镇压内乱，抵御外患，军功非常之多。大业十二年（公元六一六年）炀帝南游江都，便派他留守太原，并领晋阳宫监之职。

正在这时，所谓民乱，已遍地皆是。有刘武周者，竟攻入了汾阳宫。这时渊若置之不理，则颇乖了留守的责任；若要有所处置则静候江都的命令，为时未免太迟。两难之中，不好决定。而其部下，却一致主张，自招兵马，进行戡乱。到大业十三年（公元六一七年）六七月的时候，委任官员；自己的三个儿子，都有重要军职；所有部众，亦已达了三万人。《新唐书》云：

炀帝南游江都，天下盗起。……其别号诸盗，往往屯聚山泽；而刘武周攻汾阳宫。高祖（即李渊）乃集将吏告曰：“今吾为留守，而贼据

① 《隋书·宇文化及传》。

> 离官。纵贼不诛，罪当死；然出兵，必待报；今江都远隔，后期奈何?”将吏皆曰：“国家之利，可专者公也。”高祖曰：“善。”乃募兵。旬日间，得众一万。……六月己卯，传檄诸郡，称义兵，开大将军府，置三军。以子建成为陇西公，左领军大都督，左军隶焉；世民为敦煌公，右领军大都督，右军隶焉；元吉为姑臧公，中军隶焉。裴寂为长史，刘文静为司马，石艾县长殷开山为掾，刘政会为属，长孙顺德、王长谐、刘弘基、窦琮为统军；开仓赈乏。七月壬子，高祖杖白旗誓众于野，有兵三万。[①]

布置妥贴，乃进逼长安，因长安为隋之国都所在。靠近长安之时，有众已达二十万人！入城之顷，与长安留守，还经过一次战争。入城以后，乃收拾隋之图籍，奉代王侑为帝，改元义宁。自己则为丞相，且受封为唐王。唐代的统治，实际上，从这时便已开始了。

> 高祖自下邽以西，所经隋行宫苑御，悉罢之，出宫女，还其家。十月辛巳，次长乐宫，有众二十万。隋留守卫文昇等奉代王侑守京城，高祖遣使谕之。不报，乃围城；下令曰：“犯隋七庙及宗室者罪三族。”……十一月丙辰，克京城，命主符郎宋公弼收图籍；约法十二条：杀人劫盗背军叛者死。癸亥，遥尊隋帝为太上皇，立代王侑为皇帝；大赦，改元义宁。甲子，高祖入京师，至朝堂，望阙而拜，隋帝授高祖假黄钺，使持节大都督内外诸军事大丞相，录尚书事，进封唐王；以武德殿为丞相府。[②]

(2)受禅为帝。李渊父子，共统二十万大军，打入长安，一切皆可自由处置。且这时炀帝正在江都，中央方面，已没有重心了；而所谓贼众，尚如火如荼。倘欲澄清天下，树立起一代的统治；只要实力够，策略好，地位优，是很有可能的。李氏父子，看得时机已成熟了，乃开始迫恭帝(即代王侑)禅位。原来恭帝就是他们拥立的，命运全操在他们手里。瞻望前途。只有禅位一条路可走。为势所迫，乃于义宁二年(公元六一八年)五月，即炀帝被弑后两个月的时候，禅位于李渊。五月乙巳，朔，诏唐王(李渊)冕

---

① 《新唐书·高祖皇帝本纪》。

② 《新唐书·高祖皇帝本纪》。

十有二旒，建天子旌旗，出警入跸。戊午诏曰：

天祸隋国，大行太上皇遇盗江都。……相国唐王膺期命世，扶危拯溺。自北徂南，东征西怨。总九合于一匡，决百胜于千里。纠率夷夏，大庇氓黎。保乂朕躬，繄王是赖。德侔造化，功格苍旻。兆庶归心，历数斯在。屈为人臣，载违天命。在昔虞夏，揖让相推。苟非重华，谁堪命禹。当今九服崩离，三灵改卜。大运去矣，请避贤路。……今遵故事，逊于旧邸。庶官群辟，改事唐朝。宜依前典，趣上尊号。若释重负，感泰兼怀。假手真人，俾除丑逆。济济多士，明知朕意。仍敕有司，凡有表奏，皆不得以闻。①

是日恭帝禅位于大唐。李渊从此名义上也成了统治者，为正式的皇帝，称武德元年(即公元六一八年)。所谓唐朝，从此以后，直到昭宣帝四年(公元九〇七年)禅位于朱全忠，足足有二百八十九年之历史。其中太宗世民(即李渊之子)贞观时代(公元六二七到六四九)的二十余年，可称为黄金时代，史称贞观之治。直到玄宗隆基天宝十四年(公元七五五年)安禄山造反以后，统治力量，才渐渐衰弱起来。

(3)统一天下。李渊既受禅为帝，仗着他儿子李世民(即后之太宗)的本领，不出十年，便把整个中国，完全统一。计：

高祖武德元年(公元六一八年)破薛仁杲，平陇右。

武德二年(公元六一九年)受李轨降，平河右。

武德三年(公元六二〇年)破宋金刚，平并州。

武德四年(公元六二一年)破窦建德，平河北。

武德四年(公元六二一年)降王世充，平河南。

武德五年(公元六二二年)破刘黑闼，平山东。

以上所列皆系黄河流域之地，自西至东，一路平服。至于长江流域，武德四年(公元六二一年)赵郡王孝恭获萧铣，平荆州；武德五年(公元六二二年)杜伏威来朝，江淮之地亦平。武德七年(公元六二四年)破辅公祏，平丹阳。长江中下游，便也平服了。至于黄河流域的余部，如渔阳的高开道，如任城的徐圆朗，也都于武德七年(公元六二四年)一律平服。剩下朔方的

① 《隋书·恭帝纪》。

梁师都，亦于太宗贞观二年(公元六二八年)平服了。从此以后，唐的统治，算是完整的了。

四　隋唐帝国在亚洲诸民族中之地位

概说　在叙述隋唐帝国在亚洲诸民族中之地位以前，最宜把中国民族在隋唐以前的情形略为一述。中国民族在周初的时候，便已形成了一个集团。周以前，黄河长江之间，有许多部落，为争生存条件之故，常互相征战。长期的征战，遂把分立的许多部族，结集成一较大之团体；凡长江流域的苗族，及东方沿海居民，一律包容于其中。这一个团体，因自始就结集于黄河中下游与长江中下游之间，其天然环境较亚洲任何民族为优越。更因天然环境较优之故，其文化之发达亦较亚洲任何民族为迅速。既然如此，所以常居领袖地位。虽在军事方面，有时不免失败；然文化方面的成就，常为其他各民族之模范。此盖天然环境使然，毫无奇异之处。

周初结集的这个民族团体，或中国民族核心，到了秦汉时代，其内部的组织，已十分坚固，成了一个强有力的集权帝国。强有力之集权帝国，为欲维持已获得之优越的生存条件，及开拓此等生存条件，乃乘其方盛之时，向外发展。声威远播，西到葱岭以西，东南皆濒于海。这时的中国民族，不仅只是黄河中下游与长江中下游间的一个核心而已。事实上已凝成了一个空前的伟大民族，为亚洲诸民族中之领袖。

这个领导亚洲诸民族的中国民族，后经西汉末年的社会变乱，及东汉末年的社会变乱，乃至三国时代的军事分割，元气损伤不少。于是邻居于北部及西北部的其他民族，乃乘机进逼，构成历史上所谓五胡乱华之大变。自东晋以后，这样乘机进逼的民族，与原居中原而逃到江南的民族，造成对立之局，历时凡百余年。到隋文帝，竟把这对立之局完全结束，重新造成集权帝国。传到李唐手里，竟延至近三百年之久。这隋唐帝国，其形势颇似秦汉。然就种族的成分讲，或就文化的元素讲，却与秦汉不同。以言乎种族的成分，则重新同化了自北部及西北部移入的许多民族。以言乎文化的元素，则因自西汉以来，常与葱岭以西的诸民族通商贸易之故，把印度文化及希腊文化从中央亚细亚一方面，不断地输入，尤以印度的佛教文化输入的最多；于是文化的内容，也较秦汉时为更丰富。现在且专就隋唐帝国在亚洲诸民族中之地位，从军事，经济，文化各方面，分述如次。

文化的优越 隋唐帝国，在亚洲诸民族中，文化较为优越。这可拿东部民族，如日本新罗等国之派人到隋唐留学为证。日本原叫倭国或倭奴国。在汉光武时，就对中国发生过朝贡关系。《隋书》云：

> 倭国在百济新罗东南(隋唐时，朝鲜半岛上凡有三国：曰高丽，在北部；曰百济，在西南部；曰新罗，在东南部。日本之西南段，恰好在百济、新罗之东南，隔海相望)。水陆三千里，于大海之中，依山岛而居。……汉光武时，遣使入朝，自称大夫。安帝时，又遣使朝贡，谓之倭奴国。……自魏至于齐梁，代与中国相通。开皇二十年(公元六〇〇年)，倭王姓阿每，字多利思北孤，号阿辈鸡弥，遣使诣阙；上令所司访其风俗。使者言："倭王以天为兄，以日为弟，日未明时出听政，跏趺坐；日出便停。……新罗、百济，皆以倭为大国，多珍物，并敬仰之。"①

既名倭国，何以又改名日本呢？据《新唐书》所云，乃唐高宗时，其国人因习知汉字，恶闻倭名，始以日出为义，改为日本。"咸亨元年(公元六七〇年)遣使贺平高丽，稍习夏音，恶倭名，更号日本。使者自言：国近日所出，以为名。"②

至于派人来学之事，大概有很多次；其所习科目有佛法及儒家所传之经典等。隋大业三年(公元六〇七年)其国王曾派沙门数十人来学佛法；次年隋炀帝复派文林郎裴清往日本；清在日本，很受其国王之优遇，并将中国文化，大宣传了一次。《隋书》云：

> 大业三年(公元六〇七年)，其王多利思北孤遣使朝贡。使者曰："闻海西菩萨天子重兴佛法，故遣朝拜兼沙门数十人，来学佛法。"其国书曰："日出处天子，致书日没处天子无恙。"云云。……明年，上遣文林郎裴清使于倭国。……其王与清相见，大悦曰："我闻海西有大隋，礼义之国；故遣朝贡。我夷人僻在海隅，不闻礼义；是以稽留境内，不即相见。今故清道饰馆，以待大使，冀闻大国维新之化。"清答曰："皇帝德并二仪，泽流四海；以王慕化，故遣行人来此宣谕。"既而引清

① 《隋书·倭国传》。

② 《新唐书·东夷列传》。

就馆其后清遣人谓其王曰："朝命既达，请即戒涂。"于是设宴享以遣清；复令使者随清来贡方物。①

隋时，日本与中国的文化关系这便是最显之例。至于唐时，亦复是很亲密的。武后长安时，玄宗开元时，德宗建中及贞元时，常派人来学习儒家经典。《新唐书》云：

长安元年(公元七〇一年)，其王文武立，改元曰大宝，遣朝臣真人粟田贡方物。朝臣真人者，犹唐尚书也。冠进德冠，顶有华花四披，紫袍帛带。真人好学，能属文，进止有容。武后宴之麟德殿。……文武死，子阿用立；死，子圣武立，改元曰白龟。开元初，粟田复朝，请从诸儒授经。诏四门助教赵玄默即鸿胪寺为师，献大幅布为贽，悉赏物贸书以归。其副朝臣仲满慕华不肯去，易姓名曰朝衡。……建中元年(公元七八〇年)，使者真人兴能献百物。真人盖因官而氏者也。兴能善书，其纸似茧而泽，人莫识。贞元末，其王曰桓武，遣使者朝。其学子橘免势，浮屠空海，愿留肄业，历二十余年。使者高阶真人来请免势等俱还，诏可。②

唐时日本对中国之文化关系，大抵类此。此外新罗对中国之文化关系，在当时亦极密切。太宗贞观十年(公元六三六年)，其国女皇真德遣其弟及子来朝，并学习服制，且到太学观释奠之礼。高宗永徽元年(公元六五〇年)，真德更织锦为颂，以夸唐之功德。文宗开成五年(公元八四〇年)来留学的，综计一百余人之多。"五年鸿胪寺籍子及学生岁满者，一百五人！"③

产业的优越 这可以当时西域诸国来中国通商之盛况为证。隋炀帝时，西域诸国对中国的通商关系，非常密切。外来商人，政府曾设专官如西域校尉之类以应接之。至于中国之于各国，亦尝遣使专员搜求宝物。《隋书》云：

炀帝时，以西域多诸宝物，令裴矩往张掖监诸商胡互市。啖之以利，劝令入朝。自是西域诸蕃，往来相继。所经州郡，疲于送迎，糜

---

① 《隋书·倭国传》。

② 《新唐书·东夷列传》。

③ 《新唐书·东夷列传》。

费以万万计。[①]

炀帝时遣侍御史韦节，司隶从事杜行满，使于西蕃诸国。至罽宾，得码碯杯；王舍城，得佛经；史国，得十舞女，师子皮，火鼠毛，而还。帝复令闻喜公裴矩于武威、张掖间往来以引致之。其有君长者四十四国。矩因其使者入朝，啗以厚利，令其转相讽谕。大业年中，相率而来朝者，三十余国。帝因置西域校尉以应接之。[②]

唐时，西域商人来者更多。《新唐书》云：

西方之戎，古未尝通中国。至汉，始载乌孙诸国。后以名字见者寖多。唐兴，以次修贡，盖百余。皆冒万里而至，亦已勤矣。……开元盛时，税西域胡商，以供四镇；出北道者纳赋。轮台地广，则费倍。此盛王之鉴也。[③]

与隋唐通商的西域诸国，可大别之为两类：葱岭以内的为一类，葱岭以外的为一类。唐武德、贞观之间，葱岭以内的诸国，或完全被征服，或仍维持朝贡通商的友好关系。被征服的有：高昌，今新疆吐鲁番一带；龟兹，今新疆库车县；党项，今甘肃西部；吐谷浑，今青海之地。维持通商友好关系的，有：焉耆，今新疆焉耆县；疏勒，今新疆疏勒县；于阗，今新疆于阗县。

至于葱岭以外的诸国，则一律维持通商友好关系。计重要的国家，有：天竺，今印度；罽宾，今印度克什米尔；康国，今俄属中央亚细亚中部；波斯，今波斯国；大食，今阿拉伯半岛；甘棠，今里海之南；朱俱婆，今葱岭之北；泥婆罗，今尼泊尔国；石国，今俄属中央亚细亚北部；拂菻或大秦，即当时之东罗马大帝国，今小亚细亚之地，皆在其版图内，当时亦与中国通商。

军事的优越 这可于下列诸端见之：(a)对东部及东北部诸民族之征服与镇压。例如高丽，隋炀帝之时，曾四次出兵进击，未得结果。唐太宗贞观十九年(公元六四五年)，太宗亲自出征，三月出发，十月还师，仍无结

---

① 《隋书·食货志》。

② 《隋书·西域列传》。

③ 《新唐书·西域列传》。

果。直到高宗总章元年(公元六六八年)，以李勣之力，攻拔平壤，高丽王降。唐于平壤置安东都护府以镇压之。久攻不下之高丽，至是全平。至于朝鲜半岛西南部之百济国，亦于高宗显庆五年(公元六六〇年)，命苏定方出兵征讨；结果，大破其国，并于其地置五都督府。此外如靺鞨(今黑龙江境及吉林以东之地)，如渤海(今辽宁吉林二省境内)，如室韦(今黑龙江西部之地)等，都于高祖武德时代起，常遣人入朝进贡，显然受唐帝国的支配。只有奚(今辽宁西部)与契丹(今河北东北部及辽宁之地)有时反叛；然而臣服于唐帝国之时，仍是不少。奚在武德时曾遣使朝贡，贞观二十二年(公元六四八年)内属；后虽经过一度反叛；然开元三年(公元七一五年)复又内属，唐帝且以公主妻其国王。契丹于贞观二十三年(公元六四九年)内属；武后时，一度反叛；至开元三年(公元七一五年)复又内属；唐帝且以公主妻其国王。天宝后，又叛，至贞元间，复又臣服于唐。

(b)对西部及西南部诸民族之征服与镇压。隋唐时代，西部诸民族中，与隋唐帝国军事冲突最利害的，可拿吐谷浑与吐蕃为代表。(1)吐谷浑被隋击破，我们叙述隋帝国之对外用兵时，已述及了。但隋大业末年，天下大乱，吐谷浑王伏允又从隋帝国的势力之下，恢复了其旧有之地，并屡寇河右郡县。直到唐太宗贞观九年(公元六三五年)，命李靖等出兵征讨，才完全给征服下来。(2)吐谷浑之西，即是吐蕃。吐蕃人在当时大概是一种半游牧半耕稼之民族。其住居有庐舍与毳帐，其食料有牛羊与豆麦等，其器物有金属木属等，其吏治有约束刑法等。唯无文字，据说即西羌族。《新唐书》云：

> 吐蕃本西羌属。盖百有五十种，散处河湟江岷间。有发羌、唐旄等，然未始与中国通；居析支水西，……稍并诸羌据其地。……其俗谓强雄曰赞，丈夫曰普。故号君长曰赞普。……地直京师(唐都长安)西八十里，距鄯善五百里，胜兵数十万，国多霆电，风雹积雪。盛夏如中国春时，山谷常冰。地有寒疠，中人辄瘖，促而不害。其赞普居跋布川或逻娑川；有城郭庐舍不肯处，联毳帐以居，号大拂庐，容数百人。其卫候严而牙甚隘。部人处小拂庐，多老寿至百余岁者。衣率毡韦，以赭涂面为好。妇人辫发而萦之。其器屈木而韦底，或毡为槃，凝面为碗，实羹酪，并食之；手捧酒浆以饮。其官之章饰：最上琴瑟，金次之，金涂银又次之，银次之，最下至铜止，差大小，缀臂前以辨

贵贱。屋皆平，上高至数丈。其稼有小麦，青稞麦，荞麦，豋豆。其兽牦牛、名马、犬、羊、彘、天鼠之皮，可为裘。独峰驼日驰千里。其宝金、银、锡、铜。其死葬为冢，既涂之。其吏治无文字，结绳齿木为约。其刑虽小罪必抉目或刖、劓；以皮为鞭，抶之，从喜怒，无常算。①

这样半游牧半耕稼之民族，自唐太宗时代，便强盛起来了。曾有一个时期，进攻党项及白兰诸羌，并有众二十余万，顿于松州西境(今四川松潘县)，希图进攻唐帝国。太宗贞观十四年(公元六四〇年)，命侯君集为行营大总管，进击吐蕃。其赞普或国王大惧，引兵而退，并遣使谢罪，且要求通婚。太宗允许了，于次年(公元六四一年)以文成公主妻之。

自此以后，到高宗永徽元年(公元六五〇年)，吐蕃复进攻吐谷浑，大破之，并追向凉州一带而不止。吐谷浑在当时已臣服于唐了。这情形唐高宗当然不能容忍。于是在咸亨元年(公元六七〇年)四月的时候，诏以右威大将军薛仁贵率众十余万讨吐蕃。但结果不幸，竟为吐蕃所败。这时的吐蕃，可算达到了全盛时代。《旧唐书》云："自是吐蕃连岁寇边，当悉等州诸羌尽降之。……吐蕃尽收羊同党项及诸羌之地。东与凉(甘肃武威县)、松茂(四川茂县)、嶲等州相接；南至婆罗门(即印度)；西又攻陷龟兹、疏勒等四镇；北抵突厥。地方万余里。自汉魏以来，西戎之盛，未之有也。②"经过这种全盛时代直到武后长寿时，情形就不同了。"长寿元年(公元六九二年)，武威军总管王孝杰，大破吐蕃之众，克复龟兹、于阗、疏勒、碎叶等四镇；乃于龟兹置安西都护府，发兵以镇守之。"③

自此以后，到中宗神龙元年(公元七〇五年)，吐蕃遣使来献方物，并请通婚。中宗以所养雍王宗礼之女为金城公主嫁之。睿宗之时，吐蕃假名为金城公主请汤沐之所，向鄯州都督杨矩要求河西九曲一带之地(甘肃导河县边外一带)。所请既遂，乃于其地屯兵畜牧。吐蕃以地势既优，又与唐帝国接近；迨势力强了，又复率兵入寇。玄宗天宝十四年(公元七五五年)，以哥舒翰为将，屯潼关，并大修守备。"陇右鄯州为节度；河西凉州为节度；安西北庭亦置节度；关内，则于灵州置朔方节度；又有受降城单于都

① 《新唐书·吐蕃传》上。

② 《旧唐书·吐蕃传》上。

③ 《旧唐书·吐蕃传》上。

护庭为之藩卫。”[①]守备如是之密，宜若可以无患矣。然潼关竟失守，朝野上下，为之骚然。数年之后，凡凤翔以西，邠州以北，接近蕃戎之地，被堙没者，达数十州！这时的唐帝国，实在已感受了很大的威胁。直到肃宗宝应元年(公元七六二年)至代宗广德二年(公元七六四年)的两年之内，吐蕃更大举进犯，攻入长安，唐帝逃到陕州；京中要人，南逃至荆襄一带；领军的如郭子仪辈，亦以无力抵抗而退避。任吐蕃在长安骚扰十五日之久。直到吐蕃怕郭子仪等反攻，自动退出，唐帝才敢回长安！《新唐书》云：

> 宝应元年(公元七六二年)陷临洮，取秦、成、渭等州。明年(代宗广德元年，即公元七六三年)……破西山、合水城。明年(广德二年，即公元七六四年)，入大震关，取兰、河、鄯、洮等州，于是陇右地尽亡。进围泾州，入之；降刺史高晖。又破邠州，入奉天，副元帅郭子仪御之。吐蕃以吐谷浑党项兵二十万东略武功、渭北，行营将吕日将战盩厔西，破之；又战终南，日将走，代宗幸陕，子仪退趋商州。高晖导虏入长安，立广武王承宏为帝，改元；擅作赦令，署官吏！衣冠皆南奔荆、襄，或逋栖山谷！乱兵因相攘钞，道路梗闭。光禄卿殷仲卿率千人壁蓝田，选二百骑度浐。或绐虏曰："郭令公军且来。"吐蕃大震。会少将王甫，与恶少年伐鼓噪苑中，虏惊，夜引去。子仪入长安，……天子还京。吐蕃退围凤翔，节度使孙志直拒守镇西；节度使马璘以千骑战却之。吐蕃屯原、会、成、渭间自如也。[②]

自此以后，代宗永泰元年(公元七六五年)，吐蕃与回纥联兵进犯，幸为郭子仪所击退。德宗即位，采和平政策，主联络吐蕃，并割许多土地，与订盟约。朱泚之乱(德宗建中四年，即公元七八三年，泾原节度使朱泚造反，据长安称秦帝)，曾借吐蕃之力，以为戡乱之助。后以酬报未能如愿，举兵内犯，泾、陇、邠一带人民，全被蹂躏。至贞元五年(公元七八九年)才收回许多失地。宪宗元和五年(公元八一〇年)，才恢复和平关系，双方互市，互通往来。武宗以后，吐蕃内部因统治者间发生许多冲突，势力渐渐就衰。直到懿宗咸通七年(公元八六六年)，被北廷回鹘仆固俊所击破。是年仆固俊取得西州，收服诸部，与吐蕃之尚恐热战，大破之，斩恐热之

---

① 《旧唐书·吐蕃传》上。

② 《新唐书·吐蕃列传》。

首，送到唐帝国之京师。这时的吐蕃，算已走达了末路。综上看来，唐帝国之与吐蕃，在很长的时期之内，几乎是两不相下。《新唐书》云：

唐兴，四夷有弗率者，皆利兵移之：蹙其牙，犁其庭而后已。唯吐蕃回鹘号强雄，为中国患最久。赞普（吐蕃首长之称）遂尽盗河湟，薄王畿，为东境。犯京师，掠近辅，残馘华人。谋夫虓帅，圜视共计，卒不得要领！晚节，二姓自亡，而唐亦衰焉。①

(3)此外西南部则有南诏，亦常扰乱唐帝国之边境。南诏大概是历史颇长远的土著人民，其生计显然以农业为主。不过他们的社会组织，发展到了何种程度，则不易明白。据记载看，他们还采授田之制。其治人之官的设置，自百家起，有一总佐；千家有一治人官，万家有一都督。至于军役，大概壮丁都得担负。兹录《新唐书》的记载，以略明其来历，组织，生计等。

南诏或曰鹤拓，曰龙尾，曰苴咩，曰阳剑。本哀牢夷后，为乌蛮别种也。夷语王为诏。其先渠帅有六，自号六诏：曰蒙嶲诏，越析诏，浪穹诏，邆睒诏，施浪诏，蒙舍诏。兵埒，不能相君，蜀诸葛亮讨定之。蒙舍诏在诸部南，故称南诏。居永昌姚州之间（今云南楚雄县一带）铁桥之南。东距爨（云南蛮族中有乌白两种：乌蛮曰东爨，白蛮曰西爨），东南属交趾，西摩伽陀，西北与吐蕃接，南女王，西南骠，北抵益州，东北际黔巫。王都羊苴咩城（今云南大理县），别都曰善阐府。……

百家有总佐一，千家有治人官一，万家有都督一。凡田五亩曰双，上官授田四十双，上户三十双，以是而差。壮者皆为战卒；有马为骑军；人岁给韦衫袴。以邑落远近分四军，以旗帜别四方面。一将统千人，四军置一将。凡敌入境，以所入面将御之。王亲兵曰朱弩苴佉。苴佉，韦带也。……

自曲靖州至滇池，人水耕，食蚕以柘。蚕生阅二旬而茧，织锦缣精致。大和、祈鲜而西，人不蚕，剖波罗树实，状若絮纽，缕布幅之。览睑井产盐，最鲜白，惟王得食，取足辄灭灶。昆明城诸井皆产盐，不征，群蛮食之。永昌之西野桑生石上，其材上屈，两向而下植；取

① 《新唐书·吐蕃列传》。

以为弓，不筋漆而利，名曰瞑弓。长川诸山，往往有金，或披沙得之。丽水多金麸；越睒之西多荐草，产善马，世称越睒骏。①

南诏之来历，组织，生计等；从此可推知其大略。南诏原即六诏之一，即蒙舍诏；因居最南，故称南诏。其他五诏，皆为蒙舍诏所并。唐开元二十六年(公元七三八年)，册蒙归义为云南王。天宝九年(公元七五〇年)南诏造反，僭称大蒙。贞元十年(公元七九四年)改国号曰南诏。太和三年(公元八二九年)南诏大举内犯，蜀川诸地驻军与战不利；邛州被陷，成都被围，势最凶猛。最后南诏军入梓州西郭，驱劫子女玉帛而去。大中十三年(公元八五九年)南诏又改国号曰大礼，并进兵攻陷播州(今贵州遵义县)。咸通元年(公元八六〇年)攻陷交趾；次年攻陷邕州(今广西邕宁县)。自咸通七年(公元八六六年)以后，以李骈为静海军节度使，专事征讨，才逐渐把南诏的势力抑下。但这时唐帝国自己也削弱起来了。

除南诏以外，极南部之林邑(今安南中部)、骠国(今缅甸)、真腊(今柬埔寨)以及其他许多部族，大抵都臣服于唐，或与唐帝国维持通商友好关系。

(c)对北部及西北部诸民族之征服与镇压。中国北部诸民族之内犯，本系天然环境及经济状况驱使而然。因北部的生活条件，不及内部之优，当然常常乘机内犯。

> 四夷之为中国患也久矣，北狄尤甚焉。种落实繁，迭雄边塞。年代遐邈，非一时也。五帝之世，则有獯粥焉；其在三代，则猃狁焉；逮乎两汉，则匈奴焉；当涂典午，则乌丸、鲜卑焉；后魏及周，则蠕蠕、突厥焉。此其酋豪相继，互为君长者也。皆畜牧为业，侵钞为资。倏来忽往，云飞鸟集。……亲疏因其强弱，服叛在其盛衰。衰则款塞顿颡，盛则蛮弓寇掠。……及蠕蠕衰，突厥始大。②

突厥强大之时，正当后魏就衰，周齐对立。隋高祖统一南北之后，乃开始制裁突厥。派河间王弘，上柱国豆卢勣、窦荣定，左仆射高颎，右仆射虞庆则等并为元帅，进击突厥。结果毕竟把突厥制服下来了。这盛况，在本章第二节述隋帝国之对外用兵时，已经讲过了。

---

① 《新唐书·南蛮列传》上。

② 《隋书·突厥传》。

隋炀帝末年，内乱大作，突厥复又强盛起来了。隋唐交接之际，突厥几乎取得了东亚的领导地位。当时中国北部的许多民族，都直接或间接受其支配；如契丹、室韦、吐谷浑、高昌诸国，皆为其臣属。至于中国民乱的领袖，凡接近突厥的，也都结突厥为声援。甚至李唐的起兵，亦复如此。

始毕可汗咄吉者，启民可汗子也。隋大业中嗣位，值天下大乱，中国人奔之者众，其族强盛。东自契丹、室韦；西尽吐谷浑、高昌诸国，皆臣属焉。控弦百余万。……高视阴山，有轻中夏之志。①

窦建德、薛举、刘武周、梁师都、李轨、王世充等倔起虎视，悉臣尊之。②

高祖起义太原，遣大将军府司马刘文静聘于始毕，引以为援。始毕遣其特勒康稍利等献马千匹，会于绛郡。又遣二千骑助军。③

突厥的强盛，传至颉利时代，曾未稍衰；其进逼中国，则有加无已。

武德七年(公元六二四年)，突利、颉利二可汗，自原州入寇，侵扰关中。有说高祖云："只为府藏子女在京师，故突厥来。若烧却长安而不都，则胡寇自止。"高祖乃遣中书侍郎宇文士及行山南可居之地，即欲移都。……太宗独曰："……尚使胡尘不息，遂令陛下议欲迁都。此臣之责也。"④

太宗既已负起攻讨突厥之责，于是命李靖、李勣、柴绍、任成、王道宗、卫孝节、薛万徹等，帅兵十万，进击突厥。于贞观四年(公元六三〇年)毕竟把突厥制服下来。至武后时，突厥中兴，大为边患。至开元时，终被讨平。

突厥既平，继起称雄于北方的又有回鹘，或回纥。回纥乃十五种部族中之一种。《新唐书》云：

回纥，其先匈奴也，俗多乘高轮车。元魏时亦号高车部。或曰敕勒，讹为铁勒。其部落曰袁纥、薛延陀、契苾羽、都播、骨利干、多

① 《旧唐书·突厥传》上。
② 《新唐书·突厥传》上。
③ 《旧唐书·突厥传》上。
④ 《旧唐书·太宗纪》上。

> 览葛、仆骨、拔野古、同罗浑、思结、斛薛、奚结、阿跌、白霫。凡十有五种，皆散处碛北。袁纥者，亦曰乌护，曰乌纥。至隋曰韦纥。其人骁强，初无酋长。逐水草转徙，善骑射，喜盗钞，臣于突厥，突厥资其财力，雄北荒。大业中，……韦纥乃并仆骨同罗。拔野古叛去，自为俟斤，称回纥。回纥姓药罗葛氏，居薛延陀北，娑陵水(今色楞格河)上，距京师七千里，众十万，胜兵半之。地碛卤，畜多大足羊。①

就这段记载看，所谓回纥，只是许多部族中之一种。唐帝国与各部族，大都建立了友好关系。太宗贞观时代，各部族多入朝唐帝国。入朝之部族，大概都被视做回纥，或回纥之一部分。

唐帝国之边防　隋唐帝国，在亚洲诸民族中，既居领袖地位，则其维持此领袖地位之种种设置，当然是不可少的。隋以历史短促，无所成就；唐帝国就不同了，尝于缘边要地，设置都护府，以控制新得之地，并镇压边地居民。综计前后共设六都护府。

一、安东都护府，设在平壤，即今朝鲜平壤。这是控制高丽诸府州及百济、新罗诸国的。

二、单于都护府，设在云中，即今归绥境内。这是控制碛南诸府州的。

三、安北都护府，设在金山，即今科布多境内。这是控制碛北诸府州的。

四、北庭都护府，设在庭州，即今新疆迪化县。这是控制天山以北之庭州的。

五、安西都护府，设在龟兹，即今新疆库车县。这是控制西域诸府州的。

六、安南都护府，设在交州，即今安南中部。这是控制交趾府州及海南诸国的。

六都护府之外，又有所谓十节度。十节度之设，大都在睿宗景云至玄宗开元间。节度设置之后，都护府的地位，渐渐变了。有的隶属在节度之下；如安东都护府，即于天宝二年(公元七四三年)属平卢节度；至德后遂废。安北与单于二都护府，均于天宝初属朔方节度。有的被异族攻陷，如安西与北庭二都护府，均于至德后，没于吐蕃。大概都护府与节度平行的

---

①《新唐书·回鹘传》上。

时候也很多。十节度之名，兹列举于次。

一、平卢节度，设在营州，即今热河朝阳县。这是控制室韦、靺鞨等部族的。

二、范阳节度，设在幽州，即今北平。这是控制奚、契丹等部族的。

三、河东节度，设在太原，即今山西阳曲县。这是帮助巩固朔方之地位的。

四、朔方节度，设在灵州，即今甘肃灵武县。这是控制回纥等部族的。

五、河西节度，设在凉州，即今甘肃武威县。这是控制回纥、吐蕃等部族的。

六、陇西节度，设在鄯州，即今甘肃碾伯县。这是控制吐蕃等部族的。

七、镇西节度，设在龟兹，即今新疆库车县。这是控制西域诸国的。

八、北庭节度，设在庭州，即今新疆迪化县。这是控制突驰施、坚昆、默啮等部族的。

九、剑南节度，设在益州，即今四川成都县。这是控制吐蕃、蛮獠等部族的。

十、岭南节度，设在广州，今广东番禺县。这是控制南海诸国的。

第七章　中外文化汇合演进

隋唐统一帝国之发展，略如上述。再现进一步，略述当时中外文化汇合演进之状，借以考见隋唐统一帝国，与秦汉统一帝国之不同。秦汉帝国，虽与外族发生极密切之关系，然其典章，制度，文化等之夸耀于各民族之前者，皆其自己独自创造出来的东西。隋唐帝国就不同了。因其时代，直接南朝北朝相互对立之后，所有典章，制度，文化等，多系汉民族与其他各民族所分别创造。迨统一告成，汇合演进，成为一种较秦汉更复杂更高等的东西。兹于本章，分三项述之：一曰发展生产之诸制，二曰维持秩序之诸制，三曰推进文化之诸制。

一　发展生产之诸制度

土地之分配　(a)授田仿元魏旧制。自晋室南迁以后，元魏于其旧地，施行均田制度。这我们在第四章里，已经说过了。元魏的均田制度，后为北齐所继承。隋受周禅，授田之法，采行齐制。隋亡之后，又把采自高齐的制度，传给李唐。由此看来，魏、齐、隋、唐四代的田制，是一系相承的。这我们可以举些记载于次：

> 后魏……孝文太和……九年(公元四八五年)，下诏均给天下人田。①
>
> 北齐给授田令，仍依魏朝。②
>
> 隋文帝令自诸王以下至于都督，皆给永业田，各有差。多者至百

① 杜佑：《通典·田制》上。

② 杜佑：《通典·田制》下。

顷，少者至三十顷。其丁男中男，永业露田，皆遵后齐之制。[①]

元魏稍立田制，……唐兴，只因元魏北齐制度而损益之。[②]

魏、齐、唐、隋的田制，既然是北方民族拓跋氏在中原方面所创始，而一系相承传演下来的；那末隋唐的田制，从不与元魏的田制绝对一致，但是大可以说是汉民族的田制与拓跋氏的田制汇合演进的结果。这结果在唐代，其实况约略如下：人民所耕之土田，由政府分四个主要的等级而授与。受永业田(即传诸子孙之田)二十亩及口分田(即须还诸政府的)八十亩的为一级；仅受口分田四十亩的为一级；仅受口分田三十亩的为一级；受永业田二十亩，及口分田二十亩的为一级。田亩的大小，也有规定。杜佑《通典》云：

大唐开元二十五年(公元七三七年)令：田广一步，长二百四十步为亩；百亩为顷。丁男给永业田二十亩，口分田八十亩；其中男年十八以上，亦依丁男给。老男笃疾，废疾，各给口分田四十亩。寡妻妾各给口分田三十亩。先永业者通充口分之数。黄小，中丁，男子(丁男的儿子)及老男，笃疾，废疾，寡妻妾当户者，各给永业田二十亩；口分田二十亩。[③]

不过，唐之土田，并不是完全分授给农民的。凡亲贵及其文武官员，所分受之田，皆以顷计(百亩为顷)。至于在京中及诸州郡服务的文武官员，尚有所谓职分田，也是以顷计的。

其永业田，亲王百顷！职事官正一品六十顷；郡王及职事官从一品各五十顷；国公若职事官正二品各四十顷；郡公若职事官从二品各三十五顷；县公若职事官正三品各二十五顷；职事从三品二十顷；侯若职事官正四品各十四顷；伯若职事官从四品各十顷；子若职事官正五品各八顷；男若职事官从五品各五顷。上柱国三十顷；柱国二十五顷；上护军二十顷；护军十五顷；上轻车都尉十顷；轻车都尉七顷；上骑都尉六顷；骑都尉四顷；骁骑尉飞骑尉各八十亩；云骑尉武骑尉

① 杜佑：《通典·田制》下。

② 马端临：《文献通考》卷二引叶适(水心)之言。

③ 杜佑：《通典·田制》下。

> 各六十亩。其散官五品以上同职事给。兼有官，爵，及勋，俱应给者；唯从多，不并给。……诸永业田皆传子孙，不在收授之限。即子孙犯除名者，所承之地，亦不追！……
>
> 诸京官文武职事职分田：一品，十二顷；二品，十顷；三品，九顷；四品，七顷；五品，六顷；六品，四顷；七品，三顷五十亩；八品，二顷五十亩；九品，二顷。去京城百里内，给其京兆、河南府及京县官人职分田亦准此。即百里外给者亦听。……
>
> 诸州及都护府，亲王府官人职分田：二品，一十二顷；三品，一十顷；四品，八顷，五品，七顷；六品，五顷(京畿县亦准此)；七品，四顷；八品，三顷；九品，二顷五十亩。[①]

此外分受土田，以顷计的，还不可胜数。单只上面所录，也就很可以显示当时多数耕地，怎样集中于少数人的手中。此外再加以买卖的自由，如《通典》所云："庶人有身死家贫，无以供葬者，听卖永业田；即流移者亦如之。乐迁就宽乡者，并听卖口分田！"[②]于是土地集中的速度更大。一方面政府把土地大量地赐给亲贵，及京中京外乃至亲王府的官僚及武人；另一方面，受田的农民，或因天灾人患以及其他原因贫穷下去，把所受之田卖给富农乃至官僚地主等。双方并进，土地愈集中。北魏的均田制，在唐代竟成了统治者一方面的分赃办法。这可以说是承北魏之旧而变质者也。传演到天宝以后，遂成了社会混乱的主要因素。这且留到以后再说。这里且来看看与均田相适应的税制。

(b)征税分租庸调徭。亲贵官僚武人等虽分受了大量的土地，却不负任何基于土地所有权而生的义务。因为都是封建地主，他们的土地，都是租给农民，或召来无业农民从事耕种的。假使有何种义务，也一律转嫁到农民身上去了。所以纳税或其他负担，只与农民有关。唐代依元魏旧制而授民以田；授民以田，必有所取于民。于是与此制相适应的赋役等义务，必然由农民负担。这等负担，凡分四目：曰租，调，庸，徭。租，指人民提供于政府的谷物而言；调，指人民提供于政府的布物而言；庸，指人民提供于政府，以代替自己所应服之劳役的替代品而言；徭，则是不用代替品，

① 杜佑：《通典·田制》下。

② 杜佑：《通典·田制》下。

直接提供于政府的各种杂役。关于这四者,《唐六典》概括言之曰:

> 凡赋役之制有四:一曰租,二曰调,三曰役,四曰杂徭。课户每丁租粟二石;其调随乡土所产绫绢絁各二丈,布加五分之一(即二丈四尺);输绫绢絁者绵三两,输布者麻二斤,皆书印焉。凡丁岁役二旬;无事则收其庸,每日三尺;有事而加役者,旬有五日,免其调;三旬(岁役二旬外另加三旬,共五旬!)则租调俱免。凡庸调之物,仲秋而敛之,季秋发于州。租则准上收获早晚,量事而敛之;仲秋起输,孟春而毕纳。

(c)田籍坏两税法兴。租庸调等之税法,后因田籍坏,渐渐行不通了。玄宗以宽仁为政,版籍不修;凡人口的增减,田亩的数目,贫富的升降等等:因只有些靠不住的簿据可查,真相已莫能明了。情形如此,流弊滋生。例如戍边的兵士,本可免去六年的租庸。不过期满之后,仍须回家担负租庸的义务。但事实上却有于六年已满之后,长期逃避此等义务的。又如增征军饷,加派杂役,本要根据田籍才行得通。但版籍不修,各地文武大员,尝假镇压内乱之名,自由增税,自由派役。名曰为国,实则为私。天宝以后,这种现象逐渐发展,终至扰民。只要看下面所述的经过情形便可知积弊是怎样的深刻了。

> 初定令式,国家有租赋庸调之法。开元中,玄宗……以宽仁为理本,故不为版籍之书。人口浸溢,堤防不禁。丁口转死,非旧名矣。田亩转换,非旧额矣。贫富升降,失旧第矣。户部徒以空文总其故书,盖得非当时之实。
>
> 旧制人丁戍边者,蠲其租庸,六岁免归。玄宗方事夷狄,戍者多死不返。边将怙宠而讳,不以死申;故其贯籍之名不除。至天宝中,王鉷为户口使,方务聚敛;以丁籍且存,则丁身焉往?是隐课而不出耳。遂案旧籍。计除六年之外,积征其家三十年租庸!天下之人,苦而无告,则租庸之法弊久矣。
>
> 至德之后,天下兵起。始以兵役,因之饥疠。征求运输,百役并作。人户凋耗,版图空虚。军国之用,仰给于度支转运二使。四方征镇,又自给于节度都团练使。赋敛之司数四,而莫相统摄。于是纲目大坏:朝廷不能覆诸使,诸使不能覆诸州,……权臣猾吏,因缘为奸。

> 或公托进献，私为贼盗者，动万万计。河南、山东、荆、襄、剑南有重兵处，皆厚自奉养。王赋所入无几，……苛敛之名凡数！废者不削，重者不去；新旧仍积，不知其涯。百姓受命而供之，沥膏血，鬻亲爱，旬输月送无休息！吏因其苛，蚕食千人。凡富人多丁者，率为官为僧，以色役免。贫人无所入，则丁存。故课免于上，而赋增于下。是以天下残瘁，荡为浮人。乡居地著者，自不四五！于是者殆三十年。[①]

因版籍不修，而赋税的流弊，竟到了这样。于是杨炎出而创“两税法”以救济之。杨炎字公南，凤翔天兴人。德宗未即位之时，便已闻其名。及即位，乃任炎为门下侍郎，同中书门下平章事。当时，政府的收入，因管财政的人经不起武人的要挟，一律藏在大盈内库。“天下公赋，为人君私藏；有司不得计赢少。而宦官以冗名持簿者三百人奉给其间；根柢连结不可动。”[②]杨炎对此，首先为彻底之改革。把藏于大盈内库的东西，拿出来清算，借以知国家收入与支出的平衡与否。以如此善于理财的人，眼看着当时赋税之征收，紊乱无法，自然会要设法改革。于是他的“两税法”乃应运而生。

两税法之内容，有好几项可得而述。一量出为入，要收多少税，先计算国家开支的大小，以作征税的标准。二，纳税的人，以贫富为标准，不以年龄为标准；打破往日所谓中男丁男等分别。三，税户不问主客，不问离家与否，均须纳税。一户的人口，无论为主人，或寄居的客人，概视为纳税之人。一个人在外经商，亦须斟酌纳税。四，只纳税一种，往日的租庸，杂徭等一律省去。纳税的期间，分夏秋两季：夏以六月底为止期；秋以十一月底为止期。“两税法”之名，大概因此而起。五，政府计算税收，以现钱为准；而人民输纳，则以实物折算。这其中的流弊，自不能免；下面另述。兹录两税法之大略的记载于次：

> 炎……请为两税法以一其制。凡百役之费，一钱之敛，先度其数而赋于人，量出制入。户无主客，以见居为簿；人无丁中，以贫富为差；不居处而行商者，在所州县税三十之一；度所取与居者均，使无侥利。居人之税，秋夏两入之。俗有不便正之。其租庸杂徭悉省，而

① 《旧唐书·杨炎传》。

② 《新唐书·杨炎传》。

丁额不废。其田亩之税，率以大历十四年(公元七七九年)垦田之数为准，而均收之。夏税尽六月，秋税尽十一月。岁终以户赋增失进退长吏，而尚书度支总焉。帝善之，使谕中外。议者沮诘，以为租庸令行数百年，不可轻改。帝不听，天下果利之。[①]

由内容观之，杨炎两税法，纯粹为便利政府征收赋税的手段。完全站在增加政府收入的一点以立言，丝毫不含什么社会政策的意义。不过在税收方法紊乱不堪之时，这仍是一剂良药。至于其中之流弊，却也很多。如"岁终以户赋增失，进退长吏"，便不免奖励官僚向人民苛索之弊。不过这弊端还小。最大的弊端，在政府收入以现金为准，人民输纳以实物折算。盖钱价与物价，常有变动。假如钱价不变，而物价低落：或物价不变，而钱价高涨；或钱价高涨，同时物价又低落；则人民所输纳之实物均要增加。这就未免病民了。如在某时，一串钱可抵一斗米；后来米价低落，须一斗二升乃至一斗三升之米，始可抵一串钱。这时政府收入，仍以一串钱为准，则人民输纳之米，便须多二升乃至三升！杨炎两税法中，这个流弊是很显明的。故《新唐书》云：

贞元四年(公元七八八年)诏天下两税，审等第高下，三年一定户。自初定两税，货重钱轻，乃计钱而输绫绢。既而物价愈下，所纳愈多。绢匹为钱三千二百。其后一匹，为钱一千六百！输一者过二，虽赋不增旧，而民愈困矣。……又疠疫水旱，户口减耗。刺史析户，张虚数以宽责逃死。阙税取于居者！一室空而四邻亦尽！(这正是"岁终以户赋增失进退长吏"所必有的结果)……安居不迁之民，赋税日重！[②]

工艺之进步 对于工艺制作之进步，元魏时北方民族在中原方面所有的贡献，亦复不少。例如瓷器，乃中国有名的工艺品，向与丝茶并称。而烧瓷器的窑，却有很多是元魏时所创始的。蓝浦《景德镇陶录》卷七于关中窑有云："元魏时所烧，出关中，即今西安府咸阳等处。陶以供御。"于洛京陶亦云："元魏时烧造，即今河南洛阳县也。初都云中，后迁都此。故曰洛京所陶，皆供御物。"即此一端，可见元魏于工艺制作，是有贡献的。当时

① 《新唐书·杨炎传》。

② 《新唐书·食货志》二。

制作瓷器之地，非常之多。如温州、寿州、洪州、越州、鼎州、婺州、岳州、邛州等地，据《景德镇陶录》云，大抵都是当时瓷器的中心。又瓷器的种类，多为日常用品。《新唐书·地理志》云："河南府贡埏埴盎缶，邢州贡瓷器。"《韦坚传》云："豫章瓷：饮器，茗铛釜。"且当时瓷器的制作，大概已经很精了。陆羽《茶经》云："盌，越州为上，其瓷类玉类冰！青而益茶，茶色绿，邢瓷不如也。鼎州瓷盌，次于越器。婺器次于鼎，岳器次于婺。寿瓷色黄最下。洪州瓷褐，令茶色黑，品更次寿州。"瓷器精致到类玉类冰，当是很进步的工艺品了。

除瓷器外，其他工艺制作，种类更多。着在身上或铺在床上用的，有各种织品。毛织物如毛毲白氎；丝织物如绢，绝文绫；绵麻织物如绵布麻布，草织物如龙须席。日常用的器物有金属制的，有骨角制的，有藤制的。供装饰用的，有翡翠，有象牙，有麝香等。供需要用的，有漆，有墨，有朱砂，有水银等。此外制作品还极多。且录《唐六典》所载各地贡品以为证。《唐六典》云：

> 凡天下十道。任土所出，而为贡赋之差，分十道以总之。一曰关内道，凡二十有二州，东距河，西抵陇坂，南据终南之山，北边沙漠。厥赋：绢，绵，布，麻；厥贡：岱赭盐，山角弓，龙须席，苁蓉，野马皮，麝香。二曰河南道，凡二十有八州，东尽于海，西距函谷，南濒于淮，北薄于河。厥赋：绢，絁，绵，布；厥贡：䌷，絁，文绫，丝葛，水葱，蕉心席，瓷石之器。三曰河东道，凡十有九州，东距恒山，西据河，南抵首阳太行，北边匈奴。厥赋：布，祢；厥贡：绢，扇，龙须席，墨蜡，石英，麝香，漆，人参。四曰河北道，凡二十有五州，东并于海，南迫于河，西距太行恒山，北通渝关、蓟门。厥赋：绢，绵，及丝；厥贡：罗绫，平䌷，丝，布，丝䌷，凤翮，苇席，墨。五曰山南道，凡三十有三州，东接荆，西抵陇、蜀，南控大江，北据商、华之山。厥赋：绢，布，绵，䌷；厥贡：金，漆，蜜蜡，蜡烛，钢铁，芒硝，麝香，布，交梭，白谷䌷，纻绫，葛，彩纶，兰干。六曰陇右道，凡二十有一州，东接秦，西逾流沙，南连蜀及吐蕃，北界朔漠。厥赋：布，麻；厥贡：麸金，砺石，碁石，密，蜡，蜡烛，毛毲，麝香，白氎，及鸟兽之角，羽毛，皮革。七曰淮南道，凡一十有四州，东临淮海，西抵汉，南据江，北距淮。厥赋：絁，绢，绵，布；厥贡：交

梭，纻，绨，孔雀，熟丝，布，青铜镜。八曰江南道，凡五十有一州，东临海，西抵蜀，南极岭，北带江。厥赋：麻，纻；厥贡：纱编绫纶，蕉，葛，练，麸金，犀角，鲛鱼，藤，朱砂，水银，零陵香。九曰剑南道，凡三十有三州，东连牂牁，西界吐蕃，南接群蛮，北通剑阁。厥赋：绢，绵，葛，纻；厥贡：麸金，罗绫，绵，绸，交梭，弥牟布，丝葛，麝香，羚羊，犛牛角，尾。十曰岭南道，凡七十州。东南际海，西极群蛮，北据五岭。厥赋：蕉纻，落麻；厥贡：金，银，沉香，甲香，水马，翡翠，孔雀，象牙，犀角，龟壳，龟鼊，丝，藤，竹布。(山南道于开元二十一年分为山南东道及山南西道。江南道亦于是年分为江南东道及江南西道。)

上面所举这些物品中，原料极少；大部分为手工工艺的制作品。十道之中，这类的制作品，无一道没有。这可见当时工艺制作，在各地都有进步。

商业之发达 农产品多了，工艺制作品多了；国内各地，相互交换，商业自然发达。上述各种工艺制作品，在国内大抵都可以算是很好的商品。只有在国际贸易上，情形或稍稍不同：当时作为国际商品，运销外国的，大概以丝、茶为主。丝之运销国外，在汉朝就已开始了。近来斯坦因爵士(Sir A. Stein)在亚洲极中部，作三次考古旅行，搜集了很多的丝织遗物，证明中国与葱岭以西诸国的丝织物贸易，早在西汉之时就已开始，隋唐之时，正方兴未艾。至于茶的运销外国，唐时也已成了事实。《新唐书·陆羽传》云："羽嗜茶，著《茶经》三篇。言茶之原，茶之法，茶之具，尤备。天下益知饮茶矣。时鬻茶者至陶羽形，置炀突间，视为茶神。其后尚茶成风，回纥入朝，始驱马市茶。"

国际贸易，既已发达，则国际市场及与各国往来通商的要道，便也可得而言了。中国与外国之通商，在隋唐以前，大抵以葱岭东西附近各地为市场。同时中国境内之商业重心，也偏在西北部，如长安即是一例。到隋唐时代，中外的贸易便繁荣了。又因交通进步之故，葱岭东西附近各地之国际市场固仍存在；而阿拉伯波斯一带之商人，循海道达中国之东南部，以经商的，也多起来了。于是中国东南部有好多地方，竟成了国际贸易的重心，与葱岭东西各地，可以齐驱并驾。后来则完全代替了葱岭东西附近各地的市场。随着市场之繁荣，中外通商要道，也增到了七道之多。《新唐书》云：

天宝中，玄宗问诸蕃国远近。鸿胪卿王忠嗣以《西域图》对，才十数国。其后贞元宰相贾耽，考方域道里之数最详；从边州入四夷，通译于鸿胪者，莫不毕纪。其入四夷之路，与关戍走集最要者七：一曰营州，入安东道；二曰登州，海行入高丽、渤海道；三曰夏州，塞外通大同、云中道；四曰中受降城，入回鹘道；五曰安西，入西域道；六曰安南，通天竺道；七曰广州，通海夷道。①

当时中国方面供外国商人活动的地方，以交州、广州、泉州、扬州等地为最有名。桑原骘藏于所著《中国阿拉伯海上交通史》页二〇至页二八述之最详。梁启超亦云：

九世纪时，阿拉伯人所著《中国见闻录》中一节云："有广府(Confn)者，为商船荟萃地。纪元二百六十四年(此回教历)叛贼黄巢陷广府。(黄巢攻陷广府之事，据桑原氏考证，在乾符五年，即公元八七八年)杀回耶教徒及犹太波斯人等十二万！其后有五朝争立之乱，贸易中绝。"②

外人有十余万之多，当时国际贸易之盛况可想而知。扬州方面，当时外国商人亦很多。《新唐书·田神功传》云："神功兵至扬州，大掠居人，发冢墓；大食、波斯贾胡死者数千人！"再者由扬州方面当时之繁华，亦可考见其商业之盛况。洪迈云：

唐世盐铁转运使在扬州，尽干利权，判官多至数十人。商贾如织。故谚称扬一益二；谓天下之盛，扬为一，而蜀次之也。杜牧之有"春风十里珠帘"之句。张祜诗云："十里长街市井连，月明桥上看神仙。人生只合扬州死，禅智山光好墓田。"王建诗云："夜市千灯照碧云，高楼红袖客纷纷。如今不似时平日，犹自笙歌彻晓闻。"徐凝诗云："天下三分明月夜，二分无赖是扬州。"其盛可知矣。③

中国经济的演进，若只就其种类而言：周时农业最盛，工艺制作亦开

---

① 《新唐书·地理志》下。

② 梁启超：《中国历史研究法》。

③ 洪迈：《容斋随笔》卷九《唐扬州之盛》。

始发达。秦汉时，农业工业都盛，商业则限于国内。西汉末年至隋时，农业工业商业都盛，而商业则扩充到葱岭以西诸国去了；但这样扩充到国外的商业，仍只以葱岭东西附近诸国为其主要的国际市场。到唐代就不同了，国际市场，且由葱岭东西附近诸国，移到亚洲东南一隅之极端来了！

二　维持秩序之诸制度

官制之渊源与大略　(a)官制之渊源。隋唐的官制，也如田制一样，也是汇合西北诸民族在中原方面所创许多新制而组成。换言之，隋唐官制，有两大来源。一，秦、汉、魏、晋、宋、齐、梁、陈历代或因或革，或损或益，所传下的许多旧制；这可称为历史上的来源。二，西部北部诸民族，于晋时开始侵入中原以后，即在中原方面创始新制；大概元魏拓跋氏创制最多；北齐高氏，与北周宇文氏继起之后，或因或革，或损或益，也铸成了许多新制；综合起来，可称为外族方面的来源。《隋书》述此两大来源曰：

> 秦始皇……创立朝仪，事不师古：始罢封侯之制，立郡县之官。大尉主五兵，丞相总百揆。又置御史大夫，以贰于相。自余众职，各有司存。汉高祖除暴宁乱，轻刑约法，而职官之制，因于嬴氏。其间同异，亦抑可知。光武中兴，聿遵前绪，唯废丞相与御史大夫而已，三司综理众务。洎于叔世，事归台阁；论道之官，备员而已。魏晋继及，大抵略同；爰及宋齐，亦无改作。梁武受终，多循齐旧。然而定诸卿之位，各配四时；置戎秩之官，百有余号。陈氏继梁，不失旧物。
>
> 高齐创业，亦遵后魏；台省位号，与江左稍殊。所有节文，备详于志。有周创据关右，日不暇给。洎乎克清江汉，爰议宪章。酌酆镐之遗文，置六官以综务。详其典制，有可称焉。
>
> 高祖践极，百度伊始。复废周官，还依汉魏。唯以中书为内史，侍中为纳言。自余庶僚，颇有损益。炀帝嗣位，意存稽古；建官分职，率由旧章。[①]

隋之官制，大抵是拿外族方面所新创的来源，与历史方面所传下的来

① 《隋书·百官志序》。

源，斟酌损益的结果。这结果，唐代完全继承了。《新唐书》云："唐之官职，其名号录秩，虽因时增损，而大抵皆沿隋故。"[①]因此之故，述唐代的官制，隋代的便也包括在内了。

(b)官制之大略。我们于前此各篇各章，从未单独地叙述过官制。一则因通史的任务，应该置重整个社会的活动，不宜多涉静止的制度。二则因静止的制度如官制等，应由专门史(如法制史之类)去叙述，通史中大可不必多谈。但这里却又专述官制者，盖有两个理由。一，隋唐官制，含有外族所创的成分；述之，可以显示种族斗争对于文化的影响之大。着重之点，仍在整个社会的活动。这样的叙述，与第一篇里叙述《怎样建立社会次序》，第二篇里叙述《集权帝国之诸制度》，其用意正同；都是拿所述的制度以显示伟大的活动之影响。并不是为着静止的制度的本身而叙述，乃是为着阐明整个的活动而叙述。二，隋唐官制，既是集汉民族与其他各民族之大成，且其体系又较完备，如吏、户、礼、兵、刑、工等六部分，几乎成为后世的典型；我们于此，顺便知道中国史上官制的大略，亦是一种收获。

唐之官制，属于中央方面的许多部门之中，有较为重要的三部门，值得特别注意。一曰三师与三公的部门，这一部门，相当于今之议政机关。二曰三省的部门，这一部门，相当于今之行政机关。三曰御史台的部门，这一部门相当于今之监察机关。不过我们万万不可误认为这是唐代三权分立及三权相钳的制度。

且拿(1)三师与三公来说吧。三师的地位虽高，但仍只对皇帝个人负责；并不把意见直接提供于行政的部门。且所谓三师者，也不一定常设。其次三公，也只是帮助皇帝的人，且其人常为亲贵，职权极不明显。再者三师三公之下，都没有其他的属官；似乎完全无事可作，而只是皇帝私人的咨议顾问之流。《新唐书》云：

> 太师，太傅，太保，各一人，是为三师。太尉，司徒，司空，各一人，是为三公。皆正一品。三师，天子所师法，无所总职；非其人则阙。三公佐天子理阴阳，平邦国，无所不统。亲王拜者，不亲事祭祀；阙则摄。(注云：隋废三师，贞观十一年复置。与三公皆不设

① 《隋唐书·百官志》。

官属。)①

其次(2)相当于行政机关的三省，系由尚书省，门下省，中书省所组成。中书省，好像是一个替皇帝起草例行文书的秘书机关。凡不关重要的照例文章，如册封爵位之书，大赦罪人之书，奖励有功之书，等等，都归中书省人办稿，由皇帝裁可发布。也好像今之文官处。凡襄办祭祀的礼仪，宣读皇帝的册令，传达外国所上的表疏，收受百寮的贺表等等，都属中书省的职务。因其职务偏重在作照例文章，或堂皇典丽之文章，故这省的官员，多属能文之士，而为其他各机关所不能及。兹录记载一段，以见这一省的重要职责之所在。

中书省：中书令二人，正二品，掌佐天子执大政，而总判省事。凡王言之制有七：一曰册书；立皇后，皇太子，封诸王，临轩册命则用之。二曰制书；大赏罚，赦宥虏囚，大除授则用之。三曰慰劳制书；褒勉赞劳则用之。四曰发敕；废置州县，增减官吏，发兵，除免官爵，授六品以上官则用之。五曰敕旨；百官奏请施行则用之。六曰论事敕书；戒约臣下则用之。七曰敕牒；随事承制，不易于旧则用之。皆宣署申覆，然后行焉。大祭祀，则相礼；亲征纂严，则戒饬百官；临轩册命，则读册若命；于朝，则宣授而已；册太子，则授玺绶。凡制诏文章献纳，以授记事之官。

侍郎二人，正三品，掌贰令之职；朝廷大政，参议焉。临轩册命为使，则持册书授之。四夷来朝，则受其表疏而奏之；献贽币，则受以付有司。

舍人六人，正五品上，掌侍进奏，参议表章。凡诏，旨，制，敕，玺书，册命，皆起草进画；既下，则署行。其禁有四：一曰漏泄，二曰稽缓，三曰违失，四曰忘误。制敕既行；有误，则奏改之。大朝会，诸方起居，则受其表状。大捷，祥瑞，百寮表贺亦如之。册命大臣，则使持节读册命。将帅有功及大宾客则劳问。②

门下省也好像是一个秘书机关。中书之职掌，如系承皇帝之命办理照

① 《新唐书·百官志》。

② 《新唐书·百官志》。

例的下行文书；则门下省之职掌，便可以说是承皇帝之命审核各种上行的公事。下行的文书，主要的有七种，已见于前；上行的公事，主要的则只六种。《新唐书》云：

> 门下省：侍中二人，正二品；掌出纳帝命，相礼仪。凡国家之务，与中书令参总，而颛判省。下之通上，其制有六：一曰奏钞；以支度国用，授六品以下官，断流以下罪，及除免官用之。二曰奏弹；三曰露布；四曰议；五曰表；六曰状。自露布以上，乃审；其余，覆奏画；制可，而授尚书省。①

门下省与中书省，既都能管出纳帝命，都能相礼仪；一言以蔽之，国家之务，两省都得参总；则此两省之性质，大体很相近。不过中书省偏重于办理照例的下行文书，其责任似较轻。门下省偏重于审核各种上行的紧要公事，其责任似较重。因责任重，故负责之官，也特别小心。因特别小心之故，乃有所谓"封驳"。封驳云云，乃请皇帝重行考虑之意。凡公事或文书，无论是上行的或下行的；虽经皇帝亲自裁可，交由门下省迳行公布，或转交于执行机关执行；但门下省认为关系重大，认为有重行考虑之必要者，往往将原件封还，请皇帝重行考虑。专制时代，而有这种办法，当然是很值得称誉的。故顾炎武历数这办法之历史曰：

> 人主之所患，莫大乎唯言而莫予违。……汉哀帝封董贤，而丞相王嘉封还诏书。后汉钟离意为尚书仆射，数封还诏书。自是封驳之事，多见于史，而未以为专职也。唐制，凡诏敕皆经门下省；事有不便，得以封还。而给事中有驳正违失之掌，着于《六典》。如袁高、崔植、韦宏景、狄兼謩、郑肃、韩佽、韦温、郑公舆之辈，并以封还敕书垂名史传。亦有召对慰谕，如德宗之于许孟容；中使嘉劳，如宪宗之于薛存诚者。而元和中给事中李藩在门下，制敕有不可者，即于黄纸后批之。吏请别连白纸，藩曰："别以白纸，是文状也。何名批敕?"宣宗以右金吾大将军李燧为岭南节度使，已命中使赐之节；给事中萧倣封还制书。上方契乐，不暇别召中使，使优人追之，节及燧门而返。人臣执法之正，人主听言之明，可以并见。五代废弛，宋太宗淳化四年

① 《新唐书·百官志》。

(公元九九三年)，六月戊寅，始复给事中封驳。而司马池犹谓门下虽有封驳之名，而诏书一切，自中书以下，非所以防过举也。明代虽罢门下省长官，而独存六科给事中，以掌封驳之任。旨必下科。其有不正，给事中驳正到部，谓之科参。六部之官，无敢抗科参而自行者。故给事中之品卑，而权特重。①

三省之中，中书与门下二省，约略如上所述。其余最重要，而范围最广的一省，厥为尚书省。凡政事之执行，几乎完全在这一省。这一省共含六部：曰吏部，曰户部，曰礼部，曰兵部，曰刑部，曰工部。若就其职掌而言，吏部似相当于今之内政部，户部似相当于今之财政部，礼部似相当于今之教育部，兵部似相当于今之军政都，刑部似相当于今之司法部，工部似相当于今之实业部。其官员：最高者为尚书令，似相当于今之行政院长。左仆射一人，右仆射一人，其地位很像副尚书令，似相当于今之行政院副院长。其下有左丞一人，管吏、户、礼三部；右丞一人，管兵、刑、工三部。至于吏，户，礼，兵，刑，工等六部之自身，每部设尚书一人，甚有似乎今之部长。每部又分为四个机关，似相当于今日各部之下的司(不过不曰某某司，而曰司某某)。其第一个机关，即以各部之名为名；余三机关各有特称。兹为明白尚书省之性质及其职掌之大略起见，录若干记载于次：

尚书省：尚书令一人，正二品；掌典领百官。其属有六尚书：一曰吏部，二曰户部，三曰礼部，四曰兵部，五曰刑部，六曰工部，庶务皆会决焉。凡上之逮下，其制有六：一曰制，二曰敕，三曰册，天子用之。四曰令，皇太子用之。五曰教，亲王公主用之。六曰符，省下于州，州下于县，县下于乡。下之达上，其制有六：一曰表，二曰状，三曰笺，四曰启，五曰辞，六曰牒。诸司相质，其制有三：一曰关，二曰刺，三曰移。凡授内外百司之事，皆印其发日为程，一曰受，二曰报。诸州计奏达京师，以事大小多少为之节。凡符，移，关，牒，必遣于都省乃下。天下大事不决者，皆上尚书省。凡制敕计奏之数，省符宣告之节，以岁终为断。左右仆射各一人，从二品，掌统理六官，

① 顾炎武：《日知录》卷九《封驳》。

为令(尚书令)之贰。令阙，则总省事。……左丞一人，正四品上；右丞一人，正四品下。掌办六官之仪，纠正省内。……吏部户部礼部，左丞总焉。兵部刑部工部，右丞总焉。①

尚书省之全局，大略如是。兹再分看尚书省所管辖之六部，及每一部下之四个机关；更可明白整个尚书省之性质及职掌。

吏部：尚书一人，正三品；侍郎二人，正四品上；郎中二人，正五品；员外郎二人，从六品上。掌文选、勋封、考课之政；以三铨之法，官天下之材；以声言，书判，德行，才用，劳效，较其优劣，而定其留放，为之注拟。五品以上，以名上而听制授；六品以下，量资而任之。其属有四：一曰吏部(以部名为名)，二曰司封，三曰司勋，四曰考功。吏部郎中，掌文官阶品，朝集禄赐。……司封郎中一人，……掌封命朝会赐予之级。……司勋郎中一人，……掌官吏勋级。……考功郎中员外郎各一人，掌文武百官功过善恶之考法，及其行状。若死，而传于史官，谥于太常，则以其行状，质其当不。

户部：尚书一人，正三品；侍郎二人，正四品下。掌天下土地人民钱谷之政，贡赋之差。其属有四：一曰户部，(以部名为名)二曰度支，三曰金部，四曰仓部。户部郎中员外郎掌户口，土田，赋役，贡献，蠲免，优复，姻婚，继嗣之事。以男女之黄，小，中，丁，老为之帐籍；以永业，口分，园宅均其土田；以租，庸，调敛其物；以九等定天下之户；以为尚书侍郎之贰。……度支郎中、员外郎各一人，掌天下租赋、物产丰约之宜，水陆道涂之利；岁计所出，而支调之。以近及远，与中书门下议定乃奏。金部郎中、员外郎各一人，掌天下库藏出纳、权衡度量之数，两京互市、和市、宫市交易之事，百官、军镇、蕃客之赐，及给宫人、王妃、官奴婢衣服。仓部郎中、员外郎各一人，掌天下军储出纳、租税、禄粮、仓廪之事；以木契百，合诸司出给之数，以义仓、常平仓备凶年平谷价。

礼部：尚书一人，正三品；侍郎一人，正四品下。掌礼仪祭享贡举之政。其属有四：一曰礼部(以部名为名)，二曰祠部，三曰膳部，

① 《新唐书·百官志》。

四曰主客。礼部郎中、员外郎，掌礼乐、学校、衣冠、符印、表疏、图书、册命、祥瑞铺设，及百官宫人丧葬赠赙之数，为尚书侍郎之贰。……祠部郎中员外郎各一人，掌祠祀、享祭、天文、漏刻、国忌、庙讳、卜筮、医药、僧尼之事。……膳部郎中、员外郎各一人，掌陵庙之牲豆酒膳。……主客郎中、员外郎各一人，掌二王后、诸蕃朝见之事。二王后子孙，视正三品。酅公岁赐绢三百，米粟亦如之。介公减三之一。殊俗入朝者，始至之州，给牒，覆其人数，谓之边牒。蕃州都督、刺史朝集日，视品，给以衣冠袴褶。乘传者日四驿，乘驿者六驿。供客食料，以四时输鸿胪。季终句会之。

兵部：尚书一人，正三品；侍郎二人，正四品下。掌武选、地图、车马、甲械之政。其属有四：一曰兵部（以部名为名），二曰职方，三曰驾部，四曰库部。……职方（应先述兵部，但原文未标兵部之名，故略而未录）郎中、员外郎各一人，掌地图、城隍、镇戍、烽候、防人道路之远近。……驾部郎中、员外郎各一人，掌舆辇、车乘、传驿、厩牧马牛杂畜之籍。……库部郎中、员外郎各一人，掌戎器、卤簿、仪仗。

刑部：尚书一人，正三品；侍郎一人，正四品下。掌律令、刑法、徒隶、按覆、谳禁之政。其属有四：一曰刑部（以部名为名），二曰都官，三曰比部，四曰司门。刑部郎中员外郎，掌律法按覆大理，及天下奏谳。为尚书侍郎之贰。……都官郎中、员外郎各一人，掌俘隶簿录、给衣粮医药，而理其诉免。……比部郎中、员外郎各一人，掌句会内外赋敛、经费、俸禄、公廨、勋赐、赃赎、徒役课程、逋欠之物，及军资械器和籴屯收所入京师仓库。……司门郎中员外郎各一人，掌门关出入之籍，及阑遗之物。

工部：尚书一人，正三品；侍郎一人，正四品下。掌山泽、屯田、工匠、诸司公廨纸墨之事。共属有四：一曰工部（以部名为名），二曰屯田，三曰虞部，四曰水部。工部郎中、员外郎各一人，掌城池土木之工役程式，为尚书、侍郎之贰。……屯田郎中、员外郎各一人，掌天下屯田，及京文武职田、诸司公廨田以品给焉。虞部郎中、员外郎各一人，掌京都衢術、苑囿、山泽、草木及百官蕃客时疏薪炭供顿、田猎之事。……水部郎中、员外郎各一人，掌津济、船舻、渠梁、堤堰、沟洫、渔捕、运漕、碾硙之事。[①]

上面这六部，颇似现代内阁中之各部。每部之下，分设四个机关，极像各部下分设之司。总括看来，各部之职掌，虽列举得极详细，但重复以及分划不清之处却极多。我们于此，不厌烦琐，节录了这许多记载，也只能显示出一个大概而已。

(3)除上所述相当于议政机关的三师三公，及相当于行政机关的三省之外，中央政府中，尚有一个很重要的部门。这部门，即相当于监察机关之御史台是也，台之最高级长官，为御史大夫。台之下，也分三个机关：一曰台院，二曰殿院，三曰察院。

> 御史台大夫一人，正三品；中丞三人，正四品下。大夫掌以刑法典章纠正百官之罪恶。中丞为之贰。其属有三院：一曰台院，侍御史隶焉；二曰殿院，殿中侍御史隶焉；三曰察院，监察御史隶焉。凡冤而无告者，三司诘之。三司，谓：御史大夫，中书，门下也。大事奏裁，小事专达。凡有弹劾，御史以白大夫。大事以方幅，小事署名而已。有制覆囚，则与刑部尚书平阅。[②]

这样的监察机关，我们万不能认为与现代的监察机关相若。一则这个机关之进行监察，有时须直接禀承皇帝的命令，所谓“大事奏裁”是也。这么一来，便不能算有独立的监察精神了(现代的监察人员，是否有完全独立的监察精神，自然也是一个问题)。二则这个机关的职责，与相当于行政部门的三省，也没有完全划清。三省中之中书、门下两省，便有与御史大夫共同判事的权利。如云“凡冤而无告者，三司诘之”，便是明证。盖三司，乃指御史大夫与中书，门下也。不过帝王专制时代，而有此种机关之设立，又不能不算是人类社会之进化。

凡上所述(1)(2)(3)，均是中央的组织。至于地方的政治组织，则最初为以州统县之两级制度。州有刺史，县有县令，皆行政之官。后于各道设使，以督察州县，定有治所，以监临州县，称为监司官。历时既久，监司

① 《新唐书·百官志》。

② 《新唐书·百官志》。

官不免把州县的政务，揽在手里，于是事实上也俨然是行政官了。这么一来，竟成了道州县的三级制。监司官的名称，颇经过很多变化，有时曰按察史，有时曰巡察使，有时曰按察采访处置使，有时曰采访处置使，有时曰黜陟使，有时曰观察处置使。但其根本任务，却在监察，与今之行政督察专员颇相似。不过今之行政督察专员，概兼一县长之职，曰首席县长。唐代监司官之变化，可于下文见其大略：

> 神龙三年(公元七〇七年)，以五品以上二十人为十道巡察使，察举州县，再周而代。景云三年(公元七一二年)，置十道按察使，道各一人。开元二年(公元七一四年)，曰十道按察采访处置使。二十年(公元七三二年)，曰采访处置使，分十五道。天宝末，又兼黜陟使。乾元元年(公元七五八年)，改曰观察处置使，掌察所部善恶，举大纲；凡奏请皆属于州，岁以八月考其治：以丰稔为上考，省刑为中考，办税为下考。[①]

刑制之渊源与大略 隋唐的刑制，也如官制一样，也是汇合历史上传下的许多旧制，与西北民族在中原所创的许多新制，加以斟酌损益而造成的。当晋室南迁之时，中原方面，混乱不堪。迨元魏拓跋氏出，稍加安集，其初年，固亦无所谓刑制。神䴥中，始诏司徒崔浩定律令；正平中，又诏游雅与胡方回等加以改定；正始中，更诏尚书门下予以增减。至是，大体算是相当的完整了。《魏书》的记载有曰：

> 晋室丧乱，中原荡然。魏氏承百王之末，属崩散之后，典刑泯弃，礼俗浇薄。至太祖拨乱，荡涤华夏。至于太和，然后吏清政平，断狱者简。所谓百年而后胜残去杀。故确举行事，以著于篇。
>
> 魏初，礼俗纯朴，刑禁疏简。宣帝南迁，复置四部大人，坐王庭，决辞讼。以言语约束，刻契记事，无囹圄考讯之法。诸犯罪者，皆临时决遣。神元因循，亡所革易。……世祖即位，以刑禁重；神䴥中，诏司徒崔浩定律令，除五岁四岁刑，增一年刑。……正平元年(公元四五一年)诏曰："刑网太密，犯者更众，朕甚愍之。其详案律令，务求厥中；有不便于民者，增损之。"于是游雅与中书侍郎胡方回等改定律制；

① 《通考·职官考》一三。

盗律复旧，加故纵，通情，止舍之法及他罪凡三百九十一条。……世宗即位，意在宽政。正始元年（公元五〇四年）冬，诏曰："议狱定律，有国攸慎；轻重损益，世或不同。先朝垂心典宪，刊革令轨。但时属征役，未之详究；施于时用，犹致疑舛。尚书门下可于中书外省论律令诸有疑事，斟酌新旧，更加思理，增减上下，必令周备；随有所立，别以申闻。庶于循变协时，永作通制。"①

这样屡经修改的刑制，在当时，大概可称为颇完备的。不过孝昌已后，天下淆乱，不免有被人破坏或视为具文之处。但兴和初齐文襄王辅政，复加整理，在事实上，且颇收了成效。迨北齐高氏继东魏而起，其初，也仍是袭用魏制。后有司徒功曹张老之建议，赵郡王叡之创制，仕门子弟之讲习，齐遂成了有名的法律国。兹录若干记载，以见魏齐之交刑制因革的情形。

孝昌（魏明帝的年号）已后，天下淆乱；法令不恒，或宽或猛。及尔朱擅权，轻重肆意；在官者，多以深酷为能。……天平（东魏清河王世子善见立于洛阳之第一个年号）后，迁移（由洛迁邺）草创，百司多不奉法，货贿公行。兴和初，齐文襄王入辅政，以公平肃物，大改其风。至武定中，法令严明，四海知治矣。②

齐神武文襄并由魏相，尚用旧法。及文宣天宝元年（公元五五〇年）始命群官刊定魏朝《麟趾格》。是时军国多事，政刑不一；决狱定罪，罕依律文。相承谓之变法从事。……既而司徒功曹张老上书称："大齐受命已来，律令未改；非所以创制垂法，革人视听。"于是始命群官议造《齐律》，积年不成。其决狱犹依魏旧。是时刑政尚新，吏皆奉法。……清河三年（公元五六四年）尚书令赵郡王叡等奏上《齐律》十二篇。……又上新令四十卷。……是后法令明审，科条简要。又敕仕门之子弟常讲习之。齐人多晓法律，盖由此也。③

北齐后为北周之宇文氏所灭。其刑制大只为北周所继承了。当北周尚

---

① 《魏书·刑法志》七。

② 《魏书·刑法志》七。

③ 《隋书·刑法志》。

未受西魏之禅时，已在开始创造刑制；其大略较北齐之刑制为烦。平定北齐以后，为应付新土地之特殊环境起见，又作了一套刑书。此后隋高祖辅相北周，又亲自为宇文氏修订刑制以为北周一代之定法。由此看来，北周之刑制，实为北齐与北周自己两方创作之合体。隋受周禅，高祖文皇帝又把他自己辅相周室时所手订的刑制接收过来，复采北齐之旧制与之参合，成为一种新制。《隋书》云：

周文帝之有关中也，霸业初基，典章多阙。大统元年(大统为西魏文帝之年号。元年，即公元五三五年)命有司斟酌今古通变，可以益时者为二十四条之制，奏之。七年(公元五四一年)又下十二条制；十年(公元五四四年)魏帝命尚书苏绰总三十六条，更损益为五卷，颁于天下。其后以河南赵肃为廷尉卿，撰定法律。肃积思累年，遂感心疾而死。乃命司宪大夫拓跋迪掌之。至保定三年(保定为北周武帝的年号；三年即公元五六三年)三月庚子乃就，谓之《大律》；凡二十五篇。……其大略滋章，条流苛密。比于齐法，烦而不要。……建德六年(公元五七七年)齐平后，帝欲施轻典于新国；乃诏凡诸杂户，悉放为百姓。自是无复杂户。其后又因齐之旧俗未改昏政，贼盗奸宄，颇乖宪章。其年又为《刑书要制》以督之。……隋高祖为相，又行宽大之典，删略旧律，作《刑书要制》；既成，奏之，静帝下诏颁行。诸有犯罪未科决者，并依制处断。高祖既受周禅，……更定新律，……又置十恶之条，多采后齐之制，而颇有损益。①

总括看来，由晋室到元魏，由元魏到北齐，由北齐到北周，由北周到隋室；其复杂曲折之过程，正是汉民族与西北民族酝酿草创诸种刑制之过程。隋唐可以说是接收现成果实者。这一个长期的经过，既已略述如上；兹且录唐代之刑制，以为结束。

唐之刑书有四，曰：律，令，格，式。令者尊卑贵贱之等数，国家之制度也。格者百官有司之所常行之事也。式者其所常守之法也。凡邦国之政，必从事于此三者。其有所违，及人之为恶而入于罪戾者一断以律。律之为书，因隋之旧，为十有二。第一曰名例，二曰卫禁，

---

① 《隋书·刑法志》。

三曰职制，四曰户婚，五曰厩库，六曰擅兴，七曰贼盗，八曰斗讼，九曰诈伪，十曰杂律，十一曰捕亡，十二曰断狱。[①]

兵制之渊源与大略　隋唐的兵制，也如官制刑制一样，也是汇合历史上传下的旧制与西北部的民族在中原方面所创的新制加以改造而成。“唐有天下二百余年，而兵之大势三变：其始盛时有府兵，府兵后废而为𪘦骑，𪘦骑又废，而方镇之兵盛矣。……府兵之制，起自西魏后周，而备于隋；唐兴因之。”[②]府兵之制，原来是寓兵于农之制。在这制度之下，兵士就是农民，农民就是兵士。战时农民变为兵士，平时兵士又变为农民。这样的制度，据说古代周之盛时，早就行过。唐代行此，说者谓颇近古意。

> 唐立府兵之制，颇有足称焉。盖古者兵法起于井田；至周衰，王制坏而不复。至于府兵，始一寓之于农。其居处，教养，畜材，待事，动作，休息，皆有节目。虽不能尽合古法，盖得其大意焉。[③]

府兵之渊源及大意，约略如上。唐之实行此制，为时很早，武德初年，就设置军府。军府大概就是军队组织的最大单位。每一军府由骠骑将军与车骑将军共同管领。当时关中分十二道，实等于十二个军区；每一道设有一个军府。武德三年(公元六二〇年)，军区之名不称道了，改称为军；于是十二道变成了十二军，每一军仍设一个军府。到武德六年(公元六二三年)，十二军之名曾经废而不用；但一年以后，又恢复十二军之名，每一军仍设一个军府。至于管领军府的两将军之名称，则改动了。骠骑将军改成了统军，车骑将军改成了别将。且每一军有一专人管理检查户口及劝课农桑等事。到贞观十年(公元六三六年)，料是府兵之制最完备的时代。在这一年，很有好些改革。管领军府的统军改称折冲都尉；别将改称果毅都尉。军府的本身，也不叫军府了，改称折冲府。折冲府的数目，大为扩充：凡天下十道，共设六百三十四个折冲府。《新唐书》云：

> 贞观十年(公元六三六年)，更号统军为折冲都尉，别将为果毅都尉。诸府总曰折冲府。凡天下十道，置府六百三十四，皆有名号。而

---

① 《新唐书·刑法志》第四十六。

② 《新唐书·兵志》第四十。

③ 《新唐书·兵志》。

关内二百六十有一，皆以隶诸尉。①

军队的单位，及单位的数目，以及治军的将领之名称，略如上述。至于每一军府内部的组织，亦可得而言。大抵军府这个单位，常依人数之多寡分为三等。有兵一千二百人的为上等，一千人的为中等，八百人的为下等。每一军府有折冲都尉一人，果毅都尉二人。此外还有许多下级官员；其名称有长史，兵曹，别将，校尉等等。府以下，三百人为一团；团以下，五十人为一队；队以下，十人为一火。《新唐书》云：

凡府三等：兵千二百人为上，千人为中，八百人为下。府置折冲都尉一人，左右果毅都尉各一人；长史，兵曹，别将各一人；校尉六人。士以三百人为团，团有校尉；五十人为队，队有正；十人为火，火有长。②

府兵制之最大特色，在寓兵于农，或兵农合一。因此之故，兵士的训练，自然较为特别：除练习战斗外，还须练习耕作。一个完全的兵士，同时就是一个完全的农民。所以他们的一切器械，除作战用的弓箭等等武器之外，还有耕作用的镰，筐，碓，锯等等农器。

三　推进文化之诸制度

就发展生产之诸制度以及维持次序之诸制度而言，异族在中原时所提出的贡献，是非常显明的。所以隋唐统一南北，同时把汉族与异族的许多制度，也大量地汇合起来了。不过上面所述，偏于典章制度方面，故只涉及元魏周齐的贡献。若谈到学术思想则印度波斯等国，对我们的影响，却非常之大。但这等影响东来之时期，并不限于隋唐两代，也并不限于南朝北朝对立之时，实当上溯到西汉之末。故当于后面另立专章述之。兹且叙述唐代的学校制度，以作本章的结束。唐代的其他制度，如田制、刑制、兵制等，多系汇合北部诸民族之贡献而成；独于学校制度，则除因袭历史上若干成例外，多系自创。盖南北天然环境不同，经济情形大异。因之文

① 《新唐书·兵志》。

② 《新唐书·兵志》。

化上的表现亦不能不有差别。英儒波丁(Jean Bodin)及法儒孟德斯鸠(Montesquieu)辈讨论文化，常谓南方民族偏重理想，北方民族偏重实际。元、魏、周、齐之田制，刑制，兵制等，或为发展生计之需要，或为维持次序之工具；皆较为偏重实际一方面的东西。若隋唐之学校，虽非完全无用，然研究经术，讲论文章，到底是较为偏重理想一方面的东西。偏重理想的东西由农业民族自创；偏重实际的东西，自游牧民族方面吸收：此乃最自然而合理之事。佛法一端，更是偏于理想的东西，不产于亚洲北部或中部，而独产于亚洲南部之印度，也正可为这一说的佐证。

唐代的学校　唐代的学校制度，系以隋代为其先驱。隋之历史，虽甚短促，然建设事业却非常之多。物质方面的建设，于上章约略讲过。文化方面的建设，如创立中央及地方的各种学校即是一例。开皇之初，学校极盛，且出有很好的人才。只是国运不长，有如昙花一现而已。《通考》云：

> 炀帝即位之后，开庠，序，国子，郡县之学，盛于开皇之初。征辟儒生，远近毕至；使相与讲论得失于东都之下。……信都刘士元，河间刘光伯拔萃出类，学通南北，博及古今。后生钻仰诸经议疏，搢绅咸宗师之。既而外事四夷，戎马不息；师徒怠散，盗贼群起。方领矩步之徒，亦转死沟壑；经籍湮没于煨烬矣。①

唐代的学校，可分为中央的与地方的之两方面。中央方面的学校，有最著名的六学(如加入天宝时所设之广文馆，则可称为七学。但广文馆是为郑虔而添设的，历时不久，就撤废了，大可不加入计算)。六学者何？曰，国子学，这是二三品以上的官僚之子弟求学之所；曰太学，这是五品以上的官僚之子弟求学之所；曰四门学，这是七品以上的官僚之子弟求学之所。以上三学，似为普通大学。曰律学，曰书学，曰算学；这是八品以下的官僚之子弟及庶人之通此类学问的人求学之所。以上三学，似为专科学校。《通考》述各学所容之人数及学生之资格有曰：

> 唐制凡学六，皆隶于国子监。国子学生三百人，以文武三品以上子孙，若从二品以上曾孙，及勋官二品，县公京官四品，带三品勋封之子为之。太学生五百人，以五品以上子孙，职事官五品期亲，若三

① 《文献通考·学校考》二。

品曾孙，及勋官三品以上有封之子为之。四门学生千三百人，其五百人以勋官三品以上无封及四品以上有封文及武七品以上子为之；八百人以庶人之俊异者为之。律学生五十人，书学生三十人，算学生三十人，以八品以下子及庶人之通其事者为之。[①]

此外尚有二馆：一曰弘文馆，二曰崇文馆，这是皇帝缌麻以上亲属，皇太后，皇帝大功以上亲属，及宰相，散官一品，京官从三品的子弟求学之所。等第最高，居于国子学之上；人数亦最少，盖只有皇族亲属及宫廷官子弟入学也。《通考》云：

凡馆二：门下省有弘文馆，生三十人；东宫有崇文馆，生二十人，以皇缌麻以上亲，皇太后，皇大功以上亲，宰相，及散官一品，功臣身食实封者，京官职事从三品，中书黄门侍郎之子为之。[②]

前所谓六学，统归国子监管辖；国子监的最高长官为国子祭酒，属于三省中之尚书省。这二馆则分别直隶于门下省及东宫；大概系因地位太高，不便置于尚书省之国子祭酒辖下。六学二馆，概属中央的学府。至于地方，亦有各级学校。京都有学；大都督府，中都督府，下都督府有学；上州，中州，下州有学；京县，上县，中县，下县亦皆有学。《通考》云：

唐制：京都学生八十人；大都督，中都督府，上州，各六十人；下都督府，中州，各五十人；下州四十人；京县五十人；上县四十人；中县，中下县，各三十五人；下县二十人。州县学生，州县长官补长史主焉。每岁仲冬，州县馆监举其成者送之尚书省。[③]

中央学与地方学略如上述。此外尚有一事，值得注意。即各国来华之留学生是也。我们在上章讲隋唐帝国在东亚诸民族中之地位时，就已谈到这点。隋唐在当时之诸民族中，为最伟大之帝国，文化程度最高，所以各国来学的人很多。如高丽，如百济，如新罗，如高昌，如吐蕃，如渤海，如日本，均有人来学；尤以日本来学的人最多。各国的人或来研究中国所

① 《文献通考·学校考》二。

② 《文献通考·学校考》二。

③ 《文献通考·学校考》七。

固有的经术，或研究从印度传来的佛法。中国在当时，实为东亚诸民族，诸国家之学术思想的中心。

学校的课程 兹再进一步述唐代学校的课程。唐代学校课程的内容，可大别为两类：(一)经典，这是周、秦、汉、魏以来，历代所传之旧科目；其解说在历代虽有多少不同，但其大体却是西汉时开始流行的原物。西汉时也有学校，学校里的课程也是儒家所传授的经典。不过唐时对于经典的解释，教学的方法，或较汉时有多少不同罢了。(二)专科，这是些专门实用的知识，其创始当然很早；后经历代的改进，到唐时渐成系统。虽其内容仍贫乏而无现代科学的意味；但以其为实用所需，故添设专科学校，从事讲习。

经典为国子学，太学，四门学的学生所必修。其中共分上，中，小，及《孝经》《论语》等四类。凡《礼记》《春秋左氏传》为大经；《诗》《周礼》《仪礼》为中经；《易》《尚书》《春秋公羊传》《谷梁传》为小经；《孝经》《论语》独为一类。经之种类及每人选习的分量与修学的年限，《通考》述之如次：

> 凡《礼记》《春秋左氏传》为大经；《诗》《周礼》《仪礼》为中经；《易》《尚书》《春秋公羊传》《谷梁传》为小经。通二经者，大经小经各一，若中经二(等于二中经)。通三经者，大经中经小经各一；通五经者，大经皆通，余经各一。《孝经》《论语》皆兼通之。凡治《孝经》《论语》，共限一岁；《尚书》《公羊传》《谷梁传》各一岁半；《易》《诗》《周礼》《仪礼》各二岁；《礼记》《左氏传》各三岁。①

就上面所述看来，《孝经》《论语》这一类，凡选习大经、中经、小经之人，皆须兼通，似为一种公共必修科。其余各经，概为选修科。不过每人应选多少，其配合的单位数，均有一定。凡此所述，皆属于经典的话。至于专科，则(1)律学学生所习的，有格，式，律，令等。不过这一科的详情如何，很少明文可考。但政府里考试人材之时，却有“明法”一门，似专为律学学生而设。“凡明法试律七条，令三条。全通为甲第，通八为乙第。”②其次(2)书学，学生所习的有《说文》《字林》《三苍》《尔雅》等；此外尚须研究时务策；读《国语》，日写字一张，并学习《石经》之三体。《通考》云：

① 《文献通考·学校考》二。

② 《新唐书·选举志》上。

学书：日纸一幅，间习时务策，读《国语》《说文》《字林》《三苍》《尔雅》。凡书，学《石经》三体，限三岁；《说文》，二岁；《字林》，一岁。①

再其次(3)算学学生所习，其科目也颇多。《通考》云：

凡算，学《孙子》《五曹》，共限一岁；《九章》《海岛》，共三岁；《张邱建》《夏侯阳》各一岁；《周髀五经算》共一岁；《缀术》四岁；《辑古》三岁；《记遗三》《等数》皆兼习之。②

此外尚有(4)医学与(5)玄学两门。唐时，中央及各府，州，县，除正系学校之外，设有两种旁系学校：一曰崇玄学，二曰医学。崇玄学的学生研究《老子》《庄子》《列子》《文子》等。医学的学生有的习医理，有的习看脉，有的习按摩，有的习咒禁。只有咒禁一门，系以驱鬼为务，断不能算为学。不过时在唐代，“学”字之义，当然与现代不同，似又不必苛责。兹录若干记载，以见一般。《唐六典》云：

太医令掌诸医疗之法，丞为之贰。其属有四：曰医师，针师，按摩师，咒禁师。皆有博士以教之。其考试登用，如国子监之法。医博士掌以医术教授诸生，习《本草》《甲乙脉经》。分而为业，一曰体疗，二曰疮肿，三曰少小，四曰耳目口齿，五曰角法。针博士教针生以经脉孔穴，使识浮沉涩滑之候。又以九针为补泻之法。凡针疾，先察五脏有余不足而补泻之。凡针生习业者教之，如医生之法。按摩博士掌教按摩生以消息导引之法；以除人八疾，一曰风，二曰寒，三曰暑，四曰湿，五曰饥，六曰绝，七曰劳，八曰逸。凡人支节府藏积而疾生。导而宣之，使内疾不留，外邪不入。若损伤折跌者，以法正之。咒禁博士掌教咒禁生以咒禁祓除邪魅之为厉者。

由学校到科举　学校是培植人才之所，科举是选拔人才之法。在两汉魏晋南北朝时代，原有选举制度，与学校相辅而行，各有其独立之作用。到隋唐时代，情形就不同了：学校虽设，且设得很多，然不是与选举制并

① 《文献通考·学校考》二。

② 《文献通考·学校考》二。

行的。这时代的选举制名曰科举制，盖取分科目而举士人之义。这个制度创始于隋炀帝时代，但当时的组织不甚完密。到了唐代便很完密了。其考试的科目之多，据王应麟说，有八十六科。① 这八十几个科目，分属于三种考试；换言之，即在该三种考试之中，拿这八十几个科目中之若干部分做命题的根据；命出题目，再去测验投考之人。所谓三种考试，乃依投考人之来源及举行考试之习惯而分别的。凡投考人只限于"学"与"馆"出身的学生者，其考试为一种，可称"生徒"的考试。凡投考人不是由学与馆出身，而是由各地方贡来的，其考试为又一种，可称为"乡贡"的考试。"生徒"的考试与"乡贡"的考试，是有定期的，故称常选。此外因着临时的需要，可由皇帝召集不定期的考试，名曰"制举"，据说这是待非常之材的。《通考》云：

> 唐制：取士之科，多因隋旧。然大要有三。由学馆者曰生徒，由州县者曰乡贡，皆升于有司而进退之。其科之目，有秀才，有明经，有进士，有俊士，有明法，有明字，有明算，有一史，有三史，有开元礼，有道举，有童子。而明经之别，有五经，有三经，有二经，有学究一经，有三礼，有三传，有史科。此岁举之常选也。其天子自诏者曰制举，所以待非常之材焉。②

这种科举制度，不能算是与学校相辅而行的，只能算是超乎学校之上的一种制度。因为由学校出身之生徒，仍须经过考试，不能直接由学校决定其是否为人才也。但同时又可以说是与学校相辅而行的，凡乡贡出身的人才，初不必定要学校培植。一经考试及第，便也算是人才。不过这样一来，学校的地位，却降到很低了。久而又久，决定人才，几乎全凭考试；入学与否，都不相干。于是学校变成了考试的预备场所。教学方法，管理情形，便不免疏懈。同时投机取巧，运动舞弊，当更不能免。所以玄宗开元十七年（公元七二九年）国子祭酒杨玚便曰：

> 每年应举，常有千数；及第两监，不过一二十人！臣恐三千学徒，虚费官廪；两监博士，滥縻天录。窃见入仕诸色出身，每岁向二千余

---

① 王应麟：《困学纪闻》。

② 《文献通考·选举考》二。

人；方于明经进士，多十余倍。今监司课试，十已退其八九；考功及第，十又不收一二。长以此为限，恐儒风渐堕，小道将兴。[①]

这可以说是考试压倒学校的呼声。不过考试的决定作用虽大；然考试及第的人，却又未必就可以直接入仕。急欲入仕的，还须经过吏部一关。吏部还要施一种特别考试，以定录用与否。顾炎武云：

史言开元以后，四海晏清。士无贤不肖，耻不以文章达。其应诏而举者，多则二千人，少犹不减千人。所收百才有一。《文献通考》："唐时所放进士，每岁不过二三十人。"(原注：《册府元龟》，贞元十八年五月，敕自今已后，每年考试所收入明经，不得过一百人；进士不得过二十人。如无其人，不要满此数。太和元年二年三年，每年恩赐及第四十人。二年正月，礼部奏请每年进士以三十人为限，从之)。士之及第者，未便解褐入仕。尚有试吏部一关。韩文公三试于吏部无成，则十年犹布衣；且有出身二十年不获录者！[②]

科举制之大略，约如上述。唯有一事，我们绝不可忽视者，即唐时的科举制取魏晋以降的九品中正制而代之，于集权专制政治之发展有极大的助力是也。在九品中正制下，衡量人才的中正之官，全系士族或封建地主；政府的权力因之未能完全集中。唐代的科举制把衡量人才之权完全集中在政府，政府的权力固加大了，而封建地主的势力亦比例地遭受了削弱。且这一个转移于士与庶的对立情形亦逐渐给缓和了。盖在科举制下，庶人有自由参与考试之权，不如往日之完全受制于九品中正，或封建地主。再者自唐以后，历代的统治者似都能以考试制发挥专制政治的权力。封建地主的势力固未因此消灭；但较之以衡量人才之权交给他们，由他们自己去衡量自己，情形却大大的不同了。

① 郑樵：《通志·选举略》。

② 顾炎武：《日知录》卷十七《科举·出身授官》。

第八章 汉唐时代佛法之东来

一 当时中国与西域之经济关系

概说 所谓西域，其包括的地方极广。就葱岭以东而言，凡疏勒、敦煌间，天山南麓及昆仑北麓的许多地方，统称西域。换言之，今之新疆全境，概属西域，就葱岭以西而言，凡自葱岭至地中海间之许多地方，也统称西域。今中央、亚细亚、印度、波斯、小亚细亚等地，在当时都属西域范围之内。中国与西域经济关系，实即中国与亚洲中部及西部之通商往来的关系。

中国与亚洲西部乃至欧洲的通商往来关系，常随时代之进化及交通工具之发展而有变迁。其变迁，或属于交通道路之移易。如汉唐时代，中西的通商往来，必须经过葱岭，而以葱岭东西附近的许多地方为国际市场。但到了唐宋时代，情形就不同了。越过葱岭的那种艰苦之陆路交通，便渐渐为印度洋及南海一带之海道交通所代替；国际的市场，也渐渐移到了中国之东南部，如广州、泉州、扬州等处了。其次为通商地域之扩大。如唐宋时代，海道交通，虽很发达；然通商的国家，其重要的仍限于亚洲。如波斯、阿剌伯等国之与中国通商是也。这情形到明清时代，就大不同了。明清时与中国通商的国家，有西班牙、葡萄牙、荷兰、英、法等国，概是欧洲的大国。再其次为商业性质的变化。如明清时代，欧洲诸国之与中国通商，其目的在赢得金银，以增加国富；显然为重商主义(Mercantilism)时代之商业活动。但到鸦片战争以后，欧洲各国与中国通商的主要目的，渐渐由吸取金银转移到推消商品，吸取原料及移植资本等项上来了。这显然是资本主义时代的商业活动。

我们这里不能叙述整个的中外商业发达史。这里所注重的，只是汉唐间的一段。在汉唐时代，中国本部的商人，或直接与敦煌以西、葱岭以东的诸国通商，或间接与葱岭以西的诸国通商。葱岭以西，与中国通商的国家最多：南至今之印度，北至今之中央亚细亚，西至今之波斯小亚细亚等地无不与中国通商。因通商关系之发达，各地文化，亦随着而转移，而交接，而汇合，终至于混同。亚洲极中部(Innermost Asia)葱岭东西附近之许多地方，在汉唐时代，常为国际市场，因之亦为中国印度希腊三大系文化交汇之所。考古学者斯坦因爵士(Sir A. Stein)尝谓：

> 中国土耳其斯坦(Chinese Turkistan)及其附近的许多地方，东至中国本部，西至妫河(Oxus)流域，今虽大半为废墟；……然就历史的记载看这等地方，曾发挥过极重要的作用。有许多世纪(指汉唐时代)曾为印度中国及希腊化的西亚(Hellenized West of Asia)三方文化交汇之所。①
>
> 这等地方，曾为历史上之重要舞台；远东文化，印度文化以及西洋文化交织于其间者，足有一千年之久。②

中西的交通　汉唐时代，中国与西域诸国的交通，就人民一方面说，并没有停顿过。中国的商人与西域诸国的商人，常以贸易关系，相互往来。不过中国内部相当团结，其势力足以向外发展之时，中西的交通便更显得密切。如西汉盛时，便有政府派人出使西域之事。武帝时张骞曾率大批人马，分别往乌孙、大宛、康居、大夏、月氏诸国。这些国家，都在葱岭以西；亦复派人随汉使来中国。我们在本篇第一章第一节里早已讲过。又如五胡十六国时代，前秦苻氏势力最大，苻坚即位，常统一中国之北方，其国境南至邛僰，东抵淮泗，西极西域，北尽大漠。国境扩大，对外通商关系，因方便而发达。彼时西域诸国，对前秦政府，且有特殊贡献；如大宛常贡献血汗马，这是汉武帝时兴师动众，以重价购求，才得到的东西(参看本篇第一章第一节)。如天竺常献火浣布；如康居、车师、于寘及其他等国也都遣使贡献方物。这我们在本篇第三章第二节也早已讲过。再如隋唐时代，国势大张，与西域诸国的交通关系，亦特别密切。隋大业时，西域方面，相率来朝的，凡三十余国。这在本篇第五章第四节里，也已经讲过。

① Sir A. Stein, *On Ancient Central Asian Tracks*, pp. 1－2.

② Sir A. Stein, *On Ancient Central Asian Tracks*, p17.

只此三例，可见一般。

交通的道路 至于交通的道路，在中国方面，有些记载；在欧洲方面，也有些记载。都是从商人的报告中得来的。欧洲方面的记载，见于 Ptolomy 所著之《地理》(*Geography*)一书中。Ptolomy 为希腊埃及人(Greco-Egyptian)，当公元二世纪时，在埃及之亚历山大市(Alexandria)为有名之地理学者及气象学者。他从他的前辈 Marinus 手里得到关于古代中西陆路通商要道的知识。这等知识的本身又是 Marinus 从马其顿商人 Maës(又叫做 Titianus)的许多代办人的直接报告中得来，最为重要而详尽。这些代办人常旅行大夏；由大夏到所谓"产丝之国"(Country of Seres 即中国)贩买系织物品；所以有详尽之通商要道的记载。①

Ptolomy 的著作中所记 Scythia 之里部 Imaos 与外部 Imaos，就是葱岭上中西通商要道之 Alai 谷的西边与东边。Sir Henry Yule 为解释古代游记最有名的人，为译《马可波罗游记》译得最好的人，也有极合理的论断，认定马其顿商人到东方通商的要道，正经过葱岭上 Kara-tegīn 迤东之 Alai 谷。不过 Ptolomy 的记载虽甚重要而详尽，来源虽甚可靠，但在未得到实地的证据之时，也终只是一种记载而已。Yule 的论断虽甚合理，也只是一种论断而已。

中国方面的记载，见于裴矩的《西域图记》序言中。矩在隋炀帝时，管理中国与西域通商之事，常由商人的报告中得到关于西域诸国的知识，因之对于中西通商的要道，也有些若隐若显之记载。其《西域图记序》曰：

> 皇上膺天育物，无隔华夷；率土黔黎，莫不慕化。风行所及，日入以来，职贡皆通，无远不至。臣既因抚纳，监知关市；寻讨书传，访采胡人；或有所疑，即译众口。……为《西域图记》共成三卷，合四十四国。仍别造地图，穷其要害。从西顷以去，北海之南，纵横所亙，将二万里。谅由富商大贾周游经涉；故诸国之事，罔不遍知。复有幽荒远地，卒访难晓；不可凭虚，是以致阙。而二汉相踵，西域为传，户民数十，即称国王；徒有名号，乃乖其实。今者所编，皆余千户；利尽西海(就下面的文章看，好像指地中海)，多产珍异。其山居之属，

① 参看 Sir A. Stein 之《亚洲极中部》(*Innermost Asia*)卷二页八四八及《古代中亚之遗迹》(On Ancient Central Asian Tracks)页二九三。。

非有国名，及部落小者，多亦不载。

发自敦煌，至于西海，凡为三道，各有襟带。北道从伊吾经蒲类海、铁勒部、突厥可汗庭，度北流河水，至拂菻国(或谓即东罗马帝国)达于西海。其中道从高昌、焉耆、龟兹、疏勒、度葱岭，又经钹汗苏对、沙那国、康国、曹国、何国、大小安国、穆国至波斯达于西海。其南道从鄯善、于阗、朱俱波、喝槃陀度葱岭，又经护密、吐火罗、挹怛、忛延、漕国至北婆罗门，达于西海。其三道诸国，亦各自有路，南北交通。其东女国、南婆罗门国等并随其所往诸处得达。故知伊吾、高昌、鄯善并西域之门户也。①

这种记载，也是从商人的报告中得来的；也只能与 Ptolomy 的记载及 Yule 的论断一例看待。所以总括说来，东西两方的文献中虽都有关于中西陆路通商要道的记载，却都不能确切指出所谓“世界屋脊”上所应爬过的一段究在何处，为何状。最近张星烺的《中西交通史料汇编》为研究中西交通内容最丰富之巨著；然其中亦不少可以商量之处。关于中西交通的要道，尤其是上述最难越过的一段亦少具体而明确的描写。直到斯坦因爵士(Sir A. Stein)在亚洲极中部作第三次考古旅行，详察葱岭上之 Alai 谷，才确知往日中西陆路通商要道是经由该谷的；才晓得马其顿商人的报告 Ptolomy 的记载与 Yule 的推断，均为绝对正确而无误。斯坦因爵士(Sir A. Stein)谓：他的第三次考古旅行，自始即要越过帕米尔及俄属妫河(Oxus)附近的许多山地；其主要理由之一，即在希望因此能实地研究古代中西通商要道之许多地点问题。在东方各处所得的经验，在在足以暗示这样实地去研究关于历史地理之诸问题，最为有益。事实所诏，果然不错。当他开始行经葱岭上 Kara-tegīn 迤东之 Alai 谷时，便感着异常地满意。——这段大意，可参看氏之 *On Ancient Central Asian Tracks* 页二九二。我在国立暨南大学所出《暨南学报》二卷一期上介绍此书时，把斯氏自己感着满意的发见，大略述出了，兹录于次：

凡地理的形势，气候的情形，以及当地的物产，在在足以帮助我们确认；葱岭上沿 Alai 谷之天然大道就是古代丝商从中国及塔里木盆

① 《隋书·裴矩列传》。

地达到妫河中流所必经过之地。这个地方介于塔里木盆地与妫河上游之中，为塔里木与妫河之分水岭[①]。实是从妫河上游到塔里木盆地之最平易的交通要道。其地天然的障碍极少，特别便于东西的交通往来。西边从俄属军路进入 Alai 谷，谷口有宽达六英里至十一英里的广阔之地。东边从疏勒进入 Alai 谷，谷口的广阔之地与西边的一样，既广阔，又平易。又因气候适宜之故，处处有平易的草地；在夏季，最便于畜牧。[②] 积此种种优点，该处便很少不住人的地方。完全无人之境，不到七十英里。一年有八九个月最便于通商往来。就是冬季冰雪交加之时，还可通行。[③] 所以该处实为葱岭上天然现成的通商要道。

当公元前后的几百年之内(正值两汉时代)，大夏尚为中国与波斯及地中海间丝织物贸易之中心点时，葱岭上的地理条件逼着商人不得不从疏勒而入 Alai 谷，由 Alai 谷而达妫河。于是 Alai 谷乃成为天然的必须经过的通商要道。[④] 再者，实际上考得之地，与往日的若干记载对勘，又无不符合。例如 Ptolomy 述中西通商要道时，有一大段涉及一个名叫 Kōmēdoi 的山国。这个国的地位，Yule 氏早断定为 Alai 谷所在的 Kara-tegīn。其次玄奘也曾用一个名词，曰 Chü-mi-t's(城案，《大唐西域记》云：拘谜陁国，……据大葱岭中)。代表一个地方，其地方亦恰恰相当于 Kara-tegīn。再其次，中世纪阿剌伯的地理家也曾用 Kumēdh 一名，名这同一之地。而今实察这个地方，确为中西通商要道。可见实察所得与记载所示，无不符合。[⑤]

中西通商要道的最难的一段既然这么寻找出来了，其全线可大致确定如下：自中国本部(Land of Seres，案：这简直就是丝国本部。因为 Seric Fabrics 就是丝物；Sericulture 就是养蚕法，可以比看)到敦煌为一段。自敦煌西北行，沿天山南麓到疏勒；自敦煌西南行，沿昆仑山北麓也达疏勒；这敦煌与疏勒间的两线，合为一段。自疏勒经葱岭之 Alai 谷到妫河上游为一段。自妫河上游，可分三个路向：一北向入妫河东北各地；另一南向入

① Sir A. Stein，On Ancient Central Asian Tracks，p. 5.
② Sir A. Stein，On Ancient Central Asian Tracks，p. 5.
③ Sir A. Stein，*Innermost Asia* 卷二，p. 848.
④ Sir A. Stein，*Innermost Asia* 卷二，p. 848.
⑤ Sir A. Stein，*Innermost Asia* 卷二，p. 849.

印度(前面所录《隋书·裴矩列传》引《西域图记》序言亦云：其三道诸国，各自有路，南北交通)。其中一线由大夏西向，入安息(波斯)等处，此也可称为一段。自安息(波斯)到地中海东，最后入希腊罗马为一段。

护商的屯田 交通要道获得的那一天，也就是往来贸易发达的那一天。不过在汉代，西域方面的商业几乎与农业相连，农业又与军事相连。商农军三者竟结成一片。既以军事的力量从匈奴与氐羌之夹攻中夺取交通西域之商道(当时匈奴与诸羌常相结合，以挡塞交通西域之道。其结合之地，约当今之甘肃。匈奴自东北向西南进逼，氐羌等自西南向东北进逼；今之甘肃，在当时恰为汇合之地)，复派士兵屯田于其间，以资防守。这么一来，往来商贾便得安全。当时的屯田，大体可分为三方面。

(a)敦煌以东为一方面。这一方面最重要的屯田区为陇西金城(今甘肃兰州)张掖湟中(今青海湟源一带)等处。除张掖屯田为防胡外，余均为防羌的。(1)陇西屯田之创始，以冯奉世为最有功。永光二年(公元前四二年)秋，陇西羌反，奉世带领一万二千人马，以屯田为名，进击羌族，大破之，斩首数千级。其余羌人，一概逃走，奉世乃留自己的士兵屯田于其地。(2)金城屯田制之创始，以赵充国为最有功。元康三年(公元前六三年)先零与诸羌种结合，为汉帝国之边患。这时老臣赵充国自荐，愿往金城进击西羌。“充国至金城，以远斥候为务；行必为战备，止必坚营壁；持重爱士卒，先计后战。”[①]充国以留兵屯田于金城为战胜西羌之要略，不主立刻进击。并上书言屯田有十二便。其言曰：

> 臣谨条不出兵，留田便宜十二事。步兵九校，吏士万人，留屯以为武备；因田致谷，威德并行，一也。又因排折羌虏，令不得归肥饶之地；贫破其众，以成羌虏相畔之渐，二也。居民得并田作，不失农业，三也。军马一月之食，度支田士一岁；罢骑兵以省大费，四也。至春省甲士卒，循河湟、漕谷临羌，以示羌虏，扬威武，传世折冲之具，五也。以闲暇时下所伐材，缮治邮亭，充入金城，六也。兵出，乘危徼幸，不出，令反畔之虏窜于风寒之地，离霜露疾疫瘃堕之患，坐得必胜之道，七也。亡经阻远，追死伤之害，八也。内不损威武之重，外不令虏得乘间之势，九也。又亡惊动河南大幵小幵，使生它变之

① 《汉书·赵充国传》。

忧，十也。治湟陿中道桥，令可至鲜水，以制西域；信威千里，从枕席上过师，十一也。大费既省，繇役豫息，以戒不虞，十二也。留屯田得十二便，出兵失十二利。……臣愚以屯田为内有亡费之利，外有守御之备。虞见万人留田为必胜之具，其归德宜不久矣。[①]

充国奏上，政府采纳了，诏罢兵，独留充国屯田。(3)张掖屯田之创始，早在武帝元年鼎六年(公元前一一一年)，至昭帝始元二年(公元前八五年)又复派人前往屯田。《汉书》云：

武帝元鼎六年，初置张掖酒泉郡。而上郡朔方西河河西开田(注，师古曰：开田，始开屯田也)。官斥塞卒六十万人田戍之。[②]

始元二年冬，发习战射士诣朔方，调故吏将屯田张掖郡。[③]

(4)湟中屯田之创始，在后汉顺帝时代。顺帝永建元年(公元一二六年)，陇西羌反，校尉马贤击之皆降。至四年(公元一二九年)尚书仆射虞诩上疏，力言屯田之利曰：

《禹贡》雍州，厥田惟上，沃野千里。……水草丰美，土宜产牧。因渠以溉水，舂河漕，用功省而军粮足。故孝武光武筑朔方，开西河，置上郡，皆为此也。[④]

虞诩之疏上，政府采纳了。

其冬，韩皓为校尉。明年(公元一三〇年)因转湟中屯田，置两河间，以逼群羌。马续代为校尉，两河间羌以屯田近之，恐见图，乃解仇儆备。续欲示恩信，乃上移屯田还湟中，羌意乃安。至阳嘉元年(公元一三二年)以湟中地广，更增置屯田五部，并为十部。二年(公元一三三年)夏，复置陇西南都尉如旧制。[⑤]

(b)天山南麓为一方面。这一方面最重要的屯田区为伊吾、柳中、车

---

① 《汉书·赵充国传》。
② 《汉书·食货志》。
③ 《汉书·昭帝纪》。
④ 《后汉书·西羌传》。
⑤ 《后汉书·西羌传》。

师、渠犂、轮台，乃至极西之乌孙。(1)伊吾柳中之屯田。明帝永平十六年(公元七三年)，窦固破匈奴、呼衍王于天山之时，伊吾屯田就已开始。章帝建初二年(公元七七年)三月，罢去屯兵，任匈奴得还守其地。到顺帝永建六年(公元一三一年)复开设屯田，并置司马一人。其目的，在消极方面，为抵抗自东北向该地进逼之匈奴；在积极方面，为保护与西域诸国通商的要道。《后汉书》云：

自敦煌西出玉门阳关，涉鄯善，北通伊吾千余里。自伊吾北通车师前部，高昌壁，千二百里。自高昌壁北通后部，金满城，五百里。此西域之门户也。故戊己校尉更互都焉。伊吾地宜五谷桑麻，其北又有柳中，皆膏腴之地。故汉常与匈奴争车师伊吾，以制西域焉。安帝元初六年(公元一一九年)遣行长史索班将千余人屯伊吾。顺帝永建六年(公元一三一年)复开设屯田如永元时，置伊吾司马一人。①

(2)车师、渠犂、轮台一带之屯田。这三个地方，车师在北，逼近匈奴。渠犂与轮台并在车师之西南。汉之屯田策，似乎是以渠犂与轮台为根据地，进而屯田车师。倘匈奴侵逼太甚，则放弃车师。渠犂之屯田，自汉武帝初通西域，即已开始。轮台之屯田，始于武帝征和中桑弘羊等之建议；至昭武帝时，更以赖丹为校尉将军，田轮台。其屯田之目的，也在抵抗匈奴之侵逼，并保护通商西域之要道，且与乌孙遥相应援。《汉书》云：

自武帝初通西域，置校尉，屯田渠犂，是时军旅连出，师行三十二年，海内虚耗。征和中，贰师将军李广利以军降匈奴，上既悔远征伐，搜粟都尉桑弘羊与丞相御史奏言："故轮台以东，捷枝渠犂皆故国，地广，饶水草，有溉田五千顷以上；处温和，田美，可益通沟渠，种五谷，与中国同时熟。其旁国少锥刀，贵黄金采缯，可以易谷食，宜给足，不可乏。臣愚以为可遣屯田卒诣故轮台以东，置校尉三人分护，各举图地形，通利沟渠，务使以时益种五谷。……田一岁，有积谷，募民壮健有累重(师古注：谓妻子家属也)敢诣田所者，就畜积为本业，益垦溉田；稍筑列亭，连城而西，以威西国，辅乌孙为便。……"上乃下诏，深陈既往之悔，曰："……而今又请遣卒田轮台，轮

① 《后汉书·西域传》。

> 台西于车师千余里，……是扰劳天下，非所以优民也。……”由是不复出军。……初，贰师将军李广利……将(杅弥太子)赖丹入至京师。昭帝乃用桑弘羊前议，以杅弥太子赖丹为校尉将军，田轮台。轮台与渠犁，地皆相连也。①

渠犁与轮台实可作为进击车师之根据地。击破车师，又可以屯田军守之。不过车师以太近匈奴，为匈奴所必争之地，故常得而复失。宣帝地节二年(公元前六八年)，郑吉以渠犁为根据地，进击车师，获胜，乃屯田于车师。后以匈奴反攻，汉军不能抵抗，不得已尽徙车师国民，令居渠犁。直到元帝时，才又屯田于车师故地。《汉书》云：

> 地节二年(公元前六八年)，汉遣侍郎郑吉，校尉司马憙，将免刑罪人田渠犁；积谷，欲以攻车师。至秋收谷，发诸国兵万余人，自与所将田士千五百人，共击车师，攻交河城，破之。归渠犁田，秋收毕，复发兵攻车师王于石城。车师降汉，有诏还田渠犁及车师；益积谷以安西国，侵匈奴。于是吉始使吏卒三百人别田车师。匈奴遣骑来击田者，吉乃与校尉尽将渠犁田士千五百人往田。匈奴复益遣骑来。汉田卒少，不能当。……于是尽徙车师国民令居渠犁，以车师故地与匈奴，车师王得近汉田官。是岁元康四年(公元前六二年)也。其后元帝置戊己校尉，屯田，居车师故地。②

(3)乌孙之屯田。乌孙与汉帝国相去甚远。汉帝国为欲与它夹击匈奴，尝遣使与之通好。张骞出使乌孙，就具了这样的目的。第三篇第一章第一节里早已讲过。至于汉屯田乌孙之事，《汉书·辛庆忌传》云，庆忌“为右校丞，随长罗侯常惠屯田乌孙赤谷城，与歙侯战。”这大概是事实。

(c)昆仑北麓为一方面。这方面的屯田，偏于东端的，以楼兰或鄯善为最重要。《汉书》云：

> 昭帝元凤四年(公元前七七年)，传介子刺楼兰王，立尉屠耆为王，更名其国为鄯善。王自请天子曰：“国中有伊循城，其地肥美，愿汉遣一将屯田积谷，令臣得依其威重。”于是汉遣司马一人，吏士四十人田

---

① 《汉书·西域传》。

② 《汉书·西域传》。

伊循以填抚之。其后更置都尉。伊循官置始此。[1]

偏于西端的，以莎车一带为最重要。《汉书》云：

张骞始开西域，于是自敦煌西至盐泽，往往起亭。而轮台、渠犂皆有田卒数百人，置使者校尉领护，以给使外国。至宣帝时（神爵三年即公元前五九年），郑吉既为都护，于是徙屯田于北胥、鞬披、莎车之地。屯田校尉始属都护。[2]

总括看来，上述甘肃全境，天山南麓，昆仑北麓等三方面的屯田，消极地抵抗羌胡之侵袭，积极地保护交通之要道；而终极目的则在实现中国与葱岭东西各国间的往来贸易。

中西的贸易　中国与葱岭以西的各国往来贸易其入口的货物，种类大概很多；这从各国所贡方物上着想，便可想见一些。至于由中国方面出口的，当然以丝织物为最重要。斯坦因爵士(Sir A. Stein)利用他所发见的许多丝制遗物作推论的基础，得到关于丝织物贸易的结论不少。彼三次考古旅行所得遗物，以丝制的为最多。自疏勒以东，敦煌以西，沿昆仑北麓及天山南麓的许多要地，如和阗，如楼兰（后改鄯善），如吐鲁蕃以及其他沿此两线的地方，几乎处处有丝制遗物的发见。其数量最多，其种类亦至不一。有丝包，有丝袋，有行囊，有绢书，有旗帜，有面帕，有垫褥，有花氈，有花缎及其他种种。这些东西都是从中国本部去的。斯坦因爵士（Sir A. Stein)在中国土耳其斯坦曾发见一个黄色丝袋。从各方面考证，认为是古代中国与该地作丝织物贸易时所遗下之物品。自从在鄯善旧地发见一保存原形有十九寸宽之丝织品以后，斯氏深信中国丝织物向西方销售的事实为不可质疑。[3] 这是关于中国丝西销的话。

至于中国丝织物销售于西方的时代，Stein 氏以为在公元初及其继起的几世纪之内。他以为中国向中央亚细亚方面的开拓，不在版图的扩大，而在贸易的获利。所以中国声威向西方远播之时便是西方商人远来东方之时。中国的政治势力，自班超得胜以后，便已扩充到帕米尔以西去了。当时中

① 《汉书·西域传》。

② 《汉书·西域传》。

③ Sir A. Stein, *Ruins of Desert Cathay* 卷一，p. 381.

国与安息已建立了外交关系；与远方的大秦(即罗马)或西里亚，更以公元九七年派遣使节进抵波斯湾之故，发生了直接因缘。彼时中国之声威与势力，在中亚方面，算达到了最高度。恰好在这时候，马其顿的商人正由大夏东向，越过葱岭，达到中国(他们称中国为 Far-off Serikê，或称之为 The Land of Seres，意即 China)；将丝物运往西方。[①] 这是关于中国丝西销之时代的话。

至于销售的地方，几乎达到了地中海沿岸。中国的军事势力深入中央亚细亚以后，随着就派遣政治的使节出赴各国，如大夏，如波斯，都派有大员。其主要目的在夸示中国的声威及出产的丰富。所以中国的出产之中，随着这些使节而向西方畅销的，以优良的丝织物为最惹人注意。当时的丝织物已开始经由安息及西里亚而直达地中海。并且不久以后，就从这等地方把"织丝的中国人"(Silk-weaving Seres 即是 Chinese)一个美名传到了希腊罗马的文化中心地[②]这是关于中国丝西销之地方的话。

不过于此有一问题。中国丝织物固然畅销于西方，所发见的丝制遗物固然是当时贸易的残品，但这些遗物当中有具着"波斯式之花纹"的。如敦煌所发见的丝制垫褥，上面的花纹便具有波斯式样。如著翼之狮子，有很长的卷发，两个彼此相向之类是也。此等花纹式样，果从何来？斯氏以为是从希腊的美术品中转来，经由米索不达米亚，然后到伊兰，再由伊兰到此间。然则中国产的丝物何以要采西方的花纹式样呢？对此问题，斯氏有一个解答。他以为中国丝物之采取西方的花纹式样，大概由于要运销西方之故。因为要运销西方，故采西方花式，以投消受者之所好。正如十七世纪及十八世纪时，中国的瓷器，为要运销欧洲，遂采用欧洲的花色，事同一理。[③] 这解答也很近情。即如现代中国妇女的旗袍料，多是外国来的，然其花色，又多中国式样；这我们明知为外国的商人与资本家在投中国妇女之所好。以此例彼，斯氏的解答亦说得去。

其次关于产丝的中心点，也有一个问题。畅销于西方的丝物为中国所产；中国在希腊罗马方面，亦负有声名，也由于其丝产之多。因此产丝的中心地应限于中国本部，毫无疑义。但斯氏认为和阗也是一个产丝的中心，

---

① Sir A. Stein, *On Ancient Central-Asian Tracks*, pp. 26—27.

② Sir A. Stein, *On Ancient Central-Asian Tracks*, p. 19.

③ Sir A. Stein, *Ruins of Desert Cathay* 卷二，pp. 209—211.

这就颇费解释了。丝业是可获厚利的；自中国丝开始销售于西方的几世纪之内，丝的生产都为中国所独占，不许别人仿行。[①] 若谓和阗也是一个产丝的中心，这于事理，未免有点矛盾。和阗在西域(当时的西域，主要范围，乃敦煌以西，沿天山南麓及昆仑北麓的各地，并不是泛指葱岭以西而言)，如何能仿行丝业？其方法果从何来？关于这问题，斯氏凭一张书板，一个破庙，再参以玄奘所记的一个故事；三者相校，乃发见和阗仿行丝业及中国养蚕法传入和阗的线索。

照玄奘所记的故事讲，有一个中国的公主，大家相信她曾首先把中国的养蚕法传到和阗。其时盖在香客烧香敬神之时，产业颇为旺盛。大家都以为这位公主曾把中国所严禁出口的头等蚕种藏在自己的帽子之下带往该处。因这有价值的舞弊，所以她后来死了，就被当地的人民供奉于其国中。和阗城外不远，香客们所常进谒之庙，就是纪念这位公主的。[②]

玄奘所记的故事，大意如此。至于那张画呢，其中意思如何，人们老早就不懂了。画之中央，坐一位衣服很讲究的妇人，头戴高帽，两旁有娘儿们跪着。画之一端，有一只篮子，其中所盛最易被人误认为小小的果子。其另一端，有一个破烂的架子，初看不知为何物。妇人的左边有一人以左手指着她的帽子。画之大略如此。拿来与玄奘所记的故事一比，意思立即显明。她那被人以手指着的帽子下面藏着从中国偷来的蚕种。篮子里所盛的不是果子，而是蚕茧。至于另一端的那个烂家伙，乃是一架织丝之机。[③]

和阗既已有了养蚕法，能仿行丝业了，于是也成了一个丝业中心。斯氏因此断云："和阗一地实为古代移植养蚕法之中心或丝业中心。与葱岭以西妫河流域诸地及伊兰的关系甚密，能以花色毕肖波斯式之丝织物品运销于各地。"[④]这样一来，葱岭以东的丝业中心点，除中国本部处，又加上了和阗。

二　佛教的东来

以上所述为中国与西域的交通及贸易之状。因交通贸易的发达，中西

① Sir A. Stein, *On Ancient Central Asian Tracks*, p. 19.
② Sir A. Stein, *On Ancient Central Asian Tracks*, p. 63.
③ Sir A. Stein, *On Ancient Central Asian Tracks*, p. 63.
④ Sir A. Stein, *Ruins of Desert Cathay*, p. 210.

两方商人往来的众多，僧侣的往来也随着络绎不绝。西方的僧侣随商人之后来到中国传教布法；中国的学人随着商人之后远游西域求法翻经。这样的往来，在汉唐间，非常热闹。结果把印度产的佛教完全传到中国来了。兹分数项述之。

佛教东来之始　先说(a)佛教之开创。佛教的开创者为乔答摩悉达。他的生卒，传说不一。有人说他生于公元前五五七年，即周灵王十五年；死于公元前四七七年，即周敬王四十三年。也有人说他生于公元前一〇二五年，死于公元前九五〇年。更有人说他生于公元前六八八年，即周庄王九年，《魏书·释老志》就是这样说的。大抵说他生于公元前五五七年，死于公元前四七七年者较普遍。他是中天竺(即中印度)迦罗比城(在尼泊尔〔Nepal〕西南境拉普的〔Rapit〕河以东)净饭王的太子。他因为感着印度社会上阶级的不平，又感着人类的生，老，病，死四大苦痛，遂舍妻子，入山修道。修道成功之后，周游印度诸国，宣传其平等慈悲等教义。后来死了，人们遂尊称他为释迦牟尼或佛陀。释迦牟尼为梵语的音译，其义为能仁；意即谓他德全道备，能济万物也。佛陀也是梵语的音译，有时又译作菩提，其义为觉；意即谓自觉，觉人及觉行圆满也。公元前三世纪时，印度孔雀王朝的阿育王定佛教为国教，派遣教徒四出宣传，南到锡兰，北到中亚。后来中亚方面的佛教由陆路传入中国，锡兰方面的佛教由海道传入中国。佛教信徒皆有特别称呼，其行径亦异于常人，其信条则更为复杂。《魏书》有云：

> 诸服其道者则剃落须发，释累辞家，结师资，遵律度；相与和居，治心，修净，行乞以自给；谓之沙门，或曰桑门，亦声相近，总谓之僧，皆胡言也。僧译为知命众，桑门为息心比丘，为行乞。俗人之信凭道法者，男曰优婆塞，女曰优婆夷。其为沙门者初修十诫，曰沙弥；而终于二百五十，则具足，成大僧。妇人道者曰比丘尼，其诫至于五百，皆以□为本；随事增数，在于防心，摄身，正口；心去贪，忿，痴；身除杀，淫，盗；口断妄杂诸非正言；总谓之十善道。能具此谓之三业清净。[①]

① 《魏书·释老志》。

其次说(b)佛教之东来。佛教之东来，究竟何时开始，很不易确切指出。一则西方僧侣在中国开始传教布法之时，中国的当局或未留意，因而没有记载传下。二则中国的当局注意了，已有记载可以示人了，然而事实上或又不是佛教才传入的那一年。我们所知道的只是一个大约的时代。这时代约在东汉孝明帝(公元五八年到公元七五年)时代之前后。佛教是一个统称。其代表之物的较粗者当为众人膜拜之佛像；较精者当为学人研究之经典。佛像之东来，其传说之时代很早。东汉孝明帝常夜梦金人，顶有白光，飞行殿庭；传毅谓这就是佛。至于佛经之东来，为时也很早：汉哀帝元寿元年(公元前二年)，博士弟子秦景宪接见大月氏王使伊存，曾亲受其口授的浮屠经；东汉明帝时，郎中蔡愔，博士弟子秦景等出使天竺(印度)抄写浮屠遗范；愔与沙门摄摩腾及竺法兰东还洛阳，除将拜跪之法传入以外，又得佛经四十二章。经皆藏于兰台石室；其运行时系以白马负来，因立白马寺于洛城雍关之西；后来腾、兰皆死于此，此寺遂成中国第一个佛寺。《魏书·释老志》云：

> 汉武元狩中，遣霍去病讨匈奴，至皋兰，过居延，斩首大获。昆邪王杀休屠王，将其众五万来降；获其金人，帝以为大神，列于甘泉宫。金人率长丈余，不祭祀，但烧香礼拜而已，此则佛道流通之渐也。及开西域，遣张骞使大夏；还，传其旁有身毒国，一名天竺，始闻有浮屠之教。哀帝元寿元年(公元前二年)，博士弟子秦景宪受大月氏王使伊存口授浮屠经；中土闻之，未之信了也。后孝明帝夜梦金人，顶有白光，飞行殿庭；乃访群臣，傅毅始以佛对。帝遣郎中蔡愔，博士弟子秦景等使于天竺写浮屠遗范。愔仍与沙门摄摩腾、竺法兰东还洛阳。中国有沙门及跪拜之法，自此始也。愔又得佛经四十二章及释迦立像。明帝令画工图佛像，置清凉台及显节陵上。经缄于兰台石室。愔之还也，以白马负经而至，汉因立白马寺于洛城雍关西，摩腾、法兰咸卒于此寺。浮屠正号曰佛陀，佛陀与浮图声相近，皆西方言；其来转为二音，华言译之，则谓净觉；言灭秽成明道，为圣悟。①

西方僧侣东来　佛教初入中国之时，其教义并不甚显；信奉之者，大

① 《魏书·释老志》。

抵只知道对佛像顶礼膜拜，求获得佛道。到东晋后秦之时(公元三九四年到四一六年)，西域高僧鸠摩罗什东来长安，传播大乘教义；南朝梁武帝大通元年(公元五二七年)南印度僧达摩由海道达广州，相传为禅宗的创始者(禅宗系鉴于经典研究之烦琐，而以直指本心见性成佛为教义者)。概括言之，魏、晋、南北朝时代，西方僧人或由陆路入中国，或由海道入中国，人数大概不少；皆以译经典，传教义为职。兹录当时来华的西方僧人之姓名，国籍及来华之时代于次。

来华之外人名	国籍	来华之时代
安清字世高	安息	后汉桓帝建和年间
安玄	安息	后汉灵帝末
昙谛	安息	曹魏主髦正元时
安法钦	安息	西晋武帝太康时
支娄迦识	月支	约在后汉灵帝时
支曜	月支	后汉灵帝中平时
支亮字纪明	月支	不详
支施仑	月支	前凉凤凰时，东晋咸安时
康巨	康居	后汉灵帝中平时
康孟详	康居	献帝兴平时
康僧会	康居	东吴大帝时(或谓其先康居人，世居天竺，父移交趾)
昙果	西域	献帝建安时
白延	西域	曹魏主髦甘露时
支强梁接	西域	吴主亮五凤时
强梁娄至	西域	西晋武帝太康时
无罗叉	西域于阗	西晋惠帝元康时
帛尸黎密多罗	西域	西晋怀帝永嘉时
竺佛图澄	西域	怀帝永嘉时
昙摩持	西域	前秦苻坚建元时
昙摩难提	西域兜佉勒	前秦苻坚建元时

来华之外人名	国籍	来华之时代
竺昙无兰	西域	东晋孝武帝太元时
迦留陀伽	西域	东晋孝武帝太元时
鸠摩罗什	西域龟兹	后秦姚兴弘始时
昙摩流支	西域	后秦姚兴弘始时
僧伽陀	西域	北凉永安时，东晋安帝时
竺难提	西域	东晋恭帝元熙时
浮陀跋摩	西域	北凉承玄时，刘宋元嘉时
畺良耶舍	西域	北凉承玄时，刘宋元嘉时
伊叶波罗	西域	北凉承玄时，刘宋元嘉时
安法贤	西域	不详
祇陀密	西域	不详
犍陀勒	西域	不详
涉公	西域	不详
僧伽跋澄	罽宾	前秦苻坚建元时
僧伽提婆	罽宾	前秦苻坚建元时
僧伽罗叉	罽宾	不详
昙摩耶舍	罽宾	东晋安帝隆安时
佛若多罗	罽宾	后秦姚兴弘始时
卑摩罗叉	罽宾	后秦姚兴弘始时
佛陀耶舍	罽宾	后秦姚兴弘始时
佛驮什	罽宾	刘宋少帝景平时
求那跋摩	罽宾	刘宋文帝元嘉时
昙摩密多	罽宾	刘宋文帝元嘉时
昙柯迦罗	中天竺	曹魏主芳嘉平时
佛陀跋陀罗	中天竺迦维罗卫	后秦姚兴弘始时
昙无识	中天竺	北凉玄始时
求那跋陀罗	中天竺	刘宋文帝元嘉时

来华之外人名	国籍	来华之时代
竺佛朔	天竺	后汉灵帝光和时
康僧铠	天竺	曹魏主芳嘉平时
维祇难	天竺	吴大帝黄武时
竺律炎	天竺	吴大帝黄武时
昙摩蜱	天竺	前秦苻坚建元时
僧伽跋摩	天竺	刘宋文帝元嘉时
僧加达多	天竺	刘宋文帝元嘉时
僧伽罗多	天竺	刘宋文帝元嘉时
佛图罗刹	不详	前秦苻坚建元时
若罗严	不详	不详
昙摩	不详	东晋安帝隆安时

上表系从蒋维乔《中国佛教史》第二章录出，小有更动。例如安玄名下有优婆塞三字，支施仑名下亦有优婆塞三字。《魏书·释老志》谓“俗人之信凭道法者男曰优婆塞，女曰优婆夷。”似此则优婆塞三字仅仅表示“信士”或“居士”之意，实非安玄与支施仑之别名，故径行删去。再者此表当然不尽可靠，也不完全，不过存一大体而已。概括看来，自后汉桓帝建和初到刘宋文帝元嘉末，共约三百年光景，在此短时期之内，西方僧人来华者竟有六十人之多。以国别言，计(1)安息(今波斯北部)四人，(2)月支(即大月氏，原在今甘肃，后西行至大夏，君临大夏之地。约在今中央亚细亚东南部阿姆河以东，葱岭以西及阿富汗北境)四人；(3)康居(今中央亚细亚锡尔河东北与西南两岸之地，大约即其属地)三人；(4)西域(葱岭东西各处之地，本来都叫西域。但此处似专指葱岭以东诸国而言)二十四人；(5)罽宾(今印度克什米尔之地)十人；(6)天竺(今印度)十二人；(7)国籍不详者三人。

若以时代而言，则(1)后汉时共八人；(2)三国时八人；(3)西晋时五人；(4)东晋时八人；(5)刘宋时十人。若就北方统治者的纪元而言，则有(6)前秦苻坚时七人；(7)后秦姚兴时六人；此外(8)来华年代不详者八人。凡此云云，系当时西方僧人来华之极简略的史实；然而已可概见西方僧人东来之盛况了。梁启超关于西方来华的僧人，也有一个简表。其中于前秦后秦等没有分别另举。照梁的计算，(1)后汉时来华的僧人有七人，(2)三国时九人；(3)西晋时七人；(4)东晋时十六人；(5)南北朝时十四人；(6)隋时三人；(7)唐时十六人。要之，这也只能是一个大概，不能算为完全，也不能算为可靠。至于在某一时代来华的，究以何国人为多，梁启超有一段概括之言曰：

> 东来诸僧，在佛学史上占一位置者，……粗为归纳，则后汉三国，以安息、月支、康居人为多；两晋以龟兹、罽宾人为多；南北朝则西藏诸国与印度人中分势力；隋唐则印度人居优势，而海南诸国亦有来者。①

隋唐时印度人居优势，海南诸国亦有来者；又显见得当时中西的交通渐由陆路转趋于海道矣。

中国信徒西行　西僧东来，固然把佛教种子传到了中国。同时，国人的西行，更把佛教的重要因素吸来不少。举例而言，如法显为平阳武阳人，于东晋安帝隆安三年(公元三九九年)西行求法。历十五年始归。如玄奘为洛州缑氏人，于唐太宗贞观二年(公元六二八年)西行求法，历十七年始归。如义净为范阳人，于唐高宗咸亨二年(公元六七一年)西行求法，历二十五年始归。此外西行求法的，为数极众。据梁启超统计：自朱士行的时代起，到悟空的时代止；即自魏甘露五年(公元二六〇年)到唐天宝十年(公元七五一年)，约五百年之内，国人西行求法的共一百零五人；此外姓名不传的有八十二人；更有由蜀川牂牁道入印之唐僧二十余人。关于唐僧二十余人，慧皎《高僧传》有一段曰：

> 那烂陀寺东四十驿许，寻殑伽河而下，至密栗伽悉伽钵娜寺。去此寺不远有一故寺，但有塼基，厥号支那寺。相传是室利笈多大王为支那国僧所造。于时有唐僧二十许人从蜀川牂牁道而出。王施此地以充停息，给大封村二十四所。……准量支那寺至今，可五百余年矣。现今地属东印度，其王每言："若有大唐天子处数僧来者，我为重兴此等。"②

① 梁启超：《饮冰室合集·专集》第十四册。

② 慧皎：《高僧传》卷上。

唐僧二十余人由牂牁道入印之年代虽不能确知，其事实则断不可否认。单就西使的人数看，已可知汉唐间中国对于佛教之热心。又西行求法的人，其行径及生死，据梁启超研究可分为下之十类：

(一)已到印度，学成后安返中国者四十二人。

(二)已到西域，而曾否到印度，无可考者十六人。

(三)未到印度，而中途折回者，人数难确指。

(四)已到印度，随即折回者二人。

(五)未到印度，而死于道路者三十一人。

(六)留学中病死者六人。

(七)学成归国，而死于道路者五人。

(八)归国后为第二次出游者六人。

(九)留而不归者七人。

(十)归留生死无考者多人，其数难确指。

总计学成归国之人，约占全体四分之一。又其留学期间之久暂可考见者，以久暂为次，可表如下：

悟空……四十年

智猛……三十六年

义净……二十五年

惠生宋云等……十九年

慧日……十九年

玄奘……十七年

大乘灯……十二年以上

玄照……第一次十一年，第二次不归。

智严……第一次十年，第二次不归。

慧轮……一年以上

大津……十年

不空……九年

智弘……八年

宝昙等……七年

由中国西行求法的人，在印度方面，常有专寺可供住居。见于载籍的，有(一)东印度殑伽河下游之支那寺，见义净《求法高僧传》卷上。(二)迦湿弥罗之汉寺，见《法苑珠林》卷三十八引王玄策《西域志》。(三)王舍城中之汉寺；(四)华氏城东南百里之支那西寺；均见宋范成大《吴船录》卷一引继业《印度行程》。凡此诸寺，与今之留学生会馆颇相类似。又由中国西行之人，自三国至唐中叶，前后约五百年，其间各时代之人数，约略如下：

第三世纪后半……二人
第四世纪……五人
第五世纪……六十一人
第六世纪……十四人
第七世纪……五十六人
第八世纪前半……三十一人

人数最多之时代为第五及第七两世纪。梁启超推论其故云：

留学运动最盛者为第五第七两世纪。而介在其间之第六世纪较为衰颓。此种现象之原因，可从三方面推求之。其一，印度方面，五世纪为无著世亲出现时代；七世纪为陈那、护法、清辩、戒贤出现时代；佛教昌明，达于极点。其本身之力，自能吸引外国人之观光愿学。六世纪介在其间，成为闰位。其二，西域方面，五世纪苻姚二秦，与凉州以西诸国交涉极密；元魏益收西域之半以为郡县；故华印间来往便利。六世纪则突厥骤强，交通路梗，诸求法者欲往末由。观玄奘之行，必迂道以求保护于叶护，可窥此中消息。七世纪则唐既定天下，威棱远播，如履户庭也。其三，中国方面，四世纪以前，佛教殆为无条理无意识的输入，殊不能满学者之欲望。故五世纪约百年间，相率为直接自动的输入运动。至六世纪时，所输入者已甚丰富，当图消化之以自建设，故其时为国内诸宗创立时代，而国外活动力反稍减焉。及七世纪，则建设进行之结果，又感资料不足，于是向百尺竿头再进，为第二期之国外运动。此实五百年间留学事业消长之主要原因也。①

① 梁启超：《饮冰室合集·专集》第十四册。

这三个原因，第一第二两个，说得有理；尤以第二个为说得切实。只有第三个，稍嫌说得迂曲一点。然而不失为一种推断。简括言之，五世纪与七世纪时，西行求法的人数之众多，殆由于(1)此两世纪，印度佛教极为昌明，足以引诱华人西往。(2)此两世纪，华印交通，较为容易，便于华人西往。(3)此两世纪，佛教在中国发达至特殊阶段需人前往印度亲探教理。

翻译经典之盛 东西两方的佛教信徒来来往往，络绎不绝。他们的主要任务之一，当在翻译经典。同时要宏扬佛教的教义，也非翻译经典不可。翻译经典之人，大别之为两类：(一)由西方来华之诸僧侣；如前述来华之安世高等数十僧侣大体都有翻译经典之功劳。或直接将梵文经典译成华文，或将各该国已经翻译过之梵文经典重译为华文。或译一二部，或译数十部。且来华后所生之子，也有从事于翻译的：如法度之子吴之支谦，达摩尸罗之子西晋之竺叔兰，其最著者。(二)由中国西行之信徒，如前述西行之一百零五人，其中便有很多是翻译经典的能手。如曹魏时之朱士行，东晋时之法显，唐时之玄奘，皆最有名。

至于翻译经典之时代，依梁启超之研究，大约可分为三时期。自东汉至西晋为第一期。这期最早之译家有天竺人摄摩腾及竺法兰。腾于孝明帝时在长安白马寺中译《四十二章经》。兰亦译有《佛本行经》[①]。其次有安息人安清(世高)，月支人支谶(支娄迦谶)。清译《安般守意经》等，谶译《般若道行经》等；其时都在后汉桓灵间。又有月支人支谦；于灵帝时随其父归化中国，译有《维摩经》等。再其次为中国之朱士行。朱于曹魏甘露五年(公元二六〇年)入西域，译有《大般若经》等。最后则有竺法护，亦月支人；以世居敦煌，又称敦煌人。其所译经典之门类颇多；而以《正法华经》为《法华》输入之首功。

东晋及南北朝为第二期。这一期又可分为两段：东晋及苻秦与姚秦属前段。前段中翻译经典之要人当推西域龟兹人鸠摩罗什，彼于东晋末后秦

---

① 梁启超于腾兰二人之存在，且不置信；至于他们所译之经，则认为是后出的伪本。谓《四十二章经》纯是魏晋以后之物。关于这点，汤锡予与胡适之的意见都与梁不同。汤云："梁氏断定汉代未有四十二章经之翻译，则似亦不然。盖桓帝延熹九年，襄楷诣阙上书，内引佛道有曰：'浮屠不三宿桑下'，似指《四十二章经》内树下一宿之言。疏谓天神遗浮屠以好女，浮屠曰，'此但革囊盛血'。而经亦云天神献玉女于佛，佛云'革囊众秽，尔来何为。'据此则襄楷之疏似引彼经。"胡云："我相信汤锡予先生之说大致不误，所以我不怀疑《四十二章经》有汉译本，也不怀疑现存之本为支谦改译本。"以上云云，均见《胡适论学近著第一集四十二章经考》。

姚兴弘始时，译《十诵律》《四分律》《十住经》等。同时与鸠摩罗什相对抗的名家有中天竺人佛驮跋陀罗。彼至长安与罗什相见，大悦，所译有《华严经》等。其次有中天竺人昙无谶，彼于北凉主蒙孙玄始时，译有《大般若经》等。凡此皆西僧中之要人。至若华人西往，取经归国的，此时最为发达。

法领……取《华严》。

法县……取《方等泥洹》(即《涅槃》)《长阿含》《杂阿含》《阿毗昙心经》《摩诃僧祇律》《萨婆多律》《弥沙塞律》。

昙无竭……取《观世音授记经》。

道泰……取《阿毗昙毗婆沙》。

智严……取《普曜经广博严净经》《四天王经》。

实云……取《新无量寿经》《佛本行赞经》。

智猛……取《大般涅槃》《僧祇律》。

凡此诸人，皆通梵文；法显、无竭、智严、实云、智猛皆有自译本。这时翻译一端，渐渐成了独立的学问。

南北朝迄隋为第二期之后段。在前段中，因为佛教的经典未备，故学者聚精会神于翻译。在后段中，因为要籍略具，故学者乃聚精会神于研索。换言之，南北朝迄隋，实为诸宗酝酿及草创之时。其有名的译家及所译的经典，大要如下：

求那跋陀罗……译《楞伽》《杂阿含》《众事分阿毗昙》等。

菩提流支……译《楞伽》《解深密》《思益梵天》诸经之再译，《十地论》之再译，其他释经诸论。

勒那摩提……译《宝性论》及其他诸论。

佛陀扇多……译《宝积》诸品及《摄大乘论》。

真谛……译《大乘起信论》《摄大乘论》《决定藏论》《中边分别论》《大乘唯识论》《大宗地玄文论》《俱舍释论》《金七论》等。

般若流支……译《正法念处论》《唯识论顺中论》等。

那连提耶舍……译《大集》之《日藏》《月藏》《须弥藏》《宝积》诸品。

阇那崛多……译《大集贤护》《法炬威德》之两《陀罗尼》《添品法华》《佛本行集》等。

达摩笈多……译《摄大乘论》《释论》《菩提资粮论》等。

波罗颇伽罗……译《般若灯论》《大乘庄严论》等。

由上所述看来，第二期之前段到后段，学人固由经典之翻译渐趋于经典之研索；同时译家亦由翻译经部而渐趋于翻译论部，这完全是与研索之精神相适应的。

自唐真观至贞元为翻译事业之第三期。这一期为佛教全盛之时：诸宗派在这时期完全成立，翻译事业亦发达至于极点。其空前绝后之伟人，则有玄奘。玄奘于贞观二年(公元六二八年)西行，在外凡十七年，历五十六国，留居中印度摩竭提国之那烂陀寺五年，正值印度大乘佛教方盛之时，故其所得，极为精深博大。其所带归经典之多，实为前此所未有。计：

大乘经三百二十四部。
大乘论一百九十二部。
小乘上座部经律论十五部，
　　三弥底部经律论十五部，
　　弥沙塞部经律论二十二部，
　　迦叶臂耶部经律论十七部，
　　法密部经律论四十二部，
　　说一切有部经律论六十七部。
外道因明论三十六部，
　　声论十三部。

总计五百二十夹，六百五十七部。①

总括以上所述，凡有三端：(一)翻译之重要；(二)从事翻译之中西两种僧侣或学人；(三)翻译之三个时代。至于(四)翻译之方法，就凭籍言，初凭口传，后乃用梵本为凭，译成汉文。梁启超云：

最初迻译，率凭口传。故安清支谶安玄康僧会诸传皆言其讽出某经，或诵出某经。其是否挟有原本，盖不可考。实则当时所译，每经多者万言，少者数百字；全文记诵，本非甚难也。……及译事稍进，则专恃暗诵自然不能满意。西行求法之动机实起于是。……故后期翻

① 上列之数，梁启超据慧立撰《大慈恩寺三藏法师》及道宣撰《续高僧传》)所统计；见《饮冰室合集·专集》第十四册。

译，无不手执梵本，口宣汉言，再三对勘，始为定本。此译事进化之第一端也。①

就译事之组织言，大抵全为个人自动。就所译之分量言，大概初重摘译，后乃全译。蒋维乔《中国佛教史》云：

当时翻译之处，非由朝廷指定，朝廷不加以保护；不过布教修道之暇，偶尔从事。或成书于行旅之际，或就大部中抽译一二。罕署姓氏，甚至名称混淆，其姓氏有全不可考者。②

(五)翻译之可靠性。依上述方法翻译出来的经典，欲其与原本完全相合，自不可能。于是翻译家之见解及其资望等也成了佛教史上不可忽视之因素。

我国佛教，传自印度。其经典专藉翻译而传。所翻译之经典，正否不一；则经典之解释，亦因之而歧。故我国佛教史，当视翻译家之见解为转移。而此翻译家，即可视为开创一宗或宣布新义者鸠摩罗什、真谛、玄奘、不空四人，可推为中国佛教史上四大翻译家。盖此四大家于佛教上影响最大也。③

三　东来的佛教

寺院生活之发达　这可从下列各方面述之。(一)信徒的众多。佛教传入中国，中国当局震其理想之高超，以为可以帮助王化，竭诚信奉，并加提倡；于是信者渐多。《魏书》云：

释迦如来功济大千，惠流塵境。等生死者欢其达观；览文义者贵其妙明。助王政之禁律，益仁智之善性；排斥群邪，开演正觉。故前代已来，莫不崇尚。亦我国家常所尊事也。世祖太武皇帝开广边荒，德泽遐及；沙门道士，善行纯诚惠始之伦，无远不至。风义相感，往

① 梁启超：《饮冰室合集·专集》第十四册。

② 蒋维乔：《中国佛教史》第二章《佛教传译之初期》。

③ 蒋维乔：《中国佛教史》第二章《佛教传译之初期》。

往如林。……朕(即高宗)承洪绪，君临万邦；思述先志，以隆斯道。今制诸州郡县于众居之所，各听建佛图一区；任其财用，不制会限。其好乐道法，欲为沙门，不问长幼，出于良家，性行素笃，无诸嫌秽，乡里所明者，听其出家。率大州五十，小州四十人。其郡遥远台者十人。……(太和十六年，即公元四九二年)诏：四月八日，七月十五日，听大州度一百人为僧尼，中州五十人，下州二十人以为常，准者于令。……至延昌中，天下州郡僧尼寺积有一万三千七百二十所。……正光以后，……略而计之，僧尼大众，二百万矣；其寺三万有余。①

至于民众，因一作佛徒，便可避免赋役，于是相率信佛。《魏书》云：

南土未静，众役仍烦；百姓之情，方多避役。若复听之，恐捐弃孝慈，比屋而是沙门。②

正光以后，天下多虞，王役尤甚。于是所在编民相与入道。假慕沙门，实避调役。猥滥之极，自中国之有佛法，未之有也。③

在上的当局，以佛教来帮助统治，在下的人民，以佛教来抵制赋役。上下都主张信佛，佛徒乃愈积愈多。自东晋以后至于隋唐，佛徒之数，据《辩证录释氏通鉴》等书所载，可归纳为下表：

时代	僧尼之数
东晋	二四，〇〇〇人
宋	三六，〇〇〇人
齐	三二，五〇〇人
梁	八二，七〇〇人
陈	三二，〇〇〇人
后魏	二，〇〇〇，〇〇〇人
北齐	三，〇〇〇，〇〇〇人

① 《魏书·释老志》。
② 《魏书·李孝伯传》。
③ 《魏书·释老志》。

北周	二，〇〇〇，〇〇〇人
隋	五〇〇，〇〇〇人
唐	二六五，五〇〇人

信徒的众多，略如上述。现在且看(二)寺院的发达。信徒既然多了，寺院也随着多起来；因为信徒的栖息大抵在寺院里的。中国寺院的建造，据说以东汉孝明帝时长安所建白马寺为始。自彼时以后，历代建造，陆续增加。后魏时，为数之多。达三万有余；北周时且达四万；唐时则四万有余。综计前后各代，依《辩证录释氏通鉴》等书所载，佛寺之数，可归纳为下表。

时代	**寺数**
西晋	一八〇所
东晋	一，七六八所
宋	一，九一三所
齐	二，〇一五所
梁	二，八四六所
陈	一，二三二所
后魏	三〇，〇〇〇所
北齐	四〇，〇〇〇所
北周	
隋	四，〇〇〇所
唐	四四，六〇〇所

这些寺院，有由帝王建造的，如晋简文帝造波提寺，梁武帝立同泰寺等。有由个人舍宅而成的，如庄严寺为谢尚舍宅所造，平陆寺为宋平陆令许桑舍宅建刹，因以平乐为名之类。有由僧徒启乞而立的，如瓦官寺本陶瓦处，沙门慧力启乞为寺之类。有由人民为帝王而造的，如宋泰始中，京师民为孝武帝立天保寺之类。凡此云云，皆关于建造寺院之主体的。至于

建造寺院之目的，主要的当然在供僧尼住居；但有时也成为达官贵人之家庭；如法轮寺为何点家寺，点常居其中。更有时成为政治运动之秘密根据地；如后魏太平真君七年(公元四四六年)卢水胡盖吴造反于杏城，长安沙门即尝以寺院收藏武器，与盖吴通谋，便是一例。这一例，我们以后讲“对于佛教之反攻时”还要详述；现在且先谈一谈寺院的生活。

(三)寺院的生活。僧尼居住在寺院里，其生活也有一种组织，俨然是政治生活。其僧官有所谓“僧主”或“悦众”等名目。后秦姚兴始命僧䂮为僧主或僧正，命僧迁为悦众。尝下诏曰：

> 大法东迁，于今为盛。僧尼已多，应须纲领；宣授远规，以济颓绪。僧䂮学僧早年，德芳暮齿，可为国内僧主。僧迁禅慧兼修，即为悦众。法钦慧斌共掌僧录，给车与吏力。䂮资侍中秩，传诏羊车各二人。迁等并有厚给。僧正之兴，䂮之始也。[①]

僧正云云，大抵是使人归正之意。《僧史略》卷中有云：“正，政也，自正正人，克敷政令，故云也。盖以比丘无法，如马无辔勒，牛无贯绳。渐染俗风，将乖雅教。故设有德望者以法而绳之，令归于正，故曰僧正也。”至于悦众，大概是使人欢悦之意。“西域知事僧统曰羯磨陀那，译为执事，亦曰悦众，谓知其事，悦其众也。”[②]此等官衔，后来又改为“道人统”或“沙门统。”《魏书释老志》云：“高宗时，京师沙门师贤为道人统；和平初，师贤卒，昙曜代之，更名沙门统。”更有所谓“鉴福曹”或“昭玄”之称。《释老志》云：“先是立鉴福曹，又改为昭玄。备有官属，以断僧务。”北齐之时，昭玄所统，达数百万人。《佛祖统纪》云：“天保二年，诏置昭玄十统，以沙门法上为大统，令史员置五十余人。所部僧尼四百余万，四万余寺，咸禀风教。”僧尼组织起来，当然也是一种社会势力。魏太武之大杀僧众，恐怕就是制裁与此相类之势力的，可称为“政教冲突”。

佛教文化的影响　佛教逐渐传入中国，中国文化亦随着增加了许多新成分。佛教的本身固然是新成分之最重要者；然直接或间接以佛教为中心而产生之其他成分亦非常之多。如文字，如文章，如文学，如思想，如建筑，如雕琢，如绘画等等方面，皆可以看出佛教的影响。有些方面，甚至

---

① 慧皎：《高僧传》。

② 慧皎：《高僧传》。

可以间接看出随佛教而来的波斯、希腊等地之文化的痕迹。兹摘要举例述之。

(1)文字方面的新成分。除却唐时沙门守温所新创的三十六字母不计，单是翻译经典时所新创之字彙与成语，便达数万之多。这些字彙与成语虽未必一一普遍流行，但学人们所晓得的确实不少，显然成了中国的新辞彙和新成语。梁启超云：

或缀华语而别赋新义，如真如，无明，法界，众生，因缘，果报等；或存梵音而变为熟语，如涅槃，般若，瑜伽，禅那，刹那，由旬等。其见于《一切经音义》《翻译名义集》者既各以千计。近日本人所编《佛教大辞典》，所收乃至三万五千余语。此诸语者非他，实汉晋迄唐八百年间诸师所创造，加入吾国语系统中，而变为新成分者也。①

(2)文章方面的新成分。翻译的佛经，于今读来，或甚难懂。但这是意义本身难懂，并非文字艰深。反之，当时翻译界所用的，乃是一种革命的白语新文体。此体可算是当时中国文字方面的新成分。再者文章的组织也随佛经本身的组织而具新型。诸佛经中的重要经典尝经数家或数十家的科判，分章分节分段，极为精细。梁启超认为唐时义疏之学，或是从佛典之疏钞上学来的。其言曰：

有一事当注意者则组织的解剖的文体之出现也。稍治佛典者，当知科判之学为唐宋后佛学家所极重视。其著名之诸大经论，恒经数家或数十家之科判：分章分节分段，备极精密。（道安言：诸经皆分三部分，一序分，二正宗分，三流通分；此为言科判者之始。以后日趋细密）。推原斯学何以发达，良由诸经论本身，本为科学组织的著述。我国学者，亦以科学的方法研究之，故条理愈剖而愈精。此种著述法，其影响于学界之他方面者亦不少。夫隋唐义疏之学，在经学界中有特别价值，此人所共知矣。而此种学问，实与佛典疏钞之学同时发生。吾固不敢径指此为翻译文学之产物，然最少必有彼此相互之影响，则可断言也。②

① 梁启超：《饮冰室合集·专集》第十四册。

② 梁启超：《饮冰室合集·专集》第十四册。

(3)文学上的新成分。这可拿小说戏曲等之发展为例。小说与佛教之关系，章实斋亦偶然提及过。其言曰：

书之有藏，自古已然；不特老佛二家有所谓道藏佛藏已也。郑樵以谓性命之书往往出于道藏；小说之书往往出于释藏。夫儒书散失，至于学者已久失其传。而反能得之二氏者，以二氏有藏，以为之永久也。夫道藏必于洞天，而佛藏必于丛刹。①

小说之书，出于释藏，出于丛刹，则与佛经定有若干关系。梁启超直以为中国之小说长篇歌曲等，其体裁实受了佛经文体之影响。而宋、元、明以后之杂剧、传奇、弹词等所受《华严》《涅槃》等经之影响为尤多。彼云：

我国近代之纯文学：若小说，若歌曲皆与佛典之翻译文学有密切关系。……夫我国佛教，自罗什以后，几为大乘派所独占，此尽人所能知矣，须知大乘在印度本为晚出；其所以能盛行者，固由其教义顺应时代以开拓，而借助于文学之力者亦甚多。大乘首创，共推马鸣。读什译《马鸣菩萨传》，则知彼实一大文学家，大音乐家。其弘法事业，恒借此为利器。试细检藏中马鸣著述：其《佛本行赞》，实一首三万余言之长歌。今译本虽不用韵，然吾辈读之，犹觉其与《孔雀东南飞》等古乐府相仿佛。其《大乘庄严论》，则直是《儒林外史》式之一部小说；其原料皆采自《四阿含》，而经彼点缀之后，能令读者肉飞神动。马鸣以后成立之大乘经典，尽汲其流；皆以极壮阔之交澜，演极微妙之教理。若《华严》《涅槃》《般若》等，其尤者也。(原注云：吾并不主张大乘非佛说，不过承认大乘经典晚出耳)。此等富于文学性的经典。复经译家宗匠以极优美之国语为之迻写，社会上人人嗜读；即不信解教理者，亦靡不心醉于其词缋。故想像力不期而增进，诠写法不期而革新，其影响乃直接表现于一般文艺。我国自《搜神记》以下一派之小说，不能谓与《大庄严经论》一类之书无因缘。而近代一二巨制《水浒》《红楼》之流，其结体运笔，受《华严》《涅槃》之影响者实甚多。即宋元明以降，杂剧、传奇、弹词、长篇歌曲，亦间接汲《佛本行赞》等书之流焉。②

① 章实斋：《校雠通义·藏书》第九。

② 梁启超：《饮冰室合集·专集》第十四册。

中国小说戏曲等之文体，是否受了佛经文体之影响，固仍有人怀疑；但自从敦煌千佛洞石室中的遗物发见以后，相信的人却渐渐多了。郑振铎著《插图本中国文学史》即认中国正式戏曲的起源，受了印度的影响，而不是由中国以歌舞或戏谑为主的俳优转变而来。周予同著《斯坦因氏与敦煌石室》一文(《学生杂志》第十七卷第九及第十号)谓从敦煌千佛洞所发见的俗文(系以通俗文句解释佛经之交)与变文(系佛经中之变为通俗生动者)上可以看出中国小说受印度影响的痕迹。

(4)思想上的新成分。佛教对于中国思想界之影响，自唐以后，日渐深入：宋儒的理学便是儒家思想与佛家思想之混合体。甚至儒家思想只剩一假面具，骨子里完全是佛家思想。黄东发于此，不禁感慨万分。其言曰：

> 凡言性天之妙者正为孝弟之实也。二程先生讲明周子之说，以达于孔孟之说。由性命而归之躬行，其说未尝不兼举。后有学者，宜已不待他求。不幸有佛氏为吾儒之异端；庄列之戏谑，遁入禅学，又为异端之异端。虽其无父无君，丧失本心，正与孝弟相反。奈何程门言心，彼亦于此时指虚空而言心！程门言性，彼亦于此时指虚空而言性！不惟大相反，而适相乱。彼之空虚，反以高广而易入；此之切实，反以平常而易厌。故二程既没，门人弟子多潜移于禅学而不自知。虽晦翁朱先生，初年亦几陷焉。①

上面把佛教对于中国文化之影响，从文字，文章，文学，思想各方面略为提示了一些。现再进而从建筑，雕琢，印刷，绘画各方面寻找佛教影响之痕迹。

(5)建筑上的新成分。佛教传入中国，中国建筑方面随着而增的新事物，最重要的有浮屠，有石窟，有佛寺等。浮屠为梵文的音译，华言曰塔。塔或五级(俗谓之锥子)，或七级，或九级，或十三级不等。其用处大概很多：或为储藏经典之用。如唐太宗贞观三年(公元六二九年)长安宫城南建大慈恩寺，造砖浮屠，藏释玄奘所取西域佛经，名雁塔。或为特殊纪念之用。即如雁塔之名，便是因纪念一特殊之雁而来。相传“昔有伽蓝依小乘食三净食；三净食者，雁，犊，鹿也。一日见雁飞，辄曰：‘众僧阙供，摩诃

---

① 黄宗羲：《宋元学案》二十二《东发学案》。

萨垂宜知。'摩诃萨垂，梵言好施也。一雁应声而坠。众曰：'此雁垂戒，宜旌彼德'，因建塔瘗雁，雁塔之名因此。唐韦肇及第，偶题名慈恩寺雁塔，后遂为故事。"[①]或亦可作为供佛之用。

至于石窟，乃凿石壁成窟，以安置佛像的。其伟大，其耗费之巨，颇有令人惊欢者。《魏书》云：

> 景明初，世宗诏大长秋卿白整准代京灵严寺石窟于洛南伊阙山为高祖文昭皇太后营石窟二所。初建之始，窟平顶棉三，百一十尺。至正始二年(公元五〇五年)中，始出斩山二十三丈；至大长秋卿王质谓斩山太高，费功难就，奏求下移地去就一百尺，南北一百四十尺。永平中，中尹刘腾奏为世宗复造石窟一，凡为三所。从景明元年(公元五〇〇年)至正光四年(公元五二二年)六月已前，用功八十万二千三百六十六![②]

佛寺是最重要的供佛之所，且为僧尼住居之处。其数目之多，前面已经讲过。至于建筑之壮丽宏大，可拿魏熙平时灵太后所建之永宁寺为例。

> 永宁寺，熙平元年(公元五一六年)灵太后胡氏所立。中有九层浮屠一所，架木为之，高九十丈(《魏书·释老志》云四十余丈)。刹，复高十丈，合去地一千尺。去京师百里遥已见之。刹上有金宝瓶，容二十五石。宝瓶下有承露金盘三十重，周匝皆垂金铎。浮屠有九级，角角皆悬金铎，合上下有一百二十铎。浮屠有四面，面有三户六窗。户皆金漆。扉上有五行金铃，合有四千四百枚。僧房楼观一千余间。雕梁粉壁，青璅绮疏，难得而言。波斯国胡人言：此寺精丽，遍阎浮所无也。[③]

(6)雕琢上之新成分。自佛教传入，雕琢佛像，又成了新的艺术。佛像有用铁铸成的，有用石凿成的，有用石灰胶成的，有用木雕成的；其质料并不一律。其最大的，尝达六七十尺之高。其雕琢之精，其装饰之丽，据《魏书》上所载，即可推知大概。

---

① 这一段说明从系，《康熙字典》塔字下转录。

② 《魏书·释老志》。

③ 杨炫之：《洛阳伽蓝记》。

兴光元年(公元四五四年)秋，敕有司于五缎大寺内为太祖已下五帝铸释迦立像五，各长一丈六尺，都用赤金二万五千斤。太安初，有师子国胡沙门邪舍、遣多、浮陁、难提等五人奉佛像三到京都，皆云备历西域诸国，见佛影迹及肉髻。外国诸王相承，咸遣工匠摹写其容，莫能及。难提所造者，去十余步视之炳然，转近转微。……昙曜白帝于京城西武州塞凿山石壁，开窟五所，锅建佛像各一。高者七十尺，次六十尺，雕饰奇伟，冠于一世。……(显祖)又于天官寺造释迦立像，高四十三尺，用赤金十万斤，黄金六百斤。①

单看造像之大，金饰之多，已可想见其壮丽。且有从外国运来者，可见当时之重视佛像。至后魏起，至于唐之中叶，雕琢佛像之风，从未衰歇。且佛像之种类亦极繁多。王昶《金石萃编》云：

造像立碑，始于北魏，迄于唐之中叶。大抵所造者释加、弥陀、弥勒及观音势至为多。或刻山崖，或刻碑石，或造石窟，或造佛堪，或造浮图。其初不过刻石，其后或施以金涂采绘。其形模之大小广狭，制作之精粗不等，造像或称一区，或称一堪，其后乃称一铺。造像必有记。凡造像人自称曰佛弟子，正信佛弟子，清信士，清信女，优婆塞，优婆夷。凡出资造像者曰像主，副像主，东西南北四面像主，发心主，都开光明主，光明主，南面北上堪中堪像主，檀越主，大像主，释加像主，开明像主，弥勒像主，弥勒开明主，观世音像主，无量寿佛主，都大檀越都像主，像斋主，左右葙斋主。造塔者曰塔主，造钟者曰钟主，造浮图者曰东面西面南面浮图主。造燈者曰登主，登明主，世石主。

就出资造像之人的种类，即得佛之种类。如无量寿主出资所造之佛像，即无量寿佛像。每一佛像，尝须数人或数十人乃至数百人始能造成。其工作之复杂，可想而知。叶昌炽《语石》云：

造像莫先于元魏。道俗人等，同心发愿。余所见景明三年四人造像。递增而有廿三人，(神龟元年杜迁等)卅二人，(景明三年高树、解

① 《魏书·释老志》。

伯郲等)卅五人。(神龟三年赵阿欢等)又自四十,(孝昌三年临菑郡、师僧达等)五十,(武平三年雹水村四部道俗邑义等)六十,(孝昌三年临菑、邑仪)七十,(正始元年高洛周等)以至二百,(景明三年孙秋生等)三百余人。(武定二年王贰郎绾法义三百人造像;武平二年比丘僧道略三百人造像)。

(7)印刷术上的新成分。佛教之影响中国文化,印刷术亦其一端。且非常重要,因与世界文明有关系也。中国秦汉时仅有石刻,而未有雕板。隋时始有佛教雕板。但覆印而非仰刷。至唐末五代,始有《五经》雕板。其后且传至欧西。敦煌石室所出隋代雕板近人亦有藏之者。

(8)绘画上之新成分。自佛教传入,佛画也随着盛行。斯坦因氏(Stein)在敦煌千佛洞发见很多佛画;有的是无色丝纱地,有的是有色丝纱地,有的是纸地,有的是木地。其画或表示佛祖初生时之景象,如太子初生行七走,步步生莲花之景象,即是一例。或表示各种佛像,如千手佛观世音菩萨,即是一例。或表示各种伟大的活动,如北国之王,横渡大洋,即是一例。或表示各种理想的境界,如极乐世界或天堂,即是一例。或表示各种技巧,如乐师奏乐,即是一例。①

雕琢的佛像,或绘画的佛像,固然都于中国的雕琢及绘画等,直接增加了新的成分。但同时波斯乃至希腊罗马等的文化因素,被佛教一同拖入中国的也不少。于今西方考古学者如斯坦因(Stein)如伯希和(Pelliot)如格鲁赛(Grousset)等均持这个见解。格鲁赛谓中国艺术所受外来的影响:有印度的,有波斯的,有希腊的。此三者都随佛教经中央亚细亚而入中国。② 印度波斯接近中国,其艺术影响之侵入中国,固近情理。希腊去中国甚远,其艺术影响,怎样达到中国的呢?曰:经由印度之乾陀罗(Gandhāra)随佛教而达到中国的。当公元前四世纪之中,亚力山大远征东方,其军队侵入今俄领中央亚细亚而达印度内地(亚力山大于公元前三二七年入印度)。后建筑希腊人的王国,盛行所谓"希腊的文明"于其间。即今阿富汗及印度境间之白沙瓦(Peshawar)为中心的乾陀罗地方。于是印度佛教艺术与希腊艺术渐次接触,终于融合为一,成为一种新型。这种混合艺术,即所谓乾陀罗

---

① Sir A. Stein, *On Ancient Central Asian Tracks*, pp. 217—237.

② (Rene Grousset, *The Civilizations of the East* 卷三, pp. 147—176.

艺术，或希腊艺术。后来遂随佛教经由中央亚细亚达到中国。[①]

佛教所遭之反攻　佛教传入中国，发荣滋长；对于中国文化所生之影响，诚远且大。但其初来之时，所遭的反攻，亦复不小。佛教之东来，正在汉唐时代；而汉唐时代，也正是佛教遭遇反攻之时。中国境内，当佛教未来之时，原也有些文化的成分。姑无论其价值如何，总不是空无所有。佛教东来，便免不了要与这些固有的文化成分相接触。例如魏晋南北朝时代，盛行清谈；而清谈之内容，便有儒家经典，《老庄》玄学，佛教经典等(参看本编第五章第三节)。可见佛教东来，并非如入无人之境；与之相抗的，却大有人在。重儒家经典的，有所谓儒家；重《老庄》玄学的，有所谓道家；都能与传播佛教的所谓佛家相抗。因为相抗，佛教在中国遂不免遭遇反攻。(1)例如顾欢著《夷夏论》，便是依儒家的立场来反攻佛教的。其言曰：

> 端委搢绅，诸华之容；剪发旷衣，群夷之服；擎跽磬折，侯甸之恭；狐蹲狗踞，荒流之肃；棺殡椁葬，中夏之风；火焚水沉，西戎之俗；全形守礼，继善之教；毁貌易性，绝恶之学。……今以中夏之性效西戎之法，既不全同，又不全异。下弃妻孥，上绝宗祀。嗜欲之物，皆以礼伸；孝敬之典，独以法屈。悖德犯顺，曾莫之觉。[②]

(2)孟景翼造《正一论》，便是依道家的立场来反攻佛教的。

> 文惠太子竟陵王子良(均南朝齐武帝之子)并好释法。吴兴孟景翼为道士，太子召入玄圃，众僧大会。子良使景翼礼佛，景翼不肯；子良送《十地经》与之。景翼造《正一论》，大略曰："《宝积》云，'佛以一音广说法。'《老子》云，'圣人抱一，以为天下式。'一之为妙，空玄绝于有境，神化赡于无穷。为万物而无为，处一数而无数。莫之能名，强号为一。在佛曰实相，在道曰玄牝。道之象，即佛之法身。……旷劫诸圣，共遵斯一。老释未始尝分，迷者分之而未合。"[③]

这样的说法，简直是要抬出道家的理论来压倒佛家，不单只不肯礼佛

① 羽田享：《西域文明史概论》(郑元芳译)，第20—40页。

② 《南史·顾欢传》。

③ 《南史·顾欢传》。

而已。这样的反攻，形式上极缓和，骨子里却极有力。上举两例，或以儒家的立场反佛，或以道家的立场反佛；然所反的，单只佛教而已。若(4)唐之韩愈，则并反佛家与道家，而以老子与佛教同为被攻击之目标。盖魏晋以来，佛道两者之理论，较易接近；所谓佛家道家，彼此往来交接亦较多；研究佛典者亦尝兼研《周易》《老子》等，如《陈书·马枢传》称："枢博极经史，尤善佛经及《周易》《老子》义。"即是一例。佛道本不是一家；但在儒家的攻击之下，他们却愈接愈近。佛道既互相接近，儒家之健将韩愈当然不分皂白，一并攻击。愈之言曰：

> 周道衰，孔子没。火于秦，黄老于汉，佛于晋魏梁隋之间。其言道德仁义者，……不入于老，则入于佛。……老者曰：孔子吾师之弟子也。佛者曰：孔子吾师之弟子也。为孔子者(孔子信徒)习闻其说，乐其诞而自小也；亦曰：吾师亦尝师之云尔。不唯举之于其口。而又笔之于其书。噫！后之人虽欲闻仁义道德之说，其孰从而求之！甚矣，人之好怪也！不求其端，不讯其末，惟怪之欲闻。古之为民者四，今之为民者六；古之教者处其一，今之教者处其三(古只士，农，工，商及孔子之教化，今添佛老二家)。农之家一，而食粟之家六；工之家一，而用器之家六；贾之家一，而资焉之家六。奈之何，民不穷且盗也。……今其言曰：圣人不死，大盗不止；剖斗折衡，而民不争。呜呼，其亦不思而已矣。如古之无圣人，人之类灭久矣(指老言)。……今其法曰：必弃而君臣，去而父子，禁而相生相养之道，以求其所谓清静寂灭者！……其亦不幸而不出于三代之前，不见正于禹汤、文武、周公、孔子也。……然则如之何而可也？曰：不塞不流，不止不行(佛老之道不塞不止，圣人之道便不流不行)。人其人(僧道俱令还俗)，火其书，庐其居(寺观改作民房)，明先王之道以道之；鳏寡孤独废疾者皆有养也；其亦庶乎其可也。①

愈的这种言论意气的成分甚多，并没有什么理论的价值。且愈虽排佛，于当时的佛说，又未必完全不感兴趣者；这于其《与孟尚书书》及《送高闲上人序》②中，可以寻出一些痕迹来，至其弟子李翱，则受佛说影响甚深；然

---

① 韩愈：《昌黎全集·原道》。

② 韩愈：《昌黎全集》卷十八及二十一。

形式上却仍站在儒家的立场以排佛，他们所以要排佛的理由，正如冯友兰所云："李翱及宋明道学家皆欲使人成儒家的佛；而儒家的佛必须于人伦日用中修成。此李翱及宋明道学家所以虽援佛入儒而仍排佛也。"①

上面所述对于佛教之反攻，概属言论方面的。除却言论反攻之外，还有武力的反攻。择要说来，有较大的三次：即后魏太武帝、北周武帝及唐武宗等三位皇帝对佛教的反攻，所谓"三武之祸"是也。(1)后魏太武帝与寺院之冲突，在太平真君七年(公元四四六年)，其主要的原因仍为道家与佛家的冲突。同时寺院势力太大，足以危及君主的统治，也是一个近因。当时有盖吴造反，尝与沙门通谋，尝借寺院藏匿武器。事经发觉，当局震怒，道家寇谦之、崔浩等乃怂恿当局毁佛像，破佛寺，杀沙门，对佛教徒造成空前的恐怖。《魏书》云：

> 世祖即位，富于春秋。既而锐志武功，每以平定祸乱为先。虽归宗佛法，敬重沙门；而未存览经教，深求缘报之意。及得寇谦之道，帝以清静无为有仙化之证，遂信行其术。时，司徒崔浩博学多闻，帝每访以大事。浩奉谦之道，尤不信佛；与帝言，数加非毁，常谓虚诞为世费害。帝以其辩博，颇信之。
>
> 会盖吴反杏城，关中骚动；帝乃西伐，至于长安。先是长安沙门种麦寺内，御驺牧马于麦中。帝入观马。沙门饮从官酒。从官入其便室，见大有弓矢矛楯，出以奏闻。帝怒曰："此非沙门所用，当与盖吴通谋，规害人耳。"命有司案诛一寺；阅其财产，大得酿酒具，及州郡牧守富人所寄藏物，盖以万计。又为屈室与贵室女私行淫乱。帝既忿沙门非法，浩时从行，因进其说，诏诛长安沙门，焚破佛像；敕留台下、四方，令一依长安行事。又诏曰："彼沙门者，假西戎虚诞，妄生妖孽；非所以一齐政化，布淳德于天下也。自王公已下有私养沙门者，皆送官曹，不得隐匿；限今年二月十五日。过期不出，沙门身死，容止者诛一门。"时恭宗为太子监国，素敬佛道，频上表陈刑杀沙门之滥，又非图像之罪。今罢其道，杜诸寺门，世不修奉；土木丹青，自然毁灭。如是再三，不许；乃下诏曰："昔后汉荒君信惑邪伪；妄假睡梦，事胡妖鬼，以乱天常。自古九州之中无此也。……朕承天绪，属当穷

① 冯友兰：《中国哲学史》第二篇第十章。

运之敝；欲除伪定真，复义农之治，其一切荡除胡神，灭其踪迹，庶无谢于风氏矣。自今以后，敢有事胡神，及造形像泥人铜人者门诛。”[①]

(2)北周武帝与寺院之冲突，凡有两次：一在建德三年(公元五七四年)，一在建德六年(公元五七七年)。其原因大抵为政治的与经济的；不过道家张宾仍有推动之力。政治的原因，即佛教势力太大，信徒人数太多，足以危害统治；当局骇怕，故以武力压迫之。后魏末年，流行一种谶纬，谓有黑人当膺天位。武帝以佛教势力既大，佛徒又多着黑衣，遂起疑心。道家张宾，乘此进言，帝乃对佛教寺院僧徒大施压迫。不过当时对于道士们，也是一并加以压迫的。“初断佛道两教，沙门道士并令还俗。三宝财富，散给臣下；寺观塔庙赐给王公。”[②]“国境僧道反俗者二百余万！”[③]

经济的原因，则以佛徒不纳租税，有损国家的收入。“缁衣之众，参半于贫民；黄服之徒(佛徒多著黑衣。周太祖想要应验黑人当膺天位之谶语，朝章野服尽改为黑色，令僧众尽著黄衣。《广弘明集》卷六云：“周祖已前，有忌黑者，云有黑人次膺天位。……周太祖初承俗谶，我名黑泰，可以当之。既入关中，改为黑皂；朝章野服悉咸同之。令僧悉衣黄，以从谶纬。”)，数过于正户。所以国给为此不足，王用因兹取乏。”[④]情形如此，救济之道，只有毁佛寺佛像，令僧众还为编户之民。建德六年(公元五七七年)便实行此着。《广弘明集》云：

> 尔时魏齐东川，佛法崇盛；见成寺庙，出四十千；并赐王公充为第宅。五众释门，减三百万；皆复军民，还归编户。融刮佛像，焚烧经教。三宝福财簿录入官；登即赏赐，分散荡尽。[⑤]
>
> 自废已来，民役稍希；租调年增，兵师日盛。东平齐国，西定妖戎。国安民乐，岂非有益？[⑥]

(3)唐武宗与寺院之冲突，在会昌五年(公元八四五年)其策动的人物为反对佛教最力的李德裕及道士赵归真、刘玄清等。其重要原因为：僧侣太

---

① 《魏书·释老志》。
② 释道宣：《广弘明集》卷八。
③ 志磐：《佛祖统纪》卷三九。
④ 释道宣：《广弘明集》卷二四。
⑤ 释道宣：《广弘明集》卷十。
⑥ 释道宣：《广弘明集》卷十。

多，皆不纳税，且须寄食于人，实经济上之一大损失。且寺院的建造，更足以劳民伤财。会昌五年(公元八四五年)实行灭佛。

天下所拆寺四千六百余所；还俗僧尼二十六万余人，收充两税户，拆招提兰若四万余所；收膏腴上田数千万顷，收奴婢为两税户十五万人。①

武宗更说明灭佛之原因曰：

今天下僧尼不可胜数；皆待农而食，待蚕而衣。寺宇招提，莫知纪极：皆云构藻饰，僭擬宫居。晋宋齐梁物力凋废，风俗浇诈，莫不由是而致也。况我高祖太宗以武定祸乱，以文理华夏；执此二柄，足以经邦。岂可以区区西方之教与我抗衡哉？贞观开元，亦尝厘革；划除不尽，流行转滋。朕博览前言，旁求舆议；弊之可革，断在不疑。而中外谋臣，协予至意；条疏至当，宜在必行。惩千古之蠹源，成百王之典法。济人利众，予何让焉？②

① 《唐会要》卷四十七会昌五年八月。

② 《旧唐书·武宗纪》。

中国通史（下）

ZhongGuo TongShi

周谷城／著

北京师范大学出版集团
BEIJING NORMAL UNIVERSITY PUBLISHING GROUP
北京师范大学出版社

目 录
CONTENTS

下

第四篇　封建势力持续时代

（自北宋初至鸦片之战即自公元九六〇年到一八四〇年）

种族战争愈演愈烈

第一章　宋帝国之建立

一　由唐之分崩到宋之统一

藩镇之横行　唐帝国在亚洲诸民族中，造成了一个极伟大的地位；这，我们在第三编第六章叙述隋唐帝国在亚洲诸民族中之地位时，早已讲过。因地位伟大，版图辽阔，非有强大的武力，不足以巩固其地位；于是始则设六都护，继则置十节度，以控制异族，巩固边防。但负都护与节度之责的武人，因国家对他们太过重视，不免骄横起来；尝乘着中枢腐化之时，举兵称乱。如天宝十四年(公元七五五年)的时代，安禄山与史思明，以节度使及将军资格而造反，都以肃清中枢的腐化势力(如杨国忠等)为名，便是一个显例。

(1)中枢腐化。这是历代帝国经过黄金时代后所必有的现象。当帝国方盛之时，统治者因享前人现成幸福，宫庭生活自然腐化。而腐化势力，当然以出入禁中的宦官与外戚为主。唐代天宝前后，这两种腐化势力，正发展到了最高的程度。

> 东汉及前明，宦官之祸烈矣，然犹窃主权以肆虐天下；至唐，则宦官之权，反在人主之上！立君弑君废君，有同儿戏，实古来未有之变也。推原祸始，总由于使之掌禁兵，管枢密；所谓倒持太阿，而授之以柄。及其势已成，虽有英君察相，亦无如之何矣。身在禁闱，社鼠城狐本易窃弄威福。此即不典兵不承旨，而燕闲深密之地，单词片语，偶能移动主意，轩轾事端，天下已靡然趋之。如高力士贵幸时，徼倖者愿一见如天人。肃宗在东宫，亦以兄事之！诸王公主呼为翁！戚里诸家尊曰公！将相大臣皆由之以进。尝建佛寺道观各一所，钟成，

宴公卿；一扣者纳礼钱十万，有至二十扣者。李辅国贵幸时，人不敢斥其官，直呼为五郎。李揆当国，以子姓事之，尝矫诏迁上皇于西内，至忧郁以崩。他如鱼朝恩忌郭子仪功高，谮罢其兵柄。程元振谮来瑱赐死，李光弼遂不敢入朝；又谮裴冕罢相，贬施州，以致方镇解体，吐蕃入寇，代宗仓黄出奔，征诸道兵，无一至者！此犹是未掌兵权，未管枢要以前事也。[①]

开元天宝中，宫嫔大率至四万。宦官黄衣以上三千员，衣朱紫千余人。其称旨者辄拜三品将军，列戟于门。其在殿头供奉，委任华重。持节传命，光焰殷殷动四方。所至郡县奔走，献遗至万计！修功德，市禽鸟；一为之使，犹且数千缗。监军持权，节度反出其下。于是甲舍，名园，上腴之田，为中人所名者半京畿矣！[②]

略举上面之事实，就可以知道天宝时代中枢腐化到了一个什么样子。这还只是就宦官方面的情形而言。至于外戚，我们拿杨国忠做例，就可以知道外戚怎样促成中枢的腐化。杨国忠是杨贵妃的从祖兄；其人为一赌徒，不为姻族所齿；后以虢国夫人的关系，得入中枢；更依奸臣李林甫为奥援，肆行无忌。李林甫死了，继为宰相，据中枢以为害于天下，其恶不堪以言语形容。

杨国忠，太真妃之从祖兄，……嗜饮博，数匄贷于人，无行检，不为姻族齿。……天宝七载（公元七四八年）擢给事中，兼御史中丞，专判度支。会三妹封国夫人，兄铦擢鸿胪卿，与国忠皆列棨戟；而第舍华僭，弥跨都邑。……帝常岁十月幸华清宫，春乃还。而诸杨汤沐馆在宫东垣，连蔓相照。帝临幸，必遍五家，赏赉不訾计，出有赐，曰饯路；返有劳，曰餪脚。远近馈遗，阉稚歌儿，狗马金贝，踵叠其门。国忠由御史至宰相，凡领四十余使；而度支吏部事自业夥，第署一字，不能尽！故吏得轻重显赇，公谒无所忌。……又便佞，专徇帝嗜欲，不顾天下成败。……扶风太守房琯上郡灾，国忠怒，遣御史按之；后乃无敢以水旱闻。……国忠虽当国，常领剑南召募使。遣戍泸南，饷路险乏，举无还者。旧勋户免行，所以宠战功。国忠令当行者

① 赵翼：《廿二史劄记·唐代宦官之祸》。

② 《新唐书·宦者列传序》。

先取勋家，故士无斗志。凡募法，愿奋者则籍之。国忠岁遣宋昱、郑昂、韦儇以御史迫促郡县；吏穷无以应，乃诡设饷，召贫弱者密缚置室中，衣絮衣，械而送屯。亡者以送吏代之，人人思乱。寻遣剑南留后李密率兵十余万击阁罗凤，败死西洱河。国忠矫为捷书上闻，自再兴师，倾中国饶卒二十万，踦履无遗，天下冤之。[①]

(2)安史造反。外戚的势力如此之大，宦官的势力如此之凶；所谓一国的中枢，完全淹没在腐化势力之下。握有兵权的武人，尝想乘此到中枢主政治。安禄山、史思明之造反，便是实例。安史两人，都是胡族，都以通蕃语，了解中外贸易情形，进为中国的统兵大将。

安禄山，营州柳城胡也。……忮忍多智，善億测人情。通六蕃语，为互市郎。……天宝元年(公元七四二年,)以平卢(河北承德县地)为节度，禄山为之使，兼柳城太守。押两蕃渤海、黑水四府经略使。明年统入朝，奏对称旨；进骠骑大将军。又明年，代裴宽为范阳节度(河北、北平一带)河北采访使，仍领平卢军。[②]

史思明，宁夷州突厥种；……与安禄山共乡里，生先禄山一日，故长相善。少事特进乌知义，以轻骑觇贼。多所禽馘；通六蕃译，亦为互市郎。……幽州节度使张有珪奇其功，(平奚有部之功)表折冲，与禄山俱为捉生。天实初，累功至将军，知平庐军事。[③]

他们有大兵在手；眼看着杨国忠倒行逆施，国人痛恨；更是一个发难的好题目。天宝十四年(公元七五五年,)他们便造起反来，以诛杨国忠为名。玄宗被迫，逃奔入蜀。大家以为这乱子是杨国忠惹出的，于是诬他与吐蕃勾结，希图造反，把他杀了。

禄山反，以诛国忠为名。……初，国忠闻难作，自以身帅剑南，豫置腹心梁益间，为自完计。至是，帝召宰相计事；国忠曰："幸蜀便。"帝然之。明日迟昕，帝出延秋斗，群臣不知，犹上朝。唯三卫彍骑立仗，尚闻刻漏声。国忠与韦见素、高力士及皇太子诸王数百人护

① 《新唐书·外戚传》。

② 《新唐书·逆臣列传》。

③ 《新唐书·逆臣列传》。

帝。右龙武大将军陈玄礼谋杀国忠；不克。进次马嵬，将士疲，乏食，玄礼惧乱，召诸将曰："今天子震荡，社稷不守，使生人肝脑涂地，岂非国忠所致？欲诛之，以谢天下，云何？"众曰："念之久矣，事行身死固所愿。"会吐蕃使有请于国忠，众大呼曰："国忠与吐蕃谋反。"卫骑合，国忠突出，或射中其额，杀之，争啖其肉，且尽枭首以徇。[①]

(3)藩镇横行。节度使之设，原来是因帝国版图辽阔，用以防外患的。后因中枢腐化，节度使力强，乃起而称乱。迨大乱既起，为平乱计，又须借重另外的武人。所以"安史既平，武夫战将，以功起行阵为侯王者，皆除节度使。"[②]这么一来，安内乱的节度使与防外患的节度使乃一样重要起来。因其重要，国家亦特别推尊。于是他们专横起来，遂造成节度使之大祸。赵翼云：

唐之官制，莫不善于节度使。其始察刺史善恶者有都督。后，以其权重，改置十道按察使。开元中，或加采访观察处置黜陟等号。此文官之统州郡者也。其武臣掌兵，有事出征，则设大总管。无事时镇守边要者曰大都督。自高宗永徽以后，都督带使持节者谓之节度使，然犹未以名官。景云二年(公元七一一年)，以贺拔延嗣为凉州都督河西节度使，节度使之官由此始。然犹第统兵，而州郡自有按察等使司其殿最。至开元中，朔方陇右河东河西诸镇皆置节度使；每以数州为一镇，节度使即统此数州，州刺史尽为其所属。故节度使多有兼按察使安抚使度支使者。既有其土地，又有其人民，又有其甲兵，又有其财赋，于是方镇之势日强。安禄山以节度使起兵，几覆天下。及安史既平，武夫战将以功起行阵为侯王者，皆除节度使。大者连州十数，小者犹兼三四。所属文武官悉自置署，未尝请命于朝。力大势盛，遂成尾大不掉之势。或父死，子握其兵而不肯代；或取舍由于士卒，往往自择将吏，(悍将之下，复有骄兵!)号为留后，以邀命于朝。天子力不能制，则含羞忍耻，因而抚之。姑息愈甚，方镇愈骄。其始为朝廷患者，只河朔三镇；其后淄、青、淮、蔡，无不据地倔强。甚至同、华逼近京邑，而周智光以之反！泽、潞亦连畿甸，而卢从史、刘稹等

① 《新唐书·外戚列传》。

② 赵翼：《廿二史劄记·唐节度使之祸》。

以之叛！迨至末年，天下尽分裂于方镇，而朱全忠遂以梁兵移唐祚矣。推原祸始，皆由节度使掌兵民之权故也。[①]

高祖、太宗之制，兵列府于外，将列卫于内。有事则将以征伐，事已各解而去。兵者将之事也，使得以用，而不得以有之。及其晚也，土地之广，人民之众，城池之固，器甲之利，举而予之。……方镇之患，始也各专其地，以自世；既则迫于利害之谋。故其喜则连衡而叛上，怒则以力而相并，及其甚则起而弱王室。唐自中世以后，收功弭乱，虽常倚镇兵；而其亡也亦终以此。[②]

综括说来，藩镇略与近世所谓军阀相仿佛。以言乎权力，则军政权、民政权、财政权集于一身；以言乎权力之转移，则父死可以子继，中央不能过问；以言乎活动，或则悖叛中央，或则彼此混战。凡此种种皆其特征。这可以说是封建势力之又一形式。

民乱之爆发　藩镇之专横与民乱之爆发实相互为因藩镇专横，把天下弄到民穷财尽，民乱自然爆发。黄巢之乱，直接由于天灾，间接由于安史乱后藩镇之纷扰；便是显例。反之，民乱既起，平乱全仗武人；武人势力坐大，自然专横。黄巢乱后，藩镇专横更甚，便是显例。兹先述安史乱后，人民后受藩镇专横之影响，藉以考见造成当时民乱之原因。

自安史之乱，兵役不息，田土荒芜；兼有摊户之弊。如李渤疏所言，渭南县长源乡本有四百户，今才百户；阌乡县本有三千户，今才千户；由于均摊逃户。十家之内，五家逃亡；即今未逃之五家，均摊其税；如石投井，不到底不止。是以逃亡愈多，耕种愈少。代宗永泰元年(公元七六五年)，京师米斗一千四百，畿甸采穗，以供官厨。至麦熟后，市有醉人，已诧为祥瑞。较贞观开元时几至数十百倍。读史者于此可以观世变矣。至如攻战之地，城围粮绝，尤有不可以常理论者。鲁炅守南阳，贼将武令珣、田承嗣等攻之累月，米斗至四五千，有价无米，一鼠值四百。安庆绪被围于相州，斗米钱七万。黄巢据长安，百姓遁入山砦，累年废耕耘；贼坐守空城，谷价涌贵，斗米三十千。官军皆执山砦民卖于贼为食，一人直数十万。杨行密围扬州，城中草

① 赵翼：《廿二史劄记·唐节度使之祸》。

② 《新唐书·方镇表序》。

根木实皮囊革带俱尽。外军掠人来卖，人五十千。张雄有军粮，相约交市；金一斤，通犀带一条，得米五升。①

这一段所说，并不限于黄巢之乱以前。乃泛述安史造反之后，至黄巢称乱之时代，唐代人民所受的苦痛。而这种苦痛，又实自安史时代，“摊户”的弊政开其端。后因藩镇继续不断地专横，武人继续不断地纷扰，军粮一项，政府无法支给，或任武人自由筹措，或任猾吏随在营私。终至苛敛百出，人民不能安居，只剩下一条作流寇的大道。《旧唐书》：

天宝中，王鉷为户口使，方务聚敛。以丁籍且存，则丁身焉往，是隐课而不出耳。遂案旧籍，计除六年之外，积征其家三十年租庸。(六年戍边，应免租庸，故除外。)天下之人，苦而无告，则租庸之法弊久矣。迨至德之后，天下兵起(指安史之乱)，始以兵役，因之饥疠；征求运输，百役并作；人户凋耗，版图空虚。国军之用，仰给于度支转运二使；四方征镇又自给于节度都团练使。赋敛之司数四，而莫相统摄，于是纲目大坏。朝廷不能覆诸使，诸使不能覆诸州；四方贡献悉入内库；权臣猾吏因缘为奸：或公讬进献，私为盗藏者动万万计。河南、山东、荆襄、剑南有重兵处，皆厚自奉养，王赋所入无几。吏职之名随人署置；俸给厚薄由其增损。故科敛之名凡数百：废者不削，重者不去；新旧仍积，不知其涯。百姓受命而供之，沥膏血，鬻亲爱；旬输月送无休息。吏因其苛，蚕食千人。凡富人多丁者率为官为僧，以色役免。贫人无所入则丁存。故课免于上，而赋增于下。是以天下残瘁，荡为浮人；乡居地著者自不四五。②

潘镇专横，农民失业。这等情形继续发展下去，即不再加另外的原因，已够引起很大的民乱。而事实上，僖宗时代，尚有连年的天灾。于是离开乡里的无业浮人相聚为盗。僖宗乾符二年(公元八七五年)濮州人王仙芝作乱，冤句人黄巢应之，造成空前的大乱。

黄巢，曹州冤句人，世鬻盐，富于訾，善击剑骑射，稍通书记，辩给，善养亡命。咸通末，仍岁饥，盗兴河南。乾符二年(公元八七五年)，濮名贼王仙芝乱长垣，有众三千，残曹濮二州，俘万人，势遂

① 赵翼：《廿二史劄记·唐前后米价贵贱之数》。

② 《旧唐书·杨炎传》。

张。仙芝妄号大将军。檄诸道言：吏贪沓，赋重，赏罚不平。宰相耻之，僖宗不知也。其票帅尚君长、柴存、毕师铎、曹师雄、柳彦璋、刘汉宏、李重霸等十余辈，所在肆掠。而巢喜乱，即与群从八人募众，得数千人，以应仙芝，转寇河南十五州，众遂数万。①

黄巢自僖宗乾符二年(公元八七五年)作乱，至僖宗中和四年(公元八八四年)自杀身死，为时足足的十年。在这十年之内，中国的境土，大部都经攻掠过。其攻掠的路线，以现在的省区之名表之，约略如下：首先倡乱于山东，由山东西南向入河南，由河南南下入湖北，既至湖北，或南下入湖南，再东折入江西或东向入安徽，再南下入浙江。由江西、浙江再掠福建；由福建西南向入广东。攻克广州之后，又西向入广西。由广西又北上，入湖南。更由湖南出发重行攻掠江西、湖北、安徽、江苏、河南；最后把所谓东都的河南(今洛阳)攻下。更于僖宗广明元年(公元八八〇年)十二月入潼关进攻唐之国都长安。黄巢既入长安，乃采下列各种政策：(1)大杀官吏宗室；(2)设法救济贫民；(3)勒索富户财产；(4)建立大齐帝号；(5)设置文武官员。这时的唐僖宗，已逃到了兴元(今陕西南郑县)，黄巢自己则命部下攻掠各地。《新唐书》述其入长安时之诸种政策曰：

巢以尚让为平唐大将军，盖洪费、全古副之。贼众皆被发锦衣；大抵辎重自东都抵京师，千里相属。金吾大将军张直方与群臣迎贼灞上，巢乘黄金舆，卫者皆绣袍华帻。其党乘铜舆以从，骑士凡数十万先后之。陷京师，入自春明门。升太极殿，宫女数千迎拜，称黄王。巢喜曰："殆天意欤!"巢舍田令孜第，见穷民，即抵金帛与之。尚让即妄晓人曰："黄王非如唐家不惜而辈，各安毋恐。"甫数日，因大掠，缚箠居人索财，号"淘物"，富家皆跣而驱。贼酋阅甲第以处，争取人妻女乱之。捕官吏悉斩之。火庐舍不可赀，宗室侯王屠之无类矣。巢斋太清宫，卜日，舍含元殿，僭即位，号大齐。求衮冕不得，绘弋绨为之。无金石乐，击大鼓数百。列长剑大刀为卫。大赦。建元为金统。王官三品以上停，四品以下还之。因自陈符命，取"广明"字(唐僖宗之年号)判其文曰："唐去丑口而著黄，明黄当代唐。又黄为土金所生，盖

① 《新唐书·逆臣列传》。

天启云。”其徒上巢号承天广运启圣睿文宣武皇帝。以妻曹为皇后。以尚让、赵璋、崔璆、杨希古为宰相；郑汉璋御史中丞；李俦、黄谔、尚儒为尚书；方特谏议大夫；皮日休、沈云翔、裴渥翰林学士；孟楷、盖洪尚书左右仆射兼军容使；费传古枢密使；张直方检校左仆射；马祥右散骑常侍；王璠京兆尹；许建、米实、刘瑭、朱温、张全、彭攒、季逵等为诸将军游弈使；其余以次封拜，取趫伟五百人，号功臣；以林言为之使。比控鹤府，下令军中，禁妄杀人。①

黄巢攻克东都，进逼长安之时，众号六十万人。但当僖宗逃往兴元方面之时，巢亦令部下向各地攻掠，并未完全集中于长安。迨僖宗命官军反攻，巢竟以不支而退出长安。然于僖宗中和二年(公元八八二年)复又攻入。这时，巢恨城中居民于彼退出之时欢迎官军乃大肆杀戮；凡杀八万人，血流于路，谓之“洗城”。《新唐书》云：“巢复入京师，怒民迎王师，纵击，杀八万人；血流于路，可涉也，谓之洗城。”②此后除却扰乱今之陕西外，更攻掠到了今甘肃一带。但最后被官军领袖李克用等所败，陆续逃奔，复经今之河南而入山东，终于中和四年(公元八八四年)在太山(即今山东之泰山)被迫自杀，其余众若干，尚成为“浪荡军”，流窜于湖湘一带。《新唐书》述其惨败后之情状云：

巢众仅千人，走保太山；巢计蹙，谓林言曰：“我欲讨国奸臣，洗濯朝廷，事成不退，亦误矣。若取吾首献天子，可得富贵，毋为佗人利。”言，巢出也，不忍。巢乃自刎不殊。言因斩之，……并杀其妻子，悉函首，将诣溥(即官军方面之时溥)。而太原博野军杀言，与巢首俱上溥，献于行在，诏以首献于庙。徐州小史李师悦得巢伪符玺上之，拜湖州刺史。巢从子浩，众七千，为盗江湖间，自号“浪荡军”。天复初，欲据湖南，陷浏阳，杀略甚众。湘阴强家邓进思率壮士伏山中击杀浩。③

五代之兵燹 这可分下列各项述之。(1)民乱之后统治全毁。自黄巢死

① 《新唐书·逆臣列传》。
② 《新唐书·逆臣列传》。
③ 《新唐书·逆臣列传》。

后秦宗权继起，当时中国全境，几乎都陷入纷乱之中。

> 巢死，宗权张甚，啸会逋残，有吞噬四海意。乃遣弟宗言寇荆南；秦浩出山南，攻襄州，陷之；进破东都，围陕州。使彦寇淮肥，秦贤略江南，宗衡乱岳鄂。贼渠率票惨，所至屠老儒，焚屋庐；城府穷为荆莱。自关中薄青齐，南缭荆郢，北互卫滑，皆麕骇雉伏，至千里无舍烟。惟赵犨保陈，朱全忠保汴，仅自完而已。然无霸王计，惟乱是恃。兵出未始转粮，指乡聚曰："啖其人可饱吾众！"官军追蹑，犹盐尸数十车！[①]

贼众的横行，至于如此；而所谓官军或节度使等，自始就有与贼众相默契的。例如黄巢初乱之时，平庐节度使宋威即与默契。时威老且暗，不任军，阴与元裕谋曰："昔庞勋灭康承训，即得罪。吾属虽成功，其免祸乎？不如留贼。不幸为天子，我不失作功臣。"故蹑贼一舍，完军愿望；帝亦知之。[②] 又如山南东道节度使刘巨容，亦曾与黄巢默契，尝纵贼不追，曰："国家多负人，危难不吝赏，事平则得罪。不如留贼，冀后福。"止不追。故巢得复整攻鄂。"[③]这情形自黄巢初起，至秦宗权继乱，一直发展，终至兵与贼不分：贼众的首领，官军的将帅，其性质几乎相等。官兵与贼众尝阳相攻战，阴相结合。最后把大唐帝国的统治权捣成粉碎。另由贼首与藩帅各凭自己实力之大小构成许多零星的统治权，分布于国中。

(2)五代十国，相继演出。当时所谓五代十国之统治者，不是贼首，便是藩帅。例如后梁第一个皇帝朱温，便是贼众的首领。"唐僖宗乾符中，关东荐饥，群贼啸聚。黄巢因之，起于曹濮。饥民愿附者凡数万。帝(即梁太祖朱温)乃辞(刘)崇家(时朱温随母寄食于刘崇家)，与仲兄存俱入巢军，以力战屡捷，得补为队长。唐广明……二年(公元八八一年)二月，巢以帝(朱温)为同州防御使，使自攻取。"[④]又如后唐的第一个皇帝李存勖便是有名的藩帅。前后相续的五代，以及一部分前后相续，一部分同时并列的十国，概是这等贼首或藩帅创立的。所谓五代者，曰后梁(公元九〇七—九二三

① 《新唐书·逆臣列传》。
② 《新唐书·逆臣列传》。
③ 《新唐书·逆臣列传》。
④ 《五代史·太祖纪》一。

年)，曰后唐(公元九二三—九三六年)，曰后晋(公元九三六—九四七年)，曰后汉(公元九四七—九五〇年)，曰后周(公元九五一—九六〇年)。历时近六十年。

与此并立的，有所谓十国者：曰前蜀，地在成都，同光三年(公元九二五年)为后唐庄宗所灭。曰后蜀，在前蜀旧地；乾德三年(公元九六五年)为宋太祖遣兵克服。曰吴，地在扬州；后晋天福二年(公元九三七年)为南唐李昇所代。曰南唐，在吴旧地；开宝七年(公元九七四年)为宋太祖遣兵克服。曰闽，地在福州；后晋开运二年(公元九四五年)，为南唐主李璟迁其众于金陵。曰楚，地在湖南；后周广顺元年(公元九五一年)为南唐主李璟迁其众于金陵。曰南汉，地在广州；开宝四年(公元九七一年)为宋太祖遣兵克服。曰荆南(南平)，地在荆南；乾德元年(公元九六三年)为宋太祖所降服。曰吴越，地跨两浙；太平兴国三年(公元九七八年)为宋太宗所降服。曰北汉，地在太原；太平兴国四年(公元九七九年)为宋太宗所降服。所谓十国，也只是举成数而言；严格说来，并不止十国。上举十国之中，只北汉在太原，其余均在长江流域及长江以南，与五代显然成对抗之势。

(3)皇帝由将校拥立，将校由士兵拥立。上述五代十国之统治，表面上好像是由贼首或藩帅自创出来的。其实他们自己并无实力，实力都在部下将校手里。将校欲图自己升官发财，尝以威逼与利诱的两种方式拥出他们自己所认为适当的人物做皇帝。这风气，到宋太祖时还流行，五代时更甚。不过有时拥立成功，有时拥立未成功而已。

宋太祖由陈桥兵变，遂登帝位。查初白诗云："千秋疑案陈桥驿，一著黄袍便罢兵。"盖以为世所稀有之异事也。不知五代诸帝多由军士拥立，相沿为故事，至宋祖已第四帝矣，宋祖之前，有周太祖郭威；郭威之前，有唐废帝王从珂；从珂之前，有唐明宗李嗣源。如一辙也。赵在礼为军士皇甫晖等所逼，据邺城叛，庄宗遣嗣源讨之，方下令攻城，军吏张破忽纵火噪呼，嗣源叱之；对曰："城中之人何罪，但思归不得耳。今宜与城中合势，请天子帝河南，令公帝河北。"嗣源涕泣论之。乱兵呼曰："令公不欲，则他人有之。我辈虎狼，岂识尊卑。"安重诲、霍彦威等劝嗣源许之，乃拥嗣源入城，与在礼合，率兵而南，遂得为帝。此唐明宗之由军士拥立也。潞王从珂为凤翔节度使，因朝命移镇，心怀疑惧，遂据城拒命。愍帝命王思同等讨之。张虔钊会诸镇兵皆集，杨思权攻城西，尹晖攻城东。从珂登城呼外兵曰："吾从先帝二十年，大小数百战，士卒固尝从我矣。今先帝新弃天下，我实何罪，而见伐乎?"因恸哭。外兵闻者皆哀之。思权呼其众曰："潞王真吾主也。"即拥军士入城。晖闻之，亦解甲降，从珂由是率众而东，遂得为帝。此废帝之由军士拥立也。郭威以汉隐帝欲诛己，遂起兵犯阙。帝遇杀，军士请威为天子。或有裂黄旗以加其身者，山呼震地，拥威南还，遂得为帝。此周祖之由军士拥立也。

尚有拥立而未成者。石敬瑭为河东节度使，因时出猎；军中忽有拥之呼万岁者。敬瑭惶惑，不知所为。段希尧劝其斩倡乱者李晖等三十余人乃止。敬瑭为帝后，命杨光远讨范延光；至滑州，军士拥光远为主。光远曰："天子岂汝等贩弄之物?"乃止。符彦饶率兵戍瓦桥关，裨将张谏等迎彦饶为帅，彦饶伪许之。约明日以军礼见于南卫，遂伏甲尽杀乱者。郭威自澶州统入京，来步军校因醉扬言："昨澶州马军扶策，今我步军亦欲扶策。"威闻，急擒其人斩之，令步军皆纳甲，仗，始不为乱。此皆拥立未成，故其事未甚著。然亦可见是时军士策立天子，竟习以为常。推原其始，盖由唐中叶以后，河朔诸镇各自分据，每一节度使卒，朝廷必遣中使往察军情，所欲立者即授以旄节。[①]

以上乃指天子之被拥立而言。其中不肯任部下卖弄，拥立不成的，亦足以表示当时尚有人欲维持纲纪。至于将校或节度使，亦多由士兵拥立。其风习之成，也非一朝一夕。

至五代，其风益甚。由是军士擅废立之权，往往害一帅，立一帅，有同儿戏。今就唐末及五代计之，黄巢之乱，武宁节度使支详遣时溥率兵赴难，兵大呼反支详，遂推溥为留后。青州王敬武卒，三军推其子师范为留后。义武王处存卒，军中推其子郜为留后。李克用之起也，康君立等推为大同军防御使。朱瑄本郓州指挥使，军中推为本州留后。天雄军乱，囚其节度使乐彦中，并杀其子从训，聚而呼曰："孰愿为节度使者?"罗宏信出应之。牙军遂推为留后。夏州李思谏卒，军中立其子彝昌为留后。赵在礼之被逼而反也，军士皇甫晖因戍兵思归，劫军

① 赵翼:《廿二史劄记·五代诸帝多由军士拥立》。

将杨仁晸为帅，仁晸不从，晖杀之，又推一小校。小校不从，亦杀之，乃携二首请在礼曰："不从者视此!"在礼不得已从之，遂为其帅。如此类者，不一而足计诸镇由朝命除拜者十之五六，由军中推戴者十之三四藩镇既由兵士拥立，其势遂及于帝王，亦风会所必至也。①

(4)将校图升迁，士兵图劫掠。然则将校拥立皇帝，士兵拥立藩帅，其用意究竟在何处呢？曰：将校的用意，在乎自己升官。拿拥立做条件，向被拥立者要挟，威逼他们，叫他们于做了皇帝之时，一定要与以优越之待遇。士兵的用意，在乎乘机劫掠。他们拥立藩帅之时，首先要求被拥立者准他们肆行劫掠若干时日。关于这点，赵翼也有明确的说明云：

乃其所以好为拥立者亦自有故。拥立藩镇，则主帅德之畏之；旬犒月宴，若奉骄子。虽有犯法，亦不敢问，如魏博牙兵是也。拥立天子，则将校皆得超迁，军士又得赏剽掠。如明宗之立，赵在礼即授沧州节度使，皇甫晖亦擢陈州刺史。杨思权叛降废帝于凤翔时，先谓废帝曰："望殿下定京师后，与臣一镇，勿置在防御团练之列。"乃怀中出一纸，废帝即书可邠宁节度使。后果与尹晖皆授节镇。同时立功之相里金、王建立亦擢节度使。周祖即位，亦以佐命之王峻为枢密使，郭崇为节度使。此将校之所以利于拥立也。②

将校之拥立皇帝，有上列这等好处。至于军士，则直接拥立将校之时有好处，曰多得一次行劫之机会。间接拥立皇帝之时亦有好处，亦曰多得一次行劫之机会。

明宗之入洛也，京师大乱，焚剽不息；明宗亟命止焚掠，百官皆敝衣来见。废帝之反，愍帝遣兵讨之，幸左藏库，赏军人各绢二十匹，钱五千。军士负物，扬言于路曰："到凤翔更请一分。"王师既降废帝许以事成重赏。军士皆过望。及入立，有司献库籍甚少，废帝大怒，自诸镇至刺史，皆进钱帛助赏。犹不足，乃索民财佐用，囚系满狱。又借民屋课五月。诸军犹不满欲，相与谣曰："去却生菩萨，扶起一条铁。"先是帝在凤翔，许入洛后，人各赏百缗。至是以禁军在凤翔降者

① 赵翼：《廿二史劄记·五代诸帝多由军士拥立》。

② 赵翼：《廿二史劄记·五代诸帝多由军士拥立》。

> 杨思权等，各赏马二，驼一，钱七十缗，军士二十缗，在京者十缗。周太祖初至滑州时，王峻谕军士曰："我得公处分，俟入京许尔等旬日剽掠。"众皆踊跃。及至汴，自迎春门入，诸军大掠，烟火四发。明日，王峻、郭崇曰："若不禁止，此夜化为空城矣。"由是命诸将斩其尤甚者乃定。而前滑州节度使白再荣已为乱军所害，侍郎张允坠马死，安叔千家资已掠尽，军士犹意其有所藏，箠掠不已；伤重归于洛阳。时有赵童子者，善射。愤军士剽掠，乃大呼曰："太尉志除君侧之恶，鼠辈敢尔；乃贼也。"持弓矢据巷口，来犯者辄杀。由是保全者数十家。后周主闻民间有赵氏当有天下之谣，疑此童子，遂使人诬告，杀之！又赵凤见居民无不剽之室，亦独守里门，军不敢犯。是周祖犯阙时，居民得免劫夺者，惟此二赵之里，其他自公卿以下，无不被害也。此军士之利于拥立也。王政不纲，权反在下。下凌上替，祸乱相寻。藩镇既蔑视朝廷，军士亦胁制主帅。古来僭乱之极，未有如五代者。开辟以来一大劫运也。[①]

军士欲达到劫掠之目的，乃拥立将校。将校欲达到升迁之目的，乃拥立天子。这么一来，天子须优容专横之将校，将校须优容行劫之士兵。政治学史上尝有"暴民专制"一名词，我们正可仿此替五代之政治下一个称呼曰"乱兵专制"。这种专制，与黄巢贼之统治有一点不同。贼众无论领袖与部下，皆以抑富扶贫为政策。乱兵则不然。部下固然只知道向富家劫掠；而首领却无抑富扶贫之政策。盖乱兵之首领为藩帅，贼众的首领为平民。出身不同，而政策亦因之大异。不过，两者都是唐末以来统治瓦解之结果。这结果之消灭，不是一天可以办到的。直到五代末年才有希望。

统一之曙光　(a)时机之转变。混乱到了极点，忽转而入于太平，这本是极自然之事。且可以说是依循宇宙万物发展之公例而进行之事。宇宙万物的发展，据黑格尔(Hegel)说，达到了某种程度，必转化为与自身相反的东西；且转化之原因，并不是来自外界，实即存于发展之物的本身。其言有曰：

> 有限事物的诸制限，并非单是来自外界；一事物之自身的本质，就是

① 赵翼：《廿二史劄记·五代诸帝多由军士拥立》。

消灭其自身的原因；凭它自己的活动，它可以转化为与其自身相反对之物。①

凡物发展到极度，终必转化为与自身相对反的东西。日常所见的水，沸则为汽，便是一个显例，类此之例，无处不有。历史上唐末至五代末的长期变乱，终于产生了一度太平，就是一个例证。由变乱产生太平，并不需外加的原因；盖变乱之自身，就是消弭变乱的原因也。混战久了，各方面都精疲力竭，自然要停下来休养生息。旧说多认五代末年之由变乱转入太平为出于天意。陈师锡之言曰：

> 五代不仁之极也。其祸败之复，殄灭剥丧之威，亦其效耳。……逮皇天悔祸，真人出宁，易暴以仁，转祸以德，民咸保其首领，收其族属，各正性命，岂非天耶？②

其实并不是皇天悔祸，并不是天要太平，只是人类自己要生活得下去，不能不稍稍休战。这时宋太祖恰恰应了时代之迫切需要，出来做了统一运动之主。在宋太祖出来之先，有周世宗，为五代仅有的人物，颇有拨乱反正之志，做了统一运动的前驱，其雄图大略，正是变乱之极的一种反映。

(b)周世宗之雄图。世宗为太祖郭威之养子，本姓柴。原来太祖的圣穆皇后是柴姓女子，其兄名柴守礼；守礼有子名荣，随姑母长于姑父之家，即长于太祖之家。太祖以其为人谨厚，酷爱之，以为子。这样一来，郭家天下，不能不移到柴家了。当太祖尚未即位为天子，在汉为枢密使之时，荣就做了左监门卫将军。汉隐帝乾祐三年(公元九五〇年)，太祖弑隐帝自立为天子时，荣就受命做了一个头衔很长的官，名曰澶州刺史镇宁军节度使检校太尉同中书门下平章事。太祖广顺三年(公元九五三年)，更拜荣为开封尹，封晋王。次年太祖死了，荣乃即皇帝位于他父亲的灵柩之前，称周世宗，年号曰显德。世宗在位只有六年(显德元年至六年，即公元九五四到九五九年)，其雄图大略，有可取者。如武功方面，则取了秦陇，平了淮右，复了三关(即瓦桥、益津、高阳)。政制方面，则考定礼乐刑统。社会政策方面，则毁天下佛寺。经济政策方面，则铸钱均田。其雄图虽未能完全实现(均田即是一例)，就其志意而论，可算是统一运动的前驱。欧阳修

① William Wallace：*The Logic of Hegel*，P148。

② 《五代史·记序》。

称其行事曰：

世宗区区五六年间，取秦陇，平淮右，复三关；威武之声，震慑夷夏。而方内延儒学文章之士：考制度，修通礼，定正乐，议刑统；其制作之法，皆可施于后世。其为人明达英果，议论伟然。即位之明年，废天下佛寺三千三百三十六。是时中国乏钱，乃诏悉毁天下铜佛像以铸钱。尝曰："吾闻佛说以身世为妄，而似利人为急。使其真身尚在，苟利于世，犹欲割截。况此铜像，岂有所惜哉?"由是群臣皆不敢言。尝夜读书，见唐元稹均田图，慨然叹曰："此致治之本也。王者之政自此始。"乃诏颁其图法，使吏民先习知之。期以一岁，大均天下之田。其规为志意岂小哉？其伐南唐问宰相李谷以计策；后克淮南，出谷疏使学士陶谷为赞，而盛以锦囊尝置之坐侧。其英武之材，可谓雄杰。及其虚心听纳，用人不疑，岂非所谓贤主哉？其北取三关，兵不血刃；而史家犹讥其轻社稷之重，而侥倖一胜于仓卒。殊不知其料强弱，较彼我，而乘述律之殆，得不可失之机：此非明于决胜者，孰能至哉？诚非史氏之所及也。[①]

世宗死后，其第四子即位为恭帝。在位六月便让位于宋赵匡胤。

北宋之统一　(a)统一之主脑。赵匡胤是涿郡人，他的先世累代都做大官。他的母亲杜氏，于后唐天成二年(公元九二七年)，生匡胤于洛阳夹马营。后来长大，容貌雄伟，器度很宽。大家都认他为非常之人。汉初，漫游无所遇，常寄居襄阳某僧寺，有一个懂得术数的老僧对他说：我给你多少旅费，你往北方走，定有所遇。据说从此以后，他便加入军队，过军队生活。周太祖广顺初(元年为公元九五一年)，补东西班行首，拜滑州副指挥。周世宗即位，他典禁兵，此后他帮助周世宗建了不少的战功。世宗六年(公元九五九年)，受命为检校太傅殿前都点检。世宗死了，恭帝即位，又改为归德军节度检校太尉。

次年春，北汉与契丹联合入寇，赵匡胤奉命出师御敌。刚到开封城东北之陈桥驿，其部下以周恭帝年少，不够作天子，乃于夜深，强以黄袍加于赵匡胤之身，逼令作天子，并迫回京，先即皇帝位。部下之意，在先解决

---

① 《五代史·周本纪》第十二。

皇帝问题，然后北伐。其拥立的办法，乃五代以来的军人所惯用的。（五代时唐明宗李嗣源，唐废帝王从珂，周太祖郭威都是由部下拥立的。）这事的详情，《宋史》的记载曰：

七年春，北汉结契丹入寇。命出师御之。（此为恭帝之命。）次陈桥驿。……夜五鼓，军士集驿门宣言策点检为天子。或止之，众不听。迟明，逼寝所。……诸校露刃，列于庭曰："诸军无主，愿策太尉为天子。"未及对，有以黄衣加太祖身，众皆罗拜，呼万岁。即掖太祖乘马。太祖揽辔谓诸将曰："我有号令，尔能从乎?"皆下马曰："唯命。"太祖曰："太后主上，吾皆北面事之，汝辈不得惊犯。大臣皆我比肩，不得侵凌。朝廷府库，士庶之家，不得侵掠。用令，有重赏；违即孥戮汝。"诸将皆载拜肃队以入。副都指挥使韩通谋御之；王彦升遽杀通于其第。太祖进登明德门，令甲士归营，乃退居公署。有顷诸将拥宰相范质等至。太祖见之，呜咽流涕曰："伟负天地今至于此。"质等未及对，列校罗彦环按剑厉声谓质等曰："我辈无主，今日须得天子。"质等相顾，计无从出，乃降阶列拜，召文武百僚至。晡班定，翰林承旨陶谷出周恭帝禅位制书于袖中。宣徽使引太祖就庭北面拜受。已，乃掖太祖升崇元殿，服衮冕，即皇帝位。迁恭帝及符后于西宫，易其帝号，曰郑王，而尊符后为周太后。①

(b)统一的过程。赵匡胤既做了皇帝，便陆续削平许多并立的割据之国。计自太祖(即赵匡胤)乾德元年(公元九六三年)至太宗太平兴国四年(公元九七九年)的十五六年之间，次第用兵，灭荆南，灭南平，灭后蜀，灭南汉，灭南唐，灭北汉，降吴越。中国之土地，除后唐庄宗明宗时割让给契丹的燕云十六州之外，大体统一了。统一的过程，《宋史》所记大要如次：

乾德元年(公元九六三年)春正月……庚申，遣山南东首节度使慕容延钊率十州兵以讨张文表(武安节度使周保权之部将)……三月壬辰，周保权将杨师璠枭文表于郎陵市。甲午，慕容延钊入荆南，高继冲(荆南主)请归朝，得州三，县十七。②

① 《宋史·本纪》第一《太祖》一。

② 《宋史·本纪》第一《太祖》一。

三月……戊寅，慕容延钊破三江口，下岳州，克复郎州，湖南平。得州十四，监一，县六十六。[①]

三年(公元九六五年)春正月……甲戌，王全斌克剑门，斩首万余级；禽蜀枢密使王昭远，泽州节度赵崇韬。……壬午，全斌取利州；乙酉，蜀王孟昶降，得州四十五，县一百九十八，户五十三万四千三十有九。[②]

开宝……四年(公元九七一年)二月丁亥，南汉刘铱遣其左仆射萧灌等以表来上。乙丑，潘美克广州，俘刘铱，广南平，得州六十，县二百四十，户十七万二百六十三。[③]

八年(公元九七五年)……十一月辛未，江南(即南唐)主遣徐铉等再奉表乞缓师，不报。甲申，曹彬夜败江南军于城下。……乙未，曹彬克升州，俘其国主煜，江南平，凡得州十九，军三，县一百八十，户六十五万五千六十。[④]

太宗……太平兴国……二年(公元九七七年)八月……乙丑，平海军节度使陈洪进来朝；……三年(公元九七八年)夏四月……己卯，陈洪进献漳泉二州，凡得县十四，户十五万一千九百七十八，兵万八千七百二十七。[⑤]

三年……四月……钱俶乞罢所封吴越国王，乃解天下兵马大元师。……五月乙酉，钱俶献其两浙诸州，凡得州十三，军一，县八十六，户五十五万六百八十，兵一十一万五千三十六。[⑥]

四年(公元九七九年)……四月……辛未，幸太原城，诏谕北汉主刘继元使降。……五月……甲申，继元降，北汉平，凡得州十，县四十，户三万五千二百二十。[⑦]

兹为醒目起见，且列成一表如下。

---

① 《宋史·本纪》第一《太祖》一。

② 《宋史·本纪》第二《太祖》二。

③ 《宋史·本纪》第二《太祖》二。

④ 《宋史·本纪》第三《太祖》三。

⑤ 《宋史·本纪》第四《太宗》一。

⑥ 《宋史·本纪》第四《太宗》一。

⑦ 《宋史·本纪》第四《太宗》一。

年　代	所灭之国	所得之地今释
太祖乾德元年(公元九六三)	取荆南，降高继冲。	湖北荆南道
同上　　元年(公元九六三)	取湖南，执周保权。	湖南
同上　　三年(公元九六五)	灭蜀，降孟昶	四川及陕西汉中等地
太祖开宝四年(公元九七一)	灭南汉，降刘鋹。	两广
同上　　八年(公元九七五)	灭南唐，降李煜。	江苏安徽南部及江西
太宗太平兴国三年(公元九七八)	陈洪进献漳泉二州。	福建厦门汀漳等地
同上　　三年(公元九七八)	吴越王钱俶以地来归。	浙江及福建北部
同上　　四年(公元九七九)	灭北汉，降刘继元。	山西中部

二　北宋帝国之巩固政策

集兵权于中央　统一的帝国，既已树立；则随着发生之问题，便是如何而后可以巩固此帝国，使得维持长久的统一。解决这问题，有许多方法。而集中兵权，最为重要。这又可分成几项：(a)罢功臣典禁兵。宋之兵，大体可分四类：一曰禁兵，二曰厢兵，三曰乡兵，四曰藩兵。藩兵乃“塞下内蜀诸部落，团结以为藩篱之兵也。”[①]非各处皆设，其组织大体与乡兵同。乡兵，甚类今之团防兵。虽有好些地方设了，但也不是各处都有的。且名称极不一律，如“天禧间(真宗时)……河北、河东有神锐忠勇强壮。河北有忠顺强人。陕西有保毅强人，砦户强人，弓手。河东、陕西有弓箭手。河北东、陕西有义勇。麟州有义兵。川陕有土丁壮丁。荆湖南北有弩手土丁。广南东西，有枪手土丁。邕州有溪洞壮丁土丁。广南东西有壮丁。”[②]这样的兵，显见得不是国家的重要保障。所以藩兵乡兵两者，在宋之兵制上，不占重要地位。厢兵为诸州之镇兵。一军之额，有分隶于数州的；一州之管，有兼屯数军的。这样的兵，似乎是国家的重要保障。“然罕教阅，类多给役而已。”[③]总括看来，只有禁兵最为重要，且最精锐。《宋史·兵志》一称：“禁兵者，天子之卫兵也。……皆以守京师，备征伐。其在外者，非屯驻屯

① 马端临：《通考·兵考》八。

② 《宋史·兵志》四。

③ 《宋史·兵志》三。

泊，则就粮军也。”这样重要的兵，宋初握在太祖的好友兼有功之臣石守信、王审琦一班人之手。皇帝的好友而兼有武功，再把天下最重要之兵权拿在手里，那是何等的危险！太祖明白了这点，所以信了赵普之谋，把典禁兵之权，从石等手中拿回了。其拿回的方法颇巧妙。其要如下：

> 石守信，开封凌仪人。……建隆二年(公元九六一年)。移镇郓州，兼侍卫亲军马步军都指挥使。……乾德初，帝因晚朝，与守信等饮酒，酒酣，帝曰：“我非尔曹不及此。然吾为天子，殊不若为节度使之乐。吾终夕未尝安枕而卧。”守信等顿首曰：“今天命已定，谁复敢有异心？陛下何为出此言耶?”帝曰：“人孰不欲富贵？一旦有以黄袍加汝之身，虽欲不为，其可得乎?”守信等谢曰：“臣愚不及此，惟陛下哀矜之。”帝曰：“人生驹过隙耳。不如多积金帛田宅，以遗子孙。歌儿舞女，以终天年。君臣之间，无所猜嫌。不亦善乎?”守信谢曰：“陛下念及此，所谓生死而肉骨也。”明日皆称病，乞解兵权。帝从之，皆以散官就第，赏责甚厚。①
>
> 兵权拿回，究竟由天子直接管理？抑另有人管理？据说是交给那比较容易驾驭之人管理。邵伯温云：“上因晚朝，与故人石守信、王审琦饮酒。……明日，皆称疾请解军政，许之，尽以散官就第。……于是更置易制者使主亲军。……而诸功臣，亦以善终。”②

(b)中央则萃集精兵，边城则更番戍守。不让地位高武功大的人典禁兵，只是集中兵权的诸要件之一。倘精兵布满天下，则就地称乱，又将如何呢？解决这一问题，乃有萃天下精兵于京师的妙举。“太祖鉴前代之失，萃精锐于京师。”③其选拔之法，亦颇严，且系自下而上，渐次选到京师的。故曰：

> 建隆初，令诸州召募军士，部送阙下。至，则军头司覆验等第，引对便坐，而分隶诸军焉。其自厢军而升禁兵，禁兵而升上军，上军而升班直者，皆临轩亲阅。非材勇绝伦，不以应募。余皆自下选补。④

---

① 《宋史·石守信传》。

② 邵伯温：《河南邵氏闻见前录》卷一。

③ 《宋史·兵志》一。

④ 《宋史·兵志》八。

不过精锐尽萃于京师，京师究竟怎样容得他们下呢？拿什么给他们吃呢？此一问题也。其次精锐尽在京师，边城戍守，又归什么人负责呢？此第二问题也。倘复以精兵分守边城，则精兵在边，不又有据地称乱的危险吗？此第三问题也。关于这些，宋之当局，有极好的解决法。恐京师不能容，则有出外就粮之法；恐边城无所守，则仍遣禁兵戍守；恐守边者称乱，则立更戍之法。

太祖惩藩镇之弊，分遣禁旅，戍守边城。立更戍法：使往来道路，以习勤苦，均劳逸。故将不得专其兵，兵不至于骄惰。①

太祖、太宗平一海内，惩累朝藩镇跋扈，尽收天下劲兵，列营京畿，以备藩卫。其分营于外者曰就粮。就粮者，本京师兵，而使廪食于外，故听其家往。其边防要郡，须兵屯守，即遣自京师。诸镇之兵，亦皆戍更。真宗、仁宗、英宗嗣守，其法益以完密。于是天下山泽之利，悉入县官，以资廪赐。将帅之臣，入奉朝请，以备指趴。犷悍之民，收隶尺籍，以给守卫。兵无常帅，帅无常师。内外相维，上下相制，等级相轧。虽有暴戾恣睢，无所厝于其间。②

诚如这样，兵权的确是集中了。所谓藩镇，当渐就衰灭。兹为醒目起见，特另立一项述之。(c)削除藩镇。这项与上面两项都有关系。罢功臣典禁兵，萃精兵于中央，事实上都在动摇藩镇的地位，并剥夺其兵权。所以宋初的藩镇，陆续被中央分命出去的朝臣所代替了。

宋初革五季之患，召诸镇节度会于京师，赐第以留之。分命朝臣出守列郡，号权知军州事。军，谓兵；州，谓民政焉。③

以文臣知州事　节度使都被召到京师赐第以居了。倘分命出去的朝臣仍用武人，则仍不免据地称乱的危险。为救此弊，乃以文臣代武人。这于统治权之巩固，是有极大之意义的。武人执政的恶习，自五代以来，其流弊诚如赵翼所言：

① 《宋史·兵志》二。

② 马端临：《通考·后考》四。

③ 《宋史·职官》七。

五代诸镇节度使，未有不用勋臣武将者。遍检薛欧二史（薛居正《旧五代史》，欧阳修《新五代史》），文臣为节度使者，惟冯道暂镇同州，桑维翰暂镇相州及泰宁而已。兜鍪积功，恃勋骄恣；酷刑暴敛，荼毒生灵，固已比比皆是。乃至不隶藩镇之州，自朝廷除刺史者，亦多以武人为之。欧史《郭延鲁传》谓："刺史皆以军功拜，论者谓天下多事，民力困敝之时，不宜以刺史任武夫，恃功纵下，为害不细。"薛史《安重荣传》亦云："自梁唐以来，郡牧多以勋授，不明治道；别为左右群小所惑；卖官居鬻狱，割剥蒸民。"诚有慨乎其言之也。……《相里金传》云："是时诸州刺史，皆用武人，各以部曲主场务，渔蠹公私，以利自入。"①

混乱的时候，武人得势，把持一切。北宋当局，既已建立了帝国，把武人的气焰压下来了，则以文人代武人，自是最合理之事。故曰：

外官（京官居之对称）则惩五代藩镇专恣，颇用文臣知州，复设通判以贰之。②

又以武臣作郡，往往不晓民事，且多恣横；诏新复州郡，只差文臣。③

提高监察之权　勋臣不许管禁兵，武人不许管政事，兵权似可不旁落，民事亦似乎可以不受武人的蹂躏了。不过在朝执政的要人专权自用，亦复足以动摇整个的统治。宋初对此，乃把监察之权提得很高。谏官几乎可以任意纠弹执政的大吏。

御史台掌纠察官邪，肃正纲纪。大事则廷辨，小事则奏弹。其属有三院：一曰台院，侍御史隶焉；二曰殿院，殿中侍御史隶焉；三曰察院，监察御史隶焉。……咸平四年（公元一〇〇一年），以御史二人充左右巡使，分纠不如法者文官右巡主之，武官左巡主之。分其职掌，纠其违失。常参班簿禄料假告皆主之。④

① 赵翼：《廿二史劄记·五代藩郡皆用武人》。

② 《宋史·职官》一。

③ 《宋史·职官》七。

④ 《宋史·职官》四。

监察之权太大了，也有流弊，往往使执政的人，不敢放胆作事。这流弊，北宋仁宗之时，便最显著。苏轼有言曰：

> 历观秦汉以及五代，谏争而死，盖数百人。而自建隆以来，未尝罪一言者。纵有薄责，旋即超升。许以风闻，而无官长。风采所系，不问尊卑。言及乘舆，则天子改容。事关廊庙，则宰相待罪。故仁宗之世，议者讥宰相但奉行台谏风旨而已。①

又诸州通判，也像一种负监察责任之官。他的职责，只在帮助州官；州官行事，他负连带责任。且不是偏设之官，员数也极不一定。大郡置二员，余置一员，不及万户之州不置。这显见得不是行政上必设之官。然守臣行事，必须通判的裁可；官居之善否，事之脩废，他又可以刺举，这又像监察官了。大抵宋初，为要巩固统一，深恐地方权大，不能集中，故设此一种多余而有大用之官，以为巩固中央集权之一助。

> 宋初，惩五代藩镇之弊；乾德初，下湖南，始置诸州通判。命刑部郎中贾玭等充。建隆四年(公元九六三年)诏："知府公事，并须长史通判签议连书，方许行下。"时大郡置二员，余置一员，不及万户不置；武臣知州，小郡，亦特置焉。其广南小州，有试秩通判兼知州者，职掌倅贰郡政。凡兵、民、钱谷、户口、赋役、狱讼、听断之事，可否裁决，与守臣通签书施行。所部官有善否，及职事脩废，得刺举以闻。②

上面所述诸种巩固统治的策略，如集中兵权，如削除藩镇，如以文臣知州事，如提高监察官之权，如设立通判之官，皆是打击封建势力的。然却只能打击代表封建势力的藩镇。藩镇虽然瓦解了，可是其下面的封建地主，却仍旧活跃。自北宋以后直到鸦片战争，地主的封建势力依然持续其生命。再者宋于打击藩镇之外，尚有两个巩固统治的积极策略：即优待被征服者及拉拢地主阶级是也。这里姑且先把优待被征服者提出来讲一讲，下一节再讲拉拢地主阶级。

优待被征服者　一个统一帝国树立之初，对于被征服者，定要有一种

① 《苏轼文集》卷一〇《上神宗皇帝书》。

② 《宋史·职官志》七。

处置之法。如不能完全消灭，使归于乌有；则当设法钳制之，或优遇之，使不发生复仇的举动。北宋当局明白了这个道理，对于降服的各国，以及周后，都能予以优待，这于巩固统治，是有大帮助的。《廿二史劄记》有一段述优待各降王之言曰：

角力而灭其国，角材而臣其人，未有不猜防疑忌而至于杀戮者。独宋初不然。周保权被擒，授千牛卫上将军，葺京城旧邸院居之。高继冲纳土，但令王仁瞻知军府事，而仍令继冲镇其地。……刘鋹战败被擒，仍封恩赦侯，赐第居京师，进封彭城郡公。李煜城破始降，封违命侯，居京师，后封陇西郡公。……孟昶既降，赐第京师，封秦国公。……陈洪进纳土后，封杞国公，赐第居京师。……钱俶纳土后，封淮海国王。赐礼贤宅，居京师，后出为武胜军节度使，改封南阳国王。……刘继元降，封彭城郡公，赐京城甲第一区，授保康军节度使。……统计诸降王诸降臣，无一不保全者。此等僭伪窃据之徒，归降本非素志。况新造之邦，民志未定，国势易摇；岂能一无顾虑？乃其主皆赐第京师，居肘腋之地；其子弟臣僚，又皆分职州郡，掌兵民之权。而庙堂之上，不闻操切猜防。入仕新朝者，亦帖然各效其勤，无反侧不靖之意。于此见宋太祖太宗并包天下之大度，震服一世之神威，非诈力从事者所可及也。后之论者，往往谓宋开国之初，即失于弱。岂知不恃诈力以为强者，其弱更甚也哉？[①]

又述优待周后的一段话曰：

宋太祖为军士拥戴，既登极，迁周恭帝及符皇后于西宫，易其帝号曰郑王，太后曰周太后，作周六庙于西京，遣官迁其神主，命周宗正郭玘以时祭享。又遣工部侍郎艾颖拜嵩陵(太祖)庆陵。(世宗)建隆三年(公元九六二年)，郑王出居房州；开宝六年(公元九七三年)，郑王始殂，距禅位已十四年矣。宋祖素服发哀，辍朝十日，谥曰恭帝；命还葬庆陵之侧，陵曰顺陵。仁宗嘉祐四年(公元一〇五九年)，诏取柴氏谱系，于诸房中推最长一人，岁时奉周祀。寻录周世宗从孙柴元亨为三班奉职(先是加恩郭氏，至是又恩及柴氏)。又诏周世宗后每郊祀

① 赵翼：《廿二史劄记·宋初降王子弟布满中外》。

录其子孙一人。至和四年(公元一〇五七年)遂封柴咏为崇义公，给田十顷，奉周室祀。并给西京周庙祭享器服。神宗又录周世宗从曾孙思恭等为三班，奉职。熙宁四年(公元一〇七一年)，崇义公柴咏致仕，子若讷袭封。徽宗诏柴氏后已封崇义公，再官恭帝后为宣教郎，监周陵庙，世为三恪。[①]

三　统一帝国下之地主阶级

地主阶级，在宋之统治上有极大的意义。他们固然是统治的支柱，同时所谓党派之争，新旧之争，也都是他们造成的，最宜于此一述。

地主及其活动　唐末及五代之时，显然是地主与农民对立之时代。地主阶级，显然是社会之支柱。王夫之谓："租庸调之法，拓跋氏始之。……此法废，而后民不适有生，田入于豪强而不可止矣。"[②]田入于豪强而不可止，便是地主占田，贫富对立之证。贫富的对立，陆贽亦说得很明白。其言曰："今制度弛紊，疆理坏堕；恣人吞噬，无复畔限，富者兼地数万亩，贫者无容足之居，依托强豪，以为私属，贷其种属，赁其田庐；终年服劳，无日休息。罄输所假，常患不充。有田之家，坐食租税。贫富县殊，乃至于斯。"[③]五代周世宗见元稹《均田图》，而叹为致治之本。[④] 也是当时土地集中在地主之手的一个反证。这种土地集中，封建地主坐大之趋势，到北宋时更明显。顾炎武之言曰："汉武帝时，董仲舒言，或耕豪民之田。……唐德宗时，陆贽言，……土地王者之所有，而兼并之徒，居然受利。……然犹谓之豪民，谓之兼并之徒。宋以下，则公然号为田主矣。"[⑤]由上所述，可知唐末及五代乃至宋初，仍是地主阶级支持社会，占有着重要地位。

不过唐末至宋初这个时代，是混乱不堪的。军阀的混战，致小有产者，在赋税方面，力役方面，都感负担不起。地主握着土地所有权，向农民征有高额地租；则军阀的烦扰剥削，更不能免。为欲逃避军阀的烦扰与剥削，

---

① 赵翼：《廿二史劄记·宋待周后之厚》。

② 王夫之：《读通鉴论》二十。

③ 《奏议》十四。

④ 参看本章第一节。

⑤ 顾炎武：《日知录·苏淞二府田赋之重》。

地主们便纷纷起来，自找安全路道。或则挤入政界，或则挤入军界，或则逃到庙里，或则结纳军政界要人以为豪族。走上了这几条路中之任何一条，大概就可以把军阀的烦扰与剥削，转嫁到贫农身上去。《通典》之言曰：

> 自兵兴以来(指平安史之乱而言)，经费不充，于是征敛多名，且无恒数。贪吏横恣，因缘为奸。法令莫得检制，烝庶不知告诉。其丁狡猾者，即多规避。或假名入仕，或托迹为僧，或占募军伍，或依托豪族。兼诸色役，万端蠲除。钝劣者即被征输，困竭日甚。①

挤入政界，更似乎是地主阶级之必然的出路。不过人人要挤入政界，政界又哪能容得下呢？于是有种种限制之法，如考试如学校等等是也。但限制同时也就是拉拢；因凭着科举与学校等，毕竟可以把地主阶级中之所谓优秀子弟，拉到统治方面去。

科举与学校 (a)先说科举。科，大概就是考试的科目；举，大概就是凭考试以选拔人材。科目之分，在唐时分得最细。顾炎武谓：

> 唐制，取士之科有秀才，有明经，有进士，有俊士，有明法，有明字，有明算，有一史，有三史，有开元礼，有道举，有童子。而明经之别，有五经，有三经，有二经，有学究一经，有三礼，有三传，有史科。此岁举之常选也。其天子自诏曰制举；如姚崇下笔成章，张九龄道侔伊吕之类；见于史者，凡五十余科。(原注引《困学纪闻》云：科名之多，多至八十有六。)故谓之科目。②

这些考试科目之名称，宋朝大体都沿用了。故《宋史·选举志》一云：“初，礼部放举，设进士，九经，五经，开元礼，三史，三礼，三传，学究，明经，明法等科。皆欲取解，冬集礼部，春考试。合格及第者，列名放榜于尚书省。”在唐时“学究一经”为一科之名；在宋，则“学究”二字便也成了一科之名，其所代表之内容，当然两样了。其他各科的内容，也都不是唐时之旧。再者“进士”这一科，似与其他诸科为对举之名。进士一科，所试的为文章诗赋，似偏重创作；诸科所试，为“帖书墨义”，似偏重记诵。故曰：“宋之科目，有进士，有诸科。……而进士得人为盛。……自唐以

---

① 杜佑：《通典》卷七。

② 顾炎武：《日知录》卷十六《科目》条。

来，所谓明经，不过帖书墨义，观其记诵而已。故贱其科。”[①]至王安石变法，便索性把诸科罢去，而独存进士一科。大概以诸科只重记诵，太不足以考试人材也。

上面所述为“科”，为关于考试之科目的。现在且来讲“举”。举之意，大概即凭考试以选拔人材之谓，这在上面已经讲过。但细分之可得三类：第一，由地方依定期考出若干人，送到中央礼都复试的，叫做贡举。第二，由天子不依定期召到中央去直接考试的，叫做制举。第三，贡举到中央，经礼部复试而不及格的，有时经天子赐恩给与及格者同等的资格，这叫做特奏名。这三类之中，当然以第一类为最普通。该类，由地方考选出来，送到中央，其手续略如下述：

> 诸州判官司，试进士，录事参军，试诸科。不通经义，则别选官考校，而判官司监之。试纸，长官印署，而给之，试中格者，第其甲乙，具所试经义朱书通否，监官试官署名其下；进士文卷，诸科义卷，帖由；并随解牒，上之礼部。……凡诸州长吏举送，必先稽其版籍，察其行为；乡里所推，每十人相保；内有缺行，则连坐不得举。[②]

由乡里推举到诸州考试，诸州考试合格，再解送到中央礼部；其手续有这样繁，办理有这样认真。至若到了中央礼部，复试及格，则分五等发榜，而赐以“及第”“出身”“同出身”等资格。

景德四年(公元一〇〇七年)，命有司详定考校进士程式，送礼部贡院，颁之诸州。……又定亲试进士条制。……其考第之制凡五等：学识优长，词理精纯为第一；才思该通，文理周率为第二；文理俱通为第三；文理中平为第四；文理疏浅为第五。然后临轩唱第。上二等曰及第，三等曰出身，四等五等曰同出身。[③]

地主阶级，便这样出身，而得到一种插入统治机关握政治实权的资格。贡举的机会。大抵三年之内有一次。英宗治平三年(公元一〇六六年)诏曰：

> 先帝以士久不贡，怠于学，而豪杰者不时举，故下间岁之令。而

① 《宋史·选举志》。

② 《宋史·选举志》一。

③ 《宋史·选举志》一。

自更法以来，其弊浸长：里选之牒仍故，而郡国之取减半；偕计之籍屡上，而道涂之劳良苦；朕甚悯焉。其令礼部，三岁一贡举。天下解额于未行间岁之法已前，四分取三为率；明经诸科，不得过进士之数。恩典不增，而贡举期缓；士得休息，官司以不烦矣。①

第二类的制举，则与此不同：其考试科目，系由天子临时决定；其考试时期，也未限定几年一次；其考试过程，并不一定要经过地方。这种考试，其来历很远。顾炎武谓：

所谓制举者，其来远矣。自汉以来，天子常称制诏，道其所欲问，而亲策之。唐兴，世崇儒学。虽其时君贤愚好恶不同，而乐善求贤之意，未始少怠。故自京师外至州县，有司常选之士，以时而举而天子又自诏四方德行才能文学之士。或高蹈幽隐与其不能自达者，下至军谋将略，翘关拔山，绝艺奇伎，莫不兼取。其为名目，随其人主临时所欲而列为定科者：如贤良方正，直言极谏；博通填典，达于教化；军谋宏远，堪任将率；详明政术，可以理人之类。②

到宋代，制举的规定，大概更完备了。凡所分的科目，所考的内容，应试的资格，考试的手续，似乎常有规定。徐度《却埽编》曰：

国朝(宋朝)制科，初因唐制：有贤良方正，能言极谏；经学优深，可为师法；详明吏理，达于教化；凡三科。应内外职官司前资见任，黄衣草泽人。并许诸州及本司解送上吏部；对御试策一道，限三千字以上。咸平中，又诏："文臣于内外幕职，州县官，及草泽中，举贤良方正各一人。"景德中，又诏："置贤良方正，能直言极谏；博通填典，达于教化；才识兼茂，明于体用；洞明韬略，运筹决胜；军谋宏远，材任边寄；详明吏理，达于从政策六科。"天圣七年(公元一〇二九年)复诏："应内外京朝官，不带台省馆阁职事，不曾犯赃罪，及私罪情理轻者；并许少卿监以上奏举，或自进状，乞应前六科。仍先进所业策论十卷，卷五道。候到下两省看详，如词理优长，堪应制科，具名闻奏，差官考试论六首。合格，即御试策一道。又置高蹈邱园，沉沦草

① 《通考·选举考》四。

② 顾炎武：《日知录》卷十六《制科》条。

泽，茂材异等三科；应草泽及贡举人非工商杂类者；并许本处转运司，逐州长吏奏举。或于本贯投状乞应。州县体量，有行止别无玷犯者，即纳所业策论十卷，卷五道，看详。词理稍优，即上转运司，审察乡里名誉；于部内选有文学官再看详。实有文行可称者，即以文卷送礼部，委主判官看详。选词理优长者具名闻奏。"余如贤良方正等六科，熙宁中悉罢之。①

制举亦名特科。就上述比较看来，可以说是贡举的一种补充。盖恐贡举三年一行，对于地主阶级中之优秀分子，或仍有遗漏，故特设制举，以为补助。

第三类特奏名，或考不及第，由天子恩赐出身的，为数亦颇不少。特奏名之始，为时亦很早，太祖开宝三年(公元九七〇年)便已有了。其流弊也很大，元祐初，便有人指责。兹举《日知录》之言，以见一般：

宋时有所谓特奏名者。开宝三年(公元九七〇年)三月庚戌，诏礼部阅进士及十五举尝终场者，得司马浦等一百六人，赐本科出身。特奏名恩例自此始，谓之恩科。咸平三年(公元一〇〇〇年)遂至九百余人。士人恃此，因循不学。故天圣之诏曰："狃于宽恩，遂隳素业；苟简成风，甚可耻也。"而元祐初，知贡举苏轼、孔文仲言："今特奏者，已及四百五十人。又许例外递减一举，则当复增数百人。此曹垂老，别无所望。布在州县，惟务黩货以为归。计前后恩科命官，几千人矣。何有一人能自奋励，有闻于时？而残民败官者，不可胜数。以此知其无益有损。议者不过谓宜广恩泽。不知吏部以有限之官，待无穷之吏；户部以有限之财，禄无用之人；而所至州县，举罹其害。乃即位之初，有此过举；谓之恩译，非臣所识也。"当口之论如此。②

特奏名之设，在拉拢地主阶级以巩固统治的一点看去，是极有意义的。苏轼等自己原来就是被拉拢之分子，当然不懂得其中的妙用。倘站在第三者的地位看，一望即知为立国之初，巩固统治的一种好办法。

科举之制，是地主阶级爬到统治集团里，实行主持政事的一个法门，

① 徐度：《却埽编》。

② 顾炎武：《日知录》卷十七《恩科》条。

其大概略如上述。现在且进而讲(b)学校之制。学校之制，也是地主阶级藉以作进身之阶，从而主持政事之一个法门。学校与科举，本是同时并存的。且在学校读书，满了若干时日，仍须参与考试；并非时日届满，即毕业作事。故曰："士须在学三百日，乃听预秋试。旧尝充试者，百日而止。……三场先策，次论，次诗赋。通考为去取，而罢帖经墨义。"[①]这样看来，只考试的内容，稍稍变了，罢去了"帖经墨义"并非进了学校就不与考试了。

反之，参与考试的，也未必全然不居学校。不过只把学校看作传舍，不予重视罢了。故曰："国子监每科场诏下，许品官子弟投保试艺；……多致千余就试。试已，则生徒散归，讲官倚席；但为游寓之所，殊无肄习之法。居常听讲者，一二十人尔。"[②]这显见得与考的是学生。所以把科举与学校看作两种制度，在叙述上颇不能十分严格区别。但在当时尤其是王安石变法的时候，很有人把科举看成无用的，把学校看成有用的。认科举只重形式的记诵，学习末艺；学校则可训练真才，讲求正理。宋祁等之奏曰：

> 教不本于学，士不察于乡里，则不能核名实。有司束以声病，学者专于记诵，则不足尽人材。……莫若使士皆土著，而教之于学校，然后州县察其履行，则学者修饬矣。[③]

王安石之言曰：

> 今人材乏少，且其学术不一，异论纷然，不能一道德故也。一道德则修学校；欲修学校，则贡举法不可不变。……今以少壮时，正当讲求天下正理；乃闭门学作诗赋。及其入官，世事皆所不习。此科法败坏，人材致不如古。[④]

安石欲以"学校养士"代替"科举取士"，故自他提倡兴学校之后，学校的确有许多改进的地方。不过学校之设，并不自他创始。

宋代的学校，可以分成地方学与中央学两大类。(1)地方学又有书院与州县学两者。书院大概是自由研究的地方。宋初有四大书院，可为代表。

① 《宋史·选举志》一。
② 《宋史·选举志》三。
③ 《宋史·选举志》一。
④ 《宋史·选举志》一。

一曰白鹿洞书院。"太平兴国二年(公元九七七年)知江州周述言：庐山白鹿洞，学徒常数千人，乞赐九经肄习。"[①]二曰湖南石鼓书院。该院在湖南衡州。据说是唐元和间衡州李宽所建。到宋初，政府赐了一个匾额。三曰应天府书院。"真宗大中祥符二年(公元一〇〇九年)应天府民曹诚，即楚邱戚同文旧居，造舍百五十间；聚书数千卷。博延生徒，讲习甚盛。府奏其事，诏赐额曰应天府书院。"[②]四曰潭州岳麓书院。大中祥符八年(公元一〇一五年)，也由政府赐了一个匾额。这些书院，似乎都是先由私人创办，后由政府承认，颇像今之私立学校。除此四大书院之外，其他书院，为数尚不少。《通考》云：

> 宋兴之初，天下四书院建置之本末如此。此外则又有西京嵩阳书院，赐额于至道二年(公元九九六年)。江宁府茅山书院，赐田于天圣二年(公元一〇二四年)。嵩阳茅山，后来无闻。独四书院之名著。是时未有州县之学，先有乡党之学。……乡党之学，贤士大夫留意斯文者所建也。故前规后随，皆务兴起。后来所至书院尤多。而其田土之锡，教养之规，往往过于州县学。盖皆欲仿四书院云。[③]

就这所述看来，书院实在是地主阶级自办，而由政府帮助的。与书院对立的为州县学。州县学，在仁宗时，就已大兴了。"仁宗即位初，赐衮州学田，已而命藩辅皆得立学。"[④]庆历四年(公元一〇四四年)诏曰："其令州若县皆立学。……由是州郡奉诏兴学，而士有所劝矣。"[⑤]神宗时，大概所在郡县都有学了。故史称"神宗尤垂意儒学，自京师至郡县，既皆有学，岁月各有试。"[⑥]神宗时，正是图强御侮之时，加以王安石之提倡，州县之学，自然很有可观。

(2)中央学。首先，就入学者的身份而言，有国子学、太学、四门学、宗学等。大抵入国子学的，完全是官僚子弟。故《宋史》称："国子监因周旧制，颇增学舍，以应荫子孙隶学受业。……景德间，许文武升朝官嫡亲附

① 《通考·学校考》七。

② 《通考·学校考》七。

③ 《通考·学校考》七。

④ 《宋史·选举志》三。

⑤ 《宋史·选举志》三。

⑥ 《宋史·选举志》三。

国学取解，而远乡久寓京师，其文艺可称，有本乡命官司保任，监官验之，亦听附学充员。”[①]入太学的，乃八品以下子弟，及庶人之俊者。四门学，则自八品以下至庶人之子弟皆可入学。宗学，大概完全为贵族而设，恐只贵族可入。

其次，就其研习的课目而言，则有武学，是学习武艺的；有律学，是学习律令的；有算学，是学习数理的；有书学，是学习文字的；有画学，是学习美术的；有医学，是学习医理的。以上所述两大类学校之中，国子学及太学完全是培植政治人材的，实最重要。至于研习专门学问的诸种学校，大概都不甚发达。盖专科学问，在封建社会里，原不甚发达也。

地主所受优待　地主阶级，以科举与学校，为自己的进身之阶。政府当局，凭科举与学校，拉拢地主阶级。地主阶级既得了出路，入了仕途，便有种种的优待。就最显著的优待而言，(1)在官有厚禄。凡用的，有俸钱；著的，有绫绢；吃的，有禄粟；随员佣人，亦有衣粮；家用杂物，有茶酒盐炭；子孙世守，复后职田。一人作官，凡生活所需，概由政府预备；且数量很多。这可以拿赵翼的统计作证。赵云：

> 《宋史·职官志》载俸禄之制，京朝官宰相枢密使，月三百千，春冬服，各绫二十匹，绢三十匹，绵百两。参知政事枢密副使，月二百千，绫十匹，绢三十匹，绵五十两。其下以是为差。节度使，月四百千；节度观察留后，月三百千；观察二百千，绫绢随品分给。其下亦以是为差。凡俸钱并支一分见钱，二分折支。此正俸也。其禄粟，则宰相枢密使，月一百石；三公三少，一百五十石；权三司使，七十石。其下以是为差。节度使，一百五十石；观察防御使，一百石；其下以是为差。凡一石给六斗，米麦各半。熙宁中，又诏：“县令录事等官，三石者增至四石，两石者增至三石。”此亦正俸也。俸钱禄米之外，又有职钱。御史大夫，六曹尚书，六十千；翰林学士，五十千。其下以是为差。(职钱唯给京朝官；外任者不给，因别有公用钱也。)元丰官制行，俸钱稍有增减。其在京官司供给之数，皆并为职钱，如大夫为郎官者，既请大夫俸，又给郎官职钱；视国初之数已优。至崇宁间，蔡京当国，复增供给食料等钱。如京仆射，俸外又请司空俸。视元丰禄

① 《宋史选举志》三。

制，更倍增矣。俸钱职钱之外，又有“元随傔人”衣粮。(在京任宰相枢密使，在外任使相至刺史，皆有随身，余止傔人。)宰相枢密使，各七十人；参知政事，至尚书左右丞，各五十人；节度使，百人；留后即观察使，五十人。其下以是为差。衣粮之外，又有傔人餐钱。(中书枢密及正刺史以上，傔人皆有衣粮；余止给餐钱。)朝官自二十千至五千，凡七等；京官自十五千至三千，凡八等(此指朝官京官所有傔人之餐钱的等级而言)。诸司使副等官，凡九等(傔人餐钱分九等)。此外又有茶酒厨料之给；薪蒿炭盐诸物之给；饲马刍粟之给；米面羊口之给。其官于外者，别有公用钱，自节度兼使相以下，二万贯至七千贯，凡四等。节度使自万贯至三千贯凡四等。观察防团以下，以是为差。公用钱之外，又有制田之制。南京大藩府四十顷；次藩镇三十五顷；防团以下，各按品级为差。选人使臣，无职田者别有茶汤钱，……此宋一代制禄之大略也。其待士大夫，可谓厚矣。唯其给赐优裕，故入仕者，不复以身家为虑；各自勉于治行。观于真仁英诸朝名臣辈出，吏治循良；及有事之秋，犹多慷慨报国；绍兴之支撑半壁，德祐之毕命疆场；历代以来，捐躯殉国者，惟宋末独多。虽无救于败亡，要不可谓非养士之报也。然给赐过优，究于国计易耗。恩逮于百官者，唯恐其不足；财取于万民者，不留其有余。此宋制之不可为法者也。[①]

(2)退职有恩礼。在官之时，固有如此之优待，退职之时，复有极厚的恩礼。这种恩礼，名为优待老者贤者，实际上仍只是拉拢地主阶级，以图巩固统治之一种手段。王安石用此以处置反对派，即是显例。这种恩礼的实施，大概不外设闲职，予人以俸给。当时的祠禄之制，就是实施这种恩礼的。

宋制设祠禄之官，以佚老优贤。自真宗置玉清昭应宫使，以王旦为之；后旦以病致仕，乃以太尉领玉清昭应宫使，给宰相半俸，祠禄自此始也。在京有玉清昭应宫、景云宫、会云宫祥源观等；以宰相执政充使。(俸钱：玉清昭应宫月百千，景云宫七十千，祥源观五十千。见《职官志》。)丞郎学士充副使，庶僚充判官，都监，提举，提点等。

① 赵翼：《廿二史劄记·宋制禄之厚》。

各食其禄。初设时，员数甚少。后以优礼大臣之老而罢职者，日渐增多。熙宁中，王安石欲以此处异议者；遂著令宫观无限员数，以三十月为一任。又诏：杭州洞霄宫，亳州明道宫，华州云台观，建州武夷观，台州崇道观，成都玉局观，建昌军仙都观，江州太平观，洪州玉隆观五岳庙，并依嵩山崇福宫，舒州仙灵观，置管干提举等名；以此食禄，仍听从便居住。"又诏："除宫观者，毋过两任；其兼用执政恩例者，毋过三任。"绍兴以来，士大夫之从驾南来者，未有阙以处之；乃许承务郎以上，权差宫观一次。（月得供给，各依资序；降二等支。）不限员数。后以陈乞者多，又定令稍复祖宗条法之旧。一任以定法，再任以示恩。（绍兴五年，庆寿赦：令宫观岳庙已满，不应再陈者，今因寿恩，年八十以上者，特许再陈一次。）京官二年，选人三年。皆于优厚之中，寓限制之意。[①]

(3)子孙有荫补。退职之时的恩礼，仍限于作官者的本身，固犹有可说。一个人如果真的为国家服务，功劳在国家社会全体。年纪老了，不能作事了，国家予以优遇，并非不合理。至若一人作了官，其子孙，乃至亲戚族属，以及家里佣人；都因他一人曾作过官之故，得无条件地补官：这就未免成了过分的优待。然宋朝的当局，为着要拉拢地主阶级，这种过分的优待，却任意滥施。

荫子固朝廷惠下之典；然未有如宋代之滥者。文臣，自太师及开府仪同三司；可荫子若孙，及期亲大功以下亲，并异姓亲，及门客。太子太师，至保和殿大学士；荫至异姓亲，无门客。中大夫至中散大夫；荫至小功以下亲，无异姓亲。武臣亦以是为差。凡遇南郊大礼及圣诞节，俱有荫补。宰相执政；荫本宗，异姓，及门客，医人各一人。太子太师至谏议大夫；荫本宗一人。寺长贰监以下，至左右司谏；荫子或孙一人。余以是为差。此外又有致仕荫补。曾任宰执，及见任三少使相者；荫三人。曾任三少，及侍御史者；荫一人。余以是为差。此外又有遗表荫补。曾任宰相及见任三少使相；荫五人。曾任执政官，至大宗大夫以上；荫一人。诸卫上将军，四人；观察使，三人。余以

① 赵翼：《廿二史劄记·宋祠禄之制》。

> 是为差。由斯以观，一人入仕，则子孙亲族，俱可得官。大者并可及于斗客医士，可谓滥矣。然此犹属于定例，非所谓特恩也。天圣中，诏五代时三品以上告身存者，子孙听用荫；则并及于前代矣。明道中，录故宰臣及员外郎以上致仕者，子孙授官有差。则并及于故臣矣。甚至新天子即位，监司郡守，遣亲属入贺，亦得授官。则更出于官荫之外矣。曹彬卒，官其亲族门客亲校二十余人。李继隆卒，官其子；又录其门下二十余人。雷有终卒，官其子八人。此以功臣加荫者也。李沆卒，录其子宗简为大理评事；壻苏昂，妻兄之子朱涛，并同进士出身。王旦卒，录其子，弟，姪，外孙，门客，常从授官者数十人，诸子服除，又各进一官。向敏中卒，子壻并迁官，又官亲校数人。王钦若卒，录其亲属，及所亲信二十余人。此以优眷加荫者也。郭遵战殁，官其四子，并女之为尼者，亦赐紫袍任福战殁，官其子及从子凡六人。石珪战殁，官其三子。徐福战没，官其家十二人。此又以死事而优恤者也。范仲淹疏请乾元节恩泽，须在职满三年者，始得荫子。则仲淹未奏以前，甫莅任即得荫矣。阎日新疏言："群臣子弟，以荫得官；往往未离童龀，即受俸；望自今二十以上始给。"袭茂贞亦疏言："庆寿礼行，若自一命以上覃转；不知月添给俸几何。"是甫荫即给俸矣。朱胜非疏述宣和中谏官之论曰："尚从竹马之行，已造荷囊之列。"则甫荫，得服章服矣。熙宁初，诏齐密等十八州及庆渭等四州，并从中书选授；毋以恩例奏补。则他州通判，皆可以荫官奏补矣。金安节疏言："致仕遗表恩泽，不准奏异姓亲，使得高资为市。"则恩荫并听其鬻卖矣。①

因当局拉拢地主阶级之手段太滥，同时地主阶级复拼命向政府里挤去，于是造成官僚过剩之局，而有所谓冗员。

官府冗员之多 冗员，即是拿俸钱而不作事的多余之官。官怎么会变成多余的呢？上面所述各种优待，便是根本原因。有了各种优待，大家便乘机往政府里挤，如是人浮于事，官乃不得不成为多余的。彼时当局负重要责任的人，大概都很想拉拢地主阶级，作自己的群众，以壮声势；或以官职牢笼他们，使不与自己为难。例如蔡京，便轻用官职以牢笼人。洪迈云："蔡京三入相时，除用士大夫，视官职如粪土。盖欲以天爵市私恩。政

① 赵翼：《廿二史劄记·宋恩荫之滥》。

和六年十月，不因赦令，侍从以上先缘左降，同日迁职者二十人。”[①]又云：“宰相欲收士誉，使恩归己，故只以除用为意，而不任职；及显有过举者，亦不肯任怨，稍行黜徙。”[②]未入政府的，拼命拉入；已入政府的，不忍黜徙。积时既久，官自然会成为冗员。

其次，官之升迁既滥，官之数目又多；则其中自然有居其官而不知自己职责之所在的；也必有一塌糊涂，不配作事的。关于前者，《宋史》有一段曰：

唐承隋制，……其初立法之意，未尝不善：盖欲以名器事功，甄别能否。又使不肖者绝年劳序迁之觊觎。……殊不知名实混淆，品秩贸乱之弊，亦起于是矣。宋承唐制，抑又甚焉。……台，省，寺，监；官无定员，无专职；悉皆出入，分莅庶务。故三省，六曹，二十四司，类以他官主判。虽有正官，非别敕，不治本司事。事之所寄，十亡二三。故中书令，侍中，尚书令，不预朝政。侍郎，给事，不领省职。谏议无言责，起居不记注。中书常阙舍人，门下罕除常侍。司谏正言，非特旨供职，亦不任谏诤。至于仆射，尚书，丞郎，员外；居其官，不知其职者，十常八九。[③]

“居其官，不知其职”云云，在一方面看，为官职混沌，各人连自己的职责都不知道；在另一方面看，却是冗员太多，作官的根本就没有固定的职责。冗员之多，在历史上，恐怕以宋为最。往往比正官可以多至一倍以上。例如有一百个作事的正官，同时便有一百以上不作事的闲官。官场情形，混沌至此，这是宋代地主阶级挤到政府里所形成的特色。赵翼之言曰：

宋开国时，设官分职，尚有定数。其后荐辟之广，恩荫之滥，杂流之猥，祠禄之多；日增月益，遂至不可纪极。真宗咸平四年(公元一〇〇一年)有司言减天下冗吏十九万五千余人。所减者如此，未减者可知也。……宋祁疏言：“朝廷有三冗，天下官无定员，一冗也。州县不广于前，而官倍于旧。……冗官之上，又加冗费。”徽宗时，庐策疏言：

① 洪迈：《容斋四笔·蔡京轻用官职》。

② 洪迈：《容斋四笔·宰相任怨》。

③ 《宋史·职官》一。

> “皇祐所入，三千九百万，而费才三之一。治平，四千四百万，而费五之一。熙宁五千六十万，而费尽之。今诸道随月所需，汲汲然不能终日矣。”此犹北宋全盛之时已如此。南渡以后，幅员既少，而耗费更多。廖刚疏言：“刘晏以一千二百万贯供中原之兵而有余；今以三千六百万贯供川陕一军而不足。川陕兵数，六万八千四百四十九人。内官员万一千七员。兵士所给钱，比官员不及十分之一；则冗员在官不在兵。”此军官之冗费也。①

宋之冗官，大概无分北宋南宋，都是很多的。南宋时，因国愈贫弱，当局对地主阶级愈加敷衍；冗官之数，或较北宋时更多。洪迈之言曰：

> 庆元二年(公元一一九六年)四月，有朝臣奏对，极言云：“曩在乾道间，京朝官三四千员。选人七八千员。绍熙二年(公元一一九一年)，四选名籍尚左京官，四千一百五十九员；尚右大使臣，五千一百七十三员侍左选人，一万二千八百六十九员；侍右小使臣，一万一千三百十五员。合四选之数，共二万三千五百十六员。冗，倍于国朝全盛之际。近者，四年之间，京官未至增添：外选人增至一万三千六百七十员(比绍熙增八百一员)。大使臣六千五百二十五员(比绍熙增一千三百四十八员)，小使臣一万八千七百五员(比绍熙增七千四百员)。而今年科举，明年奏荐不在焉。通无虑四万三千员。比四年之数，增万员矣。可不为之寒心哉?”盖连有覃霈，庆典屡行；而宗室推恩，不以服派近远为间断；特奏名三举，皆值异恩；虽助教，亦出官归正人，每州以数十百。病在膏肓，正使俞跗扁鹊，持上池良药以救之，亦无及已。②

① 赵翼：《廿二史劄记·宋冗官冗费》。

② 洪迈：《容斋四笔·今日冗官》。

第二章　辽夏之进逼与宋室之图强

宋帝国建立才成功，异民族便开始进逼。首先有雄视于北部之辽，其次有称乱于西北部之夏，再其次有崛起北、灭辽而侵宋之金兹先述辽与夏之进逼。

一　辽之进逼

辽人之史地与生活　(a)辽之历史。说来很长，只惜记载不多，不得其详。《辽史》所记，均太祖建国以后之事。关于太祖以前的长期历史，只有一小段赞文曰：

> 辽之先，出自炎帝，世为审吉国。其可知者，盖自奇首云。奇首生都庵山，徙潢河(蒙古名西喇木伦河，即辽水西源，亦称西辽河)之滨。传至雅里，始立制度，置官属；刻木为契，穴地为牢。让阻午而不肯自立。雅里生毗牒，毗牒生颏领，颏领生耨里思，大度寡欲，令不严而人化，是为肃祖。肃祖生萨剌德，尝与黄室韦挑战，矢贯数札，是为懿祖。懿祖生匀德，实始教民稼穑；善畜牧，国以殷富，是为玄祖。玄祖生撒剌的，仁民爱物，始置铁冶，教民鼓铸，是为德祖；即太祖之父也，世为契丹遥辇氏之夷离堇，执其政柄。德祖之弟述澜，北征于厥室韦，南略易定奚霫，始兴板筑，置城邑，教民种桑麻，习织组，已有广土众民之志。而太祖受可汗之禅，遂建国。①

辽之建国，自太祖开始。太祖以前的历史，只有这样一个大概。至于

① 《辽史·本纪》第二《太祖》下。

(b)辽之土地。在太祖以前，国且未立，当然无一定的版图。至太祖建国之时，东征西讨，开拓疆土很多，其国境已很大。故曰：“太祖受可汗之禅，遂建国；东征西讨，如折枯拉朽；东自海，西至于流沙，北绝大漠信威万里。”[①]经过太祖太宗之开拓，辽之国土，逐渐扩大。其大略如下。

太祖……起临潢，建皇都，东并渤海，得城邑之居百有三。太宗立晋，有……十六州。……迨于五代，辟地东西三千里。……太宗以皇都为上京，升幽州为南京，改南京为东京，圣宗城中京。兴宗升云州为西京；于是五京备焉。又以征伐俘户建州，襟要之地，多因旧居名之；加以私奴，置投下州。总京五，府六；州，军城百五十有六；县二百有九；部族五十有二；属国六十。东至于海，西至金山(今甘肃西宁县西七十里有金山)暨于流沙，北至胪朐河(今蒙古车臣汗之克鲁伦河)，南至白沟(今河北易县东之拒马河)。幅员万里。[②]

(c)人民生活之状。辽人在与宋对抗之时，大概仍以畜牧为主要的生活方法。这凭《辽史》上的一些记载，可以知道。

有辽始大，设制尤密：居有宫卫，谓之斡鲁朵；出有行营，谓之捺钵；分镇边围，谓之部族。有事则以攻战为务；闲暇则以畋渔为生。无日不营，无在不卫。[③]

这里标出宫卫、行营、部族三种制度；已可推见其生活之大概；同时更指明“以畋渔为王”，则显见得是一种游牧生活。关于“行营”，有一段曰：

长城以南，多雨多暑。其人耕稼以食桑麻以衣，宫室以居城郭以治。大漠之间，多寒多风。畜牧渔畋以食，皮毛以衣转徙随时车马为家，此天时地利所以限南北也。辽国尽有大漠，浸包长城之境，因宜为治。秋冬违寒，春夏避暑；随水草，就畋渔 ；岁以为常。四时各有行在之所，谓之捺钵。[④]

① 《辽史·本纪》第二《太祖》下。

② 《辽史·地理志序》。

③ 《辽史·营卫志》上。

④ 《辽史·营卫志》中。

关于“部族”，有一段曰：

> 部落曰部，氏族曰族。契丹故俗，分地而居，合族而处。有族而部者，……有部而族者，……有部而不族者，……有族而不部者。……旧志曰：“契丹之初，草居野次，靡有定所。至涅里，始制部族，各有分地。……”番居内地者，岁时田牧平莽间。边防扎户，生生之资，仰给畜牧。绩毛饮湩，以为衣食。各安旧风，狃习劳事。①

更就其兵制看，也只见得辽人是游牧民族。

> 辽国兵制，凡民年十五以上，五十以下，隶兵籍。每正军一名，马三疋。打草谷，守营铺。家丁各一人，人铁甲九事，……皆自备。人马不给粮草。日遣打草谷，骑四出抄掠以供之。②
>
> 辽之兵额，“凡诸宫卫人丁，四十万八千；骑军十万一千；著帐释宥没入，随时增损，无常额。”③

辽与宋之经济关系　辽宋两方，发生冲突，自有其物质的原因。大概“大漠之间”的天然环境，远不及“长城以南”的天然环境。这一个天然的差异，自然逼使辽人，向南方压进来。这便是辽宋冲突的基因。同时两方因天然环境不同，出产亦异。因出产之异，又发生贸易往来。在贸易往来上，因利益冲突，常有引起军事冲突之可能。所以在叙述辽宋军事冲突之前，最宜略明此两国间之经济关系。

这种经济关系之重要性，可从当时双方交换的物品上，及北宋政府的管理上看到一个大概。(a)当时交换的物品，出口方面，有香料、药材、犀象、茶叶、苏木、书籍、缯帛、漆器、秔糯、犀、珠、硫磺、焰焇等。入口方面，有银钱、布、羊、马、橐驰等。每年入口额，达四十余万两。至于(b)政府的管理，也颇认真。设置机关，管理双方贸易，亦常有之事。在太祖时，缘边的贸易，尚是自由的。到太宗太平兴国二年(公元九七七年,)令镇州(今河北正定县治)、易州(今河北易县，俗称西易州)、雄州(今河北雄县)、霸州(今河北霸县)、沧州(今河北沧县)各置榷务。后来因故废了。到

---

① 《辽史·营卫志》中。

② 《辽史·兵卫志》上。

③ 《辽史·营卫志》上。

淳化二年(公元九九一年)令雄州、霸州、静戎军(今河北徐水县)、代州(今山西代县)、雁门砦(山西代县西北三十里)置榷署，一如旧制。咸平五年(公元一〇〇二年)令雄州霸州安肃军(即静戎军改成的)置三榷场。又于广信军(今河北徐水县西)置场，统称为河北四榷场。他如法律方面，也常有些规定。如平定物价有法，限制私易有法，奖励捕私有法。景德二年(公元一〇〇五年)曾有平定互市物价之举。熙宁九年(公元一〇七六年)曾立关于与化外人私易的罪赏之法。元丰元年(公元一〇七八年)重申卖书北界告捕之法。就这些事实看起来，当时宋辽间的经济关系是很重要的。只惜宋人太偏重闭关主义，甚至采取排外主义。在两方贸易往来上，常与辽人以不利，甚至捕杀入市之北人。这种不开明的政策，不知在辽人方面种了多少仇恨。兹录记载一段，以为上述诸事实之对照。

> 契丹在太祖时虽听缘边市易，而未有官司署。太平兴国二年(公元九七七年)，始令镇易雄霸沧州各置榷务。辇香药、犀象、及茶与交易。后有范阳之师，罢不与通。雍熙三年(公元九八六年)禁河北商民与之贸易。时累年兴师，千里馈粮，居民疲乏；太宗亦颇有厌兵之意。端拱元年(公元九八八年)诏曰："朕受命上穹，居尊中土。惟思禁暴，岂欲穷兵！至于幽蓟之民，皆吾赤子，宜许边疆互相市易。自今缘边戍兵，不得辄恣侵略。"未几复禁，违者抵死。北界商旅，辄入内地贩易，所在捕斩之。淳化二年(公元九九一年)令雄霸州，静戎军代州雁门砦置榷署如旧制。所鬻物增苏木。寻复罢。咸平五年(公元一〇〇二年)契丹求复置署。朝议以其翻覆，不许。知雄州何承矩继请，乃听置于雄州。六年(公元一〇〇三年)罢。景德初，复通好，请商贾即新城贸易。诏北商齐物至境上则许之。二年(公元一〇〇五年)令雄霸州，安肃军置三榷场。北商趋他路者，勿与为市。遣都官员外郎孔揆等乘传诣三榷场，与转运使刘综，并所在长吏，平互市物价，稍优其直予之。又于广信军置场，皆廷专掌，通判兼领焉。三年(公元一〇〇六年)诏民以书籍赴沿边榷场博易者，非九经书疏悉禁之。凡官司鬻物如旧，而增缯帛、漆器、秔糯。所入者有银钱、布、羊、马、橐驼；岁获四十余万。天圣中，知雄州张昭远请岁会入中金钱。仁宗曰："先朝置互市以通有无，非以计利。"不许，终仁宗、英宗之世，契丹固守盟好，互市不绝。熙宁八年(公元一〇七五年)市易司请假奉宸库象犀珠，直

> 总，二十万缗，于榷场贸易。明年终偿之。诏许之。九年（公元一〇七六年）立与化外人私贸易罚赏法。河北四榷场，自治平四年（公元一〇六七年）其货物专掌于三司之催辖司。而度支赏给案，判官司置簿督计之。至是以私贩者众，故有是命。未几，又禁私市硫磺、焰焇，及以卢甘石入他界者。河东亦如之。元丰元年（公元一〇七八年）复申卖书北界告捕之法。[①]

宋辽的经济关系，略如上述；现在且进而研究宋辽的战争。

宋辽间的战争述略　辽人所处的天然环境，远不如宋人的环境之优。所以辽人的乘机进逼，实生活上必然的要求。宋为自卫计，当然予以反攻，甚或欲逐之使北，永绝外患。这样一来，双方便大开战端。"自高梁河岐沟关两败之后，兵连祸结，边境之民烂焉。"[②]计宋辽战争，以太宗太平兴国四年五年，及雍熙三年，与真宗景德元年，最为严重。兹略述于次。

(a)太宗太平兴国四年（公元九七九年），太宗乘灭北汉之胜，乃自将伐辽。结果大败于高梁河（在今河北宛平县）。《辽史》对于这战之记载有曰：

> 乾亨元年（即宋太宗太平兴国四年，公元九七九年）宋侵燕，北院大王奚底，统军使萧讨古等败绩。南京（即今北平）被围。帝命休哥代奚底，将五院军往救；遇大敌于高梁河。与耶律斜轸分左右翼击败之。追杀三十余里。斩首万余级。休哥被三创。明旦，宋主遁去；休哥以创不能骑，轻车追至涿州，不及而还。[③]

追杀三十余里，斩首万余级云云，如果是真的；那种战争，也就可算很严重了。(b)太平兴国五年（公元九八〇年）帝伐辽，从京师出发，驻于大名府，诸军在莫州与敌激战，结果失败。(c)雍熙三年（公元九八六年），太宗信边将贺令图等之言，以为辽圣宗初立，母后萧氏摄政，主少国危，宠信用事，最宜乘机进击。于是以曹彬、米信、田重进、潘美为四路都部署，领兵分道北伐。曹彬与米信出雄州（今河北雄县）、田重进出飞狐（今河北涞源县，即紫荆关）、潘美出雁门（今山西雁门关），其始形势尚佳。"美之师

---

① 《宋史·食货志》下八。

② 赵翼：《廿二史劄记·和议》条。

③ 《辽史·耶律休哥传》。

先下寰朔云应等州。重进又取飞狐云邱蔚州，多得山后要害地。彬亦连下州县，势大振。”①但后因粮食不给及曹彬部下争功，和其他种种关系，终敌不过辽人之持久战。辽人之持久战，《辽史》有一段曰：

统和四年(即宋太宗雍熙三年，公元九八六年)宋复来侵。其将范密、杨继业出云州；曹彬、米信出雄易，取岐沟涿州，陷固安，置屯。时北南院奚部兵未至，休哥力寡，不敢出战。夜以轻骑出两军间，杀其单弱，以胁余众。昼则以精锐张其势，使彼劳于防御，以疲其力。又设伏林莽，绝其粮道。曹彬等以粮运不继，退保白沟，月余复至。休哥以轻兵薄之：伺彼蓐食，击其离伍单出者，且战且却，由是南军自救不暇，结方阵，堑地两边而行。军渴乏井，漉淖而饮。凡四日始达于涿。闻太后军至，彬等冒雨而遁。太后益以锐卒追及之。彼力穷，……余众悉溃。②

在这种情形之下，宋兵不得不大败了。结果曹彬、米信被辽萧太后与圣宗自己的兵，大破于岐沟关(今河北涿县西南)。潘美被辽将耶律斜轸以十万援军破于飞狐。杨继业以敌人追急，奔至陈家谷(今山西朔县南)被擒，三日死。“继业在宋，以骁勇闻，人号杨无敌。首建梗边之策。”③他的历史和这次大战的惨败，《宋史》有一段曰：

杨业，并州太原人。……帝(太宗)以业老于边事，复迁代州，兼三交驻泊兵马都部署。……以功迁云州观察使，仍判郑州代州。……雍熙三年(公元九八六年)大兵北征，……师不利。……诏迁四州(云应寰朔)之民于内地，令(潘)美等以所部之兵护之。……业(时隶于潘美部下)谓美等曰：“今辽兵势盛，不可与战。……”(王)侁沮其议曰：“……君侯素号无敌，今见敌逗挠不战，得非有他志乎?”……泣谓潘美曰：“此行必不利。……今诸君责业以避敌，业当先死于敌。……”业力战，自午至暮，果至陈家谷口，……身被数十创；士卒殆尽，业犹手刃数十百人。马重伤不能进，遂为契丹所擒。其子延玉亦没焉。……业

① 《宋史·曹彬传》。
② 《辽史·耶律休哥传》。
③ 《辽史·耶律斜轸传》。

……不食三日死。……朝廷录其子供奉官延郎(延昭本名延郎，官保州防御使，徙高杨关副都部署。在边防二十余年，契丹惮之，目为杨六郎)为崇仪副使；次子殿直延浦延训并为供奉官；延环延贵延彬并为殿直。①

杨氏父子，世称杨家将。(d)真宗景德元年(公元一〇〇四年)辽人进犯。时宋人方面有主张真宗逃往金陵的，有主张逃往成都的。只有寇准，力主强硬。当辽人进犯澶州(今河北濮阳县)之时，准竭力请帝亲至澶州与敌人作战。就记载看，强硬策且似有成功之望。

真宗景德元年(公元一〇〇四年)，契丹内寇，纵游骑掠深祈间。小不利，辄引去，徜徉无斗志。准曰："是狃我也。请练师命将，简骁锐据要害以备之。"是冬，契丹果大入，急书一夕凡五至。……明日，同列以闻。帝大骇，以问准。准曰："陛下欲了此，不过五日尔。"因请帝幸澶州。同列惧，欲退；准止之。令候驾起。帝难之，欲还内；准曰："陛下入，则臣不得见，大事去矣；请毋还而行。"帝乃议亲征，召群臣问方略。既而契丹围瀛州，直犯贝魏，中外震骇。参知政事王钦若，江南人也，请幸金陵。陈尧叟，蜀人也，请幸成都。帝问准。准心知二人谋，乃阳若不知曰："谁为陛下画此策者，罪可诛也。今陛下大驾亲征，贼自当遁去。奈何……欲幸楚蜀远地？所在人心崩溃，贼势深入，天下可复保邪？"遂请帝幸澶州，及至南城，契丹兵方盛，众请驻跸以觇军势。……准力争之，……帝遂渡河，……相持十余日。其统军挞览出督战。时威虎军头张环守牀子弩。弩撼机发，矢中挞览额，挞览死。②

形势有如此之好，宋人宜若可以得最后之胜利。谁知乃大不然。双方和议，复倡于此时；结果宋辽约为兄弟之国。

宋辽间的和议述略　首倡和议之人，为王继忠。王原为云州观察使，真宗咸平六年(公元一〇〇三年)与辽作战，失败被掳；辽萧太后爱其材，使为户部使。至是站在辽的立场，向宋请求和议。其次力主和议之人，为

① 《宋史·杨业传》。
② 《宋史·寇准传》。

毕士安。士安的主张，与寇准的主张根本相反。不赞成真宗亲赴澶州，力主宋辽双方和议。再其次为和议实际负责，奔走两方的，在宋人方面有曹利用、李继昌；在辽人方面，有姚东之、韩杞。议和的直接动因，当然为双方不愿继续作战。至和议的条款，主要的有(a)宋方岁输辽方银十万两，绢二十万匹。(b)往来交际，宋方称兄，辽方称弟。关于这次的和议，《宋史》及《辽史》记载如下：

初，咸平六年(公元一〇〇三年)，云州观察使王继忠战陷契丹。至是为契丹奏请议和。大臣莫敢如何。独士安以为可信；力赞真宗当羁縻不绝，渐许其成。真宗谓敌悍如此，恐不可保。士安曰："臣尝得契丹降人，言其虽深入，屡挫不甚得志；其阴欲引去，而耻无名。……此请殆不妄。继忠之奏，臣请任之。"真宗喜，手诏继忠，许其请和。……会曹利用自契丹使还，具得要领；又与其使者姚东之俱来；讲和之议遂定。岁遗契丹银绢三十万。①

密奉书请盟，准不从。而使者来请益坚，帝将许之。准欲邀使者称臣，且献幽州地。帝厌兵，欲羁縻不绝而已。有谮准幸兵以自取重者，准不得已许之。帝遣曹利用如军中，议岁币。……以三十万成约而还，河北罢兵。②

统和二十二年(即宋真宗景德元年，公元一〇〇四年)十一月，宋遣人遣王继忠弓矢，密请求和。诏继忠与使会，许和。……宋遣崇仪副使曹利用请和，即遣飞龙使韩杞持书报聘。十二月……宋复遣曹利用来。以无还地之意遣监门尉大将军姚东之持书往报。宋遣李继昌请和，以太后为叔母，愿岁输银十万两，绢三十万匹；许之。即遣閤门使丁振持书报聘。诏诸军解严，是月班师。③

上录《毕士安传》中所谓"银绢三十万"，及《寇准传》中所谓"以三十万成约而还"，即是《圣宗纪》五里面的"银十万两，绢二十万匹。"十万两，二十万匹，合之，恰为三十万。这次和议之后，到仁宗庆历二年(公元一〇四二年)，辽又使萧英刘六符等向宋求关南之地。宋为避免战争起见，遣富弼往辽交涉，许增岁

① 《宋史·毕士安传》。

② 《宋史·寇准传》。

③ 《辽史·圣宗纪》五。

币银十万两(合真宗时所许之十万两，共为二十万两)。绢十万匹。(合真宗时所许之二十万匹，共为三十万匹)。此后，到神宗熙宁七年(公元一〇七四年)，辽又乘宋有事于西夏，遣使争议地界问题。结果，神宗听王安石之劝，割河东地七百里与之。至此以后，宋辽间的冲突，得到长期的停顿。直至徽宗与金人相约攻辽之时(公元一一二二年)，其间有四五十年之久的和平。

二 夏之进逼

夏与中原之历史关系 夏起于党项(Tangut 隋唐时称党项，金元时，史书上多称唐古或唐兀。本是羌族。王静如疑党即羌字之代音。①)。其与中原之关系，唐时便已密切了。其相关之事实可举数端于下；一，唐贞观初，有拓跋赤辞，来归大唐。唐蜀李姓，为表示亲密起见，赐拓跋氏以姓，亦曰李。令居静边等州。其分居夏州(即今陕西横山县西)的一部分，叫做平夏部。所谓西夏国，即发祥于此。二，唐末，有拓跋思恭，因助唐讨黄巢有功，复被赐姓曰李。思恭死后，其弟且为定难军节度使。三，梁开平中，思恭之孙李彝昌遇害，其部下立其族子仁福。仁福卒，子彝兴继立。四，宋初李彝兴以助宋抵御北汉有功，乾德五年(即公元九六七年)死了之时，宋且追封为夏王。其子克睿继立，累加检校太尉。太平兴国三年(公元九七八年)克睿死了，子继筠立。太平兴国七年，筠死了弟继捧立。是年继捧率族人入朝，极得宋方的优遇，宋帝并授他以彰德军节度使。其兄弟十余人都得了官衔。当继捧来朝之时，其弟继迁出奔于外，屡为边患。有人说，这事或是继捧泄漏了机密所致。于是改他为崇信军节度使。并要他讨伐继迁，且欲委他主持边务。宋蜀赵姓，也为着表示亲密起见，赐他以姓曰赵，更名保忠，并充定难军节度使。关于李继捧入朝的这段事，《宋史》的记载曰：

> 继捧立，……以太平兴国七年(公元九八二年)率族人入朝。自上世以来，未尝亲观者。继捧至，太宗甚嘉之。……继捧陈其诸父昆弟多相怨，愿留京师。乃遣使夏州，护缌麻以上亲赴阙；授继捧彰德军节度使。并官其昆弟夏州蕃落指挥使克信等十二人有差。……初，继

① 中央研究院历史语言研究所刊行之《西夏研究》第一辑，P79。

捧之入也，弟继迁出奔。及是数来为边患。有言继迁悉知朝廷事，盖继捧泄之；乃出为崇信军节度使。……屡发兵讨继迁不克。用宰相赵普计，欲委继捧以边事，令图之。因召赴阙，赐姓赵氏，更名保忠。……授夏州刺史充定难军节度使。①

后来继捧被他的弟弟继迁以巧计引诱，一同加入反叛。结果，继捧被擒，继迁亦败死。继迁死了，其子德明立，正式受宋封为大夏国王。这事在宋真宗景德元年(公元一〇〇四年)。到宋仁宗明道元年(公元一〇三二年)，德明之子元昊立，便与宋开始大大地为难起来了。

元昊之时国势很强。版图扩大，兵力雄厚。先就版图言，当时夏之辖境，已有今日绥远、甘肃及黄河以西诸地。境土之大，号二万余方里。《宋史》之纪载曰：

夏之境土，方二万余里……河之内外州郡，凡二十有二。河南之州九：曰灵，曰洪，曰宥，曰银，曰夏，曰石，曰盐，曰南威，曰会。河西之州九：曰兴，曰定，曰怀，曰永，曰凉，曰甘，曰肃，曰瓜，曰沙。熙秦河外之州四：曰西宁，曰乐，曰廓，曰积石。其地饶五谷，尤宜稻麦。甘凉之间，则以诸河为溉。兴灵则有古渠，曰唐涼，曰汉源，皆支引黄河。故灌溉之利，岁无旱涝之虞。②

其次就兵力说，也很可观。总计全国之兵，近七十万。

其民一家号一帐。男年登十五为丁。率二丁取正军一人。每负担一人为一抄。负担者，随军杂役也。四丁为两抄。余号空丁。愿隶正军者，得射他军为负担。无，则许射正军之疲弱者为之。故强皆习战斗，而得正军为多。凡正军给长生马驼各一。团练使以上，帐一弓一，箭五百，马一，橐驼五，旗、鼓、枪、剑、毡、棍棓、粆袋、披毡、浑脱、背索、锹镬、斤斧、箭牌、铁爪篱各一。刺史以下无帐，无旗鼓。人各橐驼一；箭三百，幕梁一。兵三人，同幕梁。幕梁织毛为幕而以木架。有炮手二百人，号泼喜。陡立旋风炮于橐驼鞍。纵石如拳。得汉人勇者为前军，号撞令郎。若脆怯无他伎者，迁河外耕作，或以守肃州。

① 《宋史·夏国传》上。

② 《宋史·夏国传》下。

有左右厢，十二监军司：曰左厢神勇，曰石州祥祐，曰宥州嘉宁，曰韦州静塞，曰西寿保泰，曰卓啰和南，曰右厢朝顺，曰甘州甘肃，曰瓜州西平，曰黑水镇燕，曰白马强镇，曰黑山威福。诸军兵总计五十余万。别有擒生十万。兴灵之兵，精练者又二万五千。别副以兵七万为资胆。号御围内六班；分三番以宿卫。每有事于西，则自东点集而西。于东，则自西点集而东。中路则东西皆集用兵多立虚砦设伏兵包敌以铁骑为前军。善乘马；重甲，刺斫不入；用钩索绞联，虽死马上，不坠。遇战，则先出铁骑突阵，阵乱，则冲击之，步兵挟骑以进。战则大将居后，或据高险。①

其人民生活习惯，亦颇有可注意之处。与当时宋人生活相较，当然是很落后的。

其人能寒暑饥渴。出战率用只日，避晦日。赍粮不过一旬。弓，皮弦；矢，沙柳竿。恶雨雪。画举烟扬尘；夜篝火以为候。不耻奔遁，败三日，辄复至其处，提人马射之，号曰杀鬼招魂。或缚草人埋于地，众射而还。笃信禨鬼，尚祖祝。每出兵，则先卜。卜有四：一，以艾灼羊脾骨以求兆，名炙勃焦。二，擗竹于地，若揲蓍，以求数，谓之擗算。三，夜以羊焚香祝之，又焚谷火布静处；晨屠羊，视其肠胃；通，则兵无阻；心有血，则不利。四，以矢击弓弦，审其声，知敌至之期，与兵交之胜负，及六畜之灾祥，五谷之凶稔。俗皆土屋，惟有命者，得以瓦覆之。②

这一段所记，虽多关于作战用兵之事；然亦最能表示其生活，习惯，风俗种种状态。

夏与宋之经济关系　夏与宋之经济关系是很密切的。双方的买卖，有所谓官市、私市之分。官市出入口的物品，有特定的种类。计出口物品，有缯、帛、罗、绮，为一类；香药、瓷漆器、姜桂为又一类。入口物品，有驼、马、牛、羊、玉、毡毯、甘草为一类；蜜蜡、麝脐、毛褐、羚羊角、硇砂、柴胡、苁蓉红花、翎毛为又一类。出口的第一类与入口的第一类互

① 《宋史·夏国传》下。

② 《宋史·夏国传》下。

相市易；出口的第二类与入口的第二类互相市易。这叫官市。凡不入官市之物，概归入私市。除官市私市之外，凡进贡至京师的，也可为市，似此又可添京市一类。北宋帝国，对于贸易之管理，也曾常常设置榷场。景德四年(公元一〇〇七年)于保安军(今陕西保安县)置榷场。天圣中，于陕西置榷场二，并代路亦置场和市。

宋夏间经济关系虽很密切，往来贸易，虽很发达。但宋人在贸易方面，对于夏人，始终采严格的闭关主义，采极端的排外主义。稍有细故，即宣布绝市；使双方的商人，都受损失；双方人民的需要，都感不便。仁宗康定元年(公元一〇四〇年)，因元昊反叛，诏陕西河东绝互市，废保安军榷场。后又严禁陕西及边界军事长官与所属羌人交易。嘉祐初，因夏人侵耕屈野河地，禁陕西四路贸易。治平四年(公元一〇六七年)因夏攻庆州大顺城，严禁边民贸易。熙宁二年(公元一〇六九年)，令泾原熟户，及河东陕西边民勿与通市。最后因双方人民对市易之要求太迫切，不得已准以宋人方面之铜锡，易夏人方面之马。至于纤缟与其他急需之物，仍禁绝不许市易。这种禁绝的方法，有时因战争关系，不得已而采行，但既经采行，又足以激起夏人的恶感，使他们愈欲向中原进逼。结果，便是双方常常冲突。兹且摘录一段关于贸易的文章以证宋与西夏之经济关系的一片段。

> 自景德四年于保安军置榷场；以缯、帛、罗、绮、易驼、马、牛、羊、玉、毡毯、甘草。以香药、瓷漆器、姜桂等物易蜜蜡、麝脐、毛褐、羱羚角、硇砂、柴胡、苁蓉、红花、翎毛。非官市者，听与民交易。入贡至京者，纵其为市。天圣中，陕西榷场二；并代路亦请置榷场和市，许之。及元昊反，即诏陕西、河东绝其互市，废保安军榷场。后又禁陕西并边主兵官与属羌交易。久之，元昊请臣，数遣使求复互市。庆历六年，复为置场于保安、镇戎二军。继又驱马羊至无放牧之地，为徙保安军榷场于顺宁砦(今陕西保安县北四十里)，既而蕃商卒无至者。嘉祐初，西人侵耕屈蜀河地，知并州庞籍谓："非绝其互市，则内侵不已。……"从之。初，第禁陕西四路私与西人贸易。未几，乃悉绝之。治平四年，河东经略司言："西界乞通和市。"自夏人攻庆州大项城，诏罢岁赐，严禁边民无得私相贸易。至是上章谢罪乃复许之，后二年，令泾原熟户及河东陕西边民勿与通市。又二年因回使议立和市，而私贩不能止，遂申诏诸路禁绝。既而河东转运司请罢吴堡，于

宁星和市如旧。而麟州复奏夏人之请，乃令鬻铜锡以市马，而纤缟与急须之物皆禁。西北岁入马事，具《兵志》。①

宋夏间之马市与盐市 "西北岁入马事"，《兵志》所纪，的确很详；只惜纪得芜杂，很少头绪。大概说来，西北输入之马，其主要用途，乃在备军事上的需要。其输入，或系用钱买来，或系用茶易来，或用钱与茶两者以作购马的代价。元丰四年(公元一〇八一年)群牧判官郭茂恂言：

承诏议专以茶市马，以物帛市谷，而并茶马为一司。臣闻顷时以茶易马，兼用金帛，亦听其便。近岁事局既分，专用银绢钱钞，非蕃部所欲。且茶马二者，事实相须，请如诏便，奏可，仍诏专以雅州、名山茶为易马用；自是蕃马至者稍众。②

上面所述，是关于市马之代价的。至于主持马市之官，初系附设兼职。后因事繁，乃有所谓提举及群牧司或群牧行司以至群牧判官之设置。

自嘉祐中，始以陕西转运使兼本路监牧买马事。后又以制置陕西解盐官同主之。熙宁中，始置提举熙河路买马，命知熙州王诒为之，而以提点刑狱为同提举。八年(公元一〇七五年)提举茶场李杞言："卖茶买马固为一事，乞同提举买马。"诏如其请。十年夏(公元一〇七七年)又置群牧行司，以往来督市马者。③

即有专官主持马市，于是马之由西夏而入宋者，其数乃大有可观。

初，原渭顺德凡三岁共市马万七千一百疋。而群牧判官王诲言："嘉祐六年(公元一〇六一年)以前，秦州券马岁至者万五千疋。今券马法坏，请令增市，而优使臣之赏。"熙宁三年(公元一〇七〇年)乃诏泾原渭德顺岁买万疋。……其后熙河市马，岁增至万五千。绍圣中，又增至二万疋，岁费五十万缗。后遂以为定额。特诏增市者，不在此数。④

① 《宋史·食货》下八。

② 《宋史·兵志马政》。

③ 《宋史·兵志马政》。

④ 《宋史·兵志马政》。

宋夏间马市情形，大约如上。现在且进而述一述宋夏间之盐市。马市，乃双方事实上的需要所造成。盖夏地盛产良马，而缺乏茶及其他日用物品。宋方多茶及日用物品，而缺乏马。夏人需要茶物，以供日常生活用，宋人需要良马，以供军事战斗用。因双方的需要，遂有盛大的马市。至于宋夏间的盐市，也是双方事实上的需要所造成。原来西夏常用池盐，与宋方边民交易谷麦。夏人以池盐易谷麦，宋人以谷麦易池盐，两方需要，各得满足，事属最善。但以夏人对宋方叛复不常，宋方当局，当以禁绝互市为敌之手段。例如李继迁反叛之时，陕西转运使郑文宝便建议禁乌白池青盐以困继迁。其意以为夏人之盐不得售，生活上必大受困窘。其实买卖成于两方，敌人受困，宋人自己的生活同时也必受很大的损害：谷麦不得售一也，无廉价之盐可吃二也。因此之故，禁止番盐入市一事，乃成了极大之问题，当时要人，多纷纷议论其事。兹录赵翼所记当时西夏番盐入市被禁之情形如次：

> 《郑文宝传》："诸羌少树艺，但用池盐与边民交易谷麦。后馈运为李继迁所钞；文宝乃建议请禁番盐入边，令商人贩安邑解县两池盐，以给陕西民食；则戎人困，而继迁可不战而屈。诏从之。乃设禁，有私市者抵死。行之数月，犯者益众。戎人乏食。屡入寇掠。而商人贩解盐者，多出唐、邓、襄、汝间，得善价。关陇民转至无盐以食。太宗知其事，遣钱若水视之，遂弛其禁。"此宋初听番盐入边故事也。其后因元昊强肆，则又禁番盐以困之。《孙甫传》："元昊称臣，乞岁卖青盐十万石。"甫疏言："自德明时，已乞放行青盐，先帝以其乱法，不听。及再请，乃追其弟入质而许之。盖盐乃中国之利。西戎之盐，味胜解池。既开其禁，则流于民间，无所隄防。"梁鼎亦疏云："议者多谓西夏边民旧食青盐，其价甚贱；乃禁青盐以困贼。令商贾入粟运解盐于边。其价与番盐不相远，故番盐不能售。今若令解盐与内地同价，则民必冒禁，复市青盐，乃资盗粮也。"是二说者，皆以断禁番盐为边界要策。按《夏图传》："元昊既纳款，宋许置榷场于保安军，及高平砦。第不通青盐。"是宋自西夏用兵后，不复许番盐入境也。然当中外分界之时，固不可不严其禁。若中外一统之世，则又不妨听其入边，在番人既可藉以资生，而边民又得免于食贵，亦良法也。所虑番盐与

中国盐价太悬，则日久不能无弊耳。[①]

因着种种经济关系，宋与西夏之间，自不能免于战争。

宋夏间之战争述略　战争之较大者，以李继迁之进逼及李元昊之进逼为最令人注意。(a)李继迁之进逼。当李继捧拜定难军节度使之时，李继迁即因妒忌而怀叛意。宋当局为羁縻起见，乃予以银州观察使之职。赐姓赵保吉，盖欲其与赵宋相亲睦也。谁知羁縻无效，李仍反叛。宋太宗乃削去赵保吉之姓名，任其复为李继迁，并信陕西转运使郑文宝之议，禁乌白池青盐以困继迁。但这也无效，李继迁仍反叛不已。直到宋太宗死，真宗立，李继迁乃遣使修好，求领藩任。真宗许之，并拜为定难军节度使，敕诸将勿复加兵，且以其子李德明为行军司马。不过这种羁縻政策之效力到底有限。延到真宗咸平五年(公元一〇〇二年)二月，继迁又复大集蕃部，攻陷灵州(今宁夏灵武县)以为西平府。六年(公元一〇〇三年)春，便迁都于灵州。这时宋当局竟为所迫，割河西、银、夏等五州与之议和。

李继迁之侵宋，固很得势。但于侵宋得势之后，转攻西蕃，却遭惨败。原来西蕃西凉府六谷都首领潘罗支愤李继迁之倔强，岁有不能两立之势。同时宋当局为欲克服继迁，乃设法利用罗支。于是罗支集六谷诸豪，击败继迁，继迁中流矢死。至是宋人多年不能克服之敌，竟被西蕃收拾了。《宋史》述此事的源委曰：

> 咸平四年(公元一〇〇一年)知镇戎军李继和言："西凉府六谷都首领潘罗支愿戮力讨继迁。……"乃以为盐州防御使，灵州西面都巡检使。……六年(公元一〇〇三年)……罗支又遣蕃官言："感朝廷恩信，愤继迁倔强，已集骑兵六万，乞会王师，收复灵州。……"其年十一月，继迁攻西蕃，遂入西凉府，知州丁惟清陷没，罗支伪降。未几，集六谷诸豪，及者龙族合击继迁，继迁大败，中流矢死。[②]

继迁死后，其子李德明继立。德明于宋仁宗明道元年(公元一〇三二年)卒，其子元昊继立。元昊之时，夏国很强，乃大举与宋为难。兹述其事于次。(b)李元昊之进逼。李元昊"性雄毅，多大略，善绘画，能创制物，

---

① 赵翼：《廿二史劄记·西夏番盐》。

② 《宋史·吐蕃传》。

……晓浮图学，通蕃汉文字。……既袭封，明号令，以法勒诸部。”[①]宋仁宗景祐元年(公元一〇三四年)，大举反叛。宋当局乃令夏竦、范雍各领兵于泾州延州方面御之。夏竦“拜泰宁军节度使，知永兴军，听便宜行事。徙忠武军节度使，知泾州。还判永兴军，兼陕西经略安抚招讨。”[②]声势不可谓不显赫。范雍拜振武军节度使，知延州。所有兵力，亦甚雄厚。但元昊进逼之时，范雍这部分势力竟以轻信敌言(元昊曾遣人通款于雍，雍信以为真)。不设防备，遭受惨败。被元昊破于金明砦。雍处此境，乃急召刘平从庆州帅师来援。与元昊战于三川口，结果亦是惨败。这时有夏守赟，自请击贼。当局乃命为陕西马步军都总管，兼经略安抚缘边招讨使。不料守赟短于方略，兵不用命，功绩无多。

范雍御敌之师失败了，刘平御敌之师失败了，夏守赟又以缺少方略，未成大功。只剩下一个陕西经略安抚招讨使夏竦，独力支持御敌的大事，自然不够。于是宋当局又派韩琦、范仲淹各副夏竦为经略安抚招讨使。一个正招讨使，两个副招讨使，各领大军，宜若可以御敌。谁知事实上亦大不然。韩琦手下领兵的大将任福，竟为敌所诱，战没于好水川(甘肃隆德县东)。因此失败，韩琦自己亦降官一级，转知秦州。范仲淹初阅州兵，得一万八千人，由六人分领；正拟诱敌深入，乘机进攻，同时且与元昊约和，为书戒喻。但以韩琦失败之故，元昊忽然强硬起来。仲淹自己亦被当局所责，降知耀州。

御敌的大业，到了这时，仍无具体的成绩可言。宋当局乃不得不力图振作。于是改组阵容，分陕西为四路：以韩琦知秦州，王沿知渭州，范仲淹知庆州，庞籍知延州；各兼经略安抚招讨使。名为四路置帅。这对于积极进攻敌人，固仍无何等显著的成绩。但防守是有余的。《宋史》称：“置陕西路安抚经略招讨使，以仲淹、韩琦、庞籍分领之。仲淹与琦，开府泾州。……仲淹为将，号令明白，爱抚士卒。诸羌来者，推心接之不疑。故贼亦不敢辄犯其境。”[③]贼不敢犯境，防守之功，是显然的了。不过久战之后，双方皆已疲困，终于庆历四年议和。计自仁宗景祐元年(公元一〇三四年)元昊称乱，至庆历四年(公元一〇四四年)宋夏议和，其间足足经过了十

---

① 《宋史夏国传》上。

② 《宋史·夏竦传》。

③ 《宋史·范仲淹传》。

年。此十年之中，胜负迭见，双方损失，都非常大；舍战言和，成了必然之趋势。延至庆历四年，和议告成，宋方许册元昊为夏国主，并允岁赐银绮绢茶二十五万五千。元昊亦上誓表。这事的源委，《宋史》有一段曰：

元昊虽数胜，然死亡创痍者相半。人困于点集，财力不给。国中为十不如之谣以怨之。元昊乃归。塞门砦主高延德因乞和。知庆州范仲淹为书陈祸福以喻之。……知延州庞籍言："夏境鼠食稼，且旱。元昊思纳款。"遂令知保安军刘拯论亲臣野利旺荣言："公方持灵夏兵；倘内附，当以四平茅土分册之。"知青涧城种世衡又遣王嵩以枣及画龟为书……遗旺荣，论以早归之意。欲元昊得之疑旺荣。……元昊使王嵩以其臣旺荣，其弟旺令、嵬名环卧、誉诤三人书议和。然倔疆不肯削僭号。……犹称男邦泥定国兀卒，上书父大宋皇帝。更名曩霄，而不称臣。……诏遣邵良佐往议，且许册封为夏国主。……庆历四年(公元一〇四四年)始上誓表。……凡岁赐银，绮绢，茶二十五万五千。[①]

和议之后，元昊于庆历八年(公元一〇四八年)正月死了，其子李谅祚继立。谅祚于神宗熙宁二年(公元一〇六九年)死了，其子李秉常继立。熙宁三年即夏秉常乾道二年(公元一〇七〇年)，夏人又大举内犯。这时宋当局乃以韩绛任御敌之责。绛不知军事，而以军权交种谔掌之。自熙宁四年(公元一〇七一年)至元丰四年(公元一〇八一年)，足足经过十年。此十年之中，双方相持，宋方终未得胜。直到秉常遇弑，(在元丰四年)其国内乱，有隙可乘，宋当局乃大振旗鼓，以李宪出熙河，种谔出鄜延，高遵裕出环庆，刘昌祚出泾原，王中正出河东，分途并进。同时并诏吐蕃董毡集兵会同为进击计。李宪、董毡败夏人于西市新城，复占兰州城；种谔克米脂；高遵裕复通远军；王中正克宥州；刘昌祚迫近灵州城。宋方进攻的阵容如此，西夏闻之，诸将多主战。独一老者主张诱宋兵深入，只以劲兵聚于灵夏以待。宋兵无可如何。乃于银、夏、宥三州交界之处筑永乐城，赐名银川砦，以为防卫之具。谁知防卫且不可能，夏人来攻，竟把永乐城陷了。《宋史》称：

自熙宁用兵以来，而灵州、永乐之役，官军，熟羌，义保，死者

① 《宋史·夏国传》上。

六十万人。钱粟银绢以万数者不可胜计。[①]

这可想见战争之激烈了。同时夏人也很困惫，乃要求和议。其西南都统昂星嵬名济上书于刘昌祚曰：

自历世以来，贡奉朝廷，无所亏怠。至于近岁，尤甚欢和。不意俭人诬间朝廷，特起大兵，侵夺疆土城砦因兹构怨，岁致交兵。今乞朝廷示以大义，特还所侵。倘垂开纳，别效忠勤。[②]

事情既然这样了，那真是宋人求之不得的。于是宋当局乃赐诏曰：

王师徂征，盖讨有罪。今遣使告廷，辞礼恭顺。仍闻国政，悉复故常，益用嘉纳。已戒边吏，毋辄出兵。尔亦其守先盟(指庆历四年的和议)。遂诏夏之岁赐如旧。[③]

自此以后，因画界不清，时有纠纷。直到哲宗元符二年(公元一〇九九年，即夏乾顺永安元年，辽道宗寿隆五年)宋以大兵进逼。夏挽辽人出来求和，和议再成，然后双方纠纷渐息。

三　宋之变法图强

变法的动因　变法的动因，不外两者：一曰外部的压迫，二曰内部的贫弱。此两者又互为因果：辽夏的压迫愈甚，则宋室为要养兵，筹饷，派役以抗敌，自然日趋贫弱。宋室既日趋贫弱，则愈感觉得辽夏压迫之甚。在此内忧外患相逼而至之时，变法图强之举，乃应运而出。

辽夏压迫的事实，具见于前。压迫的结果，单就岁币(宋室为博得和平，每年送给辽夏的款项)。一项而论，其数目便已很大。“宋真宗与辽圣宗澶渊之盟，定岁币之数，银十万两，绢二十万匹。仁宗时，辽兴宗以求地为兵端，再与定盟，加岁币银绢各十万两匹。夏主元昊既纳款，赐岁币

① 《宋史·夏国传》下。

② 《宋史·夏国传》下。

③ 《宋史·夏国传》下。

银绢茶彩共二十五万五千。”[①]这是每年要支出的。至于长期作战的损失，单就对西夏一方面而言，死人之多，耗费之大，也足令人惊心。“自熙宁用兵以来，而灵州永乐之役，官军，熟羌，义保死者六十万人；钱粟银绢以万数者不可胜计。”[②]外力的压迫，得到这样惨痛的结果。这自然会引起有眼光的政治家变法图强的计划。至于当时宋室内部，经济财政军事各方面的情形，都很腐败，都成了宋室贫弱的象征。这种象征，半由于外力的压迫，半由于统治者自身的腐化。《宋史》述当时财政所以窘迫之原由曰：

> 承平既久，户口岁增；兵籍益广，吏员益众；佛老外国，耗蠹中土；县官之费，数倍于昔；百姓亦稍纵侈，而上下始困于财矣。仁宗承之，经费寖广。……目祥符天书一出，齐醮糜费甚众；京城之内，一夕数处。……京师营造，多内侍传旨呼索，费无艺极。[③]
>
> 会元昊请臣，朝廷亦已厌兵；屈意抚纳，岁赐缯茶，增至二十五万。而契丹邀割地，复增岁遗至五十万。自是岁费弥有所加。西兵既罢，而调用无所减。……初，真宗时，……宗室吏员，受禄者九千七百八十五。宝元以后，……宗室蕃衍，吏员岁增。……宗室吏员受禄者万五千四百四十三。禄廪奉赐，从而增广。及景德中，祀南郊，内外赏卖金帛缗钱总六百一万。至是飨明堂，增至一千二百余万。故用度不得不屈。[④]

开支是这样地逐渐扩大，财政自然会随着而逐渐成为问题。卢策之言曰：“皇祐所入，三千九百万，而费才三之一；治平四千四百万，而费五之一；熙宁五千六十万，而费尽之。”[⑤]自皇祐至熙宁，只二十年光景；而每年的收入，竟由三千九百万，增加到五千六十万。增加的速度，达百分之十二·六以上。当时国民经济发达之速度，决不会有这样之大。这种增加，只是使人民的负担加重而已。至于支出，在短短的二十年中，每年的支出，竟由一千三百万（三千九百万的三分之一）增到五千六十万。增加的速度，达百分之三十八以上！二十年中支出增加的速度这样大，这就使人着慌了。

---

① 赵翼：《廿二史劄记·岁币》。

② 《宋史·夏国传》下。

③ 《宋史·食货志》下一。

④ 《宋史·食货志》一。

⑤ 赵翼：《廿二史劄记·宋冗官记费》。

国家费用，很迅速地增加，向人民的征取，必然会苛重。这样一来，人民就苦了。故范镇之言曰：

人民流离，父母妻子不相保者，平居无事时，不少宽其力役轻其租赋。岁大熟民不得终岁之饱。及有小款，虽加重放，已不及事。此无他，重敛之政在前也。国家自陕西用兵以来，赋役繁重。及近年，转运使复于常赋外进羡钱，以助南郊。其余无名敛率，不可胜计。……中书主民枢密主兵，三司主财，各不相知。故财已匮，而枢密院益兵不已；民已困，而三司取财不已。[①]

取财于民，未有已时，人民自受不起，倘再加以天灾，那就没有生路了。司马光之言曰：

水旱霜雹蝗蜮间为之灾。幸而收成，公私之债，交急互夺；谷未上场，帛未下机，已非己有。食者糠籺而不足；所衣者绨褐而不完。直以世服田亩，不知舍此之外，有何可生之路耳。[②]

综括看来，国家开支日大，人民生计日蹙，逼着当局不得不想新法。即王安石不生于当时，自亦有他人出来。安石所倡新法，针对着当时财政的窘状，及人民的苦况。计各种新法，可分为四组：一曰救济农村的，如青苗法、农田水利法是也。二曰整理财政的，如方田均税法是也。三曰兼顾农村与财政的，如免役法、市易法、均输法是也。四曰整饬军备的，如置将、保甲、保马、设军器监诸法是也。兹分述于次。

救济农村诸法　此中最重要，为后人所最注意的，厥为(a)青苗法。青苗法之名，系依青苗钱而来。至于青苗钱之名，则来路很远。唐代宗永泰二年(公元七六六年)秋七月税青苗钱，以给百官俸，此即青苗钱得名之由来。赵翼引《旧唐书》云：

乾元以来，用兵，百官缺俸；乃议于天下地亩青苗上量配税钱，命御侍府差官征之，以充百官俸料。永泰二年，侍御韦光裔为使，得钱四百九十万贯。其冬，诏减青苗地头钱，三分取一，遂为常制。每岁特设使者，如崔涣兼税地青苗使，刘晏兼诸道青苗使，杜佑充江淮

① 《宋史·食货志》下一。

② 《宋史·食货志》上一。

青苗使是也。《食货志》："大历元年(公元七六六年即永泰二年，因永泰只一年即改元)天下青苗钱共四百九十万缗。……"《通鉴集览》谓："青苗钱者，不及待秋敛。当苗方青即征之也。"是唐所谓青苗钱，……直计亩加税耳。①

唐时所谓青苗钱，乃政府向人民计亩加税；宋时所谓青苗钱，乃政府对人民的放款取息；性质截然不同。所同者都在苗方青时行之耳。宋之青苗法，也并非完全创始于王安石。先有陕西转运使李参之实行，后有河北转运使王广廉之奏请。不过王安石以之为一种新法，欲通行天下而已。这法的大意为：政府于人民青黄不接，需用甚急之时，以款货与人民，令于秋收之后偿还，并取二分之利息。这笔货款的来源，最初系以常平、广惠等仓的积谷的卖价充之。后来大概又另有来源。至于把积谷卖出，还有一个防止地主抬高谷价的用意。区区一种青苗法，其实行之始，似含有许多好的意思。防止地主抬高谷价一也，救济人民急迫之需二也，政府凭款取得利息三也。王偁《东部事略》称：

常平仓法，以丰岁谷贱伤农，故增价收籴；使蓄积之家，无由抑塞农夫，须令贱粜。凶岁谷贵伤民，故减价出粜；使蓄积之家，无由邀勒贫民，须令贵籴。物价常平，公私两利也。安石以常平法为不善，更将粜本作青苗钱，散与人户，令出息二分，置提举官以督之。②

这样一来，"常平广惠仓之法；遂变而为青苗矣。"③所谓利息二分，也只是一种大约的标准；事实上未必只限于二分。韩琦之言曰：

今放青苗钱，凡青货十千，半年之内，便令纳利二千。秋再放十千，至岁终，又令纳利二千。则是贷万钱者，不问远近，岁令出息四千。……制置司言，比《周礼》取息，已不为多，是欺罔圣听。④

这是韩琦对皇上的疏言，当不能任意夸大。每十千钱，放出六个月，取利息二千，平均月息三百三十三有奇；是月息在三分以上。再者放款应

---

① 赵翼：《廿二史劄记·青苗钱不始于王安石》。

② 王偁：《东都事略·王安石传》。

③ 《宋史·食货志》上四。

④ 《宋史·食货志》上四。

以借者的自由意思为准。青苗钱之放出，乃由政府分别人民家境为若干等级，依等级摊派。后来竟至强迫摊派，这便使人不安了。于是反对者振振有词。

计反对者所持的理由，最大的约有四端：（一）曰这种贷款的方法，根本就不能使赤贫的农民受丝毫的实惠。盖赤贫的农民，因无恒产之故，在十家为保的保甲法之下，毫无地位。要在农村立足，且不可得；政府的贷款，他们断然受不着实惠。所以舜俞自劾之疏中便曰：

> 诏谓振民绝乏，而抑兼并。然使十户为甲，浮浪无根者，无得给俵。则乏绝者已不蒙其惠。①

这正如今日所谓农村贷款，不能惠及赤贫一样。（二）曰这里贷款所取的利息未免太重。就前面所述观之，月息有超出三分以上者。果尔，则贷款虽足以救急，然取息太重，未免苛削人民。（三）曰政府放款，不免强迫分派。（四）曰贫民无力，偿还实有不易。司马光曰：

> 今言青苗之害者，不过谓使者骚动州县，为今日之患耳。而臣之所忧，乃在十年之外，非今日也。夫民之贫富，由勤惰不同。惰者常乏，故必资于人，今出钱贷民，而敛其息；富者不愿取，使者以多散为功。一切抑配，恐其逋负，必令贫富相保。贫者无可偿，则散而之四方。富者不能去，必责使代偿数家之负。春算秋计，展转日滋。贫者既尽，富者亦贫。十年之外，百姓无复存者矣。又尽散常平钱谷专行青苗；他日若思复之，将何所取？富室既尽，常平已废。加以之以师旅因之以饥馑；民之羸者，必委死沟壑，壮者必聚而为盗贼。此事之必至者也。②

此中除述富者受强迫领贷款，及贫者无力不能偿债之外，更以为常平，钱谷，不应尽散。此外苏辙以为贷款“出纳之际，吏缘为奸，虽有法不能禁。钱入民手，虽良民不免非理费用。及其纳钱，虽富民不免违限。”③全是枝叶之谈。平心论之，上述四种非难，固都有理，尤以第一端所谓赤贫不

① 《宋史·陈舜俞传》。

② 《宋史·司马光传》。

③ 《宋史食货志》上四。

能受到实惠，理由最强。但青苗法之失败，却不是由于上述的种种理由。其唯一失败之理由，乃在农村中土地私有。盖在土地私有制下，农民被地主压迫，农村中贫富日益悬殊，乃成了必然不可遏抑的趋势。政府贷款于贫农，顶好亦只能解除他们青黄不接时的急难，却不能防止土地给豪强的兼并，使他们不贫。所以一方面任土地兼并，使贫者愈贫；另一方面，又来贷款救济，真是自欺欺人。

(b)免役法。救济农村之新法，除上述青苗法外，另有免役法。宋代向人民征取力役，种类颇多。有保管公家物品之役，有督收赋税之役，有逐捕盗贼之役，有传递命令之役，等等。这种公役，照道理讲，应该很公平地分别由人民担负。但事实上不然：担负公役的，几乎只有中小农民。凡与官府接近的地主，因有势力，可以不服公役；凡佃农以下的贫民，因无生计，或生计太蹙，不能担负公役。中小农民或自耕农，乃成了唯一担负公役的人。但他们是社会上主要的生产者，他们有他们自己终日忙迫的生产工作。倘担负公役太多，则他们自己的生产工作，自然要受很大的影响。为顾全自己的生产工作计，常常想出许多苦不可言的逃役之法。《宋史》上关于公役的种类，派役的不平，逃役的苦况，等等，说得很多。《食货志》曰：

> 宋因前代制，以衙前主官物；以里正、户长、乡书手，课督赋税。以耆长、弓手、壮丁，逐捕盗贼。以承符、人力、手力、散从，官给使令(以上所云衙前里正等皆公役之名)。……然役有轻重劳逸之不齐，人有贫富强弱之不一。承平日久，奸伪滋生。命官形势，占田无限，皆得复役衙前(即皆得免去衙前之役)，将吏得免里正户长。而应役之户，困于繁数，伪为券售田于形势之家，假佃户之名以避徭役。……自里正，乡户，为衙前主典府库，或辇运官物，往往破产。……民避役者，或窜名浮图籍，号为出家。……韩琦上疏曰："州县生民之苦，无重于里正衙前。或孀母改嫁，亲族分居；或弃田与人，以免上等；或非命求死，以就单丁。规图百端，苟免沟壑之患，每乡被差疏密，与货力高下不均。……富者休息有余，贫者败亡相继。"①
>
> 江南有嫁其祖母及其母，析居以避役者；又有鬻田，减其户等者；

① 《宋史·食货志》上五。

田归官户不役之家，而役并于同等见存之户。[1]

熙宁元年，知谏院吴充言："今乡役之中，衙前为重。民间规避重役，土地不敢多耕，而避户等。骨肉不敢义聚，而惮人丁。故近年上户浸多。役使频仍，生资不给，……不得已而为盗贼。"[2]

公役既繁重，分派又不均。中小农民，本是社会上主要的生产者，今竟变成了公役的牺牲品。其破坏农村经济，不言可喻。救济之道，只有把公役一律免去。此所以有免役法也。不过免去中小农民的公役，固足以减免他们的痛苦；但公役的本身，究竟是不能取消的，公事依然要人担负。于是有免役钱及助役钱之征取。凡应服公役的，不要他服役，只要他出若干钱。政府拿着这笔钱，再去雇请服公役的人。所以免役法，乃是一种改派役为雇役的方法，颇合于分工进化的道理。这种新法，有好几个特征。中小农民不服公役仅出若干免役钱，不致妨碍生产工作，一也。免役钱之征取，达到了向来不服公役的豪势之家，颇为公道，二也。以免役钱或助役钱去雇请服公役之人，则社会上寻不着职业之人，多一谋生之路，三也。就当时的情形看，这种新法的本身，断不算坏。关于免役钱的种类，及征取的手续，大约如下：

免役之法，据家赀高下，各令出钱，雇人充役。下至单丁、女户、本来无役者，亦一概输钱，谓之助役钱。(《宋史·王安石传》)

天下土俗不同，役轻重不一，民贫富不得，从所便为法。凡当役人户，以等第出钱，名免役钱。……未成丁、单丁、女户、寺观、品官之家，旧无色役而出钱者，名助役钱。凡敷钱，先视州若县应用雇直多少，随户等均取雇直。既已用足，又率其数增取二分，以备水旱欠阁。虽增毋得过二分。谓之免役宽剩钱。[3]

此法实行，反对者颇不少。其所持理由，大抵不外：以钱代役，钱多的与钱少的一律要出钱，颇不公道。应出之钱，年年要出；一过凶岁，贫者便受不了。以钱雇人服役，雇来之人，多无恒产，不免良莠不齐。如监

① 《宋史·食货志》上五。
② 《宋史·食货志》上五。
③ 《宋史·食货志》上五。

察御史刘挚所言，便只是这些理由。其言曰：

> 旧法，上户之役，类皆数而重；下户之役，率常简而轻。今不问上下户，概视物力以差出钱；故上户以为幸，而下户苦之。岁有丰凶，而役人有定数。助钱岁不可阙。则是赋税有时减阁，而助钱更无蠲捐也。役人必有乡户，为其有常产则自重。今既招雇，恐只得浮浪奸伪之人。则帑庾，场务，纲运，不惟不能典干，窃恐不胜其盗用，而冒法者众至于弓手、耆壮、承符、散从、手力、胥吏之类恐遇寇则有纵逸，因事辄为骚扰也。①

这种说法，全是皮相之谈。只知依新法，上下户都要出钱为不公道；不知依旧法形势之家，完全无役，更不公道。只知依新法，年年要出钱为苛，不知依旧法，年年要服役更苛。只知依新法雇来之人为不可靠，不知被雇者既已得职正足以解决浮浪人口问题之一部分。平心而论，免役法本是一种改良的方法，而不是革命的方法；就他本身看，几乎只有好处，而无坏处。其行不通的障碍，断不在此法的本身。

(c)农田水利法。上述青苗法、免役法，都是救济农村的，但偏重人事方面，可以看作社会政策。若农田水利法，也是救济农村的，但偏重物质方面，可以看作农业政策。更用较新的名词来表示，上两法，可以说是属于农村经济的新法；农田水利法，可以说是属于农业经济的新法。这法的内容，包括三项较为重要之事：一曰兴复水利，以便灌溉；二曰奖励副业，以增生产；三曰耕种废田，以居贫民。

> 神宗熙宁元年(公元一〇六八年)遣使察农田水利，程颢等八人充使。……中书言："诸州县古跡陂塘，异时皆畜水溉田，民利数倍。近岁多所湮废。诏诸路监司，访寻州县，可兴复水利。如能设法劝诱，兴修塘堰圩隄；功利有实，当议旌宠"②
>
> 于是司农寺请立法；先行之开封。功可行，颁于天下。民种桑柘，毋得增赋。安肃广信顺安军保州令民即其地植桑榆。或所宜木。……官计其活茂多寡，得差减在户租数。活不及数者罚；责之补种。兴修

① 《宋史·食货志》上五。

② 《通考·田赋考》六。

> 水利田；起熙宁三年(公元一〇七〇年)至九年，府界及诸路，凡一万七百九十三处，为田三十六万一千一百七十八顷有奇。神宗元丰元年(公元一〇七八年)，诏开废田水利。民力不能给役者贷以常平钱谷。京西南路流民，买耕牛者免征，五年(公元一〇八二年)都水使者范三渊奏：自大名抵乾宁跨十五州，河徙地凡七千顷，乞募人耕种，从之。[①]

整理税收之法 国家开支日大，财政上渐感入不敷出；则整理税收，增加收入，成了当务之急。于是诸新法中，乃有所谓方田均税法。方田均税法，是丈量田亩，其得田亩之确数。从而增加田税的。在土地私有制之下，因兼并买卖，土地之确数，政府完全无法晓得。于是有土地很多，而出税很少的；也有出税很重，而土地无多的。更有逃赋之家，虽有土地，却完全不纳税。这就国家的财政上讲，是很大的损失。所以在仁宗景祐中，便有郭谘，在洛州方面，单独设法整理。“洛州肥乡，田赋不平。谘摄令，以千步方田法，四出量括，遂得其数。除无地之租者四百家，正无租之地者百家，收逋赋八十万。”[②]这种有租无地，及有地无租的混沌状态，当不止洛州一处。所以神宗熙宁时，便有重定方田法颁行天下之举。

方田之法，大要为：一，先定土地面积的单位；二，政府委人，实行视察，分别土地肥瘠之等级；三，以所定的单位，及所定的等级，造成表册，以为征税的张本。至于征税，也有一些规定：一，租额税数，不准升奇为整，致超定数；二，为便民生，确定某些土地，不征地税。《食货志》曰：

> 神宗患田赋不均，熙宁五年(公元一〇七二年)，重修定方田法，诏司农以均税条约并式，颁之天下。以东西南北各千步，当四十一顷，六十六亩。一百六十步为一方。岁以九月，县委令佐，分地计量。随陂原平泽而定其地。因赤淤黑垆而辨其色。方量毕，以地及色参定肥瘠，而分五等；以定税则。至明年三月毕。揭以示民。一季无讼，即书户帖连庄账付之，以为“地符”。均税之法，县各以其租额税数为限。旧尝收蹙奇零：如米不及十合，而收为升；绢不满十分，而收为寸之

① 《宋史·食货志》上一。

② 《宋史·郭谘传》。

类。今不得用其数均摊增展，致溢旧额，凡越额增数皆禁。若瘠卤不毛，及众所食利，山林陂塘沟路填墓，皆不立税。凡方田之角，立土为峰，植其野之所宜木以封表之。有方账，有庄账，有甲帖，有户帖。其分烟析产，典卖割移，官给契，县置簿，皆以今所方之田为正。[①]

这样的新法，实行起来，究竟可得怎样的结果呢？有人说，结果很好。如蔡京谓：

自开阡陌，使民得以田私相贸易。富者恃其有余，厚立价以规利；贫者迫于不足，薄移税以速售。而天下之赋调不平久矣。神宗讲究方田利害，作法而推行之。方为之账，而步亩高下丈尺不可隐。户给之帖，而升合尺寸无所遗。以买卖，则民不能容其巧。以推收，则吏不能措其奸。今文籍具在，可举而行。[②]

照道理讲，当然是很好的；但事实上就不尽然了。方量田亩之官"惮于跋履，并不躬亲行缠拍峰；验定土色，一付之胥吏。致御史台受诉有二百余亩，方为二十亩者！有二顷九十六亩，方为十七亩者！虔之瑞金县是也。有租税十有三钱，而增至二贯二百者！有租税二十七钱，而增至一贯四百五十者！虔之会昌县是也。"[③]不过这或出于手续上的错误，并非谓新法本身坏到怎样。且此等错误之产生，也只在虔之瑞金会昌一二县。

控制贸易诸法　青苗法、免役法、农田水利法，侧重救济农村。方田均税法，侧重增加税收，同时且有打击封建地主的作用。至于控制贸易诸法，则既可以减轻农民的负担，又可以扩大政府的收入。同时又足以打击富商大贾之居奇。此中凡包含两种新法：一曰市易法，二曰均输法。

(a)市易法。市易法可分下之几方面说明：第一政府设置专司，平定物价。凡物价太低，于生产者不利，政府拿出钱来购买。反之，物价太高，于消费者不利，政府将所买之货售出。第二，政府用这种方法，经营买卖，可以抑制富商大贾，使他们不能过度地剥削生产者与消费者。盖他们倘把物价提得太高，不利于消费者时，政府有较为廉价之物出售。他们倘把物

① 《宋史·食货志》上二。

② 《宋史·食货志》上二。

③ 《宋史·食货志》上二。

价抑得太低，不利于生产者时，政府可以出较高之价购买。第三，政府用这种方法经营买卖，不仅可以抑制富商大贾，同时实可以增加财政上的收入。因为政府经营买卖，并不是贵买贱卖。反之，依然是循一般的贸易法则，依然是贱买贵卖。所以仍于买卖之中，获得赢余。不过不像富商大贾那样乘人之急，故意抬高物价或抑低物价。故政府用这种方法，同时实得三种好处：抑制富商，一也；维护生产者与消费者，二也；增加政府的收入，三也。兹录一段记载于次：

> 有魏继宗者，自称草泽，上言："……今富人大姓，乘民之亟，牟利数倍。财既偏聚，国用亦屈。请假榷务钱，置常平市易司，择通财之官任其责，求良贾为之转易，使审知市物之价。贱则增价市之，贵则损价鬻之。因收余息，以给公上。"于是中书奏在京置市易务官。凡货之可市，及滞于民而不售者，平其价市之。愿以易官物者听。若欲市于官，则度其抵，而贷之钱，责期使偿；半岁输息十一，及岁倍之。凡诸司配率，并仰给焉。以吕嘉问为提举。赐内库钱百万缗，京东路钱八十七万缗为本。①

(b)均输法。这完全是政府经营买卖之法。这与市易法用意完全两样。市易法颇含有社会政策之意味。政府拿出钱来经营买卖，主要的意思，在抑制商贾，救济生产者与消费者。政府只是顺便获得利息。均输法简直是政府自居商人地位，与商人竞争，从而夺取商贾之利。其法系由政府拿出钱来，交"发运使"，作为经营买卖的资本。发运使拿了政府的钱，站在政府的地位，出而经营买卖，依贱买贵卖的方式，为政府赢得利息。但与普通商人经营买卖，有一大不相同之点。普通商人，只在牟利。只要有利可图，便将货物买入或卖出。买卖可以毫不停止。货物绝对不必储存起来。且储存即是损失。至于政府的均输法，虽也是纯粹买卖；虽也乘有利可图之时，将货物买入或卖出。但买卖有时须停止，货物有时储存起来。

盖均输法，原来是救济机械的上供之法的。各地方对于中央，每年有一定的上供之物，以供国家必要之用。但上供非常机械。年丰可以多供，却又不必多供；年俭应该少供，却又不许少供，此其一。近京之地物多价

① 《宋史·食货志》下八。

廉时，也只须供足法定之数；远京之地物少价昂时，仍须供足法定之数；此其二。政府收得上供之物，即储存起来；物价或升或降之时，商人乘机获利，甚至勒抑平民，政府有储存，却不出而救济，此其三。欲救济这些机械之弊，故以钱交发运使，出而经营买卖。但这种买卖，只限于储存之物间空之时，或政府不需用储存之物之时。绝不似商人那样无时或已的买卖。《宋史·食货志》述均输之法曰：

均输之法，所以通天下之货，制为轻重敛散之术。使输者既便，而有无得以懋迁焉。熙宁二年(公元一〇六九年)制置三司条例司言："天下财用无余，典领之官，拘于弊法，内外不相知，盈虚不相补。诸路上供，岁有常数；丰年便道可以多致，而不能赢。年俭物贵，难于供亿，而不敢不足。远方有倍蓰之输，中都有半价之鬻，徒使富商大贾，乘公私之急，以擅轻重敛散之权。今发运使实总六路赋入，……军储国用，多所仰给。宜假以钱货，资其用度，周知六路财赋之有无，而移用之。凡籴买税敛上供之物，皆得徙贵就贱，用近易远。令预知中都帑藏年支见存之定数，所当供办者，得以从便变易蓄买，以待上令。稍收轻重敛散之权，归之公上，而制其有无。以便转输，省劳费，去重敛宽农民。庶几国用可足，民财不匮。"①

又《宋史·王安石传》亦云："均输法者，以发运之职，改为均输，假以钱货。凡上供之物，均得徙贵就贱，用近易远。预知在京仓库所当办者，得以便宜蓄买。"上面所述种种，是均输法之大意。关于这法之实行，很有些人反对。其理由大约不外，一，政府不应与商争利；二，政府即与商人争得多少之利，然设官经营，耗费亦多。

侍御史刘琦，侍御史里行钱顗等言："向小人假以泉货，任其变易；纵有所入，不免夺商贾之利。……"权开封府推官苏轼亦言："均输徙贵就贱，用近易远。然广置官属，多出缗钱；豪商大贾，皆疑而不敢动。以为虽不明言贩卖，既已许之变易。变易既行，而不与商贾争利，未之闻也。夫商贾之事，典折难行其买也，先期而予钱；其卖也，后期而取直。多方相济，委曲相通。倍称之息，由此而得。今先设官置

① 《宋史·食货志》下八。

吏，簿书廪禄，为费已厚。非良不售，非贿不行。是官买之价，比民必贵。及其卖也，弊复如前。商贾之利，何缘而得，朝廷不知虑此，乃捐五百万缗钱予之。此钱一出，恐不可复。纵使其间薄有所获；而征商之额，所损必多矣。”①

整饬军备诸法 这里可分为置将、保甲、保马、置军器监等项。先述置将之法。宋初鉴于藩镇之弊，努力削除藩镇的兵权。戍守边城的事，则由中央派禁旅去担任。并立更戍之法，将戍守边城的禁旅常常调动。其用意在防止军人割据坐大。但一法立，一弊生。调动的次数太多，“更戍交错，旁午道路。议者以为徒使兵不知将，将不知兵。缓急恐不可恃。”②这就有改革的必要了。于是有置将法。“神宗即位，乃部分诸路将兵，总隶禁旅。使兵知其将，将练其士。平居知有训厉，而无番戍之劳。有事而后遣焉，庶不为无用矣。熙宁七年(公元一〇七四年)始诏总开封府畿，京东西，河北路兵，分置将副，由河北始。”③总计所置之将，有九十二员。

其次保甲法。保甲法，系利用农民闲暇之时，教以武艺，使他们能够捕捉盗贼，维持地方安宁之法。大体家有二丁，须出一丁。联合十家，即为一保；选一有干力之人为保长。五十家为一大保，有大保长；十大保为一都保，有都保正。

熙宁初，王安石变募兵而行保甲。……民十家为一保，选主户有干力者一人为保长。五十家为一大保，选一人为大保长。十大保为一都保，选为众所服者为都保正，又以一人为之副。应主客户两丁以上选一人为保丁。附保两丁以上，有余丁而壮勇者亦附之。内家资最厚，财勇过人者，亦充保丁。兵器非禁者听习。每一大保，夜轮五人儆盗。……既行之畿甸，遂推之五路，以达于天下。时则以捕盗贼相保任，而未肄以武事也。四年(公元一〇七一年)，始诏畿内保丁肄习武事。岁农隙，所隶官期日于要便乡村，都试骑步射，并以射中亲疏远近为等。④

① 《宋史·食货志》下八。

② 《宋史·兵志》二。

③ 《宋史·兵志》二。

④ 《宋史·兵志》六。

再其次保马法。这是政府命人民养马，以作战备之法。其大要焉“凡五路义保，愿养马者，户一匹；以监牧见马给之。或官与其直使自市。岁一阅其肥瘠，死病者补偿。”[①]

再其次置军器监。这是关于改良军器的行政。“熙宁六年（公元一〇七三年），始置军器监，总内外军器之政。凡产材州，置都作院。凡知军器监利害者，听诣监陈述。于是吏民献器械法式者甚众。”[②]

除上述财政军政等等改革以外，王安石对于学校亦多所改革。唯是等改革对图强御侮的关系多是间接的而非直接的，故让诸教育史。

四　因变法引出党争

王安石等新党得势　王安石是变法图强运动的主要人物；他又叫王介甫，是抚州临川人。所以有时候人家又称他为王临川。他小的时候，就有经世的思想。仁宗时，曾上过万言书。神宗初年，出知江宁府。后被召为翰林学士。神宗很器重他，用他为宰相。从神宗熙宁二年（公元一〇六九年）到九年（公元一〇七六年），正是他当权的时候。

安石是大政治家，有新见识，且亟欲贯彻其新法之主张。当他正将出任宰相之时，在朝的要人，如韩琦、唐介、孙固、吕诲等都不以为然。安石既做了宰相，为贯彻自己的主张起见，只好引用与自己志同道合的人。于是用吕惠卿，叫他在制置三司条例司里任检详文字之职；事无大小，都与他商量，都由他作谋主。用章惇，叫他为编修三司条例官，加集贤校理，中书检正，擢知制诰，直学士院，判军器监。用曾布，叫他同吕惠卿草创青苗、助役、保甲、农田诸法。这班人既都居了要职，便都拥护安石。这只要看曾布上神宗的疏，就可以知道。其言曰：

> 陛下……思大有为于天下，而大臣玩令，倡之于上；小臣横议，和之于下；人人窥伺间隙，巧言丑诋，以哗众罔上。……诚推赤心，以待遇君子，而厉其气；奋威断以屏斥小人，而消其萌；使四方晓然，皆知主不可抗，法不可侮；则何为而不可？何欲而不成哉？[③]

---

① 《宋史·王安石传》。

② 《宋史·兵志》十一。

③ 《宋史·曾布传》。

安石既得了人家的拥护，于是放胆实行新政。凡阻挠新政之实行的，一律罢斥。计吕公著以请罢新法，被迫降为颍州刺史。刘述、刘琦、钱颛、孙昌龄、王子韶、程颢、张戬、陈襄、陈荐、谢景温、杨绘、刘挚，谏官范纯仁、李常、孙觉、胡宗愈，皆不得其言相继去。知制诰宋敏求、李大临、苏颂封还词头。御史林旦、薛昌朝、范育皆罢逐。翰林学士范镇，三疏言青苗，夺职致仕。欧阳修乞致仕。富弼以格青苗，解使相。文彦博言市易与下争利，出守魏。韩琦、司马光等悉被排斥。

司马光等旧党得势 当安石等新党得势之时，旧派便藉端加以攻击。熙宁七年春(公元一〇七四年)，天下久旱，饥民流离，与新法可以说是风马牛不相及。而旧派中人郑侠“上疏，绘所见流民扶老携幼困苦之状，为图以献曰：“旱由安石所致；去安石天必雨。”[①]这也可见旧派对新党之态度了。

安石处在这种情形之下，自己的同党，就是和衷共济，也都不免遭遇困难。谁知危急之时，竟有同党的倾陷。吕惠卿本是安石所引进，与安石之弟安国很不相得。安国恨他奸谄，当面侮辱他。这样一来，姓王的与姓吕的之间，发生了不可救药的裂缝。当安石被旧派攻击去职之时，吕惠卿乃乘机起而执政，且由安石的同党，一变而为仇敌，凡可以害安石之处，无不尽情陷害，这便成了安石的致命的打击。

新党处境如彼其难，而同党内之倾陷又如此其烈，这便造成了旧党得势的大好机会。当神宗死后，哲宗继立之时，因年才十岁，由太皇太后高氏听政。这时旧党司马光便出而为相。挟着旧派势，诋诽新法，排斥新党，不遗余力。于是于元丰八年(公元一〇八五年)七月，罢保甲法；十一月，罢方田法；十二月，罢市易法，保马法。哲宗元祐元年(公元一〇八六年)三月，诏修定役书；八月，诏复常平旧法，罢青苗钱。这是新法所受的打击。至于新党，也都遭殃。《苏辙传》称：

> 宣仁后(即太皇太后高氏)临朝，用司马光吕公著，欲革弊事(指新法)。而旧相(指新党)蔡確韩缜，枢密使章惇，皆在位窥伺得失。辙皆论去之。吕惠卿……自知不免，乞宫观以避贬窜。辙具疏其奸，以散

---

① 《宋史·王安石传》。

官安置建州。[1]

旧党得势，尽去新法，复旧法，其行为未免操切。就是旧党同人，对于司马光的操切行为，也有不以为然的。如差役，或派人担负公役，是最不好的一种旧法子。司马光执政，硬要复行这种旧法，这就未免太过。所以旧党同人，如范纯仁，也忍不住要对司马光曰："去其太甚者可也。差役一事，尤当熟讲而缓行。不然，滋为民病。愿公虚心，以延众论。不必谋自己出。谋自己出，则谄谀得乘间迎合矣。"[2]差役法的反面，便是免役法，或用免役钱雇人担负公役。这的确是一种很好的新法。司马光执政，硬要并此法一律去掉，也未免太过。所以旧党同人苏轼也忍不住要说一句公道话曰："法相因则事易成，事有渐则民不惊。……自尔以来，民不知兵，兵不知农。农出谷帛以养兵，兵出性命以卫农，天下便之。虽圣人复起，不能易也。今免役之法，实大类此。"[3]

旧党分裂新党再起　旧党之中，后又分为三个小党：曰蜀党，曰洛党，曰朔党。蜀党以苏轼为领袖，吕陶等为羽翼。洛党以程颐为领袖，朱光庭、贾易等为羽翼。朔党以刘挚、梁焘、王岩叟、刘安世为领袖，羽翼更多。这种分化，大概由于意气。与政治主张，完全没有关系。旧党陷入分裂，当又是新党抬头之时了。

元祐八年（公元一〇九三年）高太后崩，哲宗亲政。哲宗年幼之时，高太后听政，引用旧党。高太后死时，哲宗年已大了，对于旧党的专擅，有些看不惯了，乃复行新法。并改元绍圣，以示绍述神宗新法之意。以新党的章惇为相，对于旧党，报复不遗余力。

哲宗亲政，有复熙宁元祐之意。首起惇为尚书左仆射，兼门下侍郎。于是专以绍述为国是。凡元祐所革，一切复之。引蔡卞、林希、黄履、来之邵、张商英、周秩、翟思、上官均居要地，任言责。协和谋朋奸，报复仇怨，大小之臣，无一得免。死者祸及其孥，甚至诋宣仁后，谓元祐之初，老奸擅国，又请发司马光吕公著冢，斲其棺。哲

① 《宋史·苏辙传》。
② 《宋史·范纯仁传》。
③ 《宋史·苏轼传》。

宗不听。①

当章惇任宰相之时，新党对旧党的报复，几于无微不至。这只要看中书舍人蹇序长等的办法可知。序辰“愿讨奸臣所言所行，选官编类，人为一帙，置之二府，以示天下后之世之大戒。章惇蔡京请即命序辰及其学士院徐铎编类。凡司马光等一时施行文书，捃拾附著，纤细不遗，凡一百四十三帙，上之。由是搢绅之士，无得脱祸者矣。”②又《宋史·章惇传》称：“踵蹇序辰初议，阅诉理书牍，被祸者七八百人，天下怨疾。”这可见新党对旧党报复之厉害了。

旧党末落新党报复 当章惇就任宰相之时，势力极大。同党的曾布以未得进居同省执政，与惇颇有些格格不相容之势。布且对哲宗奏称：“人主操柄，不可倒持。今自丞弼以至言者，知畏宰相，不知畏陛下。臣如不言，孰敢言者?”③曾布之意，在推倒章惇。恰好这时，哲宗崩，徽宗立，章惇以罪罢职。徽宗年幼，皇太后向氏听政，复起用旧党陈瓘、邹浩等，而贬斥蔡卞、蔡京等。同时并追复文彦博等三十三人的官。这样一来，旧党似又复活了。但向太后听政只有七月，徽宗即亲政。这时新党复起，旧党尽遭排斥。当蔡京独专大政之时，一意排斥旧党。构成党锢之祸，不许旧党作官，还不算数，一定要治旧党以罪。治旧党以罪还不算数，一定要目旧党为奸党，为之刻石立碑。立奸党碑还不算数，一定要禁止宗室与所谓奸党的子孙通婚。这就成了所谓党锢之祸了。

> 崇宁元年(公元一一〇二年)八月，……诏司马光等二十一人子弟，毋得官京师。……九月，……诏中书籍元符三年(公元一一〇〇年)臣僚章疏姓名，为正上、正中、正下三等，邪上、邪中、邪下三等。治臣僚议复元祐皇后及谋废元符皇后者罪。降韩忠彦、曾布官。……窜曾声以下十七人。籍元祐及元符末宰相文彦博等，侍从苏轼等，余官秦观等，内臣张士良等，武臣王献可等，凡百有二十人，御书刻石端礼门。以元符末上书人钟世美以下四十一人为正等，悉加旌擢。范柔中以下五百余人为邪等，降责有差。……十月，……诏责降官观人，

① 《宋史·章惇传》。

② 陈邦瞻：《宋史纪事本末》卷四六。

③ 《宋史·曾布传》。

不得同一州居住。[1]

时元祐群臣，贬窜死徙略尽。京犹未惬意，命等其罪状。首以司马光，目曰奸党。刻石文德门，又自书为大碑，徧颁郡国。初，元符末，以日食求言。言者多及熙宁绍圣之政，则又籍范柔中以下为邪等；凡名在两籍者，三百九人，皆锢其子孙，不得官京师。[2]

崇宁二年(公元一一〇三年)九月，诏宗室不得与元祐奸党子孙为婚姻。……诏上书邪等人知县以上资序，并与外祠选人，不得改官及为县令。……十一月，以元祐学术政事聚徒传授者，委监司举察，必罚无赦。……三年(公元一一〇四年)六月，……诏重定元祐元符党人，及上书邪等者，合为一籍。通三百九人，刻石庙堂，余并出籍。[3]

泛论党争　实行新法乃应付时代的要求，意在图强御侮。而结果完全失败，只博得几十年纠缠不清的党争。计自神宗朝到徽宗朝，五六十年间，新旧党的倾轧，为历史上所仅见。倾轧的原因，表面上好像是因对于新法的见解之不同：新党认新法可行，旧党认为不可，因而相争。其实除此之外，我们还可以加上一句曰：乃由于地主阶级之扩大。自土地私有制盛行以来，地主阶级，渐渐发荣滋长。直到宋朝，这个阶级，已经大到了极度。他们自唐末及五代军阀混战以来，或为避免纷扰计，躲在寺庙里；或为积极发挥自己的封建势力，以及在社会上的支配作用计，乃挤入军政界。他们向政界挤得十分利害；凡已在政治舞台上的人，都得拉拢他们。这在本篇第一章第三节里，已经详细叙述过了。但他们人数太多了，政府里仅管可以多设冗员(宋代冗员之多，为历史上所仅见，亦详本篇第一章第三节)以安置之；然因取于民的财力有限，终不能完全安置。结果便是党争。兹录今人一段关于宋代党争的议论于次，以供参考。

宋室朋党之祸，虽极于元祐绍圣以后，而实滥觞于仁宗英宗二朝。其开之者。则仁宗时范吕之争(范仲淹与吕夷简常因进用人材，或建置国都等问题而相争)。其张之者，则英宗时之濮议(知谏院司马光，翰林学士王珪，参知政事欧阳修等议祀奉濮王之典礼。濮王者，仁宗之本生父也)。及神宗

① 《宋史·徽宗纪》一。
② 《宋史·蔡京传》。
③ 《宋史·徽宗纪》一。

时，王安石创行新法，旧党肆行攻击。附和安石者，复逢迎新党，反对旧党。两相排挤，而其祸成矣。中国前此之党祸，若汉之钩党，唐之牛李党；后此之党祸，若明之东林党复社党阉党，皆可谓之以小人陷君子。唯宋之党祸不然。其性质复杂而极不分明。无智愚贤不肖，皆自投于蜩螗沸羹之中。一言以蔽之，曰：士大夫以意气相竞而已。推原宋代朋党之祸，所以特盛之原因有二；一，由于右文而贱武；二，由中央集权太过其度。太祖之政策，既务摧抑其臣，使不得以武功自见。怀才抱能之士，势不得不尽趋于从政之一途。而兵权财权，悉集中央。牧民之司，方面之寄，以为左迁贬谪，或耆臣优养之地；非如汉之郡守国相，得行其志，以有所树立。且严其考成黜陟，使人知所濯磨也。是故秀异之士，欲立功名者，群走集于京师而彼时之京师，又非如今世立宪国之有国会，容多士以驰骋之余地也。所得与于国政者，仅有二三宰执。其次则少数之馆职台谏，为宰执升进之阶者也。夫以一国之大，人材之众，而唯此极少极少之位置，可以为树立功名之凭藉。则其相率而争之，亦固其所。故有宋一代之历史，谓之争夺政权之历史可也。不肖者固争焉以营其私；即贤者亦争焉以行其志。争之既急，意气自出乎其间。彼此相诋，而以朋党之名加人。于是新旧党倾轧之祸，遂与北宋相终始矣。[①]

这里所谓党争之两原因，与其说是原因，毋宁说是防止党争的对策。政府右文，敷衍地主阶级，正所以缓和他们对政府的袭击。集权中央，正所以防地主阶级依附军人在各地割据。这都是地主阶级扩大到极度的一些反映。地主阶级之扩大，是土地私有制之历史发展的必然结果。既已扩大了，则造成党争，乃不能避免之事实。政府即不右文贱武，不集权中央，亦不能免去地主阶级在政海之朋党相争。

① 王桐龄：《中国史》第三编第七章。

第三章　金对宋之大压迫

宋辽之冲突与宋夏之冲突尚未完全结束之时，而宋金之冲突，忽又加紧。且宋在金人的高度压迫之下，几乎成了金人的一个从属之国。兹略述其大概于次。

一　金之兴起及其向外发展

略述金人　金的先世，来历很远，据说即古之肃慎。元魏时称勿吉，共有七部。隋时称靺鞨，仍有七部。唐时黑水靺鞨与粟末靺鞨，都臣事高丽。粟末靺鞨且会据渤海之地称王，黑水靺鞨曾以十五万兵助高丽抗唐太宗。唐开元中，黑水靺鞨来朝。五代时，契丹尽取渤海之地，黑水靺鞨亦属附于契丹。《金史》有曰：

> 金之先出靺鞨氏。靺鞨本号勿吉；勿吉，古肃慎地也。元魏时，勿吉有七部：曰粟末部，曰伯咄部，曰安车骨部，曰拂涅部，曰号室部，曰黑水部，曰白山部。隋称靺鞨，而七部并同。唐初有黑水靺鞨，粟末靺鞨。其五部无闻。粟末靺鞨，始附高丽，姓大氏。李勣破高丽，粟末靺鞨保东牢山，后为渤海，称王；传十余世；有文字礼乐，官府制度；有五京，十五府，六十二州黑水靺鞨，居肃慎地，东濒海，南接高丽，亦附于高丽。常以兵十五万众，助高丽拒唐太宗，败于安市；开元中来朝，置黑水府，以部长为都督刺史，置长史监之；赐都督姓李氏，名献诚，领黑水经略使。其后渤海盛强，黑水役属之，朝贡遂绝。五代时，契丹尽渤海地，而黑水靺鞨附属于契丹。其在南者，籍契丹，号熟女直（本名女真，因辽兴宗名宗真，避讳改称女直）。其在北者，不在契丹籍，号生女直。女直地有混同江长白山。混同江亦号

黑龙江，所谓白山黑水是也。[①]

金之建国称号，在宋徽宗政和五年，辽天祚帝天庆五年(公元一一一五年)。其时生女直的酋长完颜阿骨打叛辽称帝，改名曰旻，改国号曰金。金之先世，虽源远流长；而建国之先锋，却是阿骨打。阿骨打，即《金史》上的第一个皇帝，所谓金太祖是也。至于改国号曰金，也有一段理由。原来辽人以辽为号，译议就是宾铁(即精铁)，阿骨打大约以为自己的部属比辽人强。辽人既以宾铁为号，他们自己当以更坚之金为号。且金色白，亦复适合完颜部所尚之色。关于这名称，《金史》有一段曰：

> 收国元年(公元一一一五年)正月，壬申朔，群臣奉上尊号。是日即皇帝位。上曰："辽以宾铁为号，取其坚也。宾铁虽坚，终亦变坏。唯金不变不坏。"金之色白，完颜部色尚白。于是国号大金，改元收国。[②]

金人的生活，大抵为一种游牧生活。譬如犯杀人罪，金俗的处罚，系勒令犯者以马牛偿于被杀伤者之家。又如嫁娶，常以牛为聘礼。这可见马牛在生活上之重要。直至献祖绥可(即阿骨打之六世祖)之时，金人尚无固定的居宅。凡此种种，显见得他们过的是游牧生活。《金史》称：

> 凡有杀伤人者，征其家人口一，马十，偶牸牛十，黄金六两，与所杀伤之家。……女直之俗，杀人偿马牛。……始祖(即阿骨打之九世祖)乃以青牛为聘礼。……黑水旧俗，无室庐。负山水，坎地，梁木其上，覆以土。夏则出随水草以居，冬则入处其中。迁徙不常。献祖乃徙居海古水，耕垦树艺，始筑室，有栋宇之制。人呼其地为纳葛里；纳葛里者，汉语居室也。自此遂定居于安出虎水之侧矣。[③]

金人的生活，固然是游牧的。但自太祖阿骨打建国以后，历代游牧贵族都能接受汉化，都懂文事。太祖之时，且能混合汉字契丹字及其本国语，组成一种女直字，颁行于国。至于精深汉人之文艺美术的，更不知多少。

---

① 《金史·本纪》第一。

② 《金史·本纪》第二。

③ 《金史·本纪》第一。

赵翼谓：金之文物，远胜辽与元：

> 金初，未有文字，而开国以后，典章诰命，皆彬彬可观。《文艺传序》云："金用武得国，无异于辽。而一代制作，能自列于唐宋之间，有非辽所及者，以文不以武也。"盖自太祖起事，即谓诏令宜选善属文者为之。令所在访求博学雄文之士，敦遣赴阙，又以女直无字，令希尹仿汉人楷字，契丹字形，合本国语，制女直字颁行之。是太祖已留心于文事。及破辽，犹契丹汉人，通汉语；于是诸王子皆学之。勖少时即好学问，国人呼为秀才，能以契丹字为诗文。凡游宴辄作诗以见意。宗翰能以两月尽通契丹大小字（太祖时所作女直字，称女直大字；至熙宗时又作，称女直小字）。宗雄从猎，为流矢所伤，养疾两月，习契丹大小字通之。接勖为都统，宗翰宗雄为元帅。时尚未灭辽，而已好学如是。盖王气所钟，生皆异禀。文艺之末，不学而能。熙宗谒孔子庙，追悔少年游佚自是读《尚书》《论语》《五代史》及《辽史》。或夜以继日。海陵尝使画工密图杭州湖山，亲题诗其上。有"立马吴山第一峰"之句。其中秋待月，赋《鹊桥仙词》，尤奇横可喜。又尝令郑子聃杨伯仁张汝霖等与进士杂试，亲阅卷，子聃第一。是并能较文艺之工拙。计熙宗登极时，年仅二十余。海陵当宗弼行省时，已在其军前，则其习为诗文，尚在用兵开国时也。世宗尝自撰本曲，道祖宗创业之艰难，幸上京时，为宗室父老歌之。其在燕京，亦尝修赏牡丹故事。晋王允猷赋诗，和者十五人。显宗在储位，尤好文学，与诸儒讲论，乙夜忘倦。今所传赐右相石琚生日诗，可略见一斑。迨章宗以诗文著称，密国公寿以书画传世，则濡染已深，固无足异矣。惟帝王宗亲，性皆与文事相浃；是以朝野习尚，遂成风会。金代文物，上掩辽而下轶元，非偶然也。①

金人的先世，金人的得名，金人的游牧生活，金人的贵族文化，略如上述。现在且来看看金人的向外发展。

金人之灭辽　金人向外发展之最大一端，厥为灭辽。这事又可分别来说。第一便是辽之就衰。辽的帝统，传至天祚帝时，便已就衰了。这是游

① 赵翼：《廿二史劄记·金代文物远胜辽元》。

牧贵族，握着统治权之后，因为生活的优裕必然地趋于腐烂的结果。《辽史》叙述当时的情形曰：

> 降臻天祚，既丁末运，又觖人望；崇信奸回，自椓国本，群下离心。金兵一集，内忧先作。废立之谋，叛亡之迹，相继蜂起。驯至土崩瓦解，不可复支。良可哀也。①

第二便是金太祖大败辽兵。辽的情形如此，而金正当方兴未艾之时，且金主太祖复"英谟叡略，豁达大度；知人善任，人乐为用。"②收国元年（公元一一一五年）即位之后，即自将兵攻取辽之黄龙府（今吉林农安县）。辽主闻黄龙府被取了，大惧，自将七十万兵往救。已行至驼门。这时，金主乃命驸马萧特末、林牙萧查剌等将骑兵五万、步兵四十万，由自己统领预备御敌。行至爻剌，与诸将会议。众皆曰：

> 辽兵号七十万，其锋未易当。吾军远来，人马疲乏，宜驻于此，深沟高垒以待。③

恰好这时，辽之西部有事，辽兵不得不撤退。于是金兵乘势而追。追至护步答冈，与辽兵大战，获得全胜。"辽师败绩，死者相属百余里。获舆辇、帟幄、兵械、军资、他宝物、马牛，不可胜计。"④于是四方闻风来降，收国二年（公元一一一六年）诏曰：

> 自破辽兵，四方来降者众，宜加优恤。自今契丹、奚、汉、渤海系辽籍女直、韦室、达鲁古、元惹铁骊诸部官民已降，或为军所俘获，逃遁而还者，勿以为罪；其酋长仍官之。且使从宜居处。⑤

第三便是金宋相约夹击辽人。金太祖虽然把辽人打败了，但并未完全消灭辽人之国。同时宋帝国也以历次对辽用兵不利，想联合金人共同灭辽。情形如此，于是有金宋相约夹击辽人之举。宋宣和四年，金天辅六年（即公

① 《辽史·本纪》第三十。
② 《金史·本纪》第二。
③ 《金史·本纪》第二。
④ 《金史·本纪》第二。
⑤ 《金史·本纪》第二。

元一一二二年)约定以长城为用兵界线。金兵由平地松林攻辽中京(今热河平泉县),宋兵由白沟攻辽南京(今北平)。其次,辽灭之后,宋得收回五代时后晋所失之地,同时并将缴纳给辽的岁币,分赠给金。相约进攻的结果,金兵颇得势,取中京及西京(今山西大同县),并掳辽天祚帝。宋兵却不得势,其进攻之目标南京,仍是由金人攻下。第四便是西辽国之出现。辽人被金宋夹击之后,算是亡了。但辽太祖之八代孙名耶律大石者,竟率铁骑,西逃至可敦城。驻北庭都护府,会七州十八部之王众,声言要剪灭仇敌,恢复疆宇。西行之时,在各游牧民族之中,聚集了精兵万余,于是置官吏,立排甲。更西行,经过回鹘国。卒行至撒马儿罕与布哈拉之间的起儿漫。于宋徽宗宣和六年,金太宗天会二年(公元一一二四年)大石称帝。二月五日,即皇帝位,号葛儿罕(亦作菊儿罕)。成立一个有名的西辽国。西辽国凡延绵八十四年之久,到直鲁古死时,才完全灭亡。这事在第六章里还要讲的。现在且摘录一段大石称帝的记载于次。

耶律大石……率铁骑二百,……西至可敦城。驻北庭都护府会七州十八部王众,论曰"……金以臣属逼我国家……使我天祚皇帝蒙尘于外。……我今仗义而西,欲借力诸蕃,剪我仇敌,复我疆宇。……"遂得精兵万余。置官吏,立排甲具器仗。明年二月甲午,……整旅而西。先遗书回鹘王毕勒哥曰:"……今我将西至大食,假道尔国,其勿致疑。"毕勒哥得书,即迎至邸。……愿质子孙为附庸。送至境外。所过,敌者胜之,降者安之。兵行万里,归者数国。获驼马牛羊财物,不可胜计。军势日盛,锐气日倍。至寻思干(即撒马尔罕),西域诸国,举兵十万,号忽儿珊,来拒战。……三军俱进,忽儿珊大败。……驻军寻思干,凡九十日。回回国王来降。贡方物。又西至起儿漫(在撒马尔罕与布哈拉之间),文武百官,册立大石为帝。以甲辰岁(宋徽宗宣和六年,金太宗天会二年,即元公一一二四年)二月五日即位。……号葛儿罕。复上汉尊号曰天祐皇帝。改元延庆。……延庆三年(公元一一二六年)班师东归。马行二十日,得善地,遂建部城,号虎思斡耳朵。[1]

金人于灭辽之后,便大举攻宋。现在且看金人攻宋的种种。

---

① 《辽史·天祚帝纪》四。

灭辽后攻宋 金宋相约攻辽之时，原本约定辽亡之后，宋得收回五代时后晋所失去之土地。但战事既过，金以宋人无功，不肯践约。几经交涉，得结果如下：宋对金(1)岁输银绢各二十万两匹，又别输燕京化税钱一百万缗。(2)遣使贺金主生辰及正旦。(3)置榷场与金贸易。金对宋，则交割燕京。宋方出如此之代价，仅得燕京一空城而已。《大金国志》有曰："童贯蔡攸入燕，先曰交割，后曰抚定。凡燕之金帛、子女、职官、民户为金人席卷而东。宋朝捐岁币数百万，所得者空城而已。"①

这一度交涉，已足以使宋金不睦。至于引起金人大举攻宋，则有下之两事为导火线。(一)宋纳金之叛将张觉(亦作瑴)，觉本为辽兴军节度副使。因镇民杀节度使萧谛里，觉遂被州人推领州事。当金人入燕之时，觉以壮丁五百人，马千匹降于金。这可算是一名降将了。于是金人把觉所驻之平州升为南京，并加觉为同中书门下平章事。谁知觉不忠实，因当地辽之臣民请求他仍服事辽，并迎辽之故主，他居然答应下来。这就动了金人的气。于是金人对他用兵。他不得已，躲在宋人知燕山府王安的甲仗库中。这样一来，金人的怒气，便由张觉身上移到宋帝国方面来了。后来张觉虽仍然被金人索去处死，但金人对宋人终不满。

(二)宋失信，不许金人粮粮二十万斛。原来宋赵良嗣使金时，曾许金人粮粮二十万斛。金天会二年(宋徽宗宣和六年，即公元一一二四年)派人来索，宋方不许。因此金对宋又不满。《大金国志》云：

> 天会二年，三月，……遣使往宋丐粮先是良嗣使金时，许金人粮粮二十万斛。至是诣宣抚司来索所许。谭稹曰："二十万斛，岂易致耶？兼宣抚司未尝有片纸只字许粮之文。"金使曰："去年四月间，赵良嗣已许矣。"稹曰："口许岂足凭邪？"终不之与。②

金人对宋，既有这些不满，同时金人所处之天然环境，又远不如宋，时时有进攻宋之疆土，取得优良的生活环境之必要。于是以这些不满为导火线，便大举向宋进攻。兵分两路。一为东路，由斡离不主之。从燕山(今河北蓟县东南，又燕山府即今之北平，此处当是指燕山府)出发，侵河北路，最后围攻汴京(今河南开封)。另一路为西路，由粘罕主之。从云中(今

① 宇文懋昭：《大金国志·太祖纪》下。

② 宇文懋昭：《大金国志·太宗纪》一。

山西大同县)出发，侵河东路，最后围攻太原。《大金国志》云：

天会三年(宋徽宗宣和七年，即公元一一二五年)十二月，斡离不粘罕，分道入侵宋。东路之军，斡离不主之，建枢密院于燕山，以刘彦宗主院事。西路之军，粘罕主之，建枢密院于云中，以时立爱主院事。……于是斡离不之军自燕山侵河北。粘罕之军侵河东。[①]

次年正月，金东路军已渡河围宋之京师。与宋将李纲何灌等大战。宋军惨败。《大金国志》称："斡离不围宋京师。……知天驷监有马二万匹，刍豆山积。……奄而取之。……寻攻通天景阳门甚急。宋李纲督将士拒之。又攻陈桥封邱卫州门，纲登城督战，杀数千人乃退。何灌山战，败绩，死之。"[②]这时宋主徽宗离京师向东跑。留李纲固守，以待援兵。就当时的情势看，似非不能转败为胜者。金人之兵，只有六万，而宋之勤王兵却得到不少，集于京师城下之兵，达二十万。倘依李纲以逸待劳之办法，料可获胜。只惜姚平仲急于要功，先期以骑兵万人攻金营，未得结果。反因以惹金人之大怒，宋之在朝主和派如李邦彦等，罢李纲以谢金人。但这样一来，群情愤激。太学生陈东等伏宣德门上书曰：

在廷之臣，奋勇不顾，以身任天下之重者，李纲也。……其忌嫉贤能，动为身谋，不恤国计者，李邦彦、白时中、张邦昌、赵野、王孝迪、蔡懋、李祝之徒，社稷之贼也。[③]

又《宋史》亦云：

太学诸生陈东等，及都民数万人，伏阙上书，请复用李纲及种师道。且言："李邦彦等疾纲，恐其成功。罢纲，正堕金人之计。"会邦彦入朝，众数其罪而骂。吴敏传宣，众不退。遂挝登开鼓山呼地动。殿帅王宗濋恐生变，奏上勉从之。遣耿南仲号于众曰："已得旨宣纲矣。"内侍朱拱之宣纲后期，众脔而磔之，并杀内侍数十人，乃复纲右丞。充京城防御使。[④]

---

① 宇文懋昭：《大金国志·太宗纪》一。

② 宇文懋昭：《大金国志·太宗纪》一。

③ 钱士升：《南宋书·陈东传》。

④ 《宋史·钦宗纪》。

群情愤激到这样，民族意识可算强极了。但大势已去，勤王之师到处挫败；即勉强把有血性的李纲捧出来，又有何用呢？结果仍只是与金人议和，定如下之条约。

1. 宋朝输金人金五百万两、银五千万两、表缎百万匹、牛马万头。

2. 宋尊金主为伯父。

3. 割太原中山河间三镇与金。

4. 派亲王宰相为质。

条约既定，金人括借都城金银，及倡优家财，得金二十万两，银四百万两；并带萧王枢为质。宋人这样屈辱了，金斡离不才解汴京之围北去。

二　金人攻陷宋之汴京以后

上述金人对宋之压迫，还只是一个起头。其最严酷之压迫，以后还多着。

金人攻陷汴京　斡离不解围北还之时，而围攻太原未下之粘罕，闻其与宋议和，饱载北去，亦援例遣使要求大赂。宋以与金既定和议，不应再有此事。于是责金人败盟，加以拒绝。并令三镇固守，且派兵往援。三镇者，即和议时约定割与金人之太原中山河间三镇也。这样一来，金人又谓宋不守信约，乃又大举分道南侵。金主于“天会四年(宋钦宗靖康元年，即公元一一二六年)八月，诏左副元帅宗翰，右副元帅宗望伐宋。”[1]宗翰，即粘罕也；宗望，即斡离不也。粘罕自云中出发，斡离不自保州(今河北清苑县)出发。攻战的结果，粘罕攻下太原，斡离不攻下真定。

这时宋方派刑部尚书王云使金交涉。云归，谓金人亟欲得三镇土地。否则，一定进兵攻取汴京。这消息一露，宋朝文武百官，相与集议。当时意见，凡分两派。范宗尹等七十人主割三镇讲和。而秦桧等三十六人坚持不可(这时秦桧的态度与后来主和时两样)。集议的结果，主和派得势。于是派聂昌赴粘罕军中，耿南仲赴斡离不军中进行和议。谁知毫无结果，和议不成。金人因此渡河围汴京，斡离不军屯刘家寺，粘罕军屯青城(开封南薰门外)。终将汴京攻下。《宋史》称：

---

① 《金史·太宗纪》。

时勤王兵不至，城中兵可用者惟卫士三万然亦十失五六。金人攻城急。……范琼以千人出战。渡河冰裂，没者五百余人。自是士气益挫，妖人郭京用六甲法，尽令守御人下城。大启宣化门，出攻金人。兵大败。京托言下城作法，引余兵遁去。金兵登城，众皆披靡。①

陷汴京后大掠　金人攻陷汴京之后，其军队仍屯郊外。战事并没有结束。这时钦宗乃冒万难，亲往金军屯驻之青城，与粘罕议和。金人的条件真苛刻，索金一千万锭，银二千万锭，缣帛二千万匹。这是钦宗亲往金军的第一次。这次幸未被扣留。自从这一次由金军营里回来以后，"金人遣使致书，欲钦宗再幸其军。……钦宗亦不欲出郊，而㮚(何㮚)独以谓必须出。钦宗信之。……幸金营。……遂留不遣。"②这样一来，钦宗便如同被绑票匪绑去，只任金人来索财物。

时金人根括津搬，络绎道路，上遣使归云："朕拘留在此，候金银数足，方可还。"于是再增侍从郎中二十四员，再行根括。又分遣搜掘戚里、宗室、内侍、僧道、伎术之家，凡八日。得金三十万八千两、银六百万两、衣段一百万。诏令权贮纳。时根括已申了绝。……军前取过教坊人，及内侍蓝折等言："各有窖藏金银，乞搜出。"二酋怒甚。于是开封府复立赏限，大行根括。凡十八日。城内复得金七万，银一百十四万，并衣段四万纳军前。二酋以金银不足，杀提举官梅执礼等四人。余各杖数百。③

靖康元年(公元一一二六年)闰十一月三十日，……金已许和。十二月初四日，金人遣使命检视府库。拘收文籍，欲尽竭所有，以犒诸军。

初五日，金使移文开封府，索良马一万匹。……

初六日，索军器。……

初九日，索金帛。……又取奸臣家属凡二十家。……

二十三日，金人索监书藏经，如苏黄文及《资治通鉴》之类……

---

① 《宋史·钦宗纪》。

② 王偁：《东都事略·何㮚传》。

③ 陈邦瞻：《宋史纪事本末》卷五十七。

二十四日，金人持书入城，督责金帛。……检视府库藏积绢，一千四百万疋，于内准充犒赏所须一千万疋。……今来赏劳诸军，议定合用金一百万锭，银五百万锭。……

靖康二年(公元一一二七年)正月二十七日，金人索郊天仪物、法服、卤簿、冠冕、乘舆，种种等物。及台省寺监官吏，通事舍人，内官，数各有差。并取家属。又索犀象、宝玉、药石、彩色、帽幞、书籍之属。……

二十九日，开封府追捕内夫人倡优……又征求戚里权贵女使。……又押内官二十五人，及百工技艺千人。……

三十日，金人索八宝九鼎车辂等。又索将作监官吏，尚书省吏人，秘书监文籍，国子监印板，及《阴阳传神待诏》等。……

二月初二日，金人索后妃服、琉璃玉器。再要杂工匠、伶人、医官、内官等各家属。……

十七日，又追取宫嫔以下一千五百人。亲王二十五人。帝姬附马四十九人。……

十八日，金人移文，索太学博通经学者三十人，如法以礼敦聘前来。师资之礼，不敢不厚。学中应募者三十人。大抵多闽人及河南人。官司各给三百千以治装。三十人忻然应聘。……

十九日，金人移文，索禅学通经口数僧行数十人。……又索应千经板。……

二十二日，金人移文宗室南班官等，须管二十五日，解发尽绝。并不得隐落一人。

三月二十二日，金人移文节次，索金银表段，并犒军之物。……但念楚国肇造，……已议停止。……

二十九日，五鼓，太上皇，主上北行。[①]

一个游牧民族，攻入一个文化较高的农业民族；这样大掠，这一方面固表示着种族战争之激烈残酷。另一方面又显见得游牧民族想从农业民族之文物中，找到文化的模范。其优礼文人师资等，更见得游牧民族亟欲改良自己，看重他人的文化。所以金之游牧贵族的文化，很不坏，而其与汉

① 丁特起：《靖康纪闻》。

族同化的程度尤深。现在亟欲加以补叙的。厥为三月二十二日以后，“楚国肇造”及主上北行两事。

虏徽钦等北去　汴京攻陷，被虏去的，并不止徽宗钦宗父子两人，这我们只要看上面所述，便已知道。但徽钦是宋帝国贵族中的首脑，故值得特别一述。“靖康二年(即高宗建炎元年，金太宗天会五年，公元一一二七年)二月，……金人要上皇如青城。以内侍鄧述所具诸王孙名，尽取入军中。金人偪上皇召皇后皇太子入青城。”[①]就这一事看来，徽钦尚未被虏去之时，金人曾把宋之皇室贵族，调查了一番，开了一张名单去了，其意似欲把诸亲贵一律虏去。其次将要把徽钦虏去之时，金人尚有一大问题悬而未决。即徽钦果北去，所取得宋人之地，归什么人来管？仍立一姓赵的，还是另立一异姓？关于这一个问题，金人决定立异姓张邦昌。这，我们在下面一段还要讲的，兹先把金人处置徽钦的办法说出。其办法，先令到粘罕军前听训，听取立张邦昌之决意。然后令换去贵族衣服，着平常衣服，解往燕京。《大金国志》有一段曰：

> 粘罕遣二人持书，一诣太上皇，一诣钦宗前曰：“今日北国皇帝已有施行事件，请车驾诣军前听候。……”钦宗至金营，粘罕坐而言曰：“今北国皇帝不从汝请，别立异姓为主。”使人拥帝至一室，以兵刃守之，天明，有人呼帝出曰：“太上至矣。”帝视之，见戎衣数十人，引太上而去。……皇族，后妃，诸王累累至军中。日夜不止。……粘罕坐账中，使人拥二帝至阶下，宣诏曰：“宜择立异姓，以代宋后，仍令赵某父子，前来燕京，令元帅府差人津遣前来。”是日，以青袍易二帝衣服。以常妇之服，易二后之服。[②]

堂堂宋帝国皇帝父子，便先后到金兵营中，听取了粘罕宣示金主诏命之后，俯首贴耳，换了常人衣服，任人解往燕京。再其次徽钦既被虏北去以后，情形又怎样呢？《金史》称：“天会六年(宋高宗建炎二年，即公元一一二八年)八月，……以宋二庶人素服见太祖庙，遂入见于乾元殿。封其父(徽宗)昏德公，子(钦宗)重昏侯。”[③]

① 《宋史·钦宗纪》。

② 宇文懋昭：《大金国志·太宗纪》三。

③ 《金史·太宗纪》。

皇帝成了庶人，且以昏德、重昏等侮蔑之封号加在头上。至于此后的情况，除了被幽禁至死之外，大概就不大容易知道了。

立张邦昌为帝 宋之皇帝，被虏去了，所夺宋之土地，立张邦昌为楚帝管理之。徽钦被虏北去，系在靖康二年(公元一一二七年)三月二十九日。而立张邦昌为楚帝之事，早在二十一日，就办妥了。关于立张为帝之事，当时颇有一番争议。忠于宋室的当然主张立姓赵的。但金人之意，非立异姓不可。正值两种意见对立之时，适尚书员外郎宋齐愈自外来，以金人欲立张邦昌之意相示，遂不得已而决定立张邦昌。既定之后，持异议者仍不少；但在外力压迫之下，终无办法。《宋史》称：

> 吴并莫俦，自金营持文书来，令推异姓堪为人主者，从军前备礼册命。留守孙传等不奉命，表请立赵氏，金人怒，复遣开俦促之。劫传等召百官杂议。众莫敢出声。相视久之，计无所出……适尚书员外郎宋齐愈至自外。众问金人意所主。齐愈书张邦昌三字示之。遂定议以邦昌治国事。……王时雍时为留守。再集百官诣秘书省。至，即闭省门，以兵环之。俾范琼论众，以立邦昌。众意唯唯，有太学生难之。琼恐沮众，厉声折之，遣归学舍。时雍先署状，以率百官。御史中丞秦桧不书。抗言请立赵氏宗室。……金人怒，执桧……金人奉册宝至。邦昌北向拜舞受册。即伪位，僭称大楚。①

金主册命之文发于三月二十一日。其中包含三个主要意思：(1)责宋失信败盟。(2)述邦昌符众望。(3)规定楚与金之从属关系。其全文曰：

> 维天会五年(公元一一二七年,)岁次丁未，三月辛亥朔，二十一日辛巳，皇帝若曰："先皇帝肇造区夏，务安元元。肆朕纂承，不敢荒怠。夙夜竞竞，思与万国，同格于治。粤惟有宋，实乃通邻。贡岁币以交欢，驰星轺而讲好。期于万世，永保无穷。盖我有大造于宋也不图变誓渝盟，以怨报德。构端怙乱，反义为仇。谲给成俗，贪婪不已。加以肆行淫虐，不恤黎元。号令滋章，纪纲紊弛。况所退非其罪，所进非其功。贿赂公行，豺狼塞路。天厌其德民不聊生。而又姑务责人，罔知省己。父既无道于前，子复无断于后。以故征师命将，伐罪吊民。

① 《宋史·张邦昌传》。

幸赖天高听卑，神幽烛细，旌旗一举，都邑立摧。且眷命修膈，谓之大宝。苟历数改卜，未获偷安。故用黜废，以昭元鉴。今者国既乏主，民宜混同。然念厥初，诚非贪土。遂命帅府，与众推贤。佥曰："太宰张邦昌，天毓疏通，神资睿哲，处位著忠良之誉，居家闻孝友之名；实天命之有归，乃人情之所傒。择其贤者，非子而谁。"是用遣使诸官都部署，尚书左仆射，权签枢密院事韩某等，持节备礼，以玺册命尔为皇帝。以援斯民。国号大楚。都于金陵(今江苏溧阳县西北之故平陵城)。自黄河以外，除西夏新界，疆场仍旧。世辅王室，永作藩臣。贡礼时修，尔勿疲于述职。问音岁致，我无缓于忱诚。于戏，天生蒸民，不能自治，故立君以临之。君不能独理，故树官以教之。乃知民非后不治，后非贤不守。其于有位，可不慎与？予懋乃德，嘉乃丕绩。日慎一日，虽休勿休。钦哉，其听朕命。"①

金人把张邦昌这样册命好了，把傀儡国大楚完全包办成功，才于二十九日，把徽钦解往燕京去。

三　宋高宗被迫南渡

高宗之御极　当金兵虏了徽钦北去之后，张邦昌随即放弃其傀儡生活。迎钦宗之弟康王构于南京(今河南归德县)，立为高宗。他这一举，一半是遵循舆论。当时舆论，都主迎立康王构。这于吕好问之言，可见一般。吕好问谓张邦昌曰：

人情归公者，劫于金人之威耳。金人既去，能复有今日乎？康王居外久，众所归心。曷不推戴之？……为今计者，当迎元祐皇后，请康王早正大位。庶获保全。②

另一半大概是张邦昌的自愿，他眼看着金兵退去之后，宋人的民族意识还是很强的。自己既是金人所册立，与这民族意识未免大相悖反。于是自动地迎立康王。《宋史》称："建炎元年(公元一一二七年)四月，粘罕退

① 宇文懋昭：《大金国志》卷三二。

② 《宋史·张邦昌传》。

师，钦宗北迁，邦昌尊元祐皇后为宋太后，遣人至济州访帝。”[1]当时耿南仲等亦率幕僚劝进。张邦昌更持书诣帝，自言“从权济事，及将归宝避位之意。”[2]张邦昌之为楚帝，是否出于“从权济事”之意；其迎立康王，是否出于“归宝避位”之意；姑不具论。但康王之立，的确也得力于他之一迎。

康王既立而为高宗，信了李纲的计议，却也有几项差强人意的大政。最要者为处罚汉奸。如张邦昌，既是金人所喜之人物，当是最大的汉奸。便被处置在潭州，其党羽也多遭贬放。这自然是收买人心的好办法。其次为奖励忠义。如死节诸臣，多赠以官，或予以谥。至于自动组织起来，抵抗异族的民众，则予以招抚。招抚这些民众的理由，李纲讲得颇详，其言曰：

> 今国势不逮靖康间远甚。……非有规模，而知先后缓急之序，则不能以成功。夫外御强敌，内销盗贼，修军政，变士风，裕邦财，宽民力，改弊法，省冗官，……俟吾所以自治者，政事已修，然后可以问罪金人。……至于所当急而先者，则在于料理河北河东。盖河北河东者，国治屏蔽也。料理稍就，然后中原可保，而东南可安。今河东所失者，恒代太原泽潞汾晋，余郡犹存也。河北所失者，不过真定怀卫濬四州而已。其余三十余郡，皆为朝廷守。两路士民兵将，……皆拥豪杰以为首领。多者数万，少者亦不下万人。朝廷不因此时置司遣使，以大慰抚之，分兵以援其危急，臣恐粮尽力疲，……金人因得抚而用之，皆精兵也。莫若于河北置招抚司，河东置经制司。……有些全一州，复一郡者，以为节度防御团练使。……非惟绝其纵敌之心，又可资其御敌之力。使朝廷永无北顾之忧，最今日之先务也。[3]

果真能“修军政，变士风，裕邦财，宽民力，改弊法，省冗官”；一旦能招抚河北河东两路民众，于对付金人，的确是有相当把握的。

高宗被迫南渡 宋人有相当的把握，便是金人的不利，所以这时金人也就有他们自己的准备。“粘罕等既北去，留万户银术可屯太原，副统绍合

---

① 《宋史·高宗纪》一。

② 《宋史·高宗纪》一。

③ 《宋史·李纲传》上。

屯真定，娄室回河中，蒙哥进据磁相渤海，大挞不也回河间。”[①]在这种森严的对立情状之下，高宗有些畏惧，决意逃走，以避敌人的高压。向何处逃呢？彼时的意见凡可分为二派：李纲以为天下精兵健马，都在西北部，主张逃往关中之长安。汪伯彦、黄潜善等，则竭力迎合高宗畏怯的心理，主张向东南逃跑。只有宗泽反对逃跑，他以为时局已渐就平定，开封方面的买卖市价，差不多恢复了常态，所以主张国都迁回汴京。但结果汪黄的意见占胜，高宗远走东南。其路线如下：初退扬州，继奔镇江，又奔平江(今江苏吴县)、由华江而杭州而越州(今江苏绍兴县)而明州(今浙江鄞县东)，而温州，末了还都临安(今浙江杭县)。

当高宗退守扬州之时，金人节节进逼。今河南、山东、江苏各处要地，络续被金人攻陷。如河南方面，金将娄室攻陷西京(今河南洛阳,)取偃师，取永安军，降巩县。撒剌答败宋兵于氾水。于是荥阳、荥泽、郑州、中牟相继陷落。山东方面，金兵攻陷德州、淄州，又陷济南。江苏方面，粘罕部破徐州，破淮阳、泗、楚等州，更由徐、泗进逼扬州。

这样一来，扬州站不住了，于是再走镇江。《宋史》称：“金人陷天长军，内侍邝询报金兵至，帝被甲驰幸镇江府。”[②]当高宗退守镇江之时，金人尽量征集北方各地军队，分两路进攻。一路由今安徽东北部进攻今江苏南部及浙江北部。另一路由今湖北东南部进攻今安徽南部及江西北部。《大金国志》称：

> 天会七年(即宋高宗建炎三年，公元一一二九年)……兀术请于粘罕及窝里嗢，乞提兵侵淮，从之。以女真万户聂耳银朱拔东，渤海万户大挞不也，汉军万户王伯隆，大起燕云河朔民兵坩之。冬，兀术率众渡江，分路入攻。……遂分两道。一自滁和攻江东，一自蕲黄攻江西，破滁州，破寿春府，官吏以城降。破庐州，帅臣李会降；以檄抵濠州，权守张宗望降；破和州，守臣李铸降；……破吉州，守臣杨渊遁；破抚州，守臣王仲山降；破袁州，守臣王仲疑降。[③]

这样一来，镇江老早站不住了。镇江既站不住，而苏浙之间，许多要

① 陈邦瞻《宋史纪事本末》卷六二。

② 《宋史·高宗纪》二。

③ 宇文懋昭：《大金国志·太宗纪》三。

地，都将不保。万不得已，只有准备沿着浙江滨海之地，向东南边逃走。这种逃走的计划，名曰“将幸西浙”。在实行幸西浙之先，曾命杜充为江淮宣抚使，留居建康(今江苏江宁县南)统率诸军，作最后之抵抗。杜充治军，颇为严急，其部属刘光世、韩世忠都怕了他，都不想为他用，坐令杜充与金兵战而失败，且不敢归，终至降了金人！这时高宗逃到了平江(今江苏吴县)，真要幸西浙了。《宋史》称：“驾至平江，闻杜充败绩；上曰：‘事迫矣，若何?’颐浩遂进航海之策。”[①]

高宗大概首先由平江到浙之杭州；由杭州到越州(即绍兴)，由越州到明州(今鄞县东)，由明州到温州。且准备到福州。这样的逃走，都是为着金兵在后面追击，是出于不得已的。金兵的将领为宗弼(即兀术)与阿里蒲卢浑。《金史》称：

> 宗弼自江宁取广德军路。……先使阿里蒲卢浑趋杭州，具舟于钱塘江，宗弼至杭州，官守巨室皆逃去，遂攻杭州，取之。宋主闻杭州不守，遂自越奔明州。……阿里蒲卢浑以精兵四千袭之。……宗弼中分麾下兵，会攻明州，克之。阿里蒲卢浑泛海至昌国县，执宋明州守赵伯谔。伯谔言：“宋主奔温州，将自温州趋福州矣。”遂行海，追三百余里不及，阿里蒲卢浑乃还。[②]

金兵追宋主不及，乃从容北返。宋主乃还都临安(今浙江杭县)。这是当时东南方面的情形。至于西北方面呢？则金兵进攻陕西一带，占领了许多要地。幸宋方有得力的大员张浚，在关陕三年，与敌周旋。虽失却了关陕但保全了四川，且牵制了敌人在东南方面的活动。《宋史》称：

> 浚在关陕三年，训新集之兵，当方张之敌。以刘子羽为上宾，任赵开为都转运使；擢吴玠为大将，守凤翔。子羽慷慨有才略，开善理财，而玠每战胜。西北遗民，归附日众。故关陕虽失，而全蜀按堵。且以形势牵制东南，江淮亦赖以安。[③]

---

① 《宋史·吕颐浩传》。

② 《金史·宗弼传》。

③ 《宋史·张浚传》。

四　金宋间又一傀儡国

金以新地给刘豫　宋室南渡以后，中原土地，尽为金人所得。于今河北、山西、陕西、河南、山东、江苏、安徽等省之地，几乎全部到了金人的手中，成了他们的新疆土。金人拿了这些新获得之疆土，尽给刘豫。

> 建炎元年(金太宗天会五年，即公元一一二七年)，金人尽取两河州郡。复分道寇京东西，即陕西诸路。所至摧陷。宗泽守东京，与金人相持。二年(公元一一二八年)，金人掠取陕西诸州镇，又陷大名，略河济而南。三年(公元一一二九年)，陷徐州，遂蹦淮泗，入扬州。时京东诸州，多没于金。金人以刘豫知东平府。界旧河以南，俾豫统之。未几，兀术大举入寇，陷磁单诸州，及兴仁府。进陷南京。遂入淮南。乃分道：一自滁和入江东，一自蕲黄入江西。东陷明越，西陷潭岳。乃还。自是中原四京，及陕西六路，悉陷于金。金人尽以畀刘豫。①

金立刘豫为齐帝　金人以新得之地尽给刘豫，盖以刘豫为宋之汉奸，为金之亲信也。既是亲信，于是金人仿往日攻陷汴京以后立张邦昌为楚帝之故事，立刘豫为齐帝，介于金宋之间，为金人的一傀儡国。这事是金云中留守高庆裔发动的。高为粘罕之心腹，向粘罕建议。粘罕复向金太宗建议。太宗许可了，于是傀儡国出现。《大金国志》称：

> 天会八年(宋高宗建炎四年，即公元一一三〇年)云中留守高庆裔献议于粘罕曰："吾君举兵，止欲取两河，故汴京既得，而复立张邦昌。后以邦昌废，故再有河南之役。方今两河州郡既下之后，而官制不易，风俗不改者，可见吾君意非贪土，亦欲循邦昌之故事也。元帅可首建此议，无以恩归它人。"粘罕从之。于是令右监军兀室，驰请于朝。国主从之。……高庆裔自河南归至云中，具陈诸州郡共戴刘豫之意。九月九日，立刘豫于大名府，国号大齐。②

① 顾祖禹：《读史方舆纪要》卷八。

② 宇文懋昭：《大金国志太宗纪》四。

金主立刘豫为齐帝，有一篇封册之文。其中首述金宋间往日之友谊，次责宋人败盟开募。再次述金攻宋立张邦昌之出于不得已，再次述宋主南逃，及立新傀儡国之必要。再次称颂刘豫之为人，末述册封刘豫之经过及对刘希望之殷切。兹录于下，以存真相。

维天会八年(宋高宗建炎四年，即公元一一三〇年)岁次庚戌，□月辛丑朔，二十七日丁卯。皇帝若曰："朕闻公于御物，不以天位为己私。职在救民，乃知王者为道器。威罚既已殄罪，位号宜乎授能。乃者有辽，运属颠危，数穷否塞；获罪上帝，流毒下民。太祖武元皇帝仗黄钺而拯黔黎，举白旄而誓师众；妖气既扫，区宇式宁。越有宋人，来从海道；愿输岁币，祈复汉疆。太祖方务善邻，即从来议。岂期天方肇乱自启衅阶：阴结叛臣贼虐宰辅；鸠集奸慝，扰乱边陲。肆朕纂承，仰承先矩；姑存大体，式示涵容。乃复蔽匿逋逃，夸大疆域；肆其贪狠，自起纷争。扰吾外属之藩邻，取其受赐之乡土。因彼告援，遂与解和；终无听从，巧为辞拒。爰命将帅，敦谕盟言；许以自新，全然不改。偏帅传汴，首罪犇淮；嗣子哀鸣，请复观好。地画三镇，誓卜万年。凡有质委，悉同父约。既而官军未退，夜集众以犯营；誓墨未乾，密传檄而监壁。私结使人，阴起事端。以故再遣师徒，诘兹败类。又起画河之议，复成款战之谋。既昧名明乃昭元鉴；京城摧破，鼎祚沦亡。无并尔疆，以示不贪之德；止迁其主，用彰伐罪之心。建楚新封，守宋旧服。不料懦庸，难胜重任；妄为退让，反陷诛锄。奉命出和，已作潜身之计；提兵入卫，反为获已之资。忍视父兄，甘为俘虏。事务虽济，人岂无情？方在殷忧，乐有僭号；心之幸祸，于此可知。乃遣重兵，连年讨捕。始闻远窜，越在岛夷。重念斯民，乱于无主：久罹涂炭，未获昭苏；不委仁贤，孰能保庇。咨尔中奉大夫，京东西淮南等路安抚使，兼诸路马步军都督总管，知东平府，节制大名府、开德府、濮、博、滨、棣、德、沧等州。刘豫，夙擅敢言之誉，素怀济世之才；居于乱邦，生不过世。百里虽智，亦奚补于虞亡；三仁至高，或愿从于周仕。当奸贼扰攘之际，愚民去就之间；举郡来王，奋然独断。逮乎历试，厥勋克成。委之安抚，德化行；任之尹牧，狱讼理；付之总戎，盗贼息；专之节制，郡国清。况又定衰救乱之谋，安变持危之策；使民无事，则櫜弓力穑；有役，则释耒荷戈。罢无名之征，废不急之务。征隐逸，举孝廉；振纲纪，修制度。省刑罚而出烦酷，发仓廪而息虫螟。神人以和，上下协应。比下明诏，询考舆情；列郡同辞，一心仰戴。宜即始归之地，以昭建业之元是用遣使留守西京，特进检太保，尚书右仆射，大同尹，兼山西兵马都部署，上柱国，广陵郡开国公，食邑二千户，食实封二百户高庆裔；副使金紫光禄大夫，尚书礼部侍郎，知制诰获军，南阳县开国侯，食邑一千户，食实封一百户韩昉；备礼以玺绶宝命尔为皇帝。国号大齐，都于大名府。世修子礼，永贡虔诚。付尔封疆，并从楚旧。更须安集，自适攸居。尔其上体天心，下从民欲，忠以藩王室，信以保邦圻。惟天难谌，惟命靡常，常厥德，保厥位。尔其勉哉，勿忽朕命。”①

刘豫本是景州阜城人，曾举进士；且于政和二年(公元一一一一年)被召拜殿中侍御史；宣和六年(公元一一二四年)任河北提刑之职。建炎二年(公元一一二八年)由中书侍郎张悫推荐知济南府事。在宋室算是一位要人。谁知金人来侵之时，他便以他这资格地位，作了一分敬礼。金人攻济南时，他便亲率百姓降金。建炎三年(公元一一二九年)金人兀术听说宋高宗南渡了，乃徙豫知东平府事，充京东西淮南等路安抚使。他与金人有这样的关系，他便被金人立为傀儡皇帝，统治傀儡国，为金宋之间的缓冲。金人前次攻陷汴京之后，立张邦昌为楚帝；这次迫高宗南渡之后，立刘豫为齐帝为其用意在种族战争上，是很重大的。一则可以缓和宋之人民的仇视。张邦昌刘豫，无论如何媚外，但尚不是异族；比较的可以容忍。二则可以减少金之贵族的麻烦。金人得了新地，自己派人来统治，较之就地选拔一人来统治，当然麻烦多了；立张刘，自然省事些。三则可以迎合地方情形的要求。金人新得之地，就是宋人丧失之地。其地之人民的风俗习惯，语言文字，都与金人大异。倘由金人统治，自然格格不入。张刘就不同了。既熟识地方情形，又可与金接近，事实上当可免去许多麻烦。因此种种，所以金人情愿立傀儡为帝，不愿亲来统治。

① 宇文懋昭：《大金国志》卷三二。

第四章　种族战争中之民众生活

自北宋立国以来，种族战争，未有已时：首则宋与辽战，其次则宋与夏战，再其次则宋与金战。在种族战争之下，人民的生活如何，尚未仔细研究过。现在且将宋金间战争最激烈时(即高宗南渡的前后)，人民的生活略为一述，且看他们所受种族战争的影响如何。为说明方便计，分为三节：一，土地私有制下贫富悬殊；二，种族战争之时，农民愈困；三，农民困极，起而称乱。

一　土地私有制下贫富悬殊

土地之兼并　土地私有之制，在春秋战国之时，逐渐成立。历汉唐而至于宋朝，其中虽经过许多救济，但终无济于事，而成为极畸形的发展。一方面有拥地不耕的富人；另一方面有要耕而无地的贫人。至宋朝，这畸形的发展，便达到了极度。顾炎武谓：

> 汉武帝时，董仲舒言："或耕豪民之地，见税什五。"唐德宗时，陆贽言："今京畿之内，每田一亩，官税五升，而私家收租，有亩至一石者，是二十倍于官税也。降及中等，租犹半之。夫土地，王者之所有；耕稼，农夫之所为；而兼并之徒，居然受利！……"仲舒所言，则今之分租；贽所言，则今之包租也。然犹谓之豪民，谓之兼并之徒。宋已下，则公然号为田主矣。[①]

在私有制下，土地因兼并之故，集中于少数人之手。这在宋朝已成了

① 顾炎武：《日知录·苏松二府田赋之重》。

很普通的现象。《宋史》称："绍兴六年（公元一一三六年）知平江府章谊言：'民所甚苦者，催科无法，税役不均；强宗巨室，阡陌相望，而多无税之田；使下户为之破产！'"[①]又称："绍兴二十七年（公元一一五七年）通判安丰军王时昇言：'淮南土皆膏腴，然地未尽辟，民不加多者，缘豪强虚占良田，而无徧耕之力；流民襁负而至，而无开耕之地。望凡荒闲田，许人划佃。'"[②]又称："淳熙九年（公元一一八二年）著作郎袁枢奏：'民占田不知其数。二税既免，只输谷帛之课；力不能垦，则废为荒地。他人请佃，则以疆界为词，官无稽考。是以野不加辟，户不加多，而郡县之计益窘。望诏州县，尽疆立券，占田多而输课少者，随亩增之。其余闲田，给与佃人。庶几流民有可耕之地，而田莱不至多荒。'"[③]又称："淳熙十年（公元一一八三年）大理寺丞张抑言：'陂泽湖塘，水则资之潴洩，旱则资之灌溉。近者浙西豪宗，每遇旱岁，占湖为田，筑为长堤；中植榆柳，外捍茭芦。于是旧为田者，始隔水之出入。苏湖常秀，昔有水患，今多旱灾，盖出于此。乞责县令毋给据，尉警捕，监司觉察；有围里者，以违制论，户据与失察者并坐之。'"[④]又称："庆元二年（公元一一九六年）尚书袁说友等言：'浙西围田相望，皆千百亩；陂塘溇渎，悉为田畴。有水则无地可潴，有旱则无水可戽。不严禁之，后将益甚，无复稔岁矣。'"[⑤]由此观之，土地被豪宗占去，固使农民无地可耕。若湖亦被占为田，影响更大，其未被占去之田，亦蒙不利，遇水旱之灾，至无法救济。

豪宗占田，致农民无地可耕。同时，政府又尝以土地赐给官吏，美其名曰职田，用以养廉，实则任官吏为事实上之地主而已。官吏得着这种职田，召人耕种，收租极重，且待佃户亦极苛。所以职田之为物，既使农民失去土地，又使佃户负担重租，其害殊属不小。《宋史》称：

> 朕（仁宗）每览法寺奏款，外官占田，多踰往制。不能自备牛种，水旱之际，又不蠲省，致民无告。……建中靖国元年（公元一一〇一年）知延安府范纯粹奏："昨帅河东日，闻晋州守臣所得职田，因李君

① 《宋史》卷一七三《食货志》。
② 《宋史》卷一七三《食货志》。
③ 《宋史》卷一七三《食货志》。
④ 《宋史》卷一七三《食货志》。
⑤ 《宋史》卷一七三《食货志》。

卿为州，谕意属邑，增广租入，比旧数倍。后襄陵县令周汲力阵其弊，郡守时彦，岁减所入十七八，佃户始脱苛敛之苦。而晋绛陕三州圭腴，素号优厚，多由违法所致。或改易种色，或遣子弟公皁监获；贪污猥贱。无所不有。乞下河东陕西监司，悉令改正。”从之。大观四年(公元一一一〇年)，臣僚言，圭田欲以养廉：无法制以防之，则贪者奋矣。奸吏挟肥瘠之议，以逞其私；给田有限，课入无算。祖宗深虑其弊，以提点刑狱官察之，而未尝给以圭租，庶不同其利而公其心也。近岁提点刑狱，所受圭田，同于他司。故积年利病，壅于上闻。……诸路职官，各有职田，所以养廉也。县召客户税户，租佃分收，灾伤检覆减收，所以防贪也。诸县多踰法。抑都保正长及中上户分佃认纳，不问所收厚薄，使之必输；甚至不知田亩所在，虚认租课。闻之恻然。应违法抑勒，及诡名委保者，以违诏论。灾伤检放不尽者，计赃以枉法论。入己者以自盗论。……損其已定过多之额，凡职租，不许辄令保正催纳。或抑令折纳见钱，或无田平白监租，或以虚数勒民代纳，或额外过数多取，皆甲严禁止之令。①

多占田亩，加重租额，强派承佃，强令纳租，不论天年好坏，租必如数缴纳；不知田亩所在，任意向人收租；甚至田已没有了而租仍存在。这等等弊害，正是地主的封建势力之流毒。所谓职田，几乎全有；这就不能不算是扰民的了。除了官吏的职田，及豪宗的占田之外，又有政府的公田。公田云云，实即私田。政府中人眼看着地主有土地，可以向佃户征取高额地租，于是以政府的名义，出而收买土地，以图收租。这事可以贾似道在平江嘉兴安吉常州江阴镇江等六郡，勒买民田为例。《宋史》称：

浙西田亩，有值千缗者，似道均以四十缗买之。数稍多，予银绢；又多，予度牒，告身。吏又恣为操切，浙中大扰。有奉行不至者，提领刘良贵劾之。有司争相迎合，务以买田多为功，皆缪以七八斗为石。其后田少，与硗瘠亏租，与佃人负租而逃者，率取偿田主。六郡之民，破家者多。包恢知平江，督买田至以肉刑从事。(《宋史·贾似道传》)

所谓公田，原来是政府用这等方法强买的私产。买来之后，并不在发

---

① 《宋史》卷一七二《职官志》。

展集体的经营；仍只是依东佃关系任农民租种，政府向他们收租；政府与地主一般无二。其次，政府的私产或所谓公田，也并非单凭收买而得。收买之外，还有一个向人盘查的法子。查得最后田契无着落时，其田即归政府所有。《通考》卷七里说："公田之法，县取民间田契根磨。如今田属甲，则从甲而索乙契；乙契既在，又索丙契。展转推求，至无契可证，则量地所在，增立官田。"这法子未免太无理。土地之买卖，已是寻常事了，则新契立时，较老之契，自然遗失，或毁减。定要推求下去，则到无法之时，有土地者只有牺牲土地。人民这样失去之土地，恐也不在少数。

总括看来，宋代土地集中之方式，当不止豪宗的私田，官吏的职田，政府的公田三种。不过这三种很重要。人民因这几种集中土地之关系，丧失了耕地，遂不得变为佃户。佃户再贫下去，变为雇农，或变为游民，则社会便感到不安了。

贫富之悬殊　土地逐渐集中于少数人之手，同时自然有丧失土地之人。土地可以自由买卖，农村中自由竞争之风剧烈，中小地主，立脚不稳，自耕农更立脚不稳；于是被贫穷威胁之时，只有将土地出卖。《宋史·食货志》称："自阡陌开，使民得以私相贸易。富者恃其有余，厚立价以规利；贫者逼于不足，薄移税以速售。"这情形最足以使富者愈富，贫者愈贫。盖富者拿土地作商品，用贱买贵卖之法，获得厚利。贫者迫不得已，将土地卖出，而所负担之税，反须留在自身！盖不如是，土地将售不出也。贫富既殊，富者自然是地主，贫者乃逐渐沦为佃户。所以苏洵之言曰：

> 井田废，田非耕者之所有，而有田者不耕也。耕者之田，资于富民。富民之家，地大业广，阡陌联结。召募浮客分耕其中。鞭策驱役，视以奴仆。安坐四顾，指挥于其间。而属役之民，夏为之耨，秋为之获，无有一人违其节度以嬉。而田之所入，已得其半，耕者得其半。[①]

这所述，完全是地主封建势力之表现；地主视佃户为奴。但佃户并非真奴；他们是被召来的，并非养在地主之家；他们得分生产品之半，并非完全由地主供给生活。此外尚有许多方面，可以表现贫富悬殊之现象。叶适所谓小民与富人之关系，即是好例。其言曰：

---

① 《苏老泉集》卷五。

小民之无田者，假田于富人；得田而无以为耕者，借贷于富人；岁时有急，求于富人；其甚者傭作奴婢，归于富人；游手末作，俳优技艺，傅食于富人。而又上当官输，杂出无数；吏常有无常之责，无以应上命，常取具于富人。①

因土地集中，致贫富悬殊；地主的封建势力表示得十分明显。贫富既已悬殊了，在种族战争激剧之时，贫者处在地主的封建势力之下，受累更甚，兹于下节述之。

二 种族战争中贫者受累更甚

征敛之繁苛 在太平之时，要维持一个庞大的政府，要养活许多不劳而食的闲人，便已不能不向人民繁征厚敛了。在战争之时，军需浩大，向人民的征敛，当然要加重加多。当其冲的，虽然常是有产之家，或中小地主与自耕农；然地主自己有田不耕，政府向他们征敛，他们随即转嫁于佃户；于是佃户更苦了。至于自耕农，往往因征敛太重，而沦为佃农。若较佃农更贫的，也并非可以逃脱政府的征敛。叶适所谓"上当官输，杂出无数；吏常有无常之责，无以应上命，常取具于富人。"便是贫人不能逃脱征敛的写实。这样看来，政府在种族战争剧烈之时，为军需所迫，要向人民繁征厚敛，增加收入；受累较重的，到底是自耕农，佃农，或这两者以下的贫人。至于增收商税，似乎直接累了商人，其实商人也没有什么给人的。政府向他们增税，他们便转嫁到生产者身上去。而生产的，不外农人与手艺工人。

道理略如上述，现在且看宋室在种族战争最吃紧的南渡之时，取于民的，有些什么，其程度如何。举要而说，有所谓(1)经制钱。这好像今之杂税。凡酒税、牙税、商店税等属之。有所谓(2)板帐钱。这是一种极不合理的苛索。凡罚款、勒捐，以及一切不合理的征敛属之。有所谓(3)和买折帛钱，很像政府放款的利息。于青黄不接之时，政府以款贷于人民，折成实物如绢帛之类，到秋收加倍收回。上列这几项，大抵取于东南较为富庶之区。兹以赵翼所汇集之事实为证。赵云：

---

① 《通考·田赋考》引。

南渡后，因军需繁急，取民益无纪极。有所谓经制钱者，本宣和末，陈亨伯为经制使，创杂征之法，因以为名。建炎中，高宗在扬州，四方贡赋不至。吕颐浩、叶梦得言："亨伯常设此制，宜仿行之，以济缓急。"于是课添酒钱，卖糟钱，典卖田宅增牙税钱。官员请给头子钱，楼店务增三分房钱。令各路宪臣领之，通判掌之。绍兴五年，孟庾提点财用，又请以总制司为名，因经制之额，增析为经制钱；州县所收头子钱，贯收二十三文，以十文作经制，上供以十三文充本路用。他杂税亦一切仿此。其征收常平钱物旧法，贯收头子钱五文，亦增作二十三文。除五文依旧外，馀悉人总制。乾道中，又诏诸路出纳，贯添收十三文，充经总制钱。自是每千收三十六文矣。此二项通谓之经总制钱。又有所谓月椿钱者，绍兴二年（公元一一三二年）韩世忠军驻建康，吕颐浩等议令江东漕臣每月椿发大军钱十万缗供亿。漕司不量州军之力，一例均科。于是州县横征，江东西之害尤甚。又有所谓板帐钱者，输米，则收耗利；交钱帛，则多收糜费。幸富人之犯法，而重其罚；恣胥吏之受赃，而课其入。索盗赃则不偿失主；检财产则不及卑幼。亡僧绝户，不俟核实而入官；逃产废田，不为消除而抑纳。有司固知其非法，而以板帐钱太重，不能不横征也。淳熙五年（公元一一七八年）湖北漕臣言："绍兴九年（公元一一三九年）财赋十分为率，留一分以充上供。自十三年始，每年增二分。鄂州元额钱一万九千五百七十馀缗，今增至十二万九千馀缗！岳州旧额五千八百馀缗，今增至四万二千一百馀缗！民力凋敝，实无从出。"此在孝宗有道之时，已极朘削之害也。此外又有和买折帛钱。先是咸平中，马元方建言："方春预支钱与民，济其乏。至夏秋，令输绢于官。"是先支钱而后输绢，民本便之。其后，则钱盐分给；又其后，则直取于民。林大中疏言："今又不收其绢，令纳折帛钱。"于是以两缣折一缣之直！是南渡后之折帛，比青苗法更虐矣。[①]

经制钱、月椿钱、板帐钱和买折帛钱等，是行于长江中下游诸地之新税，都是种族战争逼迫出来的。至于长江上游的四川呢？我们在第三章第

① 赵翼：《廿二史劄记·南宋取民无艺》。

三节里讲张浚扼守关陕，保全四川之时，曾提及赵开为都转运使，帮助张浚理财的事。就当局方面着想，赵开诚为理财的能手。若就人民方面着想，则开在四川，实立了一些害民的遗法。例如酿酒，他曾创酿酒新捐，由官府置酿具，令人民拿米赴官府酿酒。所酿之额，不加限制。大抵每一斛米，纳钱三千，头子钱二十二。只要人民肯酿，官府的收入无穷。《廿二史劄记》又有一段曰：

> 赵开总四川财赋。尽征榷之利，至大变酒法。麴与酿具，官悉自置。听酿户以米赴官自酿，斛输钱三千，头子钱二十二。其酿之多寡，不限以数，唯钱是视。时张浚驻兵兴元，期得士死力，以图克复。旬犒月赏，费用不赀，尽取办于开。开于食货，算无遗策，供亿常有馀。而遗法迄为蜀中百年之害。[1]

统观上面这些例证，知宋金种族战争剧烈之时，常以军需要用，不得不增加人民的负担。这样一来，向来受地主剥削的贫民便更苦了。赵翼谓："统观南宋之取民。盖不减于唐之旬输月送。民之生于是时者，不知何以为生也。"当时的人民，的确无以为生。无以为生，便铤而走险，起来称乱。这，我们在第三节里要讲的。现在且把服公役的事来讲一讲。

公役之苦累 宋之公役，最为苦累。其种类极多。举其大要而言，凡主管公物的，有衙前；课督赋税的，有里正户长、乡书手；逐捕盗贼的，有耆长、弓手、壮丁；为公事奔走的，有承符、人力、手力、散从。这在第二章第三节里都已讲过。这些公役之扰人，恐有骇人听闻的地方。韩琦之言曰：

> 州县生民之苦，无重于里正衙前。有孀母改嫁，亲族分居；或弃田于人，以免上等；或非命求死，以就单了。规图百端，苟免沟壑之患。每乡被差疏密，与赀力高下不均。……富者休息有余，贫者败亡相继。[2]

韩绛之言曰：

---

① 赵翼：《廿二史劄记·南宋取民无艺》。

② 《宋史·食货志》上五。

> 闻京东民有父子二丁将为衙前役者，其父告其子曰："吾当求死，使汝曹免于冻馁。遂自缢而死。"又闻江南有嫁其祖母及其母，析居以避役者。又有鬻田减其户等者。田归官户不役之家，而役并于同等见存之户。①

吴充之言曰：

> 今乡役之中，衙前为重。民间规避重役，土地不敢多耕，而避户等；骨肉不敢义聚，而惮人丁。故近年上户浸少，中下户浸多。役使频仍，生资不给。……不得已而为盗贼。②

只看人民的拼命避役，就可以知道公役是何等累人。这种累人的公役，自北宋初元便已开始；更因宋辽间，宋夏间，种族战争的剧烈，需要甚殷，其苦累人民，有加无已。太宗时，温仲舒言："国家平太原(北汉)以来，燕代之交，城守年深，杀伤剽掠，彼此迭见。大河以北，农桑废业，户口减耗。凋敝之余，竭力奉边。丁壮备徭，老弱供赋。遗庐坏堵，不亡即死。邪人媚上，犹云乐输。加以兵卒践更，行者辛苦，居者怨旷。"③就这所说看，公役累人，自太祖太宗以来，便已很显然了。"丁壮备徭，""行者辛苦"即是公役累人的写照。直到神宗之时，种古为西上閤门副使，"民有损值鬻田于熟羌以避役者。古按其状，得良田三千顷。"④就这所说看，神宗时，人民亦复损值鬻田以避役。公役之累人，既如是之甚，所以当时韩琦等都指出它的弊害。不过这种弊政的废除，须到神宗时王安石当政，才用他的新法来代替了。后来旧派司马光虽拟恢复公役，但他的同党范纯仁也提出反对，所以这种弊政，总算废除了。

异族之蹂躏　就上面所述的看，宋室人民，在种族战争下为国家纳赋税，服公役，受累真不小。然贫富比较起来，贫者受累更甚。诚如王夫之云：

> 赋重而无等，役繁而无艺。有司之威不可向迩。于是同一赋也，

① 《宋史·食货志》上五。
② 《宋史·食货志》上五。
③ 《宋史·温仲舒传》。
④ 《宋史·种古传》。

豪民输之而轻，弱民输之而重。均一役也，豪民应之而易，弱民应之难。于是豪民无所畏于多有田，而利有余；弱民苦于仅有之田，而害不能去。[①]

不过这还只是宋人势力所能达到之区的情形。至于在金人势力之下，人民所受的苦痛，也应该在这里略为一述。(1)在金人的势力之下，土地兼并之风甚盛。兼并之主体，姑无论是金之游牧贵族或本土的豪强。但兼并的事实，总是在金人势力之下存在着的。这种事实有两种不利：一则使当地的农民丧失耕地，致沦为佃农或游民，无以为生；二则使金之屯田军人或猛安谋克户，缺少优良土地以供分配。《金史》称：

十七年(金世宗大定十七年，公元一一七七年)六月。邢州男子赵迪简言"随路不附籍官田及河滩地皆为豪强所占；而贫民土瘠税重。……"二十一年(公元一一八一年)……三月，陈言者言："豪强之家，多占夺田者。"上曰："前参政纳合椿年占地八百顷！又闻山西田亦多为权要所占。有一家一口至三十顷者！以致小民无田可耕，徙居阴山之恶地，何以自存！其令占官地十顷以上者，皆括籍入官，将均赐贫民。……"二十七年(公元一一八七年)，随处官豪之家，多请占官地转与他人种佃，规取课利。命有司拘刷见数，以与贫难无地者；每丁授五十亩，庶不致失所。余佃不尽者，方许豪强验丁租佃。[②]

(2)金之猛安谋克，散处中原，占领土地。金之游物贵族，可别为两种：一主政事的，如上述占田八百顷的纳合椿年，即是其例。一主军事的，即散在各地经营屯田的猛安谋克是也。猛安亦译明安，即千夫长；谋克亦译穆昆，即百夫长。金之势力，到了中原，占有其地；虑中原人民反抗，于是令此辈首脑率领士兵，屯驻各地，以资镇压。并令女直、奚、契丹人移居中州，与百姓杂处。其生计即出于所谓屯田。这屯田的意思不外把中原土地，拿去分配给这些新来的游牧人耕种。这样一来，本地的人民，便要感着土地的缺乏了。兹录赵翼所汇集的事实，以为计论猛安谋克屯田中原的一个导论：

① 王夫之：《宋论·朱子请行经界》。

② 《金史》卷四七《食货志》。

金初本俗，管军民者有穆昆，百夫长也。有明安，千夫长也。穆昆之副曰富勒珲(亦译蒲里衍)，正军之奴仆曰阿里善。无事，则课其所属耕牧。用兵，则率之以出征。及得中原后，虑中原士民怀贰，始创屯田军。凡女直奚契丹之人，皆自本部徙居中州，与百姓杂处，计户授田，使自耕种。……凡屯田之所，自燕南至淮陇之北，皆有之。筑垒于村落间。如山东路，有杷古鲁明安；中都路，有胡士霭哥蛮明安；山东西路，有盆买必剌明安是也。正隆初，又起上京诸明安于中都等处安置。大安中，又谪徙山东明安八穆昆于河北东路之酬干青狗两明安旧地。初入中原时，所受田多散处州县。世宗不欲其与民杂处，完颜思敬与图克坦克宁议令明安穆昆之众自为保聚。其土田与民田犬牙相入者互明之，遂为永制。然诸明安穆昆，恃其世袭，多不法。……章宗时，又诏：明安穆昆既不隶刑司，宜令监察御史察其臧否。按开国时，移明安穆昆于中原，给地使之屯种，本欲赡其身家。无事则耕，有事则战，意至深也。而诸军户，不能屯种，往往赁民代耕，而收其租；甚至伐桑枣以为薪。[①]

明安穆昆之土地尽是强占去的。最初所占，为官有荒地，为逃绝户地，为当地往日戍兵所佃之地，为官吏本业外增置之地，为僧尼道士女冠等地。这些土地，括去养兵，尚犹可说。但后来移入中原的人口太多，优良土地，又被豪强占去了，一时感着土地缺乏的恐慌，于是任意指民田为官田而括去。《金史》纪世宗之言曰：

朕闻括地事，所行极不当。如皇后庄，太子务之类，止以名称，便为官地。百姓所执凭验，一切不问！……工部尚书张九思执强不通：向遣刷官田，凡犯秦汉以来名称，如长城燕子城之类者，皆以为官田！此田百姓为己业，不知几百年矣。可见任事者括田之任意。以致人户有执契据，指坟垅为验者，亦拘在官！[②]

又有把所谓冒税之民田括去。《金史·张万公传》称："主兵者又言：比岁征伐，军多败衄。盖屯田地寡，无以养赡，至有不免饥寒者，故无斗志。

① 赵翼：《廿二史劄记·明安穆昆散处中原》。

② 《金史》卷四七《食货志》。

愿括民田之冒税者分给之，则战士气自倍矣。朝臣议已定，万公独上书言其不可者五。……不报。”这可见括民田本不应该，但游牧贵族既来了，要土地，非括去不可。而且括去之田，多是特选的优良之田。这早在世宗时就是如此。《金史·食货志》纪世宗对省臣之言曰：“官地非民谁种？然女直人户自乡土三四千里移来，尽得薄地。若不拘刷良田给之，久必贫乏。其遣官察之。”又纪其对宰臣之言曰：“山东路所括民田，已分给女直屯田人户。”

(3)游牧之兵，占田不耕，徒使当地人民横遭困厄。大定二十一年(公元一一八一年)世宗谓宰臣曰：“山东大名等路猛安谋克户之民，往往骄纵，不亲稼穑，不令家人农作；尽令汉人佃莳，取租而已。富家尽服纨绮，酒食游宴。贫者争慕效之。欲望家给人足难矣。”[①]他们占地不耕，强征租税来从事酒食游宴，至使社会不能家给人足，那是游牧贵族征服一个新地方之后必然的结果。但土地被人占去了的汉民族，可就困苦不堪了。《续通考》卷四有一段曰：

> 金自南迁后，国计窘迫，无岁不议括田。考其时，民庶流离，概无乐土：外困于南北之战争，内困于旦暮之转输。所赖永业尚存，暂可延活。而官又夺之！名曰荒地、牧地；其实多民地耳。既而授之诸军，人非习耕之人，地非易耕之地；或与之而不受，或受之而不耕。[②]

占领着土地，又不肯耕种。这，在一方面，使农民缺少可耕之地；在另一方面，又须迫农民赡养许多不耕之人。陈规之言曰：

> 比者徙河北军户百万余口于河南；虽革去冗滥，而所存犹四十余万有奇。岁支粟三百八十余万斛。致竭一路终岁之敛，不能赡此不耕不战之人！虽无边事，亦将从困。况兵事方兴，未见息期耶？近欲分布沿河，使自种植。然游惰之人，不知耕稼；群饮赌博，习以成风，是徙烦有司征索课租而已。举数百万众，坐糜廪给，缓之则用缺，急之则民疲。朝廷唯此一事，已不知所处。又何以待敌哉。[③]

① 《金史·食货志》。

② 《续通考》卷四。

③ 《金史·陈规传》。

金之游牧贵族，蹂躏中原之农民，到了极点。后为农民忍受不住了，乘着蒙古人进逼之时，便在山东河北各地，大举称乱。但在大举称乱之先，零星的暴动，不知发生过多少。早在世宗大定方盛之时，便到处发生民乱。

三 人民因不堪苦累起而称乱

中国史上的民乱，概可视为社会冲突的表现。社会上贫富即已悬殊了，其互相对峙而生冲突，乃不可避免之事。这种社会冲突，与种族战争常互为因果。社会冲突过于剧烈，整个社会，精疲力竭之时；异族常乘虚而入，爆发种族战争。五胡乱华，可视为这类的例证。反之，种族战争过于剧烈，贫民受累至不堪时；社会冲突即因之而爆发。宋之民乱，可视为这类的例证。两宋时代，宋与辽与夏与金的种族战争，未有已时；所以民乱也随时都有。不过南渡的前后，因统治力量转弱，贫民的痛苦加深，民乱乃特别显著。再者，当时的民乱，也不限于宋人一方面。在金人的统治之下，一样的有民乱。金人治下之民乱，其原因除生计迫促外，还有热烈的民族意识。兹且先从金人统治下的民乱说起。

金人治下的民乱 在金人统治之下，汉民族的贫者，横遭蹂躏，且为民族意识所迫，自不免于称乱。即汉民族以外民族，如女直人，如奚契丹人，其内部也并非没有贫富之别；贫者为生计所迫，也不免于称乱。所以早在金世宗大定之时，到处有谋反称乱的。赵翼汇集其事曰：

> 金代九君，世宗最贤。大定七年（公元一一六七年）大兴府曾奏狱空，赏钱三百贯，以为宴乐之费。其政简刑清，可知也。然二十余年中，谋反者偏多。大定六年（公元一一六六年）泰州民和卓（旧名合庄）谋反伏诛。九年（公元一一六九年）契丹爱实剌（旧名外失剌）等，冀州张和等，俱以谋反伏诛。十一年（公元一一七一年）归德府民臧安见谋反伏诛。十二年（公元一一七二年）北京曹资等，西北路纳哈塔齐锡（旧名纳合七斤）等，郦州民李方等，同州民屈立等，冀州民王琼等，俱以谋反伏诛。十四年（公元一一七四年），大名府僧李智究等，谋反伏诛。十八年（公元一一七八年），献州人殷小二谋反伏诛。十九年（公元一一七九年），密州民许通等，济南民刘溪忠等，俱以谋反伏诛。二十年（公元一一八〇年），布沙堪（旧名蒲速挽）群牧所罗和（旧名老忽）谋反

> 伏诛。二十一年(公元一一八一年)，辽州民宋忠等乱言伏诛。二十三年(公元一一八三年)，潞州民陈圆乱言伏诛。大名府猛安人马和尚谋反伏诛。此皆载于本纪者。有道之世，偏多乱民!①

罪名叫做谋反，自然是有计划的民乱，断非普通犯法者可比。金人治下的民乱，暂以这些作例。现在且看宋人统治下长江流域的民乱如何。

长江下游的民乱 长江下游的民乱，即今江苏、安徽、浙江几省境内的民乱，有两大股，值得注意：一，方腊之乱；二，宋江之乱。先述(a)方腊之乱。这一次的乱子，系被剥削的贫民，不忍统治者剥削，及拿剥削来的东西敬奉给异族，与异族妥协，而酿成的。方勺《青溪寇轨》述此事之动因云：

> 方腊谓其属曰："天下国家，本同一理。今有子弟耕织，终岁劳苦，少有粟帛；父兄悉取而糜荡之，稍不如意。则鞭笞酷虐，至死弗卹，于汝甘乎？……糜荡之余，又悉举而奉之仇雠；仇雠赖我之资，益以富实。反见侵侮，则使子弟应之。子弟力弗能支，则谴责无所不至。然岁奉仇雠之物，初不以侵侮废也。……且声色狗马，土木祷祠，甲兵花石糜费之外，岁赂西北二虏银绢，以百万计；皆吾东南赤子膏血也。二虏得此，益轻中国，岁岁侵扰不已。朝廷奉之不敢废，宰相以为安边之长策也。独吾民终岁勤动，妻子冻馁，求一日饱食不可得。"

这一段中，提到了花石的糜费。政和时，蔡京以取媚徽宗，使朱勔采办花石，扰民太甚，的确是此次民乱的一个直接导火线。盖采办花石，流毒州郡，垂二十年，人民因此破家产，卖子女者，不知若干。所以方腊一起，众皆响应，卒成大乱。《朱勔传》云：

> 徽宗颇垂意花石。京(蔡京)讽勔语其父密取浙中珍异以进。初致黄杨三本，帝嘉之。后岁岁增加。然岁率不过再三贡，贡物裁五七品。至政和中，始极盛。舳舻相衔于淮汴，号花石纲。置应奉局于苏州，指取内帑，如囊中物。每取以数十百万计。延福宫艮岳成，奇卉异植，充牣其中。勔擢至防御使，东南部刺史郡守，多出其门。……竭县官

① 赵翼：《廿二史劄记·大定中乱民独多》。

> 经营以为奉。所贡物豪夺渔取于民，毛发不少偿。士民家一石一木，梢堪，即领健卒直入其家，用黄封表识；未即取，使护视之。微不谨，即被以大不恭罪。及发行，必撤屋抉墙以出。人不幸有一物小异，共指为不祥，惟恐芟夷之不速。民预是役者，中家悉破产，或鬻卖子女以供其须。斸山辇石，程督峭惨。虽在江湖不测之渊，百计取之，必出乃止。……流毒州郡者二十年。方腊起，以诛勔为名。[①]

这是民乱的起因及导火线。至其主动人物，当然就是方腊。方为睦州(今浙江建德县)所辖之青溪(今安徽亘城县南)人。他生长的地方，天然环境，有些奇特，人民的知识未开，所以他能以邪道支配他们。此外知名的领袖，有朱言、吴邦、雠道人、吕师囊、陈十四、石生、陆行儿、方七佛等。他们领导的群众，完全是贫民所谓“贫乏游手之徒”是也。他们进攻的对象，最主要的，即是官吏。所以每占领一州郡或一县城，即以极残忍的手段对付其官吏。所攻克的地方，据史称有六州五十二县。其六州为睦州(今浙江建德县治)、杭州(浙江杭县)、婺州(浙江金华县)、衢州(浙江衢县)、处州(浙江丽水县)、歙州(安徽歙县)。政府为着镇压他们，调动军队，达十五万人以上！双方互相攻战的结果，死亡的人数，所谓贼众死七万人以上；所谓平民，死二百万以上，这大概有些夸大。但这次乱子，一定闹得不小。《宋史》里有记载云：

> 方腊者，睦州青溪人也。世居县堨村，讬左道以惑众。初唐永徽中，睦州女子陈硕真反，自称文佳皇帝。故其地相传有天子基，万年楼。腊益得凭藉以自信。县境梓桐帮源诸峒，皆落山谷幽险处。民物繁夥，有漆楮杉材之饶。富商巨贾往来。时吴中困于朱勔花石之扰，比屋致怨；腊因民不忍，阴聚贫乏游手之徒，宣和二年(公元一一二〇年)十月起为乱。自号圣公建元永乐。置官吏将帅，以巾饰为别。自红巾而上，凡六等。……诱胁良民为兵，……不旬日，聚众至数万。破杀将官蔡遵于息坑。十一月，陷青溪。十二月，陷睦歙二州。南陷衢，杀郡守彭汝方。北掠新城桐庐富阳诸县；进逼杭州，郡守弃城走州即陷。……凡得官吏，必断脔支体，探其肺肠；或熬以膏油，丛镝乱射；

① 《宋史·朱勔传》。

备尽楚痛，以偿怨心。警奏至京师，王黼匿不以闻，于是凶焰日炽。兰溪灵山贼朱言吴邦；剡县仇道人，仙居吕师囊，方严山陈十四，苏州石生，归安陆行儿，皆合党应之。东南大震。发运使陈亨伯请调京畿兵，及鼎澧枪牌手兼程以来，使不至滋蔓。徽宗始大惊，亟遣童贯、谭稹为宣抚制置使，率禁旅及秦晋蕃汉兵十五万以东。……三年(公元一一二一年)正月，腊将方七佛引众六万攻秀州。……大军至，合击贼，……贼还据杭。二月，贯稹前锋至青州堰水陆并进。……尽复所失城。四月，生擒腊及妻邵子亳，二太子，伪相方肥等五十二人于梓桐石穴中，杀贼七万。四年三月，余党悉平。……腊之起，破六州，五十二县。戕平民二百万。所掠妇女自贼峒逃出，倮而缢于林中者，由汤严、榴岭八十五里间，九邨山谷相望。王师自出至凯旋，四百五十日。[①]

(b)宋江之乱。与方腊之乱同时爆发的，有宋江之乱。方乱在长江之南，宋乱在江北。方乱扰得最利害的地方为今之浙江，宋乱扰得最利害的地方，为今之江苏。方乱之凶，官军十余万，且不易对付；宋乱之凶，也是官军数万，莫敢当其锋。《宋史·侯蒙传》称："宋江寇京东，蒙上书言：江以三十六人，横行齐魏；官军数万，无敢抗者，其才必过人。"又《宋史·张叔夜传》称："宋江起河朔，转掠十郡，官军莫敢婴其锋。"方腊发难的地方，具如前面所述。宋江发难的地方，《东都事略》称"宣和三年(公元一一二一年)二月，淮南盗宋江，犯淮阳军(今江苏邳县)。又犯京东，河北，入楚海州(今江苏东海县)。"[②]宋江的事，民间传说很多，正史上所载的却很少。龚圣与作《宋江三十六赞》并序曰：

宋江事见于街谈巷语，不足采著。虽有高如、李嵩辈传写，士大夫亦不见黜。余年少时，壮其人，欲存之书赞。以未见信书载事实，不敢轻为及异时见《东部事略》中载侍郎《侯蒙传》，有书一篇，陈制贼之计云："宋江以三十六人横行河朔京东；官军数万，无敢抗者，其材必有过人。不若赦过招降，使计方腊；以此自赎，或可平东南之乱。"余然后知江辈真有闻于时者。于是即三十六人，人为一赞，而箴体在

① 《宋史·童贯传》。

② 王偁：《东都事略·徽宗纪》二。

焉。……余尝以江之所为，虽不得自齿；然其识性超卓，有过人者。[①]

这其中所谓横行河朔、京东的三十六人，就是三十六个领袖。至于他们所领导的民众，虽官军数万，也抵抗不了，其数目料必很大。这三十六人的名号，都有象征某些特别品性的意味。兹录如下：

呼保义宋江	智多星吴学究	玉麒麟卢俊义
大刀关胜	活阎罗阮小七	尺八腿刘唐
没羽箭张清	浪子燕青	病尉迟孙立
浪里白跳张顺	船火儿张横	短命二郎阮小二
花和尚鲁智深	行者武松	铁鞭呼延绰
混江龙李俊	九文龙史进	小李广花荣
霹雳火秦明	黑旋风李逵	小旋风柴进
插翅虎雷横	神行太保戴宗	先锋索超
立地太岁阮小五	青面兽杨志	赛关索杨雄
一直撞董平	两头蛇解珍	美髯公朱仝
没遮拦穆横	拼命三郎石秀	双尾蝎解宝
铁天王晁盖	金枪班徐宁	扑天雕李应

细察这些头衔，都有特别含义。然归纳起来，不外表示他们凶猛可怕，或机警过人等等。社会下层民众，起来称乱，希望自己个个都凶猛机警。这种希望，便在各人的绰号中表现出来了。中国历来的民乱，都有特别的怪称呼，亦至可玩味之事也。

长江中游的民乱　长江中游的民乱，以现在的江西、湖北、湖南为最利害。以言乎较大的头脑，则有孔彦舟、张用、李成、曹成、刘忠、杨么等。《宋史·张俊传》称："绍兴元年(公元一一三一年)，帝至会稽；时金人残乱之余，孔彦舟据武陵(今湖南常德县)，张用据襄汉(今湖北襄阳汉口一带之地)；李成尤悍强，据江淮湖湘十余州，连兵数万，有席卷东南意。多造符谶蛊惑中外。"这里把江淮湖湘连称，料是兼指张用所扰乱之地而言。《宋史·岳飞传》称："张用寇江西，用亦相人。飞以书谕之曰：'吾与汝同

① 周密：《癸辛杂议续集》上。

里，南薰门铁路步之战，皆汝所悉。今吾在此，欲战则出，不战则降。’用得书，……遂降，江淮平。”大概张用扰乱的是江淮与江西等地。曹成扰乱的，是江西、湖南等地。《岳飞传》称：“曹成拥众十余万，由江西历湖湘，据道贺(道，今湖南道县。贺，今广西贺县)二州”。刘忠也是扰乱湖南的。《宋史·韩世忠传》称：“刘忠有众数万，据白面山(在今湖北通城县西南四十五里)。营棚相望。世忠……大破之，斩忠首，湖南遂平。”杨么扰乱的，也是湖南，其地大概为洞庭湖之附近。《岳飞传》称：“湖寇杨么，亦与伪齐通，欲顺流而下。……负固不服，方浮舟湖中，以轮激水，其行如飞。旁置撞竿，官舟迎之辄碎。飞伐君山(洞庭湖中之山)本为巨筏，……举木撞其舟，尽坏，么投水，牛皋擒斩之。”

总上所述看来，长江中游被扰乱的地方，为湖北、湖南、江西，兼及广西、安徽各省之地。至于这些头脑之末路，可以概括地说明如下：孔彦舟、李成都依附了傀儡刘豫随刘豫之消灭而消灭。张用、曹成都降附于名将岳飞。刘忠为韩世忠所火，杨么为岳飞所灭。至于前面所述长江下游的两个民乱首领，方腊为童贯与谭稹所灭；宋江则降于张叔夜了。

闽岭方面的民乱　这一方面民乱的首领为范汝为。范起于建安(今福建建瓯县)，依凤凰山(在建瓯县东)以为固。官方由韩世忠领兵三万，围攻五日，始得平下，可见范之势力并不算小。《宋史·韩世忠传》有云：

> 建安范汝为反，辛企宗等讨捕未克，贼势愈炽，以韩世忠为福建江西荆湖宣抚副使，世忠曰：“建居闽岭上流贼沿流而下，七郡皆血肉矣。”亟领卒三万，水陆并进，次剑潭。贼焚桥，世忠策马先渡，师遂济。贼尽塞要路拒王师。世忠命诸军偃旗仆，鼓径抵凤凰山，瞰瞰邑，设云梯火楼，连日夜并攻。贼震怖叵测。五日城破，汝为窜身自焚，斩其弟岳吉以徇。擒……五百余人。

闽岭方面的民乱，大略如是。兹综括以上所述各种民乱看来，可得几个要点如下：(1)各种民乱，多以邪说为号召大众的手段。如《宋史·张俊传》所谓“多造符谶，蛊惑中外”，即是例证。民之为乱，本因生活困苦。但说不出理由，建不起信仰，只好“多造符谶”。符谶便是他们的理论根据。(2)称乱的主体，就是生活困苦的农民及手艺工人乃至现在所谓流氓无产者。为数动辄以万计。如方腊“因民不忍，阴聚贫之游手之徒。”[1]后来官军进攻“杀贼七万!”[2]曰七万，可谓多矣。《岳飞传》称：“曹成拥众十余万!”凡此可见民乱非少数人的呐喊，实有多数贫民的参加，始可成乱。(3)民乱的对象，大抵为官吏地主等。如方腊之乱，“凡得官吏，必断脔支体，探其肺肠；或熬以膏油，丛镝乱射。……破六州五十二县，戕平民二百万。”[3]此可见民乱的对象之所在了。(4)动乱的民众，在种族战争激烈之时，尝为两造所欲夺取之势力。盖种族战争的两造，谁能取得成千成万的大众，谁的实力便要增加。李成孔彦舟领着大众依附刘豫，刘豫所管之傀儡国，便要增加了多少实力。张用曹成领着大众降于岳飞，宋之实力，就也要增加很多了。由此看来，民乱为种族战争所促成，既被促成了，又足以影响种族战争之进展。

① 《宋史·童贯传》。

② 《宋史·童贯传》。

③ 《宋史·童贯传》。

第五章　宋对金之妥协策

一　进行妥协之先

种族战争的激烈，把宋室逼到江南；同时受战争影响的人民，生计困窘，起而称乱。这时，宋对金之屈服妥协，成了必然之势。但在进行妥协之先，尚须造一可以与人妥协的资格。于是平定民乱，或统治者与称乱的贫民，互相团结，以巩固民族的阵容，及重振旗鼓，击败刘豫，消灭傀儡国伪齐；都成了宋对金人妥协的预备工作。此等工作成功以后，且曾一度击败金人。

巩固民族阵容　这一工作，在上章叙述民乱时，已略略述及。兹为眉目清醒计，再为申说于此。长江下游的民乱，以方腊与宋江所发动者为最著。然为时不久，都平下来了。方乱是宣和三年(公元一一二一年)平定的。三年正月，徽宗遣童贯、谭稹为宣抚制置使，率禁旅及秦晋番汉兵十五万人东下，攻方腊的六万之众，颇为得势。到四月，便生擒了方腊及其妻子，和伪相方肥等五十二人，并杀贼七万以上！四年三月，便把乱子完全平下来了。宋江之乱，也是宣和三年的时候由张叔夜平下来的。当时张叔夜知海州。闻宋江将至，便“使间者觇所向。贼径趋海濒，劫钜舟十余载卤获。于是募死士得千人，设伏近城，而出轻兵距海诱之战。先匿壮卒海旁，伺兵合，举火焚其舟。贼闻之，皆无斗志。伏兵乘之，擒其副贼，江乃降。”①

长江中游的民乱，以李成、孔彦舟、张用、刘成、刘忠、杨么各部为最利害。李成于绍兴元年(公元一一三一年)被张俊等击败，逃往伪齐，依附刘豫，其部下大概多降于张俊岳飞等。《宋史》称：“俊引兵渡江，至黄梅

① 《宋史·张叔夜传》。

县(今湖北黄梅县)亲与成战。……先遣游卒进退，若争险状，以诳贼。俊亲冒矢石，帅众攻险。贼众数万俱溃，马进为追兵所杀。成北走，降刘豫，诸郡悉平。”[①]走降刘豫的，并不止李成而已，孔彦舟也在这时降了刘豫。

至于张用、曹成都降了岳飞。刘忠为韩世忠所破，杨么为岳飞所破。计自绍兴元年(公元一一三一年)到绍兴六年(公元一一三六年)长江中游的民乱，几乎完全平定下来了。今之湖南、湖北、江西、安徽等处，均恢复了常态。此外福建西方的范汝为一部，也被韩世忠于绍兴二年(公元一一三二年)平定下来了。

击破伪齐刘豫 平定民乱，与击破伪齐，正在同一个时期之内。伪齐刘豫自金太宗天会八年(宋高宗建炎四年，公元一一三〇年)被立为伪傀儡皇帝以后，即站在金人方面，为虎作伥，与宋开衅。于宋高宗绍兴三年(公元一一三三年)，曾在今之河南方面，占领邓州、随州、郢州、宋州、唐州、信阳军等地，幸次年，即被岳飞夺回了。又于绍兴四年(公元一一三四年)，在今之江苏方面，大举南侵；以徐文为前军，声言攻定海，遣其儿子麟入寇。同时并引诱金人宗辅挞辣兀术分道南侵：步兵自楚承(楚，今江苏淮安县；承，今江苏高邮县)进，骑兵由泗趋徐(泗，今安徽泗县。徐，今安徽凤阳县东)。

这时宋方似有挫败之势：“楚州守臣樊序弃城走。淮东宣抚使韩世忠承州退保镇江。”[②]幸喜高宗有亲征刘豫的决意，立刻诏张浚援韩世忠，诏刘光世移军建康。这样一来，韩世忠乃复由镇江渡江北上，并统制解元，在今江苏之江都高邮淮安等地，及安徽之天长等地，与刘豫及金人聂儿孛堇挞孛也等大战，连战连胜。[③] 述此事曰：

> 金人与刘豫合兵，分道入侵。……世忠……自镇江济师，俾统制解元守高邮，候金步卒。亲提骑兵驻大仪(今江苏江都县西七十里)，当敌骑。伐木为栅，自断归路。……军次大仪，勒五阵。设伏二十余所，约闻鼓即起击。……金人……聂儿孛堇……引兵至江口，距大仪五里。别将挞孛也，拥铁骑过五阵东。世忠传小麾鸣鼓，伏兵四起，旗色与金人旗杂出，金军乱，我军迭进。……各持长斧上揕人胸，下

① 《宋史·张俊传》。
② 《宋史·刘豫传》。
③ 《宋史·韩世忠传》。

砍马足。敌被甲陷泥淖。世忠麾劲骑四面蹂躏，人马俱毙，遂擒挞孛也等。……所遣董旼，亦击金人于天长县之鵶口。……解元至高邮遇敌，设水军夹河阵，日合战十三，相拒未决。世忠遣成闵将骑士往援，复大战。世忠复亲追至淮，金人惊溃，相蹈藉溺死甚众。……时挞辣屯泗州(今安徽泗县)，兀术屯竹塾镇，为世忠所扼。①

自此一战以后，刘豫及金人之兵，也都无斗志了。并且这时，金主正值病甚，大家都恐变生不测。于是兀术乃引兵北返。刘豫的儿子刘麟等也弃辎重而逃，昼夜兼行三百余里，达到宿州(即今安徽宿县)，方始小憩。情形如此，西北大恐。刘豫与金人的败势既成，宋之声势，自然大振。于是宋主高宗乃命张浚屯盱眙(今安徽盱眙县)，韩世忠屯楚州(今江苏淮安县)，刘光世屯合肥(今安徽合肥县)，岳飞屯襄阳(今湖北襄阳县)，准备完全消灭伪齐刘豫。高宗并拟亲自出征。

刘豫听到高宗将要亲征，乃急向金人请援。金熙宗与领三省事宗磐议定不许所请，宗磐之言曰："先帝立豫者，欲豫开疆保境。我得按兵息民也。今豫进不能取，退不能守。兵连祸结，休息无期。从之，则豫收其利，而我实受弊。奈何许之?"②豫不得已，只好单独作最后之挣扎。兵分三道：刘豫由寿春犯庐州，刘猊出涡口犯定远，孔彦舟趋光州，寇六安。结果都不利，卒被韩世忠、杨沂中、刘光世、张浚、张俊、王德、郦琼等所击破。

这时金人眼见刘豫不争气，没有什么用了，乃于天会十五年，(宋高宗绍兴七年，即公元一一三七年)冬十一月废刘豫为蜀王。《大金国志》云：

天会十五年，……刘豫乞兵侵江，且言宋将郦琼全军新降。……乞兵南征。主以废之议已定，阳许其行。……先是主已定议废豫。会豫乞师不已，乃建元帅府于太原，及屯兵河间。令齐国兵权，听元帅府节制。遂分戍于陈、蔡、汝、亳、许、颍之间。于是尚书省檄豫治国无状，金主下诏数之，略曰："建尔一邦，逮兹八稔(自天会八年，公元一一三〇年到天会十五年，公元一一三七年，尚未完全满八年之数)。尚勤兵戍，安用国为?"遂令挞懒等以侵江南为名，伐汴京。先约刘麟单骑渡河计事。麟以二百骑至武城，与兀术遇，为所擒。二将同

① 《宋史·韩世忠传》。

② 《宋史·刘豫传》。

> 葛王褒驰至汴京，入东华门，逼豫出见。兀术以鞭麾命羸马载之而去！废为蜀王。是冬十一月也。[①]

计刘豫自天会八年(公元一一三〇年)被立为傀儡，十一年(公元一一三三年)与宋军在今河南方面挑战；十二年(公元一一三四年)与宋军在今江苏方面挑战；十三年及十四年时(公元一一三五到一一三六年)与宋军在今江苏安徽方面激战；到十五年(公元一一三七年)乃又被人以羸马载去，废为蜀王！傀儡国至是乃完全结束，历时未满八年。

一度击败金人　伪齐刘豫之废，并非由于金人的愿意；乃是因遭宋人的攻击，站脚不住，无存在之可能了，才被废掉的。所以刘豫被废之际，正是宋室声势大振之时。宋主高宗，乘着这时的声势，派遣王伦使金，要求金人把河南故地还给宋室。恰好这时金人内部发生了争权的问题，颇与宋之要求以大利。原来金熙宗即位之时，以宗辅为相。不久宗辅死了，剩下的要人，只兀术与挞懒二位。挞懒以行辈最尊之故，独得专政。与左相宗隽及太师领三省事宗磐各怀异志。刘豫被废之后，宋使来求故地；挞懒为卖好于宋，以结外援计，慨然许之。宋因是，不烦兵力，而得河南、陕西等处失地。这不能不算是一大方便。但后来挞懒因谋反被诛，兀术执政，力反前议，并把宋使王伦拘囚起来，于是宋金乃直接开战。

兀术于金熙宗天眷三年(宋高宗绍兴十年，公元一一四〇年)大举南下。兵分四路：一出山东，一侵河南，一侵陕右，兀术自己，则亲率精兵十余万直抵汴京。《大金国志》云：

> 天眷三年，……挞懒诛，兀术始得政，以归地非其本计，决欲渝盟；乃举国中之兵，集于祈州元帅府大阅。遂分四道南征。命聂黎孛堇出山东，撒离曷侵陕右，李成(原是江淮湖湘民乱的首领，后畔依刘豫，此时遂为金人前驱侵宋)侵河南。兀术自将精兵十余万，与孔彦舟(原是湖南民乱的首领，后畔依刘豫，此时为金人前驱侵宋)、郦琼、赵荣抵汴，至是攻宋东京。孟庾率官吏迎降，兀术入城。……诏谕州县，以挞懒擅割河南。且言宋朝不肯徇其所欲。诏词略曰："非予一人有失言，恩威弛张之间，盖不得已。"遂命使持诏，遍诣诸郡，又分兵

① 宇文懋昭：《大金国志·熙宗纪》一。

随之。[①]

当时宋人方面，亦大有准备。例如河南方面之敌，有岳飞、韩世忠、刘锜等分据要地，担任防御。陕右方面之敌，有吴璘、李师颜等担任防御。金兵进犯之时，这些防守的将领，均能克敌致胜。以致金人在河南方面之进攻计划及陕右方面之进攻计划，都遭大挫。陕右方面，金人失败的情形，有如下述：

绍兴十年(公元一一四〇年)金人败盟，诏璘节制陕西诸路军马。撒离曷渡河，入长安，趋凤翔；陕右诸军，隔在敌后，远近震恐。……璘以书遗金将约战。金鹘眼郎君以三千骑冲璘军，璘使李师颜以骁骑击走之。鹘眼入扶风，复攻拔之。……撒离喝怒甚，自战百通坊，列阵二十里。璘遣姚仲力战破之。……十一年，与金统军胡盏战剡家湾，败之，复秦州及陕右诸郡。[②]

至于河南方面，金人进至顺昌，为刘锜所败；逼近郾城，为岳飞所败。由河南进抵柘皋(今安徽巢县西北)，又为刘锜及张俊杨沂中等所败。先是金人宗弼遣孔彦舟下汴郑两州，王伯龙取陈州，李成取洛阳；自率众取亳州及顺昌府嵩汝等州。但“北师游骑，先至顺昌城下，既而葛王褎及龙虎大王军并至城下，凡三万余人，为宋刘锜所败。”[③]后来兀朮赶到，下令并力攻城，依然大败，只好拥众退守汴京，这是一例，足证宋之胜利。其次岳飞至郾城也把兀朮打个大败。《宋史》称：

大军在颍昌，诸将分道出战。飞自以轻骑驻郾城，兵势甚锐。兀朮大惧。会龙虎大王议，以为诸帅易与，独飞不可当。欲诱致其师，并力一战。……兀朮怒，合龙虎大王盖天大王与韩常之兵逼郾城。……官军奋击，遂大败之。……兀朮循还汴京。[④]

这又是一例，足证宋之胜利。高宗绍兴十一年(公元一一四一年)，兀

① 宇文懋昭：《大金国志·熙宗纪》三。
② 《宋史·吴璘传》。
③ 《大金国志·熙宗纪》三。
④ 《宋史·岳飞传》。

术率众十余万，再图大举，攻陷寿春府滁州亳州庐州和州等地。独在柘皋(今安徽巢县西北)大为刘锜、张俊、杨沂中等所败。

兀术……至柘皋，其地坦平，金人自以为骑兵之利也。隔河相拒。会夜大雨。锜遣人会合张俊及沂中之军。……锜率先迎敌。沂中军继至。兀术铁骑十余万，分为两隅，夹道而阵。王德与田师中挥兵先薄其右隅，金阵动。乃以拐子马两翼而进。沂中令万兵各持斧如堵而前，锜与诸军合击之。金兵……即退走。①

这又是一例，足证宋之胜利。然而胜利尽管胜利，宋金两国的和议，却由于秦桧执政后的坚决主张，正在迅速地进行着。

二　宋与金之和议

和议之动机　就上述情形看，内部的民族阵容也整顿了，宋金间的傀儡国也消灭了，同时且战胜了金人，何以还要议和呢？这自然有一些事情，可作主和者的理由。第一，武人只顾私利。

给事中兼直学士院汪藻言："……刘光世、韩世忠、张俊、王瓒之徒，身为大将，论其官，则兼两镇之重。视执政之班，有韩琦、文彦博所不敢当者。论其家，则金帛充盈，锦衣肉食；与台斯养，皆以功赏补官。至一军之中，使臣反多，卒伍反少。平时飞扬跋扈，不循朝廷法度。所至驱虏，甚于夷狄，陛下不得而问。"②

起居郎胡寅上疏言："……今之赏功，全阵转授，未闻有以不用命被戮者。……自长行以上，皆以真官赏之。人挟券历请厚俸，至于以官名队。……煮海榷酤之人，遇军之所至，则奄而有之，阛阓什一之利，半为军人所取。至于衣粮，则日仰于大农；器械，则必取之武库；赏设，则尽出于县官。……总兵者，以兵为家，若不复肯舍者。"③

武人一味贪图私利，向政府百端要挟，这自然使当局有些骇怕，于是

---

① 宇文懋昭：《大金国志·熙宗纪》三。

② 《通考·兵考》六。

③ 《通考·兵考》六。

主和。第二武人不肯牺牲。这与第一项是相因而至的。凡只顾私利的人，自然不肯牺牲。遇着大战将临，或不上前线，或临阵而退。郦琼降于伪齐之后，对金人宗弼曰：

江南诸帅，才能不及中人，每当出兵，必身居数百里外，谓之持重。或督召军旅，易置将校，仅以一介之士，持虚文谕之，谓之调发。制敌决胜，委之偏裨。是以智者解体，愚者丧师。幸一小捷，则露布飞驰，增加俘级，以为己功，敛怨将士。纵或亲临，亦必先遁。而又国政不纲，才有微功，已加厚赏。或有大罪，乃置而不诛，不即覆亡，已为天幸，何能振起耶?①

这是琼降了敌人之后所说的话，或不足信。若给事中汪藻之言，该是可信的。其言曰：

张俊守明州，仅能少抗。奈何敌未退……而引兵先遁？……杜充守建康，韩世忠守京口，刘光世守九江，而以王瓊隶杜充，其措置非不善也。而世忠八月九间，已扫镇江所储之资，尽装海舶，焚其城郭，为遁逃之计！洎杜充力战于前，世忠王瓊卒不为用。光世亦宴然坐视，不出一兵；方与韩祒朝夕饮宴。贼至数十里间而不知。……呜呼！诸将以负国家罪恶如此，而后自明引兵至温，道路一空，路民皆逃奔山谷。世忠逗遛秀州，放军四掠。至执缚县宰，以取钱粮。虽陛下亲御宸翰，召之三四而不来。元夕取民间子女，张镫高会。……瓊自信入明，所遇要索千计。公然移文曰：无使枉害生灵。其意果安在哉?②

武人只顾私利，固已可怕；若不肯上前线，只扰害人民，当然更可怕。因此当局有戒心，力主和议。第三武人彼此内哄。叶适论四屯驻大兵曰：

诸将自夸雄豪，刘光世、张俊、吴玠兄弟、韩世忠、岳飞，各以成军雄视海内。……廪饩惟其所赋，功勋惟其所奏。将版之禄，多于兵卒之数，朝廷以转运使主馈饷。随意诛剥，无复顾惜。志意盛满，

① 《金史·郦琼传》。

② 《通考·兵考》六。

仇疾互生。[1]

武人只顾私利，不上前线，专事剥削，不恤人民，且彼此之间，各相夸耀，互生仇疾。情形如此，当大任的，骇怕极了，故力主和议。

一一四一年之和议　当时主和的人，大概不少。如张浚，如陈与义，都有和意；高宗更不待说。赵翼曰：

> 宋……以屡败积弱之余，当百战方张之寇；……欲乘此偏安甫定之时，即长驱北指，使强敌畏威，还土疆而归帝后；虽三尺童子，知其不能也。故秦桧未登用之先，有识者固早已计及于和。……绍兴五年(公元一一三五年)将遣使至金，通问二帝。胡寅言："国家与金世雠，无通使之理。"张浚谓："使事兵家机权，日后终归于和，未可遽绝。"是浚未尝不有意于和也。陈与义云："和议成。岂不贤于用兵？不成，则用兵必不免。"是与义亦未尝不有意于和也。高宗谓赵鼎曰："今梓宫太后渊圣(钦宗)皆在彼。若不与和，则无可还之理。"此正高宗利害切己，量度时势，有不得不出于此者。[2]

和议既已大有人赞成，而武人又多不可靠。延至绍兴十一年(公元一一四一年)和议终于成了。其重要之条款为：

一、宋称臣奉表于金。

二、宋岁贡金人银二十五万两，绢二十五万匹。

三、金主生日及正旦，宋主遣使致贺。

四、宋割今河南、陕西一部分土地给金。

五、两国交接之处，东以淮水西以大散关(今陕西宝鸡县)为界。

这次和议，宋主屈辱极了，其奉表之词曰：

> 臣构言："今来划疆，以淮水中流为界。西有唐邓州，割属上国。自邓州西四十里，并南四十里下来界属邓。四十里外并西南，尽属光化军，为敝邑沿边州城。既蒙恩造，许备藩方，世世子孙，谨守臣节。每年皇帝生辰并正旦，遣使称贺不绝。岁贡银绢二十五万两匹，自壬

---

① 《通考·兵考》六。

② 赵翼：《廿二史劄记·和议》。

戌年为首，每春季搬送至泗州交纳。有渝此盟，明神是极，坠命亡氏，踣其国家。今臣既进誓表，伏望上国，早降誓诏，庶使敝邑，永为凭焉。”①

果然绍兴十二年（公元一一四二年）金主“遣左宣徽使刘筈，以衮冕圭册，册宋康王（即高宗）为帝。”②和议既成，秦桧便收回诸将兵柄，大权集于一身。当时岳飞以精锐之兵，战胜金人，力言和议不是办法，结果被秦桧杀了。总观这次和议前后的情形，可得一小小结论：即这次和议，乃由于秦桧亟欲巩固统治的权力而得促成。《通考》引叶适之言曰：

秦桧虑不及远，急于求和，以屈辱为安者，盖忧诸将之兵未易收，浸成疽赘。……故约诸军支遣之数，分天下之财，特命朝臣以总领之，以为喉舌出纳之要。诸将之兵，尽隶御前。将帅虽出于军中，而易置皆由于人主。以示臂指相使之势。向之大将，或杀或废，惕息俟命。③

一一六四年之和议 一一四一年之和议，如果可视为秦桧欲巩固统治权力而促成的，则一一六四年（孝宗隆兴二年）之和议，可视为金人内部发生变故而促成的。当宋高宗绍兴十九年（公元一一四九年）之时，金废帝海陵庶人亮弑金熙宗，自立为帝，改熙宗皇统九年为天德元年。亮既即位，因蒙古人在北方威胁之故，乃尽力向南方发展，初营汴京而都之，继而大举伐宋。于“绍兴三十一年（公元一一六一年）金主亮调军六十万，自将南来，弥望数十里，不断如银壁，中外大震。”④金兵初驻采石（今安徽当涂县西北二十里），继则越过扬州，势颇凶猛。但卒为虞允文所败，不免受一大挫。

恰好在这时，即宋高宗绍兴三十一年，金主亮正隆六年（公元一一六一年）金人内部的乱事起来了。太宗之孙，睿宗之子，东京留守曹国公名乌禄者，自立于辽阳，即金世宗是也。世宗既立，改元大定元年，大数海陵过失，凡数十事。这时金主亮即海陵便陷入困境了。以言伐宋，则被宋人打败；以言内治，则乌禄自立于辽阳。正在这困境之中其部下竟乘机把他弄

① 陈邦瞻：《宋史纪事本末》卷七二。

② 《金史·熙宗纪》。

③ 《通考·兵考》六。

④ 《宋史·刘锜传》。

死，其子留守汴京，亦为众所杀。《大金国志》云：

> 主（海陵）……回扬州，召诸将约三日毕济。过期尽杀之。诸将相与谋曰："南军有备如此，进有渰杀之祸，退有尽戮之忧，奈何？"其中一将曰："等死，求生可乎？"众皆曰："愿闻教。"有总管万载曰："杀郎主却与南宋通和归乡，则生矣。"众皆一辞曰："诺。"主有细茸等军，（国主令诸处统军，择其精于射者得五千人，皆用茸丝联甲。紫茸为上，黄茸青茸次之。号硬军，亦曰细军）。不遣临敌，专以自卫。诸将虽欲杀逆，而细军卫之甚严。众因谓细军曰："淮东子女玉帛，皆逃在泰州。我辈急欲渡江，汝等何不白朗主往取之。"细军欣然共请，主从之。于是细军去者过半。……诸将集兵万余人，控弦直入主寝帐中。左右亲军散走，诸将射帐中，矢如雨下。主即崩。……皇子光瑛留汴京，亦为众所杀。[①]

金人把海陵父子杀了，引兵北返。宋人乃乘机收复两淮州郡，又取回唐、邓、陈、蔡、海、泗诸州。陕西方面，也取回秦陇商虢诸州。竟造成一时的优势。同时金世宗以新立之故，不想用兵，愿意和议。孝宗隆兴二年（公元一一六四年）和议告成。这次和议举行之先，在军事方面，宋人既几度得胜，收回失地甚多，故和议内容，得把一一四一年的屈辱条件，改善了不少。计这次和议要项如下。

一、宋主称金主为叔父。

二、改诏表为国书（原来两国来往文书，极不平等。金对宋曰下诏，宋对金曰上表）。

三、岁币银减五万两，绢五万匹（依一一四一年和议，宋每岁贡于金人之银二十五万两，绢二十五万匹。经此次缩减，每岁所贡银绢，只二十万两匹了）。

四、疆界如绍兴时（绍兴三十一年，公元一一四一年和议，两国疆域，东以淮河为界，西以大散关为界，这次和议未有变动）。

自这次和议之后，两方得相安无事者，凡三十余年。

一二〇八年之和议　一一六四年之和议，系因金人内部发生变乱而促

---

① 《大金国志·海陵王纪》下。

成。至一二〇八年（即宁宗嘉定元年）这和议，则恰恰与此相反，系因宋人反攻失败而促成。当宁宗时，韩侂胄与赵汝愚争权。赵为宗姓，做了右丞相。韩侂胄仗着自己为光宗皇后韩氏的季父，为高贵的外戚，颇想把赵汝愚挤跑。于是造作一种谣言：谓赵汝愚以宗姓为右丞相，将谋危害社稷。并用其同党将作监李沐为正言之官，向皇上奏请罢汝愚。结果汝愚被罢，韩侂胄的计划完全成功。

这计划成功了，乃进行第二步计划，预备恢复失地，建立武功。恰巧这时，主张恢复失地的人，也都以为时机成熟了，应该举兵北伐。

或劝侂胄立盖世功名以自固者，于是恢复之议兴。……安丰守厉仲方言："淮北流民愿归坿。"会辛弃疾入见言："敌国必乱必亡，愿属元老大臣，预为应变计。"郑挺、邓友龙等又附和其言。开禧改元，进士毛自知廷对，言当乘机以定中原。侂胄大悦。诏中外诸将，密为行军之计。①

同时金人以北部鞑靼叛变之故，正感不易应付。宋人恢复失地的计划，宜若可以成功。谁知兵端一启，宋师不利。金兵乘胜，渡过淮河。向宋要求五事。《大金国志》云：

泰和六年（宋宁宗开禧二年，即公元一二〇六年）……国兵自清河口渡淮。宋守将郭超失利，遂进围楚州，偏师趋枣阳军，又围庐州。守将田林拒我师，八日围解。又围和州，克信阳军，围襄阳府，又克随州。宋守将遁，……遂之德安，攻真州。于是濠梁安丰及并边诸戍，皆为国兵所破。又破西和州。②

泰和七年（宋宁宗开禧三年，即公元一二〇七年）……时国所索于宋者五事：一割两淮，二增岁币，三犒军金帛，四取陷没及归正，五取韩侂胄首级。③

金人的要求，如此严酷，宋人为势所迫，毕竟把举兵北伐，希图收复失地以建立武功的韩侂胄杀了，以谢金人！主持此事的凶手是礼部侍郎史

① 《宋史·韩侂胄传》。

② 《大金国志·章宗纪》下。

③ 《大金国志·章宗纪》下。

弥远，盖弥远原与侂胄有隙也。《宋史》称："开禧三年(金章宗太和七年，即公元一二〇七年)十一月三日，侂胄方早朝，弥远密遣中军统制夏震伏兵六部桥侧，率健卒拥侂胄至玉津园槌杀之!"[①]侂胄死了，次年(宁宗嘉定元年，即公元一二〇八年)和议即告成功。其条件大要如下。

一、两国境界如前。

二、依靖康故事，世为伯侄之国。

三、增岁币为银绢各三十万两匹(原为二十万两匹)。

四、宋别以犒军银三百万与金，金以侵得宋之土地仍旧归宋。

三　义理派与时势派之斗争

两派之意义与内容　先说意义。就意义说，凡反对和议的，可称之为义理派；凡赞成和议的，可称之为时势派。这意义是赵翼所明示的。其言曰：

> 义理之说与时势之论往往不能相符，则又不可全执义理者，盖义理必参之以时势，乃为真义理也。宋遭金人之害，掳二帝，陷中原。为臣子者，固当日夜以复雠雪耻为念。此义理之说也。……自胡铨一疏，以屈己求和为大辱，其议论既恺切动人；其文字又愤激作气。天下之谈义理者，遂群相附和，万口一词，牢不可破矣。然试令铨身任国事，能必成恢复之功乎？不能也。即专任韩岳诸人，能必成恢复之功乎？亦未必能也。故知身在局外者易为空言；身在局中者难措实事。……吕本中言："大抵献言之人与朝廷利害，绝不相关。言不酬，事不济，则脱身去耳。朝廷之事，谁任其咎?"汤思退亦云："此皆利害不切于己，大言误国以邀美名。宗社大计，岂同儿戏?"斯二人者，虽亦踵桧之故智，然不可谓非切中时势之言也。……耳食者徒以和议为辱，妄肆诋諆；真所谓知义理而不知时势，听其言则是，而究其实，则不可行者也。[②]

赵氏这段话，是表示赞成和议的。治史者，对于史事，应否施以道德

① 《宋史·宁宗杨皇后传》。

② 赵翼：《廿二史劄记·和议》。

的赞成或反对，固另是一问题。但所谓义理派与时势派之区别，大体给指明了。我们体察当时实在情形，于此更当进一步曰：义理派大概为不负实际责任，或负责较轻，而又常常批评实际政治的人。其所批评或指责，也并不限于和议一点。至于时势派，大概为负实际责任，或负责较重，而又常因事实关系，不满于众的人。他们的敌人，也并不限于韩侂胄所欲禁绝的道学一派，然则义理派与时势派究竟包括些什么人呢？这就要涉到内容问题了。

就内容讲，时势派很简单，可以说就是政府里负责任的人。若义理派就不同了。他们是从地主阶级出身的一大批知识分子。凡正在求学的所谓太学生，或正在讲学的所谓道学家，乃至求官而未得，或去官而闲散的一切知识分子，都可包括在内。盖地主阶级，既占了社会上的主要地位。其子弟之过观念生活或作知识分子的，已不在少数。他们为着自身的利益，对于政治当然过问。因过问政治，而插入了政府的，自然成为时势派。但虽过问政治，而未能插入政府的，自然成为义理派。两者固属于同一阶级，然既已分为两派了，其切身的利益，自不相同。因切身的利益之不同，自不免常相冲突。于是义理派对时势派在议论上采取攻势。

义理派攻击时势派　宋代义理派对时势派攻击最力的明显之例，当推徽钦时太学生陈朝老与陈东等先后上疏指责朝政，及宁宗时道学家朱熹一派与韩侂胄之激争。宋至王安石变法，想以学校养士，极力扩充学额，太学生之人数乃开始大增。“元丰二年（公元一〇七九年）颁学令，太学置八十齐，齐容三十人。外舍生二千人，内舍生三百人，上舍生百人，总二千四百。”[①]“崇宁元年（公元一一〇二年）徽宗创立辟雍，增生徒共三千八百人。内上舍生二百人，内舍生六百人，教养于太学；外舍生三千人，教养于辟雍。”[②]太学生之人数多了，政治意识浓厚了，乃上书攻击时政。二陈等即最著名的代表。

宋太学生上书，始于徽宗大观三年（公元一一〇九年）。太学生陈朝老疏蔡京之恶十四事，士人争相传写。又十六年，至宣和七年（公元一一二五年）钦宗即位，而有陈东。东凡七上书。其一请诛蔡京、梁师

① 《通考·学校考》三。

② 《王林燕翼贻谋录》卷五。

成、李彦、朱勔、王黼、童贯六贼。其一童贯挟徽宗东行，请追贯还，正典刑。其一金人迫京师，又请诛六贼。其一请用李纲，斥李邦彦等。其一又请诛蔡氏。此五上书，皆在太学时。其一乞留李纲，而罢黄潜善、汪伯彦。其一请亲征，以还二圣；治诸将不进兵之罪，以作士气，车驾归京师，勿幸金陵。此两上书，皆在高宗召赴行在时。内惟请诛六贼，及论李纲，乃率诸生高登等。余皆东一人言耳。时与东同斩于市者，有抚州布衣欧阳澈，亦以上书得罪。越三年，高宗感悟，赠东澈俱承事郎。……高登凡六上书，高宗时，召赴都堂审察，上疏万言，及时议六篇；授古县令，秦桧恶之，谪漳州。又后五十年，朱子为漳州守，乞褒赠。绍兴末，太学生程鸿图上书讼岳飞冤，诏飞家自便。至孝宗淳熙时，太学生乃有受赂陈书者。……光宗绍熙五年(公元一一九四年)，光宗以疾，久不省重华官。太学生汪安仁等二百余人上书。宁宗庆元元年(公元一一九五年)韩侂胄引李沐为右正言，劾赵汝愚，窜永州；侍御史章颖，以奏留汝愚斥逐。太学生杨宏中、林仲麟、徐范、张衜、蒋傅、周端朝上书辨诬，皆被罪。天下号为六君子。又宁宗时，王居安以言事夺官；太学诸生有举幡乞留者。逮理宗淳祐十年(公元一二五〇年)，丁大全劾丞相董槐去国，太学生刘黻、陈宗、黄唯、陈宜、中林则祖伏阙上书。后程公许、黄之纯被诬劾罢去，黼又率诸生上书。刘汉弼劾史嵩之之党，感末疾，遂卒，人皆疑嵩之致毒。太学生蔡之润等百七十有三人伏阙上书，以为暴卒。杜范劾李鸣复，太学诸生亦上书交攻之。后范去政府，太学诸生又上书留范。史嵩之父丧，起复右丞相，太学生黄恺伯、金九万、孙翼凤等百四十四人上书嵩之不当起复。陈垓劾程公许，太学生刘黻等百余人上书论垓。徐元杰暴卒，三学诸生相继叩阍讼冤。丁大全为谏议大夫，三学诸生叩阍言不可。诏禁戒，旋逮诸生下狱。宋末，有太学生萧规、叶李等上书言贾似道专政。而帝显德祐时，王爚之子，嗾太学生刘九皋等上书，言宜中擅权庇赵溍，其误国甚于似道。宜中遂去，遣使四辈召之不至。乃命临安府捕逮太学生，下刘九皋临安狱，罢王爚，遣使召宜中还。元兵至，宜中仍遁。当时太学生动辄上书，诚衰世之景象。①

① 汪师韩：《韩门缀学》卷五。

其实这并不是衰世之景象，乃地主阶级发展到这时候必有的现象。盖他们有闲工夫过观念生活，懂得时事；而政府里却又插足不进了，同时资本主义时代之所谓议会或巴力门(Parliament)，又还没有产生，无处表示政见，无处为自身利益说话。不得已只有上书指责时政之一法。这样上书的人多，显见得是地主阶级抬头了。当时国势虽衰，这班人的活动却不能算为衰世的景象。

高宗南渡以后的太学生，尤其骄横。周密《癸辛杂识后集》有云："三学之横，盛于景定淳祐之际。凡其所欲出者，虽宰相台谏，亦直攻之使必去。……其所以招权受贿，豪夺庇奸，动摇国法，作为无名之谤，扣阍上书，经台投卷，人畏之如虎狼。若市井商贾，无不被害，而无所赴愬。非京尹不敢过问。虽一时权相如史嵩之丁大全不恤行之。亦未如之何也。"这可见太学生打击当局之凶猛，换言之，可见义理派攻击时势派之凶猛。

除太学生外，攻击当局的，应推所谓道学家。关于道学家之种种，周密《癸辛杂识续集》下有一段云：

> 尝闻吴兴老儒沈仲固先生云："道学之名，起于元祐，盛于淳熙。其徒有假其名以欺世者，真可以嘘枯吹生。凡治财富者则目为聚敛。开阃扞边者，则目为麄材。读书作文者，则目为玩物丧志。留心政事者，则目为俗吏。其所读者，止《四书近思录·通书·太极图东西铭语录》之类。自诡其学为正心修身，齐家治国平天下。故为之说曰：'为生民立极，为天地立心，为万世开太平，为前圣继绝学。'其为太守为监司，必须建立书院，立诸贤之祠。或刊注《四书》，衍转语录，然后号为贤者。则可以钓声名，致膴仕。而士子场屋之文，必须引用以为文；则可以擢巍科。为名士。否则立身如温国，文章气节如坡仙，亦非本色也。于是天下竞趋之，稍有议及其党，必挤之为小人。虽时君子，亦不得而办之矣。其气焰有如此者。"

道学家这批人，是地主阶级发展的必然结果。地主阶级有闲工夫过观念生活，故能创出道学。其思想学问，有两个来源：一则先秦的儒家思想；二则晋魏隋唐时自印度传入的佛家思想。这两者结合，再加上他们自己一些心得，乃构成道学或理学。他们以这等学问，为精神上的粮食，号召徒众，颇为容易。盖地主阶级出身的知识分子，不能个个都插入政府。那末插入了政府或在政府中地位重要的，与未插入政府，或在政府中地位不重要的，因着切身的利害不同之故，自然分派。既分了派，自然有争。于是高谈阔论的道学家，乃向当局的要人攻击。宋宁宗时，朱熹是道学派领袖，率领徒众，结纳赵汝愚与韩侂胄大起冲突。(《宋史》)称：

> 宁宗之立，韩侂胄自谓有定策功(孝宗崩，光宗以疾不能执丧，中外汹汹。韩侂胄乘机请求宪圣太后，即高宗之后吴氏，拟立嘉王扩，即宁宗为皇帝。宪圣太后以为可，嘉王扩乃得即皇帝位。所谓定策功，即指此)。居中用事。熹忧其害政，数以为言。……庆元元年(公元一一九五年)初，赵汝愚既相，收召四方知名之士，中外引领望治。熹独惕然以侂胄用事为虑。既屡为上言，又数以手书启汝愚；当用厚赏酬其劳，勿使得预朝政。[①]

朱熹之学问道德人格，大概很能团结多数的义理派。当他与韩侂胄冲突，侂胄大施压迫之时，他的态度，毫不改变。“是时士之绳趋尺步，称以儒名者，无所容其身。从游之士，特立不顾者，屏伏丘壑。……而熹日与诸生讲学不休。或劝其谢遣生徒者，笑而不答。”[②]这样的态度，当然是很强硬的。他之获罪，也正因坚持这种强硬态度。所以赵汝愚被韩侂胄挤跑之后，熹等以失了奥援，便都成了罪人。“汝愚既斥，……朱熹彭龟年黄度李祥杨简吕祖俭等，以攻侂胄得罪。”[③]当时与朱熹站在同一条战线的人，大概很多。前面所述之太学生，亦与之接近。故“太学生杨宏中……等又以上书论侂胄编置。朝士以言侂胄遭责者数十人。”[④]这可见当时攻击时势派的人，决不在少数。

时势派压迫义理派 但有主动者，必有反动。义理派攻击时势派，时势派便压迫义理派。当时时势派韩侂胄所领导的一般人，以得着政治的优势之故，对义理派压迫，无所不用其极。首则倡为道学之禁，凡不附韩侂胄的，都叫做道学之徒，都在禁逐之例。侂胄后知“道学”二字，并非不好的字眼，于是更创“伪学”之名。凡与己立异的，或不肯随声附和的，一律

① 《宋史·朱熹传》。
② 《宋史·朱熹传》。
③ 《宋史·韩侂胄传》。
④ 《宋史·韩侂胄传》。

目为伪学之徒，要一网打尽。凡替他检举反对派的，皆得升官；凡被检举的，便成了逆党，便有大罪。计这样获罪的人，凡五十有九。侂胄得势之时，

> 设为伪学之目，以网括汝愚、朱熹门下知名之士。用何澹、胡纮为言官，澹言伪学宜加风厉；或指汝愚为伪学罪首。纮条奏汝愚有十不逊。……刘三杰入对言："前日伪党，今变而为逆党。……"而坐伪学逆党得罪者，五十有九人。王沇献言，令省部籍记伪学姓名。姚愈请降诏严伪学之禁。二人皆得迁官。[①]

这五十九人的履历，见于王沇的奏中。

> 庆元三年(公元一一九七年)十二月，以知锦州王沇奏，诏省部籍伪学姓名，宰执四人：赵汝愚、留正、王蔺、周必大。待制以上十三人：朱熹、徐谊、彭龟年、陈傅良、薛叔似、章颖、郑湜、楼钥、林大中、黄由、黄黼、何异、孙逢吉。余官三十一人：刘光祖、吕祖俭、叶适、杨方、项安世、李直、沈有开、曾三聘、游仲鸿、吴猎、李祥、杨简、赵汝谈、赵汝谠、陈岘、范仲黼、汪逵、孙元卿、袁燮、陈武、田澹、黄度、张体仁、蔡幼学、黄灏、周南、吴柔胜、王厚之、孟浩、赵巩、白炎震。武臣三人：皇甫斌、范仲任、张致远。士人八人：杨宏中、周端朝、张衜、林仲麟、蒋傅、徐范(以上六人为太学生)、蔡元定、吕祖泰，凡五十九人。[②]

韩侂胄为时势派之首领，领导一大批人，压迫义理派。并以王沇胡纮，为其有力之佐手。王沇献言，令省部籍记伪学姓名得五十九人；胡纮则于条奏汝愚十不逊之外，又代沈继祖草一疏攻击朱熹有大罪六。其言有曰：

> 臣(沈继祖)窃见朝奏大夫祕阁修撰，提举鸿庆宫朱熹，资本回邪，加以忮忍。初事豪侠，务为武断。自知圣世此术杂售，寻变所习，剽张载、程颐之余论，寓以吃菜事魔之妖术，以簧鼓后进。张浮驾诞，私立品题。收召四方无行义之徒，以益其党伍；相与餐鹿食淡，衣褒带博。或会徒于广信鹅湖之寺，或呈身于长沙、敬简之堂。潜形匿影，

① 《宋史·韩侂胄传》。

② 钱士升：《南宋书·宁宗纪》。

如鬼如魅。士大夫之沽名嗜利，觊其为助者，又从而誉之荐之。根株既固，肘腋既成，遂以匹夫窃人主之柄，而用之于私室。飞书走疏，所至响答。小者得利，大者得名。不惟其徒咸遂所欲，而熹亦富贵矣。臣窃谓熹有大罪者六，而他恶又不与焉。[①]

所谓六罪，约略如下：谓朱熹以苍米食母，不买建宁白米食之，不孝于亲，其大罪一。孝宗之时，屡有召，命朱熹不至，不敬于君，其大罪有二。孝宗死了，大家都主张葬于会稽，朱熹独持异议，不忠于国，其大罪三。熹服官时，父母蒙恩例受封赠。熹给辞去，玩侮朝廷，其大罪四。赵汝愚死了，熹率其徒百余人表示悲哀，不顾大义，其大罪五。以护国寺为县学，移孔子神像入释迦之殿，为害风教，其大罪六。这种攻击，未免吹毛求疵。而时势派要压迫义理派，却又只有吹毛求疵。

① 叶绍翁：《四朝闻见录》丁集。

第六章 蒙古势力之大发展

一 十二世纪亚洲之大势

概说 正当宋金在几次和议之下，勉强相安无事之时，蒙古中亚一带，有一空前之伟大势力在发荣滋长。这即是蒙古的势力。在叙述蒙古势力发展之先，应将当时亚洲的大势作一概括的观察。概括地观察起来，十二世纪中叶，蒙古中亚一带，概为半开化的游牧民族所占领。这些民族，部别极为复杂。然就其语言的特色看，实同属阿尔泰(Altai)系语的民族，古罗色(René Grousset)有云：

> 十二世纪中叶时，满洲北部，蒙古全部，同土耳其斯坦等地，是些半开化而以游牧为生的部落之居域。这些部落，在语言方面，属于阿尔泰(Altai)系(原注云：突厥语蒙古语同东胡语形态虽然各别，现在的语言学家曾将这三种归纳于一系之中。……由是世人将突厥语蒙古语东胡语合为一种阿尔泰系语)之三部语言。质言之，东胡部语，蒙古部语，突厥部语。①

各部族的分布 这等属于阿尔泰系语言的民族，可依地域或种族的名称，作如下之区别。

(a)满洲额尔古纳河(Argun，黑龙江的支流)右岸的部落。这里有两种游牧部落：一种是塔塔儿(Tartar)或鞑靼；属通古斯族。另一种是弘吉剌，(Kongirat，Konkurat，Kongrat，所有用西文翻译之名，均录自冯译《蒙古史

---

① René Grousset 所著之《极东史》(*Historie de L'Extrême-Orient*)关于蒙古的一篇，已由冯承钧译成华文，改称《蒙古史略》。上面所引，即出自《蒙古史略》P1。

略》，下仿此。）有时属突厥种，有时属蒙古种或蒙古杂居之种。关于这两种部落，日人箭内亘有些说话：

> 塔塔儿即 Rashid-uddin，所谓 Tartar 之对音。《元秘史》《皇元圣武亲征录》《元史》等皆作塔塔儿；而《契丹国志》之达打，《辽史》之敌剌，《辽史》及《金史》之敌烈，《金史》之迪列土及阻轐等，大略亦皆指此部族。大体占有今兴安岭西麓，连结呼伦贝尔两湖之 Urshun 河流域，及其南方草地，而从事游牧。塔塔儿为蒙古部累世之仇敌。[①]
>
> 翁吉喇惕，《元史》作弘吉剌甕吉剌甕吉里瓮吉剌雍吉烈等。《金史》之广吉剌，《辽史》之王纪剌，及辽金史上频见之乌古，及其异译之乌古里、于厥里、于厥律等皆指同一部族者。其住地甚广。当太祖成吉思汗创业时代，北自 Argun，Dorbur 两河流域，南至 Xalxa 河流域，皆其领土。[②]

(b)蒙古部落。这又可作如下之细分：(1)在秃兀剌河(Tula)斡难河(Onon)克鲁伦河(Kerulèn)等河的上游有肯特山(Kentei)一带的是蒙古族中成吉思汗(Gengis-Khan)所自出的孛儿只斤族(Börŏigän)。关于孛儿只斤族，清柯劭忞所撰之《新元史》有云：

> 其国姓曰乞颜特孛儿只斤氏；太祖十世祖孛端察儿之后，称孛儿只斤氏，皇考也速该又称乞颜特孛儿只斤氏。孛儿只斤，突厥语，译义灰色目睛，蒙古以灰睛为贵种也。……元人数典忘祖，称其国姓曰奇渥温氏，而旧史因之！我高宗纯皇帝既命馆臣改译，复据《蒙古源流》证元之国姓为博尔济锦氏。数百载相沿之谬，至我高宗，始为之厘订焉。博尔济锦即孛儿只斤之异译也。今蒙古喀儿喀诸部非博尔济锦氏不得为台吉，盖犹自别于庶姓云。[③]

蒙古族之有部众，据说是从阿兰豁阿氏所生之子勃端察儿蒙合黑开始的。《新元史》云：

---

① 箭内亘著，陈捷，陈清泉译：《元代经略・东北考》，第 3 页。

② 箭内亘著，陈捷，陈清泉译：《元代经略・东北考》，第 10 页。

③ 《新元史・太祖纪序纪》。

阿兰豁阿尝束箭五枝谓其诸子曰："汝兄弟五人，犹五枝箭，分则易折。若合为一，谁能折之？汝五人一心，则坚强无敌矣。"其后宣懿皇后犹引此言以教太祖云。阿兰豁阿幼子孛端察儿蒙合黑。沉默寡言，家人谓之痴。独阿兰豁阿曰："此儿不痴，后世子孙必有大贵者。"及阿兰豁阿卒，诸兄分家资，不及孛端察儿蒙合黑。孛端察儿蒙合黑乘一青白马至巴勒谆阿剌勒，饮食无所得，见黄鹰搏雉，[①] 勃端察儿蒙合黑缴而获之，鹰即驯熟，乃臂鹰猎雉兔以为食。有鄂郭尔察克部，游牧于统格黎河，亦时以马乳奉之。后诸兄悔，来视勃端察儿蒙合黑，邀与俱归。勃端察儿蒙合黑曰："统格黎河之民无所属，可抚而有也。"诸兄以为然。至家，使勃端察儿蒙合黑率壮士以往，果尽降之。自是蒙古始有部众。[②]

(2)在孛儿只斤族的周围，斡难河与音果达河(lngoda)流域，东迄克鲁伦河，西抵贝加尔湖(Baikal)一带散处的为其他蒙古部落。这些蒙古部落可分为两类：一类名曰尼伦或尼而伦(Nirun)，另一类名曰多儿勒斤或塔立斤(Dürlükin)。尼而伦之意义为清洁，大抵因为这些部落是与孛儿只斤有血统关系的纯蒙古种，故以此为名。塔立斤之意义为常人，这当然是与孛儿只斤较为疏远的部落。还有居于同一地带而不属于这两类的札剌亦儿部(J̌alair)，大概是一种居于蒙古诸部落中而与蒙古人同化之突厥部落。(3)在贝加尔湖东岸的有蔑儿乞部(Märkit)。这是突厥种或与突厥杂居之蒙古种。其中有一部分人信奉景教。在贝加尔湖西岸的有斡亦剌部(Oirat，Oirad)。这是纯蒙古种。

(c)克烈部(Keräit)。这一部为突厥族，其所在地约有现在土谢图汗(Tuŝetu-Khan)全盟之地。自贝加尔湖斡儿寒河(Orkhon)及肯特山之南，一直到长城，都是他们的栖息之所。这一部在十一世纪初至十二世纪末为蒙古境中最强盛之部族。他们曾在公元一〇〇七年至一〇〇九年间经马鲁(Merw)城的景教主所化；自是以后，改信景教。

(d)乃蛮部(Naiman)。这一部也是突厥族，尝与克烈部为敌。其所在地

① René Grousset 谓此等现象为草原游牧生活中所常见。故草原区的艺术品常以此等现象为图案。详见彼所著 *The civiizations of the East*，*China*，第132页。

② 《新元史·太祖纪序纪》。

在斡儿寒河上流与大金山之间，即今科布多(Kobdo)一带之地。

(e)畏兀儿部(Uigur)。乃蛮部的西南就是突厥族的畏兀儿部。这一部在九世纪时曾统治蒙古全境；此时则仅局处于哈密(Qamul)、蒲类(Barköl)、别失八里(Bešbālig，Bešbālik)、吐鲁番(Turfān)、哈喇沙尔(Karāšabr)、库车(Kučā)等地。他们的政治势力，虽已告终，可是于开化其他突厥蒙古民族，却具有很大的作用。

> 他们曾奉行过摩尼教，这时则信奉佛教同景教。他们曾采用古康居(Sogdien字母成为一种特别的畏兀儿字母。后来又从此畏兀儿字母产生蒙古字母同满洲字母。①
>
> 元素无文字，但借高昌书，制为蒙古字，以通天下语。②
>
> 借高昌书以制蒙古字云者，借委兀儿字，稍加增损而已，非别作蒙古字也。故《元史》不称蒙古字，而称畏吾字。又畏吾得直称为国书者，因畏吾字即蒙古字也。③

单就文字一项而论，由畏兀儿族所产生之文化的影响，诚已不小。更概括地说，畏兀儿族实为西域各种文化的融会者。

> 回鹘(即畏兀儿)一方面营其游牧生活，一方面与汉文明接触，同时更与他方面的索格底人，尤其是摩尼教僧侣，连合密切；故又受伊兰文明的感化。……喀喇巴尔伽森的回鹘可汗记功碑系用汉文与索格底文及所谓突厥文字(即自突厥时代继续流行此地的回鹘文)三种文字并列，可以证明其关系也。唐武宗在位，当公元八百四十年前后，回鹘极盛之势，因内乱叠起，黠戛斯(Kirghiz)乘机攻击，遂大崩溃，部人逃散诸方。其中一部分据天山山脉之北。经二十年后，进至山南，夺高昌，始以西域为彼等之根据地。……在回鹘文明发生时代以前，西域间的各种西域人及中国人，各保持其传统文明，割据诸方。……而回鹘人则不问东西系统种类，咸皆吸收之。于是此等各种文明于回鹘社会中渐次融会，浑然形成一个合成式的文明。④

---

① 冯译：《蒙古史略》，第4页。这里把Sogdien当作康居，恐有误。

② 顾炎武：《日知录之余》卷四《华夷译语》。

③ 那珂通世：《成吉思汗实录》绪言，陈彬龢选注：《元朝秘史·新序》引。

④ 羽田亨著，郑元芳译：《西域文明史概论》，第70—90页。

(f)西辽帝国。这是辽耶律大石于一一二四年的前后所创造的。耶律大石是辽太祖的八代孙。天祚帝时尝守燕以防金人(参看本编第三章第一节)。后金人进逼之时,天祚帝因故怒责大石,大石遂率众西奔,终在伊犁河流域及塔里木河流域诸城之上,建立西辽帝国,都于八剌沙衮(Balāsāgūn)。自一一二四年耶律大石称帝,至仁宗次子直鲁古死的那一年(宋宁宗嘉定六年,金卫绍王至宁元年,即公元一二一三年),西辽的统治约有九十年。《辽史》及《蒙古史略》述西辽立国之经过曰:

耶律大石,……太祖八代孙也。……天祚播越,与诸大臣立秦晋王淳为帝。淳死,立其妻萧德妃为太后以守燕。及金兵至,萧德妃归天祚;天祚怒诛德妃而责大石。……大石不自安,……率铁骑二百宵遁,北行。……西至可敦城,驻北庭都护府,会七州十八部王众,谕曰:"……金以臣属逼我国家,……使我天祚皇帝蒙尘于外。……我今仗义而西,欲借力诸蕃,翦我仇敌,复我疆宇。……"遂得精兵万余,置官吏,立排甲,具器仗。明年二月甲午,……整旅而西,先遗书回鹘王毕勒哥曰:"……今我将西至大食,假道尔国,其勿致疑。"毕勒哥得书,即迎至邸。……愿质子孙为附庸。送至境外。所过,敌者胜之,降者安之。兵行万里,归者数国。获驼马牛羊财物不可胜计。军势日盛,锐气日倍。至寻思干(即撒马尔干),西域诸国举兵十万,号忽儿珊来拒战。……三军俱进,忽儿珊大败。……驻军寻思干凡九十日。回回国王来降,贡方物。又西至起儿漫(在撒马尔干与布哈拉之间),文武百官册立大石为帝,以甲辰岁(宋徽宗宣和六年,金太宗天会二年,辽天祚帝保大四年,即公元一一二四年)二月五日即位。……号葛儿罕(或菊儿罕,或阔儿罕,即普遍罕或宇宙罕之意)复上尊号曰天佑皇帝,改元延庆。……延庆三年(公元一一二六年)班师东归,马行二十日,得善地(即八剌沙衮(Balāsāgūn)遂建都城。①

西辽帝国……直接统治的地方为伊犁河(Ili)同塔里木河(Tarim)流域诸城。如碎叶(Tokmak)、答剌速(Talas)、讹迹邗(Uzgand, Uzkand)、合失合儿(Kašgar)、也里虔(Yārkand)、斡端(Khotan)等城是已。此外属国,东有畏兀儿(Uigur)同哈剌鲁(Karluk),西有撒麻耳干

① 《辽史·天祚帝纪》四。

(Samarkand 即河中 Transoxane)同花剌子模国(Khwārizm)。西辽统治中亚，一直到鲁古(Ǒeluku)之时。及花剌子模同撒麻耳干叛离，遂失河中。(一二〇七至一二〇八年)此时西辽的南境，则以锡尔河(Sirdaryā)为界。①

(g)花剌子模国(Khwārizm)。在锡尔河之南的，就是花剌子模国，《新元史》作货勒目弥国。这是个突厥族帝国，是塞而柱克之后玛里克沙之仆人奴世的斤所创始；传四世到阿拉哀丁塔喀施(Alā al-Dīn Tekeš，在位时系一一七二至一一九九年)于一一九三年攻取忽儿珊(Khorāsān)，一一九四年杀波斯塞而柱克朝(Selǰūkide)的末一王托古洛耳(Togril III)。五世到阿拉哀丁谟罕默德(Alā al-Dīn Mahammed，在位时系一一九九至一二二〇年)又取河中于西辽，取阿富汗(Afghanistan)于阿富汗族之Gūrides王朝，并将分割塞而柱克朝领地之Irāk-Aǰemī，Fārs，Ādarbaijān等地酋长夷为臣属。在当时曾将伊兰(Iran)完全征服。《新元史》云：

> 塞而柱克者，乌古斯之部长也，亦作乌斯，又作古斯。居锡尔河及咸海里海间。北宋中叶，据地自立。塞而柱克之孙率其部族灭布叶，尽并其地，西至地中海。后王玛里克沙有仆曰奴世的斤，执刀卫左右，甚见宠任；除仆籍为货勒自弥部酋。其子库脱拔丁谟罕默德乘塞而柱克之衰，诸酋裂土自王，亦僭称货勒自弥沙。“沙”为部长之称，突厥回鹘可汗以下曰“设”曰“察”曰“杀”，皆别部将兵酋，即沙也。辽耶律大石西来，败塞而柱克之兵，复遣将征货勒自弥。时库脱拔丁已卒，其子阿切斯战败被获，誓臣服于西辽，岁贡方物，始得归。阿切斯子曰伊儿阿斯兰，伊儿阿斯兰子曰塔喀施，于南宋绍熙五年(公元一一九四年)灭塞而柱克，杀其王托古洛耳，受报达哈里发(Caliph 大食国皇之义)那昔尔之封，是为货勒自弥王，本其始起部落为名，以别于塞而柱克。庆元六年(公元一二〇〇年)塔喀施卒，子阿拉哀丁谟罕默德嗣位，复并巴而黑海拉脱马三德兰起儿漫各部之地，战败卜奇察克。自谓地广兵强，本国奉谟罕默德教，而西辽奉释教，以服属于异教为大耻。……举兵伐西辽。……于是撒马尔干、布哈尔悉为所有；建新都

① 冯译：《蒙古史略》，第4页。

于撒马尔干；称货勒自弥之乌尔鞬赤城为旧都焉。……其国东北至锡尔河，东南至印度河，北至咸海里海，西北至阿特耳佩占(Adarbaijǎn)西邻报达(大食之国都)，南滨印度海，奄有波斯、昭武九姓、吐火罗故地。①

(h)大食国。当花剌子模国方盛之时，大食国之黑衣大食朝(Abbāside)尚君临报达(Bagdād)，踞踌于此强邻之旁。

大食……其酋本阿剌比人，奉谟罕默德之教。自称为哈里发(Caliph)，都报达，在波斯西境。至波斯东境，非哈里发所属也。或谓报达即波斯者非也。阿剌比人游牧于西里亚者，西里亚人称之若曰大抑，波斯人称之若曰大希；其后阿昧尼亚人、突耳基斯单人称之若曰塔起见，皆与大食音类。大食之名盖由于此。②

东西极的形势 蒙古中亚一带的情形，约如上述。至于亚洲之东部与西部的形势，则约略如下。

东亚则南北两国分立。南方为汉族之宋，北方为汉化的女真之金。宋金两国之西，又有唐兀(Tangut)建设之西夏国。至在西亚，则 Inconium(Kōniyā)之突厥色尔柱朝与希腊人共争小亚细亚。埃及之 Aiyūbides 朝适在攻取叙利亚(Syrie)。印度境中，则突厥 Gaznawides 朝将继承阿富汗之 Gūrides 而向 Rājput 之印度教开始其宗教战争。③

二　成吉思汗之统一各部

统一蒙古各部　(a)成吉思汗之出身。成吉思汗生于公元一一五五年，(即宋绍兴二十五年，金贞元三年)生时，他的父亲正战胜塔塔儿部，并获其部酋长帖木真。为纪念武功起见，即以帖木真之名加于成吉思汗。《新元史》云：

---

① 《新元史·西域传》上。

② 《新元史·西域传》上。

③ 冯译：《蒙古史略》，第5页。

> 太祖法天启运圣武皇帝讳帖木真，烈祖长子也。母曰宣懿皇后诃额伦，烈祖讨塔塔儿，获其部酋长曰帖木真兀格。师还，驻于失里温孛勒答黑，适宣懿皇后生太祖，烈祖因名曰帖木真，以志武功。太祖生时，右手握凝血如赤石，面目有光。是岁为乙亥，金主亮贞元三年也。①

帖木真祖先所自出之族，就是住在斡难河(Onon)同怯绿运河(Kerulèn即克鲁伦河)上源的孛儿只斤或博尔济锦族(Börŏigän)。他的父亲曾被邻近的蒙古部落奉为盟长。父亲死时，他年尚幼，没有盟长的资格。于是他首先尽力帮助克烈部长王罕，建立武功，以作统一蒙古各部的准备。

(b)成吉思汗之帮助克烈部长王罕(On-Khan，汉语"王"与突厥语"罕"之混名)。公元一一八八年(宋淳熙十五年，金大定二十八年)，彼曾以一万三千之众攻克尼伦部或蒙古亲属部之泰赤乌部(Tai ǰigot，Tai ǰiut)，尽虏该部三万之众置于死地。自是以后，竭力助克烈部击败许多部落。所有被威胁之各部如蔑儿乞部(Märkit 在贝加尔湖东岸)、乃蛮部(Naiman 在今科布多一带)、泰赤乌部(Tai ǰigot，Tai ǰiut 孛儿只斤族之亲属部，在怯绿运河上源)弘吉剌部(Kognirat，Konkurat 在额尔古纳河东岸)、塔塔部(Tartar 在弘吉剌部之北)为图自存起见，乃共举札赤剌(ǰačirat，ǰaǰirat《新元史》作札只剌部，也是孛儿只斤族的亲属部)部长札木合(J̌amuka，J̌amuga)为首脑，以图抵制成吉思汗与克烈部长王罕的联合压迫。但事不利，札木合竟降于王罕。

(c)成吉思汗之灭克烈部及乃蛮部。札木合降于王罕之日，便是成吉思汗与克烈部开始决战之时。札木合在王罕前极力破坏成吉思汗，成吉思汗乃愤而脱离王罕。《新元史》云：

> 札木合构帝于王罕曰："帖木真如野鸟依人，终必飞去。我如白翎雀，栖汝幕上，宁肯去乎?"王罕将兀卜赤儿古邻闻而斥之曰："既为宗人，又为谙达，奈何谗之?"然王罕终信其言，乘夜引众去。帝(即成吉思汗)闻王罕去，怒曰："彼弃我之易如此，直以烧饭待我也。"乃退舍

① 《新元史·太祖纪》上。

于撒里河；王罕至土兀剌河。[①]

脱离王罕之后，便开始与王罕作战，终于消灭克烈部，拓土而西，至于乃蛮境界。

帝将攻王罕，遣合萨儿伪请降，王罕信之，不设备。帝昼夜兼进，袭王罕于彻彻尔温都尔，尽俘其众。王罕父子走死，克烈亦部(即克烈部(Kerait)亡。时王罕诸将皆降，独哈里巴率数十骑驰去，不知所终。帝既灭王罕，拓地西至乃蛮。[②]

克烈部既已灭了，乃进攻乃蛮。这时乃蛮部长太阳罕联合许多部落大举反攻。但结果不利，通被击破。(1)被联合而加入反攻的部落如朵儿奔、塔塔儿、哈答斤、撒儿助特等都降于成吉思汗。(2)成吉思汗乘胜驱逐札赤剌部长札木合(Jamuka即多年与成吉思汗争胜之亲属部酋)蔑儿乞部长托黑托阿(Tokto)及乃蛮部长太阳罕之子古出鲁克(Küelüg)，遂平定乃蛮南部。(3)又伐蔑儿乞部，禽其别将带亦儿兀孙，平定乃蛮北部。(4)又以西夏曾纳其仇人桑昆，进兵伐西夏诸城，皆获胜利。(5)至于乃蛮部长太阳罕，札赤剌部长札木合乃两个较大之敌人，也都被杀了。凡此胜利，都是成吉思汗即位为帝之前的一两年内(即公元一二〇四到一二〇五年)之事。《新元史》云：

甲子(即公元一二〇四年)春，猎于帖蔑延河，与诸将会议讨乃蛮。……以忽必来哲别为前锋。时太阳罕已至杭海山之哈儿只兀孙河，与朵儿奔(Dörbän)、塔塔儿(Tatar)、哈答斤(Katakin)、撒儿助特(Sal ǰiut)诸部，及蔑儿乞酋托黑托阿(Tokto)，客烈亦(Kerait克烈)酋纳邻大石，卫拉特(Oirat, Oirad斡亦剌)忽都哈别乞札只剌酋札木合等连兵而进，阵于纳忽山东崖，察儿乞马兀惕之地。帝自临前敌，指挥诸将，大破乃蛮兵，禽太阳罕杀之。乃蛮将火力罕速八赤等犹力战；帝欲降之，不从，皆战死。帝奖叹久之曰："使我麾下诸将皆如此，我复何忧!"是日朵儿奔塔塔儿哈答斤撒儿助特诸部皆降。札木合托黑托阿遁

① 《新元史·太祖纪》上。

② 《新元史·太祖纪》上。

去。太阳罕子古出鲁克奔于不亦鲁黑，乃蛮南部亡。冬再伐蔑儿乞，至塔儿河，其别部酋带亦儿兀孙来献女，后复叛去。托黑托阿奔于不亦鲁黑；带亦儿兀孙遁至呼鲁哈察卜，筑垒自守。遣博儿忽沈伯率右翼兵讨平之。乙丑(公元一二〇五年)春，袭不亦鲁黑于兀鲁塔山莎合水上，禽之乃蛮北部亡。帝以西夏纳我仇人桑昆，自将伐之，围力吉里城，又进攻乞邻古撒城，俱克之，大掠而还。是年，札木合至唐鲁岭，其家奴五人执之来降，帝曰："以奴卖主，不忠莫甚焉。"札木合及五人并伏诛。①

(d)被戴为成吉思汗，并统一蒙古。成吉思汗本名帖木真，成吉思汗云云，是皇帝的称号。这称号在公元一二〇五年及其以前，尚未取得。既灭克烈及乃蛮等重要部落以后，却有取得此称号的可能了。乃于公元一二〇六年(即宋开禧二年，金泰和六年)召集大会，决定自己为成吉思合罕(Cingiz-Khan 合罕与汗同义异译)并设四怯薛②，同时并命大将忽必来征合儿鲁，者别追乃蛮王子古出鲁克。《新元史》云：

元年(公元一二〇六年)丙寅，帝大会部众于斡难河之源，建九白纛，即皇帝位，群臣共上尊号曰成吉思合罕。先是有巫者阔阔出，蒙力克之子也，自诡闻神语畀帖木真以天下，其号曰成吉思。群臣以札木合僭号古儿罕，旋败，乃废古儿罕不称，而从阔阔出之言，尊帝为成吉思合罕。国语成为气力强固，成吉思为多数也(合罕(Khan)即皇帝，总而称之，即大多数人之强有力的皇帝)。帝大封功臣，以博儿术为右翼万户，木华黎为左翼万户，纳牙阿为中军万户，豁儿赤以言符命亦封为万户。……是为四怯薛。是年命忽必来征合儿鲁，者别追古出鲁克。③

成吉思汗即位之次年(公元一二〇七年)，除重要敌人乃蛮部长太阳罕之子古出鲁克在逃外(曾逃至西辽，叛西辽末帝直鲁古，而与花剌子模王共分西辽之地。)蒙古境内大体上完全统一了。至于此后受其威胁而来降服的，则

---

① 《新元史·太祖纪》上。

② Keshik 为蒙语宠爱之意，扩大为受皇帝恩宠之意，故用以代表皇帝的禁军。参阅日人箭内亘著，陈捷、陈清泉译《元代蒙古色目待遇考》，第 66—69 页。。

③ 《新元史·太祖纪》下。

有畏兀儿的亦都护(Idikut)，西辽的巴而术(Barcuk)，哈剌鲁罕阿昔兰(Arslan)阿力麻里的斤(Tegin)，西伯利亚突厥部落乞儿吉斯(Kirgiz)等。蒙古帝国由是成立。

进攻女真金国 成吉思汗统一蒙古之时，就开始征西夏。经过公元一二〇五年，一二〇七年，一二〇九年数役之后，西夏不支，向蒙古请和。自是以后，成吉思汗开始进攻金国。首先则煽动金国的属部如河套北边之汪古部(Öngüt)、辽东之契丹余部叛金，继则乘机攻入金境于今之河北、山西等省，然后夺取金之中都(今北平)，终乃令木华黎大举进击，囊括金之陕西，致金国仅仅保有于今河南开封附近一带的地方，北有蒙古压迫，南有宋人压迫。

> 成吉思汗甫经统一蒙古，……旋与金国破裂国交(公元一二〇九至一二一〇年间)。鼓煽金国的两个部属叛离。一个是河套边的汪古部(Öngüt)，一个是辽东契丹余部。他乘着这个机会，侵入现在河北、山西两省境内(公元一二一一年)，金宣宗完颜珣(公元一二一三至一二二三年间的皇帝)被困中都(今北京)，遣使求和(公元一二一四年)。金畏蒙古，迁都南京(今开封)，战事又起，蒙古遂取中都(公元一二一五年)。当时成吉思汗因中亚有事，回归蒙古，留下他的部将札剌亦儿部人木华黎(Mukuli, Mukhuli)侵略金国，攻取河北山西(公元一二一八年取太原)同山西之一部(公元一二二〇到一二二一年)。至一二二二年，木华黎且将今之陕西全省几尽攻下，金国仅仅保有河南开封附近一带的地方，其情形更危者宋人亦欲恢复河南，出兵夹攻金国。[①]

征服天山南路 成吉思汗之征服天山南路一带，正在西辽灭亡之后，这里最宜先说一说(a)西辽之灭亡。当成吉思汗统一蒙古各部，于公元一二〇六年即位之后，乃蛮部长太阳罕之子古出鲁克被迫远逃，于一二〇八年逃至西辽，西辽的葛儿罕(古儿罕，鞠儿罕或阔儿罕，即普遍罕或宇宙罕之意)。耶律直鲁古(Ǒeluk)予以收留，并以女嫁他。古出鲁克在昏庸的直鲁古掩护之下，势力渐渐大了，乃乘着西辽自身的衰微，(此时的西辽，东有蒙古帝国，西有花剌子模国从两方面威胁着。且因自身衰微，其属地或臣

① 冯译：《蒙古史略》，第16、17页。

服于蒙古，如畏兀儿的亦都护，哈剌鲁的阿昔兰，阿力麻里的王 Ozar 即其实例。或被花剌子模所并吞，如撒马儿干即其实例。）与花剌子模王谟罕默德（Muhammed）合谋并吞西辽。古出鲁克扰其北境，谟罕默德扰其南境。到公元一二一一年之顷，西辽葛儿罕耶律直鲁古势不能支，卒被古出鲁克所擒！自是西辽灭亡！西辽既亡，其国土则被古出鲁克与花剌子模所平分。古出鲁克分得天山南路（Kachgarie）同垂河或吹河（Ǒu）流域，花剌子模则分得河中（Transoxiane）同拔汗那或钹汗那（Fergāna）以南诸地。

（b）天山南路之克服。古出鲁克既得西辽旧地，而有天山南路，为镇压反叛起见，自不免有残暴行为。尝虐待天山南路的回教徒，杀阿力麻里王 Ozar。这等暴行，被成吉思汗知道了，于是命其东征高丽之部将哲别（者别（Jäbä））速不台（Sübötäi）等回归西征。结果获胜，凡畏兀儿哈剌鲁阿里麻里等皆来归附；西辽旧地之人皆望蒙古人为解倒悬；古出鲁克被蒙古人追杀于巴达哈伤（Bndakhsān），天山南路的许多重要地方皆被克服。René Grousset 云：

> 屈出律（即古出鲁克）甫灭西辽，即疑惑他的邻部或他的臣民或是归心成吉思汗，或是不忘西辽故国。所以他将阿力麻里王 Ozar 杀了，并将天山南路的若干回教徒施以虐待。成吉思汗听说他这些暴行，就将他正在侵略高丽的部将哲别（Jäbä）同速不台（Sübötäi）招回，派他们往征西辽。沿路畏兀儿哈剌鲁同阿力麻里的突厥人皆以兵从蒙古军行。西辽的人听说蒙古兵到，就群叛屈出律而迎降。屈出律既为人民所弃，复被蒙古人败于吹河之上之碎叶城附近，后被蒙古兵追杀于巴达哈伤（Bndakhsān）。哲别不费兵力而入八剌沙衮（时为公元一二一八年）合失合儿（Kašgar 今疏勒）也里虔（Yārkand 今叶尔羌）斡端（Khoton 今和阗），诸城之人皆视蒙古如同解除其倒悬之人。由是伊犁同天山南路皆并入蒙古帝国版图。[①]

柯绍忞云：

> 十三年戊寅（公元一二一八年）……遣者别（即哲别）讨古出鲁克（即屈出律）。古出鲁克篡西辽主直鲁古，部众不服。者别至，远近响应，

---

① 冯译：《蒙古史略》，第 19、20 页。

古出鲁克奔巴达克山(Bndakhsăn，巴达哈伤)，者别获而杀之。[1]

攻灭花剌子模 花剌子模属回教化与伊兰化的突厥人。当十二世纪末及第十三世纪初，“其国东北至锡尔河，东南至印度河，北至咸海里海，西北至阿特耳佩占(Adarbaijän)，西邻报达，南滨印度海，奄有波斯昭武九姓吐火罗故地。”[2]成吉思汗自克服古出鲁克平西辽旧地之后，所统之地，东起渤海，西逾葱岭。中亚的一切突厥人及一切蒙古人都已臣服。只剩下花剌子模与之。对立蒙古帝国与花剌子模既成了直接的邻国，成吉思汗颇欲与之交好通商。尝三次交涉，不得要领，乃爆发空前之大战。计第一次成吉思汗以礼物如白骆驼毛裘、麝香、银器、玉器等交花剌子模商人带回，呈其国王，表示要交好通商之意；花剌子模王允与通商。故第二次又以礼物多种交花剌子模商人带回，并派多人同往，预备采购商品，表示要交好通商之意。但结果派往的人都被杀死，仅一人逃回。在这事发生以前，报达哈里发欲向花剌子模复仇，想结蒙古以为助，成吉思汗因欲与花剌子模交好通商，故不允报达之请。至是，再派人前往诘责，受辱而归。这些事《新元史》说得极为详尽。

> 西域(即花剌子模)商三人自东来，赍太祖所馈白骆驼毛裘、麝香、银器、玉器，述太祖语，若谓：“予知贵国为极大之邦，君治国才能远迈于众，予慕悦君等于爱子。君亦应知予已平女直，抚有诸部。予国之兵如武库，财如金穴。予亦何必再攘他人地耶？愿与君缔交，通商贾，保疆界。”即夕，王召三人中一人曰马黑摩特入见，谓汝为我民，当以实告。……马黑摩特对以实然。王又曰：“蒙古汗何等人，乃敢视我如子！彼兵数几何?”马黑摩特见王有怒意，乃曰：“彼兵虽众，然与苏尔滩(Sultan元首之意)相衡，犹灯火之与日光也。“王意释，令往报如约。未几，又有西域商自东还，太祖命亲王诺延各出赀，遣人随之西行，购土物；众四百余，皆畏兀儿人。行至讹脱喇儿城(Otrar)，城酋伊那儿只克为土而堪哈敦之弟，悉拘之！以蒙古遣细作告于王，王令尽杀之，唯一人得逸归！初，报达被兵，哈里发思报复；环顾列邦，

① 《新元史·太祖纪》下。

② 《新元史·西域传》上。参看本章第一节花剌子模项。

无可与谋者；闻蒙古盛强，乃遣使来，导以西伐。然太祖方修邻好，无用兵意。既闻逸者归报，惊怒，免冠解带，跪祷于天，誓雪仇恨。时古出鲁克余孽犹未靖，乃先遣西域人波合拉为使，偕蒙古官四人往诘责，谓："先允互市交好，何背约？如讹脱喇儿城酋所为非王意，请杀之，返所夺赀。不，则以兵相见。"王箠死波合拉，薙蒙古官须发释归以辱之，自聚兵于撒马尔干。[①]

这么一来，成吉思汗不能不用兵了。十四年（公元一二一九年）会师西征。军行所至，达锡尔河，没有敢与为敌者。秋天的时候，抵讹脱喇儿城（Otrar），分军为四，一军留守，三军进击。十五年（公元一二二〇年），进至布哈尔［不花喇（Bukhārā）即河中（Transoxiane）的都城］。居民开城迎降，成吉思汗入回教大教堂，宣布来攻之意。《新元史》云：

太祖十四年（公元一二一九年）会师于也儿的石河。……计太祖军至锡尔河，无御者。秋，薄讹脱喇儿城（Otrar），分军为四：察合台窝阔台一军［察合台（Oagatai）是成吉思汗之次子。窝阔台（Ögödäl，Ögädäi）是成吉思汗之三子］留攻城；术赤（J̌uci，J̌oei 成吉思汗之长子）西北攻氈的城（J̌and），阿剌黑、速客、图托海一军，东南攻白讷克特城，皆循锡尔河。太祖自与拖雷（Tului 是成吉思汗的幼子）将大军，竟渡锡尔河，趋布哈尔（Bukhārā）以断其援兵。……十五年春（公元一二二〇年），师抵布哈尔。昼夜攻城，城中兵二万突围遁；追及于阿母河，歼之，民出降。太祖入至教堂，以回教戒饮酒，命取酒囊置教堂上，以经卷籍马足。又使教士执马韁以辱之。出城，登教士讲台，谕众以背约杀使起兵复仇之事。……籍富民，令出窖藏财物。[②]

布哈尔被攻之后，继着被攻克的就是撒马尔干。这时西域主或花剌子模王向西逃窜；太祖则命哲别与速不台二将穷追。初追至义拉克（Irak），继追至今之里海（Caspienne Sea）。花剌子模王谟罕默德终以后援不至，且被仇人向追者告密，遂忧死于海岛上，其子札剌勒丁（Jālal al-Dīn）嗣位。

① 《新元史·西域传》上。

② 《新元史·西域传》上。

命哲别由北路，速不台由南路，各率万人追西域主。戒以遇彼军多，则不与战，而俟后军。彼逃，则亟追弗舍。所过城堡，降者勿杀掠，不降则攻下之，取其民为奴。不易攻，则舍去，毋顿兵坚城下。西域主……闻布哈尔陷，继闻马撒尔干亦陷。……亟往义拉克(Irak)……率数万人守义拉克之可斯费音城(Kazwīn)。军警至，父子分路遁。……窜匿海滨(即里海之滨)，忧穷追无已，谋入海，舣舟以待。马三德兰旧有部酋为王所杀，其子思复仇，白王所在；大兵奄至，王亟登舟，有三骑入水追之，溺而毙，射以矢，亦不及。舟至东南小岛，王忧愤，兼胸胁中塞，岛民供粗粝，不能食，又无医药；病革，召其子札剌勒丁鄂斯拉克沙阿克沙；命札剌勒丁嗣位，以佩剑击其腰。越数日卒，无以为殓，埋尸土中。①

自花剌子模新王嗣位以后，蒙古的进攻大抵分两方面。花剌子模西境诸地，于今里海的南边西边北边，由大将哲别速不台等负责平定。哲速二将，所向无前；西南至报达，抵今底格里斯河下游；西北逾高喀斯山(Caucase高加索山)，达今欧俄南境。

哲别速不台既迫西域主入海岛，复获王之母妻，由马三德兰至义拉克，所向无前，降合而拉耳，掠枯姆，定哈马丹，下赞章。破可斯费音，以民坚守，多伤士卒，杀四万人；北入西域之邻部曰阿特耳佩占(Adarboijan)……南行报达，哈里发那昔尔闻警，征哀而陛耳、毛夕耳、美索卜塔米牙各部兵，仅哀而陛耳、毛夕耳兵至。大军闻有备，亦退至哈马丹，征民贡献，民以去年已输纳，不堪需索，遂杀留守官以叛。大军攻城两日，守将遁，民无斗志。城破，纵兵大掠。……时哲速二将已奉太祖命北征奇卜察克(Kipčāk 钦察)……破得耳奔特(Derbend 打耳班，即高加索山之铁门关)……逾高喀斯山(Caucase 即高加索山)而北。②

哲速二将于太祖十七年(公元一二二二年)进至今之多瑙河流域，于冬天才引大军东还。至于花剌子模南境则由太祖自己及其第四子拖雷等负责

① 《新元史·西域传》上。

② 《新元史·西域传》上。

平定。当哲速等向西北迈进之时，太祖则开始穷追花剌子模新王札剌勒丁。札剌勒丁之封地，本在嘎自尼(Gazna 哥疾宁)、八迷俺(Bāmiyān)及波斯忒郭耳(Tuigai)之地。太祖从八迷俺嘎自尼等地方把札剌勒丁一直追到印度河以南。

> 太祖以札剌勒丁居嘎自尼，未下，议率三子亲征。秋，自塔里堪南行，经凯而徒俺城，下之。逾印度固斯大山(今兴都库什山)至八米俺，以其城当冲要，留攻之。……太祖攻八米俺，皇孙谟阿图堪死之，太祖怒，屠其城。……卷甲南行，军中不及炊，皆啖生米。至嘎自尼，则札剌勒丁已去，仍疾追之，及于印度河。……太祖欲生擒札剌勒丁。命诸将环攻，勿发矢。札剌勒丁策其马自数丈高崖投入印度河，泅水而逸。获札剌勒丁妻子尽杀之，时十六年(公元一二二一年)冬也。……十七年(公元一二二二年)春，以札剌勒丁未获，军退后，嘎自尼民必复叛，命窝阔台往伪为查阅户口，令民出城尽戮之。……太祖自循印度河西岸北行捕札剌勒丁余党。……六月，以西域大定，设达鲁花赤(赵翼《廿二史劄记·蒙古官名条》云：达鲁花赤，掌印办事之长官，不论识之文武大小，或路，或府，或州县，皆设此官)。监治其地。秋旋师。[①]

成吉思汗之远征，自不免于残暴；但从整个的文化演进上说，却有绝大而不可磨灭的功劳。(1)他建立伟大的蒙古帝国，东起渤海，西达里海；把欧亚之间的秩序建立起来，不仅使当地的人民得到安居，即欧亚间教士商人的来往，亦因之有安全的道路。这于人类文化之演进，功劳是不可磨灭的。(2)他又能利用文化进步的契丹人畏兀儿人，以为己助，以创造蒙古的新文化。如用畏兀儿字母以制成蒙古字母，即最显著之例。凡此，其功劳也是不可磨灭的。

三 成吉思汗死后蒙古人之远征

帝国领土之分封 成吉思汗自西域诸地平定以后，率师还，于公元一

① 《新元史·西域传》上。

二二五年便把所有土地分给他的四个儿子。《新元史》云：

> 太祖东归，定四子分地：以和林封拖雷，以叶密尔河滨之地封窝阔台，以锡尔河东之地封察合台，以咸海西南货勒自弥之地并咸海里海之北封长子术赤。①

最后于公元一二二六年至一二二七年间进攻西夏。正当围攻西夏都城兴中府(宁夏)之时，成吉思汗死了。时为一二二七年八月十八日。成吉思汗死后数日，西夏主以城降。蒙古军遵遗命将城民完全屠杀。此后成吉思汗领地分掌之情形，据 René Grousset 所云，约略如下：

> 成吉思汗死(公元一二二七年)后，他的领地就分给他的四个儿子，(依《新元史·太祖纪》下，一二二五年就分了)。长子术赤先死，术赤之子拔都(Batu)分得钦察(Kipčak 即《新元史·斡罗斯传》所谓奇卜察克)，质言之，斡罗斯的东部同南部，并附以花剌子模同康里[钦察汗常驻之所，在乌尔加(Volga)河下流之 Sarāi]。第二子察合台分得西辽旧地，质言之东西土耳其斯坦(伊犁，天山南路，同西域的河中)，好像花剌子模在伊兰的领地如呼儿珊同阿富汗两地未经此汗国管理。察合台汗常驻之所在阿力麻里附近之 Kulǰa。第三子窝阔台分得乃蛮旧地(塔尔巴哈台、叶密立、科布多等地)。又根据蒙古人幼子守产的习惯，拖雷所分得的就是斡难河同怯绿连河孛儿只斤族的祖业。②

窝阔台时之武功　上述分封，并不妨碍统一，因其上尚有一大汗也。成吉思汗死后，窝阔台即作了大汗。(a)窝阔台即位。成吉思汗死后，先由幼子拖雷监国，为时约有一年左右，即由诸王百官于怯绿连河开会决定，遵太祖成吉思汗遗命(太祖二十一年，即公元一二二六年曾“召窝阔台拖雷，……帝屏诸将及从官谓窝阔台、拖雷曰：‘我殆将死矣。我为汝等创业，无论东西南北，皆有一岁程。我遗命无他，汝等欲御敌，广土众民，必合众心为一，方能永享国祚。我死，奉窝阔台为主。’”③拥窝阔台为帝。

---

① 《新元史·西域传》上。

② 冯译：《蒙古史略》，第 33 页。

③ 《新元史·太祖纪》下。

> 太宗英文皇帝讳窝阔台，太祖第三子也。……二十一年(公元一二二六年)从太祖伐西夏。太祖崩，皇弟拖雷监国，帝分地在叶密尔河，留于霍博之地，安辑部众。元年己丑(公元一二二九年)夏，帝至忽鲁班雪不只之地，皇弟拖雷来迎。秋八月，己未诸王百官会于怯绿连河，阔迭额阿剌勒请帝从太祖遗诏即位，共上尊号曰木亦坚合罕。[①]

(b)灭金。金国在成吉思汗时代，即已只剩有今河南开封一带之地了。窝阔台既即位，便要消灭金国。窝阔台自己领大军从金国西北黄河岸之河中(蒲州)潼关进击，其弟拖雷亦率领大军绕道金军西南，假道于宋，从汉中转东北进击。金主完颜守绪被围于南京(今开封)，后经速不台于公元一二三三年攻下，金主逃奔蔡州(今汝南)，复被重围，自缢而死。至是金亡，其国境完全并入蒙古。

> 六年甲午(公元一二三四年)春正月，戊申，金主传位于宗室子承麟。己酉，大兵克蔡州，金主自缢死，承麟为乱兵所杀，金亡。[②]

自是以后，蒙古与宋接界。宋为恢复河南失地起见，曾与蒙古相约夹攻金国。金灭以后，宋乘虚北上，谋恢复失地，因此与蒙古作长期战争。这在第四节里还要讲的。

(c)征高丽。窝阔台大举攻金之时，正公元一二三一年至一二三二年的时候。这时他更派札剌亦儿台等率师攻高丽，名为讨往日杀蒙古使者之罪，逼高丽王瞮奉表称臣。

> 太祖……十六年(公元一二二一年)，斡赤斤大王(窝阔台之叔父)遣著古与等十三人来颁诏书于高丽。……著古与等索獭皮万领，细三千匹，绵一万斤，他物称是。……二十一年(公元一二二六年)，著古与等返至鸭绿江，为盗所杀。札剌亦儿台疑瞮所为，遂绝好。太宗三年(公元一二三一年)，札剌亦儿台来讨杀使者之罪，围咸新镇，克铁州，屠之，进围西京。高丽兵拒战，败之。瞮遣使犒师。札剌亦儿台乃自称权皇帝，责之曰："汝国能守则守，能战则战，能投降则降，宜速决。"自十月至十二月，大兵攻西京，不下，议和。瞮遣其淮安公侹以金银器及獭皮遗札剌亦

① 《新元史·太祖纪》。

② 《新元史·太宗纪》。

> 儿台；又遣唐古迪巨及札剌亦儿台之子银纻鞍马。札剌亦儿台遣使以太宗玺书来索金银衣服，马二万匹，男女各千人；乃以黄金七十斤，白金一千三百斤，襦衣一千领，马一百七十四及獭皮等物遗之，又以金银等物赠其妻子及麾下诸将，奉表称臣。①

(d)克波斯。当花剌子模王子札剌勒丁逃至印度河南以后，太祖以穷追不获，便率师东还了。谁知太祖十八年(公元一二二三年)札剌勒丁竟乘蒙古兵东还，复回到波斯。这时突厥诸酋以及义拉克一带的伊兰居民竟拥他为君长，花剌子模帝国，竟被他复兴了一部。只惜好景不长，札剌勒丁不于此时努力建设自己的新国，却与其他许多信回教的酋长作战，终至把自己的实力削弱。到太宗二年(公元一二三〇年)，"绰儿马罕(Ŏurmagan，Ŏormagan)率精兵三万，讨札剌勒丁，战于合而拉耳之地，大败之。"②札剌勒丁在曲儿忒地方被乡民所杀，蒙古的绰儿马罕竟不费多少气力，便把阿特耳佩占大阿美尼亚曲儿忒等地平复。最后有谷儿只国稍作抵抗，然亦终于投降了。

(e)侵小亚细亚。波斯既平，乃进攻小亚细亚之Rum王国。公元一二四三年六月，终借Bai ju之力而把Rum王国克服，国王乞降称臣。至是突厥人的小亚细亚，亦成为蒙古之外藩。此外只有小阿美尼亚之国王，因与蒙古和好，没有遭着兵燹。③

欧洲腹地之深入 蒙古人之深入欧洲腹地，早在太祖时即已开始了。(a)太祖十七八年的时代(公元一二二二年至一二二三年)，哲速二将大克今苏俄南境乌克兰(Ukraine)之许多要地。先占今黑海北岸之克利米(Crimean)，继战于今尼褒河(Dnieper)下游吉尔逊(Kherson)一带之地，终占今苏俄南境唯一重镇基辅(Kiev)，进而北向达今查尔尼俄佛(Chernigov)。《新元史》云：

> 太祖已平西域，斡罗斯邻部曰奇卜察克(Kipčak即钦察)纳蒙古逃人，太祖索之，不与。十六年(公元一二二一年)，命哲别速不台进军

① 《新元史·高丽传》。

② 《新元史·太宗纪》。

③ 公元一二四三年侵小亚细亚之事，《新元史》上未见记载，这所述系据冯译《蒙古史略》，第38页。

里海之西，以讨奇卜察克。……十七年（公元一二二二年），遂自阿索富海踏冰以至黑海，入克勒姆之地。……时斡罗斯兵八万二千，分屯南北。南军为计掖甫扯耳尼哥等部之兵，北军为哈力赤等部及奇卜察克兵。哈力赤王轻敌，不谋于南军，独率北军渡河，战于孩耳桑之地。……是役也，斡罗斯亡六王，七十侯，兵士十死八九！……举国大震。而哲别等西至帖尼博耳河，北至扯耳尼哥城……而止。[①]

(b)太宗七年（公元一二三五年）至十二年（公元一二四〇年）的时代，拔都速不台等又攻克今苏俄中心莫斯科及附近许多地方。莫斯科之东南，克今之利森(Ryazan)；东北，克今之瓦拉的迷尔(Vladimir)；西北，克今之诺佛哥罗(Novgorod)；其地离今之芬兰湾已很近了。《新元史》云：

太宗七年（公元一二三五年），以奇卜察克斡罗斯诸部未服，遣诸王出师，以拔都为统帅，速不台副之。八年（公元一二三六年），速不台首入不里阿耳。九年（公元一二三七年），入奇卜察克。是年冬，遂入斡罗斯。自孩耳桑之战至是已十有四年（太祖十七年，公元一二二二年至此），斡罗斯人久不以蒙古为意。毛儿杜因人与斡罗斯有兵怨，导大军自东南入。……列也赞已破，……进至莫斯科，长驱直入，获攸利第二（当时斡罗斯首邦物拉的米儿之王）之孙，东趋物拉的米儿，……在城下，招降不肯下，乃杀之。分军下苏斯达耳城而归。十年（公元一二三八年）春，合围物拉的米儿，凡七日，城陷，连克……的赤等城，所至成墟。时攸利第二尚军锡河上。大军至，攸利第二与二侄皆战没，兵士得脱者才什二三。拔都益北趋诺物哥罗特，未及城百余里，阻潦而退。是为斡罗斯极北境。始立国时，定都于此。[②]

(c)太宗十二年（公元一二四〇年）的时候，拔都等攻入今希腊半岛。由波兰而匈牙利而奥大利而威尼斯，直达地中海。

十二年（公元一二四〇年），拔都至珀列思刺弗哀勒城，降之。攻下扯耳尼哥城，东掠戛鲁和城，至于端河，既绝计掖甫旁援，而帖尼博耳河不得渡。蒙格驻河东，遣人谕降计掖甫，使者被杀。冬帖尼博

① 《新元史・斡罗斯传》。

② 《新元史・斡罗斯传》。

耳河冻，合大军渡河；米海勒(即扯耳尼哥王)逃波兰，令其将狄米脱里居守，设备甚严。大军昼夜环攻，克之，释不诛。复下哈力赤城，达尼耳王亦遁。进攻波兰马札儿(今匈牙利)，分军西循奥斯大里亚境，直抵地中海北，维尼斯国界。又一军扰奥斯大里亚之柯伦城韦儿乃斯达特城，皆旋退。会太宗崩，壬寅(公元一二四二年)春，凶问至军中，拔都下令班师。时斡罗斯北部已尽降，其列邦并受蒙古封。[1]

四　忽必烈之灭宋兴元策

旭烈兀建伊儿汗国　在忽必烈灭宋之前，其弟旭烈兀于宪宗(即蒙哥，忽必烈之兄)六年至八年的时代(公元一二五六年至一二五八年)，在波斯小亚细亚方面，与当地的若干残存之国尚在用兵。终于把这些残存之国克服了，于其废墟上建立一伊儿汗国。原来自花剌子模新王札剌勒丁死后，蒙古仅将波斯置于领兵者之手，并未将波斯问题彻底解决。所以宪宗命旭烈兀对波斯及小亚细亚方面用兵，以作一劳永逸之计，实为必要。计旭烈兀所克服的较为著名之国凡三，一曰木剌夷，这在里海之西南；二曰报达，这在底格里斯河下游；三曰西里亚，这在地中海中岸。

(a)木剌夷本名伊思马耳哀。当旭烈兀进攻之时，其王为兀克乃丁库沙。旭烈兀于宪宗六年(公元一二五六年)完全克服其国。以宪宗谕尽诛木剌夷人，故于各城堡杀人甚多。攻克阿剌模忒城之时，并获得藏书及测量仪器等。《新元史》云：

木剌夷非国名也。译义为舍正路者，尽其同教之人诋之如此。其人自称则曰伊思马耳哀。伊思马耳哀者，天方教主阿里之后。……后遂为国名。……六年(公元一二五六年)，旭烈兀至西域，谕以尽堕城堡，亲来纳降，则汝(指其王兀克乃丁库沙)父从前虐待蒙古人之咎可以恕。已而兀克乃丁库沙不至。旭烈兀进至波斯单，后遣使求宽期一岁，兀克乃丁库沙当自来请命。吉儿都苦堡及他堡均谕以纳款。旭烈兀知其意在缓兵，仍进攻各堡，……命兀克乃丁库沙遣人偕蒙古官谕

[1] 《新元史·斡罗斯传》。

下四十余堡尽隳之。而阿剌模忒伦白赛耳二堡犹拒命。旭烈兀自至阿剌模忒攻之，始降，……得其内藏书籍测量仪器。分遣诸将围伦白赛耳，久始克之。木剌夷人居于西里亚者亦来降。兀克乃丁库沙从旭烈兀至哈马丹，复遣至西里亚说降伊思马耳哀诸堡。事定，旭烈兀欲杀之，恐负约为天下笑，迟未发，兀克乃丁库沙内不自安，请入朝。既至，宪宗拒不见，遣归，行至通噶脱山，并其从者皆为蒙古官所害。旭烈兀之出师也，宪宗谕尽除木剌夷人。故旭烈兀分其人隶于各营；俟其酋入朝，下令，无少长悉行诛戮。在苦亦斯单杀一万二千人，他处亦如之。间有得脱者，皆窜匿山谷以自知。[①]

(b)“报达，直波斯湾西北，临体格力斯河。天方教哈里发之都城也。天方教创于阿剌比人谟罕默德。”[②]旭烈兀开始进攻报达，在宪宗七年(公元一二五七年)的冬天。到八年(公元一二五八年)正月，便把报达完全克服。《新元史》云：

旭烈兀乃决计深入，以贝住为右翼，自罗马涉毛夕耳，自报达西北境进。……以怯的不花库图逊为左翼，自报达东南罗耳之境进。旭烈兀将中军，自报达东境进。……七年冬(公元一二五七年)，大军躏乞里茫沙杭城，召贝住等东渡体格力斯河上游，来议军事。以羊胛骨卜之，吉。旭烈兀进至呼耳汪河，贝住等仍西渡体格力斯河，率所部进发。……贝住等至报达西城外，据其街市。是时怯的不花已平罗耳，与贝住会兵城下。旭烈兀中军进驻报达城东，围遂合。报达跨体格力斯河，分东西二城。西城有子城，东城壁尤峻厚。城上筑敌台百六十三，中军营于阿郑门。……哈里发惧，遣谟牙代丁等见旭烈兀，乞如前议纳降。旭烈兀曰：“此我在丹马时之议，今我在报达城下矣，速令素黎漫沙低瓦答儿来见我。”迟日又遣使至，旭烈兀拒不见，攻克阿郑门敌台，城遂陷。哈里发先后遣长子次子出城乞降，旭烈兀拒之如前。遣人召低瓦答儿及诸将出城，哈里发来否听之。哀倍克素黎漫沙不得已乃出谒。旭烈兀悉诛之。越日哈里发挈其三子暨官吏三千人出降。

---

① 《新元史·木剌夷传》。

② 《新元史·报达传》。

时宪宗八年(公元一二五八年)正月也。[①]

(c)西里亚在当时为蒙古与埃及所争之地。其国都为他木古斯，国王为纳昔儿。旭烈兀于宪宗七年(公元一二五七年)出兵，八年(公元一二五八年)克服其地；九年(公元一二五九年)于各被攻克之地设置长官而还。

西里亚，埃及属国，以他木古斯为都城。埃及与蒙古隔绝不通。……旭烈兀乃进兵攻西里亚，……怯的不花率沙古鲁人为前锋，贝住将右翼，苏衮察克将左翼，旭烈兀自将中军。八年(公元一二五八年)……九月，旭烈兀率大军入他木古斯，其内城仍坚守不下，久始克之。又谕降哈列姆城。旭烈兀反阿列娑。明年(公元一二五九年)闻宪宗大渐，乃班师，以怯的不花留镇西里亚，甫鲁哀丁为阿列娑长官，贝特那为他木古斯长官。[②]

这等重要之地，完全克服；旭烈兀乃在波斯建一伊儿汗国，以阿特耳佩占(Ādarbaiǰan)之 Tabriz(Tauris)为都城。为时近八十年(公元一二五六年至一三三四年)。其国境直达地中海。至是蒙古有四大汗国了。今高加索山以北，苏俄及波兰等地为钦察汗国。高加索山以南，小亚细亚及里海东南等地为伊儿汗国。伊儿汗国之东为察合台汗国。钦察国汗之东为窝阔台汗国。剩下未克服的主要敌人为南宋帝国，于是忽必烈所率领之蒙古军便向东南进攻了。

忽必烈之克服南宋　(a)忽必烈之即帝位。蒙哥(即宪宗)死后，忽必烈(宪宗之弟)即于公元一二六〇年春三月，破除向来的成例，不经诸王大会的决定，在上都(开平府，即今察哈尔多伦县东南)自立为帝，建元中统。时尚称蒙古。至至元八年(公元一二七一年)，因刘秉中之奏请，始取“大哉乾元”之义，改国号曰元。赵翼云：

三代以后，建国号者多以国邑旧名。王莽建号曰新，亦以初封新都侯故也。公孙述建号成家，亦以据成都起事也。賨人李雄建号大成，盖以袭率旧称也。金太祖始取义于金之坚固，遂不以国邑，而以金为

① 《新元史·报达传》。

② 《新元史·西里亚传》。

号(按《金志》太祖以国产金，且有金水源，故称大金)。然犹未用文义也。金末宣抚蒲鲜万奴据辽东僭称大真，始有以文义为号者。元太祖本无国号，但称蒙古。如辽之称契丹也。世祖至元八年(公元一二七一年)，因刘秉忠奏，始建国号曰大元，取"大哉乾元"之义，国号取文义自此始。其诏有曰"诞膺景命，必有美名。唐之为言荡也，虞之为言乐也。驯至禹兴而汤造，互名夏大以殷中。世降以还，事殊非古。称秦称汉者从初起之地名。曰隋曰唐者即因所封之爵邑。是皆徇百姓见闻之狃习，要一时经制之权宜。今特建国号曰大元，取《易经》乾元之义云。"①

(b)忽必烈之灭宋。蒙古自灭金与西夏(参看本章第三节)后，其国界与宋相接，遂与宋发生长期战争。首于公元一二三五年(即蒙古太宗窝阔台在位之七年)取了今之四川。公元一二五二年(宪宗蒙哥即位之二年)之时忽必烈尚只是一名大将，即已率领大军进攻大理(初名南诏，为僰夷人于八世纪以来所建之独立国，其地在今云南)。是年，攻克大理。忽必烈本人于攻克大理之后，即回师攻宋，自宋之西北方面进攻，终于公元一二五九年达到鄂州(今湖北武昌)。其部下兀良合台则于攻克大理之后乘胜攻安南，于公元一二五九年大掠安南国都(河内今富良江下游)；还师攻宋，由西南方面进攻，自今广西桂林侵入湖南长沙，终亦达到鄂州(湖北武昌)。两军在鄂州会合，蒙古军本不难沿江东下，攻取宋之国都。但以宪宗蒙哥逝世的消息传来，忽必烈急于北归，遂与宋议和，停止进逼。

蒙哥死了，忽必烈于一二六〇年自立为帝(见前)大权在握，可以集全力以攻宋了。于是命伯颜阿术等率师南侵。于至元五年(公元一二六八年)围攻襄阳，到至元十年(公元一二七三年)把襄阳攻下。此后入汉，济江，取鄂州。更东下取安庆，取扬州等地。终于至元十三年(公元一二七六年)会师于南宋之国都临安(今浙江杭县)，虏宋帝显北去。此后宋臣张世杰陆秀夫等拥度宗庶子长建国公昰季永国公昺所谓二王者沿海南逃。但终以蒙古兵穷追，无力抵抗，流离播越于闽粤沿海，以至于死。昰于至元十五年(公元一二七八年)死于广州湾之一岛上(硇州，广东吴川县南海中)，昺于至元十六年(公元一二七九年)在厓山(广东赤溪县东)由大臣陆秀夫负之投

① 赵翼：《廿二史劄记·元建国号始用文义》。

海死。这时宋之统治，算是完全没有了。

蒲寿庚以市舶助元 当忽必烈穷追二王之时，有一由南洋来华的侨商名蒲寿庚者因在商人中颇有地位，管理市舶(即商船)凡三十年，获有厚利；恐宋元间种族战争延长，足以妨碍商人的营业，乃大杀宋宗室以降元，于蒙古人之灭宋，助力极大。这事，近人有较详的考订。

> 宋末元初，闽省有一件颇可惊异的史实；这便是蒲寿庚以一个西南洋侨民居然在泉州作市舶司，擅利三十年。[①] 他在泉州海岸建望云楼，以望海舶。[②] 他不仅因榨取市舶而富有，而且操纵当时西南洋与闽省贸易的整个实力。因此，元世祖在未入浙时，便遣使劝他投降："元至元十三年二月，伯颜遣不伯周青招泉州蒲寿庚寿晟兄弟。"[③]结果，他在泉州拒绝宋少帝与张世杰，杀尽宋宗室与在泉州的淮兵，而以所有市舶降元"景炎二年，泉州素多宗子，闻张少保(世杰)至，宗子纠集万余人出迎王师。叛臣蒲受耕闭城三日，尽杀南宋宗子。"[④]"宋主昰舟至泉，寿庚来谒，请驻跸，张世杰不可。或劝世杰留寿庚，则凡海舶不令自随。世杰不从，纵之归。而舟不足，共掠共赀。寿庚怒，杀诸宗室及士大夫与淮兵之在泉者。戊辰，寿庚及知泉州田真子以城降。"[⑤]又"宋幼主过泉州，宋宗室欲应之，守郡者蒲寿庚闭门不纳。及张世杰回军攻城，宗室又欲应之。寿庚置酒延宗室，欲与议城守事，酒中尽杀之。"[⑥]蒲寿庚降元时，又捕宿儒吕大奎，迫草降表，欢迎蒙古军，大奎不肯，遂被杀。所有著作也被焚烧。他又藉口保证人民的生命财产，讥讽不肯屈节异族的陈文龙。"蒲寿庚以泉州降元告其民曰：陈文龙非不忠义，如民何！闻者笑之。"[⑦]蒲寿庚降元的唯一原因是在他的擅利三十年的私有市舶被张世杰留用。日人桑原骘藏说："蒲寿庚弃宋降元之举，有关于宋元势力之消长实大。盖蒙古虽长于陆战，舟师实不敌宋，寿庚老于海事，拥海舶甚多。一旦降元，定为元南征之助。于元为莫

---

① 《宋史·瀛国公本纪》。

② 黄仲昭：《八闽通志》。

③ 《元史·世祖本纪》。

④ 郑思肖：《心史》。

⑤ 《宋史·瀛国公本纪》。

⑥ 《泉州志》。

⑦ 《兴化府志》。

大之利，于宋直致命之伤。故景炎帝遂不能驻闽，而匆遽移粤矣。"陈裕菁补注此说，引文天祥理宗宝祐四年对策："彼未必不朝夕为趋浙计，然而未能焉。短于舟，疏于水，惧吾唐岛之有李宝在耳。……夫东南之长计莫如舟师，我之胜兀术于金山者以此，我之毙逆亮于采石者以此。"[①]因而断定蒲寿庚当日以市舶降元是促成宋亡之重要原因，蒲寿庚降元后，又为元政府造很多的海船，充作战舰。"至元十六年，敕泉州等处，造战船六百艘。""至元十八年，福建省左丞蒲寿庚言：诏造二百艘，今成五十。"[②]又"至元十四年，诏蒲寿庚以舟师下海，与塔出以步卒入大庾，合追二王。"[③]可证明蒲寿庚以市舶降元而亡宋一说，绝无疑义。[④]

蒙古统治中国之策　自世祖忽必烈灭宋，统治中国，其所行策略之最重要者有下列各项可述。(a)采行钞法(但这法后来流弊极大，见下章)。以钞票代现钱，南宋绍兴时即已开始。金章宗时亦以交钞与现钱并行。元自太宗始造交钞，世祖以后，大量印造。其法系以丝为本。每二贯票钱，可易银一两；每银五十两，可易丝钞一千两。民间流行的概是钞票，现款则存入政府所设之各路平准行用库，有如今之准备金。赵翼云：

交钞之起，本南宋绍兴初，造此以召募商旅，为沿边籴买计；较铜钱易赍，民颇便之。稍有滞碍，仍用现钱。尚存子母相权之意。金章宗时亦以交钞与现钱并行，而有司以出钞为利，收钞为讳，谓之老钞。至以万贯易一饼，民力困而国用亦穷。此钞之极弊也(按金章宗始用钞。宣宗先用贞祐宝券，未几积轻，又制贞祐通宝。凡一贯当贞祐宝券千贯。哀宗时，更造兴定宝泉，每一贯当通宝四百贯)。元太宗八年(公元一二三六年)始造交钞中。中统元年(公元一二六〇年)又造中统元宝交钞。据《食货志》，其法以丝为本：每银五十两，易丝钞一千两，诸物之值并从丝例。钞之文以十计者曰十文，二十文，三十文，五十文；以百计者曰一百文，二百文，三百文；以贯计者曰一贯文，

① 《文山全集》。

② 《元史·世祖本纪》。

③ 《宋史·纪事本末》。

④ 国立暨南大学出版之《暨南学报》二卷一号陈竺同著《元代中华民族海外发展考》。

二贯文。每二贯准白银一两。行之既久，物重钞轻。至元二十四年（公元一二八七年）乃改造至元钞，自二贯至五文，凡十一等。与中统钞通行。每一贯抵中统钞五贯！武宗时又造至大银钞，后废不行。终元之世，常用中统至元二钞。鱼泉印造之数，自数十万至数百万不等，亦见《食货志》。钞虽以钱为文，而元代实未尝铸钱也。武宗时曾行钱法，立泉货监领之。仁宗以鼓铸弗及仍废。故有元一代专用钞，其所以能行用者，各路立平准行用库：贸易金银，平准钞法。每银一两入库，其价至元钞二贯；出库二贯五分。金一两入库二十贯，出库二十贯五百文。是民之有金银者可赴库换钞，有钞者亦可赴库换金银也。又立回易库。凡钞之昏烂者许就库倒换新钞，增工墨费每贯三分；换存之昏钞则解部焚烧。隶行省者行省委官监烧之。是钞之敝坏者可赴库易新钞也。至元四年（公元一二六七年），世祖诏诸路民间色银听以钞输纳，惟丝料入本色。非产丝之地亦以钞输。中书省臣又奏流通钞法："凡赏赐宜多给币帛，课程宜多收钞。"制曰："可。"是丁钱田赋可以钞纳也。此所以通行天下也。[①]

(b)发展交通。使用交钞，最便利商贾；发展交通，亦予商贾以极大之便利，同时政府的税收军粮等之运输，更非交通发达不可。世祖有见及此，极力发展交通。René Grouseet 云："忽必烈所最注意者为交通问题。盖其与行政及漕运有关，所以他修理官道，种植树木，设置驿站；供驿站用的驿马，不下二十万匹。为供给大都的粮食，又修理大运河以供漕运。"[②]《新元史》云：

元之运河，自通州至京师，为通惠河；自通州至直沽为白河；自临清至直沽为御河；自东昌须城县至临清为会通河；自三汊口达会通河为扬州运河；自镇江至常州吕城堰为镇江运河。南逾江淮，北至京师，为振古所无云。[③]

至元……二十年（公元一二八三年）……置京畿江淮都漕运司，漕江南粮；仍各置分司，催督纲运。以运粮多寡为运官殿最。……陆军

---

① 赵翼：《廿二史劄记·元代专用交钞》。

② 冯译：《蒙古史略》，第64页。

③ 《新元史·河渠志二》。

车站，别设提举司，不隶漕运司。[①]

这还只讲到运河，只讲到水道交通的一部。水道交通的另一部分，如海运，当时也开始了。

至元十九年(公元一二八二年)，初命上海总管罗壁、张瑄、朱清造海船六十艘，募水手同官军自海道漕运江南粮四万六千余石。明年三月至直沽，从丞相伯颜之议也。……十九年，伯颜见河运劳费不资，而无成效，追思般运亡宋库藏图籍之事，以为海运可行。奏命江淮行省限六十日造平底海船六十艘，委上海总管罗壁、张瑄、朱清等载官粮四万六千余石，创行海运沿山求嶼，以抵直沽。[②]

(c)改进农村。这以督促耕作为最大之特征。凡五十家为一社，择一老农为社长，督促一般农民耕作。社长之上为地方官，地方官之上为廉访司及劝农官，最后由大司农司总其成。在这种督耕制之下，尚有优恤孝弟力田及创办社学之举。

元之重农，自世祖始。……其劝课农桑之法，度越唐宋。……中统元年(公元一二六〇年)，帝命十路宣抚司择通晓农事者充随处劝农官。……武宗至大三年(公元一三一〇年)，诏大司农司总挈天下农政。年终考管民官之殿最，定夺黜陟。仁宗延祐二年(公元一三一五年)，诏江浙行省印《农桑辑要》一万部颁降有司，遵守劝课。三年(公元一三一六年)，以浙东廉访司佥事苗好谦劝课农桑有效，赐衣一袭。……至于劝农立社，尤一代农政之善者。先是大司农卿张文谦奏上立社规条十五款。至元二十三年(公元一二八六年)，命颁于各路，依例施行。今摄其大要载之。一，诸县所属村疃五十家为一社。择高年晓农事者立为社长；增至百家，别设社长一员。不及五十家者，与近村合为一社。社远人稀，不能相合，各自为社者听。社长专以教劝农桑为务。本处官司不得将社长差占别管余事。一，社长宜奖勤罚惰，催其趁时耕作。仍于田塍树牌杙，书某社某人地段，社长以时点视。……一，

① 《新元史·食货志》八。

② 《新元史·食货志》八。

本社有孝弟力田者，从社长保申本处官司量加优恤；若所保不实，亦行责罚。一，有游手好闲及不遵父兄教令者，社长籍记姓名，俟提点官到日，实问情实，书其罪于粉壁。犹不改，罚充本社夫役。一，每社立学校一，择通晓经书者为学师。农隙，使子弟入学。如学文有成者，申覆官司照验。①

(d)救济贫困。这在社制之下，即已有众农合力以救贫，及强迫储蓄以御荒等办法。

一，社内有疾病凶丧之家不能耕种者，众为合力助之。一，社内灾病多者两社助之。其养蚕者亦如之。耕牛死，令均钱补买，或两和租赁。一，荒田除军营报定及公田外，其余投下探马赤官之自行占冒，从官司戡当得实，先给贫民耕种，次及余户。一，每社立义仓，社长主之。丰年验各家口数，每口留粟一斗；无粟者抵斗存留杂色物料，以备凶荒。②

此外有平定米价之法。丰年米贱，增价收买，存于常平仓。迨凶年米贵，减价卖出以济贫。

常平仓始于至元六年(公元一二六九年)。其法，丰年米贱，官增价籴之。至米贵之时，官减价粜之。八年(公元一二七一年)以和籴粮及诸路仓所拨粮贮常平仓。是年，户部奏定常平收籴粮斛，验各月时估之，十分为率，添答二分。委各处正官提点，不得椿配百姓。十九年(公元一二八二年)，复以官降斗斛依添答之值收籴，贫家食者，即依例出粜焉。③

更有官立医药局，也是救济贫困的。中央有太医总其事，各地方亦有专使及地方官为之监理。这事之创始，为时极早。

太宗九年(公元一二三七年)立燕京等十路惠民药局。以奉御田阔阔太医齐楫等为局官，给钞五百两为规运之本。中统二年(公元一二六

① 《新元史·食货志》二。

② 《新元史·食货志》二。

③ 《新元史·食货志》十三。

一年)，诏成都路置惠民药局。三年(公元一二六二年)，敕太医大使王猷副使王为仁管领诸路医人惠民药局。四年(公元一二六三年)，复置局于上都，每中统钞一百两，收息钱一两五钱。二十五年(公元一二八八年)，以失陷官本悉罢之。大德三年(公元一二九九年)，又准旧例于各路分置焉。凡局皆以各路正官提调。上路总医二名，下路府州各一名。其所给钞亦验民户多寡以为等差。各路钞本之数，腹里三千七百八十定，河南行省二百七十定，湖广行省一千一百五十定，辽阳行省二百四十定，四川行省二百四十定，陕西行省二百四十定，江西行省三百定，江浙行省二千六百一十五定，云南真贮一万一千五百索，甘肃行省一百定。①

(e)尊重中国文化。上述诸端，皆统治中国之具体政策的重要实例。此外贯通于诸种政策之中的，尚有一种根本的态度，即尊重中国的文化是也。中国内部，农业发达甚早，向有一种与此相适应的文化。其源远，其流长，其程度亦甚高。蒙古人以游牧民族的资格统治中国，暂时的统治力量虽高出中国；而文化方面，则大抵不能不被中国同化。这于下之一段记载可见。

元起朔方，本有语无字。太祖以来，借用畏吾字以通文檄。世祖始用西僧八思巴造蒙古字，然于汉文，则未习见也。《元史·本纪》至元二十三年(公元一二八六年)，翰林承旨撒里蛮言国史院纂修太祖累朝实录，请先以畏吾字翻译进读，再付纂定。元贞二年(公元一二九六年)，兀都带等所译太宗、宪宗、世祖实录，是皆以国书进呈也。其散见于他传者，世祖问尧舜禹汤以为君之道，世隆取书传以对，帝喜曰："汝为朕直解进读。"书成，令翰林承旨安藏译写以进。曹元用奉旨译唐《贞观政要》为国语。元明善奉武宗诏，节《尚书》经文，译其关于政事者，乃举文升同译。每进一篇，帝必称善。虞集在经筵，取经史中有益于治道者用国语汉文两进读。译润之际，务为明白，数日乃成一篇。马祖常亦译《皇国大训》以进。……裕宗为太子时，早从姚枢窦默受《孝经》；及长则侍经幄者如王恂、白栋、李谦、宋道等皆长在东宫备谘访。中庶子伯必以其子阿八赤入见，太子谕令入学，伯必即令入蒙古

① 《新元史·食货志》十三。

学。逾年再见。问所读书，以蒙古书对。太子曰："我命汝学汉人文字耳。"此可见裕宗之留心学问。然未即位薨。以后如仁宗最能亲儒重道。……有人进《大学衍义》者，命詹事王约等节而译之。[①]

① 赵翼：《廿二史劄记·元诸帝多不习汉文》。

第七章 由蒙古统治之瓦解到大明帝国之树立

一 蒙古统治之乖误

蒙古所统之种族 蒙古人树立了亚洲历史上空前未有之伟大帝国，世祖忽必烈改此帝国之号曰大元；其所统治之种族，非常复杂。然大别之，可概括为三种。一，蒙古人，这是创立帝国之主人，不须解释。二，色目人，这即是当时蒙古克服西域诸地，降来之人，亦可说即是西域人。三，汉人，这其中又可小别为二：一，辽金所统治之旧族，元时叫做汉人；二，宋朝统治之汉人，元朝叫做南人。汉人南人之别，以宋金疆域为断，钱大昕于《元史》上关于色目人之列传，有一小段是正之文曰：

> 赵世延、杨朵儿只皆色目。列传第五卷至三十二卷，皆蒙古、色目人。第三十三卷至七十五卷皆汉人南人也。赵世延雍古部人，即按竺迩之孙，盖色目人也，而与汉人同列，误矣。杨朵儿只西夏人，元时称夏人为唐兀氏，唐兀亦色目三十一种之一，其人各自有姓：如李恒、高智耀、来阿八赤皆列于色目，则朵儿只亦当为色目人矣。耶律石抹、完颜、粘合、乌古论皆辽金旧族，元时谓之汉人。汉人有官至宰执者，而南人不得入台省。顺帝时稍用南人，而入参政者仅危素一人耳。汉人南人之分，以宋金疆域为断。江浙、湖广、江西三行省为南人。河南省唯江北、淮南诸路为南人。[①]

蒙古人之中，又可大别为尼而伦派或亲属部，及都而鲁斤派或疏远部。

① 钱大昕：《十驾斋养新录》卷九《赵世延杨朵儿只皆色目》条。

后者之中，又有黑塔塔儿、白塔塔儿、野塔塔儿之别。《新元史》云：

蒙古氏族凡阿兰豁阿梦与神遇生三子之后为尼而伦派：曰哈特斤氏，萨而助特氏，泰亦兀赤氏，哀而狄干氏，西族特氏，起讷氏，奴牙特氏，兀鲁特氏，忙兀特氏，巴邻氏，苏哈鲁特氏，贝鲁剌思氏，黑特而斤氏，札只剌忒氏，布达特氏，都黑拉特氏，贝亦速特氏，苏嘎特氏，乌而纳兀特氏，亨力希牙特氏。其余为都而鲁斤派，亦称塔亦斤派，曰都而斤氏，乌梁黑特氏，鸿火拉特氏，亦乞列思氏，呼中氏，速而徒思氏，伊而都而斤氏，巴牙乌特氏，斤特吉氏，皆为黑塔塔儿，非蒙古人，而归于蒙古者。曰札剌儿氏，苏畏亦特氏，塔塔儿氏，蔑儿乞氏，郭而路乌忒氏，卫拉特氏，贝格林氏，布而古忒氏，忽里氏，土斡剌斯氏，秃马特氏，布而嘎勤氏，格而谟勤氏，忽而罕氏，赛哈亦忒氏，皆为白塔塔儿。曰乌剌速特氏，帖楞格特氏，客斯的迷氏，林木中乌梁黑氏，皆为野塔塔儿。盖拉施特所述蒙古支派如此，……陶宗仪(九成)所称蒙古七十二种(见《辍耕录》)……舛讹重复，不为典要。①

至于色目人，《新元史》所记如次：

色目人：曰畏吾氏，唐兀氏，康里氏，乃蛮氏，雍古氏，钦察氏；又为伯牙吾氏，阿速氏，迦叶弥儿氏，赛夷氏，乌思藏掇族氏，族颖氏，突甘斯氏，感木鲁氏，回回氏。其别曰答失蛮迭里威失木速蛮木忽四氏；于阗氏，阿里马里氏，昔里马氏，八瓦耳氏，古速鲁氏，也里可温氏，亦回回别族；哈剌鲁氏，阿鲁浑氏，尼波罗氏，忽鲁木石氏。②

关于汉人，箭内亘有如下之意见：

《辍耕录》，汉人之下，列中国人以外之部族八种，如下：契丹、高丽、女真、竹因歹、术里阔歹、竹温、竹亦歹、渤海。钱大昕《养新录》(卷九)亦题为汉人八种而转载之。且曰："辽金元三史唯见契丹女

① 《新元史·氏族表》上。

② 《新元史·氏族表》下。

真高丽渤海四国，余未详。考《元史·镇海传》从攻塔塔儿、钦察、唐兀、只温、契丹、女真、河西诸国。只温盖即竹温之转欤?”此只由字音上推测，而无何等旁证。……但竹因歹以下四种，其名称颇奇，而无考证，实为遗恨，然就此亦可略推所谓汉人之范围矣。故在吾人研究上亦无大障碍也。契丹即指从来之所谓契丹，为居住于东蒙古之人。……高丽、女真、渤海亦然，无庸别加解释。此等部族所以总称于汉人名下者，参照《元史》列传之编次法，自易首肯。但编《辍耕录》者在汉人中不举汉人殊属非是。……在汉人中，严密言之，亦有二种。曾在金人治下之中国人曰汉人，在宋朝治下之中国人曰南人待遇上显有差别。由此等情形言之，……吾人当以所谓汉人为汉人、南人、契丹、高丽、女真、渤海六种而研究之。①

上述蒙古色目汉人三大部分彼此之间的界限，在元代是颇严峻的：色目决不能为蒙古，汉人决不能为色目及蒙古。《元史·世祖纪》云：“至元二十一年(公元一二八四年)八月，定拟军官格例，以河西、回回、畏吾儿等依各官品充万户府达鲁花赤，同蒙古人。女真、契丹同汉人。若女真、契丹生西北，不通汉语者，同蒙古人。女真生长汉地，同汉人。”由此亦可见其间界限之严峻。

种族待遇之不平　各族间界限固极严峻，其所受国家之待遇亦非常不平。蒙古人当然被视为最高级，色目人次之，汉人又次之，南人的地位则最下。这可于下列各方面看出。(a)于服官的限制上看出。元制，百官皆蒙古人为之长，汉人南人很少居主要地位的。

世祖命刘秉忠许衡定官制，以中书省管政事，枢密院管兵，御史台司纠劾，又设行省行台，使内外均其轻重，以相维系。立法之善，殆为唐宋所不及。然上自中书省，下逮郡县，亲民之吏，必以蒙古人为之长；汉人南人贰之。终元之世，奸臣恣睢于上，贪吏掊克于下；痡民蠹国，卒为召乱之阶。②

一代之制，未有汉人南人为正官者。中书省为政本之地，太祖太宗时，以契丹人耶律楚材为中书令，宏州人杨惟中继之；楚材子铸亦

---

① 日本箭内亘著，陈捷、陈清泉译《元代蒙汉色目待遇考》，第28—29页。

② 《新元史·百官志序》。

为左丞相(元制尚右)。此在未定制以前，至世祖时，惟史天泽以元勋宿望为中书右丞相。仁宗欲以回回人哈散为相；哈散以故事丞相必用蒙古勋旧，故力辞。帝乃以伯答沙为右丞相，哈散为左丞相。太平本姓贺，名唯一，顺帝欲以为御史大夫。故事台端非国姓不授，唯一固辞，帝乃改其姓曰太平。后仕至中书省左丞相。终元之世，非蒙古而为丞相者止此三人。哈散尚系回回人；其汉人止史天泽贺唯一耳。丞相之下有平章政事，有左右丞，有参知政事，则汉人亦得为之。其时亦称宰执。然中叶后，汉人为之者亦少。《顺帝纪》："至正十三年(公元一三五三年)，始诏南人有才学者依世祖旧制中书省枢密院御史台皆用之。"是时江淮兵起，故以是收拾人心。然亦可见久不用南人，至是始下诏也。《郑鼎传》："鼎子制宜为枢密院判官。车驾幸上都，旧制枢府官从行，岁留一人司本院事，汉人不得与。至是以属制宜。制宜力辞。帝曰：'汝岂汉人比耶?'竟留之。"可见枢密属僚掌权之处，汉人亦不得与也。御史大夫非国姓不授，既见《太平传》，而世祖初命程钜夫为御史中丞，台臣言钜夫南人，不宜用。帝曰："汝未用南人，何以知南人不可用？自今省部台院，必参用南人。"可见未下诏之前，御史中丞之职，汉人亦不得居也。中书省分设于外者曰行省，初本不设丞相；后以和林等处多勋戚，行省官轻，不足以镇之，乃设丞相。而他处行省遂皆设焉。《董文用传》："行省长官素贵，同列莫敢仰视，跪起禀白如小吏。文用至，则坐堂上，侃侃与论。"可见行省中蒙古人之为长官者，虽同列，不敢与讲钧礼也。《成宗本纪》："各道廉访司必择蒙古人为使。或缺，则以色目世臣子孙为之。其次始参以色目及汉人。"《文宗本纪》："诏御史台凡各道廉访司官用蒙古二人，畏兀、河西、回回、汉人、南人各一人。"是汉人南人厕于廉访司者仅五之一也。其各路达噜噶齐(旧名达鲁花赤)亦以蒙古人为之。至元二年(公元一二六五年)诏以蒙古人充各路达噜噶齐，汉人充总管，回回人为同知，永为定制。其诸王驸马分地，并令自用达噜噶齐。仁宗始命以流官为之。而诸王驸马所用者为副。未几，仍复旧制。文宗诏："诸王封邑所用达噜噶齐择本部识治体者为之，或有冒滥，罪及王相。"然亦未闻有以汉人为之者。此有元一代中外百官偏重其国姓之制也。[1]

---

① 赵翼：《廿二史劄记·元制百官皆蒙古人为之长》。

(b)于荫叙的分别上看出。荫叙又叫做承荫。一个人之先世如父或祖做了大官，其自身或子孙，得因这个原故(即先世服官之故)而受到政府的优待，可以不劳而得到官品，这种制度本编第一章第三节里讲地主阶级受政府之优待时曾经提及过，所谓"子孙有荫补"是也。元代荫叙的制度，对蒙古人及色目人显然较对汉人为优异。

大德四年(公元一三〇〇年)八月癸卯朔，更定荫叙格：正一品子为正五，从五品子为从九；中间正从以是为差。蒙古色目人特优一级。①

大德四年，省议诸职官荫叙：正一品子正五品叙，从一品子从五品叙；正二品子正六品叙，从二品子从六品叙；正三品子正七品叙，从三品子从七品叙；正四品子正八品叙，从四品子从八品叙；正五品子正九品叙，从五品子从九品叙；正六品子从六品子近上钱谷官，正七品子酌中钱谷官，从七品子近下钱谷官。诸色目人比汉人优一等荫叙。达鲁花赤子孙与民官子孙一体荫叙。傍荫照列降叙。②

(c)于刑罚的分别上看出。日本箭内亘于《元史》上搜集了若干记载，证明刑罚之应用，对蒙古色目人与对汉人南人大有差别。其言曰：

犯罪者处罚时，蒙古色目人与汉人南人各别。以前者宽后者严为原则。如：至元九年(公元一二七二年)五月，禁汉人聚众与蒙古人斗殴。③ 是禁汉人殴辱蒙古人也。又：诸蒙古人与汉人争，殴汉人，汉人勿还报，许诉于有司。④ 其意即谓汉人若殴蒙古人，蒙古人可立即还殴；而汉人被蒙古人殴时，仅诉于官也。此为至元二十年(公元一二八三年)之布告。……在泰定帝之世，各地方之蒙古色目人有罪，则立送其地之官衙，与汉人无异。其后两者之间，亦有差别，前者受特别之待遇。……顺帝元统二年(公元一三三四年)三月丁巳，诏蒙古色目犯

① 《元史·成宗纪》。
② 《元史·选举志》三《铨叙》中。
③ 《元史》卷七《世祖纪》。
④ 《元史》卷一〇五《刑法志》。

奸盗诈伪之罪者隶宗正府；汉人南人犯者属有司。[①] 又大德六年（公元一三〇二年），定窃盗初犯刺左臂，再犯刺右臂，三犯刺项。强盗初犯刺项。又云：其蒙古人有犯，及妇人犯者，不在刺字之例。[②] 是蒙古人免刺也。《顺帝纪》元统二年（公元一三三四年）七月条云：诏蒙古色目犯盗者免刺，此与前条同为一事可知。……其尤著者，汉人南人杀蒙古色目人，处以死刑，且向犯人之遗族征烧埋银（埋葬费?）。蒙古色目人若因争论或乘醉杀汉人，仅罚金，命其出征，而免死刑。[③]

(d)于禁令的分别上看出。元世祖、成祖时代，尝征发天下马匹，并禁止民间收藏兵器。关于马匹一项，大抵于汉人多征，于色目人少征，于蒙古人则不征。关于兵器一项，大抵汉人、南人、高丽人都不许收藏，而蒙古人、色目人则并不禁止。

元世祖至元二十三年（公元一二八六年）二月己亥，敕中外凡汉民持铁尺手挝及杖之有刃者悉输于官。六月戊申，括诸路马；凡色目人有马者三取其二，汉民悉入官。二十六年（公元一二八九年）十二月辛巳，括天下马，一品二品官许乘五匹；三品三匹；四品五品二匹；六品以下皆一匹。（原注，《陈天祥传》：兴国军以籍兵器致乱行省，命天祥权知本军事。天祥命以十家为甲，十甲为长，弛兵器以从民，而境内遂平。其后代者务更旧政治隐匿兵器者甚急。天祥去未久，而兴国复变。邻郡及大江南北诸城邑多乘势杀其守将以应之。）顺帝至元三年（公元一三三七年）四月癸酉，禁汉人，南人，高丽人不得执持军器；凡有马者拘入官。已而群盗充斥，攻城陷邑。至正十七年（公元一三五七年）正月辛卯，命山东分省团结义兵；每州添设判官一员，每县添设主簿一员，专率义兵以事守御。故刘文成有诗曰："他时重禁藏矛戟，今日呼令习鼓鞞。"[④]

民间既不许收藏兵器，则兵器自不得不藏于官府。但关于兵器之收藏，也有一种规定；对于蒙古、色目人及汉人、南人，显然有不平等的待遇。

---

① 《元史》卷三八《顺帝纪》。

② 《元史》卷一〇四《刑法志·元典章》卷四九《刑部强窃盗》。

③ 日本箭内亘著，陈捷、陈清泉译：《元代蒙汉色目待遇考》，第80—82页。

④ 顾炎武：《日知录》卷十二《禁兵器》。

至元二十二年(公元一二八五年)……五月，……分汉地及江南所拘弓箭兵器为三等。下等毁之，中等赐近居蒙古人，上等贮于库。有行省行院行台者掌之。无省院台者，达鲁花赤畏兀、回回居职者掌之。汉人新附人(指南人)虽居职，无有所预。①

政教诸策之无当　上举各事很可以证明种族待遇之不平了。除了这些不平的待遇以外，蒙古贵族的政治政策与宗教政策都无当而有弊。(1)就政治言，可以两语概括：一曰，行政机关之系统紊乱已极。机关繁多不相统属。

衙门纷杂，事不归一。十羊九牧，莫之适从。普天率土，皆为王民。岂可家自为政，人自为国？今正官位下，自立中政院，匠人自隶金玉府，校尉自归拱卫司，军人自属枢密院。诸王位下，自有宗正府内史府。僧则宣政院，道则道教所。又有宣徽院、徽政院、都护府、白云宗。所管户计诸司头目，满布天下，各自管领，不相统属。凡有公讼，并须约会。或事涉三四衙门，动是半年，虚调文移，不得一会。或指日对问，则各司所管，互相隐庇，至一年二年，事无杜绝。遂至于强凌弱，众暴寡，贵抑贱。无法之弊，莫此为甚。②

二曰行政标准毫无一定。这流弊又是缘衙门纷杂而生。衙门纷杂，各有标准；结果，标准多，反叫人无所适从。在人民方面，更不易明白；如何始为犯法，如何才叫不犯法。

天下所奉以行者，有例可援，无法可守。官吏因得以并缘为欺。如甲乙互讼，甲有力则援此之例，乙有力则援彼之例。甲乙之力俱到，则无所可否，迁调岁月，名曰撒放。使天下黔首蚩蚩然狼顾鹿骇，无所持循。始之所犯，不知终之所断，是陷之以刑也。欲强其无犯，得乎？内而省部，外而郡守；抄写格例，至数十册。遇事而难决，则检寻旧例；或中无所载，则旋行议拟。是百官莫知所守也。民间自以耳目所得之敕旨条令，杂采类编，刊行成帙，曰《断例条章》，曰《仕民要

① 《元史·世祖纪》十。

② 陈邦瞻：《元史纪事本末》卷十一《律令之定》。

览》，各家收置一本，以为准绳。试阅二十年间之例，校之三十年前，半不可用矣。更以十年间之例，校之二十年前，又半不可用矣。是百姓莫知所避也。孔子曰："刑罚不中，则民无所措手足。"今者号令不常，有同儿戏。或一年二年，前后不同；或纶音初降，随即泯没。遂致民间有一紧二慢三休之谣。上无道揆，下无法守，不闻如是可以立国者。京都为四方取制之地，法且不行。况四方之外乎？①

(2)就宗教言，开始崇信番僧，不过欲籍以怀柔西土；但结果却因推尊番僧太甚，竟使番僧恃宠恣睢，酿出殃民的惨祸。

蒙古崇尚释教。及得吐蕃之地，思因其俗而柔之。乃设官分职而领之于帝师。又立宣政院，其院使位居第二者，必以僧为之。帅臣以下，亦僧俗并用。②

宣政院以下，各路府州县都设有僧官或和尚头目，以管理僧众。这种僧官因了朝廷推尊过甚，遂至气焰日高，为害四方。

百年之间(自世祖以后)，朝廷所以敬礼而尊信之者。无所不用其至。……其弟子之号司空、司徒、国公，佩金玉印章者，前后相望。其徒怙势恣睢，日新月盛，气焰熏灼，延于四方，为害不可胜言。③

经济政策之流弊　这可以举三端为例。(a)金融政策的流弊。一则交钞落价，遂致物价腾贵，民不聊生。元自太宗八年(公元一二三六年)开始使用交钞(参看上章第四节《蒙古统治中国之策(a)采用钞法》)以后，以发行额过滥，交钞即陆续落价。二则旧钞破烂，不能换取新钞，人民拿在手中，终成废纸。三则奸民常造伪钞，其弊更大。赵翼云：

钞虚而物实，虚者积轻，势所必然。故赵孟頫言："始造钞时，以银为本，虚实相权。今二十余年，轻重相去已数十倍。故改中统为至元。二十年后，至元必复如中统矣。"今就《元史》各传参核之。卢世荣以钞虚闭回易库(兑换库)，钞有出无入，民间昏钞(破烂不能使用者)

① 陈邦瞻：《元史纪事本末》卷十一《律令之定》。

② 《新元史·释老传》。

③ 《元史·释老传》。

遂不可行。其后监烧昏钞者欲取能名，率以应烧昏钞指为伪钞；使管库官诬服。由是回易库不敢以新钞易昏钞。而民间所存昏钞又不能纳赋税，易货物，于是遂成废纸矣。且板纸印造，尤易滋伪。铅山多造伪钞者，有豪民吴友文为之魁。远至江淮燕蓟，莫不行使，遂至大富，是利权且归于奸民矣。又奸民以伪钞勾结党羽，胁人物，官吏听其谋，株连者数百家。是刑罚由此日繁矣。古者以米绢为民生所须，谓之二实；银钱与二物相权，谓之二虚。银钱已谓之虚，乃又欲以纸钞代之。虚中之虚，其能行之无弊哉?①

(b)财政政策的流弊。一则搜括太甚。世祖时先后任用阿合马、卢世荣、桑哥等相继为计臣，尽量搜括，使人民怨毒，即是显例。

中统三年(公元一二六二年)，即以财赋之任委阿合马；兴铁冶，增盐税，小有成效，拜平章中书政事。又立制国用司，以阿合马领司事。已复罢制国用司，立尚书省，以阿合马平章尚书省事，奏括天下户口，下至药材榷茶，亦纤细不遗。其所设施，专以掊克敛财为事。史天泽、安童等争之，崔斌等劾之，皆不能胜。以理算陷江淮行省平章阿里伯，右丞燕铁木儿于死，有秦长卿者欲发其奸，反为所噬，毙于狱。擢用私人，不由部选，以其子忽辛及抹速忽分据财赋重地，并援引奸党郝祯、耿仁等骤升同列，阴与交通，专事蒙蔽。逋赋不蠲，征敛愈急；内通货贿，外示刑威；天下之人，无不思食其肉。有益都千户王著发义愤击杀之。阿合马之奸始上闻。虽命剖棺戮尸，而流毒海内，已二十年矣。阿合马既死，又用卢世荣，亦以增多岁入为能。盐铁，榷酤，商税，田课，凡可以罔利者，益务搜括。奏用阿合马之党皆列要职。凡肆恶二年。御史大夫玉速帖木儿尽发其奸，始诏诛之。未几，又用桑哥，再立尚书省，改行中书省为行尚书省，六部为尚书六部。恃其得君，尝拳殴参政杨宽、郭佑及台吏王良弼皆奏诬至死。遂以丞相领尚书兼统制使。以沙不丁为江淮左丞，乌马儿为参政。奏遣忻都阿散等十二人理算六省钱谷，天下骚然。……自至元二十四年至二十八年(公元一二八七至一二九一年)为也先帖木儿所劾，始

① 赵翼：《廿十二史劄记·元代专用交钞》。

伏诛。[1]

二则支出无限。盖既虚糜巨费于佛事，又滥施重赏于贵戚恩幸，加以土木营缮，穷极奢丽，在这种极度的糜费之下，虽尽量搜括，出入自是不能平衡。

元中叶以后，课税所入，视世祖时增二十余倍。即包银之赋，亦增至十余倍。其取于民者可谓悉矣，而国用日患其不足，盖糜于佛事与诸王贵戚之赐赉，无岁无之。而滥恩幸赏，溢出于岁例之外者为尤甚。至大二年(公元一三〇九年)中书省臣言："常赋，岁钞四百万定，入京师者二百八十万定。常年所支，只二百七十万定，今已支四百二十万定！又应支而未给者尚百余万定。臣等虑财用不继，敢以上闻。"及仁宗即位，中书平章政事李孟言："每岁应支六百余万定，又土木营缮之费数百万定，内降旨赏赐复用三百万余定，北边军饷又六七百万定。今帑藏裁余十一万定，安能周给？不急之费，亟应停罢。"未承平无事之日，而出入之县绝如此。若饥馑荐臻，盗贼猝发，何以应之？是故元之亡，亡于饥馑盗贼。[2]

(c)水利政策的流弊。元顺帝至正时以黄河水患太大，尝兴工治河。到至正十一年(公元一三五一年)，更以贾鲁为总治河防使，发汴梁大名庐州等军民等十七万人疏濬黄河。功效虽著，但因扰民过甚，酿成民怨，激起民变了。

十一年(公元一三五一年)四月初四日，下诏中外，命鲁以工部尚书为总治河防使。……发汴梁大名十有三路民十五万人，庐州等戍十有八翼军二万人，供役一切。……是月二十二日鸠工，七月疏鉴成，八月决水故河[按黄河自金章宗明昌五年(公元一〇〇三年)决口，分南北两道入海：北道由大清河入海，南道由泗水夺淮入海。到了元世祖至元二十六年(公元一二八九年)，会通河(今山东运河)开通了，于是黄河的北流渐渐微弱。此处所云故河，当指由泗水入淮之道]。九月舟

① 赵翼：《廿二史札记·元世祖嗜利黩武》。

② 《新元史·食货志》一。

楫通行，十一月水土工毕。诸归诸堤成，河乃复故道：南汇于淮，又东入于海。……先是岁庚寅，河南北童谣云："石人一只眼，挑动黄河天下反。"及鲁治河，果于黄陵冈得石人一眼；而汝颍之妖寇乘时而起。议者往往以谓天下之乱皆由贾鲁治河之役劳民动众之所致。①

二　反抗运动之爆发

人民生计的困苦　单只上述各事，已足激成反抗运动而有余。兹再从人民生计上着眼，略述当时民生状况，以见反抗运动之不得不爆发。且以下之数事为例：(1)身分被人奴役。自蒙古人侵入以来，或被蒙古游牧贵族所奴役，或被降于元之将领所奴役，或被当地土豪所奴役。

元初起兵朔漠，耑以畜牧为业，故诸将多掠人为奴，课以游牧之事，其本俗然也。及取中原，亦以掠人为事，并有欲空中原之地以为牧场者！耶律楚材当国时，将相大臣有所驱获，往往寄留诸郡。楚材因抬户口，并令为民，匿占者死。立法未尝不严。然诸将恃功牟利，迄不衰止。而尤莫甚于阿尔哈雅(旧名阿里海涯)豪占之多。《张雄飞传》："阿尔哈雅行省荆湖，以降民三千八百户没入为家奴！自置吏治之。岁收其租赋，有司莫敢问。雄飞为宣抚司，奏之，乃诏还籍为民。"《世祖本纪》："至元十七年(公元一二八〇年)，诏核阿尔哈雅等所俘三万二千余人并赦为民。""十九年(公元一二八二年)，御史台又言：'阿尔哈雅降民为奴，而以为征讨所得。'有旨，降民还之有司；征讨所得，籍其数赐臣下。"宋子贞又以阿尔哈雅所庇逃民千人清出屯田，可见其所占之户以千万计。盖自破襄樊后，巴延(伯颜)领大兵趋杭州，留阿尔哈雅平湖广之未附者；兵权在握，乘势营私，故恣行俘掠；且庇逃民，占降民，无不据为己有，遂至如此之多也。他如《宋子贞传》："东平将校占民为部曲户，谓之脚夫，擅其赋，几四百所。"子贞言于严实，乃罢归州县。"《张德辉传》："兵后，孱民依庇豪右，岁久淹为家奴，德辉为河南宣抚使，悉遣为民。"《雷膺传》："江南新附诸将往往强

① 《元史·河渠志》二。

籍新民为奴隶；雷膺为湖北提刑按察使，出令还为民者数千。"《王利用传》："都元帅塔尔海抑巫山民数百口为奴，利用为提刑按察，出之。"《袁裕传》："南京总管刘克兴掠良民为奴，裕出之为民。"此皆散见于各传者也。兵火之余，遍地涂炭；民之生于是时者，何以为生耶？[①]

(2)土地被人占领。在元统治之下，人民土地，或被蒙古游牧贵族所占领，或被僧侣所占领，或被武人所占领；而官僚地主强占民田之事尤为普遍。

豪富之家，或占民田，近于千顷，…… 江南豪家，广占农田，……恣意妄为，靡所不至。贫家乐岁终身苦，凶年不免于死亡。荆楚之域，至有售妻鬻子者。[②]

(3)财产被人搜括。世祖时用阿合马、卢世荣、桑哥等搜括民财(参看上节《财政政策之流弊》)；成宗时，官吏贪污被发觉者至数千人；武宗时，用托克托搜括民财；仁宗时，用张闾搜括民财。凡此不过较显之例而已。人民在严厉的搜括之下，敢怒而不敢言。"元中叶以后，课税所入，视世祖时，增二十余倍!"[③]当然是加紧搜括的结果。

(4)物价腾贵，无以为生。这是滥发交钞的必然结果。元自中统元年(公元一二六〇年)发"中统元实钞"；至元二十年(公元一二八三年)发"至元钞"至大二年(公元一三〇九年)发"至大银钞"。钞为纸票，所以代表钱币的。但发的太多了，其价自然低落。钞日多而价日下。至元时钞价较中统时低落五倍；至大时较至元时又低落五倍，较中统时简直低落了十倍！中统时代的一千文钱(名曰贯)到至元时只值二百文；到至大时，则只值一百文了。"至元钞自二贯至五文凡十有一等，与中统钞通行；每一贯文，当中统钞五贯！……至大银钞自二两至二厘，定为一十三等。每一两准至元钞五贯，白银一两，赤金一钱。……大抵至元钞五倍于中统，至大钞又五倍于至元。……而中统至二钞，终元之世，盖常行焉。"[④]钱价云云，系与实物相比而得。钱少物多，则钱价高而物价低；钱多物少，则钱价低而物价高。

---

① 赵翼：《廿二史劄记·元初诸将多掠人为私户》。

② 《续通考·田赋考》。

③ 《新元史·食货志》一。

④ 《元史·食货志》一。

元自中统以后，当作钱用之交钞愈发愈多，终至物价腾贵，民不聊生。"自世祖颁行中统交钞，以钱为文。厥后造至元实钞，以一当五(以一贯当五贯)，名曰子母相权，而钱实未用。历岁滋久，钞法偏虚；物价腾贵，民用匮乏。[1] 情形如此，逼着贫民起来反抗，终于推倒元之统治。故曰："元之亡，亡于饥馑盗贼。"[2]

民族主义的号召　人民生计无着，起而反抗统治者，本是一种社会的或阶级的冲突。但统治者是蒙古的游牧贵族，被统治者是汉族的贫苦农民；于是社会冲突与种族冲突合流。这时除了迷信的号召以外，民族主义的号召为最不可少。而作为这种号召之主体的，厥为韩林儿。

> 韩林儿，栾城人，或言李氏子也。其先世以白莲会烧香惑众，谪徙永年。元末，林儿父山童鼓妖言，谓天下当大乱，弥勒佛下生，河南江淮间愚民多信之。颍川人刘福通与其党杜遵道罗文素盛文郁等复言山童宋徽宗八世孙，当主中国。乃杀白马黑牛，誓告天地，谋起兵，以红巾为号。至正十一年(公元一三五一年)五月，事觉，福通等遽入颍川反，而山童为吏所捕诛，林儿与母杨氏逃武安山中。福通据朱皋破罗山上蔡真阳确山，犯叶舞阳。陷汝宁光息，众至十余万，元兵不能御。时徐寿辉等起蕲黄，布王三孟海马等起湘汉，芝麻李起丰沛，而郭子兴亦据濠应之。时皆谓之红军，亦称香军。十五年(公元一三五五年)二月，福通物色林儿，得诸砀山夹河；迎至亳，僭称皇帝，又号小明王，建国曰宋，建元龙凤。……林儿称宋后，四方响应。……林儿僭号，凡十二年。[3]

这段记载所示的有下列数事：一则韩林儿之先世，原是以白莲会烧香惑众之人，在下层农民中当然有很大的魔力。二则韩山童为宋徽宗八世孙的说话，是刘福通等造出，以作民族复兴之号召的。盖迷信只可以号召最下一层的农民，而民族主义却可以号召有知识的人也。三则韩林儿既做了皇帝，成了民族主义的象征；当时各地起而反元的，都用林儿的年号；后来成了复兴大业的朱元璋亦复如此；直到林儿死了，才改称吴元年。四则

---

① 邵远平：《元史类编顺帝纪》。

② 《新元史·食货志》一。

③ 《明史·韩林儿传》。

林儿建号龙凤凡十二年(公元一三五五年到一三六七年)，可见反元运动之起始，虽由于贫民无以为生；而反元运动之成功，真可以说是民族主义的胜利。

直接拥韩林儿在元统治之下作反抗运动的，以刘福通为首要。福通于至正十五年(公元一三五五年)拥立林儿于亳，十八年(公元一三五八年)迎林儿都于汴梁。自十七年至十八年(公元一三五七年到一三五八年)的时代，反抗运动的势力，在中原方面，最为蓬勃。中原方面许多人民领袖，都投归福通，听其指挥。福通将人民势力，编为三大集团：(一)向今之河北山西方面进击，以关先生等为首领。这一集团势力最大，曾一再攻克元之上都，并陷塞外许多要地。(二)向今之陕西方面进击，以李喜喜等为首领，势亦甚盛，后曾攻克今陕西、宁夏乃至四川的许多要地。(三)向今之山东方面进击，以毛贵等为首领。在山东方面颇有建设计划。同时元之降将田丰亦极为福通出力。福通自己则出没大河南北。但终以内部复杂，不易统率；虽曾摇动了元之统治势力，却不能肃清之。《明史》述至正十五年(公元一三五五年)以后中原方面的情形云：

福通……自为丞相，加太保，事权一归福通。既而元师大败福通于太康，进围亳；福通挟林儿走安丰。未几，兵复盛，遣其党分道略地。十七年(公元一三五七年)，李武崔德陷商州，遂破武关，以图关中。而毛贵陷胶莱益都滨州，山东郡邑多下。是年六月，福通帅众攻汴梁，且分军三道。关先生、破头潘、冯长舅、沙刘二、王士诚趋晋冀；白不信、大刀敖、李喜喜趋关中；毛贵出山东。北犯势锐甚。田丰者，元镇守黄河义兵万户也。叛附福通，陷济宁，寻败走。其秋，福通兵陷大名，遂自曹濮陷卫辉。白不信、大刀敖、李喜喜陷兴元，遂入凤翔；屡为察罕帖木儿、李思齐所破，走入蜀。十八年(公元一三五八年)，田丰复陷东平、济宁、东昌、益都、广平、顺德。毛贵亦数败元兵，陷清沧，据长卢镇，寻陷济南，益引兵北，杀宣慰使董抟霄于南皮，陷蓟州，犯漷州，略柳林，以逼大都！……旋被元兵击败，还据济南。而福通出没河南北。五月，攻下汴梁，守将竹贞遁去，遂迎林儿都焉。关先生、破头潘等又分其军为二，一出绛州，一出沁州，逾太行，破辽潞，遂陷冀宁，攻保定不克，陷完州，掠大同兴和塞外诸郡，至陷上都，毁诸宫殿，转掠辽阳，抵高丽。十九年(公元一三五九年)陷辽阳，杀懿州路总管吕震，顺帝以上都宫阙尽废，自此不复北巡。李喜喜余党复陷宁夏，略灵武诸边地。是时承平久，州郡皆无守备；长吏闻贼来，辄弃城遁。以故所至无不摧破。然……兵虽盛，威令不行。数攻下城邑，元兵亦数从其后复之。不能守。惟毛贵稍有智略。其破济南也，立宾兴院，选用元故官姬宗周等，分守诸路。又于莱州立屯田三百六十所，每屯相距三十里，造挽运大车百辆。凡官民田十取其二，多所规划。故得据山东者三年。①

反抗运动的四起　在民族主义的号召之下活动反元的，并不仅中原方面的刘福通而已，一时长江流域各地亦先后蜂起。张溥曰：

元灭金宋，传至正而方国珍起兵于台州，刘福通起兵于颍川，徐寿辉起兵于罗田，郭子兴起兵于定远，张士诚起兵于泰州。十余年而大明兵北定中原，……说者谓元末作乱，三十七人；闽广江楚，淮之南北，浙之东西，称号几篇！②

据地称号以反元的，既所在皆是，我们为研究方便计，可分为：中原的反抗运动，长江下游的反抗运动，长江中部的反抗运动，长江上游的反抗运动等数项。(a)中原的反抗运动。这以刘福通为最有势力，上面已说过了。福通直接拥韩林儿，指挥着中原方面乘时崛起的许多民众领袖及元之降将，向元朝的统治进攻；其最盛的时代，在至正十五年到十九年(公元一三五五年到一三五九年)间。到至正二十二年(公元一三六二年)被张士诚之部将吕珍所杀。

(b)长江下游的反抗运动。较大的凡有两部分：一张士诚部分，二方国珍部分。(1)张士诚系操舟运盐为业之人，尝为豪富之家所侮辱。元至正十三年(公元一三五三年)，彼竟结合盐丁，实行暴动，对诸富家大肆烧杀。有众万余人，据高邮称诚王，国号大周，建元天祐。《明史》云：

张士诚小字九四，泰州白驹场亭人，有弟三人，并以操舟运盐为业。……颇轻财好施，得群辈心。尝鬻盐诸富家，富家多凌侮之，或负其直不酬。而弓手邱义尤窘辱士诚甚。士诚忿，即帅诸弟及壮士李

① 《明史·韩林儿传》。

② 陈邦瞻：《元史纪事本末·东南丧乱附论》。

伯升等十八人杀义，并灭诸富家，纵火焚其居，入旁郡场，招少年起兵。盐丁方苦重役，遂共推为主，陷泰州；高邮守李齐谕降之，复叛，杀行省参政赵琏，并陷兴化，结砦德胜湖，有众万余。元以万户告身招之，不受，给杀李齐，袭据高邮，自称诚王，僭号大周，建元天祐。是岁至正十三年也。①

此后乘着各地饥馑，士诚兄弟四出暴动，被吸引之贫民，日渐加多。至正十六年(公元一三五六年)移都平江。后虽一度与元妥协，取消称号；但至正二十三年(公元一三六三年)复自立为吴王。当其盛时，所辖境地，南至绍兴，北至徐州，东至于海，西达汝颍濠泗与朱元璋之境地相接。《明史》云：

淮东饥，士诚乃遣弟士德由通州渡江，入常熟；十六年(公元一三五六年)二月陷平江，并陷湖州、松江及常州诸路，改平江为隆平府，士诚自高邮来都之，即承天寺为府第。……二十三年(公元一三六三年)九月，士诚复自立为吴王(中曾一度与元妥协，取消称号)尊其母曹氏为王太妃，置官属，治府第于城中，以士信为浙江行省左丞相。……当是时，士诚所据南抵绍兴，北逾徐州，达于济宁之金沟，西距汝颍濠泗，东薄海，二千余里，带甲数十万。以士信及女夫潘元绍为腹心，左丞徐义李伯升、吕珍为爪牙，参军黄敬夫、蔡彦文、叶德新主谋议，元学士陈基右丞饶介典文章。又好招延宾客，所赠遗舆马居室什器甚具。诸侨寓贫无籍者争趋之。②

后因不能与朱元璋合作，被朱压迫，力不能支，遂缢死于金陵，年四十七岁。计起事至缢死，历时凡十四年(公元一三五三年至一三六七年。)

(2)方国珍也是以操舟贩盐为业之人。其起事之时期早在至正八年(公元一三四八年)，其主要策略在扰乱元朝在江南方面之海运。江南方面是中国最富足的地方。元主中国，即从这方面把粮食向北方输运。因之海运在当时是很重要的。在长江下游起而抗元的，最宜首先扰乱元之海运；张士诚、方国珍等起于长江下游，都采此策。

① 《明史·张士诚传》。

② 《明史·张士诚传》。

方国珍，黄岩人。……世以贩盐浮海为业。元至正八年(公元一三四八年)，有蔡乱头者行剽海上，有司发兵捕之。国珍怨家告其通寇，国珍杀怨家，遂与兄国璋递国瑛、国珉亡入海，聚众数千人劫运艘，梗海道。行省参政朵儿只班讨之，兵败，为所执，协使请于朝廷，授定海尉，寻叛，寇温州；元以孛罗帖木儿为行省左丞，督兵往讨，复败被执。乃遣大司农达识帖睦迩招之降。已而汝颍兵起(刘福通奉韩林儿起此间)，元募舟师守江，国珍疑惧，复叛，诱杀台州路达鲁花赤泰不华，亡入海，使人潜至京师，赂诸权贵，仍许降，授徽州路治中。国珍不听命，陷台州，焚苏之太仓。①

至正二十七年(公元一三六七年)，朱元璋既破张士诚，其所辖境地与方国珍之境地相接；元璋颇想与国珍合作，屡次寄书商量，但国珍不允。最后临之以兵，国珍战败，乃始奉表乞降。这事正在朱元璋攻克张士诚之国都平江的时候。

二十七年(公元一三六七年)九月，太祖(朱元璋)已破平江(张士诚都于此)，命参政朱亮祖攻台州，国瑛迎战，败走。进克温州。平南将军汤和以大军长驱抵庆元，国珍率所部遁入海，追败之盘屿，其部将相次降。和数令人示以顺逆，国珍乃遣子关奉表乞降。②

(c)长江中部的反抗运动。这运动(1)为徐寿辉所发动。寿辉系罗田人，本为一布贩。元末民乱四起，寿辉为众所推举，起兵作反抗运动。至正十一年(公元一三五一年)称皇帝于蕲水，国号天完，建元治平。从此以后，到至正十八年(公元一三五八年)的时代，因得陈友谅等之助，攻克之地极广。今湖北、湖南之一部分，江西全境，乃至浙江、安徽之一部分，多被其攻克。但至正十七年(公元一三五七年)以后陈友谅之势力日大，终取寿辉之地位而代之。《明史》云：

寿辉，罗田人，又名真一，业贩布。元末，盗起，袁州僧彭莹玉以妖术与麻城邹普胜聚众为乱，用红巾为号，奇寿辉状貌，遂推为主。

① 《明史·方国珍传》。

② 《明史·方国珍传》。

至正十一年(公元一三五一年)九月，陷蕲水，及黄州路，败元威顺王宽彻不遂，遂即蕲水为都，称皇帝，国号天完，建元治平，以普胜为太师。未几，陷饶信；明年，分兵四出，连陷湖广江西诸郡县；遂破昱岭关，陷杭州。别将赵普胜等陷太平诸路，势大振。……明年为元师所破。寿辉走免。已而复炽，迁都汉阳，为其丞相倪文俊所制。……友谅破龙兴，寿辉欲徙都之。友谅不可。未几，寿辉遂发汉阳，次江州。江州，友谅治所也，伏兵郭外迎寿辉入，即闭城门，悉杀其所部，即江州为都，奉寿辉以居，而自称汉王。①

(2)陈友谅即江州称汉王的年代，正是至正十九年(公元一三五九年)。友谅本是沔阳的一个渔家子。尝为县小吏。寿辉起事，乃投归其部下。数年之内，势力骤大。始则从倪文俊之手救出寿辉，终则夺得寿辉之地位。初称汉王于江州，继则奉寿辉东下攻略，至采石矶，击杀寿辉，自称皇帝，国号汉，改元大义。这是至正二十年即公元一三六〇年之事。《明史》云：

陈友谅，沔阳渔家子也。本谢氏，祖赘于陈，因从其姓。少读书，略通文义。有术者相其先世墓地曰：法当贵。友谅心窃喜。尝为县小吏，非其好也。徐寿辉起兵，友谅往从之，依其将倪文俊为簿掾……十七年(公元一三五七年)九月，文俊谋杀寿辉不克，奔黄州。时友谅隶文俊麾下，数有功，为领兵元帅，遂乘衅杀文俊，并其兵，自称宣慰司，寻称平章政事。明年，陷安庆，又破龙兴瑞州。分兵取邵武、吉安，而自以兵入抚州。已又破建昌、赣、汀、信、衢。当是时，江以南，惟友谅兵最强。……自称汉王，置王府官属，遂挟寿辉东下攻太平。太平城坚不可拔，乃引巨舟薄城西南，士卒缘舟尾攀堞而登，遂克之，志益骄。进驻采石矶，遣部将阳白事寿辉前，戒壮士挟铁挝击碎其首。寿辉既死，以采石五通庙为行殿，即皇帝位，国号汉，改元大义。太师邹普胜以下，皆乃故官。……既僭号，尽有江西湖广之地。恃其兵强，欲东取应天。②

(d)长江上游的反抗运动。当徐寿辉发难之时，起而响应的人，除上述

① 《明史·陈友谅传》。

② 《明史·陈友谅传》。

陈友谅外，尚有明玉珍。明玉珍系隋州人，响应寿辉之后，即向西北发展，转战于川陕之间。至正十七年(公元一三五七年)，乘川中空虚，且守将内哄，乃攻入重庆，受寿辉命为陇蜀行省右丞。这么一来，成了长江上游反元运动的主脑。至正二十二年(公元一三六二年)称帝，国号夏，建元天统。因得刘桢为谋主，成绩极好。《明史》云：

> 明玉珍，隋州人。身长八尺余，目重瞳子。徐寿辉起，玉珍与里中父老团结千余人屯青山。及寿辉称帝，使人招玉珍曰："来则共富贵；不来，举兵屠之。"玉珍引众降，以元帅守沔阳，与元将哈麻秃战湖中，飞矢中右目，遂眇；久之，玉珍帅斗船五十艘，掠粮川陕间，将引还。时元右丞完者都募兵重庆，义兵元帅杨汉应募，至，欲杀之而并其军，不克。汉走出陕，遇玉珍，为言："重庆无重兵，完者都与右丞哈麻秃不相能；若回船出不意袭之，可取而有也。"玉珍意未决，部将戴寿曰："机不可失也。可分船为二：半贮粮归沔阳，半因汉兵攻重庆，不济则掠财物而还。"玉珍从其策，袭重庆，走完者都，执哈麻秃献寿辉。寿辉授玉珍陇蜀行省右丞，至正十七年(公元一三五七年)也。……二十二年(公元一三六二年)春，僭即皇帝位于重庆，国号夏，建元天统。立妻彭氏为皇后，子升为太子。效周制，设六卿，以刘桢为宗伯。分蜀地为八道，更置府州县官名。蜀兵视诸国为弱，胜兵不满万人。玉珍……性节俭，颇好学，折节下士。既即位，设国子监，教公卿子弟。设提举司教授，建社稷宗庙，求雅乐，开进士科。定赋税以十分取一，蜀人悉便安之。皆刘桢为之谋也。[①]

玉珍自立凡五年之久，于至正二十六年(公元一三六六年)病殁，其子升嗣位，改元开熙。然为时不久，即与朱元璋合作了。

大明帝国的建立　各地反元运动爆发之时，约相当于今安徽北境有(a)郭子兴部，其势最盛。这一部，是大明帝国的第一个皇帝朱元璋之所从出，当加以特别叙述。子兴的父亲郭公，本山东曹州人，少时以日者术为人言祸福，飘流到安徽定远，娶富家瞽女，家因是饶富。子兴凭借了这种财富得以结交豪杰，乘着元末的丧乱，于至正十二年(公元一三五二年)起兵反

---

① 《明史·明玉珍传》。

元，与刘福通、徐寿辉等相策应。然受制于赵均用等，几乎遭害。幸得朱元璋之助，未至于死。后以朱元璋势力日大，并已取得滁州，乃以所部万余人就元璋。后来病死，其子天叙与元璋且同受韩林儿之命。《明史》云：

> 郭子兴，其先曹州人，父郭公，少以日者术游定远，言祸福辄中。邑富人有瞽女无所归，郭公乃娶之，家日益饶，生子三人子兴其仲也。始生，郭公卜之吉。及长，任侠，喜宾客。会元政乱，子兴散家资，椎牛釃酒，兴壮士结纳。至正十二年（公元一三五二年）春，集少年数千人袭据濠州（今安徽凤阳县东），太祖（朱元璋）往从之。……始子兴同起事者孙德崖等四人，与子兴而五，各称元师，不相下。……元师破徐州，徐帅彭大赵均用帅余众奔濠；德崖等以其故盗魁，有名，乃共推奉之，使居己上。……元帅围濠州，……五阅月围解。大均用皆自称王，而子兴及德崖等为元帅如故。未几，大死，子早住领其众；均用专狠益甚，挟子兴攻盱眙泗州，将害之。太祖已取滁州（今安徽滁县），乃遣人说均用曰："大王穷迫时，郭公开门延纳，德至厚也。大王不能报，反听细人言，图之。自剪羽翼，失豪杰心，窃为大王不取。且其部曲犹众，杀之，得无悔乎?"均用闻太祖兵甚盛，心惮之。太祖又使人赂其左右，子兴用是得免，乃将其所部万余就太祖于滁，……未几，发病卒，归葬滁州。子兴三子，长子前战死，次天叙天爵。子兴死，韩林儿檄天叙为都元帅，张天祐及太祖副之。天祐，子兴妇弟也。①

(b)朱元璋之出身。当郭子兴于至正十二年（公元一三五二年）起兵于濠州之时，朱元璋即往从之。元璋是后来大明帝国的第一个皇帝。其出身值得叙述。他的先世原是沛人，后来展转徒至濠州。家甚穷苦，十七岁时，父母兄相继病殁，贫至无以为葬。元璋是时乃入皇觉寺为僧，常行乞于合肥，历光固汝颍诸州。迨反元运动在各地爆发，郭子兴亦据濠州起事，元璋乃开始其军事政治的活动。初依子兴，迨取得滁州（今安徽滁县）之后，其势力之发展，一日千里，终得创立大明帝国。《明史》云：

> 太祖……高皇帝讳元璋，字国瑞，姓朱氏。先世家沛，徙句容，

① 《明史·郭子兴传》。

再徙泗州。父世珍，始徙濠州之钟离，生四子。太祖其季也。……至正四年(公元一三四四年)旱，蝗，大饥疫。太祖时年十七，父母兄相继殁；贫不克葬，里人刘继祖与之地，乃克葬，即凤阳陵也太祖孤无所依，乃入皇觉寺为僧；逾月，游食合肥，道病，二紫衣人与俱，护视甚至。病已，失所在，凡历光固汝颍诸州。三年复还寺。当是时，元政不纲，盗贼四起：刘福通奉韩山童假宋后起颍，徐寿辉僭帝号起蕲，李二彭大赵均用起徐，众各数万，并置将帅，杀吏，侵略郡县。而方国珍已先起海上；他盗拥兵据地，寇掠甚众，天下大乱。十二年(公元一三五二年)春二月，定远人郭子兴与其党孙德崖等起兵濠州，元将彻里不花惮不敢攻，而日俘良民以邀赏。太祖时年二十四，谋避兵，卜於神，去留皆不吉，乃曰："得毋当举大事乎?"卜之吉，大喜，遂以闰三月甲戌朔入濠，见子兴，子兴奇其状貌，留为亲兵，战辄胜，遂妻以所抚马公女，即高皇后也。……十三年(公元一三五三年)春，……太祖收里中兵，得七百人。子兴喜，署为镇抚。时彭赵所部暴横，子兴弱，太祖度无足与共事，乃以兵属他将。独与徐达汤和费聚等南略定远，计降驴牌寨民兵三千，兴俱东；夜袭元将张知院于横涧山，收其卒二万，道遇定远人李善长，与语大悦，遂与俱攻滁州，下之。①

(c)平定南北。朱元璋取滁州之后，至正十五年(公元一三五五年)三月，郭子兴病殁；到至正二十三年(公元一三六三年)，刘福通被张士诚部下所杀。于是郭与刘的两大部分势力，都成了元璋自己的势力了。郭部本系元璋之所从出，郭死了，继承其势力，是很自然的。刘部与元璋接境，刘死了，抚而有之，也是很自然的。汇合这两大部分势力之后，元璋的势力便较前大多了，以安徽为中心，向四周扩大。

这时与元璋同挂反元旗帜，而与之互争雄长的，在今江苏、浙江方面，有张士诚、方国珍等；在今湖北、江西方面，有陈友谅、徐寿辉等。至正二十年(公元一三六〇年)，陈友谅杀徐寿辉自称汉帝，雄据今湘鄂赣等省之地，势力最强，且常与张士诚等相呼应。朱元璋欲统一民族势力，非解决陈部不可。于是亲举进击，于至正二十三年(公元一三六三年)与之大战

① 《明史·太祖纪》。

于鄱阳湖，陈友谅战死，江西大体平定。友谅死，其子陈理奔武昌。朱元璋于至正二十四年(公元一三六四年)围武昌降陈理，湖北大体平定。至正二十五年(公元一三六五年)，更遣徐达平定湖湘，常遇春招谕岭南；于是湖南、广东也大体平定。至于东部沿海的张士诚与方国珍，都于至正二十七年(公元一三六七年)平下了。张是九月由徐达平下的，方是十二月由廖永忠平下的。至是长江以南，主要的地方唯福建、广西尚未统一。福建方面，有陈友定，揽着沿海市舶之利，效忠于元，势力最厚。于是命胡廷瑞为征南将军，何文辉为副将军，取福建。至于广西，则命湖广行省平章杨璟、左丞周德兴、参政张彬取之。

南方既定，乃开始北征，至正二十七年(公元一三六七年)十月决定北伐，命徐达常遇春等率大军二十五万人由淮入河，北取中原。《明史》云：

> 庚申，召诸将议北征。太祖(朱元璋)曰："山东则王宣反侧，河南则扩廓跋扈，关陇则李思齐、张思道枭张猜忌，元祚将亡，中原涂炭。今将北伐，拯生民于水火，何以决胜?"遇春对曰："以我百战之师，敌彼久逸之卒，直捣元都，破竹之势也。"太祖曰："元建国百年，守备必固；孤军深入，馈饷不前，援兵四集，危道也。吾欲先取山东，撤彼屏蔽；移兵两河，破其藩篱；拔潼关而守之，扼其户槛。天下形胜入我掌握，然后进兵元都。势孤援绝，不战自克。鼓行而西，云中九原关陇可席卷也。"诸将皆曰："善。"甲子，徐达为征虏大将军，常遇春为副将军，帅师二十五万，由淮入河，北取中原。①

这样准备好了，次年(元至正二十八年，明洪武元年，即公元一三六八年)八月，元帝北走，徐达等克服北京，蒙古人在中国的统治至是完了。

(d)即位为帝。朱元璋既统一民族势力，平定南北，乃即位为帝。朱元璋于郭子兴死之次年(至正十六年，公元一三五六年)自称吴国公，但自己并未建立年号，所用的还是韩林儿的龙凤年号。到至正二十三年(公元一三六三年)，刘福通被张士诚部下之吕珍所杀，韩林儿无所依靠了，朱元璋宜若可以建元了。但当时韩林儿仍是唯一的民族主义之象征，所以朱元璋把他迎到滁州，仍奉其年号。直到至正二十六年(公元一三六六年)十二月韩

---

① 《明史·太祖纪》一。

林儿死了，朱元璋才于次年(公元一三六七年)称吴元年，再次年(公元一三六八年)称帝，建年号为洪武。《明史》云：

> 二十二年(公元一三六二年)，……林儿势大窘。明年，张士诚将吕珍，围安丰，林儿告急地太祖。太祖曰："安丰破，则士诚益强。"遂亲帅师往救，而珍已入城，杀福通。太祖击走珍，以林儿归，居之滁州。明年，太祖为吴王；又二年，林儿卒。……初，太祖驻和阳。郭子兴卒，林儿牒子兴子天叙为都元帅，张天祐为右副元帅，太祖为左副元帅。时太祖以孤军保一城，而林儿称宋后，四方响应，遂用其年号，以令军中。林儿殁(至正二十六年，公元一三六六年)，始以明年(至正二十七年，公元一三六七年)为吴元年，其年遣大将军定中原，顺帝北走。[①]
>
> 洪武元年(至正二十八年，公元一三六八年)春正月乙亥，祀天地于南郊，即皇帝位，定有天下之号曰明，建元洪武。……以李善长徐达为左右丞相，诸功臣进爵有差。丙子，颁即位诏于天下，追封皇伯考以下皆为王。[②]

明自太祖洪武元年(公元一三六八年)即帝位于应天(今南京)，至思宗崇祯十七年(公元一六四四年)统治解瓦，历时凡二百七十六年。崇祯十七年以后，明宗室在南方虽有数十年之挣扎，然统治中国之主要力量究在满清之手。

三　大明帝国之统治

大明帝国既已树立，其巩固统治之策，有最显著之数端，值得叙述：一，厉行集权制度；二，提高专制权威；三，屠杀功臣武人；四，整顿地方吏治。兹分述之。

厉行集权制度　分封诸子，造成一个特殊阶级，而不予以实权，便是厉行集权制之显例。太祖朱元璋本是贫民出身。但因当时社会上经济地位较优越的仍是封建地主，故他手创的大明帝国的统治仍代表着地主阶级的

---

① 《明史·韩林儿传》。

② 《明史·太祖纪》二。

利益。同时并分封诸子于各省各府，使为贵族的地主，造成一个特殊阶级。这个阶级虽有政权，却无治权。何谓有政权？盖以整个的统治即等于他们自己的家产也。何谓无治权？盖他们之中，不必都有能力；而统治工作须假手于官僚也。赵翼云："明祖初定天下，分封诸子于各省各府，盖仿汉晋六朝及有元之制而参酌之；外以壮藩卫，而实无事权。其有才者如燕晋诸王或统兵以镇边塞，然不为例。其分封内地者不过设三护卫，不至有尾大不掉之患，其用意亦深远也。"[①]太祖共有二十六个儿子，其中除懿文太子皇子楠及燕王棣等三人有特殊情形外，正式的宗藩凡二十有三。《明史》云：

> 太祖二十六子，懿文太子外，皇子楠未封，成祖以洪武三年(公元一三七〇年)封燕王，后尊为帝系，不得仍列之藩封世次。其得封者二十三王：曰秦愍王樉，曰晋恭王棡，曰周定王橚，曰楚昭王桢，曰齐王榑，曰潭王梓，曰赵王杞，曰鲁荒王檀，曰蜀献王椿，曰湘献王柏，曰代简王桂，曰肃庄王楧，曰辽简王植，曰庆靖王㮵，曰宁献王权，曰岷庄王楩，曰谷王橞，曰韩宪王松，曰潘简王模，曰安惠王楹，曰唐定王桱，曰郢靖王栋，曰伊厉王㰘，而靖江王以南昌嫡孙受封，附载于后。[②]

这二十余王的子孙，规定各自成一独立系统：每一系统先为设二十个字，每个字代表一世；子孙出世命名，上一字是先定了的；下一字重行选定，如选用五行为偏旁之字，则以火土金木水分别长幼次第。然传世都不甚久，袭爵绝不许冒滥；盖所以巩固集权制也。《明史》云：

> 洪武中，太祖以子孙蕃众，命名虑有重复，乃于东宫亲王世系各拟二十字，字为一世。子孙初生，宗人府依世次立双名，以上一字为据；其下一字，则取五行偏旁者以火土金木水为序。……考明代帝系，熹宗庄烈二帝，名始及"由"字，其他王府亦多不出十字。亲王之子例封郡王。若以支属嗣者，自后长子袭封亲王外，余子仍照原封世次授以本等爵级，不得冒滥郡爵。郡王无子，兄弟及兄弟之子不得请袭，

---

① 赵翼：《廿二史劄记·明分封宗藩之制》。

② 《明史·诸王世表》。

违者为冒封。皆万历七年(公元一五七九年)例也。[1]

提高专制权威　上述之诸王，是一般的封建地主阶级之上的贵族，可名贵族的地主。他们仅有名义上之政权，并无实质上之治权。明祖不许宗藩有治权，即是政府提高其专制权威的一反证。专制权威提得高，则凡对此权威有轻侮之嫌者，在所必罚。这一事可用明初文字之祸表示之。赵翼云：

> 明祖通文义，固属天纵。然其初学问未深(实在是他学问深了)，往往以文字疑误杀人(实在是有意杀人)，亦已不少。《朝野异闻录》："三司卫所进表笺皆令教官为之。当时以嫌疑见法者浙江府学教授林元亮为海门卫作《增俸表》以表内作'则'垂宪诛。北平府学训道赵伯宁为都司作《万寿表》，以垂子孙而作'则'诛。福州府学训导林伯璟为按察使撰《贺冬表》，以仪'则'天下诛。桂林府学训导蒋质为布按作《正旦贺表》，以建中作'则'诛。常州府学训导蒋镇为本府作《正旦贺表》，以睿性'生知'诛。澧沣州学正孟清为本府作《贺冬表》，以圣德作'则'诛，陈州学训导周冕为本州作《万寿表》，以寿域千秋诛。怀庆府学训导吕睿为本府作《谢赐马表》以遥瞻'帝扉'诛。祥符县学训导贾翥为本县作《正旦贺表》，以取法象魏诛。亳州训导林云为本府作《谢东宫赐宴笺》，以式君父以班爵禄诛。尉氏县教谕许元为本府作《万寿贺表》，以体乾'法坤'，'藻饰太平'诛。德安府学训导吴宪为本府作《贺立太孙表》，以永绍亿年，天下'有道'，望拜青门诛。盖'则'音嫌于'贼'也。'生知'嫌于'僧'也，'帝扉'嫌于'帝非'也。'法坤'嫌于'发髡'也。'有道'嫌于'有盗'也。'藻饰太平'嫌于'早失太平'也。"《闲中今古录》又载："杭州教授徐一夔贺表有'光'天之下，天'生'圣人，为世作'则'等语；帝览之，大怒曰：'生'者僧也，以我尝为僧也；'光'则薙发也；'则'字晋近贼也；遂斩之。礼臣大惧，因请降表式。帝乃自为文播天下。又僧来复《谢恩诗》有'殊域及自惭，无德颂陶唐"之句，帝曰：汝用'殊'字，是谓我歹朱也。又言'无德颂陶唐'，是谓我无德，虽欲陶唐颂我而不能也。遂斩之。"按是时文字之祸直于一言。时帝意右文诸勋

---

① 《明史·诸王世表》。

> 臣不平。上语之曰："世乱用武，世治宜文，非他也。"诸臣曰："但文人善讥讪，如张九四厚礼文儒及请撰名，则曰"士诚"。上曰："此名亦美"。曰："《孟子》有'士诚小人也'之句，彼安知之？上由此览天下章奏，动生疑忌，而文字之祸起云。①

屠杀文武功臣 杀文人乃提高专制权威之法，杀武人更是巩固专制权威之法。这以(a)胡惟庸与蓝玉之狱为开端。惟庸交好太师李善长得为中书参政；见太祖尝杀害勋旧，很不自安，乃谋反。暗中联络日本与蒙古以为奥援；于洪武十三年(公元一三八〇年)正月，以请太祖到他家里看醴泉为名，想在席间加以杀害。但事机不密，被一个小臣所发觉，太祖反攻，置惟庸于死，株连甚众。

> 太师李善长秉政，惟庸馈遗善长黄金二百两，遂得召，入为太常卿，累迁中书参政，遂与善长深相结。以兄女妻善长从子祐，贪贿弄权，益无所忌。……会惟庸家人为奸利事道关，榜辱关吏，吏奏之，帝怒，杀家人，惟庸谢不知。帝又究故诚意伯死状(据说诚意伯刘基是惟庸所毒死的)，惟庸惧且见发，乃计曰："主上草菅勋旧臣，何有我？死等耳，宁先发，毋为人束手寂寂。……"使指挥林贤下海招倭军，约期来会；又遣元臣封绩致书称臣于元，请兵为外应；皆未发。会惟庸子乘马奔入挽辂中，马死，惟庸杀挽辂者，上怒，命偿其死。惟庸逆谋益急。而是时日本贡使适私见惟庸，惟庸约其王，令以舟载精兵千人伪为贡者。及期，会府中力士掩执帝，度可取，取之。不可，则掠库物泛海就日本。有成约。正月戊戌，惟庸因诡言第中井出醴泉，邀帝临幸。帝许之，驾出西华门，内使云奇冲跸道，勒马衔言状，气方勃，舌驶不能达意。太祖怒其不敬，左右挝捶乱下，云奇右臂将折，垂毙，犹指贼臣第，弗为痛缩。上悟，乃登城望其第，藏兵复壁间，刀槊林立。即发羽林掩捕，考掠具状，磔于市。并其党御史大夫陈宁，中臣涂节等皆伏诛。僚属党与凡万五千人，株连甚众。②

蓝玉以有军功，升迁至凉国公。他的叛变，在洪武二十六年(公元一三

① 赵翼：《廿二史劄记·明初文字之祸》。
② 陈邦瞻：《明史纪事本末·胡蓝之狱》。

九三年)。其叛变之主因据说是欲图升迁未能如愿，及太祖对他不信任等。事发之后，以失败伏诛，其株连的人数，较胡惟庸案所牵涉之人还要多。

二十六年(公元一三九三年)春正月乙酉，凉国公蓝玉谋不轨，伏诛。初，胡惟庸之叛，有称玉与其谋者。上以其功大，宥不问。后诸老将多殁，乃擢为大将，总兵征伐，甚称上意；尝措置陕西边事至兰州，坠马，微伤手，诏慰劳之，比于中山开平二王。然玉素不学，性复狠愎；见上待之厚，又自恃功伐，专恣横暴；畜壮奴假子数千人；出入乘势渔猎；尝占东昌民田，民讼之，御史按问，玉执御史捶而逐之。先是北征还，私其珍宝驼马无算。渡喜峰关。吏以夜不即纳，玉大怒，纵兵毁关而入。上闻之不乐，并诘责其私元主妃。玉慢不省，尝见上命坐，或侍宴饮，玉动止傲慢，无人臣礼。及总兵在外，擅升降将校，黥刺军士；甚至违诏出师，恣作威福，以胁制其下。至是征西还，意图升爵。及命为太傅，玉攘袂大言曰："我固不当为太师也。"恒怏怏不乐。居宋颖二公下，闲奏事，上不从，玉惧，退语所亲曰："上疑我矣。"乃谋反。当是时，鹤庆侯张翼，普定侯陈桓，景川侯曹震，轴舻侯朱寿，东莞伯何荣，都督黄恪，吏部尚书詹徽，侍郎傅友文，及诸武臣尝为玉部将者，玉乃遣亲信召之；晨夜会私宅，谋议集士卒及诸家奴伏甲将为变。约束已定，为锦衣尉指挥蒋瓛所告，命群臣讯状具实，磔于市。夷三族。彻侯，文武功臣，大吏，以至偏裨将卒，坐党谕死者，可二万人！蔓衍过于胡惟庸。①

(b)胡党蓝党之狱。胡惟庸死在洪武十三年(公元一三八〇年)到二十三年(公元一三九〇年)又兴胡党之狱，假胡惟庸为题，大肆杀戮，族诛至三万余人。胡党既诛，又诛蓝党；蓝党族诛者达万五千余人。非蓝胡二党而遭诛戮者亦所在皆是。赵翼云：

胡惟庸之死，在洪武十三年，同诛者不过陈宁、涂节数人。至胡党之狱。则在二十三年，距惟庸死已十余年。岂有逆首已死，同谋之人迟至十余年始败露者？此不过借惟庸为题，使狱词牵连诸人，为草薙禽狝之计耳。胡党既诛，犹以为未尽；则二十六年又兴蓝党之狱。

① 陈邦瞻:《明史纪事本末·胡蓝之狱》。

于是诸功臣宿将始尽。今按坐胡党而死者李善长、陆仲享、唐胜宗、费聚、赵庸、郑遇春、黄彬、陆聚、金朝兴、叶升、毛骐、李伯升、丁玉、邓愈之子镇及宋濂之孙慎。身已故而追坐爵除者顾时、杨璟、吴桢、薛显、郭兴、陈德、王志、俞通源、梅思祖、朱亮祖、华云龙。坐蓝党而死者傅友德、曹震、张翼、朱寿、何荣、傅友文、察罕、张温、陈桓、曹兴、黄辂、汤泉、马俊、王诚、聂纬、王铭、许亮、谢熊、汪信、萧用、杨春、张政、祝哲、陶文、茹鼎等。身已故而追坐爵除者桑世杰、孙兴祖、何荣、韩政、濮英、曹良臣，此皆见于《列传》者。胡狱有《昭示奸党录》族诛至三万余人、蓝狱有《逆臣录》，族诛至万五千余人。今二录不可考，而胡蓝二传则备战载其数。此外又有非二党，而别以事诛者。廖永忠功最大，以僭用龙凤诸不法事赐死。汪广洋虽不入胡党，帝追念其在江西曲庇朱文正，在中书不发杨宪奸，赐死。周德兴年最高，以其子乱宫，并德兴赐死。王弼已还乡，又召入赐死。胡美因女为贵妃，偕子壻乱宫，并美赐死。李新、谢成别以事诛死。文臣以事诛者又有茹太素以抗直不屈死。李仕鲁以谏帝惑僧言，命武士捽死于阶下。王朴、张卫俱以言事死。孔克仁、陶凯、朱同俱坐事死。于是文臣亦多冤死。帝亦太忍矣哉。明史于诸臣传，唯蓝玉略见其粗暴取祸之由。他如冯胜、傅友德等但叙其战功，而末即结之以赐死；明见其死之不以罪。李善长佐明祖起兵，位至丞相，封公，年七十有七，全家诛戮。傅中既附着其锻炼之爰书，又载王国用为之辨雪一疏，以深著其冤。汤和亦被猜，而竟得良死，则傅末谓当时公侯坐奸党无得免者和独享寿考以功名终，而深为之幸。皆以见明祖之猜忌好杀，可知立传之用意也。①

至于这等的滥杀，其唯一目的在提高专制权威，巩固统治的内部。与其谓彼生性好杀，究不如谓彼以屠杀为统治策略。赵翼云：

汉高诛戮功臣，固属残忍，然其所必去者亦止韩彭。至栾布则因其反而诛之卢绾、韩王信亦以谋反有端而后征讨其余萧、曹、绛、灌等方且倚为心膂，欲以托孤寄命，未尝概加猜忌也。独至明祖藉诸功

① 赵翼：《廿二史劄记·胡蓝之狱》。

臣以取天下，及天下既定，即尽举取天下之人而尽杀之。其残忍实千古所未有。盖雄猜好杀本其天性。如胡大海方宣力浙东，其子在都犯酒禁，即手刃之曰："宁使大海叛我，不可使我法不行。"赵仲中守安庆，陈友谅陷其城，仲中走还，常遇春请原之，帝曰："法不行，无以惩后。"逐诛之。可见其刚决之性矣。又汉光武唐太宗定天下时方年少，计身老则诸功臣已皆殁。宋太祖年虽长，而恃有弟，可以驭诸臣，故皆务保全。至明祖则起事虽早，而天下大定，则年已六十余；懿文太子又柔仁，懿文死，孙更孱弱，不得不为身后之谋。是以两狱大兴，一网打尽，此可以推见其心迹也。[①]

整顿地方吏治　造成一个特殊的贵族阶级，不予以治权；对于文武功臣，又杀个干净。这都是厉行集权制度，提高专制权威的好办法。但镇压民众，仍须好的亲民之官，非帝皇一人所能办。于是整顿吏治成了必要之图。这一点与大明帝国统治之巩固关系极大，可分下列五项述之。

(一)重视吏治。

明太祖惩元季吏治纵弛，民生凋敝，……府州县吏来朝，陛辞，谕曰："天下新定，百姓财力俱困；如鸟初飞，木初植；勿拔其羽，勿撼其根。然惟廉者能约己而爱人，贪者必朘人以肥己。尔等戒之。"洪武五年(公元一三七二年)下诏有司考课，首学校农桑诸实政。日照知县马亮善督运，无课农兴士效，立命黜之一时守令畏法，洁己爱民，以当上指，吏治焕然不变矣。下逮仁宣，抚循休息，民人安乐，吏治澄清者百余年。英武之际，内外多故，而民心无土崩瓦解之虞者，亦由吏鲜贪残，故祸乱易弭也。[②]

(二)简任谨慎。

宣德五年(公元一四三〇年)五月，择廷臣九人为知府：赵豫松江，况钟苏州，罗以礼西安，莫愚常州，邵旻武昌，马仪杭州，陈本深吉安，陈鼎建昌，何文洲温州，皆赐敕乘传行。是年十一月，又择廷臣二十五人为知府：李骥河南，王莹肇庆，徐鉴琼州，许敬轩汀州，郑

---

① 赵翼：《廿二史劄记·胡蓝之狱》。

② 《明史·循吏传序》。

恪宁波，王升抚州。英宗正统元年(公元一四三六年)亦择廷臣十一人为知府：王源潮州，李湘怀庆，翟溥南康。[1]

(三)考察严明。

明初以十五布政司分治天下；永乐初遣给事中御史分行天下，有司奸贪者逮治。其后又遣骞义等二十六人巡行天下，按抚军民，还朝，不为例。寻，又遣郭敦以礼部侍郎偕给事中陶衎巡抚顺天，吾绅以刑部侍郎奉敕考察两广福建方面官，有故人官参政者黜之。正统初又分遣大臣考察天下方面官，刘辰往四川云贵，悉奏罢其不职者。徐琦奉命与工部侍郎郑辰考察南畿官吏，黜不法者三十人。段民为左参政，奉命与巡按考州县吏廉墨以闻。景泰中亦遣大臣行天下，黜陟有司。礼部侍郎邹幹至山西，黜布政使以下五十余人。巡抚朱鉴请召幹还，幹并劾鉴。时已设巡抚，又遣大臣考察，重吏治也。[2]

(四)奖进循吏。

太祖起闾右，稔墨吏为民害，尝以极刑处之。然每旌举贤能以示劝勉，不专任法也。尝遣行人赍敕，并钞三十锭，内酒一尊赐平阳知县张础。又建阳知县郭伯，泰丞陵鉴，为政不避权势，遣使劳以酒醴，迁其官。丹徒知县胡梦，通丞郭伯高，金坛丞李思进坐事当逮，民诣阙言多善政：帝并赐内尊，降敕褒劳。永州守余彦诚，齐东令郑敏等十人坐事下狱，部民列政绩以请，皆复官。宜春令沈昌等四人更擢郡守。其自下僚不次擢用者：宁远尉王尚贤为广西参政，祥符丞邹俊为大理卿，静宁州判元善为佥都御史，芝阳令李行素为刑部侍郎。至如怀宁丞陈希文，宜兴簿王复春先以善政擢，已知其贪，旋置重典。所以风厉激劝者甚至。以故其时吏治多可纪述云。[3]

---

① 赵翼：《廿二史劄记·简廷臣出守》。

② 赵翼：《廿二史劄记·遣大臣考察官吏》。

③ 《明史·魏观等传赞》。

(五)重惩贪吏。

洪武十八年(公元一三八五年)诏尽逮天下官吏之为民害者赴京师筑城。帝初即位，惩元政弛纵，用法太严，奉行者重足而立。官吏有罪，笞以上，悉谪凤阳屯田，至万余人！又按草木子记："明祖于吏治，凡守令贪墨者，许民赴京陈诉；赃至六十两以上者枭首示众，仍剥皮实草。府州县尉之左，特立一庙，以祀土地，为剥皮之场，名曰皮场庙。官府公座旁各悬一剥皮实草之袋，使之触目警心。法令森严，百职厘举。《祖训》所谓'革前元姑息之政，治旧俗污染之徒'也。"[①]

四　大明帝国与海外诸民族之经济关系

中国之对外通商，在汉唐时代，以陆路为主；其国际市场多在西域：疏勒以东，敦煌以西，许多要地在当时实为国际市场。宋明时代，则以海道为主；其国际市场，多在沿海：如粤之广州澳门，闽之漳州月港，浙之宁波定海等都是重要之国际市场(参看第三篇第八章第一节概说)。关于后者，此处亦不能详述，只择明代的若干重要事实述之，以见民族发展之方向的转移。

海外诸国之朝贡　海外诸国之朝贡中国，有的在唐代开始，有的在宋代开始，有的在元代开始，有的在明代开始；各随其本国发展的时代之迟早而有不同，原不可一概论列。但大明帝国初树立之时，对各国的关系都有一度改善。太祖时代派人到各国联络，尝以封号加于各国的首长，更以《大统历》赐给各国，使奉中国正朔。这样的联络，既可以招徕各国的通商，更可以发扬帝国的威信。联络的国家，大抵为邻近中国东部及南部由海道而来与中国通商的国家。他们来到中国，也许有依赖大国以图保护之意；但主要目的却在通商。为欲使通商关系和好稳定，常进贡方物，朝见皇帝。中国的皇帝则优礼之，有时则赐以金帛之类。此外西洋方面亦有若干国家之人，来中国进贡方物，朝见皇帝。(1)邻近中国东部，由海道来中国朝贡通商的国家，为数不多；不过朝鲜琉球等藩属，及日本而已。朝鲜对大明

① 赵翼：《廿二史劄记·重惩贪吏》。

帝国之朝贡友好关系，早在洪武初元，即大加整理。高丽国王之号，即由大明帝国所赐封。茅瑞征《皇明象胥录》云：

国朝洪武元年(公元一三六八年)遣符宝郎偰斯赐高丽王颛玺书。二年(公元一三六九年)颛表贺，贡方物；诏赍金印，封为高丽国王，颁《大统历》。复谕王固圉蒐乘谨备倭，无崇信释氏；赐《六经四书通鉴汉书》。①

颁赐玺书事，朝鲜人自己亦云："大明太祖高皇帝遣符宝郎偰斯赐王玺书以谕之；于是停元至正年号，行洪武年号。"②自此以后，朝贡通商关系日益密切。至于琉球对大明帝国的朝贡关系，也在洪武初年成立了。《明史》云：

琉球居东南大海中，自古不通中国。元世祖遣官谕之，不能达。洪武初，其国有三王：曰中山，曰山南，曰山北；皆以尚为姓，而中山最强。五年(公元一三七二年)正月，命行人杨载以即位建元诏告其国。其中山王察度遣弟泰期等随载入朝，贡方物。帝喜，赐《大统历》，及文绮纱罗有差。③

只有日本，与大明通商的需要最为迫切；但通商关系却始终不易弄好。这且留到下面另述。兹先述(2)邻近中国南部，由海道来中国朝贡通商的国家。这方面的国家为数甚多，叙述极为不易。《明史》上有五十余国的列传，西洋南洋诸国国名排在一块，次序颇嫌杂乱。就是著重考订的著作，亦很难有完备的叙述。例如《皇明象胥录》虽自称"诸国沿革本末，博考历代正史，凡有关大体，备录之。"④然其叙述安南占城以至咭呤顺哈等五十三国，把佛郎机与满剌加并列，把和兰与吕宋并列，仍是西洋南洋杂叙的办法。至于把傍葛剌列为西域，更是不妥。最近冯承钧著《中国南洋交通史》，便加以有系统的整理，叙录者五十一国，其叙述次序颇好。

① 国立北平图书馆《善本丛书》第一集《皇明象胥录》卷一《朝鲜》。

② 《善本丛书》第一集《朝鲜史略》卷六。

③ 《明史·琉球传》。

④ 国立北平图书馆《善本丛书》第一集《皇明象胥录凡例》。

今所录诸国，首扶南，因其为唐以前东西往来之要冲也。次真腊，因其继扶南而立国，惟其疆域小于扶南。次阇波，因南海诸州与中国通，以此岛为最古，而满者伯夷大国曾称霸于南海也。次三佛齐，自唐迄元，亦尝为南海中之大国。次南海群岛诸国，著录者苏门答剌、蓝无里、那孤儿、黎代、阿鲁、监篦、碟里、淡洋、呵罗单、苏吉丹、新拖、重迦罗、婆利、麻叶、瓮假里马打、勾栏山、渤泥、苏禄、三屿、麻逸、吕宋文、老古、古里地闷，凡二十三国。次马来半岛诸国，著录者丹丹、盘盘、赤土、狼牙、脩佛、啰安单、马令、彭坑、吉兰丹、丁家户、满剌加、柔佛，凡十一国。次印度沿岸诸国，著录者天竺、榜葛剌、乌爹、注辇、加异勒、师子国、呗喃、古里、柯枝、南毗、下里、胡茶辣、须文那，凡十三国。[①]

这叙述的次序，极为醒目。扶南、真腊、阇婆、三佛齐等各以其历史之重要性而分别叙述；南海群岛诸国，马来半岛诸国，印度沿岸诸国，各以其地理之接近而联类叙述，都不是全无标准的。不过冯著所录诸国，属于整个《中国南洋交通史》；我们这里着重的只是有明一代，故只好另取郑和下西洋(当时的西洋，实即今之南洋。《明史·婆罗传》云：婆罗又名文莱，东洋尽处，西洋所自起也。)所历诸国以为对象。郑和所历诸国为：

占城、爪哇、真腊、旧港、暹罗、古里、满剌加、渤泥、苏门答剌、阿鲁、柯枝、大葛兰、小葛兰、西洋琐里、加异勒、阿拨把丹、南巫里、甘把里、锡兰山、喃渤利、彭亨、急兰丹、忽鲁谟斯、比剌、溜山、孙剌、木骨都束、麻林、剌撒、祖法儿、沙里、湾泥、竹步、榜葛勒、天方、黎代、那孤儿，凡三十余国。[②]

这里一共三十六国。其中南巫里就是喃渤利，(Lambri)实即三十五国。马欢《瀛涯胜览》上尚有阿丹国，《郑和传》上遗落了；今合起计算得三十六国。这三十六国依地理的次序，可分为五组：占城、真腊、暹罗等三国都在交趾支那半岛上，可为一组；满剌加、彭亨、急兰丹等三国都在马来半岛上，可为一组；旧港、苏门答剌、阿鲁、喃渤利、黎代、那孤儿、爪哇、孙剌、

① 冯承钧：《中国南洋交通史·序列》。

② 《明史·郑和传》。

渤泥等九国都属马来群岛，可为一组；古里、柯枝、大葛兰、小葛兰、西洋琐里、加异勒、阿拨把丹、甘把里、锡兰山、溜山、榜葛剌等十一国都在印度沿岸，可为一组；忽鲁谟斯、祖法儿、剌撒、阿丹、天方等五国都在波斯阿剌伯沿岸，可为一组；木骨都束、麻林、比剌、沙里、湾泥竹步等五国都在非洲东岸，可为一组。兹分述如次。

占城(Champa，今安南中圻及南圻地)洪武二年(公元一三六九年，)太祖遣官以即位诏谕其国；其王阿答阿者先已遣使奉表来朝，贡象虎方物。帝喜，即遣官赍玺书《大统历》文绮纱罗，偕其使者往赐；其王复遣使来贡。自后或比岁贡，或间岁或一岁再贡。①

真腊(Camboja，即今柬埔寨)洪武三年(公元一三七〇年)，遣使臣郭征等赍诏抚谕其国。四年(公元一三七一年)，其国巴山王忽尔那遣使进表，贡方物，贺明年正旦。诏赐《大统历》及彩币；使者亦给赐有差。②

暹罗(Siam)洪武三年(公元一三七〇年)，命使臣吕宗俊等赍诏谕其国，四年(公元一三七一年)，其王参列照毗牙遣使奉表与宗俊等偕来，贡驯象六足龟及方物。诏赐其王锦绮及使币帛有差。已复遣使贺明年正旦，诏赐《大统历》及彩币。③

以上系交趾支那半岛上三国与大明的朝贡关系。

满剌加(Malacca)永乐元年(公元一四〇三年)十月，遣中官尹庆使其地，赐以织金文绮，锁金帐幔诸物。其地无王，亦不称国，服属暹罗，岁输金四十两为赋。庆至，宣示威德，及招徕之意。其酋拜里迷苏剌大喜，遣使随庆入朝，贡方物。三年(公元一四〇五年)九月，至京师，帝嘉之，封为满剌加国王。④

彭亨(Pahang)洪武十一年(公元一三七八年)，其王麻哈剌惹答饶遣使赍金叶表，贡番奴六人及方物，宴赍如礼。永乐九年(公元一四一一年)，王巴剌密琐剌达罗息泥遣使入贡。十年(公元一四一二年)郑和

① 《明史·占城传》。

② 《明史·真腊传》。

③ 《明史·暹罗传》。

④ 《明史·满剌加传》。

使其国。十二年(公元一四一四年)复入贡。十四年(公元一四一六年)与古里爪哇诸国偕贡，复令郑和报之。①

急兰丹(Kelantan)永乐九年(公元一四一一年)王麻哈剌查苦马儿遣使朝贡。十年(公元一四一二年)命郑和赍敕奖其王，赍以锦绮纱罗彩帛。②

以上系马来半岛上三国与大明的朝贡关系。

旧港(Polembang)永乐二十二年(公元一四二四年)正月，旧港酋长施济孙请袭宣慰使职，和(郑和)赍勅印往赐之；比还，而成祖已晏驾。洪熙元年(公元一四二五年)二月，仁宗命和以下番诸军守备南京；南京设守备，自和始也。③

苏门答剌(Sumatra)成祖初，遣使以即位诏谕其国，永乐二年(公元一四〇四年)，副使闻良辅，行人宁善赐其酋织金文绮绒锦纱罗招徕之。中官尹庆使爪哇，便道复使其国。三年(公元一四〇五年)，郑和下西洋，复有赐。和未至，其酋宰奴里阿必丁已遣使随庆入朝，贡方物。诏封为苏门答剌国王，赐印诰彩币袭衣。遂比年入贡，终成祖世不绝。郑和凡三使其国。④

阿鲁(Arn)永乐九年(公元一四一一年)，王速鲁唐忽先遣使附古里诸国入贡。赐其使冠带彩币宝钞，其王亦有赐。十年(公元一四一二年)，郑和使其国。十七年(公元一四一九年)，王子段阿剌沙遣使入贡。十九年，二十一年(公元一四二一年到一四二三年)，再入贡。宣德五年(公元一四三〇年)，郑和使诸蕃，亦有赐。⑤

喃渤利(Lambri)永乐十年(公元一四一二年,)其王麻哈麻沙遣使附苏门答剌使入贡，赐其使袭衣，赐王印诰锦绮罗纱彩币，遗郑和抚谕其国。终成祖时，比年入贡。其王子沙者罕亦遣使入贡。宣德五年(公元一四三〇年)，郑和遍赐诸国，南渤利亦与焉。⑥

① 《明史·彭亨传》。
② 《明史·急兰丹传》。
③ 《明史·郑和传》。
④ 《明史·苏门答剌传》。
⑤ 《明史·阿鲁传》。
⑥ 《明史·南渤利传》。

黎代(Lide)隶苏门答剌……永乐中尝随其使臣入贡。①

那孤儿(Battak)永乐中，郑和使其国，其酋长常入贡方物。②

爪哇(Java)洪武二年(公元一三六九年)太祖遣使以即位诏谕其国，……且赐以《大统历》。……三年……九月，其王昔里八达剌蒲遣使奉金叶表来朝，贡方物。③

孙剌(Sunda?)永乐十年(公元一四一二年)十一月丙申，遣太监郑和等赉勅往赐……孙剌诸国王锦绮纱罗彩绢等物有差。④

浡泥(Bormeo)洪武三年(公元一三七〇年)八月，命御史张敬之，福建行省都事沈秩往使。……时其国为苏禄所侵，颇衰耗；王辞以贫，请三年后入贡。秩晓以大义……乃遣使奉表，……八月，从敬之等入朝。⑤

以上系马来群岛八国与大明的朝贡关系。其中除爪哇与孙剌两国外，余六国均在苏门答剌岛上。

古里(Calicut)永乐元年(公元一四〇三年)，命中官尹庆奉诏抚谕其国，赉以彩币。其酋沙米的喜，遣使从庆入朝，贡方物。三年(公元一四〇五年)，达南京，封为国王，赐印诰及文绮诸物，遂比年入贡，郑和亦数使其国。⑥

柯枝(Cochin)永乐元年(公元一四〇三年)，遣中官尹庆赍诏抚谕其国，赐以销金帐幔织金文绮彩帛及华盖。六年(公元一四〇八年)，复命郑和使其国。九年(公元一四一一年)，王可亦里遣使入贡。十年(公元一四一二年)，郑和再使其国，连二岁入贡，其使者请赐印诰，封其国中之山。帝遣郑和赍印赐其王，因撰碑文，命勒石山上。⑦

大小葛兰(即大小唄喃〔Quilon〕)小葛兰……永乐五年(公元一四〇七年)，附苏门答剌等国朝贡；贡物，珠珍伞白绵布胡椒。寻，中使郑

---

① 《明史·黎代传》。
② 《明史·那孤儿传》。
③ 《明史·爪哇传》。
④ 《明实录》卷一三四。
⑤ 《明史·浡泥传》。
⑥ 《明史·古里传》。
⑦ 《明史·柯枝传》。

和至其国。王琐里人复遣使入贡。又有大葛兰国，与都栏樵相近，土黑坟，宜谷麦。居民懒事耕作，岁赖乌爹之米为食。[①]

西洋琐里(即琐里 Chola)洪武三年(公元一三七〇年)命使臣塔海帖木儿赍诏抚谕其国。五年(公元一三七二年)，王卜纳的遣使奉表朝贡，并献其国土地山川图。……乃赐《大统历》，及金织文绮纱罗各四匹。使者亦赐币帛有差。[②]

加异勒(Cail)永乐六年(公元一四〇八年)，遣郑和赍诏招谕，赐以锦绮纱罗。九年(公元一四一一年)，其酋长葛卜者麻遣使奉表贡方物。命赐宴及冠带彩币宝钞。[③]

阿拨把丹(Jurfattan?)九月(永乐六年九月)癸酉，太监郑和赍勅使……阿拨把丹小柯兰……诸国，赐其王锦绮纱罗。[④]

据《明史》卷三二六《甘巴里传》，甘巴里"邻境有阿拨把丹小阿兰二国。"小阿兰是小柯兰之误，《实录》卷八三有此译名，即别译作小葛兰或小呗喃者是已，盖指今之 Quilon 也。甘巴里旧考有作 Cambay 者，有作 Koyampadi 者，其地要在印度境中，则阿拨把丹殆是 Jurfattan 对音传写之误。然伯希和不以此说为然，而以 Jurfattan 属《明史》卷三二六之沙里湾泥。[⑤]

甘巴里(Koyampadi 又名甘把里国)永乐十二年(公元一四一四年)，国王兜哇剌查遣使朝贡。[⑥]

锡兰山(Ceylon)永乐中，……命择其族之贤者立之。……乃遣使赍印诰封为王。……自是海外诸番益服天子盛德，贡使载道；王遂屡入贡，宣德五年(公元一四三〇年)，郑和抚谕其国。[⑦]

溜山(Maldives)永乐十年(公元一四一二年)，郑和往使其国。十四年(公元一四一六年)，其王亦速福遣使来贡。自后三贡，并与忽鲁谟斯诸国偕。[⑧]

---

① 国立北平图书馆《善本丛书》第一集《皇明象胥录·小葛兰》。

② 《明史·琐里传》。

③ 《明史·加异勒传》。

④ 《明实录》卷八三。

⑤ 冯承钧：《中国南洋交通史》上编第十章注八。

⑥ 《皇明象胥录·甘巴里》。

⑦ 《明史·锡兰山传》。

⑧ 《明史·溜山传》。

榜葛剌(Bengal)永乐六年(公元一四〇八年)，其王霭牙思丁遣使来朝，贡方物，宴赐有差。七年(公元一四〇九年)，其使凡再至，携从者二百三十余人。帝方招徕绝域，颁赐甚厚。自是比年入贡。[①]

以上系印度沿岸十一国与大明的朝贡关系。

忽鲁谟斯(Ormus)永乐十年(公元一四一二年)……命郑和赍玺书往诸国，赐其王锦绮彩帛纱罗，妃及大臣皆有赐。王即遣陪臣已即丁奉金叶表，贡马及方物。十二年(公元一四一四年)至京师，命礼官宴赐，酬以马直。比还，赐王及妃以下有差。[②]

祖法儿(Zufar)永乐十九年(公元一四二一年)，遣使偕阿丹剌撒诸国入贡，命郑和赍玺书赐物报之。[③]

剌撒(Sana之译音误被倒置者?)永乐十四年(公元一四一六年)，遣使来贡，命郑和报之。[④]

阿丹(Aden)永乐十四年(公元一四一六年)，遣使奉表贡方物；辞还，命郑和赍敕及彩币偕往赐之。[⑤]

天方(Macca)宣德五年(公元一四三〇年)，钦蒙圣朝差正使太监内官郑和等往各番国开读赏赐，分䑸到古里国时，内官太监洪(下阙一字)见本国差人往彼，就选差通事等七人赍带麝香，磁器等物，附本国船只到彼。往回一年，买到各色奇货异宝麒麟狮子驼鸡等物，并画天堂图真本回京。其默伽国王亦差使臣将方物跟同原去通事七人献赍于朝廷。[⑥]

以上系波斯阿剌伯沿岸等五国与大明的朝贡关系。

木骨都束(Magadoxn)永乐十四年(公元一四一六年)，遣使与不剌哇麻林诸国奉表朝贡，命郑和赍敕及币偕其使者往报之。[⑦]

---

① 《明史·榜葛剌传》。

② 《明史·忽鲁谟斯传》。

③ 《明史·祖法儿传》。

④ 《明史·剌撒传》。

⑤ 《明史·阿丹传》。

⑥ 冯承钧校注本马欢：《瀛涯胜览·天方国》。

⑦ 《明史·木骨都束传》。

> 麻林(Malinde)永乐十三年(公元一四一五年)遣使贡麒麟。……已而麻林与诸番使者以麟及天马神鹿诸物进，帝御奉天门受之。[①]
>
> 比剌(即不剌哇〔Brwa?〕)不剌哇……永乐十四年至二十一年(公元一四一六到一四二三年)凡四入贡，并与木骨都束偕；郑和亦两使其国。[②]
>
> 沙里湾泥(Jurfattan? 参阅阿拨把丹)
>
> 竹步(Juba)永乐中尝入贡。[③]

以上系非洲东岸五国与大明的朝贡关系。

凡上所述三十六国，未必都是郑和通通到过的。邻近中国南部，由海道来中国朝贡的，又未必只有此三十六国；不过取此诸国以为叙述的范围而已。邻近中国东部以及邻近中国南部由海道来中国朝贡的诸国既略述如上，兹当再进而叙述者为(3)西洋方面与中国有类似朝贡关系之国家。这可拿和兰(Holland 即荷兰)、拂菻(Rome 即罗马)、佛郎机(?)、意大利亚(Jtaly 即意大利)为例。这几个国家，《明史》上都有传。和兰于明万历中即已与中国发生了通商关系；拂菻在汉时已通中国，明洪武四年(公元一三七一年)更与中国发生朝贡关系；佛郎机于明正德十三年(公元一五一八年)曾遣使来中国贡方物；意大利亚于明万历中有利玛窦来中国传播天主教。凡此等等，下面仍有叙及的时候，兹不详述。

> 明初，……海外诸国入贡，许附载方物与中国贸易，因设市舶司提举官以领之。……洪武初，设于太仓黄渡，寻罢。复设于宁波泉州广州。宁波通日本，泉州通琉球，广州通占城暹罗西洋诸国。[④]

中外的通商关系既已发展，其在当时一般的情势可分数项述之。(1)中国政府加以招徕。明初对于海外各国，无论大小，只要有可能，便派人前往宣布德意，招徕朝贡。这只要看前面所举的几十个国家，便可以知道。被派出去招徕的，并不止一二人。这些人当中，以中官郑和为最有名。他出国，先后凡七次；足迹所至，凡三十余国；随行人员，至数万之多。《明史》云：

---

① 《明史·麻林传》。

② 《明史·不剌哇传》。

③ 《明史·竹步传》。

④ 《明史·食货志》五《市舶》。

郑和，云南人，世所谓三保太监者也。初事燕王于藩邸，从起兵有功，累擢太监。成祖疑惠帝亡海外，欲踪迹之，且欲耀兵异域，示中国富强；永乐三年(公元一四〇五年)命和及其侪王景弘等通使西洋，将士卒二万七千八百余人，多赍金币。造大舶，修四十四丈，广十八丈者六十二。自苏州刘家河泛海至福建，复自福建五虎门扬帆，首达占城，以次遍历诸番国，宣天子诏，因给赐其君长。不服，则以武慑之。……和经历三朝，先后七奉使。所历……三十余国。所取无名宝物不可胜计。……自和后，凡将命海表者莫不盛称和，以夸外番。故俗传三保太监下西洋为明初盛事云。①

(2)海外商人借地互市。中国政府既加意招徕，海外各国商人自然更乐于与中国通商。这些商人为图通商方便起见，常在中国的附近乃至中国本部借地以为屯驻之所。赵翼云：

海外诸番与中国互市，必欲得一屯驻之所以便收泊。明初，暹罗、占城、爪哇、琉球、浡泥诸国皆在广州互市。正德中，移于高州电白县。嘉靖中，始移香山之濠镜，岁输课二万金，即今之澳门也。佛郎机人(有时指西班牙人，有时指葡萄牙人，有时泛指欧洲人)因得混入其中。后佛朗机并吕宋满剌加二国，势力独强，诸国人之在濠镜者皆畏之；遂为其所专据，筑城建寺焉。大西洋人来，亦乐居此。故市易益广。今番人皆立家室，长子孙，不下数千家，从无不轨之谋。盖其志在市易取利，无别意也。然海外诸番不一。濠镜所居大约只数国之人，而他国不与焉。故往往各欲乞地以为永业。如嘉靖中林道乾遁于台湾，后去，荷兰人即据之，万历中荷兰人又贿税使高寀，求筑城于澎湖，都司沈有容往谕之，始去。其在台湾者亦为郑芝龙所逐。芝龙降后，荷兰又据之。②

(3)招纳华人为之通事。海外商人与中国通商，有一最大之困难：即语言文字风俗习惯等皆不熟悉是也不过通商这件事的本身却是中外商人所共同需要的。因双方都需要此，于是有若干华人为利所诱，研习海外商人的

① 《明史·郑和传》。

② 赵翼：《廿二史劄记·外番借地互市》。

语言，为之通事。这等人可以说是后来买办的前身。

《明史·外国传》："洪熙时，黄岩民周来保，龙岩民钟普福逃入日本为之乡导，犯乐清。"成化四年(公元一四六八年)，日本贡使至，其通事三人自言宁波人，为贼所掠，卖与日本，今请便道省察；许之。五年(公元一四六九年)琉球贡使蔡璟言祖父本福建南安人，为琉球通事，擢长史，乞封赠其父母；不许。十四年(公元一四七八年)，礼部奏言琉球所遣使多闽中逋逃罪人，专贸中国之货，以擅外番之利。时有闽人胡文彬入暹罗国，仕至坤岳，犹天朝学士也。充贡使来朝，下之吏。正德三年(公元一五〇八年)，满剌加入贡，其通事亚刘本江西人萧明举，负罪逃入其国，随贡使来，寻使诛。五年(公元一五一〇年)，日本使臣宋素卿本鄞县朱氏子，名缟；幼习歌唱，倭使悦之。缟叔澄因鬻焉。至是充使至苏州与澄相见。又琉球王左长史禾辅本江西饶州人，仕其国多年，年八十余；彼国贡使偕来奏明，许其致仕还乡。又佛郎机贡使内有火者亚三夤缘江彬得侍帝侧，自言本华人，为番所使；后伏诛。万历中，有漳州人王姓者为浡泥国那督，华言尊官也。又有海澄人李锦及奸商潘秀郭震勾荷兰人，贿税使高寀求借澎湖为互市之地。此内地民兰入外番之明据。然犹未至结队聚党也。三佛齐国为爪哇所占，改名旧港，闽粤人多据之，至数千家。有广东人陈祖义为头目，群奉之。又嘉靖末，广东大盗张琏为官军所逐；后商人至旧港，儿琏为市舶长，漳泉人多附之，犹中国市舶官云。又吕宋地近闽，闽人商贩其国者至数万人。往往久居不返，至长子孙。后佛郎机夺其国，多逐归。留者悉被侵辱。是内地人民且有千百为群家于外番者也。[①]

(4)中国沿海人多习于航海事业。上述通事之人是华人之为海外商人服务者。至于中国沿海居民，则以中外通商关系发达之故，亦多自赴海外经营商业，因此习于航海，富冒险精神。其中尤以闽粤两省的人更其勇于冒险航海。

《福州府志》(《风俗》)载："近海之民走海如鹜。"(引《长乐志》)"福清有海船之利。"(引《闽书》)又《漳州府志》记载："海澄县商人贸迁巨

① 赵翼：《廿二史劄记·海外诸番多内地人为通事》。

舶，兴贩番货。……依山事农业，濒海运舟楫。诏安县土瘠民劳，商船浮海攘利著姓。”(《民风略》引《旧志》)“漳穷海徼，其人以业文为不赀，以舶海为恒产。……故轻生而健。”(见《纪遗上》“贩儿视浮天巨浪如立高阜；视异域风景如履户外；视酋长戎主如挹尉。海上安澜，以舟为田。”(见《艺文略》引周起元序《东西洋考》)又《福建通志》(《风俗》)载：“漳州梯山航海，泉货充溢。珠，香，象，犀，文具之属，舆服伎巧之利，不胫而走海内。”(引《万历府志》)“濒海之民多射赢牟息，转贸四方。高帆健橹，出没风涛，习而安之。”又《泉州府志》载：“泉土瘠民贫；一二素封之家，类皆口约腹裁，自营什一之利。外此或经商于吴粤，或泛航于外国。”(见《乐善论》)又《福建通志》(《风俗》)载：“兴化(莆田)近海鱼盐，近山稼穑；下里少田地，则为商贩。”又《同安县志》载：“同安滨于海；而从海贾游者经鲸波蜃浪之险，而心无畏惧。”(《风俗志》引鄞一相《县志序》)又《惠安县志》载：“惠，海国也。滨海人业船，……且通于外洋夷国，能识飓预险；则洋面往来，可以无虞。”(见《气候风信》)又《马港厅志》载：“称小苏杭；商人勤贸迁，远贩海外。”(《风俗考》引《明旧志》)“其民非有千亩鱼陂，千章材，千亩桑麻卮茜也。以海市为业。得则潮涌，失则沤散。不利，则轻弃其父母妻子，安为夷鬼。利，则倚钱作势，以讼为威。”(《艺文》引蒋孟育赠《姚海澄奏绩序》)又《福建通志》(《风俗》)载：“晋江番舶去处，大半市易上国及诸岛夷。”(引《万历府志》)“延平(沙县)商贾工技视他邑为多。”“龙溪大商外贾以外洋为膻壑，危樯高舰，出没驶风激浪，无所畏惧。”

《广州府志》载：“新宁县川山居民以贾海为业。”又《广东通志》载：“广为水国，人多以舟楫为食。益都孙民云：南海素封之家，水陆两登；贫者浮家江海。”“东莞乘舟楫之便，骋其骛桀：恣焉以逞者多出于濒海之乡。”又《澄迈县志》载：“人为佣工，转为远商。”(《艺文》引王赞襄作《策问琼南人物风俗》)又《东莞县志》载：“商贾辏，当郡与惠州之冲。其民侨寓多而土著寡。……耕植之外，惟操舟楫。”又《潮州府志》载：“潮民逐海洋之利，往来……如履平地。”(《风俗》引《广东旧通志》)又《海阳县志》载：“居城市者多工贾，工多奇技；逐末者多居货挟赀以航海，而视家如寄。”(《风俗志》)

以上两段系从国立暨南大学之《暨南学报》二卷一号页一三〇至一三一

转录。完全是讲闽粤沿海居民之航海经商等习惯的。因航海经商，又产生一种养子之习。同文又有一段云：

《福建通志》载："闽人多养子。即有子者亦必抱养数子。长则令其贩洋。赚钱者则多置妻妾，以羁之。与亲子无异。"又漳州《龙溪县志风俗略》载："生女有不举者，间或假他人子为子，不以窜宗为嫌。其在商贾之家，则使之挟赀四方，往来冒霜露，或出没巨浸与风涛，争顷刻之生，而己子安享其利焉。"又《福建通志》(《风俗》)载："海澄有番舶之饶，行者入海附赀，或得窭子弃儿，抚如己出。长使通夷，其存亡无所患苦。"(引《闽书》)

西洋文教之东渐　因与海外诸国通商，遂引来西洋的天主教及文化；这正与汉唐时代因与西域诸国通商，引来印度的佛教及文化同一道理。汉唐时代，追在西域诸国商人之后，随佛教徒而入中国的，除印度文化外尚有希腊罗马的 Greco-Roman 文化。明时追在海洋诸国商人之后，随天主教徒而入中国的有意大利及其他国的文化。元明时代中国之所谓西洋，大抵是指印度洋；明时三宝太监郑和下西洋，亦只到今南洋及印度阿剌伯等南部沿海诸地与非洲东部沿海诸地。但事实上与中国通商的并不限于这些地方。真正的西洋诸国人如佛郎机人(指西班牙人葡萄牙人等)如红毛夷(指荷兰人)等都与中国通商因此真正西洋的宗教文化等皆于明时随商人之后而传入中国，兹举意大利天主教徒利玛窦等之传入天主教与其他文化为例以见一斑。

意大理亚国在大西洋中。万历中，其国人利玛窦至京师，为《万国全图》，言天下有五大洲：第一亚细亚洲，凡百余国，而中国居其一。第二欧罗巴洲，凡七十余国，而意大利亚居其一。第三曰利未亚洲，亦百余国。第四曰亚墨利加洲。第五曰墨瓦蜡泥洲。而域中大地尽矣，大抵欧罗巴诸国悉奉天主教。天主耶苏生于女德亚(即 Judea,)即古大秦国也。其国在亚细亚洲之中；西行教于欧罗巴。其始生在汉哀帝元寿二年(公元前一年)庚申，阅一千五百八十一年至万历九年(公元一五八一年)，利玛窦始泛海九万里抵广州之香山澳，其教渐行。二十九年(公元一六〇一年)入京师，以方物献，并贡天主及天主母图。礼部以会典不载大西洋名目，驳之。帝嘉其远来，假馆授餐。公卿以下重其人，咸与交接。利玛窦安之，遂留居不去。三十八年（公元一六一〇年）卒。其年以历官推算日蚀多谬。五官正周子愚言大西洋人庞迪我、熊三拔等深明历法，其法有中国所不及者，当令采择；遂令迪我等同测验。自利玛窦来后，其徒来者益众。有王丰肃、阳玛诺等，居南京，以其教倡行，官民多从之。礼部郎中徐如珂恶之，奏请逐回。四十六年（公元一六一八年）迪我等奏："臣与利玛窦等泛海九万里，观光上国。臣等焚修行道，尊奉天主；岂有邪谋，敢堕恶业？乞赐宽假。"帝亦不报。而其居中国如故。崇祯时，历法益舛，礼部尚书徐光启请令其徒罗雅谷、汤若望等以其国新法相参较。书成，即以崇祯元年（公元一六二八年）戊辰历为历元。其法视《大统历》为密焉。其人东来者大都聪明特达之士。意专行教，不求禄利。所著书多华人所未道。故一时好异者咸尚之。其徒又有龙华民毕方济艾如略（阮元《畴人传》作艾儒略）邓玉函诸人，皆欧罗巴国之人也。[1]

利玛窦、熊三拔、阳玛诺、庞迪莪、龙华民、艾儒略、邓玉函等皆明万历时入中国。罗雅谷是明天启时入中国的，汤若望是崇祯时入中国的。此辈于科学之输入影响极大。阮元云：

自利玛窦入中国，西人接踵而至。其于天学皆有所得。采而用之，此礼失求野之义也。……自明季空谈性命，不务实学。……西人起而乘其衰，不得不矫然自异矣。[2]

清康熙时代，西学之传来者益多。总而言之，明末清初可以说是西学东渐之盛时（参看第五篇第二章四节《西洋学术之吸收》条）。

中日通商之决裂 各国与中国通商，皆能维持友好关系。只有日本不然。这事实最宜上溯到元师之大举征日。元朝，蒙古人统治中国；至元初年，尝大举水师，以征日本；构成日本之空前的国难。其出征的动机大抵仍为物质利益。日人木宫泰彦云：

元师为日本未曾有之国难。……蒙古既灭金，伐宋，服高丽，欲达其传统的大统一之世界理想，早晚来攻日本，此乃势所必然者也。

① 赵翼：《廿二史劄记·天主教》。

② 《畴人传》卷四十四《利玛窦传》。

然其直接原因，则自文永元年(元之至元元年，公元一二六四年)忽必烈闻高丽人赵彝等之言始。试观《元史·日本传》可知之。赵彝等若何进言乎？马哥孛罗之《东方旅行记》云："或有人语忽必烈，此岛(日本)异常丰富，乃欲起兵取此岛。"《元史·高丽传》云："帝(忽必烈)又曰：'自尔(高丽)来者，言海中之事，……日本则朝发而夕至。舟中载米，海中捕鱼而食之，则岂不可行乎？'"盖以日本为极东之宝库，且由高丽渡日本颇易。[①]

元师之征日，自至元初至大德初，前后凡三十余年。然以至元初的十余年内为最紧张。至元六年(公元一二六九年)命赵良弼使日；十一年(公元一二七四年)命忻都等征日，拔对马等地；十八年(公元一二八一年)命范文虎等率师十万征日，则以舟遭风险，惨败而归。是后以有事于交阯，对征日便不甚紧张了。

元世祖至元初，遣使道高丽招谕，不得要领。六年(公元一二六九年)命秘书监赵良弼往，始同弥四郎者入朝。十一年(公元一二七四年)命凤州经略使忻都等以九百艘掠其境，稍拔对马一岐宜蛮各岛，十四年(公元一二七七年)日本遣商持金易铜钱。十八年(公元一二八一年，)命右丞范文虎等率十万人征，抵五龙山，遭风舟破，士卒得生还者三人！寻以有事交阯，不复议；日本亦竟不至。[②]

明继元兴，努力改善中日关系。但洪武初年，日本仍以元师征日的旧恨为言，不肯与明修好。直到永乐初，始有受明封赐之事。彼时市贡条件亦有规定。

洪武二年(公元一三六九年)以即位颁谕。……上遣莱州府同知赵秩泛海，赐玺书，让其王源良怀。良怀言："蒙古尝述我好语，随袭以兵，其使赵姓。今使者亦赵姓，岂其裔耶？拟兵之。"秩不为动，徐宣谕朝廷威德。良怀气沮，遣僧随秩表贡方物，送回所掳明越人口。……永乐初，其王源道义脩贡。会对马台岐诸岛夷数寇掠，谕征捕，获渠魁以献；厚赉白金文绮，予勘合百道；令十年一贡，使额无

① 木宫泰彦：《中日交通史》第十四章《元师征日》一《第一期之交涉》。

② 国立北平图书馆《善本丛书》第一集《皇明象胥录日本》。

> 踰二百，船止二艘，勿挟兵器。寻赐金印诏，册封为日本国王。[①]

通商情势之一斑 上面所述是各国的朝贡。但"朝贡"云云，几乎与"通商"为一件事，这可以从好几方面看出。一则外国有所贡，中国必有所赐；所贡的多珍贵之品，所赐的亦多为珍贵之品；事实上直是贸易而已。二则中国方面如无所赐，亦必偿还其贡物之价值。如正德十三年（公元一五一八年）佛郎机贡方物，"诏给方物之值"即是实例。这可见进贡并不是片面的报效，而是双方的贸易。三则"贡市"两字连称，如和兰人"欲通贡市，不敢为寇"云云，即是实例。这显见得贡与市是没有差别的。四则纵令要加以差别，也只能说：贡是中国官场与外人的贸易，市是中国民间与外人的贸易。

> 明初，……海外诸国入贡，许附载方物与中国贸易。……诸国皆恭顺，任其时至入贡，惟日本叛服不常，故独限其期为十年人数为二百，舟为二艘，以金叶勘合表文为验，以防诈伪侵轶。[②]

勘合表文，本是验贡使之真伪的。当时日人以来中国进贡，兼营贸易，有利可图；故大家争充贡使。又因国内未能统一，派遣贡使的机关，亦不止一个。来到中国，自然有冒充的与合法的之分。于是勘验贡使之真伪，在中国方面成了绝对必要。谁知因此竟酿出绝大的风波。嘉靖二年（公元一五二三年），日本诸道争贡，左京兆所派之宗设与右京兆所派之瑞佐及宋素卿互争到期之先后，互争在中国宴席上坐位之高下，而大起冲突。当时中国市舶太监偏袒瑞佐等，于是由日本贡使内部之争一变而为日本贡使与中国当局之事。

> 世宗嘉靖二年（公元一五二三年）五月，日本诸道争贡。……左京兆大夫内艺兴遣僧宗设，右京兆大夫高贡遣僧瑞佐及宋素卿（宋本中国鄞人，投奔日本而归附日本者，此次竟充日本贡使来中国。）先后至宁波，争长不相下。故事，番货至市舶司，阅货及宴坐并以先后为序。时瑞佐后；而素卿狡，贿市舶太监先阅佐货，而宴又坐设上。设不平，遂与佐相雠杀。太监又以素卿故，阴助佐，授之兵器。而设众强，拒

① 国立北平图书馆《善本丛书》第一集《皇明象胥录日本》。

② 《明史·食货志》五《市舶》。

> 杀不已，遂毁嘉宾堂，劫东库，逐瑞佐及余姚江。佐奔绍兴，设追之城下，令缚佐出；不许，乃去。沿途杀掠至西霍山洋，杀备倭都指挥刘锦，千户张镗；执指挥袁琎，百户刘恩；又自育王岭奔至小山浦，杀百户胡源，浙中大震。[①]

因此一段纠纷，中国政府乃毅然决然罢市舶，禁止对日通商。“嘉靖二年(公元一五二三年)……给事中夏言言：倭患起于市舶，遂罢之。”[②]但市舶既罢，管领对外通商之责乃由政府机关转移到沿海豪势之家。政府满以为罢去市舶即等于禁绝通商。殊不知“市舶既罢，日本海贾往来自如，海上奸豪与之交通，法禁无所施。”[③]郑晓《今言》亦谓“国初设官市舶，正以通华夷之情，行者获倍蓰之利，居者得牙僧之息，故常相安。后因禁绝海市，遂使豪势得专上利。”[④]这么一来，政府与人民乃立于正相反对之地位。政府重国防乃不得不罢市舶。人民重实利，乃不得不与外商私通。当时沿海居民，无论富贵贫贱，大多不顾政府的政策，而与外商私通，都是为的拥护自己的实利。

所谓倭寇之扰华　市舶罢去之后的情形既如此之险恶，所谓倭寇扰华之不幸事件，自易发生。(1)这种不幸事件发生之直接导火线非常简单；即沿海豪势之家负了外商的债款不予偿还，致令外商坐索，并进而挑衅是也。

> 自罢市舶后，凡番货至，辄主商家。商率为奸利负其债：多者万金，少不下数千。索急，则避去。已而主贵官家。而贵官家之负甚于商。番人泊近岛坐索其负；久之不得，乏食，乃出没海上为盗，辄构难，有所杀伤。贵官家患之，欲其急去，乃出危言撼当事者，谓番人泊近岛，杀掠人。而不出一兵驱之，备倭固当如是耶？当事者果出师，而先阴泄之，以为得利。他日货至，且复然。如是者久之。倭大恨。言挟国王资而来，不得直，曷归报？必偿取尔金宝以归。因盘据岛中不去。[⑤]

---

① 陈邦瞻：《明史纪事本末·沿海倭乱》。

② 《明史·食货志》五《市舶》。

③ 《明史·食货志》五《市舶》。

④ 赵翼：《廿二史劄记·嘉靖中倭寇之乱》。

⑤ 《明史纪事本末·沿海倭乱》。

(2)扰华的人物名为倭寇；但许多纪载都说真倭只什之二三，华人实占什之六七。这什之六七的华人，任何阶级都有：上至官僚、地主、富商、大贾，下至凶徒、逸囚、流氓、无赖等皆曾参与为主角。

自嘉靖元年(《明史》作嘉靖二年)罢市舶，凡番货至，辄赊与奸商。久之，奸商欺冒，不肯偿。番人泊近岛，遣人坐索不得。番人乏食，出没海上为盗。久之，百余艘，盘据海洋，日掠我海隅不肯去。小民好乱者相率入海从倭。凶徒、逸囚、罢吏、黠僧，及衣冠失职，书生不得志，群不逞者，皆为倭奸细，为之乡导。于是汪五峰、徐必溪、毛海峰之徒皆我华人；金冠龙袍，称王海岛；攻城掠邑，莫敢谁何。浙东大震。至是巡按御史陈九德请置大臣，兼制浙福；乃以朱纨为都御史，巡抚浙江兼领福、兴、泉、漳。……时浙人通番，皆自宁波定海出洋；闽人通番，皆自漳州月港出洋。往往诸达官家为之强截良贾货物，驱令入舟。纨因上言："出外夷之盗易，去中国之盗难；去中国之盗易，去中国衣冠之盗难，"①

番人……盘据海岛中不去，并海民生计困迫者纠引之。失职衣冠士，及不得志生儒亦皆与通，为之乡导，时时寇掠沿海诸郡县。如汪五峰、徐碧溪、毛海峰之徒皆华人，僭称王号；而其宗族妻子田庐，皆在籍无恙，莫敢谁何。②

嘉靖中，倭寇之乱，先有闽人林汝美李七许二诱日本倭劫海上。继有汪直、叶碧川、王清溪、谢和等据五岛，煽诸倭入寇。又有徐海、陈东、麻叶等偕倭入巢柘、林乍浦等处劫掠。内地亡命者附之：如萧显、池南山、叶明等实繁有徒。……是奸民不惟向外番滋事，且引外番为内地害矣。(原注：《郑晓传》谓倭寇中国，奸民利倭贿为之乡道。以故倭人所据营砦皆得要害，尽知官兵虚实。倭恃汉人为耳目，汉人以倭为爪牙)。③

大抵真倭十之三，从倭者则十之七。倭战则驱其所掠之人为军锋，法严人皆致死。而官军素慄怯，所至溃崩。④

① 《嘉靖东南平倭通录》见《中国内乱外祸历史丛书》第八册。

② 《明史·纪事本末·沿海倭乱》。

③ 赵翼：《廿二史劄记·海外诸番多内地人为通事》。

④ 《明史·日本列传》。

(3)扰华的年代，以嘉靖二年(公元一五二三年)罢市舶至四十三年(公元一五六四年)俞大猷在粤大杀倭寇之四十年中为最利害。至于倭寇所扰之地方，则北自辽海，南至闽粤，沿海各地，概在骚扰之中。辽海之被扰为时最早；浙苏鲁之被扰次之；闽粤被扰之时较晚。成祖永乐十七年(公元一四一九年)辽东总兵都督刘江大破倭寇于望海埚，这是中国北部沿海被扰之一大事。嘉靖二年(公元一五二三年)以后，浙苏连年被扰。直到三十年(公元一五五一年)以后，沿海所遭蹂躏，非常利害。

> 三十一年(公元一五五二年)夏四月，倭寇犯台州，破黄岩，大掠象山定海诸邑。汪直者徽人也，以事亡命走海上，为舶主渠魁，倭人爱护之。倭勇而戆，不甚别死生。每战，辄赤体，提三尺刀，舞而前，无能捍者。其魁则皆浙闽人，善设伏，能以寡击众。大群数千人，小群数百人，而推直为最，徐海次之。又有毛海峰、彭老生不下十余帅。列近洋为民害。至是登岸犯台州，破黄岩；四散象山、定海诸处。猖獗日甚，……浙东骚然。……
>
> 三十二年(公元一五五三年)……夏四月，汪直、毛海等既溃散，剽忽，往来不可测；温、台、宁、绍俱罹其患。……贼移舟而北，犯苏松郡。二郡素沃饶，贼至，捆载而去。有萧显者，尤桀狡，率劲倭四百余屠上海之南汇川沙；逼松江而军；余众围嘉定太仓；所过残掠不可言。……破昌国、临山、霩霩、乍浦、青村、柘林、吴淞江诸卫所；围海盐、平湖、余姚、海宁、上海、太仓、嘉定诸州县。……
>
> 三十三年(公元一五五四年,)倭自太仓溃围出，乃掠民舟入海，趋江北；大掠通州海门诸州县；复焚掠盐场，有漂入青徐界者，山东大震。①

以上系略举浙、苏、鲁沿海诸地被倭寇蹂躏之一二实例。三十四年(公元一五五五年)倭寇更向内地深入，越南京而达安徽。

> 八月倭贼……趋秣林关。时，应天府推官罗节卿，指挥徐承宗率兵千人守关，望风奔溃。贼过关而去，自南京出秣陵：流劫溧水溧阳；趋宜兴无锡。一昼夜奔一百八十里，至浒墅关。南直巡抚曹邦辅虑与

① 《明史纪事本末·沿海倭乱》。

柘林贼合，且为大患，乃亲督兵备王崇古会集各部兵，扼其东路，四面蹙之；随地与战。亲召佥事董邦政，指挥楼宇以沙兵助剿。……追及于杨家桥，尽歼其众。贼自绍兴高埠流劫杭严徽宁太平，犯南都。六十七人经行数千里，杀伤无虑四五千人，历八十余日始灭。[①]

以上系略举倭寇蹂躏内地之一二实例。至于闽粤沿海，则自三十七年(公元一五五八年)以后，亦连年遭受蹂躏。

三十七年(公元一五五八年)春二月，倭犯潮州之鮀浦，攻蓬州千户所。佥事万仲分部水陆兵马东西哨攻之，临敌而哨兵皆溃，领哨千户魏岳、高洪俱死。寻犯福州，巡抚阮鹗不能御，取库银数万两赂之，以新造大舟六艘俾载而去。……

三十八年(公元一五五九年)……福建新倭大至，多赍攻具；先攻福宁连江罗源；流劫各乡，进攻福州，不克；移攻福安，破之。参将黎鹏举以舟帅击倭于海中七星山屏风屿；斩首六十七级、生擒六十八人。时沿海长乐福清等境皆有倭舟。广东流倭往来诏安漳浦间。浙江舟山倭移舟南来者尚屯浯屿；福州漳泉无地非倭矣。……

四十二年(公元一五六三年)……冬十月，倭犯福建。其自浙之温州来者合福建、连江贼登岸；攻陷寿宁、政和、宁德等县。自广之南岛来者，合福清、长乐贼攻陷玄钟所；蔓延及于龙岩、松溪、大田、古田之境，无非贼者。[②]

倭寇所扰之地方，综括沿海各地观之，以苏浙为受害最甚。苏浙之寇，自嘉靖三十七八年(公元一五五八——一五五九年)以后，陆续南移，肆扰闽粤。延至四十三年(公元一五六四年)的时代，始由戚继光俞大猷等所平。

四十三年(公元一五六五年)春二月，旧倭万余攻仙游，围之二月。戚继光引兵驰赴之，大战城下。贼败，趋同安，继光挥兵追至王仓坪，斩首数百；余众奔漳浦。继光督各哨兵入贼巢，擒斩略尽，闽寇悉平。其得出者逸出境至广东潮州，俞大猷又截杀之，几无遗类。初，倭既自浙创，尝一犯淮阳吴越，皆不利，遂巢闽中。首尾七八载，所破城

① 《明史纪事本末·沿海倭乱》。
② 《明史纪事本末·沿海倭乱》。

数十余，掠子女财物数百万，官军吏民战及俘死者不下十余万。虽时有胜负，而转漕军食，天下骚动。至是倭患始息。[1]

① 《明史纪事本末·沿海倭乱》。

第八章 再由社会冲突转入种族战争

前面所述扰华的倭寇，可以说是明代外患之一种。但大明帝国之崩溃，并非由于这一种外患；反之，乃由于流寇所造成之内乱。但内乱又是因什么而发生的呢？现在且择较为重要的两端述之。一关于经济的，一关于政治的，兹分述于下之两节。

一 农村生活之崩溃

私田官田及屯田 (a)私田，明代统治动摇之最大原因，就经济方面言，厥为私有田制所生之流弊。太祖以民族主义为号召，乘民不聊生之时机建立起大明的统治，恢复了汉族的地位，这是历史上的盛事。但大明统治建立之后，随即大封宗室，造成一个特殊阶级；而于造成社会变乱的私有田制，毫无改革计划。于是私有田制的一切流弊，一律承受了。这在帝国的统治初树立起来之时，固可以强力弥缝，不使其表现作用。一到统治势力腐化之时，私有田制的流弊便立刻显出作用来了；私有田制下的剩余人口也便一律变成了流贼。

(b)官田。明之官田，种类极多。《明史》云：

> 明土田之制凡二等：曰官田，曰民田。初，官田皆宋元时入官田地。厥后有还官田，没官田，断入官田，学田，皇庄，牧马草场，城壖，苜蓿地，牲地，园陵，坟地，公占隙地，诸王公主勋戚大臣内监寺观赐乞庄田，百官职田，边臣养廉田，军民商屯田：通谓之官田。其余为民田。①

① 《明史·食货志》一《田制》。

这种官田，我们万不可误认为政府颁赐于人民耕种之公田。这种官田，除军民商屯田外，概是私田。其与普通私田不同之处即：普通私田为普通地主或人民所有，故曰民田；此种官田为皇族勋戚官僚等所有，故曰官田。普通私田由地主召农民耕种；此种官田则由管庄的人召农民耕种。其非农民所有初无二致；农民耕后纳租亦初无二致。至其流弊则较普通私田为甚。

(c)屯田。官田之中，以屯田为较有公田的意味。明初当局虽不能改革私有田制，却能广设屯田，以安插变乱时代多数流离失所的农民。这于大明的统治是很有关系的。当屯田盛行之时，军民都感宽裕，故统治不易动摇。我们纵不能说屯田是巩固统治的唯一原因，但至少是重要原因之一。直到屯田废弛，上下交困，于是统治渐呈动摇；显见得屯田对于统治有极密切的关系。《明史》云：

> 明初，沿元之旧，钱法不通而用钞，又禁民间以银交易；宜若不便于民。而洪永熙宣之际，百姓充实，府藏衍溢。盖是时劭农，务垦辟，土无莱芜，人敦本业；又开屯田中监，以给边军，军响不仰藉于县官，故上下交足，军民胥裕。其后屯田坏于豪强之兼井，计臣变监法，于是边兵悉仰食太启，转输往往不给。世宗以后，耗财之道广，府库匮竭。神宗乃加赋重征，矿税四出；移正供以实左藏。中涓群小横敛侵渔；民多逐末，田卒汙莱。吏不能拊循，而复侵刻之。海内困敝，而储积益以空乏。昧者多言复通钞法可以富国。不知国初之充裕在勤农桑，而不在行钞法也。①

这里实把“屯田坏于豪强之兼并，计臣变盐法”，为明代由盛转衰之关键。虽不能谓为绝对正确，但到底是核实之谈，可以显示出屯田之重要性。明之屯田，凡分三种：(一)曰民屯，这完全是安插失业农民之法，政府指定田土所在，命失业农民前往耕种，并不收税，有时且助以牛力及种子。其事有专官管理。(二)曰军屯，这有寓兵于农之意。原来兵士是不生产的。若行军屯，令兵士于当兵之外仍须种田，则一方面可得军粮，另一方面又可减轻一般人民的负担，最好的政策。故太祖有谕曰：

> 兴国之本在于强兵足食。自兵兴以来，民无宁居；连年饥馑，田

① 《明史·食货志》—《序》。

地荒芜。若兵食尽资于民，则民力重困。故令将士屯田。且耕且战。今各将帅已有分定城镇，然随处地利未能尽垦，数年未见功绪。惟康茂才所屯，得谷一万五千余石，以给军响，尚余七千余石。以此较彼，地力均而入有多寡；盖人力有勤惰故耳。自今诸将宜督军士及时开垦，以收地利。①

(三)曰商屯。这是关于食盐政策的一种办法；始于太祖洪武三年(公元一三七〇年)。到孝宗弘治中，就已不甚畅行。商屯据说是与民屯及军屯相辅的。《续文献通考》云：

募盐商于各边开中，谓之商屯。三年(公元一三七〇年)六月，以大同粮储自陵县运至太和岭，路远费重，从山西行省言，令商人于大同仓入米一石，太原仓入米一石三斗者，给准盐一小引；以省运费，而充边储，谓之开中。其后各行省边境多召商中盐输米诸仓，以为军储。计道里远近，自五石至一石有差。先后增则例不一；率视时缓急，米直高下，中纳者利否。道远地险，则减而轻之。迨孝宗弘治中，户部尚书叶淇变法，而开中始坏。诸淮商悉撤业归；西北商亦多徙家于淮。边地为墟，米石值银五两，而边储枵然矣。世宗嘉靖时，陕西巡抚杨一清复请召商开中。又请倣古募民实塞下之意，招来陇右关西民以屯边。其后周泽、王崇古、林富、陈世辅、王畿、王朝用、唐顺之、吴桂芳等争言屯政；而庞尚鹏总理江北盐屯，寻移九边，与总督王崇古先后区画屯政甚详。然是时因循日久，卒鲜实效。

王圻曰："屯田乃足食足兵之要道。而通商中监，则又所以维持屯田于不坏者也。洪永间，纯任此法，所以边圉富强，不烦转运，而蠲租之诏无岁无之。后来屯田盐法渐非其旧，而边饷不足，军民俱困矣。"②

屯田之种类，略如上述。至于屯田之盛况，亦颇值得注意。大抵正统以前，最为可观。就屯田的区域而言，几乎遍布于全国了。就政府的奖励而言，也面面顾到：如供给车牛，减免屯粮等，皆是实例。《明史》云：

① 《续文献通考·田赋考·屯田》。

② 《续文献通考·田赋考·屯田》。

> 于时东自辽左，北抵宣大，西至甘肃，南尽滇蜀，极于交阯；中原，则大河南北，在在兴屯矣。宣宗之世，屡核各屯；以征戍罢耕，及官豪势要占匿者减余粮之半。迤北来归就屯之人，给车牛农器。分辽东各卫屯军为三等：丁牛兼者为上，丁牛有一为中，俱无者为下。英宗免军田正粮归仓，止征余粮六石。后又免沿边开田官军子粒，减各边屯田子粒有差。……自正统后，屯政稍弛。①
>
> 王圻曰："按汉之屯田，止于数郡；宋之屯田，止于数路；唐虽有九百九十二所，亦无实效。唯我太祖加意于此，视古最详。考其迹，则卫所有闲田即分军以立屯。非若历代于军伍之外分兵置司者也。考其制，则三分守城，七分屯种。以言其数，则外而辽东，一万二千二百七十四顷一十九亩零。推之于南北三京卫所，陕西、山西诸省，尤极备焉。则其于所谓数郡，数路，九百九十二所者，又岂足以比之哉？永乐中令各处卫所，凡屯军一百以上，委百户一员提督之。其有余人自顾耕种者不拘顷亩任其开垦三四五年之间又有红牌一面等例。牛具农器则总于漕屯；细粮子粒则司于户部。至于宣德正统，每有添设屯田副使佥事之诏。"②

屯田衰而庄田盛　屯田发展之日也就是庄田发展之时。不过庄田的势力愈扩愈大，而屯田的势力却愈缩愈小。这两者之间有若干相互的关系。大概庄田的势力愈扩大，自不免有强占屯田以充庄田之事；于是屯田之发展受着极大之打击。所谓"屯田坏于豪强之兼并"③云云，即是指这种打击而言。豪强之含义极广，凡皇族、外戚、勋臣、官僚、宦官等，都可以包括在豪强的范围之内。至于退职的官僚，以及结交官府的地主，当然都是豪强。不过退职的官僚与结交官府的地主，其土田属于普通私田的范围。只有皇室或贵族的私田，贵族之外戚的私田，乃至文武功臣宦官等之私田，乃称庄田。普通私田之中也有以"庄"名的，但与皇室等之庄田到底不同。皇室等之庄田，其造成方法，(1)或由于皇帝的颁赐。这即是皇帝把天下之土田当作自己的私有物，任意颁赐于贵族勋戚等。(2)或由于庄主自己的侵

---

① 《明史·食货志》—《田制》。

② 王圻：《续文献通考·田赋考·屯田》。

③ 王圻：《续文献通考·田赋考·屯田》。

占。这即是庄主凭着自己优越的势力，把一般人民的私田强占为自己之私田；这即是豪强兼并。(3)或由于奸民的投献。奸民与豪强结交，倚仗其势力，把普通人民的私田夺来，以作结交豪强的礼物。

明时草场颇多；占夺民业而为民厉者莫如皇庄，及诸王、勋戚、中官庄田为甚。太祖赐勋臣、公、侯、丞相以下庄田；多者百顷，亲王庄田千顷。又赐公、侯暨武臣公田；又赐百官公田；以其租入充录。指挥没于阵者皆赐公田。……仁宜之世，乞请渐广；大臣亦得请设官庄舍。……至英宗时，诸王，外戚，中官所在占官私田；或反诬民占，请案治；比案问得实，帝命还之民者非一。乃下诏禁夺民田及奏请畿内地。然权贵宗室庄田坟茔，或赐或请，不可胜计。复辟后，御马太监刘顺进蓟州草场，进献由此始。宦官之田，则自尹奉喜宁始。初，洪熙时，有仁寿宫庄，其后又有清宁未央宫庄。天顺三年(公元一四五九年)，以诸王未出阁，供用浩繁，立东宫德王秀王庄田。二王之藩，地仍归官。宪宗即位，以没入曹吉祥地为宫中庄田；皇庄之名由此始。其后庄田遍郡县，给事中齐庄言："天子以四海为家，何必置立庄田，与贫民较利?"弗听。……又定制：献地王府者戍边。奉御赵瑄献雄县地为皇庄，户部尚书周经劾其违制，下瑄诏狱；敕诸王辅导官，导王奉请者罪之。然当日奉献不绝，乞请亦愈繁。徽兴岐衡四王田多至七千余顷。会昌建昌庆云三侯争田，帝辄赐之。武宗即位踰月，即建皇庄七，其后增至三百余处。诸王外戚求请及夺民田者无算。世宗初命给事中夏言等清核皇庄田，言极言皇庄为厉于民。自是正德以来，投献侵牟之地颇有给还民者。而宦戚辈复中挠之。①

剥削关系之严重 普通私田及皇室庄田等，除一部分系自耕农所有者外，余均由田主召贫民耕种。自耕农所种之田，只须向政府纳田赋；田赋虽然也是一种剥削，但这种剥削仍较田租为稍低。只有贫民耕种地主之田，则须向地主纳田租。地主之为人，无论是普通的农村地主，或皇室勋戚中官等，皆向耕田者收取田租。田租这种剥削，程度是很高的。明代的田赋(自耕农或普通地主向政府所纳。普通地主所纳之田赋，系直接取之于耕田

① 《明史·食货志》—《田制》。

者或佃农)与田租(佃农向普通地主或皇室勋戚中官等所纳)都是很重的。且以苏松二府为例。苏松二府在当时是天下最富的地方;其田赋与田租也是天下最高的地方。如"苏州之田,约居天下八十八分之一弱,而赋约居天下十分之一弱!"(《日知录·集释》引沈氏语)顾炎武云:

松江一府……洪武以来,一府税粮共一百二十余万石。租既太重,民不能堪。于是皇上怜民重困,屡降德音;将天下系官田地粮额递减三分二分外,松江一府税粮尚不下一百二万九千余石。愚历观往古自有田税以来,未有若是之重者也。以农夫蚕妇冻而织,馁而耕,供税不足,则卖儿鬻女;又不足,然后不得已而逃,以至田地荒芜,钱粮年年拖欠。……今按《宣朝实录》:"洪熙元年(公元一四二五年)闰七月,广西布政使周干自苏常嘉湖等府巡视还,言:'苏州等处人民多有逃亡者。询之耆老,皆云由官府弊政困民所致。如吴江崑山民田,亩旧税五升;小民佃种富室田,亩出私租一石;后因没入官,依私租减二斗,是十分而取八也(上文中之税、租、粮等皆指纳于政府之田赋言;私租则指纳于地主之田租言)。拨赐公侯驸马等项田,每亩旧输租(田租)一石;后因事故还官,又如私租例,尽取之。且十分而取其八,民犹不堪;况尽取之乎!尽取,则无以给私家,而必至冻馁。欲不逃亡,不可得矣。'"……

吴中之民有田者什一,为人佃作者什九。其亩甚窄,而凡沟渠道路,皆并其税于田之中。岁仅秋禾一熟。一亩之收不能至三石。少者不过一石有余。而私租之重者至一石二三斗,少亦八九斗。佃人竭一岁之力,粪壅工作。一亩之费可一缗。而收成之日,所得不过数斗。至有今日完租而明日乞贷者。①

凭此等实例,可概其余。不过这还只讲到田赋与田租之高度。至于征取的方法之扰民,更有令人惊讶者。官府向人民取田赋,不免扰民;普通地主向佃农取田租,不免扰民。但扰民最厉害的,要算皇室、勋戚、中官等庄田之管庄人员。盖庄主多以身分太高之故,不直接管庄。尝派凶悍的无赖代管。代管人员便凭着主人的势力向小民恣意横行,尽情骚扰。

① 顾炎武:《日知录》卷十《苏松二府田赋之重》。

弘治二年(公元一四八九年)户部尚书李敏等以灾异上言:“畿内皇庄有五,共地万二千八百余顷。勋戚中官庄田三百三十有二,共地三万三千余顷。管庄官校招集群小,称庄头伴当;占地土,敛财物,汙妇女。稍与分辩,辄被诬奏,官校执缚,举家惊惶,民心伤痛入骨。……”神宗赉予过侈,求无不获。潞王、寿阳公主恩最渥,而福王分封,括河南、山东、湖广田为王庄,至四万顷。群臣力争,乃减其半。王府官及诸阉丈地征税,旁午于道;皂养厮役廪食以万计。渔敛惨毒不忍闻驾帖捕民,格杀庄佃,所在骚然。……熹宗时,桂惠瑞三王及遂平宁国二公主庄田动以万计。而魏忠贤一门,横赐尤甚。盖中叶以后庄田侵夺民业,与国相终云。①

税监虐民之惨毒 庄田是扰害农民的,税监则是扰害商民的。明代征税非常苛细。除农具与书籍外,凡在市上买卖的任何东西,几乎都要纳税。即农村中买卖田宅、牛头、马匹,亦须投缴契本,别纳纸价。征税之所,大小达四百余。《明史》云:

关市之征……明初务简约。其后增置渐多:行赍居鬻,所过所止,各有税。其名物件析,榜于官署,按而征之。惟农具书籍及他不鬻于市者勿算。应征而藏匿者没其半。买卖田宅头匹,必投契本,别纳纸价。凡纳税地置店历,书所止商氏名物数。官司有都税,有宣课,有司,有局,有分司,有抽分场局,有河泊所。所收税课有本色,有折色。税课司局:京城诸门及各府州县市集多有之,凡四百余所。②

至神宗时,又增征矿税。《续文献通考》云:“神宗之季,遂议开矿榷税。于是所在搜括,日增岁溢:上取一,下取二;官取一,群奸人取二。利则归下,怨则归上。所谓利之所在,害即随之者也。”③这里所谓“上”或“官”乃指政府,所谓“下”或“奸人”乃指督征税款之人。大概当时政府以开支日大,急于要增加收入,于是派一大批所谓税监,到各地实行督催税款。税监之权,提得很高:每到一处,地方官吏无不受其磨折。每一税监自己

① 《明史·食货志》一《田制》。

② 《明史·食货志》五《商税》。

③ 王圻:《续文献通考·征榷考序》。

复派许多下级人员，叫他们到处骚扰。地方官与税监有所争执，税监奏报中央；中央只知要增加收入，不问情实，照例左袒税监。结果酿成万历时代绝大的矿税风潮。所谓矿税风潮，不过是就大体说而已。其实当时酿出风潮的税监们向人民苛索的并不限于矿税。这班人手段操切，依势凌人，于是引起人民反感，造成绝大风潮。论者以为这是动摇大明统治之重要原因。兹录赵翼所举之例以见一斑。赵云：

万历中，有房山民史锦，易州民周言等言："阜平房山各有矿砂，请遣官开采；"以大学士申时行言而止。后言矿者争走阙下，帝即命中书与其人偕往；盖自二十四年(公元一五九六年)始。其后又于通都大邑增设税监。故矿税两监遍天下。两淮又有盐监，广东又有珠监。或专或兼，大珰小监纵横绎骚，吸髓饮血，天下咸被害矣。其最横者有陈增、马堂、陈奉、高淮、梁永、杨荣等。增开采山东，兼征东昌税；纵其党程守训等大作奸弊。程奉密旨搜金宝，募人告密；诬大商巨室，藏违禁物；所破灭仟佰家，杀人莫敢问。又诬劾知县韦国贤、吴宗尧等，皆下诏狱。凡肆恶山东者十年。堂，天津税监兼辖临清。始至，诸亡命从者数百人，尽手锒铛，夺人财；抗者以违禁罪之。僮告主者畀以十之三，破家者大半。远近罢市，州民万余，纵火焚堂署，毙其党三十七人，皆黥臂诸偷也。事闻，诏摘首恶，株连甚众。有王朝佐者以身任之；临刑，神色不变，州民立祠祀之。陈奉征荆州店税，兼采兴国州矿砂。鞭笞官吏，剽劫行旅；商民恨刺骨。伺其出，数千人竞掷瓦石击之。至武昌，其党直入民家，奸淫妇女，或掠入税监署中。士民公愤，万余人甘与奉同死。抚按三司护之，始免。已而汉口、黄州、襄阳、宝庆、德安、湘潭等处民变者凡十起。奉又诬劾兵备佥事冯应京等数十员，帝皆为降革逮问，倖免。高淮采矿征税辽东，搜括士民财数十万；招纳亡命，纵委官廖国泰虐民激变；诬击诸王数十人；打死指挥张汝立。又诬劾总兵马林等，皆谪戍。率家丁三百人张飞金旗，金鼓震天；声言欲入大内，遂潜往广渠门外。御史袁九皋等劾之，帝不问。淮益募死士出塞，发黄票龙旗，走朝鲜，索冠珠貂马。又扣除军士月粮，前屯卫军甲而噪，誓食其肉。锦州、松山军相继变，淮始内奔。梁永征税陕西，尽发历代陵寝，搜摸金玉，纵诸亡命旁行劫掠。所至邑令皆逃。杖死指挥县丞等官，私宫良家子数十人。税额外增税数倍；索咸阳冰片五十斤，麝香二十斤。秦民愤，共图杀永，乃撤回。杨荣为云南税监，肆行威虐：诬劾知府熊铎等皆下狱。百姓恨荣入骨，焚税厂，杀委官张安民。荣益怒，杖毙数十人。又怒指挥樊高明，榜掠绝觔以示众。于是指挥贺世勋等率冤民万人焚荣第，杀之，投火中；并杀其党二百余人。帝为不食者累日。此数人其最著者也。他如江西税监潘相激浮梁景德镇民变，梦烧厂房。相往戡上饶矿，知县李鸿戒邑人敢以食物市者死。相竟日饿惫而归。乃劾鸿，罢其官。苏、杭织造太监孙隆激民变，遍焚诸委官家。隆走杭州以免。福建税监高寀在闽肆毒十余年，万众汹汹欲杀寀，寀率甲士二百人突入巡抚袁一骥署，劫之，令谕众，始退。此外如江西李道，山西孙朝、张忠，广东李凤、李敬，山东张晔，河南鲁坤，四川邱乘云辈，皆为民害，犹其次焉者也。是时廷臣章疏悉不省，而诸税监有所奏，朝上夕报可。所劾无不曲护之。以故诸税监益骄，所至肆虐，民不聊生；随时激变。迨帝崩，始用遗诏罢之。而毒痡已遍天下矣。论者谓明之亡，不亡于崇祯，而亡于万历云。①

辽饷剿饷与练饷 商税之外，复加矿税；且税监肆虐，终于酿成绝大风潮。而田赋之外，复加兵饷。且兵饷种类多，数目大，终至民不能堪。国家养兵，原不能无饷。但这里所谓兵饷乃额外的增加。这额外的增加，凡有三种：一曰辽饷，这是因辽东方面蛮族内犯，连年用兵，所增的饷。二曰剿饷，这是因民乱暴发，政府因要戡乱出兵剿城，所增的饷。三曰练饷，这是为着增练民兵所增的饷。大概当时内忧外患相逼而至，政府原有的正规军不够用了，故增练民兵。因增练民兵，故又增征练饷。政府愈欲消去内忧外患，而消去之之手段的本身，却愈增加了内忧外患之严重性。盖增饷愈多，人民对政府便愈不信任也。

嘉靖中，以俺答入寇，户部侍郎孙应奎已议加派；自北方诸府及广西贵州外，增银一百十五万。万历末年，辽左用兵，又加赋五百二十万。崇祯二年(公元一六二九年)，又以兵饷不足，兵部尚书梁廷栋请增天下田赋；于是户部尚书毕自严议于每亩加九厘之外，再增三厘。

① 赵翼：《廿二史劄记·万历时矿税之害》。

十年(公元一六三七年)，杨嗣昌又请增二百八十万。旧额之粮，每亩加六合，计石折银八钱。帝乃下诏："不集兵无以平贼；不增赋无以饷兵。其累吾民一年。"当时谓之剿饷，期一年而止。十二年(公元一六三九年)，饷尽而贼未平，于是又从嗣昌及督饷侍郎张伯鲸议，剿饷外，又增练饷七百三十万。先后共增六百七十余万。十五年(公元一六四二年)，蒋德璟对帝曰："既有旧饷五百余万，新饷九百余万，又增练饷七百三十万；臣部实难辞咎。今兵马仍未练，徒为民累耳。"①

廷臣多请练边兵，帝(崇祯)命杨嗣昌定议：边镇及畿辅山东河北凡四总督十七总兵官各抽练额兵总七十三万有奇。又汰郡县佐贰，设练备练总，专练民兵。于是有练饷之议。初，嗣昌增剿饷，期一年而止。后饷尽而贼未平，诏征其半。至是督饷侍郎张伯鲸请全征。帝虑失信，嗣昌曰："无伤也；加赋出于土田，土田尽归有力家；(加赋一事，表面上似无损于农民。其实政府向有力之家加赋，有力之家则向农民加租，仍须损及农民。)百亩征银三四钱，稍抑兼并耳。"大学士薛国观程国祥皆赞之。于是剿饷外，复亩加练饷银一分，共增七百三十万。盖自神宗末，增赋五百二十万；崇祯初，再增百四十万；总名辽饷。至是(崇祯十二年，公元一六三九年)复增剿饷练饷。先后增赋千六百七十万，民不聊生，益起为盗矣。于是御史卫周嗣言："嗣昌流毒天下，剿练之饷多至七百万，民怨何极。"御史郝晋亦言："万历末年，合九边饷止二百八十万。今加派辽饷至九百万！剿饷三百三十万业已停止，旋加练饷七百三十余万！自古有一年而括二千万以输京师，又括京师二千万以输边者乎?"疏言虽切，而时事危急，不能从也。……至十四年(公元一六四一年)，懋第督催漕运，驰疏言："臣有事河干一载，每进父老问疾苦，皆言练饷之害。三年来，农怨于野，商叹于途。如此重派，所练何兵，兵在何所？奈何使众心瓦解一至此极乎?"②

---

① 赵翼：廿二史劄记·明末辽饷剿饷练饷》。

② 《续文献通考·田赋考》二。

二 统治势力的腐化

上面所述，可以说是明室乱亡之经济的原因。兹从政治方面研究，亦见得明室之乱亡，有其必然的原因在。

皇族的扰民 明祖虽出身微贱，然恢复民族地位，树立帝国之时，随即大封宗室，造成一个特殊阶级加在原来的封建地主之上。原有的封建地主势力已很不小，再加上新封的朱姓贵族，人民更经不起了。朱姓新封的贵族人数加多，其流弊亦随着增加，成为动摇大明统治的因素。举其最大者而言，凡有数项：一则直接扰害人民；以遗族之尊，居于各地；仗其权势，侵夺人民田宅子女等事，所在皆是。二则妨碍官府行政；贵族虽不管地方行政，然以地位之尊，尝要挟地方官员，地方官员亦莫敢抗拒。三则加重人民负担；贵族全不从事于生产，其食用概来自庄田的田租；无庄田的，即来自人民的赋税。人数多了，两者俱感供不应求。赵翼云：

> 明祖初定天下分封诸子于各省各府。……其后日久，而弊日甚。一在以王府之尊而居于外郡，则势力足以病民。一在支庶蕃衍，皆仰给县官，不使之出仕及别营生理，以至宗藩既困，而国力亦不支。考唐亦封诸王于外；追武后废杀诸王后，开元以来诸王，皆居京师。而支庶得自奋于功名；如宗室为宰相者，至有十余人。其出仕于外，如嗣流王巨嗣吴王祗，当国家寇乱时，俱能守郡掌兵，为国宣力；此法之最善者也。今观明制，藩王之礼统极尊。以极尊之礼统处于外郡，则有如谷王橞夺民田，侵公税，杀无罪人，藏匿亡命。长史虞廷纲谏，则诬以罪而磔之。又如伊王世子典楧，多持官吏短长；不如旨，必构之使去；至御史行部不敢入城。楧要而笞之。官吏往来，率纡道疾过。犹使人追入，责以不朝。朝者亦辱以非礼。宫墙坏，奏请修筑，则夺附近民居，以广其宫。索郎中陈大壮屋，不肯，则使数十人从大壮卧起，夺其饮食；大壮遂饿死。阅河南府城女子，选七百余人，留尤丽者九十余人；勒其家以金赎。宸濠未反时，亦强夺民间田宅子女。养群盗闵廿四、凌十一等，劫财江湖间，有司不敢问。甚至楚宗华越讦楚王华奎之案，以巡抚赵可怀庇华奎，楚宗人遂击死可怀。此其恣横无忌，肆害官民，皆由以藩王之尊，居于外郡，莫敢抗拒故也。……

而法之尤不善者，在乎支庶日蕃，徒仰岁禄，而别无出仕及谋生之路。宗支既多穷迫，而国力亦以坐困。《明史·表序》谓亲王或可自存，郡王至中尉空乏尤甚。盖亲王岁禄既多，其护卫军及仪卫司人役并乐户之类，俸饷皆支于官。是亲王之分例本属丰厚。且初封时，岁禄外又有草场滩地之赐；如英宗子见潾就藩德州，请齐汉二庶人所遗东昌兖州闲田及白云、景阳、广平三湖地，宪宗悉与之。神宗子潞王就封，请德景藩故籍田产，多至四万顷。福王之国，亦援例以请；而版籍已定，尺寸皆夺之民间。不得已减半。中州田不足，则请山东湖广田益之。又奏乞张居正入官田，及江都至太平沿江荻州，四川盐井榷茶银。又请淮盐千三百引，设店洛阳售卖；至为禁食河东盐以听鬻卖。此亲王富厚之大概也。盖亲王初封爵出藩，皆帝王爱子；故岁禄外，有此别给。其后嫡子孙袭亲王爵者，即世其产，是以富厚如此。至亲王之支子孙封为郡王及镇国，奉国，将军，中尉者不能分此私产，唯恃岁禄为衣食。而生齿日繁，国力不给。嘉靖中，御史林润言："天下财富岁供京师米四百万石，而各藩禄米至八百五十三万石！即无灾伤蠲免，亦不足供禄米之半。年复一年，将何以支?"此可见国家养给各藩之竭蹶。……坐弊如此，靳学颜所谓："唐宋宗亲或通名仕版，或散处民间；我朝分封列爵，不农不仕，吸民膏髓"是也。①

中枢的腐化　中枢的腐化，可拿阉宦当权为最显之例。阉宦是宫庭里的佣人。其性质之特别，我们在第三编第二章里讲宦官打击外戚时就已讲过。这种人而可以握大权，主国政，则中枢之腐化，自可想见。在专制时代，每一朝之前半期内，因统治者的明察谨慎，阉宦是不容易干预国政的。但每一朝之后半期内，尝因统治者的幼弱无能，及女后的出而专擅，很容易使阉宦之流得到干预国政的机会。

(a)明代初期，自成祖以前，对阉宦的管束是很严的：不许读书识字，不许语及政治，不许有文武官衔，不许着外臣冠服，一切食用均有限制。《明史》云：

太祖既定江左，鉴前代之失，置宦者不及百人。迨末年颁祖训，

① 赵翼：《廿二史劄记·明分封宗藩之制》。

乃定为十有二监，及各司局，稍称备员矣。然定制不得兼外臣，文武衔，不得御外臣冠服，官无过四品，月米一石，衣食于内庭。尝镌铁牌置宫门外曰："内臣不得干预政事，预者斩。"敕诸司不得与文移往来。有老阉供事久，一日从容语及政事，帝大怒，即日斥还乡。尝用杜安道为御用监：安道外臣也，以镊工侍帝数十年；帷幄计议皆与知；性缜密不泄过，诸大臣前一揖，不启口而退。太祖爱之。然无他宠异，后迁出为光禄寺卿。有赵成者，洪武八年(公元一三七五年)以内侍使河州市马。其后以市马出者又有司礼监庆童等。然皆不敢有所干窃。建文帝嗣位，御内臣益严：诏出外稍不法，许有司械闻。①

成祖以后，情形就不同了，宦官渐居要职；直到神宗时代，遂造成极大的流弊。

(b)成祖以后，宦官得势的机缘，可分为较大之三项。(1)贵族内部的冲突。例如燕王棣反，师逼江北之时，内臣多逃入其军，报告京中虚实。逮燕王成功为帝，便以官职酬报这班人。自是以后，宦官便常居要职。如郑和之出使外洋，马骐之出镇交阯，皆最显之例。《明史》云：

燕师逼江北，内臣多逃入其军，漏朝廷虚实。文皇以为忠于己，而狗儿辈复以军功得幸。即位后，遂多所委任。永乐元年(公元一四〇三年)，内官监李兴奉敕往劳暹罗国王。三年(公元一四〇五年)，遣太监郑和帅舟师下西洋。八年(公元一四一〇年)，都督谭青营有内官王安等，又命马靖镇甘肃，马骐镇交阯。十八年(公元一四二〇年)，置东厂，令刺事。盖明世宦官出使，专征，监军，分镇，刺臣民隐事诸大权，皆自永乐开始。初太祖制，内臣不许读书识字。后宣宗设内书堂，选小内侍令大学士陈山教习之，遂为定制。用是多通文墨，晓古今。逞其智巧，逢君作奸。数传之后，势成积重。始于王振，卒于魏忠贤。②

(2)官僚内部的冲突。例如神宗时廷臣尝乘着帝皇之怠于政事，渐立门户，互相倾轧。后来为着"梃击""红丸""移宫"三案，大起争讼；结果东林

① 《明史·宦官列传》序。

② 《明史·宦官列传》序。

党一班人得胜。而失败者心有不甘，乃互相团结以图报复。恰巧宦者魏忠贤被熹宗宠爱上了，大家不顾一切，牺牲名节，争相依附，以图对付东林党人。忠贤得此，势力坐大。《明史》云：

神宗在位久，怠于政事，章奏多不省。廷臣渐立门户，以危言激论相尚。国本之争，指斥宫禁。宰辅大臣为言者所弹击，辄引疾避去。吏部郎顾宪成讲学东林书院，海内士大夫多附之，东林之名自是始。既而梃击、红丸、移宫三案起，盈廷如聚讼；与东林忤者，众目之为邪党。天启初，废斥殆尽，识者已忧其过激变生。及忠贤势成，其党果谋倚之，以倾东林。而徐大化、霍维华、孙杰首附忠贤；刘一燝及尚书周嘉谟并为杰劾去。……一时罢斥者，吏部尚书赵南星，左都御史高攀龙，吏部侍郎陈于廷及杨涟、左光斗、魏大中等先后数十人。已而又逐韩爌及兵部侍郎李邦华。正人去国纷纷若振槁！乃矫中旨，召用例转科道：以朱童蒙、郭允厚为太仆少卿，吕鹏云、孙杰为大理丞，复霍维华、郭兴治为给事中，徐景濂、贾继春、杨维垣为御史；而起徐兆魁、王绍徽、乔应甲、徐绍吉、阮大铖、陈尔翌、张养素、李应荐、李嵩、杨春懋等为之爪牙。未几，复用拟戍崔呈秀为御史。呈秀乃造《天鉴同志》诸录，王绍徽亦造《点将录》；皆以邹元标顾宪成叶向高刘一燝等为魁，尽罗入不附忠贤者，号曰东林党人，献于忠贤；忠贤喜。于是群小益求媚忠贤，攘臂攻东林矣。①

明代阉宦之祸酷矣。然非诸党人附丽之，羽翼之，张其势而助之攻；虐焰不若是其烈也。中叶以前，士大夫知重名节。虽以王振汪直之横，党与未盛。至刘瑾窃权，焦芳以阁臣首与之比；于是列卿争先献媚，而司礼之权居内阁上。迨神宗末年，讹言朋兴，群相敌雠；门户之争固结而不可解；凶竖乘其沸溃，盗弄太阿；黠桀渠憸窜身妇寺；淫刑痡毒，快其恶正丑直之私；衣冠填于狴犴，善类殒于刀锯！②

(3)皇帝幼弱无能。在专制时代，皇帝之明断最为重要。若皇帝幼弱无能，邪枉的势力便乘之而入，构成大集团，驱逐正人君子。明英宗以幼年即位，故宦者王振得乘机而入；熹宗亦以幼年即位，故宦者魏忠贤亦得乘

① 《明史·宦官》二《魏忠贤传》。

② 《明史·阉党列传》序。

机而入。赵翼谓明代宦官之祸，并非完全由于宦官本身之通晓文义；反之，乃由于人主童昏，漫不省事。故其言曰：

有明一代宦官……致祸之由，亦不尽由于通文义也。王振汪直刘瑾固稍知文墨；魏忠贤则目不识丁，而祸更烈。大概总由于人主童昏，漫不省事；故若辈得以愚弄，而窃威权。如宪宗稍能自主；则汪直始虽肆恣，后终一斥不用。武宗之于瑾，亦能擒而戮之。惟英熹二朝皆以冲龄嗣位，故振忠贤得肆行无忌。然正统之初，三杨当国，振尚心惮之，未敢逞。三杨继殁，而后跋扈不可制。天启之初，众正盈朝，而贤亦未大横；四年(公元一六二四年)以后，叶向高、赵南星、高攀龙、杨涟、左光斗等相继去而后肆其毒痡。计振忠贤之擅权，多不过六七年，少仅三四年，而祸败已如是。设令正统天启之初，二竖即大权在握，其祸更有不可胜言者。①

(c)明代宦官之肆虐，以魏忠贤为最酷。(1)彼乃肃宁人，少无赖。以赌博不胜，恚而自宫，于万历中被选入宫。当熹宗未做皇帝时，与熹宗的乳母客氏要好。后来熹宗做了皇帝，为优待乳母客氏之故，并忠贤一并优待之。自是忠贤在宫庭中便有势力了。后更勾结党羽，扩大自己之势力；并乘熹宗年幼无知，尽量以声色狗马引诱之。《明史》云：

魏忠贤，肃宁人，少无赖，与群恶少博，不胜，为所苦，恚而自宫，变姓名曰李进忠。其后乃复姓，赐名忠贤云。忠贤自万历中选入宫，棣太监孙暹，夤缘入甲字库。又求为皇长孙母王才人典膳，谄事魏朝，朝数称忠贤于安，安亦善遇之。长孙乳媪曰客氏，素私侍朝，所谓对食者也。及忠贤入，又通焉。客氏遂薄朝而爱忠贤，两人深相结。光宗崩，长孙嗣立，是为熹宗。忠贤、客氏并有宠。未逾月，封客氏奉圣夫人，荫其子侯国兴，弟客光先及忠贤兄钊俱锦衣千户。忠贤寻自惜薪司迁司礼秉笔太监，兼提督宝和三殿。忠贤不识字，例不当入司礼，以客氏故得之。天启元年(公元一六二一年)，诏赐客氏香火田，叙忠贤治皇祖陵功。……忠贤不知书，颇强记，猜忍，阴毒，好谀；帝深信任此两人。两人势益张，用司礼监王体乾及李永贞、石

① 赵翼：《廿二史劄记·明代宦官》。

元雅、涂文辅等为羽翼，宫中人莫敢忤。……忠贤乃劝帝选武阉鍊火器，为内操。密结大学士沈㴶为援；又日引帝为倡优声伎狗马射猎。[1]

(2)忠贤得势之后，凡三案失败之人群起附之。文臣有崔呈秀等，所谓“五虎”；武臣有田尔耕等，所谓“五彪”；又有尚书周应秋等，所谓“十狗”；此外更有群小结成之“十孩儿”“四十孙”等名目。可见当时借忠贤之势力而活动的人，非常之多。

忠贤窃权，而三案被劾，察典被谪诸人欲藉其力以倾正人，遂群起附之。文臣则崔呈秀田吉吴淳夫李龙倪文焕，号五虎。武臣则田尔耕、许显纯、孙云鹤、杨寰、崔应元，号五彪。又尚书周应秋，卿寺曹钦程等，号十狗。又有十孩儿、四十孙之号。自内部六部，至四方督抚，无非逆党。骎骎乎可底篡弑之祸矣。[2]

(3)内部六部，四方督抚，皆为忠贤之党羽！目不识丁之宦官，能做到这步，颇令人惊骇。当时各地督抚及地方官之隶属忠贤，可于建生祠一事见之。祠，本系供奉死人的。为欲纪念某人之勋业，不待其死，于其生时即建祠供之，故曰生祠。但魏忠贤之时，其生祠几遍于全国。全国大小官员，无不是忠贤心腹。

魏忠贤生祠之建，始于浙抚潘汝祯。汝祯因机户之请，建祠西湖。疏闻于朝，诏赐名普德。此天启六年(公元一六二六年)六月事也。自是诸方效尤，遂遍天下。其年十月，孝陵卫指挥李之才建之南京。七年(公元一六二七年)正月，宣大总督张朴，宣府巡抚秦士文，宣大巡按张素养建之宣府大同。应天巡抚毛一鹭巡按王珙建之虎邱。二月，蘇辽总督阎鸣秦，顺天巡抚刘诏，巡按倪文焕建之景忠山。宣大总督朴，大同巡抚王點，巡按养素又建之大同。三月，鸣泰与文焕，巡按御史梁梦环又建之西协密云丫髻山；又建之昌平通州太仆寺卿何崇圣建之房山。四月，鸣泰与巡抚袁崇焕又建之宁前(鸣泰共建七所)。宣大总督朴，山西巡抚曹尔祯，巡按刘宏先又建之五台山。庶吉士李若琳建之蕃育署。工部郎中曾国祯建之卢沟桥。五月，通政司经历孙如

---

① 《明史·宦官》二《魏忠贤传》。

② 赵翼：《廿二史劄记·明代宦官》。

洌，顺天府尹李春茂建之宣武门外。巡抚朱童蒙建之延安。巡城御史黄宪卿王大年、汪若极、张枢、智铤等建之顺天。户部主事张化愚建之崇文门。武清侯李诚铭建之乐王庙。保定侯梁世勋建之五军营大教场。登莱巡抚李嵩，山东巡抚李精白建之蓬莱阁。宁海县督饷尚书黄运泰，保定巡抚张凤翼，提督学政李蕃，顺天巡按文焕建之河间天津。河南巡部郭增光，巡按郭奇谟建之开封，上林监丞张永祚建之良牧嘉蔬林衡三署。博平侯郭振明等建之都督府锦衣卫。六月，总漕总漕尚书郭尚友建之淮安。是月，顺天巡抚卢承钦，山东巡按黄宪卿，顺天巡按卓迈，七月，长卢巡盐龚萃肃，淮扬巡按许其孝，应天巡按宋祯汉，陕西巡按庄谦各建之所部。八月，总河李从心，总漕尚友，东抚精白，巡按宪卿，巡漕何可及又建之济宁。湖抚姚宗文，郧阳抚治梁应泽，湖广巡按温皋谟建之武昌承天均州。三边总督史永安，陕抚胡廷晏，巡抚庄谦袁鲸建之固原太白山。楚王华奎建之高观山。山西巡抚年志夔，巡抚李灿然刘宏光建之河东。

每一祠之费，多者数十万，少者数万。剥民财，侵公帑，伐树木，无算。开封之建祠，毁民舍二千余间，创宫殿九楹，仪如帝者。参政周锵，祥符县季寓庸恣为之；巡抚俯首而已。锵与魏良善，祠成，熹宗已崩，犹致书良卿为忠贤设渗金像。而都城数十里间祠宇相望。有建之内城东街，工部郎叶宪祖窃叹。忠贤闻之，立削其籍。上林一苑，至建四祠。童蒙建祠延绥，用琉璃瓦。诏建祠蓟州，金像用冕旒。凡疏祠一如颂圣，称以尧天舜德，至圣至神。而阁臣辄以骈语褒答。运泰迎忠贤像，五拜三稽首。率文武将吏列班阶下，拜如初。已又诣像前祝称：某事赖九千岁扶植。稽首谢还就班，复稽首如初礼，运泰请以游击一人守祠，后建祠者必有官守。其孝等方建祠上梁，而熹宗哀诏至。既哭临，释服，易吉，拜。监生陆万龄至谓孔子作《春秋》，忠贤作《要典》；孔子诛少正卯，忠贤诛东林党人。宜建祠国学，与先圣并尊，并以忠贤父配启圣公祠。司业朱之俊辄为举行。其后巡抚杨邦宪建祠南昌，毁周程朱三贤祠益其地；鬻澹台灭明祠曳其像碎之。比疏至，庄烈帝已即位，且阅且笑。①

① 赵翼：《廿二史劄记·魏阉生祠》。

这种疯狂似的崇拜阉宦，是历史上仅有的事。我们倘若就事论事，认定当时的书生、士流、党人等之尊重名节为正派，则一般依附阉宦而得势的官僚，当然属于邪党。整个的中央政府落在这班人手里，中枢的腐化不能不算是到了极点。中枢既腐化到了极点，则地方的政治情形也就可想而知。何况地方的政治皆直接或间接操在这班人手里。

地方的糜烂 这只专从政治方面举两项事以为例：一，吏治的不修；二，乡绅的横暴。先说前者。明代初年，吏治最为修明。这我们在上章第三节里已经讲过了。但以为时既久，中枢的统治者不免昏庸，对于整个的政治自然懈怠起来。到末了，全国的吏治乃不得不随着中枢之腐化而腐化。吏治腐化，地方乃直接遭其糜烂。黄宗羲之言曰：

> 吏胥之害天下，不可枚举。而大要有四。其一，今之胥吏，以徒隶为之，所谓皇皇求利者。而当可以为利之处，则亦何所不至？创为文纲，以济其私。凡今之所设施之科条，皆出于吏。是以天下有吏之法，无朝廷之法。其二，天下吏既为无赖子所据，而佐贰又为吏之出身，士人目为异途，羞与为伍也。其三，各衙门之佐贰不自其长辟召，一一铨之吏部；即其名姓，且不能遍知，况其人之贤不肖乎？故铨部化为戴部，贻笑千古。其四，京师权要之吏，顶首皆数千金。父传之子，兄传之弟。其一人丽于法后，而继一人焉则其子若弟也。不然，则其传衣钵者也。是以今天下无封建之国，有封建之吏。[①]

胥吏固足以害天下，而冗员之日益增加，更是促成吏治之腐败紊乱的。冗员之增置，是每一朝的黄金时代过后所必有的现象。每朝初期，正值新兴的统治势力励精图治之时，所有官员皆有专责；冗滥之弊，尚不至发生。迨为时稍久，旧统治势力的反抗，完全消灭了，新统治者乃开始懈怠起来，一切施政方法，都不如初期之严密，官员之冗滥，遂渐开始。地主阶级努力向官场爬，政府稍稍予以敷衍；结果官员多起来了。事情虽未增加，而官员人数加了。有官无事，官也就成了冗官。明自孝宗以后，官员之冗滥即已开始。《经世实用编》载孝宗时徐恪疏曰：

> 我朝法古建官，凡在外官司，府州县等，皆量地方广狭，政务繁

① 黄宗羲：《明夷待访录·胥吏篇》。

简；命官分职，各有定额。今日地方人民，无异于曩时；钱粮军需，无加于旧额。夫何添设抚民、督粮、兵备、水利、理刑、提学、管屯、营矿、管河、劝农、捕盗等官，比旧加倍？且设官分职，皆为民也。今以抚民为名，其余各官独不以抚民为职乎？河南以区区八府州之民，既添设按察司，管屯佥事兼管抚民，而布政司抚民乃用参政。其为冗散，不言可知。祥符等七县添设主簿，皆以修治沁河为职。今黄河北徙，与沁合流；由汴达徐，滔滔无阻；所设各官，似亦冗闲。又如布政司职掌钱粮，分守官自合催督；今既添官督粮，分守官所干何事？按察司职掌刑名，分巡官自合问刑；今既添官理刑，分巡官所干何事？况一官之来，有一官之费：食有俸粮，居有廨宇。分毫皆取给于民。且如参政一员，皁隶十名，每名必得三四十丁马；夫十户，每户必得三丁。通计不下四五百丁，俱于殷实之家佥充；其一应科差，不免累及贫难下户出办。以一官言之，似无大费。以司府州县统计之，其费何可胜言？[①]

其次乡神之横暴，这在明代也是很值得注意的。中央腐化了，各地的吏治自然是不修的。吏治不修，乡神乃横暴，农村的封建势力乃无限活跃起来。赵翼之言曰：

前明一代风气，不特地方有司私派横征，民不堪命。而缙绅居乡者亦多倚势恃强，视细民为弱肉。上下相护，民无所控诉也。今按《杨士奇传》："士奇子稷，居乡，尝侵暴杀人。言官交劾，朝廷不加法，以其章示士奇。又有人发稷横虐数十事，乃下之理。士奇以老病在告，天子不忍伤其意，降诏慰勉。士奇感泣，遂不起。"是时士奇方为首相，而其子至为言官所劾，平民所控；则其肆虐已极可知也。又《梁储传》："储子次摅为锦衣百户，居家，与富人杨端争民田；端杀田主，次摅遂灭端家二百余人。武宗以储故，仅发边卫立功。"《朝野异闻录》又载："次据最好束人臂股或阴茎，使急迫，而以针刺之，血缕高数尺，则大叫称快。"此可见其恣虐之大概矣。"《焦芳传》："芳治第宏丽，治作劳数郡。"是数耶之民皆为所役。又《姬文允传》："文允宰滕县；白连贼反，

① 王圻：《续文献通考·职官》一。

民皆从乱；文允问故，咸曰：祸由董二。”董二者，故延绥巡抚董国光子，居乡暴横，民不聊生，故被虐者至甘心从贼；则其肆毒更可知也。又《琅琊漫钞》载：“松江钱尚书治第，多役乡人；砖瓦亦取给于役者。有老庸后至，钱责之，对曰：‘某担自黄瀚坟，路远，故迟耳。’钱益怒。答曰：‘黄家坟亦吾所筑，其砖亦取自旧坟，勿怪也。’”此又乡官役民故事也。其后昆山顾秉谦附魏忠贤得入阁，忠贤败，秉谦家居昆，民焚掠其家，秉谦窜渔舟以免。时秉谦已失势，其受侮或不足为异。至如宜兴周延儒方为相，陈于泰方为翰林，二家子弟暴邑中；民至发涎儒祖墓，又焚于泰于鼎庐。王应熊方为相，其弟应熙横于乡；乡人诣阙击登闻鼓，列状至四百八十余条，赃一百七十余万；其肆毒积怨于民可知矣，温体仁当国，唐世济为都御史，皆乌程人。其乡人盗太湖者以两家为奥主。兵备冯元扬捕得其魁，则世济族子也。是乡官之族且庇盗矣。又有投献田产之例，有田产者为奸民籍，而献诸势要，则为势家所有。天顺中，曾翚为山东布政使，民垦田无赋者，奸民指为闲田，献诸戚畹；翚断还民。河南濒黄河淤地，民就垦，奸民指为周王府屯场，献王邀功，王辄据而有之。原杰请罪献者，并罪受者。又《戒庵漫笔》：“万历中，嘉定青浦间有周星卿，素豪侠；一寡妇薄有资产，子方幼，有侄阴献其产于势家。势家方坐楼船鼓吹，至阅庄。星卿不平，纠强有力者突至索门，乃惧而去；诉诸官，会新令韩某颇以扶抑为己任，遂直其事。”此亦可见当时献产恶习（参看本章第一节《屯田衰而庄田盛》一段）。此一家因周星卿及韩令得直，其他小民被豪占而不得直者，正不知凡几矣。[①]

三　人民暴动之四起

闯贼以前之民乱　在上述经济政治的状况之下，因土地私有制的畸形发展，农村剩余人口随在皆是。例如“成化初，荆襄寇乱，流民百万；项忠杨璿为湖广巡抚，下令逐之；弗率者戍边，死者无算。祭酒周洪谟著《流民说》，引东晋时侨置郡县之法，使近者附籍，远者设州县以抚之。都御史李

① 赵翼：《廿二史劄记·明乡官虐民之害》。

宾上其说，宪宗命原杰出抚，招流民十二万户，给闲田，置郧阳府，立上津等县统治之。河南巡抚张宣亦请辑西北流民，帝从其请。”[①]这等剩余人口随时都有造成大暴动之可能性。不过国势方盛之时，纵有暴动，也不十分惹人注意。明代自永乐之后，历史上记载的暴乱，便已不少。兹以赵翼所集录者为例。

唐赛儿——永乐十九年(公元一四二一年)蒲台林三妻唐赛儿作乱，自言得石函中宝书神剑，役鬼翦纸，作人马相战斗；徒众数千，袭据益都，卸石栅寨，指挥高凤捕之，败没，势遂炽。其党董彦升等攻下莒即墨，围安邱；总兵官柳升率刘忠围赛儿，赛儿夜劫官军，军惊溃，忠战死。赛儿逃去，攻安邱益急，知县张旗等死守，不能下；合莒即墨万余贼来攻。都指挥卫青备海上倭，闻之，率千骑驰至，大破贼，城中亦鼓噪出，杀贼二千，擒四千，悉斩之；余贼奔散。时城中旦夕不支，青救稍迟，城必陷矣。

刘千斤——成化中，荆襄贼刘千斤作乱。千斤名通，河南西华人；县门石傻猊重，双手举之，因以为号。时流民聚荆襄者通以妖言煽之，谋作乱。石袭者号石和尚，聚剽掠，与通共起兵，伪称汉王，建元德胜。朝命尚书白圭，提督军务，率朱永、喜信、鲍政等讨之，至南漳，败贼，乘胜逼其巢。通奔寿阳，又退保大市，官军又败之，斩其子聪。贼退据后崖，诸军四面攻之，遂擒通及其众三千五百人，获其子女万一千有奇。石龙与刘长子逸去，扰四川。圭分兵蹙之，刘长子缚龙以降，余寇悉平。

李胡子——圭既平刘通，荆襄间流民仍屯结通党。李胡子名原，伪称平王，与小王洪王彪等掠南漳、房县、内乡，流民附之，至百万。总督项忠讨之，先遣人入山，招谕流民，归者四十万；彪亦就擒。贼仍伏山砦出击，忠又遣李振等击之，禽李原、小王洪等，又招流民五十余万，安插著籍。

叶宗留等——正统中，庆元人叶宗留与丽水陈鉴胡聚众盗福建宝丰县银矿，群盗自相杀，遂作乱。福建参议竺渊往捕，被执死；宗留僭称王。福建邓茂七亦聚众反，宗留鉴胡附之，剽浙江、江西、福建

① 《明史·食货志》—《户口》。

境。参议耿定，佥事王晟及都督陈荣、刘真、吴刚等前后败没。遂昌贼苏牙、俞伯通又与相应；朝命张骥为浙江巡抚，讨之，骥遣官击斩牙等。而鉴胡方以忿争杀宗留，自称大王，国号太平，建元太定，分掠浙东。未几，茂七死，鉴胡势孤，骥招之，遂降。别贼苏记养等亦为官军所平。

邓茂七——福建沙县人邓茂七为甲长，以气役属乡民。其俗佃人输租外，例馈田主。茂七倡其党无馈，而要田主自往受粟。田主诉于县，县下巡检捕之。茂七杀官兵数人。上官闻，遣官军三百人往捕，尽被杀，巡检亦死。茂七遂大掠，自称划平王，设官属，聚党数万人，陷二十余州县。指挥范真、彭玺等先后被杀。会左布政使安南人阮勤贪浊愚民，民益从乱。巡按汪澄檄浙江、江西会讨，寻以贼议降，檄止其兵；贼益炽。茂七围延平，朝命御史丁瑄往招讨；都督刘聚，佥都张楷大军继贼后。瑄诱聚再攻延平，督众击败之，遂斩茂七。

李添保——天顺中，麻城人李添保以逋赋逃入苗中，伪称唐太宗。后聚众一万余，僭称王，建元武烈，掠远近。总兵李震大破之，添保逃入贵州，复诱群苗出掠，震擒之。

黄萧养——天顺末，广东贼黄萧养作乱，围广州。杨信民先官广东，有惠政。至是以巡抚至，使人持谕人贼营招之。萧养素服信民，克日请见。信民单车莅之，贼望见曰："果杨公也。"争罗拜愿降。而信民寻即病卒。会朝命都督董兴来讨，……兴用天文生冯轼随行。景泰元年(公元一四五〇年)至广州，贼舟千余艘，势甚炽。而征兵未尽集，诸将请济师。轼曰："广州被围久矣，即以现兵往击，犹拉朽耳。"兴从之，进至大洲，击贼；杀溺死者无算。余多就抚。萧养中流矢死。俘其父及党与，皆伏诛。

刘六、刘七、齐彦名、赵疯子——正德中，文安人刘六名宠，其弟七名宸，并骁悍。有司患盗，召宠宸及其党杨虎齐彦名等捕盗，有功。刘瑾家人索贿，不得，遂诬为盗，遣宁果柳尚捕之。宠等乃投大盗张茂……陷城杀将。朝命马中锡提督军务，与张伟等讨之。诸将懦，或反与贼结。……宠宸……自畿辅犯山东、河南，下湖广，抵江西。又自南而北，直窥霸州，杨虎等由河北入山西，复至文安，与宠等合，纵横数千里，所过如无人，中锡伟不能御，乃下招降令；中锡舆入其营，宠请降，宸曰：今奄臣柄国，马都堂能自主乎？遂罢去，焚掠如故。朝议乃遣侍郎陆完出督师，调边将邓永许泰等率边兵入巢，败贼于霸州，于信安阜城。刘六七乃南陷山东二十州县。杨虎又北残威县新河。刘六等纵横沂莒间，连陷宿迁虹永城等处。边兵追及，至小黄河渡口，虎溺死。余贼奔河南，推刘惠为首，败总兵白玉军，杀指挥王保，势大炽。有陈翰者，奉惠为奉天征时大元帅，赵燧副之。翰自为侍谋军重务，元帅府长史，与宁龙立东西二厂治事；分其军为二十八营，以应二十八宿，营各置都督。赵燧者文安诸生，号赵疯子；挈家避贼，贼得之，欲淫其妻女；燧怒，手击杀数人。贼以其勇，遂奉之。燧戒毋淫掠，毋妄杀，移檄府县官吏师儒毋走避；迎者安堵。由是横行中原，势出刘六等上；连陷鹿邑、上蔡、西平、遂平、舞阳、叶县。纵掠南顿、新蔡、商水、襄城；至钧州，以马文升家在，舍之去，攻沁阳，毁焦芳家，束草为芳像，斩之。副总兵冯祯时源击败贼；贼奔入西平城，官军塞其门，焚死千余人，余贼溃而西。巡抚邓璋等朝崇王，宴饮三日，贼得招散亡，势复振，陷鄢陵荥阳汜水；围河南府三日，官军始集；贼觇官军饿疲，乃来犯；祯战死。此燧等之乱河南也。刘六七及彦名则扰山东畿辅；亦陷数十州县。官兵追及，贼辄驱良民在前，官兵所杀皆良民。故虽屡奏捷，而贼势不衰，于是朝命又以彭泽提督军务，泽仇钺办河南贼。其山东畿辅贼则专委陆完。泽等至河南，燧等走汝州、宝丰、舞阳、固始、颍州、光山。钺追及之，贼大败。湖广军又破其别部贾勉儿于罗田。贼流六安、舒城，趋庐州定远，屡败。而道遇杨虎余党数千人，又振；陷凤阳、泗宿、睢宁。诸将连败之，追至应山。贼略尽；燧薙发，逃至江夏，被执，伏诛。惠走土地岭，为指挥王谨谢中目，自缢死；勉儿亦获于项城。余党邢本恕、刘资、杨寡妇等皆就擒。而陆完之办山东贼也，贼人登莱海套，又北走，沿途啸聚益众。巡抚宁杲兵为所败。贼又南走湖广，夺舟至夏口，为满弼等追及，刘六与其子仲淮赴水死。刘七齐彦名乘舟抵镇江，时河南贼已平，帝命彭泽等会剿；贼犹乘舟上下。操江伯赵宏靖追之，败绩。完至镇江，分舟师备江阴福山港等处。贼惧，至通州；飓风大作，走保狼山。完等攻之，彦名中枪死，七中矢，亦赴水死，余贼尽平。

江西盗——正德中，流贼不独刘六七等也。江西亦剧盗。抚州则王钰五、徐仰三、传杰一、揭端三等。南昌则桃源贼汪澄二、王浩八、殷勇十、洪瑞七等。瑞州则华林贼罗光权陈福一等。赣州则大帽山贼何积钦等。朝命陈金总制军务，讨之。金调广西土官岑鎏岑猛士兵与官兵合击贼于熟塘于东岸；擒仰三，馘钰五等。移师桃源，分命参政董朴等扼余干等县，防其逸出；亲统大军捣巢。勇十、瑞七等皆就诛，乘胜斩光权。华林贼尽平。又击大帽山贼，擒积钦。半年间巢贼略尽。金置酒高会。余贼觇诸隘无守兵，乃赂土目乘间挽出。时贼已绝爨三日，自分必死。至贵溪始得一饱，遂掠徽衢间。金招降，王浩八伪降以缓师，而攻剽如故。东乡贼亦乞降于副使胡世宁，号新兵，亦剽掠，惧罪，又叛。朝命以俞谏来代金。浩入据贵溪之裴源山，众又集，连营十余里。谏令世宁等分兵断其去路。贼凭山发矢石，官兵几不支。谏与副总兵李鋐殊死战，浩乃走，追数十里，擒浩八。其党胡浩三既抚又叛参政吴廷举往谕，为所执；居三月，尽得其要领，诱浩三杀其弟浩二。官兵乘乱攻之，遂擒浩；浩以次平刘昌二等。而东乡贼王垂七胡念二等又杀官吏，焚廨舍。谏又发兵禽之，乱乃平。

四川盗——是时流贼之在四川者：保宁有蓝廷瑞，称顺天王；鄢本恕称刮地王，其党廖惠称扫地王。众十万，置四十八总管，蔓延陕西湖广之境。廷瑞惠谋据保宁；本恕谋据汉中，取郧阳东下。巡抚林俊调狪兵及石柱土兵至龙滩河，乘贼半渡击之，获惠；余贼奔陕。总制洪钟下令招抚，降者万余人。贼又掠蓬莱三州，钟檄陕豫楚兵分道进。廷瑞走汉中，官军围之，廷瑞遣人乞降於陕抚监章。章以贼本川人，遣官护之出境。贼既入川，乞降，而多所要求，欲以营山县或临江市处其众。钟遣通判罗贤入其营，被杀。钟乃分兵为七垒守之，贼不得逸。廷瑞以所掠女子诈为已女，结婚于钟所调来之永顺土舍彭世麟，冀得间逃去。世麟密白钟，钟使以计图之。及期，廷瑞本恕及其党二十八人咸来会。伏发，尽擒之。惟廖麻子得脱，偕其党曹甫掠营州蓬州。钟又议抚，甫听命。廖麻子忿甫背已，袭杀之，并其众，转掠川东；自合州渡江，陷州县。甫党方四出亡命，思南巡抚林俊发兵击走之。朝命彭泽来代钟，泽偕总兵时源数败之，禽麻子于剑州。其党喻思俸窜巴通间，泽又禽之。时钟所调永顺土兵恣为暴，民间谣曰：‘贼兵梳，官兵篦，土兵薙。’陈金所调广西土兵亦恣横，民间谣曰：‘土贼犹可，土兵杀我。’

曾一本——嘉靖中，海寇曾一本蜑户纠众横行闽广间。俞大猷将赴广西，总督刘焘令大猷会闽师夹击。一本至闽，总兵李锡海御之，与大猷遇贼柘林澳，三战皆捷。贼遁马耳澳，复战。广东总兵刘显及郭成率参将王诏以师会，次莱芜澳，分三哨进。一本驾大舟力战。诸将连破之，毁其舟，诏生禽一本及其妻子，斩首七百余，死水火者万计。一本之党梁本豪亦蛋户，一本既诛，本豪窜海中，习水战，远通西洋，且结倭兵为助，杀千户通判以去。总督陈瑞与参将黄应甲谋分水军二：南驻老万山，备倭；东驻虎门，备蛋。别以两军备外海，两军扼要塞。乃率水军进，沈蛋舟二十，生禽本豪。余贼奔潭州，聚舟二百，及倭舟十。诸将合追，先后斩千六百，沈其舟二百余，抚降者二千五百，海贼尽平。

徐鸿儒——天启二年(公元一六二二年)山东妖贼徐鸿儒反，连陷郓、钜野、邹、滕、峄，众至数万。巡抚赵彦任都司杨国栋、廖栋檄所部练民兵，守要地。起家居总兵杨肇基使统兵往讨。而国栋、栋等攻邹兵溃，游击张榜战死，彦方视师兖州，遇贼。肇基至，急迎战，令国栋、栋夹击，大败之。横河贼精锐聚邹滕中道，肇基令游兵缀败邹城，而以大军击贼纪王城，大败贼，殪之峄山，遂围邹。国栋等亦先后收复郓、钜野、峄、滕诸县，乃筑长围攻邹，三月，贼食尽，其党出降，遂禽鸿儒。

刘香——崇祯初，福建有红夷之患。海盗刘香乘之，连犯闽广沿海邑。总督熊文灿议招抚，遣参政洪云蒸，副使康成祖，参将夏之本、张一杰等宣谕，俱被执。乃令降盗郑之龙击香于田尾洋；香势蹙，令云蒸止兵。云蒸大呼急击贼，勿顾我，遂遇害。香势穷，自焚溺死。承祖等脱归。①

由上所述观之，闯贼发难之前，自永乐初至崇祯初的二百年间，大明帝国之内，竟无一个时期没有民乱，也无一个地方没有民乱。明代历史，除却永乐以前的数十年稍安靖外，几乎完全是统治者与贼众对抗的历史。统治者若代表封建地主，贼众即代表失业农民。地主与农民的对立冲突，陆续发生于全国各地；凡河北、山东、山西、陕西、河南、安徽、湖北、江苏、江西、浙江、福建、湖南、广东、广西等省，在明代几乎无一省未

① 赵翼：《廿二史劄记·明代先后流贼》。

经民乱。这些民乱，在统治势力尚能自持，未至被其动摇时，便不见得怎样严重。直到明代末年，统治势力自身腐化已达极点之时，其严重性便自然而然地露出来了。最后各地民乱汇合，成为极大的总暴动，延长二十余年之久。

闯贼暴动之开端 第一节所述农村生活之破产及第二节所述统治势力之腐化，便是闯贼暴动之经济的及政治的基本原因。但其直接的(a)导火线，则有如下之数者。(一)饥荒。崇祯初元，陕西大饥，饥民无以为生，起而暴动。给事中马懋才上疏有云：

> 臣陕西安塞县人也。臣见诸臣具疏有云：父弃其子，夫鬻其妻；或掘草根而自食，或掘白石以充饥。然此犹不足言。臣乡延安府自去年至今，一年已不见雨，草木枯焦。八九月间，人民争相采食山间之蓬草。虽曰谷物，实类于糠；其味苦涩，食之不过免死。至十月，篷尽，则剥树皮而食诸树皮中，惟榆树皮最善；仍杂以他皮而食，亦得稍缓其死。至年终，树皮又尽，则又掘山中之石块而食。石冷而味腥，虽少食亦易饱；不数日，则腹胀下坠而死。民有不甘食石而死者，始相聚为盗。其一二稍为积贮之民，则被劫不留一物。彼饥民以为死於饥，与死于盗，死相等耳。且与其坐以饿死，何不为盗而死，尚得为饱死鬼乎？……总之，秦地光景，庆阳延安以北，饥荒十分之极，盗贼次之。西安汉中以下，则盗贼至十分之极，而饥荒次之。①

(二)兵变。崇祯时代国家的收入不敷支出；军饷缺乏。这我们看政府加征辽饷练饷及剿饷等办法，便可推知。崇祯帝即位之元年(公元一六二八年)驻守辽西宁远之四川湖广兵，因缺饷至四月之久，酿成哗变，至捕缚巡抚总兵等长官。陕西一省，欠饷至一百三十八万两之多；其冬，兵士遂起而劫掠州库。二年(公元一六二九年)，满洲兵围北京，政府召官兵赴京应付危局，而山西巡抚耿如杞之兵，即以缺饷而西向行劫。(三)裁驿。崇祯二年(公元一六二九年)，给事中刘懋请裁驿，以为裁撤驿卒，计可年省数十万两。殊不知在交通运输机关幼稚之时，一切传递，全凭人力，故用人甚多；因之充当驿卒，亦一优良之生计。当时山陕驿卒人数众多。裁驿一

① 叶稻君山：《清朝全史》二十二章。

举，致多数人失业。综而言之，饥荒、兵变、裁驿等是闯贼发难之较为明显的导火线。

(b)在经济政治的基本原因之下，再加上这些导火线，于是乱事发作，为二十余年人民暴动之开端。《明史》云：

> 天启末，魏忠贤党乔应甲为陕西巡抚，朱童蒙为延绥巡抚，贪黩不诘盗，盗由是始。崇祯元年(公元一六二八年)，陕西大饥，延绥缺饷，固原兵劫州库。白水贼王二，府谷贼王嘉允，宜州贼王左挂、飞山虎、大红狼等一时并起。有安寨马贼高迎祥者，自成舅也，与饥民王大梁聚众应之。迎祥自称闯王，大梁自称大梁王。二年(公元一六二九年)，……会京师戒严，山西巡抚耿如杞勤王兵哗而西，延绥总兵吴自勉，甘肃巡抚梅之焕勤王兵亦溃，与群盗合……三年(公元一六三〇年)王左挂、王子顺、苗美等战屡败，乞降。而王嘉允掠延安、庆阳间。杨鹤抚之，不听，从神木渡河，犯山西。是时秦地所征曰新饷，曰均输，曰间架，其目日增，吏因缘为奸，民大困。以给事中刘懋议裁驿站，山、陕游民仰驿糈者无所得食，俱从贼，贼转盛。兵部郎中李继贞奏曰："延民饥，将尽为盗，请以帑金十万振之。"帝不听。而嘉允已袭破黄甫川、清水、木瓜三堡，陷府谷、河曲。又有神一元、不沾泥、可天飞、郝临庵、红军友、点灯子、李老柴、混天猴、独行狼诸贼，所在蜂起。或掠秦，或东入晋，屠陷城堡。官兵东西奔击，贼或降或死，旋灭旋炽。延安贼张献忠亦聚众据十八寨称八大王。四年(公元一二六一年)，孤山副将曹文诏破贼河曲，王嘉允遁去，已复自岳阳突犯泽潞，为左右所杀。其党共推王自用号紫金梁者为魁。自用结群贼老㺯㺯、曹操、八金刚、扫地王、射塌天、阎正虎、满天星、破甲锥、邢红狼、上天龙、蝎子块、过天星、混世王等，及迎祥、献忠共三十六营，众二十余万，聚山西。自成乃与兄子过往从迎祥，与献忠等合，号闯将。①

就这一段记载看，可知首先发难的人为饥民，为叛兵，为驿卒。换句话说，都是经济政治及天灾压迫之下的失业农民。其首领之较著名，且被

① 《明史·流贼列传·李自成传》。

后来人所常谈及者为高迎祥，称闯王；李自成、张献忠称闯将。闯王、闯将之称遂形成所谓闯贼之名。

(c)高迎祥于崇祯九年(公元一六三六年)秋七月被禽于盩厔，献俘阙下砍死。领导贼众作长久战的实为李自成与张献忠。这两人自崇祯九年(公元一六三六年)以后，大抵分别活动。李自成扰黄河流域，最后以陕西为归宿地；张献忠扰长江流域，最后以四川为归宿地。这两人的出身：李为陕西米脂人，幼为人牧羊，长充驿役夫。张为陕西延安人，是一个兵士。《明史》记述他们出身如次：

> 李自成，米脂人，世居怀远堡李继迁寨。父守忠，无子，祷于华山，梦神告曰："以破军星为若子。"已生自成，幼牧羊于邑大姓艾氏。及长，充银川驿卒。善骑射，斗很无赖，数犯法。知县晏子宾捕之，将置诸死。脱去为屠。①
>
> 张献忠者，延安卫柳树涧人也，与李自成同岁生。长，隶延绥镇为军；犯法当斩，主将陈洪范奇其状貌，为请于总兵官王威，释之，乃逃去。崇祯三年(公元一六三〇年)，陕西贼大起，王嘉允据府谷，陷河曲，献忠以米脂十八寨应之，自号八大王。②

二十年间之骚乱　(a)初期的活动。自崇祯元年至八年(公元一六二八——一六三五年)，闯贼的势力尚限于中国之西北部。初以陕西为中心向周围展开：或东入山西，或东南入河南、湖北，或西南入四川。官军进击，则退守陕西老巢；官军防堵稍松，即向接近陕西之各地突进。彼时官军对于贼众似着重招抚；初以三边总督杨鹤主其事，继由洪承畴负其责。崇祯七年(公元一六三四年)，官军将领陈奇瑜与卢象升等逼贼使误入汉中之车箱峡，本可一战削平。谁知李自成等诈降，反从此坐大。是年"六月，总督陈奇瑜围李自成于汉中车箱峡。会连雨四十日，贼马之刍，死者过半，弓矢俱脱，贼大窘。自成乃自缚乞降。奇瑜许之，各给免死票回籍。自是复纵横不可制矣。"③

(b)大会于荥阳崇祯八年(公元一六三五年)，贼众大会于荥阳，议决进

---

① 《明史·流贼列传·李自成传》。

② 《明史·流贼列传·张献忠传》。

③ 谷应泰：《明史纪事本末·李自成之乱》。

取。这一次的会集，关系极大：决定进取的宗旨，一也；配备各方的军事，二也；突出西北的范围，三也。《明史》云：

> 八年正月，大会于荥阳。老狪狪、曹操、革里眼、左金王、改世王、射塌天、横天王、混十万、过天星、九条龙、顺天王、及迎祥、献忠共十三家，七十二营。议拒敌未决。自成进曰："一夫犹奋，况十万众乎？官兵无能为也，宜分兵定所向，利钝听之天。"皆曰："善。"乃议：革里眼、左金王当川湖兵，横天王、混十万当陕兵，曹操、过天星扼河上，迎祥、献忠及自成等略东方，老狪狪、九条龙往来策应，陕兵锐，益以射塌天改世王。所破城邑子女玉帛唯均。众如自成言。先是南京兵部尚书吕维祺惧贼南犯，请加防凤阳陵寝，不报。及迎祥、献忠东下，江北兵单，固始、霍邱俱失守。贼燔寿州，陷颍州；知州尹梦鳌，州判赵士宽战死。杀故尚书张鹤鸣；乘胜陷凤阳，焚皇陵；留守署正朱国相等皆战死。①

(c)李自成蹂躏黄河流域。荥阳会后，李自成与张献忠为争一善鼓吹之小阉而开始分裂。当他们陷凤阳焚皇陵之时，得一皇陵监小阉，善鼓吹，为献忠所有。自成也喜欢这小阉，向献忠要求，不遂，乃怒而西奔归德；献忠则单独东向，下庐州。这次分裂之后，贼众的活动，显然分成两大区域：李自成则蹂躏黄河流域，张献忠则蹂躏长江流域。(1)李自成之活动，完全以迷信和谣言等为其南针。这情形一点也不稀奇。盖在封建势力支配整个社会的时代，统治者只图愚民，民间固无所谓思想。直到多数被压迫之小民生计陷入绝境之时，自然形成暴乱的趋势；这时有人于有意无意之间，依着当前实事制造迷信，散布谣言；这原亦不过表示心理之欲求而已。但实际的生活情形愈见恶化，谣言迷信等乃随着愈传愈广，终成号召大众的南针。李自成未出世之时，其父即梦见神人告他，当有破军星下降为他的儿子，后来果生自成。这一个应验，显然是要提高李自成之神秘势力而硬造出来的。后来称乱之时，又有卜者献谶云："十八子，主神器。"这也无非是要把自成的神秘势力提高，以期大众信仰。至于"迎闯王，不纳粮"之谣言，显见得是要博得大众的信仰而制造出来的。这种谣言，直可当作彼

① 《明史·流贼列传·李自成传》。

时之革命理论看待。

> 十二年(公元一六三九年)，……官军围自成于巴西鱼复诸山中，自成大困，欲自经；养子双喜劝而止。贼将多出降；刘宗敏者蓝田锻工也，最骁勇，亦欲降。自成与步入丛祠，顾而叹曰："人言我当为天子，盍卜之；不吉，断我头以降。"宗敏诺，三卜三吉。宗敏还，杀其两妻，谓自成曰："吾死从君矣。"军中壮士闻之，亦多杀妻子愿从者。自成乃尽焚辎重，轻骑由郧均走河南；河南大旱，斛谷万钱，饥民从自成者数万。遂自南阳出攻宜阳，杀知县唐启泰；攻永宁，杀知县武大烈，戕万安王采𨱆；攻偃师，知县徐日泰骂贼死。时十三年(公元一六四〇年)十二月也。……杞县举人李信者，逆案中尚书李精白子也，尝出粟振饥民，民德之曰："李公子活我。"会绳伎红娘子反，掳信，强委身焉。信逃归，官以为贼，囚狱中。红娘子来救，饥民应之，共出信。卢氏举人牛金星磨勘被斥，私入自成军为主谋；潜归，事泄，坐斩；已得末减。二人皆往投自成，自成大喜，改信名曰岩。金星又荐卜者宋献策长三尺余，上谶记云："十八子，主神器。"自成大悦。岩因说曰："取天下以人心为本；请勿杀人，收天下心。"自成从之，屠戮为减。又散所掠财物振饥民，民受饷者不辨岩、自成也，杂呼曰："李公子活我。"岩复造谣词曰："迎闯王，不纳粮。"使儿童歌以相煽，从自成者日众。①

(2)崇祯十七年(公元一六四三年)春季，推倒大明帝国的统治。李自成利用知识分子李信、牛金星等以为谋主，在黄河流域各地大肆蹂躏。其所侵扰之地域为陕西、山西、河北、河南等省及四川之东境，山东之西境，湖北、安徽之北境。至于西北方面，甘肃、宁夏、绥远等省，各有一大部分被其蹂躏。崇祯十六年(公元一六四二年)，以湖北襄阳为襄京，自号奉天倡义大元帅，号罗汝才为代天抚民威德大将军。然尚未建国，并无国号。到十七年(公元一六四三年)春正月，自成称王于西安，建国号曰大顺，改元永昌，自己亦改名自晟。建立政府，置六尚书，设弘文馆文谕院等。这时是自成势力最盛的时代，有众百万，步兵四十万人，马兵六十万人。是

① 《明史·流贼列传·李自成传》。

年三月，攻克北京，崇祯皇帝被逼，自缢死于煤山；大明帝国的统治至是完全瓦解。当时冲突的情形非常惨酷，《明史》述之极详。

始，贼欲侦京师虚实，往往阴遣人辇重货贾贩都市；又令充部院诸掾吏，探刺机密。朝廷有谋议，数千里立驰报。及抵昌平，兵部发骑探贼；贼辄勾之降，无一还者。贼游骑至平则门，京师犹不知也。十七日，帝召问群臣莫对，有泣者。俄顷，贼环攻九门；门外先设三大营悉降贼。京师久乏饷，乘陴者少，益以内侍。内侍专守城事，百司不敢问。十八日，贼攻益急。自成驻彰义门外，遣降贼太监杜勋缒入见帝，求禅位。帝怒，叱之，下诏亲征。日暝，太监曹化淳启彰义门，贼尽入。帝出宫，登煤山，望烽火彻天，叹息曰："苦我民耳。"徘徊久之，归乾清宫；令送太子及永王、定王、于戚臣周奎、田弘遇第，剑击长公主，趣皇后自尽。十九日丁未，天未明，皇城不守；鸣钟集百官，无至者！乃复登煤山，书衣襟为遗诏，以帛自缢于山亭！帝遂崩。太监王承恩缢于侧。自成毡笠缥衣，乘乌驳马，入承天门；伪丞相牛金星，尚书宋企郊、喻上猷，侍郎黎志升、张嶙然等骑而从；登皇极殿，据御座，下令大索帝后；期百官三日朝见。文臣自范景文，勋戚自刘文炳以下，殉节者四十余人。宫女魏氏投河，从者二百余人。象房象皆哀吼流泪。太子投周奎家，不得入；二王亦不能匿。先后拥至，皆不屈，自成羁之宫中。长公主绝而复甦，舁至，令贼刘宗敏疗治。已乃知帝后崩，自成命以宫扉载出，盛柳棺，置东华门外，百姓过者皆掩泣！越三日己酉味爽，成国公朱勋臣。大学士魏藻德率文武百官入贺，皆素服坐殿前。自成不出，群贼争戏侮，为椎背脱帽，或举足加颈相笑乐；百官慑伏，不敢动。太监王德化叱诸臣曰："国亡君丧，若曹不思殡先帝，乃在此耶！"因哭。内侍数十人皆哭，藻德等亦哭。……

自成自居西安建置官吏，至是益改官制：六部曰六政府，司官曰从事，六科曰谏议，十三道曰直指使，翰林院曰弘文馆，太仆寺曰验马寺，巡抚曰节度使，兵备曰防御使，知府州县曰尹曰牧曰令。召见朝官，自成南向坐；金星、宗敏、企郊等左右杂坐以次呼名，分三等授职自四品以下，少詹事梁绍阳、杨观光等无不污伪命；三品以上独用故侍郎侯恂；其余勋戚文武诸臣奎、纯臣、演、藻、德等共八百余

> 人送宗敏等营中拷掠，责赇赂，至灼肉折胫，备诸惨毒。藻德遇马世奇家人，泣曰："吾不能为若主，今求死不得。"贼又编排甲，令五家养一贼，大纵淫掠，民不胜毒，缢死相望。①

从这段记载中可见当时暴乱的人民与统治的阶级冲突之激烈。乱民对统治阶级则掠取财物，逼杀贵族，协制官僚；对自己内部则改革制度，委任官吏，并预备拥戴李自成为正式皇帝，牛金星曾率乱民全体三次劝进。谁知在李自成正登极之时，忽闻出海关总兵吴三桂勾结满洲兵入关戡乱，乃准备西窜回西安老巢。四月廿九日，在西安称帝。计自成自起兵以来，于崇祯十六年(公元一六四三年)春，曾在襄阳自称奉天倡义大元帅，于十七年(公元一六四四年)春正月在西安称王，同年三月在燕京称帝不成，至是复回西安称帝。但这时(3)他的厄运开始了。吴三桂及满洲兵向他追来，无力抵抗乃不得不南窜。于清顺治二年(公元一六四五年)二月弃西安而南逃。入湖北襄阳至武昌；转湖南至岳州；最后以经不起大明帝国与满洲贵族的夹击，窜入湖南之黔阳，被村民所杀，献其首于川湖总督何腾蛟。其侄李过结草为首，葬之于罗公山下。一代民乱的领袖，在种族战争与社会冲突的双重压迫之下遂告结束！当满洲兵入关，种族战争开始之时，大明帝国内一部分南逃的贵族本可立刻停止对内的社会冲突，集中力量以对付种族战争。但当时南逃的诸贵族，虽被异族压迫至极，仍不肯停止对内的社会战争。直到永明王时，虽稍稍改变态度，利用民乱的残余领袖以对外，然为时已迟，终至大明帝国完全灭绝。兹且录一段记载，以见李自成之结局。

> 大清兵四伐，李自成合贼数十万悉锐迎战。铁骑冲坚而入，贼披靡，斩首三万。刘宗敏田见秀等俱死，贼众大溃，弃西安，走商雒。丙子，自成弃陕，以兵出潼关，分军为八营，三道俱下，南略地至襄郏。……大清兵既定三秦，下河南，入楚，取荆襄。李自成南奔辰州，将合张献忠；献忠已入蜀，遂留屯黔阳。部贼亡大半，然尚拥众十余万，乏食，遣贼将四出抄掠，黔阳四境鸡犬皆尽。川湖何腾蛟进攻之，自成营于罗公山，倚险筑堑，为久屯计。势弥蹙，食尽，逃者益众。自成自将轻骑抄掠，何腾蛟伏兵邀之，大败，杀伤几尽。自成以数十

① 《明史·流贼列传·李自成传》。

骑突走村落中求食，村民皆筑堡自守，合围伐鼓而击之。自成麾左右格斗，皆陷于淖；众击之，人马俱毙，村民不知为自成也；截其首献腾蛟，验之，左胪伤镞，始知为自成。李过闻自成死，勒兵随赴，仅夺其尸，灭一村而还；结草为首，以衮冕葬之罗公山下。贼诸将奉李过为首，改名李锈，渡湖，入险山中，后改名李赤心。①

(d)张献忠蹂躏长江流域。当李自成在黄河流域大肆攻略之时，张献忠则率部众攻略长江流域各地。李于崇祯十六年(公元一六四三年)在湖北襄阳建立襄京，其势力达到了长江流域；张为李所威胁，于是年进略湖南、江西，及广东、广西之北境，其势力亦达到了南岭之南。李于十七年(公元一六四四年)在陕西西安称王，张亦于是年在四川成都称王。李于三月攻陷燕京，大肆破坏；张于十一月留在四川大肆破坏。李于清顺治二年(公元一六四五年)为满洲兵所逼，死于湖南之罗公山；张于清顺治三年(公元一六四六年)为满洲兵所逼，死于四川之凤凰坡。李在山西时，对贵族极残忍，代藩宗室屠戮殆尽；张在湖北时，对贵族亦极残忍，楚藩宗室亦屠戮殆尽。李在西窜入陕之前，曾攻克燕京，推倒大明统治，其与统治者冲突的情形前面已经讲过。张在西窜入蜀之前，曾大略湘赣，屠戮贵族官僚；其与统治者冲突的情形，《明史》记载颇详。

十六年(公元一六四三年)春，连陷广济、蕲州、蕲水；入黄州，黄民尽逃，乃驱妇女铲城，寻杀之，以填堑。麻城人汤志者大姓奴也，杀诸生六十人，以城降贼。献忠改麻城为州。又西陷汉阳；全军从鸭蛋洲渡，陷武昌。执楚王华奎笼而沈诸江，尽杀楚宗室：录男子二十以下，十五上为兵，余皆杀之。由鹦鹉洲至道士洑，浮胔蔽江逾月，人脂厚累寸，鱼鳖不可食，献忠遂僭号，改武昌曰天授府，江夏曰上江县，据楚王第，铸西王之宝，伪设尚书、都督、巡抚等官，开科取士。……令发楚邸金振饥民，斩黄等二十一州县悉附。时李自成在襄阳，闻之，忌且怒；贻书谯责。左良玉兵复西上，伪官吏多被禽杀。献忠惧，乃悉众趋岳州长沙。……长沙巡按刘熙祚奉吉王、惠王走衡州；总兵尹先民降，长沙陷。寻破衡州，吉王、惠王、桂王俱走永州。

① 谷应泰：《明史纪事本末·李自成之乱》。

乃拆桂府材，载至长沙，造伪殿，而自追三王于永。熙祚命中军护三王入广西，身入永死守。城陷，见杀。又陷宝庆常德，发故督师杨嗣昌祖墓，斩其尸，见血；攻道州，守备沈至绪战殁。其女再战，夺父尸还，城获全。遂东犯江西，陷吉安、袁州、建昌、抚州、永新、安福、万载、南丰诸府县，广东大震，南韶属城官民尽逃。贼有献计取吴越者，献忠惮良玉在，不听，决策入川。①

张献忠于崇祯十七年(公元一六四四年)春入川，是年冬，在川大肆破坏。同年三月，李自成攻克燕京，在燕京亦大肆破坏。就外表看来，两者颇为相似。但实际上两者完全相反。李的破坏为积极的，这于利用大明官吏一点可以看出。李在燕京，大明帝国四品以下之官，皆加伪命，显然有拉拢之意。盖其时李所处的境遇，似为优越的，向上的；山陕河南均在他的势力之下，大明的统治新被推翻；李自成显然是一胜利者，故其破坏为积极的。而张之入川，则含有退守之意。一入四川，湖广江北，概非己有。眼见得自己十余年的攻略，空无所有，退保四川一隅，终亦只是待毙而已。故其破坏为消极的。这于他水藏金物之后，自谓“无为后人有也”一语可以看出。献忠入川，也曾一度为大西国王，改元大顺。但建号之日就是破坏之时，其破坏之最惨毒者有下列各端：一，杀戮之惨。诡言开科取士，杀智识分子于青羊宫。又坑成都民于中园，杀各卫军九十八万，遣四将军分屠各县。二，销毁宝物。将亿万数的宝物，掷入锦江，然后决水放流，使一物无存。盖人民与财物，皆足以资他人利用。自己既处绝境，故索性一切毁灭，无为他人所有，这仍是一种仇恨的战斗行为。

献忠黄面长身虎颔，人号黄虎。性狡谲嗜杀：一日不杀人，辄悒悒不乐。诡开科取士，集于青羊宫尽杀之，笔墨成丘冢。坑成都民于中园，杀各卫籍军九十八万。又遣四将军分屠各府县，名草杀。伪官朝会拜伏，呼獒数十下殿；獒所嗅者引出斩之，名天杀。又创生剥皮法皮未去而先绝者，刑者抵死。将卒以杀人多少叙功次，共杀男女六十万有奇。贼将有不忍至缢死者。伪都督张君用、王明等数十人皆坐杀人少剥皮死，并屠其家。协川中士大夫，使受伪职。叙州布政使尹伸，

① 《明史·流贼列传·张献忠传》。

广元给事中吴宇英不屈死，诸受职者后寻亦皆见杀，其惨虐无人理不可胜纪。又用法移锦江，涸而阙之，深数丈，埋金宝亿万计；然后决堤放流，名水藏，曰："无为后人有也。"当是时，曾英、李占春、于大海、王祥、杨展、曹勋等义兵并起，故献忠诛杀益毒。川中民尽，乃谋窥西安。顺治三年（公元一六四六年），献忠尽焚成都宫殿庐舍，夷其城，率众出川北。又欲尽杀川兵，伪将刘进忠故统川兵，闻之，率一军逃。会我大清兵至汉中，进忠来奔，乞为向导。至盐亭界，大雾；献忠晓行，猝遇我兵于凤凰坡；中矢坠马，蒲伏积薪下；于是我兵禽献忠出，斩之。①

乱之本身及影响 这二十年间的骚乱，我们可以就其本身及其所生之影响作一泛论。(a)就其本身而论，有下之各点值得注意。第一，暴动的贼众概为贫民、饥民、叛兵、失业的驿卒，乃至一切贼众，都不过是农村中无以为生的贫民而已。当其暴动之初，只有五营；崇祯四年（公元一六三一年）单只聚于山西一隅者号称三十六营，有众二十余万人。八年（公元一六三五年），李自成张献忠等大会于荥阳时，号称十三家，有众七十二营。三十六营即有众二十余万人，七十二营当有众四十余万。十七年（公元一六四四年），单只李自成开府于西安时，有兵百万，其中步兵四十万，马兵六十万。人数多至如此，历时二十年，骚扰的地方凡十余省，可算大暴动。

第二，所谓贼众，在暴动的过程之中，也并非全然无约束者。如十六年（公元一六四三年），李自成在襄京称奉天倡义大元帅时，即有军令曰："不得藏白金，过城邑不得室处，妻子外不得携他妇人。"次年称王于西安时，亦定军制："有一马儳行列者斩之，马腾入田苗者斩之。"并且他们有一种均财物的信约。八年（公元一六三五年），即约定"所破城邑子女玉帛惟均，众如自成言。"

第三，暴动的对象厥为贵族，官僚，地主等。其实例，《明史·流贼列传》极多。如张献忠攻克楚藩，楚藩宗室屠戮殆尽；李自成攻克代藩，代藩宗室屠戮殆尽。杀害贵族之方法，亦殊惨毒。李自成执杀福王，以其血和鹿醢，曰福禄酒。张献忠执楚王，以笼子盛着，沈诸江。这都是对贵族的一种大报复。至于官僚，捉着即杀；各地知县知州，当其城邑被攻克之时，

① 《明史·流贼列传·张献忠传》。

无不惨遭杀戮。即不杀戮，亦必拷打。如李自成攻克燕京，执文武诸臣八百余人拷掠责赂，即是实例。对地主亦极惨：张献忠克襄城时，劓刖诸生凡百九十人。

第四，对于贫民，因为与自身同阶级，且其部队员额之扩充亦大部取给于贫民，故颇见优待。李自成听了李信等的话，颇想收拾人心；每到一处，所掠财物，当以之振济饥民。张献忠之所为，也是如此。其财物即系从贵族官僚地主方面掠来者。张献忠退守四川之时，因自己处于绝境，大肆破坏，杀人不分皂白，那又当别论。盖其目的在毁灭一切，使无为胜利者所有，已谈不到振济贫民了。至于未入川之时，固仍掠取贵族等之财物以济贫民。如发楚王邸金以振饥民即是一例。

(b)就结果而论，第一，直接地推倒了大明的统治。明自崇祯皇帝缢死煤山以后，整个的统治已经瓦解了。在南方虽有福王、鲁王、唐王、桂王等之挣扎，终不能把大明的统治恢复过来。所有的努力不过回光反照而已。第二，间接的引起了种族战争。凡一国之内，社会冲突剧烈之时，最易引起外族的侵入。反之种族战争剧烈之时，也容易引起社会阶级之争。凡此在中国历史上有不少的实例。这次闯贼向大明统治者进击，是一种社会冲突，或阶级战争。但当局为着要镇压阶级的叛乱，乃引满洲兵入关，于是社会冲突转入种族战争了。

四　满族乘机侵入

满族起源及文化　满族又叫满洲。据孟森的考订，满洲并非地名，乃部族之名；系从曼珠两字转来。西藏《丹书》里有曼珠师利大皇帝之称；而曼珠之义华言为妙吉祥，甚为可取。满洲之名或从此来，亦未可知。孟之言曰：

> 满洲二字，清一代自认为未有中国以前之国名；又自认为未能立国以前之部族名。近日本稻弃岩吉等考建州女直，乃谓满洲之国号，在崇德以前，全无踪影；此事遂大有疑问矣。今就清代官私书籍与日本所收集之明人及朝鲜人记载，而以意断制之说相互钩稽，……分别诠释如下：
>
> 一，日本人称满洲二字为文殊二字之对音，是也。《满洲源流考》

> 卷一云："按满洲本部族名。以国书考之，满洲本作满珠；二字皆平读。我朝光启东土，每岁西藏献《丹书》，皆称曼珠师利大皇帝。《翻译名义》曰：'曼珠，华言妙吉祥也。'又作曼殊室利大教王。经云：'释迦牟尼师毗卢遮那如来，而大圣曼殊室利为毗卢遮那本师。'殊珠音同，室师一音也。当时鸿号肇称，实本诸此。今汉字作满洲，盖因洲字义近地名，假借用之，遂相沿耳。实则部族而非地名，固彰彰可考也。'又载高宗御制全韵诗'号建满洲，开基肇宗'，二句之下自注，语意相同。则满洲为读作平声之曼珠，又为本于曼殊师利之佛号。佛号普通书作文殊师利。满洲之即文殊，固为清室子孙臣所自言，日人亦第据中国之官书耳。①

满洲之名称，略如上述。至于其来历，则亦非常长远。在周秦时曰肃慎，居今吉林东北及牡丹江流域。汉时凡有四部：曰高句丽，曰扶余，曰挹娄，曰沃沮；汉人凡称之灭貊。三国两晋时代，高句丽最盛。及于隋唐，颇受中国之挫。高句丽亡后，粟末靺鞨亦曾建渤海王国，其势亦曾盛极一时。直到十一世纪之初，宋政和时，有女真部族建金国于今哈尔滨东北之阿什河上；曾助宋灭契丹。后来蒙古建国，金人遂屈服于蒙古势力之下；明兴，又为大明帝国所羁縻。明末，其势骤盛，侵入中国，建立大清帝国。

满洲之来历大略如此。至于其文化之渊源大抵可从三方面言之。(一)本土文化；满洲部族之来历既然长远，则受着天然环境之赐，在其生活斗争中，当然创造了若干独特的文化种子，以为他们适应环境之工具。这可称之为本土文化。(二)直接从汉族方面吸收的文化。自周秦至于汉代，汉族势力向东北发展，常与满族接触，同居交混；于是汉族文化传入满族之中。稻叶君山云：

> 考彼部族四方割据之情形，可以想见其习俗之差池。然汉种自周秦以至汉代，向东北发展之事实，固有不可忘者。当战国时，先开拓辽河流域为燕国。燕国以昭王之时为最盛：贤将秦开以善用兵闻。其在直隶方面，则逾长城，却东胡于东北数百里之外。在满洲方面，则夺辽东、辽西二郡地，建襄平府于辽阳，以经略各地。征之史籍，可

① 孟森：《清朝前纪》第一篇《满洲名称考》。

知今铁岭、开原附近为汉种与外族接触之地，其地似设有一塞也者。秦并燕国，承其行政区域。汉踵秦起，汉人文化遂移植于辽河流域。汉人为开拓而来者亦众满洲旧时种族之灭貊与移住之中国人相接，盛于此时。物品之贸易，知识之交换，亦咸在此处。此等事实，至后汉益彰。①

(三)经由蒙古人，间接吸收汉族的文化。渤海王国建立之时，即与契丹对峙。契丹虽为蒙古种，却早已受了汉化。渤海王国就衰之时，契丹侵入，将其从汉族方面所受之文化传入满洲。这当然也是满族文化的一个来源。

对明贸易之问题 满洲部族既与大明帝国接界，双方为着经济上的要求，便不免常常发生争持。这情形正与宋辽间及宋夏间的情形相类似，原不足奇异。大明的经济要求，除通商的利益以外，似还着重于争夺耕牧之地。这于李成梁拓地一事可见。

万历初元时，兵部侍郎汪道昆阅边，成梁献议：移建孤山堡于张其哈剌佃，险山堡于宽佃，沿江新安四堡于长佃、长岭诸处。仍以孤山、险山二参将戍之，可拓地七八百里，益收耕牧之利。道昆上于朝，报可。自是生聚日繁，至六万四千余户。及三十四年(公元一六〇六年)，成梁以地孤悬难守，与督抚蹇达、赵楫建议弃之，尽徙居民于内地。居民恋家室，则以大军驱迫之，死者狼藉。②

这可见开拓耕牧之地，不独为政府所主动，人民且亦极乐从。至于满洲部族的经济要求，则偏重与汉族通商。汉满间最重要的贸易，可举三项为例：一，马市；二，木市；三，人参等之市易。这三种主要贸易完全是天然物产之地理差异(Geographical Difference)所决定的。满族方面的天然出产富于马、木、人参等物品，而这等物品又为汉族之所需；因此遂有汉满间的市易。

永乐间设马市三：一在开原南关，以待海西；一在开原城东五里，一在广宁，皆以待朵颜三卫。定直四等：上直绢八匹，布十二；次半

① 稻叶君山：《清朝全史》第一章。

② 《明史·李成梁传》。

之，下二等各以一递减。既而城东广宁市皆废，惟开原南关马市独存。……成化十四年（公元一四七八年），陈钺抚辽东，复开三卫马市。……开原月一市，广宁月二市；以互市之税充抚赏。正德时令验放入市者依期出境，不得挟弓矢；非互市日，毋辄近塞垣。……

隆庆四年（公元一五七〇年），俺答孙把汉那吉来降，于是对贡互市之议起。……辽东义州木市，万历二十三年（公元一五九五年）开。事具《李化龙传》。[①]

化龙进兵部右侍郎，明年，小歹青悔祸，款塞请开木市于义州；且告朵颜、长昂将犯边。已，长昂果犯锦义。……言既信，化龙遂许其请；上疏曰："环辽皆敌也，……今乃叩关求市。臣遍询将领，及彼地居民，佥言木市开有五利。河西无木，皆在边外；叛乱以来，仰给河东；以边警又不时至，故河西木贵于玉。通市，则材木不可胜用，利一。所疑于歹青者无信耳。彼重市为生路，常市时，必不行掠。即今年市而明年掠，我已收今年不掠之利矣，利二。辽东马市成祖所开，无他赏本；听商民与交易。木市与马市等，有利于民，不费于官，利三。大举之害酷而希，零窃之害轻而数。小歹青不掠锦义，零窃少矣。又西不助长昂，东不助炒花，则敌势渐分；即宁前广宁患亦渐减。且大举先报，又得预为备，利四。零窃既希，边人益得修备，利五。"疏入，从之。[②]

太祖高皇帝与明通市于抚顺、清河、宽奠、叆阳四关口。是时上招徕各路，国势日盛。明亦遣使通好，岁以金币聘问我国所产东珠、人参、紫貂、玄狐、猞狸、狲诸珍异之物于抚顺、清河、宽奠、叆阳四关口互市，以通商贾。天命十一年（公元一六二六年），定漏税私商之罪。奉谕旨：通商为市，国家经费所出，应任其交易；漏税者罪之。若往外国交易，亦当告知诸贝勒，私往者罪之。[③]

归纳上面所引，可得下之诸项：一，贸易物品以马、木、人参等为大宗。二，固定的市场为数颇多；马市场在开原、南关、东城及广宁等处；木市场在义州；人参等市场在抚顺、清河、宽奠、叆阳等处。三，市易之管理

① 《明史·食货志》五《马市》。

② 《明史·李化龙传》。

③ 《清朝文献通考·征榷考·征商》。

颇为严密：市易有定期，如开原月一市，广宁月二市是也。物品有定价，如分马值为四等是也。此外漏税有罚，私商有罚。四，市易的目的，在满族方面似乎完全以增加收入为主，所谓“通商为市，国家经费所出”，是也。在汉族方面，除了增加收入以外，还有一个最重要的军事目的。如李化龙所举木市五利之中，二、四、五等三利完全是军事目的上的利益；或则缓和敌人侵掠，或则便于自己设防，或则分散敌人势力，都是以军事为前提的。

至于汉满间贸易之问题又是因什么而发生的呢？我们可以举出较为重要的三个原因：(一)中国方面的闭关政策：中国对外通商，历来采此政策，如宋之对辽对夏，皆是如此。总以对外通商为对外施恩；又以严边防必须停市易，明之对付海外商人，便是如此。汉满间市易问题之发生，闭关政策或停止市易，是一个极大的原因。(二)中国方面任意降低物价，及(三)税监对外商的任意苛削，也都是使汉满间通商关系恶化之重要原因。

> 是时土蛮求贡市，关吏不许，大恨。七年(万历七年，公元一五七九年)十月，复以四万骑自前屯锦川营深入。……王兀堂故通市宽奠，后参将徐国辅弟国臣强抑市价；兀堂乃与赵锁罗骨数遣零骑侵边。明年(公元一五八〇年)三月，以六百骑犯叆阳及黄冈岭，指挥王宗义战死。复以千余骑从永奠人。①
>
> 永乐……十四年(公元一四一六年)，都御史沈固请支山西行都司库银市马。时也先贡马互市，中官王振裁其马价，也先大举入寇，遂致土木之变。②
>
> 万历……三十七年(公元一六〇九年)正月，京师讹言寇至，民争避匿。边民逃入都门者亦数万，九门昼闭。辅臣言：兵部尚书惟一人，何以应猝变？帝亦不报。辽战士二万余皆老弱，而税监高淮肆虐，辽人切齿。化龙请停税课，且增兵万人，又条上兵食款战之策。帝皆不听。③

由此看来，汉满间通商关系之破裂，或成为问题，大抵不外乎：闭关政策之断绝满商生路；及官僚任意抑低物价与税盐任意施行苛削，引起满商仇恨。而这种情形，自汉满间开始通商以来，似乎常常存在。因之汉满

---

① 《明史·李成梁传》。

② 《明史·食货志》五《马市》。

③ 《明史·李化龙传》。

间的贸易，常常陷入纠纷之中，而引起双方的军事行动。一到大明帝国发生内乱，统治动摇，满兵乃乘机而入。

乘明内乱而侵入　满族于大举侵明之先，对于其左邻朝鲜右邻内蒙古，自不能不有一种妥当之处置。否则大军入关之时，难免发生后顾之忧。因此之故(a)对朝鲜于天聪元年(明天启七年，公元一六二七年)构成和议。是年正月，满族大举进攻朝鲜；正月廿八日，致书朝鲜国王，列举七大罪状。延至三月三日，成立江都和议；其较重要条件为：朝鲜国王正式脱离对大明帝国的宗属关系，不用大明天启年号；并派王弟李觉到金国(满族)为质，誓敦和好。其代表人物，金国以八旗大臣为正使，刘兴祚及库尔缠榜式副之；朝鲜，以宰臣李廷龟、吴允谦、金鎏、李贵等为代表；宣示议和。和议之后，两国关系固已好转，且约定开中江为市，朝鲜以大量米粮供给金国。又开会宁为市，两国间的贸易从而繁盛起来。这于满族之侵明是有大益的。

(b)其次对内蒙古，在天聪八年(明崇祯七年，公元一六三四年)的时代，便已合并了内蒙。满洲与内蒙接界，其相互之冲突自不能免。在九世纪之末，契丹(蒙古)部族起于西剌木伦河上游，其主阿保机曾破渤海王国(满洲)于松花江流域，南并辽东，统治其地约两百年。迨十二世纪之初，女真人(满族)奋起于松花江，忽而击破契丹。即以蒙古忽必烈之势力，亦不能消灭之。惟在大明时代，女真人大抵服属于内蒙古。直到明末，奋起于长白山，乃对蒙古反攻。天聪七年(公元一六三四年)时，其成绩即已大有可观；与为敌者，只大明帝国。

(c)敌人既只有大明帝国，于是乘李自成陷燕京之时，大举进攻。终于藉吴三桂之力把李自成赶跑，占据燕京。至于吴三桂之甘为异族前驱，攻击同种，这固由于阶级观念胜过种族观念；但除此之外，尚有一段小小因缘，即其爱姬陈沅被李自成部下所虏是也。李自成于崇祯十七年(公元一六四四年)三月攻陷燕京之时，曾劫吴三桂之父亲吴襄，迫其致书三桂劝降，三桂本有降李之意。后闻爱姬陈沅被刘宗敏掠去，遂愤而请异族压迫同种。《明史》云：

> 自成……闻山海关总兵吴三桂兵起，乃谋归陕西。初，三桂奉诏入援，至山海关，京师陷，犹豫不进。自成劫其父襄作书招之，三桂欲降。至滦州，闻爱姬陈沅被刘宗敏掠去，愤甚，疾归山海，袭破贼

将。自成怒，亲部贼十余万，执吴襄于军，东攻山海关，以别将从一片石越关外。三桂惧，乞降于我大清。四月二十二日，自成兵二十万阵于关内，自北山亘海。我兵对贼置阵，三桂居右翼末，悉锐卒搏战，杀贼数千人。贼亦力斗，围开复合，战良久。我军从三桂阵右突出，冲贼中坚，万马奔跃，飞矢雨坠；天大风，沙石飞走，击贼如雹。自成方挟太子登高冈观战，知为我兵，急策马下冈走。我兵追奔四十里，贼众大溃；自相践踏，死者无算；僵尸遍野，沟水尽赤。自成奔永平，我兵逐之。三桂先驱至永平，自成杀吴襄，奔还京师。时牛金星居守，诸降人往谒，执门生礼，甚恭。金星曰："讹言方起，诸君宜简出。"由是降者始惧，多窜伏矣。自成悉镕所拷索金及宫中帑藏器皿，铸为饼；每饼千金，约数万饼，骡车载归西安。①

初入中国之策略　满洲兵力既随吴三桂之后而入了中国，五月二日，即占据了北京。于是幼帝世祖自沈阳迁都北京，于十月一日布告君临中国。世祖君临中国之所为，不外收拾汉族人心，防止汉满冲突，强令汉人剃发等项。(a)收拾汉族人心。这又可以分别来说。第一对一般人民，则蠲免明季所行之额外征收。

前朝弊政厉民最甚者莫如加派辽饷，以致民穷盗起；而复加剿饷，再为各边抽练而复加练饷。惟此三饷数倍正供：苦累小民，剔脂刮髓。远者二十余年，近者十余年。天下嗷嗷，朝不及夕。更有召买粮料，名为当官平市，实则计亩加征；初议准作正粮，既而不与销算。有时米价腾贵，每石四五两不等。部议只给五分之一，高下予夺，惟贿是凭。而交纳衙门又有奸人包揽，猾胥抑勒。明是三饷之外，重增一倍催科；巧取殃民，尤为秕政。……自顺治元年(明崇祯十七年，公元一六四四年)为始，凡正额之外，一切加派如辽饷剿饷练饷及召买米石，尽行蠲免。……如有官吏朦胧，混征暗派者，察实纠察，必杀无赦。傥纵容不举，即与同坐。各巡按御史作速叱驭登途，亲自问民疾苦。凡境内贪官污吏加耗受赇等事，朝闻夕奏，毋得少稽。②

① 《明史·流贼列传·李自成传》。

② 王先谦：《东华录》顺治元年七月。

其次对明季官僚，在京内的，准进级录用；在各地的，准照级录用。对于地主阶级之清廉高蹈者，亦遣人征聘，委以重任。对于大明贵族，亦照旧予以恩养。凡此，皆初临中国，收拾人心之策。顺治元年(公元一六四四年)五月谕兵部曰：

我国建都燕京天下军民之罹难者，如在水火之中，可即传檄救之。其各州府县，但驰文招抚。文到之日即归顺者，城内官员各升一级。军民各仍其业，永无迁徙之劳。……凡各州府县军卫衙门来归顺者，其牧民之长，统军之帅，开造户口兵丁钱粮数目，亲来朝见。……其朱氏诸王有来归者亦当照旧恩养，不加改削。山泽遗贤许所在官司从实报名，当遣人征聘，委以重任。①

谕故明官员耆老兵民曰："流贼李自成原系故明百姓，纠集丑类，逼陷京城；弑主暴尸，括取诸王公侯驸马官民货财；酷刑肆虐，诚天人共愤，法不容诛者。我虽敌国，深用悯伤。今令官民人等为崇祯帝服丧三日，以展舆情。著礼部太常寺备帝礼具葬。除服后，官民俱著遵制剃发。②

(b)严防汉满混杂。满族初次入关，游牧贵族显赫一时。汉族中之贫民有为之作奴仆或充兵役的，商民有拿满人资本代为经营贸易的，奸民有假满人势力肆志害民的。当局为防微杜渐起见，一律严禁。

谕诸王及官民人等曰："凡我黎民，无论新旧，同属朝廷赤子。近闻有将归顺人民给与'满'字背帖，径充役使。或给资本，令其贸易，同于家人。或擅发告示，占据市行，与民争利；亏损国税，乱政坏法，莫此为甚。除已往姑不追究外，自今传谕以后，宜亟改正。若仍怙势不悛，定置重典，决不轻宥。其新附军民力能自赡者宜各安本业，不许投充势要，甘为奴仆。如有奸棍土豪，自知积恶，畏惧有司；因而委曲钻营，结交权贵，希图掩饰前非，仍欲肆志害民者，定行加等重治。"③

---

① 《东华录》顺治元年六月。

② 《东华录》顺治元年六月。

③ 《东华录》顺治元年七月。

(c)限令汉人剃发。这事最关重要：倘汉人在满人统治之下，仍保持其蓄发旧习，则满人亦定怀疑，不相信汉人诚服。故满洲贵族入关之后，尝拿剃发一事测验人心之顺逆；并强令人民一律剃发，以表示服从。顺治元年(公元一六四四年)四月开始颁布剃发令。

摄政睿亲王谕兵部曰："今本朝定鼎燕京；天下罹难军民皆吾赤子，出之水火而安全之。各处城堡著遣人持檄招抚。檄文到日，剃发归顺者，地方官各升一级，军民免其迁徙。其为首文武官员即将钱粮册籍兵马数目亲齐来京朝见，有虽称归顺而不剃发者，是有狐疑观望之意。宜核地方远近，定为限期；届期至京，著量加恩。如过限不至，显属抗拒，定行问罪，发兵征剿。"①

但这种强制办法，究有滞碍难行之处。以蓄发之汉人忽令效法满人而剃发；其精神上所受之刺激当然很深。故满洲贵族摄政睿亲王又为变通其办法曰：

予前因归顺之民无所分别，故令其剃发，以别顺逆。今闻甚拂民愿，反非予以文教定民之本心矣。自兹以后，天下臣民照旧束发，悉从其便。予之不欲以兵甲相加者，恐兵到之处，民必不堪；或死或逃，失其生理故耳。②

然为时不久，又有极严厉之剃发令颁布于京师内外，及各州府县卫所城堡。

丙寅，谕礼部："向来剃发之制，不即令画一，姑听自便者；欲俟天下大定始行此制耳。今中外一家：君犹父也，民犹子也；父子一体，岂可违异？若不画一，终属二心，不几为异国之人乎？此事无俟朕言，想天下臣民亦必自知也。自今布告之后，京城内外限旬日，直隶各省地方自部文到日亦限旬日，尽令剃发。遵依者为我国之民；迟疑者同逆命之寇，必寘重罪。若规避惜发，巧辞争辩，决不轻贷。访地方文武各官皆当严行察验。若有复为此事渎进章奏，欲将已定地方人民仍

① 《东华录》顺治元年六月。

② 《东华录》顺治元年六月。

存明制，不随本朝制度者杀无赦。其衣帽装束许从容更易，悉从本朝制度，不得违异。该部即行传谕京城内外，并直隶各省府州县卫所城堡等处，俾文武衙门官吏师生一应军民人等一体遵行。”①

① 《东华录》顺治元年六月。

第九章　满洲族之树立大清帝国

满洲贵族君临中国之时，并非就是大清帝国完全确立之时。大清帝国之完全确立，尚经过满洲贵族几种较大之努力。如毁灭大明宗室之最后挣扎，削平吴三桂等之反抗运动，夺取郑成功等之台湾地盘，皆较大之努力也。

一　消灭大明宗室之最后挣扎

福王之立及其灭亡　崇祯十七年(公元一六四四年)四月，庄烈皇帝殉难之消息传到了南京。南京本为陪都，设有宗人府以下六部衙门。这时文武大臣闻此消息，以国家顿失主脑，乃议立帝。有凤阳总督马士英者，与魏忠贤旧党阮大铖密谋立福王，以福王昏庸，便于操纵也。福王既立，马阮等以有拥立之功，霸占朝廷，肆行无忌。并无为明至室耻复仇之心。而东林党案复活于此时。邪党以马阮等为首。东林党自身则变成了复社，社员之多，据明眉史氏之《复社纪略》[①]称有七百余人，皆为有节操之人，分布在江浙一带。这班人既是清流，“毋从匪彝，毋非圣书毋违老成人，毋矜己长，毋形彼短，毋巧言乱政，毋干进辱身”。[②] 那末自然不能容于马士英与阮大铖等。于是福王之朝，只有邪党，不见清流。史可法原为福王朝之首辅，亟想召集天下名流，以收人心；然被排斥，不能不离开南京，出镇扬州。福王的新朝自始即呈不能长久之势。

崇祯十七年(公元一六四四年)四月，烈皇帝凶问至南京，诸大臣

① 《中国内乱外祸历史丛书》第十册。

② 《复社纪略》。

议立君。……总督凤阳马士英遗书诸大臣，言福王神宗之孙，序当立。……是时士英兵权在握，与大将黄得功、高杰、刘泽清、刘良佐相结；诸将皆愿立福王，如士英旨。吏科给事中李沾复从中主其议。于是以福王告庙。五月己丑，群臣劝进，王辞让，遂以福王监国。

是日大清兵入北京。壬辰，以史可法为东阁大学士，兼兵部尚书；姜曰广为东阁大学士，兼礼部尚书；俱入阁办事。以马士英为东阁大学士，兼兵部尚书都察院右都御史，仍暂督凤阳。可法请分江北为四镇，以得功、杰、泽清、良佐分统之；所收中原州县即归统辖。天下既定，爵为上公世袭；复奏设督师于扬州，节制诸将。马士英率麾下兵渡江，与群臣合疏劝进。壬寅，王即皇帝位，以明年(顺治二年，即公元一六四五年)为弘光元年。

帝既立，可法为首辅，亟召天下名流，以收人心。而士英挟拥立功，入政府，内通中官，外结四镇；出可法于外为督师，士英遂为首辅。四镇惟黄得功忠勇奉朝命，而余皆骄悍，不可法度使。……可法至扬州，为高杰所困。可法开诚示杰，杰感动，愿为可法死。黄刘与杰交恶，士英亦怒杰之为可法用也。文武离心，内外解体。可法疲于奔命，而国事日裂。①

南方之情形如此，而北方则已入了满族的掌握。满族在北方之地位，既因吴三桂等之助而得稳固，乃开始向南方发展，乘机进兵长江，希图毁灭大明宗室的最后挣扎。迨顺治二年(公元一六四五年)四月即攻陷扬州，五月即攻陷南京。当大兵未至扬州之时，摄政睿亲王曾致书史可法，劝其归降，并力言南方不得立主，满明不能并立。谓满族之取得燕京，乃得之于李自成之手，非得之于大明帝国之手。其言曰：

比闻道途纷纷，多谓金陵有自立者。夫君父之仇，不共戴天。《春秋》之义，有贼不讨，则故君不得书葬，新君不得书即位；所以防乱臣贼子，法至严也。闯贼李自成称兵犯阙，手毒君亲；中国臣民不闻加遗一矢。平西王吴三桂介在东陲，独效包胥之哭；朝廷感其忠义，念累世之宿好，弃近日之小嫌；爰整貔貅，驱除狗鼠。……国家之抚定

① 清戴名世：《弘光朝伪东宫伪后及党祸纪伪》，见《中国内乱外患历史丛书》第十册。

燕都，乃得之于闯贼，非取之于明朝也。……今若拥号称尊，便是天有二日，俨为劲敌。予将简西行之锐，转旆东征。且拟释彼重诛，命为前导。……诸君子果识时知命，笃念故主，厚爱贤王，宜劝令削号归藩。……南州群彦，翩然来仪，则尔公尔侯，列爵分土，有平西之典例在。……先生领袖名流，主持至计；必能深惟终始，宁忍随俗浮沈取舍从违，应早审定。兵行在即，可西可东。南国安危，在此一举。愿诸君子同以讨贼为心，毋贪一身瞬息之荣，而重故国无穷之祸，为乱臣贼子所笑，予实有厚望焉。①

可法对此随即遣人报书。虽以处境困难，言极凄婉，然很正大。书曰：

大明国督师兵部尚书兼东阁大学士史可法顿首谨启，大清国摄政王殿下。……我大行皇帝敬天法祖，勤政爱民，真尧舜之主也。以庸臣误国，致有三月十九日之事。法待罪南枢，救援无及。师次淮上，凶问遂来。……国破君亡，宗社为重；相与迎立今上，以击中外之心。……今上悲不自胜，仅允监国。……忽传我大将吴三桂借兵贵国，破走逆成，为我先皇帝后发丧成礼；扫清宫阙，抚辑群黎。且罢剃发之令，示不忘本朝。此等举动，震古铄今；凡为大明臣子者，莫不长跪北向。……乃辱明谕，特引《春秋》大义来相诘责。……然此文为列国君薨，世子应立，有贼未讨，不忍死其君者立说耳。若夫天下共主，身殉社稷；青宫皇子，惨变非常；而犹拘牵不即位之文，坐昧大一统之义。……将何以维系人心，号召忠义？……贵国笃念世好，兵以义动；万代瞻仰，在此一举。若乃乘我蒙难，弃好崇仇；窥此幅员，为德不卒；是以义始，而以利终；为贼人所窃笑也。贵国岂其然？②

上述书信往还，系顺治元年（公元一六四四年）七月之事。到次年（公元一六四五年）四月十八，满洲兵逼扬州城下，招谕史可法要他投降。史不允，二十五日，满洲兵拜音图图赖阿山等遂攻克扬州。可法卒以身殉满洲兵在扬州屠戮之惨，可于《扬州十日记》见之。到五月十日，福王率马士英等逃奔太平；十五日满洲兵攻克南京！城内官民，都出来迎降！至于出奔

① 《东华录》顺治元年七月。

② 《东华录》顺治元年七月。

之福王，不久以后，在芜湖被降将田雄所执。次年(公元一六四六年)遇害。

鲁王之立及其灭亡　南京既陷，民族的拒满运动之重心乃不得不更向南移，于是鲁王、唐王同时并立于浙江福建。鲁王以海于顺治二年(公元一六四五年)六月称监国于绍兴，唐王聿键于同年闰六月称帝于福州。民族情绪，在中国东南方面，已热烈至于极点。举一事为例，即可概见一斑。当南京陷后，满族进兵于江苏南部，并占有浙江北部，且以杭州为其进攻之目的地；这时明左都御史刘宗周以七十老翁不克宣力国事，立誓不与满族并立，乃于六月绝食而死。

> 左都御史山阴刘宗周，字启东，号念台。六月十三日，北兵至杭；廿三日，绝食；廿五日，乘舟入凤林，投西洋港，救不死；遂诣辞先墓，暂息灵峰寺。北使以书币聘，刘口授答书曰："大明孤臣某启：国破君亡，为人臣子，惟有一死。七十余生业已绝食经旬；正在弥留之际，其敢尚事迁延，遗讥名教，取玷将来？某虽不肖，窃尝奉教于君子矣。若遂与之死，固某之幸也。或加之以斧钺焉而死，尤某之所甘心也。谨守正以俟。口授荒迷，终言不再。原书不启，投还。"自此勺水不入口，作绝命词曰："信国不可为，偷生岂能久？止水与叠山，只争死先后。若云袁奉高，时地皆非偶。得正而毙矣，庶几全所受。"……绝食久，后子汋泣请曰："尚有未了事否？"先生曰："他无所事，孤忠耿耿。"又命汋曰："汝停我于山，当于三年后葬。"汋问之，先生曰："先帝梓宫尚未落土，示致丧三年之义。"门人环侍，叹曰："学问未成，命赖诸子，尔曹勉强去。"闰六月初六日，先生命家人扶掖起，幅巾葛袍，肃容端坐。有顷，北首卧，示北向对君之义。初七日，命取几上笔砚，书"鲁"字。初八，……戌刻，气绝。双眸炯炯，虽殓不瞑。①

即此一事，已可想见民族情绪之热烈。民族情绪之热烈终于拥出鲁王，以为首脑。鲁王为太祖十世孙，世封兖州。北京陷后，移住于浙江之台州。南京既破，潞王已在杭州投降，于是鲁王由台州入绍兴，为兵部尚书张国维、朱大典，吏部员外钱肃乐，行人张煌言，诸生王翊等所拥立；六月即

① 徐芳烈：《浙东纪略》见《中国内乱外患历史丛书》第十一册。

监国位。宁波定海之总兵王之仁，石浦之游击张名振等以海军应。划钱塘江东岸以为守。明年(顺治三年，即公元一六四六年)为鲁监国元年。

鲁王既立，各地起义拒满者，多投其旗帜之下。这一则由于鲁王之为人颇孚众望，二则由于诸起义者不能不有一个主脑；而在这时，自然以姓朱的为最合宜。于是浙东义士以及江苏南部许多自动起来作拒满运动者，除少数遥受福州唐王之命以外，大抵都受鲁王节制。

> 王令誉夙著，浙东义士输诚于王者不少：黄宗义兄弟投之，朱永佑、吴钟峦亦来会。……七月，睿亲王再宣布剃发易服之勅令，在汉人以为根底上之受污辱。民心动乱，到处皆然。起于江苏南半省之恢复运动，皆由此问题而发生者也。给事中陈子龙(卧子)，吏部主事夏允彝等起兵松江；兵部主事吴易、举人孙兆奎起兵吴江；行人卢象观则奉宗室之子瑞昌王起兵宜兴；中书葛麟、主事王期升奉宗室之子通成王起兵太湖；主事荆本彻、员外郎沈廷扬起兵崇明岛；副总兵王佐才起兵崐山；典史阎应元陈明遇起兵江阴；佥都御史金声与邱祖德、尹民兴、吴应箕起兵徽州宁国。并通表福州之唐王，遥受其拜除，或近受鲁监国之节制。江西省同时亦起义兵：据建昌者为益王，据抚州者为永宁王，据赣州者为兵部侍郎杨廷麟，彼等各招五岭之峒蛮数万人，到处抗拒清兵。①

不过民族情绪高涨，鲁王被人拥戴之时；也正是满洲兵力南下，鲁王遭受厄运之时。因拒满运动之四起，满族皇帝乃敕洪承畴曰："朕以江南初经归命，其余各省远迩未同：恐已归者尚多惊疑，未附者或怀观望。保厘南土，实赖股肱；用是命卿招抚江南各省地方，总督军务，兼理粮饷；驰往江南，昭宣德意。……凡满洲大兵，直省官兵，各有统领；卿宜会同固山额真叶臣及督抚镇等官调遣约束。"②在洪承畴的调遣约束之下，汉族之拒满运动，便陆续遭受摧毁。鲁王则于顺治三年(监国元年，即公元一六四六年)被迫航海，随守将张名振走厦门，后又次于长垣。到五年(监国三年，公元一六四八年)名振复迎鲁王入浙，占据舟山。这时浙江方面所有拒满的势力都集中在名振的指挥之下，而满洲兵则正忙于攻闽，无暇顾浙，故拒

---

① 稻叶君山：《清朝全史》第二十六章《明人恢复事业之悉败》上。

② 《东华录》顺治二年七月。

满运动又盛极一时。于是“温台宁绍诸遗民复乘间争结山寨以数百计，而四明、大兰山、王翊之军，上虞、东山、李长祥之军，上虞、平冈、张煌言之军皆最坚整。”[①]但这也不过坛花一现而已。顺治五六年之时代(公元一六四八——四九年)，满族把福建地方全给收拾了，于是回师攻浙；在七八年的时代(公元一六五〇——五一年)向张名振等猛攻；总督陈锦、都统金砺刘之源、提督田雄等会兵先剿山寨，后攻海岛。名振以舟山既陷，乃奉鲁王赴厦门，去监国号为寓公。魏源云：

> 及五六年，闽地尽恢复，总督陈锦率大兵还浙东。七年(公元一六五〇年)，张名振忌杀王得先于舟山；得先部将来降，尽泄虚实。于是总督陈锦奏言浙东舟山海寇及各山寨之寇，皆以故国为名，狼狈相倚。海寇登岸，则山寇为之接应；山寇被剿，则入海以避兵锋。交通闽粤，窥伺苏松，久为东南之患。……八年(公元一六五一年)，诏锦与都统金砺刘之源、提督田雄等会兵先剿山寨，以除内顾；用山民为乡导，分路进捣四明诸山，尽破巢穴。遂乘大雾渡海，……屠其城。……鲁王赴厦门，去监国号为寓公。[②]

九年(公元一六五二年)，张名振与张煌言尚率残军入长江登金山燕子矶，摇祭孝陵。十年(公元一六五二年)，名振死了，煌言代领其众；后得郑成功之助，曾大举反攻。不过大势早已去了，终难有所成就。

唐王之立及其灭亡　唐王之立与鲁王之立，本系同时；且唐王被满洲兵消灭之时较鲁王消灭之时为早。我们依着地理的次序，由江苏而浙江而福建，分别叙述，较为方便；故先述鲁王，后及唐王。唐王聿键为太祖子唐王桱之裔孙。南京陷后，福王之朝廷瓦解；苏观生郑鸿达等奉之入闽，依郑芝龙，于顺治二年(公元一六四五年)闰六月称帝于福州，建元隆武。

郑芝龙为福建泉州南安县人，其父绍祖曾为泉州库吏。芝龙幼习海事，能指挥海盗。明熹宗天启七年(公元一六二七年)降于巡抚熊文烂。崇祯时因管领东南海上商舶，遂致钜富。凡商舶非得郑氏令旗，不能在海上来往；然欲取得令旗，每一舶例须纳金三千。芝龙以此，每年收入计达千万。要撑持唐王的新朝是绰有余裕的。故南京既陷之时，芝龙之弟鸿达即导唐王

① 魏源：《圣武记》卷八《国初东南靖海记》。

② 魏源：《圣武记》卷八《国初东南靖海记》。

入福建，组织政府。兹录关于芝龙的事实于次。

熹宗天启七年(公元一六二七年)六月，海寇郑芝龙等犯闽山、铜山、中左等处。芝龙泉州南安县石井巡司人也。芝龙父绍祖为泉州库吏。蔡善继为泉州太守，府治后衙与库隔一街相望。芝龙十岁时，戏投石子，误中善继额，善继擒治之；见其姿容秀丽，笑曰："法当贵而封。"遂释之。不数年，芝龙与其弟芝虎流入海岛颜振泉党中为盗。后振泉死，众盗无所统，欲推择一人为长，……推(芝龙)为魁。纵横海上，官兵莫能抗，始议招抚。……九月，郑芝龙降于巡抚熊文灿。①

芝龙者，福建泉州人；幼习海航，甚谙海事。城南三十里有安平镇，为芝龙之故地。凡闽海之贼无不受其指挥。崇祯中，明廷授彼以官爵而使用之，由是东南海上之商舶，非得郑氏令旗，不能往来。然一船舶，例须纳三千金之税，岁入计达千万，富敌王侯。且自筑安平水城；守城之兵自给俸，不取之于官府。旗帜鲜，戈甲坚利。凡有贼遁入海，檄彼交付，无不立缚以献。故八闽(福建全土)以郑氏一族为长城。彼兄弟有芝虎、鸿达、芝豹。导入唐王者为鸿达。②

唐王依郑芝龙为时不久，厄运就到了。计王于顺治二年(公元一六四五年)闰六月称帝，到三年(公元一六四六年)八月，郑芝龙就降了洪承畴！原来郑芝龙之拥戴唐王，目的只在巩固自己的地盘，保有自己的财富；并不在雪去国耻，恢复明朝。如果始终维护唐王，与满洲兵作战，则只有牺牲自己在八闽的地位；如果要保护自己的地位，则只有及早与满洲兵妥协，投降洪承畴。这时物质的实际利益决定了郑芝龙的行为。他终于降了洪承畴，撤退对满洲兵的一切防御。福建与浙江境上之孔道所谓仙霞关者，无一人守备。满洲贝勒博洛之军，由此直入福建，如入无人之境。三年(公元一六四六年)秋季，唐王逃建宁，本拟入湘依何胜蛟。时在八月，次于延平，竟被满洲兵所追执回到福州遇害！

郑成功之效忠明室　郑芝龙虽怀两端，降了洪承畴，任唐王惨死于敌人之手。然其子郑成功则始终不变，效忠明室；唐王死后，遥拥永明王，仍在闽浙沿海，大抗满兵。及永明为吴三桂所害，而成功海上一军，犹奉

① 谷应泰：《明史纪事本末·郑芝龙受抚》。

② 稻叶君山：《清朝全史》第二十六章《明人恢复事业之失败》上。

永明之正朔，作种族之斗争。

郑成功初名森材，生于日本之平户；母为平户土人之女田川氏。成功年十五时，其父兄召他回国，到南京，补弟子员。顺治二年(公元一六四五年)闰六月，唐王聿键在福州称帝，郑芝龙即遣成功入见。唐王一见奇之，赐姓朱，改名成功，拜为中军都督。顺治三年(唐王隆武二年，即公元一六四六年)封为忠孝伯。八月唐王遇害，成功愤极。这时他的父亲郑芝龙已经降了满清，召他计事。成功不听，于是父子决裂，各行其是，一为满清作顺民，一为大明图报复。自是以后，成功与其友人陈辉、张进、施显、陈羁、洪旭等以及其他愿与同行的九十余人乘船入海，至南澳募兵，得数千人；于顺治四年(公元一六四七年)归泊鼓浪屿，设高皇帝之神位于岛上，与诸人共盟，效忠明室。这时正是永明王永历元年，也就是成功一生事业大发展之时。

成功自是以厦门浯洲两岛为根据地，向闽浙沿海一带不断的进攻，计顺治八年(永明王永历五年，即公元一六五一年)到十三年(永明王永历十年，即公元一六五六年)曾与满清兵苦战凡数十次。而以海澄一战抵挡清兵为最悲壮。同时效忠鲁王的张名振、张煌言与相呼应，更使他气壮。

> 八元(公元一六五一年)，……福建巡道黄澍、巡抚张学圣、总兵马得功，巡按王应元，谋乘成功之出，捣安平巢穴，攫其赀。成功还，怒，以索偿为名，连陷同安、漳浦、南安、平和、海澄、长泰等县，进围漳州七阅月。诏逮张学圣入京治罪。九年(公元一六五二年)三月，总督陈锦赴援，战于江东桥，不利，退屯同安；其奴刺之帐中，以首奔成功；成功赏而斩以殉。十月，都统金砺援军至，屡捷，成功退保海澄。我兵围之，城坏十余丈；成功亲当矢石，不退。一日，闻空炮遽发，成功曰："此号炮也，将薄城矣。"下令兵皆挺巨斧以待。官兵四面蚁傅登城，城上众斧迎之，随斧随坠，濠为之平；我兵解围去。而张名振、张煌言亦屡以余军入长江，登金山燕子矶，摇祭孝陵，掠战艘三百于吴淞口。时成功始终为唐，二张始终为鲁。所奉不同，而其交甚睦。时明遗臣义旅渐亡，独两军掎角海上，而成功尤雄。十年(公元一六五三年)，朝廷下令招抚，芝龙鸿达皆封侯伯，成功封海澄公，令芝龙少子世忠、持、芝、龙书招之芝、豹、彩、联等皆降，独成功不受。张名振卒，以军付张煌言，亦屡拒李率泰、郎廷佐之招。是冬

> 成功乘机登岸，措饷，大扰福州、兴化诸府。十一年(公元一六五四年)，陷同安南安等邑。复破舟山据之。令郑亲王世子济度为定远大将军，赴闽防剿；以水师提督张天禄御寇海口，失战舰，匿不奏闻，褫职。十二年(公元一六五五年)，成功进温台，还攻宁德，杀守将，间遣使告捷于明桂王。十三年(公元一六五六年,)将北犯。留其将黄梧守海澄。①

以上乃八年到十三年(公元一六五一——五六年)郑成功与清兵抗战的大略情形。至于大举北上，则在顺治十六年(公元一六五九年)。当北上之先，曾于十四年(公元一六七五年)受明永明王之封为延平郡王，曾设六官以理事；所有士兵凡十七万，习水战的有，习骑射的也有，习步击的也有。彼时其势最盛。十六年(公元一六五九年)乘着清兵进攻永明王于云贵之时，乃由崇明入江，扰乱长江下游，以牵制满清进攻云贵之师。这一回郑氏的军队深入了清兵的阵地，曾陷镇江，围南京；张煌言更由芜湖进取徽州宁国。成功移檄远近，起而响应者有太平、宁国、池州、徽州、广德、无为、和州等四府三州二十四县。维扬苏常亦旦夕待变，东南大震。

> 十四年(公元一六五七年)，明桂王遣使自云南航海进封成功延平郡王，招讨大将军。成功分所部为七十二镇。设六官理事，假永明号便宜封拜；遂议大举入寇。戈船之士十七万，以五万习水战，以五万习骑射，五万习步击，以万人往来策应。又有铁人万，披铁甲，绘朱碧彪文，峙阵前，专斫马足，矢铳不能入。时张名振已死，张煌言代领其军为向导；抵浙，陷温州台州。师次羊山，相传其下龙宫，戒震惊。成功下令各船尽炮，果飓发，挟雷电，水起立，碎巨舰数十，漂没士卒数千。成功乃旋师。是年，成功将施琅复来降，授副将。成功闻王师三路攻永历于云贵(吴三桂由汉中四川方面，都统赵布泰由广西方面，都统贝子罗托与洪承畴由湖南方面三路进攻贵州)，乃大举内犯江南，以图牵制。十六年(公元一六五九年)六月，由崇明入江，时苏松提督驻松江，江宁提督驻福山，分守要害；图山及谭家洲皆设大炮；金焦二山皆铁锁横江。煌言屡却不前。令人泅水断铁索，遂乘风潮以

① 魏源：《圣武记》卷八《国初东南靖海记》。

> 十七舟径进，沿江木城俱溃，破瓜洲，获提督管效忠，围镇江，五路叠垒而阵。周麾传炮，声沸江水。攻北固山，士卒皆下马死战。官兵退入城，成功逐之而入，遂陷镇江，属邑皆下。部将甘辉请取扬州，断山东之师；据京口，断两浙之漕。严扼咽喉，号召各郡，南畿可不战自困。成功不听，七月，直薄金陵，谒孝陵。而煌言别领所部由芜湖进取徽宁诸路。时江宁重兵移征云贵，大半西上。城大，守备空虚，松江提督马进宝不赴援，阴通于寇，拥兵观望。成功移檄远近，太平、宁国、池州、徽州、广德、无为和州等四府三州二十四县，望风纳款。维扬苏常旦夕待变；东南大震。①

这时清帝骇怕起来了，预备亲征。后因两江总督郎廷佐佯使人通款，以缓其攻，成功信了，颇不为备。谁知清兵一个反攻，成功等不得已由长江退出，冬十月，还厦门。此后清兵几乎统一了中国本部。十七年(公元一六六〇年)，明永明王已被迫入了缅甸，云贵大体已平定了。但成功效忠明室之心，仍没有衰；后入台湾，继续抗战，还有一段极忠烈的历史，第三节里还要叙述的。现在这里且转述永明王。

永明之立及其灭亡　顺治三年(公元一六四六年)八月，唐王聿键遇害于福州，福州这小朝廷算是没有了。到十一月，桂王之子永明王由榔即称帝于肇庆。次年(公元一六四七年)称永历元年。永明称帝之初，势亦颇孤：广州方面，则有苏观生等拥唐王𨮁称帝，不受永明节制，同时清之李成栋亦正由潮州而惠州，而进迫广州。金声桓南下策应，此时亦攻陷了江西之赣州。迨广州被陷，肇庆震动；永明迫不得已走梧州，梧州后来又被陷了，乃走广西之桂林。凡此皆顺治三四年(公元一六四六——四七年)之事。但在桂林之时，清兵陆续追来，势仍危急。幸赖瞿式耜之固守，始得转危为安。式耜之效忠明室，于下一段文中可见。

> 顺治三年(公元一六四六年)……十二月望，大兵破广州，王坤趣王西走，式耜趋赴王，王已越梧而西。四年(公元一六四七年)正月，大兵破肇庆，逼梧州，巡抚曹晔迎降；王欲走依何胜蛟于湖广。丁魁楚、大器、吕王化澄皆弃王去，止式耜及吴炳、吴贞毓等从。乃由平

① 魏源：《圣武记》卷八《国初东南靖海记》。

乐抵桂林。二月，大兵袭平乐，分兵趋桂林，王将走全州。式耜极陈桂林形势，请留，不许；自请留守，许之。……大兵已于三月薄桂林以骑数十突入文昌门，登城楼望式耜公署。式耜急令援将焦琏拒战。初，永明王为贼执，琏率众攀城上破械出之；王病不能行，琏负王以行。王以此德琏，用破靖江王功命为参将。及是战守三月，琏功最多。……式耜身立矢石中，与士卒同甘苦。积雨城坏，吏士无人色，式耜督城守自如，故人无叛志。援兵索饷而哗，式耜括库不足，妻邵捐簪珥佐之。既而琏兵主客不和，噪而去，城几破者数矣。会陈邦彦等攻广州，大兵引而东，桂林获全。①

桂林这一次最危急的攻守战既已过去，到顺治五年(永明王永历二年，即公元一六四八年)情势大变，直接间接受永明王指挥之地，达七省之多，民族复兴几有成功希望。当时情势，归纳言之，约略如下。一，瞿式耜死守桂林，危机已过，转败为胜。二，清之李成栋反正于广东，归永明节制；清之金声桓反正于江西，归永明节制。三，何腾蛟亦由桂林突出湖南。何此时之部下半为明臣左良玉之残余，半为流贼李自成之残余。明室文武大员到此时才渐觉社会冲突之助长异族的压迫，故有放弃社会冲突，联络流贼之举；只惜为时已迟。四，山西大同总兵官姜瓖忽于此时倡乱，明遗臣煽动回教徒附之；黄河流域为之大震。五，四川守兵之在川南及川东者皆起而响应。这等守兵原系平张献忠后所置者。六，总计是年永明号令所能达者有云南、贵州、广东、广西、湖南、江西、四川等七省！而大同的兵变尚未计及。一时复兴的希望，大放曙光。魏源云：

及姜瓖叛摇秦晋，并汉中兵北赴陕；明旧将李占春、谭洪、谭文、谭谊，及义勇杨大展、于大海、袁韬、武大定等，各以兵数万，分踞川南川东，附桂王；受封号，请官吏。明以钱邦芑巡抚其地，而吕大器总制诸军。于是永历有云、贵、两广、江西、湖南、四川七省之地，移居肇庆。且姜瓖猖獗于山陕，郑成功张名振山没于闽浙；皆遥相应和，势颇张。②

① 《明史·瞿式耜传》。

② 魏源：《圣武记》卷一《开国龙兴记》五。

不过好景不常，顺治六七年(公元一六四九——五〇年)的时代，清兵不断的进迫，永明的局势乃一天坏似一天。顺治八年(公元一六五一年)曾毅然决然放弃社会冲突，与流贼张献忠之残部结合，并加他们以封号，希望一致抵抗异族的压迫。魏源云：

> 是时我朝克复湖南、江西、四川、广西、广东。桂王穷窜土司境，旦夕奏凯。而孙可望、李定国之事复作。初，张献忠既殄，其党孙可望、李定国、刘文秀、艾能奇(四人皆伪将军)白文选冯双龙(皆伪都督)拥众川南各数万；推可望为长。袭重庆，陷遵义，入云南；使定国文秀追明叛土司沙定洲于迤东，而自赴贵阳，并其党艾能奇之兵，袭贵州镇将皮熊，云南镇将王祥，皆夺其兵。又胁张光璧马进忠之众。定国恶其所为。及诛沙定洲，迎沐天波还云南，不复相下。可望乃纳款于永历，求王封，欲借以服众；于顺治六年七年(公元一六四九——五〇年)屡使求封，不决。及是，我兵四迫，桂王不得已，封可望秦王，定国西宁王，文秀南康王。趣其出兵。①

其实这时的流贼已被大明的统治阶级与满洲的游牧贵族打得疲癃残疾，尚复有何战斗力可言？永明这时与他们联络，加他们以封号，终属无益。迨清兵进逼，无处容身，乃走贵州之安隆所，改其处为安龙府，时为顺治九年(永历六年，公元一六五三年)二月。在贵州凡四年，以被清兵压迫，于顺治十三年(永历十年，公元一六五六年)走云南。在云南凡三年，仍以被清兵压迫，于顺治十六年(永历十三年，公元一六五九年)走缅甸。在缅甸凡两年。以清将吴三桂进逼，缅人慑于兵威，执永明王交于吴三桂。据云次年被吴三桂绞死于云南！最后两年的惨状，有如下两段所记。

> 十三年(永历十三年即顺治十六年，公元一六五九年)，王入缅甸，缅人置草屋，居王于赭硁。自十三年至十五年，王在赭硁。十五年(永历十五年即顺治十八年，公元一六六一年)秋，缅人尽杀从亡诸臣，马吉翔与焉。冬十二月，以王归大清！明年，王薨于云南，年三十八。王在赭硁，常数日不举火。而御史任国玺采宋季大臣贤奸事为一书，上之。然王览止一日，太监李国泰即窃去。任国玺尝言："事急然眉，

① 魏源：《圣武记》卷一《开国龙兴记》五。

当思出险。"马吉翔不悦，即责献出险之策。国玺忿曰："时事如此，犹抑言官，使不言耶?"小人之善倾人国如此。王自起肇庆，往来桂林武冈一年，还肇庆二年，往来梧州南宁二年，在安隆四年，云南三年，缅甸二年，立十五年而亡。①

永历十三年己亥正月癸巳朔，上野次；四日，驻跸永昌。闰正月十五日，上发永昌，将入缅。时文武官尚四百余人，兵士数千人。十八日，次腾越；二十日，发腾越。二十四日，摇传兵至，百官急窜，宫嫔被掠。二十八日，次蛮莫，缅人不容兵器入关。三十日，发蛮莫。二月壬辰朔，次河口，水陆分行。自上以外，从舟者六百四十六人，从陆者马九百四十余匹。十八日，上次井梗，缅人止之，不听前进。二十四日，缅王请大臣问故，上遣马雄飞、邬昌琦赍敕书往。缅王发神宗赖书对校，不同，疑其为伪，及见沐国公印，信之。盖缅国自万历二十二年(公元一五九四年)请救不许，遂绝朝贡，故所知惟神宗故事也。当是时李定国已遣白文选率兵迎贺；至哑哇城下，距驻跸五六十里，为缅人隔绝，不相闻；文选亦遂拔营而去。三月十七日，自河口分路，陆行者至哑哇对河，离城五六里下营，缅人疑其夺国，率兵出战，杀伤多人，余乃散居村落。通政司朱蕴金、中军姜承德自缢死。五月四日，缅王具龙舟鼓乐遣人迎上。五日，上发井梗。七日，至哑哇城下，次于对河。八日，驻跸者梗(距城五六里)，草殿数十间，编竹为城，宿卫百余人；各官自架竹木以居。……永历十四年庚子，正月丁巳朔，上在缅甸。……十五年辛丑，正月辛酉朔，上在缅甸。……七月十九，缅人请吃咒水(即盟誓也)，马吉翔、李国泰挽百官同往，缅人尽杀之。松滋王某，黔国公沐天波，绥沐伯蒲缨，吏部尚书邓士廉以下共四十二人。缅人又发兵数千围行在，上几自缢，被杀者甚众。吉王同妃缢死。宫人命妇缢者不下百人，尽劫所有而去。二十一日，缅人复修理草殿，奉上居之，曰："此事非关吾国，因汝各营在外，杀害地方，犯众怒耳。"十一月十八日，上召都督同知邓凯入宫，请之曰："太后病矣，未知骸骨得归故里否!"又曰："白文选未封亲王，马宝未封郡王，吾负之。滇黔百姓，我师在彼，苦了多年，今又不知作何状!"十二月十三日，缅人请上移跸，皇太后、皇后、皇太子同行；二

① 《明亡述略》下《中国内乱外祸历史丛书》第十一册。

更渡河，乃知其为北人也！明年（康熙元年，公元一六六二年）壬寅，二月十三日，至滇城。蒙塵之后，事秘，不知崩日崩所。或曰："北人扈至某驿，夜半，闻上怒骂，即殂落之辰也！"钮琇记吴三桂缢之贵阳；或曰："同太子绞死云南城。"钱曾《诗笺》："辛丑之冬，天兵逼缅，缅人执帝献于师，挟至云南省城外草萍驿，吴三桂夜杀之，两宫世子皆不免。"时李定国尚驻安龙，闻之，大怒。与白文选拣精骑一万，两昼夜驰入缅甸，屠戮缅人几尽。仰天大呼！力竭自刎！白文选亦死。（此两人都是流贼）遗兵尚二十余万，多入蛮洞中，及散窜安南国。三桂以功晋封平西亲王；即永历故宫名五华者攘为王府，今改作五华书院。[①]

二 削平吴三桂等之反抗运动

吴三桂等为清兵作前驱，屠戮大明宗室；一时势力坐大，地位提高。但正因势力大了，地位高了，割据一方，又可以使满清感着控制之不易。于是大明宗室的拒满运动被消灭之后，随着又有吴三桂、耿精忠、尚之信等所谓后三藩之反满运动起而代兴。

所谓后三藩之兴起 后三藩本人或先世，都是大明帝国之重要边将。如耿精忠，其祖父耿仲明便是明登州参将。尚之信，其父亲尚可喜便是明广鹿岛副将。吴三桂本人便是明山海关总兵官。他们都是替大明防满族的。但有的因征战之苦，军饷缺乏，降了满族，如耿尚皆是。有的因国内流贼太凶，不惜请外兵助剿，因而降了满族，如吴三桂是。一经降了满族，为之效忠，于是满族倚为重镇，将自大明手里取来的地盘分封数省给他们。耿仲明称靖南王，尚可喜称平南王，吴三桂称平西王。赵翼《平定三逆述略》有云：

三逆者，吴三桂、耿精忠、尚之信也。太宗文皇帝时，明登州参将耿仲明随副将孔有德航海来归。已而广鹿岛副将尚可喜亦降。二人与有德皆辽人。仲明则精忠祖，可喜则之信父也，时仲明封怀顺王，与恭顺王有德同封，可喜亦封智顺王。三桂山海卫人，明末为总兵官，

① 黄宗羲：《永历纪年·中国内乱外祸历史丛书》第十一册。

镇山海关；闻京师陷，乞兵于我朝，适睿亲王多尔衮兵至翁后，遂降于军前，封平西王。三人与有德皆随大兵入关。三桂西追流贼入蜀。顺治六年(公元一六四九年)进封可喜平南王，仲明靖南王，使定广东，各率其部兵以行。仲明道卒，子继茂与可喜同定广东，遂镇其地；后移驻福建。继茂卒，精忠袭爵。时定南王有德先战死于粤西，故平西、平南、靖南世称三藩。①

这三藩之重要地盘分配如下：吴三桂王于云南，尚可喜王于广东，耿精忠王于福建。他们所有兵民约略如下：耿尚各有十五佐领，绿旗兵各六七千，丁口各二万。三桂有五十三佐领，绿旗兵万有二千，丁口计数万。这三藩与明宗室相较，称后三藩；明宗室之福王、唐王、桂王(即永明王)称前三藩。魏源云：

国朝兵事大者曰前三藩，后三藩。前三藩：明福王、唐王、桂王也。后三藩：平西王吴三桂、平南王尚之信、靖南王耿精忠也。……世祖之定鼎也，东南反侧未靖，故命大学士洪承畴经略五省；而定南王孔有德徇广西，尚可喜耿仲明徇广东，吴三桂徇四川云南。皆以明故臣领所部绿旗兵；外借其招徕，内以佐禁旅之不逮。迨南方略定，洪承畴偕宗室讬洛，信郡王多尼率禁旅还京师。其时孔有德已遇害，无后；故惟留三桂王云南，尚可喜王广东，耿仲明之子继茂王福建。继茂卒，子精忠袭封。耿、尚二藩所属各十五佐领，绿旗兵各六七千，丁口各二万。三桂藩所属五十三佐领，绿旗兵万有二千，丁口计数万。是为三藩并建之始。②

势力最强之吴三桂　三藩的势力以吴三桂为最强。其主要原因系他的功绩较大，满族特别倚重他，对他特别优待，以致势力坐大。他曾平定流贼于陕川滇等省；他曾灭大明宗室，执永明王于缅甸；他曾平定水西土司安氏。积此种种，他在满洲贵族眼中成了一个极重要的人。因其重要，故竭力扩充兵备，集中财富，提高政权，以图自固。就兵备言，计五丁出一甲，甲二百设一佐领，积五十佐领即辖以左右都统，成为常备劲旅。康熙

① 赵翼：《皇朝武功纪盛·平定三逆述略》。

② 魏源：《圣武记》卷二《康熙戡定三藩记》上。

十四五年(公元一六七五——七六年)三桂进兵湖南之时，自己所部，几达十四万！更以吴应麒、吴国贵等为都统，以马宝、王屏藩等为总兵。就财富言，括明国公沐天波的旧庄七百顷以为藩庄；且与达赖剌麻互市茶马于北胜州，多购西藏、蒙古之马；并广征关市，榷盐井，开矿鼓铸，潜积硝磺诸禁物，重敛土司金币。就政权言，用人则兵吏二部不能过问，用钱则户部不能过问。所有文武官员，任其选用，名曰“西选”。凡此种种，曾有人作过详细之描写。

> 三藩中三桂功最多：随大兵定蜀，定滇，取永明王于缅甸，平水西安氏，皆与有劳。故恩礼独隆，进封亲王，令统所部留镇滇黔；所属文武官听自选用。又擢其部将王辅臣为陕西提督，李本深为贵州提督，吴之茂为四川总兵，马宝为云南总兵。①
>
> 三藩中三桂功最高，兵最强，受朝廷恩礼亦最多。破流贼，定陕，定川，定滇；取永明王于缅甸；又平水西土司安氏。四方精兵猛将多归其部下。计五丁出一甲，甲二百设一佐领，积五十佐领辖以左右都统。设前后左右援剿四镇，分十营，每营兵千有二百，以吴应麒、吴国贵、夏国相、胡国柱等为都统，以马宝、王屏藩、王绪等为总兵。方其入滇之始，羽书旁午，朝廷假以便宜，云贵督抚咸受节制。用人，吏兵二部不得掣肘；用财，户部不得稽延。其所除授，号曰“西选，”西选之官遍天下。……朝廷固怀之以德，晋封亲王，子尚公主，……又自以功高，朝廷终不夺我滇，益固根蒂为不可拔。踞桂五华山旧官为藩府，增崇多丽；尽括沐氏旧庄七百顷为藩庄；通使达赖剌麻，奏互市茶马于北胜关。于是西番蒙古之马由西藏入滇者岁千万匹。假濬渠筑城为名，广征关市；榷盐井，开矿鼓铸，潜积硝磺诸禁物。重敛土司金币，厚自封殖。散财结士，人人得其死力。专制滇中十余年，日练士马，利器械。水陆冲要遍置私人；各省提镇皆其腹心。子为额驸，朝政纤悉，旦夕飞报。诡称蒙古侵掠丽江中甸地；及调兵往，又称寇遁，挟边防以自重。而尚可喜老病，以兵事属其子之信，以酗虐横于粤。耿精忠以税敛暴于闽。皆为三方患。②

① 赵翼：《皇朝武功纪盛·平定三逆述略》。

② 魏源：《圣武记》卷二《康熙戡定三藩记》上。

吴三桂之反满复明 为满族作先驱，毁灭大明宗室之最后挣扎的是吴三桂；而此次树反满复明的旗帜的又是吴三桂。同是一人，为何反覆无常一至如此呢？但这很寻常。当初为满族作先驱，因得了满族的优遇；这次之反满，因满族要撤藩。(a)满族政府撤藩的理由，总括的说，只有一个，即三藩的势力太大是也。若分开说，也可举出几项：(一)就经济言，三藩养兵太多，每年军费浩大；政府感支给之困难，不得不拟撤藩。

顺治十七年(公元一六六〇年)部臣奏计：云南省俸饷岁九百余万。除召还满兵外，议裁绿营兵五分之二。三桂调边疆未靖，兵力难灭。于是倡缅甸水西各役以自固。加以闽粤二藩运饷，岁需二千余万。近省挽输不给，一切仰诸江南，绌则连章入告，既赢不复请稽核。天下财富半耗于三藩。御史郝浴、杨素蕴、庆阳知府传宏烈先后奏劾其不法。[①]

天下财富耗于三藩者半！单只这一点，也可见得撤藩是很必要的了。(二)就种族言，满族的亲贵对于汉族的嫉视，也是撤藩的一个好理由。三桂等虽曾效忠清室，但到底是汉人。权位如此之大自不能使满族亲贵甘服。在入关之初，为欲消灭大明的统治，满族中的亲贵，固极欢迎汉人效忠，不惜优其待遇。迨大明宗室消灭殆尽，便无特别优遇三藩之必要了。(三)就政治言，撤藩更成了迫切的需要。三藩势力大了，不受中央支配；其用人行政，几与中央不相干了。中央倘一味容忍，便等于自掘坟墓。终将酿成倾覆中央之祸。故当时御史杨素蕴奏称：

臣阅邸报，见平西王请升补方面一疏，以副使胡允等十员俱拟升云南各道；并奏差部曹亦在其内！臣不胜骇异。夫用人国家之大权，惟朝廷得主之。从古至今，未有易也。即前此经略用人，奉有吏兵二部不得掣肘之旨，亦惟以军前效用各官或五省中人地相宜，资俸应得者酌量具奏。从未闻以别省不相干涉之处及见任京官公然坐缺定衔，如该藩今日者也。……况该藩用人皇上所以特假便宜者，不过欲就近调补，无误地方耳。若尽天下之官，不分内外，不论远近，皆可择而取之，则何如归其权于吏部，照常铨授，尤为名正言顺。即云贵新经

---

① 魏源：《圣武记》卷二《康熙戡定三藩记》上。

开辟，料理乏人；诸臣才品为该藩所知；亦宜先行具奏，奉旨俞允后，令吏部照缺签补，犹不失权宜之中计。乃径行拟用，无异铨曹！不亦轻名器而亵国礼乎？夫古来人臣忠邪之分，其初莫不起于一念之敬肆。在该藩扬历有年，应知大体。即从封疆起见，未必别有深心。然防微杜渐，当慎于机先。体乞天语申饬，令该藩嗣后惟力图进取，加意绥辑。一切威福大权，俱宜禀命朝廷。则君恩臣谊，两得之矣。①

凡此云云，正是前面所谓“西选之官遍天下”的实况，也正是一切威福大权不禀命于朝廷的实况。情形如此，实已等于独立。故满清政府之撤藩，不能稍缓了。恰好康熙十二年(公元一六七三年)三月，尚可喜为他的儿子之信所制，不得已用其客金光计，请归老辽东，留子镇粤。政府因此，遂令尚尽撤藩兵回籍，并欲乘机把吴藩、耿藩一律撤去，徙诸山海关外。——这一来，吴三桂等就不得不宣布反满了。

(b)吴三桂之反满，发动于康熙十二年(公元一六七三年)十一月二十一日。其时三桂势力甚盛，朝中诸将没有抵得过他的。唯名义难定：若以复明为号召，则曾绞杀永明王，无以自解；若待行至中原再行举事，又恐事机泄露。但势在必行，终于发难了。称兵讨虏，建号改元，蓄发易服，俨然革命。次年称周元年。

三桂谅朝中诸将无足当己者，惟难于举兵之名。欲立明后以号召天下，则缅甸之役无可自解。欲行至中原，据腹心始举事，复恐日久谋泄。遂于十一月二十一日发兵反，杀巡抚朱国治，执按察使以下之不屈者。移檄远近，自称天下都招讨兵马大元帅，以明年(公元一六七四年)为周元年；蓄发，易衣冠；旗帜皆白。贵州巡抚曹申吉，贵州提督李本深，云南提督张国柱皆从贼。②

日本延宝中自福州船传出三桂起兵檄文。文中三桂的称号与此不同。并述明起兵的几个重要意思：一，述明流贼亡明之惨状；二，述明自己降满之理由；三，指出满族背逆之所在；四，揭示自己起兵之用意。文云：

---

① 《东华录》顺治十七年十一月。

② 魏源：《圣武记》卷二《康熙戡定三藩记》上。

> 原镇守山海关总兵官今奉旨总理天下水陆大元帅兴明讨虏大将军吴檄天下文武官吏军民人等知悉。本镇深叨大明世爵，统镇山海关。维时李逆倡乱聚贼百万；横行天下，旋寇京师，痛哉毅皇列后之宾天，惨矣东宫定藩之颠踣。普天之下竟无仗义兴师，勤王讨贼者伤哉国运，夫复何言？本镇独居关外，矢尽兵穷；泪干有血，心痛无声；不得已歃血订盟，许虏藩封。暂借夷兵十万，身为前驱。乃斩将入关，则李贼已遁。夫君父之仇，不共戴天。必亲擒贼帅，献首太庙，始足以封先帝之灵。方幸贼之巨魁已经授首；正欲择立嗣君继承大位，封藩割地以谢满酋。不意狡虏逆天背盟，乘我内虚，雄据燕都；窃我先朝神器，变我中国衣冠！方知拒虎进狼之非，莫挽抱薪救火之误。本镇刺心呕血，追悔靡及。将欲反戈北伐，扫荡腥膻；适遇先皇之三太子。太子甫三岁，刺股为记。寄命托孤，宗社是赖。姑饮血隐忍，未敢轻举。故避居穷壤，养晦待时；选将练兵，密图恢复。迄于今日，盖三十年矣。兹者虏酋无道，奸邪高张；道义之儒悉处下僚，斗筲之辈咸居显职。山惨水愁，妇号子泣；以致彗星流陨，天怒于上；山崩土裂，地怨于下。本镇仰观俯察，是诚伐暴救民，顺天应人之日。爰卜甲寅之年正月元旦，恭奉太子祭告天地；敬登大宝，建元周啓。①

(c)三桂于康熙十二年(公元一六七三年)十一月起兵，到十三年(公元一六七四年)即陷云南、贵州、广西、福建、湖南、四川。湖北有一部分响应，江西有一部分被陷。陕西因王辅臣之变，亦大部分到了三桂的旗帜之下。甘肃亦然。反满运动盛极一时。

> 是时，三桂蓄力已久，天下皆震其威声。白首举事，亲至常沣督战，兵锋甚锐。是以四方响应。云南、贵州、四川、湖南、广西、福建相继失，人心皆动摇。②
>
> 三桂……遣其将王屏藩犯四川，马宝等出贵州湖南，除夕陷沅州。明年(康熙十三年，公元一六七四年)正月，贼将袭应麟、夏国相、张国柱等军至湖南；提督桑额自沣州走夷陵，巡抚卢震弃长沙奔窜；巴尔布硕岱珠满等兵于二月初旬抵荆州武昌，畏贼势盛，不敢进。于是

① 稻叶君山：《清朝全史》第三十章《三藩之平定》。

② 赵翼：《皇朝武功纪盛·平定三逆述略》。

常德长沙岳沣衡二三月间先后陷。贼且散布伪劄，四出诱煽。襄阳总兵杨嘉来以襄阳应贼；广西将军孙延龄，提督马雄以桂林应贼；四川巡抚罗森，提督郑蛟麟，总兵谭洪、吴之茂以四川应贼；福建耿精忠闻之亦同时反。数月，而六省皆陷。……三桂以荆楚大兵扼其前，乃使其将分道：一由长沙窥江西，一由四川窥陕西。其江西之贼入袁州，陷萍乡安福上高，与耿逆之兵合，陷三十余城。……是冬陕西有王辅臣之变（王原是三桂的部将），……三桂闻之，急给辅臣犒师银二十万。又令蜀将王屏藩吴之茂由汉中出陇西援应。遍布伪劄，所在响应，土寇羌番蜂起。……于是十四年（公元一六七五年）秦州、兰州、巩昌、定边、靖边临洮、庆阳、绥德、延安、花马池相继失！辅臣自踞平凉，使其党分据各郡，陇右皆陷于贼。①

到十五年（公元一六七六年），广东的尚藩也加入了。概括看来，反满运动的军事发展，其大势约略如下：(1)由吴藩的根据地云南出发，入贵州，进湖南，向湖北；针对着满清统治之中心地带伸展。(2)左，则由四川而陕西而甘肃，构成左翼的大包围之阵势。(3)右，则由江西而福建，两广加入，构成右翼的大包围之阵势。(4)三桂自己督师湖南，以兵七万据岳州、沣州诸水口，以拒荆州江北之师；以兵七万据长沙、萍乡、醴陵，以拒江西之师。这时或东下，或北上，都有极大之可能。但以清兵击来，其势日蹙，终至完全消灭！

清兵进击耿尚先降　在叙述耿尚投降之先，最宜把王辅臣投降的情形一述。王在反满运动中为构成左翼大包围之阵势的中心。康熙十四年（公元一六七五年）的时代，其势最盛："辅臣自踞平凉，使其党分据各郡，陇右皆陷于贼。"但势盛的时候也就是转衰的时候。清政府眼见他的势力日益发展，急派大员分路进击。在辅臣兵势渐衰的时候，并降旨招降。到十五年（公元一六七六年）二月，被抚远大将军大学士图海及甘肃提督张勇等所克服，辅臣投降，缴出吴三桂所给他的劄印等件。清政府并恢复他往日的官爵，加太子太保，授靖寇将军，随图海驻于汉中。《清史列传》云：

辅臣见大军所向克捷，逆党渐散，乃为缓兵计，以书致贝勒洞鄂，

---

① 魏源：《圣武记·康熙戡定三藩记》上。

乞奏请再颁赦诏，遣威望大臣受降。洞鄂以闻。上谕之曰："前屡降旨，王辅臣果悔罪来降，当宥其罪顷秦州诸处官兵来降，悉与宽贯；辅臣安有不知？彼乞降，诈也。特缓我师，为苟延日月计耳。……"十五年(公元一六七六年)二月，上命大学士图海为抚远大将军，讨辅臣。四月，张勇剿贼于通渭，复其城。五月，图海大破贼于平凉城北之虎山墩，辅臣穷促，乞降。上宥其前罪，颁诏抚慰。辅臣使子继贞，伪总兵蔡元缴所受吴三桂伪劄印。诣军门降；诏复辅臣官爵，加太子太保，授靖寇将军，随图海驻汉中。继贞亦复原官，寻擢太仆寺卿。[1]

左翼既破，右翼的包围阵势亦告瓦解。右翼的重心为福建的耿精忠。康熙十三年(公元一六七四年)三月，精忠踞福州反，响应吴三桂，自称总统兵马大将军。蓄发易服，亦如三桂。他以福建为中心，向浙江、江西、广东三方面发展，构成反满运动之右翼。同时并与台湾的郑锦通款，允以沿海郡邑与郑，约为声援。清政府见其势力骤张，命康亲王杰书与浙江总督李之芳共图进击。迨十五年(公元一六七六年)八月，康亲王军次福建浙江交界之仙霞岭，寄书精忠劝降。十月，精忠投降，并为满清效忠，反攻沿海的郑锦及广东的尚之信。《清史列传》云：

康亲王进征建阳，移书精忠曰："尔蒙累朝厚恩，世授王爵；正当遇时立功，以承先绪。乃溺于奸计，自取诛夷。圣上念尔祖父之功，凡尔在京诸弟，俱留原职，如旧豢养。复遣尔弟聚忠招抚，因不得前进还京。今大兵屯仙霞岭，长驱直入，攻拔浦城。浦城乃闽省财赋要地。咽喉既塞，粮运不通；建宁延平旦夕可下。与其絷颈受戮，不如率众归诚，仍授王爵，保全百万生灵。况郑锦与尔有不共戴天之仇，攘夺郡邑无已时。尔当助大兵进剿立功，何久事仇人为?"精忠得书，犹豫未决。答书言："自愿归诚，恐部众不从，致滋变患，望奏赐明诏，许赦罪立功，以慰众心；乃可率属降。"康亲王复建宁府，次延平；精忠震慑无措，遣其子显祚同前赍敕被留之周襄绪、陈嘉猷迎大军。十月朔，康亲王遣官赍敕宣示精忠，精忠出城降。请随大军剿海贼立功赎罪。康亲王以闻，下王贝勒大臣议，奏复精忠靖南王爵，属下官

① 《清史列传·王辅臣传》。

> 职如旧，令精忠率之，征剿。上乃以耿昭忠为镇平将军，赴福州驻守；命精忠随大军剿海贼；旋收复兴化、泉州、漳州；逐锦入台湾；进征潮州，会之信以广州归顺(刘)，进忠亦降。①

耿精忠降了，尚之信随即“以广州归顺”，这正见得精忠地位重要，足以左右之信。之信以康熙十五年(公元一六七六年)二月加入吴三桂之反满运动，到十二月，因耿精忠投降了满清，且进而向广东攻击；见大势已去，乃密向清兵输诚，并请求允其立功赎罪。十六年(公元一六七七年)，清政府允其所请，且进爵为平南亲王。

> 十五年(公元一六七六年)春，可喜卧疾，之信代理事；三桂诱其藩属从逆，……授伪职招讨大将军辅德公。……屡胁之信出庾岭抗大军。之信赂以库金十万两，乃已。可喜卒，三桂以辅德亲王伪印与之信。之信旋遣使赴江西通款大军，密疏愿立功赎罪。谕曰：“尔父航海归诚，功猷茂著。自吴逆叛乱以来，益矢忠盖。故特封为亲王，授尔为讨寇将军。正期克奋勇略，扫除逆贼。不图粤省变乱，道路梗阻。今览尔密奏，称父子世受国恩，断不敢怀异志，愿立功赎罪，来迎大师。朕知尔父子不忘报国，念笃忠贞。因仓猝变乱，朕心深为悯恻。已往之罪概行赦免。果相机剿贼，立功自效，仍加恩优叙。”十六年(公元一六七七年)，之信请敕大军速进粤。……率兵迎大军驻韶州，疏陈阖属归正，并言藩下总兵伪授翼勇将军王国栋，藩下长史伪授总兵李天植等赞襄有功，并得旨嘉奖，下部议叙。之信袭封平南亲王，王国栋等各复旧职。俟诸路贼平，再议。②

三桂死后运动全消　自王辅臣投降，反满运动之左翼阵势瓦解；自耿尚投降，反满运动之右翼阵势瓦解。剩下吴藩自己驻兵湖南，势极孤立。为苟全计，只有后退，回云贵老巢。但在回云贵之先，三桂曾于康熙十七年(公元一六七八年)由长沙退居衡州，改元昭武，开府称帝，图作最后挣扎。三月朔日，行即位礼，亦殊了草。这于下引文中可以看出其窘状。

---

① 《清史列传·耿精忠传》。

② 《清史列传·尚之信传》。

三桂既失辅臣精忠之信等援，势渐孤；乃为画地死守计，以衡州为伪都，自长沙移居之。联络孙延龄、马雄等为肘腋助。时岳乐攻长沙，穆占及喇布攻衡永，皆未克。贼增兵自宜章乐昌悉力来拒。[①]

十七年(公元一六七八年)……诏简亲王进守茶陵。时三桂年六十有七矣失陕西闽粤三大援；至是又失江西；大兵云集湘湖间，疆宇日蹙。且军兴调发，财用耗竭，川湖赋税不足供兵饷。恐四方见轻，情竭势绌，乃思窃帝号自娱。其下亦争劝进，以衡州当兵冲，自长沙徙都之，筑室南岳之丽。以十七年三月朔郊天即位，改元昭武，改衡州为定天府。置百官，封诸将，造新历！举云贵川湖乡试，号召远近。殿瓦不及易黄，以漆髹之。构芦舍万间为朝房。适大风雨，潦草成礼而罢。[②]

是年八月，三桂病死，其孙吴世璠由云南至衡州发丧，继帝位，改元洪化。这时清兵节节进逼，世璠奉三桂柩向云南退却。到康熙二十年(公元一六八一年)十月，湖南、广东、四川三路大军围追，逼云南城下，世璠自杀。其部下或迎降，或自杀。迨清兵入城，被惨杀者尤多。世璠尸亦被戮，其首驰献阙下。三桂的尸骨且被分析传示天下。历时十年，(康熙十二年到二十年，即公元一六七三——八一年)分布十省(云南、贵州、广西、广东、福建、江西、湖南、四川、陕西、甘肃等省)的反满运动，至是全平。《清史列传》述其最后之惨状有曰：

二十年(公元一六八一年)……十月，彰泰、赉塔、蔡毓荣、赵良栋合攻云南城，围之数重。伪将军何进忠、林天擎、线绒、黄明谋擒世璠及壮图(郭壮图)以献。世璠壮图皆自杀，进忠等率属迎降。穆占与都统马齐先入城，籍贼党属，擒光琛(方光琛)及其子学潜，从子学范磔军门。戮世璠尸，函首驰献阙下。云南、贵族、四川、湖广诸省悉平。……凡助逆肆恶，势迫始降之高起隆张国柱、巴养元、郑旺、李继业等皆弃市。妻女财产籍入官。马宝、夏国相、李本深、王永清、江义皆磔死，亲属坐斩。悬世璠首于市，析三桂骸骨传示天下。[③]

---

① 赵翼：《皇朝武功纪盛·平定三逆述略》。

② 魏源：《圣武记·康熙戡定三藩记》上。

③ 《清史列传·吴三桂传》。

三　夺取郑成功之台湾根据地

前后三藩均经平定，中国本部算完全统一了。只剩台湾尚维持一个拒满政权，未经消灭。这政权为郑成功所创始。郑自福建唐王聿键被灭以后，即单独作拒满运动，以厦门为根据地，进出于东南沿海一带，奉永历正朔，与满清相抗。到顺治十八年(公元一六六一年)永明王被执，大明宗室的最后挣扎完全毁灭了；郑以中国本部不能立足，乃渡海入台湾，另创一段新历史。兹述于次。

各国殖民之台湾　台湾为隔台湾海峡与福建相对之一大岛。纵约二千八百里，横约五百里。其名称在中国史上屡有变化，最初叫琉球，明万历时始称台湾。公元一五五七年以后，葡萄牙人称为Formosa。稻叶君山云："西历一五一〇年，……欧人始发见太平洋之大海洋乃在印度北方。翌年，葡萄牙王伊拏马拏伊而一世，遣安笃赍得为使者，向支那出发。一千五百五十七年，得占广东河口一要港之许可，逐称是地曰澳门(Macao)。彼等往来于中国海口之间遥望台湾，称之曰 Jlha Fromosa。夫 Formosa 者叹赏其美丽之谓也。至此而后，初以琉球著，继以北港著，后以东蕃著之岛屿乃以虏汝摩沙(Formosa)之名介绍于天下。[①] 这个岛屿距福建厦门约五百里。其面积约为与吕宋相等。

> 台湾亙闽海中，袤二千八百里，横五百里。与福兴泉漳四府相直。距彭湖约二百里，厦门约五百里。其山起鸡笼，南尽沙马碕，千里有奇惟山西东两面沃野；自海至山，浅阔相均，约各百里。大于琉球。埒于吕宋。[②]
>
> 台湾海中番岛，昔人所谓乾坤东港华严婆娑洋世界，名为鸡笼。考其源则琉球之余种；自哈喇分支，近通日本，远接吕宋，控南澳，阻铜山，以彭湖为外援。明万历间海冠颜思齐踞有其地，始称台湾。思齐剽掠海上，倚为巢窟。台湾有中国民，自思齐始。[③]

---

① 《清朝会史》第三十一章《台湾入清领》。

② 魏源：《圣武记·康熙勘定台湾记》。

③ 《台湾府志·建置》引《容州文稿》。

这个岛上之人民，可大别为三种：一，中国人；台湾地近福建，福建沿海居民，为谋生计，尝冒险至该地；其数目在台湾为最多。二，日本人；日本商人尝到台湾通商，因之居留其地者亦不少。三，本地土人；这种土人的始祖究从何来，疑莫能定。“台湾人种，传说纷纷，莫能定论。或以为马来人(Malay)与尼革鲁(Negro)人之杂种。或以为马来人与琉球人之杂种。或谓西方之马达加斯加(Madagascar)，东方之台湾，有如扇状，实马来人种向两极发展之标记。或谓与中国苗种实同一根源。[①] 中国人之入台湾，自隋唐时代就已开始；但只能看作武力的发展，不能算作正式移民。元朝置巡司于澎湖，也与此相类。正式的移民，在明清时代。明嘉靖时，有林道乾引多数人入居台湾；万历时，有颜思齐引多数人入居台湾；郑芝龙附之。芝龙之子郑成功于清顺治时入台湾，其时中国人以受清兵压迫，入台湾者益多。至于日本人之入台湾则以明天启时为最多。是时荷兰人亦正要在东方寻找通商根据地，谋占领台湾，曾与日本人大起冲突，终于战胜日本，掌握台湾之最高权力。郑成功入台湾，又把台湾从荷兰人手中取回。凡此可以说是各国在台湾的角逐史，也可以说是各国在台湾的殖民史。《台湾府志》云：

台湾府在东南大海中(北路淡水直对福州省城，南路赤山直对南澳)，离福建福州府一千二百里(陆行自闽县至泉州同安县五百四十里。水行自厦门至澎湖水程七更；澎湖至鹿耳门水程四更；旧志以六十里为一更，计六百六十里)。古荒服地。隋开皇中，遣虎贲陈稜略澎湖三十六岛；元末，置巡司；明洪武五年(公元一三七二年)，从其居民置漳泉间。嘉靖四十二年(公元一五六三年)，流寇林道乾掠近海地，都督俞大猷征之，追至澎湖，道乾遁入台，大猷不敢进，留偏师驻澎。道乾旋遁占城，澎之偏师亦罢；设巡检以守澎湖。万历间，海寇颜思齐据有台湾，郑芝龙附之，寻弃去。荷兰取其地，因筑赤嵌城以居(即今安平镇城)。本朝顺治初，郑芝龙子成功叛据厦门；十六年(公元一六五九年)，由海道犯江宁败归，遂逐荷兰据之，设郡县。[②]

隋大业中，虎贲将陈稜一至彭湖，东向望洋而反。《宋史》谓彭湖

① 稻叶君山《清朝全史》第三十一章《台湾入清领》。

② 《台湾府志·建置》。

东有；毗舍那国，即其地也。元置巡司于彭湖，明初废之。嘉靖中，海贼林道乾窜据台湾，为琉球人所逐。天启中，日本倭逐琉球而踞之。荷兰红毛夷求香山，求彭湖于中国，而不得，乃以重币啗倭，求台湾一互市地；旋诱以天主教；又逐日本倭而有之。乃国初而为郑氏所据。①

台湾居民之生活 上所述者为台湾之地势、人种，及各国人民移入之状。至于这个地方的生活状况，现在要略予一谈。台湾的民生状况，在郑成功入台之先，至少可以分成两系：台湾本土人的生活自成一系；这一系程度大概很低。《台湾府志》的描写曰：

其俗犹是饮血茹毛；既无废与沿革之可稽，亦安有声名文物之足纪乎？……闽在汉为无诸对封国，已逊中土。若台者素为积水岛屿；穷计流寓之外，其民若盲之初视，寐之初觉。虽更数载，犹是鸿濛浑沌之区耳。②

澎湖……旁有毗舍耶(一作那)国，语言不通。袒裸盱睢，殆非人类。喜铁器，临敌用镖，镖以绳十余丈为操纵。盖爱其铁不忍弃。按澎湖东南即今台湾，其情状相似，殆即毗舍耶国也。③

居民以苫茅为庐舍，推年大者为长，以畋渔为业。地宜牧牛羊，散食山谷间，各氄耳为记。④

这虽未必完全是描写本地土人之生活的，但本地土人之生活，大抵可作如是看待。其次外来人民的生活，可称为另一系。这一系的人民，以中国移入的为最多数。他们来到此岛之时，把内地的风俗习惯一律带来。其谋生之法，虽受岛上的物质环境所限，仍不外捕鱼、种田、晒盐等等；但比起本地土人的生活方法来，到底要高明些。因此之故，土人尝受他们的影响。受了中国人之影响的台湾土人，名曰熟番；沿有受这等影响的，名曰生番。

台湾岛上的生活源泉，最主要的为农业，其次为渔业，又其次为商业。

① 魏源：《圣武记·康熙戡定台湾记》。

② 《台湾府志·旧序》。

③ 《台湾府志·建置》引《台海使槎录》。

④ 《台湾府志·建置》引《海防考》。

中国本部人民之入台湾，其主要的业务仍为耕田，其次为捕鱼，再其次为与西洋商人做买卖。这看下之记载可知。

郑芝龙者，泉州人；初附倭，家于台湾。倭败去，芝龙以其人众舟楫横于海。崇祯中，巡抚沈犹龙招降之，屡平据盗，积官至都督同知。会闽大旱，芝龙言于巡抚熊文灿，以舶徒饥民数万至台湾，人给三金一牛，使垦岛荒，渐成邑聚。时郑氏已去台湾，惟荷兰夷二千踞城中，流民数万散屯城外。荷兰专治市舶，不敛田赋，与流民耦俱无猜。鸿荒甫辟，土膏墳盈；一岁三熟，厥田惟上上。漳泉之人赴之如归市。[①]

台湾在澎湖岛外，水路距潼泉约两日夜；其地广衍高腴，可比一大县，中国版图所不载。初，穷民至其处，不过规渔猎之利已耳。其后见内地兵威不及，往往聚而为盗。近则红夷筑城其中，与奸民私相互市，屹然成大聚落矣。[②]

由上可见中国人到台湾，非种田即捕鱼，非捕鱼即经商。就种田一项而说，台湾当郑氏尚未移入，荷兰人管理该地之时，似乎流行一种农奴制度。管理该地的荷兰人，将土地分给居民耕种；耕田者向主人输纳谷物；凡修筑堤圳之费，以及耕牛农具种子等皆由主人供给。这情形可于下文见之。

台湾田赋与中土异者三：中土止有田，而台湾兼有园[③]。中土俱纳米，而台湾止纳谷。中土有改折，而台湾止纳本色。盖自红夷至台，就中土遗民令之耕田；输租以受种。十亩之地名为一甲，分别上中下则征粟。其陂塘堤圳修筑之费，耕牛农具籽种，皆红夷资给。故名曰王田。亦犹中土之人受田耕种，而纳租于田主之义。非民自世其业，而按亩输税也。[④]

---

① 魏源：《圣武记·康熙戡定台湾记》。

② 《台湾府志·建置》引《春明梦余录》。

③ 有陂塘贮水者为田，旱种者为园。台湾田园依甲计算，每甲约合内地十一亩。郑氏入台之先后，台湾旧有田园共计壹万捌千肆百伍拾叁甲捌分陆厘零。见《台湾府志·土田》。

④ 《台湾府志·租赋》引《诸罗杂识》。

其次就捕鱼一项而说，台湾因系岛屿，其四周沿海之地最便捕鱼。计捕鱼之处所，因性质不同而有蠔、潭、港、塭之分。捕鱼之器具，则有罟、罾、缝、藏、罛箔之分。捕鱼之管理，则由当局将渔民的船只编号，按号稽查。关于捕鱼之处所，《台湾府志》谓：

捕鱼处所有蠔、潭、港、塭之分。蠔者指海坪产蠔之处而言。驾小船，用铁钯于水底取之。潭者平埔开窟，积水甚深，鱼虾多蓄其中。港者海水支流之处。塭者就海坪筑岸纳水蓄鱼而名。①

至于商业，除本地各处各业人民相互贸易之外，大概仍以土产若干换取日本乃至西洋人所输来之物。其详且不具论。

郑成功之入台湾 (a)荷兰人治下之台湾。荷兰人于天启三年(公元一六二三年)从日本人之手夺得管理台湾之权，随即筑台湾城，筑赤嵌楼，于城外设市；与南洋吕宋占城诸国，乃漳泉等州互市。

天启元年(公元一六二一年)，汉人颜思齐为东洋国甲螺(东洋即今日本，甲螺即头目之类)。引倭屯于台。郑芝龙附之。寻弃去。久之，荷兰红毛舟遭飓风飘此，爱其地，借居于土番，不可。乃绐之曰："得一牛皮地足矣，多金不惜。"遂许之。红毛剪牛皮如缕，周围圈匝，已数十丈。因筑台湾城居之(今安平城)，已复设赤嵌楼与相望；设市于城外，而漳泉之商贾集焉。②

时荷兰二城已置揆一王守之，与南洋吕宋占城诸国互市，渐成都会。③

以上云云，还只讲到荷兰人在台湾之取得经商根据地。从此以后，于政治经济教育各方面竭力经营，颇有成绩。就政治方面说罢，荷兰人恃着自己组织之固，兵器之强，对逃难来此的中国人，(当时中国迫于流寇之乱及满族的压迫，东南沿海居民，多逃台湾)，经商来此的日本人，以及出生于此的本土人，大施压迫，使不能反抗。就经济方面说罢，发展对各方的贸易，固是本来之目的；此外复奖励开垦，并从事于交通水利之建设。就

① 《台湾府志·台湾志略》。

② 《台湾府志·建置》。

③ 魏源：《圣武记·康熙戡定台湾记》。

教育方面说罢，传播基督主义，教授荷国语文，以西洋生活方法传入此地，皆其最著者。同时竭力诱导中国人之移入，使从事于生产事业。到公元一六四〇年之顷，复把西班牙人逐出。西班牙人眼见荷兰人治理台湾者有成绩，颇为垂涎。于一六二六年，曾自其根据地马尼剌进攻台湾，想把荷兰人之根据地置于自己之掌握中；谁知反被荷兰所驱逐。荷兰自天启三年(公元一六二三年)入据台湾，镇压着当地的中国人、日本人及本地土人之反抗，防御着外来的西班牙人之侵陵；于政治经济教育各方面努力建设；到顺治十八年(公元一六六一年)，近四十寒暑；几乎把台湾变成了乐土。

(b)郑成功之入台湾。郑成功为什么要入台湾呢？这可用一言蔽之曰，拒满运动在国内无法活动了。分开说，也有几项原因：顺治十六年(公元一六五九年)之北上用兵，暂得胜利，然终归失败，一也。所奉之永明王由榔被逼走缅甸，失却声援，二也。台湾离厦门甚近，且日渐开化，成了唯一退守之地，三也。因此种种，成功乃于顺治十八年(公元一六六一年)开始向荷兰人争取台湾之地。同时在荷兰人方面当通事官的汉人何斌，因负了荷人二十万元债务，恐发觉不能偿还，逃回厦门。诱成功取台湾。成功因此于是年六月击走荷人，将其所营之台湾城改为安平镇，赤嵌改为承天府。其详由下之记载可知。

> 十八年(公元一六六一年)，谕迁濒海民入内界，增兵守边。成功既自江南败归，又接济路绝。由榔已走缅，少声援，势日蹙；乃觊取台湾，以自保，台湾旧为荷兰国红毛番所有，芝龙与颜思齐等为盗时屯于此。后仍归荷兰①
>
> 辛丑(公元一六六一年)，郑芝龙子成功自江南败归，其势日蹙，孤军厦门。适甲螺(头目之意)何斌负债逃厦诱成功取台地。舟至鹿耳门，乘大雾骈进。荷兰归一王以死拒战。成功告之曰："此地先人故物，今珍宝听而载归，地方仍还我。"荷兰知不敌，乃遁去。成功遂入据之，改台湾为安平镇，赤嵌为承天府，总名东都。设县二：曰天兴，曰万年②

(c)成功既入台湾之所为。成功于顺治十八年(公元一六六一年)入台，

① 《清史列传·郑芝龙传》。
② 《台湾府志·建置》。

到康熙元年(公元一六六二年)就死了；为时不满一年！但在这短时期之内，招贤才，辟屯垦，修战备，制法律，定官职，兴学校，颇替他的儿子郑经等预备了一个很好的规模。

> 成功既有台湾，与所据金厦二岛相犄角，又礼处士陈永华为谋主；辟屯垦，修战械，制法律，定职官，兴学校；起池馆以待故明宗室遗老之来归者。以赤嵌城为承天府，置天兴万年二县，招徕漳泉惠潮之民；汙莱日辟。是年，弃芝龙于市，郑氏在京者皆伏诛；诏沿海居民三十里界外尽徙内地，禁渔舟商舟出海，以杜构煽，康熙元年(公元一六六二年)成功卒，年三十有九长子经守厦门(案郑经官书皆作郑锦殆二名也)。入台嗣立。①

清之收复台湾 自郑成功于康熙元年(公元一六六二年)死后，到康熙二十二年(公元一六八三年)郑氏势力全被削平，台湾终入清统治，郑家势力之如此遭遇，本是必然的。以极有限之残余势力，据一小岛，以与方兴未艾之满族相抗，只可以说是大明统治之回光反照；其惨败终不能免。至于达到惨败的经过，可分三方面言之：(一)郑家势力之日益削弱；(二)清势力之日益高涨；(三)郑氏降将施琅之引清兵进击。自成功死后，失了一个重心，这是郑氏势力削弱之第一步。成功死后，其子郑经继立，并有厦门方面之诸将士拥护之。但台湾方面之诸将士，则拥成功之弟袭位，与经相抗。骨肉之争连年不已，是郑氏势力削弱之第二步。本身的势力如此逐渐削弱，于是外力乃乘机进攻。清方面继续以兵力压迫；荷兰方面亦乘机作报复之图。延到康熙二十二年(公元一六八三年)，大好的台湾遂被清水师提督施琅所克服。施本郑氏降将，熟知郑氏方面之情形，当然易于奏功。进逼之时，郑经之子郑克塽出降(郑经于康熙二十年，公元一六八一年正月卒于台湾)，将领被斩者七十余人，官员被斩者三百余人，士兵被斩者一万余人。施琅乃令侍卫持榜示入台湾，谕军民薙发。并于其地设一府，名曰台湾；设三县，曰台湾、凤山、诸罗。郑家之拥明反满，自顺治三年(公元一六四六年)八月明唐王聿键死后郑成功起，到康熙二十二年(公元一六八三年)八月郑克塽降于清止，为时共约四十年。施琅克服台湾之最后经过

① 魏源：《圣武记·康熙戡定台湾记》。

如次。

> 二十二年(公元一六八三年)，春，(刘)国轩贻书(姚)启圣，请如琉球诸国例，称臣入贡。启圣以闻，上弗许，趣琅进兵。时国轩拥众二万余，据彭湖甚坚。六月，琅发铜山，入八罩屿，乘南湖攻澎湖，斩伪将沈诚等七十余。复以大岛船五十六，分八队奋击，沈其船二百，斩伪官三百余，兵万余。国轩乘小舟由吼门窜去，余众悉降。七月，克塽遣伪官郑平英等乞降，琅请颁赦招抚。上敕谕郑克塽、刘国轩、冯锡范等曰："帝王抚御寰区，仁覆无外。即海隅日出之邦，无不欲其咸登衽席，共乐升平。尔祖父自明季以来，出没海洋，盘踞岛屿。本朝定闽，尔祖郑成功穷据海隅，甘外王化；以及尔父郑锦勾引奸徒窥伺内地；屡经剿抚，顽梗怙终。尔方童稚，妄思效尔前人；窜伏台湾，恃为窟穴；倚险负固，飘突非常；以至沿海居民时遭兵燹。朕念中外兵民皆吾赤子，何忍听其久罗水火？故特命提督施琅选将练兵，出洋进剿，施奏报澎湖已克，台湾指日荡平。总督姚启圣以尔等降疏奏闻，又据来使呈乞恩赦；朕礼上天好生之德，特颁敕旨，前往开谕。尔等果能悔罪投诚，率所属伪官军民人等悉行登岸，将前罪尽行赦免，仍加恩安插，务令得所。尔等其审图顺逆，善计保全，以副朕宥罪施仁至意。"克塽既奉敕，遣伪官冯锡珪、刘国昌齐送降表。琅令侍卫吴启爵持榜示入台湾，谕军民剃发。八月，琅率大军入鹿耳门，至台湾。克塽及伪武平侯刘国轩、伪忠诚伯冯锡范率伪文武官迎降。收伪延平王金印一，招讨大将军金印一，公侯伯将军银印五。其地设府一，曰台湾；设县三，曰台湾、凤山、诸罗。自郑氏据台湾，二十余载，至是始入版图焉。是年，克塽至京，授公爵，隶汉军正红旗。克塽死，爵除。①

四、大清帝国之扩大与巩固策

前三藩克服了，后三藩削平了，郑氏所据台湾一岛之地也收入版图了。

---

① 《清史列传·郑芝龙传》。

满洲贵族所欲树立之大清帝国，至是完全确立。其余所有事则为讲求此帝国之扩大与巩固策。这有三项，不可不述。一，外藩之克服与治理；二，邻国之交好与臣属。这二者是属于扩大帝国之版图的。三，康雍乾三朝之治绩，这是属于巩固帝国之统治的。

外藩之克服与治理　满族未入中国之先，为欲进攻中国，乃先除内顾之忧：于左旁，则交好朝鲜，于右旁，则并吞内蒙(参看第八章第三节)。既入中国之后，其主要敌人当然为汉族，于是竭全力征服之。迨永明王遇害，云贵收复；郑克塽投降，台湾收复；征服汉族之功可算完成了。于是转其兵力于沿边各地，开始克服次要的敌人蒙、回、藏、苗各族，以期扩大版图，巩固边境。

(a)外藩之扩大。满族之于外藩，首先平定蒙古各部。蒙古可大别为四个部分。"曰漠南内蒙古，曰漠北外蒙古，曰漠西厄鲁特(即阿尔泰山)蒙古，曰青海蒙古。[①] 漠南内蒙古，早在入关之先，即已吞并。唯有其余三大部分，则是征服汉族之后陆续克服下来的。计外蒙系康熙三十六年(公元一六九七年)清圣祖亲自克服的；青海蒙系雍正二年(公元一七二四年)由岳钟琪、年羹尧等克服的。只有漠西蒙古之完全克服费时较多。其中有准噶尔部，地当伊犁，与俄国接壤。大概因尝得俄国帮助，故不易克服。计康熙三十六年(公元一六九七年)清征准噶尔，击败准部一次；雍正十年(公元一七三二年)清兵乘其与外蒙相持于杭爱山，一举进击，又击败一次；直到乾隆二十二年(公元一七五七年)清兵平定伊犁，才把准噶尔完全克服，漠西蒙古方算完全入了大清帝国之版图。而伊犁平定，更得了一个防俄的要害。

其次平定回疆。自伊犁平定以后，天山北路已告无事。然同时复有天山南路回部之变。乾隆二十五年(公元一七六〇年)清将领兆惠富德分两路进攻其根据地：兆惠由乌什赴喀什噶尔，富德由和阗向叶尔羌。于是回酋和卓木兄弟两人逾葱岭西逃至巴达克山，被当地的酋长所杀，献其尸于清朝。清政府则于天山南路建置大小城镇，各设阿奇伯木克管理回民事务。《圣武记》述此次之胜利云：

> 凡降回众万有二千，牲畜万计。两和卓木挈其妻孥旧仆三四百人走巴达克山。……巴达克山酋兴兵拒战于阿尔浑楚岭，禽其兄弟。将

① 魏源：《圣武记国·朝妥服蒙古记一》。

> 军檄索之，函首军门。回部平，……于是葱岭以西布鲁特爱乌罕、博罗尔敖罕、安集延、巴达克山诸国皆遣使来庭。以喀什噶尔为参赞大臣建牙之所，节制南路各城。各城大者设办事大臣，小者领队大臣。西四城：曰喀什噶尔，曰叶尔羌，曰英吉沙，曰和阗。东四城：曰乌什，曰阿克苏，曰库车，曰辟展。并东路哈密、土鲁番、哈喇沙拉三城，共十有一城。各城所辖回城或五六，或十余，二十余不等。各设阿奇伯木克理回务。①

再其次平定西藏。西藏位于青海之西南。康熙时已取得其宗主权。康熙五十九年(公元一七二〇年)下诏册立第六世达赖，驻蒙古兵二千于其地以为守备，即是明证。到雍正初，开始设立驻藏大臣；乾隆中叶，驻藏大臣之设立，已成了定制。但乌斯藏之西南有廓尔喀，似乎尝以英印为后援，进犯西藏。而且廓尔喀进犯之时，驻藏大臣皇恐万状，常以藏地委贼。如乾隆五十五年(公元一七九〇年)“驻藏大臣保泰一闻贼至，则移班禅于前藏；并张皇贼势，奏请移达赖于西宁，班禅于泰宁，欲以藏地委贼。”②因此之故，清政府乃大举进击廓尔喀。乾隆五十五年(公元一七九〇年)，命福康安等进兵，次年(公元一七九一年)六月至雍雅山，六战六捷，杀敌四千，深入其国境七百余里。廓尔喀遂请降，清廷允之，留番兵三千，汉蒙古兵一千戍藏，是为官兵驻藏之始。自此以后，西藏之宗主权乃得确保无虞。而清之外蕃，亦大体确定。

此外对于苗族，也有一种处置。上述各部，都有一独立地盘。如外蒙在漠北，西蒙在天山北路，青海蒙在青海，回部在天山南路，藏部在西藏。只有苗族，散布在云南、贵州、四川、广西，乃至湖北、湖南、广东各省。各省既已归清政府所辖，则其境内之苗族，自不能算为外藩了。不过苗族与汉族杂处，因语言习惯等等之不同，常有冲突。清廷于此，早在雍正时，即有一种处置之法，故附带地说一说；以见清于克服汉族以外，对蒙、回、藏、苗各族，无不是费了极大的工夫，才平定下来的。

苗之分别极多：大别之为苗为蛮。然细别之，则广东有獞有黎，贵州、湖北有猺，四川有僰有生番，云南有猓有野人。都是没有组织的民族。汉

① 魏源：《圣武记·乾隆戡定回疆记》。

② 《圣武记·乾隆征廓尔喀记》。

人为怀柔苗蛮起见，尝拿各族中之头目，予以名义上之职权，叫他们管理苗蛮。这等头目叫做土司。魏源云：

> 无君长不相统属之谓苗，各长其部各据一方之谓蛮。若粤之獞之黎，黔楚之猺，四川之僰之生番，云南之猓之野人；皆无君长，不相统属，其苗乎！若《汉书》南夷君长以十数，夜郎最大；其西靡莫之属以十数，滇最大。自滇以北君长以十数，邛都最大在宋为羁縻州，在元为宣慰宜抚招讨安抚长官等土司。其受地远自周汉，近自唐宋，而元明赏功授地之土府土州县亦错出其间，其蛮乎！蛮强，则群苗亦供其指嗾。明代播州、兰州、水西、丽川皆勤大军数十万，歼天下力而后铲平之。故云、贵、川广恒视土司为治乱。①

明代治苗，系拿苗族中之头目为土司以治之，所谓以夷治夷是也。这等土司与普通的行政官有别。普通行政官因不是由当地拔出的，而是由政府派遣的，叫做流官。明代流土之分，本是因地制宜的办法。但实行的时期虽久，而苗、汉的冲突仍时有所闻；苗族在汉族中仍是一极大之乱源。于是清雍正四年(公元一七二六年)乃有云南巡抚鄂尔泰奏请“改土归流”之举，谓欲平苗疆，只有改土司为普通行政官之一法。其言曰：

> 云贵大患无如苗蛮。欲安民必先制夷，欲制夷必“改土归流”。……臣思前明流土之分，原因烟瘴新疆，未习风土；故因地制宜，使之乡导弹压。今厉数百战，相沿以夷治夷；遂至以盗治盗：苗猓无追贼抵命之忧，土司无革职削地之法。直至事大上闻，行贿详结，上司亦不深求，以为镇静；边民无所控诉。若不铲蔓塞源，从兵刑财赋事事整饬，皆治标而非治本。其改流之法，计禽为上，兵剿次之；令其自首为上，勒献次之。惟制夷必先练兵，练兵必先选将。诚能赏罚严明，将士用命；先治内后攘外，必能所向奏效。实云、贵边防百世之利。②

清世宗知鄂尔泰有平治西南夷之才，命他总督云、贵、广西三省，治理苗蛮。于是自雍正四年至九年(公元一七二六——三一年)蛮悉改流，苗

① 魏源：《圣武记·雍正西南夷改流记》上。

② 魏源：《圣武记·雍正西南夷改流记》上。

亦归化。他如川边粤边等处也都于这个时代之前后陆续平定下来。

(b)理藩之策略。把各族平定下来为一事，叫各族听命，久安于无事为又一事。前者非用兵不可，后者则有代替用兵之其他策略。清理藩之策略，分别言之，可任举数项以为例。(一)对蒙、藏大抵着重于当地人民宗教信仰之利用。

> 内外蒙古之入版图也，利用刺麻教以收功。……诚以外藩全土，西藏可称为祖山；青海、喀尔喀(外蒙)、内蒙古及伊犂(西蒙)等处，皆为其檀徒。所以争外藩必先争西藏之推选达赖权得以黄教之名目号令诸部也。康熙帝于多伦诺尔建立彙宗寺，此乃迎外蒙古之格根哲布尊丹巴之所也。雍正帝又于西裹塘建立惠达寺，此乃迎达赖刺麻之所也。乾隆帝于热河建立西藏式之札什伦布庙，此乃迎班禅额尔德尼之所也。①

(二)对回部则采汉回分居，中央官居汉城以监督回民之策。回汉语言习惯信仰等多不相同，不可强合。故叶尔羌、喀什噶尔等著名回城皆有汉城与之并立。奇木伯克等回官居回城；中央派往之官吏则居汉城，其对回民之责，不过监督而已。(三)对苗民则以改土归流为最大之策略。此策建于鄂尔泰，大体上是很有效的；前面曾略述及，兹不赘言。(四)此外中央政府尚设有理藩院。凡关于蒙、回、藏之行政事宜，直接受理藩院指示。不过这也只是粗具规模而已，事实上理藩院所作之事极少：各藩事务，大体由各藩自理，自治之意味极浓；清政府不过居于监督之地位而已。

邻国之交好与臣属　在鸦片战争之前，与大清帝国发生交涉的，北方以俄国为最大。俄与大清，国界相接；相接之处两方的人民常因捕猎越界，发生纠纷。康熙二十八年(公元一六八九年)，清政府欲图一劳永逸，乃派使者到尼布楚与俄国使者商量划定国界。结果良好，两国画定国界；附带于通商贸易等亦有规定。

> 康熙二十有八年(公元一六八九年)夏，皇帝遣领侍卫内大臣索额图等至于尼布楚之地宣布德意。鄂罗斯国使者费岳多罗额里克谢等皆悦服，相与画疆定界，使我边人与其国人分境捕猎，期永永辑睦，无

① 稻叶君山：《清朝全史》第四十五章《扩大外藩及治藩事业》。

相侵轶。约既定，勒之贞石，以昭大信，垂诸久远。专系列如下：

一　将由北流入黑龙江之绰尔纳，即乌伦穆河相近格尔必齐河为界。循此河上流自右大兴安岭以至于海，凡岭南一带，流入乌龙江之溪河，尽属我界。其以岭北一带之溪河，尽属鄂罗斯国界。

一　将流入黑龙江之额尔古纳河为界；河之南岸为我属，河之北岸令为鄂罗斯国属。其南岸之眉勒尔客河口所有鄂罗斯房舍，迁移北岸。

一　雅克萨之地，鄂罗斯所治之城尽行除毁，所居鄂罗斯人及诸物用，听撤往察汗之地。

一　两国猎户人等毋许越界。如有一二小人擅自越界捕获偷盗者，即行擒拏，送所在官司，准所犯轻重惩处。若十数相聚，持械捕猎，杀人抢掠者，必奏闻，即行正法。虽有一二人犯禁，彼此仍相和好，毋起衅端。

一　从前我大清国所有鄂罗斯之人，乃鄂罗斯国所有我大清国之人，仍留如旧，不必遣回。嗣后有逃亡者，不许收留，即行送还。

一　和好既定以后，一切行旅有准令往来文票者，许其贸易不禁。①

至于南方与清国接境的有安南，有缅甸。安南于顺治初有莫敬耀来归，未受爵而卒；其子元清曾受清命为都统使，居高平。又有黎维禔亦来归，未受封而卒；其子罗禧于康熙三年(公元一六六四年)受清封为安南国王。此后黎莫两方常有冲突；至康熙二十二年(公元一六八三年)，正是郑克塽以台湾降清的那一年，清又册封黎罗禛为安南国王。至于莫氏则早在康熙十三年(公元一六七四年)被黎氏并吞了。

安南人本朝顺治初，莫敬耀来归，未受爵而卒，授其子元清为都统使，居高平。黎维禔亦来归，未封而卒。康熙三年(公元一六六四年)，遣编修吴光礼部司务朱志远谕祭维禔。五年(公元一六六六年)，

---

① 徐元文：《与俄罗斯国定界之碑中国内乱外祸历史丛书》第二十七册。

遣侍读学士程芳朝、礼部郎中张易贲册封其子维禧为安南国王。六年(公元一六六七年)，维禧夺元清高平地，遣侍读李仙根兵部主事杨兆烋谕还之。粤西孙延龄、马雄叛，元清负恩助逆，病死。其弟敬光为黎氏所讨，来奔；令地方官送归本国，死于泗城土府，爵除。维禧死，弟维禔嗣；维禔死，弟维禛嗣。康熙二十二年(公元一六八三年)，遣侍读明图编修孙卓册封维禛为安南国王；仍赐御笔扁额“忠孝守邦”四大字。又遣侍读邬黑、礼部郎中周灿谕祭两故王维禧、维禔；二礼并举，称盛事云。[①]

缅甸则于乾隆五十四年(公元一七八九年)臣属中国。早在乾隆三十一年(公元一七六六年)，杨应琚为云南总督之时，即有人极言征取缅甸之容易。三十二年(公元一七六七年)将军明瑞率满州兵三千与云南、四川兵二万余大举进攻缅甸。结果不利，明瑞战死，三十五年(公元一七七〇年)大学士傅恒名将阿桂等又征缅甸，以经不起夏天的瘴瘟而还。直到乾隆四十三年(公元一七七八年)因暹罗起兵恢复独立(暹罗曾于乾隆三十六年，公元一七七一年，被缅甸所灭。至是因缅甸与中国作战，国力日削，乃乘机立遗臣郑昭为主，兴兵侵缅)，乃惧而请降。乾隆五十四年(公元一七八九年)，其酋孟陨始受中国册封。

五十四年(公元一七八九年)，缅酋懵驳被杀，其弟孟陨初为僧，国人立之。因遣使输诚纳贡，……上大喜，召缅使朝见于避暑山庄，优赉之，许其十年一次入贡。[②]

乾隆四十三年(公元一七七八年)，暹罗遗民愤缅无道，推其遗臣郑昭为主，起兵尽复旧封，又兴归侵缅地。……于是缅益惧；五十三年(公元一七八八年)，由木邦赍金叶表驯象金塔款关求贡。……表言已嗣国后(嗣国者孟云)，深知孟驳父子前罪，久欲进贡；因暹罗侵扰，是以稽迟。乃谕暹罗罢兵。五十五年(公元一七九〇年)遣使贺八旬万寿，乞赐封，并乞开关市；许之。遣使封为缅甸国王，定十年一贡。[③]

① 王士禛：《池北偶谈》卷四《安南始末》。

② 汲修主人：《啸亭杂录》卷四《缅甸归诚本末》。

③ 魏源：《圣武记·乾隆征缅甸记》。

康雍乾三朝之政绩 从本章的开端起，一直到邻国之臣属止，凡所说的，都属武功。不过一个国家之建立，除了武功之外，当然还有其他的政绩。清代的政绩，以康、雍、乾三朝为最可观。自康熙元年至乾隆六十年(公元一六六二——一七九五年)凡一百三十余年，可算是大清帝国的黄金时代。这时代的政绩，若单只著重巩固统治的一点看，也便可以看出许多崭新的成绩来。举实例而言，如康熙之限制宦官职务，创置封爵制度，治理各处水患，限制汉人入蒙；雍正之密建太子(因儿子太多，又无一定继统之法，本人死后，自不免有争端。帝于诸子之中，自择其一，亲书其名，密封于匣，以决死后之争。乾隆帝就是这样密封出来的。这叫密建制；雍正以后，似成了清代的家法)。设军机处，设方略馆，废除贱民阶级；乾隆之勤政爱民，善自警惕等等，举之不可胜举。《啸亭杂录》著者汲修主人力言乾隆之勤政爱民曰：

纯庙即位，承宪庙严肃之后，以宽大为政。罢开垦，停捐纳，重农桑，汰僧尼之诏累下，万民欢悦，颂声如雷。吴中谣有“乾隆宝，增寿考；乾隆钱，万万年”之语。一时辅臣如鄂文端(尔泰)、杨文定(名时)、朱文端(轼)、赵泰安(国麟)皆醇儒也。①

纯庙忧勤稼穑，每岁分，命大吏报其水旱，无不见于翰墨。地方偶有偏灾，即特旨开仓廪，蠲租税，六十年如一日。甘肃大吏以冒赈致罪；后甘肃复灾，近臣有以前事言者，上曰：“朕宁使官冒赈，不使民枵腹也。”后诸词臣有以御制诗录为简册进者，朱相国(珪)录上纪永水旱丰歉之作，名《孚惠全书》以进；上大喜，赐以诗扇，告近臣曰：“儒者之为，固不同于众也。”②

诸种政绩之中，尤以提倡文化为值得注意。这于许多大规模书籍之刊行可以看出。康、乾间儒臣选择简篇，皇帝亲为裁定刊行者有经类二十六部，史类六十五部，子类三十六部，集类二十部。③ 然规模最大的有《图书集成》。该书于康熙中开始编纂，至雍正三年(公元一七二五年)告成，共六汇编，三十二典，六千一百〇九部，都一万册，真可谓是大规模的书籍了。

① 《啸亭杂录》卷一《高宗初政》。

② 《啸亭杂录》卷一《高宗爱民》。

③ 《啸亭续录》卷一《本朝钦定诸书》。

又有《四库全书》。乾隆三十七年(公元一七七二年)诏求海内遗书，大兴朱筠请将《永叶大典》择取缮写，各自为书。三十八年(公元一七七三年)遂命诸臣校核《永乐大典》，定名《四库全书》。至四十七年(公元一七八二年)告竣，全书三千四百五十七部，七万九千七十卷。虽然，这等编著规模伟大，但其中并没有包含什么自由思想。钦定书籍，固然可称为提倡文化。然皇帝自己却有一绝对标准，即巩固统治是也。凡与这标准不符的，必在消毁之列(参看第十一章第一节)。以上所述，都属于提倡文化的范围。在此范围之中，提倡理学，更为特别有助于统治。但这须上溯到宋元明，故于下章另述。

第十章 巩固统治的理学

帝王的善政都有巩固统治的作用。而理学于巩固统治，其作用亦很大。

一 理学之生长完成

中国思想之演变 中国思想之演变，可分为下面的几个大段落。殷商时代迷信支配了人生，凡征服天然，征服异族，乃至维持社会的次序，一切以迷信为准。这我们在第一篇第五章里曾经讲过。其迷信之对象最主要者为“天”。凡耕耘田亩，出征殊方，建立都城，皆取决于所信之天，而以卜法为手段以获得天示。这于许多龟甲、兽骨上的卡卜可见。例如：

1. “帝隹(唯)癸其雨。”①
(天老爷在癸的一天要下雨。)
2. “今二月帝不令雨。”②
(在这二月里天老爷不会下雨)。
3. “帝令雨足年？帝令雨弗其足年？”③
(天老爷要下雨来使年辰好吗？天老爷要下雨来使年辰不好吗？)
4. “帝其降堇(馑？)”④
(天老爷要降下饥馑来吗)？
5. “伐吕方，帝受(授)我又(佑？)》”⑤

---

① 郭沫若：《卜辞通纂》三六四片，下略称卜。
② 《卜》三六五。
③ 《卜》三六三。
④ 《卜》三七二。
⑤ 《卜》三六九。

（要出兵征伐吕国，天老爷肯给我们以保佑吗?）

6.“勿伐吕，帝不我其受(授)又(佑)。”

（不要出兵征伐吕国，天老爷不曾给我们以保佑。）

7.“王封邑，帝若。”[①]

（国王要建都城，天老爷答应了。）

8. 我其已穷，乍(则)帝降若。

我勿已穷，乍(则)帝降不若。[②]

（我要免穷的职，天老爷是会答应的。我不免穷的职，天老爷是不会答应的。）

上诸卜辞，郭沫若都收在他所著《卜辞通纂》中。郭著《先秦天道观之进展》时又复录入，并加通俗之译语。兹转录于此，以见殷商思想之大略。《卜辞通纂》中集有关于天象之甲骨七十三片，足征殷人之信仰。“大抵至上神之观念殷时已有之。年岁之丰啬，风雨之若否，战争之成败，均为所主宰。”[③]这样的迷信思想，是中国思想演变中之第一个段落。

到了春秋战国时代，贵族因受优越的经济生活所腐化而瓦解，地主工商阶级抬头，百学争鸣，思想为之一变。殷商思想在这时代虽未完全斩绝，但受了一次大的扬弃(Aufheben)。这时代流行的思想，《庄子天下篇》中概括之为孔、老、墨三大派；司马谈则概括为阴阳、儒、法、名、墨、道德六家。到了秦汉，集权帝国完全确立，思想亦随着而统于一尊，恰好成为殷商与周末两期思想之合一。这可以说是中国思想演变之第二个大段落。这第二段落之思想恰为第一段落的思想之较高的发展。殷商时代迷信上天，汉代则将此种迷信为之理论化。这可于西汉的《纬书》以乃董仲舒的天人合一说见之。董仲舒为汉代思想之总代表。其最大的发见为《天人相与》。意谓人类生活的变化，恰与天道变化相适应。

天之道春暖以生，夏暑以养，秋清以杀，冬寒以藏。暖暑清寒异气而同功，皆天之所以成岁也。圣人副天之所行以为政，故以庆副暖而当春，以赏副暑而当夏，以罚副清而当秋，以刑副寒而当冬。庆赏

---

① 《卜》三七三及三七四。

② 《卜》三六七。

③ 《卜辞通纂·考释天象》。

罚刑异事而同功，皆王者之所以成德也。庆赏罚刑与春夏秋冬，以类相应也，如合符。故曰：王者配天。谓其道，天有四时，王有四政，若四时通类也，天人所同有也。①

纬亦称谶纬。纬与谶原是两事，后以“弥传弥失”，遂合而为一。《四库全书总目提要》有云：

按儒者多称谶纬；其实谶自谶，纬自纬，非一类也。谶者诡为隐语，预决吉凶。《史记·秦本纪》称卢生奏录图书之语，是其始也。纬者经之支流，衍及旁义。《史记·自序》引《易》：“失之毫厘，差以千里。”《汉书》《蓋宽饶传》引《易》：“五帝官天下，三王家天下。”注者均以为《易》纬之文是也。盖秦汉以来，去圣日远，儒者推阐论说，各自成书，与经原不相比附。如伏生《尚书大传》，董仲舒春秋阴阳，核其文体，即是纬书。特以显有主名故不能讬诸孔子。其他私相撰述，渐杂以术数之言。既不知作者为谁，因附曾以神其说。迨弥伟传失，又益以妖妄之辞，遂与谶合而为一。②

在西汉末年，谶纬极盛。大抵都是“诡为隐语，预决吉凶”。王莽自以为应谶而易汉为新，光武亦自以为应谶而易新为汉。甚至大臣之进退，亦取决于谶。总而言之，殷人尊天，汉代则有天人相与之学说；殷人以卜决事，汉代决事则相信谶纬。汉代思想显然为殷商思想之较高的发展。

至于汉唐时代，则是中国思想演变之第三个段落之开始的时代。自宋初至清初，则是此第三个段落之告成时代。汉、魏、隋、唐时代，中国与西域的通商关系非常密切：这我们在第三编讲佛教的时候已经讲过。因通商关系之密切，印度的佛教思想随着商人之后传入中国。这种思想传入中国之时，或与易、老、庄三玄相混同，或与周末传下之儒家思想相摩擦；终于型成宋、元、明、清时代之理学。汉代的思想如果可以说是殷人思想的较高发展，则理学思想便可以说是汉代思想的较高发展。前者是殷、周两民族相摩相荡之结果，后者则是中、印两民族相摩相荡之结果。

理学思想在清初可以说发展到了尽头，但同时因中国与西洋列强通商

① 董仲舒：《春秋繁露·四时之副》。

② 《四库全书·总目提要·易类》附录《易纬》。

之故，西洋的科学思想又复输入中国；首先进来的有天文数理地学等等。科学思想入中国，与宋、明以来之理学相反对，于是中国思想之演变乃进入第四个较大之段落。这一个段落之完成，当是东方思想与西方思想之汇合，为理学之较高的发展。正如理学为汉代思想之较高发展，汉代思想为殷商思想之较高发展一般。周人与殷人相对反，乃有第二段落之汉代思想；印度与中国相对反，乃有第三段落之宋明思想；西洋与东洋相对反，乃有第四段落之现代思想（包括考订与资本主义之现实思想）。一、二、三各段落已经过去，第四段落则正在发展之中。凡此云云，是中国思想演变之大势。

理学内容之特质　我们这里所要讨论的是第三个段落之理学。理学盛行时代正在北宋初至清初。这时代也正是集权帝国或专制主义发展到极度的时代。政治制度与学术思想两相适应：集权帝国或专制主义需要一种与之相适应的思想，理学正是这种思想。

理学最重要之内容或唯一无二之内容厥为超于现实的抽象之理。现实为具体的事物，理学为抽象的概念。现实为形而下之器，理为形而上之道。朱熹云："凡有形有象者即器也；所以为是器之理则道也。"[①]"形而上者，无形无影是此理。形而下者，有情有状是此器。"[②]例如我们眼见的五官四肢具备的人，便是一有情有状之器；至于做人的一切道理，却只能诉诸思维，而不是我们的眼所能见的，那便是无形无影之理。人类如此，即其他无生之物，亦莫不然。例如舟车，是我们眼所能见的，可以说是有形之器；至于舟只可行于水，车只可行于陆的这种必然性，却只能诉诸思维，那便是无形之理。比较说来，理或抽象的概念是诉诸思维的，器或具体的事物是诉诸感官的。其大略的分别约如此。这种分别是随文化之发展，人智之进步，而日益显明的，并没有什么不合理。

讲到理之根据，历来有两种极端相反的见解。一则谓理或抽象的概念为先存的：没有具体事物之时，已有抽象的道理存在着；没有人类之时，已有人类之所以为人类的理由存在着。这一说可称之为迹先的（a priori）。另一则谓理或抽象的概念为后起的：因已有了许多具体事物，于诸事物之中可以归纳出一个抽象的道理；人类之所以为人类的道理，便是从人类之

---

① 朱熹：《文集》卷三十六《与陆子静书》。

② 朱熹：《语类》卷九十五。

生存上归纳出来的，并非先人类而存在着。这一说可称之为迹后的(a posteriori)。同是诉诸思维之理，一则谓是先具体事物而存在之现成的东西，一则谓是从具体事物中归纳出来的结果。前者实为不可思议，后者却极近人情。理学家之所谓理类于前者，与柏拉图(Plato)之所谓观念(Idea)极相似。朱熹云：

> 无极而太极，不是说有个物事光辉辉地在那里。只是说当初皆无一物，只有此理而已。……惟其理有许多，故物有许多。[①]
>
> 做出那事，便是这里有那理。凡天地生出那物，便是那裹有那理。[②]
>
> 未有这事，先有这理。如未有君臣，已先有君臣之理；未有父子，已先有父子之理。[③]
>
> 若在理上看，则虽未有物，而已有物之理。然亦但有其理而已，未尝实有是物也。[④]
>
> 问：天地未判时，下面许多都已有否？曰：只是都有此理。天地生物千万年，古今只不离许多物。[⑤]

理在物先，其说大抵如此。至于宇宙间的事事物物，千差万别，是否每一物事有一物事之理？理学家之答覆为正面的，承认每一物事有其独特之理。朱熹云：

> 问：理是人物同得于天者，如物之无情者亦有理否？曰：固是有理。如舟只可行之于水，车只可行之于陆。[⑥]
>
> 问：枯槁之物亦有性，是如何？曰：是他合下有此理。故曰：天下无性外之物。因行阶云：阶砖便有砖之理。因坐云：竹椅便有竹椅之理。[⑦]

---

① 《语类》卷九十四。

② 《语类》卷一百一。

③ 《语类》卷九十五。

④ 《文集》卷四十六《答刘叔文》。

⑤ 《语类》卷一。

⑥ 《语类》卷四。

⑦ 《语类》卷四。

事事物物固然各有其独特之理。但宇宙间的事事物物并非彼此孤立，实统于一个全体的宇宙。然则全体的宇宙是否有一个总极之理呢？理学家的答复仍是正面的；承认宇宙有一个总极之理。朱熹于此总极之理，尝袭用周敦颐所用之名，名之曰太极。与此总极之理或太极相对的具体物事，不论形象如何，概称之曰气。

> 事事物物皆有个极，是道理极至。蒋元进曰：如君之仁，臣之敬，便是极。先生曰：此是一事一物之极。总天地万物之理，便是太极，太极本无此名，只是个表德。①
>
> 太极只是个极好至善的道理。……周子所谓太极，是天地人物万善至好的表德。②

理学有裨于统治　理学家之所谓理一经树立，便与人类的一切欲望对立起来，于是有所谓"存天理，灭人欲"的教训；并谓此种教训出自孔子，且经《中庸》《大学》《尚书》等所阐明者。孔子之"克己复礼"是否可解作"存天理，灭人欲"固是一个问题，但大多数的理学家的确是主张"存天理，灭人欲"的。朱熹云：

> 孔子之所谓"克己复礼"；《中庸》所谓"致中和""尊德性""道问学"；《大学》所谓"明明德"；《书》曰："人心惟危，道心惟微；惟精惟一，允执厥中。"圣人千言万语，只是教人存天理，灭人欲。……人性本明，如宝珠沉溷水中，明不可见。去了溷水，则宝珠依旧自明。自家若得知是人欲蔽了，便是明处。只是这上便紧著力主定，一面格物，今日格一物，明日格一物；正如游兵攻围拔守，人欲自销铄去。所以程先生说敬字，只是谓我自有一个明底物事在这里。把个敬字抵敌，常常存个敬在这里，则人欲自然来不得。夫子曰："为仁由己，而由人乎哉！"紧要处正在这里。③

"存天理，灭人欲"云云，若用到政治上，便成了政治原则。这原则的应用，有几方面可得而言。(1)统治的君主要依循这个原则以施政。依循的

---

① 《语类》卷九十四。

② 《语类》卷九十四。

③ 《语类》卷十二。

程度之或深或浅，便是君主的或优或劣之分。完全依循此原则以施政的，自然成功；完全不依循的，只有失败。照理学家的看法，三代或三代以上的统治者是很能依循这原则的；汉唐以来的君主便不能完全依循了。朱熹云：

常窃以为亘古亘今，只是一理。顺之者成，逆之者败。固非古之圣贤所能独然，而后世之所谓英雄豪杰者，亦未有能舍此理而得有所建立成就者也。但古之圣贤从本根上便有惟精惟一功夫；所以能执其中，彻头彻尾，无不尽善。后来所谓英雄，则未尝有此工夫，但在利欲场中头出头没。其资美者乃能有所暗合，而随其分数之多少以有所立。然其或中或否，不能尽善，则一而已。来谕所谓三代做得尽汉唐做得不尽者，正谓此也。然但谕其尽与不尽，而不论其所以尽与不尽，却将圣人事业去就利欲场中比并较量；见有仿佛相似，便谓圣人样子，不过如此；则所谓毫厘之差，千里之缪者，其在此矣。[①]

所谓"人心惟危，道心惟微；惟精惟一，允执厥中"者，尧舜禹相传之密旨也。夫人自有生而梏于形体之私，则固不能无人心矣。然而人有得于天地之正，则又不能无道心矣。日用之间，二者并行，迭为胜负；而一身之是非得失，天下之治乱安危，莫不系焉。是以欲其择之精，而不使人心得以杂乎道心；欲其守之一，而不使天理得以流于人欲。则凡其所行，无一事之不得其中，而于天下国家无所处而不当。[②]

尧、舜、禹相传之旨，天下治乱安危之所系，概系乎"存天理，灭人欲"。"存天理，灭人欲"竟成了统治之利器。这还只是一方面的应用。(2)其次，凡受治的人民，也必须依循"存天理，灭人欲"之原则以守秩序，以作顺民。在这个原则之下，个人的意志或主观性云云，全然没有地位。这情形正如黑格尔(Hegel)之所云：

主观性的成分，或意志的自己反省，……在这里实不见存在。……在中国，那个普遍的意志直接命令个人，做些什么，个人则

① 《文集》卷三十六《答陈同甫书》。

② 《文集》卷三十六《答陈同甫书》。

敬谨服从，因而失掉反省与自我。假如他不服从，而与实际生活发生差池他亦不加若何的内省；即是刑罚，亦不足以影响其内在的生活，而只能影响其外的生存。所以全部政治内实缺少了主观的成分；因之不是以道德心理为基础的。①

中国人民所服从的"存天理，灭人欲"之原则，正如黑格尔之所谓普遍的意志一样。服从就只是服从而已，全无反省与自我之可言。戴震于此，说得最明白。戴是主张达情以遂欲的，于存理以灭欲之说，攻击不遗余力。其言有曰：

圣人之道：使天下无不达之情，求遂其欲，而天下治。后儒不知情之至于纖微无憾是谓理；而其所谓理者，同于酷吏所谓法。酷吏以法杀人，后儒以理杀人。骎骎乎舍法而论理；死矣，更无可捄矣。②

程、朱以理为如有物焉，得于天而具于心；启天下后世人人凭在己之意见而执之曰理，以祸斯民。更淆以无欲之说，于得理益远，于执其意见益坚，而祸斯民益烈。岂理祸斯民哉，不自知为意见也。③

《记》曰："饮食男女，人之大欲存焉。"圣人治天下，体民之情，遂民之欲，而王道备，人知老、庄释氏异于圣人，闻其无欲之说，犹未之信也。于宋儒则信以为同于圣人；理欲之分，人人能言之。故今之治人者视古圣贤体民之情，遂民之欲，多出于鄙细隐曲，不措之意，不足为怪。乃其责以理也，不难举旷世之高节著于义而罪之。尊者以理责卑，长者以理责幼，贵者以理责贱，虽失谓之顺。卑者、幼者、贱者以理争，虽得谓之逆。于是下之人不能以天下之同情，天下所同欲，达之于上。上以理责下，而在下之责，人人不胜指数。人死于法，犹有怜之者。死于理，其谁怜之。④

(3)"存天理，灭人欲"这个原则，君民两方都用得着。君主用此以统天下，为令主；人民依此以守秩序，为顺民。但君主未必愿意执行这个原则，以轨范自己；人民未必懂得这个原则，奉行无少差池。于是介于君民之间

① G. F. Hegel, *Philosophie der Gegchichte*, pp. 173—174.

② 戴震：《东原文集》卷八《与某书》。

③ 戴震：《戴氏遗书》九附录《答彭进士书》。

④ 《孟子·字义疏证》。

的知识分子重要了。知识分子依据着“存天理灭人欲”之原则以保种族，以辅君主，以导人民。

二　理学之巩固统治

理学之效力，不能由其自身直接发挥，必须经过知识分子，始能发挥。知识分子直接或间接依据着理学，在社活动。自宋明以来，其重要之活动，可由下述之数事以见一般。

知识分子之保种族　宋代当异族压迫吃紧之时，凡知识分子，尤其是太学诸生，尝发出其极热烈之民族意识，为种族，为国家而奋斗。这有许多例证可寻。(1)有的号召军民拥护主战的将领。靖康元年(公元一一二六年)春，金兵直逼汴京之时，朝廷宰执如李邦彦等只图苟安，皆主议和；而李纲、种师道等则竭力主战。政府接受了主战派之意见，命李纲为亲征行营使，师道为宣抚史。后以师出失利，皇上震惊，遂罢去纲等，后主议和。这事，太学生等忍受不了，乃号召军民数十万人诣阙上书，不屈不挠，再接再厉，终于迫政府复李纲的尚书右丞之职，充京师四壁守御使。这次的上书，以陈东等为首。

> 初，太学生陈东与诸生十余人……诣阙上书，明余(李纲)及师道之无罪，不当罢。军民闻之，不期而集者数十万人，填塞驰道街巷，呼声震地；舁登闻鼓于东华门，击碎之。上遣吴敏、耿南仲慰谕诸生，俾之退；反为军民所拥，不得行；必欲见余及师道，乃去。不得报，则杀伤内侍二十余人，皆脔割之，虽毛骨无存者！反诟詈宰执李邦彦、蔡懋、王孝迪、赵野等，殴击之；皆走散藏匿。于是上遣中使召余及师道入对。余闻命，惶惧固辞，不敢行；而宣诏者络绎而至，中使迫促，不得已上马出浴室院(被罢之时，俾命浴室院)；由东门抵驰道，趋东华门；军民山积，几不可进。宣诏中使朱拱之复为众所杀，盖杀其传旨之缓也。……有旨复尚书右丞，充京师四壁守御使。……余禀上旨宣谕，乃稍散去。[①]

① 李纲：《靖康传信录》卷二。

这种的群众运动，规模不能不算很伟大了。(2)有的相率上书纠弹主和的要员。这可以举三个显例。绍兴三十年(公元一一六〇年)，太学生张观等七十余人上书请斩主和的汤思退等，终致思退忧悸而死。嘉定七年(公元一二一四年)，有太学生黄自然、黄洪、周大同、家槙、徐士龙等上书请斩主和的乔行简之举。嘉定十二年(公元一二一九年)，有太学生何处恬等二百七十三人上书请诛主和的胡榘之举。凡此数例，在史籍上都有很翔实的记载。

上闻有敌兵，命建康都统王彦等御防，仍命思退督江淮军，辞不行，仆散忠义自清河口渡淮。言者极论思退急和撤防之罪，遂罢相，谪居永安州。于是太学生张观等七十二人上书论思退、王之望、尹穑等奸邪误国，招致敌人，请斩之，思退忧悸死。[①]

文忠真公(真德秀)奉使金廷，道梗不进，止于盱眙(安徽盱眙)，奉币返命，力陈表疏，谓敌既据吾汴，则币可以绝。朝绅三学主真议甚多，史相(史弥远)未知所决。乔公行简为淮西漕，上书庙堂云云，谓"强鞑渐兴，其势已足以亡金；金，昔吾之仇也，今吾之蔽也。古人唇亡齿寒之辙；宜姑与币，使得拒鞑。"史相以为行简之为虑甚深，欲予币，犹未遣。太学诸生黄自然、黄洪、周大同、家槙、徐士龙等同伏丽正门，请斩行简，以谢天下。[②]

嘉定十二年(公元一二一九年)五月五日己亥，太学生何处恬等二百七十三人相率上书，言工部尚书胡榘及其兄槻，中外相挺引董居谊聂子述、许俊、刘淖误军败国。奏闻未报，宗学生公记等十二人，武学生郑用中等七十二人又相继伏阙极言其事。[③]

己未，秘书监柴中行奏："三学所言，不宜含糊付之不息；是欲私庇其人，而使吾君有拒谏之失。"辛酉，国子丞萧舜冶劄白："诸生言事，无非公论；而朝廷乃谓黜陟之权，不当徇布衣之请；此非天下之公言，特左右游扬之私尔。"丞相乃召太学博士楼昉至赐第，俾谕诸生。……昉退，亦以劄白："乞采公论，助乾决夬；若依违含糊，内伏疑根，则昉也一夫之颊舌，安能解千万人之惑？而公论且将迴指于昉

① 《宋史·汤思退传》。

② 叶绍翁：《四朝闻见录》甲集《请斩乔相》条。

③ 俞文豹：《吹剑录外集》。

矣。"越六月戊辰，谏议大夫始率其属论桀，及礼部侍郎袁变俱罢。[1]

积极方面拥护主战的将领，消极方面打击主和的要员，都足以表现太学生之民族意识，爱国精神。(3)至于奉使命赴异族，而能不畏暴力，不辱使命的，建炎时吴安国之使金，魏行可之使金，皆最显之例。

吴安国字镇卿，处州人，太学进士，累官迁考功郎，以太常少卿使金。值金人渝盟。拘留胁服之。安国毅然正色曰："我头可得，我节不可夺。惟知竭诚死王事，主命焉敢辱。"金人不敢犯，遣还。[2]

魏行可，建州建安人。建炎二年(公元一一二八年)以太学生应募奉使，补右奉议郎，假朝奉大夫尚书礼部侍郎，充河北金人军前通问使，仍命兼河北京畿抚谕使。时河北红巾贼甚众，行可始惧为所攻。既而见使旌皆引去。行可渡河，见金人于澶渊，金人知其布衣借官，待之甚薄，因留不遣。行可尝遗书金人，警以不戢自焚之祸。"大国举中原以与刘豫、刘氏何德？赵氏何辜？若亟以还赵氏，贤于奉刘氏万万也。"绍兴六年(公元一一三六年)卒。十三年(公元一一四三年)，张邵来归，言行可殁于王事！[3]

(4)更如异族逼来，而能拼死抗拒者，书生中亦不少其例。建炎三年(公元一一二九年)，金人陷越，曾忘以死御之，家属四十余人皆死难。咸淳九年(公元一二七三年)，蒙古人攻克襄阳之后，进逼潭州，诸生死者数百。德祐二年(公元一二七六年)，蒙古人南下掳三学诸生百人北去，衢州江山人徐应镳以死拒之，其牺牲精神，令人起敬。凡此诸例，史书上俱有翔实记载。

曾忘字仲常，中书舍人巩之孙补太学内舍生。以父任郊社斋郎，屡官司农丞，通判温州，须次于越。建炎三年(公元一一二九年)，金人陷越，以琶八为帅，约诘旦城中文武官并诣府；有不至及藏匿不觉察者皆死。忘独不往，为邻人纠察逮捕见琶八，辞气不屈，且曰："国

① 俞文豹：《吹剑录外集》。

② 《宋史·吴安国传》。

③ 《宋史·魏行可传》。

家何负于汝？乃叛盟欺天，恣为不道？我宋世臣也，恨无尽寸柄以死国。安能贪生事尔狗奴邪？"时金人帐中执兵者皆愕眙相视。琶八曰：令出。左右尽驱其家属四十余口同日杀之越南门外。[①]

初潭(今长沙)士以居学肄业为重。州学生月试积分高等，升湘西岳麓书院生。又积分高等，升岳麓精舍生。潭人号为三学生。兵兴时，三学生聚居州学，犹不废业。谷死(尹谷为诸生教授，并守将参谋)，诸生百人往哭。城破多感激死义者。[②]

长沙之陷岳麓诸生荷戈登陴，死者什九！惜死者姓名多不可考。[③]

徐应镳字巨翁，衢之江山人也，为衢望族。咸淳末，试补太学生。德祐二年(公元一二七六年)宋亡。瀛国公入燕，三学生百余人皆从行。镳不欲从，乃与其子琦崧，女元娘，誓共焚，子女皆喜，从之。太学故有岳飞第，有飞祠，应镳具酒肉祀飞曰："天不祐宋，社稷为墟；应镳死以报国，誓不与诸生俱北。死已，将魂魄累王作配神主，与王英灵永永无斁，"……纵火自焚。一小仆未寐，闻火声起，至楼下穴牖视之；应镳父子俨然坐立，如庙塑像；走报诸仆，坏壁入，扑灭火。应镳不能死，与子女怏怏出户去。仓卒莫知所之。翌日，得其尸祠前井中，皆僵立，瞠目，面如生。[④]

即上四端，已可概见两宋知识分子之民族意识，爱国情绪，抗战决心矣。凡此虽不必尽是理学所直接培植出来的；但理学所亟欲培植的却不能不包括这等精神在内。明朝的知识分子，其活动的方向与宋稍异，且于下面约略述之。

知识分子之辅君王　宋代知识分子努力的目标在抗拒异族，保全国家；明代知识分子努力的目标则在排斥浊流，肃清君侧。前者从事于种族的斗争，后者则从事于党派的斗争。

在封建地主势力发展到尽头之时，所有的党派，都是封建地主之子弟所创始，所组成。就经济的背景上讲，并没有什么分别。但在政治的奋斗中，这辈同阶级的子弟，却酝酿出一个清流与浊流之不同。地主阶级都想

① 《宋史·曾志传》。

② 《宋史·尹谷传》。

③ 黄宗羲：《宋元学案·丽泽学案叙录》。

④ 《宋史·徐应镳传》。

插入政府，而政府里的位置是有限的：于是一部分固可插入了政府，也终有一部分或最大部分是当被挤在政府之外的。这么一来，政府之内的知识分子与政府之外的知识分子自然形成在朝与在野之分。前者为欲保持权势利禄，不得不用卑鄙的手段；久而又久，自然流入污浊一途。后者为欲与之相抗，不得不用高明的口号，以博得社会的同情，保持社会的地位。久而又久，自然流入清高一途。浊流在政府里常结纳宦官等腐化势力，以蒙蔽君主；清流在社会上常结纳书生等清纯势力以与相抗。清浊之分，原是同阶级的人争夺富贵的一种结果；但一经成立了，对于国家的政策以及宫中琐事，也都各有定见，各有主张；俨然如现代政党之有纲领一样。虽至清浊易地而居，浊流被追退出政府，清流得胜涌入政府，而原来的定见或主张，尚能保持若干。并不是一旦在朝，便即刻绝对地浊起来；一旦在野，便即刻绝对地清起来。因此之故，清浊的对立，常能持久不相混同。

明代清流的攻击政府，自万历五年(公元一五七七年)王锡爵、吴中行、赵用贤等之攻击张居正丁忧夺情开其端。张本是一位有作为的政治家，万历初年政治的澄清，多是他的功劳。万历五年(公元一五七七年)，他父亲死了，照礼是要辞去宰辅之职以居丧的。但当时户部侍郎李幼孜首倡夺情。主张不必辞职居丧。这么一来，便引起清流的不满；王、吴、赵等乃大加批评，俨然成了朋党。后来邹元标、赵南星、顾宪成、高攀龙等继之，党势以成。《明史》云："自是朋党论益炽，中行用贤植(李植)东之(江东之)创于前；元标、南星、宪成、攀龙继之，言事者益裁量执政，执政日与枝拄，水火薄射，迄于明亡。"①

与政府立于正相反对的地位，奋斗数十年的，厥为东林党。东林党之成，由于顾泾阳(名宪成)于万历二十二年(公元一五九四年)开始在东林书院聚徒讲学。顾原为吏部考功主事，因为讨论"三王并封"(顾主立皇太子；但神宗的儿子太多了，不免争立，尤以皇长子常洛，皇三子常洵，皇五子常浩为甚。当时有人主张把这三位皇子并封为王，等到长大了，再择一立为太子；顾不赞成)，之事与政府不合，被削官爵，回到无锡，约了高攀龙、钱一本、薛敷教、史孟麟、于孔兼诸人，就宋代杨时讲学的东林书院集合讲学。东林书院在这时本已废为僧舍了，而常州知府欧阳东风，无锡知县林宰为之重修；到万历三十二年(公元一六〇四年)重修告成；于是顾

① 《明史·赵用贤传》。

乃大会吴、越士人，讲求圣学。其宗旨仍在“障川回澜”。许献云：

> 按东林落成于万历甲辰（公元一六〇四年）之秋；十月，偏启诸同人，始以月之九日，十日，十一日大会东林讲堂。泾阳爰作会约，以念同志。而景逸先生为之序，首列孔、颜、曾、思、孟，明统宗也。次《白鹿洞学规》，定法程也。申之以饬四要，辨二惑，崇九益，屏九损；卫道救时，周详恳到。其间阐提性善之旨，以辟阳明子天泉证道之失，尤见一时障川回澜之力。是时海内论学诸贤各有宗旨，亦每有会约；而莫如此约之醇正的实者。[①]

东林党势既成，与一切非东林之人立于反对地位，其间几无中立之余地。《明史》云：“方东林势盛，罗天下清流，士有落然自异者，诟谇随之矣。攻东林者，幸其近己也，而援以为重。于是中立者类不免蒙小人之玷。核人品者，乃专以与东林厚薄为轻重。”[②]而东林党人攻击诘责最甚的，当然为政府中人；政府中人因被攻击诘责之故，亦特别与他们过不去。黄宗义《明儒学案》卷五十八载当时人的语云：“娄江（王锡爵）谓先生曰：‘近有怪事知之乎？’先生曰：‘何也？’曰：‘内阁所是，外论必以为非，内阁所非，外论必以为是。’先生曰：‘外间亦有怪事。’娄江曰：‘何也？’曰：‘外论所是，内阁必以为非；外论所非，内阁必以为是。’”这样互相非难，正是东林党与政府党对峙的情况。

政府诸臣之有党，早在万历二十年（公元一五九二年）的时代。当时湘潭、李胜芳劝王锡爵不要主张并封三王，被迁为左谕德。时昆山、顾天峻险诐无行，为世所病，被劾去。胜芳亦投劾归。于是有顾党李党的名目。到三十八年（公元一六一〇年），祭酒汤宾尹与顾天峻召集党徒，专攻东林诸人，于是又有昆党宣党的名目；尽以顾为昆山人，汤为宣城人也。这等的党，还是从政府里退出的人之所为。到四十年（公元一六一二年）以后，更有齐、楚、浙三党，则都是盘据要津，以攻诘东林诸人者。当其气焰盛时，在朝的大臣，亦复被其威逼；固不独在野的东林党人受其压迫也。《明史》云：

---

① 许献：《重修东林书院志》卷二。

② 《明史·崔景荣传赞》。

台谏之势极重不返，有齐、楚、浙三党鼎峙之名。齐则给事中亓诗教、周永春，御史韩浚；楚则给事中官应震、吴亮嗣；浙则给事中姚宗文，御史刘廷元，而汤宾尹辈阴为之主。其党给事中赵兴邦、张延登、徐绍吉、商周祚，御吏骆骎曾、过庭训、房壮丽、牟志夔、唐世济、全汝谐、彭宗孟、田生金、李徵仪、董元儒、李嵩辈相与倡和，务以攻东林排异己为事。其时考选久稽，屡不下，言路无几人，盘据益坚。后进当入为台谏者，必钩致门下，以为羽翼。当事大臣，莫敢撄其锋。……诗教把持朝局，为诸党人魁。①

深结戚畹近侍，威制大僚；日事请寄，广纳赂遗。亵衣下车，遨游市肆，狎比娼优。或就饮商贾之家，流连凶人之室；身则鬼蜮，反诬他人。此尽明欺至尊不览章奏，大臣柔弱无为，故猖狂恣肆，至于此极。②

东林党人受着政府党的压迫，一时无可如何。直到天启三年（公元一六二三年），赵南星主京察，才稍稍出了一口气。《明史》云：

故给事中亓诗教、赵兴邦、官应震、吴亮嗣在先朝结党乱政，议屈之。吏科都给事中魏应嘉力持不可，南星特著《四凶论》，卒与考功郎程正已置四人不谨。他所澄汰，一如为考功时。……当是时，人务奔竞，苞苴恣行，……每文选郎出辄，邀之半道，为人求官；不得，则加以恶声，或逐之去。选郎即公正，无如何。尚书亦太息而已。南星素疾其弊，锐意澄清。③

但东林党人稍稍抬头之日，正魏阉忠贤得势之时。魏专了权，针对着赵南星之所为。向东林党人大施报复。举凡万历以来，朝中一切纠纷，都归罪于东林党人。明史云：

比顾宪成殁。攻者犹未止，凡救（李）三才者，争辛亥京察者，卫国本者，发韩敬科场弊者，请行勘熊廷弼者，抗论张差梃击者，最后争移宫红丸者，忤魏忠贤者，率指目为东林，抨击无虚日；借魏忠贤

① 《明史·夏嘉遇传》。

② 《明史·李朴传》。

③ 《明史·赵南星传》。

毒焰一网尽去之，善类为一空。崇祯立，始渐收用，而朋党势已成，小人卒大炽，祸中于国，迄明亡而后已。[①]

崇祯二年(公元一六二九年)，魏忠贤的逆案造成，崔呈秀罢官，魏忠贤自缢以后，为时不久，群小又复用事；忠贤余党阮大铖等大有吹死灰使复然之势。但终为清流所压倒，太学诸生之守正不阿，终“足以寒奸人之胆。”全祖望云：

踰时中官复用事，于是逆案中人弹冠共冀然灰。在廷诸臣或荐霍维华，或荐吕纯如，或请复涿州(冯铨)冠带；阳羡(周延儒)已特起马士英为凤督，以为援阮大铖之渐。即东林中人如常熟(钱谦益)亦以退闲日久，思相附和。独南中太学诸生，居然以东都清议自持，出而厄之。乃以大铖观望南中，作《南都防乱揭》。宜兴陈公子贞慧，宁国沈徵君寿民，贵池吴秀才应箕，芜湖沈上舍士柱，共议东林子弟无锡顾端文公之孙杲居首。天启被难诸家推公(太冲，即黄梨洲)居首，其余以次列名。大铖恨之刺骨，戊寅(公元一六三八年)秋七月事也。荐绅则金坛周仪部镳宝主之。说者谓庄烈帝十七年中善政，莫大于坚持逆案之定力。而太学清议，亦足以寒奸人之胆。使人主闻之，其防闲愈固；则是《揭》之功，不为不钜。[②]

关于明代清流之知识分子之攻击污浊势力，辅佐君主，有两种相反之意见：一则加以贬词；一则加以褒奖。贬之者，谓其株守程朱狭议的道学，不达权变；这颇着重在手段。褒之者则谓其出死力以争朝廷之得失，实不可及；这颇着重在精神。贬之者之言曰：

明世士大夫好以意气用事。对于君主及宰相之举动，督责太严，丝毫不相假借。朝廷有大事起，不能酌理准情，婉言规劝，动呼朋引类，明目张胆，喧呼聒噪以争之。彰君之失，明已之直；使君主无羞成怒，无转圜余地；图博一已之名，而于国事毫无补益。若宪宗时之孝庄皇后合葬裕陵议，世宗时之大礼议，神宗时之张居正夺情议及建储议，其尤者也。而持论深刻，遇事生风，推测过深，其所欲加之罪

① 《明史·顾宪成传》。

② 全祖望：《鲒埼亭集·梨洲先生神道碑文》。

名往往超出对象者应得罪名之上。若三案问题，其最甚者也。张差一妄男子，持梃入东宫，诸臣必欲加郑贵妃以主使之名。李可灼一庸医，误用药杀人，诸臣必欲加大学士方从哲以弑逆之罪。李选侍一妇人，恋恋于乾清宫；安土重迁，亦人情之常，杨涟责其阴图专擅，以攻选侍。及移宫以后，贾继春又倡言选侍投缳自缢以诬帝。附会宫禁，捕风捉影；狺狺争论，经年不休；积习相沿，几成痼疾。及其末流，卒以此败。魏忠贤一市井无赖，非有操莽等跋扈之才，李林甫、元载、秦桧、严嵩阴险之智。诸臣不能防之于机先，用非常之手段，诛之以靖内难；而乃摇唇鼓舌，拖笔弄墨，明目张胆，与之打口舌官司。熹宗一黄口孺子，生长深宫；育于宦官宫妾之手，既未教养于未即位之先，岂能责其明断于已即位之后？对牛操琴，向石说法，甚无谓也。卒之，帝之于诸臣所奏，无所可否，一切委之忠贤。忠贤乃诬以罪名，逮捕诸贤；次第受戮，若屠羊豕！正人皆尽，国随以亡。甚矣狭议之程朱道学养成之八股先生，不足与语通权达变也。[①]

褒之者之言曰：

有明一代建言者先后风气亦不同。自洪武以至成化、弘治间，朝廷风气淳实，建言者多出好恶之公，辨是非之正，不尽以矫激相尚也。正德、嘉靖之间，渐多以意气用事，……然亦有未可概论者，如刘瑾乱政，御史蒋钦疏劾之。廷杖三十；再劾，又杖三十。越三日，又草疏灯下，闻鬼声，钦知是先灵劝阻；奋笔曰：“业已委身，不得复顾；死即死，此疏不可易也。”遂上之，又杖三十而死！许天锡欲劾瑾，知必得祸，乃以尸谏！夜击登闻鼓缢死，而以疏预嘱家人于身后上之。世宗时杨最等既以谏齐醮杖死；严嵩当国，又杀杨继盛、沈鍊等。而御史桑侨、谢瑜、何维柏、喻时、童汉臣、陈绍、叶经、邹应龙、林润等；给事中王韬孟、陈瑫、沈良才、历汝选等犹先后疏劾，廷杖谪戍，至死而不悔且帝深疾言官，以杖戍未足遏其言，乃长击以困之。如沈束在狱凡十八年！传赞谓主威愈盛，而士气不衰。可见诸臣虽不免过激，而出死力以争朝廷之得失，究不可及也。[②]

---

① 王桐龄：《中国史》第三编第七章《言路之多事》。

② 赵翼：《廿二史劄记·明言路先后不同》。

知识分子之导人民 辅君主是知识分子对上的责任。知识分子原是处于君主与农民之间的地主阶级；其下面尚有广大的农民群众需要他们引导，这是他们对下的责任。他们的责任有如此之重大，帝皇对他们的期望也特别殷切。清统治中国之时，尝叫他们研究经典，以增加自己的知识；砥砺品行，以为人民的楷模；并免去他们所应负的丁粮，以示优待。且绝对不许身分不相称的人混入他们之中。顺治十年(公元一六五三年)下谕云：

> 谕礼部："国家崇儒重道，各地方设立学官。今士子读书，各治一经，选为生员；岁试科试，入学肄业；朝廷复其身，有司接以礼；培养教化，贡明经，举孝廉，成进士，何其重也！朕临御以来，各处提学官每令部院考试而后用之，盖重视此生员也。此闻各府州县生员有不通文义，倡优隶卒本身及子弟，厕身学宫；甚者出入衙门，交结官府，霸占地土，武断乡曲。国家养贤之地竟为此辈藏垢纳污之所。又提学官未出都门，在京各官开单属托；既到地方，提学官又访采乡绅子弟亲戚，曲意逢迎。甚至贿赂公行，照等定价！督学之门竟同商贾；正案这外，另有继案；继案之外，又有寄学；并不报部入册。以致白丁豪富冒滥衣巾；孤寒饱学终身淹抑；以及溷占优免，亏耗国课，种种情弊，深可痛恨。今后提学御史及学道俱宜更新惕历，严察前项冒滥尽行褫革。大学地方，人材不等，酌定名数。并查旧题额例，具奏定夺。至于岁考，除行检问革外，其文理荒谬不通者，须多置劣等，严为降黜其儒童经由府县送试者详其身家履历，廪生保结，方许入试。廪生亦不得借端保结，措索儒童。督学诸臣如有仍蹈前弊，并自甘不肖，以试士为市者，许督府巡按指实参奏。如督抚巡按徇情不参，听礼部都察院礼科纠劾，一并重处。其入学生员，提学道严谕府州县卫各学教官月加课程，不得旷废；亦不得假借督课陵虐诸生。提学御史提学道即将岁考场中原卷解部稽察，不许换卷胜改。礼部仍照旧例考定等第以示劝徵；仍照解到各学廪附名数，细查在学若干名，黜退若干名；照报册出示，行各该府州县张挂，俾通知生员的确姓名然后优免丁粮。至于河南、山东等处，亦照旧例优免丁粮；不许滥免地土，摊累小民；违者究治。除已往外，今后各提学御史提学道诚能体朕教

养储才之心，实力遵行；自使士风丕变，人才辈出。国家治平实嘉赖之。”①

国家治平所嘉赖的知识分子，在农民群众之中有些什么作用呢？这可拿康熙时所颁发悬各地学宫的十六条圣谕为总说明。其文曰：

一，敦孝弟以重人伦；一，笃宗族以昭穆雍；一，和乡党以息讼争；一，重农桑以足衣食；一，尚节俭以惜财用；一，隆学校以端士习；一，黜异端以崇正学；一，讲法律以警愚顽；一，明礼让以厚风俗；一，务本业以定民志；一，训子弟以禁非为；一，息诬告以全良善；一，戒窝逃以免株连；一，完钱粮以省催科；一，联保甲以免盗贼；一，解仇忿以重身命。每月朔望，令儒学教官传集该学员宣读，务令遵守。违者责令教官并地方官详革治罪。②

这十六条圣训，在学的知识分子倘能一一奉行不悖，民间自然化行俗美；在上的统治者便可以不费气力而统治着天下。满清入关初期的几个皇帝，如顺治，如康熙，如雍正，如乾隆，都想尊重知识分子借理学以为统治之具。尤以康熙帝之提倡理学为最有力。

清康熙帝之重理学　康熙皇帝在清代诸帝之中，是一个最喜欢研究学问的人。凡儒家经典，程、朱著作，乃至历代史书，无不研习。尝召博学通儒到宫庭里，互相讲究。这在《东华录》里有很多的记载。例如：

谕侍读学士喇沙里：“朕在宫中，博观典籍，见宋儒周敦颐《太极图》，议理精奥，实前贤所未发。朕尝极意探索，究其指归。可命学士熊赐履，编修叶方蔼、张英，修撰韩菼等各撰《太极图论》一篇，朕亲览焉。”③

上谕：“日讲原期有益身心，增长学问。今止讲官进讲，朕不覆讲，但循旧例，日久将成故事；不惟于学问之道无益，亦非所以为法于后世也。嗣后进讲时，讲官讲毕，朕仍覆讲。如此互相讨论，庶几

① 蒋良骐：《东华录》顺治十年。

② 《清朝通考·学校考》。

③ 《东华录》康熙十二年。

有裨实学。”①

上御懋勤殿，讲官进讲毕，上曰：“尧舜禹汤以来心法治法，俱在《尚书》。尔等每日悉心讲解，朕孜孜典学；虽不能媲古帝王，而此心朝夕懋勉，未尝稍懈也。”库勒纳奏曰：“《书经》应讲者已毕；自明日始，当以《易经》进讲。”上曰：“朕思经史，俱关治理，自宜进讲。尔等可进讲《易经》，将《通鉴》讲章陆续送入；著张英在内，每日进讲《通鉴》。”②

所特别看重的书籍为《诗》《书》《易》《礼》《春秋》等五经，及《论语》《孟子》《大学》《中庸》等四书，与夫程、朱等关于性理的著作。所特别崇拜的圣哲为孔子、孟子、程子、朱子，并认定尧、舜、禹、汤、文、武的道统即是治统。一心想以古先圣哲及其学术来作厚风俗，正人心之工具。

上亲制《日讲四书解义序》曰：“朕惟天生圣贤，作君作师；万世之道统，即万世之治统所击也。自尧、舜、禹、汤、文、武之后，而有孔子、曾子、子思、孟子；自《易》《书》《诗》《礼》《春秋》而外，而有《论语》《大学》《中庸》《孟子》之书；如日月之光昭于天，岳渎之流峙于地；猗欤盛哉！尽有四子，而后二帝三王之道传；有四子之书，而后五经之道备。四子之书，得五经之精意而为言者也。孔子以生民未有之圣，与列国君大夫及门弟子论政与学；天德王道之全，修己治人之要，俱在《论语》一书。《学》《庸》皆孔子之传，而曾子、子思独得其宗。明新止至善，家国天下之所以齐治平也。性教中和，天地万物之所以位育，九经达道之所以行也。至于孟子，继往圣而开来学，息邪说以正人心；性善仁义之旨著明于天下。此圣贤训辞诏后，皆为万世生民而作也。道统在是，治统亦在是矣。历代圣贤创业守成莫不尊崇表彰，讲明斯道，朕绍祖宗丕基，孳孳求治；留心学问，命儒臣撰为讲义；务使阐发议理，裨益政治。同诸经史进讲，历寒暑罔敢问辍。兹已告竣，与海内臣民共臻至治；特命校刊，用垂久远；爰制序言，并之简首。每念厚风俗必先正人心；正人心必先明学术。诚因此编之大义，究先圣之微言，则以此为化民成俗之方，用期夫一道同风之治；庶几近于唐

① 《东华录》康熙十四年。

② 《东华录》康熙十九年。

虞三代文明之治也夫。”①

谕大学士等：“朕自冲龄笃好读书，诸书无不览诵。每见历代文士著述，即一句一字，于理义稍有未安者，辄为后人指摘。惟宋儒朱子注释群经，阐发道理；凡所著作及编纂之书，皆明白精确，归于大中至正。迄今五百余年，学者无敢疵议。朕以为孔、孟之后，有裨斯文者，朱子之功最为宏钜。应作崇礼表彰，尔等会同九卿詹事科道，详议具奏。”寻议宋儒朱子配享孔庙。本在东庑先贤之列，今应遵旨升于大成殿十哲之次，以昭表彰至意。②

仁皇夙好程朱，深谈性理。所著《几暇余篇》，其穷理尽性处，虽夙儒耆学，莫能窥测。所任李文贞（光地）、汤文正（斌）皆理学耆儒。尝出《理学真伪论》以试词林。又刊定《性理大全》《朱子全书》等书，特命朱子配祠十哲之列。故当时宋学昌明，世多醇儒耆学，夙俗醇厚；非后所能及也。③

所用大臣多理学家，且都有卓特之行，扬名于一时。

本朝崇尚正道，康熙、雍正间，理学大臣颇不乏人。如李安溪之方大，熊孝感之严厉，赵恭毅公之鲠直，张文清公之自洁，朱文端公之吏治，田文端公之清廉，杨文定公之事君不苟，孙文定公之名冠当时，李巨来、傅白峰之刚于事上，高文定公、何文惠公之宽于待下，鄂西林之勋业伟然，刘诸城之忠贞素著，以及邵中丞（基）、胡侍郎（煦）之儒雅，蔡闻之博大，龙翰（敏）之笃学，甘庄恪（汝来）之廉，顾河帅（琮）之刚，陈海宁、史溧阳之端方，陈桂林、尹文端之政绩，完颜（伟）、张（师载）二河帅之治河，杨勤悋公（锡绂）之理学，皆扬名于一时。谁谓理学果无益于国也。④

---

① 《东华录》康熙十六年。

② 《东华录》康熙五十一年。

③ 清汲修主人：《啸亭杂录》卷一《崇理学》。

④ 清汲修主人：《啸亭杂录》卷一《本朝理学大臣》。

第十一章　各种反抗运动

满族统治了中国，各种反抗运动便随之而起。由思想的反抗到实际的反抗，由种族的反抗到阶级的反抗；种种运动未有已时。

一　思想的反抗运动

满族侵入书生愤极　满族进关之后，对汉族大肆压迫，以大军向南方进攻。汉族中读书明理者，民族意识最强者，以及一切不甘异族之压迫者且战且逃，向南方退却。加以当时的东南为富庶之区，经济的实力较为雄厚；一时的抗敌运动，也以东南为重心；鲁王在浙，唐王在闽，成了当时的民族意识之所寄。因此之故，东南方面的种族战争最激烈。凡文人书生多愤极而起；或奉武将如黄蜚、吴志葵等为首领，或奉宗室子如盛沥、盛澂等为首领，以与异族相抗。

是时薙发令下，苏州巡抚土国宝，松江提督吴兆胜，吴淞总兵李成栋皆以降将乘势骚虐于是明故给事中陈子龙，故总督沈犹龙，故吏部主事夏允彝，约水师总兵黄蜚吴志葵起兵。松江兵部主事吴易，举人孙兆奎起兵吴江。行人卢象观(象升弟)奉宗室子瑞昌、王盛沥起兵宜兴。中书葛麟及主事王期昇奉宗室子通城王盛澂起兵太湖。主事荆本彻，员外郎沈廷扬起兵崇明。副总兵王佐才起兵昆山。通政使侯峒会，进士黄淳耀起兵嘉定。吏部尚书徐石麒，平湖总兵陈梧等起兵嘉兴。典史阎应元陈明选起兵江阴。佥都御史金声偕邱祖德、尹民兴、吴应箕起兵徽州宁国。并通表唐王，遥受其拜除；或近受监国鲁王节制。揭竿裂裳十余万，是为上下江士民之师。①

或奉正人君子，负有声望的人以为首领。如董志宁、王家勤、张梦锡、华夏、陆宇爋、毛聚奎等所谓六狂生者，其所拥戴之首领钱肃乐便只是一个刑部员外郎而已。时方居忧，为众所拥，遂出而起义。

二年(顺治二年，公元一六四五年)五月，江南内附；六月，浙江内附；闰月，明故刑部员外郎钱公肃乐起兵于鄞。大兵之下浙也，同知宁波府主事朱之葵，通判孔闻语迎降；贝勒即令之葵知府事，以闻语同知府事。公方居忧，在东吴丙舍中，喀血。闻信恸哭，绝粒誓死，诸弟已为之治身后事。鄞之贡生董公志宁，首倡谋义，聚诸生于学宫；王公家勤，张公梦锡，华公夏，陆公宇爋，毛公聚奎和之。徧谒诸乡老而莫敢应，即所云六狂生者也。……宇爋故与公同研席，相善；途中闻公已至，大喜，挽公入城。途遇志宁，遂定谋发使；以十二日集绅士于城隍庙，诸乡老相继集；之葵闻语亦驰至。时诸人皆未有定意，离席降阶，迎此二人；而公遽碎其刺，拂衣而起。百姓聚观者数千人，欢声动地。有戴尔惠者，布衣也，大呼曰："何不竟奉钱公起事。"观者齐声应之，举手互相招，拥公入巡按署中。战顷，海防道二营兵暨城守兵皆不戒而至，遂以墨縗视师。②

只以异族压迫，不甘身受；故能不顾一切，奋起抗拒。即藏书最富之祈班孙，亦尝乘机抗拒异族；虽藏书甲于大江以南，亦不惜牺牲一切，而与布衣魏耕等密谋举事。后以所谋不遂被捕，兄弟二人争着牺牲性命。赖客某的奇谋，纳贿，其兄理孙被救出，班孙则被遣戍辽左。日久得脱逃归，乃入寺为浮屠。

祈六公子者，讳班孙，字奕喜，小字季郎，忠敏第二子也。其兄曰理孙，字奕庆，以大功兄弟次其行，故世皆呼曰祈五祈六两公子。……祈氏自夷度先生以来，藏书甲于大江以南。其诸子尤豪，喜结客，……公子兄弟自任以故国之乔木，而屠沽市贩之流，亦兼收并

① 魏源：《圣武记·开国龙兴记》四。

② 全祖望：《鲒埼亭集》卷七《钱公神道第二碑铭》。

蓄。家居山阴之梅墅，其园亭在寓山，柳车踵至；登其堂，复壁大隧，莫能诘也。慈谿布衣魏耕者，狂走四方，思得一当，以为亳社之桑榆。公子兄弟则与之誓天称莫逆。魏耕之谈兵也有奇癖：非酒不甘，非妓不饮；礼法之士莫许也。公子兄弟独以忠义故，曲奉之。时其至，则盛陈越酒，呼若耶溪娃以荐之；又发淡生堂壬遁剑术之书以示之。又遍约同里诸遗民如朱士稚、张宗道辈以疏附之。壬寅，或告变于浙之幕府，刊章四道捕魏耕。有首者曰："苕上乃其妇家；而山阴之梅墅乃其死友所啸聚。"大帅亟发兵，果得之，缚公子兄弟去。既献，兄弟争承。祈氏之客谋曰："二人并命，不更惨欤!"乃纳贿而宥其兄。公子遣戍辽左。其后理孙竟以痛弟郁郁而死，而祈氏为之衰破。然君子则曰："是固忠敏之子也。"当是时禁纲尚疏，宁古塔将军得赂，则弛约束；丁巳，公子脱身遁归。已而里社中渐物色之，乃祝发于吴之尧峯，寻主毗陵马鞍山寺，所称咒林明大师者也。荐绅先生皆相传曰："是何浮屠！但喜议论古今，不谈佛法。每及先朝，则掩面哭!"然终莫有知之者。①

各种文社遍布东南 文人对异族的仇恨始则发而为武力的抗拒；继因满族的政权日益强固，无法抵抗，乃转而潜藏于各种社盟之中。我们于此最宜先把当时的社盟略为说说。社的名义，来历长远。《周礼》上以二十五家为社。社本是祭神之所；大约二十五家共一祭神之所，于是把这二十五家的小集团也称为一社。汉代有乡社里社之名。后来意义愈引愈广，凡集合若干人的组织或团体，都可称之为社。研习武事的团体叫做社，研习文事的团体也叫做社。如晋代的惠远莲社、宋代的胡瑗的经社、元代的月泉吟社、明代的复社几社等即其代表。

《日知录》谓社是盗贼之称，明学士称同社不知其意其论甚快。今按社歇后语也。祭社会饮，谓之社。同社者同会也。古有莲社；《直斋书录解题》有孙觉《春秋经社要义》六卷；《宋史·孙觉传》云："胡瑗弟子千数，别其老成者为经社"；吴自牧《梦粱录》云："文士有西湖诗社，武士有射弓蹋弩社。"又有诸集社名目：元有白莲社，月泉诗社。明复

---

① 全祖望：《鲒埼亭集》卷十四《祈六公子墓碣铭》。

社多八闽语录，几社多奇士伟人。①

我们这里所要特别注意的为明清之交的社盟或文人结合的团体。这时代的这种团体，可以说是封建势力持续时代，地主阶级膨胀到尽头，专制政治发展到尽头的一种很自然的产物。地主阶级膨胀到了尽头，由地主阶级出身的知识分子已多如过江之鲫。专制政府为欲把这些知识分子拿到政府一边，于是有定期的考试。在这考试的过程中，文人的结集，很自然的滋长起来。(1)未考之先，为欲研究应考的文章，文人容易结合。倘有某权威作家，提倡某种文体，政府也颇采用这种文体以取士；于是许多人都乐于投到这一人的旗帜之下。(2)既考之后，同一期中选的人，为联络感情起见，也容易联合，组成团体，如今之同学会然。(3)文人既有了团体，有了领袖，凡负盛名的团体或领袖，政府也特别重视。于是未入团体的文人为提高自己的身价，甚至为达到中选的目的计，也争着加入有名的团体。(4)有名的团体因有人争着加入，不免门禁森严起来，于是被排拒的分子复自组团体以与相抗。这么一来，文人的团体所谓社者，便遍地皆是，尤以明清之交东南方面为最多。

自前明崇祯初，至本期顺治末，东南社事甚盛。士人往来，无不称社盟者。后复改称同学，其名较雅，而实自黄太冲始之。太冲题张鲁山《后贫交行》云："谁向中流问一壶，少陵有意属吾徒；社盟虽变称同学，惭愧弇州记不觚。"自注云："同学之称，余与沈眉生、陆文虎始也。"②

社盟之中最有名、最为后来所称道的，厥为复社。复社创始于张受先、张天如等。其宗旨大抵在复兴古学，所以取名复社。崇祯初年与复社并存的本有很多的社盟，但都统一于复社了，这也可见复社是当时最有势力的大社了。

崇祯间，吴中倡为复社，以网罗天下之士；高才宿学，多出其间。主之者张受先、张天如。东浙冯留仙、邺仙与之枹鼓相应。皆喜容接

① 俞正燮：《癸巳存稿》。

② 王应奎：《柳南续笔》卷二。

后进，标榜声价；人士奔走，辐辏其门。[①]

自世教衰，士子不通经术；但剽耳绘目，几幸弋获于有司。登明堂不能致君，长郡邑不能泽民。人材日下，吏治日偷。皆由于此。溥(张天如)不度德，不量力，期与四方多士，共兴复古学；将使异日者务为有用，因名曰复社。又申《盟词》曰："毋蹈匪彝，毋读非圣书，毋违老成人，毋务己长，毋形彼短，毋巧言乱政，毋干进辱身。嗣今以往，犯者小用谏，大则摈。既布天下，皆遵而守。"又有各郡邑中推择一人为长，司纠弹要约，往来传置。天如于是裒十五国之文而诠次之，目其集为《国表》；受先作序冠弁首。[②]

崇祯之初，嘉鱼、熊开元宰吴江，进诸生而讲艺；于时孟朴里居结吴翻扶九吴允夏去盈沈应瑞圣符等，肇举复社。于时云间有几社，浙西有闻社，江北有南社，江西有则社；又有历亭席社，席社，昆阳社，云簪社；而吴门别有羽明社匡社；武林有读书社，山左有朋大社；佥会于吴，统合于复社。[③]

是时，江北匡社，中州端社，松江几社，莱阳邑社，浙东超社，浙西庄社，黄州质社，与江南应社，各分坛坫，天如乃合诸社为一。[④]

复社的同志，原只太仓七郡的人物，不过七百余人。迨把许多小社会合，同志遍布于江西、福建、湖广、贵州、山东、山西各省，总计达二千二十五人。[⑤]

复社之外，活跃于大江南北，浙中闽中，粤中的社盟，还有很多。大江南北著名的社；有雪苑社，创始于崇祯十二年(公元一六三九年)，主办的人有商丘、侯方域、贾开宗等。有惊隐诗社，创始于顺治七年(公元一六五〇年)，主盟的人为叶桓奏吴炎等，为松江最大的诗社。有望社，是淮上的诗人阎牛叟、靳茶坡等所主办，为淮上最有名的社集。浙中著名的社，浙西有严调御、严武顺、严敕等兄弟三人所创的小筑社；有张秀初、江道暗等所创的读书社；有朱近修、陆圻等所创的登楼社等。此外大小的社，

① 黄宗羲：《南雷文约》卷一《刘瑞当先生墓志铭》。

② 陆世仪：《复社纪略》卷一。

③ 朱彝尊：《静志居诗话》。

④ 陆世仪：《复社纪略》卷一。

⑤ 吴铭道：《复社姓氏续录》。

还非常之多。“硖中有澹鸣社、萍社、彝社；吴中有遥通社；杭之湖上有介社；海昌有观社；禾中有广敬社；语溪有澄社；龙山有经社。”[①]浙东有西湖八子一社，南湖九子一社，西湖七子一社，南湖五子一社，鹤山七子为一社。此外还有余生生创始的借鉴楼，陆披云创始的观日堂，宗正庵创始的南轩，陆雪樵创始的岁寒馆，全美闲创始的弃繻社等等；都是文人的社集。闽中的社集，福州有曹学佺所创始的石仓园社和阆风楼社；漳州有郑亦邹所创始的南屏文社，陈价夫所创始的芝山诗社，陈学海所创始的三山吟社；台湾有沈光文所创始的福台新咏社等。至于粤中的社集，有陈子壮的南园诗社，屈大均的西园诗社，黄登探梅诗社，及僧函昰的净社等。

民族悲哀寄于文史 上面所举诸社多是文人的自由结集。除复社加入了许多东林党人，为带有政治意味的团体以外，其余都是很少政治意味的。但大明帝国灭亡之后，情形就不同了。上流社会的民族意识，尤其是文人的故国情绪，多寄在诗文之中；于是一向没有政治意味的文人集团，几乎通变成了民族意识的结晶体。文社、诗社充满了民族悲哀。如东越诸社，三吴诸社；西湖八子、西湖七子、南湖九子、南湖五子诸社；及全美闲的弃繻社，沈光文的福台新咏社等都是民族意识结晶之处。

明社既屋，士之憔悴失职，高蹈而能文者，相率结为诗社，以抒写其旧国旧君之感。大江以南，无地无之。其最盛者，东越则甬上，三吴则松陵。[②]

有明革命之后，甬上蜚遁之士甲于天下；皆以蕉萃枯槁之音，追蹤月泉诸老，而唱酬最著者有四社焉。西湖八子为一社，……南湖九子为一社，……已而西湖七子又为一社，……最后南湖五子又为一社。……其余社会尚多，然要推此四集为眉目云。[③]

鄞之西湖，以贺秘监尝游息于此，故有小鉴湖之目。借鉴楼者故锦衣青神余君生生之寓斋也。……已而国亡，谋结勋卫子弟兵以杀流贼；不克，逃之江南，参人军事；又不济，始来鄞。其时鄞之世家子弟丧职者多，乃相与悲歌叱咤，更唱迭和无虚日。僦居湖上，有七子诗社，详见予所作《诸公志序》中。而生生最长，社中奉为祭酒。尝曰：

---

① 全祖望：《鲒埼亭集》外编卷十一《钱蛰庵徵君述》。

② 杨凤苞：《秋室集》卷一《书南山草堂遗集》。

③ 全祖望：《鲒埼亭集》卷六《湖上社老董先生墓版文》。

"吾敢谓此间乐不思蜀耶?"爰署其居曰借鉴楼。[①]

苇翁先生讳美闲，字吾卫。……国难后，自以明室世臣，不仕异姓，集亲表巨室子弟为弃繻社。……武进王忠烈公之子之栻，以忠烈曾知鄞，故来侨寓，亦愿入社。谢昌元闻而恶之曰："此辈不复求死所耶?"顺治丙戌，之栻以部曹为金华朱阁部所招，守义乌死。戊子，二杨(文琦、文瓒)兄弟、献宸(屠献宸)、德钦(董德钦)、邦玠(施邦玠)五人谋以城应海上。不克，俱死。宇泰(高宇泰)牵连入狱，幸免。先生不以惧祸自降其节。己丑，监国至翁洲，先生为之治其扉屦，则贺宗伯遗居应之。自是只老屋两间；有时晨炊不及；先生画马自若。监国召之为枢曹，未赴；翁洲破而止。……壬寅，振玑(李振玑)以降人所告入狱。癸卯，先生与爝宇(陆爝宇)俱逮至杭，叹曰："吾不可辱。"一夕暴卒。[②]

屈大均原名绍隆，字翁山，又字介子，番禺人。己丑父殁，削发为僧，事函昰于雷峯，名今种，字一灵，又字骚余。名所居曰死庵。复取永历钱一枚以黄丝系之，贮以黄锦，佩肘间，以示不忘！时乱后，多蜚遁，因与同里诸子为西园诗社。[③]

由上诸例，可知文社乃民族意识结晶之处。文社而有民族意识存乎其间，这当然是外来的满族所不高兴的，于是自顺治九年(公元一六五二年)以后，便不断地有禁止文人结社的明令。

顺治九年(公元一六五二年)礼部颁天下学校卧碑第八条云："禁立盟结社。"十七年(公元一六六〇年)又以给事中杨雍建言禁妄立社名，及投刺称同社同盟。……十六年(公元一六五九年)例则：士习不端，结社订盟者黜革。康熙二十五年(公元一六八六年)查革社学；雍正三年(公元一七二五年)定例究查。[④]

辛巳，给事中杨雍建奏："今之妄立社名，纠集盟誓者所在多有。江南之苏松，浙江之杭嘉湖为尤甚。其始由于好名，其后因之植党。

① 全祖望：《鲒埼亭集》外编卷二十《余生生借鉴楼记》。

② 全祖望：《鲒埼亭集》卷八《族祖苇翁先生墓志》。

③ 《粤东遗民传》卷一。

④ 俞正燮：《癸巳存稿》。

相习成风，渐不可长。请敕部严饬学臣实心奉行，约束士子，不得妄立社名，纠众盟会。其投刺往来，亦不许用同社同盟字样。违者治罪。”①

当局的禁令之严明，正由于民族情绪之热烈。凡上所述，不过就一般文人的民族意识，民族情绪而言。至若学有所立，屹然成家的，清初有三大宗师。一曰王船山，二曰黄宗羲，三曰顾炎武。王之《永历实录》，黄之《永历纪年》，顾之《帝王宅京记肇域志》等，皆表示民族情绪最强烈之著作也。

文字之狱绵亘数朝 文人的民族意识之坚强，民族情绪之热烈，正是引起文字之狱的直接原因。满清统治者时时刻刻对汉族之文人加以戒备，惟恐文人传播反对满清政府之思想；于是凡有著作，无论文史，乃至小如考试题目，满清统治者认为涉有讥讽朝政或反对满清之嫌疑的，必兴大狱。这可任举若干例证。(1)如顺治、康熙间，庄廷钺，刊印李国祯之史稿，而引起之文字狱，即一最显之例。明天启间，湖州李国祯著《明史概》又名《明书》，其论赞称朱史氏。稿已刊印了一部分；其未刊的部分，庄廷钺得之，于顺治十七年(公元一六六〇年)刊行于世。到十八年，被人告发，认为悖谬，遂兴大狱。全书编纂人及昆弟子女，全遭斩决；受株连的，近二百人，以文人的社集中人为最多。如惊隐诗社的领袖，亦遭浩劫。

吴愧庵名炎，潘力田名柽章，才望相埒。康熙癸卯二月(永历十七年，即公元一六六三年)同以南浔庄氏史狱株连。逮系虎林军营。是岁五月五日，吴潘俱磔于杭之弼教坊，同死者七十余人！遣戍者百余人！先一日，吴语其弟曰：“我辈必罗极刑，血肉狼藉，岂能辨识？汝但视两股上有火字者即我尸也。”闻者莫不流涕。后力田弟耒官翰林时，尝白炎冤于朝。②

(2)又如雍正四年(公元一七二六年)查嗣庭主考江西，以考题“维民所止”而引起之文字狱，又是一个显例。“维民所止”本是一寻常之题目；诘之者必曰：“维止”二字直是将“雍正”去首。依这样的论证，遂兴大狱其实只

① 《东华录》顺治十七年。

② 吴炎：《吴赤溟集》附《平望志》。

因雍正自己厌恶隆科多而查嗣庭与隆科多接近，遂遭大祸。

> 乙卯，谕内阁九卿翰詹科道等："查嗣庭向来趋附隆科多，曾经荐举。朕令在内廷行走，授为内阁学士。后见其语言虚诈，兼有狼顾之相，料其心术不端，从未信任。及礼部侍郎员缺，需人，蔡珽又复将伊荐举。今岁各省乡试届期，朕以江西大省，须得大员以典试事，故用伊为正考官。今阅江西试录所出题目，显露心怀怨望讥刺时事之意。料其居心浇薄乖张，平日必有记载。遣人查其寓所及行李中，则有《日记》二本；悖乱荒唐，怨诽捏造之语甚多。又于圣祖仁皇帝用人行政，大肆讪谤。以翰林改授科道为可耻，以裁汰冗员为当厄，以钦赐进士为滥举，以戴名世获罪为文字之祸，以赵晋正法为因江南之流传对句所致，以科场作弊之知县方名正法为冤抑，以清书庶常复考《汉书》为苛刻，以庶常散馆为畏途，以多选庶常为蔓草为厄运，以殿试不完卷黜革之进士为非罪。热河偶然发水，则书淹死官员八百人，其余不计其数。又书雨中飞蝗蔽天。似此一派荒唐之言，皆未有之事，而伊公然造作书写。……尔等汉官，读书稽古，历观前代以来得天下未有如我朝之正者。……当知君臣之大义，一心感戴。若稍萌异志，即为逆天之人，岂能逃于诛戮？报应昭彰，纤毫不爽。诸臣勉之戒之。查嗣庭读书之人，受朕格外擢用之恩；而伊逆天负恩，讥刺咒诅，大干法纪。着将查嗣庭革职拏问，交三法司严审定拟。"①

(3)再如曾静以传布吕留良之遗著而引起的文字之狱，也是一个显例。吕为浙人，倡民族主义，著书排满，其文有云："清风虽细难吹我，明月何尝不照人?"子吕毅中吕葆中及弟子严鸿达等述其学，民族主义之势力大张。曾静为湖南衡阳人，见吕之著作内，有关于华夷之别，反封建复古等议论，心窃喜之，命同志张熙至吕家访求遗文，竭力传布吕之民族主义，曾受了吕之影响，对满清统治大为不满，并命张熙说四川总督岳钟琪，叫岳发难反满；时在雍正五年(公元一七二七年)。岳以报告当局，大狱遂起。结果吕留良及其长子吕葆中弟子严鸿达等均因已死，加戮尸之处罚。留良次子吕毅中处斩；其余吕氏子孙均发往宁古塔为奴，妇女入官。至于曾静、张

---

① 《东华录》雍正四年。

熙，则因中途改变态度，予以无罪处分。曾静历次的供词，则与雍正自己关于国体的许多议论或破除华夷之别的许多议论合刊为一书，名曰《大义觉迷录》。雍正七年(公元一七二九年)九月“癸未，以曾静等口供及历次所降谕旨，刊刻《大义觉迷录》，颁行天下。”[①]清帝之意，盖想以文字来克服汉人之排满思想也。《大义觉迷录》之后，且附曾静悔过之后所作的一篇《归仁说》，其文曰：

> 圣人非常生，故其生亦无常地。譬如未耕种之土，生气郁积，一旦加以耕种，收获必数倍。而嘉穀岂择地而生？即天亦岂择地而生嘉穀耶？夫麒麟凤凰，不必尽出于中国。珍奇大贝，何尝不产于海滨？同此天地之中，有一大胚胎，或左或右，孰分疆界而二之哉？然则中国之生圣人，固已气竭力倦；循环而出诸远地，抑何疑耶？况乎道之在天下也无穷尽，无方体。读书知道之士，因地制宜，随地取中可也。世人不察，往往谓东土非中华文物之会。并不知列祖相承之德，妄以《春秋》之义，引孔子之评管仲。甚至有惑吕留良之逆说者。其名为欲正大义，而不知反戾生人之大义也。夫计世运之升隆，必以治统为转移。而稽治统之转移，又必以道统为依归。唐虞三代之盛，承帝统者首推大舜；颂至德者终惟文王。孟子曰：“舜生于诸冯，东夷之人也。文王生于岐周，西夷之人也。”是唐虞三代之圣人已不尽生中土。秦及五季，千五百余年；二帝三王周孔之道晦盲否塞。至宋而天运始旋，其道不行于上，而明于下。其开道统者始于周濂溪；集成者为朱子。周子生于湖南永州；而迁于江西。朱子生于安徽徽州，而学于福建。永州福建，未尝非古所谓三苗八闽之区。而谓圣人之生，顾以地限耶？[②]

这篇文章的大旨，无非想打破有些汉人所坚持的华夷之别。如果真出于曾静的手笔，其为强奸也，实毫无疑义，否则必为清人自己所作。不过就是这样的宣传也终归无效。《大义觉迷录》后于乾隆中收回了，曾静及其党羽也仍都遭了杀戮。

(4)更如谢济世之批注《大学》，陆生枏之编写《通鉴》，也都被诬为含有

---

① 《东华录》雍正七年。

② 转录自稻叶君山：《清朝全史》第四十二章。

讥讪怨望、悖逆思想，而遭大祸。雍正七年(公元一七二九年)秋七月，“戊申，九卿等议奏谢济世批注《大学》，肆行讥讪、怨望、毁谤，怙恶不悛。陆生柟编写《通鉴》，妄抒愤懑，猖狂恣肆，悖逆已极。俱应拟斩，立决，即于军前正法。得旨，陆生柟、谢济世二人议罪之本，仍交与顺承郡王锡保，发与陆生柟、谢济世，看本内所载各条，伊等有何辨对。著询明确供具奏。”①曾静、吕留良、陆生柟等之案，均与当时所谓封建论有关。雍正皇帝要紧握大权，自然反对封建。而诸王则都要求封建。曾、吕、陆等之文章言论，多有赞成封建论的，其用意大概在削弱帝皇之势力，仍自种族的观点出发；不过借满清贵族内部冲突之机会，发表言论，较为有效而已。然而这也免不了遭受大祸。

(5)因文字而遭祸的不知若干；《清代文字狱档》里保存了许多关于文字之狱的案件。兹只举上之三数例，也可概见一般了。上之诸例，系就遭受文字之祸的人物而言。至于文人学者的著作，在满清统治之下，遭受焚禁的，几乎不可胜数。章炳麟云：

> 满洲乾隆三十九年(公元一七七四年)既开四库馆，下诏求书，命有触忌讳者毁之。四十一年(公元一七七六年)，江西巡抚海成献应毁禁书八千余通，传旨褒美，督他省催烧益急；自尔献媚者蜂起。初下诏时，切齿于明季野史。其后四库馆议，虽宋人言辽金元，明人言元，其议论偏缪尤甚者，一切拟毁。及隆庆以后，诸将相所著奏议文录：若高拱(《边略》)、张居正(《太岳集》)、申时行(《编扉简牍》)、叶向高(《四夷考·遽编苍霞草·苍霞余草·苍霞尺牍》)、高攀龙(《高子遗书》)、邹元标(《邹忠介奏疏》)、杨涟(《杨忠烈文集》)、左光斗(《左忠毅集》)、缪昌期(《从野堂存稿》)、熊廷弼(《按辽疏稿书牍，熊芝岗诗稿》)、孙承宗(《孙高阳集》)、倪元璐(《倪文正遗稿奏牍》)、卢象昇(《宣云奏议》)、孙传庭(《霏省录》)、姚希孟(《清闷全集》《沆瀣集》《文远集》《公槐集》，《公槐集》中有《建夷授官始末》一篇)、马世奇(《澹宁居集》)诸家，丝表寸札，靡不然爇。虽茅元仪《武备志》，不免于火！(《武备志》今存者终以诋斥尚少，故弛之耳)。厥在晚明，当弘光隆武，则袁继咸(《六柳堂集》)、黄道周(《广百将传注》)、金声(《金太史集》；

① 《东华录》雍正七年。

当永历及鲁王监国，则钱肃乐(《偶吟》)、张肯堂(《富农初议》)、国维(《抚吴疏草》)、煌言(《北征纪略》)。自明之亡，一二大儒，孙氏则《夏峯集》顾氏则《亭林集·日知录》，黄氏则《行朝录·南雷文定》；及诸文士侯魏邱彭所撰述，皆以诋触见烬。其后纪昀等作提要，孙顾诸家稍复入录，而颇去其贬文。或曰：朱邵数君子实左右之。然隆庆以后至于晚明将相献臣所著，则仅孑遗矣。其他遗文轶事，皆逋臣所录；非得于口耳传述，而被焚毁者，不可胜数也！①

二　种族的反抗运动

上节所述，为思想方面的反抗运动。这里且来述一述实践的反抗运动。实践的反抗运动，为研究方便起见，可强分之为三类；一则种族的反抗，如东南方面的汉族，西北方面的回族，西南方面的苗族等对满族的反抗是也。二则社会的反抗，即农民及游民无产者对满清统治者或官僚的反抗，如川、陕、鄂等省的教匪之乱，即其实例。三则太平天国的大反抗，其中种族意识及社会意识都极浓厚。兹先述种族的反抗。

东南汉族的反抗　汉人的民族意识，自满族统治中国以后，便日益强烈起来。中上社会层的民族意识，凝聚于各种文社，略如前述；中下社会层的民族意识，则凝聚于各种会党。文社以诗文为结集同志之手段，会党则以迷信为结集同志之手段，其反抗满族，则两者完全相同。且两者活动的地方，多半都在东南各省；东南各省实为汉族反抗满清的根据地。

会党反满最烈的，当推天地会或三合会等。(a)天地会之组成。该会之组成，实含一段近乎迷信的故事。据说康熙时，福建福州府莆田县九连山少林寺中有勇武绝伦之寺僧百余人，为满人建了打击藏人之功，其势甚盛；满清疑忌，将寺焚毁，将僧杀戮。这么一来，寺僧中之幸存者，乃互相团结，密谋扩大势力，誓复遭受焚烧杀戮之仇。在此复仇运动之中，有家居湖广之陈近南，正欲创设会党，乃利用僧众仇恨心理，广为结纳。积时既久，群众愈多，势力愈大。陈曾为学士，是有知识之人，乃把反清复明之宗旨，假迷信的方法，灌入僧众之脑中；并物色一姓朱的少年名洪竹者，

① 章炳麟：《检论·哀焚书》。

认为系明思宗之孙，以为号召群众的首脑。并组成所谓洪家大会。从此以后，乃计划实际的反满运动；募集兵马，进击官军。不幸失败，乃用膂力过人之浙人胡得起，率众再战；又不幸失败。此事在康熙十三年(公元一六七四年)七月及八月。关于天地会之组成及对满清之作战，《清稗类钞》里有些记载，虽不可完全视作信史的资料，然颇可供参考。

传言天地会之起因者，颇近神话。谓在福建福州府莆田县九连山少林寺；地至幽邃，人迹罕至。伽蓝堂有塔耸峙林间，规模极庄严；相传为达摩尊神所创建寺僧诵经之暇，恒究心于军略武艺焉。

康熙时，藏人寇边，官军征讨之，大受创。圣祖乃悬赏，谓无论贵贱男女僧道，有能应募征服之者，有重赏。寺中诸徒，有勇武绝伦之郑君达者，偕一百二十八僧应募，誓必扫荡西藏。抵京圣祖召见，许从军。……僧军出征三月，不损一人，不折一矢，而凯旋。圣祖忻赏有加。……乃大赐宴，赏金银绢帛无数，并御书圣泽无疆匾额；以及“英雄居第一，豪杰定无双”“不用文章朝圣主，全凭武艺见君王”“出门朝见君王面，入寺方知古佛心”各联。僧军归寺，居民欢迎。

顾是时，廷臣有陈文耀、张近秋者，怀叛志；以僧军武勇，惮不敢发，谋除之。百计谮于帝，谓官军屡为藏人所败，寺僧乃征服之；设若辈有异志，朝廷灭亡，犹反掌耳。窃为国家危之。帝聆言，大惊，曰：然则奈何？文耀、近秋言有守兵三四百，足灭之。帝不许，文耀、近秋谓以药焚之，必尽歼。于是文耀、近秋率兵至闽，……因乘夜引至寺，埋火药，复积柴草，引以松香，燃之。……

时生存者五僧，曰蔡德忠、方大洪、马超兴、胡德帝、李式开；即所称为前五祖者也。……无意间，忽遇秀英(郭秀英，即郑君达之妻)玉兰(郑君达之妹)并君达之子道德道芳，于是相与结合；往祭君达之墓。盖君达此时已为文耀用红绢缢死。墓祭时，来兵士一队。正皇急间，忽一桃剑，自君达之墓跃出。秀英握得之，其剑柄有“反涓复汨”文字；又有双龙争玉图。秀英持剑乱挥，斩首无算，遂脱险。无何，此事为近秋所闻，特派兵士搜索秀英。秀英先知之，乃以剑与二子，令速遁，而己则与玉兰投三合河，死之(天地会亦名三合会，大概即因这一事而得名)。谢邦恒得其尸，葬之河畔陵上，并为立石碑一志之。五僧闻近秋之暴横，欲击之，匿森林中；伺其来，出不意，突击之；

乘其兵士周章之际，斩近秋。兵士怒而反追。会吴天成洪太岁、姚必达、李式地、林永超五人救之是即会中所称后五祖也，或谓之五虎。五虎复还高溪庙，再过宝珠院，倦无卧，饥无食，困苦殊甚。

至是而遇创会之陈近南。近南曾为学士，于帝之焚寺也，力争以为不可；以文耀近秋之谗，不得已辞职。痛僧之遭谗也，益与僧党相结。近南家湖广，返里，就白鹤洞研究道教。后又以代僧复仇，变形为卜者，作江湖游。至是，适遇五僧，怜其困，迎至家。后其党员相遇，询自何处来，必答言来自白鹤洞者以此也。后近南以所居隘，不适于谋事之用因告僧曰："距此不远，有下普庵者，后有一堂甚宽广；俗称红花亭，可居之。徐图复雠。"众因移居于红花亭。

一日，僧逍遥河上，见中流浮至一物，审之，一大石香炉也。检其底，有"反淸复汨"四字。又有小字一行，注明重五十二斤十三两；是即与会中白镴鼎同形，因是鼎失于杭州故也。时既有香炉，因取树枝与草以代烛香，注水以代酒，祭告天地，期必复寺仇。不意树枝与草，忽焉自焚，众以为得请之兆应；归至红花亭，以告近南。近南曰："此淸代将覆，汨朝复兴之天意也。"以为复仇之期已至。即日，明揭旌旗，发传单，召将士。时有朱唇美丰仪之少年，手过膝，耳垂肩，俨若刘备。众见其态度非常，询之，则曰："我朱洪竹也，乃明思宗之孙，为李妃所出，先帝为北胡篡夺，怀复仇之志久矣。今见诸士以明代故，仗剑群起，特来相助耳。"众闻之，推之为主，以次日为吉日，宰牲祭旗，部众咸集旗下。近南对众言曰："武装诸君，宜各别择吉日，歃血盟誓；以武装者为兄，后来者为弟。"近南即自为香主，择甲寅(康熙十三年，即公元一六七四年)七月二十五日，以红花亭为兄弟盟誓之地，各会员即以其日为诞日，称为洪家大会。是夜天显瑞兆，南天光耀，有灿烂之星辰，作"文廷国式"四字。近南从天意，取以为元帅旗；而东方复发红光，红音同洪，故即以为姓。拆之为三八二十一，即以作符号焉。[1]

以上乃对于天地会或洪家大会之起源及宗旨之约略的叙述。现在且进而叙述(b)天地会之活动。陈近南既把洪家大会(洪乃暗指明太祖洪武年号

---

① 徐珂：《清稗类钞·会党类天地会》。

之洪；表示此会系一以恢复明朝为宗旨之会）组成了，乃开始作实际的军事行动，以进攻满清的官军。第一次在康熙十三年（公元一六七四年）七月二十六日，即洪家大会成立之次日。第二次在同年八月二十日。第一次失败了，乃加进万云龙；不幸又于第二次进攻中失败，云龙且被击死。然这两次失败以后，会党的活动则愈益紧张起来了，反清复明之精神传遍了东南。

近南筹画一切，以苏洪光为先锋，吴、洪、姚、李、林（后五祖）与五僧（前五祖）为中坚。令吴方、张杨林至龙虎山募集兵马，整理后备。近南乃发令于次日进击官军。不意官军至强，一战而败洪军于山中。于是近南特开军前会议，决暂退至万云山。道经万云寺，为其院长万云龙所知。云龙，即浙人胡德起也。貌魁梧，膂力过人，以少年曾杀人，惧罪，为僧；至此，见僧军却退，惊问其由，则大怒。谓胡人何无道至此，誓必灭之，以雪幼帝之耻。近南见其勇猛，以幼帝介绍之，命为大哥。云龙则歃血设誓，以示非覆清兴明不已。八月二十日再战；云龙提二棍，痛击军官，不幸于九月九日中矢而毙。余军见大哥被杀，皆溃。五僧乃潜匿。俟官军去，毁云龙尸，裹以红绡，葬丁山下；墓前有九曲河，后有十三峰，右有五树，左有一树，以为标记。近南尊之为达尊神，建三角形之万年塔，密加刻画之九话塔各一。

事毕，乃遍觅幼帝，而不知其踪，乃相与议后事。近南曰："近顷大败以来，知时机未至，政府尚不能覆灭；然不久必亡，明当复兴，幸勿遽萌懈志。惟劝诸兄弟暂时解散，隐遁江湖山泽间，静以待时。予今亦暂与诸君别，游历各地，以观时机。如洪家有可告成之豫定日期，尚望必来，勿爽约也。"遂对众作礼而去。于是诸党徒四出运动，临别作诗。诗曰："五人分开一首诗，身上洪英无人知；此事传得众兄弟，后来相会团圆时。"此即党人所持以为会员之证者。散后，周游各省。后于惠州高溪庙再图大举。然头目生存者仅洪光一人；未几亦死。旋传洪光复生，其所以复生之故，传说亦至诡异。然要不离复明之思想，借以为收拾人心之计而已，……哥老会及其他各秘密社，传说虽略有差异，而其言焚寺毙僧，以逃出之五僧作为五祖，图复雠于万一，则出于一。[①]

① 徐珂：《清稗类钞·会党类天地会》。

康熙十三年(公元一六七四年)的两次惨败以后，天地会的激烈的反满运动，当以乾隆五十二年(公元一七八七年)林爽文在台湾的暴动为最。但这次的暴动也被满清军队打下来了。到嘉庆二十三年(公元一八一八年)又在梅岭起事，也失败了。后来道光十二年(公元一八三二年)两广湖南之猺乱，据说也是天地会或三合会人所煽惑的；但也被满清军队打下来了。到道光三十年(公元一八五〇年)据说天地会又曾骚扰两广各地，洪秀全等即起而乘其势。秀全等之活动当于本章第四节详述，兹且把关于林爽文之暴动及猺乱之煽惑等的传说，转录于次。

三合会或称天地会。世人以此名之，会中人亦即以自名，遂成为通称。或曰：即三点会。凡清水会、匕首会、双刀会等，皆其支会也。三合会之成立，在康熙甲寅，相传其原起之目的，以少林寺僧既被官焚杀，志在复仇，或有疑为未必然者。然观其尊信一种神秘仪式，自知为僧道创始之者无疑。至其叛乱之事，则以乾隆丁未(乾隆五十二年，公元一七八七年)台湾林爽文始。

林为彰化县大理村人，乃三合会大头目。数十年间，土人多党于三合会，以免地方官暴政者，忽为大吏所闻，即令总兵柴大纪率军三百剿捕。于是林与土人起而拒捕。某夜，突袭官军营，破之，斩其司令官，陷彰化。旋又进攻各地，围守诸要隘，绝官军粮道，官军久为所苦。及福建援军提督黄某，总兵普某至，夹击之，遂大败，退保大理村。中途遇伏，几至全军覆没。林举家远遁番夷中。……

嘉庆己巳(嘉庆十四年，公元一八〇九年)，有三合会支派清水会会员胡炳耀等十七人，在江西崇义被捕，治以叛乱煽惑之罪，僇焉！丁丑(嘉庆二十二年，公元一八一七年)，三合会会员增至千余人。其会员有犯事被刑者。戊寅(嘉庆二十三年，公元一八一八年)，又大败于梅岭；常称兵与广东官吏抗。会员在江西者亦甚多，常干涉行政，官吏畏之。道光壬辰(道光十二年，公元一八三二年)，两广湖南各山之猺人叛，传言为三合会所煽惑。官军征之，即因以征三合会，杀二千人。一时居于猺族官军间之三合会迷于向背，卒结猺人以攻官军。某夜，猺效田单火牛之计，燃火于羊角，驱群羊至山，官军怪而进击之，猺即自后突出袭击，官军大败。后猺以得贿故，退入山。三合会乃独当前敌，被戮者无算，官军遂获胜。……庚戌(道光三十年，公元一八五〇年）三合会扰两广各地，粤寇洪秀全效之，起事广西，辗转而至中原。[①]

(c)复仇志之潜在。三合会每失败一次，复仇的志愿便加强一次。每失败之后，便又加添同志，传播复仇的种子，终于酝酿为汉族反满运动之大潮流。洪秀全的太平天国运动，孙中山先生的民族革命运动，都曾充分的利用过会党。三合会每次公开的反满运动失败，其势力即在民间或下层社会中潜存着。林爽文失败之后，会党的势力大抵潜存于江西、福建、湖南、广东、广西、暹逻、印度、南洋、檀香山、美洲等地；且一天雄厚一天。

当是时（嘉道间），台湾两广，江西南方一带，三合会至跋扈。而以福建为酝酿之所，虽官吏下严令痛制之，卒无效。盖此种秘密社会，不独为官吏所忧。其挟此主义，自闽广往来马来及南洋各岛，或暹逻印度诸地者，所至往往盗杀，为地方官吏之害。且党羽既多，即不愿入会者，亦多惮而求其保护，受逼迫而入会矣。[②]

借会党把民族主义埋藏在下层社会的事情，孙中山先生也说过。他说这办法是由满清开科取士，知识分子被网罗去了，民族主义几乎无处保存了，才被有深思远虑的人想出来的。孙云：

华侨在海外的会党极多：有洪门三合会，即致公堂。他们原来的宗旨，本是反清复明，抱有种族主义的。……我们若讲到会党，便要知道会党的起源。会党在满清康熙时候最盛。自顺治打破了明朝，入主中国；明朝的忠臣义士在各处起来抵抗，到了康熙初年，还有抵抗的。所以中国在那个时候，远没有完全被满洲征服。康熙末年以后，明朝遗民逐渐消灭。当中一派是富有民族思想的人，觉得大事去矣，再没有能力可以和满洲抵抗。就观察社会情形，想出方法来结合会党，他们的眼光是很远大的，思想是很透澈的，观察社会情形，也是很清楚的。他们刚缓结合成种种会党的时候，康熙就开博学鸿词科，把明朝有智识学问的人，几乎都网罗到满洲政府之下。那些有思想的人知道了不能专靠文人去维持民族主义，便对于下流社会和江湖上无家可归

① 徐珂：《清稗类钞·会党类三合会》。
② 徐珂：《清稗类钞·会党类三合会》。

> 的人，收罗起来，结成团体；把民族主义放到那种团体内去生存。这种团体的分子因为是社会上最低下的人，他们的行动很鄙陋，便令人看不起。又用文人所不讲的言语去宣传他们的主义，便令人不大注意。……到了清朝中叶以后，会党中有民族思想的，只有洪门会党。当洪秀全起义之时，洪门会党多来相应，民族主义就复兴起来。……洪秀全失败以后，民族主义更流传到军队，流传到游民。那时的军队如湘军淮军，多属会党。即如今日青帮红帮等名目，也是由军队流传而来。明朝遗老宣传民族主义到下层社会里头，但是下流社会的智识太幼稚；不知道自己利用这种主义，反为人所利用！……左宗棠做了大龙头(会党头目)之后，他知道其中详情，就把马头破坏了，会党的各机关都消灭了！所以我们革命的时候，便无机关可用。这个洪门会党都被人利用了！①

西北回族的反抗　回族的反满运动，可举下之三次为例。(1)顺治五六年间(公元一六四八到一六四九年)河西回、米剌印、丁国栋；奉明故延长王朱识锛作乱，陷甘州凉州；更渡河而东，陷兰岷临洮，进围巩昌。人数之众，号称十万。更有大同姜瓖反于山西，攻陷蒲州，与之相应。这回的反抗，是孟乔芳与张勇所平下来的。

> 顺治五年(公元一六四八年)四月，河西回、米剌印、丁国栋奉明故延长王朱识锛作乱，甘凉皆陷。渡河而东，连陷兰岷临洮，遂围巩昌。土寇众十万，号百万，关辅大震。朝议发禁旅赴援，总督孟乔芳……统满汉兵星夜驰扼秦州；遣马宁合赵光瑞军救巩昌大战广武坡，斩首三千级，解巩昌之围，遂三路进讨。……五月，大兵渡河而西，张勇禽伪延长王朱识锛，斩米剌印，遂复凉州。八月，至甘州。……斩万余级，贼败入城。重围累月，食尽乞降。乔芳欲遣张勇入城抚之，众议不可；乃遣他将往。逾月，贼果复叛，尽害巡抚总兵以下，西破肃州，立土伦太为王子。关内外诸回蜂起应之，据城拒守。官兵四面围之。……六年(公元一六四九年)春，诸将攻城益力，奋死先登，杀贼八千，遂复甘州。丁国栋复走肃州。适大同姜瓖反山西，攻陷蒲州，

① 孙中山：《三民主义·民族主义》第三讲。

与河西回贼响应；雍凉复震。乔芳旋师河上，东拒蒲州之贼，而留马宁、齐升等围肃州。十一月克之，斩首五千级，杀土伦太丁国栋；尽诛其党，传首三边，河西悉平。[1]

(2)此次叛乱平定之后，到乾隆四十六年(公元一七八一年)，正值各地各种反抗运动风起云涌之时，复因满清官吏左袒老回教而引起回族的大反抗。新回教的首领马明心为这次反抗的主动人物，他们所扰乱之处为凉州河州等地。后由总督勒尔谨、大学士阿桂等于三个月之内平定下来。

初，撒拉尔黑帽回者居西宁番地，俗介番回，鸷悍好斗。所奉《墨克回经》，旧皆默诵。有循化厅回马明心者，归自关外。见西域回经皆朗诵，自谓得真传，遂授徒，号新教，与老教相仇。乾隆四十六年(公元一七八一年)三月，其徒苏四十三聚党杀老教百余。兰州知府杨士机及河州协副将新柱以兵往捕，遇害。总督勒尔谨以标兵五百，驰扼狄道州，调各镇兵剿之，捕教首马明心，下省城狱。而贼二千余陷河州城，宵济洮河，由间道径犯兰州。时兰州止督标兵八百，迎击失利。贼断黄河浮桥，以拒援师，绕城课索马明心甚急。布政使王廷赞使登城谕贼，旋诛之，以靖内变。勒尔谨遣兵复河州，并捕贼家属三百余，于循化厅留兵断狄道，驰回兰州，诏发京师健锐火器营兵二千，命大学士诚谋英勇公阿桂，佩钦差大臣关防，自河南工次赴剿。……乘六月初大雨，囊土填濠四入；遂斩首逆。余贼遁华林寺。火之，无一降者。先后三阅月，贼平；分剿洮河以南余党，以叛产赏老教回兵，班师。[2]

(3)马明心之反抗运动刚削平，而为马明心复仇者尚大有人在。于是又有因复仇而引起之反抗运动。这次运动的首脑为伏羌县河浑田五等，重要党徒有马四圭、张文庆诸人。其根据地为石峰堡。有时这次的运动被称为石峰堡之变。其酝酿期在乾隆四十六七年间(公元一七八一到一七八二年)，发动则在四十八年(公元一七八三年)四月，到同年七月，便又被阿桂等平定下来了。

① 魏源：《圣武记·国朝甘肃再征叛回记》。

② 魏源：《圣武记·国朝甘肃再征叛回记》。

> 初，兰州贼灭后，李侍尧查治新教余党，吏胥肆骚。于是伏羌县阿浑、田五等藉词为马明心报仇，仍兴新教；于四十六年(公元一七八一年)冬预葺通渭县之石峰堡为巢穴。次年(公元一七八二年)，聚谋礼拜寺，造旗帐兵械，而吏不知也。四十八年(公元一七八三年)四月，复起杀掠。先徙其家属于石峰堡，而分屯于伏羌县之鹿卢山，静宁州之底店山潘陇山扼险。号召不过数百人。甘肃提督刚塔剿之，击贼伏羌城外，略有斩获，首逆田五受创死。李侍尧诛妇孺千余。贼党马四圭、张文庆等流言官兵欲斩绝回众，煽党肆出。……五月，贼遂由靖远渡黄河，陷通渭，胁从数千。西安副都统明善以兵千二百由静宁进捣，长驱深入，陷伏死。诏逮总督李侍尧，提督刚塔；改命福康安及海兰察会讨。又命大学士阿桂领健锐火器营二千以往。六月七日，福康安、海兰察抵军，议先剿隆德静宁之贼而后进捣石峰堡。十一日，官兵四千分攻底店山，杀贼数百，尽夺其栅，降贼一千；余贼尽入石峯堡死守。时阿桂之禁旅亦至。堡踞万山中，四面削险，沟堑纵横，乃决濠断其水道。七月初，贼投出男妇千余。官兵分伏四隘。夜半，贼首果冒死突围；截殪千计。黎明，乘堡四入，尽俘首逆；释其妇孺三千余。并分兵歼底店，降回千余，贼平。[①]

西南苗族的反抗　满族入主中华，对于苗族，原有一种处置之法。这我们在本编第九章第四节里曾略略讲过。这里只讲苗族之反抗运动。(a)反抗运动之倡始。苗族之反抗运动，自乾隆六十年(公元一七九五年)开始。是年正月，贵州铜仁府苗石柳邓倡乱，焚掠松桃厅正大营。湖南永绥黄瓜寨苗石三保应之。湖南镇筸苗吴半生、吴陇登、吴八月及乾州三岔坪苗等同时蠢动。不到一个月的光景，湖南、贵州、四川之间的苗疆，全部震动。

(b)政府措置之方法。苗疆既已震动，官方的办法便是举兵进剿。于是云贵总督福康安、四川总督和琳、湖广总督毕沅、湖南巡抚姜晟等以大兵临之；并命侍卫额勒登保德楞泰等往参军务。但两年之间，调动两广、云、贵川、湘、鄂等七省的兵力，都没有把苗疆完全平定下来。恰好这时，湖北、四川、陕西三方面的教匪又起来了；政府为欲平教匪，便把进剿苗变

---

① 魏源：《圣武记·国朝甘肃再征叛回记》。

的军队北调。这么一来，苗变反逾扩愈大。同时负责进剿的人，亦不愿澈底剿下去。如四川总督和琳，便有“苗地归苗”之约；湖南巡抚姜晟，亦有“以苗为民”之议。这些办法，未尝不是调和种族冲突的好办法。但湖南凤凰厅同知傅鼐，坚持不可。

(c)碉堡乡勇之作用。傅鼐既主澈底清剿，于是招集当地失业人民，并抽调当地壮丁，练成乡勇以代替官军。凡官军所不识之途径，乡勇以出自本土，均能熟识。且本地出身的人又熟知苗情，故能建官军所不能建之功。其次创碉堡战术，筑边墙以为苗与民之界，筑哨台以守望，筑炮台以堵敌，筑堡以聚家室，筑碉卡以作战。傅所创始的乡勇与碉堡之法，后来贵州也仿行了。以此平苗，果收奇效。到嘉庆十二年(公元一八〇七年)苗境全平。

嘉庆初，湖北四川教匪方棘，诸将移征苗之师而北；草草奏戡定，月给降苗监粮银羁縻之，而苗氛愈恶；藉口前宣勇伯和琳“苗地归苗”之约，遂曼延三厅地。巡抚姜晟至倡“以苗为民”之议，尽应其求。时凤凰厅治镇筸当苗冲，同知傅鼐有文武材；知苗愈抚且愈强，而兵罢难再动，且方民弱苗强也。乃日招流亡附郭棲之；围其丁壮而碉其要害，十余碉则堡之。年余，掎角渐密；苗妨出殁。遂死力攻阻。鼐以乡勇东西援救，战且修。其修之之法；近其防闲，遥其声势；边疆以限疆界，哨台以守望，炮台以堵敌，堡以聚家室，碉卡以守以战，以遏出，以截归。边墙亘山涧，掘濠以防。又日申戒其民曰：“勉为之，不可失也。是有三利：矢不入，火不焚，盗不踰。有三便：聚族故心固，扼要故数敷，掎角故势强。”民竞以观，百堵皆作。……会四年(嘉庆四年，公元一七九九年)，镇筸黑苗吴陈受众数千犯边……责巡抚姜晟严获首贼鼐为擒之；始奏加知府衔俸。是年，碉堡成；明年(公元一八〇〇年)，边墙百余里亦竣。苗并不能乘晦雾，潜出没。每哨台举统角，则知有警，妇女牲畜立归堡，环数十里戒严。于是守固矣，可以战；……鼐因苗地用苗技：先囊沙轻走以习步。仿造苗枪，立上中下三的，以习俯击仰攻。临敌亦不方阵进；呼啸聚散，无异以苗攻苗。又苗兼挟利刀，乘火器甫发，冒烟豕突。因兼习籐牌刀法，夹路相逢，则短兵接战。复以趫捷胜。每战还必严汰。不但趑趄者去，贪掠者去；即徒勇而昧机宜昧号令者亦去。数年，始得精兵千，号飞队。优养勤练，而严节制之。行山涧风雨，而行列不乱。遗资货载道，无反顾者；

共甘苦若妻子，哭阵亡若子弟，报公愤如私仇。而乡兵既明地利，习苗情，又多被祸同仇之家，是以致死如一。十年（公元一八〇五年），剿永绥苗，事闻，诏各省督府提镇以鼒练乡勇去练官兵。……至其屯田一事，与修边御苗错举，皆于十年蒇事。……十三年（公元一八〇八年）屯竣，入觐。①

乡勇练好了，碉堡修好了，屯田蒇事了；治理苗疆的功劳，可算无以复加了。傅鼐以这等功劳去进见皇上，皇上自然优待。于是授他以湖南按察使司的按察使，后又兼布政使司的布政使。死了之后，且在苗疆立祠以祀之！

诏曰："国家治民以官，任官以人。辰沅永靖兵备道傅鼐专司苗疆十有余载，锄莠安良，除弊兴利，修置碉堡千有余所，屯田十有二万余亩，收恤流民十余万户，屯兵练勇八千人，追缴苗寨兵器四万余件。复勤垦化导，设书院六，义学百，楚苗骎骎向学，吁求考试，遂已革面革心。朕久闻其任劳任怨，不顾身家；悉心筹画，臻斯完善，特因未识其人，尚未特沛恩施。今日召见，果安详谙练，明白诚实。洵杰出之才，堪为封疆保障。若天下吏咸若是，何患政治不日有起色？其即加按察使衔，用风有位。"明年（嘉庆十四年，公元一八〇九年），授湖南按察使司按察使；以苗弁兵民吁留，命每秋一赴苗疆，慰边人思。十五年（公元一八一〇年）兼擢湖南布政使司布政使。天子方将擢鼐巡抚，而十六年（公元一八一一年）卒于官。诏以鼐捍灾御患，有功德于民，其立祠苗疆，赠巡抚。②

凡上所述，是云南、四川、湖南三省间苗族反抗运动的大略。此外广东、广西、湖南三省之间，尚有猺人的反抗运动。有湖南永州锦田猺赵金龙与常宁猺赵福才，纠合广东散猺与湖南九冲猺等，于道光十一二年（公元一八三一到一八三二年）之间在三省之间大肆扰乱。但十二年（公元一八三二年）四月，就告平定。然其潜势力，原来也是很大的。魏源云："猺平迅

① 魏源：《圣武记·嘉庆湖贵征苗记》。

② 魏源：《圣武记·嘉庆湖贵征苗记》。

速，故幸未生变。然党与蔓三省，逋逃薮聚。论者谓边防隐忧在苗猺之右。”[①]

三 社会的反抗运动

这种反抗，以湖北、河南、四川、陕西、甘肃等省的白莲教匪之乱为最厉害。教匪之乱，固也含有种族的反抗意味，但视为被压迫者之反对压迫者较为妥贴。兹分述如次。

政治经济的原因 白莲教匪之暴动，实即中下层农民对满清官府的一种反抗运动。其起因虽极复杂，然可以指出政治的与经济的两大端。(1)就政治方面言，乾隆末年，满清的政治实腐败已极。当时和珅专政，集民政财政等权于一身；各省大吏，如四川总督和琳(和珅之弟)，山东巡抚国泰，甘肃藩司王亶望等皆其死党。中央官与地方官相互勾结，肆行贪污：卖官鬻爵，招权纳贿，无所不为。嘉庆四年(公元一七九九年)诏云：“国家深仁厚泽百余年，百姓生长太平；使非迫于万不得已，安肯不顾身家，铤而走险？皆由州县官吏朘小民以奉上司，而上司以馈和珅。”[②]和珅受各省官吏之馈，致天下财富尽积于一身。嘉庆亲政之时，处他以死，其所宣布之罪状中有几条足以表明他之专断贪污。兹摘录于次：

> 八，彼兼吏部及刑部事务，又兼理户部；三部事务，一人专断。……
>
> 十一，偏用官吏。……
>
> 十五，私藏品中，珍珠手串有二百余串。较之大内，多至数倍。又有大珠，比御用冠顶大。
>
> 十六，有内府所无之宝石。
>
> 十七，家内银两衣服等件逾千万。
>
> 十八，夹墙之内，藏金二万六千余两；私库藏金六千两；有埋藏于地窖银百余两。
>
> 十九，借款十余万于通州附近之当铺钱店，以生利息。

① 《圣武记·道光明粤·平猺记》。

② 《圣武记·嘉庆川湖陕靖寇记》四。

二十，家仆虽至贱，有二十余万资产。

中央大员之财富，系从地方官吏手里取来的。若地方官吏之财富，则直接自百姓身上搜刮而得。官吏要向百姓搜刮，于是造成乾隆末年极贪污之政治。洪亮吉云：

今日州县之恶，百倍于十年二十年以前。上敢隳天子之法，下敢竭百姓之资。臣所闻湖北宜昌，四川达州，虽稍有邪教，民皆保身家不犯法。州县官既不能化导于前；及事已萌孽，即借邪教之名诛求之，不逼至为贼不止。……盖今日之州县，其罪有三。凡朝廷赈卹之项，中饱于有司，此上恩之不下逮，一也。无事蚀冒粮饷，有事避罪就功；州县以之蒙府道，府道以之蒙督抚，督抚以之蒙皇上；此下情不上达，二也。若有功，长随幕友，皆冒得之；若失事，掩取迁流颠沛于道之良民以塞责，然此实不止州县；对疆大吏统率将弁，皆公然行之。安怪州县之效尤？三也。①

其次(2)就经济方面言，当时实已具备了许多造成农民暴动之条件。一则田价高涨。乾嘉时因经过满清统治的黄金时代，田价已涨至极高之度。“崇祯末年，盗贼四起，年穀屡荒，咸以无田为幸；每亩，只值一二两。……顺治初，良田不过二三两。……至乾隆初年，……亦不过七八两，上者十两。今阅五十年，竟涨至六十两矣！”②田价高涨的结果，便是耕者愈感无田之苦，地主愈好钳制佃农。积时既久，失业农民加多，成为农村中之流氓无产阶级，最易受邪说的煽惑。二则几次征战，使许多农民失业。如金川之役、平苗之役，都有这种结果。

时川湖粤贵民方以苗事困军兴。无赖之徒亦以严禁私盐私铸失业。至是益雠官思乱。奸民乘机煽惑，于是发难于荆襄达州，骎淫于陕西，而乱作也。……金川之役，官兵溃于木果木，其逃卒之无归者，与失业夫役，无赖悍民，散匿川东北，剽掠为生。及官捕急，则以白莲教

① 《圣武记·嘉庆川湖陕靖冦记》四。

② 钱梅溪：《履园丛话》。

为逋逃薮。①

白莲教匪之暴动　(a)白莲教之起，大约在元末。当时有乐城人韩山童以白莲教会烧香惑众。明天启时，蓟州王森得妖狐异香，自称闻香教主。森后来被捕，钜野徐鸿儒乃继续宣传其教。徐被害后，到清乾隆时，安徽刘松为此教之祖。乾隆四十六年(公元一七八一年)，松被捕戍边，其党刘之协在川陕湖北各地仍继续宣传其教。待官府捕刘等甚急，遂逼成民变。纵观白莲教之盛，实与民族主义相依。在元末，则重复宋灭元；在清朝，则重复明反清。

原白莲教会之起，只韩山童欲恢复宋室故耳。……尔后二百年，有明鼎盛，白莲会阒然无闻。自宦官及宠臣专权，而国政以紊。加以旱魃为虐，饥馑荐臻，满人乘机寇边。内则叛乱迭生。天启五年(公元一六二五年)白莲会蜂起。初，蓟州王森者得妖狐异香，创白莲教，号闻香教主。就其徒设大小头目及会主之号；蔓延直隶、山东、山西、河南、陕西、四川各省。后森被捕死狱中，子好贤，及钜野徐鸿儒，武邑干宏志辈踵行其教，徒党益众。无何，好贤鸿儒等约于其年中秋同起兵。会谋泄，鸿儒等遂先期反，自号中兴福烈帝，举兵陷郓州，连陷邹、滕、峄三县。卒为官军长围，食尽，皆降。鸿儒以单骑遁，亦被擒，磔于京师。临刑叹曰："吾与王好贤父子经营二十年，徒党不下二百万。事之不成，天也。"②

白莲教之简单历史约略如是。这种教有完全称之为邪教的，《啸亭杂录》的著者便是这样说。有否认为邪教的，稻叶君山即不认白莲教为邪教。较正确的说法，则以白莲教会为含有民族意识及反抗官吏(社会意识)之心理，而比傅释道等说以号召徒众者。章炳麟之见解约略如此。兹录各说于次。

白莲邪教，起自元末红巾之乱。明季唐赛儿、徐鸿儒等相沿不绝。盖由狐怪所传。其经卷皆盗袭释氏之文，而鄙亵不成文理。又以"真空

① 《圣武记·嘉庆川湖陕靖寇记》二。

② 平山周：《中国秘密社会史》第一章。

家乡，无生父母”八字为真言，书于白绢，暗室供之。其教以道祖为重；又有天魔女诸名位。以持齐修善为名，而暗蓄逆志，谋为不轨。其教自京畿迤南，学习者众。乾隆中，傅文忠任九门提督时，曾捕获黄村妖妇某氏伏法，其党惩治有差，其风稍熄。而蔓延至楚豫秦蜀诸省，遂有嘉庆丙辰(嘉庆元年，公元一七九六年)楚北揭竿之乱。兵兴九载，然后扑灭。其传习京畿者，久而益炽，又变为八卦荣华红阳白阳诸名。①

白莲教之是否邪教，殊未易言。何以故？中国民间，信仰颇杂，非必出于儒释道三教之一途。释道教多互相混合；如何而为释教，一般人之心中甚不明瞭。指人民之信仰即以为邪教，未得为当。究其真意，谓此种信仰稍带有政治意味，未始不可。②

白莲教者，亦自莲社造端，是以有香军之目。值胡元猾夏，民心思宋，故其教兼为种族。王道凌迟，政失其绪，亦有屯聚以抗官吏者。无为闻香诸教，自明始也。要之比傅释道，人易信从；讫明之亡，孑遗黄发谋所以光复者。③

(b)白莲教匪之暴动。白莲教既含有种族意味，所以在清朝从不得自由：其教徒或领袖自始即遭捕杀。乾隆四十年(公元一七七五年)领袖刘松被捕；五十八年(公元一七九三年)领袖刘之协等被捕，皆以拥戴明裔为直接原因。直到嘉庆元年(公元一七九六年)，卒以罗织人数太多，终于逼成川、鄂、陕、甘、豫等省之大乱。绵延近十年之久，至嘉庆九年(公元一八〇四年)始完全平定。各地叛乱首脑：在湖北有聂人傑、张正谋、姚之富等；在四川则有孙士凤、徐天德、王三槐、冷天禄等；在陕西则有张士龙、张汉潮、张天伦等。

乾隆四十年(公元一七七五年)，刘松以河南鹿邑邪教事发被捕，遣戍甘肃。复分遣其党刘之协、宋之清授教传徒，遍川、陕、湖北。日久，党益众，遂谋不靖，倡言劫运将至，以同教鹿邑王氏子曰发生者，诡明裔朱姓，以煽动流俗。乾隆五十八年(公元一七九三年)事觉，

① 汲修主人：《啸亭杂录·癸酉之变》。

② 稻叶君山：《清朝全史》第四十九章。

③ 章炳麟之说，见平山周著《中国秘密社会史叙言》一。

复被获，各伏辜，王发生以童幼免死，戍新疆。惟刘之协远飏。是年复跡于河南之扶沟，不获。于是有旨大索。州县吏奉行不善，逐户搜缉，胥役乘虐。而武昌府同知常丹葵奉檄荆州、宜昌，株连罗织数千人！当破家，贫陷死无算。时川湖粤贵民方以苗事困军兴，无赖之徒亦以严禁私盐失业，至是益雠官思乱。奸民乘机煽惑，于是发难于荆襄达州，骎淫于陕西，而乱作也。①

乱事既作，势力特大。官署里的职员，也都不免受其影响，与之结成一气。

乾隆末，白莲教徒刘之协、张正谟、聂人杰辈聚众倡乱于枝江县时，当阳县令闻变，坐厅事，召集书役，语之曰："白莲会已反，贼踞枝江之灌湾脑，与本邑界连；邑中习教者宜先名捕，以防内讧。"书役齐声曰："我等即白莲会也。更谁捕？"令拍案怒骂曰："汝辈反乎？"曰："反即反耳，何怒为？"令拂袖起，群役争先拉杀之！遂啸聚，据当阳县城。②

(c)教匪暴动，几近十年。其主要的根据地，在湖北、四川、陕西三省之交。因为在三省之交，故能此剿彼窜。出四川、陕西，则入湖北；出湖北则入四川、陕西。贼到之处往往无兵；待大兵赶到，贼又跑了。所过之处，必焚烧房屋，虏掠男妇，劫夺财物。

自襄贼起事，骚扰皆在汉北，及由川还楚入陕，复经汉南之宜昌、荆门、安陆、襄阳、郧阳，焚掠十八州县。而房保二府，疮痍尤重。又长阳一贼，由施南奔巴东，往还蹂躏几千里。……明亮德楞泰奏言："臣等自楚入陕，所经村庄，皆已焚烬；盖藏皆已搜劫；男妇皆虏掠；目不忍见。已扰者固宜安卹，未扰者尤宜隄防。查各州县在城之民，有城池以保障；是以贼匪皆不攻城。其村落市镇，仅恃一二隘口；乡勇或远不及防，或间道失守，仓皇逃避；不但衣粮尽为贼有，且备卫之火药器械，反以藉寇而资盗。而各贼所至之处，有屋舍以栖止，有衣食火药以接济，有骡马刍草以夺骑更换，有倔胁之人为之乡导负运。

① 魏源：《圣武记·嘉庆川湖陕靖寇记》一。
② 徐珂：《清稗类钞·会党类·书役自承为白莲会》。

是以自用兵以来，所杀无虑千万，而贼不加少。”[①]

由这段记载，便可想见当时教匪暴动实况之大略。

平定教匪之方法 教匪暴动，绵延几近十年；一方面固由教匪本身实力雄厚，不易消灭。另一方面，却由于官兵腐败，完全失了作用。所谓官军也者，或则只知酒食笙歌以自娱；或则纵贼出境而不剿。嘉庆诏云：

川楚军需，三载，经费至逾七千余万，为从来所未有。皆由诸臣内恃和珅护庇，外踵福康安、和琳积习；在军惟酒肉笙歌自娱；以国帑供其浮冒。而各路官兵乡勇，饷迟不发，致令枵腹无裈；牛皮裹足，跣行山谷。此弊始于毕沅在湖北，而宜绵、英善在川，相沿为例。[②]

贼起四载，楚蜀秦豫匪有宁宇；皆由诸臣防剿不力。或偪往邻境以塞责，或偶获贼首以邀功。甚至拥兵避贼，养寇殃民；积薪不熄，遂至燎原。……永保纵贼湖北，景安纵贼河南，宜绵、秦承恩纵贼陕西，英善勒保纵贼四川，惠龄纵贼渡汉江。[③]

像这样的剿法，当然不能把蔓延四五省之教匪清剿下来。到最后，又如同平苗疆之乱一样，复用碉堡与乡勇，而不靠所谓正式的官军，竟把大乱平定下来了。这利用碉堡与乡勇的战法，初由明亮与德楞泰奏请，后由嘉庆帝诏令通行。德楞泰等云：

为今之计，欲困贼必须卫民。莫若饬近贼州县，于大镇市，劝民修筑土堡，环以深沟。其余因地制宜，或十余村为一堡，或数十村为一堡。贼近，则更番为守御；贼远，则乘暇耕作。如此以逸待劳，贼匪所至，野无可掠，夜无可栖，败无可胁。加以大兵乘压其后，杀一贼即少一贼，灭一路即清一路。近日襄阳绅士梁有縠等筑堡团守，贼屡攻不能犯，此保障之成效。至川东各属，多有险峰山寨；只须令乡民临时移守其中，一如守堡之法。于以御贼安民，必可刻期扑灭。奏上，虽奉旨以筑堡烦民，不如专擒首逆；而坚壁清野之议实始此。[④]

---

① 《圣武记·嘉庆川湖陕靖寇记》二。

② 《圣武记·嘉庆川湖陕靖寇记》三。

③ 《圣武记·嘉庆川湖陕靖寇记》三。

④ 《圣武记·嘉庆川湖陕靖寇记》三。

诏曰："近年费帑，不下十千万，调兵不下十余万。而贼奔突滋蔓如故。有此省之兵调往他省，而本省又别调邻省之兵。彼此人地不习，且多伤病留养，徒糜饷费。至乡勇原为保护乡里而设。若仅募他乡游民，无田庐室家之恋；既去其乡，安望其勇。目前则多报开销，事后则易聚难散，何如省此养疲兵募散勇之资，以团练本地之乡勇，实为事半功倍。果尽如刘清、尹英图、孔继榦、林岚雒昂等之寇不能犯；又如郧西乡勇之截御齐姚剧贼，使官兵得以成功；何至民为贼掠，兵为贼疲。总之各县练勇，各守堡寨，不调往军营，致村庄反遭荼毒。其乡勇固守卡寨，以堵为剿；及州县实心倡率者，与军功同赏。督抚能力行坚壁清野者，与经略参赞同一酬庸。各以本省钱粮，供本省军需，不得复请兵饷。[①]

碉堡与乡勇，在当时几乎成了维持社会秩序的主要工具。满清的正规军已腐化不堪，各方亲民之官乃至封建地主阶级，便想出这两种工具以代替官军。如平苗疆，凤凰同知傅鼐创始碉堡乡勇，卒将苗疆平定下来。此回平教匪，地主阶级又用碉堡乡勇，以为重要工具，以代替官军。甚至曾国藩之打太平天国，仍大练其乡勇，代满清统治者作战，亦复收了奇效。

四　太平天国之大反抗

上面第二节所述之种族的反抗运动，未必完全没有社会意识；第三节所述之社会的反抗运动，未必完全没有种族意识；不过为叙述方便计，只能述其较重要的方面。至于太平天国的反抗运动，则种族意识与社会意识都很显然，可称为整个的反抗运动。兹分述于次。

太平天国之发端　太平天国之创始人为洪秀全，其人为农家子，于嘉庆壬申（嘉庆十七年，公元一八一二年）生于广东花县。曾为粤人朱九涛所倡上帝教之教主。丙申（道光十六年，公元一八三六年）到广西传教，便已蓄了反满复明之志，徒众渐多。

秀全本农家子，嘉庆壬申（公元一八一二年）生于花县，距广州七

① 《圣武记·嘉庆川湖陕靖寇记》四。

十里。幼丧父母，于乡里授徒为业，屡应省试。继而流寓四方，阴结同志，卖卜江湖间。先是粤人朱九涛倡上帝教，秀全及其乡人冯云山等师事之。九涛死，乃推秀全为教主。丙申(公元一八三六年)秀全云山同至广西，居桂平、武宣二县交界之鹏化山，传上帝教。初，桂平有保良攻匪会，为秀全、云山所设。立会讲教，官吏已阴恶之。至是，而秀全云山与庐贤拔等造《真言·宝诰》诸书，秘密传布；蓄发易服，潜伏山林。遣人游说四方。会大疫，岁饥，人心所在倾动，附从者日多。①

天王是广东花县人，兄弟三人。长兄洪仁发，次兄洪仁达。天王名洪秀全，同父各母。长次兄是其前母所生，在家种田。洪秀全在家读书，同冯云山二人同窗。……自花县上到广西浔州、桂平、武宣、象州、藤县、陆川、博白，俱星罗数千里。天王常在深山内藏，密教世人敬拜上帝。百家之中，或有三五家肯从，或有十家八家肯从。亦有读书明白之士子不从，从者俱是农夫寒苦之家。积岁成众。②

太平天国之起事，在广西之金田村；时在道光二十九年(公元一八四九年)。这年正值大荒，尤以广东、广西、湖南等地为甚。人心惶恐万分。所谓“会大疫，岁饥，人心所在倾动”是也。秀全等所能号召的，也大都是贫苦农民，所谓“从者俱是农夫寒苦之家”是也。因为年岁饥荒，农民失业的多，于是所在盗起：如湖南之李沅发“始则拜会抢劫，继而戕官据城；并敢四路邀人，抗拒官兵。”③广东之三合会首领罗大纲，亦成了当时饥民的首领。至于广西饥民的首领更多。这于洪秀全等之计划是很有利的。起事之初，与闻秘密的只有杨秀清、萧朝贵、冯云山、韦昌辉、石达开、秦日昌等六人。李秀成《供状》云：“所知事者，欲立国者，深远图者，皆东王杨秀清，西王萧朝贵，南王冯云山，北王韦昌辉，翼王石达开，天官丞相秦日昌六人。除此未有人知道天王欲立江山之事。”其发难的经过，罗惇曧述之如下：

洪秀全起兵粤西。先与中表冯云山共说杨秀清；秀清约其妹夫萧

① 《清稗类钞·会党类·三合会》。

② 李秀成：《供状》，转录自扪虱谈虎客之《中国秘史》。

③ 《东华录》道光二十九年。

朝贵同说乡绅韦昌辉；昌辉偕行，说富人石达开。六人共誓生死，立会召众，.势甚盛。时水寇罗大纲有众千余人，掠永安州，败过胡以光，秀全在焉。以光劝归秀全。官捕秀全甚急，乃起兵于桂平之金田村。时道光二十九年(公元一八四九年)某月也。[①]

洪秀全等发难之时，既值岁饥，饥民运动，到处爆发。于是大肆联合，把各地饥民首领，以及三合会领袖通汇合到自己的旗帜之下。人数既多，势力日大；发展之速，几乎一日千里。于是创国号曰太平天国。

秀全举兵金田村，移屯武宣县东乡，招集四方豪暴。时三合会各头目之有武器者悉归秀全军。然以其教义相异，不久辄散去。惟粤人罗大纲从之。世多以秀全为三合会首领，呼粤寇曰三合贼，实大谬也。秀全仅容纳三合会之一部分耳，非自为三合会员也。虽其复明逐满，两者俱同；蓄发易服，不背三合会之主旨；然三合会所奉为道教佛教，上帝教所奉为基督教，其根源实大相刺谬。……厥后，贵县林凤祥，汉阳万大洪，湖南衡山洪大全等来归；势大振。即分诸将席卷广西，进陷永安，创国号曰太平天国，自称天王；所向无敌。[②]

天国用兵之宗旨　天国用兵之宗旨，可分析为两端：一，站在汉族的立场反抗满族；二，站在贫苦农民的立场反抗满清势力下之官僚地主。这两大宗旨，从他们的文书上看来，是很鲜明的，因此我们称太平天国运动为兼具种族意识与社会意识之整个的反抗运动。兹节录若干文书于次。

朱氏之统绪已绝，白山之胡虏代兴。等刘渊、石勒之袅雄，攘夺神器；本耶律、完颜之种类，流毒中原。幽厉之残暴相形，六七传如故；汉唐之衣冠已渺，二百载于兹。律以蛮夷猾夏之常刑，讵惜涿鹿阪泉之义举。而且上下交征利，黄白通宦海之要津。左右皆曰贤，标榜开名场之捷径。既富何患不贵：佐贰可捐，守令可捐，府道亦可捐。得财讵计妨民：田亩有税，关市有税，山林亦有税。以故貂冠蟒玉，本出市井牙侩之徒；虎噬狼贪，靡顾老稺颠连之苦。二月丝而八月粟，以剥尽民脂民膏；朝食四而暮食三，徒苦着愚夫愚妇，囹圄本平民苦

① 罗惇曧：《太平天国战纪》。

② 《清稗类钞·会党类·三合会》。

> 海，贪官视苦铜关。献斟岂修士良规，污吏藉为金穴。外引土豪为心腹，覆雨翻云。内聊权贵为爪牙，捕风捉日。腰囊既满，命盗之案亦冰消；藜藿难充，乾候之愆皆决案。一事动倾中人之产，万石难填巨海之冤。妇叹童呼，悲声载道。酷刑厚敛，怨气冲天。蝗虫与水火荐臻，原为昏君示警，疫病继干戈而起，益增黎庶受殃。阳托赈饥团练之名，阴图猾吏升官之便。帑藏既竭，藉词苛敛民财。军政不修，徒示募招乡勇。驱农工以冒锋镝，只见暴骨疆场。勒士绅以助军糈，谁怜委身沟壑。水益深而火益热，虽秦隋之暴政何以加之？剥之极即复之机，知戎狄之末祚已将斩矣。某也……徵兵粤海，振旅湖湘。……为此戒我军士，谕尔居民。顺天而兴仁义之师，原非以暴易暴。指日而奏承平之绩，愿其各田尔田。毋望烽燧而惊移，毋挈室家而迁徙；毋听谣言而惶恐，毋恃强悍而抗违。妖官必诛，衙蠹必诛，余外皆为赤子。奸淫者斩，掳掠者斩，惟期不负苍生。虽或箪食壶浆，本出尔民之困苦，若夫子女玉帛，讵羁我辈之雄心？誓将迅扫妖氛，为亿万姓生灵吐气。伫见澄清区宇，复千百年中夏丕基。共仰闻之，毋违此檄。①

这其中所述，虽提到了种族问题，把满族之欺凌汉族的情形，略略涉及了一点。但详细描写的，却为贪官污吏的罪恶。可视为表示社会意识之文，系站在农民的立场对满清贪官污吏的一种声讨。至于站在汉族的立场，对满族致声讨的，表示种族意识之文，可拿杨秀清、萧朝贵等的《奉天讨胡檄》为例。其文曰：

> 真天命太平天国左辅正军师东王杨 右弼又正军师西王萧为奉天讨胡檄布告四方。若曰："嗟尔有众，明听予言。予惟天下者，中国之天下，非胡虏之天下也。衣食者，中国之衣食，非胡虏之衣食也。子女人民者，中国之子女人民，非胡虏之子女人民也。慨自有明失政，满洲乘衅混乱中国，盗中国之天下，夺中国之衣食，淫虐中国之子女人民。而中国以六合之大，九洲之众，一任其胡行，而恬不为怪！中国尚得为有人乎！……夫中国有中国之形像；今满洲悉令削发，拖一长尾于后；是使中国之人变

① 《誓师檄文》见《明清两朝逸史》兹节录自罗鸿涛等辑《太平天国诗文钞》。

为禽兽也。中国有中国之衣冠；今满洲另置顶戴，胡衣猴冠，壤先代之服冕；是使中国之人忘其根本也。中国有中国之人伦；前伪妖康熙暗使鞑子一人管十家，淫乱中国之女子；是欲中国之人尽为胡种也。中国有中国之配偶；今满洲妖魔悉收中国之美姬为奴为妾；三千粉黛皆为羯狗所污；百万红颜竟与骚狐同寝；言之痛心，谈之污舌；是尽中国之女子而玷辱之也。中国有中国之制度；今满洲造为娇魔条律，使我中国之人无能脱其网罗，无所措其手足；是尽中国之男儿而胁制之也。中国有中国之语言；今满洲造为京腔，更中国音；是欲以胡言胡语惑中国也。凡有水旱，略不怜恤，坐视其饿莩流离，暴骨如芥；是欲我中国之人稀少也。满洲又纵贪官污吏布满天下，使剥民膏脂，士女皆哭泣道路；是欲我中国之人贫穷也。官以贿得，刑以钱免；富儿当权，豪杰绝望；是使我中国之英俊抑郁而死也。凡有起义复兴中国者动诬以谋反大逆，夷其九族；是欲绝我中国英雄之谋也。满洲之所以愚弄中国，欺侮中国者无所不用其极。……昔文天祥、谢枋得誓死不事元，史可法、瞿式耜誓死不事清，此皆诸公之所熟闻也。予总料满洲之众，不过十数万，而我中国之众不下五千余万。以五千余万之众受制于十万，亦孔之丑矣。今幸天道好还，中国有复兴之理；人心思治，胡虏有必灭之徵。三七之妖运告终，而九五之真人已出。……其有擒狗鞑子咸丰来献者，或能斩其首级来投者，又有能擒斩一切满洲胡人头目者；奏封大官，决不食言。……予兴义兵，上为上帝报瞒天之雠，下为中国解下民之苦。务肃清胡气，同享太平之乐。顺天有厚赏，逆天有显戮。布告天下，咸使闻知。”①

这其中所述，虽也提到了社会问题，把农民受贪官污吏剥削的情形，稍稍涉及了一点；但着重之点完全在种族意识；述贪官污吏之剥民膏脂，亦必谓系满洲欲我中国之人贫穷，而归结到种族的仇恨上面。综括言之，太平天国用兵之宗旨有显然的两项，一，站在农民的立场反抗贪官污吏，二，站在汉族的立场反抗满州胡虏。

军事发展之神速 (a)由永安到南京。咸丰二年(公元一八五二年)正月，因满清军队围永安，天国之兵乃于

---

① 《奉天讨胡檄布四方谕》节录自罗鸿涛等辑《太平天国诗文钞》。

二月逼桂林，围三十日，不能陷；东向入湖南。

四月，陷全州；

五月，取道州；

六月，得桂阳及郴州，渡河夺安仁及醴陵。

七月，至长沙，围七十日，不能陷。洪天王得玉玺于长沙城南门外，群众欢呼万岁；西王萧朝贵则在长沙战死。

九月，天国之兵弃长沙，西向转常德；又于益阳得小船数千，乘渡洞庭，以达岳州。岳州毫无守备。

十月，安然入岳州城。在岳州城，曾得康熙讨吴三桂时所夺取而藏于该处之武器不少。

十一月，入长江，占领汉阳，封锁武昌城。

十二月，占领武昌，满清巡抚常大淳等战死于此。留此一月，准备沿长江东下。因军事发展之神速，数日之内，即克九江安庆芜湖太平等地。

咸丰三年(公元一八五三年)二月十日，即攻入了南京城。天国之兵，进行虽然神速，对于人民，却并无惊扰。各地居民只要去逆(满清)归顺(天国)，而于门首贴一"顺"字，就可保得安全。只有为僧道所占之庙宇，因天国诸人信仰基督教之故，多被收作安插乡里穷民之所；僧道诸人亦有被杀戮的。杨秀清之谕曰：

> 特授开国军师大元帅杨为再行晓谕事：本帅敬承皇命，兴兵伐暴。所到之处，望风瓦解。城破之日，将贪官污吏翦除，并不扰害一民；前已出示晓谕，料必知悉。风闻乡市有不法顽民藉大兵未到，肆行焚掠。现为本帅拿获，斩首数十人。今著校尉李宪带兵数百徧行乡市；一经拿获，就地正法。其有良民各将顺字贴门，不必畏惧。尔等惑于虚荣，出资助饷，捐纳妖廷职衔。试问此等功名有何荣何辱。饬尔等即将向来匾额除去，不得自误。我定金陵之后，定议考试。衡文取士，再定甲乙。其有各处庙宇供养僧道，何如养乡里穷民之为愈也。现今拿获僧道斩首，并查首倡及重修之人一并拿究。[①]

(b)分两军攻北方。攻入南京之后，把南京附近诸地，如镇江如扬州一

---

① 《告江南士民谕》转录自凌善清辑《太平天国野史》。

一占领。于是长江流域及长江流域以南尽到了太平天国势力之下。为欲进攻满清的首都北京计，天国复发两支大军北上。第一军林凤祥统之，于咸丰三年(公元一八五三年)

四月，陷安徽省之凤阳；

五月，取河南之归德；

七月，渡黄河，占怀庆，更东北向，入山西；

九月，陷平阳；转东，下直隶之平野；同时并占领藁城。在藁城被满清兵所败，乃向深州东进。

十月天国之兵陷深州，更东向进抵运河旁边之静海及独流。静海去天津不过十里左右，在此被满清兵包围。

咸丰四年(公元一八五四年)

二月，天国之兵，开始向南方退却；

三月初，陷连镇；中旬，与满清兵将领蒙古科尔沁亲王僧格林沁所率之骑兵大战于阜城县；最后仍为所败。林凤祥被擒至北京遇害。

第二军李开芳统之。洪天王为着要应援第一军，故遣第二军北上这一军于咸丰三年(公元一八五三年)

十月，发安庆，陷桐城，取舒城；

十二月，陷庐州，安徽巡抚江忠源战死；又陷六合。

咸丰四年(公元一八五四年)

四月，取山东之临清州。

五月，陷高唐州；该地距临清只十里。至次年三月，尚保持此地。后为僧格林沁之军所迫，弃此走冯官屯。

咸丰五年(公元一八五五年)四月，卒败于僧格林沁。李开芳被擒至北京遇害。

高唐州、冯官屯两处之战最为激烈；满清兵之死亡，据僧格林沁报告，亦达八千人。后来设灵开祭，捆太平天国之兵八十人，及童子二人，挖去其心祭之！并为文曰：

> 尔官尔民，为国忘身。沙场战死，英灵未泯。天鉴尔志，振我军声。渠魁既歼，贼党悉擒。剖其心肝，尉尔忠魂。尚飨。[①]

---

① 薛福成：《庸盦笔记》卷一。

(c)各地民乱大作。当太平天国之军进占南京，并分兵北上之时，长江以南，各地民乱，亦相继爆发，直接或间接与天国之军互相呼应。举例言之，如两广，如福建，如江西，如上海等地，全为会党所领导之民乱所袭击。至于因饥荒而直接爆发之民乱，更所在皆是。满清大吏，在长江以南，事实上已完全没有作用了。即以广东总督叶名琛之大力，亦不能压平会党之乱。

庚戌(道光三十年，公元一八五〇年)，三合会蜂起两广各地。见秀全之得胜也，势益张。咸丰甲寅(咸丰四年，公元一八五四年)，两广皆乱。其年，占领广东之肇庆、佛山、东莞各地，广州几为所包围。珠江悉为所据有。占领各地之头目虽多放荡无赖；然军队尚有纪律，统率之者亦多得力。又知公表其目的，其旗有反清复明等字，而对于外人亦知竭力联络之。然自此官军与三合军显有区别。而官军之运饷广州者转得利用外人之助，悬外国旗，安然行过三合军之炮台与军舰间矣。十一月，广东豪商某备舰队，运兵向佛山，与三合会战；三合军大胜，获军弁四五十人，且戮兵士无算。后又战于珠江，即用此舰队攻破官军之兵舰四十四艘。

在广东通商之外人恶乱之久也，……不望三合会之有成功。而被累尤甚之英人亦渐袒官军。会三合会涣散，中有率党而遁者，泰半至广西之外郡。余八千人至桂林，与将军罗某合，形势遂大变。乙卯(咸丰五年，公元一八五五年)，官军益顺利，而省城外十数村镇皆为官军所克矣。

广东总督叶名琛之镇慑三合会也，为法至严。然两广、江西、福建诸省，尚时有暴动。方英法同盟军占领广东时，石达开自湖南进兵广西，欲攻据桂林。三合会乘之，乃再有回复之希望。戊午(咸丰八年，公元一八五八年)，陈清康率兵数千，会集于广东之北，隐有占领广东之计；将待同盟军退，即拟起事。适攻击桂林之粤寇，遇强悍之官军，突围逃广东；更于中途胁诸无赖，加以三合军，势遂益盛。[①]

两广正在被三合会领导之民乱所威胁时，福建亦遭匕首会领导之民乱所压迫。其与满清兵抗战，十分激烈。后以军需不足，退出厦门，满清军

① 《清稗类钞·会党类·三合会》。

大肆报复；杀人之多，一日有至二千以上者。厦门被匕首会攻陷之时，上海复有三合会中之红巾堂起事。其发动者多粤闽人。他们领导民众，进攻官府；其气焰之盛，致引起上海外商的仇恨；终把洋商的势力逼到与满清军站于同一立场，而为太平天国运动之一大障碍。

> 当己酉年(道光二十九年，公元一八四九年)，新嘉坡陈正成设三合会支部于厦门，命名曰匕首会；入会者数千人。咸丰辛亥(咸丰元年，公元一八五一年)，传闻至广州，官吏调查三合会，欲镇定之，遣道员迳捕正成。正成被捕，……后由黄威代领其众。时官吏横暴，迫劫豪富财货之事，时有所闻也。
>
> 癸丑(咸丰三年，公元一八五三年)，以官吏强夺豪富黄某之财，黄威保庇之，率二千余人起兵。其队长多新嘉坡人，夺厦门附近三市镇，附从者遂至八千人；遂进而据厦门。威出示谕，自称明军指挥官，大抗官军，而不扰外人。其战也持人道主义，尊生命，昼战夕休，不尚夜袭。然卒未能持久者，以粮饷药弹不足也。明军于是启城，议款而去。明军既去，官军入城市，纵劫掠，戮及童稚；刀钝而不血，则并缚数人而投之河，不可理喻。英领事通牒劝止，亦无效；乃用威压之计，以两军舰泊香港，若将强制者。于是洋场及船埠四周俱免于祸。余则有一日斩杀至二千人以上者。
>
> 厦门为匕首会占领时，上海复有三合会起事。时粤闽两省人之在上海者约十四万，多三合会会员。粤刘丽川，闽陈阿连等群谋袭上海城，事未发，为地方官探知，捕粤闽头目七八人。粤闽人大怒，致书地方官，谓信偶尔之浮说，究何理。不速返者，立斫汝头，毋后悔。地方官大骇，返而谢之。八月二十日，适地方官致祭孔子庙；黎明，丽川阿连等六百余人潜匿北门外；待启城，即入袭县署；迫知县袁某缴印。袁骂曰："印为天子所赐，汝欲取者，先取吾头。"丽川党人大叱而斩之。众乃围道署，而党徒已集万余城中鼎沸官吏命守兵放大炮，众仍不退，并迫道员吴某缴印。吴恐蹈袁之覆辙也，即解绶与之。丽川取其印，缚吴，夺官家银无算，城亦陷。时其党悉以红巾为号，因称为红巾贼。……时英美军舰之在上海者各一艘，合租界所有洋兵得三百余人，各戒严以待。……时官军集上海者万余人，借洋人之力以

断粮道复向城中炮击。丽川闻洋兵之助官军也。率死党百余人犯围遁。①

建设计划之一般 太平天国之建设计划，系以其军事组织为推动之原力。我们于此，最宜先述其(1)军事组织。太平军组织的最低单位为伍，每一伍长管四人，每五个伍长隶于一个两司马，四个两司马隶于一个卒长，五个卒长隶于一个旅帅，五个旅帅隶于一个师帅，五个师帅隶于一个军帅，军帅之上有监军总制。其士兵即各地起而反抗官吏之男女饥民。最初人数并不甚多；只以年岁饥荒，贫苦农民无以为生，见太平天国运动之主张颇能与自己之欲求相合，于是争相加入；天国之军经过各地，把各地贫农吸收起来；数年之间，竟成五六十万众之军事集团！这样大的军事集团，要维持得强固，使不涣散，自然很不容易。天国诸领袖乃极力将基督教义，改变外形，灌入男女士兵之心中，作为精神上维系之手段。同时并颁布《定营规条十要》，以为训练士兵的张本。

一 要恪遵天令。

二 要熟识天条，赞美朝晚礼拜，感谢规矩及所颁行诏书。

三 要练好心肠，不得吹烟饮酒，公正和傩；毋得包弊徇情，顺下逆上。

四 要同心合力各遵有司约束，不得隐藏兵数，及匿金银器饰。

五 要别男营女营，不得授受相亲。

六 要谙熟日夜点兵鸣锣吹角擂鼓号令。

七 要无干不得过营越军，荒误公事。

八 要学习为官称呼，问答礼制。

九 要各整军装枪炮，以备急用。

十 要不许谎言国法王章，讹传军机将令。②

这十要大体都是积极的。此外具有消极性质的《行营规矩》以及《禁律》凡数十条，都十分严厉。

(2)共产制度。太平天国之共产制度与他们的军制有联带关系。他们经

① 《清稗类钞·会党类·三合会》。

② 商务印书馆《太平天国丛书》第一集第二册《太平条规》。

过的地方既多，吸收的贫民既众；到南京时，达数十万人。此数十万人聚在一处，要传布变相的基督教义，施行他们的军事训练，则生计方面，自以采共产制为宜。他们创造一种土地分给之制；田分九等，按人口多寡分给。《天朝田亩制度》云：

> 凡田分九等：其田一亩，早晚二季可出一千二百斤者为尚尚田；可出一千一百斤者为尚中田；可出一千斤者为尚下田；可出九百斤者为中尚田；可出八百斤者为中中田；可出七百斤者为中下田；可出六百斤者为下尚田；可出五百斤者为下中田；可出四百斤者为下下田。尚尚田一亩当尚中田一亩一分，当尚下田一亩二分，当中尚田一亩三分五厘，当中中田一亩五分，当中下田一亩七分五厘，当下尚田二亩，当下中田二亩四分，当下下田三亩。凡分田照人口：不论男妇，算其家人口多寡。人多则分多，人寡则分寡。杂以九等。如一家六人，分三人好田，分三人丑田；好丑各一半。凡天下田，天下人同耕。此处不足，则迁彼处；彼处不足，则迁此处。凡天下田丰荒相通。此处荒，则移彼丰处以赈此荒处。彼处荒，则移此丰处以赈彼荒处。务使天下共享天父上主皇上帝大福。有田同耕，有饭同食，有衣同穿，有钱同使；无处不均匀，无人不饱暖也。①

他们的共产制，虽与其军事组织有关，却不是军事共产制；而是一种军民不分的共产制度。农民的管理，就是军事管理；军事长官就是民政长官，乃至司法长官。凡鳏寡孤独废疾以及幼弱，不能种田，不能当兵的人，由国家维持其生计。故曰：

> 凡天下每一人有妻子女约三四口，或五六七八九口，则出一人为兵。其余鳏寡孤独废疾免役，皆颁国库以养。凡设军以后，人家添多。添多五家，别设一伍长；添多二十六家，别设一两司马。每军每家设一人为伍卒。有警则首领统之为兵，杀敌捕贼；无事则首领统之为农，耕田奉上。二十五家中设国库一，礼拜堂一，两司马居之。凡二十五家中所有婚娶弥月喜事，俱用国库。但有限式，不得多用一钱。如一家有婚娶弥月喜事，给钱一千，谷一百斤。通天下皆一式，总要用之

① 程演生辑：《太平天国史料》第一集。

有节，以备兵荒。凡天下婚姻不论财。凡二十五家中陶冶木石等匠，俱用伍长及伍卒为之；农隙治事。凡两司马辨其二十五家婚娶吉喜等事，总是祭告天父上主皇上帝。一切旧时歪例尽除。其二十五家中童子俱日至礼拜堂，两司马教读旧遗诏圣书，新遗诏圣书，真命诏旨书焉。凡礼拜日，伍长各率男妇至礼拜堂，分别男行女行，讲听道理颂赞，祭奠天父上主皇上帝焉。凡二十五家中力农者有赏，惰农者有罚。争讼则两造俱诉于两司马。不服判决时，更诉之卒长，并得以次及于诸上司。狱词达于军帅时，由军帅会同典执法判决之。[①]

(3)文化政策。太平天国的文化政策最主要的，在宣传其变相的基督主义。凡军队中所宣传的是这个，凡农村中所宣传的是这个。他们创作了一种三字经，每句三字，共四百七十八句，一千四百三十四字，当时曾拟印发民间，以为童蒙读本。这，一方面固可教人识字；另一方面却在传教。因该《三字经》自始至终所讲的不外变相的基督教义。起首即云："皇上帝，造天地；造山海，万物备。六日间，尽造成；人宰物，得光荣。七日拜，报天恩；普天下，把心虔。说当初，讲番国；敬上帝，以色列。十二子，徙麦西；帝眷顾，子孙齐。"[②]这种讲法，有如变相的《圣经》。此外尚有《幼学诗天父上帝醒世诏十款天条》等都着重于宣传教义。只有革改历法一项，虽云基于天父上主皇上帝之意旨而改革，但与教义关系到底不甚密切。他们最后改革的历法，系以三百六十六日为一年；年十二月，单月三十一日，双月三十日。如此分配，自不及现在西历之精密，每四年会多出三日来；四十年便会要多出三十日来。天国于此有一巧妙之处置法，即四十年设一斡，斡年每月均二十八日，年得三百三十六日，恰好消去多余之三十日。天王诏书有曰：

朕前业准东王、西王、南王暨众臣等天历，每年三百六十六日(多设了四分之一日，故四十年要多出三十日来)单月三十一日，双月三十日。……今诏：每四十年一斡，斡年每月二十八日，节气俱十四日。余俱照前例，每年三百六十六日，双月三十日，单月三十一日例，制造天历颁行。并遵前诏每年十月献明年新天历，盖玺；十二月颁近省，

① 王钟麒：《太平天国革命史天朝田亩制度》。

② 罗鸿涛等辑《太平天国诗文钞·三字经》。

十一月颁远省。永远如是。又将今诏系于天历之首。并注明：每年正月十三日是太兄升天节，二月初二日是报爷节，二月二十一日是太兄暨朕登极节，三月初三日是爷降节，七月二十七日是东王升天节，九月初九日是哥降节。每年六节各注明该月日头顶；永远如是，颁行天下。庶俾普天天下万郭万代臣民，同伸孝敬爷哥之虔，无忝为子为弟之道。……天历颁行，咸使闻知，钦此。太平天国己未九年，(满清咸丰九年，公元一八五九年)十月初七日诏。①

(4)社会政策。太平天国的社会政策最博得中外人士所赞美的厥为戒烟。在当时，鸦片烟一项，已深入中国，成了祸国殃民的毒物。一八四〇年的中英战争，即系以林则徐严厉禁烟，焚烧英人鸦片为导火线。林所上禁烟疏有曰："烟不禁绝，国日贫，民日弱；数十年后，岂唯无可筹之饷，抑且无可练之兵。"这可见当时烟害之烈。天国诸人厉行禁烟，可谓针对着时病。他们的《十款天条》中有禁烟的条文，《禁律》中有禁烟的条文。天王更有《谕民戒烟诏》；目的在要禁绝吸食。其执行禁令，亦非常之严；违禁令者，在军队中，固毫无问题的处以斩罪。即民间食者，也斩首不留。这可拿东王杨秀清等的奏及天王的批为例证。

小弟杨秀清立在陛下，暨小弟韦昌辉石达开跪在陛下奏："为吹吸洋烟，大犯天条事；绿据夏官正丞相何震川禀称：转据殿右贰检点胡海隆禀称：前巡查赖桂英于十月十八日在天京内城新桥地方拿获周亚九、李连升、于顺泰等朋吹洋烟一案，并起获烟具、烟泥等件，已由该官承审确实，取有口供，禀报前来。弟等未敢擅专，理合肃具本章，黏附原供，启奏我主万岁万岁万万岁御照施行。年月日"

天王批："御照：弟等所议皆是；周亚九等即斩首不留；钦此。"②

曾国藩氏之平乱　太平天国之变既起，湖南湘乡曾国藩氏即以地方资格站在满清统治者的立场准备平乱。天国所攻击之对象原为统治汉族之异族满清及官僚豪绅与地主等。曾氏则恰恰代表异族满清及豪绅地主而与之相拒。(a)曾氏之练兵。曾原为礼部侍郎，以丁忧在籍，适逢清廷诏起讨贼，

① 《太平天国丛书》第一集第三册《太平天国辛酉拾壹年新历》。

② 凌善清辑：《太平天国野史·告发吸烟奏》。

彼乃出而练兵，准备负起讨贼的重任。计所练之兵凡分两种。一种为乡勇。乡勇在当时几乎成了一种历史的必然产物。满清政府的常备军在当时已腐化到不中用了；前此平苗疆叛变，平白莲教匪，都得力于乡勇。曾氏有鉴于此，于咸丰二年(公元一八五二年)十二月起练乡勇。彼以书生为长官，如湘阴罗泽南及其群弟子，即是最著名的代表。以农民为兵士，凡诚实朴素拥护地主阶级之利益的农民，即可挑选去当兵。另一种为水师。曾氏亲见太平军由益阳至岳州，系得力于民船；由长江入南京，亦得力于船；于是断定：非有战舰及水师，不能与太平军作战。因之计划造战舰，练水师。到咸丰四年(公元一八五四年)二月，舰队造成，计辎重炮船一百二十，民船一百，水兵五千；水师首领即后来驰名于长江一带之彭玉麟。

(b)讨贼之意思。曾氏讨贼之意思，可于其檄文中见之。该檄文中包含四个重要意思：愤天国之扰乱农村安宁，愤耶教之污坏中国礼教，愤共产之动摇地主利益，愤天国之破除农村迷信。彼以这几个意思打动书生乡绅地主等之心理，使一同加入反天国运动的阵线，果然收了大效。其檄文云：

> 逆贼洪秀全杨秀清称乱以来，于今五年矣。荼毒生灵数百余万，蹂躏州县五千余里。所过之境，船只无论大小，人民无论贫富，一概抢掠罄尽，寸草不留。其掳入贼中者……驱之临阵向前，驱之筑城濬壕。妇人日给米一合，驱之登陴守夜，驱之运米挑煤。妇女有不肯解脚者，则立斩其足，以示众妇。……自唐虞三代以来历世圣人扶持名教，敦叙人伦，君臣父子，上下尊卑，秩然如冠履之不可倒置。粤匪窃外夷之绪，崇天主之教，自其伪君伪相，下逮兵卒贱役，皆以兄弟称之；谓惟天可称父，此外凡民之父，皆兄弟也，凡民之母皆姊妹也。农不能自耕以纳赋，谓田皆天主之田也。商不能自贾以取息，谓货皆天主之货也。士不能诵孔子之经，而别有所谓耶稣之说，《新约》之书。举中国数千年礼义人伦，诗书典则，一旦扫地荡尽。此岂独我大清之变，乃开辟以来名教之奇变。我孔子孟子之所痛哭于九泉。凡读书识字者，又焉能袖手坐观，不思一为之所也。自古生有功德，没则为神；王道治明，神道治幽。虽乱臣贼子，穷凶极丑，亦往往敬畏神只。李自成至曲阜，不犯圣庙；张献忠至梓潼，亦祭文昌。粤匪焚郴州之学官，毁宣圣之木主；十哲两庑，狼藉满地。所过州县，先毁庙宇。即忠臣义士如关帝岳王之凛凛，亦污其宫室，残其身首。以至佛寺道院，

城隍社坛，无庙不焚；无像不灭。此又鬼神所共愤怒，欲一雪此憾于冥冥之中者也。本部堂奉天子命统师二万，水陆并进。誓将卧薪尝胆，殄此凶逆；以救我被掳之船只，拔出被胁之人民。不特抒君父宵旰之勤劳，而且慰孔孟人伦之隐痛，不特为百万生灵报枉杀之仇，而且为上下神祇雪被辱之憾，是用传檄远近，咸使闻知。①

(c)平乱之过程。曾氏自练乡勇，自创水师；率师东征，由湘而鄂，由鄂而皖，由皖而苏浙。浩浩荡荡，凡十余年。咸丰四年(公元一八五四年)春，太平军上犯陷长沙，将攻湘潭。时曾氏留守靖港，见势不利，且士兵不从命令，愤而投水自杀；幸由章价人救出于铜官山下。他的父亲在家乡听到了这个消息，致书责之曰："儿此出以杀贼报国，非直为桑梓也。兵事时有利钝，出湖南境而战死，是皆死所。若死于湖南，吾不尔哭也。"②这可见曾氏在最初实陷于不利的境地。后以情势转变：地主阶级的势力，到底大过贫苦农民的势力，战事遂由败转胜。四年(公元一八五四年)十月，恢复武汉。武昌一城，得而复失，凡三数次。六年(公元一八五六年)三月，罗泽南氏且战死于武昌；其未竟之志由胡林翼继之，武昌终得保守。胡为文武全才。在湖北减免四十余州县之租税，以牙帖税盐税厘金为军饷，整顿吏治不遗余力。此在满清为有大功劳，在天国实为大障碍。十年(公元一八六〇年)八月，曾国藩之弟国荃攻克安庆。自此以后，曾氏平乱的局面为之大变。前乎此，曾氏似只能与太平军相持；后乎此，则可以突飞猛进，向天京压迫了。十年(公元一八六〇年)年底，苏浙各地名城什九被太平军陷落；曾国藩氏仗其"忠信二字为行军之本"。(檄文中语)卒能布置一切，造成必胜之局。同治元年(公元一八六二年)以进逼天京之责委于曾国荃，收复江苏之责委于李鸿章，收复浙江之责委于左宗棠。

洋商出力而乱平　曾氏虽以官僚地主阶级总代表的资格布置了一个必胜之局；但天国之完全平定，甚至天京之攻克，所得上海方面洋商之助力，及江浙富商大贾君集于上海者之助力实非常之多。换句话说，上海方面的洋商及中国逃难来此的富商大贾倘不组织新式武力，西向压迫，与地主阶级东下的势力相呼应，天京恐不易攻得下来；即攻克下来了，天国的势力

---

① 曾国藩：《曾文正公全集·讨粤匪檄》。

② 左宗棠题《铜官感旧图》中录此等语。

未必就因此完全灭绝。

上海在当时已经成了中外商人君聚之处。外国在此经商的富商大贾，中国来此逃难的富商大贾，感着太平军之直接的或间接的威胁，都想设法抵御。当时中国人方面曾组有爱国会，可以拿出钱来组织武力。而英美法人方面，也都有若干水兵；这些水兵最初未尝不想严守中立；但一方受着太平军的威胁，另一方受着满清兵的勾引，事实上不得不加入平乱的一边。于是爱国会出钱，外国人统兵，造成一种常胜军。常胜军由美人瓦德(F. T. Ward)统率初只五六百人，后增至四五千人。其中有欧洲人一百，马尼剌人二百。

常胜军之作战，以咸丰十一年(公元一八六一年)以后为最出力。是年十二月，太平军方面李忠王秀成率师向上海进逼，事先曾要求外人严守中立，这从李秀成《再致各领事书》可以看出。书曰：

> 太平天国忠王李致书于英吉利、美利坚、葡萄牙各国领事。天朝对于欧洲友邦处处尊重信义。而各国对我竟首先违背约言。大军前入苏州时，法国人首来与我贸易，且招本军至上海与各贵国共敦友谊。余维各贵国与我同事上帝，同信救主，必重义气；即深信不疑，顿兵上海城下。孰意法人受满政府贿赂，协以谋我，保护县城，违弃前约。余不知占据区区上海，于彼商业何补也。又闻各贵国人民亦参预此干涉之阴谋。前法人来苏州时，各贵国人民亦有偕来者；且有请求本军早出上海妥议商约者。言犹在耳；该人等岂遽忘之乎？法人固贪利忘义矣，而本军到上海时，各贵国人亦未见有一人来通问讯者，余甚疑焉。须知满人以各贵国与我同宗教，方力施其谗间之计。今法人违背信约，破坏和平；不但对于太平军负罪，且对我天父天兄负罪。我天王御宇十年，奄有东南富遮之地，方谋统一全国，岂仅为上海一隅谋哉？然法人失信于我，已与我断绝和好。其在上海之商业，我军不问。若再来内地通商，勿怪我军人凶暴，不能为彼宥矣。余现驻苏州，带甲百万。如再攻上海，何忧不克？然余之前来，本欲与各贵国订立通商之条约，联络亲睦之感情耳。不欲以干戈相见，致同教之人自相残杀，反为满人所窃笑也。且各贵国人民中岂无明白事理者？必不致贪满政府之饵，失全国通商之利也。余愿各贵国人民审察利害，辨别是非。如再来修和好，本军始终以礼义相待若犹怙恶不悛，余惟有停止

本国境内与外人一切贸易，勿谓言之不预。特此通知，即希答覆，并祝贵领事健康。[①]

这中立的要求，外商并未听从。他们以为帮着满清把天国平下来了，通商的利益是丝毫不会受损害的。同治元年(公元一八六二年)四月，常胜军领袖美人瓦德会合英水师提督霍普(Admiral Hope)，法水师提督普罗帖助满清李鸿章的淮军(约占浦东嘉定吴淞)，恢复嘉定，此回普罗帖战死于浦东，瓦德战死于浙江慈溪。常胜军失了领袖；于是英人戈登(C. G. Gordon)将军效劳的机会来了。戈登继瓦德之后于同治二年(公元一八六三年)就职于吴淞，时年三十一岁。其军队人数，约有五千，完全新式。内有欧洲士官约一百五十人，服为洋装，号令用英语。枪，有英制滑口枪，旋条枪；炮，有野战炮，攻城炮；此外更有小蒸汽炮舰，有架设浮桥的士兵。戈登率此于同治二年(公元一八六三年)四月以后连占太仓、昆山、嘉兴、吴江，进逼苏州。

常胜军的胜利在太平天国之东方，又布了一个必胜之局；正如曾国藩等在太平天国之西方布了一必胜之局一样。外洋的商人势力，中国的地主势力，相互夹击，毕竟把太平军打下来了。天京的陷落在同治三年(公元一八六四年)六月十六。直接主持攻克天京的人为曾国荃。曾于六月一日起，指挥部队，向天京猛攻，连攻一十五天未停，至六月十六，把外城攻破，夜间破内城。其攻城之法，最主要的有二：一梯攻；天国之兵在城内，曾国荃等之兵如欲攻入，最便捷之法当然只有爬城。但这是很危险的，且损失一定很大。二，地道；于城外从城墙下掘地洞，先以木头支住；待缘城墙底掘至数十丈长时，引火将木头烧毁，城即倾陷；这是很安全的办法，但工程是很大的。以此两个主要方法攻克天京；大军入城，肆行杀戮；死者不下十余万人。天国之官员及将领死者约三千余人。曾国荃等捕获天国方面烈王李万才，加以考问，知天王洪秀全已于五月先行服毒自杀，继承的人为幼主洪福瑱。此回城陷，幼主举火自焚而死。曾国荃等站在满清的立场挖出天王之尸而戮之。天王亲属，均于十六夜至十九日三天之内搜杀尽净。轰轰烈烈之反抗运动，绵延十余年，震动十余省，至此乃完全灭绝！关于天京陷落及杀戮情形，曾国藩的奏上说得极详。曾奏称：

---

① 英人林利撰，孟宪承译《太平天国外纪》。

据曾国荃咨称："攻克金陵详细情形，……自六月初一日起，各营轮流苦攻，伤亡极多。李臣典愿率吴宗国等从贼炮极密处重开地道；萧孚泗黄润昌熊登武王远和愿距城十数丈修筑炮台数十座；通派各营队伍刈割泾芦蒿草堆捆山积，上覆沙土。左路地势甚高，利于直攻；(爬城墙)右路地势极低，利于潜攻(开地道)。如是者半月，未尝一刻稍休；肉薄相偪，损伤精锐不可胜数。……十六日地道成功，城中鏖战，及东北两路钞剿。……由是全城各门皆破，大势已定。……伪忠王传令群贼将伪天王府及伪王府同时举火焚烧。袁大升、周恒礼、沈鸿宾见伪殿前南门突出悍贼千余人执军器洋枪向民房街巷而支。知是洪逆窜至，遂率队腰截击之，杀贼七百余人，夺伪玉玺二方，金印一方，宽广约七寸，即洪逆僭用之印。官军见伪官殿侍女缢于前苑内者不下数百人，死于城河者不下二千余人。其时伪城火已燎原，不可响迩；街巷均已延烧。官军以幕夜路径生疏，不能苍战，遂收队跕城。此十六夜攻破伪京，毙贼极多之情形也。……据城内各贼供称：首逆洪秀全实于本年五月间官军猛攻时服毒而死，瘗于伪官院内，立幼主洪福瑱重袭伪号。城破后伪幼主积薪宫殿，举火自焚。应俟伪官火息，挖出洪秀全逆尸，查明洪福瑱自焚确据，续行具奏。至伪忠王一犯，城破受伤，匿于山内民房。十九夜萧孚泗亲自搜出，并搜捡伪王次兄洪仁达。二十日，曾国荃亲讯，供认不讳。其余两广两湖江北多年悍贼，于十七十八等日……分段搜杀。三日之间，毙贼共十余万人。凡伪王，伪主将，天将，及大小酋目约有三千余名。死于乱军之中者居其半，死于城河沟渠及自焚者居其半。三日夜火光不息，至十九日尚有贼居高屋之巅，以洋枪击官军者。此马队穷追逸出之贼及搜剿首逆并群贼之情形也。"见派营救火，掩埋贼尸，安置难民，料理善后事宜，由曾国荃咨报前来。查洪逆倡乱粤西，于今十有五年；窃踞金陵亦十二年；流毒海内，神人共愤。其蹂躏竟及十六省，沦陷至六百余城之多。而其中凶酋悍党如李开芳守冯官屯，林启容守九江，叶芸来守安庆，皆坚忍不屈。此次金陵城破，十万余贼无一降者！至聚众自焚而不悔，实为古今罕见之剧寇。然卒能次第荡平，铲除元恶。①

---

① 《东华录》同治三年。

太平天国之伟大的、英勇的反抗运动，我们若就其性质说，可作如下之论断：此一运动，始则为汉族与满族战争；继则为农民与地主战争；太平天国代表农民，曾国藩辈代表地主；终则为外洋势力下之商人与满洲贵族下之地主合力攻击代表农民，代表汉族之天国。

第五篇　资本主义萌芽时代

（鸦片战争以后到现在即公元一八四〇年以后到现在）

工国农国相摩相荡

第一章　列强对中国之压迫

一　由英国之对外发展到中英鸦片战争

英国之对外发展　英国之对外发展，乃十七世纪下半期到十九世纪中叶对外贸易发达及国内产业变革之双重结果所生的必然趋势。十七世纪下半期，正英国农村封建经济没落，都市工商经济抬头的时代；国内商业已呈活跃之象，大有进而向外发展的倾向。恰好这时，葡萄牙、西班牙等国从新大陆方面找了许多金银回来以增加国富。这事实给英国人看明白了，于是有竭力提倡扩大对外贸易以增加国富的重商主义(Merchantilism)的学说出来。当时有Thomas Mun著书立说，提倡扩大对外贸易。在他的眼中，对外贸易之扩大是国家富强之唯一手段。他以为国王的收入系于此，帝国的荣誉系于此，商人的专业系于此，文艺的发展系于此，贫民的给养系于此，土地的改良系于此，海军的维持系于此，帝国的国防系地此，金融的手段系于此，作战的胜利系于此，对敌的威胁系于此。他说："增加国富的手段在乎对外贸易；我们于对外贸易中，必须严守一原则：即，每年卖给外人的货物，就价值言，必须大过我们所消受于外人的货物。"[①]重商主义本是当时工商业发达的反映；但此说之流行愈足以促进工商业之发展，尤其能使对外贸易扩大。一七〇〇年，英国出口货物的总量，以吨数言，只有三一七，〇〇〇吨；到一八〇一年，就增到了一，九五八，〇〇〇吨。在一六八九年到一七〇一年的时代，英国出口货物每年平均的价值不过六，四〇〇，〇〇〇磅；到一八〇二年的时代，就增到了四一，四〇〇，〇〇

① 转录自Ogg and Sharp，Economic Development of Modern Europe，p. 73。

〇磅。[①] 重商主义流行的时代，出口货物大体是这样增加的。

货能畅其流，每年能有大量的货物出口，这于当时英国正在变革的产业是有很大之推进作用的。英国的产业变革或产业革命，始于十八世纪之下半期。其过程中有三点值得注意。一，机器之发明。就纺机而言，一七六四年有一贫苦木工 James Hargreaves 发明一种纺机，名曰 jenney，同时可纺八根纱线。后来又有 Richard Arkwright 修正此机之弱点，大增其功用，称之曰 water frame。一七七五年，有 Samuel Crompton 为再度的改进，成一新机，名曰 the mule，同时可纺纱线一百五十根！是一机可担负一百五十个人之工作(原来一人只能纺一根纱线)，何况后来还有改进。再就织机言，一七八五年，有 Edmund Castwright 发明一种织机，名曰 power loom。此后纺与织乃得相互适应；纺机的大量出产，织机可以消受之。更就汽机而言，首有名震全球的天数器作者 James Watt 造出汽机，名曰 steam ongine。一七八五年，汽机开始应用于纺织，于是纺与织时，都可用汽力以代替水力了，其工效较前此大多了。

二，产量之加大。机器使用了，改进了，生产自然加大。就纺品言，英国一八一九年到二一年，出产单位以千磅计，有一〇六，五〇〇；一八二九年到三一年，有二一六，五〇〇；一八四四年到四六年，有五二三，三〇〇。二十余年间，增加了五倍以上！再就织品而言，单位以千磅计，一八一九年到二一年，有八〇，六二一；一八二九年到三一年，有一四三，二〇〇；一八四四年到四六年，有三四八，一一〇。二十余年间，增加了四倍以上！(以上数字转录自 A. Hobson：Evolution of Modern Capitalism 增补的一章)轻工业进步了，重工业便不得不随着进步。例如纺织等机器之制造，便入了重工业之范围。欲知英国重工业在当时的进步，单举铁产的增加作例，就可以了。一七四〇年到一七八八年的时代，英国每年平均的铁产量由一七，〇〇〇吨增到了六八，〇〇〇吨！四十余年间，增了四倍半以上。到一七九六年时每年竟可以出一二五，〇〇〇吨。十二年间，差不多增加了一倍。[②]

三，对外贸易之扩大。这所谓扩大，不当视为重商主义所造成，而当视为国内产业变革所推进的。一八一九年到二一年，英国每年出口的纺织

① 数字转录自 Ogg and Sharp，Economic Development of Modern Europe，p. 76。

② 数字转录自 Ogg and Sharp，Economic Development of Molern Europe，p. 138。

品有一五，七四○，○○○磅；一八二九年到三一年，有一八，○七四，○○○磅。(数字录自 A. Hobson：Evolution of Modern Capitalism 增补的一章)自一八○二年以后，铁的出口也有了。一八○六年，产铁二五○，○○○吨；一八一五年，出口竟达九一，○○○吨。[①]

由产业革命而扩大的对外贸易，与那个自重商主义以来原有的对外贸易，结合起来，逼着英国向外寻找通商根据地及殖民地。与中国通商关系影响最大的，厥为东方诸地之占领。英国的经营东方早在伊利沙伯(Elizabeth)女皇时代。一六○○年，女皇勅令经营东印度公司(The East India Company)，到十八世纪之末，整个印度，因这公司之作用，竟完全沦陷在英人之手，成为英国的殖民地。此后以印度为根据，极力发展远东的贸易。到一八四○年中英鸦片战争的前后，遂把到远东经商的要道布置得很安全，把沿途的要地都拿入英国统治之下。一八一九年，取得新加坡(Singapore)；一八三九年，取得出红海的要塞亚丁(Aden)；一八四○年取得新锡兰(New Zealand)；一八四二年，取得香港；这通商要道之安全，与对东方之侵略是很有帮助的。

鸦片之流毒中国　一八四○年中英战争的基本原因固由于英国之向外发展，要在中国取得通商的自由，夺取通商的根据地。然直接引起这战争的导火线却为中国之严禁鸦片。我们于此，最宜将鸦片流入中国的情形略为一述。

> 外国鸦片之输入中国，最初是葡萄牙人从 Goa 及 Damàn 等处贩运来的；一七二九年，即雍正皇帝发布禁令之年，入口的鸦片额，每年不过二○○箱(原注云：较旧的统计不举重量，仅计箱数。凡波斯鸦片，以及自 Rajputana 诸州来的 Malwa 鸦片，均装成箱；每箱约一百加第〔Oatties〕，合一三三又三分之一磅。至于 Bengal 鸦片，由英领印度政府监督之下运来的，每箱约有一二○加第)。……自一七二九年起，到一七七三年，外国鸦片的输入，政府既未予以截留，乃逐渐增加，平均每年约增加二十箱。一七七三年之顷，为欲解决英丹荷法各东印公司(各公司在印度都有制造厂)间陆续发生之纠纷，凡 Bengal Behar，以及 Orissa 诸地所产之鸦片，概归英国专卖。其他三公司，则享

① 数字转录自 Ogg and Sharp，Economic Development of Modern Europe，p. 138。

有每年承销一定数量之特权。自一七七三年起。英国商人从 Calcutta 运鸦片到广东，初有纪录可查。最初几年的运贩系私商包办。但一七八〇年时，英国东印度公司乃运用其独占权，把鸦片贸易拿到自己手中。在较为积极的英国商人的努力之下，印度出口的鸦片，在一七九〇年时，据说已增加到了每年四〇五四箱之数。中国各地的情形容或不甚一致，但广州一处，吸食鸦片的流毒，因得外商供给烟土之故，显然是很普遍的。一七九六年时(是年广州进口的鸦片，达一〇七〇箱!)中国皇帝命广东总督重申一七二九年及以后的诸禁令，并加重其处分。此后四年，即一八〇〇年之顷，嘉庆皇帝采取最后的办法，发布命令，禁止国外鸦片入口，并禁国内栽种罂粟。①

广东一隅的禁令加紧，反使鸦片在中国其他各地得以畅行。贪官污吏任鸦片入口，任令鸦片行销；并且从而征取鸦片烟税，以增加收入。这可引 Morse 的话为说明。

广州方面首先迫切企图实行禁令，反将鸦片贸易迫使由该埠一隅移到其他各地。结果鸦片的入口大量增加：一八一一到一八二一的时代，每年入口平均只四四九四箱；一八二一到一八二八的时代，竟增加到了九七〇八箱！……一八二九到一八三五的时代，每年入口平均有一八，七一二箱；一八三六到一八三九的时代，每年至少有三〇，〇〇〇箱入口！广州一隅的鸦片贸易在一八三九年受到严格的限制，其直接的结果便是把中国沿海的任何通商要地都变成了发售鸦片的中心；致使中国沿海的任何官吏都许可鸦片的输入及发卖。并且使这些官吏得到抽收鸦片烟税的机会；这笔税额虽无定，却很可靠……后来太平天国乱起，国家收入减少；鸦片烟税竟成了一笔极大的补充。②

鸦片入口的增加，中国现银被吸出去的数额之浩大，在当时的大吏中也有向皇帝恳切直言的。

鸿胪寺卿黄爵滋奏请严塞漏卮以培国本："近年银价递增，每银一两易制钱一千六百有奇。非耗银于内地，实耗银于外洋。盖自鸦片烟

① H. B. Morse, The International Relations of the Chinese Empire, Vol, Ⅰ, pp. 173—175.

② H. B. Morse, The International Relations of the Chinese Empire, Vol, Ⅰ, p. 540.

土流入中国，粤省奸商勾通巡海兵并运银出洋，运烟入口。查道光三年(公元一八二三年)以前，每岁漏银数百万两；三年至十一年(公元一八二三——一八三一年)岁漏银一千七八百万两；十一年至十四年(公元一八三一——一八三四年)岁漏银二千余万两；十四年至今(公元一八三四——一八三八年)渐漏至三千万两。此外福建、浙江、山东、天津各海口合之，亦数千万两。日甚一日，年复一年，不知伊于胡底。”[①]

黄爵滋更指出吸食鸦片之人已普遍于各界；凡官僚、士伸、工商、优隶，乃至妇女、僧尼、道士，等等，无不吸鸦片者。彼云：

道光三年(公元一八二三年)以前，每岁漏银数百万两。其初不过纨绔子弟，皆为浮靡，尚知敛戢。嗣，上自官府缙绅，下至工商优隶，以及妇女僧尼道士；随在吸食。置买烟具，为市日中![②]

同时皇帝亦有晓谕曰：

朕惟……鸦片来自外洋，日甚一日；兼以内地栽种罂粟，影射渔利；军民人等受其毒者始则被人引诱，继乃皆为泛常。甚至荡产戕生，罔知悛改。关系于人心风俗者甚钜。若不及早查禁，永杜弊源；则传染日深，其害伊于胡底。[③]

中英之鸦片战争　在鸦片流毒如此之利害的时代，禁止鸦片入口，成了绝对必要之政策。(a)林则徐之严历禁烟。道光十八年(公元一八三八年)底，乃有明令命林则徐入粤办理海口事件；换言之，即办理禁止鸦片入口事件。是年十一月有谕云：

朕近年因鸦片传染日深，纹银出洋，销耗弥甚。屡经降旨饬令该督等认真查办。但锢蔽日久，恐一时未能尽行破除。若不清查来源，则此患伊于胡底。昨经降旨，特派湖广总督林则徐驰赴粤省查办海口事件；并颁给钦差大臣关防，令该省水师兼归节制林则徐到粤后，自必遵旨竭力查办，以清弊源。惟该省窑口快蟹，以及开设烟馆，贩卖

---

① 《东华录·道光十八年》。

② 《东华录·道光十八年》。

③ 《东华录·道光十九年》。

吸食，种种弊窦，必应随时随地净绝根株。著邓廷桢怡良振刷精神，仍照旧分别查拏，毋稍松懈，断不可存观望之见，尤不可有推诿之心。再，邓廷桢统辖两省地方，事务殷繁；若责以查办鸦片以及纹银出洋，恐顾此失彼；转不能专一心力，尽绝弊端。见派林则徐前往，专办此事。该督等自当益矢勤奋，尽泯畛域应分办者各尽已责；应商办者会同奏闻。趁此可乘之机，力救前此之失。总期积皆永除，根株断绝。想卿等必能体朕之心，为中国祛此一大患也。①

林则徐奉令，于次年（公元一八三九年）三月十日至广东；十八日即开始执行其禁绝鸦片的任务，勒令外商缴出鸦片。并令具结：以后再不运鸦片来此，违者愿受极刑。其大意云：

予现正发布命令。此令达到之日，诸外商务必迅即遵行，将船库中所藏鸦片，扫数缴于政府。诸行商务必将各方缴出之鸦片制成表目，以便核实焚毁，从而杜绝祸源；绝不容有丝毫隐蔽偷漏情事。再者诸外商须出具中外文字缮就之甘结，明示彼辈以后来此之船只，不敢再装鸦片。倘有违者，一经查觉，烟即没收，人即正法；决无异言。……所有甘结，务于三日之内签名，毋得因循或希图延误。②

在林则徐的严历的命令之下，外商迫不得已将鸦片缴出。五月二十一号的时候，缴出鸦片共达二〇，二九一箱。这批鸦片原拟解到北京，以便核实销毁。但政府命令就地焚烧，使当地的居民知所警惕。于是从六月三号起，二〇，二九一箱鸦片在穿鼻附近之陈口村开始焚毁，直至全部烧完为止。所有余烬，投入海中。这可见林则徐之严格的禁烟策并不是不能推行的。(b)烟祸之愈禁愈烈。不过广东一隅虽收到了严禁的效果，而沿海其他各地，却反因广东的严禁而增加了烟患。这我们在前面“鸦片之流毒中国”一段内已经讲过。例如一八三九年

一月，便有五〇〇〇〇箱的印度烟土准备出运；在中国沿海的，已到了一〇，〇〇〇箱之数。三月的时候，增到了二〇，〇〇〇箱其余三〇，〇〇〇箱的市场并未毁灭……个人之经营鸦片贸易者虽受束

① 《东华录·道光十八年》。

② H. B. Morse, *The International Belations of the Chinese Empire*, Vol. Ⅰ, p. 216。

> 缚，不再进货；然一般公司行社，则不改初衷。……六月，英人退去之后，据报：沿海各地便有船只重行运销鸦片。……三数个月之后，沿海各地非法运销鸦片的船只，大可以说，几乎与前此任何时代一样的多，甚至有过之而无不及。其价值，因在严禁之后，不免惨跌；据说在广州市上销售的，已由原来五〇〇元一箱的跌到三〇〇元一箱。九月的时候，沿海各处的价格，大抵每箱由一，〇〇〇元到一，六〇〇元不等。月底，尚维持了一，七〇〇元至，一，二〇〇元之价。……运销机关之重要者，不复留居中国；其船只无论大小，均有武装设备。且本地偷运鸦片的人，亦有武装，可以抵抗政府官吏。结果，鸦片贸易，与前此一样迈进；既无危险，又有利可图。①

(c)中英战争之爆发。鸦片的非法贸易之再兴，已不免使禁烟的林则徐大为震怒。恰巧在七月七日，有停泊在香港对面九龙的英国船上水手因向民间索饮不遂，大起暴动，打伤男妇老幼，击杀林维喜。这一来，林则徐除令外商服从烟禁之外，又须令外商当局缴出杀人凶手。如此情形，终于成了中英开战之端。道光十九年(公元一八三九年)十一月三日，中国水师拟向英国船上搜索杀人凶犯，英船首脑 Smith 竟开枪射击，爆发战争。

> 十一月三日午前，中国武装船二十九只向两中英国船进驶，本拟有所举动。英船首脑斯密士(Captain Smith)忽呈书云：彼急恳中国提督将此等船只即行退到沙角(Shakok)以北为停泊地。……对于此请，中国提督答云：此时吾所欲得者杀害林维喜之凶犯一人而已。尚于一定时间之内，能举缴出凶犯之保证，诸船只即可退却。此时英船另一首脑意烈托(Captain Elliot)正在英船 Volage 号上，急答称：彼曾一再诚挚申明不知杀害林维喜者究为谁氏；倘已查觉，早加惩办；是后如能查觉，仍当惩办。乃 Smith 氏竟于此刻开枪，迫中国水师退却。至是战端爆发，英国方面损失甚小；中国之船被击沉者有四余亦受损退回。②

战事爆发之后，中国方面的武力几乎就是人民，这于林则徐八月三十

---

① H. B. Morse, *The International Belations of the Chinese Empire*, Vol. Ⅰ, pp. 231—233。

② H. B. Morse, *The International Belations of the Chinese Empire*, Vol. Ⅰ, pp. 246—247。

一号对乡村居民所发布之命令可知。其令之大意有云：

> 汝等自己集合，互相咨询；并购求武器与汝等村民之强健者，以讲求自卫之道。若外人在海岸滋扰，村民可发炮抵抗之：或击退，或捕虏。彼等数少，到底不能与汝等多数抗。①

至于英人方面之武力，于次年(公元一八四〇年)六月之顷陆续到齐。计是时游弋于中国者，有：

> 军舰十六艘，装有大炮五四〇门；武装汽船四只；军队输送舰一；运送船二十七艘；尚有武装齐全之军队四千人，共英兵两联队。巴勒大佐(Colonel Burrrell)为陆军之司令，奥兰达大佐(Colonel Oglander)附之。意烈托提督(Admiral Elliot)则为海陆两军之最高总司令。②

中英间的战争系道光十九年(公元一八三九年)十一月三日爆发；到廿一年(公元一八四一年)及以后，战争到处发生。一时被英攻陷的地方，其重要者有：厦门，系一八四一年八月廿六号被陷；定海，系同年十月一号所陷；宁波，系十月十三号所陷；乍浦，系一八四二年五月十八号所陷，这里满清守兵损失最重；上海，系六月十九号所陷；镇江，系七月二十一号所陷，这里满清守兵几乎完全消灭。

(d)中英南京议和。八月九号，英军进抵南京；攻至十四号，南京城上即悬白旗：到十七号，英国提出条件要中国承认。到八月二十九号，在英军舰刚瓦立(Cornwallis)内成立《南京条约》，由英代表璞鼎查(Sir H. Pottinger)及清代表耆英伊里布与两江总督牛鉴盖印，呈清帝批准；九月十五号递达南京。十二月二十八号英女皇亦如批准。两方批准之约文，于道光二十三年(公元一八四三年)六月二十六号在香港交换。这次条约是中国与外人首先订立之不平等条约，是后来中国沦于次殖民地状态之基本原因。条约共十三款，其中关于开商埠，设领事，割香港，赔损失，偿商欠，定税则，乃至关于撤兵驻兵等项规定尤严。今摘若干条约于次：

> 一　自今以后，大皇帝恩准英国人民带同所属家眷寄居沿海之广

---

① H. B. Morse, *The International Belations of the Chinese Empire*, Vol. Ⅰ, p. 241。

② H. B. Morse, *The International Belations of the Chinese Empire*, Vol. Ⅰ, p. 262。

州、福州、厦门、宁波、上海等五处港口贸易通商无碍。英国君主派设领事管事等官，住该五处城邑，专理商贾事宜，与各该地方官公文往来。令英人按照下条开叙之例清楚交纳货税钞饷等费。

一　因英国商船远路涉洋往往有损坏须修补者，自愿割予沿海一处，以便修船及存守所用物料。今大皇帝准将香港一岛给予英国君主及嗣后世袭主位者常远主掌，任便立法治理。

一　因钦差大臣等于道光十九年(公元一八三九年)二月间将英领事官及民人等强留粤省，吓以死罪；索出鸦片，以为赎命。今大皇帝准以洋银六百万圆偿补原价。

一　凡英国商民在粤贸易，向例全归额设行商亦称公行者承办。今大皇帝准其嗣后不必扔照向例。凡有英商等赴各该口贸易者勿论与何商交易，均听其便。且向例额设行商等内有累欠英商甚多，无措清还者，今酌定洋银三百万圆，作为商欠之数，由中国官为偿还。

一　前第二条(即上录关于开埠之条)内言明开关，俾英国商民住居通商之广州等五处，应纳进口出口货税饷费，均宜稟公议定则例，由部颁发晓示，以便英商按例交纳。今又议定英国货物自在某港按例纳税后，即准由中国商人遍运天下。而路所经过关税不得加重税例，只可照估价则例若干，每两加税不过某分。

一　俟奉大皇帝允准和约各条旅行，并以此时准交之六百万圆交清，英国水陆军士当即退出江宁京口等处江面。并不再行拦阻中国各省商贾贸易。至镇海之招宝山亦将退让。惟有定海之舟山海岛，厦门厅之古浪屿小岛，仍归英兵暂为驻守。迨及洋银全数交清。而前议各海口均已开关，俾英人通商后，即将驻守二处军士退出，不复占据。①

后来英军退出舟山，又订条约五款；其中两款云：“英军退还舟山后，大清大皇帝永不以舟山等岛给他国。”“舟山等岛若受他国侵伐，大英主上应

① 《中英江宁条约》。

为保护无虞，仍归中国据守。此系两国友睦之谊，无庸中国给与兵费。”①这样，中国的舟山岛也几乎成了英国的代管区。

二　各国继续以武力逼订不平等的条约

英法联军攻中国　(a)中英人民之冲突。自一八四二年八月，中英当局在南京成立《南京条约》以后，中英两国间在形式上似已恢复和平。但两国人民之间的大小冲突，从未断绝。《南京条约》在法理上虽然有效，在事实上却很不容易执行。英国人乃至其他外国人欲入广州经商，屡为当地人民所拒。人民的暴动之最显著者有：一八四二年十二月七日广州的暴动，这次暴动中，希腊、荷兰、英国的工厂多被焚毁。有一八四四年六月广州的暴动，这次暴动中，美国人转入了漩涡，中国方面死许阿文。一八四四年十二月，厦门附近，有被英人雇用的两华人因战时出卖粮食与英人之故而遭袭击。一八四五年三月，广州城上有英人散步，被华人袭击，并勒令抛弃其所有重要物品。一八四五年九月，福州城内，有英人被华人袭击之事。一八四六年二月，广州黄埔又有英人被华人袭击之事。当时的耆英几于无法平定人民仇恨心理而镇压其暴动。是年七月八日，广州城内有英商刚布顿(Mr. C. S. Compton)被袭击之事。同年九月，广州又有英人遭受袭击。一八四七年三月，佛山有英国人与美国人同遭华人袭击之事。中英当局迫不得已，乃于一八四七年四月六号重新约定将英人入广州经商之权利延到一八四九年付诸实行。但一八四九年还没有到，而一八四七年五月至十一月之间，仍不时有许多纠纷发生。同年十二月五号，广州黄珠嘴(Hwangchu-ki)有六英人被杀之事。一八四八年三月八号上海青浦又有英人遭袭击。同年四月至十一月之间，大小纠纷仍不时在各处爆发；华人始终拒绝英人入广州城。一八五二年十一月，厦门方面有若干英人连续被袭伤之事。一八五四年三月，上海方面，美国领港小艇又遭受袭击之事。一八五六年六月，广州方面人民仇视外商的态度忽趋严重。到九月八号又有亚罗船事件发生。

(b)亚罗船事件之爆发。一八五六年九月八号有在香港注册之中国船亚罗号(The Hongkong-registered lorcha Arrow)泊于广州，被中国官兵搜查，并捕去多人，因而发生严重问题。

---

① 《英国退还舟山条约》。

> 午前八时至八时三十分的光景，有四个中国官员，约六十名兵士，闯入该船，首先卸去其英国旗，然后逮捕其船员及中国人十二，一并拽入诸巡船上。此时船主英人克尼的(Thomas Kennedy)正在附近之另一中国船上；追回到本船，见中国官兵之所为，立即重树英旗，反对拘捕船员。同时英领巴夏礼(Mr. Harry. S. Parkes)乘被拘人员尚未带走之时，亲自赶到中国巡船上，要求将被拘之人送到领事署查问。但这要求被拒绝了。于是致书于总督叶名琛指出如此公开的捣乱，务必得到适当的补偿；所有被拘船员务必当着领事之前送交亚罗船上。诸人中如有过犯，尽可移送英国领事署。……叶答称：搜查亚罗船一事，系彼命令官兵拘捕当时在船上之著名海盗李明泰(Li-Ming-Tai)而发生。李与其他船员于九月六号，犯有严重盗案。……且此船所有之注册证，系按年一换，原证系一八五五年九月二十七号所发，已超过定期十一天。①

事出于十月八号，以交涉不得要领，英方乃命香港驻军进攻广州。是月二十三日，毁黄埔之堡砦；其后，攻唐门堡砦，攻亚娘之双堡砦，攻大角头之堡砦，所至皆陷。继又攻陷广州城。叶名琛一时不知所措，英军乘势纵火焚衙署。为时一月之久，英国本拟继续进攻。但因当时印度忽起骚乱而退兵。

(c)英法联军攻中国。英军虽因印度事件而退出，但英国商人之要求通商，要求入广州城并未放弃，且英国当局正继续向中国当局交涉。恰巧这时，法国政府以天主教士查德兰(Auguste Chapdelaine)于一八五六年二月二十九号在广西被杀，未得昭雪，正欲寻求一与国，联合向中国交涉，于是英法联军进攻中国之机会于以造成。这事的大略如下：

> 一八四四年到一八四六年的时代，中国皇帝常有命令对中国各地的基督主义予以容忍，并令过一百年内所没收的教会财产可以恢复。于是天主教的传教之士乃毅然决然利用这个机会，传布他们的信仰。所至之处，大都是前此教士设有教会的地方，或他们自己认为宜于传教的所在。一八五〇年时，广东省境的大部分，以及暴乱时起的广西

---

① H. B. Morse, *The International Relations of the Chinese Empire*, Vol. Ⅰ, pp. 422－423。

> 全境，成了教士的中心地带；彼时葡萄牙人势力下之澳门方面的主教也恰与这种地带失却联络。一八五三年的时候，有教士名查德兰(Auguste Chapdelaine)被派赴广西；时广西正值民乱继续蹂躏的时候。此人居在离省政府很远的该省西北角上西林(Silin)县地方。最初承县官优待且承他多方的鼓励。但后来在一继任的县长之下，他被捕了；一八五六年二月二十四号，他被捕加上刑具而入狱了。二十五号，提出审讯，他曾受到逼令中国囚犯招供所常用的刑罚；二十七号，他曾跪在铁炼上受讯；二十八号，他被提到普通犯人所在监狱内预备处死；二十九号，他被处死了。……在这个案子之先，西林方面有许多中国籍的基督徒遭受过不少的虐待：他们的房屋曾被没收；并有二十五个教友入过监，受过刑，丧失一切财产；其中且有二人处死。①

这事，法使要求公正处理，未得要领。正在静候其本国政府训示的时候，法政府乃与英政府联合一致向中国要求秉公处理。一八五七年六七月间，英法两国的海军在广州附近已有军事行动；八月，英法海军更封锁广州；十二月中旬，英法海军人数，可以作战的，已达五，六七九人；十二月十五号，占领河南(Honam)；二十九号，攻陷广州。一八五八年一月四号虏总督叶名琛，发见北京政府致叶的一切文书，知叶之对外的一切措置都得了北京政府的许可；这时英伯爵叶尔景(Lord Elgin)法男爵格罗士(Baron Gros)会议将叶送至印度之加尔各达(Calcuta)。二月二十二号，叶被解至加尔各达；并于一八五九年四月十号死于该处。当叶被虏之后，广州的行政，竟成了中、英、法三国共管的局面；且中国并无实权，实权全操在英法人之手；其政令以中英法三国所组之委员会出之。

广州的处置告了一个段落，英法乃致书北京政府，要求彻底解决悬案。同时美俄各国亦以急欲与中国订定商约，作同样之要求。不料这等要求为北京政府所拒绝，于是英、法、美、俄四国领事会商决定：联军有北上之必要。一八五八年五月二十号，英法联军占领大沽；各国领事则于五月三十号到达天津，静待北京政府派人出而办理交涉。

(d)《天津条约》之订立。各国领事即抵天津，北京政府乃派桂良与花沙纳出而与各国交涉。交涉的结果，便是一大批的不平等条约。中、俄间交

① H. B. Morse, *The International Relations of the Chinese Empire*, Vol. Ⅰ, pp. 480－481。

涉的结果为一八五八年六月十三号所签定之条约；中、美间交涉的结果为同年六月十八号所签定之条约；中、法间交涉的结果为同年六月二十七号所签定之条约；中、英间交涉的结果为同年六月二十六号所签定之条约。凡此种种条约，均由北京政府于七月四号一一批准。在《天津条约》中，除规定增开牛莊、登州、台湾、潮州、琼州五处为商埠外，凡外人在华自由传教权，内河航行权，领事裁判权，税则协定权等都有了根据。例如《中英天津条约》共五十六款，其中有云：

第八款　一，耶稣圣教暨天主教原系为善之道待人如己。自后，凡有传授习学者，一体保护其安分无过，中国官丝毫不得刻待禁阻。

第十款　一，长江一带各口英商船只俱可通商。惟现在长江上下游均有贼匪；除镇江一年后立口通商外，其余俟地方平靖，大英钦差大臣与大清特派之大学士尚书会议：准将自汉口溯流至海各地选择不逾三口，准为英船出进货物通商之区。

第三十二款　一，通商各口分设浮桩号船塔表望楼由领事官与地方官会同酌视建造。

第十五款　一，英国属民相涉案件，不论人产，皆归英官查办。

第十六款　一，英国民人有犯事者皆由英国惩办；中国人欺凌扰害英民，皆由中国地方官自行惩办。两国交涉事件彼此均须会同公平审断，以昭允当。

第十七款　一，凡英国民人控告中国民人事件，应先赴领事官衙门投禀；领事官即宜查明根由，先行劝息，使不成讼。中国民人有赴领事官告英国民人者，领事官亦应一体劝息。间有不能劝息者即由中国地方官与领事官会同审办，公平讯断。

第二十四款　一，英商起卸货物纳税，俱照税则为额；总不能较他国有彼免此输纳之别；以昭平允，而免偏枯。

第二十七款　一，此次新定税则并通商各款，日后彼此两国欲再重修，以十年为限；期满，须于六个月之前先行知照，酌量更改。若彼此未曾先期申明更改，则税课仍照前章完纳；复俟十年，再行更改。以后均照此限此式办理，永行弗替。①

① 《中英天津条约》。

上面所录第八款是关于自由传教的规定；第十及第三十二款是关于内河航行的规定第十五、十六、十七款是关于领事裁判权的规定；第二十四，二十七款是关于协定税则的规定。至于《中法天津条约》《中美天津条约》等，其损主权，其不平等，大体相同。《中法天津条约》中更有关于利益均沾的条文。其他各国享受了中国的特恩旷典，法国即不定条约，亦得同样享受。如第四十款云："日后大法国皇上若有应行更易章程条款之处，当就立换章程年月核计，满十二年之数，方可与中国再行筹议。至别国所定章程不在大法国此次所定条款内者，大法国领事等官与民人不能限以遵守。惟中国将来如有特恩旷典，优免保佑；别国得之，大法国亦与焉。"[①]

(e)《北京条约》之订立。《中英天津条约》第五十六款载明：自咸丰戊午年(咸丰八年)五月十六日，即公元一八五八年六月二十六日起计算，在一年内，由两国御笔批准，彼此各派大臣于大清京师会晤，互相交付。照此规定，次处(公元一八五九年)三月英国派布鲁士(Mr. Bruce)为公使，法国派波保伦(M. de Bourboulon)为公使前往中国北京交换条约。六月二十日抵白河，忽为中国所阻。二十三日，其护送之兵舰深入中国之防守区域；二十五日与满清军队发生激战。结果英法舰队大败，两公使亦被迫返上海。

这事传到欧洲，英法两国当然大为震动。一八五九年十一月，英法乃组织联军：英命格兰特(General Sir T. Hope Grant)指挥陆军，贺普(Admiral Sir James Hope)指挥海军；法命孟德班(General Montanban)指挥陆军，查纳尔(Admiral Charner)指挥海军。至于负责换约的人，则予改派，法派格罗士(Baron Gros)，英派爱尔景(Lord Elgin)，因此两人原曾参与《天津条约》之订立也。英法两国以换约为目的，以大军为后盾，各从其东方根据地出发，向满清政府威逼：于一八六〇年八月二十一日占大沽诸堡，二十五日占天津，九月十八日与满清僧格林沁之军战于张家湾，二十一日战于八里桥，十月五日联军继进，六日占圆明园，十三日占北京，十八日圆明园竟在叶尔景的命令之下焚毁。至于清帝咸丰则于八里桥失陷之时即已逃到热河去了。情形如此，清廷乃于一八六〇年十月二十四日召英国换约大员进入礼部，交换已批准之《天津条约》，并签定《中法续增条约》九款。二十五日，法国换约大员入礼部，亦交换已批准之《天津条约》，并签定《中英续

① 《中法天津条约》。

增条约》十款。[①]

日本派兵入朝鲜 中英鸦片战争，是列强压迫中国最早之实例；英法联军攻中国，逼出《天津条约》及《续增条约》等，也是列强压迫中国之实例之很显著者。兹再举日本之争夺朝鲜为例，以见列强之压迫中国者除英、法、美俄之外，又增了一个东方的新强。

(a)中日对朝鲜之旧约。清光绪十年(公元一八八四年)左右，日本的势力在朝鲜大张。是年朝鲜新旧党争甚烈：新党在野，主张亲日，谋朝鲜独立；旧党在朝，主亲中国，仍为中国藩属。争执的结果新党失败被逐，日本人亦连带受累而有死伤。日政府借此衅端，乃派全权大使井上馨至济物浦逼朝鲜承认屈辱之条件。这么一来，日本的势力公然侵入朝鲜，朝鲜已不是中国的藩属了。次年(公元一八八五年)，日又遣伊藤博文等到天津与中国代表李鸿章议定关于朝鲜之条约三款。李等不明国际法理，于条约中断送藩属而不自知。济物浦之条件，天津之条约，罗惇曧记之如次：

> 日本派全权大使井上馨至济物浦，以五事要朝鲜：一，修书谢罪；二，恤日本被害人十二万元；三，杀其大尉矶林之凶手处以极刑；四，建日本新馆，朝鲜出二万元充费；五，日本增值王京戍兵，朝鲜任建兵房。朝鲜皆听命成约，而日本怨中国乃愈深矣。光绪十一年(公元一八八五年)，日本遣宫内大臣伊藤博文农务大臣西乡从道来津议朝鲜约。鸿章为全权大臣，吴大澂副之，与议定约三款：一，两国屯朝鲜兵各尽撤退；二，朝鲜练兵两国均不派员为教练官；三，将来两国如派兵至朝鲜，须互先行文知照。当时鸿章左右皆不习国际法学，有此巨谬；成公同保护之条约，鸿章不之知，举国亦无人诘其谬误；然犹泰然曰：朝鲜我属国也。以至于甲午(光绪二十年，公元一八九四年)遂启大争，成中国之巨祸，皆此约成之也。[②]

(b)中日共同出兵朝鲜。光绪二十年(公元一八九四年)朝鲜东学党起事；政府为着战乱，乃向中国请求援兵。同时日本依据天津所订条约第三款亦出兵朝鲜。迨乱事既平，中国约日本退兵。日本不惟不肯，且欲与中国共同改革朝鲜内政。后更逼朝鲜自主，脱离中国。情形至此，中国方面

---

① H. B. Morse，The International Relations of the Chinese Empire，Vol. Ⅰ，p. 612。

② 罗惇曧：《中日兵事本末》。

乃不得已而备战；尤以大权在握之翁同龢主战最力。

东学者起于崔福成，剌取儒家佛老论说，转相衍授。……光绪二十年(公元一八九四年)春，乃倡乱于全罗道之古阜县。朝主以洪启动为招讨使，假中国平远兵舰，苍龙运船自仁川渡兵至长沙浦，击乱党于全州。初战甚利，乱党逃入白山，朝兵蹑之，中伏大败，几覆师，乱党由全罗犯忠清两道，兵皆溃，城陷，扬言直捣王京。朝鲜大震，来乞援师。鸿章派直隶提督叶志超，太原镇总兵聂士成率芦榆防兵东援，屯牙山县。按光绪十一年(公元一八八五年)条约，电谕驻日公使汪凤藻，告日本外部，以朝鲜请兵，中国顾念藩服，遣兵代平其乱。日本外务卿陆奥宗光复凤藻书，谓："贵国虽指朝鲜为藩属，而朝鲜从未自承为属于贵国。"凤藻以闻。日本既闻中国出师援朝，亦以兵北渡。其驻朝公使大鸟圭介适归国，因命其以兵八百先入王京，大队继至，前后八千余人，命其驻京公使小村寿太郎以出师平朝鲜乱，照约告于中国。总署复书谓："我朝抚绥藩服，因其请兵，故命将平其内乱。贵国不必特派重兵。且朝鲜并未向贵国请兵，贵国之兵亦不必入其内地。"日使复书谓："接本国复电，本国尚未认朝鲜为中国藩属。今照日朝两国《济物浦条约》，及中日两国《天津条约》派兵至朝鲜。兵入朝鲜内地，亦无定限。"朝鲜乱党闻中国兵至，弃全州遁。朝鲜兵收会城，乱平①

(c)中因日不退兵开战。朝鲜乱事既平，中日双方之兵自当撤退。计光绪二十年(公元一八九四年)六月底，中国在牙山的有三，〇〇〇人；据守朝鲜首都汉城(Seoui)及济物浦(Chemulpo)的约数百人。日本兵围绕着汉城的有五，〇〇〇人，在济物浦的有数千人；此外据说尚有大批正向釜山开入。总计当时日本在朝鲜全境的兵士约一八，〇〇〇人。当时驻在汉城的美、俄、法、英各国代表联合请求中日同时撤兵，中国已允，而日本不允。于是中日间局势转紧，大有开战之势。H. B. Morse 云：

驻汉城的美、俄、法、英各国代表联合通知中日，请将中日军队同时自朝鲜境内撤退(原注：联合通知系一八九四年六月二十五发出)

① 罗惇曧：《中日兵事本末》。

……据驻汉城美代表报告云："中日双方都要求对方先撤兵，但双方都不愿先撤。……中国方面赞成同时撤兵；而日本不愿，其用意殊令人怀疑，似有挑战之意；朝鲜实陷入很大的威协之中。"稍后，驻北京美代表电称："朝鲜情形危急，战事有一触即发之势。日本的态度虽是侵略的，中国政府却有和平态度。此时的中国甚想西方各国出而转圜，但这是日本所不愿接受的。"①

这种紧张的情形延至八月一日，双方便正式宣布开战。

日将大岛(Oshima)留兵一旅守汉城及济物浦，自率第五师，有一三，五〇〇人；及第九混成旅；两共武装兵士约二〇，〇〇人，直向驻在牙山之叶志超进发；七日二十九日清早，攻击叶部：战五小时，日军全胜。中国死伤五〇〇人(日谓有一，二〇〇人)。失大炮四尊；日方死伤七五人。叶部残余军队乃走平壤与中国主力军联合，竟将整个朝鲜自汉城至南端付诸日人之手！八月一日，中日双方乃同时宣战。②

战事既作，九月十六日，日军在平壤获胜；十七日，双方在鸭绿江口发生海军战；十月至十二月之间，日军进出今辽宁；十一月二十一日，日军占旅顺口，大肆屠杀；次年(公元一八九五年)二月十二日，威海卫失陷。

(d)一八九五年之和议。是年一月，战事正在进行时，和议也便开始了。中国方面的议和代表为李鸿章、伍廷芳等，日本方面的代表为伊藤博文陆、奥宗光等。中国代表于正月十九出发，抵日后，与日代表会于马关。卒在强力压迫之下，于三月二十三日签定不平等条约于马关。

正月十九日，命鸿章为头等全权大臣，赴日议和。以王文韶代为直督。美使函告鸿章，言日本来电云："除先偿兵费，并朝鲜自主外，若无商让地土及画押全权，则使臣可无庸前往。"鸿章请诸朝，许之，鸿章乃行。挈其子经方及美员福世德，参赞罗豊录、马建忠、伍廷芳等从抵马关。日本全权伊藤博文、陆奥宗光等集马关，以春帆楼为会议所，互勘敕书。伊藤博文要以大沽天津山海关为质，始允停战。鸿

① H. B. Morse，The International Relations of the Chinese Empire，Vol. Ⅲ. pp. 22—23。

② H. B. Morse，The International Relations of the Chinese Empire，Vol. Ⅲ. pp. 22—23。

章不可，伊藤执愈坚。鸿章谓若不允停战，请勿攻大沽天津山海关三处，先议和约。伊藤不可，乃先议约。二十八日，鸿章自会议所归，遇刺客小山豊太郎狙击，弹伤颧创甚。日皇深致歉意，遣医慰治。欧亚与论颇沸，乃允停战，不索质地，订停战约。惟奉天、直隶、山东暂停战以二十五日为限。伊藤以和约十款相要。[①]

全权大臣直隶总督李鸿章奏，为中日会议和约已成事。窃臣奉命驰赴日本。自抵马关以后，历将议约情形详细电奏；屡蒙训诲，得有遵循。计自二月二十四日以后，迭与日本全权大臣伊藤陆奥等会议。初商停战，要挟甚多；继索约章，又靳不与。二十八日，臣由会议处归，途被刺。三月初三日，陆奥面交节略，允即停战。二十一日，要挟之款已噤不提。嗣后屡催约款，始于初七日交到。臣一面电请训示，一面备文驳诘。……直至十六日会议，伊藤交到改定约章，较之原约颇有删易。越日专函申言："此为末尾尽期办法。"竟似西例所称哀的美敦书。若不允行，势将决裂。臣仍令臣子经方迭赴伊藤处缓与磋磨；但期争回一分，即免一分之害。而伊藤坚执之至，直云无可再商，无可再改。且十七十八十九等日，已派运船六十余艘，载兵十万，分起由马关出口，驶赴大连湾旅顺一带，听候小松亲王号令，必须直犯京畿。停战期限将满，既不肯展，更图大举，势殊岌岌……旋奉二十日谕旨："如竟无可商议，即遵前旨与之定约。钦此。"二十一日，臣又赴公所会议，竭力争，几于唇焦舌敝。彼虽坚执，而让地，划界，赔款，利息，内地租栈，日银纳税各节，尚勉从删改。当即订定二十三日两国全权大臣公同签画。[②]

这奏折中，也许有替自己表功之处。但李之被刺却是事实。且为弱国办外交，其委屈求全之苦衷，自可想而知。李云："臣适当事机棘手之际，力争于骄悍不屈之廷；既不免毁伤残年之遗体，复不能稍戢强敌之贪心。中夜以思，愧悚交集。……臣昏耄，实无能为；深盼皇上振励于上，内外臣工齐心协力，及早变法求才，自强克敌，天下幸甚。"[③]这所说都属实情。和约既定，共十一款；其中最关重要，丧权辱国最甚之款为：认朝鲜独立，

① 罗惇曧：《中日兵事本末》。

② 王彦威：《清季外交史料》卷一〇九，《全权大臣李鸿章奏中日会议和约已成折》。

③ 王彦威：《清季外交史料》卷一〇九，《全权大臣李鸿章奏中日会议和约已成折》。

割台湾等地与日本，开重庆、沙市、苏州、杭州等处为通商口岸，赔军费二万万两。

> 约文大略：一，朝鲜完全自主；二，奉天南界从鸭绿江溯江抵安平河口，至凤凰城海城营口；台湾澎湖及所属岛屿均割让日本。……四，赔款二万万两，分八次交清。……六，开沙市重庆苏州杭州四口通商。……既签约，鸿章还天津，称病不入都，而遣伍廷芳齐和约至。当鸿章未发时，朝命诸臣议和战。及割地议起，朝野大愤，台湾臣民争无力。及鸿章成约归，中外诸臣奏章凡百十上。康有为等数千人上书尤激昂。……和局之成，美国为介绍，英人颇阴袒日，而俄法德三国滋不平。日据辽东，俄引为大害。三国驻日公使力阻其议，而俄舰已纷集日本之长崎及辽海，势张甚。日俄本不敌，又新战中国，断无余勇以战俄，乃隐忍还辽东。[①]

(e)中日战后中国之局势。中日战争未爆发之时，李鸿章颇能知己知彼深信中国当时不能作战，力主委屈言和。但翁同和等与鸿章不睦，力主对日宣战，结果完全失败。此败之后，中国在列强环伺之下，渐渐成次殖民地了。罗惇曧云：

> 当中国盛时，日本不敢与抗。咸丰庚申中英之战败衅，开五口通商，英法俄美并为有约之国，日本不得与。及伊藤博文来议约，谒李鸿章于天津，李鸿章卑视日本，其贵倨之态伊藤不能堪，不敢与较。……是役败后，乃一蹶不复振矣。日人慑于俄法德三国之威，忍辱以还辽东，全国引为大耻。资中国赔款以兴百政。培力既厚，遂有报俄之役。俄法德以伏义归辽，责报殊奢。而中国复乖于应付。于是俄据旅顺大连湾，英据威海卫，德据胶州，法据广州湾，以互为钤制！均权之说昌，中国乃不国矣。[②]

八国联军陷北京　使中国国际地位低落最甚的，莫过于庚子（光绪二十六年，公元一九〇〇年）八国联军之大压迫。这次的大压迫是华北农民的大反抗所引出的。(a)无知农民起而排外。自中英鸦片之战，英法联军之战，

① 罗惇曧：《中日兵事本末》。

② 罗惇曧：《中日兵事本末》。

中日甲午之战等等事变以后，中国对列强割地、赔款、开商埠种种屈辱，无一不使国人忧愤而激起爱国仇外之心。农民的排外，也就是这样激起的。中国农民依迷信而结成之团体，本来各地多有。每当年荒岁歉，或政治腐败之时，常为生计所迫起而称乱。庚子（光绪二十六年，公元一九〇〇年）时代，外患压迫至极，华北农民尤其山东河北农民由大刀会转成义和国，树着扶清室灭外洋的旗帜，在一二不明时势的官吏保障之下大起骚乱。因仇外之故，对于外来传教之人，以及国人之入教者尤为痛恨，所至杀戮。

> 山东大刀会仇视西教，毓贤（时为山东巡抚）奖借之。匪首朱红灯倡乱，以灭教为名。毓贤命济南府庐昌诒查办。匪击杀官兵数十人，自称“义和拳”，建保清灭洋旗，掠教民数十家。毓贤庇之，出示，改为“义和团”。匪树毓字黄旗，掠教民，焚教堂。教士屡函乞申理，总署令保护，毓贤均置不问。匪势愈炽，法使屡责，总署乃召之来京，以今总统袁公（袁世凯）代为巡抚。时拳匪出没东昌、曹州、济宁、兖州、沂州、济南之间，势甚盛。袁公至，力剿拳匪，获朱红灯戮之；数月而匪势大衰。山东境不能容，乃窜入直隶境。庚子（光绪二十六年，公元一九〇〇年）三四月间，蔓延各属矣。[①]

(b)旧派当局推波助澜。原始的排外运动，如果处置得法，并不致引出丧权辱国之大祸。不幸彼时正值戊戌维新之后，新旧冲突之余波尚未全消。旧派正恨维新之吸收外洋知识，模仿外洋制度。义和团高张扶清灭洋之旗，排外甚力，正合旧派脾胃。于是旧派首脑慈禧太后、载漪、载勋、载濂、刚毅、徐桐、崇绮、启秀、赵舒翘、徐承煜、王培佑等大加利用：一以对付敌党或维新派，一以对付列强或洋人。把义和团人引到北京，对外来传教之人，与中国信教之人，以及教堂，各国使馆，外人财产，乃至无辜百姓尽量蹂躏。顽固的当局，竟把义和团与正规军一律看待，且恃此而对外正式宣战。

> 光绪庚子（公元一九〇〇年），毓贤为山东巡抚，民间传习义和拳，以扶清灭洋为帜。时各省多闹教案，外人逼我甚，民情益愤。闻灭洋说，争鼓吹之。……慈禧太后以戊戌政变，康有为遁，英人庇之，大

① 罗惇曧：《拳变余闻》。

恨。……会议和团起，以灭洋为帜，载漪大喜；乃言诸太后，力言义民起，国家之福。遂命刑部尚书赵舒翘，大学士刚毅及乃莹先后往，道之入京师；至者数万人。义和拳谓铁路电线皆洋人所借以祸中国。遂焚铁路，毁电线。凡家藏洋书洋图，皆号二毛子，捕得必杀之。……指光绪帝为教主，盖指戊戌变法，效法外洋，为帝之大罪也。太后与端王载漪挟以为重，欲实行废立。匪党日往来宫中。……五月，以启秀溥兴那桐入总理衙门，以载漪为总理。日本书记官杉山彬出永定门，董福祥遣兵杀之，裂其尸于道。拳匪于右安门焚教民居，无老幼男女皆杀之。继焚顺治门内教堂。城门书闭，京师大乱。有旨：义和团作乱当剿，而匪势愈炽。正阳门外商场为京师最繁盛处，拳匪纵火焚四千余家。数百年精华尽矣。火延城阙，三月不灭。时方称拳匪为义民，莫敢捕治。载漪等昌言以兵团攻使馆，尽歼之。……太后已决意主战。载漪、载勳、载濂、刚毅、徐桐、崇绮、启秀、赵舒翘、徐承煜、王培佑又力赞之。遂下诏褒拳匪为义民，给内帑十万两。载漪于邸中设壇，晨夕虔拜；太后亦祠之禁中。城中焚劫火光蔽天，日夜不息。车夫小工弃业从之。近邑无赖纷趋都下。数十万人横行都市。夙所不快，指为教民，全家皆尽，死者十数万人。杀人，刀矛并下；支体分裂。被害之家婴儿未匝月亦毙之；惨无人理。京官纷纷挈眷逃；道梗，则走匿僻乡。往往遇劫，屡濒于险；或遇壇而拜求保护，则亦脱险也。太后召见其大师兄，慰劳有加。士大夫之谄谀干进者争以拳匪为奇货。知府曾廉，编修王龙文献三策，乞载漪代奏：攻交民巷，尽杀使臣，上策也；废旧约，令夷人犹我范围，中策也；若始战终和，与衔璧舆榇何异。载漪得书，大喜曰："此公论也……"五月二十五日，下诏宣战，军机章京连文冲笔也，诏曰："我朝二百数十年深仁厚泽，凡远人来中国者，列祖列宗罔不待以怀柔。迨道光咸丰年间，俯准彼等互市。并乞在我国传教，朝廷以其劝人为善，勉允所请。初亦就我范围。讵三十年来，恃我国仁厚，一意拊循，乃益肆枭张；欺凌我国家，侵犯我土地，蹂躏我人民，勒索我财物。朝廷稍加迁就，彼等负其凶横，日甚一日，无所不至。小则欺压平民，大则侮慢神圣。我国赤子仇怒郁结，人人欲得而甘心。此义勇焚烧教堂，屠杀教民所由来也。朝廷仍不开衅，如前保护者恐伤我人民耳。……乃彼等不知感激，反肆要挟。昨日复公然有杜士立照会，令我退出大沽口炮台，归彼看管。否则以力袭取。……朕今涕泪以告先庙，慷慨以誓师徒。与其苟且图存，贻羞万古；孰若大张挞伐，一决雌雄？连日召见大小臣工。询谋佥同。近畿及山东等省义兵同日不期而集者不下数十万人。至于五尺童子亦能执干戈以卫社稷。……尔普天臣庶其各怀忠义之心，共泄神人之愤，朕有厚望焉”。①

(c)各国武力进驻北京。教匪在北京横行，一再围攻各国使馆，于是引起各国之大反感。各国当局所派遣的援军在天津连开军事会议三次，终于决定八月四日各国大军从天津出发，向北京进行，以图营救北京方面被攻击的使馆。

第一次会议在七月二十七日；……决定预备动员，但日期尚未确定。第二次会议在八月一日；第三次会议在八月三日。第三次会议决定于四日出兵；但以无人担任总指挥之故，又决定各国统兵之人务于每晚或必要时集会一次，以决定行军及共同指挥等事。军队系八月四日午后三时出发，行四里即露宿。其行军路线系沿着河边，俄法之兵担任右翼，沿河左岸行；日英美之兵担任左翼，沿河右岸行。共计实力约一八，〇〇〇人，据各国统兵官之报告约如下。

日兵山口司令(Marshal Yamaguchi)部下 ………… 八，〇〇〇人；
俄兵林列维支将军(General Linieviteh)部下……… 四，八〇〇人；
英兵盖勒里将军(General Gaselee)部下…………… 三，〇〇〇人；
美兵闸飞将军(General Chaffee)部上……………… 二，一〇〇人；
法兵佛雷将军(General Frey)部下 …………………… 八〇〇人；
奥兵 ……………………………………………………… 五八人；
意兵 ……………………………………………………… 五三人。

此中奥意都只有数十人作代表，德国没有军队，甚至代表都没有。②

八国联军于八月四日自天津出发，十二日到通州，十四日英兵首先入使馆，被围整整八个礼拜之使馆，至是完全脱险，各国男妇老幼以及中国

① 罗惇曧：《庚子国变记》。

② H. B. Morse, *The International Relations of the Chinese Empire*, Vol. Ⅲ, pp. 268—269。

信教之民困处其中者凡数千人均安全无恙。十五日美兵攻入紫禁城，以肃清残兵为言；是后联军一面据北京，一面迫使清帝西奔。

(d)外患进来南北异势。南方各省早在义和团暴动之初，即有粤督李鸿章等联名奏言乱民不可置信，兵衅不可轻启。山东巡抚袁世凯亦同此主张。

> 当伪诏命各省焚教堂，杀教民，诸疆臣皆失措。李鸿章久废居京师，方起为粤督，乃各省电鸿章请所向。鸿章毅然复电曰："此乱命也，粤不奉诏"。各省乃决划保东南之策。鸿章领衔，偕江督刘坤一，鄂督张之洞，川督奎俊，闽督许应骙，福州将军善联，巡视长江李秉衡，苏抚鹿传霖，皖抚王之春，鄂抚于荫霖，湘抚俞廉三，粤抚德寿，合奏言民乱不可用，邪术不可信，兵衅不可开，言至痛切。东(山东)抚袁世凯亦极言朝廷纵乱民，至举国以听之，譬若奉骄子，祸不忍言矣。[①]

他们之不赞成利用义和团，不受乱命，保障东南的主张，毕竟收了好的效果。南方各省得保安宁。拳乱所及，终于只到直隶山西与满州各地。

> 他们电达中国驻外使臣，指出北方义和团之煽乱大有蔓延于南方的可能。他们提议：无论北方情形如何，列强不要进兵长江流域或江浙各省之内地；在他们的管辖之下，他们决依条约保护各国人民之生命财产。……这个提议经上海各国领事加以研究，加以修改，……终于认为满意而接收了。……后来陕西方面端方亦以北京政府的举动为愚昧，而不赞成；因此拳乱之爆发，仅只直隶山西及满洲予以积极的支持。……所有南方及中部各省的高级官员认为这只是暴乱，而不是对外的战争；且信列强没有取得领土的野心；因而都站在列强方面。[②]

上述乃南方的情势。至于直隶山西满洲则与此大异。拳乱既起，固然大遭蹂躏；而八国联军入北京时，满洲贵族所遭的厄运尤为悽惨。

> 七月二十日(此是阴历日期)黎明，北京城破，敌军自广渠朝阳东便三门入，禁军皆溃。董福祥走出彰仪门，纵兵大掠而西，辎重相属

---

① 罗惇曧：《庚子国变记》。

② H. B. Morse，*The International Relations of the Chinese Empire*，Vol. Ⅲ，pp. 231—233。

于道。……二十一日，天未明，太后青衣徒步泣而出。帝及后皆单袷从。至西华门外，乘骡车。从者载漪溥儁载勳载澜刚毅等。妃主宫人，皆委之以去。珍妃帝所最宠，而太后恶之，既不及从驾，乃投井死。宫人自裁者无数。或走出安定门，道遇溃兵，被劫多散。王公士民四出逃窜。城中火起，一夕数惊。满洲妇女惧夷兵见辱自裁者相藉也。京师盛时，居民殆三百万。自拳匪暴军之乱，窃盗乘之，所过一空，无免者。坊市萧条，狐狸画出。向之摩肩击毂者如行墟墓间矣。是日驾出西直门，马玉崑以兵从。暮至贯市，帝及太后不食已一日矣。民或献麦豆，至以手掬食之，须臾而尽。时天渐寒，求卧具不得；村妇以布被进，濯犹未干也。岑春煊为甘肃布政使，率兵来勤王。……太后仓皇出走，惊悸殊甚；得春煊，心稍安。……至于西安，陕西布政司署巡抚端方迎驾；设行在政府于抚署，授岑春煊陕西巡抚。荣禄至于行在，命长枢垣。载漪刚毅辈不敢言国事矣。①

(e)联军逼出《辛丑和约》。北京被联军占据了，中国政府迫不得已移到西安去了，义和拳并不是真正有用的，南方各省仍保持着独立状态。这一来满清政府只好与列强言和。乃派李鸿章与奕劻同为议和全权大臣，到京师与列强交涉。列强要求罪魁、载漪、载勋、载澜、刚毅、赵舒翘等数十人。清政府迫不得已，允以戴勋等赐死，载漪配新疆，并黜溥俊大阿哥迫使出宫。交涉到一九〇一年九月七日，乃签定空前未有的国际和约，所谓《辛丑和约》者。参与这和约的列强有英美德法意日奥比西荷俄等十一国。从此以后，列强束缚中国，使沦为次殖民地的一切不平等条约已完全具备了。自《南京条约》《天津条约》《北京条约》《马关条约》以来，凡列强在华的领事裁判权，关税协定权，内河航行权等都在条约中有了根据。至于割地，赔款，辟商埠等更不用说。此次《辛丑和约》更明定列强在中国天津山海关等地有驻兵权；丧权辱国，一至如此！列强驻兵中国的规定，《马关条约》中已有了影子。该约的《另约三款》有云：

第二款，在威海卫应将刘公岛及威海卫口湾沿岸照日本国里法五里以内地方约合中国四十里以内为日本国军队驻守之区。

---

① 罗惇曧：《庚子国变记》。

在距上开划界照日本国里法五里以内地方，无论其为何处，中国军队不宜逼近或扎驻，以杜生衅之端。

第三款，日本国军队所驻地方治理之务仍归中国官员管理。但遇有日本国军队司令官为军队卫养、安宁、军纪，及分布管理等事必须施行之处，一经出示颁行，则于中国官员亦当责守。[①]

至于此次《辛丑和约》中关于列强驻兵中国之规定为第八款与第九款。

第八款，大清国国家应允将大沽炮台及有碍京师至海通道之各炮台一律削平，现已照办。

第九款，按照西历一千九百〇一年正月十六日，即中历上年十一月二十六日文内后附之条款，中国国家应允由诸国分应主办会同酌定数处留兵驻守，以保京师至海道无断绝之虞。今诸国驻守之处系黄村郎坊、杨村、天津、军粮城、塘沽、芦台、唐山、泺州、昌黎、秦皇岛、山海关。[②]

(f)中国地位一落千丈。自《辛丑条约》成立以后，中国之国际地位遂一落千丈。盖自一八三四年中英冲突以来列强所加的武力压迫，所强迫签订的不平等条约，到此完全达到顶点了。国际地位自然会低落。关于这一层Morse有一段总括的话语云：

满清贵族及官僚所支持的一个短短的夏季的狂暴，竟使中国的地位低到极点。它须负极重的赔款；它因暴民惨杀外国使臣，须派专使甚至皇族出而道歉；它须处最高官吏以死罪或降其官阶以执行公道；它须停止士大夫唯一出路的考试；它为赔偿各国戡定拳乱所耗之费，其数额之大，须四十年始能偿清；它须依列强之意，允各国在中国首都设军备，驻军队，以保各国使臣在中国的安全；它须承认修改条约之原则，这原则是它自一八五四年，一八五六年，乃至一八七〇年以来所坚不承认的。此外的屈辱，还不知多少。中国与列强发生直接关系已七十年，经过一八四二年，一八五八年，一八六〇年，一八八五年，及一八九五年，到缔结《辛丑和约》之一九〇一年；其国家之地位

① 《中日讲和条约》即《中日马关条约》。

② 《辛丑和约》。

低落至此；然犹能保持独立国家之若干条件。假如它仍要保持独立，继续存在；那末自一八三四年至一九〇〇年这个长期所遭遇所作为的种种，必须完全改变，是无疑义的。[①]

三 在不平等条约之下中国之殖民地化

领土完整之破坏 孙中山先生云："中国最盛时代领土是很大的。北至黑龙江以北，南至喜马拉雅山以南，东至东海以东，西至葱岭以西，都是中国的领土"。[②] 但自中英鸦片战争以来，经列强不断的武力压迫，于是辽阔的版图，完整的领土，为所破坏。凡本国领土之丧失，藩属领土之丧失，领海及海峡之丧失，以及各国在华的军港租地之设立，租界居留地之设立，乃至势力范围之认定；无论是基于条约的，或无条件根据的，都足以破坏中国领土之完整。(1)中国领土之丧失，有的是战争的结果；如香港九龙司系与英战而丧失的，台湾澎湖系与日战而丧失的。有的是赠予的结果；如东北之满洲边地，广东之澳门，西藏之拉达克，都是因赠予而丧失的。有的是勘界的结果；如西北之新疆边地，西南之云南边地，都是因勘界而丧失的。有的是遗忘的结果；如黑龙江口之库页岛，色楞格河之下游平原，都是因遗忘而丧失的。[③]

(2)藩属领土之丧失。清末琉球朝鲜亡于日本，安南亡于法国，缅甸亡于英国，暹罗离中国而独立，南海中的苏禄亦与中国脱离了藩属关系。凡此都是东南濒海的藩属之丧失。喜马拉雅山间及其以南之藩属，如西藏南边之不丹无异英人之保护国；不丹以西之哲孟雄，则已归了英国。至于葱岭以西的许多藩属近都转到英人势力之下去了。

(3)东南领海权之丧失。领海就是国土之一部分，国际公法以距岸六海里为领海之范围。我国自库页岛丧失，鄂霍次克海之领海权随着丧失；自吉林沿海之地割与帝俄，朝鲜改隶日本，日本海之领海权亦随着丧失；自旅顺大连先租与俄，继租与日，刘公岛亦租与英，渤海之领海权随着不完整了；自胶州湾租与德，黄海之领海权随着不完整了；自各国取得我国内

① H. B. Morse, *The International Relations of the Chinese Empire*, Vol. Ⅲ, pp. 358－359。

② 孙中山：《三民主义民族主义》第二讲。

③ 谢彬：《中国丧地史》。

河航行权，商船出入长江口，东海领海权亦随着不完整了；自台湾澎湖隶于日本，澳门半岛隶于葡国，香港九龙司麻剌甲隶于英国，广州湾租于法国，安南属于法国，南海领海权亦随着不完整了。

(4)列强在华有租借之地。光绪二十三年(公元一八九七年)德国借口山东曹州暴民残杀德国牧师二人，强迫中国订租借胶洲湾之约，以九十九年为期。德在租州湾可行使主权，设置军备。(世界大战中为日所得，华府会议中由我收回)同年俄以德祖胶州湾为口实要求租借旅顺大连湾；于是年三月迫中国缔结租借旅大之约，二十五年(公元一八九九年)更订续约，期为二十五年。及光绪三十年(公元一九〇四年)日俄之战俄败于日，此等地方又由中国承认转租于日本。英闻俄租旅顺辟为军港，亦援例强租威海卫。光绪二十五年(公元一八九九年)缔约，以二十五年为期。光绪二十四年(公元一八九八年)左右，列强竞欲分割中国；法以保持均势为词，要求租借广州湾。二十五年(公元一八九九年)缔约，以九十九年为期。英见法租广州湾，又要求中国将已割于英之九龙司扩充界址；二十四年(公元一八九八年)五月与中国缔九龙新界租借条约，以九十九年为期。

(5)列强在华有势力范围。势力范围亦称利益范围，意义极不确定。一九二一年华盛顿会议中，中国代表请求取销各国在华势力范围，对此有一段说明云：

> 利益范围或势力范围四字系一不确定之名词，其意乃指主张此项权利之诸国得于各自之范围内享有保留，优先，独占，或特别权利并贸易，投资及其他各种目的之特权。德国最先于山东省内主张结晶式的势力或利益范围；其后，其他各国亦于中国领土之他部作同样之主张。此等主张或根据中国未曾参加的各国间条约，如一八九八年九月二日英德两国银行团所结关于建筑铁路之协定，其后曾经两国政府之裁可；或根据于阻碍中国自由表示意思之情形与中国所缔结之条约或协定，如一八九八年二月六日中德胶州租借条约，及一九一五年五月二十五日中日两国因日本二十一条要求所订之条约及换文，……中国被分割为势力范围，实事态之最不幸者。第一，此等利益范围极妨碍中国经济之发展。主张此等范围之国家以后有将中国领土特定部分保留为独占的开发之意思，并不顾及中国人民之需要。有时一国对于某种特别事业不愿投资，然后拒绝他国投资或经营。第二，全制度与各

国工商业机会均等之政策（关系各国一般利益之公平政策，已经本会通过者），相冲突。更有反对利益范围之点，即常有以经济主张之外膜，而阴行政治之目的是也；因斯遂协迫中国之政治完全，并惹起国际之猜忌及冲突。……各国关于利益范围之主张曾惹起中国人民许多之误会与疑虑。

这其中所述关于取销势力范围之理由，因欲博得各国同情之故，措词不甚透澈，但势力范围之意义及来历却说明了。再者关于势力范围之根据及性质，可就其构成之协定分为四类。

（一）中国不将土地割于他国之协定：

甲，一八九七年，中法关于海南岛之协定；
乙，一八九八年，中法关于两广云南之协定；
丙，一八九八年，中英关于扬子江流域之协定；
丁，一八九八年，中日关于福建之协定；
戊，一九一五年，中日关于福建沿海不许他国筑坞屯煤之协定；
已，一九一五年，中日关于山东之协定。

（二）中国以明文承认列强在某地域内享有某种特权之协定：

甲，一八八五年中法《天津条约》，中国在越南边界地方造铁路时，须向法商商办；

乙，一八九八年中法《北京条约》议定两广云南采矿，法商有优先权；

丙，一八九八年中德条约承认山东全省德国有经济上之优先权；

丁，一九一五年中日换文规定南满内蒙建筑铁路需要外资时，须向日本商借。

（三）中国没有与闻的列强对于势力范围之相互协定：

甲，一八九六年英法关于云南四川之协定；
乙，一八九九年英俄关于扬子江流域及长城以北之协定；
丙，一八九八年英德银行团关于扬子江流域及山东之协定。

（四）中国对于外国公司给予某地域某种事业经营权及其他经济权之约

定；这并非基于条约，而是条约附带的权利：

> 甲，沿铁路之矿山有由明文规定者，如中德《山东协约》，沿路三十里以内之矿山，许德人开采；
>
> 乙，平行路线敷设之禁止；有明文者，如日本主张一九〇五年《北京条约秘密议定书》声明中国不建设南满路的平行线，或有害于干路利益的支线。①

(6)列强在华有行政地域。如租界，如铁道附近之地，如北京使馆区等等皆是。租界之条约的根据是与商埠相因的；一八四二年《中英江宁条约》第二款云："自今以后，大皇帝恩准英国人民带同所属家眷寄居沿海之广州、福州、厦门、宁波、上海等五处港口，贸易通商无碍。英国君主派设领事管事等官住该五处城邑专理商贾事宜。"这只是关于通商的规定。不过来的商人多了，不能不有一种居留之地。这种居留地之设立，也并不是中国政府划出地段任外人管领；原只是因为外商要租地建屋住居或经商中，政府乃许地方官会同外国领事官划定地段并酌定租额任外商租建；其原意不过欲减少或免除外商与中国人民间之冲突而已。这样的办法，中法五口通商章程，《中法天津条约》《中美五口贸易章程》《中美天津条约》等都有规定。例如《中美五口贸易章程》第十七款云：

> 合众国民人在五港口贸易或久居或暂住，均准其租赁民房或租地自行建楼，并设立医馆礼拜堂及殡葬之处；必须由中国地方官会同领事等官体察民情，择定地基，听合众国人与内民公平议定租息。内民不得抬价措勒，远人勿许强利硬占。务要各出情愿，以昭公允。倘坟墓或被中國民人毁掘，中国地方官严拿照例治罪；其合众国人泊船寄居处所，商民水手止准在近地行走，不准远赴内地乡村任意闲游，尤不得赴市镇私行贸易。应由五港口地方官各就民情地势与领事官议定界址，不许逾越，以期永久彼此相安。②

这里关于租借的规定，只是双方官吏便利商民人等的手续。所谓议定界址，也只在限制外商的越轨行为。不过界址一经划定，外商在界内租了

---

① 周鲠生：《解放运动中之对外问题》，第240—243页。

② 《中美五口贸易章程》。

地，建了屋；同时更于其上加上一种领事裁判权；于是原来限制外人使不可逾越之地，竟成了我国主权不能完全行使之地！这种地段，有各国专管的，曰外国专管租界。如天津一隅，原有俄德奥比英法日意等八国专管租界；至今还有英法日意四国租界未曾取消。汉口一隅原亦有俄德英法日等五国专管租界，至今尚有法日二国租界未曾取消。此外英法在广州各有专管租界，法国在上海有专管租界，英国在营口有专管租界(英在厦门镇江九江等处租界已经我国收回)，日本在苏州、杭州、福州、沙市、重庆有专管租界。凡此皆最显之例。至于各国共管之租界，上海的公共租界实为唯一无二之例。除专管租界及公共租界外，尚有一种为我国政府所默认之内地杂居区域，如福州之南台，潮州之汕头，河北之北戴河，河南之鸡公山，浙江之莫干山，江西之牯牛岭等皆是。这等地方本来完全在我国主权之下；但地方官吏或不懂公法，或媚外自私，竟渐放弃行政特权，致外人渐享自治实惠，几乎快要成为变相的租界了！

至于铁道附近之地，外人享有行政权的；如北满铁道附近之地，南满铁道附近之地，皆其实例。此外北京的使馆区，《辛丑和约》第七款更规定云：

> 大清国国家允定各使馆境界，以为专与住用之处；并独由使馆管理；中国民人概不准在界内居住；亦可自行防守。使馆界线于附件之图上标明(附件十四)……按照西历一千九百〇一年正月十六日，即中历上年十一月二十六日文内后附之条款，中国国家应允诸国分应自主常留军队，分保使馆。①

主权独立之破坏　上面所述，乃就领土完整之被破坏而言。这里当就主权独立之被破坏加以叙述。破坏中国主权之独立的事实，最显著的，莫过于列强在华之税则协定权，领事裁判权，军警驻扎权，乃至毫无条约根据的邮政代办权等。(a)税则协定权。在主权独立的国家，所有征收关税的则例，当然由该国自定。而中国的此等则例，却系出自与列强所订之条约的规定。一八四二年《中英江宁条约》第十款云："开关俾英国商民居住通商之广州等五处，应纳进口出口货税饷费，均宜秉公议定则例，由部颁发晓

---

① 《辛丑和约》。

示；以便英商按例缴纳。今又议定英国货物自在某港按例纳税后，即准由中国商人遍运天下。而路所经过，关税不得加重税例，只可按照估价则例若干，每两加税不过某分。[①] 中国税则自此次见于条约之后，一八五八年《中英天津条约》又重新订定值百抽五之则例，把物价较一八四二年定得更低。其次把修改税则的时期定为十年；在此十年之中，物价倘若由一百两涨到二百两，我们仍只能按一百两之价抽五两之税。再其次为免外货进口后在各地缴纳子口税之麻烦，规定百分之二·五的附加税，以代替一切子口税，这更是国货所享受不著的特权。《中英天津条约》关于此三大端有条文如下：

> 第二十六款　一，前在江宁立约第十条内定进出各货税，彼时欲综算税饷多寡，均以价值为率，每价百两征税五两，大概核计以为公当。旋因条内载列各货种式多有价值渐灭，而税饷定额不改；以致原定公平税则今已较重。拟将旧则重修，允定此次立约加有印信之后奏明，请派户部大员即日前赴上海会同英员迅速商夺；俾俟本约奉到硃批，即可按照新章迅行措办。
>
> 第二十七款　一，此次新定税则并通商各款，日后彼此两国再欲重修，以十年为限！期满须于六个月之前先行知照，酌量更改。若彼此未曾先期声明更改，则税课仍照前章完纳；复俟十年再行更改。以后均照此限此式办理，永行弗替。
>
> 第二十八款　一，前据江宁定约第十条内载：各货纳税后，即准由中国商人遍运天下。而路所经过，税关不得加重税则，只可按估价则例若干，每两加税不得过分等语在案。迄今子口课税实为若干，未得确数。英商每称：货物或自某内地赴某口，或自某口进某内地不等；各子口恒设新章，任其征税。各为抽课，实于贸易有损。现定立约之后，或在现通商口，或在日后新开口岸，限四个月为期；各领事官备文移各关监督，务以路所经处应纳税银实数明晰照复，彼此出示晓布，汉英商民均得通悉。唯有英商已在内地买货欲运赴口下载，或在口有洋货欲进售内地；倘愿一次纳税，免各子口征收纷繁，则准照行。此一次之课，其内地货则在路上首经之子口输交；洋货则在海口完纳；

① 《中英江宁条约》。

给票为他子口毫不另征之据。所征若干，综算货价为率：每百两征银二两五钱，俟在上海彼此派员商酌重修税则时，亦可将各货分别种式应纳之数议定。此仅免各子口零星抽课之法，海口关税仍照例完纳，两例并无交碍。①

上述这种优待外商的条款，各有约国一律享受。这种条款之不利于中国，一九二一年华盛顿会议中，中国代表列举七项理由，其大意云：(一)现行海关制度侵害中国自由规定税则之主权；盖税额之高下，税则之订定，以及修改税则之期限，都系出自中外协定故也。(二)现行制度剥夺中国对于他国实行投报之权。换言之，即片面不平等之制度；盖外国输入中国货物仅纳从价税百分之五；华商向外国输入货物，须纳最高税额也。(三)现行制度妨碍中国经济上之发展。外货进口税低，每年进口数量愈增愈大，致国货无存在之余地。(四)现行税率进出口一致，并无区别，实忽视中国国民经济上及社会上之需要。机器及五金为中国所需要者，中国欲征税百分之五以下；奢侈品如吕宋烟及纸烟等应征较重之税以免戕害中国国民道德及社会习惯。然现行制却未加区别。(五)现行税制使中国度支蒙极大之损失。各国关税在预算中占重要之位置，如英国占百分之三十二，法国占百分之十五，美国占百分之三十五。而在中国则占较次之地位。(六)现行制度使中国政府感受修正税则之极大困难。(七)虽实抽百分之五，亦不足应中国之需要。

(b)领事裁判权。外人在华享有之这等权利，其条约的根据初见于《江宁条约》追加之《五口通商章程》，该章程议定于一八四三年，其十三款即系规定领事裁判权的。到一八五八年《中英天津条约》《中法天津条约》《中美天津条约》等，便均有详尽之规定。兹摘录于次。

第十六款　一，英国民人有犯事者，皆由英国惩办；中国人欺凌扰害英民，皆由中国地方官自行惩办。两国交涉事件，彼此均须会同公平审断，以昭允当。

第十七款　一，凡英国民人控告中国民人事件，应先赴领事官衙门投禀；领事官即当查明根由，先行劝息，使不成讼。中国民人有赴

① 《中英天津条约》。

领事官告英国民人者，领事官亦应一体劝息。间有不能劝息者，即由中国地方官与领事官会同审办，公平讯断。[①]

第三十九款　大法国人在通商各口地方如有不协争执事件，均归大法国官办理。遇有大法国人与各国人有争执情事，中国官不必过问。至大法国船在通商各口地方，中国官亦不为经理，均归大法国官及该船主自行办理。[②]

一，嗣后中国民人与合众国民人有争斗词讼交涉事件；中国民人由中国地方官捉拿审讯，照中国例治罪。合众国民人由领事等官捉拿审讯，照本国例治罪。但须两得其平，秉公断结，不得各存偏护，致启争端。[③]

各国在华之领事裁判权，完全是依据这类不平等的条约由中国所让与的特典。外人有了这种特典，于是在中国之司法案件中有下列三类案件属外国领事裁判权管辖。一，民事原告为华人，被告为外人者，或刑事被害者为华人，被告为外人者；二，民事两造为同一国籍之外人者，或刑事之被害者与被告为同一国籍之外人者；三，民事两造皆为外人，而彼此国籍不同者，或刑事之被害者与被告为不同国籍之外人者。

其次外国在中国之领事裁判不一定如名称所示，由各国领事行使。除通常领事法庭以外，尚有特设正式法院，或由公使或使馆馆员组织法庭，以为行使裁判权之机关者。如英美两国皆在上海设有正式法院。不过领事法庭仍为通行之制。除专以领事司裁判者外，其特设正式法院者，亦不废领事法庭，而仍与以一部分审判权。外人在中国而有审判法案之权，这于中国主权独立之破坏自是很显明的事。一九二一年在华盛顿会议中中国代表请求取消各国在华领事裁判权有云：

领事裁判权在中国为期甚久，几于对外订约之初即有之。一八四四年中美条约明定领事裁判权，此后各国条约皆有领事裁判权之规定。让与领事裁判权之当时，仅有通商港口，即外国侨民可以贸易并住居之处五处。今日者此类港口已有五十一处，其经中国自行开放于外国贸易者数目亦复相同。因此在中国国境内，而中国几于无权管理之人，其数骤增。斯等特

① 《中英天津条约》。

② 《中法天津条约》。

③ 《中美天津条约》。

殊情态已成为地方行政上之重大问题；欲使中国领土及行政完全上之障害不复继续，则此事件宜即解决矣。今试就反对领事裁判权制度之理由略述一二：(一)领事裁判权剥削中国主权，使中国人认为国家之奇辱。(二)同一地方法庭之增加，及法庭相互关系之错综，使司法上发生一种特别现象，致训练有素之律师及非专门之人员俱感困难。(三)因法律不确定之故，发生许多弊害。准一般条规，凡某事件所使用之法律以被告人国籍为断，故国籍不同之甲乙两人，如有商事诉讼，其双方之权利与义务因甲乙两人孰先起诉而有变动。(四)凡民刑事件之发生，如被告为外国人，必解交最近之领事庭审判；此领事庭之距离或在数百里外，因此常有不能使必要证人莅庭，或不能搜集其他必要证据之事。(五)最后尚有使中国人感为不便者，即因领事裁判权之保障，故在中国之外国侨民，竟主张豁免中国人所必完纳之地方税是也。哈提(Bobert Hart)勳爵，在中国执务侨居，历有年所，曾于其《自中国之种种》(*These from the Land of Siniru*)书中明言：领事裁判权之规定虽为地方官免除烦恼不少，但恒被认为侵凌及耻辱。更有一不良之结果，即使人民一方面蔑视其本国政府及官吏；一方面仇视并厌恶侨民之免于本国管辖是也。

(c)军警驻扎权。一国的税则与外人协定，一国的民刑诉讼案件任外人有审理裁判之权；这于主权完整的破坏已是很厉害的了。若一国领土之内而容别国驻扎军警，则破坏主权之完整当然更厉害了。外国之驻军于中国，自一八四二年订立《中英江宁条约》时已开其端。不过那还只属暂时的性质；外人欲保障中国履行条约，故暂驻军于某地以为要挟。如《中英江宁条约》第十二款所云：

> 一，俟奉大皇帝允准和约各条施行，并以此时准交之六百万圆交清，英国水陆军士当即退出江宁京口等处江面，并不再行拦阻中国各省商贾贸易。至镇海之招宝山亦将退让。惟有定海之舟山海岛，厦门厅之古浪屿小岛仍归英兵暂为驻守。迨及所有洋银全数交清，而前议各海口均已开关，俾英人通商后，即将驻守二处军士退出，不复占据。[①]

① 《中英江宁条约》。

此后一八九五年《中日马关条约》第八款亦有驻兵于中国的规定，但驻兵云云，仍只是暂时的，仍只是要挟中国，迫使履行条约的。唯有《另约》三款中之二三款，规定极为严密；所称驻兵中国，也似不是暂时性质的了。

第二款　在威海卫应将刘公岛及威海卫口湾沿岸照日本国里法五里以内地方约合中国四十里以内为日本国军队驻守之区。在距上开划界照日本国里法五里以内地方，无论其为何处，中国军队不宜逼近或扎驻，以杜生衅之端。

第三款　日本国军队所驻地方治理之务仍归中国官员管理。但遇有日本国军队司令官为军队卫养安宁军纪及分布管理等事必须施行之处，一经出示颁行，则于中国官员亦当责守。[1]

此后一九〇一年所订《辛丑和约》，则明明白白规定各国有驻兵于中国之权。各国驻兵于中国，名为保护使馆及保护由京师至海通道，实则破坏中国之领土与主权而已。该约有云：

第八款　大清国国家应允将大沽炮台及有碍京师至海通道之各炮台一律削平，现已设法照办。

第九款　按照西历一千九百〇一年正月十六日，即中历上年十一月二十六日文内后附之条款，中国国家应允由诸国分应主办会同酌定数处留兵驻守，以保京师至海通道无断绝之虞。今诸国驻守之处系黄村郎坊杨村天津军粮城塘沽芦台唐山泺洲昌黎秦皇岛山海关。[2]

此外(d)各国在华办理邮政事务，敷设无线电台，既无条约根据，又皆破坏中国主权。一九二一年华盛顿会议中中国代表要求取消外人在华所经营之邮政事务，其理由有云：

一，中国已组织并经营一种邮政制度通行全国，并维持与外国之关系，足以供应一切需要，完全无缺。又邮件之寄递系政府之专业。一九二一年十月十二日《邮政条例》第一条规定云：邮政事务由政府单独经营之。

① 《中日马关条约》。

② 《辛丑和约》。

二，外国邮局之存在，实妨碍中国邮制之发展，并增加其困难，且剥夺该制应有之合法及平等的收入。

三，外国政府在中国维持邮局，既侵害中国领土及行政完全，且无条约及其他合法权利之根据。

一八六〇年之初，外国开始在中国特别有约港口设立支局及代办所。此等局所之开设，并未依据何项条约及让与。其存在与逐渐增加也，中国政府惟有容忍而已。

此等侵略主权之经营，一九二一年华盛顿会议幸有一个决议，叫各国取销。至于外人在华敷设无线电台，华会并未议决取消。而其破坏中国之主权，则甚显著。中国代表请求裁撤之理由有云：

一，中国目前已有极充分之电气交通，外国无线电局之维持实妨碍中国电政之发展。

二，此项电台之经营，实侵害中国主权及行政完全。

三，此项电台之维持违背路特决议之原则。

四，中国并未允许外国设立及经营此项电台。

经济发展较早之国走到落后的中国，眼看着一切建设事业之落后，恨不得件件代为之谋。但代为之谋的事情一出现，中国的主权便遭着破坏。主权被破坏之处太多了，国家之地位便随着低落下来。

国际地位之低落　以上所述，系从领土完整之被破坏及主权独立之被破坏两方面说话。其实两者是分不开的：领土受损之处，主权随着受损；主权受损之处，领土随着受损。这是不可忽视的。分开叙述，只为醒目而已。中国在列强压迫之下，领土与主权之不完整既如前述，现在可进而考察其国际地位了。中国受列强压迫，国际地位逐渐低落。有人说已低落到殖民地的地位了。孙中山先生说：连殖民地还不如，实已成了次殖民地。其言曰：

政治力的压迫是容易觉得有痛痒的。但是受经济力的压迫，普通人都不容易生感觉，像中国已经受过了列强几十年经济力的压迫，大家至今还不大觉得痛痒。弄到中国各地都变成了列强的殖民地，全国人至今还只知道是列强的半殖民地；这半殖民地的名词是自己安慰自已。其实中国受过了列强经济力的压迫，不只是半殖民地，比较全殖民地还要利害。比方高丽是日本的殖民地，安南是法国的殖民地。……但是中国究竟是那一国的殖民地？是对于已经缔结了条约的各国的殖民地。凡是和中国有条约的国家都是中国的主人。所以中国不只做一国的殖民地，是做各国的殖民地。……故叫中国做半殖民地是很不对的。依我定一个名词，应该叫做“次殖民地”。这个次字是由于化学名词中得来的，如次亚燐便是。药品中有属燐质而低一等者名为亚燐；更低一等者为次亚燐。又如各部官制，总长之下低一级的就叫作次长一样。中国人从前只知道是半殖民地，便以为很耻辱；殊不知实在的地位还要低过高丽安南。故我们不能说是半殖民地，应该要叫做次殖民地。①

① 孙中山：《三民主义民族主义》第二讲。

第二章　中国之图强御侮运动

中国被列强压迫，事实上已沦为次殖民地了；则国人之图强御侮运动自然应运而生。兹分三项述之：(一)经济方面的图强御侮；(二)政治方面的图强御侮；(三)教育学术方面的图强御侮。

一、经济方面的图强御侮

经济侵略之加紧　列强以武力压迫中国，逼订不平等条约，沦中国为次殖民地，其唯一目的，在取得物质的实在利益。他们要向中国投资，他们要向中国销售商品，他们要从中国吸取原料。关于外国商品进口之增加，以及中国原料出口之增加，海关有详细的报告。同治三年(公元一八六四年)的时候，我国输出入总额仅一亿五百三十万余两。至光绪十六年(公元一八九〇年)增至二亿一千四百二十余万两。二十七年之中，办理出入贸易总额已增至一倍以上。[①] 刘大钧将咸丰六年(公元一八五六年)以后，国货出口净数及洋货进口净数(单位百万海关两)按五年一计，发见其增加之状如下：

年度	国货出口净数	洋货进口净数
一八六五年	六〇	六一
一八七〇	六一	六九
一八七五	六八	六七
一八八〇	七七	七九
一八八五	六五	八八

① 第一回《中国年鉴》，第169页。

一八九〇	八七	一二一
一八九五	一四三	一七一
一九〇〇	一五八	二一一
一九〇五	二二七	四四七
一九一〇(宣统二年)	三八〇	四六二

设以一八六五年为一〇〇，则得进出口贸易增加的比率指数表如次：

年度	出口数比率	进口数比率
一八六五	一〇〇	一〇〇
一八七〇	一〇一·六	一一三·一
一八七五	一〇三·三	一〇九·八
一八八〇	一二八·三	一二九·五
一八八五	一〇八·三	一四四·二
一八九〇	一四五·〇	二〇八·二
一八九五	二三八·三	二八〇·三
一九〇〇	二六三·三	三四五·九
一九〇五	三七八·三	七三一·八
一九一〇	六三三·三	七五七·三

就这等指数看来，前二十年进出口货的增加率差不多相同。但是自从一八八五年(光绪十一年)起，进口数之增加则较出口数之增加迅速多了；至一九〇五年(光绪三十一年)则进口数几倍于出口数。[①]

单只这种出不能抵入的国际贸易一项，积时久了，若无好转的希望，便足以使中国日就贫弱而至于灭亡。这是列强在华销售商品吸取原料所生的不利于中国的结果。此外，列强利用不平等条约的保障，在华投资，开银行，设矿务局，办轮船公司，等等，都是榨取国人的剩余劳动，使中国日就贫弱的办法。再加上鸦片战争以来，几次大战失败所负的赔款，更使国人感着列强对华经济侵略之严重。综而言之，对外贸易的逆势，外人投资的增加，负担赔款的繁重，都是刺激国人最利害的事实。这等刺激乃引出“挽回利权”的运动，使国人无间朝野上下，一致努力于新式生产事业之

① 《中华国货展览会纪念特刊名著》第二篇。

创兴。

新式产业之创兴 (a)新式矿业之创兴。国人为着要自图富强，乃仿西洋科学方法，创兴新式矿业，以代替用旧法开采之小规模矿业。光绪四年(公元一八七八年)，直隶总督李鸿章以官商资本银二十七万两(至光绪八年，公元一八八二年增至一百二十万两)开设平矿务局于天津，为中国以西法开矿之嚆矢。此后各省闻风奋起，新式矿业大兴。李所创办者尚有热河四道沟之铜矿；朝阳金厂沟、黑龙江漠河、山东招远之金矿；峄县之煤矿。四道沟铜矿光绪十三年(公元一八八七年)开办，不久停歇。峄县煤矿光绪六年(公元一八八〇年)由官方开办，后改为商办。漠河金矿光绪十五年(公元一八八九年)开办。同时各省创兴之矿业，计有贵州之清溪铁矿，系光绪十一年(公元一八八五年)贵州巡抚屠某所创办；云南之东川白锡镴铜矿，系光绪十三年(公元一八八七年)唐炯所创办；四川之冕宁麻哈金矿，系光绪二十一年(公元一八九五年)所创办；湖南之官矿局也于同年由巡抚陈宝箴创办。而最著名的要算湖北之汉阳铁厂，系光绪十六七年(公元一八九〇——九一年)张之洞所创办。庚子(公元一九〇〇年)拳变爆发，各省矿业因而停顿者凡六七年之久。至光绪三十年(公元一九〇四年)设置矿政调查局及矿务议员以后，矿业大兴。光绪三十一年(公元一九〇五年)，广西有富贺煤矿，陕西有延长石油矿之创办。三十三年(公元一九〇七年)，山西有涑川铜矿，江西有赣州铜矿、余干煤矿，广西有官炼锑矿等之创办。三十四年(公元一九〇八年)，吉林有磐石铜矿；宣统元年(公元一九〇九年)，直隶有鸡鸣由煤矿，云南有个旧锡务公司；宣统二年(公元一九一〇年)，四川有彭县铜矿；湖南官矿局亦于是时推广改良，以新法采水口山铅锌，渐获厚利。凡此都是民国以前的新式矿业。

(b)新式工业之创兴。这以军用工业之创兴为最早。依产业革命之正常次序而言，大抵先有普通工业，然后因推销工业品而商业发达。商业发达至极。商业发达至极，国外所获得的市场多了，为保护市场计乃扩张军备，乃发展军用工业。英国的情形即是如此。但中国不然，最先创兴的却为军用工业；这显然是列强压迫中国的一种反映。列强以武力压迫中国，中国首先感着迫切需要的，当然为军用工业。据军用工业专家李伯芹的调查，民国元年以前，各工厂发展情形(工作厂别、工作人数、出品种类等三项，均系民国十九年调查时之情形，而不是民国元年以前所早有的，故略去)。约略如下。

金陵兵工厂，在南京南门外；同治三年(公元一八六三年)开工。光绪十二年(公元一八八六年)始建机器大厂，即今之创厂。二十年(公元一八九四年)建东子弹厂，改用无烟药；于民国十六年(公元一九二七年)增设无烟药厂。

上海兵工厂，在上海高昌庙，枪弹厂在龙华；同治四年(公元一八六四年)开工。初名江南制造总局，在虹口开办。同治六年(公元一八六六年)移高昌庙分建各厂，继建轮船厂与船坞。十三年(公元一八七四年)于龙华设黑药厂。光绪四年(公元一八七八年)始造钢厂；十六年(公元一八九〇年)设炼钢厂；十九年(公元一八九三年)仿造栗色火药；二十一年(公元一八九五年)试造无烟火药；三十年(公元一九〇四年)将船厂船坞改归商办；三十一年(公元一九〇五年)始造克式七五山炮。

四川兵工厂，在成都东门，光绪二年(公元一八七六年)开工，光绪元年(公元一八七五年)创办，名曰机器厂；二年正式开工。制造单响毛瑟抬枪等。三十年(公元一九〇四年)大事扩充，向德国购买大批机器。宣统元年(公元一九〇九年)开工制造新式枪炮弹药，产额可观。

新城兵工厂在济南新城；光绪三年(公元一八七七年)开工。光绪元年创办，二年装设机器，三年正式开工专造黑药。十五年(公元一八八九年)始造枪弹，并建化铜轧铜厂。二十一年(公元一八九五年)建北部枪子厂。二十四年(公元一八九八年)建南部枪子厂。民国七年(公元一九一八年)始造机关枪；十五年(公元一九二六年)由德州搬来机器，成立炸弹厂及无烟药厂。

广东兵器制造厂在广州石井。光绪十三年(公元一八八七年)创立；七月开工，定名为制造枪弹局，制造黑药毛瑟弹。三十一年(公元一九〇五年)，设立机关枪厂。三十三年(公元一九〇七年)六月，设立枪厂；同年九月，设立无烟药弹厂。宣统元年(公元一九〇九年)，设立烟药厂；民国九年(公元一九二〇年)，机器厂次弟成立。

汉阳兵工厂在汉阳大别山东麓，药厂在赫山。光绪十九年(公元一八九三年)开工，始仿造德国一八八八年式七九步枪。二十年设立铜药厂于赫山；烟厂因成绩不佳停工。二十四年(公元一八九八)始造无烟火药；三十年(公元一九〇四年)前后，建硫酸厂。民国二年(公元一九一三年)始造克式七五山炮。

开封兵工厂在开封南关；光绪三十年(公元一九〇四年)开工。光绪十六年(公元一八九〇年)创办，占地约二十亩。三十年(公元一九〇四年)始开工制造子弹，并造各种枪械机器，共五百余部。发动机二百五十马力。

以上系转录自《民鸣杂志》二卷二号，即民国十九年四月号。民国元年以后开设的有云南兵工厂；系民国元年开，山西兵工厂，巩县兵工厂，均系民国十二年开；辽宁兵工厂系民国十二年开；衡阳军械局系民国十六开。整个军用工业之创兴，系列强压迫中国的反映。但仅有军用工业，从办理得法，有好成绩，亦只可以强兵，却不可以富国。朝野上下有鉴于此，于是继起创办一般的新式工业。我国创办一般的新式工业，为时很迟。最初创办的人，为大官僚李鸿章、张之洞等。自光绪十六年(公元一八九〇年)到二十五年(公元一八九九年)约十年之间，国人之创办轻工业如纺纱与织布等极为努力。

光绪十六年(公元一八九〇年)合肥李鸿章鉴于外洋办理入棉货额之巨，为挽回利权计，创议设机器织布局于上海；二十年(公元一八九四年)开办，为我国纺织工厂之始；不久，纺织新局亦告成立。这就是于今恒丰纱厂的前身。

光绪十七年(公元一八九一年)新设之纺织工厂有南皮张之洞所创之武昌织布局。

光绪二十年(公元一八九四年)张氏又增设纺纱局。同年设于上海者有裕源纱厂(后为日人收买，更名上海第一厂)。

光绪二十一年(公元一八九五年)上海有大纯厂(后为日人收买，更名内外第九厂)之设立，无锡有业勤厂之设立；宁波有通久源之设立。

光绪二十三年(公元一八九七年)杭州有通益公之设立。苏州有苏纶厂之设立。

光绪二十四年(公元一八九八年)上海有裕通厂之设立。

光绪二十五年(公元一八九九年)南通有大生厂之设立。

此后各地各种工厂相继设立。计全国工厂总数，光绪二十九年(公元一九〇三年)以前的共有六，〇六六厂；光绪三十年增设的有六五二厂；三十一年增设的有二六二厂；三十二年增设的有三八〇厂；三十三年增设的有二七六厂；三十四年增设的有三二四厂；宣统元年(公元一九〇九年)增设的有八六二厂；二年增设的有六一二厂；三年增设的有四八三厂。[①] 民国元年以后的发展，则更为活跃。兵工厂所以强兵，纺织厂所以富国。当时中国虽未能立刻达于富强之境；然其对图强御侮运动之努力，固可于开办新式生产事业上见之。

(c)新式银行之创兴。新式工业发达了，大规模的商业亦随着发达。于是便利工商的新式银行为不可少了。周葆銮述中国最近过去银行发达之略史曰：

欧化东渐，而商策一变。沪江片石始露银行之曙光。而大江南北闻风跃起：始则外资独擅其权，继则中土亦分其润；始则官为之借，继则民自为募。然大都援袭国外之典章，未脱中土之旧习；南辕北辙，多所牴牾。此为吾国银行萌芽之时代也。光宣以降，世变益甚，中外银行多所兴设。于是始有则例之颁布。改革伊始，因时制宜；纸币集中之政策，金库统一之特权，勒为成文，宣之大众；俾普通特别之界限，不越雷池；殖产兴产之范围，不溢累黍；而银行之规制始定。此我国银行完成之时代也。壬癸(民元民二)以还，社会经济之观念日益精，企业信用之基础日益巩；中央银行之脉络已分布于全邦；农工贷借之机关几普及于各邑。其握转输飞挽之权，绾山海鱼盐之利；开拓边土，操奇计赢者，咸赖有特别机关为之司管钥，便出纳。而富商大贾亦同时奋起；使金融界存放汇通之规模一洗从前票号钱局之旧观，而一新其面目。此吾国银行发达之时代也。[②]

(d)新式交通机关之创兴。这有铁路办理船邮政电报等项。

(1)我国电报之创办发达，在民国元年以前，约可分为四时期。

自光绪五年(公元一八七九年)至八年(公元一八八二年)纯为官办，是为官款官办时期。至八年三月改为商办，定资本为八十万元，但政府仍派人监督，是为官督商办时期。二十五年(公元一八九九年)增资本为二百二十万元。二十八年(公元一九〇二年)改为官办，由政府特设电政大臣董其事，但资本仍归商有，是为商款官办时期。至光绪三

① 第一回《中国年鉴》，第 1435－1436 页。

② 周葆銮：《中国银行史自序》。

十四年(公元一九〇八年)由邮传部收全国官商各线，归部直辖；所有商股概由政府买收，是仍为官款官办时期。民国以来，仍而未改。[①]

(2)中国邮政在民国元年以前发展之状，亦是列强压迫的一种反映。一九二一年华盛顿会议，我国代表提出请求各国撤废在华所经营邮政事务之理由时，兼述中国邮政被列强压迫而发展之状有曰：

一八六〇年(咸丰十年)之初，外国邮局开始在中国特别有约港口设立支局及代办所。此等局所之开设并未依据何项条约及让与。其存在与逐渐增加也，中国政府惟有容忍而已。当此之时，沿海各港口及扬子江各口岸有一规律的邮递事务依西法设立，与海关相衔接。此项邮务继续进行，并逐年改良其各项机关。一八九六年(光绪二十二年)三月二十日上谕将该制扩充为中国正式邮政制度，置于总税务司一般指导之下。最后一九一一年(宣统三年)五月二十八日上谕取消总税务司代管之制，特设独立制度，由邮传部大臣直接管辖之。自此之后，邮政遂视为中国政府行政事务之一种，而经营之矣。

(3)至于轮船，也是因为列强压迫而开始使用的，同治初年，英美各国相继在华设立轮船公司。如同治元年(公元一八六二年)，美国那绥公司设立旗昌洋行；四年(公元一八六五年)，英人设立省港澳轮船公司；六年，(公元一八六七年)，英太古洋行又设立中国航业公司。于是中国沿江沿海及通商口岸尽是外国轮船的势力。中国帆船被压迫至不能存在；中国工商利益被吸去不知多少。直到同治十一年(公元一八六一年)李鸿章有鉴于此，才建议创设轮船招商局，以图挽回利权。十二年全局改组，改由商办。光绪十一年(公元一八八五年)盛宣怀奉命整顿，复改为官督商办，由北洋大臣派员督理。宣统元年(公元一九〇九年)又命招商局改隶于邮传部，仍为商办。招商局以外，其他轮船公司之较大者，在民国元年以前，约可指出如下：

光绪二十九年(公元一九〇三年)南通有大连内河轮船公司之创办，有船十九双。

---

① 第一回《中国年鉴》，第922页。

光绪三十一年(公元一九〇五年)烟台有政记公司之创办。

光绪三十三年(公元一九〇七年)哈尔滨有吉林官轮局之创办。

光绪三十四年(公元一九〇八年)哈尔滨有松黑两江邮船局之创办。同年，上海有宁绍商轮公司之创办。

宣统二年(公元一九一〇年)营口有肇兴轮船公司之创办。

宣统三年(公元一九一一年)更有广信公司之创办。①

(4)至于铁路，在光绪末年所建筑的最多，以京奉铁路之建筑为最早。光绪四年(公元一八七八年)李鸿章创设开平煤矿公司，为运煤便利起见，于光绪七年(公元一八八一年)铺设开平塘沽间铁路，名为唐山铁路。继组织中国铁路公司，更从塘沽延长至天津，至十四年(公元一八八八年)竣工。自此以后，陆续建筑，成京奉铁路。兹依各路开始建筑的年代之先后，列举重要的铁路于次：

京奉铁路于光绪七年(公元一八八一年)开始建筑。

京汉铁路于光绪十五年(一八八九)创议，光绪二十二年(一八九六)成立铁路总公司，开始建筑。

汴路铁路于光绪二十一年(一八九五)开始建筑。

株萍铁路于光绪二十五年(一八九九年)开始建筑。

道清铁路于光绪二十八年(一九〇二年)开始建筑。

泸宁铁路于光绪二十九年(一九〇三年)开始建筑。

正太铁路于光绪三十年(一九〇四年)开始建筑。

潮汕铁路于光绪三十年(一九〇四年)开始建筑。

京张铁路于光绪三十一年(一九〇五年)开始建筑。

新宁铁路于光绪三十二年(一九〇六年)开始建筑。

南浔铁路于光绪三十三年(一九〇七年)开始建筑。

漳夏铁路于光绪三十三年(一九〇七年)开始建筑。

广九铁路于光绪三十三年(一九〇七年)开始建筑。

沪杭铁路于光绪三十三年(一九〇七年)开始建筑。

津浦铁路于光绪三十四年(一九〇八年)开始建筑。

---

① 交通部等交通史编篡委员会出版之《交通史航政篇》。

上所举者只是民国元年以前之铁路，民元以后的未举；只是国人自办的铁路，中外合资建筑的未举。中国之开始建筑铁路，也是在列强压迫之下图强御侮运动之一部门。图强御侮运动，自甲午（公元一八九四年）中日战争失败之后，无论在哪一方面，都显着努力迈进之状。因经济方面的图强御侮运动之迈进，产业界发生了激剧的变化；社会阶级亦随着变化起来。

社会阶级之变动　中国旧有的社会阶级，原分两大营垒：一方面为官僚，为地主，为富商大贾等。这是占着社会政治经济种种优势而压迫他人而剥削他人的。其中富商大贾虽能剥削他人，而政治地位有时却不如官僚地主远甚，这大抵是重农的结果。另一方面为农民，为手艺工人，为小商人等；这是占不着社会政治经济种种优势而被人压迫被人剥削的分子。在被压迫被剥削的情境之下，农工商等往往不能维持原有地位，尝沦为雇佣，乃至无业游民等。

自图强御侮运动兴，经济界起了激剧的变化；这旧有的阶级对立之状亦随着变化起来。官僚地主以其地租官俸等投于新式生产事业；富商大贾亦以其过剩的商业资本投于新式生产事业。凡新式的矿业中，新式的工业中都有他们的股本。新式金融机关如银行等，新式交通机关如铁路轮船公司等都是他们投资之所。原来他们的财富是停滞在农村中的；自从有了这等新事业新机关，乃逐渐从农村中聚焦并移出，成为新式生产事业的资本。于是官僚地主富商大贾等亦随其财富的运用之变化而成为新时代的资本家。

站在他们对立方面被剥削的原为农民、手艺工人、小商人等。自从新式生产事业发达；农民、手艺工人、小商人等中的失业分子乃争向矿山、工厂、公司、轮船、铁路及轮船码头等地投奔，而为新式的产业工人，供新式的资本家剥削。至是，原来官僚、地主、富商大贾与农民、小商人、手艺工人的对立关系逐渐转变为资本家与产业工人的对立关系。旧的对立关系逐渐被新的对立关系所代替。

再者，原来站在旧的对立关系之中间的有一种知识分子所谓士大夫者，尝能缓和双方的冲突。他们本系地主阶级出身，故能代政府宣意旨以训导农工商人，以维社会次序。自从新的对立关系产生，此辈的地位任务也随着变了。凡律师、教育家、著作家、新闻记者等都是从旧的士大夫地位转化而来。他们不是旧的对立关系中间之人了，实已成了新的对立关系中间之人。新的对立关系树立，资本家渐将占着支配社会的地位了；此辈知识分子亦将随着使资本主义的社会或阶级的社会趋于合理而减其崩溃的速度。

若在目前更负有肃清残余封建势力的责任。

此外随着列强经济势力之深入中国，复有买办阶级产生。买办阶级之势力较资产阶级为尤大。这于第四章第一节述列强在华之经济势力时当为详述。

二、政治方面的图强御侮——戊戌维新

经济方面的图强御侮略如上述。至于政治方面的图强御侮可分两项述之：一曰戊戌维新，二曰辛亥革命。兹先述前者。

外侮之逼出维新　民国元年以前的各种图强御侮运动都是外侮逼出来的。戊戌年(光绪二十四年，公元一八九八年)之变法维新更是外侮的直接反映。自甲午(光绪二十年，公元一八九四年)中日战败，次年三月，李鸿章被迫签定《马关条约》归来，国人对外侮的压迫，便已在无可再忍的时候了。“当时中外诸臣章奏凡百十上，康有为等数千人上书尤激昂。朝意颇为动，命鸿章改约；鸿章以全权签约，无更改理，虑腾笑万国，坚不从。”[①]这已可见外侮的压迫快要引起国内政治方面的大变化了。自此以后，不到两年，接着便有德人侵占胶州之事。这么一来，有志之士便不能不有所活动了。光绪二十三年(公元一八九七年)十二月，康有为上书陈事变之急有曰：

> 夫自东师辱后，泰西蔑视，以野蛮待我，以愚顽鄙我。昔视我为半教之国者今等我于非洲黑奴矣。昔憎我为倨傲自尊者今则侮我为聋瞽蠢冥矣。按其公法均势保护诸例，只为文明之国，不为野蛮。且谓翦灭无政教之野蛮为救民水火。故十年前吾幸无事者泰西专以分非洲为事耳。今非洲剖讫，三年来泰西专以分中国为说。报章论议公托义声；其分割之图遍传大地；擘划详明，绝无隐讳。此尚虚声，请言实践，俄德法何事而订密约？英日何事而订深交？土希之役诸国何以惜兵力而不用？战舰之数诸国何以竞厚兵而相持？号于众曰保欧洲太平，则其移毒于亚洲可知。文其言曰保教保商，则其垂涎于地利可想。英国《太晤士报》论德国胶事处置中国极其得宜！譬犹地雷四伏，药线交通；一处火燃，四面皆应。胶警乃其借端，德国固其嚆矢耳。二万万

① 罗惇曧：《中日兵事本末》。

膏腴之地，四万万秀淑之民；诸国眈眈，朵颐已久。慢藏诲盗，陈之交衢，主者屡经抢掠，高卧不醒；守者袖手熟视，若病青狂。唾手可得，俯拾即是；如蚁慕羶，闻风并至；失鹿共逐，抚掌欢呼。其始壮夫动其食指，其后老稚亦分杯羹。诸国咸来，并思一脔。昔者安南之役，十年乃有东事。割台之后，两载遂有胶州。中间东三省龙州之铁路，滇粤之矿，土司野人山之边疆，尚不计矣。自尔之后，赴机愈急，蓄势益紧。事变之来，日迫一日。教堂遍地，无刻不可启衅；矿产遍地，无处不可要求。骨肉有限，剥削无已。且铁路与人，南北之咽喉已绝。疆臣斥逐，用人之大权亦失。浸假如埃及之管其户部，如土耳其之柄其国政。枢垣总署，彼可派其国人；公卿督抚，彼且将制其事命。鞭笞亲贵，奴隶臣民；囚奴士夫，蹂践民庶。[①]

康于次年(公元一八九八年)三月二十七日在北京粤东会馆召开保国会议之时，更有一段慷慨激昂之演说辞曰：

我中国四万万人无贵无贱，当今日在覆屋之下，漏舟之中，薪火之上。如笼中之鸟，釜底之鱼，牢中之囚。为奴隶，为牛马，为犬羊，听人驱使，听人割宰。此四千年中二十朝未有之奇变。加以圣教式微，种族沦亡，奇惨大痛，真有不能言者也。[②]

康有为之新计划　康在清末，可算是有新思想之人。对于中国旧学，尤其是经学，颇具有清算之功；曾著有《新学伪经考》及《孔子改制考》等书以整理旧学。表示政治思想之著作，则有《大同书》。《大同书》完全为一种空洞的理想。其最切实际的厥为戊戌维新的诸计划。康之计划，因限于时代思潮之故，若以现代政治学的眼光去看，自然算不得完整，甚至不免混沌。他在戊戌维新之前，曾几次上书，主张变法。光绪十四年(公元一八八八年)他以布衣的资格伏阙上书，极言外国压迫，中国处境危险；宜取法泰西改革内政，以图自强。当时京师之人都以他为病狂。到二十一年(公元一八九五年)中日和约签定以后，又上万言书，力言变法维新之不可或缓；这事在是年四月。到二十三年(公元一八九七年)胶州事变爆发，乃又于十二

① 梁启超：《戊戌政变记》第一篇第一章。

② 康有为：《保国会演说辞》。

月上书；其中关于变法维新的部分，仍只是泛泛的列举；想到一件，举出一件；尚未见有改革政治机构的根本计划。其言有曰：

> 伏愿皇上因胶州之变，下发愤之诏。先罪已以励人心，次明耻以激士气。集群材咨问以广圣德，求天下上书以通下情。明定国是，与海内更始，自兹国事付国会议行，纡尊降贵，延见臣庶。尽革旧俗，一意维新。大召天下才俊，议筹款变法之方；采择万国律例，定宪法公私之分。大校天下官吏贤否，其疲老不才者皆令冠带退休。分遣亲王大臣及俊才出洋；其未游历外国者不得当官任政。统算地产人工，以筹步计预算；察阅万国得失，以求进步改良。罢去旧例，以济时宜；大借洋款，以举庶政。诏旨一下，天下雷动；士气奋跃，海内耸望。然后破资格以励人材，厚俸禄以养廉耻。停捐纳，汰冗员，专职司以正官职。变科举，广学校，译西书以成人材。悬清秩功牌，以奖新艺新器之能。创农政商学，以为阜财富民之本。改定地方新法，推行保民仁政；若卫生，济贫，洁监狱，免酷刑，修道路，设巡捕，整市场，铸钞币，创邮船，徙贫民，开矿学，保民险，重烟税，罢厘征；以铁路为通，以兵船为护。夫如是则庶政尽举民心知戴。[①]

这其中所列举的项目非常之多：有关于根本大法的，如定国是，开国会，定宪法是。有关于整顿吏治的，如大校天下官吏贤否，令疲老不才者退休是。有关于个别政策的，如借洋款以举庶政，废科举以兴学校，都是极有胆识的新政。不过这样列兴趣的新政，纵举的多，终嫌无系统。二十四年(公元一八九八年)正月初八，又上疏请统筹全局。其中所言较有系统了。康在当时颇习知欧洲的三权分立之说，于国会议政一项，尤其赞佩。于是他便发表其关于制度局的意见，他想借此制定宪法，他想借此议决新政。其召集的方法，当然离现代宪政国的方法甚远，系由皇帝任意选数十人充数。但他却信此为变法之原。故其言有曰：

> 维新之始，百度甚多。惟要义有三：一曰大誓群臣，以定国是；二曰立对策所，以征贤才；三曰开制度局，而定宪法。……开制度局于宫中，选公卿诸侯大夫及草茅才士二十人充总裁议定参预之任，商

---

① 梁启超：《戊戌政变记》第一篇第一章。

> 権新政，草定宪法；于是谋议详而章程密矣，……泰西政论皆言三权：有议政之官，有行政之官，有司法之官。三权立，然后政体备。以我朝论之，皇上为元首，百体所从；军机号为政府，出纳王命。……百官皆备，而独无左右谋议之人，专任论思之寄。然而新政之行否实关军国之安危。而言者妄请施行，主者不知别择；无专司为之讨论，无宪法为之著明。浪付有司，听其抑扬。恶之者驳诘而不行；决之者仓卒而不尽。依违者狐疑而莫定，从之者条书而不详。是犹范人之形，有头目手足口舌身体，而独无心思；必至冥行擿埴，颠倒狂瞀而后已。以此而求新政之能行，岂可得哉？故制度局之设尤为变法之原也。①

有制度局专司讨论，尤须有各种专门机关为之执行，否则新法新政仍是废物。康于此又主设立十二分局以分其事。这十二分局，似与行政机关相当。与政府原有的六部比较起来，当然进步多了。各局所管事务，都曾详细举出。法律局相当于司法部；度支局相当于财政部；学校局相当于教育部；农工商矿各局相当于实业部；铁路邮政各局相当于交通部；陆军局海军局相当于陆军海军部。只有游会局专管游历，似为专供落后国家之需要的，颇为特别。兹将他那疏上的原文录出，以见维新的内容。

> 制度局总其成，宜立十二局分其事。一曰法律局，外人来者自治其民，不与我平等之权利，实为非常之国耻。彼以我刑律太重，而法规不同故也。今宜采罗马及英、美、德、法、日本之律，重订施行；不能骤行内地，亦富先行于通商各口。其民法、民律、商法、市则、舶则、讼律、军律、国际公法，西人皆极详明。既不能闭关绝市，则通商交际，势不能不概予通行。然既无法律，吏民无所率从；必致更滋百弊。且各种新法皆我所夙无；而事势所宜可补我所未备。故宜有专司采定各律，以定率从。二曰度支局。我国地比欧洲，人数倍之，然患贫实甚。所入乃下等于智利希腊小国，无理财之政故也。西人新法：纸币、银行、印税、证券、讼纸、信纸、烟酒税、矿产、山林、公债、皆致万万、多我所无；宜开新局专任之。三曰学校局。自京师立大学，各省立中学，各府县立小学，及专门各学：若海陆医学、律

① 梁启超：《戊戌政变记》第一篇第一章。

学、师范学。编译西书，分定课级；非礼部所能办，宜立局而责成焉。四曰农局，举国之农田山林水产畜牧，料量其土宜，讲求其进步改良焉。五曰工局。司举国之制造机器美术，特许其新制而鼓励之，其船舶、市场、新造之桥梁、堤岸、道路成焉。六曰商局。举国之商务、商学、商会、商情、商货、商律，专任讲求激励之。七曰铁路局。举国之应修铁路，绘图定例权限咸属焉。八曰邮政局。举国皆行邮政以通信；命各省府县乡咸立分局，并电线属焉。九曰矿务局。举国之矿产矿税矿学属焉。十曰游会局，凡举国各政会，学习，教会，游历游学各国会，司其政律而鼓舞之。十一曰陆军局。选编国民为兵，而司其教练。十二曰海军局。治铁舰练军之事。十二局设，庶政可得而举矣。①

这十二局等于一个完全的政府。但原有的旧政府，既不用革命的手段去推翻，这十二局究将置诸何处呢？这的确是一问题。康于此未曾计及。考其用意，似颇主张两者并立。待新政施行有效，旧政府当自然地消灭下去。当时的希望在使皇帝接近新人，而任旧政府自生自灭。这层意思，维新运动的另一要人梁启超知之甚深；梁为康之学生，其言有曰：

四月二十三日下诏定国是；二十五日下诏命康有为预备召见；二十八日遂召见于颐和园之仁寿殿，历时至九刻钟之久；向来召见臣僚所未有也。康所陈奏甚多，皇上曰："国事全误于守旧诸臣之手，朕岂不知？但朕之权不能去之。且盈廷皆是，势难尽去，当奈之何"？康曰："请皇上勿去旧衙门，而惟增置新衙门；勿黜革旧大臣，而惟渐擢新小臣。多召见才俊志士，不必加其官，而惟委以差事，赏以卿衔，许其专折奏事足矣。彼大臣向来本无事可办，今日仍其旧，听其尊位重禄。而新政之事，别责之于小臣。则彼守旧大臣既无办事之劳，复无失位之惧，则怨谤自息矣。即皇上果有黜陟之全权，而待此辈之大臣，亦只当如日本待藩侯故事，设为华族，立五等之爵以处之，厚禄以养之而已；不必尽去之也。"②

德宗之变法维新　德宗于四月二十八日召见康有为之前，便决意实行

① 梁启超：《戊戌政变记》第一篇第一章。

② 梁启超：《戊戌政变记》第一篇第一章。

新政。自此次召见康有为之后，实行新政的意志更为坚决。计自戊戌(光绪二十四年，公元一八九八年)四月二十三日明谕实行新政以后，直到八月，三个月间所行新政，也颇不少。这等新政之施行，并未等待宪法颁布，政府改造之后大规模的雷厉风行；而只是由皇帝一件一件以命令行之，或手谕军机处照办而已。范围所及有关于教育的，有关于实业的，有关于政治的，有关于军事的。(1)教育方面的新政，如五月十五日命孙家鼐创办京师大学堂；五月二十二日命各省府广州县将大小书院一律改为新式中学校；民间祠庙等亦一律利用为新式小学校；五月十五日命梁启超办理译书局事务；五月二十三日谕实行经济特科考试(即考新知识)等等都是较重要的，都已见诸明令。(2)实业方面的新政，五月十六日着刘坤一查明农学会章程，并着各省学堂编译农务书籍；五月十七日谕悬赏奖励新工业之制作及新器具之发明等等，都可概见一般。(3)军事方面的新政，如六月二十三日上谕整顿水师，八月一日上谕袁世凯责成专办练兵事务，皆其要者。(4)政治方面的新政，如财政如民政等都有改革的明令。八月一日上谕户部将每年出款入款分别门类，列为一表，按月刊报，俾天下咸晓然于国家出入之大计，便是一端。七月二十二日上谕各省督抚留心访查所属地方州县官如有通达时务，勤政爱民之人，即随时保送引见，以备录用，这也可见对于民政之开始改革。凡此只是举例而已，实际三个多月的新政，并不止这四门，更不止这所举的数事。

至于引进的新人，大抵都是接近康有为，并主张变法维新的人。如梁启超是康之弟子，鼓吹变法维新亦最力，于五月十五日赏给六品衔，命办理译书局事务；杨锐、刘光弟皆保国会会员，由陈宝箴奏荐，任以四品卿衔，为军机章京，参预新政；林旭为康之弟子，谭嗣同为康所最亲信之人，均任以四品卿衔，为军机章京，参预新政。这四人都是七月里任用的。至于康本人，则以目标太大，恐召旧派之忌，尤其怕引起旧派中心慈禧太后的反感，未予特别名义。然德宗皇帝信任甚专，在总理各国事务衙门，许其专折奏事。当时专折奏事是很不容易的；而总理各国事务衙门，俨然是一个新政府，其重要性更在一切政府机关之上。再者，变法维新之枢纽固在中央；然各省士夫如果一致备起，多方策动，则成功必更迅速。当时湖南广东两省的空气，似颇与中央的变法维新相配合。梁启超云：

中国苟受分割，十八行省中可以为亡后之图者莫如湖南广东两省矣。湖南之士可用，广东之商可用。湖南之长在强而悍，广东之长在富而通。余广东人也，先言广东。

守旧之徒，谈及洋人，则嫉之如雠。与洋人交涉，则畏之如虎。此实顽固党之公例也。广东为泰西入中国之孔道；濠镜一区，自明代已为互市之地。自香港隶属于英，白人之足迹益繁，故广东言西学最早。其民习与西人游，故不恶之，亦不畏之。故中国各部之中，其具国民之性质，有独立不羁气象者，惟广东人为最。

中国内地之人爱国之心甚弱，其故皆由大一统已久，无列国生存竞争之比较；而为之上者又复从而蒙压之。故愚民之见以为已国之外更无他国。如是，则既不知有国矣，何由能生其爱哉？故中国人乏爱国心者，非其性恶也，愚害之也。广东人旅居外国者最多，皆习见他邦国势之强，政治之美，相形见绌，义愤自生。故中国数年以来，朝割一省，夕割一郡；内地之民视若无睹；而旅居外国之商民，莫不扼腕裂眥，痛心疾首，引国耻如己耻者，殆不乏人。然则欲验中国人之果有爱国之心与否，当于广东人验之也。

中国人工作之勤，工价之廉，而善于经商，久为西人所侧目。他日黄种之能与白种抗衡者殆恃此也。然于中国人之中具此美质者亦惟广东人为最。又其言语与他省不同，凡经商于外国者，乡谊甚笃，联合之力甚大。

前者中国曾两次派遣学生留学美国，后虽半途撤回，而学生自备资斧，或佣工于人，持其工资以充学费。终能卒业者，尚不乏人。其人皆广东产为多。因中国弃而不用，今率皆沦落异国。其实此中不无可用之才也。

湖南以守旧闻于天下；然中国首讲西学者为魏源氏，郭嵩焘氏，曾纪泽氏，皆湖南人。故湖南实维新之区也。发逆之役，湘军成大功，故嚣张之气渐生，而仇视洋人之风以起。虽然，他省无真守旧之人，亦无真维新之人。湖南则真守旧之人固多，而真维新之人亦不少。此所以异于他省也。

湖南向称守旧，故凡洋人往游历者动见杀害；而全省电信轮船皆不能设行。自甲午之役以后，湖南学政以新学课士，于是风气渐开。而谭嗣同辈倡大义于天下，全省沾被，议论一变。及陈宝箴为湖南巡抚，其子陈三立佐之。黄遵宪为湖南按察使，江标任满，徐仁铸继之为学政，聘梁启超为时务学堂总教习，与本省绅士谭嗣同熊希龄等相应和，专以提倡实学，唤起士论，完成地方自治政体为主义。……

自时务学堂南学会等既开后，湖南民智骤开，士气大昌；各县州府私立学校纷纷并起，小学会尤盛。人人能言政治之公理，以爱国相砥砺，以救亡为己任。其英俊沈毅之才遍地皆是。其人皆在二三十岁之间，无科第，无官阶，声名未显著者，而其数不可算计。自此以往虽守旧者日事遏抑；然而野火烧不尽，春风吹又生；湖南之士之志不可夺矣。虽全国瓜分，而湖南亡后之图，亦已有端绪矣。[①]

梁氏记湖南广东两省情形，颇为平实。谓广东人以与外洋通商关系发展较早之故，对维新运动之主张容易接收，自极近理。谓湖南人强而悍，有真能守旧的，有真能维新的：新思想未传入之时，遇到洋人，不免杀害，轮船电信不能设行；新思想既传入之后，虽守旧者日事遏抑，然而野火烧不尽，春风吹又生。这种论断，即在今日，似仍可用。

变法维新之惨败　新政开始施行之日，即旧派加紧对抗之时。新派以德宗为中心，以康有为、梁启超等维新派为其干部。旧派以慈禧太后为中心；有直隶总督荣禄统率董福祥之甘军，聂士成之武毅军，袁世凯之新建军驻在畿辅为之保镖；其余反对新法之旧臣满朝皆是。慈禧与旧党荣禄等有军权之人谋废德宗，并拟于九月在天津举行阅兵，诱德宗至天津实行废立。德宗亦早知此，乃与新党首脑康有为等筹商对策，并有密谕云："朕锐意变法，诸老臣均不顺手。如操之太急，又恐慈圣不悦。饬杨锐林旭刘光弟谭嗣同另议良策"。[②] 谭乃乘袁世凯入京，于八月初三日往见，说以荣禄密谋废立，请袁站在新党一边，帮助新党，并引兵围慈禧太后所居之颐和园。袁在当时系荣禄部下，纵未参与废立皇帝之阴谋，但要他围颐和园，替新党进攻慈禧太后，是当然办不到的。袁世凯《戊戌日记》记他与谭会见之情形如次：

谭云："外侮不足忧，可忧者内患耳。"急询其故。……谭云："荣某近日献策，将废立弑君，公知之否？"予答以在津时常与荣相晤谈，

① 梁启超：《戊戌政变记》《附录》二《湖南广东情形》。

② 袁世凯：《戊戌日记》转自《中国近百年史资料》下册。

> 察其词意，颇有忠义，毫无此项意思；必系谣言，断不足信谭。……因出一草稿，如名片式，内开："荣某谋废立弑君，大逆不道；若不速除，上位不能保，即性命亦不能保。袁世凯初五请训，请面付硃谕一道，令其带本部兵赴京，见荣某，出硃谕宣读，立即正法。即以袁某代为直督，传谕僚属，张挂告示，布告荣某大逆罪状，即封禁电局铁路，迅速载袁某部兵入京，派一半围颐和园，一半守宫。……"予闻之，魂飞天外，因诘以围颐和园欲何为。谭云："不除此老朽，国不能保。此事在我，公不必问。"予谓："皇太后听政三十余年，迭平大难，深得人心。我之部下常以忠义为训诫，如令以作乱，必不可行。"谭云："我雇有好汉数十人，并电湖南招集好将多人；不日可到。去此老朽，在我而已，无须用公。但要公以二事：诛荣某，围颐和园耳。如不许，我即死在公前。公之性命在我手，我之性命亦在公手。必须今晚定议，我即诣宫请旨办理。……"诘以两宫不和，究由何起。谭云："因变法罢去礼部六卿；诸内臣环泣于慈圣之前，纷进谗言危词，怀塔布立山杨崇伊等会潜往天津，与荣相密谋，故意意见更深。"予谓："何不请上将必须变法时势详陈于慈圣之前，并事事请示。又不妨将六卿开复，以释意见。且变法宜顺舆情，未可操切；缓办亦可，停办亦可。亦何必如此亟亟，至激生他变？"谭云："自古非流血不能变法，必须将一群老朽全行杀去，始可办事。"予因其志在杀人作乱，无可再说。且已夜深，讬为赶办奏折，请其去。……初五日请训，因奏曰："古今各国，变法非易，非有内忧，即有外患。请忍耐待时步步经理。如操之太急，必生流弊。且变法无在得人，必须有真正明达时务，老成持重如张之洞者赞襄主持，方可仰答圣意。至新进诸臣，固不乏明达猛勇之士，但阅历太浅，办事不能缜密。倘有疏误，累及圣上，关系极重；总求十分留意，天下幸甚。臣受深重，不敢不冒死直陈。"[①]

谭嗣同向袁世凯之要求归于失败，八月初六日及以后，维新运动之惨败乃到来。旧派对维新运动之处置约可分四项。(一)将旧派中心慈禧太后拥出，请她垂帘听政。慈禧垂帘听政之诏是八月初六日下的。自此以后，旧派势力大为活跃。(二)将新派中心德宗皇帝幽闭于瀛台。瀛台在大内之

① 袁世凯：《戊戌日记》转自《中国近百年史资料》下册。

南海中央，四面皆水，一面设桥以通出人。台上约有房舍十余。德宗初被幽闭之时，曾有亲信的太监六人想引其逃避。不幸事觉，此六太监被拘，于十三日与有名的六君子一同处斩。(三)对新派要人大加拘捕监禁杀戮。其被杀戮的有：

康广仁，广东省人，候补主事，康有为之胞弟，因新政株连。

杨深秀，山西省人，山东道御史，上书言定国是，废科举，译日本书，派亲王游历外国，遣学生留学日本等事。所条陈新政最多。

杨锐，四川省人，内阁侍读；七月，德宗特擢四品卿衔，军机章京，参与新政。

林旭，福建省人，内阁中书；七月，德宗特擢四品卿衔，军机章京，参与新政。

刘光弟，四川省人，刑部主事；七月，德宗特擢四品卿衔，军机章京，参与新政。

谭嗣同，湖南省人，江苏候补知府；七月，德宗特擢四品卿衔，军机章京，参与新政。

维新运动到八月间即遭此等惨变；此等惨变之自身，后又称为戊戌政变。上六人谓之戊戌遇害之六君子。其中杨锐、林旭、刘光弟、谭嗣同四人为军机四卿，与康有为同奉密诏，主持新政，地位尤其重要。六君子之外，被革职永不叙用的，被囚禁的，及严令拿办并抄没家产的，共有二十二人。其中有变法维新之发动人康、梁，以侥幸逃脱，未遭杀身之祸。康有为广东省人，工部主事；德宗擢总理各国事务衙门章京，督办官报局；至是革职拿办；逮捕族属，查抄家产。梁启超广东省人，举人德宗授以六品衔，办理译书局，至是革职拿办，逮捕族属，查抄家产。①

(四)推翻德宗皇帝所施行之一切新政。八月十一日，恢复德宗所已裁汰之詹事府等衙门及各省冗员。同日，禁止士民上书。同日废官报局，同日，停止各省府州县设立中学校、小学校。八月二十四日，复八股取士之制。同日罢经济特科；特科分内政、外交、兵学、工学、理财、格致六门；教育方面的新政，以此为最重要；至是全罢。同日废农工商总局。同日，

① 梁启超：《戊戌政变记》第四篇第二章。

命各督抚查禁全国报馆，严拿报馆主笔。八月二十六日，禁立会社，拿办社员。[①]

三、政治方面的图强御侮——辛亥革命

康梁等所发动的变法维新运动失败之日，正孙中山先生所领导的革命运动进入实践阶级之时。维新运动主拥护满清，想在满清皇帝统治之下，效法西洋各国，零碎地施行若干新政。革命运动则欲根本推翻满清统治，树立民主共和政府，以求整个中国在列强间之自由平等。维新运动者似只能列举若干新政，以备皇帝采择施行。革命运动的领袖孙中山先生则有其一贯之主义以为活动之张本。兹将革命运动分五项述之于次。

革命运动之势力　革命运动乃孙中山先生所创始的。孙自乙酉(公元一八八五年)中法战败之年始，就决定了倾覆满清，建立民国之志。最初他以自己所入之学堂为鼓吹革命之地，以行医于澳门羊城两地为实行革命的护符。数十年的活动，于理论于实际都有成就。他的理论，当然以《三民主义》一书为其中心，但依此主义而发挥的建设理论，更是不少。据他自己说：

> 自《建国方略》之《心理建设》(即《孙文学院》)、《物质建设》(即《实业计划》)、《社会建设》(即《民权初步》)三书出版之后，予乃从事于草作《国家建设》。……《国家建设》一书较前三书为独大，内涵有《民族主义》《民权主义》《民生主义》《五权宪法》《地方政府》《中央政府》《外交政策》《国防计划》八册。而《民族主义》一册已经脱稿；《民权主义》《民生主义》二册亦草就大部。其他各册，于思想之线索，研究之门径，亦大略规划就绪，俟有余暇，便可执笔直书，无待思索。[②]

孙之理论，未必都在辛亥(公元一九一一年)革命以前著之于书。但其思想线索，早在辛亥以前酝酿成就，做了他的行动纲领。例如乙巳(公元一九〇五年)在欧洲吸收留学生为革命同志之时，便以《三民主义》《五权宪法》相号召。其言有曰：“乙巳春间，予重至欧洲，则其地之留学生已多数赞成

① 梁启超：《戊戌政变记》第四篇第二章。

② 孙中山：《三民主义》《自序》。

革命。……予于是乃揭櫫吾生平所怀抱之《三民主义》《五权宪法》以号召之。”[①]这可概见其《三民主义》《五权宪法》之思想酝酿成就为时已久。孙以有主义有计划之革命领袖，领导各级社会分子，进行革命，终于造成中华民国其所领导之人，即我们这里所谓革命之势力也。分别言之，约有四种：(一)曰会党，这是明末传下来的革命党；其中工农商学各界分子都有，而失业工农亦复很多。他们的目的原在反满复明，故于倾覆满清的革命运动上最为可用。(二)曰华侨，这是被列强压迫，感着祖国贫弱的工商及资本家等。他们最大的目的在图祖国的富强以解脱列强的压迫。会党与华侨都是绝好的民族主义者。会党以汉族的资格反满族，华侨以中国的资格反列强。此两者孙曾完全领导起来。彼云：

> 予自乙酉(公元一八八五年)中法战败之年，始决倾覆清廷，创建民国之志，由是以学堂为鼓吹之地，借医术为入世之媒，十年如一日。当予肄业于广州博济医学校也，于同学中物色，有郑士良号弼臣者，其为人豪侠尚义，广交游，所结纳皆江湖之士，同学中无有类之者。予一见则奇之，稍与相习，则与之谈革命，士良一闻而悦服；并告以彼曾入会党；如他日有事，彼可为我罗致会党以听指挥云。……及予卒业之后，悬壶于澳门羊城两地以问世；而实则为革命运动之开始也。时郑士良则结纳会党，联络防营。门径既通，端倪略备；予乃与陆皓东北游京津，以窥清廷之虚实；深入武汉，以观长江之形势。至甲午(公元一八九四年)中东战起，以为时机可乘，乃赴檀岛美洲，创立兴中会，欲纠合海外华侨以收臂助。……由乙未(公元一八九五年)初败以至于庚子(公元一九〇〇年)，此五年之间，实为革命进行最艰难困苦之时代也。……当时之时，革命前途黑暗无似，希望几绝。而同志尚不尽灰心者，盖正朝气初发时代也。随予乃命陈少白回香港创办《中国报》以鼓吹革命；命史坚如入长江以联络会党；命郑士良在香港设立机关，招待会党。于是乃有长江会党及两广福建会党并合于与中会之事也。[②]

孙之领导会党，颇为容易。唯领导华侨，则稍艰难；然数十年的鼓吹

① 孙中山：《孙文学说》《有志竟成》。

② 孙中山：《孙文学说》《有志竟成》。

宣传，毕竟把华侨造成革命的重要势力。革命运动之经济的帮助，有些时候几乎全靠华侨。“自同盟会成立以后，始有向外筹资之举。当时出资最勇而多者，张静江也倾其巴黎之店所得六七万元尽以助饷。其出资勇而挚者安南堤岸之黄景南也倾其一生之蓄积数千元尽献之军用，诚难能可贵也。他则有安南西贡之巨商李卓峰、曾锡周、马培生等三人曾各出数万，亦当时未易多见者。”①庚戌(公元一九一〇年)正月倪映典等失败于广州之时，孙正在槟榔屿；当时他为再图继起之故，“招集当地华侨同志会议，勖以大义；一夕之间，则醵资八千有奇。再令各同志担任到各埠分途劝募。数日之内，已达五六十万元，而远地更所不计。”②又如辛亥(公元一九一一年)三月二十九日广州之役，华侨捐款数额有如下表：

英属南洋……………五万元

又(爪哇泗水)………………一万元

美洲域多利致公堂………………三万三千元

满得可埠……………一万一千元

檀香山……………二千元

爪哇泗水……………五万元

荷属统计……………三万元

美洲温哥华致公堂………………一万九千元

金山……………一万元

纽约……………二千余元

只此一役，华侨捐款便达二十一万五千元余。③ 这可见华侨在革命运动中之势力了。

(三)曰知识分子，这大抵为官宦与地主两方面出来的最进步的分子。他们散布在国内外；而在国外求学的，对革命运动尤为热心。他们的目的在倾覆满清，图强御侮，解除列强的压迫。孙于领导此辈，尤大见成功。自庚子(公元一九〇〇年)惠州一役失败之后，竭力团结，在东京方面得学行俱优之人颇不少；乙巳(公元一九〇五年)春间，在欧洲方面得有新思想

① 孙中山：《孙文学说》《有志竟成》。

② 孙中山：《孙文学说》《有志竟成》。

③ 其数目载于胡汉民《广州三月二十九之役报告书》。

之留学生亦很多。彼云：

> 庚子失败之后，……适合省派留学生至日本之初，而赴东求学之士类多头脑新洁，志气不凡；对于革命理想感受极速，转瞬成为风气。故其时东京留学界之思想言论皆集中于革命问题。刘成禺在学生新年会大演说革命排满，被清公使逐出学校；而戢元成沈虬齐张溥泉等则发起《国民报》以鼓吹革命。留东学生提倡于先，内地学生附和于后；各省风潮从此渐作。在上海则有章太炎吴稚晖邹容等借《苏报》以鼓吹革命，为清廷所控。太炎邹容被拘囚租界监狱，吴亡命欧洲。此案涉及清帝个人，为朝廷与人民争讼之始，清朝以来所未有也。清廷虽讼胜，而章邹不过仅得囚禁两年而已，于是民气为之大壮。邹容著有《革命者》一书，为排满最激烈之言论，华侨极为欢迎；其开导华侨风气，为力甚大。此则革命风潮初盛时代也。壬寅癸卯之交（公元一九〇二——〇三年）……予再作环球漫游，取道日本檀岛而赴美欧。过日本时，有廖仲恺夫妇，马君武、胡毅生、黎仲实等多人来会，表示赞成革命；予乃托以在东物色有志学生，结为团体，以任国事。后同盟会之成立，多有力焉。……乙巳（公元一九〇五年）春间，予重至欧洲，则其地之留学生已多数赞成革命。盖彼辈皆新从内地或日本来欧；近一二年已深受革命思潮之陶冶，已渐由言论，而达至实行矣。予于是乃揭橥吾生平所怀抱之《三民主义》《五权宪法》以号召之。而组织革命团体焉。于是开第一会于北京，加盟者三十余人；开第二会于柏林，加盟者二十余人；开第三会于巴黎，加盟者亦十余人；开第四会于东京，加盟者数百人；中国十七省之人皆与焉。惟甘肃尚无留学生到日本，故缺之也。此为革命同盟会成立之始。①

（四）曰进步的军人。同盟会于乙巳（公元一九〇五年）秋间在东京成立；成立之后，会员各回本省鼓吹革命，传布建立中华民国之思想。为时不久，各地支部亦先后成立；革命势力之发展乃一日千里。不过知识分子之外，尚赖有军权的人秘密参加。一旦革命的实际行动爆发，具有革命思想的军人率领士兵向旧统治势力进击，其于革命帮助之大，自不必说。孙于是

① 孙中山：《孙文学说》《有志竟成》。

> 命廖仲恺往天津设立机关，命黎仲实与某武官调查两广，命胡毅生与某武官调查川滇，命乔宜齐与某武官往南京武汉。时南京武昌两处新军皆大欢迎；在南京有赵伯先接洽，约同营长以上各官相见，秘密会议，策划进行。而武昌则有刘家连接洽，约同同志之军人在教会之一知会堂开会，到者甚众。闻新军镇统张彪亦改装潜入开会时各人演说，大倡革命。①

此外地主官宦之最进步而明白时势者虽未必直接参加革命，然于革命之进展，也有相当的助力。例如辛亥（公元一九一一年）川湘鄂等省反对铁路国有之人，可算是此辈的代表。并且是年反对铁路国有的风潮几乎成了辛亥革命的导火线。盖此次引起满清政府的高压，致革命党人慌惧不安，终于促成武昌的暴动也。

辛亥以前之暴动　上面乃就革命运动之势力而言。但造成革命势力之日，也便是陆续向满清统治进行暴动之时。有个别的壮烈的暴动，刺激各界人士的情绪，革命势力且愈易造成，终至足以倾覆满清统治。孙所直接或间接指挥的暴动，在辛亥（公元一九一一年）以前，不下十次。

一八九五年（清光绪二十一年乙未）陆皓东、郑士良等谋袭广州，以运械失慎而败，陆皓东死。此为第一次。一九〇〇年史坚如炸两广总督署失败，史死。此为第二次。

一九〇六年，萍（江西萍乡）醴（湖南醴陵）有同盟会会员自动起事，这不是孙所指挥的。但这年孙命胡汉民、汪精卫入安南，设机关于河内，旋发动潮州黄冈之师，不利。此为第三次。

一九〇七年，又命邓子瑜发难于惠州，亦不利。此为第四次。

同年，因钦廉有抗捐之事，命黄克强、胡毅生乘机攻钦廉不利。此为第五次。

同年，因攻钦廉计划不成，又命黄克强、胡汉民等会合安南同志袭镇南关进攻龙州，失败。此为第六次。

一九〇八年，黄克强以二百余人再度攻入钦廉，转战数月，终以粮尽援绝而退。此为第七次。

同年，命黄明堂以百数十人进攻河口，不利，退入安南。此为第八次。

① 孙中山：《孙文学说》《有志竟成》。

一九一〇年，倪映典等攻广州失败，此为第九次。

一九一一年三月二十九黄克强等攻广州失败，党人死七十二。此为第十次。

这前后十次的暴动，孙自己在《有志竟成》一文里记载的很详。更于《中国之革命》一文中述其大要曰：

> 乙未之秋，余集同志举事于广州，不克，陆皓东死之。被株连而死者有丘四、朱贵全二人；被捕者七十余人；广东水师统带程奎光与焉，遂死狱中。此为中国革命军举义之始。庚子再举事于惠州，所向皆捷，遂占领新安大鹏，至惠州平海一带沿海之地；有众数万郑士良率之，以接济不至而败。同时史坚如在广州，以炸药攻毁两广总督德寿之署，谋歼其众，事败被执遇害。自杀革命风潮遂由广东渐及于全国。湖南黄克强马福益之举事，其最著者也。及同盟会成立之翌年岁次丙午（公元一九〇六年），会员举事于萍乡醴陵；于是革命军起，连年不绝。其直接受余之命以举事者则有潮州黄冈之役、惠州之役、钦廉之役、镇南关之役、钦廉上思之役、云南河口之役。盖丁未戊申两岁之间（公元一九〇七——〇八年）举事六次；前仆后继，意气弥厉。革命党之志节与能力遂渐为国人所重。而徐锡龄、秋瑾、熊成基之举事于长江，亦与两广遥相辉映焉。其奋不顾身以褫执政之魄者，则有刘思复之击李准，吴樾之击五大臣，徐锡龄之击恩铭，熊成基之击载洵，汪精卫黄复生等之击摄政王，温生才之击孚琦，陈敬岳、林冠慈之击李准，李沛基等之击凤山。其身或死或不死，其事或成或不成。然意气所激发，不特敌人为之胆落；亦足使天下贪夫廉，懦夫有立志矣。事势相接，庚戌之岁（一九一〇年）革命军再挫于广州。至辛亥（一九一一年）三月二十九日，黄克强率同志袭两广督署，死事者七十二人，皆国之俊良也。革命党之气势遂昭著于世界。[①]

武昌起义之成功　汇合若干的零碎暴动，终于造出整个的革命之成功。广州三月二十九日失败之后，接着便是八月十九日武昌起义之成功。这次的成功，乃历史发展至此的必然表现。至于恰好在此时成功，不先不后，

① 孙文：《中国之革命》自申报馆所出《最近之五十年转录》。

则由于：(1)革命党人对武汉方面进步的军人之联络正在此时成熟；(2)满清借外债收铁路为国有之政策正于此时引起川人的激烈反抗；(3)已入革命党之士兵的名册，恰在此时被满清当局获得，引起进步的军人之绝大恐慌。积此数者以为导火线，空前的革命运动乃于八月十九日爆发。革命爆发之后，代表满清统治势力的湖广总督瑞澂始则请外国领事出来镇压，未得要领；继乃放弃武汉，逃于上海。这时武汉完全入了革命党人之手；于是同盟会会员蔡济民、张振武等乃迫新军协统黎元洪出而担任湖北都督。随后革命党多数赶到，组军政府。孙中山先生云：

> 先是陈英士、宋钝初、谭石屏、居觉生等既受香港军事机关之约束，谋为广州应援。广州既一败再败，乃转谋武汉。武汉新军，自予派法国武官联络之后，革命思想日日进步，早已成熟。……自广州一役之后，各省已风声鹤唳，草木皆兵；而清吏皆尽入恐慌之地，而尤以武汉为甚。故瑞澂(湖广总督)先与某国领事相约，请彼调兵船入武汉。倘有革命党起事，则开炮轰击。时已一日数惊而孙武刘公等积极进行，而军中亦跃跃欲动。忽而机关破坏，拿获三十余人。时胡英尚在狱中，闻耗，即设法止陈英士等勿来。而炮兵与工程等营兵士已多投入革命党者闻彼等名册已被搜猎，明日则必拿人等语。于是迫不及待；为自存计，熊秉坤首先开枪发难，而蔡济民等率众进攻，开炮轰击督署。瑞澂闻炮，立逃汉口，请某领事如约开炮轰击。以《庚子条约》，一国不能自由行动，乃开领事团会议。初意欲得多数表决，即行开炮攻击以平之。各国领事对于此事皆无成见，惟法国领事罗氏乃予旧交，深悉革命内容。时武昌起事之第一日，则揭橥吾名，称予命令而发难者。法领事于会议席上乃力言孙逸仙派之革命，乃以改良政治为目的，决非无意识之暴举，不能以义和拳一例看待而加干涉也。时领袖领事为俄国。俄领事与法领事同取一致态度，于是各国多赞成之，乃决定不加干涉，而并出宣布中立之布告。瑞澂见某领事失约，无所倚恃，乃逃上海。总督一逃，而张彪亦走；清朝方面已失其统驭之权，秩序大乱矣。然革命党方面，孙武以造炸药误伤未愈，刘公谦让未遑；上海人员又不能到；于是同盟会会员蔡济民、张振武乃迫黎元洪出而

担任湖北都督。然后秩序渐复，厥后黄克强等乃到。①

中华民国之创立　自辛亥八月十九武昌起义成功以后，到次年正月元日孙中山先生就任临时大总统之日，历时凡四月余，中华民国乃完全创造成立。这可分数项言之。

(a)各省之各自为战。自武昌起义以后，各省纷纷起而响应。然皆出于自动，并无统一的指挥机关为之统筹全局。所以数月之间，各省皆陷于各自为战的状态中。而各自为战之最有助于大局的，厥为上海方面之陈英士。孙云：

> 武昌既稍能久支，则所欲救武汉而促革命之成功者不在武汉之一著，而在各省之响应也。吾党之士皆能见及此，故不约而同，各自为战。不数月而十五省皆光复矣。时响应之最有力而影响于全国最大者厥为上海。陈英士在此积极进行，故汉口一失，英士则能取上海以抵之。由上海乃能窥取南京。后汉阳一失，吾党又得南京以抵之。革命之大局因以益振；则上海英士一木之支者较他著尤多也。

(b)各省代表之集会。在各自为战之过程中，各省都督便已在计划全局。历时大约一月，终于创造代表会议，为当时革命各省之最高权力机关。这会议之促成，以湘鄂苏浙及广东各省都督之往复磋商为最有力。湘督谭延闿见到各省军政之必须统一，粤督胡汉民见到各省财政之必须统一；苏督程德全、浙督汤寿潜则见到统一的代表会议之必须召开。程汤两督并主张各省旧时谘议局各举代表一人，各省现时都督府各派代表一人，常驻上海；俟有两省代表到会，即行开议；续到者随到随议。鄂督黎元洪则于九月十九日即已通电各省，请派代表到鄂筹组临时政府。各省代表之集会，大抵即汇合各省之意见，依黎电而进行者。此可于黎致苏浙两都督书中见之。书中之言有曰：

> 组织临时政府为对外对内决不可缓之图。敝处已于前月十九日即通电各省。嗣后广州、桂林、长沙、南昌、九江等处复电，均已派遣代表首途。而湘赣代表均已先后到鄂；粤代表黄君克强亦本在汉阳，

① 孙中山：《孙文学说》《有志竟成》。

故复电催各省迅即派员赴鄂，以免两歧。前派居陶两君赴沪时，亦嘱请贵处速即派员来沪会议，早入清听。想因芜湖至九江电线损坏，交通阻塞，故尚未获复电。昨日弟以兹事体大，以迅速集议为急务，曾提议派员会同各省代表赴沪会议。经议场议决，以敝处曾经迭次通电，恐各省代表已经就途，致有两歧；是欲速而反迟误。故拟仍恳尊处迅即派员临鄂会议；会期定于本月初十日，以归一致，是所叩祷。……各国外交视线已渐集于民国。临时政府如组织成立，通告各国，当不难承认我为外交主体也。……愚弟黎元洪顿首。十月初四日。①

(c)代表会议之任务。这有两大项，一曰制定临时政府之组织法，二曰组织临时政府。开于前者，各省代表曾于十月十三，在武昌议决一临时政府组织大纲。后以汉阳失守，武昌震动；各省代表移驻上海；辛亥十一月集议南京；民国元年(公元一九一二年)正月初二，对临时政府组织大纲加以修正。更后，正式之参议院成立，继承代表大会，又于三月初八改定临时政府组织大纲为《临时约法》；由临时大总统孙中山于三月十一日公布之。此为中国有根本大法之始。

(d)中华民国之成立。当各省代表于辛亥十一月集议于南京之时，(时有十七省的代表)即依据临时政府组织大纲成立政府，并开选举会，举首倡革命之孙中山先生为临时大总统。孙云：

各省代表乃开选举会于南京，选举予为临时大总统。予于基督降生一千九百十二年正月一日就职，乃申令颁布定国号为中华民国，改元阳历，以是年为中华民国元年。②

孙就职之始，即发宣言，宣布施政方针。其言有曰：

国家之本在于人民。合汉满蒙回藏诸地为一国，则合汉满蒙回藏诸族为一人。是曰民族之统一。武汉起义十数行省先后独立。所谓独立对于清廷为脱离，对于各省为联合。蒙古西藏意亦同此。行动既一，决无歧趋；枢机成于中央，斯经纬周于四至。是曰领土统一。血钟一鸣，义旗四起；拥甲带戈之士遍于十余行省。虽编制或不一，号令或

---

① 《黎元洪致江浙都督书》，见上海文明书局所《中华民国史料》。

② 孙中山：《孙文学说》《有志竟成》。

不齐；而目的所在，则无不同。由公共之目的，以为公共之行动；整齐画一，夫岂其难，是曰军政之统一。国家幅员辽阔，各省自有其风气所宜。前此中央强以中央集权之法行之，以遂其以伪立伪之术。今者各省联合互谋自治；此后行政期于中央政府与各省之关系调剂得宜。大纲既挈，条目自举。是曰内治之统一。满清时代，借立宪之名，行敛财之实；杂捐苛细，民不聊生。此后国家经费取给于民，必期合于理财学理；而尤在改良社会经济组织，使人民知有生之乐。是曰财政之统一。以上数者为施政之方针。①

同时对各友邦，亦以推翻满清旧政府，树立民国新政府之宗旨明白直陈，并举出具体之条款如下：

（一）凡革命以前所有满政府与各国缔结之条约，民国均认为有效。至于条约期满而止。其缔结于革命事起以后则否。

（二）革命以前满政府所借之外债，及所承认之赔款，民国亦承认偿还之责，不变更其条件。其在革命军兴以后者则否。其前经订借，事后过付亦否。

（三）凡革命以前，满政府所让与各国国家或各国个人种种之权利，民国政府亦照旧尊重之。其在革命军兴以后者则否。

（四）凡各国人民之生命财产，在共和政府法权所及之域内，民国当一律尊重而保护之。

（五）吾人当竭尽心力，定为一定不易之宗旨，期定吾国家于永久坚定之基础上，务求适合于国力之发展。

（六）吾人必求所以增长国民之程度，保持其秩序。当立法之际，一以国民多数幸福为标准。

（七）凡满人安居乐业于民国法权之内者，民国当一视同仁，予以保护。

（八）吾人当更张法律，改订民刑商法，及采矿规则，改良财政，蠲除工商各业种种之限制，并许国人以信教之自由。②

① 《孙大总统就职宣言书》。

② 《临时大总统宣告各友邦书》。

满清统治之告终　当中华民国临时政府成立之日，满清贵族尚保有若干省之地盘；且新练的军队并未损失。但当时全国人心倾向于中华民国；军权又操在袁世凯手里；满清政府虽欲苟延残喘，而与民国相抗，其势已不可能。民国元年（公元一九一二年）二月十二日，清廷由皇太后宣布退位，将政权交于袁世凯，命袁与中华民国协商南北统一之计。满清二百六十七年（顺治元年到宣统三年，即公元一六四四到一九一一年）之统治至是告终。《清史稿》云：

> 皇太后命袁世凯以全权立临时共和政府，与民军商统一办法。袁世凯遂承皇太后懿旨，宣示中外曰：前因民军起义，各省响应，九夏沸腾，生灵涂炭。特命袁世凯遣员与民军代表讨论大局，议开国会，公决政体。两月以来，尚无确实办法；南北睽隔，彼此相持；商辍于涂，士露于野；国体一日不决，民生一日不安。今全国人民心理多倾向共和；南中各省既倡义于前，北方将领亦主张于后；人心所向，天命可知。予亦何忍因一姓之尊荣，拂兆民之好恶？是用外观大势，内審舆情；特率皇帝将统治权公诸全国。……袁世凯前经资政院选为总理大臣，值兹新旧代议之际，当为南北统一之方。[①]

同日袁世凯即电南京临时政府，宣布政见，赞成共和。次日，临时大总统孙文即提出辞职书于参议院，并推为袁世凯为临时大总统。十五日开临时总统选举会，选袁为临时大总统。同时副总统黎元洪辞职，二十日复开选举会，仍选黎为副总统。到四月一日，第一任临时大总统孙文正式解职。

袁之当选临时大总统对中华民国实为不祥。后来事实证明：彼曾背叛民国，破坏中华民国临时约法；假借民意，造成八十余日洪宪帝制。其酿成中国长期内乱，更居主动地位。这于第三章内当为详述。至于满清，在交出政权之先，中华民国因其赞成共和国体，曾与之订了一种优待条件；这于中华民国也为不祥。后来事实证明：有军人利用进机，拥清帝复辟，陷民国于危险之境。这于第三章也当加以详述。兹先录出优待之条件于次。

> 第一款　清帝逊位之后，其尊号仍存不废，以待外国君主之礼

① 《清史稿本纪》二十五。

相待。

第二款　清帝逊位之后，其岁用四百万元，由中华民国给付。

第三款　清帝逊位之后，暂居宫禁，日后移居颐和园，侍卫照常留用。

第四款　清帝逊位之后，其宗庙陵寝永远奉祀，由中华民国酌设卫兵，妥慎保护。

第五款　清德宗崇陵未完工程，如制妥修。其奉安典礼仍如旧制。所有实用经费均由中华民国支出。

第六款　以前宫内所用各项执事人员得照常留用。惟以后不得再招阉人。

第七款　清帝逊位之后，其原有私产由中华民国特别保护。

第八款　原有禁卫军归中华民国陆军部编制。其额数俸饷仍如其旧。①

四、教育学术的图强御侮

教育制度的变革　这可分三项述之。一曰废科举，二曰兴学校，三曰派留学。(a)科举制度之废除，有两个最大的理由。一则科举制度的本身发生了流弊，不能达到原来的目的了。二则他可以障碍新教育之发展，妨害图强御侮运动。科举制度本身的流弊究竟如何？张之洞云：

中国仕宦出于科举；虽有他途，其得美官者，膺重权者，必于科举乎取之。自明至今，行之已五百余年；文胜而实衰，法久而弊起。主司取便以藏拙，举子因陋以僥幸。所解者高头讲章之理，所读者坊选程墨之文。于本经之义，先儒之说，概乎未有所知。近今三十年，文体日益佻薄。非惟不通古今，不切经济，并所谓时文之法度文笔而俱亡之。②

科举既有这种流弊，中国既不受列强的压迫，也当废去。何况它足以

① 参议院二月初五日议决之《优待条件》。

② 张之洞：《劝学篇·变科举》第八。

阻碍新教育的发展。其阻碍新教育之处，张氏亦有扼要的批评曰：

> 今时局日新，而应科举者拘瞀益甚。傲然曰：吾所习者者孔孟之精理，尧舜之治法也。遇讲时务经济者尤鄙夷排击之，以自护其短。故人才益乏，无能为国家抚危御侮者。于是诏设学堂，以造明习时务之人材；又开设特科搜罗之。夫学堂虽立，无进身之阶，人不乐为也。其来者必自白屋钝士，资禀凡下，不能为时文者也。其世族俊才，皆仍志于科举而已。即有特科之设，然廿年一为时过远，岂能坐待？则仍为八比诗赋小楷而已。救时之才，何由可得？……使乡会试仍取决于时文，京朝官仍絜长于小楷；名位取舍，仍在于斯；则虽日讨国人而申儆之，告以祸至无日；戒以识时务，求通才，救危局：而朝野之汶暗如故，空疏亦如故矣。故救时必自变法始，变法必自变科举始。[①]

由这看来，科举实足以妨碍图强御侮的新政策之实行。因此之故，便有人主张部分的改良，或主张全部废弃。张之洞主张部分的改良，他说："窃谓今日科举之制，宜存其大体，而斟酌修改之。"[②]但改良到底不能切合时代的需要。直至光绪三十一年(公元一九〇四年)又有请完全废弃科举制的。当局对此，颇以为然，乃毅然废去。

(b)新式学校之设立。废科举是一种消极办法。若真要"求通才，救危局"，则开设新式学校才算是积极办法。中国新式学校之设立，以海陆军学校为最早；正如新式工业之创办，以军用工业为最早一样；都是直接受列强压迫的一种反映。远在科举制度废去之先，就已开始设立学校。特在废去科举之当时，新学校之设立，较为普通而已。例如同治元年(公元一八六二年)京师就有同文馆之设立。其目的在养成翻译人材，以便吸收西洋学术：这可以说是新式学校之开始。同治五年(公元一八六六年)福建设船政局；左宗棠督闽，即于其中附设船政学堂。同治六年(公元一八六七年)江南制造局内，附设上海机器学堂。光绪六年(公元一八八〇年)北洋水师学堂成立。十一年(公元一八八五年)天津武备学堂成立。十三年(公元一八八七年)广东水师学堂成立。十五年(公元一八八九年)北洋大学成立。二十一年(公元一八九五年)湖北武备学堂成立。二十二年(公元一八九六年)南洋

① 张之洞：《劝学篇·变科举》第八。

② 张之洞：《劝学篇·变科举》第八。

公学成立。直到光绪二十七年(公元一九〇一年)张百熙乃奏拟学堂章程。二十九年(公元一九〇三年)张之洞、孙家鼐、张百熙会同釐定学堂章程。三十一年(公元一九〇五年)上谕设立学部；三十三年(公元一九〇七年)颁布教育官制、章程及法令。同年，上谕宣布教育宗旨，以一人心而定趋向。至是新学校乃开始遍设于各地了。各地开设学堂之过程及学校内容之大要，可于《劝学篇》中见之。《劝学篇》似颇可以代表当时之时代精神。其言有曰：

夫学堂未设，养之无素，而求之于仓卒；犹不树林木，而望隆栋；不作陂池，而望巨鱼也。游学外洋之举，所费既钜，则人不能甚多。且必学有初基，理已明，识已定者，始遣出洋，则见功速而无弊。是非天下广设学堂不可。各省、各道、各府、各州县皆宜有学。京师省会为大学堂，道府为中学堂，州县为小学堂。中小学以备升入大学之选。府县有人文盛，物力充者；府能设大学，县能设中学尤善。……其学堂之法，约有五要：一曰新旧兼学；《四书五经》、中国史事、政书地图，为旧学。西政西艺西史为新学。旧学为体，新学为用，不使偏废。一曰政艺兼学；学校、地理、度支、赋税、武备，律例劝工，通商，西政也。算、绘、铁、医、声、光、化、电，西艺也。……一曰宜教少年；……一曰不课时文；……一曰不令争利。[①]

其中新旧兼学之主张，可视为过度时代之反映。政艺兼学之主张，则是不明白分工之理的反映。

(c)派遣留学一事，尽管所费甚钜，但学校初设之时，一时制造不出许多新人，仍不能不勉强举办。派遣留学的理由可概括于次。一，旧式教育机关尚未完全革除，新人才一时不易多得。二，自已多设新式学校，用费太大，一时不易筹出。三，新式学校普遍的设立起来，教师人选，亦很不易。四，外国学校办得最好，最便往学。张之洞、刘坤一等之言曰：

学堂固宜速设矣，然非多设，不足以济用。欲多设则有二难：经费钜，一也；教习少，二也。求师之难，尤甚于筹费。天下州县皆立学堂，数必逾万。无论大学小学，断无许多之师。是则唯有赴外国游学一法。查外国学堂，法整肃而不苦，教知要而有序。为教师者类皆

① 张之洞：《劝学篇·设学》第三。

实有专长；其教人亦有专书定法。凡立一学，必先限定教至何等地位，算定几年毕业。总计此项学业，共几年，若干时刻，方能授毕。按日排定，每日必作几刻工夫，定为课程，一刻不旷，如期而毕。故成效最确，学生亦愿受教。[①]

出洋一年胜于读西书五年；此赵营平百闻不如一见之说也。入外国学堂一年，胜于中国学堂三年；此孟子置之庄岳之说也。……请论今事。日本小国耳，何兴之暴也？伊藤山县、榎本、陆奥诸人皆二十年前出洋之学生也。愤其国为西洋所协率其徒百余人分诣德法英诸国；或学政治工商，或学水陆兵法。学成而归，用为将相。政事一变，雄视东方。不特此也。俄之前主大彼得愤彼国之不强，亲到英吉利、荷兰两国船厂为工役十余年。尽得其水师轮机驾驶之法，并学其各厂制造。归国之后，诸事应变。不特此也，暹罗久为法国涎伺；于光绪二十年(公元一八九四年)与法有衅，行将吞并矣。暹王感愤，国内毅然变法，一切更始。遣其世子游英国，学水师。去年暹王游欧洲；驾火船出红海来迎者，即其学成之世子也。暹王亦自通西文西学，各国敬礼有加，暹罗遂以不亡。上为俄，中为日本，下为暹罗。中国独不能比其中者乎？[②]

大吏的奏请，学人的鼓吹，遂使派遣留学成为一种制度，而与废科举，设学堂同为新教育制度之一个部门；同为图强御侮之临时的手段。

西洋学术之吸收　(a)中国之正式吸收西洋学术，当以明清之际为开端。[③]到清初，天文算学等学问更为帝王所重视。如圣祖康熙皇帝，便是一尊重西洋学术的人，于天算等尤感兴趣。先是有梅文鼎精于中西天文，并算术音律等，著述达二十九种，七十四卷之多。圣祖即学于梅文鼎之孙瑴成，后来且依据梅文鼎之学理撰述《数理精蕴历象考成三角形论》等书。复于二十八年(公元一六八九年)引耶稣教士徐日升(Pereira)、张诚(Gerbillon)、白进(Bouvet)、安多(Antonius)等于内廷，每日轮班进讲西学；教授测量法天文学算学人体解剖、物理学等。更命南怀仁(Verbiest)创设大规模之观象台于北京。因此设备，遂得颁行《康熙永年历法》。总计明清之际西

① 张之洞、刘坤一会奏《变法自强疏》第一疏。

② 张之洞：《劝学篇·游学》第二。

③ 参看第四篇第七章四节《西洋文教之东渐》条。

洋各国教士到中国来传布西洋学术种子的不下六七十人；所著之书不下三百余种。而鼎鼎大名的汤若望(Schall von Bell 日尔曼人)、南怀仁(Verbiest 比利时人)等所著之书尤多。

> 若望所定新法算书总一百卷。《缘起》八卷，《大测》二卷，《测天约说》二卷，《测日略》二卷，《历学小辩》一卷，《浑天仪说》五卷，《比例规解》一卷，《筹算》一卷，《远镜说》一卷，《日躔历指》一卷，《日躔表》二卷，《高赤正球》一卷，《月离历指》四卷，《月离表》四卷，《五纬历指》九卷，《五纬表》十卷，《恒星历指》三卷，《恒星表》二卷，《恒星经纬图说》一卷，《恒星出没表》二卷，《交食历指》七卷，《古今交食考》一卷，《交食》九卷，《八线表》二卷，《几何要法》四卷，《测景全义》十卷，《新法历引》一卷，《历法西传》一卷，《新法表异》二卷。其《历法西传新法表异》二书则入本朝(清朝)后所作也。①

至于南怀仁所著，重要的有"《坤与图说》二卷，《西方要记》一卷，《不得已辨》一卷，《别本坤与外纪》一卷。"②

(b)各种学会之兴起。康熙前后之西学东渐，正值中国盛时，列强也还没有明白中国的底蕴；故不带何种图强御侮的色彩。到光绪末年，情形就不同了。中国经过列强几次大压迫，国势日危；有识之士，乃起而为图强御侮运动。为欲开通风气，传播新思想，输入西洋教育；乃有各种各样之学会纷纷而起。显见得这时的吸收西学是受了列强压迫的一种反映。

> 自光绪二十一年(公元一八九五年)强学会开设后，继之者则有湖北之质学会；广西之圣学会；湖南之南学会地图公会、明达学会；广东之粤学会、群学会；苏州之苏学会，上海之不缠足会、农学会、医学会、译书会、蒙学会；北京之知耻会、经济学会；陕西之味经学会。其余小学会尚不计其数。盖合众人之力以研究实学，实中国开明之一大机键也。③

凡此皆国人自创之学会。此外西人所创之广学会在当时亦颇有开通中

① 阮元：《畴人传》卷四十五《汤若望传》。

② 阮元：《畴人传》卷四十五《南怀仁传》。

③ 梁启超：《戊戌政变记》第四编第一章。

国风气之作用。广学会创始于光绪十四年（公元一八八八年）。国人自创的学会，有时且系受了广学会的影响而设立的。稻叶君山记其事曰：

广学会者，一八八八年在中国之英美宣教士及学士，及领事等集合而组织于上海者也。其中知名之士以林乐知、丁韪良、慕维廉、艾约瑟、李佳白为最著。其目的在启发中国之文化，辅翊中国之自强。其最初之手段在翻译新书，发行杂志，以力除中国人自骄自慢之风。如《泰西新史揽要文学兴国策治国要务自西徂东列国变通兴盛记万国公报》等，皆有唤醒中国之价值。……广学会知中东战后，中国渐有觉悟，乃派李提摩太于北京，周旋于名公钜卿之间，讲善后之策。当时推李提摩太为官书局教习，李固辞，其言曰：官书局教习之地位虽亦属教导中国人士，然所成就不过数十百人，其效甚寡，不如为广学会尽力，扩大其规模，以培养中华之人才，赞助智德之发达也。而翰林院学士文廷式等所首倡之强学会，要亦受广学会之劝说而起。于是内之则工部尚书孙家鼐，外之则湖广总督张之洞，协力赞助；而上海支部之强学会会员黄绍基、汪康年、屠守仁、黄遵宪、康有为、张謇、陈三立、岑春煊、陈宝琛等皆有所尽力焉。①

(c)翻译外国书籍。学会之设，原以研究新学。然研究新学，不能不读外国书籍，尤其不能不读外国的新书。然在当时，国人直接读外国书者甚少；于是翻译之事业重要了。王之春云：

今日各国风气大开，学问之途日广。中国若专恃海内儒流著书立说，其势力有所不及。且农工商兵之学，中国专书不尽适用，或且无之。若不借资外国，其学虚立，不能成就。前上海道冯焌光于同治年间译西书数十种，风行海内，人争读之，有益于中国学问甚大。如算学化学诸书是也。或云：中国卷轴繁富，白首难穷，何为译此？不知中国已有之书，其讲道精深者固应谨守；中国未备之书，有学艺切实者，不妨广求。体用本圣学所兼修，道艺尤今日之急务。考之日本初变法时，凡学凡事，惟德国是效。及学校功成，大加增改，遂成为日本之学，与德回殊。今我果能博译群书，实心采法；他日必有成学怀

① 稻叶君山：《清朝全史》第八十三章。

忠之士，善为去取；一旦改观，译书有用，无可疑者。[①]

译书之有用，早在道光时代，林则徐即已开其端；同治时，曾国藩更开局译书；中日战役以后，强学会等起而倡导，政府且派梁启超办理译书局事务；梁虽因维新失败而去，然自此以后，翻译外国书籍之风却大开。康有为有一段关于翻译西报西书之话云：

道光二十年(公元一八四〇年)林文忠(则徐)始译洋报，为讲求外国情形之始。……同治五年(公元一八六六年)斌椿遍游各国，等于游戏，无稍讲求之者。曾文正(国藩)与洋人共事，乃始少知其故，开制造局译书，置同文馆，方言馆。……壬辰年(光绪十八年，即公元一八九二年)传兰雅《译书事略》言：上海制造局译出西书，售去者仅一万三百余部，中国四万万人，而购书者乃只有此数，则天下士讲求中外之学者能有几人可想见矣，非经甲午(光绪二十年，即公元一八九四年)之役，割台偿款，创巨痛深，未有肯幡然而改者。至此，天下志士乃渐渐讲求。自强学会首倡之，遂有官书局，《时务报》之继起。于是海内缤纷，争言新学。[②]

自译书之风气开通以后，中国译书最多而影响最大的，当推侯官严复为第一人。严所译重要之书有：《穆勒名学》《名学浅说》《群己权界论》《群学肄言》《社会通诠》《原富法意》《天演论》等。而影响最大的，厥为《天演论》一书。严的译笔达而且雅，故旧蜚读书人亦颇喜读；且《天演论》原系一种进化之理，其说物竞天择、弱肉强食之种种事实，使屡被列强压迫的中国人读了，能得极深刻之印象。因此严在译书一方面竟成了第一个有大影响的人。

近世思想之演变　教育制度之变革，西洋学术之吸收，都是列强压迫的反映。至于思想，亦复不例外。(a)中国近世思想界的变动，可以戴震(东原)为一个枢纽。戴之时代，正中西通商关系发达之时，西洋的学术如天文地理数学等亦早已传入了中国。当时思想界要酝酿出一个变端，本不足奇。戴之思想正代表了这个变端。前乎此，是理学思想的权威时代。后乎此，

① 王之春：《覆议新政疏》。

② 康有为：《保国会演说辞》。

情形就不同了，可以分成两个较大的体系：一，考订的体系；二，现实的体系。自戴以后，社会快要开始转变，而脱离封建时代了。往日支配思想界的理学思想，不甚有权威了。于是往日被理学思想的权威所蒙蔽的经典史事哲理等，都有人敢于出而加以考订了。自戴震反理学以后，经典，则有王念孙等为之校勘；史籍，则有梁玉绳等为之考订；诸子，则有俞樾等为之平议。至于经古文学，则有康有为之《新学伪经考》为之清算。这一个体系的思想，直发展到最近之《古史辨》，还没有休止。这可以说是一个考订的体系，是对理学思想的权威之反动。

再者自戴震以后，列强的压迫日以加紧；大家都知道旧有的学问思想无补于御侮图存；于是有切合现实之思想陆续出现。首先有张之洞"旧学为体，新学为用"之说，接着有梁启超的自由平等之说。最近且有胡适对实验主义之介绍。这一个体系的思想直发展到张东荪的《综合的道德论》还没有休止。这可以说是一个现实的体系，是对新时代的一种欢迎。就社会主义的立场看，这一体系的思想，既不能算作现实的，又不能算作欢迎新时代的。然就其存在之时代着眼，却都可作如是看。正如西洋资本主义社会里的思想，既不算现实，又不算新颖；然在资本家眼中，却都可作如是看。所不同者，西洋的现实思想是自发的；中国的现实思想则是因国家受人压迫而自外输入的。

(b)张之洞"旧学为体，新学为用"之说，明明白白显示着：近世中国思想的变动实列强压迫的一种反映，实图强御侮的一个部门。张是当时的大吏，站在巩固满清统治的立场说话，亦不能不主张局部的改革，从事于图强御侮。他尝举春秋时鲁事为说曰：

> 哀公问政，而孔子告之曰："好学近乎知，力行近乎仁，知耻近乎勇。"终之曰："果能此道矣，虽愚必明，虽柔必强。"……孔子以鲁秉礼而积弱；齐邾吴越皆得以兵侮之。故为此言以破鲁国臣民之聋瞶，起鲁国诸儒之废疾，望鲁国幡然有为，以复文武之盛。然则无学无力无耻，则愚且柔；有学有力有耻，则明且强。在鲁且然，况以七十万方里之广，四百兆人民之众哉！吾恐海内士夫……甘于暴弃而不复求强也，故举鲁事。《易》曰："其亡其亡，系于苞桑。"惟知亡，则知强矣。[①]

① 张之洞：《劝学篇·序言》。

务致力于有学有力有耻，以求国家之强盛，正是中国被列强压迫之反映。张之洞著书为满清说话，自然不能外此。又当时吸收西洋新学的与笃守中国旧学的有不能调和之处，颇足以障碍图强，且亦有动摇统治的危险。故张氏之言曰：

图救时者言新学，虑害道者守旧学，莫衷于一。旧者因噎而废食，新者多岐而亡羊。旧者不知通，新者不知本，不知通，则无应敌制变之术；不知本，则有菲薄名教之心。夫如是，则旧者愈病新，新者愈厌旧。交相为瘉，而恢诡倾危，乱名改作之流，遂杂出其说，以荡众心，学者摇摇，中无所主；邪说暴行横天下；敌既至，无与战；敌未至，无与安。吾恐中国之祸不在四海之外，而在九州之内矣。[①]

他见到新旧不能调和之弊，于是提出“旧学为体，新学为用”的主张。这主张在当时便算是很切实的了。其言曰：

新旧兼学：《四书五经》，中国史事，政书地图，为旧学；西政，西艺，西史，为新学。旧学为体，新学为用，不使偏废。[②]

(c)梁启超之介绍自由平等诸说。梁之师为康有为。康虽为戊戌维新运动之发起人；然其学问根底却在旧籍；维新变法诸疏中，实在看不出他对于西洋学术有深切了解之处。他清算旧籍的著作为《新学伪经考》。其次叫人于读旧书时振起新精神的著作为《孔子改制考》。至于发表其个人至高之理想的著作为《大同书》。《大同书》的内容充满着浪漫思想，反不能表出当时思想界一般的趋势。其能表出当时思想界一般的趋势，而又较张之洞“旧学为体，新学为用”之说进一步者，厥为其弟子梁启超之《新民丛报》。梁对于中国旧思想，破坏不遗余力；在国内开辟一条欢迎新思想的路，其功不小。但梁对于新思想，并无创作，不过把西洋学术思想作零碎的介绍而已。至于政治思想，则介绍西洋资本主义社会中所流行的自由平等之说。当时张之洞等只重“西艺”，不重“西政”；而梁则并“西政”亦欢迎，故较张为进一步。其介绍自由之说有云：

---

① 张之洞：《劝学篇·序言》。

② 张之洞：《劝学篇·设学》第三。

自由之义适于今日之中国乎？曰，自由者天下之公理，人生之要具，无往而不适用者也。……自由者奴隶之对待也。综观欧美自由发达史，其所争者不出四端，一曰政治上之自由，二曰宗教上之自由，三曰民族上之自由，四曰生计上之自由。……数百年来，世界之大事，何一非以自由二字为之原动力者耶？彼民之求此自由也，其时不同，其国不同，其所需之种类不同；故其所求者亦往往不同。要其用诸实事而非虚谈，施诸公敌而非私利一也。①

梁对平等，亦有介绍之话曰：

权利思想之强弱，实为其人品格之所关。彼夫为臧获者，虽以穷卑极耻之事廷辱之，其受也泰然。若在高尚之武士，则虽掷豆颅以抗雪其名誉，所不辞矣。为穿窬者，虽以至丑极垢之名过毁之，其居也恬然。若在纯洁之商人，则虽倾万金以表白其信用，所不辞矣。何也？当其受侵受压受诬也，其精神上无形之苦痛直感觉而不能自已。彼误解权利之真相者，以为是不过于形骸上物质上之利益，龂龂计谈焉。嘻，鄙哉，其为浅丈夫之言也。……吾中国先哲之教曰：宽柔以教，不报无道。曰犯而不校，曰以德报怨，以直报怨。此自前人有为而发之者，在盛德君子偶一行之，虽有足令人起敬者；而末俗流遂借以文其怠惰恇怯之劣根性，而误尽天下。……大抵中国善言仁，而泰西善言义。仁者人也，利人人亦利我；是所重者在人也。义者我也，我不害人，而亦不许人之害我；是所重者在我也。此二德果孰为至乎？在千万年大同太平之事吾不敢言。若在今日，则义也者，诚救时之至德要道哉！夫出吾仁以仁人者虽非侵人自由；而待仁于人者则是放弃自由也。仁焉者多，则待仁于人者亦必多；其弊可使人格日趋于卑下。若是乎仁政者，非政体之至焉者也。吾中国人惟日望仁政于其君上也；故遇仁焉者，则为之婴儿；遇不仁焉者，则为之鱼肉。古今仁君少而暴君多；故吾民自数千年来，祖宗之遗传，即以受人鱼肉为天经地义。而权利二字之识想断绝于吾人脑质中者固已久矣。②

① 《饮冰室合集·新民说》第九节。

② 《饮冰室合集·新民说》第八节。

梁氏此等讲法，于自由权利等义，实在未能发挥尽致。然在张之洞一辈人看来，固仍是过分的新人。是后更进一步以介绍西洋资本主义社会中之思想的有胡适之等。但为时已在民国七八年的时代，这里且略而不述。

第三章　军阀之阻碍图强

图强御侮运动历时凡数十年；但结果国既未能强，侮亦未能御。阻碍图强者有军阀之内争；加紧压迫我国者有资本主义先进的各国。兹先述前者。

一　军阀之篡窃民国

袁世凯练北洋军　首先破坏中华民国之顺利的发展者厥为北洋军阀。北洋军阀之成立，也非偶然，也是列强压迫的一种反映。当满清统治的后期，中国原有的军队，于对内对外，都没有用了。太平天国运动爆发之时，湘乡曾国藩以地主资格，聚集湖南的忠实农民，练成湘军；于帮满族打汉人固甚有用；然于为中国御外侮，则丝毫不能济事。然外侮之来，日益加紧；于是仿外国的方法以练新军，成为当务之急了。袁世凯之练北洋军，便是应这当务之急而起的。自光绪二十一年到三十三年(公元一八九五——一九〇七年)的十余年，几乎可以说是袁氏创造新式军的时代。蒋方震云：

> 甲午一役，湘淮军之事业告终矣。代之而兴者则有袁世凯之新建军，张之洞之湖北军。方东事之亟也，胡燏芬会同汉纳根在津谋练新军未成，而胡氏另练定武军十营。至光绪二十一年(公元一八九五年)冬，乃以袁世凯统之。加募足七千人，驻于距天津七十里之新农镇，津沽间所称为小站者也。其制度悉仿德人。天津武备学堂之学生始得用为指挥官。而张之洞当是时则在南京练自强军。和议初定，调任两湖，乃聘德人佛拉根海(欧战曾为陆军大臣参谋总长)至湖北，设武备学堂，仿新法练兵。其初起盖三千人焉，迨袁继李(李鸿章)而长北洋，于是小站之势力骤增，湖北军不及焉。

北洋军队之能用武备学生者，其一为聂士成，其一为袁世凯。光绪二十五年(公元一八九九年)荣禄练武卫军，以聂士成、马玉昆、董福祥、袁世凯为前后左右四军。拳匪之乱，聂军死于难。(时有由聂军派至日本留学者一人，则冯国璋也。归后，聂军已散，乃从袁。)董福祥以附拳乱被黜。马犹保其地位，然无地盘。独袁世凯率其军以入山东，不惟免于难，且因之成大功焉。……自光绪二十七年(公元一九〇一年)袁氏为北洋大臣，以军人而得民政之地盘，其力始充。二十八年(公元一九〇二年)奏定北洋营制，拟先练堂备军二镇，设军政司于省垣，并分兵备参谋教练三处。二十九年(公元一九〇三年)五月，二镇成立，共二十五营。三十年(公元一九〇四年)成三镇；三十一年(公元一九〇五年)成四镇；三十二年(公元一九〇六年)六镇完全成立。而若军医，兽医，军需，军官，速成各学堂亦以次成焉。①

袁氏的势力既已大了，当中央设立练兵处之时，彼自然要参与其事。后来中央设陆军部，袁所练之新军，除自己直接统两镇之外，其余归陆军部管辖；然统兵官仍为袁氏旧部。这么一来，袁氏的新军，在形式上固然成了中央军；然在事实上，中央军却仍是袁氏的私人军队。

光绪二十九年(公元一九〇三年)京师设练兵处，亦劻总之，袁世凯与焉。定营制饷章，规模仿日本，悉出袁手。是年，铁良南下，筹练后经费。明年(公元一九〇四年)日俄开战，北方之防务益急。袁世凯兼练兵大臣。练兵处筹画全国事宜，而实在兵力，则归之北洋。于是北洋有六镇之兵。三十一年(公元一九〇五年)秋操于河间，袁世凯、铁良总之。三十二年(公元一九〇六年)秋操于彰德府，则北洋与湖北对抗演习也。于是改官制，裁练兵处，以铁良为陆军部尚书。奏定全国设三十六镇。而北洋除第二第四镇归袁氏节制外，其一、三、五、六四镇归陆军部直接调遣。名曰近畿各镇。中央政府之有兵，自此始也。以凤山为督练大臣。第一镇驻北苑，第三镇驻东三省，第五镇驻山东，第六镇驻保定。其官长皆袁氏旧部也。②

---

① 申报馆《最近之五十年》，蒋方震：《中国五十年来军事变迁史》。

② 申报馆《最近之五十年》，蒋方震：《中国五十年来军事变迁史》。

北洋军阀之胜利　袁既有如此之强的实力，当民国成立之顷，他便挟着自己的实力，操纵于民国与清廷之间。始则以民国威胁清廷，促其部下对民国表好感，并与民国代表伍廷芳等议定优待清室条件(参阅第二章第三节)，逼清帝将政权交出。继则以清廷交下之权利及自己所有的实力向民国相要挟。逼清帝退位，于民国为有功；向民国相要挟，则渐渐表现出军阀之姿势了。袁于元年(公元一九一二年)二月十二日清帝退位之日，通电赞成共和；临时总统孙文即向参议院推荐；十五日，参议院选袁为临时总统。到四月，孙临时总统解职，袁临时总统就职。袁于当选之后，就职之先，便大施其军阀手段，开始其篡窃民国之工作。此时忠于民国的新兴势力虽与之相抗，然胜利终属于袁。这可于下之三事见之。

(a)国都问题之解决，袁得胜利。袁既当选为总统，应到民国政府所在地南京来说职。然袁以自己的实力在北方，不想南下以就民国之范。民国政府派遣专使蔡元培北上迎袁就职，袁亦迟迟不行，并嗾使其部下哗变，以为口实，谓北方须彼亲自镇压，终于酿成国都问题。最后南京方面迁就袁意，由孙临时总统提议于参议院议决，准袁在北京就职。蔡专使元培于此有言曰：

> 总统就职于政府，神圣不可侵犯之条件也。临时统一政府之组织，不可以旦夕缓也。而袁公际此时会万不能即日南行(谓京津保定一带兵变)，则又事实之不可破者也。于是袁公提议请副总统黎公代赴南京受职。然黎公之不离武昌，犹袁公之不离北京也。于是孙公提议于参议院；为参议院议决者：为袁公以电宣誓，而即在北京就职。其办法六条如麻电(办法六条：一，参议院电知袁大总统，允其在北京受职；二，袁大总统接电后，即电参议院宣誓；三，参议院接到宣誓之电后，即覆电认为受职，并通告全国；四，袁大总统受职后，即将拟派国务总理及国务员姓名电知参议院，求其同意；五，国务总理及各国务员任定后，即在南京接收临时政府交代事宜；六，孙大总统于交代之日始行解职)。由是袁公不必南行，而受职之式不违法理，临时政府又可以速立。对于今日之时局，诚可谓一举而备三善者矣。[①]

---

① 蔡元培：《代表布告全国文》。

(b)府院冲突之解决，袁得胜利。袁于三月九日就职，即根据《中华民国临时约法》开始组织政府。所有国务总理唐绍仪；国务员十人，内务总长赵秉钧，外交总长陆征祥，财政总长熊希龄，陆军总长段祺瑞，海军总长刘冠雄，司法总长王宠惠，教育总长蔡元培，农林总长宋教仁，工商总长陈其美，交通总长施肇基，均经参议院同意，于三月三十以大总统命令发表，临时统一政府至是成立；孙大总统乃于四月一日正式解职。四月五日参议院议决临时政府移于北京。这么一来，忠于国民的新势力，事实上陷于袁世凯自己的势力支配之下去了。果然府院之争起，新势力败而袁世凯胜。

按《临时约法》之规定，国务总理系责任内阁，有处理国事之全权。然唐国务总理系同盟会人，颇为袁总统所忌，不易行使职权。所谓总统府与国务院之争乃自此起。例如王芝祥督直系唐总理所委任；而袁总统竟悍然不顾，另委王以赴南京遣散军队之任。唐总理乃于六月十五愤而弃职离京。袁于是以无党派关系之陆征祥为国务总理；参议院加以通过之时，陆即知难而退。袁于是以自己的私党赵秉钧为国务总理；九月二十四日，勉强由参议院通过。为时不满五月，内阁总理凡三易其人：初属同盟会，继属超然派，终属袁氏私人！

(c)二次革命之镇压，袁得胜利。元年(公元一九一二年)八月，公布《国会组织法》及《选举法》。按法，中华民国采两院制，以参议院与众议院构成国会。二年(公元一九一三年)一月十日开始召集，四月八日即正式成立。国会既已成立，则国会中大多数非袁系之议员对袁之非法举动，专擅行为，当然不能装聋作痴。如国会弹劾政府善后大借款之举，即是一例。

临时政府成立之初，百端待举，入不敷出。唯一财源，靠借外债。元年(公元一九一二年)九月，政府向英、法、德、日、美、俄六国银行团借款，终因条件苛刻，未得参议院通过，遂告终止。二年(公元一九一三年)四月，政府又向英、法、德、日、俄(美国退出)五国银行团借款，定款二千五百万磅，名曰善后借款；条件既苛刻，用途亦不明，且不先经国会通过。这时非政府派的议员乃向政府质问。五月十九日之质问书曰：

此次中国政府善后借款，为数至二千五百万金镑，利息五厘，折扣八四；而又监督财政，干涉盐务。条件之严酷，为从来所未有；亡国之惨即在目睫。识时之彦奔走呼号，痛哭流涕。或以违背约法，藐视国会，责难政府。熙壬等（范熙壬等）以为政府即无违法问题，而但即合同之条件研究之，已足为亡国之征。吾人不可不深长思之也。此次借款正名曰善后；借款果能善其后，虽借庸何伤。是吾人当先研究善后之法如何，而后能决贷款之左计与否。今列举数端，应请政府限期答覆，以备研究。

政府须于一星期内提出甲乙丙三号附件之明细单也。甲乙丙三号均系备偿外债之款，附单内虽有约估数目，而债本若干，利息若干，有无复利在内，均未声叙。应由政府提出实在应还之明细单。不得丝毫含混。……

政府须于一星期内提出裁遣军预算明细表。……

政府须于一星期内提出整顿盐务明细预算。……

政府须于一星期内提出六个月行政款明细预算。……

政府须于一星期内提出《会计法审计院法》。……

政府须于一星期内提出二百万磅之分配表也。

查垫款合同第一款载银行承认于签押本合同之日，立即垫付中国政府二百万磅等语……究竟此二百万金磅拨用于裁遣军队者若干，拨用于行政费者若干，应由政府提出分配表以供研究。[①]

善后借款问题尚未解决，而国会又发现政府有擅借奥款之事；于是国会对政府提弹劾案。其发动主持者均国民党籍议员；至是袁总统对国民党几乎势不两立了。恰好这时有宋案爆发，造成二次革命之直接原因。

宋教仁为国民党重要人物，主张政党内阁最力。唐绍仪为国务总理时，宋为农林总长。后以不满袁氏之所为，到长江一带宣露袁氏之专擅违法种种举动，遂为袁所忌。二年（公元一九一三年）三月二十日突在上海车站被刺，二十二日身死。后来捕获凶手，加以审讯，得知主动者为赵秉钧；而赵秉钧又系奉总统袁世凯之密谕以行事者。事实如此国民党迫不得已，乃爆发二次革命，申讨袁氏。二年（公元一九一三年）七月，江西李烈钧、安徽柏文蔚、湖南谭延闿、广东陈炯明、福建孙道仁、上海陈其美、四川熊克武都树反袁旗识，号讨袁军；一时蔓延六七省，有众数十万，声势极为浩大。

---

① 《众议院质问善后借款合同事宜书一》。

袁氏对此，一以武力镇压。当六月间，二次革命尚未爆发之时，袁氏对于不满意于自己之各省，即想以先发制人之法处置之；陆续下令免湖南谭延闿、安徽柏文蔚、广东胡汉民等三都督之职。二次革命既爆发之后，陆续令段芝贵、冯国璋等统军南下讨伐，号曰国军。段冯等会同汤芗铭之舰队，进取湖口；八月中旬，江西安徽等省全定。至九月初，袁又令张勋入据南京，龙济光入据广东。革命军的地盘只剩下湖南、四川、福建，无能为力，乃相继取销独立。二次革命的结果，又让袁氏得到完全的胜利。

胜利后之专制策　北洋军阀首领袁世凯，于国都问题，于府院冲突，于二次革命各方面既已都得胜利了。胜利之后的办法厥为背叛民国，实行专制。袁为专制政府里面培植出来的人材，从无民主政治的习惯；对宪法，对国会，一律视为发展自己势力的手段，从不视为现代政治组织的要素。那末此种背叛，乃历史进展上不易避免的回波。同时新兴资产阶级的实力尚未完全长成，还没充分制裁军阀的作用，遂让军阀的种种活动顺利以进。积此两者，袁乃进行下列各种活动，以为实行专制的策略。

(a)强迫选举。袁之临时总统，系依《临时约法》，继孙临时大总统之后而来的。如欲成为正式总统则须等待整个的宪法完成，依法选举乃可。但整个的宪法之完成，颇需时日。负责制宪的国会于此，乃被迫想出一通融之法，先总统选举法，然后徐图全部宪法之完成。选举法既经制成，二年(公元一九一三年)十月六日，参众两院乃依法开总统选举会。袁氏于此，乃密组所谓公民团，包围选举会，强迫选自己为正式总统。形式的过程大体如此；其实总统选举法，总统选举会，皆出于威逼。袁既当选为正式总统，次日选黎元洪为副总统。袁本在北京，黎则自武昌来京就职。至是中华民国的临时政府，在形式上成了正式政府。

(b)解散国会。袁氏就正式总统之后，宪法会议亦于十月三十一日将在天坛所草之宪法完全草成，名曰《天坛宪法》。但宪法草成，袁与国会的冲突，尤其是与国民党议员的冲突，便表面化了。袁对《天坛宪法草案》初认为不合己意，想派人到宪法会议陈说意见，但被拒绝。继则命自己嫡系的各省军民长官出而通电反对《天坛宪法草案》，并指国民党议员为干犯行政，希图国会专制。终则于民国二年(公元一九一三年)十一月四日下令，解散国民党，取消国民党议员资格，追缴国民党议员四百三十八人之国会证章。其借口则谓他们与二次革命互通声气。令文有曰：

据警备司令官汇呈：查获乱党首魁李烈钧等与乱党议员徐秀钧等往来穆密鸿密各电数十件；本大总统逐加披阅，震怒殊深。此次内乱，该国民党本部与该国民党议员潜相构煽。李烈钧、黄兴等乃敢于据地称兵，蹂躏及于东南各省。我国民生命财产横遭屠掠。种种惨酷情形，事后追思，犹觉心悸。而推原祸始，实属罪有所归。……应饬该警备司令官督饬京师警察厅查明，自江西湖口地方倡乱之日起，凡国会议员之隶籍该国民党者，一律追缴议员证书徽章。……务使我庄严神圣之国会不再为助长内乱者所挟持；以期巩固真正之共和，宣达真正之民意。该党以外之议员热诚爱国者素不乏人，当知去害群即所以扶正气；决不致怀疑误会，藉端附和，以自蹈曲庇乱党之嫌。[①]

此令发出之后，参众两院，减少四百余议员，不足法定人数，不能开会。剩下的议员都曾向政府质问。众议院议员中向来反对二次革命之人，亦提出质问，谓大总统取消国会议员资格为违法；署名者一百九十三人。质问书云：

民国不能一日无国会，国会议员不能由政府取消，此世界共和国之通义，立宪政治之大经也。近阅报载大总统十一月四日命令，解散国民党，并追缴隶籍该党国会议员证书徽章。夫该党本部与南方乱党勾结，政府依法律委任，以行政命令解散不法之结社，凡我国民无不认为正当。独是国民党与隶籍国民党之议员，在法律本属两事，其处分自不能同。假令议员而与乱党通谋，确有证据，勿论隶何党籍，均得按法惩治。否则确与乱事无涉，即隶国民党籍，亦不牵连取消。盖党自党，议员自议员；二者性质不侔，即不并为一谈。查议院法第八条：议员于开会后，发现不合资格之疑议时，各院议员得请本院审查；由院议决选举十三人，组织特别委员会实查之。据此，议员资格之疑义，其审查权属之两院；院法规定，彰彰可证。今政府以隶籍国民党之议员早不以法律上合格之议员自居为理由，岂非以政府而审查议员资格，侵害国会法定之权限乎？至于追缴证书徽章，直以命令取消议员；细按约法，大总统审无此权。不识政府毅然出此，根据何种法律。

① 袁世凯：《解散国民党并取消国民党籍之国会议员命令》。

> 此不能不怀疑者一也。十一月四日命令之结果，国民党议员被取消者三百余人；次日又追加百余人，遂过议员总额之半，两院均不能开会。查议员中有已早脱该党党籍，改入他党；或素称稳健，曾通电反对赣乱者；亦一同取消！政府确为惩治内乱嫌疑吗？则应检查证据，分别提交法院审判。不得以概括办法，良莠不分，致令国会人数不足；使不蒙解散之名，而受解散之实也。近复报纸纷传：政府将组织行政委员会，修改国会组织法，改组国会。此种传说是否属实，姑不具论。究竟政府方针，对于民国是否有国会之必要；对于国会是否以法律为正当之解决；此不能不怀疑者二也。[①]

这种质问是毫无效果的。剩余的参众两院议员，亦因各省军民长官的请求，于民国三年(公元一九一四年)一月四日，由大总统命令停止开会，并解除议员职务。国会至是终了。不久以后，各省省议会亦相继解散。

(c)修改约法。《天坛宪法草案》既随国会之解散而宣告取消；袁于是独断独行，另组所谓政治会议，令其负责修改系临时大总统时代颁布之《中华民国临时约法》，以图代替《天坛宪法草案》。会议之组织，以大总统的命令行之。组织人员如下：各省各举代表二人，国务总理派二人，各部总长各派一人，蒙藏事务局著派数人，另外派法官二人，大总统自己派八人。会议于二年(公元一九一三年)十二月十五日正式开幕。但政治会议本身以修改约法责任重大，不敢负责。袁于是另组所谓约法会议，于三年(公元一九一四年)三月十八日正式开幕，负责修改《临时约法》。其重要修改为变内阁制为总统制。袁对该会开幕颂词有云：

> 中华民国三年三月十八日，约法会议正式成立，行开会仪式，此即全国政治刷新之机，亦即五大民族人民幸福增加之初步也。查《临时约法》为南京临时参议院各都督指任参议员所议决。无论冠以临时之名，必不适用于正式政府也。即其内容规定束缚政府，使对于内政外交及紧急事变，几无发展伸缩之余地。本大总统证以种种往事之经验身受其苦痛，且间接使四万万同胞无不身受其苦痛者，盖两载于兹矣。……前据政治会议一再讨论，佥以宜特设造法机关，名曰法会议。

① 《众议院质问追缴国民党议员证书徽章影响及于国会书》。

经定期选举，组织告成。……方今吾国宪法既因事实上之障碍而猝难发生；若长守此不良之约法以施行，恐根本错误，百变横生；民国前途危险不可名状。故本大总统对于此次增修约法，固信诸君发抒伟论，必有良好之结果。尤愿诸君宝贵时日，能为积极之进行也。[①]

(d)变更官职。临时约法。经过约法会议之修改，于民国三年(公元一九一四年)五月一日，由大总统命令公布，名曰《中华民国约法》。全法凡六十八条。此法公布之后，袁又大变官制。民国三年(公元一九一四年)五月一日明令废除国务院，于总统府设政事堂，内分五局一所。任徐世昌为国务卿，杨士琦钱能训为左右丞。向来京外各官署呈国务总理之事，一律改呈大总统。各省民政长官亦改为巡按使。五月二十四日公布停止政治会议，约法会议；另组所谓参政院。二十六日参政院成立，名曰代行立法院职权，实则大总统之顾问机关而已。民国政治演变至此，离帝制的复活期不远了。

二　帝制之两度发生

洪宪帝制之酝酿　参政院代行立法院职权之日，就是洪宪帝制运动发端之时。洪宪帝制之促成，这个机关实负其全责。这于下一段就要叙及，兹先一述帝制之酝酿。洪宪帝制之酝酿，可从三方面看：一，对内的准备；二，对外的准备；三，帝制的倡导。民国二年(公元一九一三年)秋季，袁以所谓国军压迫二次革命，将自己的武力分布于长江流域及其以南的各省。然后把国民党在北方的势力，一齐肃清：解散国民党党部，驱逐国民党籍议员；致中华民国会完全停顿。后又组织政治会议，约法会议；并令约法会议修改《中华民国临时约法》废去责任内阁制度，提高大总统职权。将《临时约法》加以修改公布之后，复变更官制使政治机构与帝制日渐接近。凡此种种，都属对内的准备。

至于对外的准备，最要者为献媚日本，献媚帝俄；讨好英国，讨好德国。日本乘欧洲大战方酣，各国无暇东顾；乃向中国提出二十一条件。袁欲进行帝制，不惜屈辱周旋，竟于民国四年(公元一九一五年)五月二十九日专为此事与日订下《中日互换条约》(下一章内当为详述)。帝俄企图中国

① 《约法会议开会大总统颂词》。

外蒙的利益，于民国元年(公元一九一二年)九月与蒙古订有《俄蒙商约专条》十七条，几乎把外蒙的农工商业各种利益一律视为已有。民国四年(公元一九一五年)六月七日《中俄蒙协约》成立；当时袁正进行帝制甚力，对《俄蒙商约专条》十七条，乃毅然决然承认继续有效(下章当详述)。至于英德，都曾窥破袁氏帝制自为的野心，早有所要挟。民国三年(公元一九一四年)中英代表为着西藏问题在印度首都会议；英人创内藏外藏之说，把青海南部及巴塘以西各地均归入西藏范围之内。会议虽因欧战而停顿，《西藏草约》虽未签字，然袁氏欲进行帝制，已认了英之主张(详下章)。德国也是袁氏进行帝制时所欲交好的外力。欧战中，日攻青岛，曾发见德国驻青总督署内有关于袁氏称帝的秘密文件。凡此种种，都是袁氏帝制自为之先对外的准备。

关于帝制之言论方面的倡导，初始于民国四年(公元一九一五年)八月。是时总统府顾问美国人古德诺氏(F. J. Godnow)著《改变国体论》，谓中国适于君主制度。国人杨度，亦著《君宪救国论》。杨并与其同党组织筹安会，以为帝制声援。筹安会之发起者凡六人，即杨度、孙毓筠、严复、刘师培、李燮和胡瑛等六人是也。当时称为帝制六君子。他们的宗旨据说在研究学理，想从学理上研究君主民主两种国体孰宜于中国。其实袁氏自己早欲进行帝制。此等会议，名曰独立研究，实则奉袁氏意旨行事而已。

帝制实现之过程　参政院代行立法院职权之后，即开始进行实现帝制之种种活动。(a)首先派人到各地组织公民团体向参政院代行立法院请愿改变国体。自己派人组请愿团向自己请愿，当然是很好办的事。所以为时不久，各地请愿改民国为帝国者风起云涌。这于该院十月间致总统府的咨文可以看出。该院以请愿者多，行文总统府报告，并表示意见曰：

> 本院前据各直省，各特别行政区域，内外蒙古，青海，回部，前后藏，满洲八旗公民王公；暨京外商会，学会，华侨联合会等一再请愿改革国体。当经本院开会议决，将请愿书八十三件咨送政府。并建议根本解决之法。……而自本院咨送八十三件请愿书以后，复有全国请愿联合会代表沈云沛等，全国商民冯麟霈等，全国公民代表团阿穆尔灵圭等，中国回教俱进会回教回族联合请愿团暨回疆八部代表王宽等，哈密吐鲁番回部代表马吉符等，锡林郭勒盟代表程承铎等，云南迤西各土司总代表邓汇源等，新疆蒙回全体王公代表暨宁夏驻防满蒙

代表杨增炳等，北京二十区市民董文铨等，北京社政进行会恽毓鼎等，南京学界丁伟东等，贵州总商会徐治涛等，筹安会代表杨度等，暨全国商会联合会蔚丰厚，各处票商等前后请愿前来；咸以为中国二千余年，以君主制度立国；人民心理久定一尊。辛亥以后，改用共和，实于国情不适。以致人无固志，国本不安。诚由共和制度，元首以时更替，国家不能保长久之经画，人民不能定专一之趋向。……惟有速定君主立宪以期长治久安。庶几法律与政治互相维持；国基既以巩固，国势亦以振兴。全国人民深思孰虑，无以易此。即外国之政治学问名家，亦多谓中国不适共和，惟宜君宪。足见人心所趋，即真理所在。全国人民迫切呼吁，实见君主立宪为救国良图，必宜从速改决。①

(b)组织国民代表大会代表国民全体之公意，决定国体。原来袁世凯所公布之《中华民国约法》有大总统召集国民会议，及国民会议决定宪法，由大总统公布之规定。现在参政院代行立法院即根据这些规定，谓宪法系于国体，应先由国民会议决定国体。同时又以国民会议之召集，颇费时日，应从速另行组织国民代表大会，以进行其事。“国民代表大会以左列当选人组织之。一，各省各特别行政区域之代表人数，以其所辖现设县数为额；二，内外蒙古三十二人；三，西藏十二人；四，青海四人；五，回部四人；六，满蒙汉八旗二十四人；七，全国商会及华侨六十人；八，有勋劳于国家者三十人；九，硕学通儒二十人。”②这等代表之选出，均系在袁氏亲信的军民长官监督之下进行，其人选均系预定，无一反对帝制之人。代表选出之后，复在各省区军民长官监督之下用记名投票之法表决国体。且表决云云，只是投一赞成君宪国体之票而已，并非于君民两种国体之间有所选择。这于国民会议事务局致各省巡按使之电报可以看出。其电文有曰：

国体请愿事件，以国民代表大会决定之。……决定云者，不过取正式之赞同，更无研究之隙地。将来投票决定，必须共同一致主张，改为君宪国体。非以共和君主两种主义听国民选择自由。故于选举投票之前，应由贵监督暗中物色可以代表此种民意之人。③

---

① 袁世凯：《公布改革国体请愿之命令》

② 袁世凯公布《决定国体之国民代表大会组织法》第三条。

③ 《云南政报袁世凯伪造民意纪实》。

各省区代表投了赞成帝制之票以后，其结果即“由各该监督报告代行立法院，汇综票数，比较其决定意见，定为国民代表大会之总意见。”[①]所谓国民代表大会，除投票赞成帝制外，并没有什么集会。其最高会议就是原来发动此种组织之参政院代行立法院。该院于民国四年(公元一九一五年)十二月十一日汇查全国代表所投之票，投票者一九九三人，赞成帝制者全数，亦一九九三票！剩下的问题，厥为推戴总统为皇帝。

(c)参政院代行立法院受国民代表大会之讬，推戴中华民国总统袁世凯为中华帝国之皇帝。其推戴书有曰：

> 奏，为国体已定，天命攸归；全国国民吁登大位以定国基，合词仰乞圣鉴事。窃据京兆各直省，各特别行政区域，内外蒙古，西藏，青海，回部，满蒙汉八旗，全国商会，及华侨，有勋劳于国家，硕学通儒，各代表等投票，决定国体，全数主张君主立宪。业经代行立法院咨陈政府在案。同时据京兆各直省，各特别行政区域，内外蒙古，西藏，青海，回部，满蒙汉八旗，全国商会及华侨，有勋劳于国家，硕学通儒各代表等各具推戴书，均据称：国民公意，恭戴今大总统袁世凯为中华帝国皇帝；并以国家最上完全主权奉之于皇帝：承天建极，传之万世；等因。兼由国民代表大会委托代行立法院为总代表，以全国民意，吁请皇帝登极前来。……今者天牖民衷，全国一心，以建立帝国；民归盛德，又全国一心，以推戴皇帝，我中华文明礼义，为五千年帝制之古邦。我皇帝睿智神武，为亿万姓归心之元首。伏愿仰承帝眷，俯顺舆情；登大宝而司牧群生，履至尊而经纶六合。轩帝神明之胄，宜建极以承天；姒后继及之规，实抚民而长世。谨奏。中华民国四年十二月十一日。[②]

袁世凯对此，初尚谦让，于同日发出咨文，表示自己没有建树，没有功劳，不肯接受推戴，要代行立法院另戴他人为皇帝。但次日复发出咨文承受帝位；设大典筹备处，预备登极。十三日在居仁堂受朝贺。并定次年(即中华民国五年，公元一九一六年)为洪宪元年。但自洪宪元年一月一日至三月二十二日，为时只八十二天；洪宪帝制即因南方护国军之反对而告终。

---

① 袁世凯公布《决定国体之国民代表大会之组织法》第十三条。

② 《参政院代行立法院之推戴书》。

洪宪帝制之告终　当帝制运动成功之日，梁启超蔡锷等即秘密由北京入云南，说督理云南军务的唐继尧起而反对帝制。四年(公元一九一五年)十二月二十三日唐等即通电袁氏，命其取消帝制。袁氏置之不理。唐等乃于二十五日通电各省，宣告云南独立。五年(公元一九一六年)一月一日设立云南都督府，定其军曰“护国军”，蔡锷为第一军长，李烈钧为第二军长。云南既起反对帝制，各省亦相继独立：无论袁的嫡系或非嫡系，均为大势所迫，陆续宣告与袁脱离关系。五年(公元一九一六年)，一，二，三，四，五月之间，南方各省的情形，除云南早为反对帝制的中心外，其余的如：

贵州刘显世于五年(公元一九一六年)一月二十七日宣布独立。

广西陆荣廷于三月十五日宣布独立。

广东龙济光于四月五日宣布独立。龙本忠于袁氏，后见西南大势变了，乃宣布独立。

浙江吕公望于四月十一日宣布独立。

陕西陈树藩于五月九日宣布独立。陈为陕北镇守使，在三原独立，进攻西安，并驱走陆建章。

四川陈宧于五月二十三日宣布独立。陈为袁氏亲信，见四川第一师长刘存厚在永宁独立，与滇军合，且鉴于北军入川之不利，乃宣布与袁断绝关系。

湖南汤芗铭于五月二十九日宣布独立。汤亦为袁之亲信，后见湖南零陵及湘西两镇守使独立；为大势所迫，亦宣布独立。

此外山东、山西、湖北、江西、江苏、奉天等省均有国民党人运动反对帝制。同时南方的独立各省复依梁启超“统一军务”之说，于五月八日即已在肇庆设有军务院，为一切军政民政及对内对外之总机关；并遥尊黎元洪为大总统，完全成了一个独立的与北方立于对等地位的政府。

正当反对帝制之诸势力蓬蓬勃勃，遍及于全国各省之时；袁氏为欲保持统治权计，于三月二十三日即申令撤销帝制，希望与南方的护国军讲和。其申令之文有曰：

中国数千年来，史册所载帝王子孙之祸历历可数。予独何心，贪恋高位？乃国民代表既不谅其辞让之诚，而一部分之人心又疑为权利思想。性情隔阂，酿为厉阶。诚不足以感人，明不足以燭物。予实不德，于人何尤！苦我生灵，劳我将士；以致群情惶惑，商业凋零。抚衷内省，良用矍然，屈己从人，予何惜焉？……著将上年十二月十一日认帝位之案即行撤销，由政事堂将各省区推戴书一律发还参政院代行立法院，转发销毁。所有筹备事宜立即停止。庶希古人罪己之诚，以洽上天好生之德。洗心涤虑，息事宁人，盖在主张帝制者本图巩固国基；然爱国非其道，转足以害国。其反对帝制者亦为发抒政见，然断不至矫枉过正，危及国家。务各激发天良，捐除意见。同心协力，共济时艰。使我神州华裔免同室操戈之祸，化乖戾之气为祥和。总之，万方有罪，在予一人。今承认之案业已撤销，……我将吏军民尚其共体兹意。此令。洪宪元年(即民国五年，公元一九一六年)三月二十二日。①

反对帝制之运动既起，袁氏纵撤销承认帝位之原案，然已不能见信于人了。三月二十二日申令发出之后，南方的护国军仍进行不懈。袁氏见大势已去，且自己的亲信如陈宧、汤芗铭辈都宣布与己脱离关系，自然愤怒忧郁。延到六月六日，竟因忧郁成疾而死。遗令以副总统黎元洪代行大总统职权。黎代总统时代，又有张勋拥宣统复辟的恶剧。

张勋拥宣统复辟 六月六日，袁氏病殁；六月七日，(a)黎副总统依法代行大总统职权；首先进行下列三事。一，恢复《临时约法》；民国元年(公元一九一二年)三月十一日临时大总统孙文所公布之《中华民国临时约法》，曾被袁世凯修改；至是，黎总统下令恢复旧观。二，重开国会；中国之正式国会，系二年(公元一九一三年)四月八日成立；三年(公元一九一四年)一月四日，复由袁氏毁灭之。至是黎总统下令召集国会，并令速定宪法；在宪法未定之前，依《临时约法》行事。三，任段祺瑞为国务总理；依《临时约法》之规定，段为责任内阁，主持国事，其权颇大。

(b)对德宣战问题，引起府院之绝大冲突。民国六年(公元一九一七年)正欧战激烈之时。是年一月，德国政府宣布将于十月一日实行海上封锁；无论交战国或中立国船只，一经驶入封锁区域，即当击沉。世界各国都因此对德抗议；我国亦于二月九日向德国提出抗议。段国务总理对此主张最力，而黎总统则不以为然。我国抗议提出之后，德政府置之不理；三月十

① 《袁世凯撤销承认帝位一案之申令》。

四日，我国乃正式宣布对德绝交。宣布对德绝交之后，国内反对之声四起。段总理为欲贯彻主张，乃召集各省督军省长入京，以事疏通。疏通的结果，一致赞成对德宣战，不仅绝交而已。但宣战之案，须经众议院通过，始能生效。众议院于五月十日开会讨论宣战案时，忽有号称公民团者二三千人，集于院外，要求该案务必通过。至是议院对段总理根本怀疑，对宣战案亦决予缓议。议院显然支持总统府之主张，于是府(总统府)院(国务院)之间，冲突益烈。

自众议院决定缓议宣战案以后，段系之督军省长大愤，纷纷电呈黎总统，请解散国会。国会方面亦请大总统罢免段氏责任内阁之职。平心论之，对德宣战之主张，颇合时代需要；只惜段之真正目的并不在此，而在假此名义借款扩军！且强迫国会，务必通过该案；为目的不择手段，亦引起国人反感不少。黎之罢免内阁，不解散国会；对《临时约法》，可算无违；是守法之总统也。不过责任内阁刚被罢免之日，便是武人压迫政府之时。当时段系督军，迳赴徐州，号督军团，会商抵制总统罢免责任内阁之命令。安徽省长倪嗣冲首倡与中央脱离关系；奉、陕、豫、浙、鲁、黑、直、闽、晋各省继之。皖、鲁、豫、奉之兵且逼近京师，对总统以武力相要挟，似非达到解散国会之目的不止者。府院因对德宣战一问题所有之争执，发展至此，竟以兵戎相见！

(c)张勋乘机拥宣统复辟。各省督军脱离中央之后，便在天津设立总参谋处，俨然有另组政府的举动。这时黎总统颇不自安，乃用王士珍、李盛铎等之谋，召安徽督军张勋入京调处。张于六月七日，率定武军五千，行抵天津；先派军队入京，并电黎总统，限日解散国会，以为调处之条件。黎为大势所迫，于六月十二日下令解散国会。中国之正式国会，经袁世凯解散后，黎元洪恢复之，至是黎在军人高压之下，又复下令解散。此举依《临时约法》言，算是违法。黎自己述其违法解散国会之苦衷，曾有通电曰：

> 元洪自就任以来，首以尊重民意，谨守约法为职志。虽德薄能鲜，未餍与情；而守法勿渝之素怀，当为国人所共谅。乃者国会再开，成绩鲜尠。宪法会议于行政立法两方权力，畸轻畸重，未剂于平，致滋口实。皖奉发难，海内骚然。众矢所集，皆在国会。请求解散者呈电络绎，异口同声。元洪以约法无解散之明文，未便破坏法律，曲徇众议。而解纷靖难，智能俱穷。亟思逊位避贤，还我初服。乃各路军逼

近京畿，更于天津设立总参谋处自由号召；并闻有组织临时政府与复辟两说。人心浮动，勋讹言繁兴。安徽张督军北来，力主调停，首以解散国会为请。迭请派员接洽，据该员复称：如不即发明令，即行通电卸责，各省军队自由行动，势难约束等语。际此危疑震撼之时，诚恐藐躬骤然引退，立启兵端；匪独国体政体根本推翻，抑且攘夺相寻，生灵涂炭。都门首善之地，受害尤烈。外人为自卫计，势必至始以干涉，终于保护。亡国之祸即在目前。元洪筹思再四，法律事实，势难兼顾。实不忍为一己博守法之虚名，而使兆民受亡国之惨痛。为保存共和国体，保全京畿人民，保持南北统一计；迫不获已，始有本日国会改选之令。忍辱负重，取济一时；吞声茹痛，内疚神明。所望各省长官，其曾经发难者，各有悔祸压乱之决心。此外各省亦皆曲谅苦衷，不生异议。庶几一心一德，同济艰难。一俟秩序回复，大局粗安，定当引咎辞职，以谢国人。天日在上，誓勿食言。[①]

张勋之率兵北上，名为调停黎段间冲突。黎总统之"忍辱负重，取济一时；吞声茹痛，解散国会"更是尊重调停的一种表示。谁知张于民国六年(公元一九一七年)六月十二日逼黎总统解散国会，十四日即亲自入京，计划拥宣统复辟。自十四日至三十日，日与复辟党首领康有为熟商；迨所谋已定，突于七月一日晨三时，率数十人进入清室，奏请复辟。这种举动，固非黎总统始料所及，亦出于段系军人想象之外。其主张复辟的理由仍不外民主政治不适于中国等老调。其奏文有曰：

奏为国本动摇，人心思旧；谨合词签请复辟，以拯生灵；恭折，仰祈圣鉴事。窃经国以纪网为先，救时以根本为重。……廿载以来，学者醉心欧化，奸民结休潢池；两者相持，遂成辛亥之变。孝定景皇后不忍以一姓之尊荣，罹万民于涂炭；勉循所请，诏设临时政府，原冀惠安黎庶，止息干戈。岂意根本动摇，竟以安民之心助彼万民之虐。……臣等蒿目时艰，痛心天祸，外察各国旁观之论。内审民国真实之情；靡不谓共和政体不适吾民；实不能复以四兆人民敲骨吸髓之余生，供数十政客毁瓦画墁之儿戏。非后何戴，穷则呼天。臣等反复

① 《黎元洪解散国会通电》。

密商，公同盟誓；谨代表二十二省军民真意，恭请我皇上收回政权，复御宸极，为五族子臣之主，定宇内一统之规。①

张既乘黎段冲突的纠纷，假借许多人的名义，奏请清帝复辟；清帝溥仪任其支配；于七月一日至八日连发上谕七八通，大授勋位，大赐官爵；一切制度，尽复前清旧观。张勋以复辟首功为内阁议政大臣，兼直隶总督，北洋大臣。复辟阴谋，竟告实现。但自七月一日至十二日，为时仅十一天，又为段祺瑞所组织之讨逆军所摧毁。

复辟败而南北分 复辟阴谋于七月一日爆发；七月二日，黎总统即对南京冯副总统国璋，发出通电，请其依《临时约法》第四十二条及《大总统选举法》第五条暂在军府代行大总统职权；并与段祺瑞便宜行事，处理急变，同时并任段为国务总理。电云：

南京冯副总统鉴：此次政变猝生，致摇国本。元洪不德，统御无方，负疚国民，饮痛何极。都中情形，日趋险恶。元洪既不能执行职权，民国势将中断。我公同受国民重托，应请依照《约法》第四十二条，暨《总统选举法》第五条，暂在军府行大总统职务。目前交通梗绝，印绶齐送，深虞艰阻。现已任命段芝泉（祺瑞）为国务总理，并令暂行摄护，设法转呈。此后一切救国大计，务请我公与芝泉协力进行。事机危迫，我公义无旁贷。临电翘企，不尽区区。②

七月二日晚，段祺瑞已由天津驰赴马厂，得第八师长李长泰之助，于马厂誓师，通电反对复辟。其文有曰：

天祸中国，变乱相寻。张勋怀抱野心，假调停为名，阻兵京国。至昨夜（七月一日夜）遂有推翻国体之奇变。……以个人权位欲望之私，悍然犯大不韪，以倡此逆谋；思欲效法莽卓，挟幼帝以制天下。……横逆至此，中外震惊。若曰为国家耶？夫安有君主专制之政，而尚能生存于今之世者？其必酿成四海鼎沸，盖可断言。而各友邦之承认民国，于今五年；今覆雨翻云，我国人虽不惜以国为戏，在友邦则岂能与吾同戏者？势非召外人干涉不止。国运直从兹斩矣。若曰为清室耶？

① 《张勋奏请复辟折》。

② 《复辟后黎元洪之通电三》。

> 清帝冲龄高拱，绝无利天下之心。其保传大臣，方日以居高履危为大戒。今兹之举，出于偪协，天下共闻。历考史乘，自古安有不亡之朝代。前清得以优待终古，既为旷典所无；岂可更置诸严墙，使其为再度之倾覆，以至于尽？祺瑞罢斥以来，本不敢复与闻国事惟辛亥缔造伊始，祺瑞不敏，实从领军诸君子之后，共促其成。既已久服劳于民国，不能坐视民国之倾覆，分裂而不一援，且亦曾受恩于前朝，更不忍听前朝为匪人所利用，以陷于自灭。情义所在，死守不渝。诸君皆国之干城，各应重寄。际兹奇变，义愤当同。为国家计，自必矢有死无二之忠。为清室计，当久明爱人以德之义。伏望戮力同心，戡兹大难。祺瑞虽衰朽，亦当执鞭以从其后也。敢布腹心，伏维鉴察。[①]

段电发出之后不久，浙、赣、湘、鄂等省亦通电反对复辟。是时十二师长陈光达在南苑，直隶督军曹锟在保定，均通电出师，并公推段祺瑞为总司令，组讨逆军；在天津设司令部。段委段芝贵为东路司令，曹锟为西路司令，两路进攻北京。张勋势不能敌，十二日讨逆军入北京，演成巷战。复辟军惨败，多缴械投诚。张勋逃东交民巷荷兰使馆；其他复辟要人，亦均纷纷逃走。复辟运动，才十余日，便告终结。

讨逆军于七有十二日入北京，段祺瑞自己亦于十四日赶到。段在北京，与研究系组织合内阁。研究系乃宪法研究会之简称；其中重要人物加入段阁者有汪大燮长外交，汤化龙长内务，梁启超长财政，林长民长司法，范源廉长教育，张国淦长农林。研究系之主张以为：中华民国已因张勋复辟而灭亡；今国家新造，应仿第一次革命先例，召集临时参议院。段赞成其主张，南北遂因此分裂。南方只知有辛亥革命所造成之中华民国；北方则以复辟后之中华民国为段祺瑞所新造。消灭复辟运动，是段氏一生所仅有之功劳；酿成南北分裂，则段之过失。南北分裂之后，北方内部军阀混战，苦民更甚。

三　北方之军阀混战

皖系势力之扩大　段祺瑞自从摧毁复辟运动以后，于政治，于军事，

① 《段祺瑞申讨复辟之通电》。

于经济各方面大扩充其势力。段为皖人，故称皖系。段于政治方向扩大势力之办法厥为组织安福派的新国会。中国的正式国会于民国四年(公元一九一五年)被袁世凯违法解散；黎元洪代袁为总统时，给恢复了。六年(一九一七年)黎被张勋压迫，再度违法解散；但段于平定张勋复辟运动以后，于原有的国会却不予恢复；而依研究系之主张，召集临时参议院；嘱参议院修改《临时约法》中之《国会组织法》《选举法》以图造成自己所能完全操纵之新国会。六年(公元一九一七年)十一月十日，临时参议院开会，段之颂词有曰：

> 窃维立宪原则，在三权鼎立，已成世界公例。代议制度，东西各国行之已久，具有成规。中国六载以来，事变相循，国会再蹶，为祺瑞等所痛心。论者推究原因，咸谓《组织法》《选举法》未能尽善，有以致之。海内人士，初则心知之，而未肯昌言；今则情见势绌，无可游移。凡人民所祈请，宏达所筹划，佥以先设参议院，解决根本办法为当务之急。……诸君子以真实无妄之心，惩前毖后制定大法，使国会重开，人民受福。他日作中华民国国会史者，据事直书，归美有在。诸君之荣誉，即参议院之荣誉，亦即将来国会永久之荣誉。[①]

这临时参议院将《国会组织法》《选举法》等很快就给改定了，新国会即依改定之法于七年(公元一九一八年)八月十二日正式组成。就事实说，这新国会系(1)改变《临时约法》后之产物；(2)且只能代表北方的若干省分；(3)更是段所指挥的安福派(系因北京宣武门外安福胡同内段派人物所设之俱乐部而得名)所包办而成；南方各省当然不予承认。然段则以此为发展自己政治势力的良好工具。

其次，段于军事方面扩充势力之办法厥为组参战军。段系主张对德宣战的。削平复辟运动之后，不主对德宣战的黎总统辞职了，冯国璋代表黎为大总统；段在冯总统之下为国务总理，乃贯彻其共对德宣战之主张。民国七年(公元一九一八年)八月十四日，由大总统正式公布对德奥宣战。但对德奥宣战之后，中国究打算出多少兵去参战固是一个问题，然段欲扩充自己的实力，“参战”云云，却是一个很好的藉口。宣战案公布之后，段即

① 《参议院开会国务总理段祺瑞颂词》。

组参战督办处，自为督办。这机关一立，如借外债，如练新兵，都有理由可说。且参战之军预备好了，即不参与世界大战，而先削平南方的护法运动，亦无不可。段于参战督办处尚未成立之时，即已令徐树铮假奉天之力，为之练兵四旅。参战督办处成立，即划为参战军。后来借得日款，又令曲同丰为之练兵三师。此四旅三师之众，其军械都是从日本来的，颇为精锐。其驻扎地，约略如下：徐之四旅中，第一与第四旅驻洛阳；第三旅驻宣化；第二旅驻廊房。曲之三师中，第一与第三师驻近畿；第二师驻山东。这等参战军，于民国八年(公元一九一九年)一律改成了边防军。且段之练参战军，自始就没有打算参战；不过暗中与日本结合，希望日本多借债款，甚至希望日本帮同镇压南方的护法运动。这可于当时国会议员的质问中约略窥见大概。七年(公元一九一八年)九月，众议院之质问有曰：

> 我国为人道主义与自立政策而对德宣战，与协约各国提携之势，因有参战督办之设。乃迄今并未进行，仅一次借款购械为参战准备。据外间传闻，其械即为奉军为截留，移作他用，未闻政府有所责索。似欲假参战之名以养成他种势力者。果欲贯彻宣战方针当不若是。而未收宣战之利，先得宣战之害，为国人最所痛心者，则莫如中日共同出兵之约。此约是经各方再三要求宣布，迄未正式发表。外间听传是否确系原文，抑此外尚有他约足以丧权失利者，俱不可知。而事实之表证，则最近之日本满洲里出兵，实足使人疑当日协约中隐藏无穷黑幕。夫共同对德为一事，自固边防为一事。满洲里我之边防也；边防有事，我应为主。此与共同出兵之约何涉？而日本强行干预，且先我而发。其通告列国，谓已得我国同意；我政府并不闻正式否认，若真默为许可者。然则政府果不能辨别参战与边防为二事耶？抑实别有密约之束缚，故不敢与邻国争，而始隐忍以欺国民耶？此又议员等所急欲知之者也。[①]

再其次段于经济方面扩充自己势力之办法厥为大借外债。段氏自平复辟以后，即对外借债。国家财政未上轨道，借外债大抵亦是不能避免之事。不过段所借之外债，多用以培植自己的实力，以致用途不明，或不能公诸

① 《众议院质问政府关于财政外交及国内用兵诸大端书》。

大众。因此之故，国会议员又有质问提出，其言有曰：

因财政不足而举外债，举债之适宜与否，应以财政所以不足之故为断。政府一年以来所募外债，达一万万以上；而成于最近两三月者为最多。或曰推广电报及无线电借款，或曰水灾借款，或曰会吉路借款，或曰军器借款，或曰森林借款，或曰金币借款。名目繁多，不可枚举。究竟此等借款是否一一皆由国务上之必要，而生财政上之不足？而借得之款，皆确实支用于其名目之下？以议员等所闻，则名此而实彼者居多。而当事者之暗昧蔑裂，且至有为债权国国人齿冷者。在政府每一借款俱无具体之宣示，又无预算之编制可以稽考。则不实不尽之嫌当然无可逃避。至于借款条件之利害，于主权上经济上之影响如何，更惟政府自知之。而非一般国人所能了解。此一年中政府使国家负债之总数果至若干？每次各有若干？其各别之条件用途如何？政府借此种种巨债，能否自信无所滥用，而不贻国家异日之累？此皆议员等所急欲知之者也。①

所谓直皖之战争　当皖系培植自己的实力之时，便是直皖暗斗之时。直系以冯国璋为首脑，冯为直隶人，故得直系之名。冯自六年(公元一九一七年)八月一日入京，代黎为大总统以后，对国内纠纷，颇主张以和平方法解决之。而段自平定复辟以后，身为国务总理，大权在握，召集临时参议院，造成南北的分裂；对于南方之护法运动，极想以武力压下。为着和平与武力之不相容，冯总统与段总理之间，即直系与皖系之间，便已发生暗斗。始则段以大军加于西南，欲以武力统一全国，然为冯之和平主张所阻，终于失败。段派傅良佐入湘，派吴光新入川，兵连祸结，扰攘半年。当时西南唐继尧之通电有曰：

保护国家，维持统一；凡棲息于国内者，人同此心。若以德绳，谁敢不服？乃段祺瑞袭专制余威，欲以力征经营，命傅良佐入湘，派吴光新入川；兵连祸结，扰攘半年。②

冯主和平，对段此举大为不满；民国六年(公元一九一七年)十一月十

① 《众议院质问政府关于财政外交及国内用兵诸大端书》。

② 《唐继尧关于时局之通电》。

四日，北军第八师师长王汝贤，第二十师师长范国璋承冯之意旨，于南北大战于湘境之时，通电主和；段派的傅良佐由湘退走，湘省会长沙为南方的湘粤桂联军所据。同时北军将领中，直系四督如直督曹锟、鄂督王占元、苏督李纯，赣督陈光达等复承冯旨请撤兵停战。这么一来，段之武力政策全为冯之和平主张所阻而未能贯彻。

继则冯欲进行和平，想以和平方法统一全国，然为段之武力政策所阻，亦终于失败。段祺瑞当武力政策未能贯彻之时，即辞去国务总理之职。冯以直系先进王士珍署国务总理，以抵制皖系。七年(公元一九一八年)一月二十七日，冯以出巡为名，由天津济南以抵蚌埠，打算与苏督李纯计划南北和议。然冯返京后，迫于皖系之武力政策，乃派曹锟(原系直督)为两湖宣抚使，兼第一路总司令；张敬尧(皖系)为攻岳前敌总司令，率兵赴鄂，压迫西南。此外又因陆军十六混成旅长冯玉祥在武穴逗兵不进，通电主和，再派张怀芝(原系鲁督)为湘赣检阅使，兼第二路司令，会攻湘鄂。同时奉天军张作霖亦派兵入关，分驻京奉线，并在军粮城设总司令部，自为司令，以皖系的徐树铮副之。曹锟的直军，张怀芝的鲁军，既入湘境，护法军以力不能支退走；七年(公元一九一八年)三月二十六日湘省会又入北方军人之手。皖系张敬尧做了湘督。这么一来，冯之和平主张，全为段之武力政策所压倒，而毫无成功。

上面所述，是民国六七年间(公元一九一七——一八年)的事，还只是直皖两系间的暗斗。至于直皖的公开冲突，则在九年(公元一九二〇年)七月，正徐世昌继冯国璋为总统之时代。冯之总统，系代黎元洪的，黎之总统又系代袁世凯的。其任期均系袁世凯未满之任期。到七年(公元一九一八年)十月十日，代期即满；冯国璋乃先期通电预备解职。这时北方的所谓新国会乃乘着直皖的暗斗，举文治派徐世晶为大总统。九月九日举出，十月十日即正式就任。

当徐世昌就任大总统以后，直系的和平主张仍未放弃。原来随直系曹锟入湘的部队中，有第三师师长吴佩孚驻在湖南衡州。吴之为人，在直系中，算是有计划的人物。眼看着皖系大借外债，扩充军队；对外主张参战，又未见出兵；对内主张以武力统一全国，又没有成效。且自己驻在衡州，适当南北之冲，与南方的重要人物颇有接触的机会；甚至与西南护法机关政务会议之主席总裁岑春煊有一种暗中的结合。此一种结合，一方面想分散南方的护法运动，另一方面则想贯彻直系的和平主张。南方之护法运动是不容易分散的；不过岑春煊个人，颇有被北方军人拉拢之可能性。这于章炳麟之通电可以见之。章电云：

> 岑春煊近以四条征求各省同意。一，承认冯国璋为总统；二，国会问题交各省省议会解决；三，以陆（陆荣廷）为粤桂湘巡阅使，免龙济光职；四，以唐（唐继尧）为川滇黔巡阅使，免刘存厚职。据第一条，黎公复职已绝非共所许。据第二条，省议会北多南少，以国会交令解决，则恢复旧国会亦绝对非其所许。于义师初起之宣言，一概抛弃。且对于两段（段芝贵段祺瑞）亦任其优游自处。莠言乱政，乃至于此！三四两条，直以小利诓人；血战经年，于国家无毫发之益。而为陆唐争此权利受之者亦何以自处。查岑春煊本宗社党人，前岁抚军肇庆，因人成事。且宣言欲为民国除害，兼为清室复仇，宗旨已不可从。袁氏既陨，春煊自谓目无余子。而复热中利禄，谄媚僭盗。欲使南方护法靖国之师，皆为一己利用！除电请唐帅否认外，应请宣布岑春煊罪状，以告天下，毋使老奸再行煽惑。[①]

岑之企图系如此，故吴佩孚常能乘机拉拢。吴在衡州，一年有余。到九年（公元一九二〇年）五月，认为时机成熟，可以撤兵北上，与皖系较胜负了。于是发表通电以对南方主和为名，撤兵北上，进驻郑州，通电攻击皖系，数安福派新国会祸国殃民，破坏统一之罪；同时曹锟等复联衔宣布皖系要人徐树铮六大罪状，要求总统徐世昌免去其边防军总司令之职。

这么一来，皖系乃开始备战。当徐树铮免职之时，段祺瑞即改边防军为定国军，自为总司令。边防军原系参战军，就名义说，是要用以参加欧战的。但段之意，却在用参加欧战为名义，以削平南方的护法运动为其实务。至是与直系冲突，即要用来与南方作战亦不可能，只好用在北方军人中自相残杀，而进行所谓直皖之战。段氏自为定国军总司令以后，首先即要挟徐总统免曹锟吴佩孚等之职。九年（公元一九二〇年）七月六日，边防军第一、三两师及中央军第十五师出卢沟桥；以边防第二旅攻天津，边防第二师攻德州，声称讨伐吴佩孚。并以曲同丰任西路总指挥，徐树铮任东路总指挥。

---

① 章炳麟：《驳岑春煊提出议和条件之通电》。

皖系既大举进攻，直系亦只好以兵戎相见。于是兵分三路：中路及西路由吴佩孚指挥；中路由永定河固安一带向皖系对抗；西路由京汉线向皖系对抗；东路由曹锳指挥，由京津线向皖系对抗。同时东三省巡阅使张作霖亦通电派兵入关援助曹吴。七月十六十七，直皖两系竟混战于近畿，为中国军阀混战之有名的一幕。此一战，直系因得奉张之助，大获胜利。七月十九，徐世昌下令停战，皖系段祺瑞因战败而辞边防督办，徐树铮因战败而走日本使馆。胜利了的直系据有京汉线，吴佩孚且以战功升为直鲁豫巡阅使副使，屯兵洛阳，俨然成了北方军阀混战中独一无二的重要人物。至于奉系，则以帮助直系有功，亦分得京奉线而占据之。

所谓直奉之战争　直奉共同击败皖系之后，彼此之间，内哄又起，终于酿成直奉之战争。直皖战后，直系势力逐扩渐大；曹锟据保定，吴佩孚据洛阳，扼京汉线之要冲；驱逐陈树藩而有陕西，击走川湘自治军而占湖北。军容之盛，甲于其他一切军阀。计当时直系曹吴所辖有八师四旅之众。第三师吴佩孚自兼师长；第九师师长陆锦，第廿师阎相文，第廿三师王承斌，第廿四师张福来，第廿五师萧耀南，第廿六师曹锳，第十一师冯玉祥；第十二混成旅旅长葛树屏，第十三混成旅董政国，第十四混成旅彭寿莘，第十五混成旅孙岳。

直系势力如此雄厚，同时奉系势力亦颇不弱，拥有五师二十三混成旅及三骑兵旅之众；地盘则有东三省，内外蒙古热察绥三特别区域；与直系地盘直鲁豫陕甘新及湖北成敌对之势。徐世昌总统处于直奉两大系统力之间，眼看着吴佩孚有以武力统一中国之野心，且专横颇甚；不早为设法对付，自己的总统地位且将不能保有。为这原故，徐乃引奉系为自己的靠山。但正因为徐欲借重奉系，奉系乃向中央有所要挟，亟欲拥交通系之首领梁士诒组织内阁。十年(公元一九二一年)十月，梁阁成立。

梁阁成立之后，即开直奉冲突之端。当时华盛顿会议初开，我国代表与日代表在会外交涉山东问题；梁氏为要见好于日本，甚想乘此大借日款，作为赎回胶济铁路之用；并与日订立共管该路之约。同时又以财政困难，于十一年(公元一九二二年)一月发行九千六百万元公债券。这么一来，成了直系攻击的目标。十一年(公元一九二二年)一月中旬，直系将领由吴佩孚领衔通电攻击梁阁：谓梁勾援结党，卖国媚外，应请政府予以罢斥。这又使奉张愤怒。三月中旬，奉张通电拥兵入关，名曰保卫近畿，实则与直系相抗而已。自四月九日以后，大军陆续进关，分驻军粮城马厂通州等处称“镇威军”，实行以武力维护梁阁。延到四月二十六日，直奉双方乃正式开战于近畿五月四日，吴佩孚自率精兵，出奇制胜，一举把奉系击败。五月十日，直系更要挟徐世昌免张作霖之职，另以吴俊陞督奉，以冯德麟督黑。这处置东三省省议会不以为然，于是开联合会通电否认；并于六月三日举张作霖为东三省保安总司令，宣布东三省自治，东三省自是与北京政府脱离关系。

凡上所述，都是军事方面的情形。现在且看直奉战后政治方向的情形如何。概括言之，直奉战后政治上的大变，可举黎元洪总统复职，及曹锟贿选成功两事为例。(a)黎总统之复职。直系一战胜皖，再战胜奉，于是徐世昌总统顿时变成非法的了。徐为皖系得势时之新国会所选出，奉系入关又会极拥护之；其任职是否合法，固然是一问题。但皖奉两系倘不失败，徐仍是总统。于今皖系失败于先，奉系失败于后；胜利了的直系自然认徐之总统为不合法。徐为大势所迫，于十一年(公元一九二二年)五月十五日通电辞职。这时直系乃拥黎总统复职，并恢复旧国会。旧国会系二年(公元一九一三年)的正式国会；四年(公元一九一五年)被袁世凯非法解散，黎代总统时，予以恢复；六年(公元一九一七年)又被张勋强迫黎氏解散，冯代总统时，却未予以恢复，而任安福派新国会取其地位而代之。至是得直系之拥护，于十一年(公元一九二二年)五月在津自动集会，六月一日发出宣言云：

> 民国宪法未成以前，国家根本组织厥为《临时约法》，依据《约法》，大总统无解散国会之权，则六年(公元一九一七年)六月十二日解散参众两院之令当然无效。又查《临时约法》第二十八条，参议院以国会成立之日解散，其职权由国会行之；则国会成立以后，不容再有参议院发生，亦无疑义。乃两院既经非法解散，旋又组织参议院。循是而有七年(公元一九一八年)之非法国会，以及同年之非法大总统选举会。徐世昌之伪大总统，既系选自非法大总统选举会，显属篡窃行为，应即宣布无效。自今日始，应由国会完全行使职权；再由合法大总统依法组织政府；护法大业，亦以完成。其西南各省因护法而成立之一切特别组织，自应于此终结。至徐世昌窃位数年，祸国殃民，障碍统一，不忠共和，黩货营私，种种罪恶，举国痛心；更无俟同人等一一列举也。六载分崩，扰攘不止；拨乱反正，惟此一途。凡我国人，同此心

理。特此宣言，惟希公鉴。[1]

其六年(公元一九一七年)六月十二日所发之国会解散令，亦黎总统于这个宣言发布后的十四日明令撤销。旧国会议员至是入都，继续行使职权，并将担负完成永久宪法之责。至于黎总统之职位，本系因皖段平定复辟运动以后迫于段的气焰而辞去的。今段所创之新国会及该会所选出之徐总统既均不得不告退，且直系又想拥黎再出，黎于是应允出山，并以实现其广督裁兵之主张为就职之条件。六月六日通电有曰：

> 督军诸公如果力求统一，即请领会听芻言，立释兵柄。上至巡阅，下至护军，皆克日解职，待元洪于都斗之下共筹国是。微特变形易号之总司令不能存留；即欲划分军区，扩充疆域，变形易貌之巡阅使尤当杜绝。国会及地方团体如必欲敦促元洪，亦请先以诚恳之心为民请命；劝告各督，令先实行。果能各省一致，迅行结束，通告国人，元洪当不避艰险，不计期间，从督军之后，慨然入都。且愿请国会诸公绳以从前解散之罪，以为异日违法者戒。苟利于国，牺牲不辞。非然者，亡国之祸即在目前；奴隶牛马，万劫不复。元洪虽求为平民，且不可得；总统云乎哉！方将老死于津海之滨，不忍与世人相见；白河明月，实式凭之。废不能遍，图不能尽，靦然出山，神所弗福。救国者众人之责，非一人之力也。元洪颓然一翁，何所希恋？但愿早见统一，死无所恨。若众必欲留国家障碍之官。而以坐视不救之罪责退职五年之前总统，不其惑欤？诸公公忠谋国，当鉴此心。如其以实权为难舍，以虚号为可娱，则解释法律，正复多端，亦各行其志而已。痛哭陈词，伏希矜纳，黎元洪叩鱼。[2]

这个通电发出之后，直系军人，为历史发展的趋势所迫，多覆电赞成。曹锟、吴佩孚等且首先实行以为倡。黎乃于六月十一日通电入都暂行大总统职权。黎之功罪，且不具论；但其出处之态度，可于其文电中约略见之。六月六日磋商废督裁兵之电，其要如上所录；六月十一日复职通电，也还是置重这一问题，其言有曰：

---

① 《两院在津之宣言》。

② 《黎元洪主张先行废督裁兵然后就职电》。

鱼电计达；顷接曹吴两巡阅使，齐督军，冯督军，阎督军，萧督军等先后来电，均表赞同。曹吴两使且于阳日通电。首愿施行，为各省倡；并齐督庚日通电；具见体国公忠，遗荣坚决；天心悔祸，元气昭苏。元洪忧患余生，得闻福音；剥尽复亨，喜极以泣；当为全国遗黎顿首拜赐。……伏念元洪退职已久，思过未遑；栋折榱崩，将压是惧。纵鉴覆车之戒，忍怀忘世之心。鱼电所陈，昌言干讳。亦实以症结所在，寝食难安。冀以哓音，仰回清听。于私交为稍戾，于公谊为甚忠。乃者鉴其悃忱，矜其戆直；解兵释甲，同然一辞。丈夫相交以忠，出语若石；一言坚于九鼎，片言重于千金。宁复执久待之前言，贻蘖生之后患。逆意之罪，待朋友为不忠；操切之愆，谋国家为不智。谨于本月十一日先行入都，暂行大总统职权，维持秩序。一面恢复国会，刻期齐集。当此议员陆续入京之日，为督军从容解职之时；谨当矢此公诚，待其结束。谋身之私，所不敢出；对人之念，所不敢存。甚望力屏浮言，完成壮志。我黄帝在天之灵，实式凭之。如其国会开幕，现状依然；他日解决总统问题，无论复任另选，元洪皆当力践前誓，揖让后贤。息壤有盟，菟裘无恙。国人亦当怜此暮齿，放之海滨；不忍值国家浩劫之时，强沦胥以俱尽也。[①]

(b)曹锟贿选成功。黎总统之复任，由于直系之拥戴。但军人能拥戴总统，亦能驱逐总统。自黎总统于民国十一年(公元一九二二年)六月十一日复职以后，直系内部因吴佩孚势力渐大，气焰渐盛，不满者乃渐多；如王承斌，如曹锐，如王毓芝，如高凌霨，如边守靖等，都与驻在洛阳的吴佩孚意见不甚一致。后来裂痕愈演愈大；且在军事的布置上有所表现：洛阳的吴佩孚仍主武力统一中国(欲倒皖系，则主对南方议和；皖系既倒，仍主武力统一)，保荐孙传芳督闽，沈鸿英督粤；希望自己能以实力援闽援粤，对抗南方。而天津保定一带的军人如王承斌、曹锐、王毓芝、边守靖等则极欲减杀其势力；于是联络鲁督田中玉、苏督齐燮元、赣督陈光达以兴相抗；造成直系内部的大暗斗，甚至明争。即在政治上，洛阳派与津保派亦复各有各的办法：洛阳的吴佩孚仍主维持黎总统；而津保派则欲拥曹锟为

① 黎元洪复任通电。

总统。但结果津保派占胜，终于民国十二年(公元一九二三年)六月十三日，以军官兵士数百人包围黎总统，逼使辞职。黎于是日被迫赴天津；在天津车站，复被直督王承斌所阻，勒令交出总统印信！黎被迫出走天津以后，直系津保派军人乃以重金收买一部分议员(有一部分随黎出走，由津赴沪，预备另行集会)，于十月五日选曹锟为大总统。十日曹锟就职，总统之梦实现，同时并由宪法会议公布《中华民国宪法》一百四十一条。其实自一部分国会议员随黎出走以后，国会早已不足法定人数，宪法会议早已开会不成；由宪法会议公布之宪法，有如儿戏。离京议员事先即有通电曰：

> 奸徒窃位，力肆阴谋；利诱威逼，无恶不作。证据确凿。前已迭电声讨，谅邀察及。兹接京函，报告前夕王承斌来京，向国会当局协商。此时合作选举已绝望，拟以非法手段选举总统。其方法如下：(一)捏报出席人数；(二)以非议员冒名顶替；(三)强迫签到之议员入场，或以绑票方法强制议员出席，闻已决议，大约自下星期二即当实行等语。查离京议员已达二百九十余人之多。在津报名尚未离京者两下合计，已逾半数。因之以五分三开议之宪法会议现已流会六次，可为证明，而选举总统之开会，人数较宪法会议加多。除非乘机舞弊，万无可以开会选举之事。假使奸人悍然不顾，变生不测，魑魅现形，尚希共伸大义，一致声讨。①

选举会尽管不足法定人数，断不能有开会选举之事；然而事有出人意外者：曹锟居然靠此不足法定人数之选举会而当选为总统了！不过这样当选的总统，到底不能不引起国人的非难。所谓反直战争，即由此而起。

所谓反直之战争　反直战争，当然以反对曹锟之贿选为导火线。然藏在贿选后面所必须击破者厥为直系之势力。直系吴佩孚当九年(公元一九二〇年)驻在湖南衡州时，为欲倒皖，则通电主张南北议和，撤兵北上。及皖系奉系相继被直系击败之后，吴佩孚又复坚主以武力统一南北。直奉战后，吴势陡增，遂开始向各方进展。对南部，则援赵恒惕以防粤军北伐；对东南，则联苏齐燮元、赣蔡成勋、闽孙传芳、皖为联甲以制皖系卢永祥(浙督)；对西部，则使黔军袁祖铭，川军杨森自鄂西反攻四川；对东北，则驻

① 《离京议员通电》。

重兵于喜峰口山海关，以防奉张。一时势力之浩大，计划之周详，主张之坚决，为不可侮。及曹锟贿选成功，反对之声四起：浙卢永祥、奉张作霖、滇唐继尧，均通电致讨。而各省联席会议之电，更可为各方联合反直之证。其电有曰：

> 曹锟怀篡窃之志久矣。数月以来，阴谋日亟，逆迹日彰。最近发觉其嗾使部曲，串通议员，执法行贿，凌乱选举，种种事实。海内闻之，莫不愤疾。东北西南各省军民长官，暨本联席会议，相继通电，声明此等执法之贿选，无论选出何人，概予以否认。全国各法定机关暨各公团，亦相继奋起，为一致之主张；义正词严，昭如天日。曹若稍知众怒之难犯，典刑之尚存，犹当有所顾忌，戢其凶谋，不意彼辈形同昏愦，怙恶不悛。吴景濂等竟悍然于十月五日举曹锟为大总统；曹锟亦悍然于十月十日就职！蔑弃中华之礼仪，斩丧民国之道德，侵犯法律之尊严，污辱国民之人格，一至于此！可胜发指？谨按此次执法行贿之选举，于法律上则绝对无效；于政治上则徒生乱階。……本联席会议用特代表东北东南西南各省之公共意思，郑重声明。举凡曹锟所盗窃之元首名义，及其从义部曲所盗窃之政府名义，附逆议员所盗窃之国会名义，一切否认。取彼凶残，惟力是视。呜呼，国本飘摇，乱人鸱张；存亡之机，间不容发。凡我国民，其奋起毋馁。最后之胜利终归于正义，请悬此言，以为左券。各省联席会议代表汪兆铭姜登选杨毓芝邓汉祥王九龄吕苾筹李雁宾赵铁桥费行简同叩。①

至于事实上之联络，在当时亦颇成熟。皖系之卢永祥早已不受北京政府之节制。而皖奉两系之首领段祺瑞张作霖亦与西南取一致行动，赞成孙中山先生之主张，从事于反直运动。而反直运动最后之军事表现，则有两次较大之战争：(一)直皖两系的江浙之战争；(二)奉直两系的东北之战争。兹先述前者。卢永祥本皖系之嫡系，于民国八年(公元一九一九年)以上海护军使继杨善德督浙。民国九年(公元一九二〇年)皖系失败，颇不自安。民国十一年(公元一九二二年)奉系失败，即通电废督，自任军务善后督办，不受北京政府之节制。卢既督浙，即以其同系何丰林为松沪护军使，暗中

① 《各省联席会议代表汪光铭等通电》。

握住了全国商业中心的上海。然上海系江苏辖境，且为有利可图的地方。握在皖系的手里，自然为直系的苏督齐燮元所不满。苏齐因此，时时想驱逐浙卢，想打通长江下游。延至民国十三年(公元一九二四年)八月的时候，直系苏齐与皖系浙卢间之长期的暗中冲突，已渐表面化了。九月三日，双方开战，到十月战争告终；其结果：卢何以部下压战，于十月十三日通电下野，出走日本。直系孙传芳乘机由闽入浙，浙督一职，即由孙继任。卢何下野以后，其部下仍想拥徐树铮为司令，希图保持上海的地盘，然随即被逐。江浙战争之大概约略如此。

其次且看奉直东北战争又是怎样的。奉系自民国十一年(公元一九二二年)为直系战败以后，首领张作霖即以东三省保安总司令名义，整理军民财政，极力预备再与直系相抗。于军事方面的准备，尤为猛进。改组军队，扩充兵士数额；成立航空学校，养成飞行人材；购置飞机，储备航空实力；整理兵工厂，制造军器。凡此种种，都是使直系所不能安心的。江浙战争爆发，张作霖更通电援助浙卢，同时并作军事的准备，这更是直系所不能容忍了。延到十三年(公元一九二四年)九月，直系吴佩孚乃入京筹划对奉的战事；共组三军：第一军自滦州向山海关进逼；第二军自冷口及承德等地向朝阳进逼；第三军由喜峰古北两口向赤峰开鲁进逼；后更编第四军，一部分加入山海关作战，一部分援助赤峰。总计士兵在十七万以上。以如此大军，向奉军压迫，宜得胜利。然而结果与江浙战争恰相反。江浙战争中，直系的苏齐胜，皖系的浙卢败。东北战争中，情形不然，居然是直系败而奉系胜；且同时起而在中华民国之发展上生出大作用者有西北国民军。

关于国民军之兴起，这里且顺便述述。(1)当奉直东北战争爆发之时，直系第三军总司令即冯玉祥氏；其在战争中之任务为进攻凌源朝阳，分援赤峰开鲁。正当吴佩孚赴前线督战之时，冯忽回兵入京。这么一来，吴遂大败，仓卒之间在天津败走，由海道转上海，赴南京；再由南京转汉口赴河南，宣言护宪，要组织军政府；但这时的大势已不是吴所能支配的了。(2)冯入北京，直系内部竟告瓦解，其中盖有内在的原因。一则直系王承斌为办理贿选，与吴佩孚已经不睦(吴系不赞成贿选的)。二则王怀庆原非直系嫡派，此次领第二军与奉系作战，其饷项吴都未及筹全；出发之时，即无苦战之意。冯见二王态度如此，且对奉作战，仍只是内争，故毅然入京，致吴佩孚遭受挫败。(3)冯氏入京之后，曹锟乃抛弃其由贿选所得之总统职位。这时由教育总长黄郛暂大代大总统职权，并修改对清室之优待条件。

这修改完全出于冯之主动。冯认民国元年(公元一九一二年)所订优待条件，殊不合理；且民国首都，任人保存帝号，更为不宜，于是在十一月五日通电修改优待清室之条件。其要项为：一，永远取消皇帝尊号；二，即日移出宫禁；三，一切公产归民国政府。(4)此外冯之所为，对于后来西北军事发展有最大关系者厥为组织或国民军一事。冯于十月二十二日入京，即与孙岳胡景翼等决定组织国民军。国民军共分为三，第一军冯自己统帅入京；第二军胡景翼统帅，赴廊坊；第三军孙岳统帅，赴保定。至是与皖系奉系并立者为国民军。后来国民革命军北伐的时候，国民军参与，并担负了重要的任务。

段执政时之混战　反直战后，奉系皖系以及新兴的国民军为解决时局纠纷起见，特拥军界具有资望的段祺瑞组织临时政府，名曰临时执政政府；段氏的职位就叫做执政。执政的性质与狄克推多(dictator)颇相彷彿，完全为一独裁者；凡立法行政海陆军权，概集于执政的一身。这于临时政府组织条文可以看出。条文云：

第一条　中华民国临时政府以临时执政总揽军民政务，统率海陆军。

第二条　临时执政对于外国为中华民国之代表。

第三条　临时执政府设置国务员，赞襄临时执政，处理国务。临时政府之命令及关于国务之文书，由国务员副署。

第四条　临时执政命国务员分长外交、内务、财政、陆军、海军、司法、教育、农商、交通各部。

第五条　临时执政召集国务员开国务会议。

第六条　本制自公布之日施行，俟正式政府成立，即行废止。①

段氏于十三年(公元一九二四年)十一月二十一日就临时执政职，并发通电说明下列各项：(1)法统已坏，不能不暂设临时政府；(2)拟召集善后会议，筹备建设方案；(3)拟召集国民代表会议，解决国家根本问题。电文有曰：

共和肇造，十有三年；干戈相寻，迄无宁岁，至一国元首，选以

---

① 《中华民国临时政府制》。

> 贿成。道德沦亡，法纪弛废。诛求无厌，户鲜尽藏。水旱交乘，野多饿莩。国脉之凋残极矣，人民之困苦深矣。法统已坏，无可因袭。惟穷思变，更始为宜。外观大势，内察人心，计惟澈底改革；方足以定一时之乱，而开百年之业。祺瑞历秉大政，无补时艰；息影津门，棲心佛乘。既省愆于往日，冀弭劫于将来。迩者彗起天南，芒缠直北；征糈则千万一掷，拘役即十室九空。萃久练之兵，为相煎之用。人民何辜，遭此惨毒！所幸各方袍泽，力主和平；拒贿议员，正义亦达。革命既已，百废待兴；中枢乏人，征及衰朽，祺瑞自顾疏庸，讵胜大任？乃电函交责，环督益坚。不得已于十一月二十一日入都就中华民国临时执政之职；组织临时政府，暂维秩序。海内久望统一，舆论趋于革新。愿与天下人相见以诚共定国是。如制定国宪、促成省宪、改订军制、屯垦实边、整理财政、发展教育、振兴实业、开拓交通、救济民生诸大端；必须集全国人之心思才力以为之，庶克有济。现拟组织两种会议。一曰善后会议，所以解决时局纠纷，筹备建设方案为主旨，拟于一个月内集义，其会议简章另行电达。二曰国民代表会议，拟援美国费府会议先例，解决一切根本问题，以三个月内齐集，其集义会章俟善后会议议定后即行公布会议完成之日，即祺瑞卸责之时。总之，此次暂膺艰巨，实欲本良心之主张，冀为彻底之改革。谨宣肝膈，期喻微衷；邦人君子，幸垂教焉。[1]

但执政政府成立以后，段执政自己所宣示欲办之事全未办到。所赐给人民的，只是连年不断的战争。这等战争之起，只有一个原因，即各军事领袖争夺地盘是也。兹略述数事如次，以见一斑：(1)段氏执政以后，各军事势力的分布，依后来参加战争者而言，可概括为三大区域：奉系沿京奉津浦两线发展；国民军沿京汉线发展；直系势力尚盘据长江流域，皖系则介于奉直两大势力之间，为时不久，其地盘即为奉直分别夺去。这许多军事势力，并立于国中；其地盘又复犬牙相错；各军事领袖为欲扩充自己的地盘，发展自身的利益，随在可以爆发战争。

(2)齐卢之再战。反直战争时，直系的苏齐与皖系的浙卢会有一度大战，结果浙卢败走。这次皖系首脑段氏执政，往日败走的卢永祥为欲复仇，

① 《段祺瑞通告全国马电》。

乃藉奉系之助，并得段执政的命令，进夺苏齐的地盘；结果苏齐败走。这一战只算是段执政时代军阀混战之一个序幕。

(3)此后继起者有奉直在徐州之决战。卢永祥之入苏驱齐，颇得奉系之助。自此以后，奉系欲在津浦线上发展自己的势力，于是竭力包围段执政，保荐张宗昌督鲁，以为己系之助；更强段氏委奉系的姜登选以为苏皖鲁三省剿匪总司令；最后又假维持上海秩序为名，命张学良率兵驻上海，张北归，以邢士廉继之。奉系势力这样发展，断断为直系的孙传芳所不许。是时孙驻杭州，拥有大军；为对付奉系起见，乃自组所谓浙闽皖赣苏五省联军，自称联军总司令；并为先发制人计，于十四年十月即开始驱逐奉系；驱至徐州，与奉系大战；既得徐州似已心满乃通电回杭，并声明徐州以北，尤其鲁省之事，归国民军负责处理。

(4)孙传芳之得胜，颇得了国民军之助；盖以奉系在关内气焰太张，已使国民军发生戒心，不得不出而助孙也。但这一助竟使奉国之间的关系不得不破裂；同时国民军欲向京汉线北段发展，为奉系之李景林所阻；欲向山东发展，又为奉系卵翼下之张宗昌所阻。然国民军如欲图存，又非向奉系地盘内深入不可。事势如此，国民军乃助郭松龄出关攻奉；郭为奉系新派，入关后未得地盘，对奉张颇怀不满；今有人助其出关攻奉，固极乐从；但当其进攻获胜之时，竟因日本出兵干涉，惨败身死。同时国民军又与奉系之李景林战于近畿，并且获胜；于十四年(公元一九二五年)十二月进占天津。

(5)当奉国战争之时，忽有直奉联合攻国之事。这事发动于吴佩孚。当十三年(公元一九二四年)奉直战于东北之时，吴因冯玉祥按兵不动，且撤兵入京，致遭惨败；由海道赴沪转豫，颇不得意。后来冯组国民军，势力日大；吴迫不得已南下入鄂，依萧耀南，更是进退无门。今见奉国之间发生如此之大的冲突，认为有隙可乘，于是一面联络自己在河南原有之旧部，一面通电奉张，重修旧好，共倒国民军。奉张被国民军压迫，当然乐与吴氏再行结合。因此遂造成奉直联合战线，进攻国民军。国民军迫不得已，遂退守陕甘。当国民军总退却之时，段执政以失去支持的力量，亦宣告退职。

(6)附论军阀。叙述至此，对于民国以来的军阀，应有一个简单的说明。军阀之为物，就其本身的性质而言，有下列几个特点：一，军阀云云，仅指军事长官，并非指一切士兵；一切士兵只是军阀的工具。二，既成军阀，便不受任何方面的限制；旧有的帝皇已倒，无支配军阀者；新兴的资产阶级势力尚未成熟，不能支配军阀；于是军阀除受列强或帝国主义者利用外，在中国境内简直是至高无上的统治者。三，军阀既为无限制的统治者，兵民财政等权，尝同集于一身；士兵固然由自己统率，民政长官及财政长官亦由自己推荐；甚至旅团长之微，都可推荐或强迫任用县长及税收局长之类。至是乃有所谓军阀治政；盖政治之推行，以军阀为最后之动力也。其次就其统治之方式而言，亦可列举数项。一，以官僚为工具：大官僚麕集北京，环绕着最高的军阀；次级的官僚环绕着驻在各地的军阀。二，霸占中央：如袁世凯之取得总统地位，如段祺瑞之挟制黎元洪，如奉张之推荐梁士诒，撑持徐世昌，如直系之贿选曹锟为总统皆其实例。三，分割地盘：如反皖战后，直系之沿京汉路发展；奉系之沿京奉路发展；即其实例。四，因利益不均或扩充地盘而发混战：如反直战中，苏齐浙卢之争上海；反直战后，张作霖与孙传芳之争津浦线；皆其实例。最后就其与列强或帝国主义者之关系言，军阀直是列强或帝国主义者之工具：他们为列强消受剩余资本，如大量借债，即其实例；他们为各国稳定在华的市场，但这也只限于各军阀和平相处，彼此不发生混战之时，而且这样的和平之时是很少有的。他们甚至为列强作前哨：列强彼此为争取利益，也常发生冲突；因此常利用中国的军阀以为前哨；这么一来，中国军阀的混战有时竟是列强在华的潜在的竞争之表现。

第四章　列强之加紧压迫

当军阀阻碍中国之图强御侮运动时，列强亦正在加紧其对华的压迫。这可分为三项述之：一，列强在华之经济势力；二，列强与华之外交关系；三，列强对华之屠杀政策。

一　列强在华之经济势力

各种权益之发展　列强在华之各种权益，如要叙述得详细，自当另编专书，且现在这类专书亦逐渐多起来了。兹为略明大势起见，只举数项以为例。(a)贸易之发展。列强对华通商，早在明清之交即已开始。但自中英鸦片战后，随着不平等条约之订立而逐渐扩大。计光绪元年(公元一八七五年)列强输入中国的货物之价值，只七〇、二六九、五七四两；到民国九年(公元一九二〇年)增到了七六二、二五〇、二三〇两。四十余年之中，增加十倍以上。且这等输入，中国出口货物并不能完全抵当之。除以输出抵输入之外，中国每年都要亏累，而成为输入大过输出之所谓入超国。兹以民国元年(一九一一年)到民国九年(一九二〇年)的情形为例，则得下表。

年别	输入价值	入超价值
民国元年(公元一九一一年)	四，七三〇九，七〇三一两	一，〇二五七，六六二八两
民国二年	五，七〇一六，二二五七两	一，六六八五，七〇一一两
民国三年	五，六九二四，一三八二两	一，一三〇一，四七五三两
民国四年	四，五四四七，五七一九两	三五六一，四五五五两
民国五年	五，一六四〇，六九九五两	三四六〇，九六二九两
民国六年	五，四九五一，八七七四两	八六五八，七一四四两

民国七年	五，五四八九，三〇八二两	六九〇一，〇〇五一两
民国八年	六，四六九九，七六一一两	一六一八，八二七〇两
民国九年	七六二二五，〇二三〇两	二，二〇六一，八九三〇两

输入额以最近民国九年(公元一九二〇年)为最高，计七万六千余万两，视最初之年(即光绪二年，公元一八七五年)盖踰十倍！至其进步之速，无过于民国八、九两年。八年由五万五千余万两增至六万四千余万两。九年更增至七万六千余万两。而同年之输出，乃反由六万三千余万两而减至五万四千余万两。输出超过输入，仅最初光绪二年(公元一八七五年)，计赢一千余万两。自光绪三年(公元一八七六年)起，无岁不绌。光绪六年(公元一八八〇年)，绌数最少，为一百四十万余两；民国九年(公元一九二〇年)，绌数最多，为二万二千零六十一万余两。民国三年(公元一九一四年)，欧战发生，各国军事倥偬无暇扩张商业；我国正宜利用时机，大兴实业，发展对外贸易，以求输出之增加。乃当民国四年(公元一九一五年)欧战正烈之时，虽输入顿减，尚绌至三千五百六十一万余两之巨！①

(b)矿权之取得。始于光绪末年，其取得之方式，约有数端：一，因敷设铁路，连带取得附近之矿权；二，与政府交涉取得全省或一部之矿权；三，由政府指定地方之特许矿权；四，私人订立合同，由政府追认之矿权。

甲午以还，国势浸弱；外侮之来，不可终日。发其难者，实始于光绪二十四年(公元一八九八年)之曹州教案；而胶济铁路三十里内之矿权亦随胶州及铁路之敷设权同入德人之手。同年英商福公司攫取山西平定盂县及路泽之煤铁；明年(公元一八九九年)德商瑞记洋行得山东之五矿。当时士大夫分为仇外改革两派。言改革者颇以外资输入为可行。故李鸿章西使，英人摩尔根以中外合办之说进，遂有光绪二十六年(公元一九〇〇年)四川会同公司之约。立约者以开采委诸外人，而政府坐享其利。后庚子之乱，约不果行，然实为中国政府与外人合资办矿之始。至于以私人资格与外人合办者则光绪二十二年(公元一八九六年)已有门头沟之中美煤矿。固不自摩尔根始也。自庚子之乱，直隶

① 申报馆《最近之五十年·四五十年来中国之对外贸易统计》。

开平煤矿，经德璀琳而移入英人之手。外人之要求矿权者踵且相接。溯其方法，不外四端。一，因铁路之敷设而傍及其附近之矿权者，如光绪二十九年(公元一九〇三年)之中俄南满协约，光绪二十八年(公元一九〇二年)之中俄吉黑煤矿协约是也。抚顺烟台之烟煤即根据前者而移于南满铁道会社。满洲里札来诺尔之褐炭之根据后者而归于东清铁道公司。要皆引胶济铁道之条件为先例。二，与政府直接交涉取有全省或其一部之矿权者，如福公司之于山西，瑞记洋行之于山东五矿，隆兴公司之云南七府是也。三，指定矿地得政府之特许者，如凯约翰之铜官山铁矿，立德乐之四川江北煤矿，科乐德之外蒙金矿是也。四，先向私人订立合同，事后由政府追认者，如直隶之井陉临城各煤矿是也。……

夫外资输入，在他国有百利而无一害，故常为其输入国之所欢迎，惟吾国则反是。推原其故，固由于领事裁判权之障碍；……然当日士大夫之冥顽固陋，盖亦不能无咎。况满清末季，国势浸衰；政府又初无标准政策分别利害。其以矿权请者拒或予，皆视其要求之强弱为率。商民官吏不肖者乃复因以为利；而外资开矿，遂为世所诟病。兹综观其结果，完全外资之矿，大抵由于外国政府之强求，其国籍今仅限于俄日，而尤以日本为最多。中外合办之矿，有特别契约者，初皆由于私人之结合。其名目或为借款，或为合资，而事权则无不完全操于外人之手。且无论完全外资，或中外合办，其资本之国籍无不与所谓势力范围有关。故在云南者为英法，在四川者为英，在山东者前为德，而今为日，在东三省者则非俄即日。其利害得失，可令人深长思矣。①

(c)工业之兴办。自《马关条约》订立以后，列强在华之工厂逐年增加。民国二年(公元一九一三年)其数已达一百六十六家。其中各种工厂都有；计蛋白质厂九，炼瓦厂九，化学用品厂一，棉纺织厂十，造船及机械厂二十二，面粉厂十七，家具厂六，煤气厂四，制冰及冷藏厂九，铁工厂一，制革厂六，油业厂十三，制铜厂一，肥皂及蜡烛厂十二，制糖厂三，烟草厂九，羊毛净压厂十二，杂业厂二十二。② 这还是民国二年(公元一九一三

① 电报馆：《五十年来中国之矿业》，第5—8页。

② 数字录自《五十年来中国之工业》，第10页。

年)时代的情形。欧战期间，日人在山东及津沪等地增设之厂甚多；青岛之德人工厂几全为日人所占有。单就青岛及山东全境日人之工厂而论，为数已一百三十九家！资本皆极雄厚。更就纱厂一项而论，据民国九年(公元一九二〇年)华商纱厂联合会之《中国纱厂一览表》观之，日人在华纱厂，共有二十九家！民国二年(公元一九一三年)时代，外人在华纱厂，总计不过十家；到民国九年，单只日本一国，已达二十九家，其他各国之数，亦可据此推知大略。即如美国在中国所设之大公司，民国三年(公元一九一四年)的时代，共计只一百三十六家；到民国九年(公元一九二〇年)便达四百家。[①] 这可概见各国在华工厂公司增加之速。

(d)其他各业之发展。各国在华之银行业，交通运输业等也都是很发达的。列强在华的银行，单只日本一国，总支行合计，老早就达到了一百二十九所之多；其他各国的总支各行合计也达八十八所之多。两下合计起来，外人在华的总支行，竟达到了二百一十七所。[②] 运输方面，各国在华轮船载吨数，其比例数大过中国自己的远甚。即以民国十一年(公元一九二二年)为例。是年中国运载吨数之比例数为百分之一七·〇九；英国为百分之三九·九九；日本为百分之二五·〇三；美国为百分之一〇·一四。这可见列强在华航业之发达了。[③] 至于铁道方面，列强在经济势力也是很大的。民国十八年(公元一九二九年)时代调查的结果，中国境内已成的铁路共一三，二二四·九一公里；而为列强完全所有的所谓租让铁路，达三，五〇六·六六公里；由外债筑成的又达八，一六〇·六五公里。外资与租让两者合计，竟达一一，六六七·三一公里。已成的铁路在当时原只一三，二二四·九一公里；而在列强资本势力下的，却有一一，六六七·三一公里之多！[④]

各种投资的统计　列强在华发展各种权益，其投资的总数，也可以有一种估计。据立法院《统计月报》所载，有如下表：

---

① 唐恩(Duwn)：《美国对外投资》(*American Foreign Investment*)，第159—160页。

② 英文《中国年鉴〔*China year book*〕1929—30》，第321—325页。

③ 英文《中国年鉴〔*China year book*〕1929—30》，第780—781页。

④ 立法院编《统计月报》一卷二号关于铁路债款的详表。

国别	投资种类	投资额
英国	商业投资	五二九，八一二，一四二(华币元)
	地产	七〇，〇〇〇，〇〇〇(镑)
	其他不动产	二〇，七〇五，〇〇〇
	动产	二九，三九〇，〇〇〇
	铁路投资	一九，〇〇〇，〇〇〇
	商业借款及附股	六，二八二，〇〇〇
	政府借款	四二，一一八，〇〇〇
	教会财产	一，五〇〇，〇〇〇
	估计未经调查之投资	七一，〇〇五，〇〇〇
	合计(商业投资除外)	二六〇，〇〇〇，〇〇〇
美国	对华政府借款	
	A. 有抵押者	二四，二七一，九三〇(美金元)
	B. 无抵押者	二，九六〇，七二一·五二
	商行借款	八，〇八五，一九五·六五
	所购证券价	九，〇〇〇，〇〇〇
	合计	四六，四五二，八〇五·六四
日本	借款(铁路矿产森林电器事业及其他)	一七一，六九一，一九六(华币元)
		(大藏省的估计为七一六，一五三，〇〇〇元)
	公司资本(依日本商法组织者)	
	A. 大部分事业在满洲者	九一一，七五七，七八八
	B. 大部分事业在满洲外各地者	一八七，三七三，六六五
	公司资本(非依日本商法组织者)	三六，二二〇，四七六
	公司资本(私人企业)	九四，九九一，五六〇
	合计	一，四〇二，〇三四，六八五

法国　商业投资 …………………… 二九，六〇〇，〇〇〇(美金元)

借款 ………………………… 六二，六一二，六六二·七〇

德国　商业投资 …………………… 二五〇，〇〇〇，〇〇〇(美金元)

政府借款 …………………… 八八，三一一，一六九·五〇

其他各国(包括意、葡、比、丹麦、瑞典、荷兰、西班牙、奥地利等国)

进出口业资金 ………………… 一，七四六，八六〇(华币元)

其他各业资金 ……………………… 一七，五二七，五二〇

合计 ……………………………… 一九，二七四，三八〇

上列数字系从《统计月报》二卷十二期八〇页到一一一页上转录。其不尽不实之处，当然难免；但藉此仍可窥见大概。兹再将大阪每日新闻社所出《对支经济资料一览表》上所列各国对华投资总额的附录于后：

事业别	金额
铁道运输等业	六亿五千十五万二千元
银行等业	二亿五千六百三十三万二千元
纺织业	二亿五千六十四万五千元
农林矿各业	二亿六百六十九万五千元
一般贸易业	一亿六千二百八十六万元
制造业	一亿四千四百九十四万一千元
电气及瓦斯业	四千七百二十一万一千元
土木事业	三千一百七十万八千元
其他	五千八百六十一万元
合计	十八亿九百十五万四千元

地方别	金额
广东	七百三十三万七千元
大连	七亿三百九万三千元

上海 ………………………………… 二亿七千四百万五千二百元

青岛 ……………………………… 一亿三千九百六十四万五千元

奉天 ……………………………………………… 五千十二万四百元

汉口 …………………………………………… 四千四万七百六十元

天津 ………………………………………… 三千五百九十六万三千元

北平 ……………………………………………… 七百十七万八千元

其他各处 ……………………… 五亿千百七十七万六千六百四十元

上列数目，系一九二九年(即民国十八年)太平洋会议席上日本委员所发表。发表之时虽在民国十八年，然此等资本数额之凑足，当早在民国十八年以前；大可以视为民国最初十余年，或北伐以前，列强在华之资本势力。此外，列强在华每年的利得，《三民主义》上也有一个大略的估计。其数字虽属出于推测，然列强对华经济压迫的范围，却明显地指出了。其言曰：

> 经济压迫真是利害得很了。统共算起来，其一，洋货之侵入，每年夺我利权者五万万元。其二，银行之纸币侵入我市场，与汇兑之折扣，存款之转借等事，夺我利权者或至一万万元。其三，出入口货物运费之增加夺我利权者约数千万至一万万元。其四，租界与割地之赋税地租地价三桩，夺我利权者总在四五万万元。其五，特权营业一万万元。其六，投机事业及其他种种之剥夺者，当在数千万元。这六项之经济压迫，令我们所受的损失，总共不下十二万万元。此每年十二万万元之大损失，如果无法挽救，以后只有年年加多，断没有自然减少之理。①

社会所受之影响 列强在华经济势力的扩大颇使中国社会组织发生变化。这变化之最基本的一端，厥为阶段的变动。一方面中国许多劳动者被吸引到列强资本势力之下，而为各国资本家剥削之对象。另一方面，各国资本家凭其资本势力成了中国人的剥削者。国内的阶级对立之外，又加上一重国际的阶级对立，此即所谓世界的社会关系(World Social Relatiion)是

① 孙中山：《三民主义·民族主义》第二讲。

也。(a)中国劳动者之被列强资本势力吸引，当上溯到出国之华侨。原来列强资本势力之向外发展是依循着抵抗最小律(Law of least resistence)而进行的。列强的资本家因国内的资本市场日益狭小，于是向着最落后最无经济抵抗力的非洲或南美或南洋群岛进逼。这时各该地方的土人，不够满足列强资本家之要求，乃有向他处招募工人之举。中国失业农民及手艺工人之往南洋作工的，为时虽很早；然必以列强在南洋各地开发产业之时为最多。直到民国七、八年(公元一九一八——一九年)的时候，南洋方面列强资本家容纳华工的容量，大概达到了饱和度，所以有荷属征收华侨入口税之举。①

(b)列强资本势力在最落后的地带活跃的时候。便已开始向文化古老的中国本部进攻了。迨各最落后的地方如非洲如南洋等处已成了进步的地方，已经产业化(industrialized)了，投资不下了；各国资本家乃加紧其对中国的进逼，乃云集于中国。或以其资本贷于中国政府，或以其资本投于中国产业。外国资本家在华的资本势力雄厚了，中国失业的农民及手艺工人除被民族资产阶级吸引一部分之外，大部分几乎被列强的资本家所吸去。

(c)列强的资本家要与中国劳动者发生关系，要把中国失业农民及手艺工人乃至贫苦妇女与青年等吸收到他们的资本势力之下，非有一种中间人不可。这种中间人即所谓买办是也。买办之需要，乃由中外语言不同，习惯不同，及列强的资本家对中国情形不熟悉而发生的。一经有了买办，外国资本家如要贷款于中国，如要投资于最有利益的事业；或亲自开设大商店，开设大工厂，开设大银行，乃至经营交通运输事业等；均由买办负责活动。

中国人之充当外国资本家的买办，皆须订契约以为据。买办的法律的意义，即中国人与外来资本家根据互订之契约，在一定报酬之下，替外来资本家奔走效劳的佣人。一方面立于外来资本家之佣人地位，另一方面则根据互订之契约于所定职权范围内，以完成外来资本家之营业为目的。凡一切交易，一切经营，对于外来资本家皆立于保证之地位。例如普通商店之买办，系由店中供给一定之月薪，使之周旋于各种交易，保证华人顾客之信用，并负对顾主纳款之责任；或则处理货物之购入卖出等手续，而得相当之佣金。又如轮船公司买办，则在一定薪俸之下，使之招来货物及乘

① 温雄飞：《南洋华侨通史》中之中国《南洋交通年表》。

客，并作缴纳水脚之保证。银行买办，则受银行一定之薪俸以一己之责任及利害掌管一切出纳事项。凡经由买办之手，所有对于华人汇兑买卖，货款承受等均负完全保证之责；同时并由银行给以相当佣金。

买办之意义，大约如上所述。至于买办之社会地位，可从三方面观察之：一，站在列强资本家之立场观察；二，站在中国民族资本家之立场观察；三，站在中国劳动者之立场观察。站在国外资本家方面观察者云：买办喜扣息。如外国银行贷与中国规银一千两，即上海所谓折票，二日为期。假定日息三钱，二日则为六钱；计一月之息，不过九两。经买办之手，往往日息不止三钱，除将三钱明数归于大班外，余数悉为中饱；二方均吃其亏。又用买办，颇不经济。因用了买办，外来的资本家必须预备两本帐簿；既劳校对，复费时间。办事处亦须两所；已占地位，又多开支。再者买办最喜从交易之中取巧。中外两方不能直接交涉，全凭人言，难免失真。且买办或因利之所在，从中舞弊。凡此云云，都是站在国外资本家的立场所见到的买办之地位。①

其次站在中国民族资产阶级之立场观察，买办制度有下列诸种弊端。第一，买办足以障碍中国外交之进行。如抵制外货，是弱国之外交上的良好武器。但买办因对在华的外国资本家负了责任，并缴了押柜金之故，无一不反对抵制外货。第二，买办有促成内乱之嫌。如各地武人所用军械及其他附属品，无一不是经由买办之手向外国洋行买来的。第三，买办足以断送国权，使外国资本家在华的势力日渐扩大。如介绍外国银行借款于中国政府，往往附带极不利于中国之条件，即是最显之例。凡此皆是站在民族资本家之立场所见到的买办之地位。②

再其次若站在中国之工农的立场来观察买办之地位，则买办为外国资本势力与中国工农大众之间的媒介；列强资本家的资本在中国工农头上能够发生榨取剩余劳动之作用；中国工农能够变成外国资本家剥削的对象；全凭买办介于两者之间直接或间接为之拉拢。换言之，资本主义先进国之资本家与经济落后国之工农大众而能发生阶级对立关系，实以买办为媒介。

① 马寅初：《演讲集中国之买办制》。

② 沙为楷：《中国之买办制》第四章。

二　列强与华之外交关系

中俄关系之演变　中俄关系，因俄国内部之革命，前后情形截然不同。在帝俄时代，中俄间的交涉大抵于中国是不利的。到苏俄时代，两国间的关系便改善多了。至于两国关系上的重要因素则以外蒙地位之变化为最令人注意。清末，对外蒙系采羁縻政策，于库伦设办事大臣，以主持外蒙之事。外蒙与俄接境，帝俄每见外蒙人民对中国表示不满之时，便出而引诱，想将外蒙拖入帝俄直接或间接的支配之下，藉以垄断外蒙的经济利益。民国元年(公元一九一二年)中国正陷于大革命中，无暇顾及边疆问题，外蒙库伦活佛被帝俄引诱，竟于十月驱走办事大臣三多，宣布独立，称大蒙古帝国。十一月二日，中国提出抗议，与俄国交涉，未得要领；延至二年(公元一九一三年)十一月四日，中俄两方议定《声明文件》，规定中俄对外蒙之关系；其中要点为：(1)俄国承认中国在外蒙之宗主权，并认外蒙为中国领主之一部；(2)中国承认外蒙之自治权；(3)中国承认外蒙有自行整理内政，及一切工商事业之权，并允不驻兵于外蒙。此《声明文件》签定之后，到民国三年(公元一九一四年)九月，中俄蒙三方更派代表会议于恰克图，磋商三方面相互的关系。到五月的时候，中国因日本提出二十一条要求，事态严重；对于中俄蒙间之问题，不得不迅速解决；于是有六月七月三方签定《中俄蒙协约》之举。该约凡二十二款，大要为：(1)外蒙承认民国二年(公元一九一三年)十一月四日《中俄声明文件》；(2)外蒙承认中国宗主权；中俄双方承认外蒙自治，且为中国领土之一部分；(3)俄蒙间所订《商约专条》继续有效。《商约专条》系民国元年(公元一九一一年)九月帝俄与外蒙所擅订，共十七款。依其规定，外蒙的经济利益，几乎全为俄人所有。其中要项有如下列：

> 俄人在蒙古无论何地有自由居住移动及经营商业之权；
> 俄人运货进口出口，完全无税；
> 俄人在蒙古有开设银行之权；
> 俄人在蒙古无论何处有租地购地及建造房屋，开垦耕种之权；
> 俄人得在蒙古享用矿产森林渔业及其他各项利益；
> 俄人在外蒙随地可设领事；

凡通商地设立贸易圈为俄人营业居住之用；

俄人在外蒙有设立邮局及邮站之权；

俄人有航行外蒙各内河之权，并得使用沿岸地段，与沿岸居民贸易；

俄人得在水陆各路建筑桥梁渡口，向使用该桥梁渡口者收捐；

俄人牲畜经过之地，地方官有供给牧场之义务；

俄人得在外蒙割草渔猎。

凡上所述，是中国与帝俄对外蒙问题的交涉。民国六年(公元一九一七年)俄国革命爆发，情形就不同了。外蒙的独立与自治，原出于帝俄的策动与支持；至是情形变了，俄方的接济以及财政上的支持均告断绝；同时俄国新党势力与旧党势力相抗之时，对外蒙态度彼此截然不同。外蒙在如此的情形之下，颇倾向于撤消自治，复归中国。到民国八年(公元一九一九年)十月事机成熟，十一月外蒙遂正式归顺中央政府，撤消自治。十一月二十二日，中央加封活佛为外蒙古翊善辅化博克多哲布尊丹巴呼图克图汗。十一月二十四日，外交部照会俄使，声明取消《中俄蒙协约》《商务专条》及《中俄声明文件》。十二月一日，中央明令责成徐树铮以西北筹边使督办外蒙古一切善后事宜。

徐树铮治蒙，不仅无成绩，且以不洽蒙情，引起外蒙再度独立。民国九年(公元一九二〇年)俄旧党军人谢米诺夫得日本之助，进攻外蒙；十一月，另一俄旧党军人巴龙恩琴进攻库伦；十年(公元一九二一年)二月四日库伦被陷，镇抚使陈毅走恰克图；三月二十二日恰克图又被陷，陈镇抚使更走满州里。七月，苏俄新势力下之赤塔共和政府击破巴龙恩琴之势力，扶助蒙人组织外蒙国民政府。外蒙国民政府成立，为收拾人心起见，以人民所信之活佛为君主。政府之内设内务、外交、陆军、财政、司法等部；部之上有国务总理，总理之上有国务会议。其最高指导机关则为蒙古国民党中央执行委员会。

外蒙问题的大略情形约如上述。至于中俄间一般关系，自俄革命成功之后，亦会大加改善。民国八年(公元一九一九年)七月，苏俄政府会宣言放弃帝俄旧政府在中国以侵略手段取得之土地与一切权益，并希望以完全平等之关系恢复中俄邦交；九年(公元一九二〇年)八月，苏俄远东共和国代表优林至北京与中国交涉中俄通商问题；十一年(公元一九二二年)九月，复有越飞以苏俄与远东共和国总代表资格至北京，图谋中俄关系之改善。十二年(公元一九二三年)三月，中国政府以王正廷为中俄交涉督办，专办中俄交涉事宜；九月，苏俄新代表加拉罕亦来北京，力图中俄亲善。中俄间许多悬案，经王加反复交涉，终于十三年(公元一九二四年)五月三十一日成立《中俄解决悬案大纲协定》十五条，及《暂行管理中东铁路协定》十一条，并附《声明书》七种。计王加交涉的要案，可举下列各项为例：

一　中俄恢复邦交；

二　前帝俄政府与中国所订旧约概行废止，重订平等新约；

三　前帝俄政府与第三者所订妨碍中国主权之约，一概无效；

四　苏俄承认外蒙为中国领土之一部；

五　中东铁路由中国与苏俄共管；

六　帝俄政府在中国所获旧条约上之权利，苏俄均行抛弃；

七　苏俄允抛弃俄国部分的庚子赔款；

八　苏俄允取消治外法权及领事裁判权；

九　将来订立商约时，中国与苏俄两国采取平等相互主义。

中英交涉之大端　民国初年，中英间交涉之大端，厥为西藏问题。英国自异印度以后，即认西藏为可以发展的市场之一。要将西藏变为一良好的市场，则便捷之法，莫如在该地扶植一种实力置于自己的支配之下。宣统二年(公元一九一〇年)英人代达赖向中国请复封号，即是这种方法的见端。达赖之在西藏，有如活佛之在蒙古，同是当地居民信仰所寄之人物。前清末年，达赖见清政府腐败，且自己在西藏有势力有地位，便跋扈骄横起来。清政府稍稍加以压迫，则投奔英国请求援助。一般的情形如此，西藏的地位遂成了中英外交关系中之重要问题。兹举一事为例。

三十四年(光绪三十四年，即公元一九〇八年)达赖至自西宁，馆于雍和宫。时有建议留不遣，别遣重臣经营全藏。枢府畏事，不敢用此议。会孝钦后与德宗大丧，乃遣归达赖既久跋扈，入观后，见清政不纲，益轻朝廷，志乃益肆。宣统元年(公元一九〇九年)达赖归途与俄使私晤，叛志益决。二年(公元一九一〇年)，川边大扰，遣赵尔丰率川兵入藏，达赖奔印度，廷旨褫达赖封号，藏人益怨。英人将以兵纳达赖，英使来告，乃不得已复其封号，命回拉萨。中朝威信，全坠

> 地矣。川军既抵拉萨，驻马。三年(公元一九一一年)十月，驻军闻革命军起，乃逐驻藏大臣联豫，推管带官锺颖代之。清室退改，达赖自印归拉萨。又逐锺颖，俨然独立矣。①

西藏既已独立，达赖乃令藏众东侵，犯巴塘里塘，并进至打箭铲。这时中央政府乃命四川都督尹昌衡为征藏总司令，率川军进勦；云南方面亦出兵协助。元年(公元一九一二年)七月，川滇军运战皆胜，正拟驱藏人返藏，并进克拉萨；这时英公使忽向中国政府提出抗议，谓：中国不得干涉西藏内政，不得派兵进藏；关于西藏问题，中央另订新约解决之。中政府委屈求全，改勦为抚，恢复达赖十三封号，并取消征藏军队！到十二月，达赖且遣使赴蒙，订立《蒙藏条约》，相互承认自治与独立。

当征藏军正与藏人相持之时，英人会以调解为名，拟集合中央藏三方代表，开会议于大吉岭(Darjiling)，以解决藏事。二年(公元一九一三年)十二月十三日，会议开幕，但会场则移至印度之希摩拉(Simla)地方。谈判多时，没有结果。次年(公元一九一四年)复在印京特里(Delhi)开会，拟成草约十一款。然因划界问题，我国损失太大，政府拒绝签押。关于划界，英人之意，欲把青海南部，乃至巴塘以西等地概行划入西藏；这是中国政府所不能同意的。恰好这时欧战爆发，中英藏之会议遂无形停顿。

民国六年(公元一九一七年)我国因护法问题，南北开战。当四川南军与北军交战之时，西藏又乘机内犯当时英人出而调停，川边镇守使陈遐龄从之，于七年(公元一九一八年)十月在昌都(即察本多)订一年停战之约，划定防守地段，彼此互不相犯。但这约定期只一年，且只适用于中国与西藏间；至于中央问题关于西藏之问题仍未解决。八年(公元一九一九年)五月，英使朱尔典又催促中国政府讨论西藏问题，对划界问题，并提出两种办法：一，取销内外藏之名称，将巴塘里塘打箭铲瞻对甘孜等地划为中国境地；德格以西，划为西藏境地。二，保留内外藏之名称，将马塘里塘打箭铲瞻对甘孜等地划为中国内地；昆仑山以南，当拉岭以北之地划为内藏，德格划入外藏。这两种办法，由中国政府电达各省征求意见。政府的通电发出之后，川滇各省表示反对；政府遂不得不拒绝英使的要求；于是中英关于西藏问题的交涉陷入停顿之状。直到十三年(公元一九二四年)二月，中

---

① 罗惇曧：《藏事纪略》。

国外交部再与英人重议藏案，并提出标准十条，以为谈判之张本。不料谈判尚未开始，而英国竟遣重兵入藏，逼走后藏班禅，致交涉完全停顿！此后中英关系日渐恶化。而重要问题，已由西藏之划界转移到沿海沿江各地的屠杀了。如五卅惨案、汉口惨案、沙基惨案，都是最显之例。这在本章第三节里当另行讨论。现在且回转头来看中日的关系。

日对华提廿一条 民国三年(公元一九一四年)秋季，欧洲大战或世界大战爆发(七月二十八，奥匈对塞尔比亚〔Serbia〕宣战)。自此以后，德国逐渐成为世界各国所攻击的目标。德国在世界各处所有之要港、殖民地、经济势力，以及其他种种特别的权利，都在被袭击之列。日本与英国向为同盟，大战爆发以后不久，即加入协约国方面，对德宣战。时德国在远东唯一无二之根据地，为自我国租得之胶州湾。日本以交还胶州湾于中国为名，先命德国无条件地将此地方交于日人之手。这一层，德人不允，日本乃正式出兵攻击之。八月二十七日，以舰队封锁胶州湾；九月二日，派兵由山东龙口登岸。龙口既非租借地，又非租借之警备区；纯然中国之领土，而日本竟以兵临之！九月二十六日，日军突占潍县车站；十月六日，进逼济南，占领胶济路全线。中国提出抗议，毫无效果。时青岛德兵全数不满五千，无力抵抗；以青岛降于日。日本从此遂将德人在山东方面之权益，应无条件地交还于中国者，一并置于日本势力支配之下！中国以主权所关，于民国四年(公元一九一五年)一月七日，照会英日公使，请日本撤退山东驻军。日本不独不肯撤兵，且反向中国提出二十一条要求。其条件之严酷，为中国外交关系史上所仅有；其破坏中国领土与主权之处，最为酷烈。二十一条，共分五号；兹录于后，以供参考。

第一号　日本国政府及中国政府互愿维持东亚之和平，并期将现存两国友好善邻之关系益加巩固，兹议定条例如下：

第一款　中国政府允诺日后日本国政府与德国政府协定关于德国在山东省依据条约或其他关系，享有一切权利利益让与等项处分，概行承认。

第二款　中国政府允诺：凡山东省内并其沿海一带土地及各岛屿，无论何项名目，概不让与或租与他国。

第三款　中国政府允准日本国建造由烟台，或龙口接连胶济路线之铁路。

第四款　中国政府，允许为外国人居住贸易起见，从速自开山东省内各主要城市作为商埠；其应开地方另行协定。

第二号　日本国政府及中国政府，因中国向认日本南满洲及东部内蒙古有优越地位。兹定条款如下：

第一款　两订约国互相约定将旅顺大连租界期限，并南满洲及安奉两铁路期限均展至九十九年为期。

第二款　日本国臣民在南满洲及东部内蒙古为盖造商工业应用之房厂或为耕作，可得其须要土地之租借权，或所有权。

第三款　日本国臣民得在南满洲及东部内蒙古任便居住往来；并经营商工业等各项生意。

第四款　中国政府允将南满洲及东部内蒙古各矿开采权许与日本国臣民；至于拟开各矿，另行商订。

第五款　中国政府应允关于左开各项，先经日本国政府同意，而后办理：(一)在南满洲及东部内蒙古允准他国人建造铁路，或为建造铁路向他国借用款项之时；(二)将南满洲及东部内蒙古各项税项作抵，向他国借款之时。

第六款　中国政府在南满洲及东蒙古聘用政治、财政、军事各顾问教习，必须先向日本政府商议。

第七款　中国政府允将吉长铁路管理经营事宜委任日本国政府；其年限自本约画押之日起，以九十九年为期。

第三号　日本国政府及中国政府，愿于日本国资本家与汉冶萍公司现有密接关系，且愿增进两国共通利益，兹议定条款如下：

第一款　两缔约国互相约定：俟将来相当机会，将汉冶萍公司作为两国合办事业；并允：如未经日本国政府同意，所有属于该公司一切权利产业，中国政府不得自行处分，亦不得使该公司任意处分。

第二款　中国政府允准：所有属于汉冶萍各矿之附近矿山如未经该公司同意，一概不准该公司以外之人开采；并允准此外凡欲接办，无论直接间接对该公司有影响之举，必须先经该公司同意。

第四号　日本国政府及中国政府为切实保全中国领土之目的，兹订立专条如下：

中国政府允准所有中国沿岸港湾及岛屿，概不让与或租与他国。

第五号

第一款　在中国中央政府，须聘用有力之日本人，充为政治，财政，军事等项顾问。

第二款　所有在中国内地所设日本病院，寺院，学校等，概允其土地所有权。

第三款　向来中日两国，屡起警察案件，以致酿成纠葛之事不少。因此须将必要地方之警察作为中日合办，或在此等地方之警察官署须聘用多数日本人，以资一面筹划改良中国警察机关。

第四款　由日本采办一定数量之军械(譬如在中国政府所需军械之半数以上)，或在中国设立中日合办之军械厂，聘用日本技师，并采买日本材料。

第五款　允将接连武昌与九江南昌路线之铁路，南昌潮洲各路线之建造权，许与日本国。

第六款　在福建省内筹办铁路矿山，及整顿海口(船厂在内)，如需外国资本之时，先向日本国协议。

第七款　允任日本国人在中国有布教之权。

这五号二十一条提出之后，中国政府派陆征祥、曹汝霖为谈判委员，与日使日置益氏于四年(公元一九一五年)二月二日开始谈判。正当双方谈判之中，忽有日舰队进驶福州、厦门、吴淞、大沽等处之举；山东奉天等处，日本亦突增军队；显然以武力为谈判的后盾。延至五月七日，日本竟向我国提出最后通牒，限期五月九日午后六时为满足之答覆；否则将采必要之手段。中国政府为势所迫，且当时袁世凯正欲进行帝制，亟想讨好日本，于是答复日本。谓对日本之要求除第五号中五项容日后协商外，其一、二、三，四号各项及第五号中关于福建问题，均行承诺。是时欧战方酣，各国无暇东顾；只有美国发出通牒分致中日；亦不过声明保全美国人之权益而已。

巴黎和会与中国　民国七年(公元一九一八年)欧战告终；八年(公元一九一九年)一月十八日，巴黎和会开幕。在和会席上，我国代表陆征祥、顾维钧、王正廷、施肇基、魏宸组等五人，为争取中国在国际上之自由平等起见，向和会提出希望七款：一曰废弃势力范围；二曰撤废外国在华军队巡警；三曰裁撤外国邮局，及有线无线电报机关；四曰撤消领事裁判权；

五曰归还租借地；六曰归还租界；七曰关税由中国自主。同时关于山东问题，则请求废除《二十一条中日协约》。但两者都没有得到圆满的结果；而山东问题之解决，更为中国所不能接受。

一月二十八日，和会中议及胶澳问题；中国代表被邀列席最高会议。在会议席上，该代表等主张胶澳应由德国直接交还中国。而日本代表则极力反对，谓胶澳一切权利，应由德国无条件地让与日本。延至四月，日代表以退出和会相挟，谓山东的权利如不能继承，则将退出和会。这时英法等国欲求和议之成功，且因与日本有密约之故，竟徇日人之请，允许日本继承德国在山东之权利。我国代表虽得美总统威尔逊之同情，亦无可如何；唯因此一失败引起了国人的大反抗，爆发了"五四运动"，对德和约，终未签字。

"五四运动"是中国在巴黎和会上失败的直接产物。中国代表以山东问题的解决，中国完全失败，乃电告国内，叙述代表等在和会上主张失败的原因；谓此次失败，一由于民国六年(公元一九一七年)二三月间，日本与英法诸国订有青岛让归日本之密约；二由于民国七年(公元一九一八年)五月中国当局与日本订有《山东善后协定》。此两种束缚是中国代表不能争得胜利的主因；而后者对中国代表的束缚更甚。《山东善后协定》又叫《山东换文》。七年(公元一九一八年)五月，日政府乘中国段内阁筹措军费正急之时，密与中国驻日公使章宗祥提议中日合办胶济路，及借日款建筑济顺高徐二铁路(济南至顺德，高密至至徐州)。并允先付垫款二千万元。段内阁为急欲筹得军费之故，不惜徇日人之要求，于覆文之中，具"欣然同意"四字。日本因此遂谓中国确已允许日本承继德国在山东之权利。

这个《山东换文》或《山东善后协定》的内容给和会代表指出了，国人大愤；对负责办理此种协定的人如曹汝霖，如陆宗舆，如章宗祥尤为不满；目他们为卖国贼。五月四日午后，北京公私立各校学生三千余人集于天安门，转赴总统府，要求惩办卖国贼；旋折至东城赵家楼，焚烧曹汝霖住宅，殴打章宗祥；直至警察赶到，始行解散。这一运动，后来称为"五四运动"，以其发生于民国八年(公元一九一九年)五月四日也。其发生的原因，直接的为中国在巴黎和会上对山东问题的交涉失败；间接的为列强长期压迫中国所逐渐培植出来的民族主义。其所生的影响，则非常大。具体说来，可任举下列各项以为例。(一)对德和约，拒绝签字。巴黎和会定出协约国对德的《和约》，于八年(公元一九一九年)六月二十八日签字；我国代表以争山东问题失败，要求于《和约》内山东条下声明保留，和会不允；最后要求不用保留字样，仅只加以声明而已，亦不允。于是签字之日，我国代表拒绝到会，《对德和约》拒绝签字；至于对德和平，则于九月十五日，另以大总统布告宣示之。

(二)爱国情绪，益加高涨。“五四运动”发生以后，国人激于爱国热诚，抵制日货甚力。后来政府徇日人之请，加以取缔；国人愤慨益甚，乃改用“提倡国货”以为号召。至是日政府无所藉口，于是在各地酿成事端，以图压抑我国民气。计最著者有福州事件：民国八年(公元一九一九年)十一月十六日，我国学生因排货运动，被福州的日本居留民所击伤，致起交涉。次年(公元一九二〇年)十二月十二日案件解决：日政府用公文道歉，出抚恤金一千二百元；我国覆文且声明对排货深为惋惜。有庙街事件：民国九年(公元一九二〇年)三月十八日，庙街日本居留民有被俄人杀害者，日诬我驻庙街军舰有助俄赤党之嫌，交涉以起。到十月事情解决，我国政府为日所迫，向日政府道歉，并出抚恤金三万元。有珲春事件：民国九年(公元一九二〇年)十月二日，朝鲜独立党人有会同俄人焚烧日使馆及日市街情事；日遂派大军占和龙延吉汪清东宁五县，并惨杀鲜人。事后，日撤驻军，但置警察于此五县。

(三)文化运动从此产生。五四运动本是对外的。但对外非空虚的呼号所能得到最后之胜利者；如是大家乃致力于推进文化以图直接或间接增加国家之实力。严格说来，五四运动之自身，也就是文化运动所推进；但五四运动既爆发之后，对文化运动之影响乃愈演愈深，终至文化运动与爱国运动连成一气。这一运动，常被称为启蒙运动。单就其反迷信、反礼教、反孔子主义、反古典文学等方面而言，确为进入资本主义时代所不可或缺之工作，确可称为启蒙运动。

华府会议与中国　巴黎和会以后，各国又相竞以扩充军队；大家相信唯武备可以维护各自的安全与利益；于是又把飞机潜艇等等作破坏用的利器，尽量给制造出来；一若第二次世界大战即将爆发似的。大家这样相竞扩军，当然是世界和平的一大威胁。美国总统哈定(President Harding)有鉴于此，首先发起召集华盛顿会议(The Washington Conference)或华府会议。会议时期始于民国十年(公元一九二一年)十一月，终于民国十一年(公元一九二二年)二月；出席会议者为美国、英国、法国、意大利、中国、日本、荷兰、比利时及葡萄牙等九国代表。会议的要案为：(1)讨论限制海军的诸种方法，以及(2)考虑威胁世界和平的远东问题。

会议的结果，对于限制海军一层，颇为圆满：各国所能保有的吨位加了限制；各国相互间吨位的比例也确定了。计美英日法意五国的战舰，及航空母舰的吨位比例为 5∶5∶3∶1.75∶1.75。对于远东问题，除美、英、法、日四强订有四强公约(A four power pact)以代替英日同盟(Anglo Japanese Alliance)外，于列强与中国相关之诸问题，亦有决定。讨论到列强与中国相关之诸问题时，中国代表首先提出十大原则，以为解决诸问题之张本。

一 (甲)各国约定尊重并信守中华民国之领土完全及其政治上行政上之独立；(乙)中国自行准备声明不将本国领土或沿海地方之任何部分割让或租借他国。

二 中国因完全赞成所谓门户开放主义或中国有约国工商业机会均等主义之故。准备接受该主义实施于中国全部，不设例外。

三 为增进相互间之信赖并维持太平洋及远东之和平起见，各国允许除先期通知中国与以参与之机会外，彼此不缔结直接影响中国或太平洋及远东地方一般和平之条约或协定。

四 各国在中国或对于中国要求之一切特殊权利，特别利益，豁免权或成约，不问其性质或契约上之根据如何，均须宣布。凡此等要求或将来之要求，未经宣布者均视为无效。其已知及将宣布之权利，特别利益，豁免权或成约当加以审查，以便决定其范围及效力。如经审定有效，当使与本会所宣布之原则相合。

五 所有中国政治上司法上行政上行动自由之限制应即时取消，或于情形所许时从速废止之。

六 中国现有成约之无期限者应添注合理且有定之限期。

七 凡解释让与特别权利或特别利益之条文时，依公认解释原则所绝对让中国利益解释之方法办理之。

八 将来遇有战事发生，如中国不参加者，中国处于中立国地位之一切权利，应完全尊重。

九 应订立和平解决之条文，以便处理在太平洋及远东地方的国际争议。

十 关于太平洋及远东之国际问题应预订将来会议之条文，以便按期讨论，俾签约国得一决定普通政策之根据。

这十大原则十分抽象；但与会各国尚不肯接受，后由路得提出四大原则以代替之，那便更抽象了。路得的原则，经修正之后通过如下：

与会各国，即美利坚合众国、英帝国、法兰西、日本、荷兰、葡萄牙有下之决意：

一　尊重中国主权独立，及领土与行政的完整。

二　与中国以最充分，最无累害之机会，俾得自行发展并维持有效力而稳固之政府。

三　以其势认真建设并维持各国在中国全境内之工商业机会均等主义。

四　不得利用现状营求特别权利或特别利益，致妨害友邦人民在中国之权利，并不得为有害此等友邦人民安全之行动。

依据此等抽象的原则，会议多时；各国为采取保持远东局势之政策，巩固中国之权利利益，并增进中国与他国间根据机会均等之交往起见，乃订立《九国公约》，作为远东问题原则上之解决案。《九国公约》系与《国联盟约》及民国十七年(公元一九二八年)八月二十七日，十五国代表所批准之《巴黎公约》或《伯里安克洛格和平公约》(The Pact of Paris or the Briand-Kellog Pact)齐名的，同为维持世界和平的重要文件。其条文如下：

美利坚合众国、比利时、英帝国、中国、法兰西、意大利、日本、荷兰及葡萄牙，为采取保持远东局势之政策，巩固中国之权利利益，增进中国与他国间根据机会均等之交往起见，决定缔结以此为目的之条约。因此，特派全权代表互示其全权委任状，经认为良好妥当，遂议定条款如下：

第一条　缔约国除中国外约定：

一　尊重中国主权独立及领土与行政的完全。

二　与中国以最充分最无累害之机会，俾得自行发展并维持有效力而稳固之政府。

三　以其势力认真建设并维持全体各国在中国全境内之工商业机会均等主义。

四　不得利用中国情状营求特别权利或特别利益，致妨害友邦人民在中国之权利，并不得为有害此等友邦人民安全之行动。

第二条　缔约国约定不得相互间，或单独或会同与他国缔结足以违反或妨害第一条所述原则之任何条约，协定，合同，及了解。

第三条　为使各国在华商工业门户开放或机会均等主义得更有效之实用起见，到会各国除中国外，不得营求或助其国民营求：

(甲)任何协定之足于私利本位上设定有关中国领土某特定部分商业及经济发展之一般优越权者；

(乙)独占权或优先权之足以侵夺他国人民在华经营合法贸易实业或参加中国政府及地方当局各种公企业之权利者；或其范围有效期间及地理关系足碍机会均等主义之实施者。

但本条上列之规定不能解作禁止取得因经营特别商工财各业或鼓励发明研究所必需之财产或权利。

中国承认以本条上列规定之原则应付外国政府或人民对于经济权利及利益之请求，不问该外国是否本协定之当事国。

第四条　缔约各国不得扶助其人民相互间因企图创设势力范围，或规定于中国领土特定部分享受共同排他的机会，而缔结任何协定。

第五条　中国承认中国境内所有铁路不得实行或许容各种不正当之差别待遇。

如关于运费及方便，不得以乘客之国籍，或乘客来去之国家，或货物之原产地，或所有人，或货物来去之国家，或在中国铁路运输前后搭载此等乘客或货物之轮船，或他种运输机关之国籍，或所有人为理由，直接间接为差别之待遇。

中国以外各缔约国对于上述铁路有因让与权特别协定或其他原因处于或其国民处于管理之地位者，应负担同样之义务。

第六条　中国以外各缔约国约定对于将来中国不参加之战争，完全尊重中国之中立权。中国声明中国为中立国时，遵守中立义务。

第七条　缔约国约定无论何时遇有一种情形发生，经缔约国中一国认为有关本条约之实施，并须为实施之相当讨论者，缔约国应为完全且恳执之交涉。

第八条　非本条约签约国之国家，凡有经签字国政府，且与中国有条约关系者，应邀其加入本条约。为达此目的，美国政府当对于非签约国为必要之照会，并以所接之答覆通告签约各国。任何国家之加入，自美国政府接到加入通告时起，发生效力。

第九条　本条约应依缔约各国宪法所定手续批准之。自批准书全部寄存华盛顿之日起，发生效力。美国政府当将批准书之认证誊本分送其他各缔约国。

上述《九国公约》为与中国国际地位最有关系之条约。就其内容看，除却“尊重中国主权独立及领土与行政的完全”一句抽象的话而外，其他几乎全是缓和各国在华彼此间之利害冲突的。不过各国因此真能尊重中国主权的独立，及领土与行政的完全，那便是这条约对中国之最大价值了。除此等条约之订立外，九国会议对于中国与各国相关之问题尚有其他之具体决定。

(a)山东问题之结局——山东问题，由英美调停，中日在会外解决。民国十一年(公元一九二二年)二月四日，中日缔结《解决山东悬案条约》；其重要之点有：一，日本交还胶州德国旧租地之行政权及其一切公产于中国，中国开放胶州湾为万国通商埠。二，撤退山东日军。三，中国出三千万日金赎回胶济湾。四，烟潍路由中国自筑，济顺高徐两路由国际财才出资承办。五，胶济路各矿山交还中国，日人得投资，唯不得超过中国股本之半数。

(b)取销《二十一条》问题——除日代表宣言三点以敷衍各国外，中国所要求者，竟毫无结果。日代表币原之宣言云：

一　日本预备将让与日本资本独享之尽先商议权中关于(一)建筑南满洲及东部内蒙古铁路借款及(二)以该地租税为担保之借款者，开放为最近组织之国际财团公共活动。

二　日本无意坚持中日条约中关于中国在南满聘用日本政治，财政，军事，警察各项顾问或教练官之优先权。

三　一九一五年中日条约及换文未签字前，日本曾保留其政府原委中之第五号，以备将来之交涉。日本现准备撤回此项保留。该约及换文中关于山东之条款，现已完全整理解决，勿庸赘述。

(c)中国关税自主问题——决定大要如下：(一)开修正税则委员会于上海，修改中国关税表，使实现值百抽五之数。(二)中国得召集特别关税会议(此项会议须各国批准。民国十四年，即公元一九二五年，曾召集会议，议决中国关税自主)商议；甲，裁厘加税之实施；乙，裁厘加税未实施以前，进口货得加附税百分之二·五，其奢侈品得加百分之五。(三)第二届修改税则时期定于四年以内，嗣后每七年修订一次。

(d)取销领事裁判权问题——各国议决三点，实际等于无结果，其三点如下：

一 各国政府应组织一委员会(每国派代表一人)考察在华领事裁判权现在之实况，与中国法律、司法制度及司法行政之方法，以便将考察所得之实情及认为适于改良中国司法行政现状各种方法之条陈报告各该国政府，并赞助中国实行各项立法及司法改良，庶各国得用渐进或其他方法取销其领事裁判权(民十四年底即公元一九二五年底，各国曾开会议；但认中国军人有干涉司法举动，领事裁判权之撤消，未能见诸实行)。

二 上述之委员会须于本会闭会后三个月内组织成立，其详细办法应由上述各国协定之。该委员会，第一次集会后一年内，应受指令呈送其报告书及决议文。

三 上述各国有接受或拒绝该委员会所为条陈全部或一部之自由，但各该国不得直接或间接恃中国许给政治的或经济的让与权，特惠，利益或豁免，而接受其条陈之全部或一部。

(e)撤废客邮问题——各国议决除租借地及为条约特别规定者外，均于民十二(公元一九二三年)一月一日以前撤废。

(f)撤退驻华军警问题——议决由中国政府派委员三人，会同各国驻华外交官共同调查；如中国确能保护外人生命财产时，即行撤退。

(g)撤废在华无线电台问题——议决：(一)外国在华设置之无线电台，禁止收发商电，私人电，及非官电。

(二)未经中国政府允许之无线电台，由中国备价收回。(三)在租借地，南满铁路地带，上海法租界各电台由中国与关系各国另行讨论之。

(h)废止租借地问题——法允归还广州湾，英日允归还威海湾膠州湾；而九龙半岛及旅顺大连湾，英日均坚不放弃。

(i)取销势力范围问题——各国均不愿讨论，遂无结果。

三　列强对华之屠杀政策

自民国八年(公元一九一九年)五月四日北京学生爆发所谓“五四运动”以后，直到民国十四年(公元一九二五年)五月卅日上海方面又爆发所谓“五卅运动”。五四运动起于巴黎和会中中国代表之失败；五卅运动则起于上海工厂中中国工人之被杀。自五四到五卅的五六年之中，中国的爱国运动逐渐发展，已由学生及其他知识分子的运动扩充到劳动大众的运动了。爱国运动这样发展，这是列强所最忌的；于是针对着爱国运动进行屠杀政策，造成各种惨案。上海惨案、汉口惨案、沙基惨案、重关惨案等都是最显的实例。

上海惨案的造成　民国十四年(公元一九二三年)五月，上海方面日人所办之内外棉织会社压迫中国工人，曾演出枪毙工人顾正洪之惨剧。这事激动了国人的公愤，上海各大学学生大抱不平，遂出外演讲顾正洪被杀真相，以期唤起各界注意。不料公共租界捕房谓学生援助工人，为有意排外，竟捕去学生多人。延到五月卅日，学生等为工人被杀，同学被捕，起而营救，游行演讲；乃英捕头顾爱活孙竟召集巡捕下令向大众开枪轰击；毙学生四名，路人三名；伤学生六名，路人十七名；捕去学生则达四十余人。中国外交部之抗议有云：

> 为照会事，据报告，本月五月卅日，上海各大学生因为学生被捕及工人受伤两事，在公共租界捕房门首游行演讲，以示抗议。而捕房竟以武力干涉，捕去学生四十余人，登时击毙学生四名，击伤学生六名，已死二名；路人受伤者十七名，已死三名等情。……查学生等均系青年子弟，热心爱国，并不携带武器。无论其行为之性质如何，断不能以暴徒待之。乃捕房未曾采取适当方法，和平劝阻，遽用最激手段，实为人道及公理所不容，自应由租界官吏完全负责。[1]

五卅以后，六月一日，租界当局又复枪毙三人，击伤十一人；对中国所提抗议，置于不顾。中国第二次抗议有云：

---

① 《外交部沪案向驻京领袖意公使提出之抗议》。

为照会事，上海公共租界枪击华人一案，业经本总长（沈瑞麟）于本月一日向贵公使提出抗议，并请迅饬上海领事团迅将被捕之人全行释放，并就近与特派江苏交涉员妥商办理，免再发生此类事情在案。乃续据上海报告，租界捕房于本月一日复枪毙三人，伤十八人；其以前被捕之人仍未完全释放。又据报告，所有伤毙之人，枪弹多从背入，巡捕无一死伤，显系任意轰击，毫无理由。……似此蔑视人道，自应由租界官吏完全负责。①

外人对我国徒手民众任意屠杀，固毫无理由；且当时来势之凶，亦殊出人意外；除施行戒严令外，有海军陆战队，有商团，有巡捕为之戒备；同时复封闭学校，并占据之。

查当初租界官吏所采取对于学生和平行动之取缔办法，系属失当，毫无疑义。又如五月三十日及六月一日等日捕房之举动，实可谓为激成事变之肇端。因老闸捕房既未预先鸣号，警告群众；又非如来照所称该捕房处于危在俄顷不得不用武器之境遇，竟贸然出此激烈举动！……中国政府鉴于此次案情之严重，民情之愤悲，佥以为租界官吏至少须自动的先行取消当地戒严令，撤退海军陆战队，并解除商团及巡捕之武装，释放被捕之人，及恢复被封与占据各学校之原状。②

汉口惨案之造成 汉口自受五卅惨案影响，民众十分愤激。六月十日，有英商太古公司之货船武昌号抵汉，船员与工人因搬物冲突，殴伤工人！十一日，工人二千，罢工游行，要求惩治凶手。事经太古公司承认赔出医药费，以作解决，但群众尚未周知；这时又有英舰一艘越界停泊于江汉关上侧苗家码头，至启群疑，围而观其究竟的民众，渐渐多了。英义勇队乃开枪轰击，当场击死八人，伤数十人；汉口惨案，于是造成。事后调查专员电告调查结果有云：

自沪案传来，沪汉各界愤激异常。不幸本月十日有英太古码头工人余金山激成该码头全体罢市，事后经调解而民众未知也。旋于十一日有英舰一只越界停泊江汉关上侧苗家码头，群众疑为因昨日罢工事

① 《外部提出第二次之抗议》

② 《外部提出第三次之抗议》。

英人将以武力压迫；且欲观其究竟，不觉愈聚愈众。是日又有英水兵在江汉关附近以利刃戳伤太古打包工人刁国厚之事，以故人心益加愤激，奔走求救，络绎于途。英人不以和平方法解散，反将前后花楼铁栅门关闭，断绝交通。一面又招集义勇队及海军陆战队以作战形势堵截之。是时呼救工人及围观市众为刀枪所逼，无就近退入华界之路，只得绕赴旧大智门，以便逃入华界。市民陡闻英水兵戳伤工人及义勇队海军陆战队将施压迫之警耗，自亦奔赴租界观视，各处交通断绝，亦只得绕出旧大智门。入者出者互相阻碍，麇集之人遂多；不得已致有挤入英人防线之趋势，英人不察，遽用机关枪轰击。事后检查，华人死八名，伤十一名。且毙有未成年之华工及前往弹压之巡士。至死者之手无寸铁则皆同也。且英人欲为灭迹计，并有以铁甲车强拖被击死尸抛弃江心，死者当不止上述之数。……事先胡交涉员钧闻其海军陆战队员上岸，曾电告英领，约以不得开枪，并许即派军警前往保卫。二者英领皆允。乃一面正在商军警入租界办法，一面枪声遂作；英人似有以连　为快者。……综上以观，此案交涉有应注意者数点。

(一)汉案远因起于援助沪案，近因起于英人调兵舰越界示威及水兵戳伤工人，民众互相求救；并非暴徒有排外性质。

(二)民众徒手，根本上不应用枪。准诸当时情形，亦无闻开枪必要。英人突然间机关枪向群众轰击，未经履行应有之警告及面允胡交涉员之条件，实属不合。

(三)地方军警已予以相当保护，格于不能自由入界之例，对租界内发生事故，决不能负责。

(四)英人不于旧大智门毗连租界地方设防，特留出隙地，又迫引群众进聚该处，酿成惨杀，实属故意。①

沙面惨案之造成　上海惨案传至广东时，广东各界极为愤慨。十四年(公元一九二五年)六月廿三日，广州商人、学生、陆军学生、工人、农民即举行市民大会，讨论援救沪案方法。会后游行示威；至沙面东桥口地方，即英国租界对面之沙基地方，英租界忽开枪轰击，陆军学生死三十余人，工人死二十余人，学生死三人，重伤数十人。广东政府外交部长伍朝枢之

① 《调查汉案专员邓汉祥报告汉案电》。

抗议有云：

加拉罕大使阁下，鄙人应负责将以下之可痛事件照会使团领袖。广州商人、学生、陆军学生、工人、农民为同情沪上虐杀，举行示威游行，秩序极为完善。午后三时，行经沙面英国租界对岸之沙基；当全队大部分已过之际，沙面方面突向示威者放射来福枪及机关枪，对于学生轰击尤甚。此时男女学生及观众所遭之惨境可想而知。就目前所知，死亡已达百人。本政府即将邀请各国领事、法官、商人、教育家及其他各界代表组织调查委员会，立行著手作公正之调查。同时鄙人为文明与人道对此帝国主义惨杀，请向贵使团领袖提出最强硬之抗议，并请转在北京各国公使。示威者所行经之沙基与沙面相隔宽河一道，上设二桥；桥有严闭之铁门及堆有障碍物。今据事实，桥门全无损伤，故是案因而益为严重。[①]

重庆惨案之造成　沙面惨案发生之后，到七月二日，重庆复又发生惨案。自沪案发生以后，四川人心极为愤慨，各地学生到处演讲。重庆学生讲演至龙门浩，适有英人在该处避暑，诬学生对他们有何等暴动；英兵即上岸开枪轰击。当时学生退散，尚不知有被击毙的，惨案于是造成。这样一来，群众益加愤怒；爱国运动更为发展。但始终未出常轨。惨案发生之后，中国对英领所提抗议有云：

案查本月二日晚间，贵国海军在龙门浩杀伤敝国人民一案，业经本监督致函贵领事提出抗议，并声明俟查明受伤人详情，续行交涉在案。迄尚未准答复。查此案龙门浩地方虽有贵国行栈及侨居商民，敝国官厅早经派有军队驻防；并令饬该管团防分别认真保护，迭函贵领事，有案可稽。按照条约，实已力尽责任。该处秩序既属如常，并无危险状态；而人民聚集，系因看视贵国兵舰所放之探海灯。即或人多声喧，亦非不法行为。乃贵国海军辄尔执持武器，率行登陆，肆意驱逐；甚至以刺刀乱戳，致将敝国人民多所伤害。……现经本监督查明陈燮卿身受重伤，戳破小腹深透内肠出二寸余，并有跌擦多伤；先后经由贵国兵舰及教会医院诊治，现尚不能饮食；能否无生命之危，殊

① 《伍朝枢关于沙面事件对北京公使团提出之抗议》。

难逆料。又如曹文光、向永良、许洪林、唐性等均系受伤之人，轻重不一。其受跌磕伤者，虽非刀戳，实因身受驱迫所致。此种情形，实与沪案并重。……其责任并由贵国完全负之。[①]

各种惨案之结果 上述各种惨案，不过举例而已；此外与此相类似之案件，随处都有。中国对于这等惨案，虽都提强硬之抗议，与列强进行交涉，但都没有得到圆满的结果。唯有一事，虽非各种惨案之直接的结果；然其发展之迅速，实出于各种惨案之刺激。此事为何？曰废除不平等条约运动是也。列强对华的种种压迫，动辄以过去与中国所结之条约为护符。民十四(公元一九二五年)的时代，列强屠杀我无辜人民的惨案层出不穷，国人因此对过去所有一切不平等条约有深切之了解；明白认识中国之独立自由完全为不平等条约所剥去。于是废除不平等条约之运动，正在这时，为之激进。在当时，南方的国民党主张彻底废除不平等条约；北方的执政政府则主张修改不平等条约。可见不平等条约之不利于中国，已为全国所认识了。国民党对于废除不平等条约之通电有云：

自帝国主义侵入中国以来，种种不平等条约束缚中国，使失其平等独立自由。本党不忍中国沦于次殖民地，故倡导国民革命，以与帝国主义者奋斗；而废除不平等条约，即为奋斗之第一目标。本党总理孙先生，毕生努力于此。去岁北上，即以废除不平等条约为与北京临时执政合作条件。……无如北京临时执政方热中于外交团之承认，至不恤以尊重不平等条约为交换品，致先总理不能与之合作，以谋全国统一之进行。而废除不平等条约之主张亦为之搁置。此可为太息痛恨者。自先总理逝世之初，帝国主义者益肆无忌惮，遂有五月三十日上海之惨杀事件。而青岛九江汉口相类事件络绎而至。本党鉴于时局，谋申先总理未尽之志，故于六月二十二日发表宣言，主张全体国民一致极力督促临时执政迅速宣布取消不平等条约；仿照前年中俄协定之例，另与各国重订双方平等互尊主权之条约。翌日，而广州沙面惨杀事件复见，其惨痛情形，较之上海等处，更有过之；愈足证明废除不平等条约为刻不容缓。乃顷见北京临时执政于二十五日致北京外交团

① 《傅交涉员关于渝案对英领提出之抗议》。

之通牒，以修正条约为请。自表面言之，北京临时执政似已知废除不平等条约为国民革命大势所趋，不能复抗，故不得不降心相从。而按之实际，则大谬不然。盖我国之请求各国同意于修改条约屡矣；民国八年(公元一九一九年)在巴黎和会遭和会之拒绝；国民十年(公元一九二一年)在华盛顿会议又为一度提出，遭会议之延宕。不特于不平等条约之根本废除毫无效果，即枝节问题之关税增加会议亦延宕至今。前事具在，所谓请求修改，结果如何，不难逆睹。北京临时执政之为此，宁不知与虎谋皮，为事至愚？特有见于废除不平等条约为国民之一致主张，故迫而出此下策；一方似顺从民意，实则延宕国民革命之进行；一方似改革外交方针，实则与帝国主义谋回旋之余地。对于废除不平等条约之主张不复敢公然违反，而惟以支吾脱卸之伎俩使消失于无形，其胆则寒，其谋则诈。惟废除与修改，截然二事，国民不致为此似是而非之举动所惑；则北京临时执政之出此，正与从前满洲政府欲以伪立宪抵制革命，同一心劳日拙而已。本党兹再郑重宣言，对于不平等条约应宣布废除，不应以请求修改为搪塞之具。此我国民鉴于目前境遇，灼然于帝国主义之穷凶极恶，中国人民所受，痛深创钜，宜一致拥护本党所主张，务使即时实现。[①]

国民党之主张废除不平等条约，成了后来北伐运动或反帝国主义及军阀之运动中对外之最大目标；这于下一章还当提及。至于不平等条约未能废除之时，民十四(公元一九二五年)时代中国与列强交涉，得有相当成就的事亦有一二端可述。(a)关税会议虽未能获得完全之胜利，但中国关税因此自主了。十四年(公元一九二五年)九月五日，北京临时执政政府派沈瑞麟、梁士诒、颜惠庆、蔡廷幹、施肇基、黄郛等十二人为关税特别会议委员。八日，在外交部开成立会，各国先后照会赞成(参看本章第二节《华府会议与中国条》)。会议两月有余，至十一月十九日，通过关税自主及裁釐两决议案；原案谓：各缔约国(中国以外)兹承认中国享受关税自主之权利；允许解除各该国与中国间条约中之关税上束缚；并允许中国国定关税定率条约于民国十八年(公元一九二九年)一月一日发生效力。中华民国政府声明裁撤釐金，与中国国定税率条例，同时施行；并声明于民国十八年(公元

① 《国民党关于废除不平等条约之通电》。

一九二九年)一月一日将釐金切实裁竣。

其次(b)法权会议虽亦未得到完全之成功，但上海公廨却收回了。五卅惨案爆发，国人感于上海会审公廨阻碍我国司法，政府亦觉司法权之不容放弃；于是于组织法权会议之外，又由外部派员与英、法、日、美、意五国委员会商收回上海公廨问题。十五年(公元一九二六年)三月三日在外交部开会，我国主张三点：一，公廨完全交还中国；二，采用两级制法庭；三，外人只能观审，不能陪审。七月九日，讨论结果，外人允将公廨移交；九月二十七日议定大纲，先后签字。十六年一月一日始正式接收，由我国改组为临时法院。

第五章　反帝国主义及军阀

当军阀阻碍图强，列强加紧压迫之日，也正是南方的新派势力继续努力奋斗之时。奋斗到民十三(公元一九二四年)以后，气象为之一变，终于酿成浩浩荡荡的大运动，以反军阀，以反帝国主义。兹于叙述此种运动之先，试一述民十三(公元一九二四年)以前南方的新势力之活动及其持续之状。

一　新势力之绵延

民六前后之活动　这可举较大之事数端以为例。(a)二年(公元一九一三年)二次革命。袁世凯自取得总统地位以后，即开始压抑创造民国的新兴势力。二次革命，即这种压迫的反响。当时民党首领黄兴、李烈钧、陈其美等发动湖南、四川、广东、福建、江西、安徽、江苏等六七省之新势力，有众数十万人，以与北洋军阀首领袁世凯相抗(参见本篇第三章第一节)；事虽不成，当时新势力之反抗精神固已表现出来了。

其次(b)五年(公元一九一六年)云南起义。四年(公元一九一五年)年底，袁世凯之帝制迷梦已渐成熟；蔡锷、唐继尧等即在云南通电反对，命袁取消帝制。次年(公元一九一六年)一月一日宣布云南独立，组云南都督府，唐继尧为都督；其军队名曰护国军，蔡锷为第一军长，李烈钧为第二军长；号召西南各省，与帝制相抗(参看本篇第三章第二节)。一时起而讨袁者有贵州、广西、广东、浙江、陕西、四川、湖南、山东等七八省。袁为大势所迫，终不能不取消帝制，此可见新势力之雄厚为不可侮也。

再其次(c)六年(公元一九一七年)护法运动。是年黎元洪总统与段祺瑞内阁为对德宣战问题，意见差池，相持不决。段乃召其亲信之督军会于徐州，希图以武力要挟总统；黎则召张勋入京调停总统府与国务院之冲突。

不料张之调停反变成了压迫总统，解散国会，进行复辟等等荒谬举动（参看本篇第三章第三节）。复辟运动既经爆发，段祺瑞又以兵力削平之；削平复辟之后，段竟推翻约法，号召参议院，另组政府。这就是新势力所不能容的了。当张勋逼黎解散国会之时，两广即已通电自主；七月二十一日，孙中山先生更偕海军总长程璧光率第一舰队赴广东作护法运动。为时不久，护法运动蔓延至九省之广。当时除两广早已宣布自主之外，陕则民党于右任联络陕军胡景翼独立于三原，湘则零陵镇守使刘建藩、旅长林修梅独立于衡阳，鄂则荆襄镇守使黎天才亦据荆襄而独立；同时四川重庆归滇黔军占领，福建民军亦占全省之半。再加滇黔两省，势力已达九省。迨段祺瑞另召参议院，另组政府，民党国会议员乃南下开非常会议于广州，以与北方的非法政府相抗。开会之日，通电西南各省，其文有曰：

> 民国不幸，祸患频仍，倪逆称兵，国会被毁；张贼复辟，国本动摇。造乱之徒乘机窃政，托名讨贼；推翻《约法》，擅立政府，另置总统。执法以绳，厥罪维均。又复迭呈狡谋，图湘窥蜀，输兵南下，其势骎骎。凭藉北洋，压制全国；充类至尽，吾民宁有唯类之存。所幸诸公犹持正义，兴师讨贼，信誓在人；救我黔黎，定兹国难；公等之责，吾民之望也。同人等共受国民之托，职务未终；今被国贼驱走，责任难弃。用依《约法》自集于粤。人数未满法定，本难遽行开会。惟念时局之危，间不容发。……爰绎主权在民之义，师法人国变之例，特决定本月二十五日于广州开非常会议，以谋统一，以图应变。[①]

非常会议于八月二十五日开会，三十一日即决议《中华民国军政府组织大纲》；九月二日即举孙中山先生为海陆军大元帅，唐继尧陆荣廷为元帅，组织军政府，以为护法运动之总机关。在军事方面，护法运动诸军事领袖乃向段系军阀进攻，展开护法战争，以湖南为战争之焦点。时段系督军，傅良佐镇守湖南；护法军湘南刘建藩、林修梅等早已与北方对抗，迨护法的粤桂联军援湘，湖南、衡阳、宝庆、长沙、岳州一带遂爆发空前未有之激战。在法理方面，护法运动诸议员乃通电全国，痛斥段祺瑞毁法乱政之罪。通电之文有曰：

① 《国会非常会议致西南各省报告非常会议日期电》。

民国政府基于《约法》而成立。其权力所及，当然以信守《约法》为限度。曩者袁氏专政，毁法弄权；举《约法》上之分权制度而破坏之。于是解散国会，召集政治会议《约法》会议代行立法院等非法机关；假代表民意之名，以行其同恶相济之实，卒至叛国称帝。赖护国军兴，各仁人志士拨乱之功，而民国再造，《约法》恢复。顾至今吾国人犹有一共同之觉悟，则以为倒袁于帝制既为之后，无宁讨袁于破坏《约法》之始之为愈也。伪国务总理段祺瑞专恣成性，其不解共和政治，固无异于袁氏。而刚愎自用，倒行逆施，抑又过之。前任总理时，唆使乱民围攻议会，纵容军人干涉宪法，通国皆知。逮免职令下，煽动诸将，移兵京畿，胁迫总统；解散国会，以酿复辟之祸；肆其阴谋，垄断政权。今复师袁氏故智，悍然下令，召集参议院！……民国国会久已成立，人民与政府久已承认。今于国会非法解散后召集参议院而靦以依据《约法》自欺欺人，又将谁信？夫大总统在《约法》上仅有召集国会之权，绝无改造国会之权。如谓国会非经改造不能召集，此端一开，后之执政尤而效之；则民国国会之组织及选举无时不可以修正，且无时不可特设机关以修正之！所谓代表人民多数意思之立法机关无时不在动摇之中。是共和政府之精神已根本破坏，后患又何堪设想。议员等窃念民国成立以来政变相乘，民无宁岁。推原祸首，皆执政者藐法有以致之。及今不图，噬脐何及？素仰执事明达，爱国护法，岂在人后？当此国本颠覆之际，必有声罪致讨之举。此而可忍，孰不可忍？凡我方伯连帅，有桴鼓而起者乎！议员等无似，将执鞭以从之。[①]

民九前后之支持　(a)由军政府之元帅制到政务会议制。自国会非常会议集于广州，组织军政府，举孙中山先生为大元帅以后，为时不久，护法诸领袖一方面感着军政府自身尚不十分健全，另一方面又觉有许多领袖人物尚未加入政府为一缺陷；于是由非常会议议决修正《中华民国军政府组织大纲》，改组军政府元帅制为政务会议制；设政务总裁七人以代替大元帅及元帅等职。七年(公元一九一八年)五月十八日，非常会议发出通电，说明扩大团结，改组政府之理由，并叙述贯彻护法宗旨，其言有曰：

① 《国会非常会议通告全国反对北京召集参议院电》。

> 自国会解散，复辟变起；段氏继之，变本加厉：设立伪临时参议院，以遂其攘窃政柄，颠覆国会之阴谋；专制政治乃随武力统治而复活。此民国成立以来所未曾有之大政变也，两院同人，相率再来，集于广州，依先进各国国民会议之先例，于是有非常会议之组织，以护法讨逆，号召全国。不幸而后先响应者仅有海军及今日护法之各省各军。长江下游及其以北，依然蜷伏于段氏武力统治之下。或则心怀义愤，抑而未伸；或则悔祸稍迟，受其指挥。此则护法战之所由起，而同人等为国家计为对外计，所引为大不幸之事实也。然而段氏以十余省之众，辅之以历次卖国求逞，得外交上饷械之援助，当我护法各省有限之力；卒之丧师失地，屡遭败挫者，匪特民意之不可侮，公理之不可灭有以致之；即我义师将领之艰苦卓绝，与夫护法各省之一心一德，亦由是昭然共白于天下，斯又同人等所引为不幸中之大幸也。曩者军政府成立伊始，只以事属首创，未臻完备，遂使唐陆两公(唐继尧、陆荣廷)谦让未遑；西林一老(岑春煊)置身局外；伍唐程林胡诸总长(伍廷芳、唐绍仪、程璧光、林葆怿、胡汉民)袖手于广州。幸赖孙公中山一人仔肩危局，撑持至今。斯岂诸公护法之志彼此有异乎？抑亦立法未善之所致也。同人等返躬内省，鉴于时局上之要求，而共认军政府改组之不可缓久矣。今则修正《中华民国军政府组织大纲》，业于本日议决公布。自时厥后，同人等最终希望惟在海军及各省同志戮力一致，拥护新政府之成立及发展；如身使臂，如臂使指；以继续现军政府未竟之功，恢复《约法》之效力，维持国家之尊严建设统一之基础，促进宪法之成立。①

非常会议依据组织大纲，选举孙文、唐绍仪、唐继尧、林葆怿、陆荣廷、岑春煊等七人为军政府政务会议总裁；而以岑春煊总裁为政务会议主席。至是军政府形式上之改组似告成功。

(b)由军政府之政务会议到中华民国政府。军政府虽然改组了，实际上内部依然涣散。政务总裁七人中，孙中山先生原未就职，唐继尧亦只遥领其职于滇省，唐绍仪正在上海为与北方议和代表。因此之故，政务会议的

① 《国会非常会议通告全国宣布修正中华民国军政府组织大纲之旨趣电》。

大权几乎为岑春煊一人所独揽。岑为政学系首领，且与北方军阀颇通声气。[①] 历时既久，渐为民党所忌。延至九年(公元一九二〇年)八月，国会非常会议议决撤消岑氏总裁职务。这时军政府内部似由涣散而进入动摇之境矣。岑既被国会非常会议议决撤职，自然恼怒，于是加紧与北方军阀接近，擅免唐绍仪南北议和总代表之职；十月间，更通电取消军政府，拟将整个护法运动由其一手取消，而与北方合作。

这时真正护法的领袖乃起而继续作护法运动。十月三十一日孙文、唐继尧、伍廷芳、唐绍仪等军政府政务总裁名义发出通电，否认取消军政府，谓岑春煊早已丧失地位与资格，军政府依然存在。孙等回粤，仍开政务会议，继续执行军政府职权。延至十年(公元一九二一年)四月七日，国会非常会议又开会议《决中华民国政府组织大纲》，依大纲第二条，举孙中山先生为大总统，为非常时期之总统。五月五日，孙乃就职，至是军政府取消，起而代替的为中华民国政府，与北方的中华民国政府相抗。

陈炯明叛孙北向 南方的护法运动，自民六(公元一九一七年)积极进行以来，大略情形如上述。到十一年(公元一九二二年)又遭了一次较大的挫折，即陈炯明之叛孙北向是也。陈于民国八年(公元一九一九年)加入国民党，曾宣誓牺牲身家性命为党奋斗。十年(公元一九二一年)孙大总统命其率师北伐，以完成护法运动之功。不料这时陈竟与北方军阀勾结(参看本篇第三章第二节《所谓反直之战争》项)，借口广东连曹兵燹，民不聊生，顿兵不进，且竭力反对北伐。孙以陈之此种态度既违党纪，又误北伐，乃于十一年(公元一九二二年)四月，毅然免陈粤军总司令等职，迫使逃至惠州。这么一来，陈氏便预备叛变了。同年五月，北方军阀奉系与直系会战于京畿之时(参看本篇第三章第三节《所谓直奉之战争》项)，孙氏利用时机，在韶关誓师，实行北伐，分遣李烈钧、许崇智、黄大伟等领兵分三路攻赣南，以打击北方军阀。这时北方军阀直系吴佩孚乃密促陈炯明在粤叛变，以扰乱北伐军之后方。陈认叛变的时机成熟了，于六月十六日命其旧部叶举(陈走惠州时，其部队由叶举统率)在广州实行叛变，围攻总统府，炮击观音山，迫孙氏下野。七月，北伐军许崇智回师援救，亦为陈部所败。孙氏迫不得已于八月十四日离粤，由香港转上海。在上海曾发表宣言，其中有云：

---

① 参看本篇第三章第三节《章炳麟驳岑春煊提出议和条件之通电》。

> 陈炯明……叶举……平日处心积虑，惟知割据，以便私图。于国事非其所恤。故始而阻挠出师。终而阴谋盘据，……六月十六日以后，纵兵淫掠，使广州省会人民生命财产悉受蹂躏。……近省各县，所至洗劫一空！[①]

此场叛变终由北伐军滇军及桂军等所平定。十二月前后，北伐军攻潮汕，滇军入梧州，桂军围肇庆。这时陈炯明知力不能敌，乃放弃广州，退走东江，再逃惠州。陈氏败走之后，其部下洪兆麟宣言与陈脱离关系，迎孙回粤，但以滇桂军与粤军(即许崇智所部之北伐军)不睦，未能实现。次年(公元一九二三年)二月二十一日，以滇桂粤等军驻地问题完全解决，孙氏乃由上海回广东。孙回广东之后，恢复大元帅旧制，继续其护法运动。但为时不久，滇军杨希闵等，桂军刘震寰等亦只知"割据以便私图，于国事非其所恤"；同时陈炯明之残余势力亦仍在惠州顽抗。杨刘陈这等人事实上都已成了新的军阀；直到十四年(公元一九二五年)才完全肃清。这在下一节里还要讲到的，现在且不述及。

二　北伐前之预备

国民党之改组　新势力绵延到民国十二年(公元一九二三年)底忽得到一种转机；此转机即领导此种新势力之国民党改组是也。国民党之必须改组，唯一原因即在该党自身不健全。就组织而言，不甚完备；就纪律而言，不甚严明；以至挂名党籍的军人可以叛变，挂名党籍的议员可以卖身。故其改组宣言中指出此种情弊云："吾党……数十年已往之成绩，而计效程功，不得不自认为失败。……军阀横行，政客流毒；党人附逆，议员卖身。……吾党所以久而不能成功者，则以组织未备，训练未周之故。"[②]国民党总理鉴于党组织未备，训练未周，因下改组之决心；于十二年(公元一九二三年)十月二十五日在广州召集改组党部的特别会议；指派邓泽如、林森、廖仲凯、谭平山、陈树人、孙科、许崇清、谢英伯、杨庶堪等九人为临时中央执行委员；林直勉、谢良牧、徐苏中、林云陔、冯自由等五人为

① 《护法总统抵上海后宣言》。

② 《改组宣言》。

候补委员，共同组织临时中央执行委员会，办理改组事宜。自十月二十八日至十三年(公元一九二四年)一月十九日，临时中央执行委员会集会凡二十八次，其重要议案为：发布《国民党改组宣言》及召集全国代表大会。

第一次全国代表大会由该党总理主持于十三年(公元一九二四年)一月二十日开会于广州；历时十日，到会代表近两百人，所代表的地方，国内为广东、广州市、上海市、北京、汉口、福建、广西、云南、湖南、江西、浙江、贵州、直隶、山西、陕西、山东、江苏、安徽、四川、湖北、河南、奉天、吉林、黑龙江、甘肃、西藏、蒙古、哈尔滨、特别区等；国外为仰光、海防、安南、河内、三藩市、雪犁、暹罗、怡郎、吧达维亚、芙蓉、西贡、菲律宾、白里、棉兰、东京、西贡、薄寮、西贡、金欧、西贡、美荻、西贡、金边、神户、澳门、咙嘛俔、加拿大、檀香山、墨西哥、南洋、尾利侔、美国、香港等；此外联义社有代表，妇女界亦有代表。其范围之广为从来所未有。

大会最大的成绩，可举下之数事为例。(a)力量加强了。如联俄，容共，农工等政策之采纳，都是增加党之力量的。联俄政策，国民党总理于民十一年(公元一九二二年)底曾与苏俄全权代表越飞熟商很久。越飞承认：第一，中国之统一独立，当得俄国人民之助，且可信赖俄国；第二，苏俄政府承认愿抛弃帝俄时代所订中俄不平等条约(参看本篇第四章第二节《中俄关系之演变》项)。第三，苏俄决不使外蒙与中国分离。根据此等诺言，国民党孙总理乃与越飞于十二年(公元一九二三年)一月二十六日共同发布宣言，联俄政策大体决定；第一次全国代表大会后乃得切实执行此项政策，以获得苏俄对中国革命之帮助。至于苏俄之愿意帮助中国革命，则以中国革命要打倒帝国主义，与苏俄所进行之世界革命有联带关系也。

其次容共政策，曾于第一次全国代表大会上提出讨论，当时也有不少持异议的；但以国民党总理坚决主张，终于决定采纳。共产党酝酿于五四时代，成立于民国十年(公元一九二一年)秋间。

> 民国九年(一九二〇年)即五四运动之翌年，五月间，陈独秀沈玄卢(定一)……等在上海组织马克思主义研究会，租定会址于上海法租界霞飞路渔阳里(现改铭德里)六号为会址，此为中国共党之前身。……马克思主义研究会成立后，即着手于成立正式共产党，而先组织社会主义青年团。因当时各国共党均有共党与青年团之两层组织，

> 故中国亦先成立青年团，于民国九年(一九二〇年)八月在上海成立。……马克思主义研究会成立以后，即积极着手组织正式共党，进行不遗余力。至民国十年(一九二一年)夏间，一切筹备已告完竣，乃于七月中在上海法租界蒲柏路博文女学召开第一次全国代表大会。出席者各省代表十三人，列席者六十余人。①

此后继续发展，到民十三初，势力已相当雄厚了。中国国民党孙总理为着推进革命起见，于国民党第一次全国代表大会席上，坚决主张共产党员加入国民党共同革命。

> 总理以革命利益为前提，并以彼此政纲相同者颇多，为集中革命势力起见，乃容许其党员个人加入，共同努力。此国民党容共政策之由来也。……当时共党之大部份人均主张加入本党，且其后台第三国际之列宁(Lenin)亦力赞助。故加入本党终成事实。②

共产党员既个别的加入国民党，为《三民主义》共同奋斗；这样国民党便得了许多努力奋斗的新党员，力量较前大多了而使力量更加雄厚的则为国民党所领导之农工运动。民十三(公元一九二四年)以前，中国早有农会及工会等；但就其性质看，似为提倡农业及工业之学术机关，并无农民及工人参与。国民党第一次代表大会认定农工大众，应为革命运动中之重要动力；于是决定由党领导组织农民及工人；后来在北伐过程之中，曾发生过极大之作用。

(b)纪律严明了。上面所述联俄、容共、农工等政策，即所谓三大政策是也。至于纪律，第一次全国代表大会曾正式通过一次议案，确定党内的民主集权制度：凡党内之问题，党外之政策，各个党员皆得发表意见，参加讨论及表决；但一经表决，各个党员必绝对遵守而尽力执行。此外违犯纪律者亦有惩处。该决议案有云：

> 大会认为一切党员皆有服从严格的党内纪律之义务。此乃改组中各种重要问题中之一。……大会以为国民党之组织原则，当为民主主义集权制度。每一党员既有应享之权利，亦有当尽之义务。参与党内

① 中国国民党中央组织委员会调查科编印《中国共产党之透视》，第40—44页。

② 中国国民党中央组织委员会调查科编印《中国共产党之透视》，第8页。

> 一切问题之决议及党外政策之确定，选举各级执行当务之机关，此其权利也。此等全党党员参与共同讨论决议及选举之制度，即所以保证民主主义之实行。讨论既经终了，执行机关既经议决，则凡属党员均有遵守此等决议案或命令并实行之之义务。此即所谓政党的集权制度。……至于国民党已得政权之处，……党员之行动，比之其他地方，尤当负责；党之纪律亦当更加严格。此等地方，若党员有违纪律，则其影响，殊非可以等闲视之者。为保证党之真正指导权起见，为保证党之斗争力起见，在此国内战争期内，尤为重要。大会特别规定此等地方执行纪律之法，除道德上名誉上之制裁外，当加以强制的办法。如免职调任，暂时的或永久的驱逐出境，以及其他方法，监察委员会所拟议，中央当可加以斟酌行之也。[①]

(c)政纲确定了。国民党之政纲，在《第三次全国代表大会宣言》中有明确之规定。计对外政纲，凡列举了七项；最主要的为取消不平等条约。对内政纲，凡列举了十五项；凡政治、经济、教育等都有规定；如人民集会、结社、言论、出版、居住、信仰之完全自由以及国家经营实业等都列举出来了。到十五年(公元一九二六年)一月开第二次全国代表大会，认定军阀勾结帝国主义者，帝国主义者之指使军阀，相辅相依以为民害，实灭绝中国生路之祸源；其宣言有云：

> 征之民国二年间(公元一九一二——一三年)，五国银行团不惜以二万万五千万之大借款贷诸袁世凯，以助其驱除东南之革命党人；六七年间(公元一九一七——一八年)，日本又不惜以三万万之参战借款，军械借款，及种种借款贷诸段祺瑞，以助其扫灭西南之护法军队；八九年(公元一九一九—二〇年)以后，欧战终了，各国恢复其远东势力，则又相与痛抑日本，助曹锟、吴佩孚以推倒段祺瑞，其种种借款，为额之巨，至今尚未能知其确数；而曹锟、吴佩孚则亦以摧破广州革命政府为效忠于帝国主义之表示。盖帝国主义者由借款而得之利益，不特经济方面而已；于政治方面，尤获有种种特权；而其最大作用，则为助军阀以镇压国民革命也。前岁(公元一九二四年)秋冬之间，直奉

① 第一次全国代表大会《纪律问题决议案》。

再战，其结果曹锟、吴佩孚推倒，而段祺瑞、张作霖崛起，要不外易英美帝国主义之傀儡，为日本帝国主义之傀儡而已。帝国主义得军阀为之傀儡，对于中国遂得为所欲为；军阀得为帝国主义之傀儡，则亦有恃无恐，虽获罪于人民，亦恬然不以为意。前岁（公元一九二四年）冬间，段祺瑞不恤以尊重不平等条约为各国承认临时执政之交换条件；去岁（公元一九二五年）五卅以还，张作霖之军队，在天津上海，极力摧残人民之爱国运动，而于工人运动，尤遏抑不遗余力。军阀之甘为帝国主义鹰犬，以咋噬人民，阻碍国民革命之进行，有如此者。①

因有这个认识，于是确定对外打倒帝国主义，对内打倒一切帝国主义之工具，以为中国之生路。故曰：

吾人所指为中国之生路者则如下：

其一，对外当打倒帝国主义，其必要之手段：一曰联合世界革命之先进国，二曰联合世界上一切被压迫之民族，三曰联合帝国主义本国内大多数之人民。

其二，对内当打倒一切帝国主义之工具；首为军阀，次则官僚，买办阶级，土豪。其必要之手段：一曰造成人民的军队，二曰造成廉洁的政府，三曰提倡保护国内新兴工业，四曰保障农工团体，扶助其发展。

凡此对内对外之手段，约而言之，即总理遗嘱所谓唤起民众，及联合世界上以平等待我之民族共同奋斗也。②

北伐前之预备　这可举较重要之事若干以为例。(a)训练党军。自辛亥革命以降，从未正式训练党军，以作革命之用。十余年中对抗旧势力之种种军事活动，并非由国民党亲自训练出来之军队担任；故于国民党之主义或三民主义未能完全贯彻。十一年（公元一九二二年）陈炯明之叛变，更使人感觉训练党军之不可或缓。于是国民党领袖于改组国民党后，接着即开始训练党军；十三年（公元一九二四年）六月十六日成立中国国民党陆军军官学校，后改为中央军事政治学校；校在广州之黄埔，以新自苏俄考察归

① 《第二次全国代表大会宣言》。

② 《第二次全国代表大会宣言》。

国之蒋中正为校长，廖仲恺为军校党代表。受训练者多为中学毕业学生乃至中学以上学校毕业生，在此学习军事技术学习三民主义学习革命策略都可充军队中中下级官长。后来军事力量之发展，得力于此种人才的地方最多。至于已在革命旗帜之下，但未曾受过主义训练的部队，则于其中设政治部或政治指导员以受有完全训练之人员担任其职，对士兵作政治的训练或主义的训练。凡直接接受过此等训练而完全了解三民主义的部队，谓之党军。

(b)消灭商团。党军之训练为时还不很久，即建了消灭商团的大功。当革命运动激进之时，有已入英籍之买办陈廉伯，时正为汇丰银行粤支行买办。他受着英人指使，假借商团名义，购械练兵，希图扰乱革命的根据地。十三年(公元一九二四年)八月十日，密运大批军械入口，被当局发觉，加以扣留。不料此举即引起商团暴动。当军械被扣之日，陈即煽动商团要求发还；九月一日忽有商团十余向政府请愿。当局为息事宁人计，于国庆日发还长短枪四千枝。但陈氏野心不死，鼓动商团于发还枪枝之日，对政府示威，枪杀纪念国庆之群众；更招聚土匪，占据西关，实行叛变。十月十五，当局即调黄埔军校学生军以及其他可靠军队将商团包围，全行缴械。捣乱革命后方的一大阴谋，至此完全消灭；北伐前之一大预备工作于兹告成。

(c)奠定全粤。东路肃清陈炯明。十三年(公元一九二四年)粤中之反动势力尚极雄厚；陈炯明残部盘据惠州，时时威胁着革命根据地。政府乃命蒋中正许崇智等率党军进击。十四年(公元一九二五年)二月一日出发，十五日克淡水，二十日以后破洪兆麟部，进攻惠州，陈炯明败走香港。

西路肃清刘震寰、杨希闵。十四年(公元一九二五年)三月，刘杨北结段祺瑞，谋倒革命政府。至四月底，有围攻元帅府之消息；是时国民党孙总理已在北京行辕逝世，大元帅职权由胡汉民代理。胡闻刘杨有攻元帅府消息避居黄埔。幸蒋中正等由潮汕回师，于六月十三日大破刘杨，刘杨走上海。

南路肃清邓本殷。邓受段祺瑞之命，为粤南八属督办，进窥肇庆。政府命陈铭枢率兵进击，于十四年(公元一九二五年)十一月大破邓军，琼崖八属全平。自此以后，广东全境，大体平定。当时汪兆铭致唐绍仪电有云：

广东自十一年(公元一九二二年)六月叛军为变以来，全省人民陷于水深火热；先总理引为深憾，确定救治方针。训迪同志，努力进行。不幸先总理赍志以没。同志秉承遗教，首与境内之骄兵悍将作殊死战。数月以来，芟夷略尽，集合真正国民革命将士，编为五军，精锐有加于前，而兵额大减，饷额亦如之。东汉既告平定，南路亦收复。十二年来，久沦化外诸邑，顷得捷报，我军已抵水东。大约全省统一，为期不出匝月。军事既有统绪，财政遂就范围；从前分割把持恶习，已一扫而空。现在所致力者为肃清土匪使民居安堵，交通便利；及扫除一切贪官污吏，使政治清明，人民与政府之间日形亲睦。关于外交，虽形格势禁，未能踌躇满意；然六月二十三日以来，受封锁之酷遇，益以帝国主义相勾结，务期颠覆国民革命政府，海陆并进，东北南三路同时并举；失意之军人政客，复迭为内应，摇动根本。而政府与人民同心合力，支持巨变于危疑震撼之中，艰苦自立，且能获此进步。此稍足以告慰于总理，且告无罪于先生者。①

新政府之成立 六年(公元一九一七年) 护法军政府成立，系采大元帅制，国会非常会议举孙中山先生为海陆军大元帅。七年(公元一九一八年)五月，为扩大团结起见，改元帅制为政务会议制，由国会非常会议选举总裁七人，以岑春煊为主席总裁。十年(公元一九二一年)四月，因政务会议内部早已涣散，国会非常会议又议决《中华民国政府组织大纲》，依大纲第二条举孙中山先生为大总统，以应付非常期之事务。十一年(公元一九二二年)六月陈炯明叛变，八月孙总统被迫离粤；次年(公元一九二三年)二月，粤局稍定，孙又由上海回广东，仍恢复大元帅旧制。直到十四年(公元一九二五年)七月，广东局势日益好转，革命势力日益加大；为应付事实上之需要起见，于七月一日成立国民政府，采委员制，设委员十六人，其中五人为常委。计委员十六人，名如下：汪兆铭，常委，兼主席；许崇智，常委，兼军事部长；谭延闿，常委；胡汉民，常委，兼外交部长；林森，常委；孙科，委员，兼交通部长；伍朝枢，委员，兼广州市长；徐谦，委员，兼司法部长；张继、戴季、陶张静、江程潜，均为委员；廖仲恺，委员，兼财政部长；古应芬、朱培德、于右任均为委员。又各部以外交，军

① 汪兆铭：《致唐少川报告广东情形电》。

事，财政三部为最先成立；后来北伐至长江，政府移武汉时，各部大抵都成立了；且增设了农政部，教育部，实业部，卫生部等。同时复改各军为国民革命军：计蒋中正统第一军，谭延闿第二军，朱培德第三军，李济琛第四军，李福林第五军。改组政府之最大目的仍在完成革命工作。其改组令有云：

> 本政府为秉承先大元帅之遗训与国民党之政纲，所以有此次改组之决议。中国自辛亥革命以来，变乱迭乘：一乱于袁氏之帝制，再乱于张勋之复辟。中间帝国主义者复乘机煽动，指示发纵；至使卖国官僚凭借外患，攘夺政权，各地军阀割据地方，分裂国命。综其大故，皆坐于国民革命之未能完成。今日中国国民革命之需要，已为全民普遍迫切之要求；亟宜集中全国革命之势力，以一致进行。政制更新，乃为良好合作之工具。政府为谋国民革命之成功，所以有此次根本之改组。(《广州政府改组后之政纲》)

三　北伐大告成功

党军北伐开始　北伐的预备工作既告完成；十五年(公元一九二六年)五六月的时候，北伐运动乃正式开始。(a)湖南战事引起国民革命军北伐。民九(公元一九二〇年)时代，湘赵恒惕提倡湖南自治，以湘人治湘。后则附于吴佩孚，假自治之名，行割据之实。到十五年(公元一九二六年)初，其部下师长唐生智起兵逐之。三月十三，赵迫不得已，离开湖南，由唐代理省长职务。唐代省长于二十五日就职，即下令免去忠于赵之第三师长叶开鑫之军职。至是叶乃北赴汉口，求援于军阀吴佩孚。吴因令鄂军陈嘉谟、直军彭寿莘等率兵援叶。这时唐代省长迫不得已，退出长沙，保守衡州；并向国民政府请求援助。国民政府当唐生智入长沙为代省长之时，即已派有陈铭枢，白崇禧前来接洽，现在唐又有所请求，自然乐于为助；于是先遣国民革命军第七军李宗仁部及第十师陈铭枢部之各一部分率兵援唐。唐于六月亦在衡州正式就国民政府所委之国民革命军第八军军长职。北伐战争从此正式开始了。(b)蒋中正誓师，国民革命军全体出动。六月六日，国民政府任蒋中正为国民革命军总司令，使率大军进行北伐。七月九日，蒋就总司令职，举行誓师典礼。计当时正式编成的国民革命军已有八军了。

第一军由总司令蒋中正自己统率，后由何应钦统率。

第二军由谭延闿统率，后由鲁涤平统率。

第三军由朱培德统率。

第四军由李济琛统率，后由陈铭枢统率。

第五军由李福林统率，留粤未动。

第六军由程潜统率。

第七军由李宗仁统率，最先在湘援唐生智作战。

第八军由唐生智统率，唐得、李宗仁、陈铭枢等所率国民革命军之援助，于七月十一日复入长沙。

蒋总司令统率如此大军进行北伐，七月二十七日自广州出发，八月十二日亦抵长沙。八月十八日，下总攻击令，攻克岳州；九月底，完全占领湘省；十月底，完全占领武汉。当国民革命军进攻武汉之时，吴佩孚部刘佐龙军队因响应革命军之故，亦受编为革命军。其余刘玉春、陈嘉谟等均被擒，军队缴械。后来每攻克一处，当将该处军队中之可用者淘汰改编，于其中设政治部，加以党的训练，使成为国民革命军。故十五六年(公元一九二六—二七年)之交国民革命军所占之地域渐广，所编之军队渐多，势力遂愈演而愈浩大。

各路迭告胜利　国民革命军北伐之始，即分两道：一入湘北上，一入赣东进。兹先述后者。(a)革命军之东部发展及国府迁都。这可以分数项述之。

一　江西之攻克。十五年(公元一九二六年)十月十二日，革命军攻克江西南昌，孙传芳部下郑俊彦逃走；十一月以后，革命军遂完全占领江西省境。

二　福建之攻克。原来攻江西的为第三军朱培德部，攻闽的为第一军何应钦部。革命军既占江西，为暂时避免与奉军冲突起见，乃舍皖北缓图，而先入闽浙。这时何应钦攻闽获胜；十一月闽军附党，在省宣布与北方军阀脱离关系；革命军遂由泉州直捣福州。

三　浙江之攻克。当革命军入闽之时，闽周荫人退而走浙；后又宣布脱离孙传芳，而就国民革命军第二十五军军长之职；于是革命军不战而入浙江杭州。十六年(公元一九二七年)二月，革命军鲁滌平部及白崇禧部向孙传芳进击，孙部乃向上海方面撤退。

四　安徽之攻克。革命军既得赣闽浙，乃转图皖北。十六年（公元一九二七年）二月，陈调元叶开鑫等附党，局势的进展更为顺利。

五　沪宁之占领。当革命军占领杭州时，沪上工人由总工会指挥，实行大罢工，以为革命军声援。同时海军亦由杨树庄指挥加入革命。十六年（公元一九二七年）三月二十二日，革命军白崇禧部入上海；二十四日程潜部亦由芜湖方面入南京。这时北方军阀孙传芳部及其所联合之张宗昌部乃陆续向江北败退。

六　政府之北迁。十五六年（公元一九二六—二七年）之交，国民革命军既在长江以南各省迭告胜利，而进达长江流域，于是国民政府亦随着北迁，于十六年（公元一九二七年）元旦，开始在武汉办公。到三月的时候，国民党中央执行委员会更议决国民政府增设农政，教育，实业，卫生等部。同时又议决组织军事委员会，以蒋中正、冯玉祥、唐生智、谭延闿、汪兆铭、程潜等为委员。

革命军既进展至长江流域以后，原来东进，在赣闽浙皖等地作战的部队，以及北上由湘入鄂作战的部队，乃同时向长江以北诸省进击：一部分沿津浦路北上，一部分沿平汉路北上。不幸津浦路方面正进展至徐州。平汉路方面正进展至郑州之时，所谓宁汉之争已届破裂的程度；于整个北伐运动不无小挫。兹略述之。(b)革命军之北部发展及宁汉分裂。这亦可以分为数项。

一　河南之攻克。十五年（公元一九二六年）十月，武汉已入革命军之手，吴佩孚退走郑州。是时西北国民军已服从三民主义，于十二月向吴部进逼。同时革命军亦陆续北上，压迫吴部。吴在西北国民军与国民革命军夹击之中，狼狈不堪；乃引奉军入河南为助。一时气焰颇盛，大有使革命军及西北军遭受顿挫之可能。恰在此时，晋阎附党，有积极加入革命军之倾向；同时河南境内之红枪会亦早由政治工作人员加以组织，加以训练，可为北伐之助。这么一来奉军及吴部乃不得不放弃陇海路向河北退却。

二　江苏之攻克。当沪宁已入革命军之手时，孙传芳、张宗昌等的部下尚在江北抵抗革命势力。迨闻奉军在河南败退，乃亦陆续向山东方面退却。此时革命军以平汉线上之郑州及津浦线上之徐州为继续北伐之重镇；军事领袖冯玉祥、唐生智等已入郑州，蒋中正已入徐州。

三　宁汉之分裂。正当北伐进展之时，国民党部重要人员对革命策略忽发生若干不同的意见，于是酝酿出宁汉分裂之局。一部分人仍旧维持着武汉政府，继续原来的“联俄，容共，及农工”三大政策而进行；另一部分人则于十六年(公元一九二七年)四月十八日在南京方面另组国民政府，决定放弃原来的“联俄，容共及农工”三大政策。由此看来“宁汉分裂”实与“国共分家”为同时并起之事。

不过宁汉分裂之后不久因共同敌人军阀尚未打倒之故复酝酿合作；且合作终于成功了。只有国民党与共产党之分离，则并未因宁汉两政府之归并而复合。兹且略述(c)宁汉合作与北伐完成之重要过程于次。

一　宁汉之合作。宁汉分裂之时，北方残余军阀尚待消灭。倘两政府长期对立，则残余军阀之能否消灭实成一大问题。宁汉双方有鉴于此，于是企图合作。首先倡组南京政府之蒋中正自动暂时退休；继续支持武汉国民政府之汪兆铭承认放弃三大政策；合作时机渐告成熟。再加西山会议派之奔走调停终于成功。盖自蒋中正自动退休以后，宁汉双方即各派代表于八月二十三日集议于庐山，议决：武汉政府及国民党总部于八月二十五日迁入南京；南京政府取消。至于国民党总部亦有若干改变，坚持“联俄，容共，及农工”三大政策的一部分离开了；自始即不主张采行三大政策的一部分加入了；(此一部分于十四年，即公元一九二五年十二月二十三日曾开会议于北京西山孙总理灵前，常被称为西山会议派)。其余的则为原来不反对三大政策，彼时亦不坚持三大政策的一部分。除坚持三大政策的一部分外，其余两大部分领袖曾组织中央特别委员会，以为合作的过渡。

二　山东之攻克。宁汉合作成功。蒋中正于十七年(公元一九二八年)一月四日由上海抵京，发出通电，声明仍旧担任国民革命军总司令之职。继续北伐。五月的时候，北伐获胜利；革命军刘峙、顾祝同、陈调元、方振武等均于五月一日攻入济南。这时孙传芳及张宗昌部向河北败退，山东遂告克服。

三　河北之攻克。晋阎加入国民革命之后，奉军被迫由河南退走河北。后以国民革命军从山东、河南、山西三方进逼，奉军势不能支，乃向关外退却；七月初，革命军会师北平，河北至是完全攻克。

四　东三省易帜。当奉军向关外退却之时，张作霖于六月四日遇炸身死。张死之后，张学良于十八日返奉，代理奉天军事督办之职。至七月一日，张学良忽通电对国民政府表示服从，并派代表入关商洽和平。到十二月二十九日，奉吉黑三省与热河同时易五色国旗为青天白日旗；张学良更通电表示信仰《三民主义》。这时国民政府乃任张为东北边防军司令长官，以张作相、万福麟为副。奉吉黑三省亦同时改组省政府，奉天省改称辽宁；北伐至此，完全告成。

北伐运动始于十五年(公元一九二六年)六月，成于十七年(公元一九二八年)十二月。在此两年之中，蒋中正始终居于最高军事领袖地位。国民党之宣言有云：

> 本党以此次之北伐，乃为继承总理之遗志，扫除军阀余孽，统一全国时期。故于出师之始，由国民政府特任蒋中正同志为国民革命总司令，专命北征。誓师之日，于中央党部授以军旗，使之统一军权，严整军纪，集中党力，以制残余军阀最后之死命。大兵既出，不两越月，而收复湘鄂；更四越月，而赣闽俱下，江浙皖诸省次第克复。至十六年(公元一九二七年)三月，大江南北完全奠定。……四月奠都南京，举行清党。当时孙传芳、张宗昌之残余势力，仍负固于山东；北方军阀犹保持其北京政府，以抗革命势力之进展。……清党以后，本党之努力，完全集中于北伐之完成。蒋中正同志再总师干，继续迈进，向残余军阀猛击，……而北伐伟业，……卒告完成。[①]

帝国主义震动　国民革命军的北伐，本以打倒军阀及帝国主义为职志。故打倒军阀之时，也就是与帝国主义磨擦最甚之时。这可举下列诸事为例证。

一　省港罢工之胜利。十五年(公元一九二六年)上半年，广州与香港两地工人，即所谓省港工人者为援助上海“五卅惨案”实行罢工；加入者凡二十万人，对帝国主义予以极大之打击。英人所视为外府的香港一时几成荒区；而广州之黄埔，则顿成闹市。

二　汉浔租界之收回。北伐迭告胜利，国民政府随着军事的胜利北迁；于十六年(公元一九二七年)元旦，在武汉开始办公。这时武汉市民举行庆祝，并游行讲演。一月三日，在汉口、江汉关前讲演者逼近英租界，英派义勇队防守要口，如临大敌；同时更调水兵登陆示威；致与民众发生冲突。当时英水

① 《第三次全国代表大会宣言》。

兵刺毙一人，伤五人，重伤二人。一月六日，九江方面，英水兵与码头工人发生冲突，伤工人二，英炮舰且鸣炮示威。

此等事件爆发之后，国人大愤，要求收回租界。国民政府外交部长陈友仁访英领提出口头抗议，请撤退水兵及义勇队，并云租界应由中国军警接防。四日晨，英领见我国民气激昂，因将水兵及义勇队撤退。当日晚，武汉卫戍司令即派兵三连直入英租界；五日加派一连，并派一营长与一党代表驻英捕房办公，维持英界治安。英捕房及江汉关均悬青天白日旗。国民政府为昭慎重起见，特组织汉口英租界临时管理委员会主持一切。汉口英租界在事实上算收回来了。后经外交部长陈友仁与英领往复商量，于一月十日订下解决汉案与浔案之协定，至是汉浔两地租界之收回完全确定。其协定的内容最要者为：(1)自三月十五日起汉口英租界工部局解散，租界内之行政管理正式移交于中国之新市政机关。(2)移交后，由国民政府设立一特别市政局，由外交部呈请国民政府选派局长，管理市政。汉案既告解决。陈外长复与英代表于二十日签定关于收回九江英租界之协定，双方认可关于收回汉口英租界之协定办法，完全适用于九江英租界之收回。到三月十五日，国民政府遂实行接收九江英租界。

三 所谓宁案之解决。十六年(公元一九二七年)三月，革命军进入南京之时，革命民众与英、美、日等国领事馆及英、美、法、日意等国人民发生冲突；英美停泊南京江面之炮舰乃向城内轰击；所谓宁案，于以造成。到十七年(公元一九二八年)三月，中美两方先行议定解决此案大纲：中国声明对于革命民众之与外侨发生冲突，深致歉意；于首先肇事之人且愿加以惩办；并愿依照国际公法，担负赔偿损失之责。美国声明当日开炮为保护侨民不得已所采取之手段；美政府对此并表示歉意。至八月，中英对于宁案亦开始谈判，其解决条件大致与中美所定者相同。到十月中意中法对宁案之解决亦告成功。唯中日两方则延至十八年(公元一九二九年)五月始将宁案解决。

四 所谓济案之造成。自十七年(公元一九二八年)春，革命军进抵山东泰安之时，日本即借口保护侨民决定出兵山东。四月二十日，先由驻津日军开拔三中队赴济；同时由国内派遣第六师团由青岛登陆向济南进发。五月一日，革命军入济南，三日与日兵冲突，日兵枪杀战地委员会交涉员蔡公时，纵火焚烧交涉公署，禁捕枪杀我国军民。七日向我发最后通牒，八日开始向我总攻击，九日炮轰济南城。革命军陆续退出济南，日军遂占领之，并控制着胶济铁路。所谓济案，于以造成。后经双方交涉，直到十八年(公元一九二九年)三月，才完全解决。解决要件为：(1)日军撤退；撤兵前后之措置由中日两国各派委员实地会商办理。(2)去年五月三日事变发生，双方所受损失，由中日双方任命同数委员组调查委员会实地调查决定之。(3)去年五月三日之事，双方表示为增进两国人民友谊起见，声明视为过去！

五 东三省易帜问题。十七年(公元一九二八年)七月，张学良通电服从国民政府并派代表入关商洽和平之时，日本总领事劝告张氏观望形势；更派林权助来华，劝张不与国民政府妥协；希望张氏始终为日本作工具。但张志决定了，终于十二月二十九日通电信仰三民主义服从国民政府而为国民政府所任命之东北边防司令长官。

凡上所述，或为列强对中国革命势力之妥协，如交还汉浔租界；或为对中国革命势力之打击，如英美炮击南京，日本围攻济南；或为对中国革命势力之阻挡，如阻挡东省易帜。但皆为受了中国国民革命之影响而发生出来的震动。中国之国民革命要打倒军阀，及其靠山帝国主义取消不平等条约，以取得在国际上之自由平等；自然为列强所不乐闻。故革命势力迅速发展之日，即列强感着恐慌而起震动之时，东省易帜之日，北伐算是完全告成了。

北伐后之问题 就上所述看来，“北伐”虽然告成了但(1)真正的民主政治尚未建立起来；(2)人民的生计尚亟待改善；而(3)中国在国际上之自由平等尚未获得。凡此种种，都须国人不断地努力奋斗。这当属于北伐完成以后的历史范围，兹不述及。